KB077454

동양 예술미학 산책

동아시아 문인들이 꿈꾼 미의 세계

동아시아 문인들이 꿈꾼 미의 세계

동양 예술미학 산책

성균관대학교
출 판 부

목 차

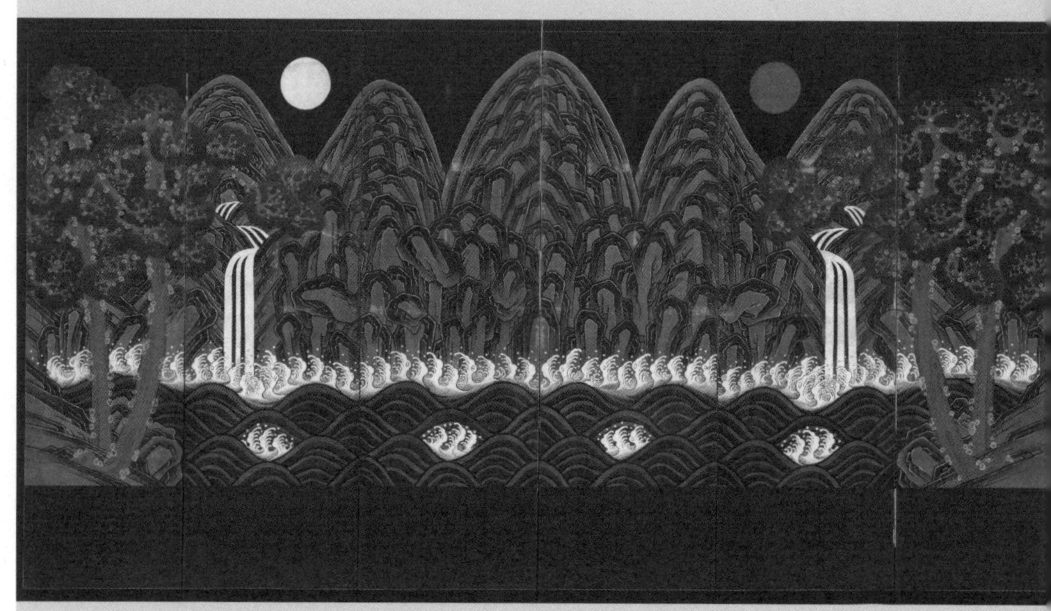

〈일월오봉도日月五峰圖〉, 국립고궁박물관 소장

좌우 대칭으로 그려진 경물들을 횡으로 늘어놓으면 그려지지 않은 '태극[=군주]', '양의兩儀[해와 달]', '사상四象[네 그루의 소나무]', '오행[다섯 봉우리]', '만물화생萬物化生[출렁거리는 파도]'이란 틀이 되고, 이런 식으로 해석하면 주돈이周敦頤가 말한 『태극도설太極圖說』의 구조와 유사하다. 폭포의 물은 '건도성남乾[天]道成男'과 '곤도성녀坤[地]道成女' 즉 천지의 작용과 감응에 의한 결과물이다. 산 주름의 파란색[동], 소나무 줄기의 빨간색[남], 내려오는 폭포물의 흰색[서], 출렁거리는 파도의 검은색[북] 등은 오행색이다. 양도 아닌 음도 아닌 태극은 어디에 있는가? 이런 점은 『훈민정음』「제자해」에 잘 나와 있는데, 태극은 그려지지 않은 제왕이다. 후금의 제2대 '칸[汗]'을 휘諱하여 '애신각라愛新覺羅 황태극皇太極'이라 하였다. 일반적인 태극 방위는 '좌양우음左陽右陰'인데, 이 그림은 중심 제왕의 위치를 감안하면, 제왕 왼쪽이 태양, 오른쪽이 달이 된다. 〈일월오봉도〉는 동양의 우주론을 현실에 적용하되 '왕[태극]'을 중심으로 하여 그의 덕화가 '대자연의 만물에 미치는 것[萬物化生]'을 그린 것이다. 북송대 '대관산수풍大觀山水風'을 감안하면 우뚝 솟은 중앙의 봉우리는 어좌에 앉는 왕을 호위하는 대장군으로 여겨진다.

책을 열면서

1.

먼저 이 책에 담고 있는 동양미학과 예술정신의 핵심을 이해하기 위해 잡다한 예를 좀 들어보자.

천 원짜리 지폐를 보면, 퇴계 이황 초상화가 있는 면에 백매白梅가 그려져 있다. 이황이 매화를 매우 좋아한 것을 상징한 도안이다. 사군자의 하나인 매화에 대해 전통적으로 백매와 홍매를 구분하여 이해하였다. 도식적 구분이지만, 백매의 백색은 우아한 것[아雅], 이성, 천리天理를 상징하고, 홍매의 홍색은 세속적인 것[속俗], 감성, 인욕人欲을 상징한다. '천리를 보존하고 인욕을 제거하라[존천리存天理, 거인욕去人欲]'는 윤리적 삶을 실천하고자 유학자들은 백매를 좋아했다. 이런 사유는 『동양의 미학東洋の美學』을 쓴 이마미치 도모노부今道友信가 말한 바와 같이 인간의 내적 이념의 본보기가 식물로부터 추구된다는 '이념의 식물적 상징화'와 관련이 있다.

그렇다면 유학자들은 사군자의 하나인 '노란 국화[황국黃菊]'와 '흰 국화[소국素菊]' 가운데 어떤 것을 좋아했을까? 매화의 색에 대한 사유를 참조하면, 유학자들은 '소국'을 좋아할 것 같은데 '황국'을 좋아했다. 황국의 황색은 중앙을 상징하는 색으로서, 어느 한쪽으로 치우치지 않는 '무과불급無過不及'의 중용과 중정中正을 상징하기 때문이다. 다른 차원에서 보면, 황색은 오행의 중앙에 해당하는 토土를 상징하는 색으로 역대 제왕의 색, 특히 황제를 상징하는 색으로 여겨졌다. 조선조 영조는 붉은색 홍룡포를 입었으나 고종은 노란색 황룡포를 입었다. 고종은 황제였기 때문에 노란색 황룡포를 입을 수 있었다. 경극京劇에서 간웅奸雄 조조曹操와 간신 진회秦檜를 연기하는 배우는 얼굴을 새하얗게 칠한다. 중국에서는 가을을 상징하는 흰색은 장례나 상복 등에 쓰이는 불길한 색으로—우리는 다르다— 그 흰색을 칠한 인물은 '극악무도한 인물'임을 상징한다. 하지만 '마음에서 우러나오는 참된 정성[적성赤誠]'을 실현한 인물로 여겨지는 관우關羽의 얼굴 화장은 빨간색으로, 그 얼굴색을 통해 관우의 인간됨됨이를 상징하였다. 색에 대한 것을 좀 더 말해보자. 사색당파에 진절머리가 난 정조는 그것을 해결하기 위한 상징적인 음식으로 '탕평채蕩平菜'를 만들었다고 하는데, 그것에는 오행의 사상이 담겨 있다. '탕평채'를 먹고 사색당파를 멈추라는 것인데, 서양인들이 이런 말을 들으면 매우 의아하게 생각할 것이지만 오행에 입각한 동양의 우주론을 아는 사람이라면 무릎을 탁 칠 발상으로 여긴다. 이처럼 동양에서의 색은 광학적 차원 혹은 시지각적 차원의 색이 아니라 철학적, 정치적, 윤리적, 미학적, 인문적 의미로 해석되는 색이었다.

건물의 명칭이나 공간배치, 꾸미는 문양, 위치도 다 의미가 있다. 북경 자금성紫禁城에는 '태화전太和殿', '중화전中和殿', '보화전保和殿'이란 '삼대전'이 있다. '중화전'은 '태화전과 보화전' 사이에 있다. 경복궁 정전은 '근정전勤政殿'임에 비해 덕수궁 정전은 '중화전'이다. 정치적 차원에서 볼 때 다양한 것들의 상호공존을 모색하는 '화'라는 단어는 조선조와 같은 제후국 건축물에서는 감히 쓸 수 없는 용어였다. 하지만 고종은 황제였기에 전혀 문제가 없었다. 동양에서는 건축물마다의 '위계성位階性'을 중시하는데, 가장 중심이 되는 건물은 항상 중앙에 배치하였다. 제왕이 거처하는 지붕의 기와 색깔도 달랐다. 음양오행의 사유가 작동한 배치다. 제왕을 상징하는 용의 발가락 숫자도 황제는 5개, 제후국은 3개로 차별화하였다. 이 밖에 과거 유학자들이 행한 '음풍농월吟風弄月'은 경외敬畏적 삶에서 벗어난 쇄락灑落적 삶의 상징이었는데, 고택에서 '영귀재詠歸齋', '풍욕루風浴樓'라는 명칭을 가진 건축물을 발견할 수 있다. 그것은 증점曾點이 '기수 물가에서 욕물하고 흥겹게 노래 부르면서 집으로 돌아온다[욕기영귀浴沂詠歸]'라는 것에서 따온 것이다. 이른바 공간에 '호중천지壺中天地'를 실현하고 '인간과 원림의 합일[인원합일人園合一]'을 꾀하고자 했던 원림문화에는 철학적, 정치적, 윤리적, 미학적, 인문적 의미가 복합적으로 담겨 있다. 한 건축물을 이해할 때 중요한 것은 그 건축물의 실용성보다도 건축물의 위치와 명칭이 갖는 상징성이었다.

윤선도尹善道는 '나의 다섯 친구를 읊은 노래[오우가五友歌]'에서 물[수水], 돌[석石], 소나무[송松], 대나무[죽竹], 달[월月] 등을 친구로 삼는다. '다섯 친구'들은 자연물이면서 아울러 '산을 좋아하고 물을 좋아하는[요산요수樂山樂水] 삶' 및 은사隱士들의 한가롭고 유정幽靜한 은일隱逸적 삶을 상징한다. 즉 윤선도가 거론한 대상들은 모두가 군자의 덕성과 '고궁절固窮節'이 상징하는 '절개 지킴' 및 '자유로움'을 자연물에 비유하여 읊은, 일종의 비덕比德 사유의 상징물들이다. 윤선도가 꼽은 '다섯 친구'에는 차 한잔 할 시간이 없는 '바쁨', 예법에 의한 '관계망'이 주는 피곤함과 긴장된 삶, '시정잡배들이 휘젓고 다니는 세속의 번잡함과 시끄러움', 권력·명예·재물을 추구하는 '세속적 욕망', 성과지상주의의 땀 냄새 나는 '도시적 삶' 등과 같은 의미로 이해할 수 있는 '인간'은 배제되어 있다. 윤선도가 자연 대상물을 친구로 삼고 유가의 예교와 예법이 지배하는 공적 영역에서 벗어나 개인 차원의 사적 역역에서 자유로움과 한가로움을 추구하고자 한 삶[='독獨'으로 상징되는 삶]은 동진東晉의 도연명陶淵明과 북송의 임포林逋 등이 추구한 '심원心遠'과 '심은心隱'의 삶이었다. 조선조 유학자들은 이런 삶을 자신들이 추구하고자 하는 삶의 이상으로 삼기도 하였다.

중국 남북조시대에 도교 모산상청파茅山上淸派의 핵심 도사이면서 '산중의 재상'으로 유명한 도홍경陶弘景이 구곡산에 들어가 은거하자, 당시 친구인 양무제梁武帝 소연蕭衍이 '산속에 무엇이 있기에 그렇게 산속에 살면서 나오지 않는가'라고 질문한다. 그 질문에 도홍경은 "산속에 무엇이 있냐고요? 산마루에 흰 구름이 많이 있지요. 단지 스스로 즐길 뿐이며, 당신에게 갖다 줄 순 없습니다"라고 답을 한다. 하늘 높이 떠다니는 구름은 탈속적이면서 자유로운 삶을 상징한다. 미우인米友仁 화풍의 특징인 여름철 산 위에 비가 올 것 같은 '밀운密雲'은 천지가 개벽하기 이전의 혼돈의 상태를 상징하고, 때론 산 중턱에 그려진 구름은 산이 높다는 것을 상징하기도 한다. 하지만 구름이 태양[제왕]의 밝음과 빛을 가리는 경우라면 간신과 같은 나쁜 신하를 의미한다. 즉 어몽룡魚夢龍의 〈월매도月梅圖〉에 보이는 '둥근 보름달'은 형이상학적 측면에서는 '도'를 상징하고, 이백이 술잔을 들어 희롱한 달이나 소원을 비는 대상으로서 달은 긍정적이지만, 때론 긍정적으로 여기지 않은 경우도 있었다는 것이다. 특히 태양이 양을 상징하고 달이 음을 상징한다면, 달이 태양을 먹는 자연 현상으로서 일식은 음과 양의 기운이 조화롭지 못한 것으로 여겼다. 오늘날은 이런 자연 현상을 보고자 부산을 떨지만 과거의 군주는 자신의 부덕의 소치로 돌렸다.

이렇게 동양의 철학자, 문인사대부들은 동일한 자연물과 대상이라도 어떤 관점에서 바라보느냐에 따라 다양한 견해를 나타냈는데, 그 견해에는 정치적, 철학적, 미학적, 윤리적, 예술적, 인문적 차원의 해석이 복합적으로 담겨 있었다. 이런 하나의 사물에 대한 복합적인 해석은 서양인들의 동일한 대상에 대한 해석과 매우 차이가 난다. 다른 해석의 여지가 있지만 하나의 예를 들면, 서양인들이 배신의 상징인 유다를 그릴 때 '황색'으로 그린다든지, 달은 부정적으로 보아 미친 듯한 상태나 늑대 울음소리가 울린 것 같은 분위기로 이해한다는 것이 그것이다.

2.

중국회화사를 보면 당대 장조張璪의 산수화 창작과 관련해 '진짜 그림['진도眞道'를 표현한 진화眞畵]' 논쟁이 있다. 그림이라도 다 같은 그림이 아니고, 어떤 그림을 '진짜 그림'이라고 할 수 있느냐 하는 것이다. 이런 언급은 그림을 품평하는 데 기교 이외의 것을 논한다는 것과 관련이 있다. 여기서 기교 이외의 것을 논한다는 것은 그 작가가 '어떤 인물'이고, 예술에 대해 '어떤 철학'을 가지고 있고, 하나의 사물을 볼 때 '어떤 관점'에서 그 사물을 파악하고 있고, 궁극적으로는 '어떤 몸짓'으로 창작에 임하는지 등과 관련이 있다.

서양예술사를 전공한 어떤 인물이 추사 김정희의 〈세한도歲寒圖〉를 보고 혹평한 적이 있다. 특히 〈세한도〉에 그려진 집이 영 형편없다는 것이다. 그런 혹평은 사실 스스로 동양예술에 대한 무지를 드러낸 것인데, 실제로 〈세한도〉의 '큰 집'은 형태적으로 볼 때 유치원 아이들이 그린 것보다 못한 형상으로 그려져 있다. 나는 동양미학 수업시간에 '추운 날씨[歲寒]'가 상징하는 것을 먼저 말해주고, 〈세한도〉가 왜 명품인지를 그려진 형상에 대한 의미 부여를 통해 설명해보라고 한다. 예를 들면, 꺾이고 패였지만 곁에 한 가지가 자라고 있는 '굵은 소나무'는 무엇을 상징하고, 소나무 곁에 '잣나무'를 함께 그린 이유, 매우 엉성하게 그려진 '큰 집', 큰 집만 휑하니 그려져 있고 '사람'은 그려져 있지 않은 것 등이 무엇을 의미하는지를 질문한다. 즉 회화에서 '내재적 정신을 밖으로 표출하는 것[창신暢神]'을 강조하며, 간화看畵 아닌 '독화讀畵'를 요구하는 사유가 갖는 의미를 다양한 측면에서 접근하라고 한다.

이런 질문에 대한 답을 얻게 되면, 학생들은 〈세한도〉의 '엉성한 집'을 형사形似적 차원의 닮게 그린 집으로 그렸다면 도리어 앞뒤가 맞지 않는 매우 격이 낮은 치졸한 그림이 되고 만다는 것을 알게 된다. 왜냐하면 '엉성한 집'은 예찬倪瓚이 말한 '형태의 닮음 여부에 제한받지 않는 자유로운 예술창작 정신과 마음 담아냄[=일기逸氣]'의 형상적 표현이기 때문이다. 다음 〈세한도〉에 대한 물음이 끝나면 곧바로 김정희의 또 다른 그림인 〈부작란도不作蘭圖〉[혹은 불이선란도不二禪蘭圖]에 대해 느낀 점을 물어보고, 전기田琦가 예찬倪瓚 화풍을 모방해 그린 〈계산포무도溪山苞茂圖〉에 집 두 채를 그린 것이 왜 옥의 티가 될 수 있는지도 물어본다.

한 학기 수업시간이 끝날 때쯤 처음 거론한 작품에 대해 무엇을 느꼈는지 다시 물어본다. 학생들은 이상 거론한 그림들은 '작가의 뜻을 그린 그림[사의화寫意畫]'으로서 형태적 닮음[형사形似]을 경시하고 작가가 지향하는 내재적 예술정신[신사神似]을 중시하는 예술창작정신이 담겨 있고, 따라서 이런 그림을 이해하려면 '뜻을 얻으면 그 뜻을 표현하기 위해 방편으로 사용한 상을 잃어버려라[득의망상得意忘象]'라는 사유, '참으로 위대한 기교는 그 자연스러운 것이 마치 졸박한 것과 같다[대교약졸大巧若拙]'라는 사유, '미와 추를 나누지 않는다[미추불분美醜不分]'는 사유, '일품逸品의 경지' 등에 대한 이해가 있어야 하고, 특히 화제畵題가 있는 경우 그 화제가 담고 있는 철학적 의미를 알 필요가 있다는 답을 한다. 최종적으로 '사의적 차원'에서 그려진 작품성과 예술성이 높은 작품을 제대로 이해하려면 그 작품의 기저를 이루고 있는 철학과 미학을 알아야 한다는 결론을 얻게 된다. 즉 한 작품이 왜 아름다운가에 대한 '그러하게 된 근본적인 까닭[소이연所以然]'을 알아야 하는데, 그것의 핵심은 결국 철학이라는 것이다. 그 철학에 바탕한 작품들에는 다양한 향기가 담겨 있다. 최상의 차에서 기대되는 향기에 대해 린위탕林語堂은 '갓난아이의 살갗처럼 미묘한 향기'라는 말을 한 적이 있다. 이런 향기 말고도 동양예술에서는 '문자향文字香, 서권기書卷氣'와 관련된 향기를 강조한다. 그림을 보고 감상하면서 '문향聞香'이란 표현도 한다. 문제는 그림이나 글씨를 통해 담아내고자 한 이런 향기는 담아내기도 어렵고 쉽사리 맡아지지 않는다는 것이다.

중국과 한국의 위대한 예술가는 사상가, 시인, 문장가, 교육자이면서 아울러 정치가인 경우가 많았고, 때론 은일적 삶을 사는 은사인 경우도 있었다. 위대한 예술가는 동시에 이론가·비평가인 경우도 많았는데, 특히 문자라는 제한된 틀에서 출발한 서예에 이런 점이 더욱 두드러지게 나타났다. 린위탕은 『생활의 발견The Importance of Living』에서 중국인들은 현인에 대한 각성과 초연한 정신을 지니고 활기찬 인생을 살아가는 것을 교양인의 모습으로 이해했고, 아울러 천인합일을 추구하는 삶 속에서 자연계에 존재하는 사물을 철학적, 시적으로 대했다는 것을 말한다. 이른바 '시적 감성에 바탕한 철학[poetic-philosophy]'을 추구하는 이런 삶은 생활의 예술화와 사물에 대한 미학적 인식으로 나타났다. 이런 점은 예술은 기교를 떠나 존재할 수 없지만, 동양예술에서는 기교의 최고 경지인 신품神品 이외에 '법도에 얽매이지 않는 자유로운 예술정신', '훌륭한 인품', '탈속적이면서 은일 지향의 삶' 등이 복합적으로 어우러진 경지인 '일품逸品'을 더 높이 평가하는 것과 관련이 있고, 아울러 그것은 한 예술가를 평가할 때 단순히 기교 하나만으로 평가하지 않았음을 의미한다. 따라서 학문 분과 차원에서 한 예술가를 이해한다는 것은 그 예술가의 전모를 이해하는 데 일정 정도 한계를 드러낸다. 이렇게 잡설을 장황하게 늘어놓은 것은 다 이유가 있다.

3.

동양에서는 드러난 현상—[이런 점을 철학에서는 '용用'이라 한다.]— 너머에 있는 내재된 본질 혹은 원리—[이런 점을 철학에서는 '체體'라 한다. '체'는 이해하는 관점에 따라 도道, 리理, 태극太極 등과 연계되어 이해한다.]—에 대한 체득이 있고 난 이후에 예술창작에 임할 것을 요구한다. 동양예술에서 강조하는 '최고의 미'에는 인간의 연상, 상상, 정감, 사유 등 제반 요소의 작용을 빌려 대상이 함축하고 있는 미는 물론 더 나아가 '형상 너머[상외象外]'의 경지에 대한 미적 체험이 담겨 있다. 회화예술의 발생론적 측면을 형이상학 측면에서 거론할 때는 천지자연의 조화, 리理, '한번은 음이고 한번은 양인 것을 일러 도라고 한다[일음일양지위도一陰一陽之謂道]', 하도河圖와 낙서洛書 등을 거론하며, 심성론적 측면에서는 이 같은 형이상학적 측면과 관련된 사유를 마음으로 얻고 깨달은 이후에 그것을 기교를 통해 구체적 형상으로 표현하라고 한다. 이에 사물의 형상을 그대로 재현한 '형태를 닮게 함[형사形似]' 차원의 미보다는 작가의 예술정신이 담긴 '정신을 닮게 함[신사神似]' 차원의 미를 더 높은 경지로 여긴다. 이 같은 사유는 회화에만 적용되는 것이 아니라 중국예술의 여러 분야에 적용되는 특징을 보인다.

동양은 미적인 것에 대해 서양과 다른 견해가 있었다. 아울러 예술을 통해 표현하고자 하는 궁극적 경지도 달랐다. 서양인의 관점에서 보면 동양의 문인사대부들이 추구한 예술경지, 심미의식에 대해 이해가 잘 안 되는 것이 많다. 몇 가지 예를 들어보자. 왜 '대교약졸大巧若拙'이라 하는지, 서화에서 여백餘白을 비롯하여 무미無味함, 담박淡泊함의 미를 왜 강조하는지, 정원을 꾸미는 데 태호석太湖石과 같은 '추함의 극치'를 달리는 돌을 왜 그렇게 최고 미적인 것으로 여겼는지, 수묵水墨을 통한 산수화가 왜 시대를 초월해 그려지는지, 조선조 선비들은 왜 그렇게 백자를 좋아했는지, 왜 누드화의 전통이 없는지, 오늘날의 관점에서 보면 표절로 이해될 수 있는 방작倣作을 통한 작품을 왜 또 다른 작품세계를 펼친 것으로 여겼는지, 광기狂氣를 예술의 천재성으로 파악하고 그것을 왜 긍정적으로 이해하였는지, 문인사대부나 선비들이 왜 관료적 삶에서 벗어나 은일隱逸적 삶을 추구하고, 아울러 삶의 공간을 선택해도 요산요수樂山樂水할 수 있는 공간을 선택하였는지, '심원心遠'을 말해 은일 문화의 상징을 보여준 도연명이 왜 '줄없는 거문고[무현금無絃琴]'를 뜯으면서 흥취를 돋웠는지, 특히 예술가의 예술적 재능보다는 예술가의 인품과 인격을 더 우선시하고 기운생동氣韻生動과 일품逸品을 최고의 경지로 여겼는지 하는 것 등은 이해가 잘 안 된다. 한국미의 특질로 거론되는 '무기교의 기교', '무계획의 계획'이란 말은 무슨 의미이고, 왜 '아해 같은 어른'을 강조하는지도 마찬가지다.

'만물은 모두 나에게 구비되어 있다[맹자: 만물개비어아萬物皆備於我]', '이 세상에 존재하는 모든 만물은 내재적으로 도[=미]가 있는 한 모두 미적인 것이다[장자: 도무소부재道無所不在]', '인간은 궁극적으로 자연스러움을 본받아야 한다[노자: 도법자연道法自然]'라는 천지만물일체 사상과 천인합일 사상에서 출발하여 이상적인 인간상을 전개하는 것을 참조하면 동양에서 철학, 윤리, 교육, 정치, 미학, 예술 등을 구분하여 이해하는 것은 매우 제한적임을 알 수 있다. 즉 '성인聖人은 천지의 화육에 참여한다[중용]', '성인의 경지는 선인善人, 신인信人, 미인美人, 대인大人을 거쳐 이루어진 경지로서 신인神人의 다른 이름이다[맹자]', '대인은 천지의 작용 및 사계절의 변화와 함께한다[주역]', '성인은 천지의 미가 무엇인지 그 근원을 탐구하고, 만물의 이치에 통달한다[장자]', '(천지대자연과 합일하는) 지극한 경지[=지인至人]에 오른 인물은 지극한 미[지미至美]와 지극한 즐거움[지락至樂]을 얻는다[장자]', 북송대 유학자인 주돈이周惇頤가 '창 앞에 난 풀을 제거하지 않았다[창전초부제거窓前草不除去]'에 담긴 '관생의觀生意' 사유 등에 기반한 이상적인 인간상과 자연관에 대한 이해는 동양미학이나 예술정신을 이해하는 관건이 된다. 특히 장자가 말한 '천지의 미가 무엇인지 그 근원을 탐구한다'라고 할 때의 '성인'을 '위대한 예술가'로 바꿔 이해해도 하등 문제가 되지 않는다. '성인은 하늘 되는 것을 바라고[성희천聖希天], 현인은 성인 되는 것을 바라고[현희성賢希聖], 선비는 현인 되는 것을 바란다[사희현士希賢]'라고 하는 사유도 미학과 예술정신에 그대로 적용된다. 이에 후대 예술가들의 우열을 논할 때 천지대자연의 원리와 법칙 혹은 작용을 어느 경지까지 이해하고 체득했느냐 하는 여부를 가리는데, 이런 점에서 특히 중국예술의 특징인 작가의 우열을 가리는 다양한 '품론'도 나타나게 된다.

이에 나는 중국인의 우주관은 중국인의 생명관·가치관과 밀접한 연관을 갖고 있고, 중국예술에 대한 체험은 도에 대한 체험이고, 이런 예술체험의 경계는 중국의 철학과 예술의 경계이고, 이에 중국의 형이상학은 철학이면서 윤리학이고 아울러 인식론이면서 미학이란 관점을 견지하는 쭝바이화宗白華의 관점에 동의한다. 쭝바이화는 결국 중국철학의 형이상학을 떠나서 고립적으로 중국미학을 논의하여 하나의 체계를 수립한다는 것은 불가능하다는 것을 말한다. 이런 관점은 팡둥메이方東美가 자연과 인간은 둘이면서 하나라는 천인합일 사유에서 출발하여, 생명 전체는 서로서로 융화하고 교섭하면서 '광대화해廣大和諧[comprehensive harmony]'를 이룬다는 점을 중국인의 예술이상에 적용하되 특히 『주역』, 『중용』 및 노장사상에 깃든 생명정신과 생생지미生生之美를 통해 논하는 것과 유사하다. 쭝바이화는 「미학연구에 관한 몇 가지 의견」이란 글에서 중국의 미학 내용이 반드시 철학적 분석이나 논리적 고찰에만 있는 것이 아니라 사람들의 이야기, 풍모, 행동에도 있고, 예술가가 실천을 통해 얻은 미의 체득과 체험에도 있을 수 있다는 점을 말하는데, 나는 이 의견을 매우 중시한다. 특히 동양의 문인사대부들의 은일적 삶에 주목한다. 왜냐하면 은일적 삶은 예술적 삶이면서 때론 미학적 삶 그 자체였기 때문이다.

이상 말한 점을 제대로 분석하려면 유가의 중화미학, 노장의 광견狂狷미학, 불가의 선종禪宗미학 등에 대한 복합적인 이해가 있어야 한다. 본 책자는 이상 거론한 '왜' 라는 물음과 형이상학적인 우주론에 대해 철학과 미학의 관점에서 그 답을 찾고자 하였다. 최근 동양미학과 예술정신에 대한 관심이 높아지고 있다. 그런데 주로 현상에 대한 분석에 치우쳐 있고 '왜 그 작품이 아름다운지' 하는 철학과 미학적 측면에서의 분석은 그다지 심도 있게 이루어지지 않고 있다. 주희朱熹는 서성書聖으로 일컬어지는 왕희지王羲之 글씨가 좋다고 하여 많은 사람들이 왕희지 글씨를 임모하는데, 중요한 것은 왜 왕희지 서예가 위대한 것인지 하는 '그러하게 된 근본적인 까닭[所以然]'을 알고 글씨를 쓰라는 것을 말한다. 예술작품에 대한 '소이연'을 탐구하는 것은 당연히 철학과 미학에 대한 탐구로 이어진다. 그 철학과 미학의 내용에는 큰 틀에서 보면 유가의 중화미학과 노장의 광견미학이 자리 잡고 있는데, 이 책자는 이런 점에 초점을 맞추어 논하고자 하였다.

4.

이 책자는 30여 년 동안 학술지나 잡지 등에 발표한 여러 글 가운데 몇 개를 모은 것이다. 모으다보니 의도하지 않았지만 중국미학과 예술정신의 핵심을 이해할 수 있는 몇 가지 대 주제로 묶을 정도의 글이 되었다. 한 권의 책 속에 방대한 동양미학과 예술정신의 핵심을 다 담아낸다는 것은 무리다. 이에 동양미학과 예술정신을 이해할 수 있는 상관성이 있는 글들을 먼저 한 권의 책자로 발간하고, 본 책자에서 미비한 것은 이후 또 다른 책자로 펴낼 예정이다. 책 제목을 '산책'이라 한 것은 중국 현대미학의 개척자인 쭝바이화의 『미학산보美學散步』를 흉내 낸 것이다. 중국미학 분야에서 주광첸朱光潛이 쭝바이화보다 훨씬 지명도가 높지만, 철학의 관점에서 중국미학과 예술정신을 논한 것은 쭝바이화가 훨씬 낫다고 본다. 미와 예술에 대한 철학적 고찰을 산보하고 산책하듯이 내가 생각하고 정리한 것을 자유롭게 펼친다는 의미를 담아 책자로 만들고자 하였다. 그 '자유로움'이 엉성한 논리 전개와 학문연구에서의 정확한 개념정립과 어휘사용의 미비점을 덮고자 하는 의도로 보이지 않을까 하는 염려는 있지만.

본 책자의 각 장에서 다루고 있는 내용을 정리하면 대강 다음과 같다. 제 1장에서는 동양의 미학과 예술정신을 어떻게 이해할 것인가를 기존 관련 동양미학과 예술정신에 관한 연구 결과를 정리하고, 아울러 시대변천에 따라 다르게 나타난 미적 인식을 고찰하였다. 제2장에서는 동양의 미학과 예술정신을 이해하는 초보적인 사유를 '우주를 담고자 하는 의식', '형形과 신神의 관계', '마음을 담아내는 예술', '시·서·화는 근원이 같다'는 점에 초점을 맞추어 고찰하였다. 제3장에서는 동양의 미학과 예술정신을 이해하는 기본적인 두 가지 사유틀로서 유가의 중화中和미학과 도가의 광견狂狷미학을 설정하고, 실질적인 예술이론에서 두 가지 다른 사유가 어떤 차이점으로 나타났는지를 고찰하였다. 제4장에서는 중화미학과 광견미학은 다른 차원에서는 '우아한 것이 아름다운가' 아니면 '기이한 것이 아름다운가' 하는 것과 관련이 있는데, 이 장에서는 이런 점을 구체적인 사례를 통해 고찰하였다. 제5장에서는 노장 예술정신의 핵심에 해당하는 '광기'가 실질적으로 예술창작에 어떻게 적용되었는가를 구체적인 예를 통해 고찰하였다. 제6장에서는 인간과 우주자연의 교감의 결과인 감응론이 서·화 및 음악 이론에 어떤 영향을 주었는지를 특히 '상象'자를 중심으로 하여 고찰하였다. 제7장에서는 동양예술에서는 품론을 통해 작가의 예술적 재능과 기교의 우열을 가렸는데, 이 장에서는 다양한 품론이 시·서·화 이론에 구체적으로 어떻게 적용되었는지를 고찰하였다. 제8장에서는 앞서 거론한 시·서·화의 품격론은 서·화에만 적용되는 것이 아니라 전각에도 적용되었는데, 이 장에서는 문인전각에 나타난 품론에 초점을 맞추어 고찰하였다. 제9장에서는 동양예술에서는 기교의 최고 경지를 도道와 연계하여 이해하였는데, 이 장에서는 중국서화사에서 도와 기예가 역사적으로 어떤 맥락에서 이해되었는지를 고찰하였다. 제10장에서는 동양의 바람직한 예술창작과 관련하여 장자가 말한 '해의반박解依般礴' 고사와 '포정해우庖丁解牛' 고사를 거론하는데, 이 같은 '해의반박'과 '포정해우'가 실질적인 예술창작에 어떻게 적용되었는가를 고찰하였다. 제11장에서는 동양예술은 창작에 앞선 임모를 매우 중시하는데, 이같이 임모를 중시하는 이유를 '법동法同', '수동手同', '심동心同'이란 관점에서 고찰하였다. 제12장에서는 동양예술에서는 모방행위가 예술창작에 많은 영향을 준다고 보는데, 구체적으로 어떤 점이 그와 같은 것을 가능하게 하는가를 고찰하였다. 제13장에서는 유가는 내면에 쌓인 긍정적인 덕의 기운은 외적 몸짓으로 드러난다는 일종의 '성중형외誠中形外' 사유를 말하는데, 이 같은 '성중형외' 사유에 담긴 상덕象德미학을 고찰하였다. 제14장에서는 동양예술은 한 작가의 작품을 평가할 때 '인품人品'을 가장 우선시하는데, 이런 점을 실제 예술가의 역사적 평가와 연계하여 그것이 갖는 의미를 고찰하였다. 제15장에서는 동양에서의 '몸'은 단순히 살덩이가 아니라 정신이 그 안에 내재된 것으로 이해하는데, 몸과 정신의 관계를 말한 신체미학이 철학의 변천에 따라 어떤 다른 점을 보이는가를 주자학의 '수신修身'과 양명학의 '안신安身' 사유에 적용하여 고찰하였다. 제16장에서는 유학에서는 경외敬畏 이외에 쇄락灑落의 경지를 추구하는데, 증점曾點의 '욕기영귀浴沂詠歸'로 말해지는 쇄락적 사유가 실질적인 예술정신에서 어떻게 표현되는가를 고찰하였다. 제17장에서는 중장통仲長統이 「락지론樂志論」을 통해 제시한 은일적 삶을 고찰하였다. 제18장에서는 조선조 시·화에 나타난 은일적 삶을 규명하여 과거 유학자들이 어떤 삶을 추구하고자 했는가를 고찰하였다. 제19장에서는 동양의 은일사상이 '피로사회'로 규정되는 오늘날 어떤 효용성이 있는가를 다루면서 과거 문인들이 지향한 은일적 삶의 현대적 효용성을 고찰하였다. 제20장에서는 노장철학에 바탕한 서화이론은 기공氣功에서 추구한 실질적인 수련과 밀접한 관련을 가지고 있다는 점에서 출발하여 서화이론과 기공의 상호연관성을 고찰하였다. 제21장에서는 이른바 '택여기인宅如其人'의 한 예로 거론할 수 있는 도산서당을 형세론적 측면에서 접근하되, 이황의 인품과 학식과 연계하여 고찰하였다. 제22장에서는 한국 전통미 특질로 말해지는 다양한 사유를 유가사상과 도가사상에 적용하여 규명하되, 특히 도가사상 측면에서 자연미가 갖는 의미를 고찰하고자 하였다. 제23장에서는 태극음양론이 조선조의 서화이론 및 한글창제 원리에 어떤 영향을 주었는가를 고찰하였다.

이상과 같은 내용을 통해 동양미학과 예술정신의 핵심이 무엇이고, 그것이 실질적인 예술작품과 문인사대부들의 삶에 어떻게 반영되었는지를 밝히고자 하였다. 아울러 본문의 내용을 이해하는 데 도움을 주는 작품—

작품의 진위 문제와는 상관없이－을 삽입하고 간략하게 해설하여 독자들의 편의를 돕고자 하였다. 그림에 담긴 철학에 대한 이해의 중요성을 확인할 수 있는 대목이다. 여기서 자료로 제시하고 있는 그림에 대한 나의 해석이 기존에 행해진 해석과 다른 점을 많이 발견할 수 있을 것이다. 본 연구를 통해 얻어진 결과의 예술작품에 대한 실증적인 해석은 이후 또 다른 책자[가제 : '철학으로 읽는 옛 그림']를 통해 밝힐 예정이다.

이상 본 책자에서 언급한 대부분의 내용들은 공자가 말한 '기존의 것들을 정리하여 서술한 것이지 새로운 것을 창의적으로 밝힌 것은 아니다[술이부작述而不作]'라는 정도의 글이다. 제대로 '술이부작'했는가 하는 의문점도 있지만, 한국에서 관련 분야에 '술이부작' 정도의 연구물도 거의 없다는 점에 의의를 두고 싶다. 어떤 주제의 경우는 통사적 입장에서 접근하여 관련 분야에 대해 전반적인 이해를 돕고자 하였다. 때론 원전을 중심으로 하여 기술한 부분에는 내 나름대로 자유롭게 떠오른 발상을 자의적으로 정리한 것이 많은데, 그 부분에 긍정적으로 보면 창의적인 부분도 있겠지만 오류도 있을 수 있다. 강호제현의 따끔한 질책을 바란다.

5.

명대 중국 유가중심주의 입장에서 볼 때 명대 이지李贄와 더불어 대표적인 이단아로 꼽히는 한대의 왕충王充은 『논형論衡』「별통別通」에서 "얕은 물을 건너는 사람은 새우만 볼 수 있다. 깊은 물을 건너는 사람은 물고기나 자라를 볼 수 있다. 더욱 깊은 물을 건너는 사람은 교룡을 볼 수 있다. 발자국을 내딛는 곳이 달라지면 볼 수 있는 사물도 달라진다. 학문의 도에 대한 깊고 얕음도 이와 같다"라고 말한 적이 있다. 동양미학과 예술정신에 대해 그럭저럭 30여 년 공부하다보니 물가까지는 간 것 같고 조그마한 새우가 눈앞에 어른거린다. 교룡은 '언감생심焉敢生心'이리오. 양웅揚雄이 『주역周易』을 모방하여 『태현경太玄經』을 지었을 때 유흠劉歆이 "나는 후세 사람들이 그것을 '간장 단지' 덮는 데 쓸까 걱정이네"라고 비아냥댔다는데, 이 책자가 '간장 단지'를 덮는 용도가 아닌 최소한 낮잠 자는 데 '베개 대용'으로라도 여겨졌으면 하는 바람이다.

이 책자를 내기까지 도움을 주신 많은 분들에게 감사를 드린다. 먼저 여전히 한시도 손에서 책을 놓지 않고 독서를 통해 은둔하고 계신 상허 안병주 선생님께 진심으로 감사의 말씀을 올린다. 서예미학의 핵심을 조목조목 집어주신 우산 송하경 교수님을 비롯하여 어려운 일이 있을 때마다 도움을 주신 큰형님 같은 이기동, 이종훈 두 분 교수님, 강화도 '해든미술관' 박춘순 관장님과 초상화 기법으로 캐리커처를 그려준 변명희 화백, 내 논문의 부족함을 일깨워준 익명의 심사자분들께 진심으로 감사의 말씀을 올린다. 내자 김혜종, 범석, 혜인 등 가족과 부족한 글을 '새로운 지의 총화를 모색하는 백년학술기획[知의 回廊]'의 한 책자로 선정하고 난삽한 원고와 도판을 오랜 기간 꼼꼼히 다듬어준 성균관대 출판부 편집자와 디자이너께 감사의 말씀을 전한다.

2018년 정월 夢隱齋에서

조민환 謹識

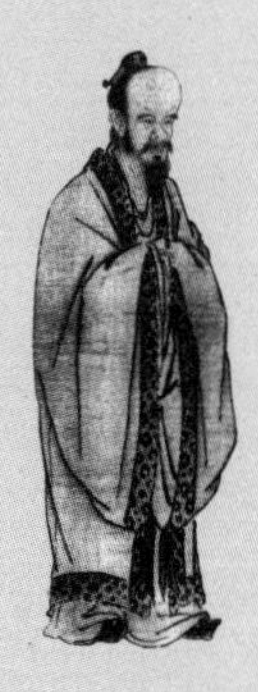

일러두기

1. 중국 인명의 표기는 현대 이전의 인물은 한자음으로, 현대의 인물은 중국어 발음으로 표기하였다. 일본 인명의 경우엔 일본어 발음으로 표기하고 한자를 병기하였다.
2. 참고문헌의 경우, 서명과 저자명 등을 임의로 통일하지 않고 출판된 상태 그대로 적는 것을 원칙으로 하였다. 참고문헌의 배치 순서는 중국어 문헌이나 한국어 문헌 모두 한국어 발음을 기준으로 하였다.
3. 본문에서 번역해 인용한 원문은 미주로 제시하였다. 비록 본문에 번역하여 옮기지 않았더라도, 전후 문맥을 이해하는 데 도움이 되거나 논의 전개상 연구 자료로서 가치가 있다고 판단되는 원문들은 함께 미주에 제시하였다.
4. 1차 문헌에 한해서는 '中國哲學書電子化計劃', '國學网' 등 인터넷 아카이브에서 제공한 원문을 그대로 활용하였다.
5. 도판의 경우는 진위 문제를 따지지 않고 도판에 담긴 철학과 예술정신이 무엇인지에 초점을 맞추었다.

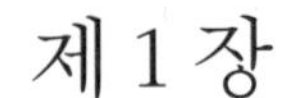

제 1 장

동양의 미학과 예술정신을 어떻게 이해할 것인가?

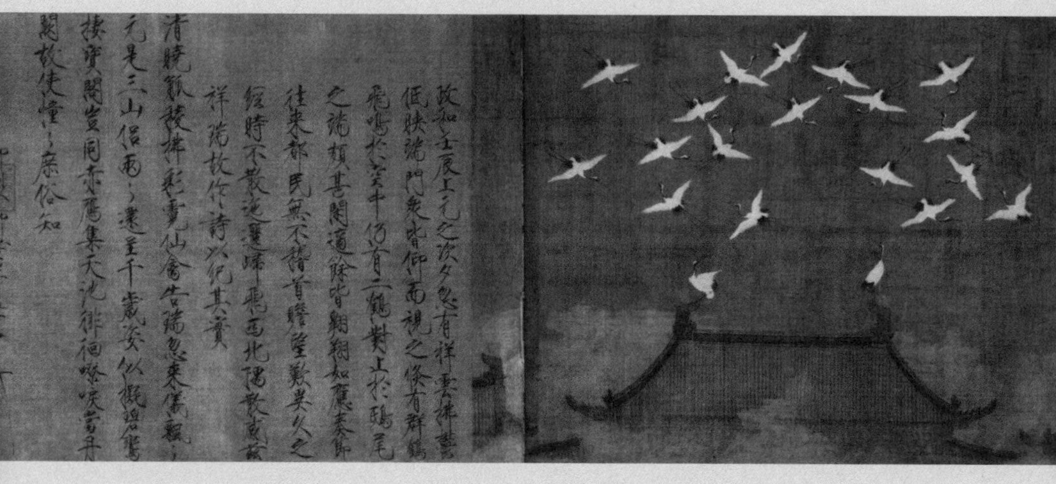

휘종, 〈서학도瑞鶴圖〉, 요녕성박물원 소장

정치적으로 무능해 북송을 망하게 한 황제이면서 수금체瘦金體로 유명한 휘종이 1112년 정월 16일에 그린 그림이다. 저녁에 상서로운 구름이 피어올라 선덕문(宣德門, 궁궐 대문)을 비추는데 두 학은 치미鴟尾 끝에 앉아 있고, 나머지 수십 마리 학들이 하늘로 비상하는 것을 상서로운 징조로 여기고 이 그림을 그렸다고 한다. 주목할 것은 그려진 학의 마릿수다. 학들은 대칭 구도를 이루면서 태극과 음양의 기운을 나타내는 듯한 형상으로 모두 스무 마리인데, 지붕의 치미에 앉아 있는 두 마리를 빼면 열여덟 마리가 하늘에서 움직이고 있다. 치미는 왕궁이나 종교 건축물에서나 볼 수 있는 신성하면서도 존귀한 것을 상징한다. 따라서 스무 마리 학 가운데 지붕 좌우 치미에 앉아 있는 학은 황제와 황후를 상징한다. 하늘에 떠 있는 열여덟 마리의 학들은 자식 혹은 백성에 해당하는데, 이를 둘로 나누면 9×2가 된다. 여기서 9는 황제를 상징하는 숫자다. 이처럼 9자를 써서 황제를 상징하는 것은 베이징의 천단天壇이나 기타 황궁 등 다양한 건축물에서 자주 접할 수 있다.

1

들어가는 말

동양[1]의 미학과 예술정신을 어떻게 이해할 것인가? 이런 점을 구체적으로 이해하기 전에 동양의 위대한 인물이 죽고 난 뒤에 만드는 문집의 편찬체제를 보자.

문집을 편찬할 때 맨 먼저 시詩를 놓는데, 철학적 사유가 담긴 이른바 '철리시哲理詩'를 비롯하여 서정을 읊은 서정시가 문집의 상당한 분량을 차지하는 것을 볼 수 있다. 우리가 흔히 철학자로 알고 있는 이황과 주희 등은 서예가이면서, 시인이라고 불러도 전혀 문제가 안 될 정도로 그들의 문집에는 많은 시가 실려 있다. 이황이 매화를 읊은 시 90여 수를 묶어 『매화시첩梅花詩帖』을 만든 점을 참조하면, 이황은 '매화시인'이라고 할 수 있다. 공자가 자기 아들에게 "시를 배우지 않으면 제대로 된 말을 할 수가 없다"[2]란 말을 한 적이 있듯이 과거 동양의 문인사대부들이 지식인으로 행세하려면 최소한 시 한 구절 정도는 지을 줄 알아야 했다.

중국문학과 예술을 논할 때 자주 거론하는 유명한 인물들, 예를 들면 왕희지王羲之, 채옹蔡邕, 혜강嵇康, 고개지顧愷之, 종병宗炳, 장조張璪, 백거이白居易, 형호荊浩, 곽희郭熙, 소식蘇軾, 조맹부趙孟頫, 동기창董其昌, 휘종徽宗, 건륭乾隆, 탕현조湯顯祖, 석도石濤, 정섭鄭燮 등을 보자. 그들은 시인이면서 서화에 장기를 보인 예술가인 동시에 예술이론가, 미학자였다. 때론 인물에 따라 정치가, 교육자, 문장가, 음악가, 황제[徽宗, 乾隆]이기도 하였다. 중국의 문인사대부들은 '군자는 어느 한 분야만을 전공하는 인물이 아니다[군자불기君子不器]'[3]라는 말이 상징하는 인품과 학식 및 예술적 소양을 갖춘 지식인과 지성인으로서 전인全人적 인간상을 꾀하였다. 공자는 군자가 되는 조건으로 '예禮·악樂·사射·어御·서書·수數'의 '육예六藝'를 겸비할 것은 요구했는데, 주지하는 바와 같이 막스 베버는 '군자불기'의 인간상에 대해 전문성이 결여된 점이 있다고 비판하기도 하였다. 하지만 오늘날 전인적인 인간, 융복합적 인간상이 요구되는 시점에서는 다시금 '군자불기'가 갖는 긍정적인 면을 생각해볼 필요가 있다. 특히 동양의 미학과 예술정신을 이해할 때는 이런 점이 더욱 강조된다. 이런 전인적인 삶을 살아간 인물들이 추구한 미적인 것은 철학에는 물론 문론, 시론, 악론, 화론 등에 담겨 있다. 아울러 그들의 예술화된 삶의 공간인 '원림'에도 이런 점이 동시다발적으로 존재하였다. 이런 점을 감안할 때 어떤 한 분야만을 통해 동양 역사에 기록된 위대한 사상가나 예술가들을 이해하는 것은 그 인물의 전모를 이해하는 데 매우 제한적이다. 이런 현상을 철학과 미학에 좁혀서 적용해보자.

현대 중국미학계를 대표하는 인물 중 하나인 리쩌허우李澤厚는 중국미학은 철학과 불가분의 관계가 있고, 특히 장자莊子의 미학은 철학과 혼연일체라고 한다. 중국미학과 철학의 이 같은 불가분의 융복합적 특징 때문에 중국미학의 연구는 중국철학의 연구가 되며, 따라서 중국철학에 대한 심도 있는 이해는 중국미학의 심도 있는 이해를 결정한다고 한다.[4] 리쩌허우의 이런 발언은 특히 한국미 특질을 규명할 때 적용된다. 예를 들면 고유섭은 한국미의 성격적 특질로서 '무기교의 기교', '무계획의 계획', '민예적인 것', '비정제성', '적조미', '적요한 유머', '어른 같은 아해', '비균제성', '무관심성', '구수한 큰 맛'을 거론하는데, 이런 점을 제대로 이해하려면 노장老莊 철학에 대한 심도 있는 이해가 있어야 한다.

그럼 이런 특징을 갖는 중국미학과 예술정신을 어떻게 이해할 것인가? 중국미학과 예술정신은 시대에 따라 큰 흐름을 달리하였다. 리쩌허우의 말을 또 보자. 리쩌허우는 유가미학, 도가미학, 굴원屈原으로 대표되는 초소楚騷미학, 선종미학 이 네 가지를 중국미학의 큰 흐름으로 보고, 이 4대

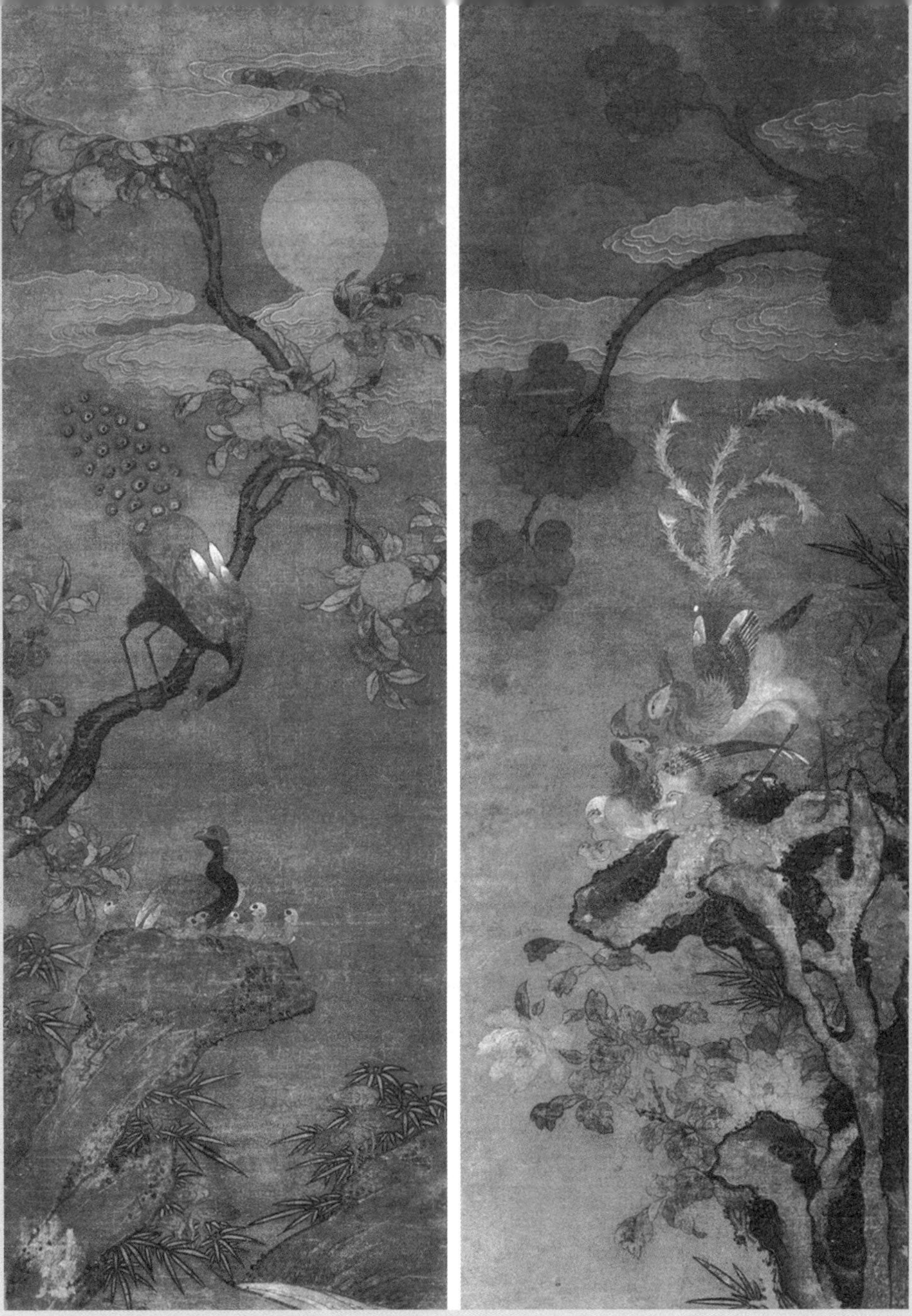

〈봉황도〉(19세기), 필라델피아미술관 소장

미국 필라델피아미술관에 소장된 〈공작도〉와 쌍폭으로 그려진 〈봉황도〉는 궁궐의 벽면을 장식하기 위해 제작된 부벽화附壁畵로 추측된다. 1802년(순조 2) 창덕궁의 대조전大造殿을 수리할 때 "대조전 정침正寢의 동상방내東上房內 북벽에 〈구추봉도九雛鳳圖〉를 붙였다"는 기록이 있다. 〈구추봉도〉는 군봉群鳳의 상징으로서 다산과 부부 화합의 의미를 상징하는데, 봉새와 공작새 부부를 제외한 새끼들의 마릿수인 9와 6은 각각 양과 음을 대표하는 수다. 양을 대표하는 9는 왕을, 음을 대표하는 6은 왕후를 상징한다. 용의 경우 황제는 발가락이 5개, 제후는 3개가 원칙인데 4개까지는 허용했다. 이처럼 하나의 그림이나 상징물을 심도 있게 이해하려면, 『주역』을 비롯해 전반적인 동양철학에 대한 이해가 있어야 한다.

사조를 파악하는 것이 중국미학의 발전 단계를 이해하는 데 매우 중요하다는 것을 말한다.[5] 그런데 큰 틀에서는 유가미학과 도가미학을 알면 나머지 분야는 일정 정도 해결된다. 이런 점에 대해서는 선종이 유가·도가와 차별화되는 점이 있지만, 주희 등 송대 이학자들이 '선종은 장자에서 나왔다'라는 언급이나 리쩌허우가 미학적 측면에서 볼 때 '선禪은 유가와 도가의 초월적인 면을 한층 높였지만 그 내재적 실천에서는 여전히 중국의 전통을 따르고 있다는 것', '선은 장자와 현학玄學을 이었다는 것',[6] '선에서 출발하여 유가와 도가에 되돌아온 것[유선이반귀유도由禪而返歸儒道]'이[7] 중국문화와 문예의 기본 특징이라고 한 언급 등을 참조할 필요가 있다. 이처럼 선종미학은 도가미학 특히 장자미학과 유사한 점이 많고, 아울러 남방문화의 상징인 초소미학도 유가미학과 도가미학이란 틀에서 논의될 수 있다. 특히 송대 이후 문인사대부들은 유가, 도가, 선종을 하나로 융합한 경지를 담아내어 이전과 다른 독특한 풍모를 보이는데, 실질적인 그 중심은 유가이거나 도가였다. 장파張法는 중국미학의 큰 줄기로 '유가', '도가', '굴원', '선종', '명청시대의 사조[시민취향 포함]'라는 다섯 줄기로 구분하는데, 유가, 도가, 명청시대의 사조가 기본이고, 굴원과 선종은 앞에서 거론한 세 가지의 보충 혹은 조화라고 한다. 즉 굴원은 유가와 도가의 보충이고, 선종은 유가와 도가 및 시민취향의 조화라고 한다.[8]

그럼 이 같은 중국미학과 예술정신의 구체적인 특징은 무엇일까? 우선 리쩌허우의 발언을 보자. 리쩌허우는 중국미학의 특징으로 여섯 가지를 든다. 첫째, 윤리도덕 측면의 감화를 중시한다는 입장에서 '미와 선의 통일'을 말한다. 둘째, 한대 양웅揚雄이 『법언法言』 「문신問神」에서 말한 "언어는 마음을 소리로 나타낸 것이고, 글씨는 마음을 그린 것이다[언言, 심성야心聲也, 서書, 심화야心畫也]"라는 것을 비롯하여 "시는 뜻을 말한 것이다[시언지詩言志]" 등을 참조하면, 중국예술은 정감을 표현하는 예술이지만, 궁극적으로는 '감정[정情]과 이성[리理]의 통일'을 말한다. 셋째, 맹자가 말한 "성스러워 알 수 없는 것을 일러 신이라고 한다[성이불가지지지위신聖而不可知之之謂神]"라는 것이 상징하듯 지선至善의 인격이상과 인생경지에 도달하기 위해서는 개체 내심의 체험과 직각이 요구된다는 점에서 '인지와 직각의 통일'을 말한다. 넷째, 인간의 윤리·도덕적 정신생활과 자연 규율 간에 내재적으로 긴밀한 관계가 있다는 점에서 천인합일에 근거한 '인간과 자연의 통일'을 말한다. 다섯째, 인간의 감정, 욕구와 사회 윤리도덕, 도덕의 화해和諧 통일은 바람직한 인간다움 형성과 관련이 있다는 점에서 '고대 인도주의 정신이 강하다'라는 것을 말한다. 여섯째, 천인합일이란 사유에서 출발하면, 도덕에서 심미로 발전된 심미경지가 인생의 최고경지라는 점에서 '심미경지가 인생의 최고경지'라는 것을 말한다.

결론적으로 중국철학에서 추구한 인생경지는 심미의 세계이지 종교의 세계는 아니라고 말한다.[9] '심미경지가 인생의 최고경지'라는 진단은 탁월한 진단인데, 리쩌허우가 중국미학의 특징으로 말한 이상 여섯 가지의 그 내용을 자세히 보면, 주로 유가가 지향하는 중화中和 미학에 근거한 이성과 윤리성, 인간관계에서의 바람직한 감정표현과 행동양식[이른바 하학下學의 세계]을 강조하는 것에 초점을 맞추어 기술한 것이 많다. 펑여우란馮友蘭은 인간이란 무엇인지를 새롭게 밝힌다는 『신원인新原人』(4장에서 7장까지)에서 인생의 경계를 저차적인 단계에서 고차적인 단계로 나아가는 네 단계로 구분한다. 재능과 습관 등 생물학적 본능에 따라 살아가는 '자연경계', 점유를 목적으로 하면서 이익 추구를 위해 살아가는 '공리경계', 공헌을 목적으로 하면서 의義를 실천하는 '도덕경계', 본성을 알고[知性] 하늘을 알아[知天] 하늘을 섬기는[事天] 천인합일의 '천지경계'가 그것이다. 이 가운데 '천지경계'는 중국미학과 예술정신을 이해하는 데 매우 중요한 점을 시사한다. 펑여우란은 이런 점에서 인간이 천지경계에 오른 성인이 되는 것과 관련해 '인륜일용人倫日用을 초월하면서도 인륜일용에 머무르는' 이른바 『중용』 27장에서 말하는 '숭고한 경지에 도달하면서 중용에서 말미암는다[극고명이도중용極高明而道中庸]'라는 것을 강조한다. 아울러 주목할 것은, '저급한 자연경계 상태'가 아닌 '또 다른 차원의 자연경계[이른바 노장과 연계하여 이해할 수 있는 자연경계를 말함]'에서 학문이나 예술 방면에서 '천지를 놀라게 하고 귀신을 울게 하는[경천지驚天地, 읍귀신泣鬼神]' 창신적 세계를 펼친다는 점을 말한 것이다. 이런 점은 노장의 광기나 양명좌파의 진정성을 근간으로 한 미학과 예술정신을 이해할 때 중요하기 때문이다.[10] 리쩌허우와 펑여우란의 이런 견해는 중국미학과 예술정신의 큰 흐름을 이해할 때는 별 문제가 없지만, 중국미학과 예술정신의 실질적인 전모를 이해하고자 한다면 조금 문제가 있다. 왜냐하면 중국미학과 예술정신에서 가장 독특한 면을 보이는 광기狂氣와 관련된 예술정신 및 우주론과 관련된 '도'에 대한 미학적 인식인 '뜻을 얻으면 상을 잊어라[득의망상得意忘象]' 및 '말은 뜻을 다 표현할 수 없다[언부진의言不盡意]'라는 것이 상징하는 미학과 예술정신[이른바 상달처上達處의 세계]에 관한 규명이[11] 불충분하기 때문이다. 리쩌허우가 말한 중국미학의 특징에는 노장이나 선종이 중국미학과 예술정신에 끼친 영향에 대해서는 일정 정도 제한적으로 반영되어 있다.

이런 점과 관련해 천왕헝陳望衡이 『중국고전미학사中國古典美學史』 「서론」 부분의 「중국고전미학 체계에 대해 간단히 논한다」라는 글에서 다음과 같이 중국고전미학체계에 대해 4가지를 말한 것을 참조해보자.[12]

첫 번째, '의意'와 '상象'을 기본범주로 삼는 심미본체론 계통이다. 중국고전미학에서 심미본체의 지위에 있는 것은 상과 경境 및 그것이 구성한 의상意象, 의경意境, 경계境界라고 한다. 그리고 중국민족은 이것을 심미대상으로 삼았고, '무엇이 미이고', '미는 어디에 있는가?'라는 질문을 한다면 의상, 의경, 경계 등이 그것에 대한 답을 준다고 말한다. 특히 심미성의 쾌락 및 평가와 관련된 묘妙, 신神, 일逸, 능能, 려麗 등은 상과 경으로부터 나온 것이라 한다. 두 번째, '미味'를 핵심범주로 삼는 심미체험론 계통이다. 심미발생의 심미전제가 되는 것은 허정虛靜으로, 허정과 동등한 개념으로는 징회澄懷, 징사澄思, 응사凝思, 응신凝神 등이 있다고 한다. 심미발단의 심리활동으로는 감흥感興을 꼽고, 물아쌍방을 의미하는 교감交感, 응감應感, 응회應會는 중국미학 심미감지론의 중요한 특징이라고 한다. 결론적으로 미감이론의 핵심범주로 '미味'를 꼽는다. 세 번째, '묘妙'로 주요 범주를 삼는 심미품평론 계통이다. 중국미학에서 생명의 기운이 충만해 있는 무형무상인 도道는 묘와 관련이 있고, 심미품평의 핵심인 묘의 지위는 미美의 지위보다 높다고 본다. 네 번째, 진·선·미 상호 통일의 예술창작이론 계통이다. '진'에 대해 가장 중요한 위치를 차지하는 '우주정신의 진[=도]', 다음으로 중요한 '사상 정감의 진', 가장 낮은 단계에 속하는 '객관 사물의 진'을 말한다. 이에 중국 고전미학은 선으로 미의 영혼을 삼고, 진으로 미의 최고경지를 삼으면서 진선미의 통일을 이룬다고 본다. 결론적으로 중국인의 독특한 심미관념으로 중화를 숭상하는 심미이상, 공령空靈을 숭상하는 심미경지, 전신傳神을 숭상하는 심미창조, 락樂과 선善을 숭상하는 심미의미를 든다. 이런 천왕형의 분석은 리쩌허우가 말한 내용을 형이상학적 측면[上達處]에서 조금 더 보충해준다.

리쩌허우와 천왕형의 분석에서 주목할 것은, 서양미학에서 주로 다루는 아름다움과 연관된 '미美'자를 통한 분석은 아예 있지도 않다는 것이다. 쭝바이화宗白華는 중국미학사 가운데 중요한 문제를 초보적으로 탐색할 때 어떤 점을 규명해야 할 것인가에 대해 포조鮑照(약 415~470)가 사령운謝靈運(385~433)의 시에서 말한 "처음 막 연꽃이 피니 자연스레 사랑할 만하다[초발부용初發芙蓉, 자연가애自然可愛]"라는 것과 안연지顏延之(384~456)의 시에서 말한 "비단에 꽃답게 수를 놓으니 또한 아름답게 수놓은 것이 눈에 가득하다[포금열수鋪錦列繡, 역조궤만안亦雕繢滿眼]"라는 두 시를 비교한 적이 있다.

쭝바이화는 거론한 두 시인의 시 속에 담긴 두 가지 미감 혹은 미의 이상을 구체적으로 시가, 회화, 공예미술 등의 각 방면에 적용하여 이해한다. 초楚나라 도안圖案, 초사楚辭, 한부漢賦, 육조병문六朝駢文, 안연지의 시,

명청대의 자기, 오늘날까지 존속되어 내려온 자수刺繡, 경극京劇의 무대복장 등은 '포금열수, 역조궤만안'의 미라고 한다. 이 점에 비해 한대의 동기銅器, 도기陶器, 왕희지王羲之의 서예, 고개지顧愷之의 그림, 도잠陶潛(=도연명陶淵明)의 시, 송대의 백자는 '초발부용, 자연가애'의 미라고 한다. 이런 두 가지 아름다움 가운데 '초발부용'의 미의식을 더 높은 미적 경지로 여기면서, 이런 사유를 중국 문인 사대부들이 자신의 사상, 자신의 인격을 표현하는 것을 더 중요시하는 것과 연결하고 있다.[13]

쭝바이화의 이런 분석은 우리가 중국미학을 이해할 때 왜 송대 이후 문인사대부들이 지향한 미의식 및 예술정신을 알 필요가 있는지 여부와 연결된다. 왜냐하면 자기의 사상과 인품을 표현한 '뜻을 그리는[사의寫意] 예술', '마음을 그리는[사심寫心] 예술' 차원의 '초발부용'의 미의식은 문인사대부들이 지향하는 긍정적 미의식과 예술정신을 상징적으로 말해주기 때문이다.

이상 말한 내용을 좀더 구체적으로 이해하기 위해서는 기존에 중국미학과 예술정신에 나타난 '미美'자에 담긴 의미는 무엇이고, 아울러 '미'자 이외의 다양한 범주와 개념을 통해 무엇을 미적인 것으로 여겼는가를 먼저 살펴볼 필요가 있다. 특히 이런 점을 현실적 삶과 연계해 이해할 때는 중당中唐 이후의 유가사상 및 도가사상에 훈도薰陶된 문인이면서 사대부인 이른바 '문인사대부'들의 은일隱逸 지향적 삶을 살펴볼 필요가 있다. 왜냐하면 중당 이후 문인사대부들의 은일 지향적 삶에 담긴 미의식과 예술정신은 이전 시대와 다른 점을 보이고, 그것이 중국미학과 예술정신의 매우 중요한 축을 이루기 때문이다.

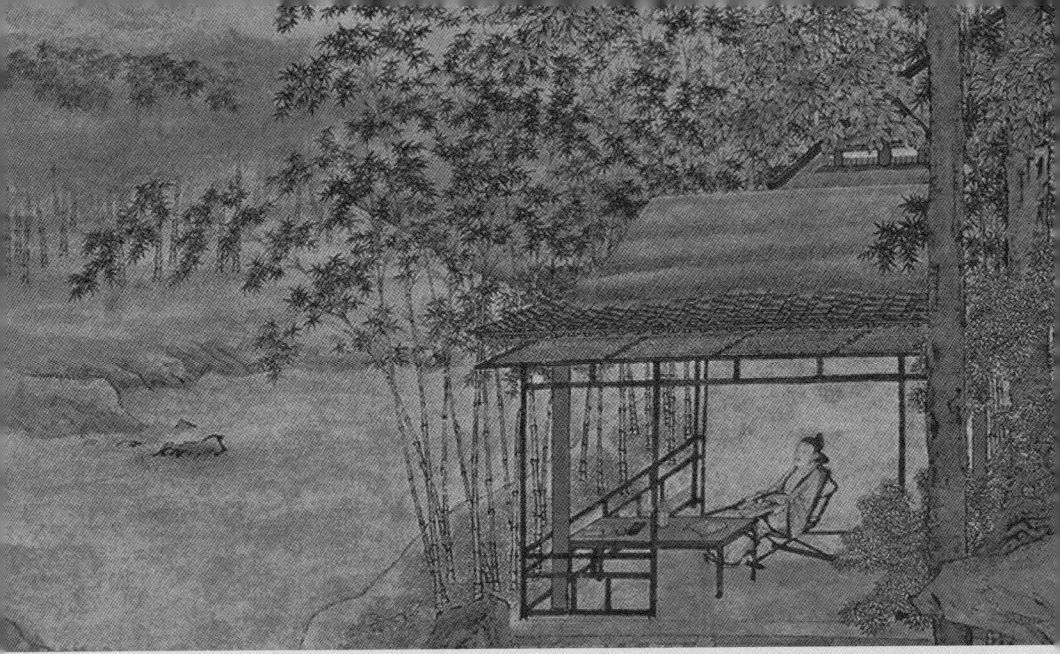

〈오죽서당도〉 부분

이 그림에 대해 건륭은 화제[石泉窈以淸, 梧竹復脩翠, 誅節爲小梧, 延得靑山致, 幽人兀然坐, 開卷默而識, 彷彿沂水風, 吾與點也意. 乾隆 己未 中伏 御題]를 남겨, 증점曾點의 '욕기영귀浴沂詠歸'의 풍모를 느낄 수 있다고 평했다. 더운 날씨 탓에 선비는 사적 공간에서 예법을 벗어나지 않는 범위 내에서 최대한 편한 자세를 취하고 있다. 초옥 주위에 하늘로 치켜 올라간 봉황이 깃들고 금을 만든다는 오동나무가 있고, 그 밖에 대나무와 군집한 국화가 집 주위에 있다. 선비가 사는 주위의 식물 하나하나는 비덕의 차원에서 심어진 것이다. 산이라도 폭포가 있어야 운치가 있는 법, 직하하는 폭포는 속진俗塵을 다 씻어내며 화면 가득 물소리를 채운다.

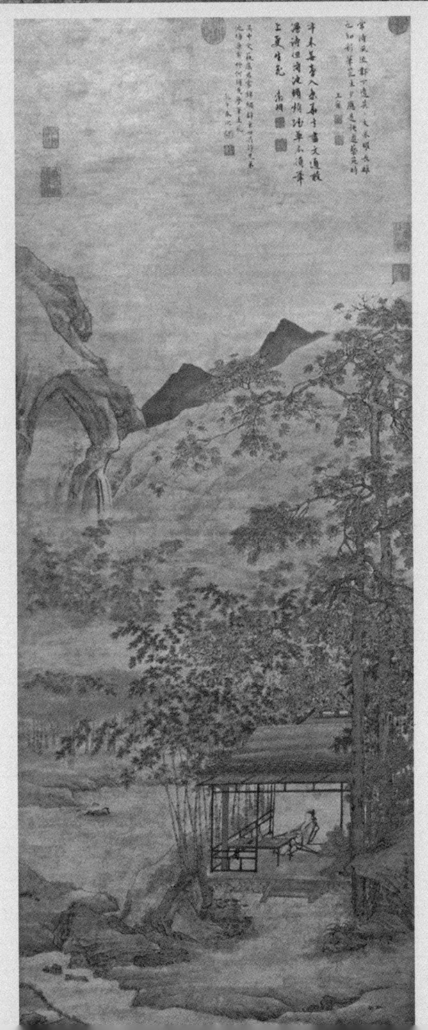

구영, 〈오죽서당도梧竹書堂圖〉, 상해박물관 소장

은일隱逸의 삶을 추구하는 선비가 '요산요수樂山樂水'의 공간에서 독서하다가 비스듬히 의자에 기대 앉아 편안하게 한때를 보내는 모습을 그린 것이다.

2

미적인 것을 어떻게 이해할 것인가?

중국 고대의 많은 미학사상은 제자백가의 저작 및 역대 유명한 시인, 산문가, 화가, 서예가, 음악가, 희곡가가 남긴 시론, 문론, 화론, 서론, 악론, 곡론曲論의 저작 중에서 자주 철학, 윤리학, 문예사상과 혼합되어 일체화로 나타난다. 아울러 '시화일률詩畵一律'이란 말과 같이 시문, 서화, 악곡 등 각종 전통예술은 각자의 특징을 지니고 있으면서 또 공통적인 심미를 추구하는 특징이 있다.[14]

중국미학을 규명하는 데 문제가 되는 것은 바움가르텐(Baumgarten, Alexander Gottlieb. 1714~1762)이 말한 '미학'[15]의 적용 여부와 기타 서양미학에서 말하는 범주를 통한 체계를 갖춘 일반 미학이론서가 별로 없다는 것이다. 장파張法는 서양미학은 (1) 헤겔(G.W.F. Hegel)의 『미학』처럼 체계적으로 구성된 일반 미학이론서, (2) 보링거(W.Worringer)의 『추상과 감정이입』처럼 몇 개의 주요 개념을 다룬 저술, (3) 레싱(G.E.Lessing)의 『라오콘』처럼 둘 또는 그 이상의 예술 장르를 비교한 것, (4) 아리스토텔레스의 『시학』처럼 한 가지 예술만 다룬 저작 등으로 구분한 다음, 이어 중국역사에 나온 미학서를 (1) 유희재劉熙載의 『예개藝概』와 같이 여러 가지 미의 영역을 함께 다룬 저서, (2) 손과정孫過庭의 『서보書譜』, 석도石濤의 『화어록畵語錄』 등과 같이 특정 장르에 대한 전문적인 저작, (3) 사혁謝赫의 『고화품록古畵品錄』처럼 시품, 화품, 서품처럼 특수한 형식으로 표현된 이론, (4) 사공도司空圖의 『이십사시품二十四詩品』처럼 시의 형식으로 시를 논한 것 등 네 가지로 구분한다. 그리고 중국미학서의 (1)과 (2)는 서양의 (3)과 (4)와 겹치지만, 중국에는 서양의 (1)과 (2)가 없는 대신 중국의 (3)과 (4)는 서양에 없

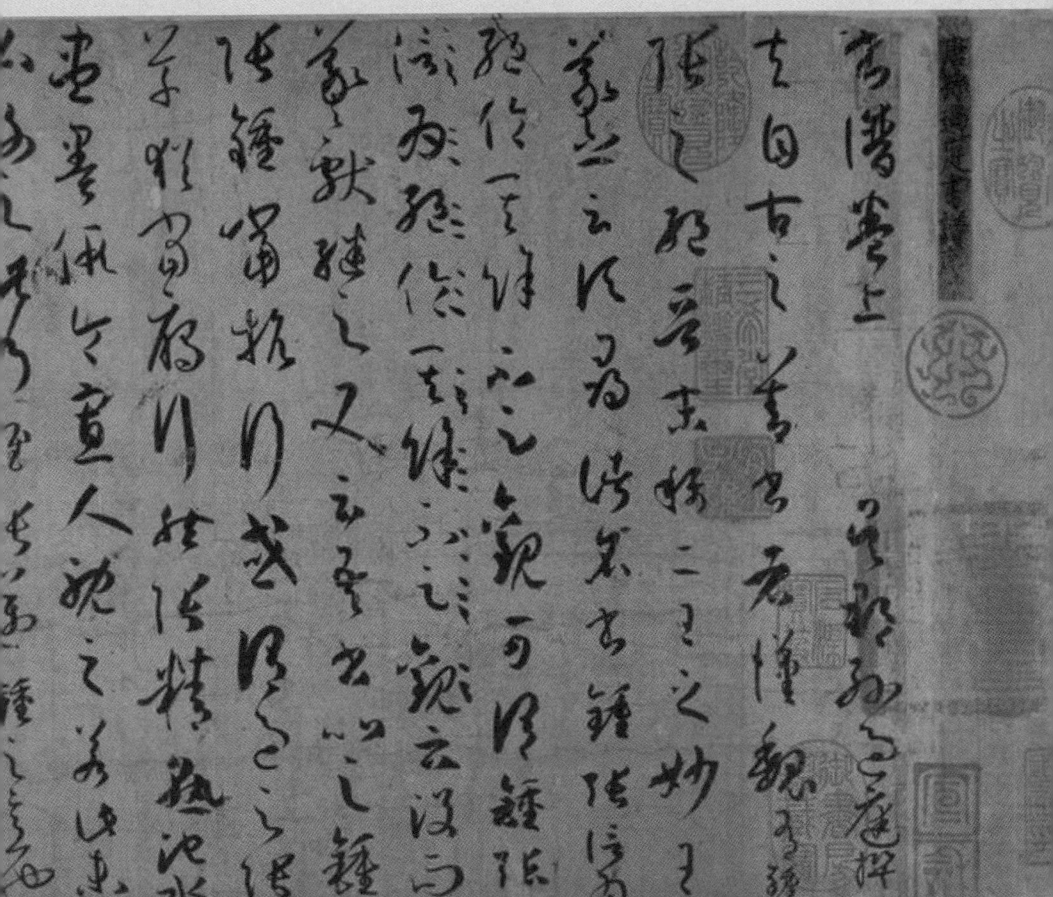

손과정, 『서보書譜』(앞부분)

『서보』는 이왕二王[왕희지, 왕헌지], 종요鍾繇, 장지張芝의 서예 세계를 평가한 책자로서, 서예를 철학과 결합해 '서예란 무엇인가'를 규명한 대표적인 서예 이론서다. 특히 중화미학의 관점에서 왕희지의 서예 세계가 왜 '진선진미'로 평가받는지 다양한 관점에서 분석하고 있다. 이후 유가미학에서 서예의 본질을 규명한, 명대 항목項穆의 『서법아언書法雅言』에 지대한 영향을 미쳤다. 김정희는 손과정의 초서에 중화미가 담겨 있다고 평가했다.

다고 본다.[16] 이런 상황에도 이제 과거에 비해 중국미학과 예술정신에 관한 연구가 많이 축적되어 중국미학과 예술정신은 물론 한국미학과 예술정신의 핵심을 이해하는 데 많은 도움을 주고 있다.[17] 아울러 '미'자의 근원과 그 의미에 대한 분석도 다양한 관점에서 이루어지고 있다. '미'자의 자원에 대한 풀이로는 허신許愼이 『설문해자說文解字』에서 "미는 감미로운 것이다. 양羊자와 대大자를 따른다. 양은 여섯 가축에서 주로 먹는 것을 제공한다. 미는 선과 뜻이 같다[美 甘也, 從羊從大. 羊在六畜, 主給膳也. 美與善同意]"라는 것을 일반적으로 거론하는데, 최근에는 더욱 다양한 분석이 이루어지고 있다. 샤오빙蕭兵의 대인大人이 양각羊角의 토템을 머리에 쓰고 춤춘다는 '양인위미설羊人爲美說', 마쉬룬馬叙倫의 '호색위미설好色爲美說', 왕정王政의 양이 순산하는 것을 미로 본 '순산위미설順産爲美說', 리쩌허우李澤厚·류강지劉剛紀의 미는 동물분연動物扮演 혹은 토템 무술巫術이 문자에 표현되었다는 '무무설巫舞說', 천량윈陳良運의 미는 성性에서 비롯하였다는 '남녀교합설', 장커허臧克和의 풍만丰滿함이 가득 차고 생기生機가 앙연盎然하고, 생생불식生生不息하는 것이 미라는 '풍만고대설豊滿高大說', 저우즈룽朱志榮의 장식설裝飾說 등 다양한 견해가 있다.[18] 이처럼 동한 허신許愼이 '미'자를 '선善'과 연계한[19] 윤리론, 인성론, 교육적, 정치적, 인문적 측면의 해석 이외에 종교적, 생리 감각적, 토템 무술적, 생산적 차원으로 이해하는 것으로 나타났다.[20]

그렇다면 동양의 미학과 예술정신을 어떻게 이해할 것인가? 다양한 방법이 있을 수 있다. 가장 초보적인 것은 '미'자를 통해 이해하는 것일 것이다. 그런데 단순 '미'자만을 통해 동양의 미학과 예술정신을 이해하고자 한다면 매우 제한된 이해에 속하게 된다. 왜냐하면 우리가 중점적으로 말하고자 하는 중당 이후 문인사대부들이 지양한 미의식과 예술정신은 '미'자만으로는 극히 일부분만 담아낼 수 있기 때문이다.

갈홍葛洪이 말한 "조화롭지 않으면 미가 아니다"[21]라는 것이 상징하듯

미는 조화로움과 매우 밀접한 관련을 갖는다. 인간 감정의 드러냄과 관련된 절제를 강조하는 유가의 중화미학은 이런 점을 대표한다. 하지만 중국 미학사와 예술사를 보면 반드시 이런 미의식만 있었던 것은 아니었다. 문文과 질質의 관계에서 문으로서 미는 질보다 낮게 처하고, 공자의 '선을 다하고 미를 다한 것[진선진미盡善盡美]'이[22] 상징하듯 '미'는 '선'보다 저열하고, 도道와 문文의 관계에서 볼 때 문이 담고 있는 미는 도의 아래에 처하였다. 더욱 심한 것은 미를 상서롭지 못한 것으로 인식하는 사유[23] 등을 볼 때 미의 지위는 상대적으로 '선', '질', '도'보다 낮았다. 노장老莊은 미에 대한 근본적인 회의를 보이고,[24] 아울러 감각적 차원의 미적인 것을 추구하는 것은 인간에게 즐거움과 유쾌함을 주는 것이 아니라 인간의 심신 및 본성을 손상시킨다고 말하고,[25] 특히 미가 추로 바뀌는 것을 말한다.[26] 이 같은 '비미주의非美主義 전통'과[27] 영정寧靜·청정清淨·염담恬淡·탈속脫俗의 생활을 추구한 문인사대부들이 담아내고자 했던 '청清', '유幽', '한寒', '정靜'과 같은 심미정취 및 그 속에 담겨 있는 선기禪氣·선사禪思·선취禪趣를[28] 비롯하여, 명대 중기 이후에는 무위자연에 입각한 '대교약졸大巧若拙' 및 진정성을 드러낸 기교 운용을 통해 중화에 입각한 형식미 규율[질서·단순·일치·정제·균제·비례] 파괴를 긍정적으로 여기는 등 미적인 것에 대한 다양한 사유가 나타난다. 예랑葉朗은 중국 고전미학은 예술작품을 통해 구성된 형상 계열[陶器, 青銅器, 詩經, 離騷, 王羲之와 王獻之의 서예, 李白과 杜甫의 시, 吳道子의 그림, 水滸傳, 紅樓夢], 한 계열의 범주[道, 氣, 象, 意, 美, 妙, 神, 賦, 比, 興, 有와 無, 虛와 實, 形과 神, 情과 景, 意象, 隱秀, 風骨, 氣韻, 意境, 興趣, 妙悟, 才, 膽, 識, 力, 趣, 理, 事, 情], 한 계열의 명제[滌除玄覽, 觀物取象, 立象以盡意, 得意忘象, 聲無哀樂, 傳神寫照, 澄懷味象, 氣韻生動] 등에서 표현된다고 한다. 이런 점에서 볼 때 '미'자만을 통해 중국미학과 예술정신을 규명한다든지, '미'자를 중심으로 한 예술론을 통해 중국예술 전모를 이해하는 것은 매우 협애한 견해에 속한다고 한다.[29]

좀 더 구체적으로 말하면, 이런 점은 송대 이후 문인사대부들이 중국

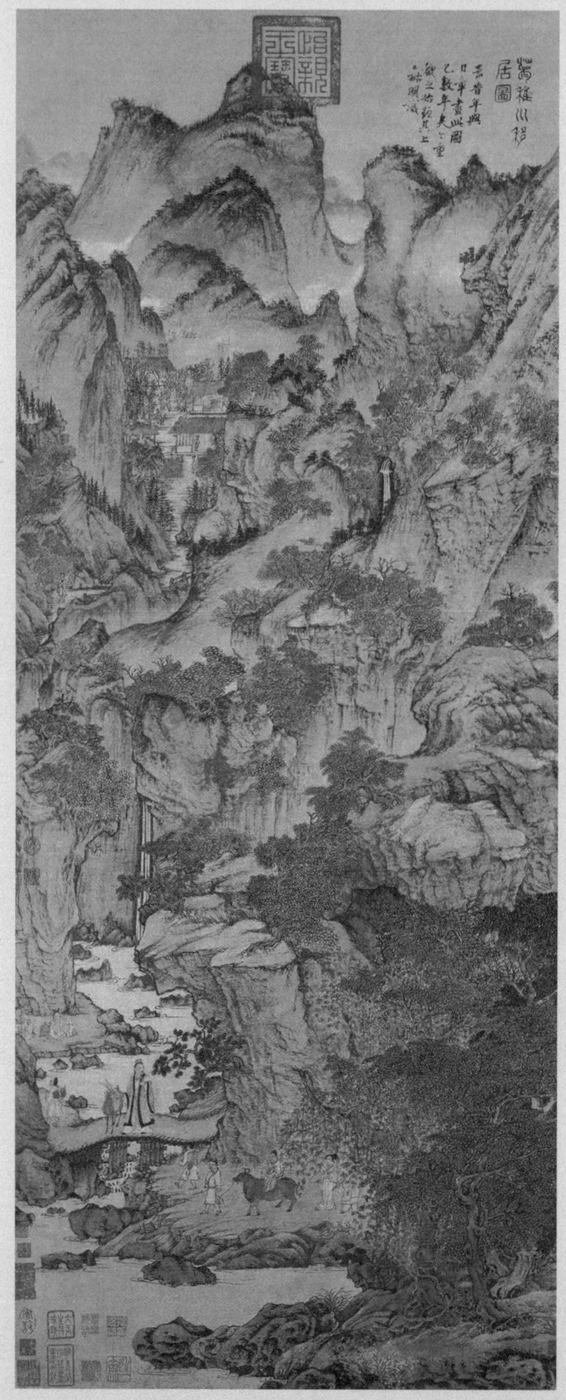

왕몽, 〈갈치천이거도葛稚川移居圖〉, 베이징 고궁박물원 소장

갈홍이 라부산羅浮山에 들어가 은거하면서 연단술을 규명하려 했는데, 이 그림은 그가 라부산에 막 들어가려는 시점을 그린 것이다. 상단 중앙에 '이친왕보怡親王寶'라는 대인大印이 있다. 이친왕보는 강희제의 열세 번째 아들로서 이친왕에 봉해진 애신각라愛新覺羅 윤상允祥이 찍은 것이다. 이런 행태는 그림을 망치는 것에 해당한다. 수장가 중 최대로 꼽히는 건륭이 또한 이런 짓을 잘했다.

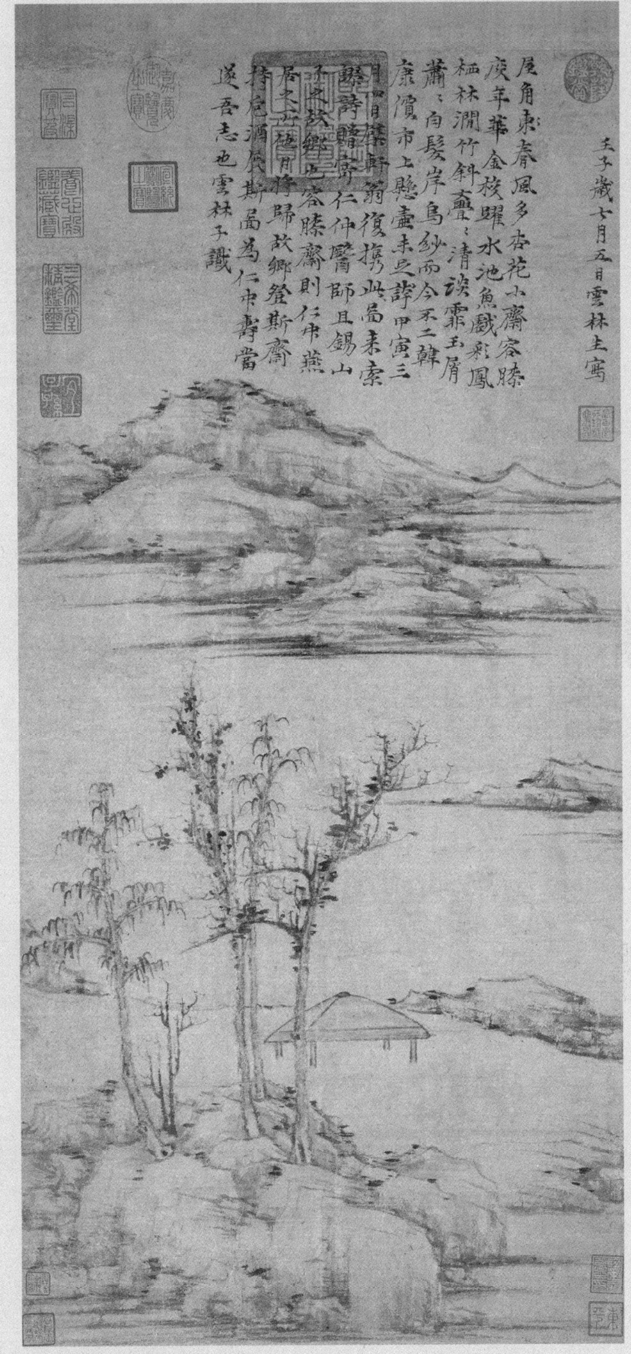

예찬, 〈용슬재도容膝齋圖〉

중국 회화사에서 견개狷介한 인물이면서 정靜의 미학을 가장 잘 표현한 인물로 예찬을 꼽는다. 이 그림은 그의 대표작이다. 사람 없는 빈 정자는 은자의 탈속적이면서 한정閒靜한 삶을 상징한다. 건륭제의 대인大印이 화제에 찍혀 있어 그림을 망치고 있다. 야외에 있는 정자는 단순히 머문다는 차원에 그치지 않는다. 은일적 삶의 상징이면서 확 트인 공간에서 시선을 높이 치켜 올리면 [망원望遠] 우주와 합일하는 경지에 이른다.

예술을 통해 표현하고자 하는 미의식과 예술정신에 더욱 잘 나타나 있다. 예를 들어, 형상 너머의 형상[상외지상象外之象], 경물 너머의 경물[경외지경景外之景], 언어 너머의 뜻[언외지지言外之旨] 등이 의미하는 '(무엇무엇) 너머의 경지'를 추구하는 사유를 비롯하여, 장자가 말하는 "지극한 아름다움과 즐거움[지미지락至美至樂]" 및 "뜻을 얻으면 상을 잊어버려라[득의망상得意忘象]"라는 사유, 엄우嚴羽가 말하는 "말은 다함이 있지만 뜻은 다함이 없다[언유진이의무궁言有盡而意無窮]"라는 사유,[30] 장회관張懷瓘이 서예와 연관해 말하는 "자연의 조화나 이치에 담겨 있는 오묘한 경지는 마음으로 통하는 것이지 그런 경지는 말로 표현할 수 없다"[31]라는 사유, 곽약허郭若虛가 말하는 "인품이 높으면 기운이 생동한다"[32]라는 사유 등이 담고 있는 미의식과 예술정신은 '미美'자만으로 담아낼 수 없는 영역에 속한다는 것이다.

소식이 말하는 '현란함의 극치는 평담함'[33]이라는 사유, 유희재劉熙載와 정섭鄭燮이 말하는 '태호석太湖石'과 '괴석'에 보이는 '추함이 극에 이른 것이 곧 미가 극에

상해 예원豫園에 있는 휘종의 옥령롱玉玲瓏
이 태호석은 수당 시대의 유물로 이미 천여 년 이상의 역사를 지니고 있다. 서화가로 유명한 송 휘종이 황가皇家의 원림인 '간악艮嶽'을 건설할 때 쓴 돌이다. 밤낮으로 국정에 힘써야 할 군주가 이런 것에 신경을 쓴 결과 나라는 패망에 이른다. 옥령롱은 약 3.5미터의 높이에 구멍이 72개 뚫려 있는 태호석으로, 태호석이 갖추어야 할 뚫림[漏], 주름짐[皺], 수척함[瘦], 투명함[透]의 특색을 잘 갖추고 있다.

이른 것이다'라는 사유,[34] 주로 인간의 덕성을 사물에 비유하여 이해하는 '비덕比德' 차원에서 논의되는 사유, 형태적으로는 추하지만 그 형태추를 통해 온갖 풍상을 겪은 군자의 '고궁절固窮節'[35] 삶을 상징하는 노경老境의 미학 등도 '미'자가 규명할 수 없는 영역에 속한다. 이처럼 문인사대부들이 미자가 표현할 수 없는 이런 미의식과 예술정신을 통해 좀 더 차원 높은 예술창작에 임하고자 한 점에 주목할 필요가 있다.

미적인 것과 직접적인 관계를 맺고 있는 대표적인 단어의 예를 들면, '연姸', '려麗', '미媚', '묘妙', '기奇', '호好', '수秀', '화華', '문文' 등이다. 동양의 미학과 예술정신을 심도 있게 이해하기 위해서는 미적인 의미를 담고 있는 단어 가운데 '미媚',[36] '화華'[37] 및 '광狂', '기奇', '일逸' 등과 같이 이해하는 입장에 따라 정반대로 이해되는 글자, 표현하고 있는 경지가 다름에 따라 전혀 반대로 이해되는 '졸拙'[38]과 같은 단어 등이 갖고 있는 미의식을 알 필요가 있다. '미媚'는 고우면서 아름답다는 점에서는 양강지미陽剛之美와 대비되는 음유지미陰柔之美를 담은 것으로 이해되지만, 그것이 인물됨됨이 및 바람직한 처세 등과 관련될 때는 때론 나약한 인간 혹은 속기俗氣를 띤 것으로 이해하는 경향이 있다. 특히 사원仕元하여 실절失節한 조맹부趙孟頫의 예술세계를 미媚로 규정하면서 부정적으로 평가하기도 한다. '화華'자는 유가에서는 주로 인격미와 연계하여 내면의 인격이나 인품, 학식이 쌓이면 그 기운이 저절로 드러나는 것을 표현한 것으로 보아 긍정적으로 이해한다. 아울러 문명화된 몸짓도 '화'자를 써서 긍정적으로 이해한다. 이런 점은 본 책자의 '성중형외誠中形外' 및 인격미와 관련된 주제에서 찾아볼 수 있다. 하지만 도가의 경우 '화'자는 외적인 인위적 꾸밈이란 점에서 부정적으로 이해한다. 주희가 '뜻은 높지만 그 높은 뜻을 행동이 따라하지 못한다[지고이행불엄志高而行不掩]'라고 하는 '광狂'이나 '자유로움'을 뜻하는 '일逸'에 대해 유가에서는 주로 유가의 예법禮法과 중화를 벗어난 방종한 것으로 여겨 부정적으로 본다. 하지만 진정성과 무위자연에 기반

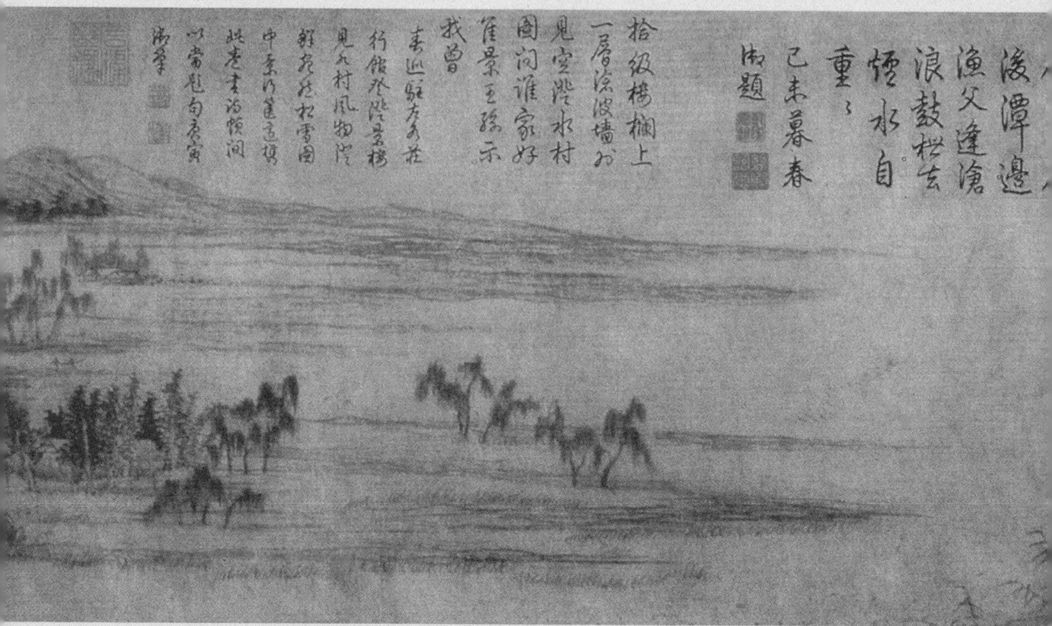

淺潭邊漁父逢滄浪鼓枻去煙水自重重
己未暮春御題

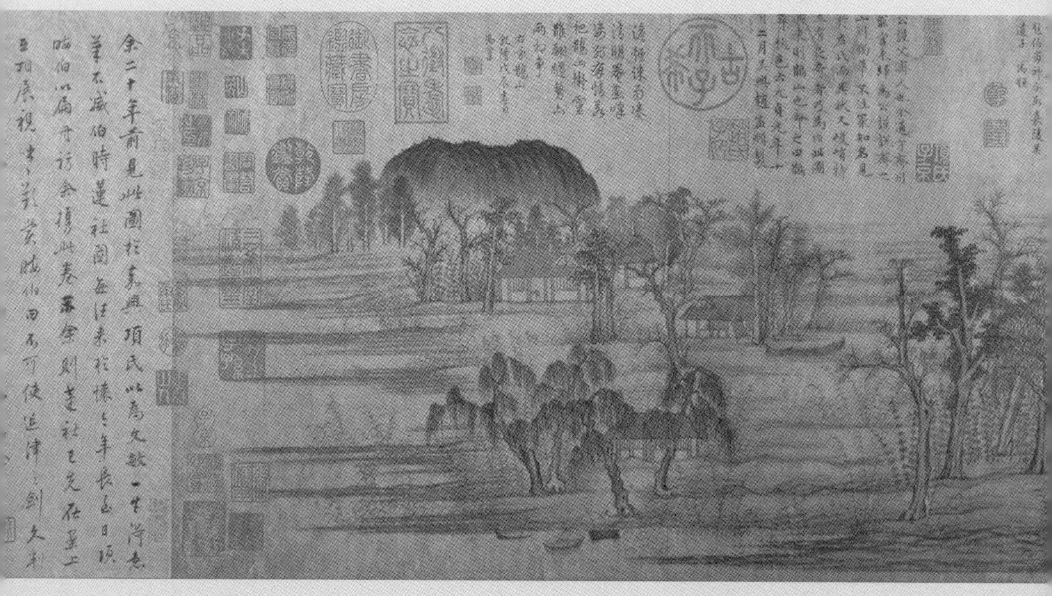

拾級樓欄上一層涼波墻外見空灣水村圖詢誰家好催景至趙示我曾

余二十年前見此圖於嘉興項氏以為文敏一生得意筆不減伯時蓮社圖每往來於懷

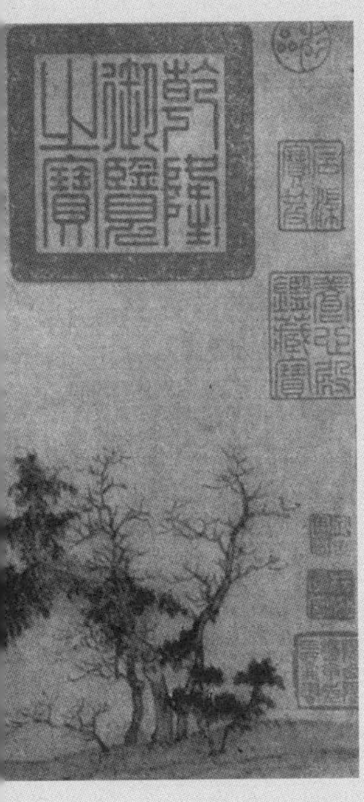

조맹부, 〈수촌도水村圖〉(부분), 베이징 고궁박물원 소장
중국화론에서 산수화를 그리는 다양한 시점과 관련해, 곽희郭熙는 평원平遠·고원高遠·심원深遠의 삼원을 말하고, 한졸韓拙은 산수 경관의 인상과 관련해 활원闊遠·미원迷遠·유원幽遠의 삼원을 말한 적이 있다. 한졸의 삼원은 주로 평원과 관련이 있다. 이런 기법 가운데 평원은 문인사대부들이 자신의 그림에 자주 응용하곤 했다. 왜냐하면 평원은 보는 눈의 시점을 편안하게 하고, 삶을 편안함과 유정幽靜함으로 유도하기 때문이다. 조맹부의 「수촌도」는 이런 점을 가장 탁월하게 반영한 작품이다. 오른편 상단에 '건륭어람지보乾隆御覽之寶' 라는 낙관이 크게 찍혀 있어 그림의 기운을 상당 부분 손상시키고 있다.

조맹부, 〈작화추색도鵲華秋色圖〉, 타이베이 고궁박물원 소장
산동성 작산과 화부주산華不注山의 가을 풍경을 그린 작품으로, 일종의 이상향을 그린 조맹부의 대표작이다. 독특한 형상의 산은 산동성 제남시 북쪽의 드넓은 평지에 덩그러니 서 있는 실제 모습이라고 한다. 건륭제와 민간인 최대 수장가였던 명대 항원변項元汴이 서로 누가 많이 찍는가를 시합하듯 많은 낙관이 찍혀 있다. 역대 그림 가운데 낙관이 가장 많이 찍힌 작품으로도 꼽힌다. '건륭감상乾隆鑑賞', '건륭어람지보乾隆御覽之寶', '고희천자古希天子', '삼희당정감새三希堂精鑑璽', '의자손宜子孫' 등은 건륭의 것이고, '원변지인元汴之印', '자경子京', '자경진비子京珍秘', '항원변인項元汴印', '항묵림감상項墨林鑑賞', '묵림墨林'은 항원변의 것이다.

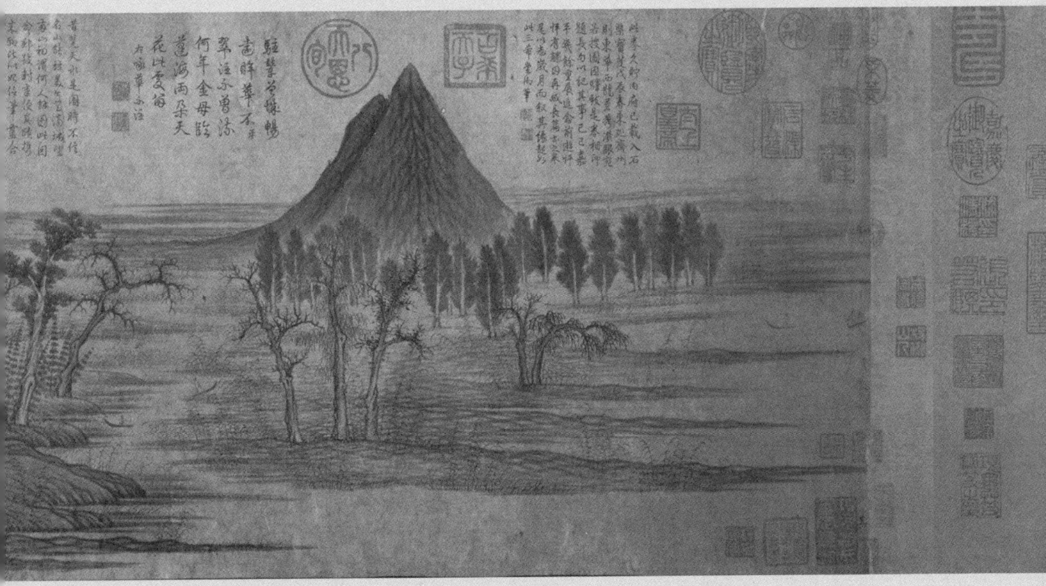

한 자유로운 심령을 담아낼 것을 요구하는 도가에서는 '광'과 '일'을 매우 긍정적으로 본다. 기교가 생경生梗한 차원의 치졸稚拙함을 의미하는 '졸拙'과 '생生-숙熟-생生'의 삼단계론에서 최종단계인 '생生'의 경지와 관련된 졸은 완전히 다르다. 긍정적인 '졸'은 후자로서, 노자가 말하는 '대교약졸大巧若拙'은 이런 점을 가장 뚜렷하게 보여준다. 직접적으로 미적인 의미를 말한 것은 아니지만 실질적으로 미적 최고 경지를 의미하는 '대大'자, '지至'자, '상上'자,[39] '묘妙'자 등을 통한 미적 인식에도 주목할 필요가 있다. 예랑葉朗은 도의 무규정성 및 무한성 체현과 관련이 있는 '묘'자는 중국 고전미학 체계 중에서 매우 중요한 미학범주라 규정하고, 중국예술사에서는 '묘'자로 파생된 미묘微妙, 신묘神妙 등의 개념을 통해 예술작품을 평하였음을 말한다.[40]

당대 사공도司空圖(837~908)의 『이십사시품二十四詩品』,[41] 명대 서상영徐上瀛(약 1582~1662)의 『계산금황溪山琴況』에 보이는 '24황況',[42] 청대 건륭(1711~1799) 시기 황월黃鉞의 『이십사화품二十四畫品』,[43] 황월보다 조금 뒤로 추정되는 양경증楊景曾의 『이십사서품二十四書品』[44] 등이 말한 품론을 비롯하여 미적 풍격과 관련된 범주에[45] 대한 이해도 매우 중요하다. 이 같은 각 분야의 품론은 문인사대부들의 예술창작과 기교 운용에 직접적으로 영향을 주었을 뿐만 아니라 아울러 한 분야의 풍격론은 다른 분야에도 적용되는 특징도 있다. 즉 문인사대부들이 '서화동원론書畵同源論'을 말하고, 아울러 시·서·화는 동일한 원리라고 여긴 것이 그것이다. 소식은 '시와 화는 본래 일률'임을 말하고,[46] 설설薛雪은 '시문과 서법은 하나의 이치'라는 것을 말하고,[47] 김정희金正喜는 "서법[48]은 시품과 화법을 따르니, 오묘한 경지가 동일하다… (사공도)『이십사시품』에 대해 오묘한 깨달음이 있으면 글씨의 경지가 시의 경지일 뿐이다"[49]라고 말한 적이 있다.

앞서 거론한 품론과 관련된 다양한 품격은 미적 특성에 해당하기 때문에 품격을 통한 비평은 결국 비평 대상의 특성을 변별해내는 비평방식이고, 이런 점에서 풍격비평의 성격은 심미비평에 해당하기도 한다.[50] 시대적 차원에서 접근하면, 풍격을 통한 비평이나 품론을 통해 우열을 따지는 것은 송대 이후 문인사대부들이 미학과 예술에서 미적인 것이 무엇인가에 대한 질문[51] 및 창작행위와 관련이 있다.

이 밖에 중국미학과 예술정신을 좀 더 다양하게 이해하기 위해서는 유약柔弱한 성질의 음陰과 강강剛強한 성질의 양陽의 특성을 미의식과 결합한 일종의 장엄미莊嚴美에 속하는 '양강陽剛의 미'[=웅혼雄渾, 경건勁健, 호방豪放, 장려壯麗, 강렬剛烈, 기발奇拔, 호매豪邁, 내열외강內烈外剛, 분방경건奔放勁健 등의 풍격]와 일종의 우아미優雅美에 속하는 '음유陰柔의 미'[=수결修潔, 담아淡雅, 청원淸遠, 표일飄逸, 침착沉著, 굴울屈鬱, 내유외수內柔外秀, 완곡청려婉曲淸麗 등의 풍격]로 구분하는 것이나,[52] 왕궈웨이王國維가 말한 '유아지경有我之境'과 '무아지경無我之境' 등을 통한 구분방식도 참조할 필요가 있다.[53] 이런 구분방식은 주로 시, 문학 쪽에서 말해진 것이지만 서화에도 거의 그대로 적용되기 때문이다. 이 밖에 장파는 중국미학에서 미학의 각 부분을 꿰뚫고 있는 근본적인 범주로 다섯 가지를 든다. 먼저 '기운생동氣韻生動'으로, 이 범주는 중국미학의 내재적인 생명으로서, 중국미학의 모든 것을 꿰뚫고 있다. 다음 '음양상성陰陽相成'과 '허실상생虛實相生'으로, 이 범주는 중국미학의 기본법칙으로 모든 범주를 꿰뚫고 있다. 다음 '화和'로서, 이 범주는 중국미학의 최고 이상이다. 마지막으로 '의경意境'으로, 이 범주는 중국미학의 심미생성관이다. 아울러 의경이 있다는 것은, 기운생동, 음양상성, 허실상생, 화가 그 속에 고루 들어 있다고 한다.[54]

이상 본 바와 같은 문인사대부들이 제기한 다양한 품론이나 미적 인식 가운데 직접적으로 '미美'자와 관련된 품격론 혹은 품론이 없다는 점에 주목할 필요가 있다. 이런 점은 중국미학과 예술정신에서 '미'자가 갖는 낮은 위상을 보여줌과 동시에 문인사대부들이 지향한 미학과 예술정신의 실질적 사유를 보여준다고 할 수 있다. 그런데 이런 미의식과 예술정신은 시대가 변화함에 따라 다르게 나타났을 뿐만 아니라 아울러 문인사대부들이 추구한 긍정적인 삶이 무엇인가에 따라 다르게 나타나기도 하였다. 이런 점에 대한 이해가 있어야만 시대 상황에 따른 중국미학과 예술정신의 변화상 및 그 큰 흐름을 이해할 수 있다.

3

시대 상황 및 은일정신에 담긴 미의식과 예술정신

리쩌허우는 선진先秦시대를 제외하면 중국 고대사회는 위진魏晉시대, 중당中唐시대, 명대 중기라는 세 가지 전환점이 있었다고 한다.[55]

중국미학과 예술정신의 변천을 통사적으로 보면, 선진 제자백가 시대의 다양한 사유는 일단 한대에 유학을 중심으로 하여 정리되고, 아울러 유학의 영향을 받은 미의식이 강조된다. 위진시대는 '(유가의 성인인) 탕임금과 무임금을 그르다고 여기고, 주공과 공자를 하찮은 것으로 여긴다[비탕무이박주공非湯武而薄周孔]'라는 '위진명사'가 사대부 정신과 미학을 체현한 시대다. 그들의 인물품조人物品藻, 복식服飾, 청담淸談, 음주飮酒, 복약服藥, 상죽賞竹, 혁기奕棋, 문학예술文學藝術 등을 비롯한 독특한 행동거지行動擧止 때문에 '위진명사'라고 하여 이전의 명사와 다르게 이해한다. 이 시대는 중국 사대부 문화의 짜임새가 확립된 시대로, 은거를 비롯하여 원림·산수문학·회화·서예·음악·현학·불교·도교·유람·저술·바둑 등이 포괄적으로 발전한다.

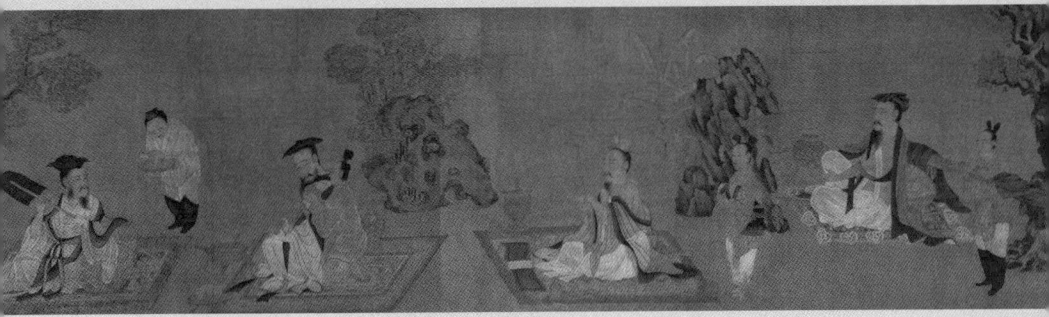

손위, 〈고일도高逸圖〉, 상해박물관 소장

죽림칠현竹林七賢—위진시대의 완적阮籍, 혜강嵇康, 산도山濤, 상수向秀, 유령劉伶, 완함阮咸, 왕융王戎—을 그린 작품이다. 그들은 정치권력에 등을 돌리고 혜강의 죽림에 모여 거문고와 술을 즐기며, 청담淸談을 주고받으며 지냈다. 유가 예법에 얽매이지 않고, 때론 광기 어린 삶을 살았으며, 노장사상을 좋아했다. 그림엔 산도, 왕융, 유령과 완적만 남아 있다. 좌측 맨 마지막에 있는 인물은 완적이다. 완적이 두 손으로 들고 있는 부채는 '주미麈尾'라 불리는데, 실제 부채로도 사용하지만, 대화를 나눌 때 고상함이나 무리의 영수 격임을 상징하는 기물이다. 인물 사이에 파초, 국화, 소나무, 태호석 등을 그려넣어 이들의 품격을 비유하고 있다.

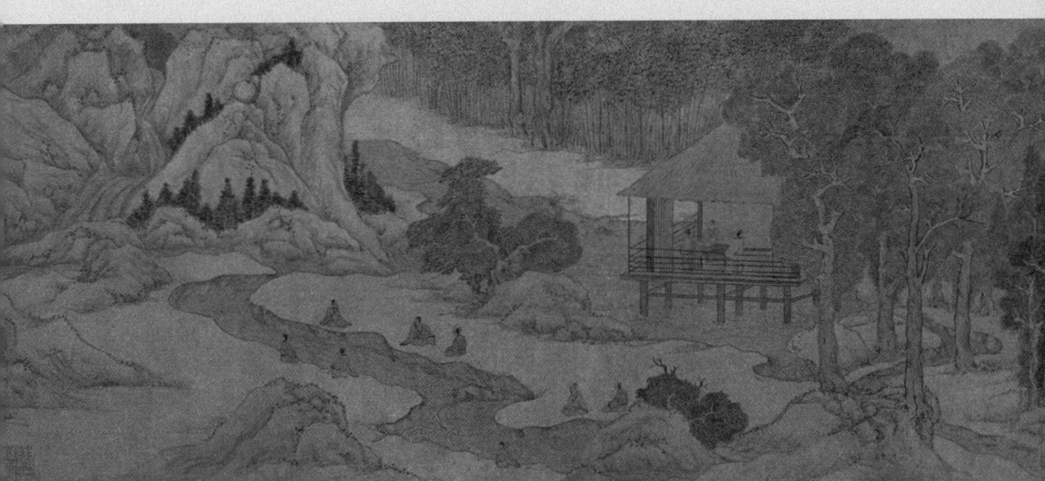

문징명, 〈난정수계도蘭亭脩禊圖〉, 베이징 고궁박물원 소장

영화 9년(353) 계축 3월, 절강성 회계군 산음현 난정에서 열린 수계脩禊 모임에는 사안謝安, 손작孫綽, 왕헌지 등을 비롯해 40여 명의 명사가 모였다. 잔이 흘러가다가 멈춘 곳에 있는 사람이 시를 짓지 못하면 벌주로 세 잔을 먹어야 했다는 흥취 어린 모임이었다. 이를 통해 동양에서 시가 얼마나 중요하게 여겨졌는지도 알 수 있다. 근처 도시인 소흥紹興은 수향의 도시로도 알려져 있는데, 중국철학과 예술에서 반골적 기질을 가진 인물들이 많이 태어난 곳이다. 청대 이지李贄, 공자를 비판해 유가 최대의 이단아로 꼽히는 왕충王充을 비롯, 문학의 루쉰[魯迅], 서화예술의 서위徐渭 등이 모두 이곳 출신이다.

장파張法는 위진시기는 상대적으로 독립된 형태의 사인士人 미학체계가 형성되고,[56] 이런 사인 미학의 미적 풍조의 주된 고리로 죽림칠현竹林七賢의 광기[광狂], 왕희지로 대표되는 '난정蘭亭'의 정회[정情], 산수의 즐거움[락樂]을 꼽는다.[57] 특히 장자는 중국미학의 철학적 토대이고, 도잠[=도연명]은 최고 경지에 속하는 인물인데, 장자에서 도연명에 이르는 과정은 바로 중국철학이 중국미학으로 깊숙이 들어오는 과정이라고 본다.[58] 이처럼 중국예술사에서 동진시기는 매우 중요한데, 환현桓玄 같은 인물은 서예나 명화에 대한 품평과 수장으로 유명하였다.[59] 뒷날 사대부 문화예술을 조성하게 된 중요한 부분인 이런 기풍도 동진東晉에서 비롯되었다.

위진에서 당에 이르는 기간은 사인士人 계층이 완전히 성숙되는 시기에 해당하며, 아울러 문인들이 추구한 예술정신이 점차 사회적으로 영향을 발휘한 시기이기도 하다.

수당시대에는 두보杜甫, 한유韓愈, 유종원柳宗元 같은 시인과 문사文士 등이 당시 사회의 양심을 대표하였다. 장파는 당대의 사인 유형을 두보·한유와 같은 용감한 유자형儒者型, 이백·장욱張旭 같은 호방형, 왕유王維 같은 참선형參禪型, 백거이白居易 같은 중은형中隱型으로 구분하는데,[60] 당대의 경우는 중당시기가 한 전환점을 이룬다. 중당시대는 중국 봉건사회가 전기로부터 후기에 이르는 전환점으로서 기존 문벌門閥·사족士族 계층이 아닌 세속 지주세력이 지위를 대신 차지하게 된 시대이면서 이전에 비해 예술의 개성이 성숙된 시대이기 때문이다.[61] 주량즈朱良志는 사공도가 『시품』에서 제일 먼저 '웅혼'함을 거론하듯이 중당 이전에는 미학과 예술 감상의 취미는 큰 것을 위주로 하다가,[62] 중당 이후에는 작은 것을 아름답게 여기는 사상이 주류를 차지하였다고 말한다. 그리고 이런 변화는 중국인에게 내재된 문화 심리를 반영하고 있으며, 작은 것에 대한 중시는 평화, 아득함, 우아함을 중시하는 심리적 수요가 반영되어 있다고 말한다.[63]

다음 유학을 기본으로 하면서 노장을 받아들인[유도호보儒道互補] 문인사대부들이 예술창작에 임한 송대가 한 전환점을 이루는데, 주로 정주程朱[정이程頤, 주희朱熹] 이학理學을 근간으로 하면서도 노장사상이 한데 어우러진 우아하면서도 '소산간원疏散簡遠'함과 '소조담박蕭條淡泊'함을 추구하는 유풍이 나타난다. 송대에는 유학이 부흥함에 따라 범중엄范仲淹이 제창한 '(황제와 함께) 천하를 책임지는 것을 자신의 사명감으로 삼는다[이천하위기임以天下爲己任]'[64]라는 것과 '천하의 걱정거리를 먼저 걱정하고 자신의 걱정거리를 뒤에 하며, 천하의 즐거움을 먼저 즐거워하고 자신의 즐거움을 뒤로 한다[선천하지우이우先天下之憂而憂, 후천하지락이락後天下之樂而樂]'라는 풍모가 사대부의 신 표준이 되었다.[65] 하지만 송대는 이 같은 '유가 성인의 도를 밝히고 세상을 구제하는 것[명도구세明道救世]'을 실천하지 못하는 경우 문인사대부들은 세속과 타협하지 않고 은일적 삶을 통한 생활의 예술화를 꾀한 시대이기도 하다. 이런 시대상황에 따른 사대부의 삶과 지향점의 변천은 미학과 예술정신의 변천과 거의 동일한 맥락에 있다. 그 하나의 예를 보자.

북송대에는 특히 미불米芾의 '먹으로 장난 삼아 예술창작에 임한다[이묵위희以墨爲戲]'라는 '묵희' 정신과 구양수歐陽脩가 말한 '서예를 배우는 것을 즐거움으로 삼는다[학서위락學書爲樂]'라는 것으로 상징되는 '즐김[완玩]'의 현상이 일어난다. 이 같은 송대 문인사대부들의 미학과 예술정신을 파악하는 관건은 서화를 통해 운치를 추구하면서 '자신의 흉금을 의탁하는 즐김', '수양을 기초로 하는 즐김' 등을 파악하는 것에 있다. 아울러 주목할 것은 시, 서예, 금琴이 사인들이 원림에서 누리는 즐거움의 구성요소가 된 것은 동진 시기인데, 송대가 되면 '시심詩心', '사의詞意', '악정樂情', '다운茶韻', '서취書趣', '화경畵境' 등이 어우러진 원림이 조성된 점이다. 송대 문인사대부들의 예술의 생활화와 생활의 예술화 상징이 된 원림은 단순히 공간적으로 존재하는 원림이 아니다. 자신들의 담박함과 전아함, 우아한 정취, 고상한 인품을 추구하고자 하는 원림이다. 즉 내면세계가 반영된 '마

음이 반영된 정원[심원心園]'이 된다.[66]

아울러 이 시대에는 선의禪意가 문인사대부 예술가에게 영향을 준다. 리쩌허우는 '선의禪意'가 중국예술에 끼친 영향에 대해 크게 의미를 부여한다. 리쩌허우는 『화하미학華夏美學』의 맨 마지막 부분에 시대마다 예술정신과 미학에 영향을 준 대표적인 철학과 중요한 미적 범주 및 인물들을 거론하고, 아울러 궁극적으로 추구한 것이 무엇인지를 도표로 말하고 있다. 이런 분석은 송대 이후 문인사대부들이 추구한 미학과 예술정신의 큰 흐름을 이해하는 데 도움을 준다.[67] 여기서 리쩌허우는 문인사대부들이 실질적으로 예술에 참여한 송원대의 경우 '선의'가 예술에 어떤 영향을 주었는지를 밝히는데, 송원대에 '선의'가 미학과 예술에 끼친 핵심적인 것으로 '담淡'을 꼽는다. 장파는 중당 이후의 미학을 깊이 있게 이해하려면 현실은 떠나지 않으면서 세상의 초월을 말하는 선종을 빼놓아서는 안 된다고 하면서, 선종은 중국미학의 이상적인 경지를 '왕유의 산수의 즐거움'에서 '백거이의 도시 속의 은거'로 전환하게 하였다고 말한다.[68]

이처럼 송대는 문인사대부들이 직접 예술 창작에 참여함에 따라 이전과 다른 예술품격을 드러낸다. 명대 중기 이후 왕양명王陽明의 양명학은 중국미학과 예술정신을 또 다른 차원에서 전환점을 이루게 한다. 이지李贄의 「동심설童心說」을 비롯한 '임정종욕任情縱欲'을 긍정적으로 보면서 인성의 자연본성의 진정성[진眞]을 강조하는 양명좌파[=태주학파泰州學派]의 광견狂狷유풍이 정주의 중화미학을 중심으로 한 미적 인식과 차별화를 보인 것이 그것이다. 물론 이런 과정 속에서 유가의 선종화 경향이 일어나기도 한다. 예를 들면 품격론에서 일품逸品의 경지는 송대 이후 문인사대부들은 선종에서 일정 정도 영향을 받아 탈속적인 아름다움을 추구하기도 한다.[69]

이렇게 시대가 변함에 따라 하나의 전환점을 이루는 것은 마치 '한 사물의 성질이 극에 도달하면 반드시 그 반대의 성질로 돌아간다[물극필반物極

必返]'라는 것을 기반으로 하는 '한번은 음이고 한번은 양이다[일음일양一陰一陽]'라는 자연의 원리가 적용된 것 같은데, 이처럼 순환하는 가운데 나타나는 전환점은 기본적으로 인간의 감정을 어떻게 이해할 것인가와 관련이 있다. 즉 중화를 중심으로 하는 절제된 마음을 드러내는 유가의 중화미학과 인간의 진정성과 자유로운 심령을 거침없이 드러내는 것을 긍정적으로 여기는 도가의 광견미학이 그 전환점에 자리 잡고 있다.

근대화 이전 한국과 중국은 문인의 나라였고 문학의 나라였다.[70] 이런 점을 철학적 측면에서 접근하면, 유가문화는 문인에게 이성적 성격을 강조하고 문인들로 하여금 입세入世의 길로 들어가게 하였다. 도가문화는 비이성적 성격을 강조하여 출세出世의 길로 들어가게 하였다. 탕쥔이唐君毅는 중국의 전통문인을 두 가지 양상으로 말한다. 하나는 유가의 인문정신에 감화되어 성정이 돈독하고 진지하여 기상氣象과 풍골風骨에서 뛰어남을 보인 '고전문인古典文人'이다. 다른 하나는 도가의 '도법자연道法自然' 정신에 감화되어 의취意趣가 쇄락灑落하고 자재自在하여 신사神思와 운미韻味에서 뛰어남을 보인 '낭만문인浪漫文人'으로 구분한다.[71] 이 가운데 공명심을 버리고 풍류를 즐기면서 자유를 추구하였던 도연명이나 소식과 같은 '낭만문인'은 유가와 도가를 자유자재로 옮겨가면서 자신만의 독특한 예술풍격을 형성하기도 하였다. 아울러 '낭만문인'에 속하면서 예술적 광기를 보인 기인奇人들, 예를 들면 장자莊子[=장주莊周], 혜숙야嵇叔夜[=혜강嵇康], 도연명[=陶潛], 이태백[=李白], 당백호唐伯虎[=당인唐寅], 서문장徐文長[=서위徐渭], 이탁오李卓吾[=이지李贄], 금성탄金聖歎, 정판교鄭板橋[=정섭鄭燮], 공자진龔自珍 등은[72] '광견문인'에 속한다.

문인은 단순히 문장만을 쓰는 사람이 아니다.[73] 유협劉勰은 『문심조룡文心雕龍』「정기程器」에서 품덕品德 방면에서 작가를 평론한 적이 있는데, '문사文士'라는 용어를 통해 문인의 문학적 재능이 인격, 인품과 어떤 관계를 가지고 있는가를 밝히고 있다.[74] 여기서 '문사'는 문인과 사대부를 결

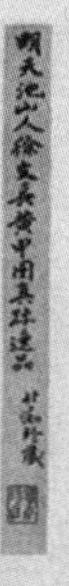

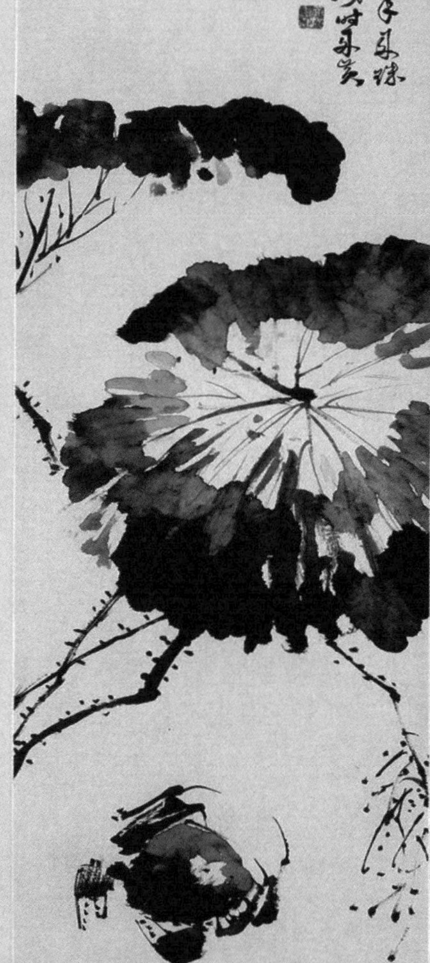

서위, 〈황갑도黃甲圖〉, 베이징 고궁박물원 소장

중국회화에서 '대사의화大寫意畵'를 대표하는 서위는 "기세등등 하구나 권세를 믿고 날뛰는 자들, 세상에 인재 있는지 묻지 말라. 훌륭한 인재를 알아보지 못하니, 시간이 지나면 황갑의 이름만 전해지리라[兀然有物氣豪粗, 莫問年來珠有無, 養就孤標人不識, 時來黃甲獨傳臚]"라는 화제를 통해 당시 부조리한 시대를 비판했다.

합하여 말한 것이라 본다. 문인은 시대에 따라 명청 시대에는 점차 세속화, 일반화 현상이 일어나기도 한다.[75] 고염무顧炎武는 당송唐宋 이후에 문인이 많아짐에 따라 경술을 알지 못하고 고금을 통달하지 못한 질적으로 문제가 되는 문인이 나타났음을 지적한다.[76] 고염무의 지적은 그만큼 후대에 오면 사회적으로 문인의 숫자가 많아졌음을 의미하는데, 이처럼 문인이 많아지는 과정을 회화사의 흐름에 적용해보면, 명대에 많은 문인들이 회화에 종사한 결과 '남종문인화'가 탄생되는 이유가 되기도 한다.

이처럼 자신이 훈도받은 철학이 다름에 따라 다른 미적 경지를 보이는 문인사대부들의 미의식과 예술정신은 그의 삶의 지향점과 매우 밀접한 관련이 있음을 살펴봐야 한다. 한 가지 더 주목할 것은, 문인들이 지향한 미의식과 예술정신은 특히 중당 이후 문인 혹은 문인사대부들이 지향한 은일정신과 매우 깊은 관련이 있다는 것이다.

> 대저 서예는 현묘한 기예이다. 만약 세상의 이치를 통달한 인물[통인通人]이나 뜻이 있는 선비[지사志士]가 아니면 배워도 미칠 수 없다.[77]

> 군자는 (악樂을 통해) 도를 얻는 것을 즐거워하고, 소인은 욕망을 얻는 것을 즐거워한다.[78]

> 예로부터 기이한 그림들 다수는 재주가 뛰어난 높은 벼슬아치들[헌면재현軒冕才賢]과 바위굴에서 사는 고고한 선비[암혈상사巖穴上士]들이 '인仁에 의거하고 예藝에 노닐며', 이치를 깊이 파고들어 고상하면서 우아한 감정을 한결같이 그림에 표현하였다. 인품이 이미 높으면 기운이 높아지지 않을 수 없다.[79]

> 군자가 산수를 사랑하는 까닭은 그 취지가 어디에 있는가? 산림과 정원

에 거처하면서 자신의 천품을 수양하는 것은 언제나 그렇게 처하고자 하는 바이고, 샘물과 바위에서 휘파람 불면서 자유로이 거니는 것은 언제나 즐기고 싶은 것이다.[80]

품격 있는 예술작품을 창작하거나 향유하는 인물로 '통인', '지인', '현면재현', '암혈상사', '군자' 등을 거론하는 것은 동양의 미학과 예술정신의 전모와 핵심을 이해하는 데 매우 중요한 점을 시사한다. 전통적으로 동양에서는 위대한 예술가를 평가하는 데 기교의 능숙함 여부로만 그 기준을 삼지 않았기 때문이다. 문인화가와 화원화가를 구분하듯이 예술창작자의 신분 여하에 따라, 혹은 덕과 인품의 유무 여부에 따라 작가와 작품의 우열을 짓기도 하였다.

특히 중당 이후 (문인)사대부들은 '요산요수樂山樂水'를 꿈꾸거나 은일적 삶에 대해 긍정적 견해를 보이면서 그 삶에 어울리는 미학과 예술정신을 추구하고자 하였다. 중국은 물론 한국의 역대 (문인)사대부들은 '나아가 벼슬할 것이냐 물러나 처할 것이냐[출처出處]'와 '벼슬할 것이냐 은퇴할 것이냐[사은仕隱]'의 갈림길에서 무엇을 선택할 것인가를 고민하곤 하였다.

(1) 공자 : (자신이 뜻을 펼칠 수 없는 어려운 상황이면) 숨어 살면서 (저술이나 교육 등을 통해) 자신이 지향하는 뜻을 펼칠 것을 구하고, (자신의 능력을 알아주는 군주를 만나는 상황이면) 의로움을 행함으로써 (유가 성인이 지향하는 세상을 구하는) 도를 실현한다[은거이구기지隱居以求其志, 행의이달기도行義以達其道].[81]

맹자 : (옛사람들은 군주에게 능력을 인정받아 출세하여) 현달하는 삶을 살 경우에는 두루 천하를 다스리는 업적을 쌓고, (상황이 좋지 않아) 궁핍한 상황에 처하면 홀로 자신의 한 몸을 깨끗이 하면서 (지조와 절개를

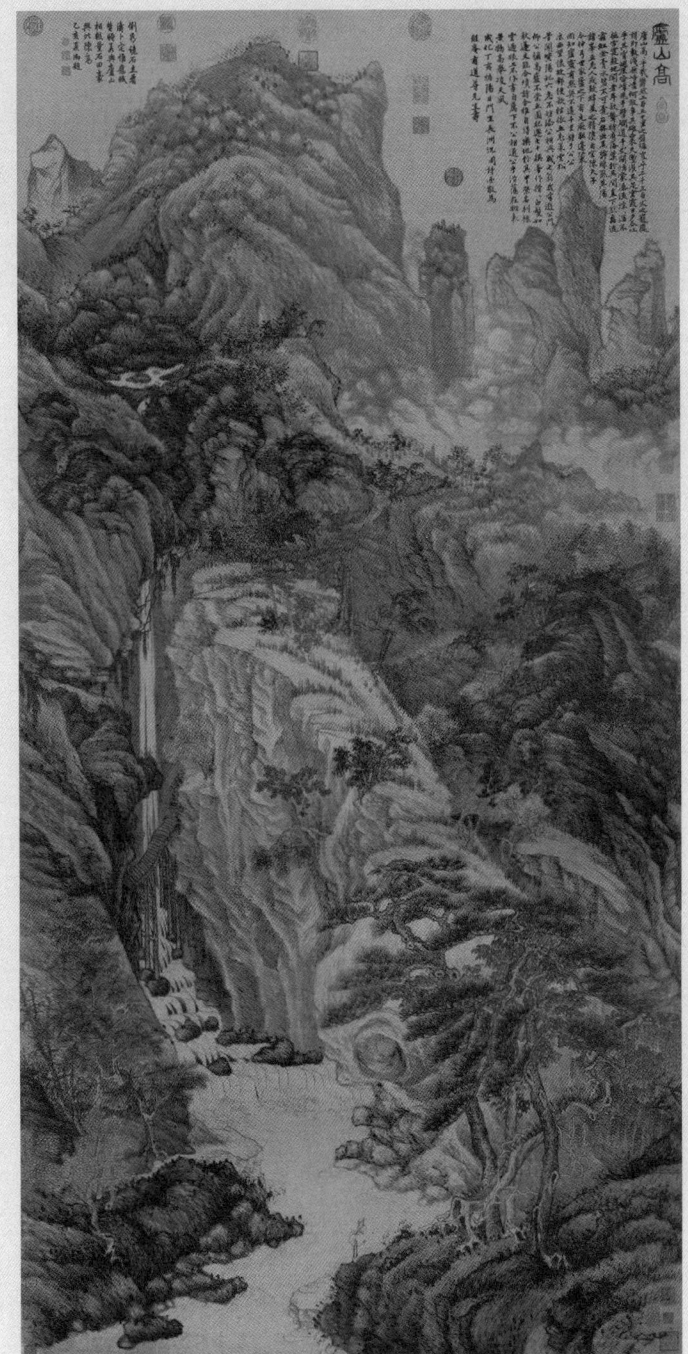

심주, 〈여산고도廬山高圖〉, 타이베이 고궁박물원 소장

41세의 심주가 스승 진관陳寬의 70세 생신을 축하하기 위해 그린 그림이다. 부귀영화를 지나가는 구름처럼 여기면서 비둔肥遯의 삶을 살았던 스승의 인품과 학식을 높고 웅장한 여산에 비유했다. 여산은 은일한 삶을 추구한 은사들이 각별히 좋아했던 산으로, 이백의 시제詩題뿐 아니라, 석도石濤 등 유명 화가들의 훌륭한 그림 소재가 되기도 했다.

보존하는 삶을) 산다[달즉겸제천하達則兼濟天下, 궁즉독선기신窮則獨善其身].[82]

(2) 장자 : 몸은 강과 바닷가에 있으면서 세속적인 것에는 관심이 없는 것 같지만, 마음은 (정반대로 호시탐탐) 군주가 있는 대궐 아래에 있다.[83]

곽상 : 성인은 몸이 나라의 정치판[묘당廟堂]에 있더라도, 그 마음은 산림 가운데에 있다.[84]

(1)에서 공자의 이른바 '은거구지隱居求志'는 맹자의 '독선기신獨善其身'과, 공자의 '행의달도行義達道'는 맹자의 '겸제천하兼濟天下'와 그 맥을 같이 하는데, 후대의 (문인)사대부들은 이 두 가지 삶의 방식에서 무엇을 선택할 것인지를 고민하였다. 특히 '명도구세'하고자 하는 사명감을 갖고 있는 사대부들이 자발적으로 '은거구지'를 행하는 것을 제외하면 대부분 '은거구지'나 '독선기신'은 부득이하게 취하는 삶일 경우가 많았다. 어찌되었든 공자와 맹자가 말한 선택적 삶의 방식은 한대 이후 (문인)사대부들의 '출처出處', '사은仕隱'과 관련된 진퇴관의 화두가 되었다.

(2)에서 말하는 삶은 (1)에서 말하는 것과 달리 주로 한대 이후 은일적 삶을 추구한 상황에서 많이 발생하였다. 관료적 삶을 살면서 명예를 동시에 얻을 수 있는 삶은 누구나 바란다. 하지만 현실에서 이 두 가지를 다 얻는 경우는 많지 않다. 좋은 군주를 만나 자신의 능력을 발휘할 수 있는 상황이 되면 다행이다. 하지만 '재주를 품고 있지만 자신을 알아주는 (시대나) 군주를 만나지 못한다[회재불우懷才不遇]'라는 경우 종종 은사로서 '독선기신'하고 '명철보신明哲保身'하는 삶을 살기도 하였다. 노자는 군주가 '생사여탈生死與奪'의 전권을 휘두르는 상황에서 관료적 삶을 사는 것에는 군주의 총애와 욕됨이 동시에 있기 때문에 항상 두려워하라고 한 적이 있다.[85] 중당의 은일문화를 이룩하였다고 평가받는 백거이도 이런 점을 잘 지적하고 있다.[86] 이런 다양한 처세방식 가운데 은일적 삶에 대한 추구는 문인사대부들의 미의식과 예술정신에 영향을 주었다.

동한의 중·후기 혼란한 시대부터 시작된 은일기풍은 위진 이후 사대부 계층에서 보편적인 풍조로까지 발전한다. 이런 상황에서 주목할 인물은 바로 백거이다. 백거이는 은자를 크게 대은大隱, 중은中隱, 소은小隱으로 구분하는데, 이 가운데 경제적 문제점을 해결하기 위해 어쩔 수 없이 관료적 삶을 살지만, 은일적 삶을 동시에 추구할 수 있는 중은의 삶을 말한다. 중은의 삶은 종일토록 공적인 일을 하지 않아도 다달이 월급을 받기 때문에 배고픔과 추위를 면할 수 있는, "벼슬을 한 것 같은데 한 것 같지도 않고, 바쁘지도 않고 한가하지도 않은 삶"에 해당한다.[87]

> 평일 아침 일어나 일을 보고
> 낮에는 정자에 누워 문을 닫아둔다.
> 공문서를 가까이하는 일 외에
> 자주 거문고와 책 앞에 있도다.
> (중략)
> 이런 것을 가지고 그럭저럭 날을 보내니
> 바쁘지도 한가하지도 않네.
> 산림은 너무 적막하고
> 조정과 대궐은 헛되이 시끄럽고 번잡하다.
> 오직 이 고을 안에서
> 시끄러움과 고요함이 중간을 얻었도다.[88]

조선조 겸재謙齋 정선鄭敾의 그림 중에 〈여산초당도廬山草堂圖〉가 있는데, 이것은 백거이가 여산에 은거하면서 한가로운 삶을 즐기는 정경을 그린 것이다. '문을 닫는 행위'는 세속적인 것과 단절을 꾀하는 것으로, 한거閑居의 기본조건이면서 은일적 삶의 핵심이기도 하다. '오로지 벼슬한 것도 아니고 은일만을 한 것도 아닌' 두 가지 묘합적 삶인 '중은'을 통해 독특

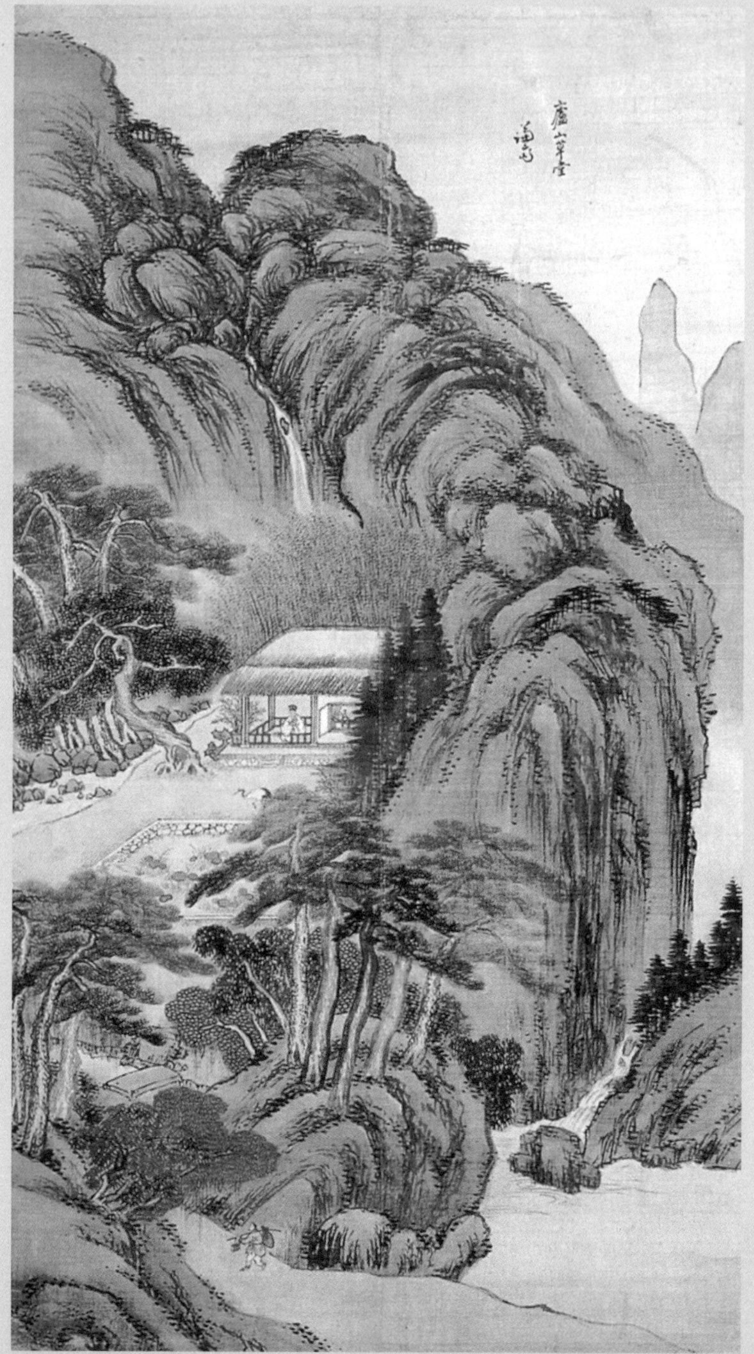

정선, 〈여산초당도廬山草堂圖〉, 간송미술관 소장

여산의 폭포와 초가집 사이에 백거이가 조성한 대나무 숲, 집 앞마당의 풍상을 겪은 노송, 연꽃이 핀 연못, 한 마리 학이 노닐고 있는 공간 등에서 백거이가 지향한 '마음의 정원[心園]'의 한 형태를 볼 수 있다. 화폭 아래 시동이 먹을 것으로 보이는 무엇인가를 짊어지고 오는 것을 보면 아마 점심 때쯤이 아닌가 한다.

한 은일풍을 말한 백거이가 중국예술과 미학에서 중요한 위치를 차지하는 것은 원림園林을 통해 한거를 실현하고자 한 것에 있다. 백거이처럼 중은을 추구하는 삶은 편안하면서 소쇄瀟灑한 삶을 즐길 수 있는 정원이나 원림을 꾸미는 것으로 나타난다.[89]

관료로서 요로要路에 나가지 않고 그렇다고 물러나 심산深山에 들어가지 않는 중은의 삶을 살면서 연못가에 집을 짓고 편안하게 삶을 누리고자 한[90] 백거이의 삶은 이후 북송대 이르러 신독愼獨과 계신공구戒愼恐懼하는 경외敬畏의 삶에서 벗어난 쇄락한 삶으로 나타난다. 주돈이周敦頤의 '음풍농월吟風弄月'과 소옹邵雍의 '소요안락逍遙安樂'의 쇄락灑落적 삶이 그것이다. 특히 은일유풍과 관련해, 북송대 이르러 시인·서예가이면서 선비의 풍습과 절개 및 문학으로 이름난, 서호西湖의 고산孤山에서 독신으로 은거하면서 '매화를 처로 삼고 학을 자식으로 삼는다[매처학자梅妻鶴子]'라는 삶을 살았던 임포林逋(968?~1028)가 행한 은일에 주목할 필요가 있다. 그가 주목받는 것은 은일을 이전과 달리 '벼슬길로 나가는 단계'로 여기지 않았다는 점에 있다.[91] 역사적으로 보면 은일 유풍은 다양한 면을 보인다. 육조六朝 문벌 시대의 은일은 정치적 성격을 띤 도피가 강했다. 당대唐代에는 은자를 존중한 '존은尊隱' 풍조도 있었고, 아울러 관료로 진출하기 위한 거짓 은자[가은假隱]도 나타났다. 이처럼 송대 이전에는 때론 은일을 관료가 되기 위한 한 방편으로 여긴 적도 있었다. 하지만 송원시대의 은일은 이전과 달리 대부분 사회적 성격을 띤 도피가 많았다. 그 하나의 예가 임포였는데, 임포가 즐긴 참된 은일적 삶은 특히 예술화된 삶으로 나타났다는 점에 의미가 있다.[92]

그리고 비록 임포처럼 살지 못한다 해도 이제 송대의 문인사대부는 '고상한 모임[아집雅集]'이나[93] '아회雅會',[94] '시회詩會'를[95] 통해 '일상과 일탈의 경계적 유희'를 즐기는 삶을 추구하고자 한다. 숑하이잉熊海英은 북송 문인들이 집회集會의 시가에서 주로 표현하고자 한 것은 인문 제재로서, 문

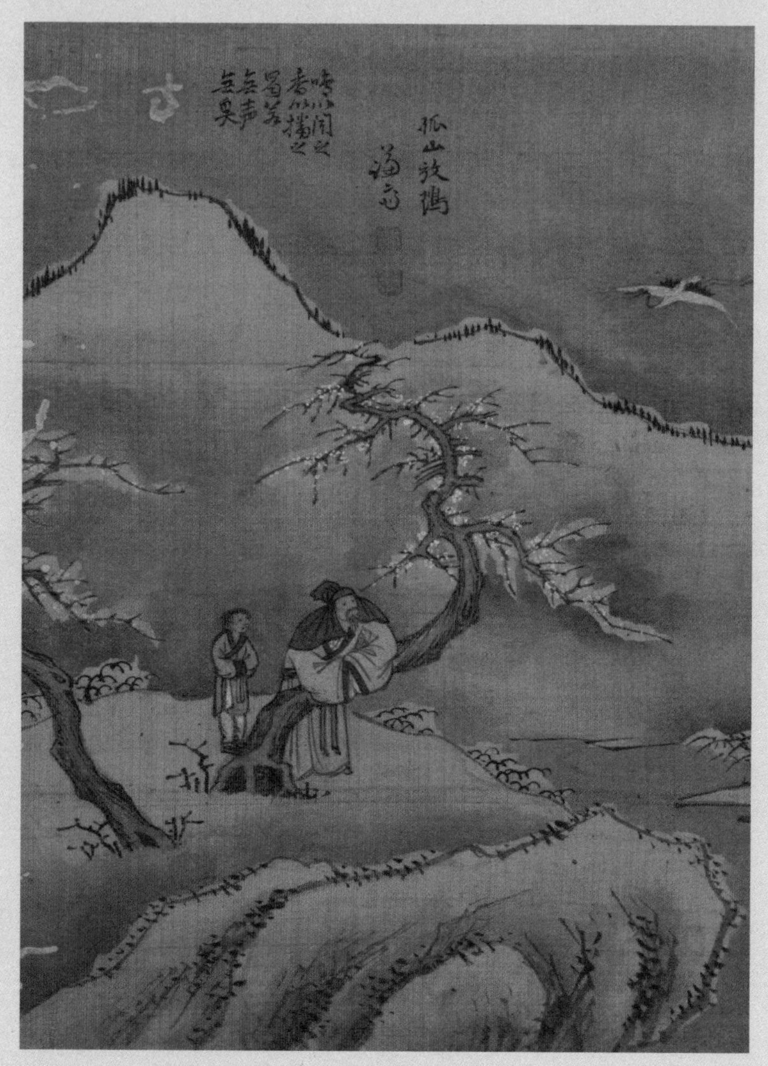

정선, 〈고산방학도孤山放鶴圖〉, 왜관수도원 소장

매처학자梅妻鶴子하던 임포가 매화 핀 가지에 기대어 학을 놓아주기[放]도 하면서 지낸다는 것을 그린 그림이다. 임포는 항주杭州 서호西湖의 고산孤山에 들어가 방학정放鶴亭을 짓고 살았다.

인아사文人雅士들이 집회를 할 때 '발묵휘호潑墨揮毫', '평서제화評書題畵', '청금대혁聽琴對奕', '자명음시煮茗吟詩', '담선논도談禪論道', '금석비첩金石碑帖' 완상 등의 정신문화활동은 모두 시가음영詩歌吟咏의 대상이었는데, 이런 것을 인문물품人文物品이라고 한다. 그리고 등림유관登臨遊觀하고 자연을 음영할 때 '매죽풍월梅竹風月' 등과 같은 자연물에 인문적 의미를 부여하여 인문부호로 삼은 것은 송대 이전 시대와 다른 점이라고 말한다.[96] 아울러 문인사대부들은 다양한 방법과 사물을 통해 자신들의 심신의 편안함과 심미를 통한 유열감愉悅感을 느끼고자 하였고,[97] 또 고아古雅하면서 탈속적 품격을 제고하기 위하여 노력하였다.[98] 남송대 라대경羅大經은 즐거움에 이르러야 도를 제대로 배울 수 있다고 하면서, '공자와 안회가 즐거워한 경지[공안락처孔顔樂處]',[99] 종용從容하고 쇄락한 경지로 평가받는[100] 증점曾點의 '기수 가에서 욕하고 노래 부르면서 돌아온다[욕기영귀浴沂詠歸]', 주돈이의 '음풍농월' 등을 실천한 것을 말한다. 배움은 마음을 쾌활하게 해야 하는데, 쾌활한 뜻은 세속적인 성색聲色과 기호嗜好를 다 씻어내고 영욕榮辱을 얻고 잃는 것에서 벗어나야 얻을 수 있다고 말한다.[101]

이런 과정에서 회화는 문인들의 은일적 삶의 한 부분으로 자리 잡기 시작되며, 염담함, 청정함, 한냉함, 유정幽靜한 것을 아름답게 여기는 미의식이 나타난다. 이런 점과 관련해 청대 역사학자인 조익趙翼(1727~1812)은 원말에 사대부들이 문묵文墨을 숭상하는 기풍이 일어났음을 말하면서, 당시 화가이면서 시인인 예찬倪瓚(1301~1374)을 비롯한 많은 문인사대부들이 청비각淸閟閣 같은 이름난 정원과 별야別墅에서 시를 읊고 음주하면서 서화와 골동품을 감상한 풍아風雅한 풍속을 말하고 있다. 이 같은 원말 사대부들의 은일을 통한 미학적이면서 예술적인 삶은 명대 이후 많은 문인사대부들이 추구하고자 하는 삶의 한 전형이 된다.[102]

이처럼 은일적 삶 및 문인사대부들이 원림을 통해 추구한 우아하면서도 유정幽靜한 경지는 시, 화, 문학 등이 추구한 경지와 일맥상통한다. 이

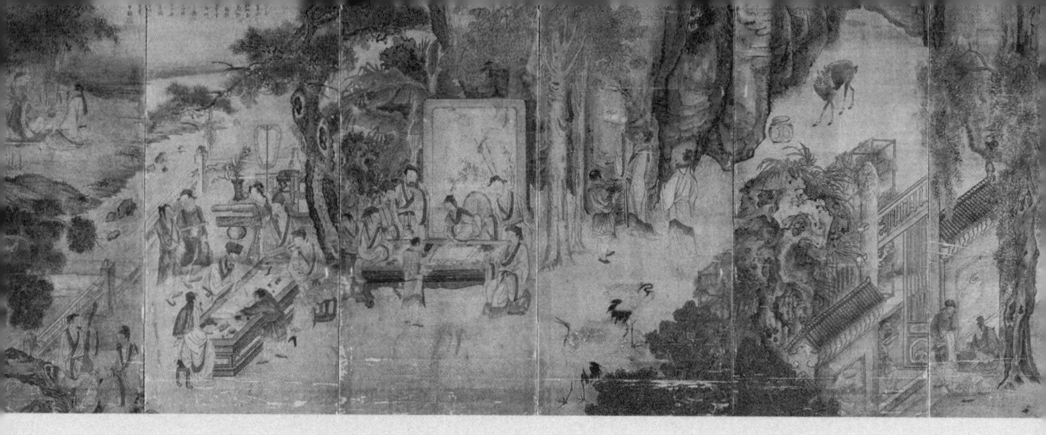

김홍도, 〈서원아집도書院雅集圖〉, 국립중앙박물관 소장

단원이 34세 때인 1778년에 중국의 유명한 '서원아집西園雅集' 관련 이야기를 그린 여섯 폭 병풍이다. 서원아집이란 송나라 때 학자 왕진경王晋卿이 서원의 동산에서 친구인 소동파蘇東坡를 비롯해 당시 명성 높은 유학자, 승려, 도사들을 초대한 모임을 말하는데, 이 모임에 참가했던 화가 이공린李公麟이 이를 그린 그림을 「서원아집도」라 하였다. 이후 여러 화가들에 의해 그려졌으며, 우리나라에서도 많이 그려졌다.

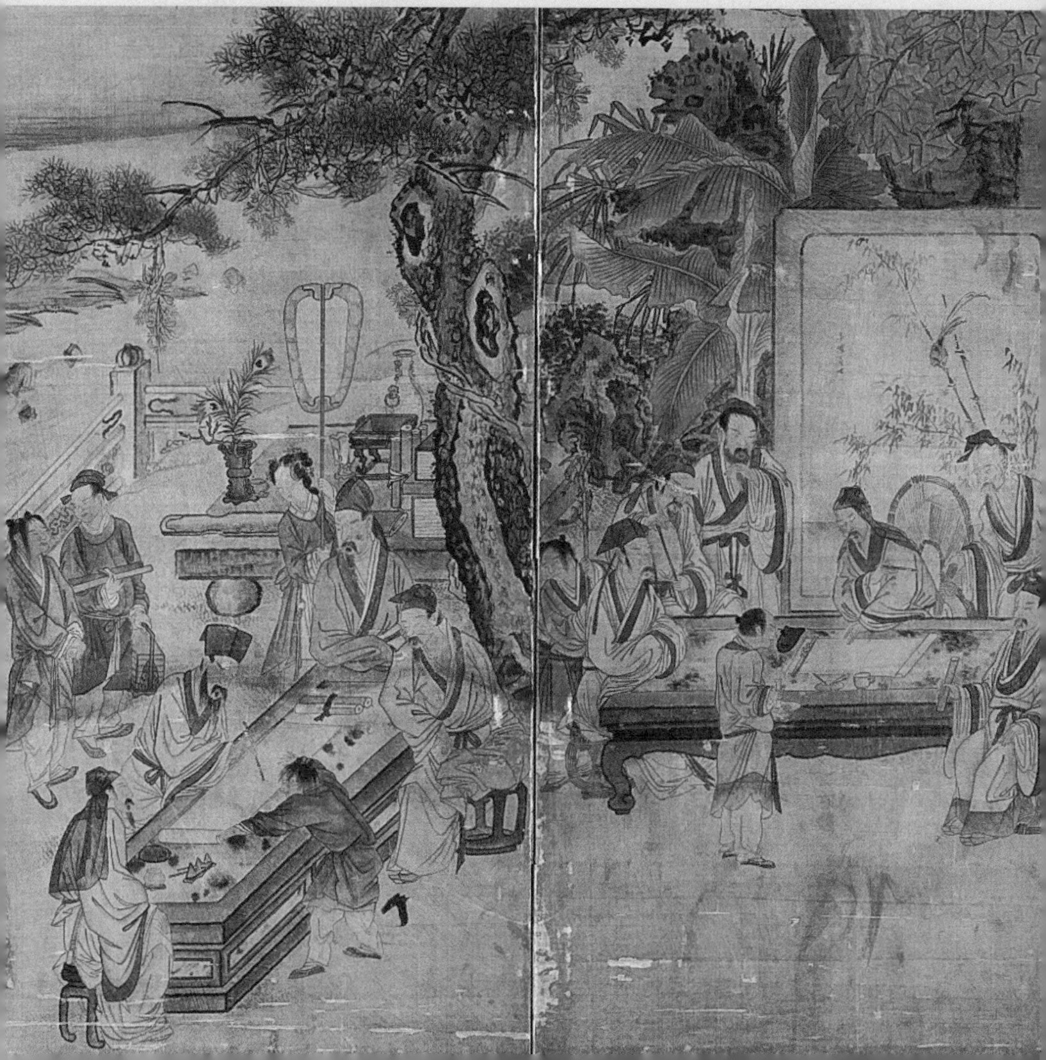

제 원림을 통한 예술적 삶은 북송 이후 문인사대부들에게 광범위하게 받아들여지게 되는데, 이런 점은 이전과 다른 미적 풍격을 보인다.

4
-
나오는 말

중국미학과 예술정신을 초보적으로 이해하려면 우선 '미'자로 표현된 의미를 이해할 필요가 있었다. 문제는 이런 '미'자가 중국미학과 예술정신이 추구하는 궁극적 경지를 다 표현할 수 없다는 점이었다. 따라서 '미'자 이외의 미적 범주에 주목할 필요가 있었다. 아울러 중국역사와 문화에 나타난 문인사대부들의 은일 지향적 삶에 초점을 맞추어 그 대강을 살펴보았다. '심원心園'과 '심은心隱'으로 상징되는 문인사대부들의 예술화된 삶은 이제 한 예술가를 이해하는 데 구체적 예술작품 이외의 또 다른 차원에서 분석이 요청된다는 것을 확인하였다.

중국역사를 보면 유명한 문인사대부들은 알고 보면 정치가이면서 사상가, 예술가, 시인, 문장가인 경우가 많았다. 이계개李繼凱는 중국의 유명한 서예가는 대부분 문인이었다고 한다.[103] 이처럼 문사, 명사, 문인, 사대부 등 불리는 이름이 다르고, 시대마다 다른 미의식과 예술정신이 나타나지만 북송대 이후 유·불·도 융합적인 삶을 산 문인사대부들이 추구한 미의식과 예술정신은 문인전통의 미의식과 예술정신의 핵심이 되었다. 조선조의 문인사대부들도 중국의 문인사대부들이 추구한 미의식과 예술정신의 영향을 받는다. 이런 점에서 중국의 문인사대부들이 추구한 미의식과 예술정신을 이해하는 것은 단순히 중국뿐 아니라 우리나라의 문인사대부들이 추구한 미의식과 예술정신이 무엇인가를 정확하게 알 수 있는 단서가 된다는 점에 또 다른 의의가 있다.

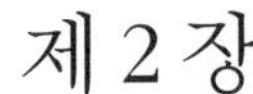

제 2 장

동양의 미학과 예술정신을 이해하는 초보적 사유

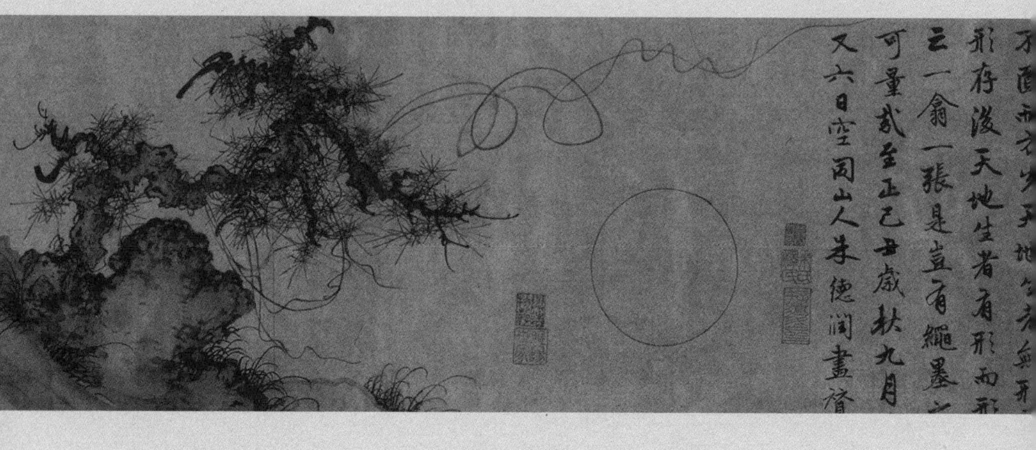

주덕윤, 〈혼륜도渾淪圖〉, 상해박물관 소장

1

예술 창작의 출발점 :
우주를 보고 닮고자 하는 의식

당대唐代의 유명한 화가인 장조張操는 산수화를 그리는 것과 관련해 "밖으로는 자연의 변화를 스승으로 삼고, 안으로는 마음의 근원에 있는 이치를 얻는다[외사조화外師造化, 중득심원中得心源]"라는 것을 말한 적이 있다. 장조가 말한 '외사조화外師造化'는 객관 사물에 대한 작가의 심미인식 및 창작원리와 밀접한 관련이 있다. 중국 예술가들은 예술작품이 담아내야 할 근본적인 것으로 천지대자연의 조화, '리理' 및 일음일양하는 '도'의 생기生機를 거론하며,[1] 아울러 이런 원리와 법칙을 마음으로 체득한 이후에 구체적 형상으로 표현하라고 한다.[2]

과거 중국의 철학자들은 고개를 들어 무질서하게 흩어져 있는 것 같지만, 북극성을 향해 질서 정연하게 펼쳐진 하늘의 무수한 별들이 만들어내는 무늬[=천문天文], 우리 눈앞에 펼쳐진 산과 물 및 다양한 길의 이치[=지리地理], 인간의 몸과 주변의 다양한 모습으로 자라나고 있는 식물, 초원을 뛰어다니고 하늘을 나는 금수들을 보고 무엇을 상상했을까? 우리가 만약 무한한 상상력을 발휘하여 이런 점을 하나의 구체적인 형상을 통해 예술적으로 표현하고자 한다면?

> (미분화된) 혼륜한 것은 네모난 것이 아니고 둥근 것이며, 둥근 것이 아니고 네모난 것이다. 천지보다 앞서 낳은 것은 형이 없는 것 같지만 형이 있고, 천지보다 뒤에 낳은 것은 형이 있는 것 같지만 형이 없다. 우주자연의 변화는 한번은 닫히고 한번은 펼쳐지니, 이런 변화의 이치를 어

찌 (인간이 만든) 승묵繩墨으로 헤아릴 수 있겠는가?[3]

이 글은 원대 후기 문인화가인 주덕윤朱德潤이[4] 쓴 『혼륜도渾淪圖』(1349년)의 '화찬畵贊'이다. 우선 괴이하면서도 추악한 형상의 고목이 눈에 들어온다. 나무는 처음부터 척박한 땅의 바위 언저리에 홀씨를 내렸지만 처음에는 기세 좋게 위로 치켜 올라갔다. 위로 치켜 올라가 한 아름 되는 나무로 자라날 멋진 생을 꿈꾸고 한참을 치켜 올라가다가 중년쯤 되는 때 몸통은 무엇인가 모를 강력한 힘에 의해 꺾여버렸다. 그래도 온힘을 다해 비록 'S'라인 모양새로 힘든 삶을 보냈지만,[5] 이제 그런 힘든 세월을 극복하고 여전히 푸름과 생명성의 항상성을 유지하는 고목으로 자라났다. 더 이상의 좌절과 시련이 없는 시절로 접어든 것은 풍상의 세월 속에서 얻어낸 값진 결과다. 형태적 추함 속에 최고의 미적 경지가 담겨 있는 고목 옆에 푸릇푸릇한 난이 바람에 한들거리면서 자라나 또 다른 생명의 꿈틀거림을 상징하고 있다. 이 밖에 고목과 동일하게 이해되는 괴석이 있다.

여기서 고목이나 괴석은 단순한 자연물이 아닌 '비덕比德' 차원에서 이해되는 형상이다. 지조와 절개를 상징하는 군자를 나무와 바위 및 난에 우의寓意적으로 표현하는 이런 구도는 소식의 〈고목괴석도古木怪石圖〉 이후의 기본 양식이며, 추사 김정희의 〈세한도〉도 이런 구도에서 벗어나지 않는다. 그런데 이 그림이 여타 그림과 차별화되는 것은 보름달처럼 보이지만 '무극이면서 태극[무극이태극無極而太極]'이란 의미가 담긴 것으로 이해될 수 있는 큰 '원', 좌선하면서 우주에 무한히 펼쳐지는 '기氣'의 흐름 등을 복합적으로 표현한 것 등이다. 물론 이런 사유는 동양에만 있는 것은 아닌 것 같다.

"별이 반짝이는 밤하늘은 늘 나를 꿈꾸게 만든다."

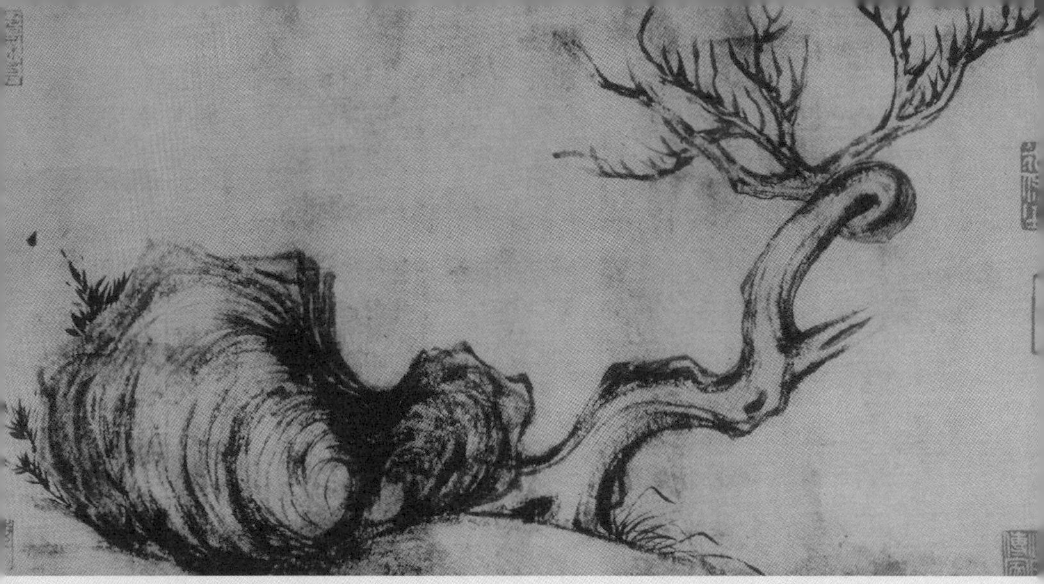

소식, 〈고목괴석도古木怪石圖〉

나무가 위로 곧게 자라지 못한 상태에서 중간에 큰 가지가 꺾이고 몸통은 S자 형태로 휘고 뒤틀렸지만, 이에 굴하지 않고 결국은 가지가 위로 솟구쳐 시련을 극복한 모습을 보여준다. 바위도 몸통이 파이는 아픔을 겪었지만, 왼편의 어린 대나무를 통해 희망의 끈을 보여준다. 나무나 바위를 사람, 즉 군자에 비유해 이해하면, 이 그림은 자연물인 나무와 바위를 그린 것이 아니라, 온갖 시련을 겪었지만 올곧게 살아온 중년 이후 군자의 모습을 그린 것이다. 미불은 이 그림이 소식의 그림이란 것을 증명한 바 있다.

고흐, 〈별이 빛나는 밤에Starry Night〉, 뉴욕 현대미술관 소장

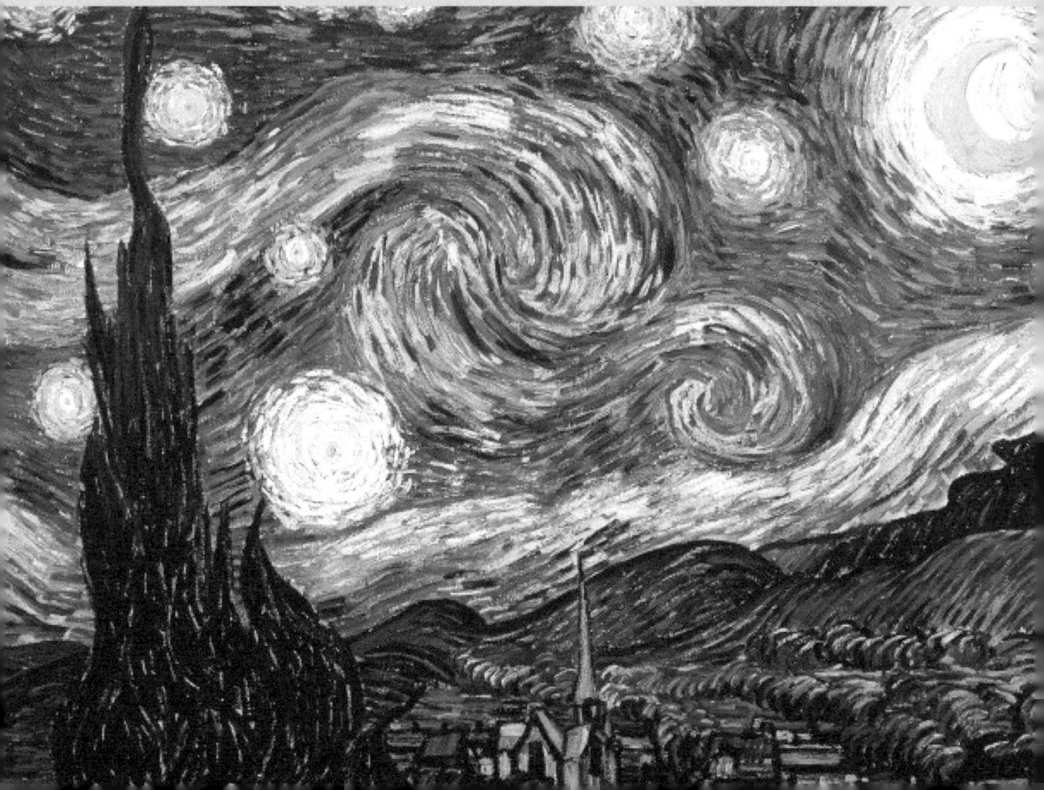

네덜란드의 화가 빈센트 반 고흐의 말이다. 빈센트 반 고흐가 예술과 과학을 결합하여 창작한 〈별이 빛나는 밤〉을[6] 동양 우주론의 시각에서 보자.

그림 안에 가득 찬 인온氤氳한 기운이 소용돌이치면서 밤하늘에 화려하게 우주 쇼를 펼치고 있다. 생생한 기운을 가득 담고 하늘로 치켜 올라가면서 천지를 이어주는 우주목[axis mundi]과 같은 사이프러스 나무도 이런 분위기에 한몫을 한다. 그림에서 좌선左旋하는 '나선은하'의 형상에서 동양에서 말하는 태극의 형상을 확인할 수 있다. 광기어린 이 그림을 서예의 시각으로 보면, 동양의 서예가 추구하는 획과 매우 유사한 것을 발견할 수 있다. 즉 송대 미불米芾이 말한 "나아간 것은 거두지 않은 것이 없고, 드리운 것은 오므리지 않은 것이 없다[무왕불수無往不收, 무수불축無垂不縮]"라는 획의 형성 원리를 이 그림의 형상에서 확인할 수 있다. 동서양 모두 우주의 기운에 대한 이해를 형상화한 것은 크게 다르지 않은 것 같다. 다만 동양에서는 이런 점을 예술발생론의 근거와 창작의 기본으로 삼고 아울러 그것을 구체적인 사물로 형상화하였다는 점에서 차이가 난다고 본다.

사물의 형태가 방이거나 원으로 존재하면 아무리 크거나 작더라도 모두 유형적인 기물에 속한다. 유형도 아니고 무형도 아닌,[7] 그렇다고 방도 아니고 원도 아닌 미분화된 혼륜은 현상적 측면에서는 한번은 닫히고[=일음] 한번은 펼쳐지는[=일양] 운동변화를 통해[8] 우리들에게 신묘한 우주자연의 세계를 보여준다. 그런 신묘한 우주자연의 변화를 언어로 규정할 수 없다는 점에서 『주역』 「계사전상」 5장에서는 그것을 '신神'이라고 한다.[9] '승묵'은 인간이 만든 인위적 도구를 상징하는 것으로 규구規矩와 통하며, 아울러 '유법有法의 세계', '유형의 세계', '인위적 기교의 세계', '형사形似의 세계'를 의미한다. 『주역』에서 '한번은 음이고 한번은 양인 것을 일러 도라고 한다[일음일양지위도一陰一陽之謂道]'라고 하는 도는 앞서 거론한 '유형의 세계'의 '너머[=外]'에 있다. 동양예술에서는 이 '너머'의 세계와 관련된 '무법의 세계', '무형의 세계', '무위자연의 기교', '신사神似의 세계'를 특히

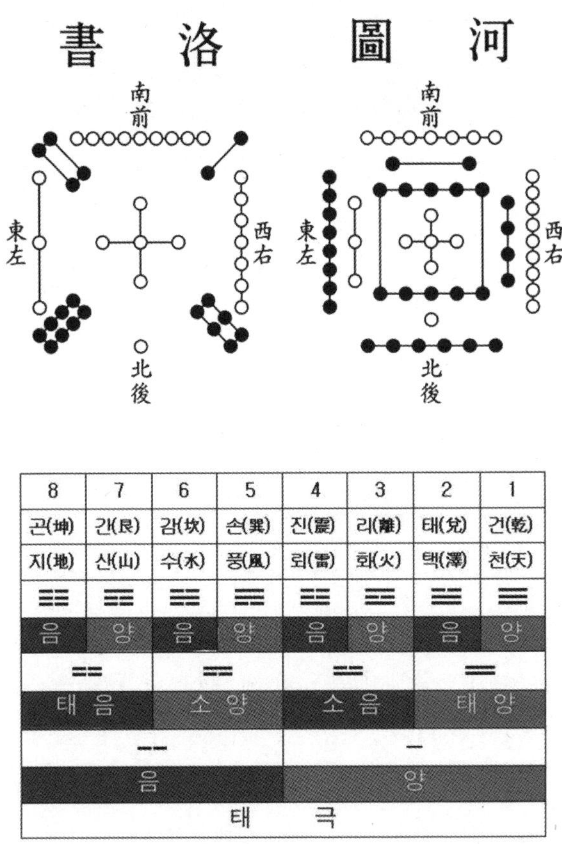

8	7	6	5	4	3	2	1
곤(坤)	간(艮)	감(坎)	손(巽)	진(震)	리(離)	태(兌)	건(乾)
지(地)	산(山)	수(水)	풍(風)	뢰(雷)	화(火)	택(澤)	천(天)
☷	☶	☵	☴	☳	☲	☱	☰
음	양	음	양	음	양	음	양
⚏		⚎		⚍		⚌	
태음		소양		소음		태양	
⚋				⚊			
음				양			
태극							

하도낙서도(위)와 팔괘(아래)

강조한다. 고대의 현철들은 이런 우주자연의 오묘한 작용을 관찰하여 체득하고 시공을 초월하는 상상력을 발휘하여[10] 하도河圖와 낙서洛書[11] 및 팔괘八卦 등을 만들었고, 아울러 그것을 서화를 비롯한 예술 발생의 근거로 여겼다. 당연히 많은 위대한 예술가들은 예술적 상상력을 발휘하여 그것을 아름다운 형상으로 표현하고자 하였다.

중국예술에서는 유형의 '상象'이건 무형의 상이건 심미객체는 고립적이며 유한적인 상이 되어서는 안 되며, 상은 반드시 도를 체현해야 심미대상이 될 수 있음을 강조한다. 당연히 심미관조도 고립적이고 유한한 상에 대한 관조가 아니다. 심미관조는 반드시 상에 대한 관조로부터 도에 대한 관조로 나아가야 한다. 이런 점을 『주역』에서 말하는 상에 관한 논의를 통해 알아보자. 우선 '상'자에 대한 기본적인 사유로 한비자韓非子의 다음과 같은 언급을 보자.

> 사람들이 살아 있는 코끼리를 직접 보는 것은 드물었다. 대개 죽은 코끼리뼈를 얻어 그 전체 도상을 그려보고 그 산 모습을 상상해내었다. 그러므로 뭇 사람이 뜻을 담아 상상한 것을 모두 '상'이라고 일컬었다. 지금 그림을 직접 보고 들을 수는 없더라도 성인은 코끼리의 드러난 형상을 잡아 그 모습을 구체적으로 드러내보려고 노력한다. 그래서 노자는 '모습 없는 모습이요', '물체 없는 형상'이라고 말하였다.[12]

이 말은 『노자』 14장에서 말한 '무상지상無狀之狀'과 '무물지상無物之象'에 대한 한비자의 이해로서, 물상이나 '의상意象'이 상과 관련이 있다는 것을 어원적으로 설명한 것이다.[13] '뜻을 담아 상상한 것을 상'이라고 할 때의 '상'은 단순히 현실적 물체 모습이나 형태로서의 물상이 아니라 우리의 상상이 가미된 주관적인 '상'이다. 이런 점에서 '상'자에 미학, 예술적 의미가 가미되면 '의상' 등과 같은 용어로 표현된다. 『주역』 「계사전상」에서는 형과 상에 대해 "하늘에 있는 것은 상을 이루고, 땅에 있는 것은 형을 이룬다"[14]라고 구분하고 있다. '상'은 하늘에 있는 일월성신을, '형'은 땅에 있는 산천초목을 의미한다.[15] 『주역』 「계사전」에서는 '천지자연의 사물을 보고 상을 취한다[관물취상觀物取象]'[16]라는 것을 말한다. 이런 사유는 중국 고대 미학의 형상성形象性에 대한 이해와 밀접한 관련이 있다.

'형'과 '상'은 구분되면서도 밀접한 관련이 있다. 『주역』 「계사전」에서는 "역은 상象이며, 상은 형상[상像]이다"[17]라고 하는데, 공영달孔穎達은 『주역정의』에서 다음과 같이 풀이한다.

> 역의 괘는 만물의 형상을 옮겨놓은 것이다. 그러므로 역은 '상'이라고 한다. '상'을 형상이라고 한 것은, 괘는 만물의 상으로 만물의 형상을 본받았다는 것을 말한 것이다. 마치 건과 곤의 상이 천과 지를 닮은 형상을 본받은 것과 같다.[18]

공영달은 한 걸음 더 나아가 물상物象으로 인사人事를 밝힌다는 것도 말한다.[19] 이런 이해는 '상'이 갖는 다의적 의미를 말한 것이다. 그런데 형상화에 관한 이론을 탐색하고자 한다면 '말과 뜻에 관한 논'인 언의론言意論에 주목할 필요가 있다. 왜냐하면 언의론은 예술 형상과 예술 창조의 특징을 잘 드러내고 있기 때문이다.[20] 먼저 유가의 언의론을 보자.

> 공자가 말하기를, 글은 말하고자 하는 것을 다하지 못하고[서부진의書不盡意], 말은 뜻으로 표현하고자 하는 것을 다하지 못한다[언부진의言不盡意]. 그렇다면 성인의 뜻을 볼 수 없다는 것인가? 공자가 말하기를, 성인은 '상을 세워서 그 뜻을 표현하고[입상이진의立象以盡意]', 괘를 세워 참과 거짓을 다하고, 문사를 이어서 그 말을 다하였다.[21]

정이는 "뜻[의意]을 얻으면 말은 잊을 수 있다. 그러나 아무런 말도 하지 않으면 그 뜻을 드러낼 수 없다"[22]는 것을 말한다. 언어라는 형식을 배제하면 그 의미 또한 표현할 방법이 없다는 것이다. 이런 점에서 정이는 언어에 함축성과 남은 뜻이 있는 것이 '서부진의', '언부진의'라고 말한다.[23] 정이의 말에는 '말'과 '뜻'을 어떤 관계성을 가지고 이해할 것인가 하는 고민이 담겨 있는데, 공자가 말한 '입상이진의'는 인간이 하나의 형상에다 자신의 사상 감정을 연계한 결과물로서, 관물취상을 '상'과 '뜻'에 대비하여 이해한 결과물이다.

> 옛날에 복희씨가 천하를 다스릴 때 고개를 들어 하늘의 별자리를 관찰하고, 아래로 굽어보아 대지의 형상을 관찰하고, 날짐승과 들짐승의 무늬 및 땅에 적합하게 살아가는 온갖 사물을 살피고, 가까이는 몸으로부터 상징을 취하고 멀리는 각종 사물의 형상으로부터 상징을 취하여 비로소 팔괘를 창작하였다. 이렇게 하여 만든 팔괘를 통해 천지의 신명한 작용과 통하게 하고, 천하 만물이 존재하는 실질적인 상황을 분류하였다.[24]

관물취상의 결과물은 '팔괘'인데, 후대 서예 이론가들은 이런 '팔괘'를 특히 서예의 출발점으로 삼았다. 즉 서예는 천지자연의 조화를 본받고 주위의 만사만물로부터 영감을 얻은 이후 상상력을 발휘한 결과물이다. 당대 손과정孫過庭은 관물취상의 사유에서 출발하여 왕희지, 왕헌지王獻之, 장지張芝, 종요鍾繇 등 역대 유명한 서예인의 계보를 밝힌 『서보書譜』에서 서예의 뿌리가 되는 사유와 그 위대함을 규정한다.

> 『주역』「비괘賁卦·단전彖傳」에서는 "하늘에 찬란하게 펼쳐져 있는 다양한 별자리의 모양[천문天文]을 관찰하여 사계절의 변화를 살피고, 인간들의 인위적 노력으로 이룩한 문화[인문人文]를 관찰하여 천하를 올바른 방향으로 변화시켜 화려한 문명 세계를 이루었다"고 한다. 하물며 '가까이는 몸으로부터 상징을 취하는' 서예의 묘한 경지에 있어서는 더 말할 필요가 없을 것이다.[25]

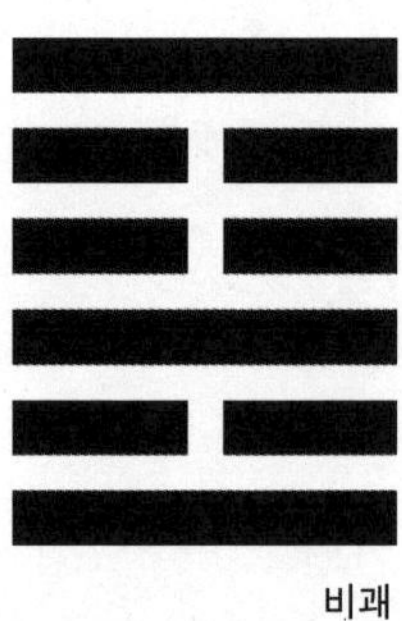
비괘

이 말은 서예가 어떻게 발생하였는가 하는 '서예발생론'을 형이상학적 측면에서 규명한 것으로, 서예는 천문과 인문의 결합체임을 말하고 있다. 장회관張懷瓘은 이런 점에서 한 걸음 더 나아가 서예를 '우주의 상을 본받는다[법상法象]'[26]라는 예술로 규정한다. '법상'으로서 관물취상과 '입상이진의' 정신은 본래 예술에 대해 말한 것이 아니다. 하지만 예술이란 우주의 원리를 담아내야 하며, 아울러 우주의 운동을 표현하는 것이 바람직한 예술이라고 여겼을 때 법상 및 관물취상의 사유는 예술발생론의 근간이 된다. 이런 점은 기본적으로 '언진의론言盡意論' 사유로서, 주로 유가에서 주장한다.

이런 점에 비해 도가의 언의론은 "말할 수 있는 것은 항상된 도가 아니다. 이름할 수 있는 것은 항상된 이름이 아니다"[27]라는 '언부진의'를 말한다. 아울러 '득의망언得意忘言'을 말한다.

> 말에는 귀한 것이 있는데, 말이 귀하게 여겨지는 것은 뜻 때문이다. 뜻에는 지향하는 것이 있는데 뜻이 지향하는 것은 말로 전할 수 없다.[28] 통발은 물고기를 잡기 위한 것인데 물고기를 잡고 나면 통발을 잊는다. 올무는 토끼를 잡기 위한 것인데 토끼를 잡고 나면 올무를 잊는다. 말이란 것은 뜻을 전하기 위해 있는 것이니, '뜻을 얻고 나면 말을 잊는다.'[29]

왕필王弼은 이상과 같은 '언부진의'와 '득의망언'을 부연하여 '득의망상得意忘象'을 말한다.

> 상은 뜻을 표현하고 말은 상을 나타낸다. 뜻을 표현하는 데는 상만한 것이 없고, 상을 표현하는 데는 말만한 것이 없다. 말은 상에서 생기므로 말을 찾아서 상을 보고, 상은 뜻에서 생기므로 상을 찾아서 뜻을 본다. 뜻은 상으로 다하고 상은 말로 드러낸다. 그러므로 말은 상을 밝히는 소

이니 상을 얻으면 말을 잊고, 상은 뜻을 간수하고 있으니 '뜻을 얻으면 상을 잊어야 하는 것'이다. 이는 마치 올가미란 토끼를 잡는 도구이니 토끼를 잡으면 올가미를 잊고, 통발은 물고기를 잡는 도구이니 물고기를 잡으면 통발을 잊어야 하는 것과 같다.[30]

'득의망상'과 '득의망언'은 심미 관조와 밀접한 관련이 있다. 상과 관련된 논의를 한 걸음 더 나아가려면 도가에서 말하는 '상망象罔'과 '득의망상'에 대한 이해가 필요하다. 노자는 '참으로 큰 상은 형이 없다[대상무형大象無形]'[31]라고 하는데, '대상'은 무형의 도를, '형'은 유형의 사물을 의미한다. 『노자』 21장에서는 도에 대하여 다음과 같이 말한 적이 있다.

도의 사물됨이여. 오직 황홀할 뿐이다. 그중에는 상象이 있다. 황홀하구나, 그중에는 물物이 있다. 요명하구나, 그중에는 정精이 있고, 그 정은 심히 진실되니, 그중에는 신실한 것[신信]이 있다.[32]

노자가 말하는 진실하게 존재하는 도는 황홀하고 요명하지만 절대적 허무가 아니고 상, 물, 정을 포함하고 있다. 황홀이란 있는 듯도 하고 없는 듯도 한 것으로, 유有도 아니지만 그렇다고 단순 무無도 아니다. 『노자』 14장에서는 이런 도에 대해 "이를 일컬어 모습 없는 모습이요, 물체 없는 형상이라 한다"[33]고 말한다. 왕필은 『노자』 14장에 대해 "없다고 말하면 그 만물이 그로 말미암아 이루어지고, 있다고 말하려 하면 그 형체를 볼 수가 없다. 그래서 '모습 없는 모습'이요, '물체 없는 형상'이라고 말한 것이다"[34]고 주석한다. 중국의 예술가들은 이런 무형의 도를 어떻게 체득하고 표현할 것인가를 고민하였다. 이런 점에서 장자가 말한 '상망象罔' 우언을 통해 단순히 고립적이고 유한한 상에 집착하면 도를 파악할 수 없다고 한 것에 주목할 필요가 있다.

> 황제가 적수의 북쪽에서 논 후 곤륜이라는 언덕에 올라 남쪽을 바라보고 돌아오다가 '현주玄珠'를 잃어버렸다. '지知'를 시켜 이를 찾도록 하였으나 찾지 못하였다. '리주離朱'를 시켜 이를 찾도록 하였으나 찾지 못하였다. '끽후喫詬'를 시켜 이를 찾도록 하였으나 찾지 못하였다. 마침내 '상망'을 시켰더니 상망이 이를 찾았다. 황제가 "기이하도다, 상망이 어찌 이를 얻었단 말인가?"라고 말하였다.[35]

'현주'는 도道와 진眞을 상징한다. '지知'는 사려와 이지理智를 상징한다. '이주離朱'는 중국 고대의 황제黃帝 시절에 시력이 가장 좋았던 사람으로, 시각을 상징한다. '끽후喫詬'는 논리를 따지는 언변을 상징한다. '상망'은 무형과 유형, 허와 실의 결합을 상징한다.[36] 이런 상망이 갖는 예술 형상에 대해 쭝바이화는 다음과 같이 말한다.

> 없는 것도 아니고 있는 것도 아니며, 밝은 것도 아니며 어두운 것도 아닌 것이니, 이는 바로 예술 형상의 상징 작용이다. 상象이란 경상境相이고 망罔은 허환虛幻이니, 예술가는 허환적 경상을 창조하여 우주와 인생의 진제眞際를 상징한다. 진리는 예술 형상 속에서 그 빛을 발하고, 현주는 상망 속에서 환하게 빛난다.[37]

"예술가는 허환적 경상을 창조하여 우주와 인생의 진제를 상징한다"라는 쭝바이화의 말은 중국예술에서 지향하는 핵심에 속한다. 노자의 '대상大象'이나 장자의 '상망'은 고정된 이미지나 언어로 표현하거나 지시할 수 없다. 그렇다고 '대상'과 '상망'을 이미지화할 수 없다는 것은 아니다. 다만 '대상'과 '상망'을 이미지화시켰을 때 실상을 온전히 담을 수 없다는 한계가 있다는 것이다. 바람직한 심미 관조는 유한한 물상의 제한을 받지 않고 무한한 우주 변화의 이치를 체득해야 함을 요구한다. 이런 점에서 노장에서는 끊임없이 변화하면서 무형도 아니고 유형도 아닌 '대상' 혹은 '도'를 어떤 식으로 체득하고 그것을 왜곡된 형상이 아닌 참된 형상으로 담아낼 것인지를 문제 삼는다.

이에 노장에서는 이미지화된 대상의 실상을 올바로 이해하기 위한 전제조건으로 허한 마음을 요구한다. 노자는 '모든 분별지에 의한 편견을 제거하고 현묘한 눈으로 사물을 본다[척제현람滌除玄覽]'라는 것과 '허정한 마음'[38]을 통해, 장자는 마음의 재계[심재心齋][39]와 앉아서 도의 체득을 방해하는 것을 잊어버리는 것[좌망坐忘][40]을 통해 이런 점을 말한다. 이후 이런 사유는 다양한 발언으로 이어진다. 예를 들면 『화산수서畵山水序』를 쓴 종병宗炳이 '마음을 맑게 하고 도를 본다[징회관도澄懷觀道]'의 '징회를 말하고', 「문부文賦」를 쓴 육기陸機가 보는 것을 거두고 듣는 것을 되돌린다[수시반청收視反聽][41]를 말한 것이 그것이다.

결론적으로 동양에서는 예술의 미는 형상을 떠날 수 없지만, 한 차원 높은 경지를 추구할 때는 인간의 연상, 상상, 정감, 사유 등 제반 요소의 작용을 빌려 대상이 함축하고 있는 미는 물론 더 나아가 형상 너머의 경지를 체득할 것을 요구하였다. '입상진의'의 결과물인 관물취상과 '언부진의'와 관련된 득의망상은 이런 점의 근간이 되었다. 이상 논한 사유는 무엇을 어떻게 표현할 것인가 하는 형신론과 매우 밀접한 관련이 있다.

2

무엇을 어떻게 표현할 것인가?: 형形과 신神의 문제

우리는 쭝바이화가 중국미학사 가운데 중요한 문제를 초보적으로 탐색할 때 어떤 점을 규명해야 할 것인가에 대해 앞서 포조(약 415~470)가 사령운(385~433)의 시 "처음 막 연꽃이 피니 자연스레 사랑할 만하다"라는 것과 안연지(384~456)의 시 "비단에 꽃답게 수를 놓으니 또한 아름답게 수놓은 것이 눈에 가득하다"라는 두 시를 비교한 것을 본 바가 있다. 이런 사유는 외형적 묘사의 정확성과 관련된 '형사形似' 및 정신적 혹은 내면적 사유 표현과 관련된 '신사神似'의 관계를 이해하는 데에도 적용된다.

중국예술이나 미학에서의 미는 형상形象을 어떻게 표현하는가와 관련이 있고, 특히 '상'은 작가의 뜻이 담긴 '상'이라야 한 차원 더 높은 미적인 것이라는 미의식이 있다. 즉 중국 고대미학에서는 사물의 형상을 그대로 재현한 형사 차원의 미보다는 작가의 예술정신이 담긴 신사 차원의 미를 더 높은 경지로 여긴다.[42] 특히 문인화는 묵희墨戲, 자오自娛, 기운생동氣韻生動, 신운神韻, 전신傳神 및 높은 인품을 강조하는 점에서 이런 경향성이 농후하다. 형과 신의 관계는 크게, '신사를 가볍게 여기고 형사를 중시하는 경향[경신사輕神似, 중형사重形似]', '형과 신을 함께 중시하는 경향[형신겸비形神兼備]', '형사를 가볍게 여기고 신사를 중시하는 경향[경형사輕形似, 중신사重神似]', '닮지 않음의 닮음[불사지사不似之似]'를 강조하는 네 가지로 나뉜다. 이런 점을 시대별로 살펴보자.

원래 형과 신은 철학범주로서, 형과 신에 대한 견해는 인물에 따라 다르게 나타난다.[43] 중국의 역대 예술가들은 철학적 측면의 형신에 관한 논의를 서화에 적용하여 서화예술을 한 차원 더 높은 '사의寫意'적 정신예술로 승화시키고자 하였다. 그 큰 흐름만을 보자. 당대 주경현朱景玄은 "대체로 그림은 인물화를 우선으로 삼고, 새와 짐승 그림이 그 다음이며, 산수가 그 다음이며, 누각·궁전·가옥과 나무 그림이 그 다음이다"[44]라고 말한다. 당대에는 인물화가 가장 인기 있는 화목畵目이었고, 이런 상황에서는 형사가 매우 중시되었다. 그런데 북송대 곽약허郭若虛는 『도화견문지圖畵見聞誌』「논고금우열論古今優劣」에서 "산수·목석, 화초·금어禽魚를 논한다면 옛날이 오늘날에 미치지 못하고, 도석道釋·인물이나 사녀·우마는 오늘날이 옛날에 미치지 못한다"[45]라고 하여 당대의 도석·인물에 비해 송대는 산수화가 활발하게 이루어졌음을 말한다. 이런 현상은 송대에 와서 사대부들이 회화창작에 임한 결과로서, 이전의 형사 중시 경향에서 벗어나 신사에 대한 상대적 중요성이 강조된 것을 반영한다.

이런 언급에서 주목할 것은 송대에 이르러 '리理' 개념이 서화를 비롯하여 미학, 회화비평의 중요한 범주가 된다는 것이다.[46] '리'에 대한 관심은 형사와 신사관계에도 영향을 준다. 동유董逌는 『광천화발廣川畵跋』「서대희도書大戲圖」에서 "비록 형사를 얻었더라도 그 리를 다하지 못했다면 공교롭다고 말할 수 없다"는 것과 "이미 형사를 탐색했으면 다시 '리'를 구해야 한다"[47] 등을 말하여 '리'를 통해 이전과 다른 형사와 신사 관계 변화를 요구한다. 송대 회화비평에서 '리'를 강조하는 관념은 송대 이학理學의 출현과 일정 정도 관련이 있는데,[48] 소식이 '상형常形'보다 '상리常理'를 강조한 사유도 그 하나의 예다.[49] 송대에 오면 이처럼 형사와 신사에 대한 중요성도 달라지는데, 가장 영향을 끼친 말은 소식의 다음과 같은 말이다.

> 그림을 논하는데 형사를 가지고 하는 것은 그 견해가 어린아이 정도이다. 시를 짓는데 반드시 이런 시를 지어야 한다는 것은 바로 참된 시인

이 아님을 알겠다. 시와 화는 본래 일률이니, 천공과 청신이다.[50]

소식의 이 말은 두 가지로 이해하곤 한다. 하나는 당대의 인물도석화人物道釋畵에서 요구된 형사 중시 경향에서 신사의 중요성을 상대적으로 강조함으로써 '형신겸비'를 요구한 것으로 이해하기도 하고, 다른 하나는 형사보다는 신사를 중시한 것으로 이해하기도 한다. 이 두 가지 경향성에서 좀 더 타당한 것은 '형신겸비形神兼備'로 이해하는 것이다. 송대에 비해 '사의화풍寫意畵風'이 강하게 일어난 원대에는 '신사를 중시하고 형사를 경시하는 경향'을 보인다. 그 대표적인 인물은 자신의 화풍에 대해 일기逸氣를 표현하였다고 말한 원대 예찬倪瓚이다

장이중張以中은 언제나 내가 그린 대나무를 좋아하는데, 나의 대나무는 오직 가슴 속의 일기逸氣를 그릴 뿐이니, 어찌 다시 그 닮음과 아니 닮음, 잎의 무성함과 성김, 가지의 기움과 곧음을 비교하겠는가? 혹 아무렇게나 처바르고 나면 잠시 후 다른 사람들이 보고 삼이나 갈대로 생각할 터인데 내가 또한 대나무라고 강변할 수도 없으니, 진실로 보는 사람이 무엇으로 보든 어찌할 도리가 없다. 다만 장이중이 보고 무엇이라 여길는지 알 수 없을 뿐이다.[51]

예찬이 흉중의 '일기'를 강조하고 형사를 무시하는 것은 전형적인 '중신사 경형사'의 회화관이다. 예찬은 한 걸음 더 나아가 「답장중조서答張仲藻書」에서 "제가 그린 것은 법도에 얽매이지 않는 자유로운 붓놀림[일필逸筆]으로 대략 그린 것으로, 형사를 구하지 않고 애오라지 스스로 즐긴 것에 불과할 뿐입니다"[52]라는 말을 한다. 그런데 이처럼 '묵희'로 상징되는 사의적 경향성이 강조되면 강조될수록 형사적 차원은 소홀히 되는 문제점이 나타난다. 예술은 아무리 신사가 중요하다 해도 형사 그 자체 형식미의

예술성과 기교의 능숙함을 무시할 수 없기 때문이다. 이에 명말청초에는 신사를 강조하면서도 동시에 형사를 강조하는 '불사지사론'이 나온다. 석도石濤의 아래 말은 이런 점을 말해준다.

> 천지는 혼용한 일기니, 이것이 다시 나뉘면 풍우가 되고 사계절이 된다. 명암·고저·원근은 '닮지 않은 것으로 닮게' 그려야 한다.[53]

'불사지사'는 '불사'의 신사적 요소와 '사'의 형사적 요소의 묘합을 통해 진정한 예술창작이란 무엇인가를 최종적으로 정리한 것에 속한다. 치바이스齊白石는 "그림을 그린다는 것은 닮은 것과 닮지 않은 것 사이에 있는 것이니, 그림이 너무 닮으면 예쁘기만 하여 속된[미속媚俗] 것이 되고, 닮지 않으면 세상을 속이는 것이다"[54]라고 하여 회화창작에서의 형사 무시를 비판하고 '사여불사지간似與不似之間'을 말한다.

이상 논한 형신론에는 철학이 담겨 있는데, 특히 문인들이 사의화를 통해 강조하는 '중신사, 경형사'에는 노장에서 주로 말하는 '전달하고자 하는 뜻을 얻으면 그 뜻을 표현하기 위한 도구인 상을 잊어버려야 한다[득의망상得意忘象]'라는 사유가 담겨 있다. 왕불王紱의 다음과 같은 말은 이런 점을 보여준다.

> 뜻이 높고 마음이 활달한 선비는 그림으로 그 한가로운 정서를 기탁하며, 학사나 대부들도 또한 때로는 그 뛰어난 업적을 드러내었으니, 이런 일들은 '밖으로는 자연의 변화를 스승으로 삼아[외사조화外師造化]' 일찍이 무슨 법 무슨 법이라고 정하지 않았고, '안으로는 마음의 근원에 있는 이치를 터득하여[중득심원中得心源]' 아무 모씨에게서 얻었다고 말하지 않았다. 흥이 지극하면 '정신은 초연해지고 이치는 터득되니' 경치는 아주 닮았고, 흥이 다하면 '뜻을 얻으면 상을 잊는 경지가 되니' 삼가고 신

중히 하여 함부로 전하지 않음을 힘썼다. 그러나 또한 일찍이 남들의 이목에 구경거리를 제공하여 자기가 먹고살 꾀로 삼지 않았다. 오직 인품이 높아야 기탁한 것이 저절로 멀어지고, 배운 것이 풍부하였기에 붓을 놀린 것이 소쇄하고 예사롭지 않았으니, 그림이 충분히 귀한 것은 그럴 만한 까닭이 있는 것이다.[55]

장조가 말한 '외사조화, 중득심원'[56]은 예술창작과 관련된 핵심에 해당하는 말인데, 이것을 장자가 말한 '득의망상'과 연계하여 말한 이 글은 문인사대부들이 지향한 '참된 회화란 무엇인가'에 대한 답을 담고 있다. 이런 점은 이후 좀더 자세히 보기로 한다.

이처럼 형사와 신사의 관계는 시대와 인물에 따라 다양한 견해가 나타난다. 최종적으로 '불사지사'를 말하지만 문인화의 사의 전통에서는 여전히 신사를 형사보다 중시하는 경향을 보인다. 그 신사 속에 한가로운 정서, '무법의 법', '득의망상', 인품, '위기지학爲己之學'으로서 예술창작 등을 통한 소쇄한 기운을 담을 것을 요구한다. 이처럼 형사와 신사에서 특히 신사를 강조하는 것은 일단 마음을 담아내는 예술이란 점이 강하게 담겨 있다. 거친 필선으로 그어 졸박拙樸한 맛을 담고 있는 추사 김정희의 〈세한도歲寒圖〉와 〈불이선란도不二禪蘭圖〉[혹은 부작란도不作蘭圖]가 문인화의 핵심을 잘 표현한 명품으로 여겨지는 것은 바로 이런 사유를 제대로 담고 있기 때문이다.이런 점에서 붓을 잡고 실질적인 예술창작에 임할 때 어떤 방법과 과정을 통해 표현할 것인가 하는 점이 문제가 된다.

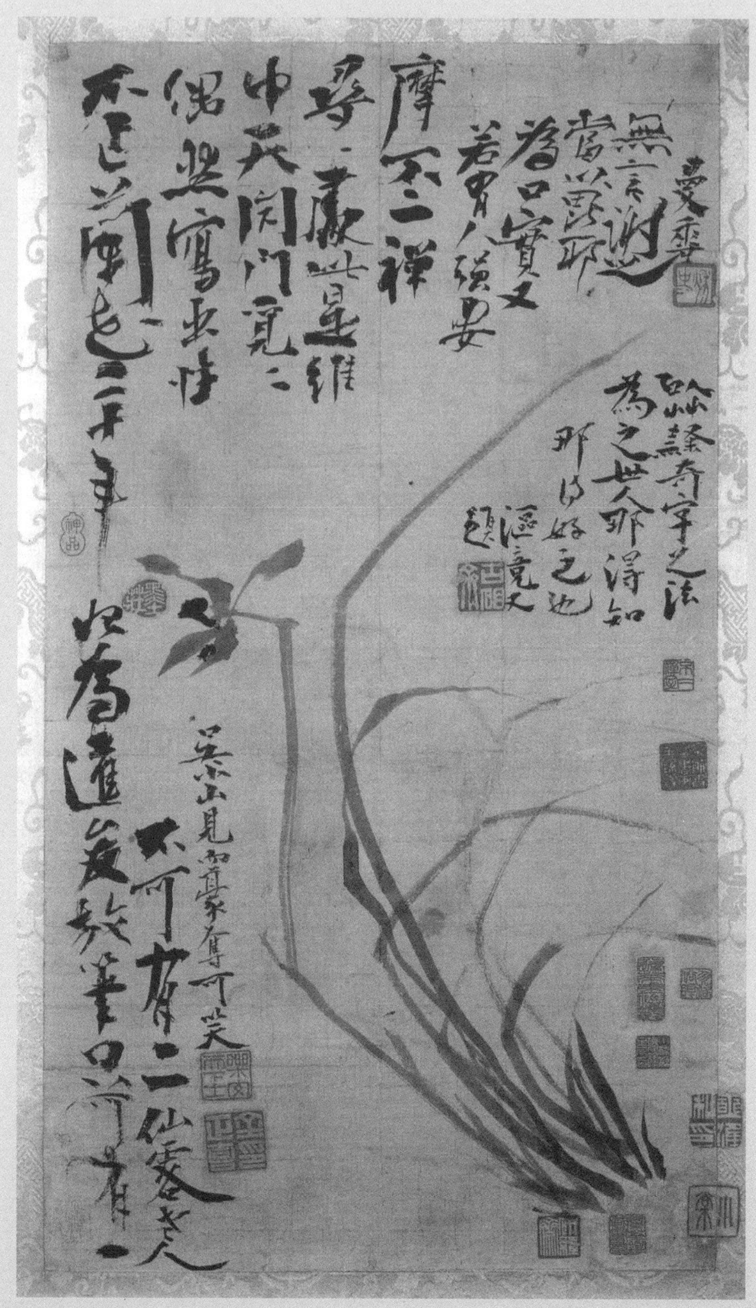

김정희, 〈불이선란도不二禪蘭圖〉

초초한 붓놀림의 '우연욕화'를 통해 대교약졸, 미추불이, 득의망상, 이서입화以書入畵의 일격逸格미감을 잘 표현한 작품이다.

3

마음을 담아내는 예술 : 붓보다 뜻이 먼저다

우리는 동양예술을 한 작가의 작품뿐 아니라 인물됨됨이와 연계하여 이해할 때 서여기인書如其人, 화여기인畵如其人, 시여기인詩如其人, 문여기인文如其人 등을 말한다. 이것은 시·서·화가 모두 작가의 심성을 표현한다는 점에 초점을 맞추어 말한 것이다. 필굉畢宏이 장조에게 화畵의 요결要訣이 무엇이냐를 물었을 때 장조는 "밖으로는 자연의 변화를 스승으로 삼고 안으로는 마음의 근원에 있는 이치를 얻는다"고 말한 적이 있다. '외사조화'는 객관사물을 관조하여 변화에 담긴 자연의 생명본체를 파악하는 것이고, '중득심원'은 만물의 이치를 체득한 뒤 그 형상을 마음속의 의상意象으로 변화시킨 다음 손으로 표현하는 것이다. 여기서 '중득심원'에 초점을 맞추어 말한다면, 동양예술은 자연의 이치를 체득한 작가의 마음을 표현하는 예술로 이해할 수 있다. 송대 미우인米友仁은 서화를 마음과 관련해 다음과 같이 말한다.

> (한대의) 양웅은 '글씨는 마음을 그린 것이다[심화心畵]'라고 말한 적이 있는데, 이치를 궁구한 자가 아니면 그 말이 이런 경지에 이를 수 없다. 그림도 심화라는 것이다.[57]

'심화'라는 사유는 서화뿐 아니라 여타의 예술 장르에도 적용된다. 송대 곽약허郭若虛는 "서화는 정감[情]과 생각[思]에서 발한다"[58]고 말하는데, '정'은 개인의 주관적인 감정이고, '사'는 정신세계를 의미한다. 결국 서화는 '심인心印'이라는 것이다. 청대 왕원기王原祁는 "그림은 비록 하나의 기예지만, 기氣는 서권書卷에 합하고 도道는 심성에 통한다. 이런 이치에 깊이 합치하는 자가 아니면 이것으로써 가볍게 수작하지 말라"[59]고 말하고, 청대 유희재劉熙載는 서예에 대하여 "필성筆性과 묵정墨情은 모두가 사람의 성정을 근본으로 한다. 따라서 성정을 다스리는 것이 서예의 첫 번째 임무이다"[60]고 말한다. 한 걸음 더 나아가 유희재는 서예를 '심학心學'이라고까지 한다.[61] 이런 언급은 모두가 서화를 '심화'라는 차원에서 이해한 것에 속한다. 따라서 '심화'라고 할 때의 '심'이 어떤 '심'인지가 항상 문제가 된다.

'심'과 관련지어 서화를 말하는 것이 창작에 적용될 때는 '뜻이 붓보다 먼저 있다[의재필선意在筆先]', '마음속에 이미 완성된 대나무가 있다[흉유성죽胸有成竹]'라는 사유로 나타난다. '의재필선'은 왕희지가 말한 "뜻이 붓보다 먼저 있어야 하고 글자는 마음 뒤에 있어야 한다. 따라서 글씨를 시작하기 전에 이미 마음으로 구상한 생각이 있어야 한다"[62]는 것에서 연유한다. 동국진체東國眞體의 창시자로 알려진 조선조 이서李漵는 자신의 서예이론서인 『필결筆訣』에서 이런 점을 잘 말하고 있다.

> 서예가의 도는 성찰省察하여 조관照管하는 것을 귀하게 여기니, 고려하면 능히 그 득실을 미리 생각할 수 있다. 그러므로 획을 운용할 즈음에는 반드시 마음을 정밀히 하여 성찰하고, 글자를 구성할 즈음에는 반드시 자세히 살피고, 글자를 배열할 즈음에는 반드시 세밀하게 살피고, 줄을 배열할 때에는 반드시 둘러보아 살피고, 장을 잇고 편을 합할 즈음에는 반드시 총괄하여 두루 살펴야 한다.[63]

마음의 성찰과 조관을 귀하게 여긴다는 것은 기본적으로 '의재필선'과 관련이 있다. 회화에서도 '의재필선' 또는 '의존필선意存筆先'을 말한다. 주

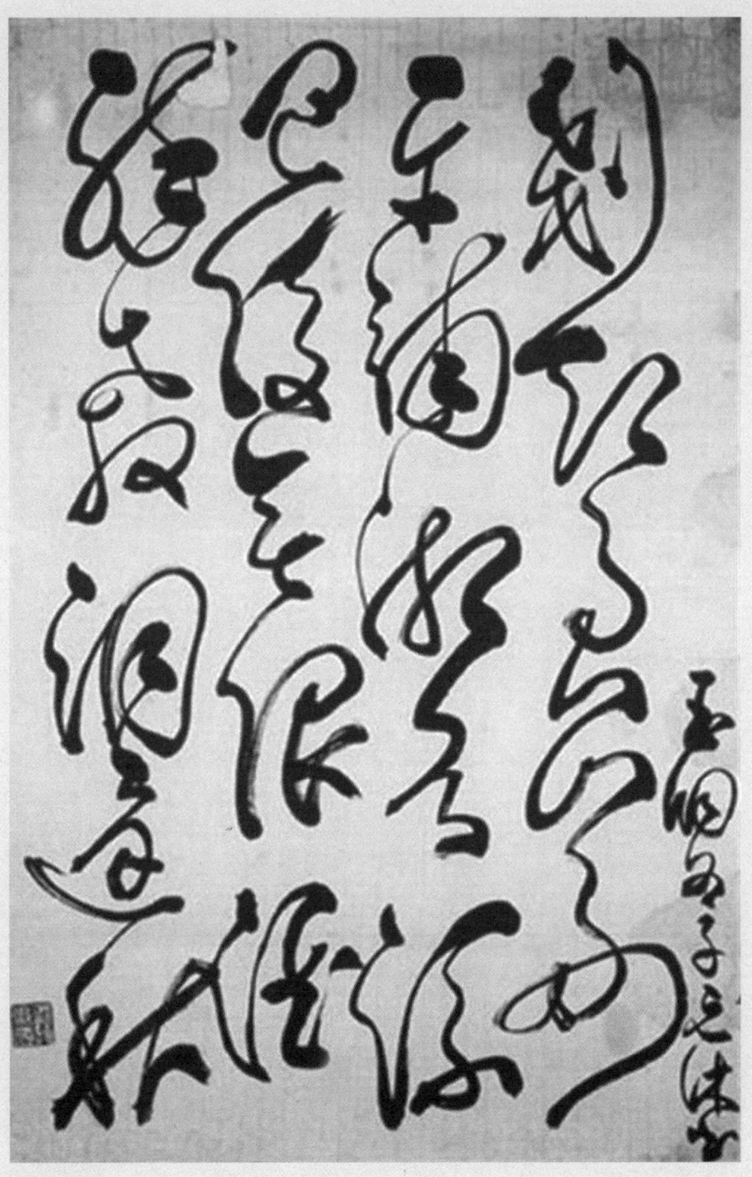

이서, 〈위자원휴서爲子元休書〉

허전에 의해 동국진체東國眞體의 창시자라는 말을 듣는 이서는 매우 독특한 서체를 통해 동국진체의 정신을 보여주고 있다. 동국진체라는 용어는 서체의 형식면에서는 문제가 있지만, 예술정신적 측면에서는 가능한 표현이라고 본다.

화갱朱和羹이 "흉유성죽은 바로 '의재필선'이다"[64]고 말하듯이 '의재필선'이나 '흉유성죽'이 의미하는 것은 같다. '흉유성죽'은 소식이 『문여가화부곡언죽기文與可畫富谷偃竹記』에서 "오늘날 화가들은 마디와 마디를 나누어 그리고 잎에 잎을 겹쳐서 그리면서 형사에 힘쓰고 있는데, 어찌 참다운 대나무가 그려지겠는가? 따라서 대나무를 그리고자 하는 화가는 먼저 '완성된 대나무'를 마음속에 그려놓고 있어야 한다"[65]는 것에서 유래한다. 이 말은 화가는 운필하기 전에 마음속에 반드시 완전한 심미의상審美意象이 있어야 한다는 것이다.

그렇다면 왜 '의재필선'이나 '흉유성죽'을 강조하는가? 그것은 '흉유성죽'을 통해 품격 있고 운취가 있으면서 기운이 생동하는 작품 창작은 물론 '마음에서 표현하고자 하는 것을 손이 제대로 반영하여 표현하는[득심응수得心應手]' 작품 창작과 관련이 있기 때문이다.[66] 청대의 정적鄭績은 이 점과 관련해 그림의 측면에서 "그림을 그릴 때는 모름지기 먼저 뜻을 세워야 한다. 만약 뜻을 세울 수 없는데 갑자기 붓을 내리면 가슴에 주재하는 것이 없어 손과 마음이 서로 어그러지고 끊어져서 족히 취할 수 없게 된다."[67]고 말한 적이 있다.

우리는 서화가 모두 마음을 표현해야 한다는 점을 '심화心畫', '심획心劃', '사심화寫心畫', '사의화寫意畫', '심학心學' 등의 용어를 사용하여 말한다. 그 마음에 천지자연의 이치를 인식할 수 있는 마음 혹은 합일할 수 있는 역량을 지닌 마음, 수양된 마음, 절제된 마음을 비롯하여 자유로운 마음을 한 획에 담아내야 한다는 의식은 서화가 공통적이었다. 그리고 이런 마음을 기교를 통해 얼마나 효과적으로 담아낼 것인가 하는 점에서는 '의재필선', '흉유성죽'을 말하기도 하는데, 이런 사유에는 시·서·화는 근원이 같다는 사유도 담겨 있다.

4

시·서·화는 근원이 같다

중국예술에서는 시·서·화는 동일한 원리라고 여기는데, 이런 점은 중국 예술의 한 특징을 보여준다.

먼저 시와 화의 관계를 보자. 송대에 오면 시에서 화의畵意를 추구하고, 화에서 시정詩情 혹은 시의詩意를 표현할 것을 요구하는 '시정화의詩情畵意', '화중유시畵中有詩'가 나타난다. 소식이 '시와 화는 본래 한 가지 법칙이다'는 것을 말하고, 아울러 "왕유의 시를 음미해보니 시 속에 그림이 있고, 왕유의 그림을 보니 그림 속에 시가 있다"[68]고 평한 것이 그것이다. 이런 사유는 특히 '마음을 그리거나 뜻을 그린다'는 사의화의 핵심이 된다. 아울러 화가가 시에 의거해서 그림을 그리는 화제시畵題詩의 형식이나, 혹은 시인이 그림을 감상하면서 얻는 시적 감흥을 쓰거나 읊는 제화시題畵詩 발생과 밀접한 관련이 있다. 남송 오룡한(吳龍翰, 1229~?)은 "그려내기 어려운 정경을 그려낼 때는 시로 보완하고, 읊조리기 어려운 시를 읊을 때는 그림으로 보완한다"[69]고 말하고, 청대 방훈方薰은 『산정거화론山靜居畵論』에서 "고아한 정감이나 빼어난 생각을 표현하는데 그림으로 그려내기 부족하면 글로 써서 그것을 드러낸다"[70]고 말한 적이 있다. 시와 화의 결합은 다른 측면으로는 화가도 시인의 역량을 갖추고 작품에 임해야 할 것과 아울러 그림에 '사기士氣', '문기文氣'를 담아낼 것을 요구하는 것으로 이어진다.

다음 서와 화의 관계를 보자. 서예에서의 용필은 궁극적으로는 구상적 표현을 목표로 하는 것이 아니라 끊임없이 변화하는 도와 기세氣勢, 절주節奏 등을 드러내고자 한다. 회화에서는 서예의 용필을 매우 강조하는데, 그것은 서예가 용필用筆을 통해 서정과 정감을 표현하는 예술이라는 점을 회화에도 적용하기 때문이다.[71] '서화동원론'을 주장하면서 서예적 요소를 그림에 응용할 것을 요구한 것은 송대 사대부들이 그림을 그릴 때부터이다. 다음과 같은 양유정楊維禎의 말은 이런 점을 잘 보여준다.

> 서는 진대晉代에 융성하였고 화는 당대에 융성하였는데, 송대에는 서와 화가 하나가 되었다. 사대부에서 그림을 잘 그린 자는 반드시 글씨도 공교롭게 잘 썼으니, 그 서법은 화법에 있는 것들이다. 그렇다면 서화가 어찌 용렬하고 망령된 인간들이 할 수 있는 것이겠는가?[72]

양유정이 송대 사대부들의 예술창작의 특징으로 서와 화의 공통점을 강조한 것은 결국 서화 모두 '기운생동'을 강조하기 때문이다. 이런 점은 황빈홍黃賓虹이 서와 화는 근원이 같다고 하면서 화법보다는 서법을 먼저 궁구할 것을 말하고, 특히 '기운생동' 측면에서 서법이나 화법이 같음을 말한 것에 잘 나타난다.[73] 사혁謝赫은 육법六法[74]에서 '기운생동'을 가장 강조한다. 서화에서 기운생동을 강조하는 것에는 생생한 정취情趣와 우주적 생명성이 담겨 있을 때 격조 높은 작품이란 사유가 담겨 있다. 중요한 것은 이 같은 생생한 정취와 우주적 생명성을 인품과 관련하여 이해한다는 점이다. 송대 곽약허郭若虛가 "고아한 감정을 그림에 기탁하는데 인품이 높으면 기운이 높아지지 않을 수 없고, 기운이 높으면 생동하지 않을 수 없다"[75]고 하는 것은 이런 점을 잘 반영한다.

조맹부趙孟頫와 가구사柯九思는 '서화동원론'의 입장에서 서예의 어떤 기법을 운용하여 돌, 나무, 대나무를 그려야 할 것인가를 말하고 있다.

> 돌을 그릴 때는 비백체飛白體를 쓰는 기법으로, 나무를 그릴 때는 주서籀書를 쓰는 기법으로 하라. 대나무를 그리려면 또 영자팔법永字八法에 통해야만 한다. 만약 누가 이런 것을 제대로 하고자 한다면 모름지기 서화

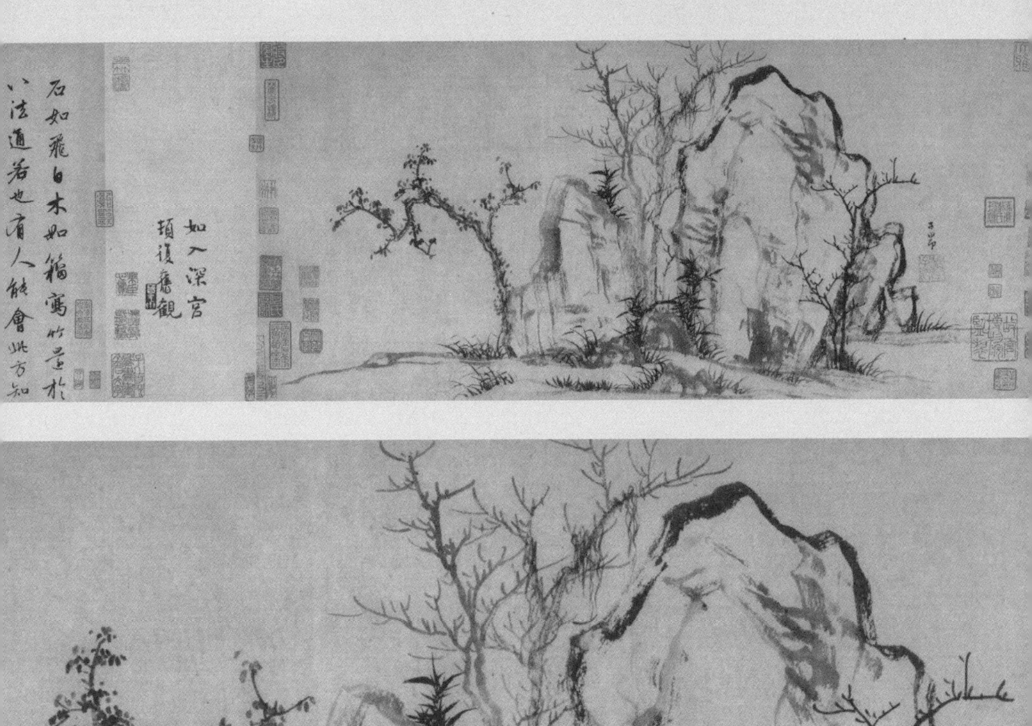

조맹부, 〈수석소림도권秀石疏林图卷〉, 베이징 고궁박물원 소장
서화동원론과 '이서입화以書入畵'를 대표하는 작품이다.

> 는 본래 같다는 것을 알아야 한다.[76]

> 대나무를 그리는 데는 전서篆書를 쓰는 법을 구하라. 가지에는 초서를 쓰는 법을 구하라. 잎을 그리는 데에는 팔분법을 구하든가 혹은 안진경의 별필법撇筆法을 써라. 나무와 돌은 절차고折釵股나 옥루흔屋漏痕의 남은 뜻을 써라.[77]

서예의 다양한 서체 중 회화창작에서는 특히 초서 쓰는 법을 강조하는 경우도 있다.[78] 그것은 초서가 마음속의 '일취逸趣'를 효과적으로 드러낼 수 있기 때문이다.[79] 이 밖에 문인화의 특징 중의 하나는 작품창작에 서예의 예법隸法을 쓴다는 것이다.[80] 그것은 예서체는 변화의 자태字態가 풍부하기 때문에 문인화가가 추구하는 고상한 뜻을 효과적으로 담아낼 수 있을 뿐만 아니라 동시에 간결한 선으로 형체와 생명을 표현할 수 있어 문인화가 '간이簡易'한 것을 숭상하는 풍취와 들어맞기 때문이다.[81]

송대 이후 시정詩情과 화의畵意의 결합과 '화중유시'는 문인화가가 추구하는 창작목표이자 비평의 기준이 되었다. 이 같은 시정과 화의의 결합은 회화에다 시의 의경意境을 담아내어 회화의 예술성을 한 단계 더 증가시킬 수 있었다. 아울러 서와 화는 근원이 같다고 하면서 화법보다는 서법을 먼저 궁구하라는 것은 기본적으로 기운이 생동하는 격조 높은 작품을 창작하고자 하는 의도가 담겨 있는데, 이런 사유는 결국 어떤 것을 미적인 것으로 여겼는가 하는 것으로 이어진다. 이런 점은 서화예술에서 '사기士氣'와 '담박미'를 추구하는 것과 관련이 있다.

5

어떤 것을 미적인 것으로 여겼는가?: 선비의 기운과 담박미 추구

전통적으로 문인사대부들은 '선비의 기운[사기士氣]'을 담아내고자 하였다. 청대 유희재는 『서개書概』에서 "모름지기 서예의 기풍을 논하는 데에는 '사기'를 최상의 것으로 삼는다"[82]라고 말하면서, 이어서 '사기'와 배치되는 다양한 기운을 말한다. '여성적인 기운', '군대처럼 강포한 기운', '시골뜨기 맛이 나는 기운', '시장바닥처럼 시끄럽고 속된 기운', '창조성이 부족한 기운', '가볍고 천한 기운', '서민적인 기운', '세인들의 기호에 영합하는 기운', '승려의 맛을 내는 기운' 등은 모두 선비가 버려야 할 기운이라 말한다.[83]

유희재의 이런 언급은 유가 차원의 '온유돈후溫柔敦厚'한 중화미를 근간으로 한 '사기'를 중심에 두고 여타의 기를 평가한 것이라는 제한점이 있지만, 문인사대부들이 지향하는 전반적인 미의식을 엿볼 수 있다. 유희재는 '고상한 운치', '깊은 감정', '견실한 바탕', '호연한 기운' 가운데 어느 하나라도 결여되면 훌륭한 서예가 될 수 없다[84]고 말하기 때문이다. '사기'가 무엇인가에 대한 언급은 다음과 같은 말에서 잘 나타난다.

> 조문민趙文敏[=조맹부趙孟頫]이 전순거錢舜擧[=전선錢選]에게 그림의 도道를 묻기를 "무엇을 사기士氣라 하는가"하니 전순거는 "예체隸體일 뿐이다"라고 대답하였다. 화가가 이를 분별할 줄 알면 곧 날개가 없이도 날 듯이 명성이 세상에 널리 퍼질 수 있다. 그렇지 않으면 곧 사도邪道에 떨어지고 말 것이니, 이는 공교로우면 공교로울수록 더욱 멀어진다. 그러나

또한 가장 중요한 점이 있으니, 세상에 구하는 것이 없고 칭찬과 비난에 마음이 흔들리지 않아야 한다.[85]

'사기'란 한마디로 말하면 세속적인 것에 초연한 담담하고 고결한 인품이다. '사기'가 없는 단순한 기교 차원의 실물과 닮게 그리는 공교로움[공工]이 사도邪道에 떨어진다는 것은 '사기'가 그만큼 중요하다는 것을 의미한다. 이런 점에서 특히 화가의 맑고 고상한 품격을 요구한다. 동기창董其昌도 서예의 용필로 그림 그리는 것을 '사기'와 연계하여 이해한다.

선비가 그림을 그릴 때는 마땅히 초예草隸, 기자奇字의 법으로 그려야 한다. 나무는 마치 쇠를 구부린 듯하고, 산은 마치 모래에 획을 그은 듯하여 달콤하고 속된 좁은 길을 완전히 제거하여야 '사기'를 이룰 수 있다. 그렇지 않으면 비록 엄연히 격에 이르더라도 이미 환쟁이의 마귀의 세계에 떨어져 다시는 구제할 약이 없다.[86]

여기서 '속기'를 제거한다는 것을 다른 차원으로 말하면, 많은 독서를 통해 학문을 쌓고 또 수양을 통하여 인품을 높이는 것과 관련이 있다. 소식이 "글씨를 연습하다 못 쓰게 되어 버린 붓이 산같이 쌓일 정도가 되어도 아직 보배스러운 글씨가 되기에는 부족하다. 책을 일만 권이나 읽어야 비로소 정신을 통하게 할 수 있다"고 말하고, 황정견이 "가슴에 수천 권의 독서량이 있어 세상의 용렬한 것을 따르지 않는다면 글씨는 운치가 결여되지는 않을 것이다"라고 말한 것이 그것이다.

송 휘종徽宗 때 『선화서보宣和書譜』에서는 더 구체적으로 "대개 흉중에 기른 것이 평범하지 않으면, 붓 끝에 나타난 것도 모두 초절하다. 그러므로 서예에 대해 잘 논하는 자는 흉중에 일만 권의 책이 들어간 다음에 글씨를 쓰면 스스로 속기가 없다고 생각한다"[87]라고 하여 많은 독서를 속기

제거와 관련지어 말한다. 추사 김정희가 '문자향文字香'과 '서권기書卷氣'를 강조한 것도 이런 사유와 무관하지 않다. 이서청李瑞淸의 다음과 같은 말은 이 점을 잘 말해준다.

> 글씨를 배움에 있어 더욱 귀중한 것은 책을 많이 읽는 것이다. 책을 많이 읽으면 글씨를 씀에 있어서 스스로 우아해진다. 그러므로 옛날에 학문이 있는 사람은 비록 글씨를 잘 쓰지 못하더라도 그의 글씨에는 서권기가 있기 마련이다. 따라서 글씨는 심기와 취미를 제일로 삼는다. 그렇지 않고 다만 손의 재주에 의해서 글씨가 이루어진 것은 귀함이 되기에 족하지 않다.[88]

소식도 만 권의 책을 읽으면 신묘한 경지에 통할 수도 있다 하여 독서의 효용성을 강조한다.[89] 독서와 수양공부를 통해 '속기'가 제거될 때 자신이 쓴 글씨를 당당하게 남에게 보일 수 있게 된다.[90] 이런 점을 김정희는 〈불기심란도不欺心蘭圖〉의 화제에서 다음과 같이 말한 적이 있다.

> 난을 칠 때에도 마땅히 '자기의 마음을 속이지 않는 것'에서부터 시작해야 한다. 잎 하나 꽃술 하나라도 마음속으로 반성하여 부끄러움이 없게 된 뒤에 남에게 보여야 한다. 모든 사람의 눈이 주시하고 모든 사람의 손이 다 지적하고 있으니 이 또한 두렵지 아니한가? 난을 치는 것이 작은 재주지만 반드시 '생각을 진실하게 하고 마음을 바르게 하는 데'에서부터 출발해야만 비로소 손을 댈 수 있는 기본을 알게 될 것이다.[91]

작가가 그린 난은 단순한 난이 아니라 작가 자신의 내면적 삶의 성숙도, 정신세계 및 '나는 바로 이런 사람이오' 하는 것을 보여준다는 것이다. 그런 나는 타인에게 평가받기에 '신독愼獨'해야 함을 강조한다. 이처럼 '사기'

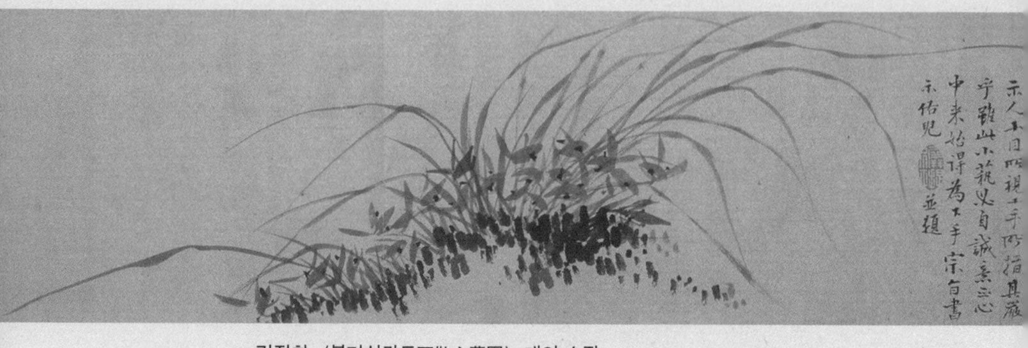

김정희, 〈불기심란도不欺心蘭圖〉, 개인 소장

〈불기심란도〉의 화제

창작에 임할 때 어떤 마음가짐이어야 하는가에 대한 예술철학이 담겨 있다. 작품 행위를 자신의 마음 수양과 연계해 이해하는 것은 동양 예술정신의 한 특징이 된다.

를 담아내고자 하는 의식은 창작의 경우 '묘描'가 아닌 '사寫'라는 관념으로 표현된다. 명의 고렴高濂은 사기를 '사寫'와 관련지어 다음과 같이 말한다.

> 이른바 '사기'라는 것은 곧 사림士林 중에서 능히 예가화隸家畵의 품격을 이룬 것이니, 전적으로 신기神氣가 생동한 것을 법으로 삼아 물취物趣를 구하지 않고 천취天趣를 얻는 것을 높이 여기는 데 있다. 그것을 보고 "사寫한다" 하고 "묘描한다" 하지 않는 것은 화공의 화원기畵院氣를 벗고자 하기 때문일 뿐이다.[92]

여기서 '예가화'란 '사대부화'와 같은 의미로서, 문인화가의 다른 표현이다. '묘'는 무엇이고 '사'는 무엇인가? 묘는 묘사한다고 하듯 실물과 담게 그리는 것 즉 형사적 차원을 말한다. 이런 것은 주로 '공교롭다'는 것과 세속적이라는 점에서 '속공俗工'이란 표현을 통해 묘사되곤 한다.[93] '묘'를 낮게 보고 '사'를 강조하는 것은 형사적 차원에서 물상物象을 얼마나 진실하게 반영하느냐 하는 것은 문제가 안 된다는 것이다. 왜 '사'를 강조하는가? 품격 높은 그림은 기본적으로 필묵을 통해 인격·인품과 마음의 의경意境 및 일기逸氣를 드러내야 하며, 또 자연스런 천기天機가 흘러나오고 생생불식生生不息하는 생명의 원기元氣를 드러내야 하기 때문이다. 문인화에서 '사'를 강조하는 것은 결국 의意는 '사'할 수 있지만 '묘'로는 표현 불가능하기 때문이다.

문인화가가 '사'를 통해 지향하는 미의식은 담박미淡泊美이다. 시에서는 매요신梅堯臣 이후 구양수歐陽脩에 이르기까지 '평이하고 담박함[平淡]'을 최고로 여겼다. 도잠의 시, 송대의 백자, 원대 예찬의 그림, 명대 동기창의 서예 이론의 공통점은? 답은 공통적으로 담박미를 추구한다는 것이다. 소식과 주희 및 퇴계 이황 등이 높게 평가한 도잠은 당대에는 이류시인이었다. 하지만 송대에 이르면 문인사대부들이 최고의 시인으로 추앙한다. 도잠에 대해 당대와 송대의 평가가 달라진 이유는 '천리를 보존하고 인욕을 제거하고자존천리 거인욕存天理 去人欲' 하는 성리학으로 무장한 송대 사대부들이 추구한 미의식이 당대에서 추구한 미의식과 달랐기 때문이다. 그 차이점의 핵심은 담박한 평담미로서, 평담미는 성리학자들이 지향하는 예술품격의 표준이 되었다. 즉 주희가 말한 "도잠[=도연명]의 시가 평담한 것은 자연스러움에서 나왔기 때문이다"[94]라는 것은 이런 점을 단적으로 말해준다.

문인화의 경우 특히 원대 이후부터는 평담 풍격이 더욱 강조되었다. 역대의 문인화가는 유가적 중화미와 합치하는 '우아함[雅]', '간이함[簡]', '담박함[淡]' 이 세 가지를 겸하거나 그중의 하나를 중시하곤 하였다. 그런데 문인화에서 우아한 것, 간략한 것과 담박한 것을 숭상한 이러한 종류의 심미 이상과 예술 표현은 서예에도 그대로 적용되었다. 동기창은 "글씨를 쓰고 시와 문장을 짓는 데 동일하게 중요시하는 것이 있으니, 대저 그것이 후세에 전하고 전하지 않느냐는 것은 바로 '담'이냐 아니냐의 여부에 달려 있다."[95]고 하여 '담'을 서예와 시, 문장에 동일하게 적용하여 말하고 있다. 이 같은 담은 그냥 맹물과 같은 '담'은 아니다. 오랜 기간 숙련을 거듭한 이후에 올라갈 수 있는 일종의 '무미無味'의 경지이다.[96] '담' 속에는 농濃이 있고, 음양이 있고, 향배가 있고, 정신이 있고 취미가 있다.[97] 소식은 "문장을 짓는데 필세가 험준하고 문투가 현란한 것이 점점 노숙해지면 평담에 이르게 된다"[98]는 것과 "간결하고 옛스런 것에 섬세하고 화려한 것을 담고, 담백한 것에 지극한 맛을 담았다"[99]라는 것을 말하여 '담'의 경지에 대하여 말한 적이 있다.

성리학자들은 이 같은 '담'을 최고의 경지로 여겼다. 율곡 이이李珥는 고시古詩를 '충담소산沖澹蕭散', '한미청적閒美淸適', '청신쇄락淸新灑落', '용의정심用意精深', '정심의원情深意遠', '격사청건格詞淸健', '정공묘려精工妙麗'[100] 등으로 구분하고, 그것을 원元·형亨·리利·정貞·인·의·예·지의 여덟 집에 배정하여 『정언묘선精言妙選』을 엮은 적이 있다. 여기서 그 첫머리인 『원자집元字集』에서 '충담소산'에 대해 다음과 같이 말한 적이 있다.

> 이 집에서 뽑은 것은 '충담소산'을 주로 한 것이다. 인위적으로 꾸미는 것을 일삼지 않으니 자연스런 가운데 저절로 묘취가 있다… 이 집을 읽으면 그 담박한 맛을 볼 수가 있고, 그 '드문 음[희음希音]'을 즐길 수 있으니, 『시경』 삼백 편이 남긴 뜻은 여기에서 벗어나지 않을 것이다.[101]

이이가 '충담소산'을 첫머리에 놓은 것은 그것을 제 일격으로 평가하였기 때문이다. '드문 음'은 노자가 말한 '대음희성大音希聲'에서 따온 것이다. 퇴계 이황은 자신의 시를 '고담枯淡'하여 남들이 그리 좋아하지 않았다[102]고 말하고 있다. '고담', '충담', '평담'은 결국 '담박'으로 귀결되는데, 그 담박함은 오랜 세월 동안의 많은 독서와 다양한 인생경험 및 오랜 인격수양을 통한 정신 함양의 결과물이다. 물론 그렇다고 담백함과 우아한 것만을 추구한 것은 아니었다. 대사의화大寫意畵 화풍을 전개한 서위徐渭나 육분반서六分半書를 창안한 정섭 등과 같이 노장이나 양명좌파에 훈도를 받은 많은 인물들이 기괴奇怪함을 담은 것, 광기 어린 것을 담은 것도 아울러 추구하여 아름다움의 폭을 넓혀준 점에도 주목할 필요가 있다.

이처럼 문인사대부들은 시·서·화에서 모두 속기를 배제하고 '사기'와 담박미를 담아낼 것을 요구하였는데, 이런 사유는 결국 예술작품은 바로 그 사람을 상징한다는 것으로 이어진다.

정섭, 〈행초론서사行草論書史〉, 천진시예술박물관 소장

크고 작은 글씨가 제멋대로인 이 작품은 정섭의 '난석포가체亂石鋪街體'를 잘 보여주는 작품이다.

6

예술작품은 바로 그 사람을 상징한다

우리나라 5만원권 화폐에는 대나무 그림 최고수로 알려진 이정李霆의 〈풍죽도風竹圖〉와 매화 그림 최고수로 알려진 어몽룡魚夢龍의 〈월매도月梅圖〉가 실려 있다. 추사 김정희의 〈묵란도墨蘭圖〉 〈세한도歲寒圖〉는 조선조 문인화 작품 가운데 최고로 평가된다. 어떤 근거를 가지고 그렇게 평가하는 것일까? 일단 전통적으로 위에서 언급한 작품 소재로 등장하는 대나무, 매화, 난은 단순 자연생물로서의 대나무, 매화, 난으로 여기지 않았다. 군자를 상징하는 인격화된 대나무, 매화, 난이라는 '비덕설比德說'의 입장에서 이해하였다. 자연물 이외에 한 인물의 삶을 긍정적으로 이해할 때는 그 인물의 됨됨이와 인품을 중심으로 이해하곤 하였다. 주희가 복건성福建城 무이산武夷山 계곡의 아홉 구비에 펼쳐진 절경을 「무이구곡가武夷九曲歌」와 「무이도가武夷棹歌」 등을 통해 찬미한 적이 있는데,[103] 조선조 이황과 이이는 이 「무이도가」에서 말한 삶을 기리며 그런 삶을 살고자 하였다. 이황과 이이는 주희가 「무이도가」를 통하여 산수에 은거하면서 학문을 연찬하는 '귀거래歸去來'의 의미와 자연경물을 완상하면서 자연과의 합일을 꾀하고자 한 천인합일적 삶에 공감하였기 때문이다. 이처럼 동양에서는 예술작품을 감상하고 품평할 때는 비덕설 및 한 인물의 됨됨이와 인품을 연계하여 이해하곤 하였다. 이런 점에서 동양미학과 예술정신을 심층적으로 이해하려면 '무엇 무엇[즉 시·서·화·문]은 그 사람과 같다[~여기인如其人]'를 통해 말하고자 하는 미학과 예술정신을 볼 필요가 있다.

우리는 전통적으로 흔히 '서여기인書如其人'을 비롯하여 '자여기인字如其人', '화여기인畵如其人', '문여기인文如其人', '시여기인詩如其人', '인여기인印如

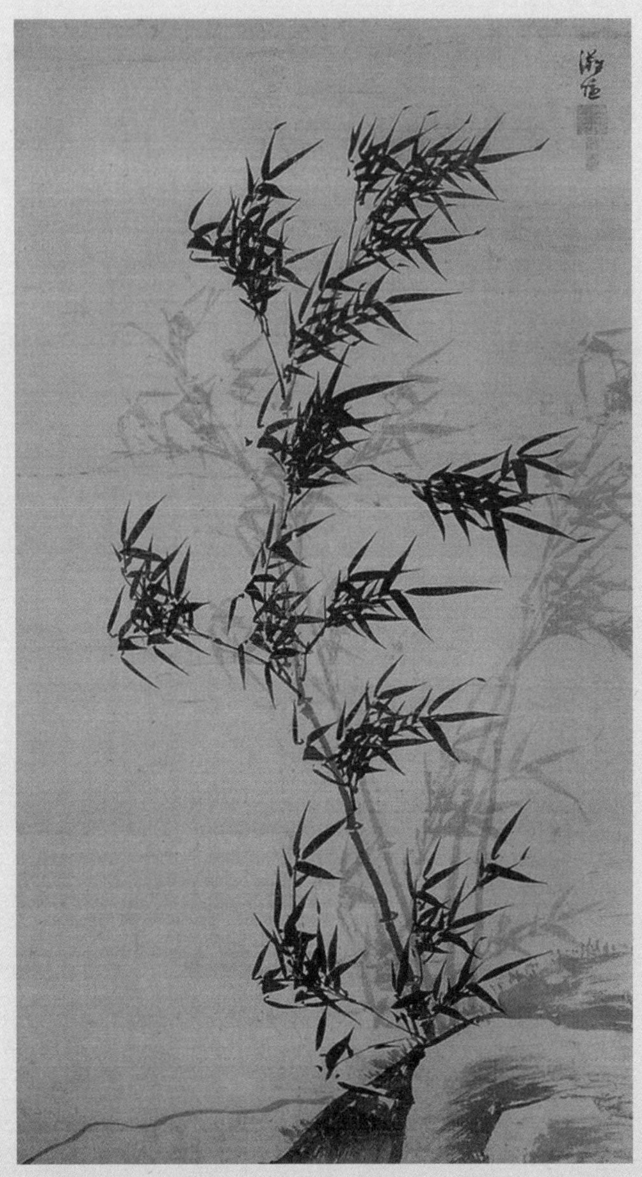

이정, 〈풍죽도風竹圖〉, 간송미술관 소장

이 그림에서 바람은 세찬 바람으로 기본적으로 북서풍이다. 북서풍은 봄철에 부는 동남풍과 달리 만물을 죽이는 숙살肅殺의 기운이 있는 바람이다. 따라서 소인배들은 이 바람을 이기지 못해 휘어 버리지만 군자는 끄떡없다. 불어오는 바람에 농묵으로 그려진 대나무는 휘었고, 잎의 끝부분은 말라 있다. 이에 비해 담묵으로 그려진 대나무는 세찬 바람에도 전혀 흔들림이 없다. 농묵의 소인배와 담묵의 군자를 잘 대비시키고 있다.

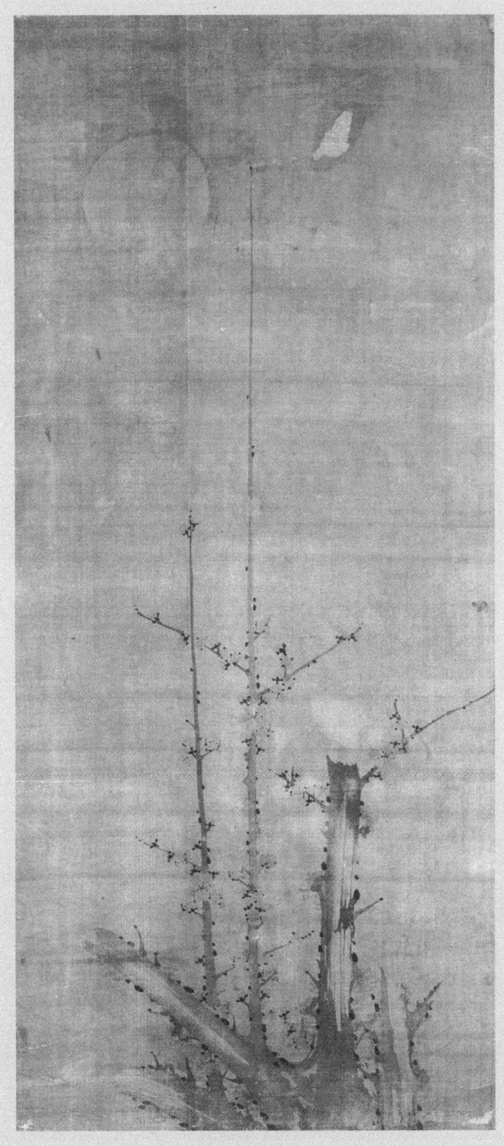

어몽룡, 〈월매도月梅圖〉, 국립중앙박물관 소장

서양에서는 달을 종종 '부정적인 의미(미친다)'로 바라보곤 하지만, 동양에서는 친구로 여길 정도로 매우 친근하다. 달과 술을 함께 나눈다는 이백은 물론이거니와, '음풍농월吟風弄月'이란 말처럼 문인사대부들은 달을 단순하게 여기지 않았다. 물론 달도 형상에 따라 이해되는 면이 다르다. 그 어떤 흠결도 없이 원만 구족함과 밝음을 상징하는 보름달은 형이상학적 측면에서는 도의 상징이기도 하다. 그림에서 보름달까지 곧게 치켜 올라간 고매古梅의 잔가지는 사실적 차원에서 그려진 것이 아니라 군자의 올곧은 삶이란 상징적 차원에서 그려진 것이다.

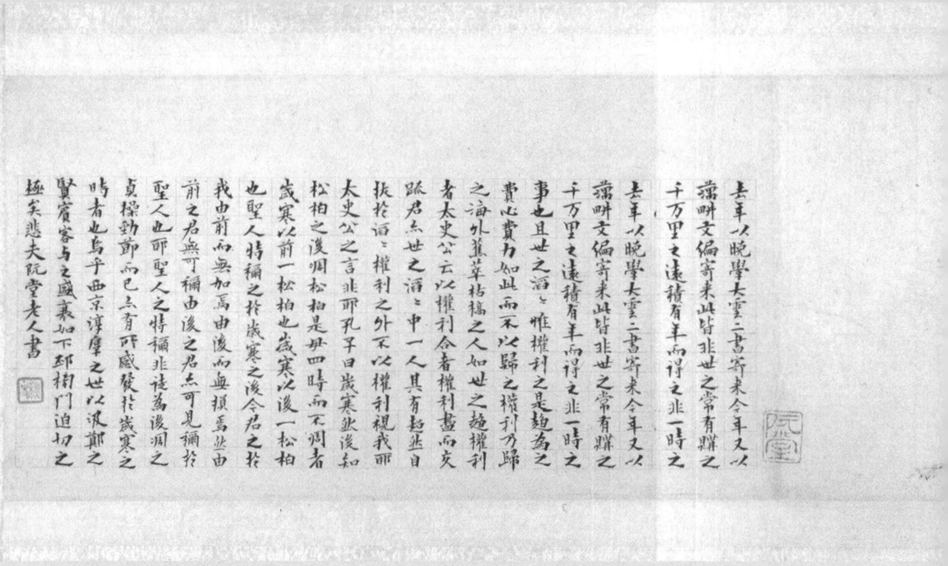

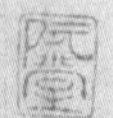

김정희, 〈세한도歲寒圖〉, 개인 소장

나이 먹은 소나무(유배당한 김정희)가 꺾이고 파이는 어려운 시절(세한의 시절)에 처했지만, 오른편 잔가지를 통해 생을 유지하고 곁에는 잣나무가 든든하게 받쳐주는 희망의 정황이 담겨 있다. 유가 군자의 '고궁절'의 삶을 잘 반영하는 그림이다. 이렇게 소나무, 잣나무 등의 형상을 통해 상호간의 정을 표현하고 있는 또 다른 작품으로는 정섭鄭燮의 〈쌍송도雙松圖〉가 있다. 글씨는 후반으로 갈수록 한 칸에 한 글자씩 쓰인 모습이지만, 발문 앞부분에 염량세태炎凉世態와 관련해 쓰인 부분은 감정이 복받쳤는지 전후 글자가 이어진 곳이 종종 있다.

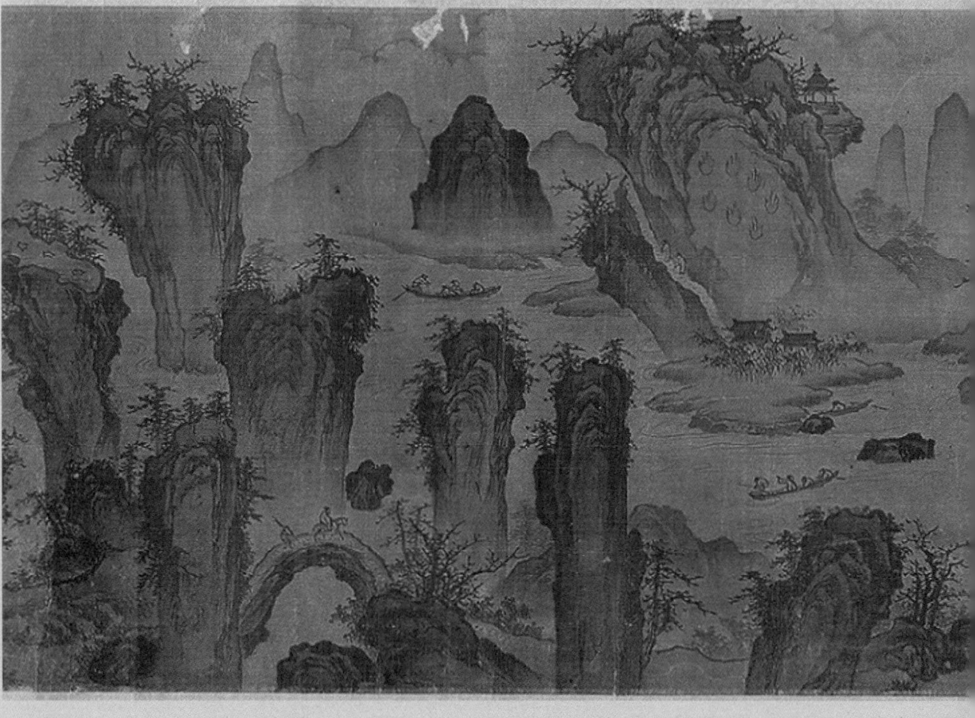

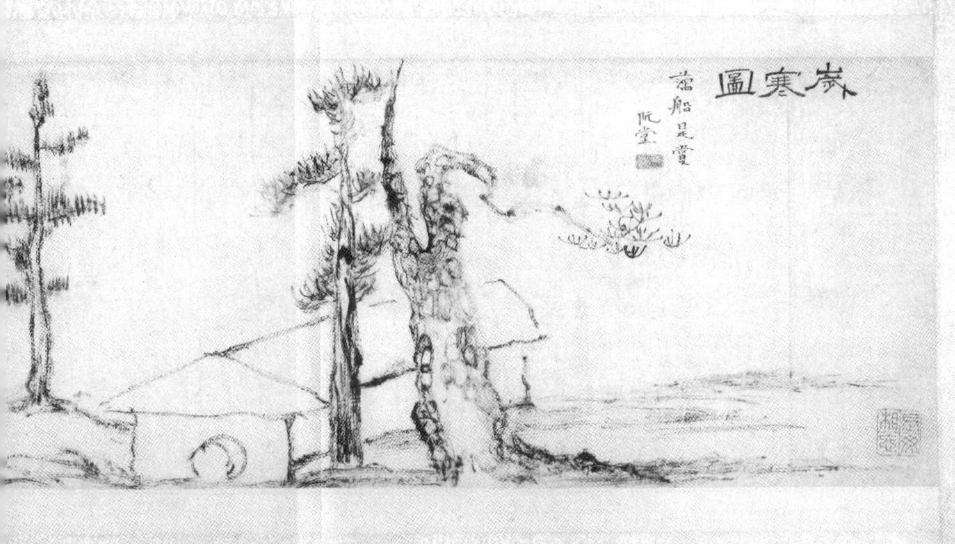

이성길, 〈무이구곡도武夷九曲圖〉, 국립중앙박물관 소장
주자가 세운 무이정사가 그림 가운데에 있다.

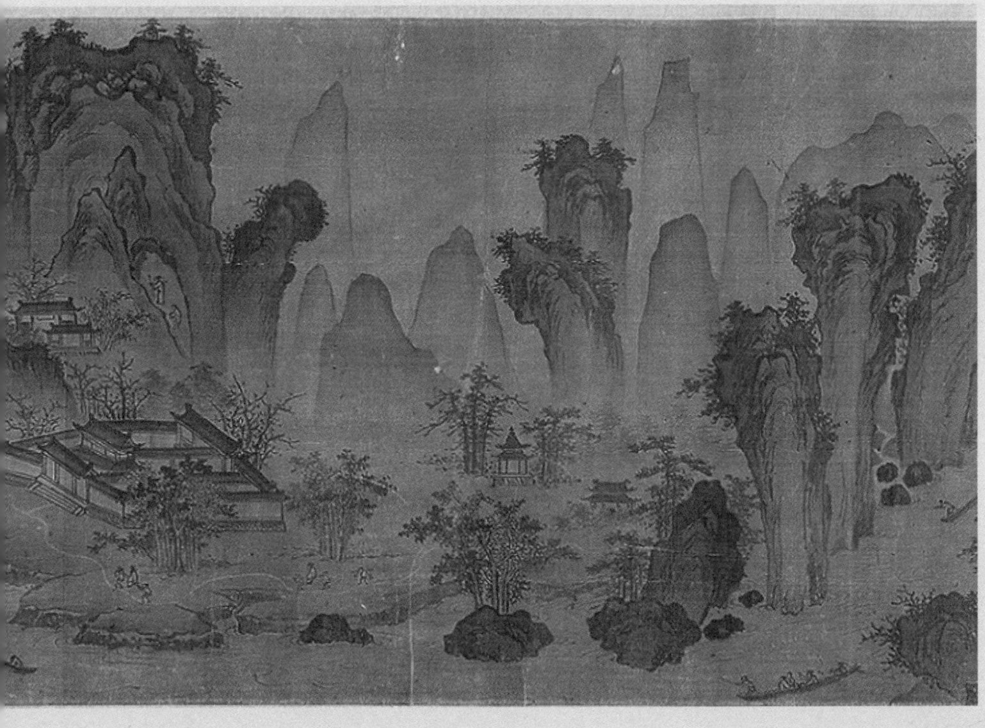

其人'이란 말을 하곤 한다. 나는 한 인간이 선택한 공간도 그 인물됨됨이를 반영하고 있다는 점에서 '택여기인宅如其人'도 가능하다고 보는데, '~여기인'은 다양한 관점에서 이해할 수 있다.[104] '~여기인'은 흔히 예술에 대한 비평과 감상을 예술가의 인품과 연관하여 이해하는 사유로서, 특히 '서여기인'이 자주 운용된다. 서예는 모필毛筆을 운용하여 기교를 부린다는 점과 더불어 동일한 글자에 사람마다의 다양한 성향이 반영되기 때문이다. '서여기인'의 싹은 이미 한대 양웅이 말한 "글씨는 마음을 그린 것이다"라는 사유에 보이는데, 주로 송대 구양수를 비롯한 유가적 사유로 무장한 학자들이 '서여기인'을 강조하는 경우가 많았다. 이런 점은 서예가 개인의 자유의지와 개성을 중시한다는 송대의 '상의尙意' 서풍의 발생과 무관하지 않다.

그런데 유가적 사유에 입각해 서예를 이해하는 사람들은 아무에게나 '서여기인'이라는 말을 사용하지 않는다. 예컨대 불경佛經 등을 베끼는 사경寫經하는 사람들에게는 '서여기인'이란 말은 하지 않는다. 아울러 인품이 뛰어날 경우에는 기교의 공졸工拙의 수준 여하를 떠나 그 글씨가 전해지는데, 이런 점도 '서여기인' 사유와 매우 밀접한 관련이 있다.[105] 이런 점에서 먼저 '서여기인'이라고 할 때의 '기인'의 의미를 고찰해볼 필요가 있다. 왜냐하면 '기인'이란 표현은 단순히 '그 사람'이라는 의미 이상이 담겨 있기 때문이다. 소식은 "진실로 '그 사람'이 아니면 글씨를 아무리 잘 써도 귀하게 여기지 않는다"라는 말을 한 적이 있다.[106] 소식이 말하는 '그 사람'은 단순한 그 사람을 가리키는 것이 아닌 매우 함축적인 뜻을 지니고 있다. 그것이 과연 어떤 의미를 지니고 있는지를 유가 경전에서 사용된 '기인'의 의미를 통하여 알아보기로 한다.

유가 경전에 쓰인 '기인'은 크게 보면 두 가지 의미를 지니고 있다. 먼저 단순히 '그 사람'을 지시하는 경우다. 예를 들면 『논어』의 다음과 같은 것이 그 예이다.

공자가 말하였다. 말을 잘하고 얼굴빛을 좋게 꾸미고, 지나치게 공손함을 좌구명은 부끄럽게 여겼다. 나도 그것을 부끄러워한다. 원망을 감추고 겉으로 그 사람을 벗삼아 친한 척하는 것을 좌구명은 부끄러워했다. 나도 마찬가지로 부끄럽게 여긴다.[107]

그런데 단순히 '그 사람' 정도를 지시하는 그 이상의 의미로 쓰이고 있는 것을 여러 군데에서 발견할 수 있다. 먼저 『중용』에 나오는 예를 보자.

애공이 정사를 묻자 공자는 말하였다. "문왕, 무왕의 정사가 방책에 펴 있으니, '그 사람'이 있으면 정사가 거행되고 '그 사람'이 없으면 정사가 종식된다."[108]

여기서의 '그 사람[기인]'은 문왕·무왕과 같이 학덕을 갖추고 있으면서 정사를 잘 돌볼 수 있는 훌륭한 능력을 가진 사람을 가리킨다.

공자가 말하였다. "선함을 보고는 미치지 못할 듯이 하며, 불선을 보고는 끓는 물을 더듬는 것처럼 하는 자, 나는 '그러한 사람'을 보았고 그러한 말을 들었노라. 숨어 살면서 그 뜻을 구하고 의를 행하며 그 도를 행하는 것을, 나는 그러한 말만 들었고 '그러한 사람'은 보지 못하였노라."[109]

주희는 공자가 말하는 '그러한 사람[기인]'에 대해 "선과 악을 알아서 진실로 선을 좋아하고 악을 미워하는 것이니, 안회顔回, 증삼曾參, 염경冉耕, 민손閔損의 무리가 이에 능하였을 것이다… 그 뜻을 구한다는 것은 행할 바의 도를 지키는 것이요, 그 도를 행한다는 것은 그 구하던 바의 뜻을 행하는 것이다. 이는 오직 이윤伊尹과 태공太公의 무리가 이에 해당될 수 있을 것이다"[110]고 주석한다. 결국 '기인'은 안회, 증삼, 염경, 민손 같은 공자의 훌륭한 제자들이나 이윤과 태공과 같은 유능한 인물들을 의미한다. 비덕比德 차원에서 말해진 '기인'도 있다.

> 눈빛처럼 하얀 망아지 한 필, 깊은 골짜기에 가고 말았네. 꼴이나 한 단 베어 먹이고 있을, '옥같이 어여쁜 그 사람.'[111]

주희의 이해에 의하면, 이 시는 현자가 반드시 가고 머물 수 없는 상황에서 그가 하얀 망아지를 타고 깊은 골짜기에 들어가 꼴을 한단 베어 먹이는 현자의 덕의 아름다움을 옥과 같다고 탄미한 것이다.[112] 여기서의 '기인'은 현자를 의미하는데, 『시경』에서 말하는 '기인여옥其人如玉'은 비덕설이 핵심이다. 다음 『주역』「계사전하」에 나오는 '기인'의 용례를 보자.

> 처음엔 괘사를 좇아서 그 해야 할 일의 방도를 헤아려보면 거기에는 이미 일정한 법칙이 있다. 진실로 '그 사람'이 아니면 도는 헛되이 행해지지 않는다.[113]

이때의 '기인'은 천지자연의 일정한 법칙을 알고 있는 위대한 인간을 의미한다. 이상 본 바와 같이 『중용』『논어』『시경』 등에서 쓰인 '기인'은 단순히 '그 사람'이란 의미보다는 주로 인품과 학덕이 높은 사람 혹은 어떤 일에 합당한 능력이 있는 사람을 일컫는 것을 알 수 있다. 결론적으로 '서여기인'과 관련된 사유를 가장 잘 표현했다고 하는 유희재의 다음과 같은 글을 보자.

> 글씨라는 것은 같은 것이다. 바로 '그 사람'의 학문과 같고, 재주와 같고, 뜻과 같은 것이니 이것을 종합하여 말하면, 바로 '그 인품'과 같다…

> 현인이나 철인의 글씨는 온화하고 순후醇厚하며, 영웅의 글씨는 침착하고 굳셈이 있으며, 탈속한 기이한 선비의 글씨는 탈속적이고 높은 풍격이 있으며, 재주 있는 선비의 글씨는 수려하고 영특하다… 글씨로 가히 식견을 볼 수 있다. 필법과 글씨체에 있어서 피차가 취하고 버림이 각각 다르니, 식견의 높고 낮음이 바로 여기에 존재한다.[114]

이상 본 바와 같이 '서여기인'의 '기인'은 단순히 '그 사람'이란 의미의 '기인'이 아니라 학문과 재주, 학덕, 능력 등과 관련지어 한 인간을 평가한 것을 확인할 수 있다. 아울러 '~여기인如其人'을 강조하는 것에는 인격수양을 통하여 승화된 최고의 인품에서 우러나오는 인격미에 대한 추앙도 담겨 있다. 이런 '~여기인' 사유를 통해 작품 감상과 비평의 주요한 근거로 삼는 것은 인물됨됨이와 윤리성이 예술의 순수성과 자율성보다 더 우월하다는 사유가 담겨 있다.

7
-
나오는 말

이상과 같은 논의를 보면 과거 동양의 문인사대부들의 작품을 감상할 때 단순히 그려진 조형적 차원의 아름다움이나 형식미에만 머무르면 매우 제한된 감상임을 알 수 있다. 왜냐하면 그들의 작품에는 그들이 지향하는 철학, 미학, 예술정신이 다양한 형상을 통해 표현되어 있기 때문이다.

이 밖에 동양미학, 예술정신을 심도 있게 이해할 때 중요한 것 중 하나는 본래 철학에서 출발한 사유가 이후 예술가들의 최고의 기교 운용과 관련된 창작원리 혹은 창작에 임할 때의 올바른 마음 상태 등에 적용된 것을 어떻게 이해하느냐 하는 것이다. 예를 들어, 『장자』「양생주養生主」에서 말하는 '푸줏간 장정의 소 잡는 이야기[포정해우庖丁解牛]'를 보자. 이 '포정해우' 고사는 말 그대로 '양생주'라는 편명이 말해주듯 소 잡는 행위를 통해 바람직한 양생의 법칙을 말한 것이지 예술에 초점을 맞추어 논한 것은 아니었다. 하지만 이 '포정해우' 고사를 읽은 예술가들은 양생이란 관점으로만 보지 않았다. 최고의 기교 운용과 관련된 창작원리, 창작에 임할 때의 올바른 마음 상태 등으로 이해하였다. 후대 미학자나 예술가들의 『주역』의 '상象'에 대한 이해도 마찬가지다.

따라서 동양미학과 예술정신의 뿌리를 찾고자 한다면 '포정해우' 고사를 예술론 입장에서 이해하는 것이나 『주역』의 '상'에 대한 이해를 미학적으로 이해하는 것은 문제가 있다고 보는 시각을 배제할 필요가 있다. 이런 점에서 쉬푸관徐復觀이 『중국예술정신』에서 말한 다음과 같은 말을 보자.

> 장자의 이른바 '도'는 인생 위에 뿌리를 내리고 있는 것으로, 바로 숭고한 예술정신이다. 그리고 심재心齋의 노력을 통해 파악되는 마음이 실제로 예술정신의 주체임을 발견하게 되었다. 노자학, 장자학으로부터 발전되어 나온 위진현학, 그것의 진실한 내용과 결과는 바로 예술성의 생활과 예술상의 정취였다. 역사상 위대한 화가, 위대한 화론가들이 도달하고 파악해낸 정신경지는 항상 그렇게 되기를 기약하지 않았지만 그렇게 된 것은 모두 장자학, 현학玄學의 경지였다. 송 이후 이른바 '선禪'이 회화에 대해 끼친 영향도 사실대로 말하자면 곧 장학, 현학의 영향이다.[115]

> 나는 노자와 장자의 사상이 그 당시에 성취하였던 인생이란 사실은 예술적 인생이었고, 중국의 순수한 예술정신은 실제로 이러한 사상계통에

서 도출되어 나온 것임을 홀연히 크게 깨달았다. 중국역사상의 위대한 화가와 화론가들은 언제나 의식적이건 무의식적이건 서로 간에 정도 차이는 있더라도 노장사상의 이런 면과 합치하고 있었다… 장자가 인생체험으로 진술한 도를 통해 우리들이 인생체험에 대한 깨달음을 얻게 될 때, 이 도는 곧 철두철미한 예술정신이라고 할 수 있다.[116]

쉬푸관의 이 말은 다양한 화론이나 회화의 역사, 시문집을 보다가 그것에 담겨 있는 위진현학의 흔적을 발견하고 더 나아가 장자까지 소급해 올라간 결론을 말한 것이다. 주로 노장에 초점을 맞추어 말한 쉬푸관의 이 같은 발언은 공자를 비롯한 유가의 경우에도 그대로 적용된다. 아울러 화론에 초점을 맞추어 말한 것도 기타 서예를 비롯한 나머지 예술 장르에도 거의 그대로 적용된다. 송대 이후의 '선'의 영향을 받은 회화풍이 장학, 현학의 영향이라 규명한 것도 그냥 나온 말이 아니라 송명 철학에 대한 심도 있는 이해에서 나온 것이다.

이 밖에 중국미학과 예술정신을 이해하는 데 지리적 환경에 따른 학문 경향, 예술경향의 차이에 대한 것도 이해할 필요가 있다. 심종건이 아래와 같이 지리적 환경에 따른 남북의 구분을 말한 것은 그 하나의 예다.

천지의 기는 각 지방마다 다르고 사람도 그것에 따라 따른다. 남방 산수는 산세가 넓게 펼쳐져 있고 그 물결은 굽이쳐 돈다. 사람이 그 사이에 태어나 바른 기를 획득하면 품성이 온화하고 윤택하며 화목하고 우아하게 된다. 기가 편중된 것을 얻으면 말과 행동이 경박하고 신중하지 못하여 천박하고 경솔한 사람이 된다. 북방 산수는 산세가 기이하고 뛰어나면서 그 물결은 웅장하고 두텁다. 사람이 그 사이에 태어나 바른 기를 얻으면 강건하고 시원하고 정직한 사람이 된다. 기가 편중된 것을 얻으면 거칠고 굳으며 강하고 횡포한 사람이 된다. 이것이 자연의 이치다.

이에 그 성품을 따라서 그것을 필묵에 펴게 되면 마침내 남북의 다름이 있게 된다. 오직 잘 배우면 모두 기가 바른 것으로 돌아갈 것이고, 잘 배우지 못하면 나날이 편중된 쪽으로 흘러갈 것이다.[117]

중국은 전통적으로 남과 북의 지리적 환경 차이에 의한 구분이 있었다. 이런 현상은 철학은 물론 거의 모든 분야에 적용되곤 하였다. 남종선과 북종선의 구분, 남종화와 북종화의 구분 등은 이런 점을 가장 잘 반영하다. 하지만 본 책에서는 이런 현상이 있었다는 것만 지적하고자 한다.

결론적으로 말하면 동양의 미학과 예술정신을 이해하는 관건은 실질적으로 철학에 대한 이해에 있다고 해도 과언이 아니다. 이제 이런 점을 유가사상과 도가사상이 후대 예술에 끼친 영향에 초점을 맞추어 살펴보기로 한다.

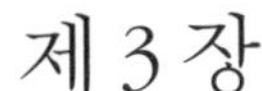

제 3 장

동양의 미학과 예술정신을 이해하는 두 가지 틀 : 중화미학과 광견미학

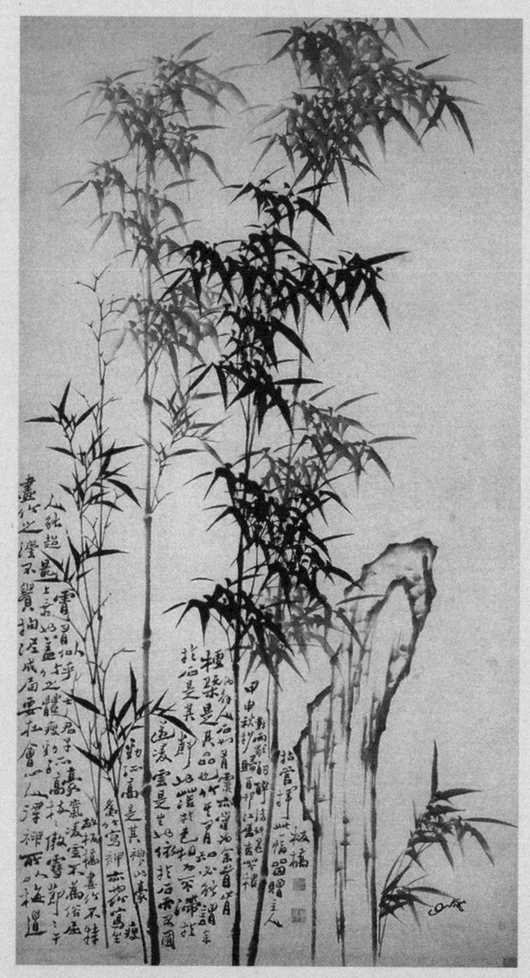

정섭, 〈묵죽도墨竹圖〉, 상해박물관 소장

청대의 '양주팔괴'를 대표하는 정섭은 독특한 화제 형식을 통해 기존과 다른 회화세계를 펼친다. 아울러 화제에 자신만의 회화미학을 전개하고 있는 특징도 보인다. "대나무를 그리는 법에서 귀하게 여기는 것은 이미 완성돼 있는 국면에 빠지지 않는 것에 있고, 중요한 것은 다른 사람의 깊은 정신을 마음으로 깨닫는 것에 있다[畫竹之法, 貴在不泥成局, 要在會心人深神]"는 내용이 그것이다. 화제를 왼편에서 오른쪽으로 쓰는 방식을 창안하고, 화제의 윗부분 끝선을 이어보면 그리지 않은 괴석이나 산의 형태를 유추할 수도 있다. 이런 점은 추사 김정희에게도 많은 영향을 미쳤다.

1

들어가는 말

동양예술의 특징은 본질적으로 마음을 근간으로 해서 출발한다는 것이다.

> 시란 뜻이 담겨 있는 것이다. 마음에 있는 것이 뜻이고, 그것이 말로 드러나면 시다.[1]

> 시란 뜻을 말한 것이다.[2]

> 음이란 마음에서 생긴 것이다.[3]

> 무릇 그림이란 붓놀림인데, 그 붓놀림이란 곧 마음이 움직인 것이다.[4]

> 대저 그림은 마음에서부터 나온 것이다.[5]

> 글씨는 마음을 그린 것이다.[6]

이 때문에 동양예술을 흔히 '마음을 그리는[사심寫心]' 예술, '뜻을 그리는[사의寫意] 예술'이라 하고 또 마음속의 이미지를 표현해낸다는 점에서 '심상心象' 혹은 '심상心相의 예술'이라고 한다. 아울러 작가의 수양된 심과 인품을 표현한다는 점에서는 '서여기인', '화여기인', '시여기인', '문여기인', '인여기인印如其人' 등을 말한다. 유희재는 『서개書概』에서 "서는 마땅히 자연에 나아가야 한다. 채옹은 다만 '서는 자연에서 비롯된다'고 말하는데,

이것은 하늘을 기준으로 하여 인간의 일을 결정한 것으로서 오히려 '인간의 인위적인 기교를 통해 자연의 참모습을 예술적 차원에서 회복하는 것[유인복천由人復天]'에는 미치지 못한다"[7]라고 말한 적이 있다. 여기서 '유인복천'에서의 '인人의 심'이 무엇이냐 하는 것이다. 즉 서예는 물론 그림도 마찬가지로 심을 표현하는 예술이라고 할 때, 주자학에서 말하는 '리理와 기氣의 합으로서 심'이냐 아니면 양명학에서 말하는 '마음이 곧 이치다[심즉리心卽理]로서의 심'이냐 하는 것이 문제가 된다는 것이다.

일단 중국서예사를 통해 이런 점을 보기로 하자. 중국서예사를 보면 '서성書聖'으로 일컬어지는 왕희지의 서예정신을 중심으로 볼 때, 시대가 달라짐에 따라 그것과 반하는 서예정신이 나타난다. 그것을 철학으로 도식화해보자. '왕희지 서예정신'은 유학사상 혹은 주자학 = 중화미학으로 정리된다. 이에 반해 '반(혹은 탈)왕희지 서예정신'은 노장사상 혹은 양명학(특히 양명좌파) = 광견미학으로 정리된다. 주자학에서는 '인간의 본성이 곧 이치다[성즉리性卽理]'라는 입장에서 리 차원의 성정이 올바로 드러난 '성정의 바른 것[성정지정性情之正]'으로서의 천리는 긍정하지만 기 혹은 정 차원의 인욕人欲은 부정한다. 주자학의 리 차원의 심은 무과불급無過不及의 중용과 중절中節의 중화로 나타나며, 이에 '과와 불급이 있는' 반중용反中庸 사유에 대해서는 이단시하고, 그것을 때론 광狂이나 괴怪로 평가하면서 배척한다. 하지만 양명학에서는 인욕으로서의 정을 긍정적으로 보고, '정욕에 맡기고 자유롭게 자신의 감정을 드러내라[임정종욕任情縱欲]'는 것을 말한다.[8] 바꾸어 말하면, 철학과 미학에서 보이는 중용과 반중용의 사유는 중국서예사의 큰 흐름과 서예가를 이해할 때도 적용된다.[9]

중국서예사를 보면 최원(崔瑗, BC142~BC78, 자 子玉)은 「초서세草書勢」를 통해 초서가 실용적 차원에서 벗어나 하나의 예술로서 자리 매김하는 것을 보여준다. 최원은 「초서세」에서 "방方은 규規에 적중하지 않고, 원圓은 구矩에 적중하지 않는다. 좌를 누르고 우를 드날려 바라보면 마치 기운 듯하고… 노여움을 품고 울적함을 발끈하고 방일放逸하게 붓을 놀린 후에 '기이함[기奇]'이 나타날 것이다"[10]라는 것을 말하여 운필과 관련하여 초서가 갖는 예술성을 말한다. "좌와 우를 누르고 드날려 좌가 낮고 우가 높게 보이게 하여 마치 기운 듯 하라는 것"은 유가의 중용이 지향하는 '치우치거나 기운 것이 없는 것[무편무의無偏無倚]' 및 '무과불급'과 반대되는 형상이다. 방과 원이 각각 규와 구에 적중하지 않는 것도 동일한 사유에 속한다. 이런 점은 한대 예서隸書에서 볼 수 있는 방정하면서 평평한 획이 갖는 균제미均齊美 및 정제미整齊美가 담아내고자 한 중화미학과 거리가 멀다. 자신의 감정을 표현해내라는 '축노불울畜怒怫鬱'은 자신의 감정을 절제하라는 온유돈후溫柔敦厚의 중용과 반대되는 마음상태다. 그것들의 결과물인 '방일함이 기이함을 낳는 것'도 마찬가지다. '방'과 '일' 및 그것의 결과물인 '기'는 모두 '지나침[과過]'에 해당한다. 아울러 그것은 광狂과도 밀접한 관련이 있고, 평담平淡미와 다른 차원의 미에 속한다. '기奇'는 '정正'과 함께 논의되는 경우가 많은데, 유가와 도가는 각각 그 '기'를 달리 이해하기도 한다. 유가는 '기'를 부정적으로 이해하거나 혹은 정과 기를 상호보완적 관계에서 이해하여 일종의 '정중유기正中有奇', '기중유정奇中有正'을 말한다.[11] 하지만 노자老子는 정과 기를 반대 개념 혹은 다른 경지로 이해한다.[12]

서예에서의 '기이함'과 관련해 채옹蔡邕은 「구세九勢」에서 "세가 오는 것은 막을 수 없고, 세가 가는 것은 막을 수 없다. 오직 붓이 부드러우면 기이함이 나타나게 된다"[13]를 말한 적이 있다. "세가 오는 것은 막을 수 없고, 세가 가는 것은 막을 수 없다"라는 것은 장자가 '흘러가기만 하고 절제됨이 없어 되돌아오지 않는다[유이불반流而不返]'[14]라고 하는 사유와 관련이 있다. 특히 '노怒'를 긍정적으로 보는 것은 '원망하지만 그 원망하는 마음을 절제하고 인간관계가 문제시되는 화내는 경지까지는 가지 않는다[원이불노怨而不怒]'를 말하는 유가의 중화미학과 정반대의 사유에 속한다. 여기의 '노'는 단순히 화난다는 의미만 있는 것이 아니다. 기세의 강력한 힘도 의미한다. 청대 양주팔괴揚州八怪를 대표하면서 독특한 '육분반서六分半書'를 창안한 정섭의 말은 이런 점을 잘 보여준다.[15] 이런 사유에는 노장미학이 그 근간에 깔려 있다.

최원의 초서에 대한 이런 인식에 대해 조일趙壹은 유가미학적 사유에서 「(당시 유행하는) 초서의 문제점을 비판한다[비초서非草書]」를 써서 비판한다. 조일은 초서가 우주론적 차원에서 천문을 관찰하고 하도河圖와 낙서洛書를 본받아 만들었다는 근본적인 것을 잘 모르면서 제멋대로 간이簡易한 것만을 추구하면서 붓을 놀리는 창작경향을 비판한다. 조일은 최원이 말하는 방일한 붓놀림을 통한 초서 창작경향을 '유가 성현의 뜻에 반대되고 세속적인 아름다움을 추구한다[배경추속背經趨俗]'란 점에서 문제 삼는다. 그리고 서예는 '유가 성현의 도를 넓히고 세상의 올바른 법도를 일으킨다[홍도홍세弘道興世]'라는 공효성을 가져야 함을 말한다. 결론적으로 '유가 성현의 경전의 뜻에 합치되고 우아함을 추구하는 데로 나아가야 한다[합경추아合經趨雅]'[16]라는 것을 주장한다. 여기서 '홍도홍세'에서의 도는 유가 성현의 도이다.

이처럼 한대의 초서에 대한 인식을 통해 유가의 중화미학과 그것과 반대되는 노장미학 사유가 이미 나타나고 있음을 확인할 수 있다. 이후 이런 경향성은 중국서예사의 큰 틀을 이룬다. 이제 서예에 나타난 이런 두 가지 다른 경향을 유가가 주장하는 중행中行의 중화미학과 도가 및 양명좌파가 주장하는 광견미학이란 두 가지 주제를 통해 살펴보기로 한다.

2

유가 중행의 중화미학

중국서예사의 큰 흐름을 유가와 도가의 측면에서 이해한다면 어떤 식으로 이해할 수 있을까? 한위타오韓玉濤는 중국서예사의 큰 흐름을 정·반·합의 논리를 적용하여 두 개의 원권圓圈으로 이해한다. 한 원권은 최원崔瑗[=正]으로부터 손과정孫過庭[=反]을 거쳐 장욱張旭과 황산곡黃山谷[황정견黃庭堅=

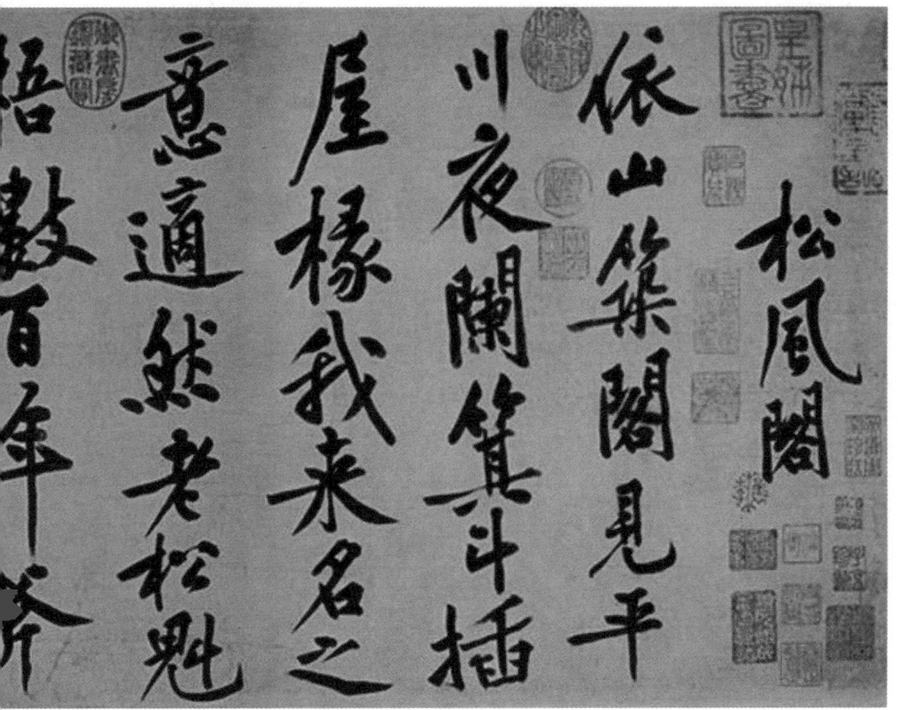

황정견, 〈송풍각松風閣〉
탈속적이면서 운치를 숭상한 황정견의 서풍을 잘 보여주는 작품이다. 송풍이란 말에 어울리게 글자체가 시원시원하다.

合]에 이르는 과정이다. 다른 원권은 황산곡[=正]으로부터 주희朱熹와 항목項穆[=反]을 경유하여 왕탁王鐸과 포세신包世臣 및 유희재劉熙載[=合]에 이르는 과정으로 본다.[17] 한위타오의 이런 이해는 중국서예사를 큰 틀에서 분석할 때 유의미한 분석에 속한다. 이런 분석은 일종의 '사물의 기운이 극한 상황에 처하면 반드시 그 반대되는 상황으로 되돌아간다[물극필반物極必返]'라는 원리를 중국서예사에 적용한 것이라 할 수 있다. 물론 이 원권 방식에 대해 문제점을 제기할 수 있다. 즉 이미 중화미를 근간으로 하는 '정正'으로서의 서예풍격 – 예를 들면 한대의 예서풍隸書風에 보이는 우아미와 관련된 유가미학적 요소가 있음을 참조.[18] –이 있었는데, 초서의 경우 최원이 그것에 대해 '반反'의 의미로서 초서의 예술성을 이해했다고 보는 사유다. 하지만 이글에서는 일단 한위타오의 견해를 따르고자 하며, 이런 사유방식의 흔적을 볼 수 있는 대표적인 이론과 서예가들을 중심으로 살펴본다.

공자는 '괴이한 것[괴怪]', '이성적인 것이 아닌 힘으로 일을 해결하려는 것[력力]', '세상의 질서를 무너트리는 어지러운 행동[난亂]', '우리가 일상적 삶 속에서 이해할 수 없는 신비로운 것[신神]' 이 네 가지를 말하지 않았다고 말하는데,[19] 이런 사유는 유가가 지향하는 중화미학과 깊은 관련이 있다. 중화미학은 군자와 소인의 다름과 아울러 그들의 행동양식을 규정하는 데에도 적용된다. 즉 시중時中으로서의 '군자의 중용'과 그것에 대비되어 나타나는 '욕망을 멋대로 드러내면서 망령되이 행동하는 것[사욕망행肆欲妄行]'과 관련된 '기피하거나 거리낌이 없는 것[무기탄無忌憚]'으로서의 '소인의 반중용反中庸'이 그것이다.[20] 이런 두 가지 경향은 다양한 측면에서 나타나는데, 미학과 관련되어 말한다면 '중행을 실천하는 인물'과 대비되는 차원의 '광자狂者와 견자狷者'에 대한 이해가 그것이다.

공자가 부득이한 현실적 상황에서 차선책으로 생각한 것은 견자와 광자라는 것을 말한 적이 있다.[21]

중행의 도를 행하는 자를 얻어 더불어 할 수 없다면 '반드시[필야必也]' 광자나 견자와 함께할 것이다. 광자는 진취적이고, 견자는 지키면서 하지 않는 바가 있다.[22]

공자는 비록 차선책이지만 광견을 부정하거나 배척하지 않았다. 하지만 이후 유학자들은 광견을 이단시한다. 중행을 기준으로 보는 틀에서 광견을 평가하는 태도는 이후 유학자들의 기본 사유들이 되며 아울러 서예에서의 중화미학의 근간이 된다.

「비초서」를 쓴 조일과 같이 유가 사유틀에서 서예를 인식한 대표적인 서예이론가는 손과정이다. 중화미를 근간으로 하여 서예론을 전개하는 손과정은 서예계의 위대한 인물인 이른바 '사현[四賢: 왕희지, 왕헌지, 장지張芝, 종요鍾繇]'의 서예정신과 그 족보를 밝힌다는 책자인 『서보』를 쓴다. 손과정은 『서보』에서 왕희지의 글씨를 "지향하는 기운이 조화롭고 평화롭고[지기화평志氣和平], 격렬하거나 사납지 않다[불격불려不激不厲]"라 평가한다.

왕희지 글씨를 '조화롭고 평화롭다'라고 본 것이나 '격렬하거나 사납지 않다'라고 보는 것은 기본적으로 중화미를 근간으로 평가한 것이다. '격'은 격탕, '려'는 사나운 기세를 의미하는 것으로, 무과불급 및 온유돈후함과 거리가 먼 일종의 '과'에 해당한다. 이런 왕희지를 당唐 태종太宗 이세민李世民은 '내용적으로도 완벽하게 좋고, 형식적으로 완벽하게 아름답다[진선진미盡善盡美]'라고 평가하고 실질적으로 '서성書聖'으로 자리매김한다. 항목은 '서예에서 바른 것이 무엇인가'를 밝힌 『서법아언書法雅言』의 「품격品格」에서 최고경지로서의 정종正宗을 말하는데, '불격불려'를 '옛것과 오늘날을 회통하는 것[회통고금會通古今]' 등과 함께 정종의 한 조건으로 말하기도 한다.[23]

항목은 왕희지를 서예의 정곡正鵠으로 여긴다.[24] 아울러 '서예의 집대성자'[25] 및 '서성'으로 추켜세우고[26] 중화미를 기준으로 하는 서예이론을 전개한다. 항목은 비록 사람마다 다 얼굴이 다르고 마음이 다르지만 결국 글씨를 통해 외적으로 드러나게 되는 심의 상태가 문제가 된다고 보면서 '중행', '광狂', '견狷' 세 가지 틀을 말한다.

> 이 때문에 사람이 품부받은 것이 상과 하로 고르지 않다. 본성으로 부여받은 것은 서로 같지만 기질적으로 습성화된 것은 차이가 많으니, 그것은 중행·광·견에 지나지 않을 뿐이다. 그러므로 사람이 글씨를 쓰는데 마음에서 얻은 것을 손이 응하여 천만 가지 다르게 나타나지만 결국 '중화', '살찐 것[비肥]', '마른 것[수瘦]'일 뿐이다… 서예가는 '비'와 '수' 사이에서 진퇴하여 중화의 묘함에 깊이 나아가야 하니 이것은 '광견에서부터 중행으로 나아가는 것'과 같다.[27]

항목이 사람들이 다양한 성질이 있다 하더라도 그 성질을 중행·광·견 세 가지로 구분하고, 사람의 성질을 글씨와 관련하여 '중행'을 '중화'로, '광'을 '비'로, '견'을 '수'로 연결하여 비유한 것은 도식적인 구분이란 문제점이 있다. 서예에서는 운필법과 관련하여 질疾과 삽澁을 많이 거론하고, 글자의 굵기와 관련해서는 비肥와 수瘦를 거론하는 경우가 많다. '비'와 '수'는 인간의 신체와 관련하여 이해한 것인데, 서예에서는 이처럼 인간의 신체와 관련하여 이해하는 경우가 많다. 소식이 말한 "서예는 반드시 신神·기氣·골骨·육肉·혈血이 있어야 하니, 이 다섯 가지 중 하나라도 결여되면 올바른 글씨를 이룰 수 없다"라는 언급은 이런 점을 대표한다. 이처럼 신체와 비유하여 이해하는 것은 그만큼 서예가 살아 생생한 생명성과 활발발성을 강조하는 예술임을 말해준다.[28] 항목의 이상과 같은 언급은 결국 서예란 중행의 경지를 담아낼 때 긍정적 결과를 기대할 수 있고 광견이어서는 안 된다는 것, 즉 중화와 중행을 기준으로 한 일종의 중화중심주의, 중행중심주의적 서예비평론에 해당한다. "광견에서부터 중행으로 나아가야 한다[자광견이진중행自狂狷而進中行]"는 것을 요구하는 항목은 '중화'란 어떤 상태인지를 좀 더 구체적으로 말한다.

> 중화라야 미와 선을 겸비한 것이 된다. 중이란 지나침[과過]과 미치지 않음[불급不及]이 없는 것이다. 화라야 어그러짐[괴乖]과 사나움[려厲]이 없다. 그러나 '중'은 진실로 '화'를 폐기할 수 없고, '화'도 '중'을 떠날 수 없으니, 예가 절도 있고 악樂이 조화를 이루는 것이 본연의 체인 것과 같다. 예가 절도에 너무 지나치면 엄숙하게 된다. 악이 너무 화에 순연하기만

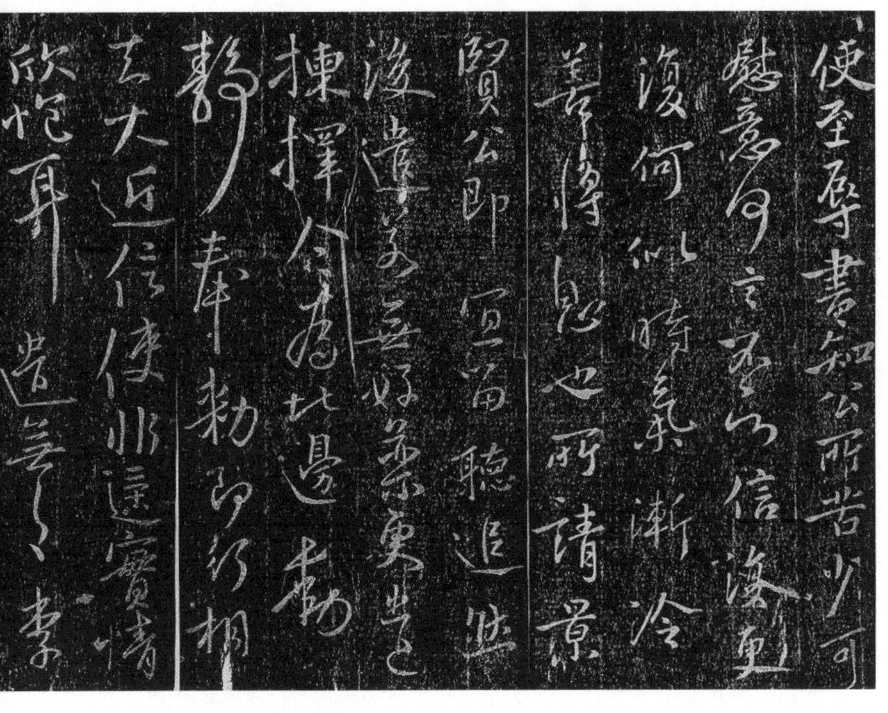

이세민(당 태종), 『사지첩使至帖』

쓰인 글씨는 다음과 같다. "使至辱書, 知公所苦少可, 慰意何言, 不知信復, 更復何似, 時氣漸冷, 善將息也, 所謂景賢, 公即宜留, 聽追然後遣, 若無好藥, 更遣揀擇, 今爲北邊動静, 奉勅即行, 相去大近, 信使非遙, 實情欣怕耳, 遣無一一, 李世民呈"

하면 음란하게 된다. 그러므로 예는 종용함을 숭상하면서 박절하지 않고, 악은 차례를 빼앗는 것을 경계하면서 밝은 듯하다. 중화가 일치되면 천지가 자리하고 만물이 길러짐을 기약할 수 있으니, 하물며 한묵翰墨[=서예]에 있어서랴.[29]

공자는 '진선진미'를 말한 바가 있는데, 당 태종은 이것을 왕희지의 서예에 적용하여 말한 적이 있다. '미와 선의 겸비'는 형식과 내용의 통일을 말하는 일종의 '겸兼'의 미학에 해당하는데, 손과정은 『서보』에서 이 '겸'의 미학을 통해 왕희지를 평가한 바 있다. 중화의 중요성을 강조하는 항목은 '무과불급'과 '무괴무려無乖無戾'의 중화를 먼저 예와 악의 상호 불가분리성을 적용하여 중과 화는 서로 밀접한 관련성을 가져야 함을 말한다. 다음 예와 악 그 자체가 추구하는 것만 강조할 때 나타날 수 있는 문제점, 즉 무과불급에서의 '과'에 해당하는 측면의 문제점을 지적하면서, 궁극적으로는 『중용』 1장에서 말한 '중화를 다 이루면 천지가 각기 제자리 하고 만물이 길러진다[致中和, 天地位焉, 萬物育焉]'[30]란 점을 서예에 그대로 적용하고 있다.

이같이 중화 사유를 통한 서예미학을 전개하는 항목은 특히 수양된 심, 공공성에 바탕을 둔 심, 천리로서의 도심, 절도에 맞는 심 등을 담아낼 것을 말한다. 즉 『시경』에서 말하는 '생각함에 사특함이 없다[사무사思無邪]', 『예기』에서 말하는 '공경하지 않음이 없도록 하라[무불경毋不敬]', 『대학』에서 말하는 '홀로 있을 때를 삼가라[신독愼獨]' 등은 그 중심 내용이 된다.[31] 이런 점에서 더 나아가 격물치지格物致知 공부와 정심正心의 중용성을 강조한다.[32]

아울러 『서법아언』 「공서功序」에서는 서예를 창작할 때 '경계해야 할 세 가지[삼계三戒]'와 '담아내야 할 요점 세 가지[삼요三要]'를 말한다. '삼계'는 모두 중화를 기준으로 할 때 '과와 불급에 해당하는 것'을 경계하라는 것이다. 처음 분포를 배울 때는 '균등하지 않은 것[불균不均]'과 '기울어진 것[의欹]'을 경계할 것, 이어 규구를 아는 단계에서는 '활발하지 못한 것[불활不活]'과 '막힌 것[체滯]'을 경계할 것, 어느 정도 익숙한 단계에 이르렀을 때는 광적이고 괴이한 것[광괴狂怪]과 세속적인 것[속俗]을 경계해야 할 것 등이다. '불균'과 '의', '불활'과 '체', '광괴'와 '속'은 모두 우아미와 균제미 및 '발하여 모두 절도에 적중하는[발이개중절發而皆中節]'이라는 중화 사유를 근간으로 하여 부정적으로 평가한 것에 속한다.

'삼요'는 첫째, '맑음[청淸]'과 '가지런함[정整]', 둘째, '온난함[온溫]'과 '윤기있음[윤潤]', 셋째, '한가로움[한閑]'과 '우아함[아雅]' 등으로서, 모두 유가에서 중시하는 미적 범주에 속한다. '청'은 점과 획이 혼탁하고 잡스럽지[혼잡混雜] 않은 것, '정'은 형체가 한쪽으로 치우치거나 사특하지[편사偏邪] 않은 것, '온'은 성정이 교만하거나 화내지[교노驕怒] 않는 것, '윤'은 마르거나 껄끄럽지[고삽枯澁] 않은 것, '한'은 운용運用이 신중하면서 조심스러운 것[긍지矜持], '아'는 기복起伏이 방자하거나 제멋대로 하지[자사恣肆] 않는 것이다. 항목은 '혼잡', '편사', '교노', '고삽', '긍지', '자사' 등에 대해서는 부정적으로 본다.[33] 결론적으로 항목이 강조하는 "광견에서부터 중행으로 나아가야 한다"는 것은 중행을 '광'과 '견'보다 더 우선적인 것으로 보는 사유가 담겨 있다.

이상 중화미학에 근간한 서예미학은 우아미와 장엄미, 정제미 등을 담아내는 데에는 장점을 가지고 있지만 작가의 개성과 창의성을 제한하는 문제점이 있다. 왜냐하면 인간의 마음에는 천리와 도심으로 말해지는 이성적인 '리'적 차원의 마음만 있는 것이 아니고 인심과 인욕으로 말해지는 마음, 때론 광기 어린 '기氣'적 차원의 마음도 있는데, 이 같은 '기'적 차원의 마음의 드러냄은 예술창작을 더욱 풍성하고 새롭게 하는 작용을 하기 때문이다. 이런 '기'적 차원의 마음은 특히 명대 중기 이후에는 반중용의 광견미학으로 나타나곤 하였다.

3

도가 및 양명좌파의 광견미학

기본적으로 자연을 대상으로 하는 산수수묵화는 노장사상이 진하게 담겨 있다. 동양화 묵색인 '현玄의 색'이나 동양화의 특징으로 꼽는 여백은 모두 노자의 '도론'과 '무'를 중시하는 사유를 담고 있다. 몰골법沒骨法은 '무상지상無狀之狀'과 '무형지상無形之象'의 황홀한 도를 표현하는 기법과 관련이 있다. 외적인 사물을 그대로 재현하는 형사보다는 작가의 뜻과 내면의 정신세계를 표현해내는 신사 중시의 예술정신은 '득의망상'의 정신에 기인한다. 담박을 추구하는 정신, '대교약졸'의 예술정신, '미추불이美醜不二'의 예술정신 등도 노장사상의 영향이 크다. 중국예술사에서 유가의 중화미학에서 벗어나 이전과 다른 예술적 감성의 세계를 펼친 명청대의 서위徐渭, 석도石濤, 왕탁王鐸, 부산傅山, 정섭鄭燮 등 서화에 일가를 이룬 문인서화가들은 공통적으로 노장사상의 훈도를 받았고 아울러 인물에 따라 양명좌파의 영향을 받기도 하였다. 그들의 예술경향을 중화미학과 대비되는 차원에서 말한다면 광견미학에 속한다.

광견미학은 주로 도가사상과 관련이 깊다. 물론 양명좌파의 태주학파와 관련이 깊지만 태주학파에 속하는 인물이나 그 학문의 세례를 받은 사람들은 모두 도가사상에 심취했던 인물들이란 점에서 광견미학의 사상적 뿌리는 큰 틀에서 보면 도가사상과 관련이 깊다. '원망하지만 그 원망하는 마음을 절제하고 인간관계가 문제시되는 화내는 경지까지는 가지 않는다[원이불노怨而不怒]'를 말하는 유가의 중화미학과 반대되는 광견미학의 미적 범주 중 하나를 꼽는다면, 자신의 마음을 절제하지 못하고 지나치게 드러내는 감정이지만 그 감정에 힘찬 기세가 담겨 있다는 '노怒'다. 중국서예

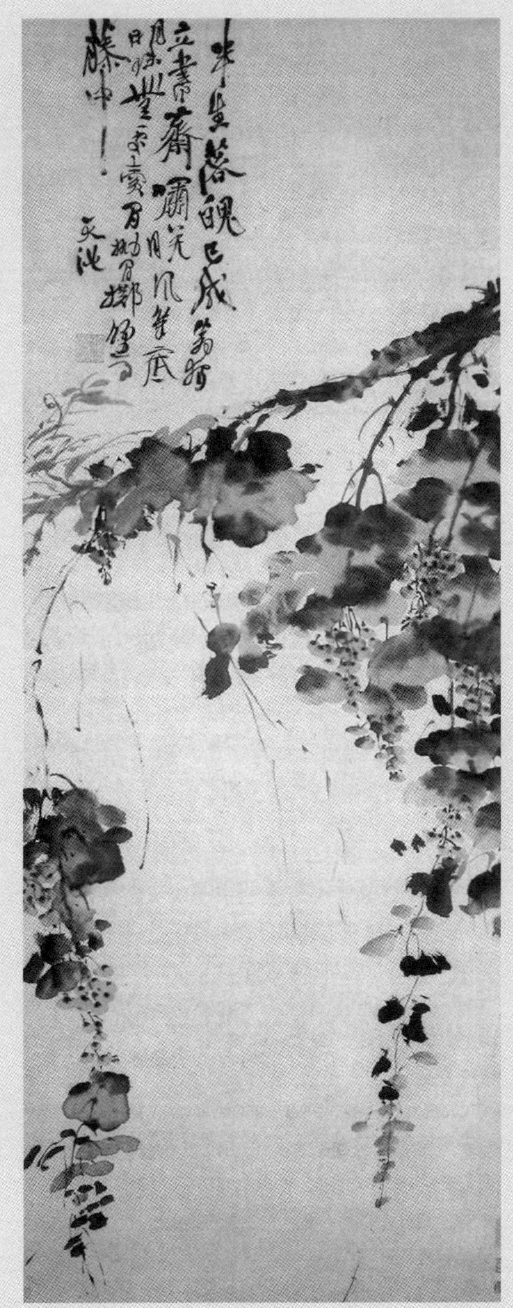

서위, 〈묵포도도墨葡萄圖〉, 타이베이 고궁박물원 소장

서위는 "불우한 반평생 끝에 늙은이 되어버려, 서재에 홀로 서서 저녁 풍경을 읊조려본다. 붓끝에 그려진 그림은 팔 곳이 없어, 속절없이 대충 덤불 속에 던져버렸다[半生落魄已成翁, 獨立書齋嘯晩風, 筆底明珠無處賣, 閒抛閒擲野藤中]"는 화제를 통해 자신을 제대로 알아주지 못하는 현실을 토로하고 있다.

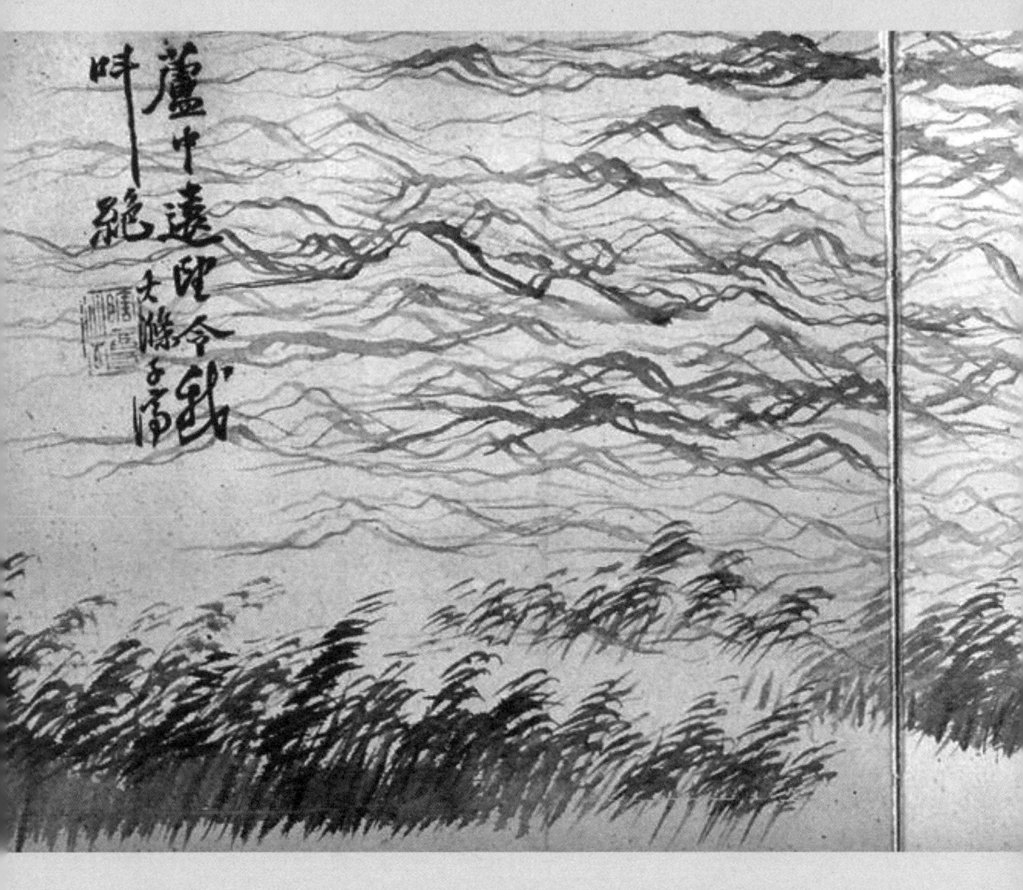

석도, 〈두보시의도杜甫詩意圖〉
두보 시의 뜻을 잘 표현한, 광기 어린 울림이 매우 강한 그림이다.

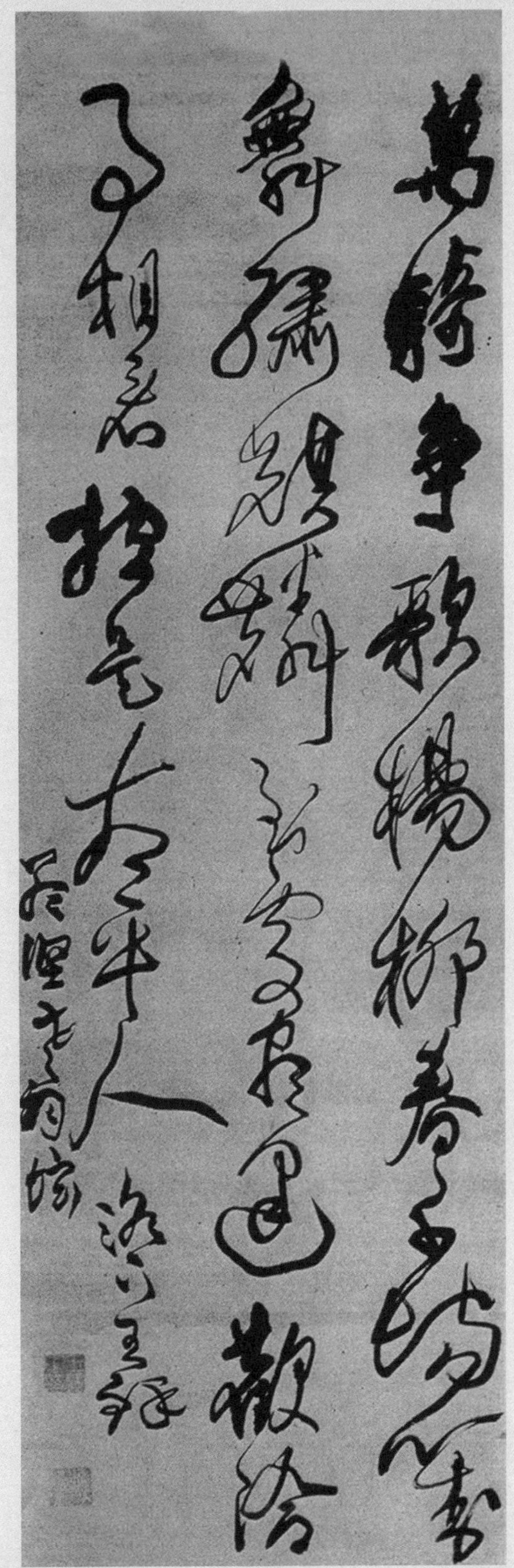

왕탁, 〈초서고적시립축草書高適詩立軸〉
왕탁의 연면체 초서의 한 예를 잘 보여준다.

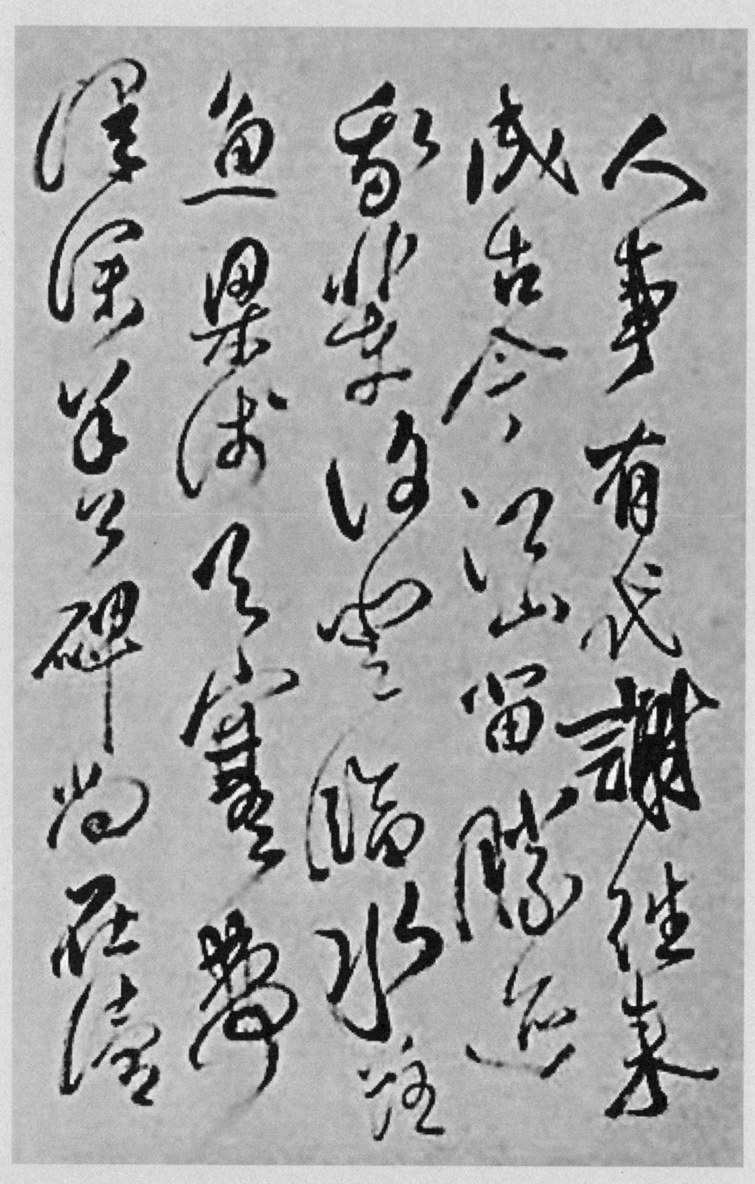

부산, 〈초서맹호연시권草書孟浩然詩卷〉
왕탁의 영향을 받은 부산 초서의 특징을 잘 보여주는 작품이다.

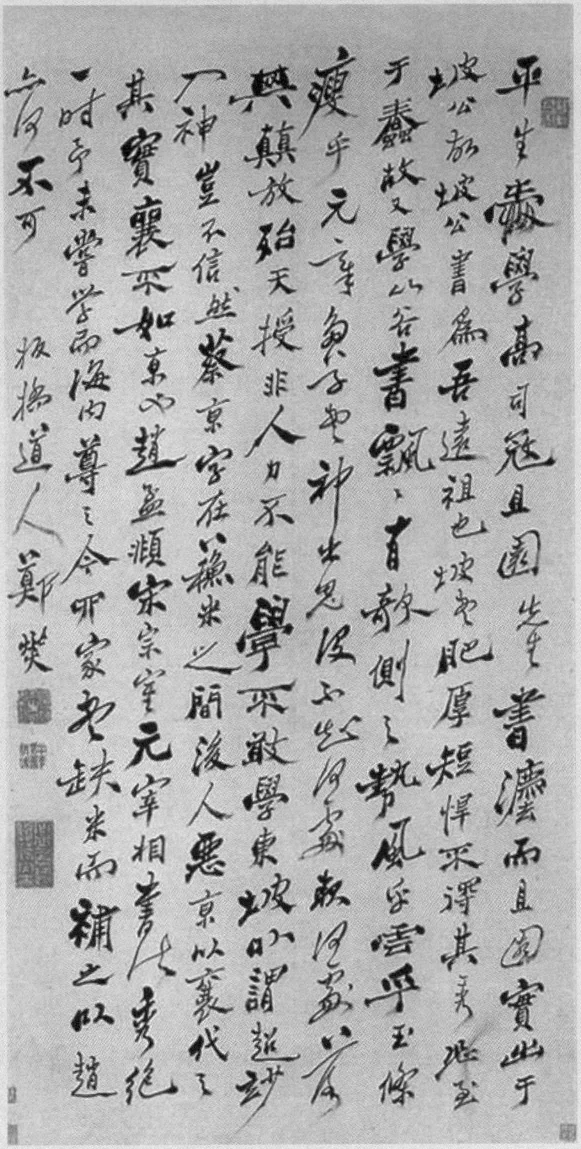

정섭의 글씨

기존 팔분체에서 벗어나 육분반서체를 창안한 정섭의 서예정신을 잘 보여주는 작품이다.

사에서 '노'자와 관련된 가장 유명한 말은, 당대 서호(徐浩, 703~783)의 글씨에 대해 평한 '기세가 등등한 사자가 먹이를 낚아채기 위해 앞으로 나가고자 바위를 발톱으로 힘차게 긁는 기세와 목마른 말이 샘으로 달려가는 빠른 기세[노예결석怒猊抉石, 갈기분천渴驥奔泉]'라는 것이다.[34]

이런 점을 좀 더 구체적으로 보자. 주장문朱長文은 서호의 글씨에 대해 "그 학식이 내면에서 예리하게 빛나고 밖으로는 그 영화로움이 진동하기에 군자의 기가 있다"라고 평가하는데, 그는 『묵지편墨池編』에서 서호가 팔체가 모두 구비된 「사십이폭병四十二幅屛」을 쓴 것에 대해 비평한 적이 있다. 「사십이폭병」 글귀 가운데 특히 초서와 예서를 섞어 쓴 "세차게 불어오는 삭풍이 가을 풀을 힘차게 움직이게 하고, 국경 주변에 있는 말이 애타게 고향으로 돌아가고자 하는 마음[삭풍동추초朔風動秋草, 변마유귀심邊馬有歸心]"을 쓴 10글자는 더욱 절묘했음을 말한다. 식자들은 이것을 평하여 "노예결석, 갈기분천"이라 하고, 특히 「이십사시품」을 쓴 사공도가 보배로 여겼음을 말한다.[35] "노예결석, 갈기분천"을 줄여서 '결석분천抉石奔泉'이라고도 하는데,[36] "노예결석, 갈기분천"의 자태는 소식의 글씨에서도 볼 수 있다.[37] 풍반馮班은 서호의 '갈기분천'의 기세를 노련한 기교가 극치에 이른 경지로 이해한다.[38] 이렇게 본다면 "노예결석, 갈기분천"의 자태는 숙련된 기교를 부려 '노기怒氣'를 담은 글씨에 해당한다. 이때의 '노기'는 거센 기세를 의미한다.

청대 주성연周星蓮은 『임지관견臨池管見』에서 중국의 역대 유명한 서예가의 서체를 인물됨됨이 혹은 인품과 관련지어 이해하는 '자여기인字如其人'의 입장에서 '노기怒氣'와 '희기喜氣'를 말하고 아울러 이 밖에 다양한 기를 역대 유명 서예가에 적용하여 말한 적이 있다. 예를 들면, 저수량褚遂良과 안진경顔眞卿 및 유공권柳公權의 '엄정한 기운[嚴正之氣]', 구양순歐陽詢 부자의 '영준한 기운[英俊之氣]', 이태백의 '선기仙氣', 소식과 미불의 '호걸의 기운[豪傑之氣]', 황정견黃庭堅의 '명귀의 기상[名貴氣象]', 왕희지의 '청웅한 기운

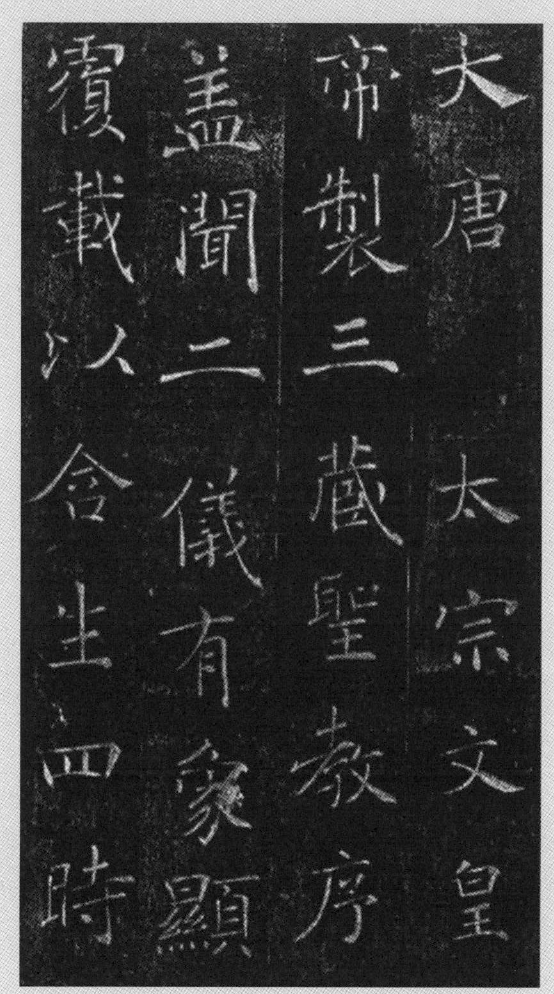

저수량, 〈안탑성교서雁塔聖教序〉
당대 상법 서풍의 한 전형을 보여주는 작품이다.

縣有麻姑山
頂有古壇相
傳云麻姑於

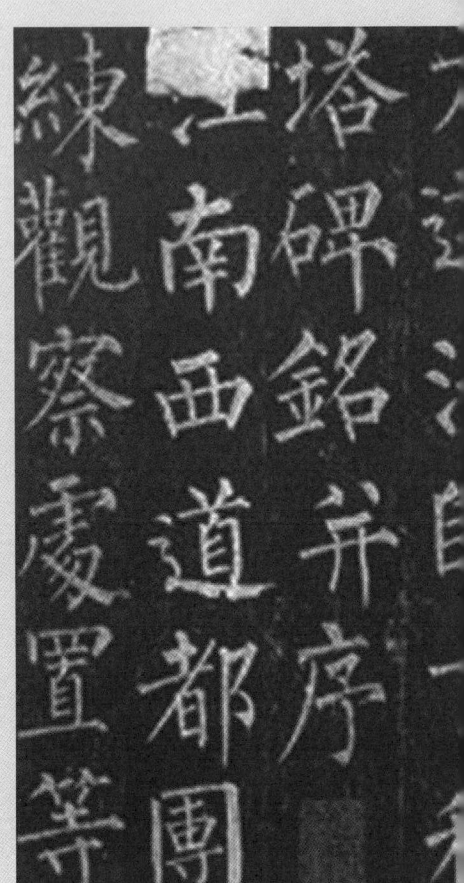

안진경, 〈마고선단기〉
안진경의 양강의 맛이 있는 서풍을 잘 보여준다.

유공권, 〈현비탑비玄秘塔碑〉
당대 상법 서풍을 잘 보여준다

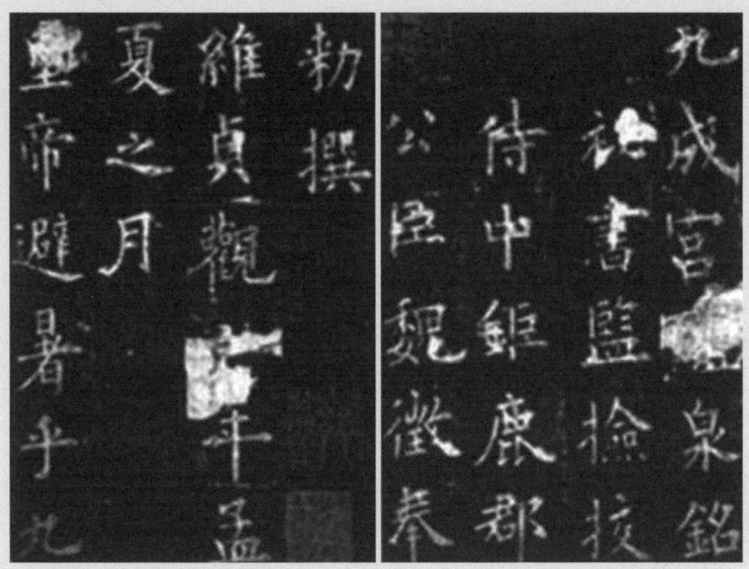

구양순, 〈구성궁예천명九成宮豫泉銘〉

우세남, 〈공자묘당기孔子廟堂記〉

[淸雄之氣]' 등을 말한 바가 있다.[39] 특히 왕희지와 우세남虞世南의 글씨를 '희기'로, "노예결석, 갈기분천"을 '노기'와 연계하여 이해하고 있다.[40]

좀 더 구체적으로, '희기'로 평가된 왕희지 서체는 생명의 기운을 품은 온화하면서 따뜻하고 윤기 있는 봄철 동남풍의 온유돈후한 것으로 이해한다. 이 점에 비해 '노기'를 품고 있는 서체는 가을철 차갑고 메마르면서 만물을 죽이는 숙살肅殺의 기운을 품은 휘몰아치는 빠른 기세의 북서풍을 연상시킨다고 이해한다. '노기'를 품고 있는 서체에 대한 이런 평가는 앞서 주장문이 서호가 쓴 글씨에서 '삭풍동추초, 변마유귀심'이라는 글자의 평과 잘 어울린다. 이처럼 중화미를 벗어난 '노기'를 담은 이런 글씨는 '주일무적主一無適'의 경敬의 미학, 『주역』「곤괘·문언」에서 말하는 "경으로 안을 곧게 하고, 의로 밖의 행동거지를 방정하게 한다"[41]의 직방直方과 방정方正의 미학을 견지하는 주희의 비판대상이 되며, 아울러 앞서 본 바와 같이 항목도 비판한다.

명대 중기에 이르면 철학뿐 아니라 예술에서도 예술가의 사상 해방을 강조한다. 작가의 개성과 독창성 및 '성령性靈'과 성정性情을 자유롭게 펼치는 것을 중시하고, 옛것을 모의模擬하는 복고풍을 반대하는 사조가 일어난다. 유학의 입장에서 볼 때 최대의 이단아 중 하나인 이지李贄를 비롯하여 탕현조, 서위, 원굉도袁宏道 등이 그들이다. 이들은 문학에서는 모두 인간의 진, 성령의 진, 시의 진을 통해 '정情'과 '리理'의 중화사상을 부정하였다.[42] 명 중기 이후의 이런 경향성은 주로 괴怪·력力·난亂·신神을 말하지 않았던 공자의 아미雅美 중시 사유,[43] '존천리, 거인욕'의 금욕주의적 윤리관, 중절中節의 중화미를 강조하는 정주이학에 반발하는 양명좌파사상 및 노장사상과 깊은 관련이 있다. 이에 그동안 강력한 힘을 발휘하던 중화미학은 이때에 이르면 일정 부분을 광견미학에게 그 자리를 내주게 된다.

이지는 후천적으로 학습된 앎이란 거짓된 것이기에 끊어버리라 하면서, 선천적 진실된 감정을 순수하게 간직한 것이 본심임을 강조하는 「동심설童心說」[44]을 말한다. 아울러 유가의 중화미학에 대한 부정적인 견해를 전개하는데, 성정과 예의의 관계에 대해서는 다음과 같이 말한다.

> 대개 성색의 나옴은 정성에서 우러나오고 자연스러움에서 비롯되니, 이 어찌 '견강부회하는 인위적 작위[교강矯强]'로 얻어질 수 있는 것이겠는가? 그러므로 성정에서 자연스럽게 흘러나오면 예의에도 저절로 합당해지니, 본성의 바깥에 따로 적당한 예의가 존재하는 것은 아니다. 억지로 견강부회하면 본성을 잃어버리게 되는 까닭에 자연스러움만이 참된 아름다움이 된다. 본성의 바깥에 또다시 자연스런 무엇인가 별도로 존재하는 것은 아니다. 이런 까닭에 성격이 맑은 사람의 음조는 자연스럽게 시원스럽고, 성격이 느긋한 사람의 음조는 자연스럽게 완만하고, 광달한 사람은 자연스럽게 호탕하고, 기상이 넓은 사람은 자연스럽게 장렬하며, 침울한 사람은 자연스럽게 슬프고 애처럽고, 예스럽고 괴이한 사람은 자연스럽게 기이하며 절묘하다. 그러므로 그 사람의 격조가 있으면 곧 그런 음조를 만들어내는 것이니, 이는 모두 '성정의 자연스러운 발로'라고 하겠다. 사람마다 감정이 없을 수 없고 본성이 없을 수 없는데 어떻게 일률적이기를 구할 것인가? 그렇다면 이른바 '자연스러움'이란 일부러 그러자고 해서 결국 그렇게 되는 것은 아니라 하겠다. 만약 고의로 자연스럽게 만들려 한다면 그것이 견강부회와 무엇이 다르겠는가? 그러므로 자연의 도를 쉽게 말할 수 있는 성질의 것이 아니다.[45]

예의와 자연적인 성정의 일치성을 긍정하며 '견강부회하는 인위적 작위'[46]를 배척하는 이지의 이 같은 견해는 중화미학의 핵심이 되는 '정에서 펴지만 예의에서 머무른다'[47]라는 것을 부정하는 것에 속한다.

탕현조는 문학예술의 본질로서 '정'을 강조한다. "세상은 모두 정"[48]이고, "사람은 태어나면서부터 정이 있다"[49]고 하는 일종의 '유정설唯情說'이 그것이다. 이런 정은 송명이학에서 말하는 '리'와 대립되는 범주다. 탕현조가 말하는 '유정설'은 『예기』「악기」에서 "사람은 태어나면서 고요하다[인생이정人生而靜]"라는 것과 '아직 마음이 움직이지 않아 희로애락이 드러나지 않은 상태[미발지중未發之中]'로서의 천리를 말하는 사유와 반대된다. 예랑葉朗은 탕현조가 말하는 '정은 봉건 전제제도와 봉건 윤리규범과 서로 대립되는 범주로서, 그것에는 필연적으로 봉건사회를 벗어나려는 요소를 포함하고 있다고 말한다.[50] 이 밖에 기존의 시를 변화시킨 굴원이나 두보의 예를 들면서 작가의 대담함[담膽]을 강조했던[51] 원종도袁宗道, 원굉도, 원중도袁中道 등도 광견미학과 일정한 관련이 있다. 이 가운데 원굉도는 개인의 자아를 중시하는 입장에서 출발하여 개인의 진실한 정감과 욕망을 가리키는 '성령설性靈說'을 말하여[52] 중화미학에서 벗어나고자 하였다.

이런 광견미학을 서화에 적용하면 회화에서는 '회화의 창조적 능력은 자신에게서 나온다[出於己]'라는 천성론天成論을 강조하여 '유학의 경전에서 벗어나고 유가 성현의 도를 배반했다[리경반도離經叛道]'라고 평가받는 서위가 대표적이며, 서예의 경우 왕탁王鐸이다. 서위의 자연천성론自然天成論을 보자.

> 배우지 않고서 '자연스럽게 이루는 것'이 최상이다. 그 다음은 처음에는 배우다가 마침내 이루는 자이다. '자연스럽게 이루는 것'은 하늘에서 이루어진 것이 아니다. '자기에서 나오지 남에게 말미암아 나오는 것'은 아니다.[53]

서위는 '천성天成'은 개인의 예술 독창성에 의하여 자연스럽게 이루어지며 그것이 최상이라고 본다. 이런 점에 비해 흔히 유가에서 말하는 후천적 '학습'의 축적을 통해 이룬 것은 한 단계 낮은 것에 속한다고 본다. 특히 중요한 것은 '천성'이란 자기 자신에 의한 것이지 다른 사람을 인습하는 것으로는 완성될 수 없다는 것이다. 이런 '천성'에 대해 서위는 "다른 사람이 쉽게 도달할 수 없어야 하니, 그것은 진솔하게 자신의 감정을 표출하여 혼연하게 자연스럽게 이루어야 하는 것에 있다"[54]라고 하여 '천성'을 진솔한 감정의 표출로 본다. 이런 사유는 과거 성인들의 삶과 사유와 관련된 고古, 기존의 법, 기존의 미추관을 존중하고 따르는 것이 아닌 자신이 살고 있는 '오늘今'과 '무법' 및 자신만의 새로운 미추관을 표현하는 것으로 이어진다.

이지는 『불태워버려야 하는 책[분서焚書]』에서 "도를 담은 것을 논하고 천 년 전 성인의 끊어진 학문을 잇는다면 광견을 버리고 무엇을 할 수 있겠는가… 광견이면서 도를 듣지 못한 자가 있다는 말은 들었어도 아직까지 광견이 아니면서 도를 들을 수 있는 자가 있다는 말은 듣지 못하였다"[55]라고 하면서 광견에 대한 새로운 견해를 보인다.

> '진취적인 자[광자狂者]'는 과거 전통을 답습하지 않고 지나간 자취를 밟지 않으며 견식이 높습니다. 이른바 봉황이 까마득히 높은 하늘을 비상하는 것과 같으니, 누가 그를 당해낼 수 있겠습니까? 그런데 봉황은 평범한 뭇 새들이 자기와 똑같은 새라는 것을 믿지 않습니다. 이런 이유로 견식이 비록 높아도 결실을 맺지 못하고, 결과가 없으니 행위도 중용을 지키지 못합니다. '성미가 강직한 자[견자狷者]'는 딱 한 번 불의를 행하고 딱 한 번 무고한 사람을 죽여 천하를 얻는다 해도 그렇게 하지 않습니다. 예컨대 백이와 숙제 같은 이들은 그 고수하는 바가 일정합니다. 이른바 호랑이나 표범이 산 속에 있으면 온갖 짐승이 두려워 벌벌 떠니, 어느 놈이 그들에게 덤벼들 수 있겠습니까? 하지만 그것들은 달리는 것들이 모두가 자기와 같은 짐승이란 것을 믿지 않습니다. 이런 까닭에 지키는 것이 비록 일정해도 마음을 비우지 못하고, 마음을 비우지 않으므로

중용을 지키지 못합니다.[56]

이지는 광자의 긍정적인 측면으로 '과거 전통을 답습하지 않는 것[부도고습不蹈故襲]'과 '지나간 자취를 밟지 않는 것[불천왕적不踐往跡]'을 드는데, 여기서 '고故'나 '왕往'은 모두 유가적 입장에서는 본받아야 할 '고古'에 해당한다. 이지는 비록 광자의 행동이 실천적 측면에서 문제가 있다고 해도 그들이 '고古'에 얽매이지 않는 주체적 삶을 사는 것을 높이 평가하고 있다.

광견의 '견식 높음'과 '지키는 것이 일정한 것'은 비록 그런 사유와 행동거지가 중용에 어긋날지라도 새로운 것을 창안할 수 있는 역량과 시속의 흐름에 맹종하지 않는 자신만의 홀로 고고한 예술세계를 펼칠 수 있는 가능성이 열리게 된다. 이지는 이런 정황을 다음과 같이 말한 적이 있다.

> 나는 어려서부터 성인의 가르침이 담긴 책을 읽었지만 그 내용이 무엇인지 알지 못했고, 공자를 존경했지만 공자에게 어떤 존경할 만한 점이 있는지 알지 못했다. 그야말로 난쟁이가 광대놀음을 구경하다가 사람들이 잘한다고 소리치면 따라서 잘한다고 소리 지르는 격이었다. 나이 오십 이전의 나는 정말로 '한 마리의 개'에 불과했다. 앞의 개가 그림자를 보고 짖으면 나도 따라서 짖어댔던 것이다. 만약 남들이 짖는 까닭을 물어오면 그저 벙어리처럼 쑥스럽게 웃기나 할 따름이었다… 오호라! 나는 오늘에서야 우리 공자를 이해했고 더 이상 예전처럼 따라 짖지는 않게 되었다. 예전의 난쟁이가 노년에 이르러 마침내 어른으로 성장한 것이다.[57]

'한 마리의 개였다'는 자조하는 말로 창신의 예술정신을 펼치지 못한 것을 반성한 이지나 '자연천성'을 말한 서위는 광견미학의 핵심 인물이고, 이후 정섭을 비롯한 진보적인 화가들에게 많은 영향을 끼친다. 서예의 입장에서 볼 때 이런 사유를 대표하는 서예가는 바로 왕탁이다.

중국서예사에는 "선왕후왕先王後王"의 학설이 있다. 하나는 동진東晋 시대 서성으로 불리는 왕희지고, 다른 하나는 명말청초에 붓놀림을 매우 자유롭게 하면서 광기를 띤 행초서行草書에 능했던 왕탁이다.[58] 구체적으로 왕탁의 서예작품은 광일狂逸하고 괴탄怪誕하면서 거친 듯한 양강미陽剛美를 담고 있어 온유돈후한 중용의 미학과 거리가 멀다. 왕탁은 「초서송草書頌」에서 "사자가 포효하고 기세 좋게 뛰쳐나가는 힘찬 기운을 종이 위에 조아리는 듯 꺾는 듯 표현하였다[사후예노獅吼猊怒, 돈좌어저頓挫於楮]"라는 것을 말하는데, 이런 점은 최원崔瑗이 「초서세草書勢」에서 말한 "방方은 규規에 적중하지 않고, 원圓은 구矩에 적중하지 않는다. 좌를 누르고 우를 드날려 바라보면 마치 기운 듯하고… 노여움을 품고 울적함을 발끈하고 방일放逸하게 붓을 놀리면 기이함이 나타날 것이다"[59]라는 방일한 기奇의 미학과 감수성이 담겨 있다. 왕탁은 『의산원선집擬山園選集』「문단文丹」에서 매우 다양한 각도에서 문론文論을 전개하는데, 이런 문론에서 말한 정신은 그의 서예창작에도 그대로 적용된다.

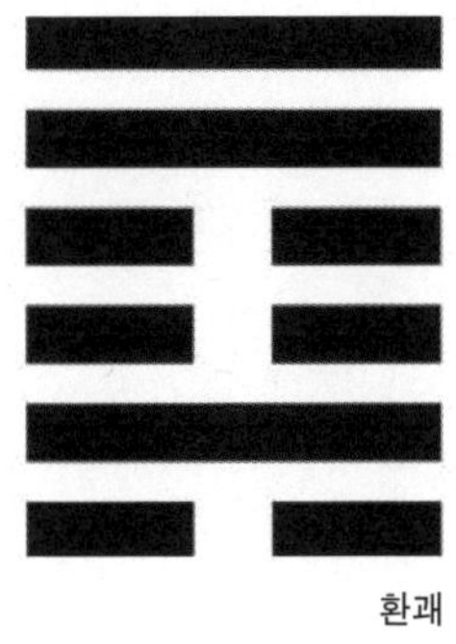
환괘

왕탁은 『주역』「환괘渙卦」의 '바람이 물 위로 분다[풍행수상風行水上]'라는[60] 이치를 문장에 적용하여 "바람이 물 위에 부는 것이 문장이 된다[풍행수상위문風行水上爲文]"[61]라는 것을 주장한다. 물 위에 바람이 부는데, 약한 바람만 부는 것이 아니라 세차고 강한 바람도 분다. 결국 문장도 큰 파도가 쳐 놀라게 하고 기세가 세찬 감정을 표현할 것을 요구한다. 좀 더 구체적으로 '괴怪',[62] '기괴奇怪',[63] '한狠',[64] '담膽',[65] '노怒',[66] '기氣',[67] '호란胡亂',[68] '대大' 혹은 '대력大力'[69] 등을 강조하여 유가의 중화미학에 반하는 미학을 전개한다. 특히 그는 '신기한 것을 다한 것이 중용을 다한 것'이라고 하여 기존의 중용에 대한 기준을 깨고 새로운 발상의 전환을 꾀하며, 아울러 중용의 이치에 의뢰하여 고古·괴怪·환幻·아雅의 통일을 강구하고자 한다.[70] '고'와 '아'가 유가의 중화미와 관련이 있다면, '괴'와 '환'은 그것과 반대되는 미적 범주다.

왕탁의 이런 사유는 문에는 중용을 의미하는 '시중時中'만이 있는 것이 아니라 유가가 배척하는 '광狂', '견狷', '향원鄕原[혹은 향원鄕愿]', '이단'도 문장의 중요한 요소라는 것으로 나타난다.[71] 그것은 시중을 광, 견, 향원, 이단을 동일선상에 놓고 이해하는, 일종의 광견미학을 긍정적으로 보는 것에 해당한다. 이런 광견미학은 중행을 궁극 지향처로 보고 "광견에서부터 중행으로 나아가야 한다"는 항목의 '중행중심주의'와 근본적인 차이점을 보인다. 왕탁의 이런 광견미학은 탕현조[72]와 청대 유희재[73]에게도 영향을 주며, 서체에서는 부산에게 영향을 준다.

이상 논한 광견미학에서 주로 제시하는 중용 혹은 중화와 반대되는 '방放', '일逸', '괴怪', '기괴奇怪', '한狠', '담膽', '노怒', '기氣', '호란胡亂', '대大', '대력大力', '환幻' 등의 미적 범주는 크게 보면 공자가 말한 괴·력·난·신에 속한다. 다른 차원에서는 광견미학에서 표현하고자 한 것은 후천적 학습을 통해 유가 경전의 지식을 습득하고 축적하는 것이 아닌 동심과 자연천성自然天成을 통해 '참된 나[진아眞我]'를 찾거나 혹은 '참된 나를 회복[환아還我]'하고자 하는 사유가 담겨 있다. 이런 사유는 창신의 예술정신으로 전개되었다.

4

나오는 말

이상 중국예술사에 나타난 온유돈후한 중화미를 담아내고자 한 유가의 중화미학과 반중화미적 차원의 노장의 광견미학의 큰 틀을 살펴보았다. 중국서화사를 통관해볼 때 중화미학을 근간으로 한 유가미학은 예술이 갖는 윤리적, 정치교화적 측면에서는 강점을 가지고 있다. 문제는 '법고'에 치우치다보니 창신적 예술정신을 표현하는 데 일정 정도 한계가 있었다. 이런 점에 비해 내면의 감성을 자유롭게 표현하는 노장사상의 영향을 받은 경우 유가사상보다도 더 창신적 예술창작이 가능했다.

노장사상의 세례를 받은 서화가들은 진리관과 학문관에서 정통과 이단이란 이분법적 도식에 얽매이지 않았다. 유가 입장에서 볼 때 그들이 이단이라 불리는 도가와 불가에 대한 폭넓은 이해와 포용성은 자신만의 독창적 예술적 감성을 드러내게 하였고, 이런 점에서 그들은 예술정신의 지평地平을 한 차원 넓힐 수 있었다. 이런 현상에서 접근하면, 예술적 측면에서는 노자철학이 소극적이고 퇴행적이란 것은 전혀 맞지 않는 것에 주목할 필요가 있다. 왜냐하면 노자가 '부정의 정신'을 통해 기존의 진리를 비판하고 집단에 매몰되지 않는 주체적 나를 강조하는 정신은 과감하게 자신의 견해를 드러내는 창신적 예술정신으로 나타났고, 아울러 '원형으로 복귀하라'는 정신을 통하여 기존에 옳다고 인정된 법을 무시하는 '무법無法의 예술정신'을 가능하게 했기 때문이다. 이런 예술경향은 때론 졸박하고 추졸한 면으로 나타나기도 했지만, 그 어떤 것에도 얽매이고자 하지 않았던 정신의 자유로움은 광견 혹은 광일狂逸의 미학으로 나타나기도 하였다.

유가의 중화미에 표준을 두거나 이성이란 잣대를 가지고 노장사상의 세례를 받은 서화가들의 '옛날[古]이나 법에 얽매이고자 하지 않으면서 오늘날[今]의 주체적 나를 담아내고자 한 예술정신', '학습되지 않고 길들여지지 않은 '진정성'과 본색本色을 담은 창작 결과물들'을 평가할 때는 광狂, 괴怪, 기奇라는 표현을 통해 폄하시하고 금기시하기도 하였다. 그렇지만 예술의 창신성을 강조하는 오늘날 입장에서 볼 때 노장을 사랑한 서화가들이 추구한 예술정신은 도리어 긍정적인 측면으로 다가오는 부분이 있다.

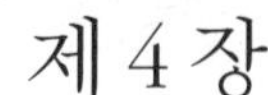

제 4 장

정기론 :
우아한 것이 아름다운가?
기이한 것이 아름다운가?

글씨는 마음을 그린 것이다.[양웅]

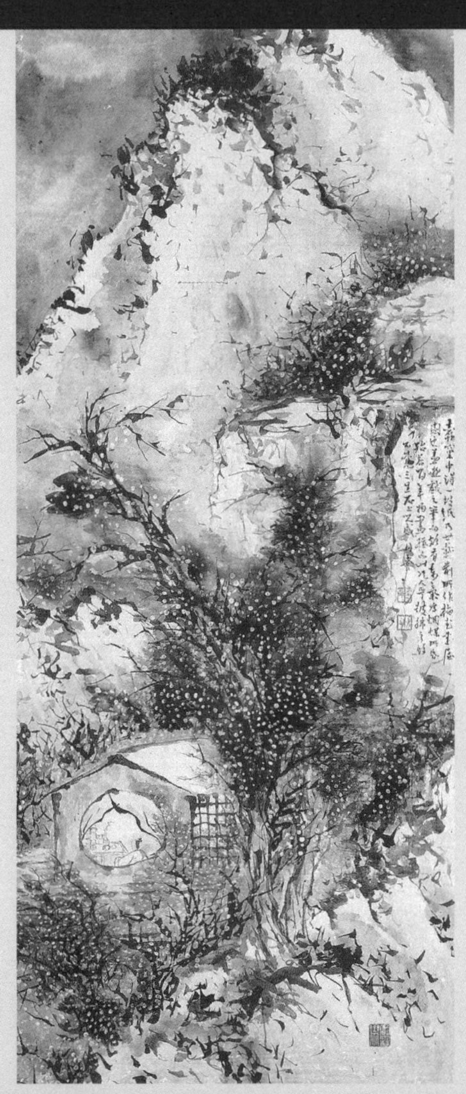

조희룡趙熙龍, 〈매화서옥도梅花書屋圖〉

『장자莊子』「추수秋水」편에는 사물을 판단할 때 인간중심주의가 아니라 바로 그 사물의 입장에서 파악하라는 '만물제동萬物齊同'의 원리가 나온다. 이 평등정신을 '추수정신'이라고 한다. 『장자』를 매우 좋아했던 조희룡은 이 정신에 흠뻑 취한다. 조희룡의 회화 창작의 특징 중 하나는 자유로운 심령인 '난亂'의 정신을 발휘한다는 것이다. 〈매화서옥도〉는 이런 점을 잘 보여주고 있다.

1

들어가는 말

동양예술에서는 '바른 것[정正]'과 '기이한 것[기奇]'의 관계를 논하는 정기론正奇論을 통해 서화창작의 기교 운용과 관련된 다양한 미적 인식을 규명하곤 한다. '정'은 평정平正함, 아정雅正함과 우아함, '항상된 것을 지킴[수상守常]'이란 의미를 지니고 있고, 그것은 중용, 중화, '예악병용禮樂竝用', 온유돈후, '즐겁지만 절도를 지나쳐서 집단의 조화로움을 깨지 않고, 슬프지만 절도를 지나쳐서 심신의 조화로움을 깨지 않는다[낙이불음樂而不淫, 애이불상哀而不傷]' 등과 관련된 유가의 중화미학을 대표한다. 공자는 중화미를 기준으로 하여 시를 품평한 적이 있는데,[1] 이런 중화미는 송대 이후 점차 충담沖淡, 화담和淡 등의 방면으로 발전하고 아울러 이런 미의식은 중국 서화예술이 추구하는 주류 추세가 된다. 회화에서의 중화미는 '소소평담蕭疏平淡', '황한유적荒寒幽寂', '공령유심空靈幽深', '영정한화寧靜閑和'의 경지로 표현된다.[2] 서예에서는 형식미와 관련하여 필법, 장법章法[3] 및 결체結體[4] 등에서 중화미를 요구하는데, 서예의 '정'과 관련된 중화미는 손과정이 『서보』에서 말한 '서로 다른 의견을 가지고 있지만 상호간의 관계를 범하지 않고, 타인과의 조화로움을 추구하지만 자신의 주체성을 잃지 않는다[위이불범違而不犯, 화이부동和而不同]'라는 사유와[5] 우세남虞世南의 충화沖和에 대한 인식에서 잘 나타난다.[6] 이 밖에 '정'을 기준으로 하는 중화미학은 음악에서 적용된다.[7]

'정'은 '변變', '사邪', '기奇', '편偏', '사斜', '기攲', '의欹' 등과 대비되어 사용된다. '변'은 주로 시와 사학詞學에서의 시체詩體의 유변流變, 문체의 변화, 원류의 변화 등에 나타난 '고금론古今論', '전통을 고수하느냐 아니면 변화를 통해 새로운 것을 모색하느냐'의 관계 및 '미자론美刺論' 등과 일정한 관련이 있다. '사'는 마음의 편벽됨, '편'은 주로 기질이나 성격의 치우침, '기'는 예술적 차원에서의 붓놀림의 자유분방함과 그것에 담긴 뜻의 자유로움을 의미한다. 정正은 '편偏'과 상대적 개념으로 쓰이는 경우도 있고, '기奇'와 상대적 개념으로 쓰이는 경우가 있다. 전자의 경우 주로 중용에서 벗어난 기질이나 성향, 포치布置 등을 의미하고, 후자는 품격이나 아속雅俗의 관계에 논하는 경우가 많다. 이런 점에서 '정正'자가 기질적 편향 측면에서 사용된 것인지 아니면 품격 측면에서 사용된 것인지 하는 것을 구별할 필요가 있다. 이 밖에 서예에서는 '정'의 상태로는 평온平穩을 근본으로 삼고 균제미를 요구하는데, '사'와 '기', '의'는 주로 붓놀림이 중정中正에서 벗어난 평정 안온하지 않은 붓놀림 혹은 형태적 기움 등으로 많이 쓰인다. 이 같은 정과 기에 대한 이해는 예술에서 '미적인 것이 무엇인가'에 대한 인물마다 다른 이해를 반영한다. 이런 점에서 정과 기는 한 예술가가 지향한 예술정신을 가장 잘 보여주는 범주에 속한다.

본래 정과 기는 군대 운용과 관련되어 이해되는 경우가 많았다.[8] 특히 기는 전쟁터에서 전술상 상황변화에 따라 취하는 적의한 방법론의 하나로서 매우 중요하게 여겨졌다.[9] 이런 기는 전통으로부터 이탈과 파격이란 점이 있다고 보아 부정적으로 보기도 한다. 하지만 평범한 사람이 생각하지 못한 독특하고 기발한 내용과 기교라는 점에서 '올바름[正]'이나 '고름[平]', '항상성[常]'과 상반된 특징을 지니고 있다는 점에서 남다른 독창성을 만들어내는 범주에 속한다.[10] 정과 기의 관계에서 주목할 것은 '기를 어떻게 보느냐 하는 것'이다. 왜냐하면 기는 어떤 측면에서 이해하느냐에 따라 달리 이해되기 때문이다. 즉 기를 '형태적 차원'에서만 논의되는 기로 보느냐, 아니면 '뜻이 표현된 차원'의 기로 보느냐 하는 것을 비롯하여 정과 어떤 관계성을 갖는가 하느냐에 따라 달리 이해되었다.

동양예술에서 정과 기는 상호 대립하는 범주이면서도 상호 보완관계를 갖는 범주이다. 때론 이 두 가지 상호 보완관계를 통해 한 차원 높은 예술경지를 추구하기도 한다. 기존의 정기론에 관한 연구는 주로 문학방면에서 이루어졌다.[11] 서화 방면에 관한 것은 매우 적다.[12] 이런 정기론은 기본적으로 한 인물의 인물됨됨이와 매우 밀접한 관련이 있다. 특히 미학적 측면에서 볼 때 정기론은 유가의 중화미학 및 노장사상과 양명좌파가 긍정하는 광견미학과[13] 매우 밀접한 관련이 있다. 공자가 '괴력난신'을 말하지 않은 것을 기반으로 하여 예법을 준수하고 절제를 강조하면서 '아'와 '정'을 추구한 미학은 중화미학으로 귀결되고, '괴怪'와 '기奇'를 긍정적으로 이해하면서 방일放逸함과 졸박拙樸함을 추구한 노장미학은 광견미학으로 귀결되는데, 이 같은 중용·중화·중행 및 광견에 대한 이해는 서화예술에서의 정 및 기와 밀접한 관련이 있다는 것이다.

이 글에서는 정과 기의 관계를 살펴보되, 특히 정과 기의 관계성에서 고찰한 기에 대한 긍정적 인식올 인물됨됨이 및 중화미학과 광견미학을 연계하여 살펴보고자 한다.

2

심화心畵로서의 서예와 기奇에 대한 인식

장회관張懷瓘은 『문자론文字論』에서 실용성에서 창안된 문자가 하나의 예술로서 자리매김되는 과정을 설명하고 있다. 장회관은 먼저 전분典墳의 대유大猷를 천명하고 국가의 성대한 사업을 이루는 것에 '서예'보다 가까운 것이 없다고 한다. 이것은 서예의 정치교육적 측면의 실용성을 말한 것이다. 다음 현묘함을 가미한 다음에 한묵翰墨의 도가 빛이 났다고 말한다.[14] 이것은 비로소 서예가 실용적 차원에서 벗어나 예술적 차원에 들어갔음을 의미한다. 결론적으로 서예를 세상의 현달자顯達者가 진귀하게 여겼다고 한다. 이것은 서예가 예술로서 가치가 있음을 말한 것이다. 왕희지는 서예는 현묘한 기예라고 하면서 '통인군자通人君子'가 아니면 그 서예의 현묘함을 얻을 수 없다는 것을 말한 적이 있다. 서예를 현묘함으로 규정한 구체적인 내용을 '정正'과 '기奇'에 연계하여 말할 수 있다.[15]

중국예술의 특징 중 하나는 '심을 표현한 예술'로 이해한다는 것이다. 『예기』「악기」에서 말하는 "무릇 음의 일어남은 인심에서부터 생긴 것이다"[16]라는 '악樂'의 발생론은 이런 점을 단적으로 보여주는데, 심의 예술화는 서화에도 그대로 적용된다. 우선 이런 점을 서예에 적용하여 알아보기로 한다. 양웅은 인간의 주관적 심을 서예와 서로 연계하여 말한 최초의 인물이다. 그는 『법언』「문신」에서 "글씨는 마음을 그린 것이다"라는 표현을 통해 서예를 순수하게 실용적 차원의 기예를 조작하는 예술이란 점을 벗어난 서예의 주관성을 밝히고 있다. 양웅이 말한 "글씨는 마음을 그린 것이다"라는 사유는 글씨를 쓴다는 것은 일종의 도화圖畵한다는 것, 서예는 마음속의 형상이 예술화로 표현된 것, 서예는 사람들로 하여금 창작하고자 하는 격정을 담아내게 한다. 결론적으로 이 같은 서예를 통해 한 개인의 도덕 수준을 알 수 있다는 것도 알려준다.[17]

양웅이 말한 "글씨는 마음을 그린 것이다"라는 사유는 이후 그것을 이해한 인물마다 다른 견해를 보이는데, 동한 채옹이 말한 '회포설懷抱說', 명대 항목項穆이 말한 '전심설傳心說', 청대 포세신包世臣과 유희재가 말한 '성정설性情說', 주화갱朱和羹이 강조한 '성령설性靈說'이 그것이다.[18] 이같이 '심화'라고 말해지는 것에 대한 서로 다른 견해에는 그 자신이 지향한 철학이 담겨 있다. 예를 들면, '산散'자를 화두로 하여 서예란 '내심의 감정과 회포를 자유롭게 펼쳐낸다[임정자성任情姿性]'라는 회포설에는[19] 일정 정도

장자의 '해의반박론解衣般礴論'[20]과 같은 사유가 담겨 있고, 항목이 '덕성은 마음에 근본한다[덕성근심德性根心]'라는 것에서 출발한 '심상설心相說'의 다른 표현인 '서예는 마음을 전하는 것이다[전심설傳心說]'라는 것에는 정주이학이 지향하는 미의식이 담겨 있고,[21] 유희재가 '시언지詩言志'를 연상케 하는 "글자를 쓴다는 것은 뜻을 쓰는 것이다[사자寫字, 사지寫志]"라는 '성정설'에도[22] 일정 정도 정주이학의 요소가 담겨 있다. 주화갱의 '임정종욕任情縱欲'과 관련이 있는 성령설에는[23] 양명심학이 담겨 있다. 이처럼 서화를 마음을 표현하는 예술로 볼 경우 '어떤 마음'을 표현할 것인가가 문제가 되며, 이런 점과 관련된 다양한 견해는 다른 차원에서는 서화에서의 '정'과 '기'에 관한 인식으로 나타난다.

정기론은 회화보다는 서예에서 좀 더 일찍부터 심도 있게 나타난다. 왜냐하면 서예는 한대부터 지식인들에게 예술로 이해되었기에 정기론이 있었지만, 회화의 정기론은 상대적으로 송대 이후의 산수화론에서 주로 나타났기 때문이다. 서예에서의 '기'에 관한 논의는 동한시대에 이미 보이는데, 특히 초서의 실용성과 예술성의 관계를 통해 드러났다. 동한시대는 초서가 이미 실용성 차원을 넘어서 예술성 차원으로 이해된 시대로서, 이런 과정에서 초서의 형태 및 운필 등과 관련된 '기'를 긍정적으로 보는 견해가 나타났다. 먼저 최원崔瑗은 「초서세草書勢」에서 "순수하면서 험절한 변화는 반드시 옛날 법식을 따를 필요가 없다"라고 하여 새로운 변화를 추구한다. 이에 천문지리를 관찰한 이후 방원方圓을 다양하게 운용하는 것 및 좌우로 운필하는 다양한 붓놀림을 통해 "마음에 쌓인 분노와 울적함과 같은 마음 상태를 내치는 듯 자유롭게 표현하면 기이함이 생긴다"[24]라는 것을 통해 서예에서의 '기'에 대해 최초의 긍정적인 이해를 보인다.

최원이 이처럼 '기'자를 통해 초서의 예술성이 갖는 긍정적인 점을 밝힌 것에 대해 조일趙壹은 '초서에 대한 잘못된 열풍을 비판한다[비초서非草書]'에서 당시 장생[=장지張芝] 초서에 대한 탐닉과 예술 경향을 비판한다. 그 비판의 핵심은 '배경추속背經追俗'이다. 조일은 이런 사유에서 출발해 서예를 통해 담아내야 할 것으로 '홍도흥세弘道興世'를 말한다. 여기서 '경'과 '도'에는 유가 성현이 문자를 만든 근본 이유와 그 문자를 통해 담아내고자 하는 올바른 정교적 효용성이 담겨 있다.[25] 즉 '정正'의 미학의 다른 모습에 해당한다.

서예를 포함한 동양예술은 마음을 표현하는데, '어떤 마음'을 어떻게 표현하느냐에 따라 '정'의 예술로 나타나거나 '기'의 예술로 나타났다. 서예에서는 이미 동한시대 최원이 '방일후기放逸後奇'라는 표현을 통해 '기'를 긍정적으로 이해하였다. '기'는 송대 이후에 '의意'[예를 들면 의기意奇] 혹은 '기氣'[예를 들면 기기氣奇] 등과 관련하여 더 다양한 차원에서 긍정적인 이해가 나타나게 된다. 이런 점에서 '정'과 관련된 '기'에 대한 다양한 이해를 살펴보기로 한다.

3

'기奇'에 대한 다양한 이해

기를 이해하는 관점에는 세 가지 관점이 있다. 하나는 '정'[아정雅正]우월주의를 중심으로 하는 기에 대한 인식, 다른 하나는 순수하게 기의 독자성을 강조하는 것, 마지막으로 기와 정의 상호보완성 혹은 혼성을 강조하는 경우다.

1) '정'우월주의 입장에서의 기에 대한 인식

'정'우월주의적 입장에서 이해된 '기'는 정에 종속되거나 정보다는 차원이 낮은 것으로 이해되곤 하였다. 서예와 시詩는 선비가 성정을 표현하는 일이라고 이해하는[26] 심종건沈宗騫은 『개주학화편芥舟學畫編』에서 아정함과 관계하여 기를 논하는데, 그것에는 기에 대한 부정적인 측면이 많다. 심종건은 회화에서의 '오속五俗'과 '오아五雅'를 말하면서 기에 대한 부정적 인식을 드러낸다. '오속'은 '격속格俗', '운속韻俗', '기속奇俗', '필속筆俗', '도속圖俗'인데, 이 같은 '오속'을 제기해야 '아'에 가깝게 된다고 말한다. 이 가운데 서예와 관련해 '필속'을 보자. '필속'은 본래는 평범하고 용렬하여 기이함을 낼 수 없는 상황인데, 인위적으로 기이함을 내서 해속駭俗하거나 망령되이 규각圭角을 드러내어 고의로 광태狂態를 짓는 것이라 한다. 이것은 '필속'에 담긴 인위적 차원의 '기'를 문제 삼은 것이다.[27] '오아'는 '고아高雅', '전아典雅', '준아俊雅', '화아和雅', '태아太雅'인데,[28] 이 가운데 정신이 편안하고 기운이 고요하여 사람으로 하여금 조망한 기운을 약하게 하고 소멸하게 하는 것을 '화아'라고 한다. 이런 '화아'는 '필속'과 상대되어 말해진 것이다. 심종건처럼 '아'와 '정'을 기준으로 하고 궁극적으로 '속을 피하고[피속避俗]' 이후에 '아에 나아가는 것[취아就雅]'을[29] 요구하는 입장에서는 기에 관한 긍정적인 이해가 나올 수 없다.

이 밖에 심종건은 법도 준수의 여부와 기교 익숙함의 여부를 기준으로 하여 '우아하지만 아직 바르지 않은 것[아이미정雅而未正]'과 '바르지만 아직 우아하지 않은 것[정이미아正而未雅]'을 구분한다. 그는 '아이미정'은 괜찮지만 '정이미아'는 문제가 있다는 말을 한다. 이런 점에서 규구 가운데 공활한 도리를 찾을 것과 초월 가운데 실제적 공부를 요구하며, 아울러 '기이한 곳[奇處]'에서 법을 구할 것과 '편벽된 곳'에서 이치에 합할 것을 요구한다. 이것은 법이라는 틀에서의 '기처奇處'를 긍정적으로 본다는 것으로, 기의 독자성을 부정하는 견해에 속한다.[30] 범기范璣는 뢰락磊落이 대방大方한 '사부기士夫氣', 영화榮華가 수발秀發한 '명사기名士氣', 정목靜穆이 심연深淵한 '산림기山林氣'라는 이 세 가지를 '정격正格'으로 규정하고, 그 '정격' 속에 귀

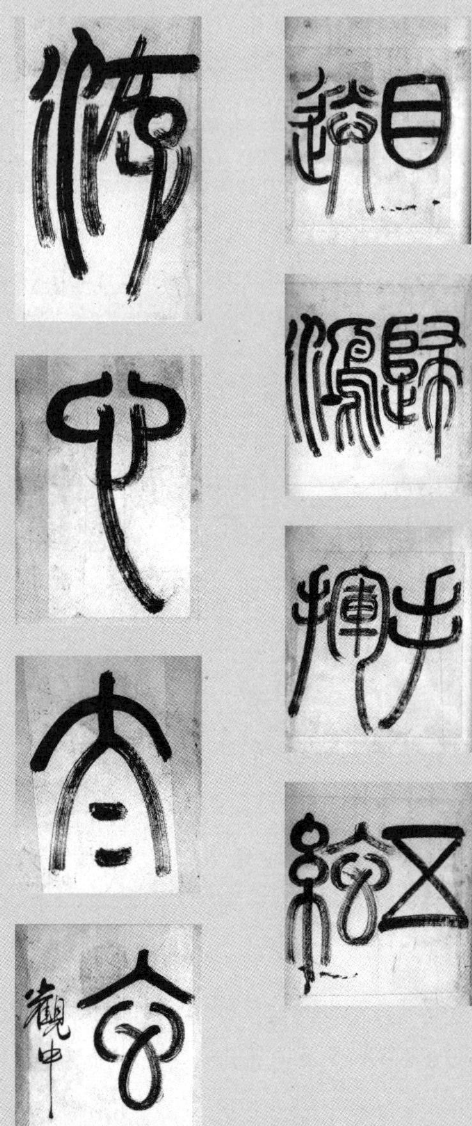

이인상李麟祥, 〈비백전서飛白篆書〉

이인상이 혜강嵇康의 「증형수재입군贈兄秀才入軍」 중 한 시구인 '목송귀홍目送歸鴻, 수휘오현手揮五弦'을 전서로 쓴 것이다. 서예의 바름[正]과 기이함[奇]이 잘 조화된 작품이다. '유심태현游心太玄'이란 표현에 혜강의 세계관이 담겨 있다.

한 것 중 하나로 '기기奇氣'를 거론한다. 이것도 '기기'를 '정격'의 일부분으로 이해하고, 아울러 차원이 낮은 것으로 본 것으로, 일종의 '정'우월주의에 속한다.[31]

문학에서는 기와 관련된 다양한 견해가 나오는데, 긍정적으로 평가되는 기가 있고, 부정적으로 평가되는 기가 있다. 청대 주량공周亮工은 『척독신초尺牘新鈔』에서 "기이한 것이 아니면 문장이 아니다"라는 입장을 견지하면서 '평정지기平正之奇'와 '사숭지기邪祟之奇'를 말한 적이 있다.[32] 유협은 『문심조룡』 「정세定勢」에서 옛것을 익숙하게 익힌 구련지재舊練之才가 '바른 것을 잡고 기이한 것을 부리는 것[집정어기執正馭奇]'을 긍정적으로 평가하면서, 그것과 상대되는 차원에서 새로운 기이한 것을 창안하는 '신학지예新學之銳'의 행위에 대해 '기이한 것을 쫓고 바른 것을 잃어버리는 것[축기실정逐奇失正]'이라 한 적이 있다. 이것은 새로운 것을 창안하는 것을 기의 측면과 연계하여 본 것이다.[33] 주량공이 말하는 '평정지기'는 유협이 밝힌 '집정어기'에 해당하고, '사숭지기'는 유협이 반대한 '축기실정'에 해당하는 것으로 '정'우월주의가 담겨 있다.[34]

산수화론과 관련해 심종건은 『개주학화편』 권1, 「산수山水·신운神韻」에서 진정한 '기'가 무엇인지를 밝히는데, '기에 인하여 기를 구하는[인기이구기因奇而求奇]' 식의 기는 올바른 기가 아니고, 진정한 '기'는 '평중平中의 기'라는 말을 한다.[35] 아울러 '고인의 기'와 '금인의 기'를 구분하여 말하고 있다. '고인의 기'에는 '필기筆奇', '취기趣奇', '격기格奇' 등의 다양한 기가 있는데, 모두 마음속의 성정에 근본한 것이기에 배워서 이를 수 없는 것이라 한다. 이런 긍정적인 차원에 해당하는 '고인의 기'에 비하여 '금인의 기'는 상도常道에 반하고 상형常形을 바꾼 차원의 기로서, 그것은 광괴에 지나지 않는다고 본다. 즉 형태적 차원에서 인위적 기이함은 회화의 정도에서 벗어난 기이한 것으로서, 고인들이 그림을 통해 진정으로 담아내고자 하는 정신경지를 제대로 담아내지 못한다고 한다.[36] '금인의 기'에 대해 '고인의 기'의 장점을 거론하는 것에는 '고인의 기'는 아정함을 담고 있고, '금인의 기'는 아정함이 결여되어 있음을 의미하는 이른바 '상고尙古'적 인식이 담겨 있다. 이런 상고적 인식에는 중화미학이 자리잡고 있다.

그런데 심종건이 '금인의 기' 및 형태적 측면의 인위적 광태狂態로서의 기를 비판하는 것은 역설적으로 당시에 그만큼 형태적 측면의 기가 담긴 광태화풍, 이른바 광견화풍이 유행하고 있음도 반증한다. 심종건은 이런 점을 '진정한 기'가 무엇인지를 모르는 우매한 인물들이 그런 화풍을 모방하고 스스로 자신만의 예술세계를 펼쳤다는 식의 몸짓으로 이해한다. 심종건의 '진정한 기'라는 표현에는 기의 독자성보다는 정과의 관계성 속에서 이해된 기의 의미가 담겨 있고, 이런 점에서 기의 독자성은 일정 정도 제한된다. 이상 논한 심종건의 회화에서의 정기론을 서예와 연계하여 이해하면, 서예역사에서 송대의 '상의尙意'서풍 이후 명청대 '상태尙態'서풍 속에 담긴 광견적 요소와 일정 정도 관련이 있다. 심종건은 결론적으로 그런 경향을 '정도正道'가 쇠미한 것으로 파악하는데,[37] 이처럼 '정도'를 강조하면서 아울러 '정도'가 쇠미하였다고 하는 인식에는 중화미학 지향의 '정'중심주의가 담겨 있다.

'기'에 대한 부정적 인식은 주로 유가의 아정관을 중심으로 한 중화중심주의적 소산이다. '진정한 기'가 무엇인가 하는 논의의 밑바탕에도 결국은 아정함을 담아내야 한다는 사유가 담겨 있다. 이처럼 아정한 중화미학을 중심으로 할 때 부정적으로 이해된 기가 있지만, 그렇다고 기는 모두 부정적으로 인식된 것만은 아니었다. 왜냐하면 기는 아정함이 담아낼 수 없는 부분을 보완할 수 있고, 더 나아가 그 기 자체가 갖는 긍정적 미적 경지가 있기 때문이다. 이하에서는 이런 점을 살펴봄으로써 정과 기의 관계를 심층적으로 이해하기로 한다.

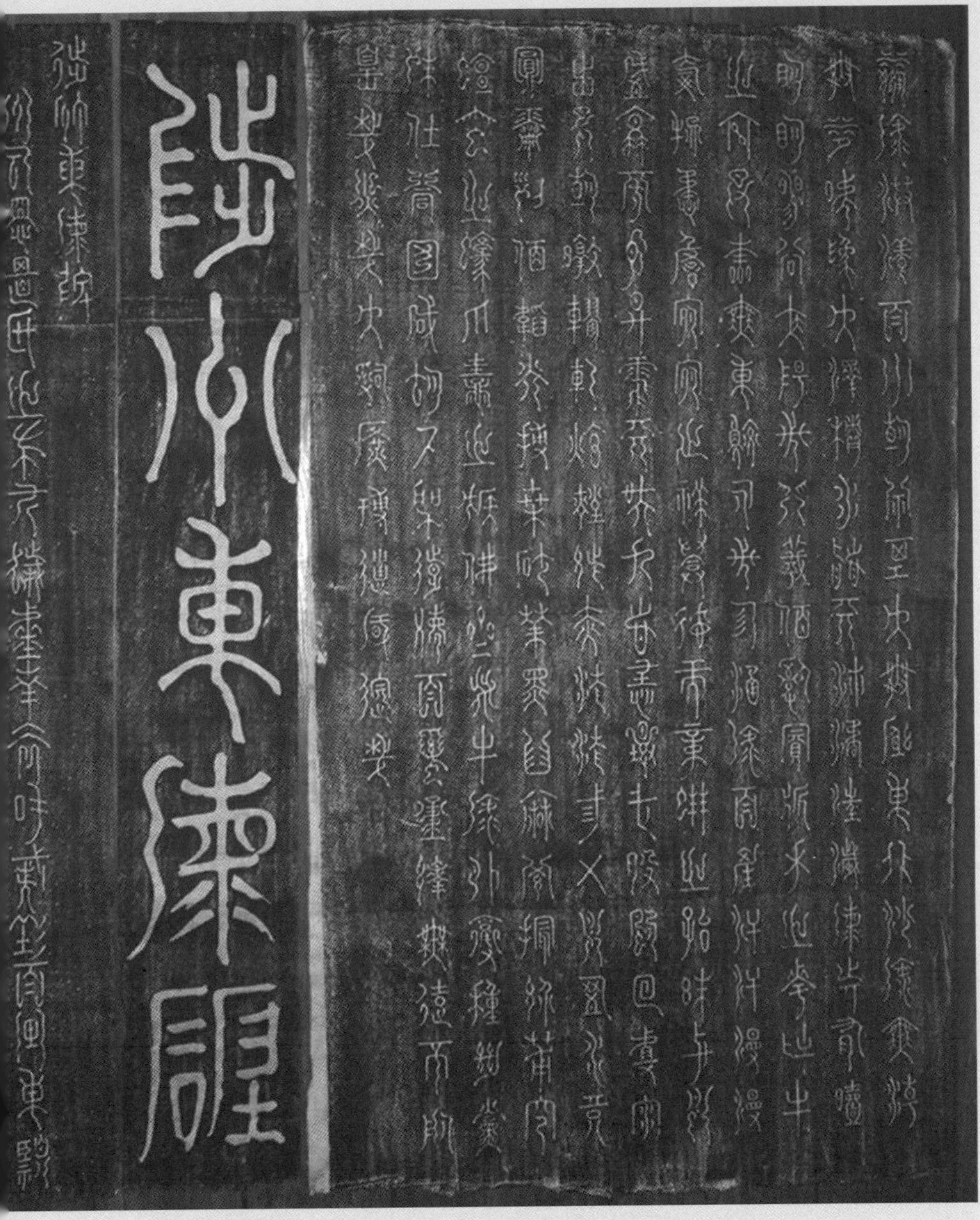

허목許穆, 〈척주동해비陟州東海碑〉(탁본)

허목이 전서로 쓴 것으로, 기이함의 극치를 보여주는 작품이다.

2) 기의 독자성을 긍정하는 견해

'화이부동和而不同', '불격불려不激不厲'를 통한 중화미학의 관점에서 서예이론을 펼치고자 한 손과정도 『서보』에서 "이상한 것을 좋아하고 기이한 것을 숭상하는[호이상기好異尙奇] 선비는 형체와 형세의 다양한 점을 자유롭게 놀리고자 한다"[38]라는 말을 한 적이 있다. 중국예술을 비롯한 세계 예술의 역사에서 손과정이 말한 '호이상기'를 통해 많은 예술가들이 자신들의 예술적 감성을 표현한 것을 확인할 수 있다.

서예의 경우 '기'를 긍정적으로 보는 견해는 초서에 대한 이해에 많이 나온다. 일단 먼저 서예에서의 운필, 포국布局, 장법章法에 나타난 기에 대한 인식을 보자. '기奇'의 미적 경지는 그냥 나타나는 것이 아니다. 오랜 공부를 통한 운필, 포국, 장법에 대한 형식 차원의 익숙함이 지극한 경지에 이르렀을 때 나타난다.[39] 방훈方薰은 『산정거화론山靜居畵論』에서 붓놀림을 '순역順逆'의 관점에서 규명하는데, 정법定法으로서의 '순順'이 아닌 역필逆筆로서의 변화의 묘를 다하는 기의 미학을 긍정하고 있다.[40] '기'를 긍정적으로 평가하는 것에는 기교의 익숙함 이후의 경지에 대한 논의라는 사유가 담겨 있다. 운필과 관련해 구체적으로 말한다면, '기'의 미학은 붓놀림의 완만함보다는 상대적으로 급박한 것에서 나온다. 강기姜夔는 『속서보續書譜』「초서」에서 '필정筆正'의 장봉藏鋒과 '필언筆偃'의 노봉露鋒을 통한 '일기일도一起一倒', '일회일명一晦一明'하는 변화 가운데 신기함이 나타난다고 보면서, "용필의 완만한 것으로는 옛것을 본받고, 급박한 것으로는 기이함을 낸다"라는 말을 한다.[41] 캉유웨이는 『광예주쌍즙廣藝舟雙楫』「변체變體」에서 종정문鐘鼎文과 주자籒字의 미적인 것을 정正과 사斜가 겸비된 형식미가 갖는 기고奇高함의 생동감 및 하늘의 별자리[천문]를 본 뜬 장법을 '기치奇致'라는 표현을 통해 말한다.[42] 이런 의식은 모두 기의 긍정적 측면을 말한 것이다.

서예 차원의 '기괴'미학은 (전傳)채옹의 「구세九勢」와 최원의 「초서세草書勢」에서 말한 것을 들 수 있다.[43] 서예에서는 작품에 '기치奇致'가 있을 것을 요구하는데, 채옹은 이런 '기치'는 변화를 주는 가운데 붓이 부드러운 경우에 나온다고 본다. 즉 도구적 차원이지만 붓의 부드러움은 '기치'를 담아내는 것과 매우 밀접한 관련이 있다. 원앙袁昂은 장지의 초서에 대해 '경기驚奇'라는 표현을 통해 그 미적 경지를 말한 적이 있다.[44] 주장문朱長文은 기이한 선비인 이백이 장욱張旭을 읊은 시를 통해 넓고 온축된 맛이 있는 장욱 초서의 광기 어린 기이함을 말하고 있다. 장욱의 예를 통해 봤을 때 이런 '기'의 풍모는 근본적으로 인물됨됨이가 대범하면서 빼어나고 크고 통달한[척당굉달倜儻閎達] 것과 관련이 있다. 아울러 '술'과도 일정 정도 관련 있다. 중국예술에서 '술'은 장지張芝, 장조張璪 등의 예에서 보듯, 인간의 예술적 감흥을 한 차원 더 높일 수 있다는 점에서 예술창작에서 긍정적으로 보는 경우가 많다.[45] 이처럼 서예에서의 기에 대한 긍정적 인식은 이른바 한자의 전·예·해·행·초(篆·隷·楷·行·草)의 '다섯 서체[五體]' 가운데 붓놀림의 자유로움과 형태의 자유로움을 요구하는 주로 초서에서 많이 나타난다.[46] 아울러 그 붓놀림의 자유로움은 마음의 자유로움과 밀접한 관련이 있다는 점에서 그 어떤 서체보다 초서의 예술성은 '기'자와 연계성이 있다.

'긍정적 차원의 기'는 특히 '의기意奇'를 통한 기에 대한 이해 및 기운과 관련하여 나타난다. 기가 긍정적으로 이해되는 데에는 기를 통해 담아내고자 하는 '의意'의 중요성이 한몫을 한다. 이런 이해는 기를 단순 '형태적 차원의 기'에 머무르는 것이 아닌 '예술창작 정신'과 관련지어 이해하는 것에 속한다. 방훈方薰은 작품에 임할 때 어떤 뜻을 가지고 임하는 것이 중요한 것인가를 말하면서 '의기意奇'를 중시한다. 이런 점에서 '의기'를 통한 기奇, '의고意高'를 통한 고高, '의원意遠'을 통한 원遠, '의심意深'을 통한 심深, '의고意古'를 통한 '고古'를 말한다. 이런 가운데 특히 서화에 '기기奇氣'가 있음을 중요시하는데, 그것은 형태 사이에서 기를 숭상하는 것에 있지 않다고 한다. 특히 '기기'를 숭상하는 것을 '남종의南宗義'라고 한다.

아울러 이런 점을 서화역사를 통해 보면, 손과정이 『서보』에서 말한 평정平正 – 험절險絶 – 평정의 삼단계론에 나타난다고 본다.[47] 방훈이 말하는 '기奇', '고高', '원遠', '심深', '고古'는 모두 문인화에서 추구하는 이상적인 심미경지로서, 신사를 중시하고 사의성을 중시하는 남종화에서 '의기'를 중시한다는 것은 일정 정도 타당하다. 즉 북종화北宗畵는 사의성과 신사보다는 형사를 중시하는 경향이 있고, 이런 점에서 방훈이 '의기'를 통해 남종화와 북종화의 구분을 이해하는 것은 의미가 있다. 왕욱王昱은 『동장론화東莊論畵』에서 이런 점을 "기奇는 구도에 있는 것이 아니고 기운 사이에 있다. 형태가 있는 곳에 있는 것이 아니고 형태가 없는 곳에 있다"[48]라고 하여 '기운' 및 형태 없는 곳과 연계하여 이해한다. 특히 뜻을 표현하는 사의화의 경우 '기취'가 많아야 함을 강조한다.

> 사의화는 붓을 간결하게 대야 하며, 국면과 경지의 배치는 반드시 '붓은 다하되 뜻은 끝이 없는 것'같이 하기를 힘써야 한다. 위치는 먹을 댈 때 그리지 않는 결속된 곳에 갑자기 별다른 뜻이 전출되어 나올 수 있게 해야 '기이한 정취'가 많게 되니, 왕유가 이른바 "길을 가다가 물이 끝나는 곳에 이르러 앉아서 구름이 일어나는 때를 보노라"가 바로 이런 것이다.[49]

이처럼 기굴奇崛을 추구하는 화풍은 형사 차원에 얽매이지 않고자 한다. 많은 인물들이 시·서·화가 동일한 원리가 담겨 있다고 여기는 점을 참조하면[50] 회화에서의 기에 대한 견해는 그대로 서에에도 적용할 수 있다. 이처럼 긍정적 기는 오랜 숙련을 통한 기교의 익숙함 및 기법에 얽매이지 않고 자유롭게 자신의 정감을 드러내는 경우에 나타난다. 이런 점에서 기는 때론 성정을 자유롭게 드러낸다는 점에서 '전顚'과 '광狂' 등으로

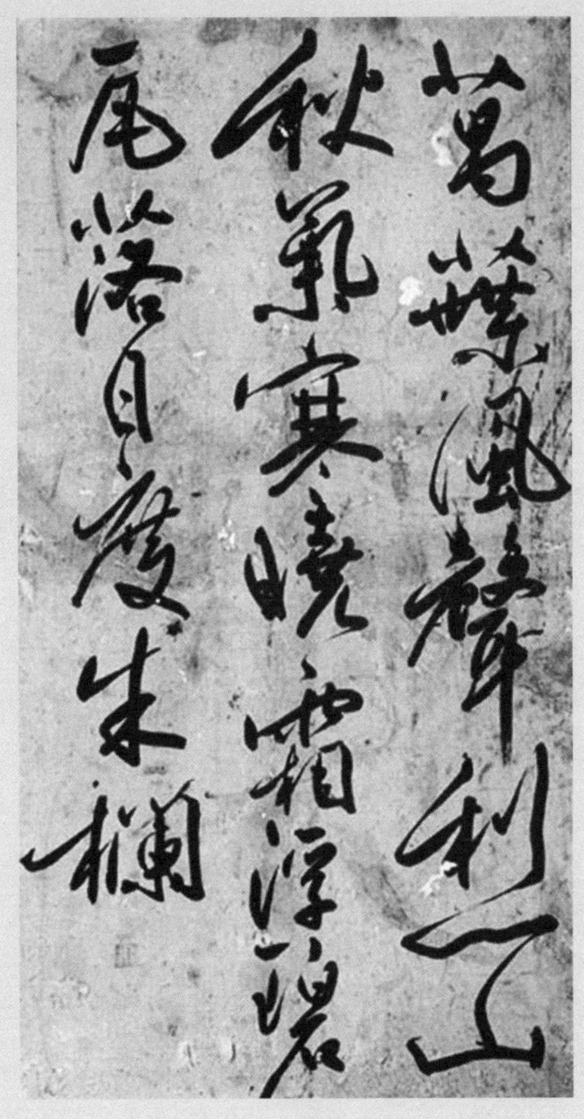

이광사李匡師, 〈오언시팔곡병五言詩八曲屛〉, 한빛문화재단 소장
화제(당대 권심權審의 「제산원題山院」): “萬葉風聲利, 一山秋氣寒, 曉霜浮碧瓦, 落日度朱欄”
양명학의 영향을 받은 이광사는 자신의 성령性靈과 천기天機를 그대로 필체에 담아내려 하였다. 좌충우돌하고 예쁘게 잘 쓰려는 의식 없이 붓 가는 대로 긋고 있어 온유돈후溫柔敦厚한 중화미는 보이지 않고 기괴하다. 서체가 서리 내리고 바람 부는 늦가을의 소슬하면서도 한랭한 맛을 잘 표현하고 있다.

말해지기도 한다.

기에 대한 이런 이해는 작가 비평론에도 적용된다. 서예 작가에 대한 평가에 적용하여 보면, 안진경은 서예의 현묘함을 말할 때 글자 밖의 기이함은 말로 다 표현할 수 없다고도 말한다.[51] 왕문치王文治는 『쾌우당제발快雨堂題跋』 권3 「송탁예천명宋拓醴泉銘」에서 구양순歐陽詢 서체가 갖는 형태적 측면만을 보면 구양순 서체에 담긴 '험절로 평平'을 삼고, '기극奇極으로 정正'을 삼은 것을 제대로 알 수 없다는 것을 말한다. 구양순 작품은 중국서예사에서 '정正'을 담은 가장 대표적인 작품 중의 하나인데, 자세히 보면 '정'에 기이함이 담겨 있다는 것이다.[52] 이런 언급은 '정' 속에 '기'가 갖는 의미를 제대로 파악하라는 것에 속한다. 유대괴劉大魁는 '문은 기를 귀하게 여긴다'는 점에서 다양한 기를 말한다. '자구字句'에 있는 기, '의사意思'에 있는 기, '필筆[=書藝]'에 있는 기, '구학丘壑[=山水畵]'에 있는 기, '기氣'에 있는 기, '신神'에 있는 기 등이 있다고 한다. 그런데 '자구'의 기는 진정한 기가 되기에 부족하고, '기기氣奇'가 '진기眞奇'라는 것을 말한다. 이런 점에서 문장가라면 '자구'의 기를 갖출 것을 요하면서, '기기奇氣'에 대한 규정과 '인식하기 어려움[난식難識]'을 말한다.[53] 이상 기에 대한 다양한 이해를 통해 기가 갖는 긍정적 의미를 알 수 있다.

이 같은 기에 대한 긍정적 이해는 때론 은일적 삶에 응용되는 경우도 있는데, 이런 점에 주목할 필요가 있다. 왜냐하면 이런 이해를 통해 기에 대한 새로운 면을 엿볼 수 있기 때문이다. 육소형陸紹珩은 『취고당검소醉古堂劍掃』에서 '청淸'의 품격을 '청흥淸興', '청치淸致', '청고淸苦', '청광淸狂', '청기淸奇'로 구분한 바가 있다. 이 가운데 고금의 일을 두루 알고, 산수자연에서 자신의 마음을 흡족하게 하고, 글에 안개와 노을의 운치가 감돌고, 일삼아 행하는 것에 세속의 저속한 기운이 없는 것을 이름하여 '청기'라고 한다.[54] 이런 점에서 볼 때 비록 앞에 '맑다[청淸]'란 수식어가 붙지만, 기에 대한 이해 가운데 '청기'처럼 세속과 일정한 거리를 두고 있는 은일적 삶으로 이해된 기가 있음을 알 수 있다. 특히 사공도가 『이십사시품』 「청기」에서 '청기'의 기운과 그 기운을 가진 인물의 행동거지에 대해 말한 것을 참조할 필요가 있다.

> 정신에서 예스럽고 기이한 것이 솟아나니
> 담담하여 다 거둘 수 없다.
> 새벽달과 같은 듯
> 가을 기운 같은 듯[55]

사공도는 '청기'를 예스럽고 기이한 기운과 연계하여 이해하는데, 그 기운은 세속적 욕망을 다 덜어낸 담담함과 맑음이다. 사공도는 이런 기운을 산속을 소요하면서 한가롭게 노니는 백옥 같은 사람의 은일적 삶으로 연결하여 이해한다.[56] 당지계唐志契는 『회사미언繪事微言』 「일품逸品」에서 '일'에는 '청일淸逸', '아일雅逸', '준일俊逸', '은일隱逸', '침일沈逸'이 있다 하면서 '일'에 관한 다양한 견해를 펼친다. 그리고 '일'과 '기奇'의 관계를 언급한 적이 있다. 그는 '일'은 '기'에 가깝지만, 일에 담긴 기의 요소는 유의有意적 차원이 아님을 말한다.[57] '일'은 곧 '기'가 아니지만, 일을 기와 가깝다고 이해하는 것은 기에 대한 또 다른 이해를 보여주는 것에 속한다. 이처럼 기는 세속적인 욕망을 제거하고 은일적인 삶을 지향하는 맑고 담박함이란 의미로도 이해될 수 있는 여지가 있다.

이상 본 바와 같은 아정을 중심으로 한 기에 대한 이해가 아닌 '의기意奇'와 '기기奇氣' 혹은 '기기氣奇'를 통해 기의 독자성을 긍정하는 것은 예술에서 생동감을 주거나, '정正'이 담아내지 못하는 새로운 영역이나 품격을 열어주거나, 법도와 형사에 얽매이지 않는 신사 중시의 경향성을 띠고 있다는 점에서 의의가 있다. 이같이 '정'을 중심으로 한 기에 대한 평가와 '기奇'의 독자성을 인정하는 평가가 있지만, 중국예술사를 보면 정과 기의 상

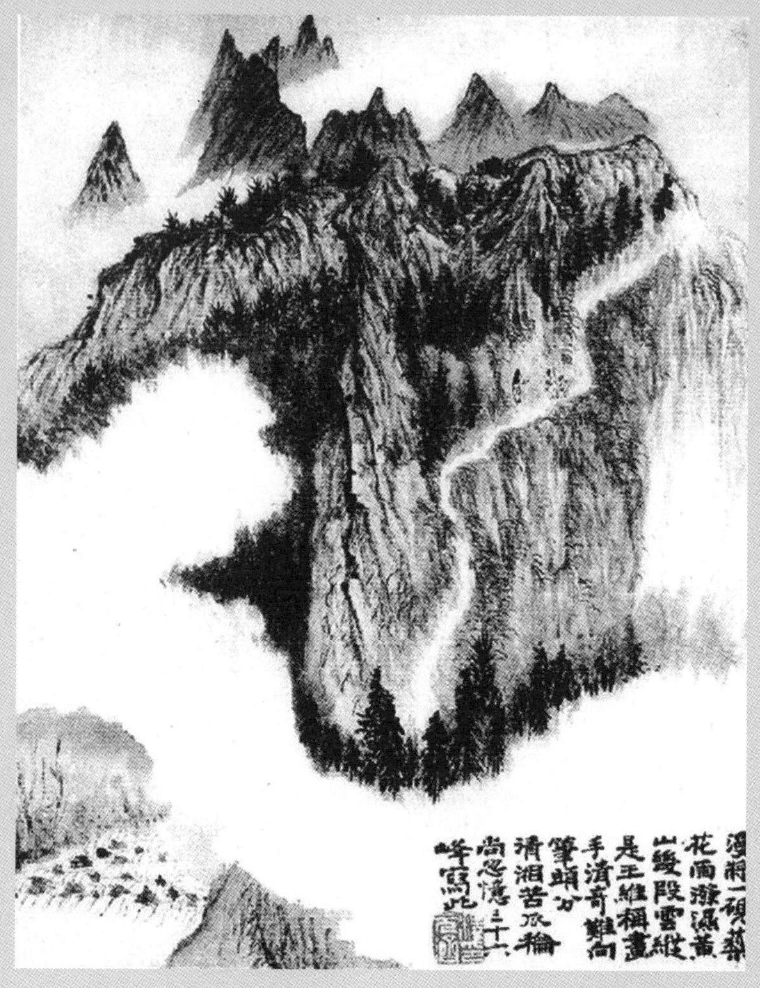

석도石濤, 〈위명육선생산수책爲鳴六先生山水册〉

화제: "漫將一硯梨花雨, 潑濕黃山幾段雲, 縱是王維稱畫手, 清奇難向筆頭分."

"나는 황산이고, 황산은 나이다"라며 이전과 다른 화풍으로 중국회화사에 한 획을 그은 석도의 작품이다. 서른여섯 봉우리에 낀 운해雲海들과 산세를 화폭에 담아 황산의 '청기淸奇'한 맛을 잘 보여주고 있다. 황산은 산 위 운해로 유명하다.

호 보완관계나 정 속에 기가 녹아들어가거나, 기를 정으로 삼는 견해 등 다양한 정기론이 펼쳐지기도 한다.

3) 정과 기의 관계를 통해 본 기에 대한 이해

(전)왕희지의 「필진도筆陣圖」에서는 '정'이 담고 있는 평정하고 안온한 것만을 추구하는 문제점을 지적하고, 이에 다양하게 변화를 꾀할 것을 요구한다.[58] 방훈은 '기격氣格'에는 '기'를 요구하고 필법筆法에서는 '정'을 요구하지만, 그 정과 기만을 고집하면 정은 '평판平版'으로 기는 '험악險惡'으로 빠지는 문제점이 있음을 말한다.[59] 이런 언급은 정과 기가 별개의 것으로 존재해서는 안 되고 상호 유기적 관계성을 가져야 함을 말해준다. 이 같은 정과 기에 대한 다양한 이해는 결국 무엇을 통해, 어떤 방식을 통해 미적인 것을 이룰 것인가에 대한 하나의 답을 제공한다.

먼저 '기이한 것으로써 바른 것에 되돌아가는 것[이기반정以奇反正]' 혹은 '기이한 것 같은데 도리어 바른 것[사기반정似奇反正]'의 사유를 보자. 동기창董其昌은 '정국定局'만을 고집할 것이 아니라 '이기반정'을 말한다.[60] 이런 점을 주장하는 것은 '정'이 단순히 규제성과 절제성을 근간으로 하는 아정함만을 꾀할 경우 좀 더 다양하면서도 창신적인 아름다움을 담아낼 수 없기 때문이다. 이런 점에서 '기를 정으로 삼거나' '기를 통해서 정으로 돌아간다'면 변화무쌍하면서 창신적 작품 활동이 가능해진다. 동기창이 말한 '이기반정', '사기반정'을 서예역사 측면에서 적용해보면, 그것은 바로 위대한 서예가로 평가받는 인물들의 서풍에 대한 이해의 결과물이다. 동기창은 '사기반정'을 통해 조맹부趙孟頫와 왕희지 서예의 차이점을 밝히고 있다. 즉 조맹부는 '정'만을 담아낸 서예에 속하고, 서성으로 추앙받는 왕희지는 기를 자신의 정 속에 융합시켜 한 차원 높은 서예세계를 펼쳐냈다고 진단한다.[61] 정기론을 통한 서예비평인 셈이다. 동기창의 기와 정의 관계를 통한 왕희지 평가는 (전)왕희지가 「필진도」에서 평정하고 안온한 것만을 추구할 것이 아니라 다양한 변화를 꾀하라는 것을 구체적으로 말한 것에 속한다.

동기창은 한 걸음 더 나아가 정법만을 숭상할 것이 아니라 새로운 예술적 흥취를 담아내려면 '기를 정으로 삼을 것[이기위정以奇爲正]'을 말한다. 그것에 해당하는 구체적인 예로 미불米芾을 들면서, 조맹부는 이런 점에 대해서 꿈도 꾸지 못했다는 점을 지적한다. 동기창은 아울러 '험절險絶'을 기로 보는 견해를 밝히는데, 손과정의 평정-험절-평정 삼단계론에서 '험절'은 종종 기와 연계되어 이해되는 경우가 있다.[62] 왕주王澍는 수收와 종縱, 허虛와 실實, 단斷과 련連, 용用과 졸拙, 유柔와 강剛의 묘합을 주장하면서, 정을 기로 삼으면 기도 법도에 어긋나는 것이 없다고 말한다.[63] 이처럼 '이기반정', '이기위정'의 사유에는 정만을 고집했을 때 나타날 수 있는 문제점을 기를 통해 극복하고자 하는 사유 및 기와 정의 구분과 간극을 없애고자 하는 사유가 담겨 있다.

다음 정기론에서 주목할 것은, 항목이 『서법아언』에서 제시하는 중화적 차원의 '정기혼성론正奇混成論'이다. 항목은 정과 기의 관계에 대해 매우 다양한 견해를 보인다. 먼저 정기혼성론이 갖는 의미를 보자. 정기혼성론은 정과 기에 대한 각각의 의미를 분명하게 밝히면서, 그것의 혼성과 상제相濟를 주장하는 것이다. 항목은 '정'의 특징으로 '균제성', '위의威儀성', '절제성'을 들고, '기'의 특징으로 '부제성不齊性', '감정의 다양한 드러냄', '기교의 교묘함이 다양하게 드러나는 것'을 든다.[64] 항목은 먼저 '기 속에 정이 있는 것'과 '정 속에 기가 있는' 상태를 요구한다. 이에 항목은 '바르기만 하고 기이함이 없는 것[정이무기正而無奇]'일 때의 '후박하지만 문채가 적음[후박소문厚樸少文]'과 '기이하기만 하고 바른 것이 아닌 것[기이부정奇而弗正]'일 때의 '변화를 주고 사납지만 우아함이 결핍됨[휼려핍아譎厲乏雅]'을 동시에 문제 삼고, 정 속에 기와 기 속에 정이 동시에 함께 있어야 하는 정기의 혼

老子

道可道非常道名可名非常名無名天地之始
有名萬物之母常無欲以觀其妙常有欲以觀
其徼此兩者同出而異名同謂之玄玄之又玄衆
妙之門

天下皆知美之爲美斯惡已皆知善之爲善斯不
善已故有無之相生難易之相成長短之相形高
下之相傾音聲之相和前後之相隨是以聖人處
無爲之事行不言之教萬物作而不辭生而不
有爲而不恃功成不居夫惟不居是以不去

조맹부趙孟頫, 『노자老子』(부분)

해서로 쓴 『노자』 1장과 2장의 전문이다. 서예의 바름[正]이 잘 표현된 중화미학의 특성을 보여주는 작품이다. 소장자였던 항원변項元汴[항자경項子京]의 낙관이 보인다.

성을 강조한다. 아울러 항목은 이 같은 정기론을 중국의 역대 서예가에 적용하여 평가한다. 항목은 중화미학의 틀에서 이해될 수 있는 정기혼성의 예로 왕희지를 거론하고, 왕헌지는 '상기尙奇의 문'을 연 것으로 이해한다. 왕희지와 왕헌지는 각각 '정'과 '기'를 대표하는 인물들인데, 이후 역대 서예가들 가운데 왕희지를 본받았지만 '정이불변正而不變'의 예로 지영智永을, 왕헌지를 본받았지만 '기이불변奇而不變'의 예로 양흔羊欣을 거론한다. 이런 인물들은 각각 왕희지의 정正의 서예세계, 왕헌지의 기奇의 세계의 본질을 제대로 밝히지 못한 한계점이 있다는 것이다.[65]

아울러 항목은 '변하지 않는 것[불변자不變者]'과 '변화하기를 좋아하는 자[호변자好變者]'라는 두 가지 틀에서 정과 기를 논한다.[66] '불변자'는 '정'이 '정만을 지키는 것[수정守正]'에 구속된 결과이고, '호변자'는 '기이한 것만을 찾는 것[탐기探奇]'에 각박했던 결과다. 결론적으로 이런 점들은 정과 기의 묘용妙用을 제대로 알지 못한 것에 속한다. 이런 점에서 특히 새로운 것을 추구하면서 '바른 것을 버리고 기이한 것을 흠모하는 것[사정모기捨正慕奇]'을 하는 자들은 오랜 세월 동안 정신을 한묵에 집중하고 널리 궁구하면서 부지런하게 숙련을 쌓으면 기가 저절로 이르게 된다는 것을 모른 것이라 본다. 이런 사유는 기는 정과 별개의 것으로 구분하여 익혀야 하는 것이 아니라, '정의 극치는 기'가 된다는 사유이다.[67]

항목은 동시에 이런 사유를 체용론體用論을 운용하여 실질적인 서예창작에 임했을 때에 적용한다. 구체적으로 진서眞書와 초서草書는 각각 방方과 원圓, 정과 기를 함께 운용하여 '바른 것은 기이한 것을 머금을 수 있다[정능함기正能含奇]'는 것과 '기이하지만 바른 것을 잃지 않는다[기불실정奇不失正]'라는 것을 요구한다. 아울러 이렇게 되면 중화에 이른다는 것을 말한다.[68] 이에 최종적인 결론으로 '무과불급'의 '중'과 '무괴무려無乖無戾'의 '화和'를 통한 중화미학의 틀에서 방과 원이 서로 이루는 것, 정과 기가 서로 구제하는 것 및 시중時中을 통한 '권權'으로서 정과 기가 섞여서 작용하

는 것 등을 말한다.[69]

항목은 이처럼 '정기혼성', '정기상제'를 말하지만 항목의 '기'에 대한 기본입장은 '심정心正'을 통한 오랜 기간의 학습을 통해 저절로 신묘한 경지에 들어가는 것, 즉 기를 의도하지 않았지만 저절로 기의 경지에 들어간다는 것이다.[70] 즉 '정과 기가 서로 구제하는 것', '정과 기가 섞여서 작용하는 것', '정능함기', '기불실정'을 말해도 항목이 궁극적으로 추구하는 것은 결국 어떻게 하면 완벽한 '정'으로 돌아갈 것인가 하는 것에 있다. 항목은 광견狂狷에서부터 중행中行에 나아갈 것을 말한 적이 있다.[71] 광견에서 중행으로 나아가라는 사유는 그의 '정[=중행]'과 '기[=광견]'의 관계에도 적용된다. 이처럼 항목은 정과 기의 독자성을 인정하면서도 궁극적으로는 중화를 추구하는 사유에서 정과 기의 관계를 논하고 있다.

항목의 정과 기에 대한 이런 사유는 아정중심주의를 통해 기의 독자성을 제대로 인정하지 않는 사유와 차별성을 갖고 있으며, 아울러 '의기意奇', '기기氣奇', '기기奇氣' 등을 통해 이해된 기의 긍정적인 것을 인정할 수밖에 없는 시대상황적 사유도 담겨 있다. 중국 서예사의 큰 흐름을 볼 때, 명대에 특히 광견미학이 서예에 끼친 시대상황과 관련지어 볼 때 항목의 정기론에서 특히 주목할 것은 후자에 대한 것이다.

4

나오는 말

이 글에서는 중국 서화이론에 나타난 정과 기의 의미와 그 관계성을 논하되, 주로 기가 갖는 다양한 의미에 초점을 맞추어 논하였다. 심종건이 법도를 준수하는가의 여부와 기교의 익숙함의 여부를 기준으로 하여 '아이미정'과 '정이미아'를 구분하면서 아와 정의 일치성에 의문을 제기하지만, 중화미학에 근거한 정에 대한 논란은 많지 않다. 이 점에 비해 기는 어떤 것을 평가 기준으로 하느냐, 그 내용을 무엇으로 이해하느냐에 따라 평가는 다양하게 나타났다.

정과 대비되는 차원에서 기의 독자성을 인정하는 경우에는 독창성, 변화성, 기괴성, 가슴속에 가득 찬 질탕불기跌宕不羈의 감정표현에 담긴 '광일狂逸'함, '호방豪放'함, '노장老張'함, '자유로운 심성 드러냄'을 통한 나를 표현하는 것을 긍정적으로 보는 견해가 담겨 있다. 이런 점에서 '의기意奇', '기기奇氣' 혹은 '기기氣奇'를 중시하는데, 그것에는 형사나 법도에 구속되지 않는 일종의 '득의망상'적 사유도 담겨 있다. 이런 기의 독자적 측면은 유가의 아정중심주의 입장에서 볼 때는 상대적으로 기괴함이나 추함 혹은 광기 등과 같은 부정적인 것으로 이해되기도 하였다. 이 밖에 정과 기에 관한 사유를 인간에게도 적용하여 이해할 수 있었다. 예를 들면 절제성을 기본으로 하는 정은 『예기』「악기」에서 "군자는 그 도를 얻는 것을 즐거워한다[군자君子, 락득기도樂得其道]"라고 말하듯이 '화이부동和而不同'하면서 중행의 삶을 실천하는 군자에게 어울린다. 이런 점에 비해 '청기淸奇' 같은 경우는 은일적 삶과 연계되어 이해되었다.

정과 관련되어 논의된 기의 경우에는 '이기위정'의 사유, '유기반정'의 사유 혹은 '바른 것이 다하면 기이함을 낳는다[정극생기正極生奇]' 등의 사유로 나타났다. '이기위정'의 경우는 기를 일정 정도 긍정적으로 보지만 궁극적인 초점은 정에 있다. 이것은 정과 기의 구분을 크게 두지 않는다는 점에서 손과정이 『서보』에서 말한 생경한 단계의 '평정'에서 '험절[奇]의 단계'로, 다시 험절의 단계에서 '기교의 익숙함에 기반한 평정[正]의 단계'로 나아간다는 삼단계론이 적용된 것이다. 기가 갖는 내용을 통해 '평정지기'와 '사숭지기' 등으로 구분하면서 '평정지기'를 견지하고 '사숭지기'를

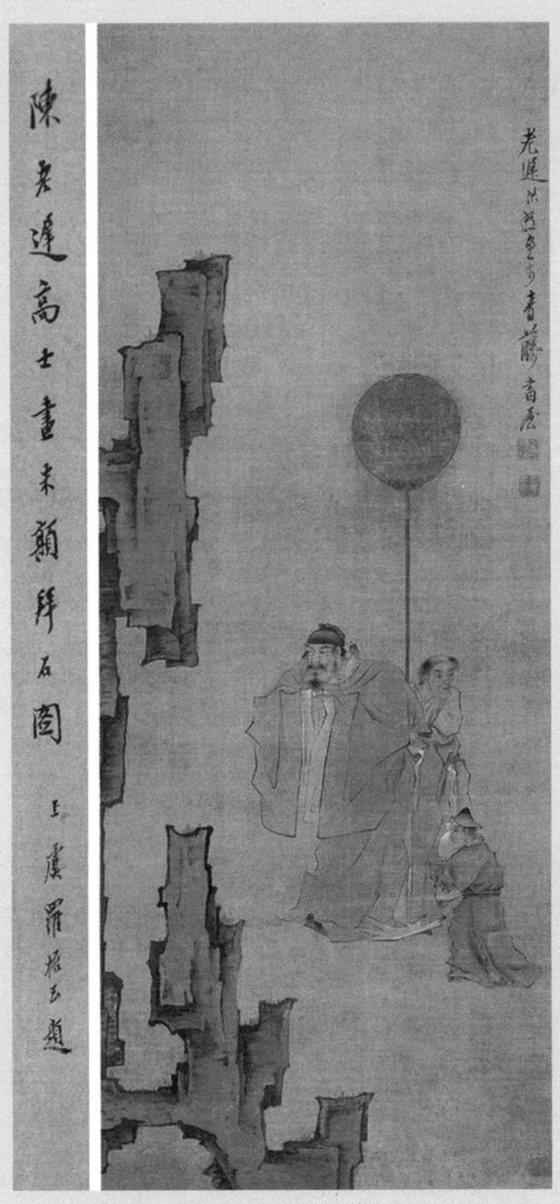

진홍수陳洪綬, 〈미불배석도米芾拜石圖〉

북송의 화가이자 서예가이면서 기이한 행동을 일삼아 '미전米癲'이라고 불린 미불米芾은 글씨에도 그런 기이함이 담겨 있다. 이 그림은 미불이 괴이한 돌을 보면 형님이라고 하면서 절을 했다는 기행을 그린 것이다. 그림 속 돌은 오랜 세월 '고궁절固窮節'의 삶을 산 군자의 다른 모습이다.

배척하는 사유에는 일정 정도 아정을 기준으로 한 기에 대한 평가가 담겨 있다. 이런 점에는 기본적으로 공자가 말한 '마음이 하고자 하는 것을 따라 행해도 법도를 넘어서지 않았다[종심소욕불유구從心所欲不踰矩]'라는 관점이 작동하고 있다. 즉 욕망을 자유롭게 펼칠 수 있는 '소욕所欲'의 측면에 '험절로서의 기'가 들어갈 여지가 있다 하더라도 궁극적으로는 '구矩[3단계에 해당하는 평정으로서의 정]'를 넘지 않아야 된다는 큰 틀이 적용되었다는 것이다.

이처럼 중국예술에서 정과 기의 관계에서 특히 기를 문제 삼는 이유는 기가 상식적이고 고정적인 틀에서 벗어나 심령을 자유롭게 펼치고, 세속적인 것에 대한 비판정신을 담아내고, 인품과 학식이 수반된 은일적 삶을 지향하고, 기교의 익숙함 이후의 우연성을 꾀하고, 시대감각이 담긴 굳건한 기세 등을 담아낼 수 있었기 때문이다. 철학적 측면에서 보면, 이런 기에 대한 인식에는, '미란 이것이다'라고 규정된 단계 및 보편적 아름다움이 설정된 단계인 '학문을 통해 배우면 날마다 상대적 지식이 더해지기만 하고 참된 앎의 세계는 불가능해진다[위학일익爲學日益=인위성에 의한 수정守正과 수상守常]' 등의 단계에서 한 걸음 더 나아간 '도를 행하면 날마다 상대적 지식이 덜어져 참된 앎이 가능해진다[위도일손爲道日損=무위자연의 우연성과 자유로움]'라는 사유에 바탕한 미추불분美醜不分의 사유도 담겨 있다. 특히 노경老境의 미학에 바탕하여 감상자로 하여금 인생의 깊이를 체득하게 하는 긍정적인 기는 형태의 변형, 왜곡, 비틈을 통한 추함[deformation]이나 신경질적인 염세적이면서 흔들리는 자아 등을 담고 있는 기괴함과 거리가 멀다.

이처럼 중화미학에 근간한 '정'을 통해서 격조 있고 우아한 예술세계를 펼칠 수 있지만, '기'는 '정'이 표현해낼 수 없는 또 다른 차원의 기발奇拔한 예술세계를 가능하게 한다는 점에 의의가 있다. 이 같은 동양예술에서의 정기론이 갖는 미학적 의미를 심도 있게 이해하는 것은 서구예술과 대비되는 동양예술의 한 특징을 규명하는 것이기도 하다.

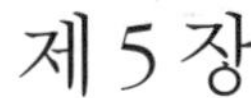

제 5 장

노장철학과 예술정신 : 광기 어린 작품은 무엇을 표현하고자 한 것인가?

그리기 이전에는 하나의 격을 세우지 않으며,
이미 그린 이후에도 하나의 격을 남기지 않는다.[정섭]

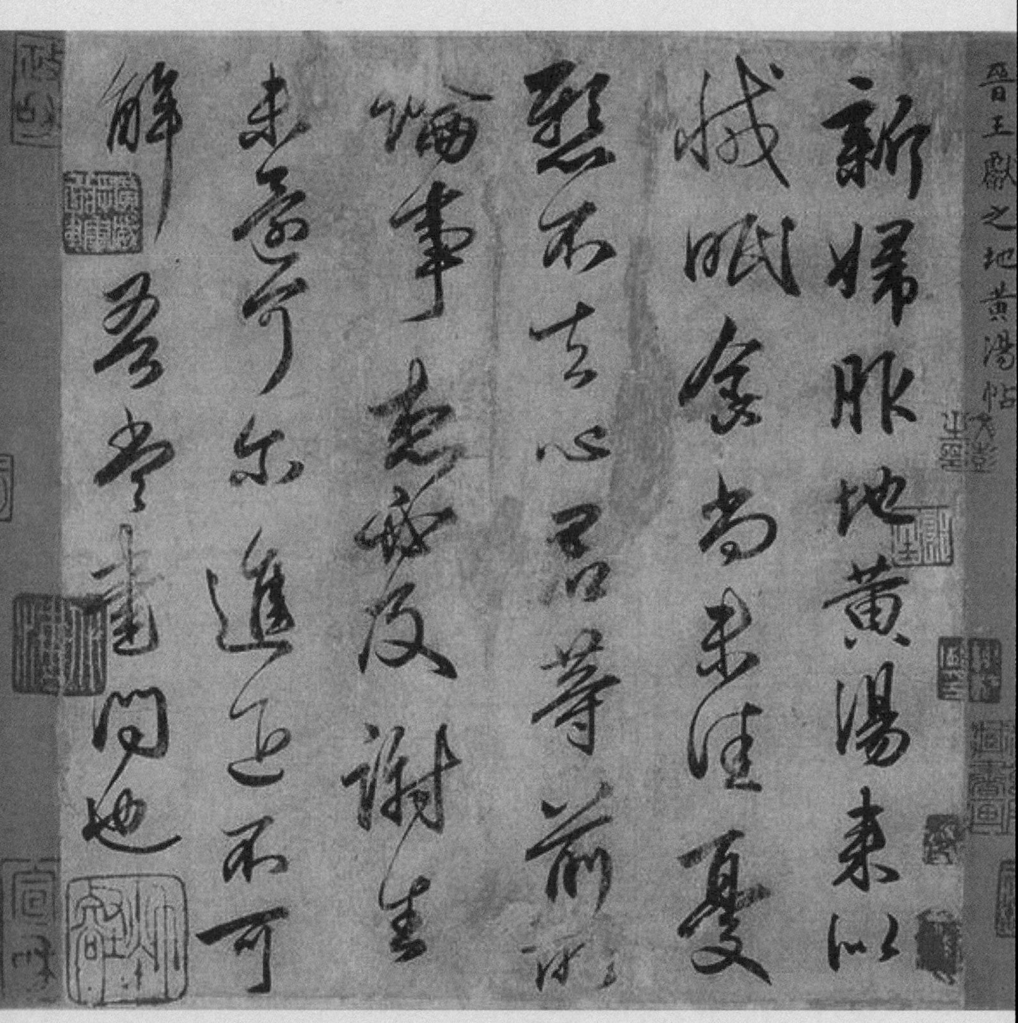

왕헌지, 『지황탕첩地黃湯帖』, 도쿄 서도박물관 소장
왕헌지의 표일한 서풍을 잘 보여준다. 황정견은 왕헌지를 장자에 비유한 바가 있다.

1

들어가는 말

노장사상은 송대 이후 문인사대부들이 서화예술창작에 임하면서부터 예술의 내용과 형식의 측면에 많은 영향을 끼친다. 예를 들면 '도법자연道法自然'의 사유, '대교약졸'이나 '득의망상' 등의 사유는 '무위적 운필법', '기존에 이미 있었던 법은 없지만 자신만의 법이 있는 경지[무법이법無法而法]', '신사를 중시하고 형사를 경시한다'라는 측면에 영향을 준다. 특히 명대 중기 이후부터 유행한 미의식인 '광狂', '괴怪', '기奇', '추醜', '졸拙' 등에 매우 뚜렷하게 나타난다. 아래 글은 서예에서 이왕二王이라고 불린 왕희지와 왕헌지에 대해 송대 황정견黃庭堅이 평가한 글이다.

> 내가 왕희지·왕헌지 부자의 초서 글씨를 문장으로 비교하니, 왕희지는 『춘추좌씨전』을 쓴 좌구명左丘明과 같은 맛이 있고, 왕헌지는 『장자』를 쓴 장주莊周와 같은 맛이 있다.[1]

필적으로 드러난 초서를 문장과 비교한다는 발상이 뛰어나다. 우리는 흔히 왕희지를 '서성'으로 높인다. '서성'이면 모든 서체에서 최고의 경지에 오른 것으로 생각하겠지만 당대 장회관張懷瓘은 달랐다. 장회관은 『서의書議』에서 초서는 왕헌지가 왕희지보다 한 수 위로 평가한다.[2] 장회관이 이렇게 평가하는 근거를 사상적 측면에서 찾아보자. 초서는 방일放逸하고 혹은 광일狂逸한 자유로움을 담아낼 때 긍정적으로 평가한다. 왕희지는 기본적으로 유가의 중화미를 추구하기 때문에 초서를 쓰는 경우에도 일정한 법도와 절제된 감성을 담아내고자 한다. 따라서 초서가 갖는 자유로운 맛을 담아내기에는 일정 정도 한계가 있다. 이런 점에 비해 왕헌지는 자유로운 예술적 감성을 담은 초서를 썼고, 장회관은 이런 왕헌지의 초서를 왕희지보다 더 높은 경지에 오른 것으로 평가한 것이다.[3]

황정견은 왕헌지의 초서를 『장자』 문장의 맛을 담아내고 있는 것으로 여기는데, 중화미학에서 서예를 규명하는 조선조 옥동玉洞 이서李溆는 이단은 왕헌지로부터 시작되었다는 말을 한다.[4] 그런데 유가의 중화미를 담아낸 것으로 평가받는 왕희지가 쓴 '천하제일 행서'라고 일컬어지는 「난정집서蘭亭集序」의 내용을 살펴보면 노장적 사유가 매우 강하게 담겨 있음을 알 수 있다.[5] 『장자』 「소요유」와 「제물론」이 본격적으로 주목을 받게 된 동진東晉시대에 살았던 왕희지의 삶과 문장에 노장사상이 담길 가능성은 얼마든지 있었다.[6]

역사적으로 볼 때 자신이 처한 시대의 중심축인 유가의 온유돈후한 중화미에 바탕한 연미姸媚하고 담담한 미의식과 아속관雅俗觀을 비판하고, 아울러 유가가 비판하는 괴·력·난·신을 도리어 긍정적으로 여긴 서화가들이 있었다. 예를 들면 발묵법潑墨法을 통해 수묵대사의水墨大寫意 화풍을 펼친 서위(1521~1593), 연면초連綿草를 통해 일필서一筆書의 경지를 보인 이른바 광괴파狂怪派 서가에 속하는 왕탁(1592~1652), 추졸미醜拙美를 말한 부산(1607~1684), 예술에서 '기존의 법에 대한 선택적 비판을 통해 자신만의 새로운 예술성을 담은 오늘날의 세계를 연다[차고이개금借古以開今]'라는 것을 말하면서 주체적 나를 강조한 석도(1642~1707), 양주팔괴揚州八怪를 대표하면서 독특한 육분반서체六分半書體를 창안한 정섭(1693~1765) 등이 바로 그들이다. 그들의 예술은 흔히 광, 괴, 기 등으로 평가를 받는데, 그 밑바탕에는 양명좌파적 사유도 깔려 있지만 좀 더 근본적으로는 노장적 사유가 깔려 있다.[7] 아울러 졸박함이 담긴 형태추를 통한 아름다움을 추구하였다는 점에서 이들의 시대인식과 미의식은 이들보다 앞선 시대 예를 들면 당대나 위진시대에 노장사상의 세례를 받은 기존의 서화가들과도 달랐다.

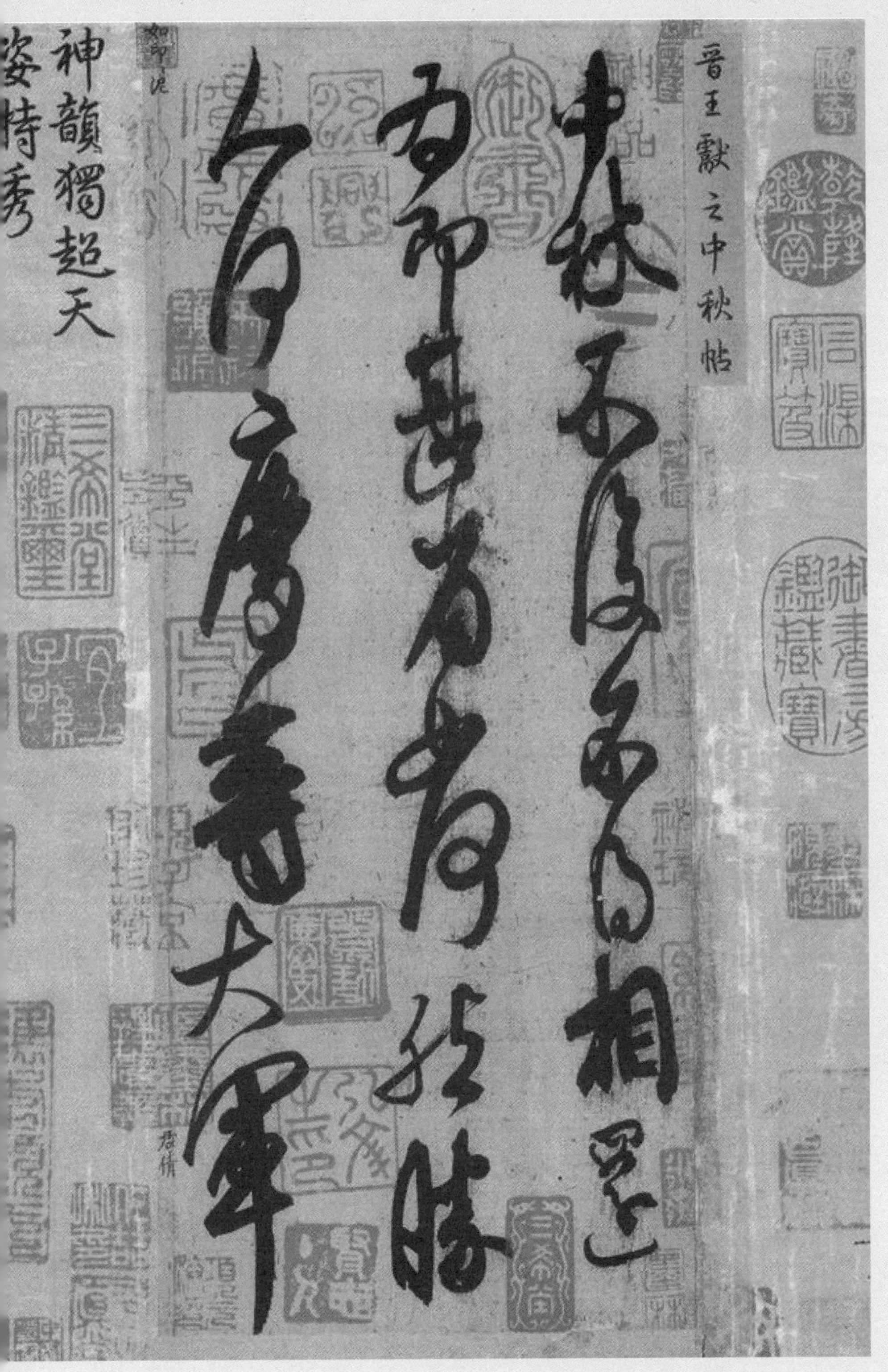

왕헌지,『중추첩仲秋帖』, 베이징 고궁박물관 소장

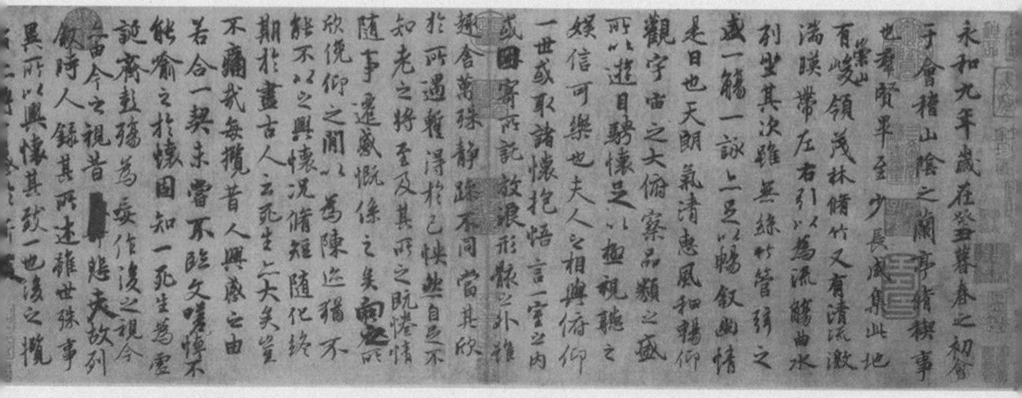

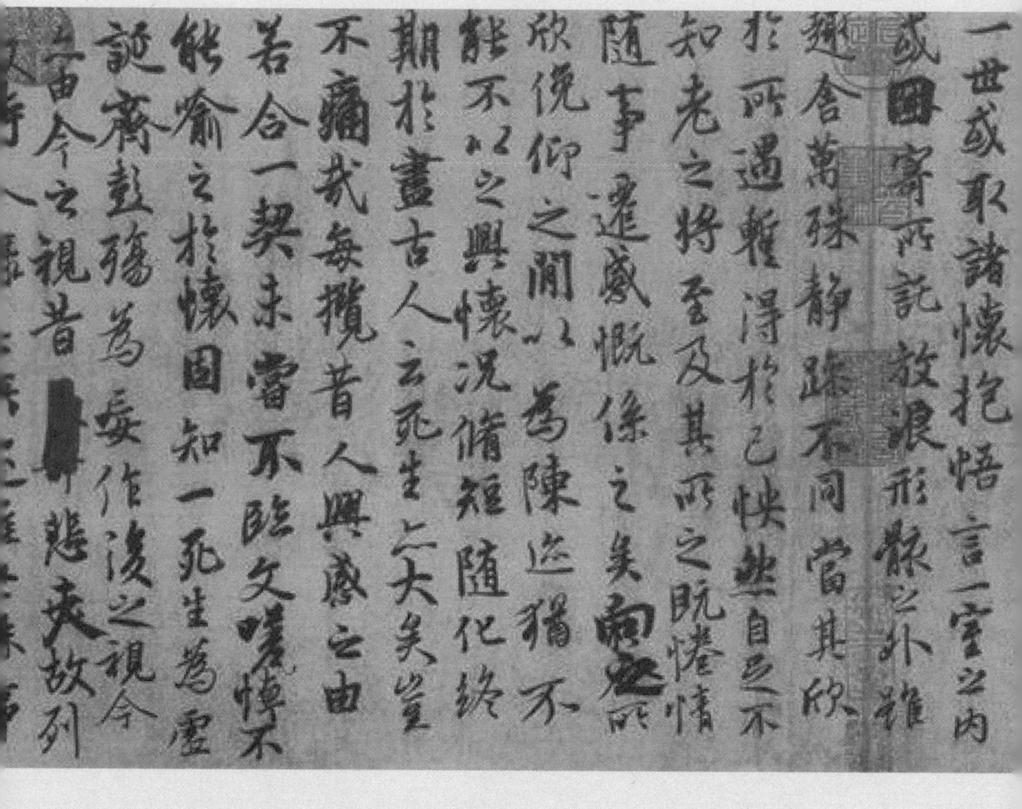

왕희지, 〈난정집서蘭亭集序〉

후대 곡수유상曲水流觴하는 유행을 낳게 한 난정모임의 정회를 글씨로 표현한 천하제일의 행서로 여겨지는 작품이다. 동진東晋시대는 이후 중국문학과 예술의 실질적인 꽃을 피울 수 있게 한 시대다. 문학의 도잠(도연명), 산수화의 이론을 정립한 회화의 종병宗炳, 화가 고개지顧愷之를 비롯해 도잠과 더불어 호계삼소虎溪三笑 고사로 잘 알려진 도교의 육수정陸修靜, 불가의 혜원慧遠스님 등이 모두 이 시대 사람이다. 다만 세 사람의 생졸년을 따지면 호계삼소 고사는 문제점이 있다.

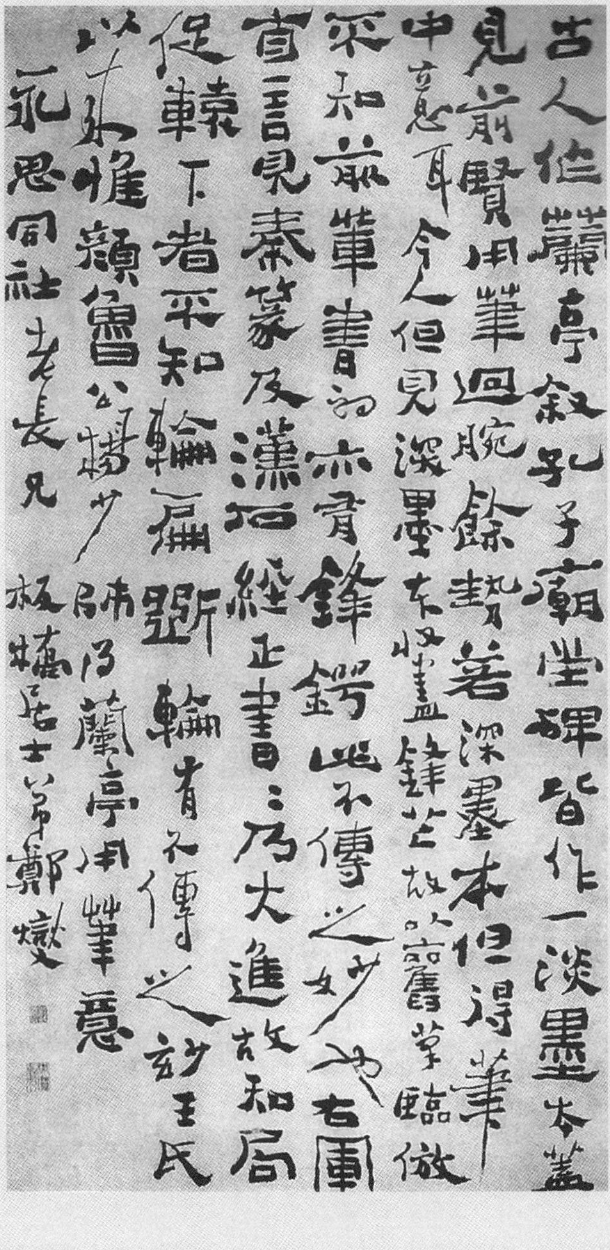

정섭, 글씨
〈육분반서六分半書〉의 예를 보여준다.

2

유가 이단관에 대한 비판적 견해와 노장 추존推尊의식

노장사상의 세례를 받은 서화가들의 공통적인 점은 이단에 대한 입장이 정통 유가 사유에 입각한 서화가들과 차이를 보인다는 점이다. 전통적으로 유가는 흔히 '십육자심법十六字心法'[8]을 기준으로 하는 도통관道統觀, 진리관을 통해 노불老佛을 이단으로 배척한다.[9] 하지만 위에서 거론한 몇몇 인물들은 순정純正한 유학자들의 진리관, 이단관과 달랐다. 이들은 인물에 따라 유가를 완전히 부정하지는 않았지만 노불을 이단으로만 배척하지도 않았다. 서위는 유·불·도 삼교의 관계를 머리, 척추, 꼬리 등으로 파악한다. 즉 한 몸이지만 서로 다른 기능 혹은 부분에 속한다고 말하여 삼교가 공존하고 '쓰임'이 될 수 있음을 말한다.[10] 아울러 노자에 대한 공자의 평가를 통해 당시 노자를 이단시하는 태도를 비판한다.

> 장자는 비록 방종한 측면이 있지만 또한 노자의 부류이다. 노자는 이단이 아니고 그가 진술한 바는 모두 상고의 도로서, 쇠퇴한 주나라에서 나타난 사상과 심히 다르다. 그런데 후세 학자들은 그 종지를 깊이 탐구하지 못하고 무지하게도 이단으로 여길 뿐이다. 공자를 일컫는 자(=맹자)는 공자가 때에 맞게 행동하는 것은 성인의 경지에 올랐다고 하면서 마땅히 노자를 배척해야 한다고 말하였다. 그러나 공자는 일찍이 노자를 배척한 적은 없었고, 배척한 것이 아니라 높이기도 하였다. 그러므로 공자는 "노자는 아마도 용인가 하노라"고 한 적도 있다.[11]

공자가 진술한 것이 상고의 도이고 노자도 상고의 도를 진술했다면 무슨 차이가 있느냐 하는 것은 '진리의 입장'에서 노자와 공자를 동일시한 것이다. 공자가 '노자를 용'이라고 평가하는 것은 역사적으로 논란이 있지만, 서위는 그것을 기정사실로 받아들인다. 이런 점에서 서위는 노자가 말한 심오한 도리를 모르고 노자를 이단으로 배척하는 무지한 인물들을 비판한다.[12] 서위는 도가를 긍정할 뿐만 아니라 불가도 긍정한다.

> 대략 불가의 정밀함에 대해 불가를 배우는 자들도 모르는 경우가 있지만 우리 유자들은 안다. 우리 유자의 거친 것에 대해서는 우리 유자들은 스스로 온전하지 못하다고 여기지만 불가를 배우는 자들은 도리어 온전하다고 여긴다.[13]

서위의 이러한 이단관은 크게 보면 기본적으로 명청대에 노장사상의 세례를 받은 서화가들에게 공통적으로 나타나는 현상이다. 왕탁의 영향을 가장 많이 받은 부산은 명과 청이 교체되는 시대에 도가 연구를 대표하는 인물로서, 그에 걸맞게 노장을 매우 좋아하고 장자를 스승으로 여겼다.

> 노부는 노장을 배우는 자이다. 나는 본래 몽 땅의 장주를 좇는 무리로서, 우리 스승은 장주이다.[14]

부산은 시간이 있을 때마다 『노자』와 『장자』를 보았다고 할 정도로 노장에 심취한다. 계사의 겨울에 분주에서 사당에 옮겨와 살았을 때 짐에는 다만 『남화경』(『장자』)만이 있어서 때때로 보았다고 한다.[15] 부산은 이사하는 속에 『남화경』만을 넣었다는 것은 그가 그만큼 장자에 심취했다는 것을 의미한다. 부산은 『노자』에 대해 비주批注한 치밀한 전문저서를 저술하기도 한다.

『노자』를 삼일 동안 읽지 않으면 혀가 본래 부드러운 것이었는지를 깨닫지 못한다. 과거에는 그 말만 익혔지만 오십 이후에는 『노자』에 대해 세주細注하고, 이에 앞선 무리들이 이 학문에 정밀하였으나 단지 혀끝만을 놀리는 데 소비한 것을 깨달았다. 혀끝은 결국 부드러운 것이다. 무슨 까닭인가? 바로 억지로 헤아렸기에 현빈의 의미가 드러나지 않았을 뿐이다.[16]

'현빈'은 『노자』 6장의 "곡신은 죽지 않으니 이를 일러 현빈이라고 한다. 현빈의 문을 일러 천지의 뿌리라고 한다"[17]라는 말에 나온다. 주희는 '현빈'을 노자의 우주론과 관련지어 이해하는데, 부산의 '현빈'에 대한 말은 다른 인물들이 노자가 말한 도가 무엇인지를 잘못 이해한 것을 비판한 것이다. 최종적으로 부산은 '스스로 이단에 거처한다[자거이단自居異端]'는 것을 공개적으로 말하면서 제자학에 대한 연구를 통하여 새로운 사유형식을 탐구하고자 하였다.[18] 이런 사유는 유가 사상만이 진리가 아니라는 의미가 담겨 있다. 부산은 이런 사유에서 출발하여 서예역사에 유명한 '사녕설四寧說'을 말한다.

명말청초의 석도는 유·불·도 삼교가 어우러진 철학적 서화론에 해당하는 『화어록畵語錄』을 쓰고 유명한 '일획론一劃論'을 펼친다. 정섭은 "장주를 흠모하고 노담을 숭배한다[19]고 말한다. 특히 정섭은 누구나 다 황제와 요순의 후손이 아님이 없는데, 오늘날에 이르러 불행히도 노예나 비첩이 되었다는 입장에서 근본적으로는 신분적으로 왕후장상의 씨가 따로 없다는 입장을 견지한다.[20] 특히 『서명西銘』에서 말한 '만물은 나와 동포'라는 입장을 견지하는 틀에서,[21] 당시 하층민으로 경시받는 승려에 대해 그들은 본래 중국의 부자·형제로서, 세속의 사람과 비교할 때 단지 머리카락이 있고 없음의 차이만 있을 뿐이므로 이단이라 질책하고 꺼려하면서 배척해서는 안 된다[22]고 한다. 정섭은 이처럼 유가적 이단관에 대한 근본적인 반성을 요구한다. 그 사유에는 당시 주자학적 이단관과 더 나아가 신분질서를 공고히 하고자 하는 봉건제도에 대한 심각한 비판정신이 담겨 있다.

이처럼 명청대의 서화가들 가운데 노장의 세례를 받은 인물들은 이단에 대한 긍정적인 견해 혹은 학문에서의 정통과 이단의 구분을 타파하는 사유를 전개한다. 이런 점은 유가가 기본적으로 비판하는 괴·력·난·신을 긍정적으로 보고, '원이불노怨而不怒'가 아닌 '노'를 드러내어 웅강한 힘이 있는 예술, 무과불급의 중화미에서 벗어난 '괴'와 '추'에 대한 긍정적인 태도와 새로운 눈, 주체적 나를 통한 창신적 예술창작, 나아가 '발분發憤정신'에 근거해 부조리한 사회와 부패한 위정자·정치에 대한 비판정신 등으로 나타난다.

3

'괴·력·난·신'·'노怒' 긍정과 '추'의 미학

공자는 이성적이며 합리적인 사유를 통한 현실에서의 정상적인 삶을 살 것을 추구하였기에 괴·력·난·신을 말하지 않았다.[23] 하지만 노장사상의 세례를 받은 서화가들은 달랐다. 그 예로 먼저 왕탁의 서예세계를 보자.

연면체連綿體에 뛰어남을 보인 왕탁은 종횡으로 자유롭게 오가면서 맺고 끊음이 없는 운필법을 구사한다. 아울러 무과불급의 중화미에 바탕한 전통서법을 대담하게 돌파하고 절주감이 뛰어난 심미감을 보여준다. 그의 방광放狂스럽고 광일狂逸한 심리상태를 반영한 서체는 기세가 웅강한 맛이 있다. 부산은 기이함과 생동감이 넘치는 왕탁의 서예세계에는 '대교약졸'이 담겨 있다고 평가한다.[24] 이런 왕탁은 괴·력·난·신을 긍정적으로 말한다.[25] 괴·력·난·신을 긍정하며 광괴한 서체를 통해 말하고 있는 것은 '추醜'의 모습이다. 왕탁은 문장에서는 기괴함을 통해 사람을 놀라게 하겠다고 말한다.[26] 이런 점에서 왕탁은 문장을 지을 때 유가에서 배척하는 '사납고 사람들을 놀라게 하는 내용을 심각하게 담아낼 것', '사람의 입을 벌어지게 하는 대담함', '웃음을 자아내게 하는 문장[소문笑文]', '마음속 깊이 잠겨 있는 커다란 힘과 기세를 담아낼 것' 등을 요구한다.[27] 왕탁이 문장에서 담아내야 할 것으로 요구하는 '양강陽剛의 아름다움' 혹은 사람들에게 감동을 줄 수 있는 다양한 차원의 예술정신은 중화미를 근간으로 한 절제된 아름다움을 담아내는 온유돈후와 '원이불노' 등을 말하는 유가적 미의식과 기본적으로 다른 미의식이다. 이런 정신은 그의 서예작품에 그대로 나타났다.

부산은 "차라리 졸렬할지언정 공교하게 하지 말라. 차라리 미울지언정 예쁘게 하지 말라. 차라리 지리할지언정 가볍고 매끄럽게 하지 말라. 차라리 진솔할지언정 꾸미기를 노력하여 안배하지 말라"[28]고 하는 유명한 '사녕설'을 주장한다. 왕탁의 기괴설은 부산의 이른바 '사녕설'과 일맥상통한다. 부산이 추함, 졸박함, 지리함, 진솔함을 숭상하는 사상의 뿌리에는 노장사상이 깔려 있다. '안배하지 말라'는 것은 무위자연적 예술정신을 의미한다. 노장은 기본적으로 '대교약졸'을 말하고, 졸박미와 소박미를 최고의 미로 친다. 졸박미나 소박미는 때로 추하게 보인다는 점에서 유가가 문질빈빈文質彬彬의 조화로움을 추구하는 미의식과 차별화된다.

서예에서 '괴'의 측면을 가장 잘 담고 있는 육분반서를 창조한 정섭은 유가가 부정하는 '괴怪'·'난亂'·'노怒'를 긍정적으로 본다. 추에 대해서도 마찬가지다. 정섭은 "난초 세 떨기를 그리니, 누구도 감히 그려낼 수 없네. 새롭고 기이한 법을 취하니, 묵향이 불어나온다"[29]라고 하여 새롭고 기이한 것을 통해 자신만의 예술창작을 하고자 하였다. 정섭은 백정白丁[民道人]과 청상淸湘[石濤]의 작품에 대해 '혼성渾成한 맛'이 있고 '기이함이 자유자재이다[기종奇縱]'라고 평가를 하면서 모두 '옛날의 방식을 벗어나 새로운 예술의 경지를 창안해 우뚝하다[유신특립維新特立]'라는 것을 말한다.[30] '혼성'이나 '기종'을 긍정적으로 평가하는 사유에는 노장적 사유가 깔려 있다.

정섭은 아울러 우홍려禹鴻臚[之鼎]가 그린 대나무에 대해서는 '어지러움[난亂]'을 잘 표현했기에 매우 묘하다는 말을 하면서, "어지럽게 그리는 '난亂'이란 글자는 마땅히 몸으로 체득해서 자유롭게 표현해야 한다"[31]라는 것을 말한다. 정섭의 예술창작의 화두는 바로 이 '난'이었는데, 이것은 유가에서 기존의 일정한 틀과 법에 맞추어 격조 있게 정제미를 담아낼 것을 요구하는 사유와 반대되는 사유다.

> 상고翔高 노장형老長兄이 사십 해 되던 생일에 나에게 대나무 그림을 그려 축수祝壽해주기를 구하며 또한 말하기를, "차라리 어지럽게 할지언정 단정하게 그리지는 마시게. '타고난 천연의 풍취[천취天趣]'로 하여금 맘껏 붓을 놀려야 연기와 구름이 화폭에 가득하네"라고 하였으니, 이는 참으로 그림의 뜻을 아는 자였다.[32]

정섭이 말하는 '어지러움[난亂]'은 예술에서의 '가지런함[정整]'이 상징하는 '상투적 중화미', '균제미', '정제미' 및 '규구規矩', '법도' 등과 대립되는 말로서, 바로 '새로운 것'과 '기이한 것'을 창조할 수 있는 가능성을 담고 있다. 이런 '난'의 정신에 의한 예술창작은 기운이 생동하고 살아 있는 맛을 준다. 아울러 진정한 나를 담아낼 수 있는 예술경지가 가능하게 된다. 제대로 된 창신의 작품을 하려면 다른 사람과 다른 '노한 기운'과 '난'에 대한 긍정적 인식이 있어야 한다.

그런데 이런 예술창작은 하나의 사물을 보더라도 다른 사람과 다른 눈, 새로운 눈을 가져야 가능하다. 이런 점은 정섭이 「묵석도」에서 "내가 지금 바위를 그린 것은 추석醜石을 그린 것이다. 추하면서도 웅장하고, 추하

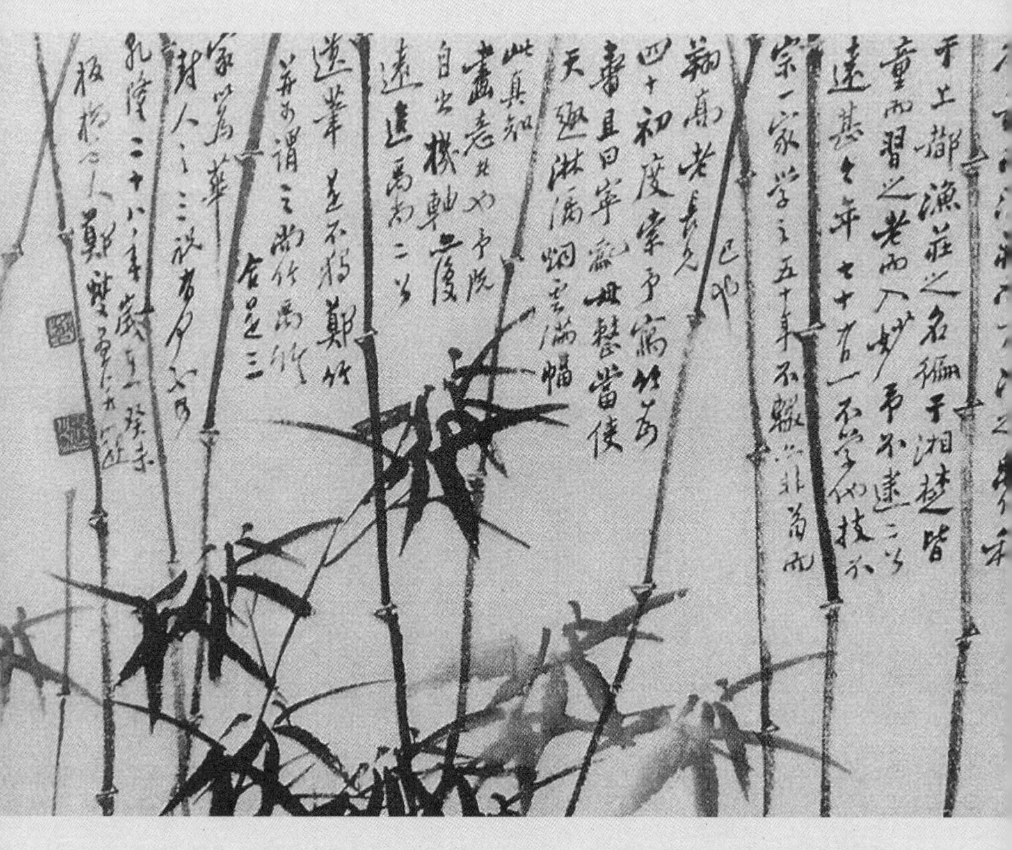

정섭, 〈총죽도叢竹圖〉, 심양 고궁박물관 소장
화제 내용도 좋지만 들쑥날쑥한 화제 형식의 회화적 측면도 주목하게 하는 작품이다.

면서도 빼어난 바위를 그려낸 것이다"[33]라 하여 바위의 추를 미적인 것으로 보는 것에서 나타난다. 타인과 다른 이 같은 사유에서 출발하여 특히 정섭은 유가가 중화미 차원에서의 '원이불노怨而不怒'를 받아들이지 않고 도리어 '노'를 긍정적으로 본다.

> 장자가 말하기를, '노怒'하여 힘차게 날아오르면 그 날개는 하늘 가득히 드리운 구름과 같다. 또 어떤 사람은 초목이 '노'하여 생장한다고 하였다. 그러니 만사만물이 어찌하여 '노'함이 없겠는가? 판교[=鄭燮]의 서예는 한대 팔분八分에 예隷·행行·초草를 섞어 넣고 안진경의 '쟁좌위고爭座位稿'로 낙관을 하였으니, 어찌 '노한 것'이 남과 다르다는 뜻이 아니겠는가?[34]

'노함[怒]'은 강력한 힘을 담고 있는 생명력과 주체할 수 없는 예술정신을 의미한다. '노한 것이 남과 다르다[노부동인怒不同人]'라고 하여 자신만의 노함을 담아낸 예술세계는 정섭이 한대 팔분八分에 예隷·행行·초草를 섞어 만든 '육분반서六分半書'를 창안하는 것으로 나타난다. 결국 이 '노함'과 앞서 거론한 균제미·정제미를 담고 있는 중화 사유에서 벗어나고 '어지러움'을 긍정적으로 여긴 결과물로서, '노'를 담아내는 예술은 웅강한 아름다움을 드러낼 수 있다. 왕탁, 부산, 정섭 등이 제시한 괴나 추의 미학은 미학의 반면이 아니다. 원명시대 같은 특정 시대에 유행한 '미媚', '연軟', '숙熟', '첨甛'과 같은 부류의 미학을 비판적으로 바라본 시각의 산물이다.[35] 즉 의고주의擬古主義·법고주의 입장에서 전통을 고수하는 예술행위에 대한 반발로서 창신적 예술경지를 추구한 창작의 결과물인 것이다.

이처럼 괴·력·난·신을 긍정적으로 보고 아울러, '노'와 '추', '난'을 통해 새로운 차원의 예술세계를 펼쳐가고자 하는 예술정신에는 노장사상이 진하게 담겨 있음을 확인할 수 있다.

4

-

나를 주체적으로 담아내는 예술정신

중국철학이나 중국예술이론에는 '고'와 '금'에 관한 다양한 표현이 나온다. '옛것을 익숙하게 알아서 새로운 것을 안다[온고지진溫故知新]', '옛것에 기탁해 제도를 바꾼다[탁고개제托古改制]', '옛것을 본받아 새로운 것을 창안한다[법고창신法古創新]', '옛것에 들어가 새로운 것을 낸다[입고출신入古出新]', '옛것을 먹고 그것을 새롭게 변화시킨다[식고이화食古而化]', '기존의 법에 대한 선택적 비판을 통해 자신만의 새로운 예술성을 담은 오늘날의 세계를 연다[차고이개금借古以開今]' 등이 그것이다. 철학에서의 고와 금의 문제는 예술에서의 일종의 모방과 창조의 문제로도 연결된다. 문제는 고를 어떤 식으로 이해하는가에 있다. 즉 고의 절대성과 불변성을 인정하느냐 아니면, 변화라는 틀과 시간적 상대성 입장에서 이해하느냐 하는 것이다. 동양예술에서는 고의 절대성과 불변성을 인정하는 사유는 주로 법고, 의고擬古, 방고倣古 차원으로 나타나며, 그것은 동양예술 특징 중의 하나인 임모臨摹 전통으로도 연결된다.

유가에서는 도통관에 입각하여 기존의 성인이라 일컬어지는 요·순·우·탕·문·무·주공周公과 같은 많은 성인들의 학문을 집대성한 공자를 성인으로 추앙하면서 그를 본받고자 한다. 공자는 '온고지신'과 '요임금과 순임금을 조종으로 삼아 서술하고, 문왕과 무왕을 법으로 삼아 펼친다'[36] 라는 것을 말하여 복고復古, 상고尙古, 숭고崇古 경향 위에서 '지신知新'을 말한다. 그런데 '차고이개금'을 주장하는 석도는 "무법의 법이야말로 지극한 법이 된다"[37]고 하면서 "나는 스스로 자신의 법을 사용한다"[38]고 말한다. 그리고 이런 점에서 출발하여 "나의 그림은 나의 것으로서, 마땅히 나

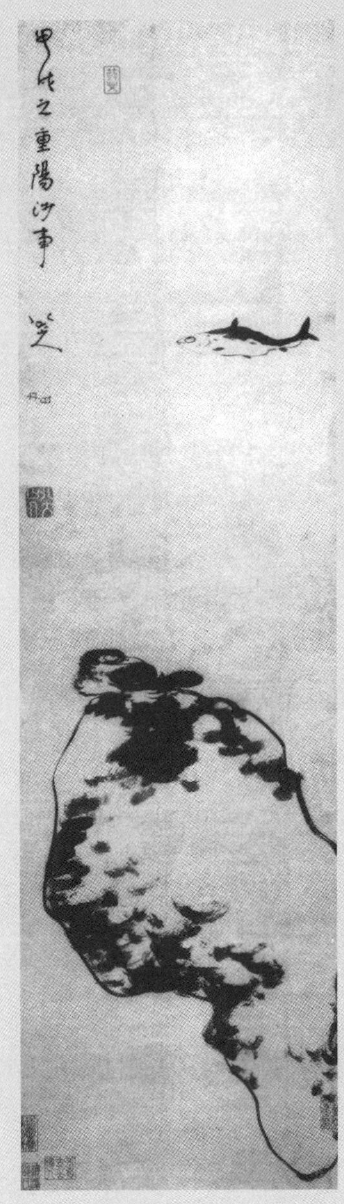

팔대산인八大山人, 〈어조도魚鳥圖〉
물속에 있어야 할 물고기는 하늘을 떠다니고, 정작 하늘을 날고 있어야 할 새는 바위에 앉아 있다. 『장자』「소요유」의 '붕새' 우화가 떠오른다. 발상이 신선하다.

의 면목이 있어야 하고 나의 사상 감정을 표현해야 한다"[39]는 것을 말한다. 옛것은 '법'에 해당하고, 옛것에 얽매이지 않는 것은 '무법'에 해당한다. '나의 법'이란 바로 이런 '무법'을 의미한다. 그 '무법'은 타자의 법에 얽매이지 않고 나에게 주어진 미적 감수성을 그대로 표현해내는, 그 어느 것으로도 왜곡되거나 강제되지 않는 '나' 그 자체를 담아내고자 하는 창신적 예술정신이다.

정섭은 이런 사유를 매우 문학적인 표현을 통해 다음과 같이 말한다.

> 하늘을 번쩍 들고 땅을 짊어질 만한 글, 번개가 치고 우레가 울리는 듯한 글씨, 신령도 꾸짖고 귀신도 욕할 만한 이야기, 예전에도 없었고 지금도 볼 수 없는 그림은 원래 평범한 식견 중에 있는 것이 아니다. 그리기 이전에는 하나의 격을 세우지 않으며, 이미 그린 이후에도 하나의 격을 남기지 않는다.[40]

앞서 본 바와 같이 정섭의 이런 사유는 '난'과 '노'를 긍정적으로 여기는 예술정신이고, 정섭은 육분반서를 통해 이런 점을 구체적으로 보인 서체를 창안하게 된다. 하늘, 땅, 번개, 우레, 신령, 귀신 등을 통해 기상천외한 내용을 말하는 것은 유가의 '온유돈후함'에 입각해서는 이룰 수 없는 경지다.

정섭이 나를 주체적으로 담아내기 위해 평범한 식견과 고정적 격을 세우지 않는다는 것은 '도법자연'의 정신과 『장자』 「소요유」의 붕새 우화를 통한 '고정적 사유 깨기' 등에 입각한 창신적 예술정신을 보여준 것이다.

5

발분發憤적 사회 비판정신

노장을 좋아한 서화가들은 부조리한 현실을 비판적으로 바라보면서 발분적 사회 비판정신을 표출하거나 민중의 소리를 담아내곤 하였다. 유가는 상하 신분질서를 벗어나지 않는 범위 내에서 사회 비판의식을 갖지만 노장은 때론 그 틀을 깨고자 한다.

중국미학사를 보면 유가의 '원이불노', '온유돈후'가 상징하는 절제된 감정이 아닌 '발분發憤'을 통해 자신의 마음상태를 드러낸 인물이 있음을 볼 수 있다. 『장자』는 이런 발분의식을 저서로 남긴 대표적인 예다. 굴원은 『석송惜誦』에서 "분함을 발설하여 감정을 서술하네[발분이서정發憤以抒情]"라는 것을 말하는데, 이러한 발분의식의 특징 중의 하나는 바로 '분노'이다. 이러한 분노는 단순히 개인의 차원에만 머무르지 않는다. 굴원의 예를 들면, 그의 분노는 나라를 염려하고 시절을 걱정하는 슬픈 분노였고, 소인배에게 용납되지 않아 따돌림과 공격을 번갈아 받은 외로운 분노였다. 아울러 재주를 품고 있어도 평가받지 못하고, 나라를 구하려 해도 가망이 없는 의로운 분노였다. 강렬한 사회비판 색채를 띤 이러한 굴원의 분노는 어리석은 군주를 향한 것이라 평가한다.[41] 사마천은 『사기』 「태사공자서」에서 이른바 '발분하여 책을 쓴다[발분저서發憤著書]'[42]라는 구체적인 예를 거론한다. 명대의 이지는 『수호전水滸傳』이 왜 지어졌는가를 발분의식의 관점에서 다음과 같이 말하고 있다.

> 태사공은 말하기를 "『한비자』 「세난」과 「고분」은 성현께서 자신의 억울한 심정을 토로하기 위해 지은 작품이다"라고 하였다. 이런 관점에서

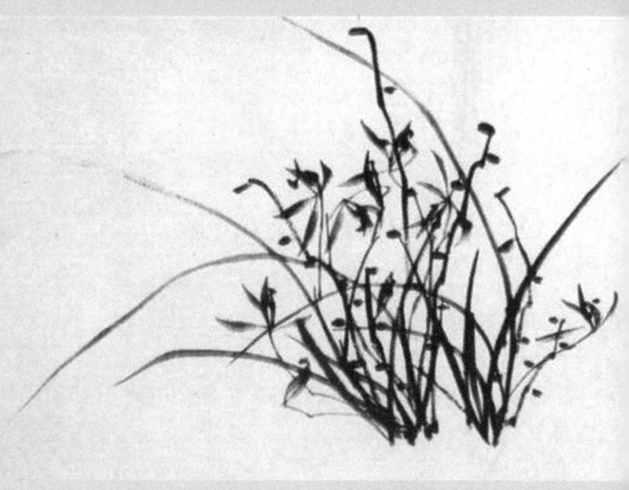

정섭鄭燮, 〈총란형극도권叢蘭荊棘圖卷〉(부분)

정섭鄭燮, 〈총란형극도권叢蘭荊棘圖卷〉 화제

소식蘇軾은 난은 군자, 가시는 소인이라 보고, 군자가 소인을 용납한다는 것을 보여주기 위해서 난 주위에 가시를 그렸다. 그런데 정섭은 소인 없는 군자는 없다는 점에서 난 주위에 가시를 그렸다고 한다. 바라보는 관점을 바꾸면, 가시가 난을 해치는 짐승들을 막아주기 때문에 가시 속의 난은 더욱 안전할 수 있다. 정섭의 '유신특립維新特立'의 예술철학을 확인할 수 있는 화제다.

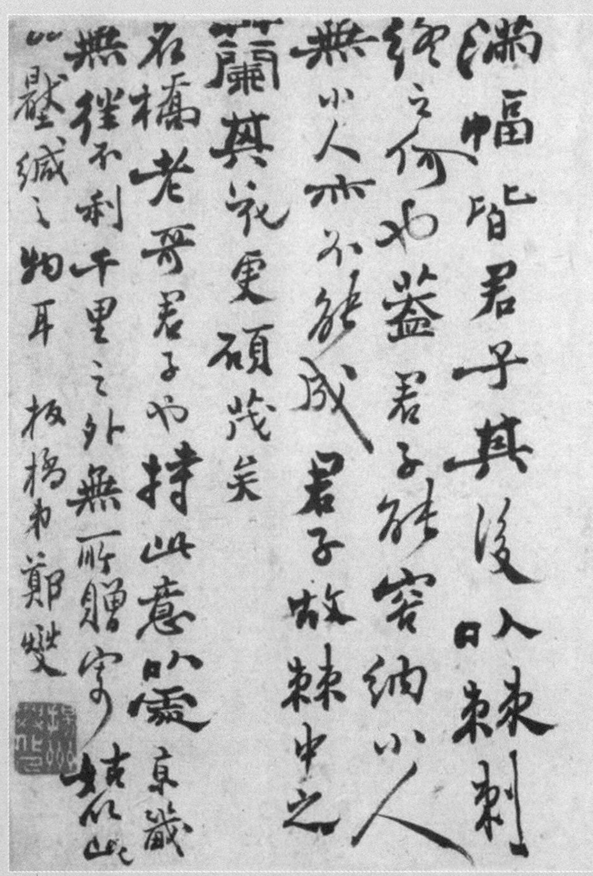

본다면 옛날의 성현들은 가슴속에 억울하고 답답한 사정이 없으면 글을 짓지 않으셨다. 억울함이 없는데도 글을 짓는 행위는 비유컨대, 춥지도 않은데 일부러 몸을 떨고 아프지도 않은데 신음하는 것과 같으니, 비록 작품을 낸다 한들 볼만한 구석이 무엇 있겠는가? 『수호전』은 바로 답답하고 억울한 심정을 토로하기 위해 지은 작품이다.[43]

'가슴속에 억울하고 답답한 사정이 있어서 글을 지었다'는 '발분저서'는 그림에서는 일종의 '발분저화發憤著畵'로 나타나는데, 이러한 발분의식에는 노장의 사회 비판의식이 담겨 있다. 노장사상의 세례를 받은 서화가들은 부조리한 현실, 부패한 정치에 대해 침묵하지 않았다. 서위와 정섭은 화제를 통해 이런 점을 잘 보여주고 있다. 서위가 그린 「사시화훼도」의 화제를 보자.

노부가 흠뻑 적은 먹으로 그린 그림,
내 작품 속의 꽃과 풀이 계절을 혼동하려 든다.
이 그림에 붓질이 틀렸다고 불평하지 말라.
요즈음 '천도'에 잘못이 많은 탓이다.[44]

계절에 맞지 않는 화훼를 통해 천도의 잘못을 말하는 것에는 부패한 정치, 부조리한 사회구조, 잘못된 이념 등에 대한 비판정신이 담겨 있다. 이런 점에서 서위는 탐관오리가 판치는 명대의 부조리한 사회정황을 읊고 있다.

벼 익는 강촌의 게들은 막 살찌고
도끼날 같은 집게발로 진흙 속을 파고든다.
한 마리를 종이 위에 뒤집어놓아 보면
바로 앞에 덩이진 '동탁'의 배꼽을 볼 것이다.[45]

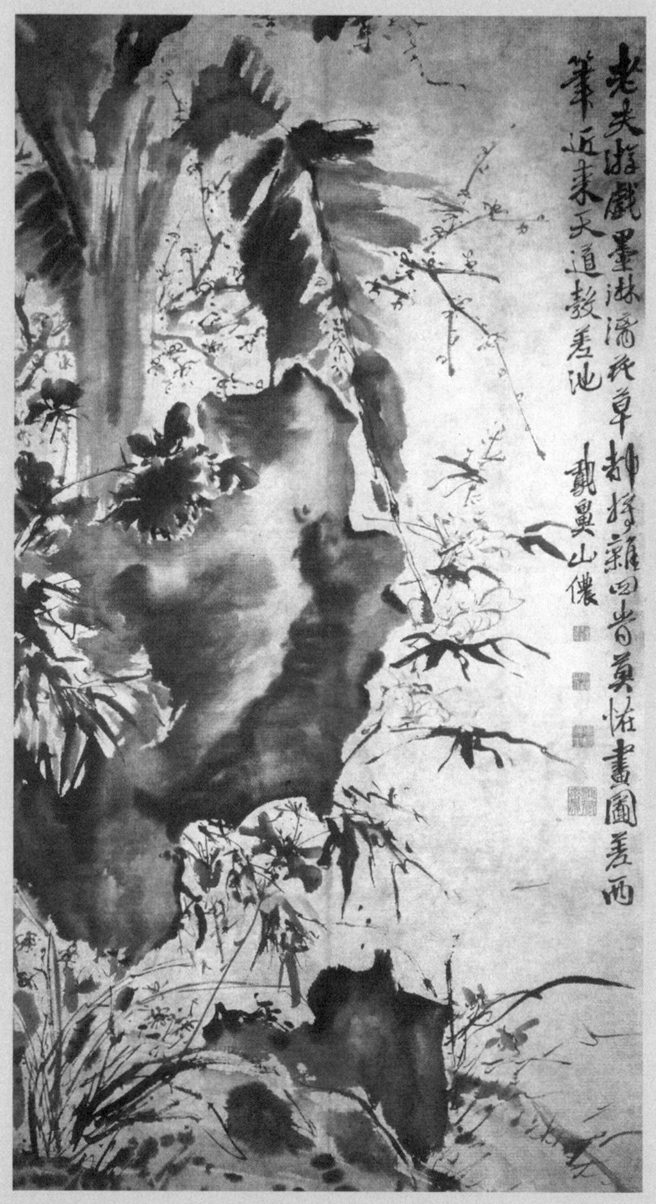

서위徐渭, 〈사시화훼도四時花卉圖〉

많은 화가들이 자신의 그림과 화제를 통해 현실에 대한 비판적 태도를 보이는 데 서위는 그런 화가 중 대표적인 인물이다. 광기 어린 '일필일묵'의 형상 속에는 서위의 '발분저화發憤著畵'의 예술정신이 담겨 있다.

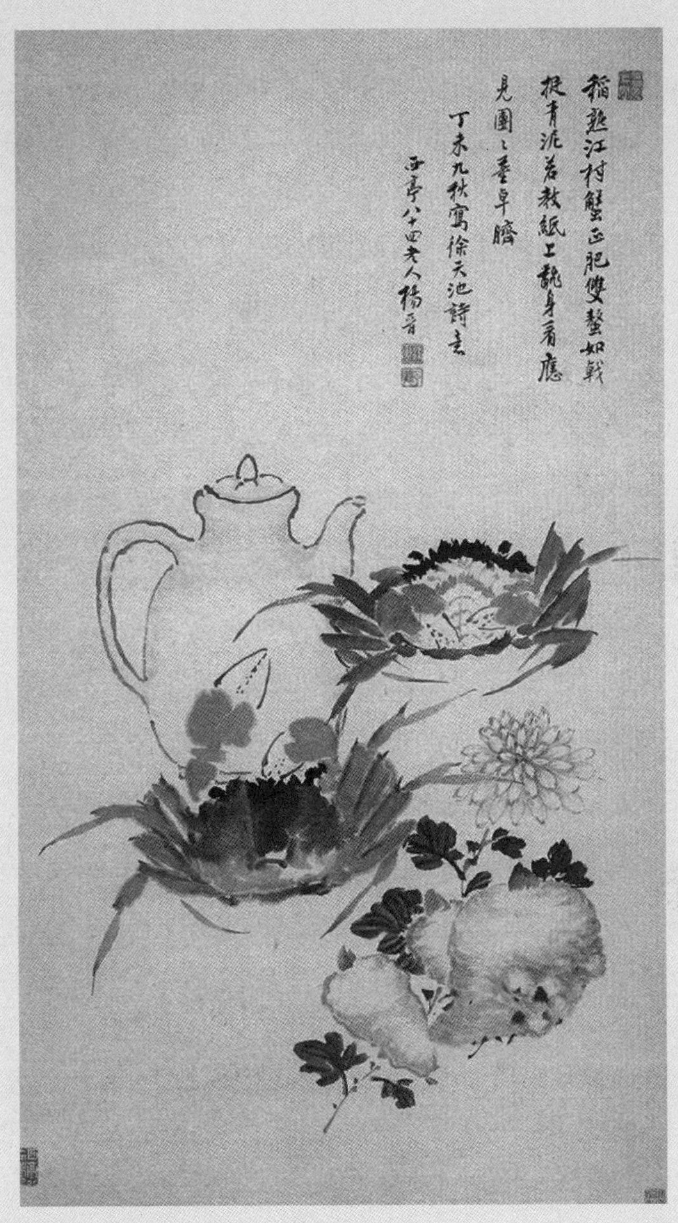

양진楊晉, 〈주향해비酒香蟹肥〉
서위의 시의詩意[제화해일수題畫蟹一首]를 양진이 그린 것이다.

사악한 권신인 동탁은 배에 기름기가 하도 많아 죽고 난 뒤 그의 배꼽에서 나온 기름으로 불을 밝혔을 정도였다고 한다. 서위는 동탁의 배 불뚝을 오만한 게에 비유하고, 아울러 이런 게를 통해 백성의 고혈을 쥐어짜면서 자기의 배를 불리는 탐관오리들을 비난하고 있다.

모든 난과 대나무와 돌은 천하의 고생하는 사람을 위로하려는 것이지 천하의 편안함을 누리고 있는 사람에게 주려는 것이 아니라는 입장을 견지하는[46] 정섭은 유현濰縣으로 전직되었을 때 지은 시를 통해 애민사상을 보여준다.

> 관아의 서재에 누워 있을 때 소소한 대나무 소리를 들으니,
> 의심하건대 민간의 고통소리가 아닌가 한다.
> 우리는 하찮은 주현州縣의 벼슬아치지만,
> 가지 하나 잎새 하나에도 모두 관심이로세.[47]

과거 원대 오진吳鎭 등을 비롯한 화가들이 어부를 통한 은일적 삶을 담아 당시 정권에 소극적 저항을 표현한 적은 있었다. 하지만 정섭처럼 위정자들의 가혹한 정치하에서 신음하는 백성들의 고통을 대나무라는 자연물에 기탁해 읊고 있는 것은 이전에는 볼 수 없었다. 이런 점에서 정섭의 회화를 통한 정치적 발언에는 유가식의 애민의식도 담겨 있는데, 굴원 이후 발분을 통한 사회 비판의식이 담겨 있는 일종의 '발분저화'인 셈이다.

이처럼 '발분저화'를 행한 인물들은 모두 노장사상을 깊이 받아들인 인물들이었고, 이런 영향하에서 백성들에 대한 위정자의 억압, 부패한 정치 및 사회의 부조리에 대해 침묵하지 않았다. 따라서 '광', '기', '괴'라 평가받는 그들의 작품을 단순히 형식미 차원에서만 이해한다면 그들이 그런 형식미를 통해 담아내고자 하는 참된 의도를 알 수 없다.

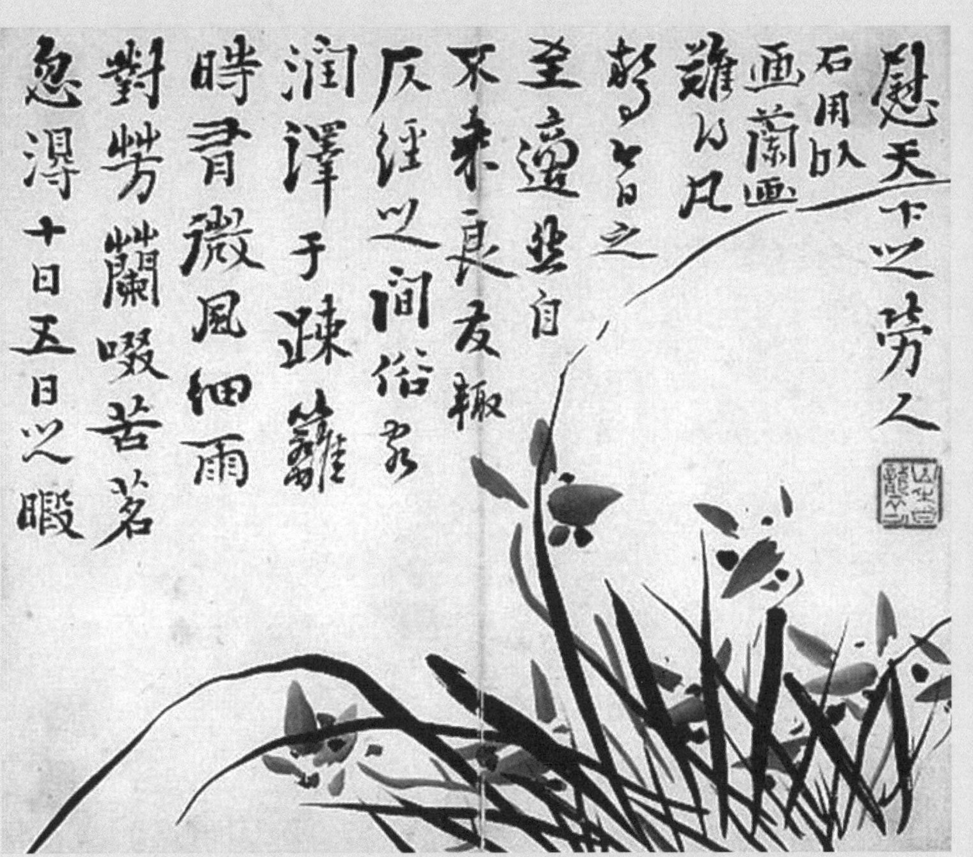

조희룡, 〈묵란도墨蘭圖〉

조희룡이 정섭의 애민정신이 담긴 글을 쓰고 난을 그렸다. 조선조 후기 정섭의 영향을 확인할 수 있는 한 예다.

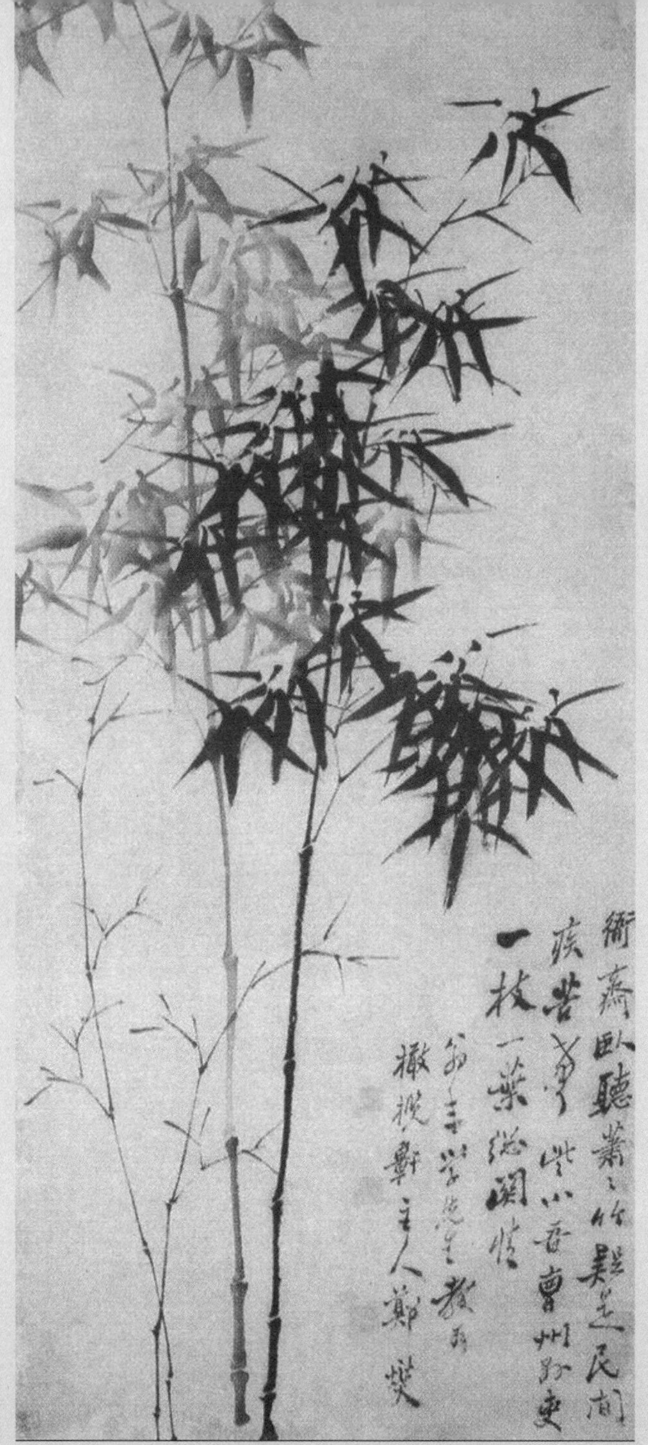

정섭, 〈아재청죽도衙齋聽竹圖〉, 쉬베이홍기념관 소장

정섭의 애민정신이 잘 드러난 작품이다. 화폭 왼쪽의 가는 대나무에 잎이 하나도 없는 것은 고통받는 백성을 상징한다.

6

나오는 말

노장사상이 중국문화와 예술에 끼친 영향은 다양한 측면에서 접근할 수 있다. 도교에까지 그 영향력을 확장하여 말한다면 더 많은 측면을 거론할 수 있지만, 여기서는 주로 명대 중기에서부터 청대 초기에 걸쳐 노장사상의 세례를 받은 몇몇 서화가들이 노장사상을 자신의 예술창작에 어떻게 표현하였고, 또 지향한 예술정신은 무엇이었는지를 살펴보았다. 유독 이 특정한 시대에 주목하는 이유가 있다. 고염무가 말하듯이 명대 만력萬曆[48] 말기에는 노장과 제자백가를 비롯하여 다양한 학문연구가 일어났고, 이에 따라 정주이학이 주장하는 중화미학과 다른 차원의 미학이 일어났기 때문이다.[49] 이런 상황에서 서위, 왕탁, 부산, 석도, 정섭 등은 노장사상과 양명좌파의 훈도를 받아 진솔하면서도 졸박한 아름다움을 담아내고자 했다. 이런 경향은 때론 형태적 추함으로도 나타나기도 하였다.

역사적으로 보면 서예의 경우 당대 회소懷素, 장욱 등과 같이 그 작품경향이 '광狂', '전顚', '일逸' 등으로 평가받는 서예가들의 예술정신은 노장사상을 받은 흔적이 있고, 송대 소식蘇軾이 서예에서의 무법을 통한 창신을 말하는 것도 노장사상과 매우 밀접한 관련이 있다. 그런데 이상 거론한 회소, 장욱, 소식 등의 서예가들의 작품경향을 명대 중기 이후 노장사상과 양명좌파에 경도된 예술가들의 작품경향과 비교할 때 시대인식과 미의식에서 큰 차이를 보인다. 가장 큰 차이점은 명대 이전에는 노장의 졸박함과 광기를 숭상하고 '임정종욕'을 주장한 양명좌파와 같은 사유에서 예술창작에 임하지 않았다는 것이다. 즉 동일한 형태적 추함이라고 해도 양명좌파의 영향을 받아 졸박함과 진솔함을 담아서 표현한 추는 그 차별상을 보

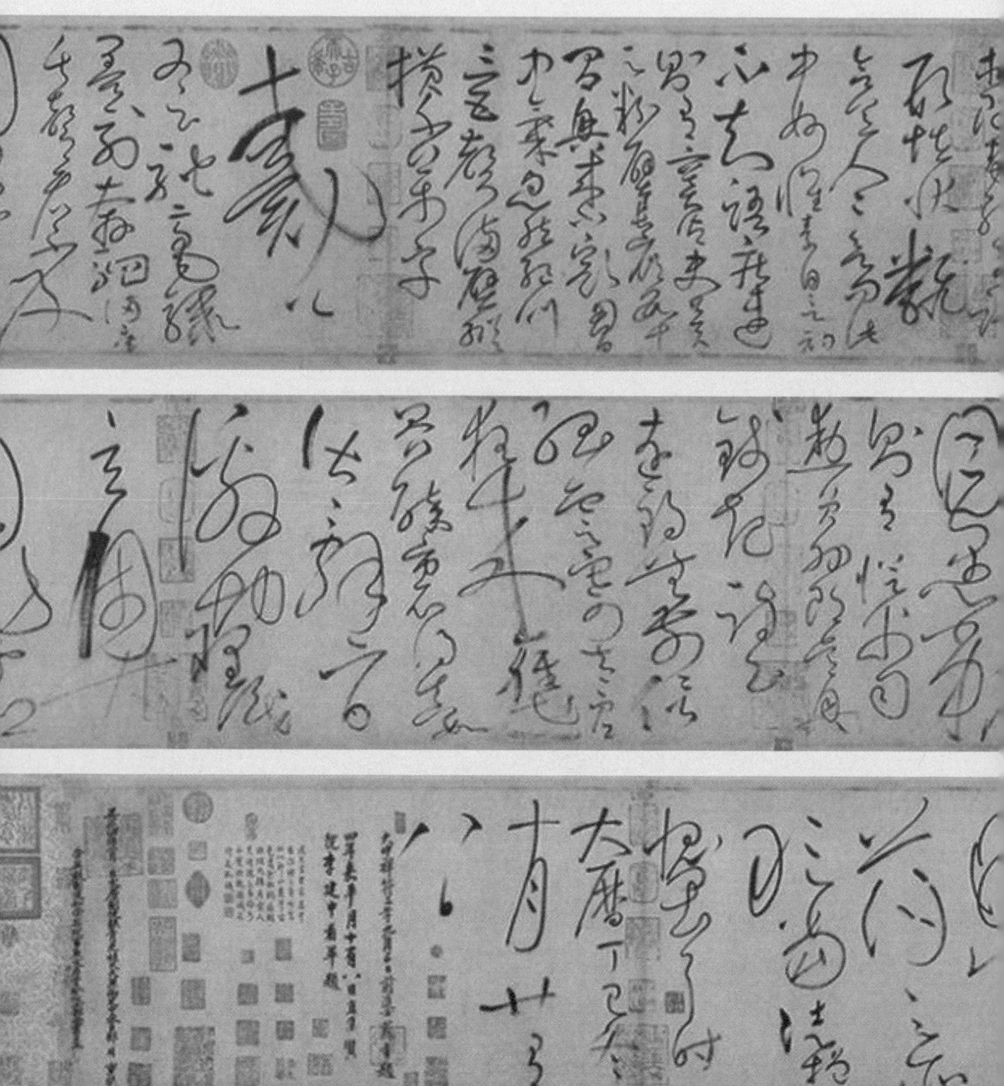

회소, 『자서첩自書帖』(부분)

광승狂僧 회소懷素가 쓴 작품으로 "광래경세계狂來輕世界 취리득진여醉裏得眞如"라는 문장이 유명하다. 광기 넘치는 작품이지만 자세히 감상하면 고도의 절제된 맛이 있다. 이런 점에서 후대 명대 중기에 유행한 무절제하고 추한 형상의 광선狂禪풍 초서와는 다르다.

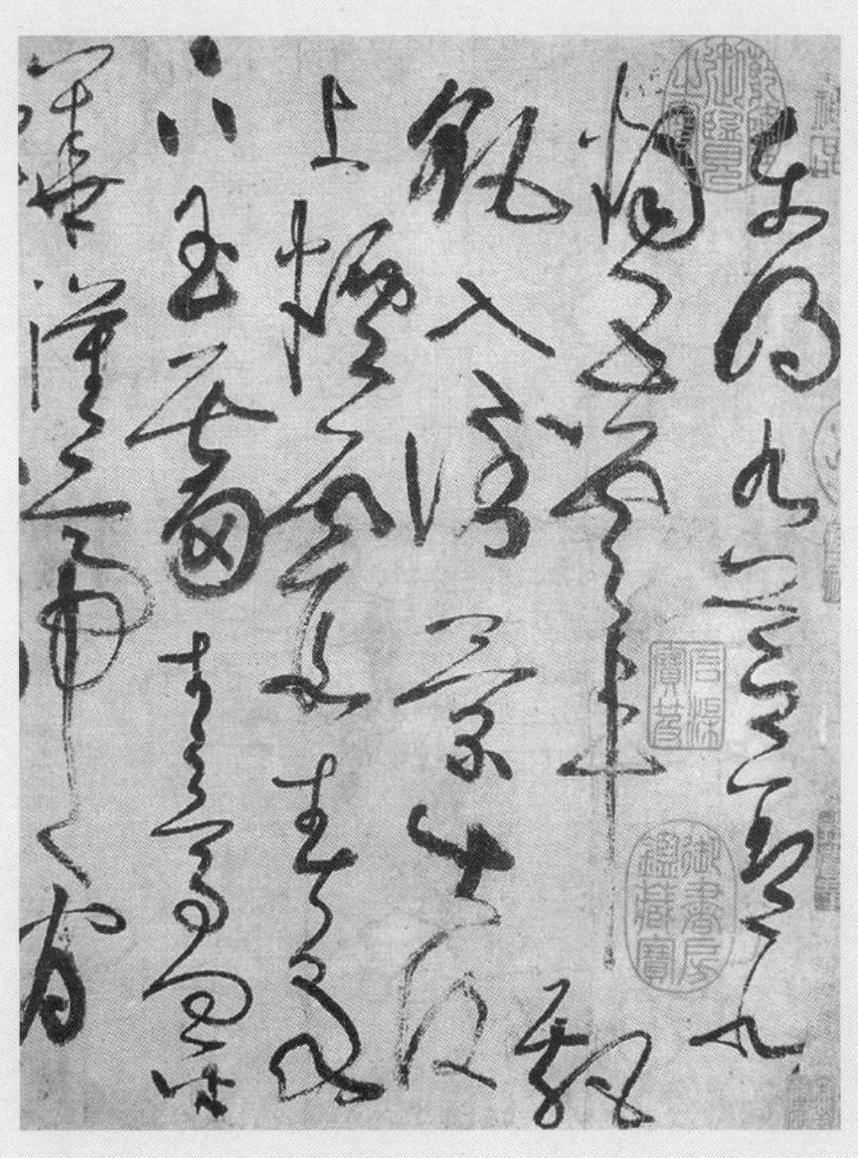

장욱, 『고시사첩古詩四帖』
유희재는 희로애락을 자유자재로 표현한 장욱 초서에 무아지경이 담겨 있다고 평한다.

인다. 이런 점에서 중국예술사의 큰 흐름에서 볼 때, 명대 중기 이전에 노장사상의 영향을 받아 광기와 '일기逸氣'를 보인 예술가와 명대 중기 이후 노장에다 양명좌파의 사상을 함께 담아내고자 했던 예술가의 차이점을 아는 것은 매우 중요하다.

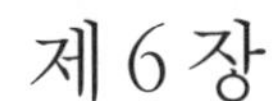

동양 서화예술에 나타난 감응感應 미학에 관한 연구

성인은 도를 머금고 그 머금은 도를 사물에 비춘다.
현인은 마음을 밝게 하고 드러난 상을 음미한다.[종병]

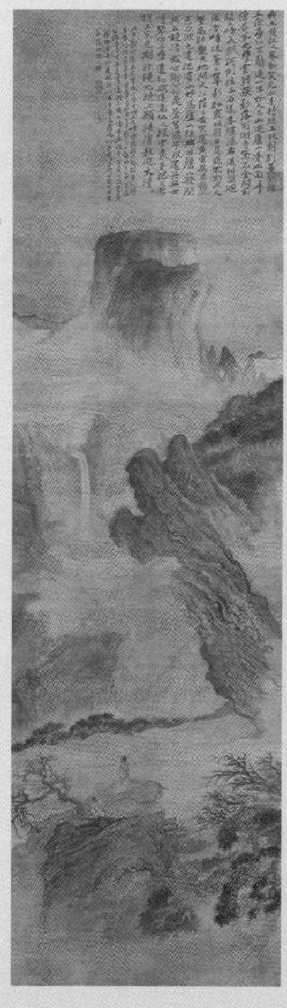

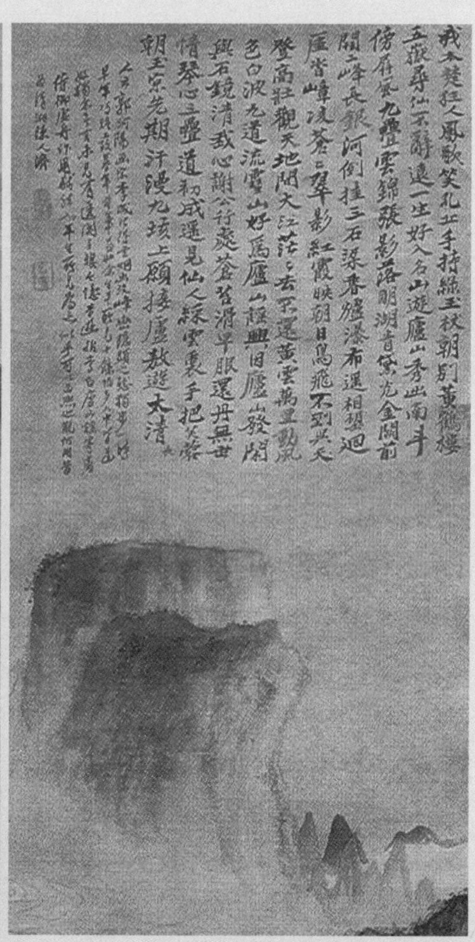

석도石濤, 〈여산관폭도廬山觀瀑圖〉(부분)

석도는 "산천은 나를 탈태시켰고, 나는 산천에서 탈태하였다"라고 말한 적이 있는데, 떨어지는 폭포를 넋을 잃은 듯 바라보는 관람자는 정경교융情景交融의 무아지경無我之境의 경지에 빠져 있다. 여산은 특히 폭포가 장관인데, 이백의 「망여산폭포望廬山瀑布」의 "물줄기 내리쏟아 길이 삼천 재[비류직하삼천척飛流直下三千尺]"라는 시구는 유명하다. 북방에 비해 상대적으로 온화한 기운을 가진 남방의 여산이 은사의 은거지로 여겨진 것은 백거이白居易 영향이 크다.

1

들어가는 말

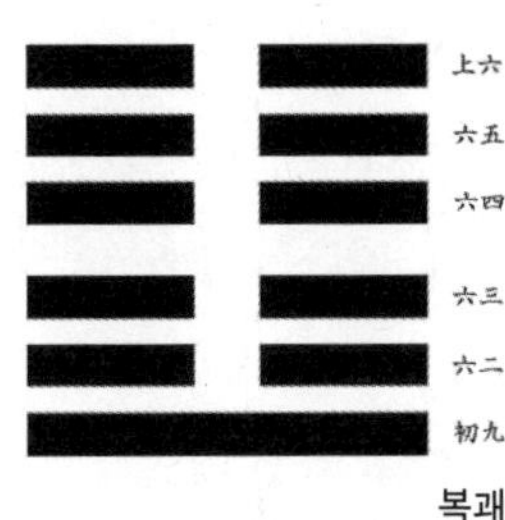

복괘

동양에서는 '지성감천至誠感天'을 비롯하여 『중용』의 '지성여신至誠如神',[1] 『주역』 「복괘」의 "한 양이 회복하는 복괘에서 그 천지의 마음을 볼 것인가[복기견천지지심호復其見天地之心乎]" 등의 다양한 표현을 통해 인간과 우주의 교감을 말한다. 예술에서는 '심물교융心物交融', '정경교융情景交融' 등을 통해 감응론을 전개한다. 이런 교감, 감응을 가능하게 하는 것은 기氣라고 본다. 감응은 하나의 사물만이 있을 때는 일어날 수 없는 현상으로, 서로 다른 두 가지 요소가 맞닥트렸을 때 생기는 현상이다. 이런 감응은 크게 보면 인간과 인간의 '사이', 인간과 자연의 '사이', 자연과 자연의 '사이'에서의 교감에 의해 일어난다. 이런 점에서 천인합일, 천인감응은 감응론의 핵심에 해당하는데, 이런 감응론에는 우주론적 기화론氣化論이 작동하는 경우가 많다.

감응론은 일종의 '관계' 지움의 논리에 해당한다.[2] 감응이 있기 이전에는 인간과 사물은 각자 관계없는 상태로 존재한다. 장자는 「지북유知北遊」에서 "천지에는 인간과 상관없이 그 스스로의 대미가 있다[천지유대미天地有大美]"라는 것을 말하여 인간의 주관과 상관없는 미의 존재를 말한다. 이런 점에 비해 유종원柳宗元은 「마퇴산모정기馬退山茅亭記」에서 "아름다운 것은 스스로 아름다울 수 없다. 사람에 의해 그 아름다움은 환하게 드러난다"라는 것을 말하고,[3] 『관자』 「오행」에서는 "인간과 하늘이 조화를 이룬 연후에 하늘과 땅 사이의 아름다운 사물이 낳게 되었다"[4]라는 말을 한다. 이것은 미는 객관과 주관이 서로 감응해서 나타난 결과물로 이해한 것이다. 예술 차원에서의 감응은 쌍방의 감응이 발생하면 이에 주객의 구분은 사라진다.

이처럼 감응은 본질적으로 두 사물이 접촉했을 때 일어나는데, 인간들이 보기에 접촉하지 않은 것 같은데 감응이 일어난 것이 있을 수 있다. 예를 들면 천지교감에 의해 만물이 화생化生하는 현상이 그것이다. 이런 경우는 인간이 인식할 수 없는 차원에서 무형의 기가 작동하여 일어난 현상이다. 따라서 감응이라 표현할 경우는 어느 상황이건 접촉하지 않았다는 것은 성립하지 않는다. 단지 감응이 동시에 일어난 것인지, 아니면 '감'한 이후에 '응'한 것인지 하는 시간적 선후는 있다. 이런 감응에는 '같은 부류가 감응한다[동류감응同類感應]'라는 것과 '감이 있고 응이 있다[유감유응有感有應]'라는 현상이 있다. 동류감응은 『주역』에서 말하는 "부류로 서로 좇고[이류상종以類相從]", "같은 기운끼리는 서로 구하고[동기상구同氣相求]", "같은 소리는 서로 응한다[동성상응同聲相應]"라는 것이 해당한다.

이 같은 인간[=聖人]의 천지자연, 혹은 사물에 대한 감응과 감발感發의 결과는 '상象'으로 표현된다. 예술가는 이 '상'을 보고 자신의 예술적 감성을 기탁한다. 이것이 동양예술론에서의 감응론, 감발론의 특징에 속한다. 이 글에서는 이같이 천지자연에 대한 체득의 결과물로서의 '상'자에 대한 감응을 미학적 차원에서 분석하고자 한다. 주목할 것은 이 같은 '상'자를 통한 감응과 관련해 '감응하기 이전의 감응하는 주체의 마음가짐'을 문제 삼는다는 것이다. 왜냐하면 '감응하는 주체의 마음 드러냄'은 감응하기 이전의 마음상태 여하에 따라 달라지지 때문이다. 이런 점이 동양철학은 물론 동양미학의 감응론과 감발론을 이해할 때 주목해야 하는 것에 속한다. 『주역』, 『동중서』, 한의학, 풍수 쪽에서의 감응과 관련된 논의가 있고, 시문학 쪽에서 연구도 있지만,[5] 서화에 초점을 맞추어 논한 것은 희소하다.[6] 특히 여기서 다루고자 하는 '상'자를 중심으로 하여 서화미학에서의 감응을 논한 것은 아직까지는 없다. 아울러 이 글에서 중점적으로 강조하고 있는 감응자의 윤리성과 그것의 서화예술 차원에서의 적용을 논한 것도 없다.

먼저 천지대자연의 이치 및 변화에 대한 체득의 결과물인 '상'자를 통해본 감응에 대한 이해를 기화론적 차원에서 논의된 『주역』의 감응론을 통해 고찰한다. 이 경우 특히 감응자의 감응을 '윤리론 측면'에서 강조한 것에 주목하고자 한다. 왜냐하면 이런 감응자의 윤리론은 결과적으로 예술창작 하는 과정에서 매우 중요한 의미를 지니고 있기 때문이다. 이런 점과 관련해 『예기』「악기」에 나타난 심물교융의 감발미학을 살펴볼 필요가 있다. 심과 물의 관계에서 심물교융을 꾀하는 『예기』「악기」의 실질적인 사유는 '성상설成象說'로 나타나는데, 이런 '성상설'은 『주역』에서 말하는 감응론의 구체적인 예에 속하기 때문이다. 마지막으로 『주역』 및 『예기』「악기」에 나타난 감응론과 감발론을 통해 규명한 '상'자가 담고 있는 의미가 실질적인 예술 창작 이론에 어떤 식으로 나타났는지를 서화이론에 나타난 '취상取象', '입상立象', '미상味象'을 통해 규명하고자 한다. 이런 규명을 통해 동양예술에서의 감응론, 감발론이 서화예술론과 어떤 유기적인 관계를 갖는지를 고찰하고자 한다.

2

『주역』의 감응론과 그 윤리적 의미

『주역』에서는 인간과 인간의 감응은 물론 인간과 자연(천지)의 교감을 통한 천인합일적 감응을 포함하여, 자연(천天)과 자연(지地)의 교감을 통한 기화론적 감응을 말한다. 동양의 감응론을 논할 때 상징적인 것은 『주역』

의 다음과 같은 말이다.

『주역』「건괘」 구오 효사에서 이르길, "나는 용이 하늘에 있으니 대인을 봄이 이롭다"라는 것은 무엇을 말한 것인가? 공자가 이르길, '같은 소리는 서로 응하며[동성상응同聲相應]', '같은 기운끼리는 서로 구하니[동기상구同氣相求]', 물을 젖은 데로 흐르고, 불은 마른 데로 나아가며, 구름은 용을 좇고, 바람은 범을 따른다. 성인이 일어남에 만물을 바라보니, 하늘에 근본한 것은 위에 친하고, 땅에 근본한 것은 아래에 친하니, 각기 그 '부류를 따르는 것[각종기류各從其類]'이다.[7]

건괘

공자가 말한 '동성상응', '동기상구' 및 '각종기류'한다는 것은 감응론의 핵심에 해당한다. 정이程頤는 '각종기류'한다는 것에 대해 인간은 물론 자연물로서의 곤충, 금수, 초목 더 나아가 음양 모두 '각각 그 부류를 따른다'[8]는 것을 말하고 있다. 중화로 내단內丹 이론의 요결要訣을 삼는 이도순李道純은[9] 실질적인 감응은 지극히 텅 비어 형체가 없는 '도'가 변화하여 음기와 양기의 두 기운으로 드러났을 때 일어난다고 본다.

도는 본래 지극히 텅 빈 것이니, 지극히 텅 빔이란 체가 없다는 것이다. 이것은 다함이 없는 것에서 다하는 것이고, 시작이 없는 것에서 시작하는 것이다. 텅 빔이 지극하면 신神으로 변화하고, 신이 변하면 기氣를 낳고, 기가 모이면 형체가 있게 되니, 하나를 나누면 둘이 되는 것이다. 둘이 되면 감응이 있고, 감응이 있으면 짝이 있다… 그 시작의 근원을 보면 일체 만물의 본질이 기氣가 아님이 없고, 그 끝을 미루어보면 일체 만물은 형체가 변하지 않음이 없다. 이것은 만물이 본래 하나의 형기形氣

임을 알 수 있으니, 형기는 본래 하나의 신인 것이다… 기가 변화하면 태어남이 없고, 태어남이 없으면 죽음도 없다. 태어나지도 않고 죽지도 않는 것이 신의 항상함이다. 형이 변화하는 것은 땅을 본받고, 기가 변화하는 것은 하늘을 본받는다. 형이 변화하는 데 감응이 있고, 기의 변화는 저절로 그러하다.[10]

이도순은 감응의 과정을 도道 – 신神 – 기氣 – 형形의 순서로 파악하면서, 둘이 되면 감응이 있다고 하여 감응의 단계와 감응의 원리를 설명하고 있다. 아울러 이도순은 체용론 측면에서 '생각도 없고 작위가 없는 것[무사무위無思無爲]'은 역易의 체體이고, '감응이 있는 것'은 역의 용用이라고 본다. 이런 이해는 이후 『주역』의 감응론과 매우 밀접한 관련이 있다.

항상된 것은 역의 본체요, 변하는 것은 역의 작용이다. 예로부터 지금까지 바뀌지 않은 것은 역의 본체요, 때에 따라 변하는 것은 역의 작용이다. 생각하고 행함이 없는 것이 역의 본체요, 느끼고 응함이 있는 것은 역의 작용이다.[11]

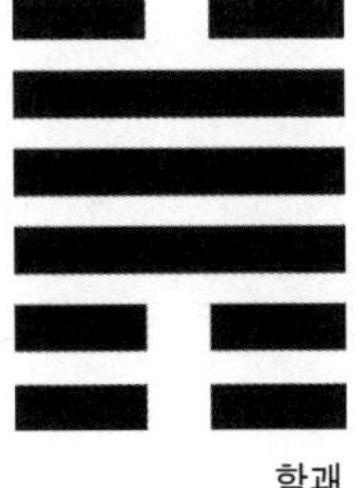
함괘

『주역』에서 감응의 원리를 실질적으로 가장 잘 보여주는 것은 「함괘咸卦」다. 「함괘」의 '단전彖傳'에서는 '함咸'을 '감感'으로 풀고 있는데,[12] 이른바 '함'은 '마음이 없는 느낌[무심지감無心之感]'이다. '함'은 '교감'한다는 뜻으로, 「함괘」는 소녀少女로서의 유약한 기운인 '태兌'와 소남少男으로서 강한 기운인 '간艮'이 서로 감응함을 의미한다.[13] 정이는 「함괘」에 대해, 남자가 먼저 독실한 마음으로 여자와 사귀는 뜻을 품고 정성으로 감하면 여자는 기뻐하면서 남자에게 응한다고 풀이한다.[14] 아울러 인간에서부터 만물에 이르기까지 서로 느끼는 도가 있는데, 사물이 서로 느낀다는 것은 사물간에 형통亨通하는 이치가 있다고 한다. 즉 군신간에 '도가 통하는 것', 상하간에 '뜻이 통하는 것', 부자간에 '정의情意를 서로 느끼는 것' 등은 모두 형통하는 이치를 담고 있고, 이런 점에서 「함괘」에서 '바른 것[正]으로 서로 감응할 것'을 말한 것이라 한다.[15]

감응과 감통은 의미하는 바는 같은데, 정이는 이런 감응의 원리를 윤리론 측면에서의 인간 삶의 다양한 부분에 적용하고 있다. 소남으로서의 '간'과 소녀로서의 '태'가 교감하는 것을 음양론에 적용한 것은, 음양 두 기운이 서로 감응하여 화합한 상태를 말한 것이다. 「함괘·단전」에서는 남녀가 서로 감응하는 뜻에 담긴 감통의 이치를 끝까지 미루어 하여 천지의 교감과 성인의 백성들 마음과의 교감으로 확장하여 이해한다.

> 천지 두 기운이 교감하면 만물이 화생하고, 성인이 인심과 교감하면 천하가 화평한다. 그 감응한 것을 보면 천지만물의 실정을 볼 수 있다.[16]

감응의 결과는 천지만물이 어떻게 존재하고 관계 맺고 있는가를 잘 보여준다는 것이다. 「함괘」 육효六爻 가운데 감응의 원리를 가장 잘 보여주는 것은 구사효이다. 주희는 『주역』에는 감응의 이치가 있는데, 「함괘」 구사효가 이런 점을 다 밝히고 있다고 말한다.[17] 『주역』 「함괘」 구사효에서는 "바르고 길하니 후회가 없다. 그리워하면서 왕래하니, 무리가 너의 뜻을 따르리라"[18]는 것을 말하는데, 이것에 감응의 원리를 가미하여 풀이한 것은 「계사전하繫辭傳下」에 보인다. 주희는 감응에는 스스로 자연스러운 도리가 있는데 하필 인위적 생각을 통해 감응하는 것이겠는가라고 한다.[19] 즉 감응이란 인위적 생각이나 작위를 통해 얻어지는 것이 아니라 생각도 없고 헤아림이 없어도 얻어진다는 것이다.

감과 응은 인간이 호흡하는 것처럼[20] 동전의 양면과 같다. 감이 있으면

응이 있고, 응이 있으면 다시 감이 된다. 이런 점에서 정이는 '굽었다가 폈다, 갔다가 오는 것[굴신왕래屈伸往來]'을 감응으로 파악하기도 한다. '굴신왕래'를 감응관계로 본다는 것은, '굴屈'은 느껴 편 것[감신感伸]이고 '신伸'은 느껴 굽는 것[감굴感屈]을 의미한다.[21] 주희는 해가 가면 달이 오는 것을 느끼고, 달이 가면 해가 오는 것을 느끼고, 추위가 가면 더위가 오는 것을 느끼고, 더위가 가면 추위가 오는 것을 느끼는 것이 무궁하다는 점에서 감응의 이치가 이와 같다고 말한다.[22] "감이 있으면 반드시 응이 있다[유감필유응有感必有應]"라는 것에 대해 주희는 천지 사이에는 감응의 이치가 아닌 것이 없는데, 천지의 두 기운에 의한 조화와 다양한 인간만사가 모두 이와 같다고 말한다. 구체적으로 한서와 주야를 비롯하여 한번은 죽고 한번은 사는 것, 한번은 나가고 한번은 들어가는 것, 한번은 가고 한번은 오는 것, 한번은 말하고 한번은 침묵하는 것 등이 모두 감응에 해당한다고 본다.[23] 이처럼 감응은 서로 다른 이질적인 요소의 상호 교감에 의해서 이루어지는데, 이상 말한 것은 자연의 변화와 관련된 기화론적 감응에 속한다.

이 밖에 감응한 것에는 선과 악이 있다고 한다. 이런 점에서 주희는 천지와 같은 공적인 마음을 가지고 개인의 사사로움을 극복하는 '마음에는 사사로운 것을 주인 삼는 것이 없다[심무사주心無私主]'라는 것에 의한 감통을 말한다.[24] 이처럼 감응하는 데 어떤 마음을 통해 감응하는 것이 옳은 것인지를 따지는 것은 윤리론적 감응론에 해당한다. 이런 점은 『주역』「중부괘中孚卦」 구이효에 나타난 감응과 감통지리에 잘 나타나 있는데, 이것에 대해 『주역』「계사전」에서는 다음과 같이 말한다.

> 우는 학이 그늘에 있거늘 그 새끼가 화답한다. 내게 좋은 벼슬이 있어 내가 너와 함께 얽힌다 하니, 공자가 말하기를 군자가 그 집에 있으면서 그 말을 낸 것이 선하면 천 리 밖에서 응하니, 하물며 그 가까운 곳에서랴! 그 집에 있으면서 그 말을 낸 것이 불선하면 천 리 밖에서 어기니, 하

> 물며 그 가까운 곳에서랴! 말이 몸에서 나와 백성에게 더하며, 행실이 가까운 곳에서 발해 먼 곳에서 나타나니, 언행은 군자의 지도리와 기틀이다. 지도리와 기틀이 영예로움과 욕됨의 주가 된다. 언행은 군자가 이것으로 천지를 움직이는 바가 되니 가히 삼가지 아니하랴.[25]

감응을 천지에까지 확장하되 그것을 교화론 및 윤리론 측면으로 이해하는 것이 『주역』 감응론의 특징인데, 사람이 선으로 감응하면 그것이 천지에까지 확장된다는 것은 이런 점을 단적으로 보여준다. 절재節齋 채씨蔡氏[채연蔡淵][26]는 만 가지 변화가 끝없는 것은 '감응' 이 두 가지 단서일 뿐이라 한다. 아울러 그 감응하는 주체가 되는 것은 마음인데, 언과 행은 그 마음의 감응이 소리와 행적으로 드러난 것으로, 언과 행은 감응의 추기가 된다고 본다.[27] 음양의 원리를 적용하면, 방에서 처해 있을 때는 음, 말을 한 것은 양이 된다.

이런 점을 예술적 시각에서 접근해 보자. 여기서 '언행'을 '예술'로 바꾸어 이해해도 아무런 문제가 없다. 즉 언과 행으로 드러난 감응이 일정한 형식, 리듬, 몸동작, 붓이란 도구를 통해 드러나면 '시', '악', '서', '무舞'가 된다는 것이다. 이런 사유에 대한 전환과 더불어 가장 중요한 것은 감응할 때의 감응자의 마음이 어떤 마음인가 하는 것이다.

> 역[대유괘大有卦]에 이르기를 "하늘로부터 돕는 자는 길하여 이롭지 않음이 없다" 하니 공자가 다음과 같이 말하였다. "우佑는 돕는 것이니, 하늘이 돕는 것은 순함이요, 사람이 돕는 것은 '신信'이다. '신'을 행하여 순함을 생각하고 또 어진이를 높인다. 이 때문에 하늘로부터 도와서 길하여 이롭지 않음이 없다"는 것이다.[28]

「대유괘」 가운데 상구효는 가장 위에 있는 효로서 변화에 해당한다. 그

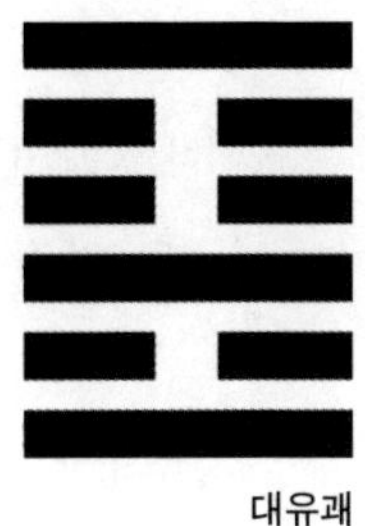
대유괘

러나 가장 위에 있어도 길하다는 것은 하늘이 돕기 때문이다. 즉 하늘과 인간이 교감하여 합일하는 관건은 성신誠信을 통한 '하늘에 따르고 도에 순응하는 것[합천순도合天順道]'이어야 한다.[29] 감응하는 주체가 심이라는 점에서는 감응하는 주체의 심의 '성신'과 관련된 선을 문제 삼는다. 결론적으로 말하면, 감통은 언행보다 큰 것이 없는데 이 언행의 주체인 인간의 '선심'이 문제가 된다는 것이다.[30] 이 같은 사유에서 출발한 감응과 감통의 결과물을 예술에 적용하면 그것은 유가의 윤리적 감응론의 예술론의 근거가 된다.

『주역』 감응론의 특징 중의 하나는 감응하기 이전의 상태를 강조한다는 것이다.

> 역은 생각함도 없고 인위적으로 함이 없어서[무사무위無思無爲], 고요하게 움직이지 않다가[적연부동寂然不動] 느껴서 드디어 천하의 일에 통하니, 천하의 지극히 신묘한 것이 아니면 그 누가 능히 이에 참여하리오.[31]

체용론 측면에서 봤을 때 '무사무위'는 역의 본체요, '유감유응有感有應'은 역의 작용이다.[32] 감응은 움직이거나 작용한 이후의 결과물인데, 동양 감응론의 특징 중의 하나는 '감응하기 이전의 상태'를 설정하고 있다는 것이다. 감응하기 이전의 '미발지중未發之中', '무위無爲', '무사無思', '무려無慮', '적연부동'과 같은 상태를 말하는 것이 바로 그것이다.

이처럼 감응하기 이전의 '미발의 적연부동'의 상태를 강조하는 것은 동양 감응론의 핵심이면서, 아울러 예술 창작할 때의 작가가 가져야 할 바람직한 마음상태와 매우 밀접한 관련을 갖는다. 여기서 도교 및 도가에서의 감응론은 어떠한지도 살펴볼 필요가 있다. 왜냐하면 동양예술은 유가는 물론 도교 및 도가의 영향을 받는데, 감응론에서 어떤 차이점을 보이는가 여부는 매우 중요하기 때문이다. 이런 점에서 도사로서 감응론에 대해 정치한 이해를 보이는 이도순의 감응론을 살펴보고자 한다. 이도순의 감응론은 『주역』의 감응론과 매우 유사한 점을 보인다.

> 지극히 고요하다가 통하고, 행하는 바가 없지만 이루어지고, 보지 않아도 아는 것은 역의 도가 감응한 것이다. 지극히 고요하다가 통하면 통하지 못하는 것이 없고, 행하는 바가 없지만 이루어지면 못할 바가 없고, 보지 않아도 알면 알지 못할 바가 없다. 한편 움직여서 느끼고 통하면 이를 통했다고 말하기에는 부족하고, 행한 후에 이루면 이를 이루었다 말하기에는 부족하며, 또한 본 후에 알면 이를 안다고 말하기에는 부족하다. 이 셋은 그 감응의 도에 있어서 아직 거리가 먼 것이다. 진실로 드러나기 전에 하고, 움직이기 전에 느끼고, 아직 싹이 나기 전에 본다면 이 셋은 서로 필요로 하여 나아가게 된다. 느끼는 바가 없으면 통하지 않고, 행하는 바가 없으면 응하지 않고, 머무르는 바가 없으면 이로움이 아니다. 이 도를 다한 것은 오직 안연顔淵[=안회顔回]뿐인가 하노라.[33]

이도순은 진정한 감응의 도와 그렇지 못한 감응의 도를 구별한다. 진정한 감응의 도는 일종의 '미발'에 해당하는 '아직 구체적 형태로 드러나지 않은 것으로서의 적연', '아직 움직이지 않은 것으로서의 무위', '아직 싹 트지 않은 것으로서의 불견不見'이란 상태에서 출발한 감응이다. 이런 점에 비해 '이발已發'에 해당하는 '동動', '위爲', '견見' 이후의 감응은 도를 구체적으로 드러낼 수 없다는 문제가 있다. 이에 이도순은 '덕을 증진시키고 업을 닦는[진덕수업進德修業]' 것을 통한 '자신을 바로[정기正己]' 한 감응을 주장한다.

> '덕을 증진시키고 업을 닦는 데'는 '자신을 바로 세우는 것'만한 것이 없

다. 나 하나를 바로 하면 바르게 되지 않는 바가 없다… 이렇기 때문에 '덕을 증진시키고 업을 닦는' 요체는 반드시 '자신을 바로 세우는 것'을 기초로 삼는다. 자신을 바로 세우고 사람을 대하면 그 사람 역시 바른 것으로 돌아오고, 자신을 바로 세우고 일을 처리하면 그 일 역시 바르게 돌아온다. 자신을 바로 세우고 사물에 응하면 그 사물 역시 바른 것으로 돌아온다. 오직 천하의 으뜸인 바름은 천하의 모든 변화와 통하게 해줄 수 있다. 이로써 자신을 바로 세움은 나아가고 닦음에 큰 쓰임이며, 성스러움에 들어가는 사다리라는 것을 안다.[34]

이상 본 바와 같이 이도순의 감응론은 『주역』에서 말하는 윤리론적 차원의 감응론과 일정 정도 공통점을 보인다. 『주역』과 이도순은 인간과 인간의 감응은 물론 인간과 자연[천지]의 감응, 자연[천]과 자연[지]의 교감을 통한 기화 감응론을 말하는데, 이런 감응론은 "부류로 서로 좇고[이류상종以類相從]", "같은 기운끼리는 서로 구하고[동기상구同氣相求]", "같은 소리는 서로 응한다[동성상응同聲相應]" 등을 다양한 측면에서 밝힌 것이다.

인간의 윤리성을 적용하여 윤리적 감응론을 주장하는 것은 유가와 도가가 큰 틀에서는 일정 정도 동일한 점이 있다.[35] 이런 윤리론적 감응론은 예술가가 예술을 창작하는 데에 어떤 마음상태에서 감응해야 하며, 아울러 그 감응을 어떻게 표현해야 하는지에 많은 영향을 준다. 이런 점을 『예기』「악기」에 나타난 심물교융의 감발미학을 통해 알아보되 특히 심물교융을 통해 말한 '성상설成象說'에 주목하여 살펴보기로 한다.

3

『예기』「악기」의 심물교융의 감발미학과 '성상설'

유가에서는 인간의 마음이 사물을 감한 이후에 드러나는 감응에 대해 윤리도덕 관점에서 접근한다. 『예기』「악기」에서 말하는 '언지言志', '미자美刺', '교화敎化' 등을 목적으로 하는 공리성에 근거한 윤리도덕 차원의 감물이론이 그것이다.[36] 종영鍾嶸은 『시품詩品』「서序」에서 "기가 사물을 움직이고, 사물이 사람을 느끼게 한다. 그러므로 성정을 요동하고 움직인 것은 춤과 읊조림에 나타난다"라는[37] 감발론을 전개한 적이 있다. 『예기』「악기」에서는 이 같은 사유를 다음과 같이 말하고 있다.

> 대개 음의 발생은 인심人心으로 말미암아 생긴다. 인심의 움직임은 외물外物이 그렇게 만들어서이다. 인심이 외물에 느껴 움직이면 소리로 드러나고, 소리가 서로 호응하여 변화를 낳고, 그 변화가 문장을 이루면 그것을 음이라고 한다.[38]

> 악樂은 음이 말미암아 발생한 것으로, 그 근본은 인간의 마음이 외물에 느낌을 받은 것에 있다. 그래서 서러운 마음을 느낄 때 그 소리는 불안초조하고 쉽게 쇠약해지며, 즐거운 마음을 느낄 때 그 소리는 남김없이 터지고 느긋하며, 기쁜 마음을 느낄 때 그 소리는 한껏 피어오르고 퍼져가며, 성난 마음을 느낄 때 그 소리는 거칠고 사나우며, 공경하는 마음을 느낄 때 그 소리는 온화하고 부드럽다. 이 여섯 가지는 본성이 아니라 인간의 마음이 외물에 느낌을 받은 뒤에 움직인 것이다.[39]

본성이 아닌 것으로 여겨진 '애심哀心', '락심樂心', '희심喜心', '노심怒心', '경심敬心', '애심愛心'은 인간의 마음이 외물에 느낌을 받은 이후에 나타난 결과물로서, 현상적 측면에서의 감발미학을 구체적으로 말해주는 것에 속한다. 진호陳灝는 이 여섯 가지를 허령虛靈하고 어둡지 않은 인간의 마음이 감통感通한 결과물로 여긴다.[40] 손희단孫希旦은 '소리'에 대해 '이류상응以類相應'한 것으로 여긴다.[41] 유가에서는 이런 감발을 다스림의 도와 연계하여 이해하는 특징을 보인다.[42] 이런 점에서 '감발 이전의 마음가짐'과 '감발하게 하는 기운' 및 '감발 이후의 마음 드러냄의 상태'를 문제 삼는다.

> 간사한 소리가 사람을 감동시키면 거슬리는 기가 응하고, 거슬리는 기가 '상을 이루면[成象]' 음일淫佚한 악이 일어난다. 바른 소리가 사람을 감동시키면 순한 기가 응하고, 순한 기가 '상을 이루면' 조화로운 음악이 일어난다. 부르고 화답하며 응하고, 어그러지고 사벽하며 굽고 곧음이 저마다 제 분한分限으로 돌아가니 만물의 이치는 '각각 무리로 서로 감동한다'. 그래서 군자는 정을 되돌이켜 뜻을 화해롭게 하고, 무리를 견주어 행실을 이루어 간사한 소리와 어지러운 색이 총명을 가리지 않게 하고, '음일한 악과 사특한 예'가 심술에 닿지 않게 하고, 태만하고 사벽한 기가 몸에 베풀어지지 않게 하여 귀·눈·코·입·심기·온몸 등이 모두 순응하고 올바른 것에 말미암게 하여 '의리'를 행하도록 하였다.[43]

감응미학의 핵심이 되는 '성상'이론과 '이류상동以類相動' 이론을 적용해 간사한 소리에 의한 '성상'과 바른 소리에 의한 '성상'의 서로 다른 효용성이 있음을 말하고 있다. '음일한 악과 사특한 예가 심술에 닿지 않게 하라[음악특례淫樂慝禮, 불접심술不接心術]'는 것은 부정적인 감발이 갖는 문제점을 지적한 것에 해당한다. 이런 점이 있기 때문에 결론적으로는 순응하고 올바른 것을 담고 있는 '바른 소리'를 통해 '의리'를 실천할 것을 강조하는

데, 이것은 감발론의 윤리적 적용에 해당한다. 간사한 소리에 의한 '성상'과 바른 소리에 의한 '성상'은 아래에서 말하는 『예기』「악기」의 감발이 사회적으로 어떤 영향력을 끼치는 것과 밀접한 관련이 있다.

> 사람이 태어나면서 고요한 것은 하늘의 성이며[인생이정, 천지성야人生而靜, 天之性也], 외물에 느껴서 움직인 것은 '본성의 욕망'이다. 외물이 다가오자 마음이 알게 되고, 그런 뒤에 좋아하고 싫어함이 나타난다. 안에서 좋아하고 싫어함이 절제되지 않고, 밖에서 마음이 유혹당하여 '제 몸을 돌이킬 수 없으면[반궁反躬]' 천리가 사라진다. 외물이 사람을 끊임없이 감각시키고 사람의 좋아하고 싫어함에 절제가 없으면 곧 외물이 이르렀을 때 사람은 외물에 의해 변화되고 만다. 사람이 외물에 의해 변화됨은 '천리를 잃고 인욕을 다하는 것'이다. 그래서 패역하고 사기 치는 마음을 먹고 음일하고 난을 일으키는 일을 저지르게 된다. 그 결과 강자는 약자를 으르고, 다수는 소수에게 횡포를 부리고, 잔꾀가 있는 자는 우둔한 자를 속이고, 사나운 자는 겁 있는 자를 괴롭히고, 병든 자는 보살핌을 받지 못하고, 늙거나 어린 자, 부모가 없거나 자식이 없는 자도 부양받지 못한다. 이것은 대란으로 가는 길이다.[44]

『예기』「악기」에서는 감응하는 주체의 마음을 미발未發의 천성으로 이해하지만, 감응 이후에 대해서는 긍정적 감응과 부정적 감응으로 이해한다. 이런 점에서 『예기』「악기」에서는 감물 이후의 과정을 '선악'과 관련지어 이해하고, 아울러 절제되지 않은 감정 드러냄은 '대란을 일으키는 원인'으로 본다. 이것은 감발론의 정치 윤리적 적용이면서 '성상'에 대한 구체적인 이해에 해당한다. 주희는 미감未感일 경우의 순수하면서 지극히 선하고 만 가지 이치를 갖춘 것을 '성性'으로 본다. 그리고 마음이 감물한 이후의 '본성의 욕망[性之欲]'을 '정情'으로 보면서, 이 정에는 '선악'의 구분이 담겨 있음을 말한다. 인간이 호오를 제대로 절제하지 못한 상태에서 형성된 물화物化적 감발은 인욕의 드러남이다. 이런 점에서 주희는 감발 이후에 자신의 성선의 처음을 회복하는 '복초復初'와 '존천리存天理, 거인욕去人欲'을 실현하는 '반궁反躬'의 수양미학을 요구하는데,[45] 이것도 감응론의 윤리적 이해를 보여주면서 궁극적으로는 순한 기가 '상을 이루면' 조화로운 음악이 일어난다는 점을 밝힌 것이다.

그런데 "인생이정, 천지성야"라는 동일한 사유에서 출발해도 그 이후에 발생하는 감응에 대한 이해는 유가와 도가가 조금 다르다. 『회남자』 「원도훈」에서는 '외물이 다가온[물지物至]' 이후의 상태를 '신응神應'이라고 본다.

> 사람이 태어나면서부터 고요한 것은 하늘로부터 받은 성이다. 느낀 뒤에 반응하는 것은 천성이 상한 것이다. 외물이 이르러 신이 응하는 것은 앎이 움직인 것이다. 앎과 외물이 접하면 좋아하고 싫어함이 생긴다. 좋아하고 싫어함이 나타남을 이루고 앎이 밖에 있는 것에 유혹되면 '자기에게 되돌아오지[반기反己]' 못하고 천리가 없어진다.[46]

『예기』 「악기」의 '반궁'과 『회남자』 「원도훈」의 '반기'는 같은 듯하지만 추구하는 바는 일정 정도 다른 점이 있다. 즉 『예기』 「악기」의 '반궁'이 "존천리, 거인욕" 실현을 목표로 한 '반궁'이라면, 『회남자』 「원도훈」의 '반기'는 천리와 인욕이란 틀에서 접근하지 않고 안으로 '실정失情'하지 않는 것에 초점을 맞추고 있기 때문이다. 아울러 주희가 '복초'할 것을 말한다면, 회남자는 '달도達道'를 통해 장자가 말한 '인간의 인위성으로 자연본성을 없애는 것[이인멸천以人滅天]'을 하지 말 것을 말하여 그 차이점을 드러낸다. 이같이 지향점이 다른 것은 추구하는 미학과 예술경지의 다른 점으로 나타난다. 즉 감응한 이후를 예술 차원으로 표현할 때 어떤 내용을 담아내야 할 것인가 하는 것이 달라진다는 것이다. 예를 들면, 유가는 윤리 도덕 차원의 수양된 인간의 삶과 모습을, 도가는 자신의 본성을 잃지 않는 진정성을 담아내야 한다는 차이점으로 나타난다. 하지만 감응자의 '윤리성'을 강조하는 것은 공통적이다.

『중용』에서는 중화를 말하는데, 이도순은 도교적 관점에서 이런 점을 감응이론에 적용하여 이해하기도 한다.

> 『예기』「중용」에서 이르길, "기쁨과 노함, 슬픔과 즐거움이 아직 드러나지 않음을 중이라고, 그것이 드러나 모두 절도에 들어맞는 것을 화라 한다"고 하였다. 아직 드러나지 않음은 고요하고 안정한 가운데에 존재하는 것을 신중히 하는 것을 말한다. 그러므로 '중'이라고 말한다. 존재하나 체가 없으므로 천하의 큰 근본이라고 이른다. 드러나서 절도에 맞는다는 것은 움직일 때 그 드러나는 바를 신중히 한다는 것을 말한다. 그러므로 '화'라 한다. 진실로 자기 한 몸이 중화에 이르면 본연의 체가 텅 비어 신령하고, 고요하되 깨달음이 있으면 움직이되 바르다. 그러므로 천하의 무궁한 변화에 다 응할 수 있다. 노자가 말하길 사람이 항상 맑고 고요할 수 있으면 하늘과 땅이 모두 사람에게 돌아와 갖추어진다고 하였는데, 이 말은 자사子思가 이른바 "중화를 끝까지 미루어가면 천지가 제자리에 바로 서고 만물이 길러진다"라는 말과 같은 뜻이다. 중과 화는 감응하여 통하는 묘한 작용이고, 적절하게 반응하고 변통하는 추기樞機가 되니, 『주역』에서 말하는 만물을 낳아서 기르고 흘러 행하는 것은 '한 번은 움직이고 한 번은 고요하다'라는 온전한 체이다.[47]

이도순이 『중용』에서 말하는 '중'과 '화'를 감응론 차원에서 감하여 통하는 묘용妙用과 응하여 변하는 추기로 규정하는 것은 '미발'과 '이발'을 각각 감응론에 적용하여 이해한 것이다. 일종의 '중화 감응론'을 말한 것인데, 이도순은 그것을 수양론으로 연결하여 말한다. 여기서 "고요하고 안정한 가운데에 존재한 것을 신중히 하는 것"이란 『대학』과 『중용』에서 말하는 '신독愼獨'과 '근독謹獨'을 연상케 한다. 윤리론적 차원에서 볼 때 이도순이 말한 감응론도 유가에서 말한 감응론과 큰 차이를 보이지 않는다.

기화론에 입각한 천지감응론이 인간과 사물의 관계에 적용되었을 경우 심물교융의 감발론으로 나타나곤 하는데, 『예기』 「악기」의 감발론은 그 하나의 예에 해당한다. 감발론은 인간의 마음이 사물과 접했을 때 어떤 식으로 반응하는지를 말해주는 것인데, 『예기』 악기에서는 "그 감발한 것이 거슬리는 기가 상을 이루면 음일한 악이 일어난다"라는 것과 "순한 기가 상을 이루면 조화로운 음악이 일어난다"라는 '성상설'을 통해 전개한다. 아울러 특히 감발하는 주체의 감발 이전의 마음상태를 문제 삼는 특징을 보인다. 이상 논한 『주역』과 『예기』 「악기」 등에 나타난 '상'자를 중심으로 본 감응론, 감발론은 동양예술이 무엇을 어떻게 표현해야 할 것인지에 대한 근본적인 답의 하나를 제공한다. 이런 점을 구체적으로 서화이론에 나타난 '취상', '입상', '미상'의 감응미학을 통해 알아보기로 한다.

4
-
'취상取象', '입상立象', '미상味象'을 통해 본 감응미학

주관과 객관의 통일에서 출발하는 감응미학에서의 미는 주관과 객관이 통일된 것이다. 장자가 "천지에 대미가 있다[천지유대미天地有大美]"라는 것을 말하지만 인간이 그것을 예술적으로 표현하려면 천지의 대미를 어떻게 체득하고 표현할 것인가가 문제가 된다. 이런 점에 대해 동양예술에서는 전통적으로 '하늘과 땅 및 자연에 존재하는 사물을 보고 상을 취한다[관물취상觀物取象]' 등과 같은 감응의 결과로서의 '상象의 예술화'를 꾀한다. 즉 『주역』의 '관물취상설'과 '입상진의설立象盡意說', 『예기』 「악기」의 감물에 의한 '성상설成象說', 종병宗炳의 '마음을 맑게 하고 상을 음미한다[징회미상澄懷味象]'의 '미상설味象說' 등은 감응에 의한 예술론의 기초가 된다.[48]

동양예술의 발생론을 형이상적 측면에서 접근하면 거의 대부분 『주역』의 태극음양론과 하도낙서론河圖洛書論에서 출발한다.[49] 『주역』은 위에서 본 바와 같이 감응론과 관련된 많은 예시를 제공하며, 그 감응론은 동양예술론의 출발점이 되는데 '관물취상설'은 이런 점을 상징한다. 『주역』에서 말하는 '상'은 동일한 성질을 가진 것을 부류별로 나눈 것에 해당하는데, 그 동일한 성질로 나뉜 부류는 서로 감응한다고 본다.

> 이런 까닭으로 무릇 '상'은 성인이 천하의 뒤섞인 것을 보아서 그 형용을 비기며 그 물건의 마땅함을 형상한다. 그러므로 '상'이라 한다.[50]

성인이 '합천순도合天順道'를 통해 말한 감응, 감통의 결과는 『주역』에서는 괘상으로 나타난다.

> 이 까닭에 하늘이 신성한 물건을 냄에 성인이 '법하며[칙則]', 천지가 변화함에 성인이 본받으며[효效], 하늘이 형상을 드리워서 길흉을 나타냄에 성인이 형상하며[상象], 하수에서 하도가 나오고, 낙수에서 낙서가 나옴에 성인이 법[칙則]한다.[51]

성인이 자신의 눈앞에 펼쳐진 천지의 작용에 의해 드러난 '신물神物', '변화變化', '수상垂象'한 것을 '칙則', '효效', '상象'한 것은 모두 감응한 결과

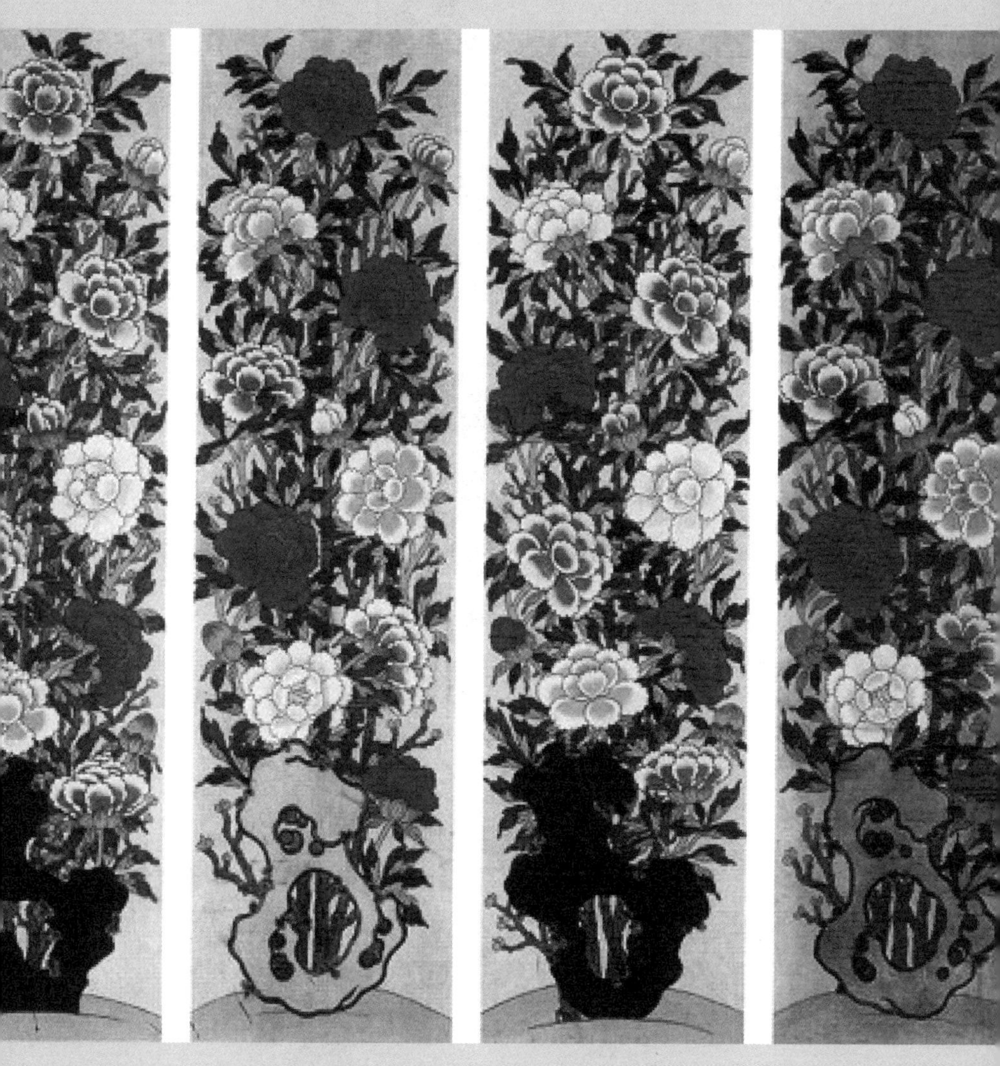

〈궁모란대병도〉(8폭 병풍, 부분)

'화왕花王'이라 불리는 모란은 당나라 양귀비楊貴妃[양옥환楊玉環]가 좋아했던 꽃으로 부귀를 상징한다. 궁중의 공식적인 잔치에서 사용되었던 모란대병의 활짝 핀 꽃송이가 왕을 상징하는 숫자인 '아홉' 개인 것은 왕이 거처하는 궁궐의 행사와 관련이 있다.

물이다. 이런 사유를 좀 더 구체적으로 말하고 있는 것이 이른바 '관물취상설'이다.

> 역은 천지와 더불어 기준을 한다. 그러므로 능히 천지의 도를 얽어 짜놓을 수 있다. 우러러서는 천문을 보고, 구부려서는 지리를 살핀다. 이런 까닭에 그윽하고 밝은 연고를 알며, 처음을 근원으로 하고 마침으로 돌아간다. 그러므로 죽고 사는 도리를 안다. 정기가 물건이 되고 혼이 놀아서 변화가 된다. 이런 까닭에 음양의 변화인 귀신의 정상을 안다.[52]

> 옛날에 포희씨가 천하의 왕이 되었을 때에 우러러서는 하늘의 형상을 보고, 구부려서는 땅의 법을 보며, 새와 짐승의 무늬와 땅의 마땅함을 보며, 가까이로는 몸에서 취하고 멀리로는 물건에서 취하니, 이에 비로소 팔괘를 지음으로써 신명의 덕을 통하고 만물의 실정을 분류하였다.[53]

'우러러 하늘을 살피고 굽어 땅을 살핀다[앙천부지仰天俯地]'라는 것을 통해 얻은 결과물인 팔괘를 통해 '신명의 덕을 통하고 만물의 실정을 분류하였다'는 것은 모두 천인합일을 통한 감응의 결과다. 천인합일의 사유에서 출발하여 신명의 덕을 통하고 만물의 실정을 분류한 것은 예술가가 구체적으로 하나의 형상을 예술적으로 표현하기 전에 체득해야 하는 조건에 해당한다. 이런 '관물취상설'은 '입상진의설'로 나타나는데, 이 같은 '입상진의설'도 감응미학에 의한 예술창작의 출발점이 된다.

> 공자가 말하기를 글로는 말을 다하지 못하며, 말로는 뜻을 다하지 못하니, 그렇다면 성인의 뜻을 아마도 볼 수 없다는 것인가? 성인이 상을 세움[입상立象]으로써 뜻을 다하고, 괘를 베풂[설괘說卦]으로써 참과 거짓됨을 다하며, 말을 매어놓음[계사繫辭]으로써 그 말을 다하고, 변하고 통함

[변통變通]으로써 이로움을 다하며, 두드리고 춤추는 것[고무鼓舞]으로써 신묘함을 다하느니라.[54]

여기서 '입상立象', '설괘說卦', '계사繫辭', '변통變通', '고무鼓舞'는 인간이 우주대자연과 감응할 수 있는 매개체가 되면서 아울러 다양한 예술이 성립하는 근간이 된다. 관물취상의 결과로서의 '입상'과 '설괘'는 회화, 일음일양의 '변통'은 서예, '계사'는 철학과 문학, '고무'는 무용 등에 적용될 수 있다는 것이다. 유희재劉熙載가 서예발생론을 "성인이 역을 지어 상을 세움으로써 뜻을 다하였다. '뜻'은 선천으로 서예의 근본이다. '상'은 후천으로서, 서예의 작용이다"라고 하여 서예를 천지교감의 감응의 결과인 입상이진의立象以盡意의 결과물로 이해하는 것은 이런 점을 잘 보여준다.[55]

이상 천인합일에 의한 감응을 말할 수 있는 것은 기본적으로 천지만물일체 사상이 깔려 있기 때문이다. 맹자가 "만물의 이치가 나에게 모두 구비되어 있다"[56]라는 것을 말하고, 『장자』「제물론」에서는 "천지는 나와 더불어 낳고 만물은 나와 더불어 하나다"[57]라는 것을 말하고, 『중용』 1장에서 "중화를 끝까지 미루어가면 천지가 제자리에 바로 서고 만물이 길러진다"라는[58] 것이 가능한 것도 기氣에 의한 천지만물일체사상이[59] 깔려 있기 때문이다. 왕양명은 "마음에는 체가 없다. 천지만물이 감응하는 옳고 그른 것으로 체를 삼는다"[60]라는 것을 말하기도 한다. 천지만물일체사상에서 출발할 때 자연은 단순히 자연으로만 존재하는 것이 아니라 나와 합일이 되는 자연, 나와 동일한 차원의 자연이 된다. 이런 이해는 감응의 미학적 이해에 해당한다. 이제 이런 점을 구체적인 서화이론을 통해 알아보자.

석도는 『화어록』「산천장」에서 "산천은 나를 탈태시켰고, 나는 산천에서 탈태하였다. 기이한 봉우리를 다 찾아내서 초고를 그려놓으니 산천과 나의 '정신이 만나게 되어[신우神遇]' 형적이 변화하게 되었다"[61]라는 것

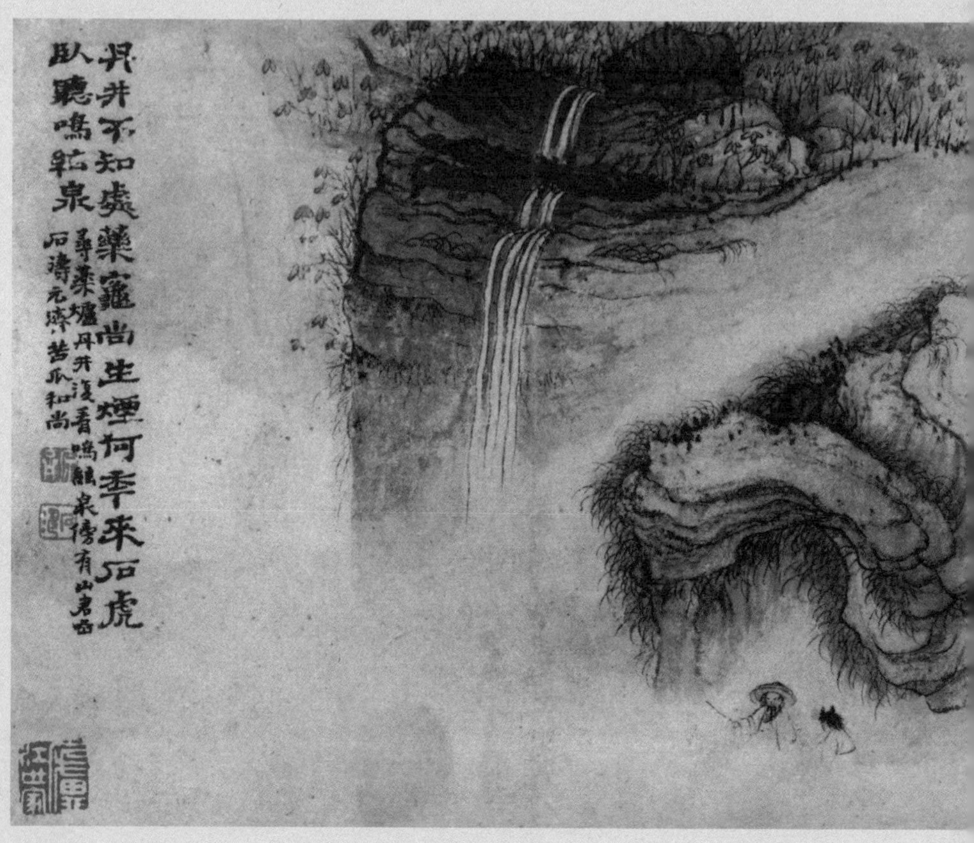

석도石濤, 〈황산팔승화책黃山八勝畵冊〉

화제: "丹井不知處, 藥竈尚生煙, 何年來石虎, 臥聽鳴絃泉"

"황산은 나의 스승이고, 나는 황산의 친구다[黃山是我師, 我是黃山友]"라고 한 석도의 말을 잘 입증하는 그림이다.

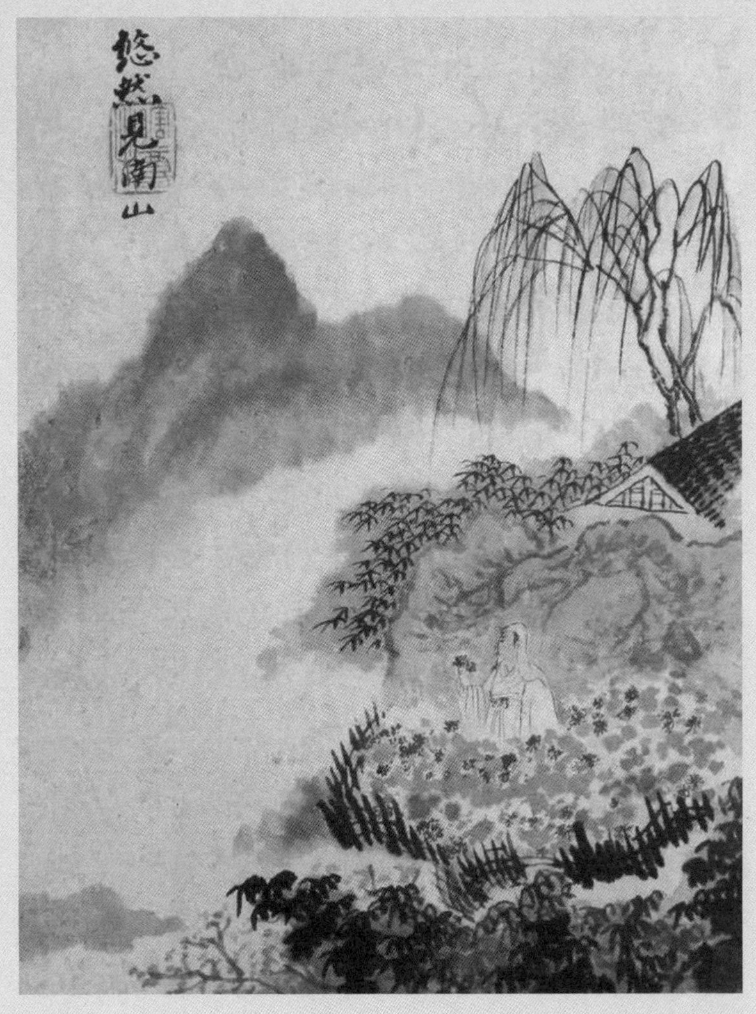

석도石濤, 〈도연명시의도陶淵明詩意圖〉

석도가 도연명의 「음주飮酒」 5수 중 "채국동리하採菊東籬下, 유연견남산悠然見南山"에서 '유연견남산'을 그린 것이다. 도연명은 「오류선생전五柳先生傳」을 지어 자신의 삶을 글에 우의寓意한 적이 있다. 버드나무와 국화가 있는 집에서 도연명은 갈건을 쓰고 손에 국화를 들고 있다.

을 말한 적이 있다. 석도가 말하는 '신우'는 주체의 신과 객체의 신이 감응한다는 것을 의미한다.[62] 즉 주체의 신과 객체의 신이 심미과정 중에서 서로 삼투하면서 융합한 것이 "산천은 나를 탈태시켰고, 나는 산천에서 탈태하였다"라는 것이다. 이와 유사한 사유를 보이는 것은 당지계唐志契가 "무릇 산수를 그리는 가장 중요한 것은 산수의 정성을 얻는 것이다… 산수의 본성은 즉 나의 본성이고, 사물의 정은 즉 나의 정이다"[63]라는 것과 유희재가 당대 장욱의 초서가 아름다운 이유로 '무아無我'와 '만물로 자신을 삼은 것'에 있다고 한 것 등이다.[64]

석도는 이 같은 감응론을 실제 예술창작에 적용한다. 『화어록』에서 '일획론'을 주장하고 '일一'자를 써서 회화창작과 관련해 제기되는 대립하는 쌍방을 통일하고자 한다. 예를 들면, 석도는 구체적으로 사물을 하나하나 분별하여 판단하는 능력, 혹은 이전의 회화 전통에 대한 학식으로서 '식識'과 직각적인 감수感受 혹은 화가 본인이 갖고 있는 심의 회화에 대한 지배 작용으로서 '수受'의 선차성과 관련해 '존수尊受'를 말하면서 궁극적으로는 '수'와 '식'의 통일을 말하는데, 그 사유의 핵심은 주체로서의 화가가 객체로서의 산천에 대한 감응의 통일을 말하는 것이다.[65] 이처럼 인간이 천지만물과 하나되면 인간의 예술적 감정과 자연경물이 자연스럽게 융합이 되는 정경교융情景交融이 가능하게 된다.

중국 고대의 철인들은 자연산수를 영성靈聖이 있는 생명현상으로 보았다.[66] 이런 점에서 주체와 객체, 인간과 자연산수는 서로 연결되어 있고 아울러 감응하고 교류하는 관계를 가진다고 여겼다. 종병은 「화산수서畵山水序」에서 "성인은 도를 머금고[함도含道], 그 머금은 도를 사물에 비춘다. 현인은 마음을 맑게 하고 드러난 상을 음미한다[미상味象]"[67]라는 것을 말한다. 여기서 '함도'와 '미상'은 자연과의 합일 및 감응을 의미한다. 이런 점에서 종병은 산수는 '(산수山水라는) 형태로써 도를 아름답게 하는 것[이형미도以形媚道]'이라 여겼다.[68] 우세남虞世南은 『필수론筆髓論』「묘계契妙」에서

서도에 대한 참된 인식과 관련해 '정신으로 만나는 것[神遇]'과 '마음으로 깨닫는 것[심오心悟]'을 통한 자연스러운 감응을 말하고 있다.

> 서도는 현묘하니, 반드시 '신우'를 바탕으로 해야지 억지로 구해서는 안 된다. 기교機巧는 반드시 '심오'해야지 눈으로 취해서는 안 된다.[69]

우세남이 '계묘契妙'라고 할 때의 '계契'도 감응을 의미한다. 여기서 이 도를 감응하는 인간이 어떤 마음상태에서 감응할 때 바람직한 것인가 하는 점이 문제가 된다. 이런 점에서 우세남은 '보고 듣는 것을 거두고 되돌리는 것[수시반청收視反聽]'과 '사려를 끊고 정신을 모으는 것[절려응신絶慮凝神]'을 말하면서 '정신이 응하고 사려가 투철해지는 것[신응사철神應思徹]'을 말한다.[70] 장회관은 마음을 고요히 하면서 현묘하게 비춘다[명심현조冥心玄照]라는 것과 '눈을 감아 마음을 고요히 한 다음 밝게 사물을 본다[폐목심시閉目審視]'라는 것을 통한 도에 대한 깨달음을 말한다.

> 스스로 마음을 조용하게 하여 현묘하게 비추지 않고, 눈을 닫고 자세히 보지 않으면 모두 깨달을 수 없으니, 마음으로 합치될 수는 있어도 말이나 개념으로 이를 펼칠 수는 없다.[71]

이상 본 바와 같이 감응은 실질적인 예술창작을 할 때는 물론 예술창작 이전의 마음상태와 관련이 있다. 예술가가 하나의 사물을 기교를 통해 표현한다는 것은 기본적으로는 '상'을 표현한다는 것인데, 그 '상'은 천도에 합하고 순응한 감응의 결과물이다. 이런 점에서 '상'을 어떻게 예술적으로 표현할 것인가에 대해 그 상을 맛보고[미상味象], 그 상을 작가의 정신으로 만나거나 정신으로 응하고, 마음으로 깨달을 것을 요구하는데, 더 근본적으로는 자연과 인간이 하나가 되어 간극이 없는 천지만물일체의 경지에

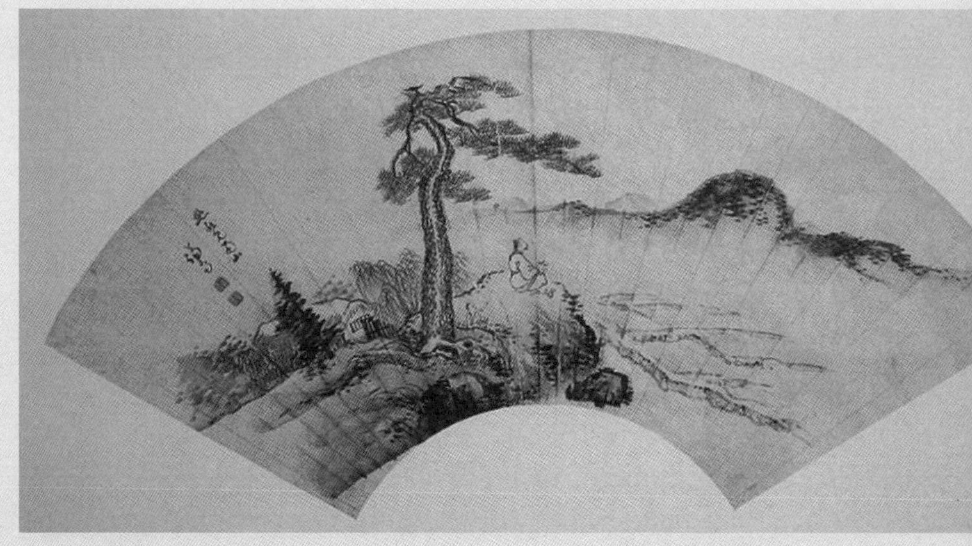

정선鄭敾, 〈유연견남산도悠然見南山圖〉
버드나무도 보이지만 소나무가 유난히 강조돼 있다. 도연명은 국화와 더불어 소나무를 매우 좋아하였는데, 이때 소나무는 바로 그 자신이다.

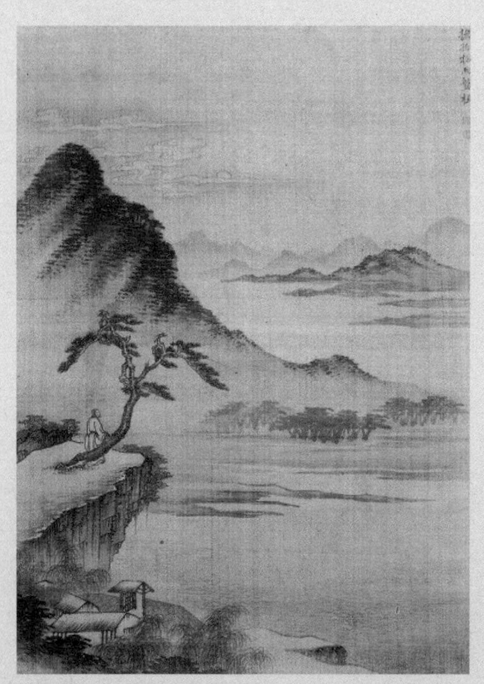

정선鄭敾, 〈무고송이반환도撫孤松而盤桓圖〉
애당초 척박한 곳에 뿌리 내린 소나무는 힘들게 자랐지만, 이제 죽 뻗어 낙락장송落落長松처럼 자라난 형상이다. 소나무를 군자에 비유한다면, 구부러진 형상은 군자의 시련을 상징한다. 날은 저무는데 도연명이 집에 가지 않고 소나무 주위를 맴돌며 쓰다듬는 까닭은 이 소나무를 자신이 살아왔던 '고궁절'의 삶과 동일시하기 때문이다. 『귀거래사』의 '무고송이반환撫孤松而盤桓'이란 말은 유명하다.

오를 것을 요구한다. 천지만물일체가 되면 자연경물과 나는 자연스럽게 하나가 되고 정경융합이 이루어지게 되기 때문이다. 이 같은 정경융합은 감응론의 예술적 적용에 해당한다고 할 수 있다.

5
-
나오는 말

감응론은 인간과 인간은 물론 자연, 인간과 자연의 유기적 관계성을 말해준다. 이런 감응론은 천인합일, 천지만물일체사상에서 출발한다. 감응론에서의 기화론적 우주론은 음양의 관계에 주로 나타난다. 즉 음과 양의 변화에 의한 천지자연의 변화는 음과 양의 교접과 감응에 의해 일어난 결과다. 그것은 자연현상과 인간의 삶에서는 구체적으로 "부류로 서로 좇고", "같은 기운끼리는 서로 구하고", "같은 소리는 서로 응한다"는 것으로 나타난다.

이런 감응론은 인간의 마음이 사물과 접하는 상황에서는 감발론으로 나타난다. 감발론에서는 감발하기 이전의 마음상태를 문제 삼는다. 먼저 '적연부동'이나 '무사무려', '미발지중'의 정靜을 요구하고, 아울러 '이발已發'했을 때의 긍정적 측면과 관련해 '미발未發'에서의 선의 상태도 요구한다. 이런 감발론은 윤리적 감발론에 해당한다. 이런 윤리론적 감응, 감발에 대한 이해는 예술창작에서 창작자가 천지대자연의 오묘한 이치를 체득하는 데에도 그대로 적용된다.

인간의 친지자연에 대한 감응의 결과는 '상'자를 통해 요약된다. 이른바 『주역』의 '관물취상설', '입상진의설' 등과 같은 것이 그것이다. 이런 사유에서 출발하여 실제 예술창작과 관련할 때는 작가가 이 '상'을 체득하고 그 체득한 것을 아름답게 표현할 것을 요구한다. 아울러 천지대자연의 도리 및 이치가 담겨 있는 '상'에 대한 체득의 방법으로 '미상', '신우', '심오心悟'할 것을 제시한다. 즉 '상'을 통한 인간과 자연의 합일인 심물교융, 정경융합을 요구한다. 이 같은 심물교융이나 정경융합은 인간과 천지만물의 일체라는 틀에서 출발한 감응일 때 더욱 의미가 있게 된다.

이상 본 바와 같이 기화론적 음양감응론 및 감정 드러냄의 적절성을 논한 결과물은 '상'자를 통해 표현되었고, 이 같은 '상'자를 통한 천지대자연의 이법 및 변화에 대한 체득은 예술을 창작할 때 바람직한 마음가짐이란 무엇이며, 아울러 예술이 무엇을 어떻게 표현해야 하는가에 대한 근본적인 사유의 하나로 자리매김된 것을 확인할 수 있다.

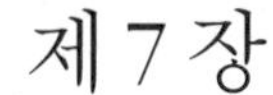

제 7 장

품론을 통해 작품의 우열을 가리다

신품과 일품에 함께 이르고자 하는 것은
두루 돌아다니는 것에 불과하다.[당대]

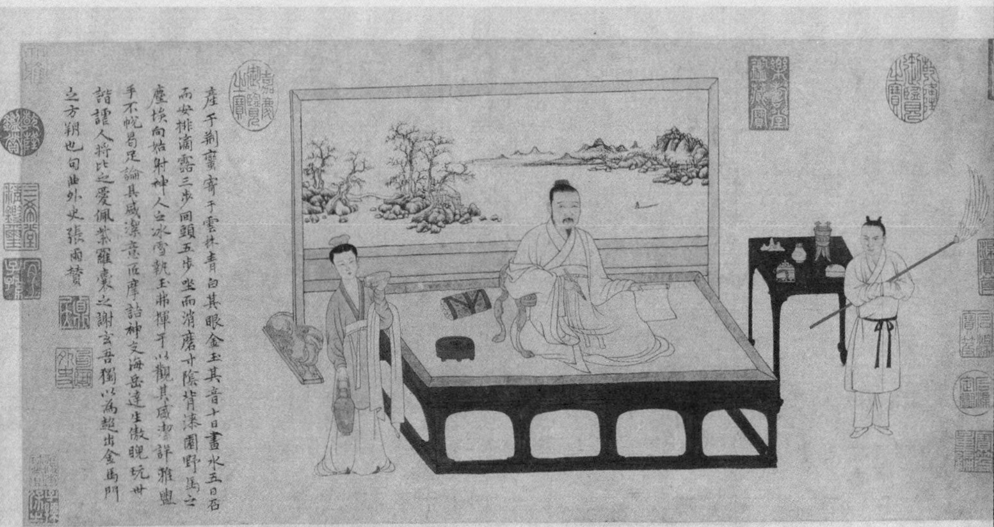

장우張雨, 〈장우제찬본예찬상張雨題贊本倪瓚像〉, 국립고궁박물원 소장
그림 속에 예찬 화풍의 그림이 있는 '그림 속의 그림'에 속한다. 예찬과 친했던 장우의 찬문이 실려 있는데, 예찬의 성품을 "달생오예達生傲睨, 완세해학玩世諧謔"이라 하고, 아울러 동방삭東方朔보다 더 현명하다고 한다. 평소 예찬의 견결狷潔한 삶과 성품이 잘 표현된 그림이다. 좌측에 물병과 수건을 들고 있는 시녀의 오른쪽 어깨 기울은 오랫동안 그 자세로 있었음을 말해주고, 빗자루를 들고 누가 먼지라도 떨어뜨리는가 긴장된 상태로 주시하는 시동의 형상은 모두 예찬의 결벽증을 상징한다. 이런 긴장된 상황과 대비된 막 떠오르는 시상을 붓으로 쓰고자 하는 예찬의 모습은 감상자에게 웃음 짓게 한다.

1

들어가는 말

서양예술과 대비되는 중국 서, 화, 인印 예술의 특징 중 하나를 꼽으라면, 다양한 품론品論을 통해 예술창작 경향성과 예술 풍격風格을 이해한다는 점이다. '품品을 논하는 것'은 작가가 지향한 품격의 우열을 가리는 것인데,[1] 그것은 일단 예술창작에서의 기교를 어떤 관점에서 보느냐와 관련이 있다. 한 걸음 더 나아가 '기교'와 '도道'의 관계를 어떻게 규정하느냐, 예술을 통해 궁극적으로 지향하는 경지가 무엇이고, 기교 이외의 요소인 예술가의 인품, 학식, 삶의 역정 등을 어떤 관점에서 이해하는지와 관련이 있다.

송대 이후 중국 서, 화, 인에서는 거의 대부분 일품逸品, 신품神品, 묘품妙品, 능품能品을 논하는데, 특히 일품에 주목할 필요가 있다. 서, 화, 인의 품론 가운데 시대와 인물에 따라 차이점을 보이지만, 문인사대부들의 경우 이상적인 경지로 일품을 꼽는 경우가 많기 때문이다. '일逸'자에는 '도둔逃遁', '은일隱逸', '방종放縱', '초절超絕' 등의 의미가 있는데, '일'자는 예술뿐만 아니라 다양한 측면에서 적용된다. 공자는 은일적 삶을 산 인물들을 자신의 삶과 비교하여 말한 적이 있다.[2] 갈홍은 『포박자抱朴子』(외편)에서 은일적 삶을 사는 인물들의 삶을 자세히 묘사하고 있다.[3] 유소劉劭는 『인물지人物志』에서 중화를 중심으로 한 인물에 대한 품평과 감식을 논하고, 인간의 재성才性에 대한 우열을 가린 적이 있다.[4] 여기서 주목하는 것은, 미학적 차원에서 거론되는 자유로운 심령 및 창작경향성과 관련된 '일'이다. 머우종산牟宗三은 『재성여현리才性與玄理』에서 '일逸'은 통상적通常的인 것에서 벗어난다는 점에서 '리離'라고 한다. 아울러 풍류를 통한 성정性情 해방과 자유자재로운 삶을 영위하면서 창조성을 드러낸 위진명사魏晉名士를 일기逸氣의 관점에서 평가한다. 결론적으로 일자逸者들이 하는 말은 청언淸言이고 그들이 행한 담론談論을 청담淸談이라 한다.[5] '일'은 삶의 방식으로는 은거, 은일을 의미한다. 그것은 일종의 자유로운 생활방식과 정신경지로서, 세속적인 규범이나 속박에서 벗어난 '초범탈속超凡脫俗'인 자유로운 삶이다.[6] '일'의 이 같은 사유는 자연스럽게 중국의 서, 화, 인 예술에 삼투하게 된다.

송대 주장문朱長文은 『속서단續書斷』「품서론品書論」에서 기존의 유견오庾肩吾, 이사진李嗣真, 장회관 등이 행한 품론을 평가하는데,[7] 특히 장회관의 품론은 '성신聖神의 신', '도묘道妙의 묘', '현능賢能의 능'을 제대로 밝히지 못했다고 비판하면서 자신이 생각하는 신, 묘, 능 삼품을 말한다. 이런 점은 품론이 시대와 인물에 따라 다르게 이해될 수 있는 가능성을 보여준다.[8] 이 글에서는 중국 서, 화, 인에 나타난 품론의 다양한 점을 살펴보되 특히 일품이 갖는 의미에 대해 고찰하고자 한다.[9]

2

'일逸'의 의미와 일품론의 형성

'일품'화가의 대표적인 인물로 꼽히는 예찬은 자신의 '자유로운 심령의 기운[일기逸氣]'을 담아낸 창작경향성을 '자유로운 붓놀림으로 초초하게 하면서 형사를 구하지 않는다[일필초초逸笔草草, 불구형사不求形似]'라고 말한 적이 있는데, 일품과 밀접한 관련성이 있는 '일기逸氣'는 이미 당대 이사진이나[10] 장회관[11] 등이 서예가를 평가하거나 숭고한 절조節操를 말할 때 사용하였다. 장회관은 왕헌지가 제도를 개변하여 따로 자신의 법을 창안한 것을 말하면서 그의 일지逸志와 의일意逸을 높인다.[12] 손과정은 『서보』에서 기교의 뛰어남을 붓놀림의 자유로움과 정신의 날갯짓으로 말한다.[13] 북송대 미불米芾은 천진스럽고 초일이란 점에서는 왕헌지가 왕희지를 넘어선다는 것을 말한다.[14] 강기姜夔는 『속서보續書譜』「진眞」에서 위진魏晉 시기의 서예 풍격으로 표일飄逸한 기를 말한다.[15] 청대 반지종潘之淙은 『서법리구書法離鉤』「품제品題」에서 황정견의 횡일橫逸을 말한다.[16] 주장문은 장욱 서예가 담고 있는 '일'의 기이한 형상을 높이고 있다.[17]

이처럼 서예에서는 이미 당대부터 다양한 측면에서 '일'자를 통해 서예가의 기교 및 품격의 우열과 창작경향을 말하고 있다. 사공도는 『이십사시품』「표일」에서 시가 담아내야 할 풍격의 하나로 굳세면서 군중에 휩쓸리지 않는 것을 상징하는 '독獨', '학鶴', '운雲' 등을 거론하면서, 아울러 자유로운 정신경지의 '표일'을 거론하고 있다.[18] 구양수歐陽脩는 '붓놀림은 간단하나 뜻은 충족된다[필간이의족筆簡而意足]'라는 것을 말하는데, '필간의족'은 일품의 다른 모습에 해당한다.[19] '일'자를 품론의 입장에서 논한 것은 아니지만 '일'의 의미를 규정한 것도 있다. 두고竇臯는 『술서부述書賦』「고어예古語例」에서 '일'에 대해 "자유롭게 마음대로 하면서 일정한 방향이 없는 것을 일러 '일'이라고 한다"[20]라고 한다. 명대 조환광趙宧光은 '글자의 삼품론三品論'으로 '용庸', '고高', '기奇'를 들고,[21] 방과 원의 측면에서 '체는 방이지만 용은 원'이란 것을 '일'로 규정한다.[22] 이사달李士達은 산수화의 '오미五美'와 '오악五惡'을 말하는데, '오미'의 하나로 '일'을 말한다.[23]

이 밖에 서화에 보이는 삼품론 혹은 사품론 형식은 아니지만 다양한 차원의 품론이 나타난다. 후인삭侯仁朔은 「후씨서품侯氏書品」에서 '고품古品', '정품正品', '기품奇品', '험품險品'으로 품평한다. 조맹부는 왕희지를 인품과 관련지어 신품으로 분류한다.[24] 당대 이양빙李陽氷은 '신神', '기奇', '교巧' 등을 통해 모인법摹印法의 품을 나눈다.[25] 양사수楊士修는 『인모印母』에서 '격格은 품品'이라 하고 14가지 종류의 다양한 품을 논한다.[26] 시에서는 종영鍾嶸이 『시품詩品』에서, 사공도는 『이십사시품』을 통해 시의 품격을 논한다. 황월은 『이십사화품』을 통해 회화의 풍격을 논한다. 서상영徐上瀛은 『계산금황溪山琴況』에서 금琴과 관련된 '24황況'을 통해 금의 품격을 논한다. 이런 품론에는 서화에서 말하는 일품 혹은 일격과 유사한 내용이 담겨 있다.

이처럼 일품 혹은 일격이란 용어를 통해 말한 것은 아니지만, 서화에서 일품으로 이해될 수 있는 내용은 이미 당대부터 있었다. 이런 일품과 상호 연계성이 있는 용어의 출현에는 이미 기교를 벗어난 자유로움과 정신경지의 자유로움을 실현한 것을 긍정적으로 평가하는 의식이 담겨 있다. 아울러 당대 이전부터 문인사대부들이 서화에 직접 참여하여 자신들이 지향하는 예술정신을 표현하고자 한 점과 관련이 있다. 다만 발생론적 측면에서 서화와 비교할 때, 인장印章에서의 일품을 거론하는 것은 대략 '문인전각文人篆刻'이란 사유가 명확하게 나타난 명대라는 시대적 차이점은 있다.

3

일품의 다양한 이해와 타품과의 관계

초당 이사진은 서예를 논할 때 일품을 말했지만 상세한 해석은 하지 않았다. 그 뒤 주경현朱景玄은 회화 측면에서 신, 묘, 능, 일 사품론을 제시하여 회화의 우열을 형량하는 표준을 세운다. 주경현은 『당조명화록唐朝名畫錄』 「서문」에서 일품에 대해 "그 풍격 밖에 항상된 법에 구애되지 않는 것이 있으니 또 일품이 있다"[27]라고 말한다.

북송대 황휴복黃休復은 『익주명화록益州名畵錄』에서 사품론을 전개하는

데,[28] 일품에 대해 "짝할 만한 것을 찾기가 가장 어려우니, 방과 원을 법도에 맞게 표현하는 것을 졸렬하다 여기고, 색깔을 칠해 정치하고 아름답게 표현하는 데 비루하다 여기고, 붓놀림은 간단하지만 표현하고자 하는 형태는 다 갖추어져 자연스러움을 얻었으니 본받아 짝할 수 없어 뜻 밖에서 나오는 경지가 일품이다"[29]라고 말한다. 공자가 "종심소욕불유구從心所欲不踰矩"를 말해 자유로운 예술창작 심리상태를 규구 및 법도와 연계하여 제한적으로 이해하는 것을 참조하면, 주경현과 황휴복이 말한 일품의 내용은 노장의 무위자연 및 '득의망상' 사유와 긴밀한 관련이 있다. 여기서 주경현과 황휴복이 방원의 규구나 법도에 얽매이지 않고 작가의 자유로운 심령을 필간筆簡의 형식을 통해 자연스럽게 담아내라는 것은 일품을 이해하는 가장 일반적인 것에 속한다.

시대가 흘러감에 따라 주경현과 황휴복이 행한 일품에 대한 언급은 인물에 따라 다양하게 이해된다. 왕욱王昱은 회화의 고수가 되기 위한 전제조건으로 '신운神韻의 수일秀逸함'을 말한다.[30] 두고竇皐는 『술서부述書賦』「고어예古語例」에서 '일'을 '제멋대로 행동하면서 일정한 방향이 없다[종임무방縱任無方]'는 것으로 보아, 어떤 것에도 얽매이지 않는 자유로움을 강조한다.[31] 이수이李修易는 고일高逸의 경지에 대해 필묵의 번잡함과 간이함으로 논할 것이 아니라 '맛 너머의 맛이 있는[미외유미味外有味]' 차원에서 논할 것을 말한다.[32] 즉 '일'이란 필묵 차원 너머의 경지라는 것을 말한다. 왕지원汪之元은 산수화에서의 자연스러움을 잃어버렸을 때는 신품으로 떨어짐을 말하는데,[33] 그것은 역으로 일품이 갖는 자연스러움을 강조한 말에 해당한다. 일품은 '의意'를 표현한 것과도 관련이 있다. 장경張庚은 『도화정의식圖畫精意識』「서론畫論」에서 품격의 고하는 '형적'에 있지 않고 '의意'에 있음을 말하여,[34] 작가의 '의'를 강조한다. 사례查禮는 『화매제기畫梅題記』에서 '뜻은 이르렀지만 붓이 이르지 않는 경지[의도필부도意到筆不到]'를 일품으로 보아 사의寫意 차원의 '의'와 기교 차원의 운필 간의 간극을 분명히 한다.[35]

이상 말한 '일'과 차이는 있지만 궁극적으로는 '일'의 경지를 말하고 있는 사유도 나타난다. 항목은 『서법아언』「품격品格」에서는 '진선진미' 차원에서의 유가의 중화미와 천연스럽고 자유로운 창작경향성을 묘합한 최고경지로서의 '정종正宗'을 말한 적이 있는데,[36] 이런 사유는 직접적으로 일품을 말한 것은 아니지만 일품과 간접적으로 밀접한 관련이 있다. 왜냐하면 손과정은 『서보』에서 항목이 서성으로 높이는 왕희지의 「난정서」를 '생각이 자유롭고 정신이 세속적인 것을 초월한 것[사일신초思逸神超]'으로 규정하기 때문이다.

감양甘陽은 『인장집설印章集說』「인품印品」에서 신, 묘, 능 삼품론을 전개하는데,[37] 인장에서의 품론이 서화에서의 품론과 큰 차이점을 보이는 것은 아니다. 정원程遠은 『인지印旨』에서 인장에도 품이 있다고 하면서 일, 신, 묘, 능품을 말한다. 일품은 기운이 높이 치켜 올라 '푸르고 텅 빈 하늘에서 신선이 지상세계로 내려와 노니는 경지'라고 본다.[38] 여기서 일품과 관련해 '기운이 고고하면서 높이 치켜 올라감'을 거론하는 것에 주목할 필요가 있다. 일품이란 기교 너머 인품과 관련된 기운의 생동함과 그 기운의 생동함에 담긴 은일적 삶을 강조하는 것이기 때문이다. 주간朱簡은 『인경印經』에서 '칼과 붓 이외에 별스런 취향이 있는 것'을 일품으로 보아 일품에 '특별한 정취[별취別趣]'가 있음을 강조한다.[39] '별취'를 강조하는 것도 기교 이외의 요소를 강조하는 것이다.

주공근周公謹은 『인설印說』에서 '법은 나에게서 나오는 것이지 법에서부터 나오는 것은 아니다'라는 것을 일품으로 본다.[40] 일품의 중요한 요소 중 하나는 바로 '주체적이면서 창신적 나'를 담아내는 예술 경지인데, 주공근은 이런 점을 잘 말하고 있다. 진련陳煉은 『인설印說』에서 '그 사람에게 최고의 경지가 담겨 있다[존호기인存乎其人]'라는 측면에서 일품을 말하고, 이런 점에서 일품을 신품 위에 놓았다고 진단한다. 이런 일품은 '칼 놀림은 그 사람의 인품과 학식을 반영한다[도여기인刀如其人]'라는 입장에서 이해한 것에 속한다. 아울러 일품이 신품과 차이가 나는 것으로 '마음속에 글씨가 있다[흉중유서胸中有書]'라는 것과 필묵 사이에 형성된 특별한 취향이 있음을 든다.[41] '흉중유서'를 강조하는 것은 일종의 '문자향文字香과 서권기書卷氣'를 강조하는 것으로, 일품을 인품 및 학식과 관련하여 이해한 것이다.

이처럼 다양하게 이해되는 일품이 신품과 어떤 관계를 갖고 있는지를 보자. 왜냐하면 일품이 항상 신품 위에 있는 것은 아니었기 때문이다. 일품과 신품의 관계에서 논란이 되는 것은 일품의 기교적 요소를 어떤 관점에서 보느냐 하는 것이다. 왜냐하면 일품은 '붓놀림은 간이하지만 표현하고자 하는 형태는 다 갖추고 있는 것[필간형구筆簡形具]'이라 하여 '필간'을 강조하는데, 그 '필간'이 기교가 숙련되지 않은 상태에서의 자의恣意적인 운필로 나타날 수 있기 때문이다. 방형함方亨咸은 『독화록讀畫錄』 권2 「소촌론화邵村論畫」에서 신품과 일품의 지위에 대한 분변을 하는데, 신품의 '그 경지의 전모를 알 수 없는 것을 신이라고 한다[불가지지위신不可知之謂神]'라는 점을 거론하면서 '남보다 빼어나다'는 의미의 '일軼'로 이해되는 일품보다 더 우위에 있어야 함을 말한다.

> 일품을 신품 위에 두는 것은 타당하지 않은 것 같다. 대개 신은 마음과 손을 모두 잊어버리고 필묵이 함께 따르는 것인데, 기운과 법으로도 추측할 수 없다. 어진 사람은 어진 눈으로 보고 지혜로운 사람은 지혜로운 눈으로 보는 것과 같이 그 경지의 전모를 알 수 없는 것을 신이라고 한다. '일'은 '남보다 빼어난 것'으로 보통 범위를 벗어나 탁월함이 마치 천마가 허공을 날아다니듯이 얽매이지 않는 경지다. 또한 스스로 부업을 계승하여 뛰어난 재능을 갖춘 것이니, 선가에서 말하는 마음으로 교의를 전하는 것으로 또 다른 봉우리가 서로 만나는 것이다. 신품은 여래의 지위에 속한다… 신품은 어느 한 가지로 고집할 수 없다. 이런 신품은 능품과 일품 위에 있기 때문에 일률적으로 논할 수가 없는데, 하물며

억지로 일품 아래에 놓을 수 있겠는가?[42]

등춘鄧椿은 『화계畵繼』 권9 「잡설논원雜說論遠」에서 북송 휘종이 법도를 오로지 숭상하여 신품을 일품보다 더 우위에 두었음을 말한다.[43] 범기范璣는 『과운려화론過雲廬畵論』에서 일품이란 삼품 중에서 유출된 것이지 따로 한 차원 더 높은 품이 있는 것은 아니라고 하여 일품이 갖는 특수한 지위를 약화시킨다.[44] 이런 점들은 일품과 신품의 관계와 층차를 말한 것에 속한다.

성대사盛大士는 『계산와유록溪山臥遊錄』에서 회화의 최상층이 담아내야 하는 경지로 '기교를 통해 닮은 것을 구하지 않지만 신운의 정취가 준일雋逸한 것'을 말하면서 사대부화와 화공화畵工畵를 구분하고,[45] 아울러 '리理', '기氣', '취趣'는 정精, 묘妙, 신神, 일품逸品에 모두 적용됨을 말하여 일품만의 특수성을 강조하지 않는다.[46] 방훈方薰은 『산정거화론山靜居畵論』에서 일품은 능, 묘, 신 삼품에서 벗어난 것이라 보면서도, 회화에서의 '육법六法' 습득의 중요성을 강조한다.[47] 이수이李修易는 『소봉래각화감小蓬萊閣畵鑒』에서 일격이란 능품 중에서 탈태脫胎한 것이기에 '붓놀림은 간이하나 뜻은 갖추어진 것[필간의해筆簡意賅]'으로 이런 점은 보는 자로 하여금 흥취를 심원하게 한다고 말한다. 그런데 능품의 경지에도 오르지 못한 인물들이 일품으로 스스로 자임하는 것은 '스스로를 속이고, 다른 사람을 속이는 것'이라 비판한다.[48] 이수이는 이런 점에서 문호의 번잡함이 힘들다는 도피적 차원에서 일품을 추구하는 것을 경계한다.[49] 이상 거론한 것은 아무리 일품이라 해도 기교의 숙련성을 도외시해서는 안 됨을 강조한 것에 속한다.

만약 '거론하는 순차'가 그 순차에 따른 중요성을 말해주는 것이라고 가정한다면, 순차를 배열하는 가운데 일품의 위상을 확인할 수 있는 것도 있다. 이런 입장은 서예의 경우 비학碑學 중시 입장에서 종종 보인다. 예를

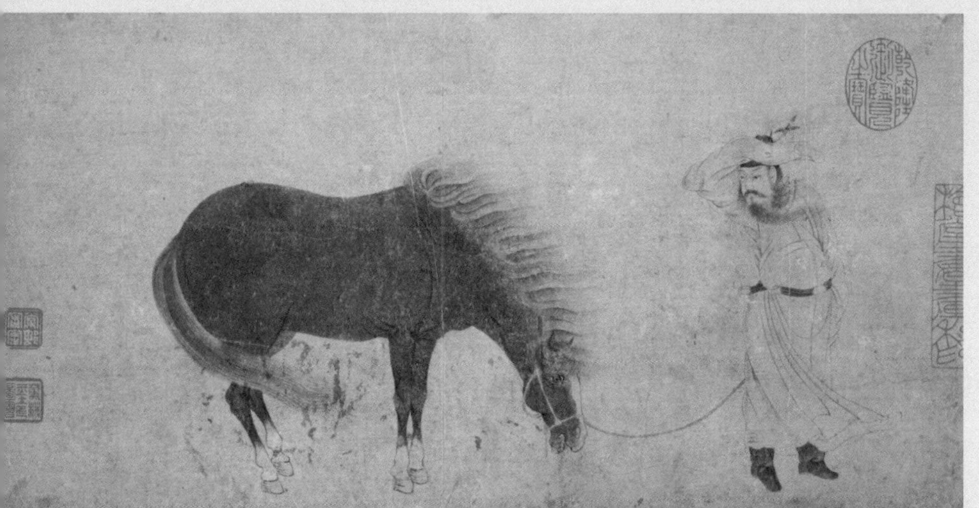

조맹부, 〈조량도調良圖〉
그림 속 말은 다양하게 해석될 수 있지만, 조맹부의 사원仕元한 처세와 시대상황을 고려할 때, 말갈기가 뽑혀나갈 정도의 세찬 바람이 불어도 꿈쩍 않는 말을 통해 굳건한 몽고족의 기상을 보여준다. 해석을 둘러싼 여러 논란들을 떠나 말한다면, 정교精巧함의 극치를 보여주는 작품으로서, 기교적으로는 신품神品의 경지를 느낄 수 있다.

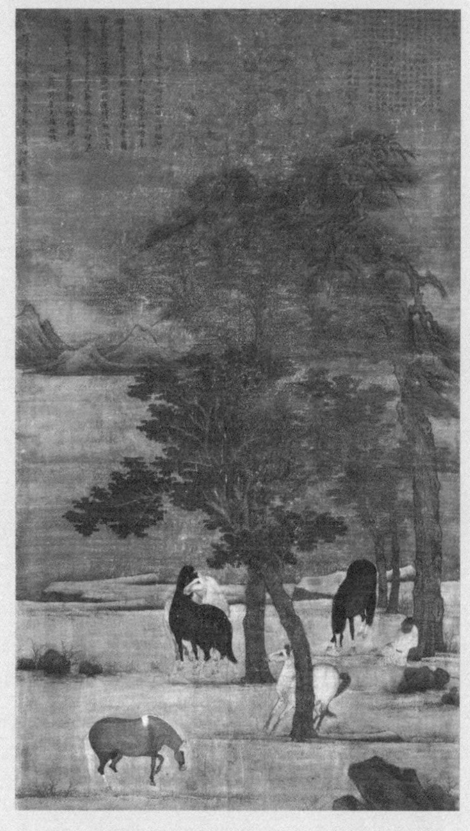

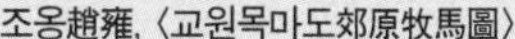

조옹趙雍, 〈교원목마도郊原牧馬圖〉
조맹부의 아들인 조옹이 그린 것으로, 전쟁에 동원되지 않은 말들은 한가롭게 쉬고 마부는 하릴없이 졸고 있다. 원대의 말 그림은 원나라를 상징한다. 즉, 마부는 황제를, 자유롭게 노니는 말들은 백성들의 평화로운 삶을 상징한다.

들어, 포세신包世臣, 오양지吳讓之, 유희재 등 청대 후반기에 활약한 인물들이 품론을 논하면서 신품을 제일 먼저 거론하고 일품을 능품 뒤에 위치시키는 것이 그것이다. 비학의 양강미를 높이는 비학파들의 입장에서 볼 때 남첩南帖에서 음유미를 추숭하는 것과 관련된 일품은 일정 정도 한계가 있을 수밖에 없다. 이런 점을 구체적으로 보자. 조환광趙宦光은 능能, 속俗, 고高, 일逸, 저품低品을 말하면서, 일품을 고품과 저품 사이에 위치시킨다.[50] 포세신은 『예주쌍즙藝舟雙楫』 「논품격論品格」에서 신품, 묘품, 능품, 일품, 가품佳品의 오품론을 전개하는데, 일품을 능품보다 밑에 둔다.[51] 오양지도 포세신의 품론을 그대로 답습하여 그의 인장론에 적용한다.[52] 유희재는 사공도 『이십사시품』은 서예에도 유익하고 그것은 유견오의 『서품』보다 뛰어나다고 평가하면서 '서화는 이형異形이나 동품同品'이란 것을 주장한다. 이런 입장에서 그림의 의상意象 변화는 신, 능, 일, 묘 사품을 벗어나는 것이 아니라고 한다.[53] 이렇게 일품을 신품보다 앞에 위치시키지 않는 사유는 캉유웨이가 『광예주쌍즙』에서 북비의 아름다움을 말하는 사유와 일정 정도 관련성이 있다.

이처럼 '일'에 대한 견해가 다양하게 나타나는 것은 그만큼 '일'이 갖는 철학성과 예술정신의 폭이 넓음을 반영한다. 아울러 어떤 관점에서 무엇을 '미적인 것'으로 이해하느냐에 따라 일품과 신품에 위상도 달라짐이 나타나는데, 신품의 중요성을 강조하는 사유는 예술이란 여전히 기교가 중요하다는 점을 반영하고 있다.

4

은일적 삶과 일품의 상관관계

앞서 본 바와 같이 간혹 기교를 어떤 측면에서 평가하느냐에 따라 신품과 일품의 우열을 논하는 현상이 나타나기도 했지만, 전반적으로 일품을 신품보다 높게 평가하는 것은 결국 기교 너머 또 다른 미적 경지가 있다는 것과 관련이 있다. 즉 일품을 높이는 것은 작가의 탈속脫俗적이면서 은일적 삶, 선풍도골仙風道骨의 풍모風貌, 인품과 학식, 기운氣韻 등을 높이는 철학적, 미학적 사유와 관련이 있다. 아울러 탈속적, 은일적 삶 속에 담긴 '소산간원蕭散簡遠', '소조담박蕭條淡泊'을 추구하는 미의식과 관련이 있다. 이런 점을 구체적으로 일품작가로 평가된 작가들의 삶과 작품경향에서 찾아보자.

진사도陳師道는 『후산담총後山談叢』 권2에서 일품작가로 평가받는 손위孫位의 기법에 대해 "방을 그리는데 곱자를 사용하지 않고, 원을 그리는데 콤파스를 사용하지 않았다"라고 말하는데, 이처럼 규구를 자유롭게 운용한 손위는 은일자다.[54] 주경현은 일품화가로서 왕묵王墨, 이영성李靈省, 장지화張志和를 거론한다. 이 세 사람도 모두 상규와 상법에 얽매이지 않으면서 자연을 벗 삼고 '초범탈속超凡脫俗'의 은일풍의 삶을 산 인물들로서, 주경현은 이들의 삶을 그들의 화풍에 연결하여 일품으로 이해하고 있다.[55] 송년宋年은 『이원론화頤園論畫』에서 문인묵사文人墨士의 그림을 거론하는데, 양공良工이 기교를 통해 부릴 수 없는 '선풍도골'의 경지로서의 일품을 말한다. 아울러 기교적인 측면에서 '넓음에서 요약함으로 돌아가고, 기교부림에서 졸박한 것으로 돌아간다[유박반약由博返約, 유교반졸由巧返拙]'라는 것을 말한다.[56] '선풍도골'은 탈속적, 은일적 삶의 방식과 관련이 있다.

일품과 관련하여 가장 대표적으로 거론되는 인물은 원대 예찬倪瓚이다. 화익륜華翼綸은 예찬의 화품에 대해 평담하면서 천진스럽고, 간이하면서도 후중하고, 담담하면서도 정채精彩한 것이 있고, 인위적 기교를 절대로 부리지 않아 순연하게 천취天趣가 있음을 말한다.[57] 아울러 원대화가들은 창망蒼莽하고 횡일橫逸한 중에 '정신은 한가롭고 기운은 고요한[신한기정神閒氣靜]' 정취情趣를 귀하게 여기는데, 특히 예찬은 동원董源의 그림을 본받았지만 그의 초일함을 얻었다는 것을 말한다.[58] 동기창董其昌은 예찬의 고담古淡스런 천연함을 말한다.[59] 이수이는 예찬 화풍의 특징으로 소산간원을 말하면서[60] 특히 '냉冷'과 관련지어 말한다.[61] 갈홍은 『포박자』(외편) 「임명任命」에서 은일자의 하나로 '거냉居冷' 선생을 거론하는데,[62] 예찬 화풍의 '냉'은 은일적 삶과 그 은일적 삶을 통해 지향한 세계관, 미의식을 상징한다. 소매신邵梅臣은 『화경우록畫耕偶錄』 「논화論畫」에서 '소조담박'은 쉽게 얻을 수 있는 경지가 아님을 말하는데,[63] '소조담박'은 '소산간원'이 추구하는 경지와 유사하다.

이처럼 일품에서 '상법에 얽매이지 않는 것'이나 '의표意表에서 벗어난 경지'를 강조하는 것은 관련 인물의 은사 신분 혹은 은일 사상과 관련이 있다. 그런데 가장 문제가 되는 것은 '일기逸氣에 대한 습득', '일품에 이르기 위한 구체적인 창작방법'이다. 왜냐하면 자연스러움을 추구하는 일품은 '실질적인 붓놀림과 법도를 통해 이렇게 해야 한다'고 규정해버리면 이미 일품이 아닐 수 있기 때문이다. 그럼에도 중국예술사에는 상징적으로 일품의 경지를 담아냈다고 규정된 화가들이 있고, 또 그들의 실질적인 작품이 있다. 따라서 일품의 경지에 오르기 위한 방편으로서의 방법론이 필요하다. 일종의 『주역』 「계사전」에서 말하는 '언부진의'지만 '입상이진의'한다는[64] 것처럼 기교 차원의 신품에서 기교를 벗어난 일품 경지에 오르기 위한 방법론이 필요하다는 것이다.

일품의 습득에 대한 견해는 일품의 경지를 이해하는 인물에 따라 다르

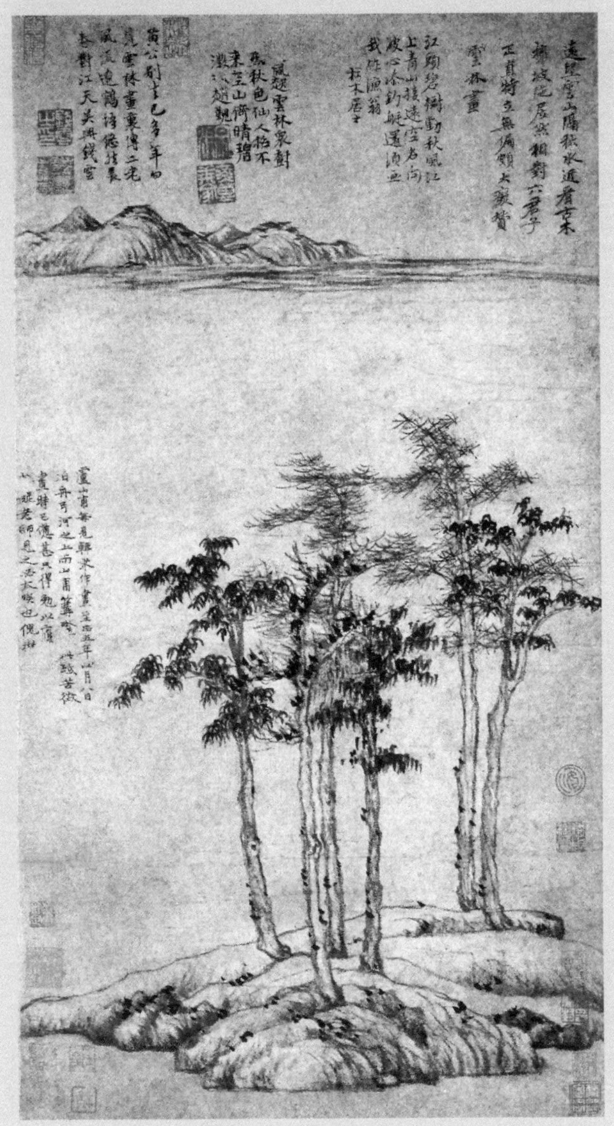

예찬倪瓚, 〈육군자도六君子圖〉

이 그림이 '육군자'라 일컬어진 것은 황공망黃公望이 이 그림을 보고 "원망운산격추수, 근유고목옹피타, 거연상대육군자, 정직특립무편파(遠望雲山隔秋水, 近有古木擁披陀, 居然相對六君子, 正直特立無偏頗)"라고 제시題詩한 것에서 유래한다. 황공망은 우뚝 솟은 나무가 어느 한쪽으로도 치우치지 않은 모습이 군자의 중정함을 상징한 것이라 여겼다.

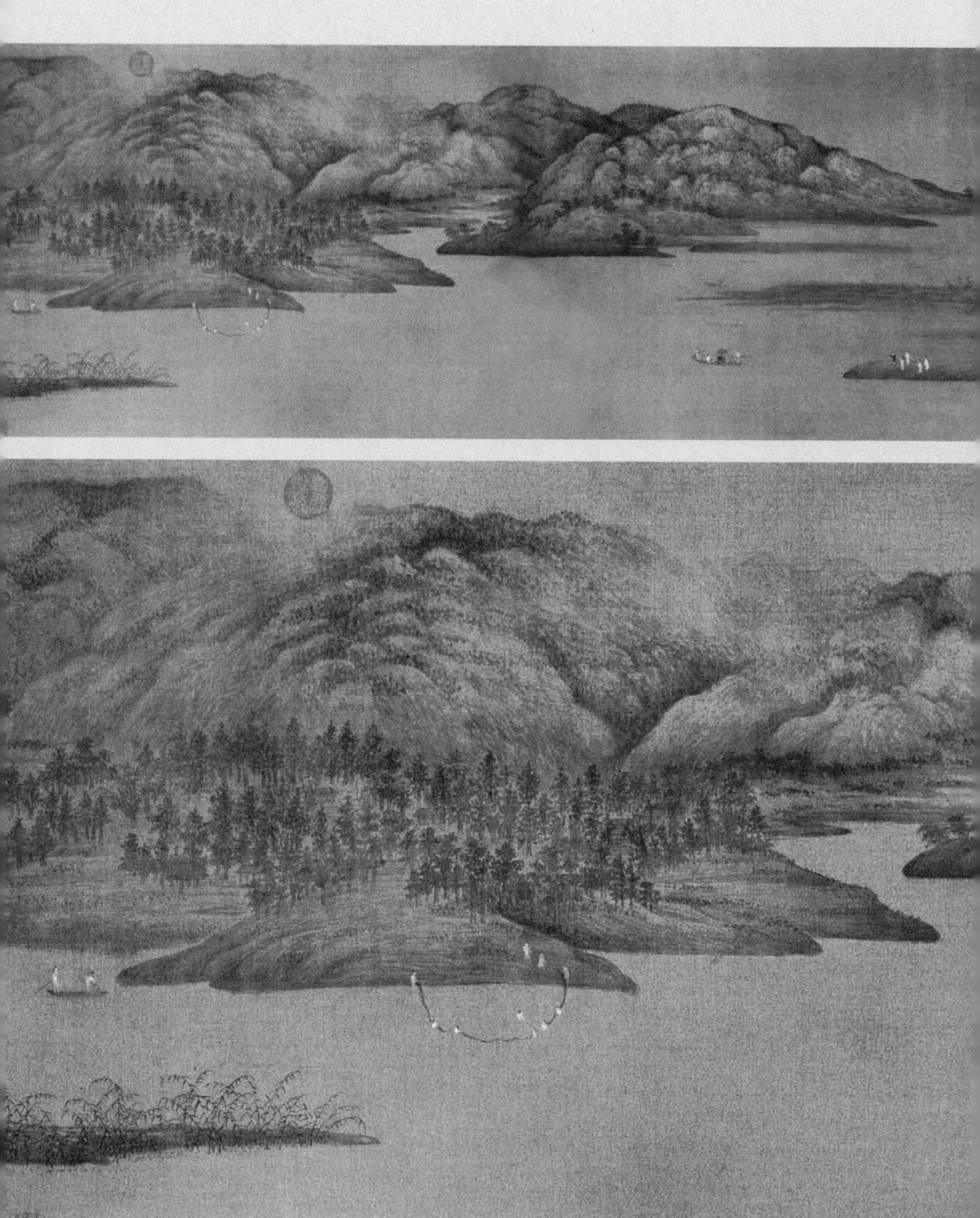

동원, 〈소상도瀟湘圖〉

소상팔경도로 유명한 소수와 상수에서 고기 잡고 유람하는 한가로운 정경을 그린 그림이다.

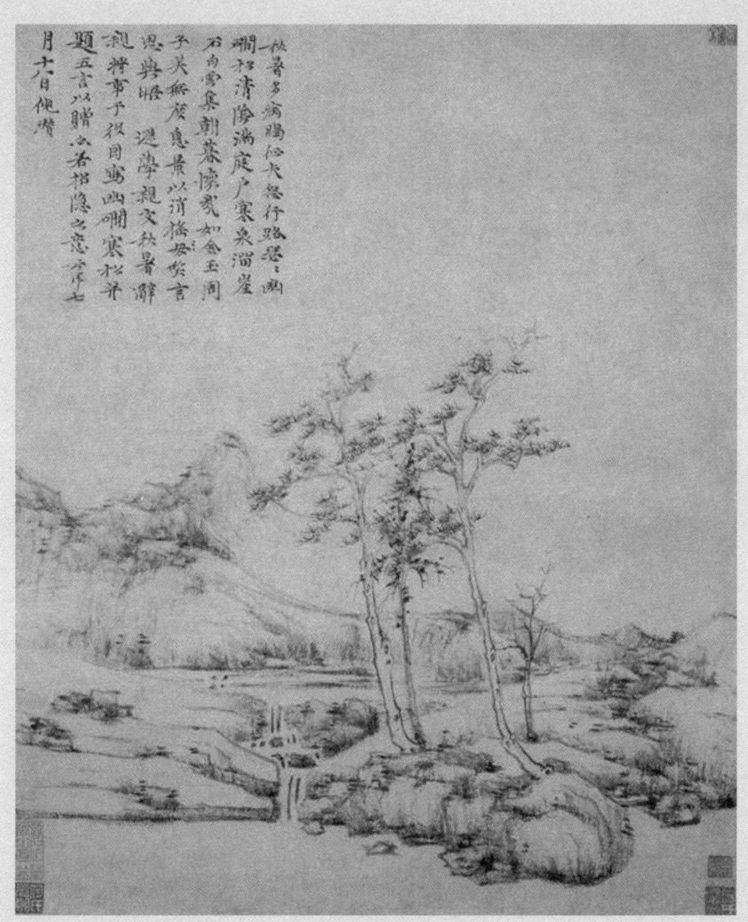

예찬, 〈유간한천도幽礀寒泉圖〉

유幽자와 한寒자가 상징하듯 그윽하면서도 맑은 은일적 삶[초은招隱]을 자연에 기탁하여 그린 그림이다.

게 나타난다. 당대唐岱는 옛사람들은 다만 삼품의 뜻을 말했지 어떻게 하면 삼품에 나아가고 이를 수 있는지에 대해서는 진실로 다하지 않은 바가 있다고 말하면서 각각의 품에 이르는 방법을 말한다.

> 내가 논하니, 능품에 이르고자 하면 부지런히 격법格法에 의지해 많은 작품을 스스로 창작해보는 것만큼 좋은 것이 없다. 묘품에 이르고자 하는 자는 고인을 임모하는 것을 많이 하고 회화에 관한 책을 많이 읽는 것만큼 좋은 것이 없다. 신품에 이르고자 하는 자는 많이 유람하고 많이 보는 것만큼 좋은 것이 없다. 일품에 이르고자 하는 자는 반드시 많이 유람을 해야 하니, 눈으로 보아 깃들인 것이 많으면 용필은 도리어 적어지고, 그윽하고 한쪽 구석으로 치우친 경계를 취하여 의상意象이 농밀하면서 순수한 것을 그림에 한번 깃들이게 되면 마음이 거슬러 올라가고 손이 좇아 익숙하게 된 이후에 스스로 화경化境에 이를 것이니, 대상에 매이지 않고 떠나지도 않은 가운데 일종의 멋스런 자태가 있게 된다. 그러므로 신품과 일품에 함께 이르고자 하는 것은 명산대천을 두루 돌아다니는 것에 불과하니, 이렇게 하면 흉금이 확 열리고 펴져서 조금도 세속의 더러운 기운이 없게 되어, 붓을 내리면 스스로 가경佳境이 있게 될 것이다.[65]

당대는 신품과 일품의 차이를 그다지 두지 않고, 일품의 경지에 오르기 위한 방법으로 '많이 유람하면서 많이 보는[다유다견多遊多見]' 직접 경험을 강조한다. 일품과 신품을 함께 이를 것을 말하는 것은, 일품과 신품을 구분하고자 하는 사유는 아니다. 일품을 신품의 연장선상에서 도달하는 경지로 이해함을 의미한다.[66] 당대는 말하지는 않았지만, 세속의 더러운 기운을 없게 하는 것은 결국 많은 독서다. 동기창이 말한 좋은 그림을 그리기 위한 방법으로 제시한 '만 권의 책을 읽고 만 리를 여행하라[독만권서讀

萬卷書, 행만리로行萬里路]'는 것이 바로 일품에 이르는 방법이다. 이수이는 『소봉래각화감』에서 일품에 이르는 방법으로 '먹 아끼기를 금처럼 하고, 붓 놀리기를 둥근 고리 돌리듯 한다[석묵여금惜墨如金, 농필여환弄筆如丸]'라는 것을 통한 필묵 운용을 말한다.[67]

이 밖에 참조로 금琴 연주에서 기교와 관련지어 서상영이 『계산금황』「일逸」에서 금 연주와 관련된 사유를 '일'을 통해 말한 것을 보자. 그는 '아무것에도 얽매이지 않는 정신경지[무루지신無累之神]'로써 '도가 있는 악기[有道之器]'인 금과 합치되는 것을 금에서의 '일'로 본다.[68] 장자는 '거루去累'를 통한 자유로운 심령을 말한 적이 있다. 서상영의 이런 사유는 『장자』「경상초庚桑楚」에서 말하는 덕을 얽어매는 오惡·욕欲·희喜·노怒·애哀·락樂 여섯 가지 감정을 제거하는 '거루' 사유와 일정 정도 관련이 있다.[69] 아울러 형과 신이 정결해야 일기가 점차로 다가오는 것을 말하는데, 이런 사유는 일품을 신품과 별개의 것으로 이해한 것이 아니다. 일종의 유가의 '하학이상달下學而上達'의 과정을 통해 일품의 경지에 도달하는 방식과 상관성이 있다. 이 밖에 서상영은 금을 켜는 사람이 초일超逸한 품을 갖추고 있어야 초일한 음을 낼 수 있다 하고, '그 금을 연주하는 음을 들으면 그 사람이 어떤 사람인지를 알 수 있다[청기음이득기인聽其音而得其人]'라는 것을 통해 일기가 드러난 것을 말하는데, 이것은 일종의 '악樂[혹은 금琴]여기인如其人'적 사유다.[70]

이상 논한 일품에 대한 이해에서 특히 일품이 단순 기교와 관련된 신품의 연장선상에서 논의되지 않는 점에 주목할 필요가 있다. 예찬이 일품화가로 평가받는 가장 중요한 요인은 기교의 공졸이나 형신 등의 외적인 요소가 아니고 그가 담아내고자 했던 '일기逸氣' 속에 담긴 예술정신이었기 때문이다. 사실 예찬이 일필로 초초草草하게 그렸다는 것은 '일기'가 있고 난 이후의 이야기다. 이런 점에서 예찬이 표현하고자 했던 '일기'를 제대로 이해하지 못하고 단지 예찬의 '일필 초초'의 화풍을 본뜬 화가들을 '예찬의 개'

라고 비웃기도 한다.[71]

일품을 최고 경지로 규정하는 데에는 근본적으로 작가의 자유로운 마음상태와 정신 및 인품이란 요소를 동시에 중시하는 사유가 담겨 있다는 것이다. 원대 양유정楊維禎은 『도회보감圖繪寶鑑』 「서문」에서 "화품의 우열은 인품의 고하와 관계된다"는[72] 말을 한 적이 있는데, 특히 한 화가를 일품화가로 규정할 때에는 이런 점은 더욱 강조된다. 아울러 일품을 규정하는 데에는 기본적으로 양웅이 『법언』에서 말하는 "서는 마음을 그린 것이다"라는 사유가 그 근간을 이룬다. 일품을 논할 때 '심을 거론한다'는 것은 결국 형상形象을 통해 '표현된 심'이 '어떤 심'인가 하는 것을 문제 삼는다는 것이다. 여기서 '어떤 심'은 작가가 평소 지향한 삶의 방식과 수양 정도와 매우 깊은 관련이 있다. 일품을 기교나 법도 이외에 '기운이 고상하면서 높이 치켜 올라감'과 '선풍도골'을 통해 이해하는 것은 이런 점을 반영한다. 따라서 일품을 논할 때 무엇보다도 문인사대부들이 지향하고자 하는 '바람직한 삶'을 중시하였다. 하나의 예를 들면, 일품을 실현한 대표적인 작가로 평가받는 예찬이야말로 '기교 운용과 관련된 형사적 측면'과 아울러 '사의寫意 실현과 관련된 신사적 측면'을 두루 겸비한 화가였는데, 이런 점은 신품과 일품의 간극을 이해할 때 중요한 관점을 제공한다. 이런 점에서 볼 때 일품에는 일종의 '서여기인',[73] '화여기인', '인여기인'의 사유가 작동하고 있다. 즉 손위, 왕묵, 이영성, 장지화, 예찬 등이 일품작가로 평가받는 가장 중요한 이유는, 바로 훌륭한 인품과 더불어 은일적, 탈속적 삶을 살았기 때문이다. 이처럼 일품을 말하는 것은 예술이란 단순히 기교나 예술적 창의성 그 자체에만 머무르는 것이 아님을 의미한다.

일품과 신품의 간극은 어떤 관점에서 일품을 이해하느냐에 따라 다르게 나타난다. 일품을 기교 너머의 경지로 본다면, 일품은 신품과 다른 경지에 속하게 된다. 신품과 일품의 간극을 두지 않고 신품의 연장선상에서 일품의 경지를 논하는 것에는 기교의 숙련에 대한 일정 정도 긍정적인 이해가 담겨 있다. 이처럼 일품과 신품은 무엇을 기준으로 하여 이해하느냐에 따라 차이점을 드러낸다. 하지만 동기창이 말한 '독만권서, 행만리로'를 통한 '삶과 자연에 대한 직간접적인 경험 축적'과 '마음 수양', '인품 도야', '우주자연에 대한 이치 체득'을 담아내는 운필은 일정 정도 공통점이 존재한다고 할 수 있다.

5

나오는 말

이처럼 중국예술에는 다양한 품론을 통해 작가의 우열을 가리는 경향이 있지만, 문인사대부들은 대부분 황휴복이 말한 '방원이 규구나 법도에 얽매이지 않고 작가의 자유로운 심령을 필간筆簡 형식을 통해 자연스럽게 담아내라'는 일품을 최고 경지로 놓는다. 하지만 신품과 일품의 간극을 두지 않고 신품의 연장선상에서 일품의 경지를 논하면서 예술에서의 기교의 중요성을 강조하는 경우도 있다.

품론에서 가장 논란이 되는 신품과 일품의 관계를 철학적 측면에서는 두 가지 관점에서 논할 수 있다. 예법을 중시하면서 '하학이상달'과 격물치지의 사유를 통해 '활연관통'을 추구하며 '종심소욕불유구'를 말하는 유가의 측면에서 예술을 이해하느냐, 아니면 노자가 말하는 "도를 말할 수 있으면 항상된 도가 아니다[도가도道可道, 비상도非常道]" 및 무위자연의 '도법자연' 정신과, '득의망상', '소요자재逍遙自在'를 통한 은일적 삶을 추구하는 도가의 측면에서 예술을 이해하느냐 하는 것과 관련이 있다. 학파적 입장에서 보면 '종심소욕불유구'를 말하는 유가는 신품과 일정한 관련성이 있다. 그런데 유가는 간혹 '일'을 '광일', '방일' 등과 관련지어 중화미를 벗어난 무절제성으로 이해하여 '일' 그 자체를 그다지 긍정적으로 보지 않는 특징이 있다. 이런 점에서 볼 때 일품은 도가와 매우 밀접한 관련성이 있다.

'일필 초초'를 통해 형사보다는 '득의망상' 차원의 신사를 중시하고 '필간형구'를 통한 무위자연 차원의 운필을 강조하는 일품은, 타인이 모방할 수 없는 자신만의 창신적 예술세계를 펼친 장점이 있다. 요컨대 일품이 지향하는 근본적인 사유는 예술창작에서의 자유로움이다. 운필과 관련된 점을 배제하고 말한다면, 일품은 도잠의 '심원心遠' 혹은 은일자들이 추구하는 심은心隱 차원에서 출발한 심령의 자유로움이 예술적, 미학적 차원에서 이해된 것이다. 일품의 이런 점은 창의성과 개성을 강조하는 오늘날에도 예술창작과 교육 측면에서 긍정적 의미가 있다고 본다. 아울러 '피로사회疲勞社會[fatigue society]'[74]로 규정되기도 하는 오늘날, 예찬 등 일품화가들의 일품 그림을 통해 얻을 수 있는 심신치유에 대한 긍정적 효용성에도[75] 주목할 필요가 있다.

제 8 장

품격론을 통해 본
문인전각

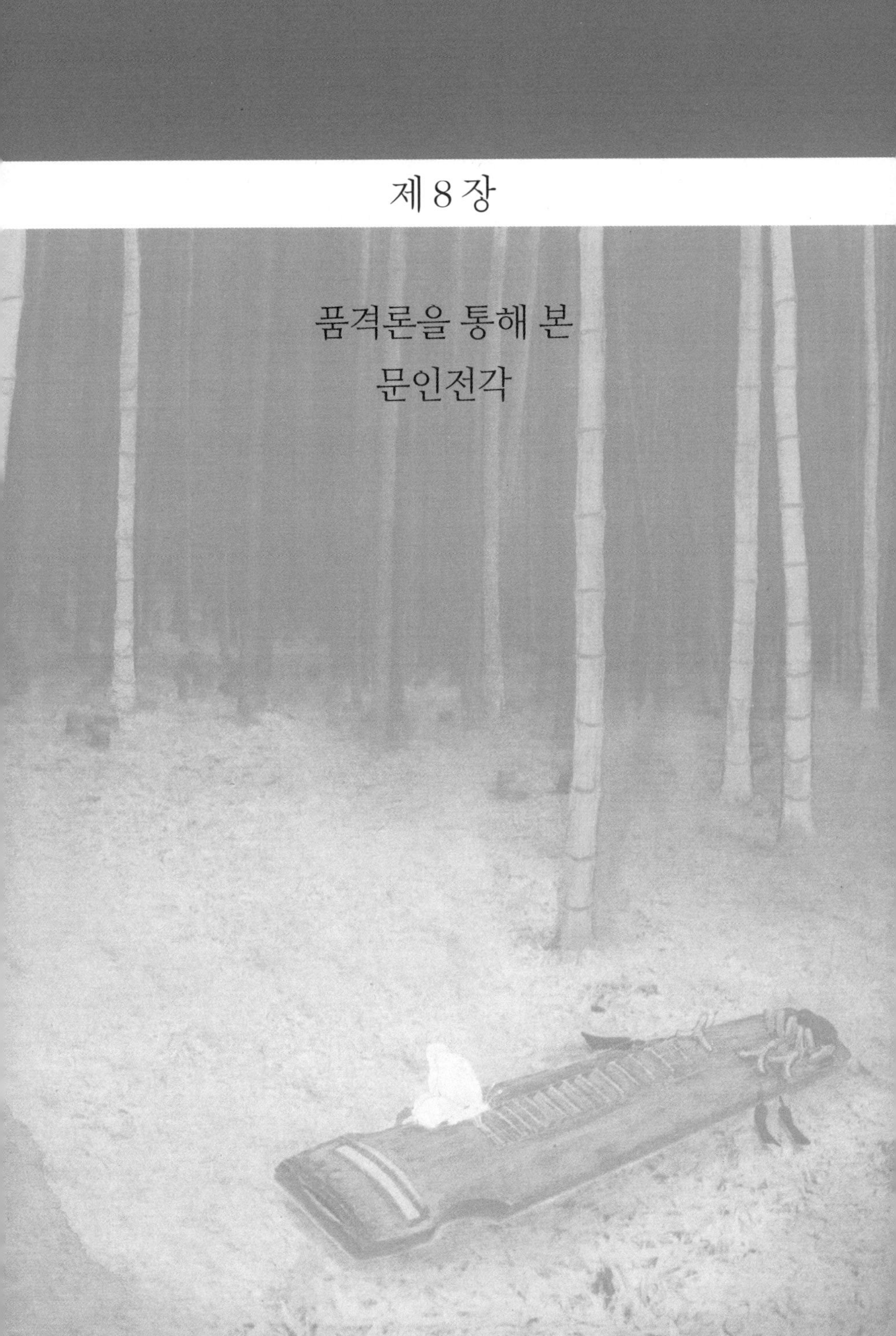

문장에 법이 있듯이 인장에도 법이 있다.

그림에 품이 있듯이, 인장 역시 품이 있다.[양사수]

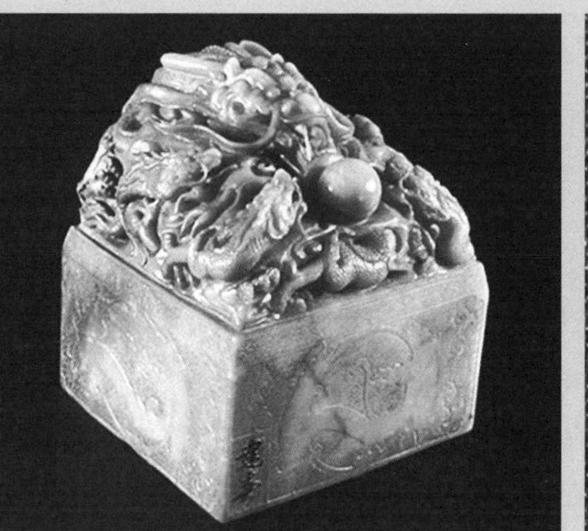

좌, 황제 도장(전면)

황금빛이 나는 전황석田黃石은 전각하는 데 최고의 돌 중 하나로 건륭제가 특히 아꼈다. 좌우 양측의 신룡이 마주 보고 있는 형상은 자손만대 번창과 강산사직江山社稷을 상징한다고 한다. 돌도 귀한 돌이지만 황제의 도장일 경우 상상을 넘어선 어마어마한 가격으로 판매된다. 문인들은 전황석을 매우 좋아했다.

우, 황제 도장(찍는 면)

'전황석용뉴천자지보새田黃石龍紐天子之寶璽'라고 새겨져 있다.

1

들어가는 말

중국서화사를 보면 붓이 아닌 다른 도구를 통해 글씨를 쓰거나 그림을 그린 경우가 나타난다. 도구적 차원에서 볼 때 반드시 붓일 필요는 없다는 것인데, 청대 강희제 때 인물인 양빈楊賓은 『대표우필大瓢偶筆』에서 이런 상황을 다양한 측면에서 묘사하고 있다. 예를 들면, 주나라 목왕穆王은 칼로 '길일계사吉日癸巳'라는 글자를 썼고, 왕희지는 버들가지로 〈예학명瘞鶴銘〉을 썼고, 초서의 대가인 장욱張旭은 머리카락에 먹물을 묻혀 썼고, 도사인 여동빈呂洞賓은 과피瓜皮로 〈제남사비濟南寺碑〉를 썼다는 것이 그것이다. 이처럼 붓이 아닌 다양한 도구를 통해 예술창작에 임할 경우, 붓끝이 내는 맛과 다른 기이하고 신묘한 맛을 표현할 수 있는 장점이 있다.

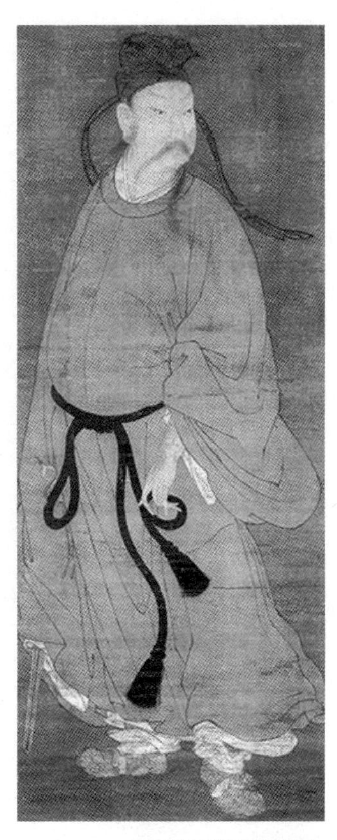

〈여동빈도呂洞賓圖〉, 미국 넬슨앳킨스미술관 소장.

이런 점은 다음과 같은 질문과 관련이 있다. 글씨를 쓰고 그림을 그리는 데 반드시 붓만 가지고 할 것인가? 손이나 대나무 등에다 먹을 묻혀 글씨를 쓰거나 그림을 그리면 어떤 맛이 날까? 특히 칼을 붓처럼 자유자재로 놀리면서 글씨를 쓰고 그림을 그릴 수 있다면, 단순히 붓으로 글씨를 쓰고 그림을 그리는 것과 차별화된 맛을 담아낼 수 있지 않을까? 물론 칼이란 도구는 붓처럼 유연하고 표일飄逸한 맛을 내기는 매우 힘들다. 하지만 칼을 붓처럼 자유자재로 놀릴 수 있다면 이야기는 달라진다. 그동안 우리가 흔히 접했던 것과 전혀 다른 새로운 맛을 낼 수 있게 된다. 한중서예사와 한중회화사에서 어떤 위대한 예술가가 이런 방식을 통해 작업을 했던가? 언뜻 머리에 떠오르지 않는다.

양빈楊賓은 『대표우필大瓢偶筆』에서 서예가이면서 그림을 잘 그린 인물로 채옹, 조기趙岐, 제갈량諸葛亮, 순욱荀勖, 왕이王廙, 왕희지, 왕헌지, 혜강, 손위孫位, 미불米芾, 미우인米友仁, 소식, 주희朱熹, 조맹부, 문징명文徵明, 서위徐渭 등을 꼽는다. 양빈이 거론하지 않은 동기창과 정섭도 서예와 회화에 모두 뛰어난 인물이다. 이 가운데 대유학자인 주희처럼 의외의 인물도 있지만, 거론된 대부분의 인물들은 뛰어난 문장가이거나 시인이기도 하였다. 손위는 은일자다.

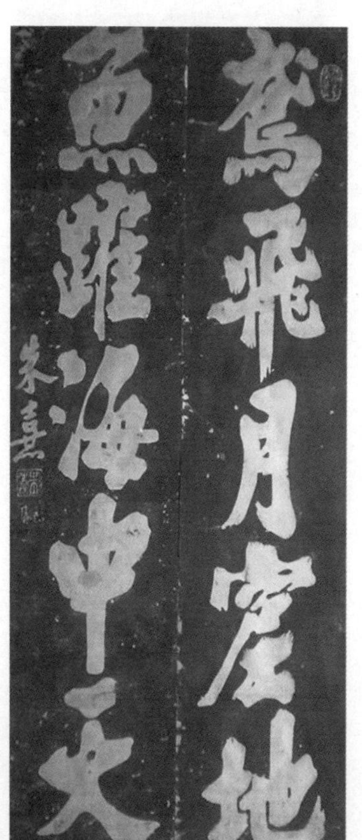

주희의 글씨 〈연비어약鳶飛魚躍〉

하지만 그들도 칼을 붓처럼 놀리면서 글씨를 쓰거나 그림을 그리지는 못했다. 물론 인장印章이 예술적 가치를 지닌 것으로 인정받고 문인들이 그 인장을 통해 자신의 예술적 감성을 본격적으로 담아내기 시작한 시대가 명대라는 '시대성'이 있기는 하지만, 이상 거론된 위대한 예술가들의 '한계'는 흔히 전각篆刻이라고 말해지는 인장印章이었다.

2

성정 표현의 예술로서 문인전각

주로 '전서篆書를 새기기[刻]' 때문에 '전각篆刻'이라 말해지는 인장은 방촌方寸의 공간에 우주를 담고 마음을 담는다는 점에서 '심인心印'의[1] 예술로 여겨지면서, 동양의 다양한 예술장르에서도 독특한 위상을 차지하게 된다. 우리는 흔히 시·서·화 이 세 가지에 뛰어날 경우 '삼절三絶'이란 말을 한다. 그런데 청대 후기에 오면 '시·서·화·인' 네 가지를 갖춘 것을 '사전四全'이라 하여 인장의 중요성을 거론한다.

인장은 기본적으로 '칼[刀]'을 가지고 하는 예술인데, 서견徐堅은 『인전설印箋說』에서 인장에서의 장법章法과 도법刀法의 관계에 대해 다음과 같이 말한 적이 있다.

> 인장을 제작하는 비법은 먼저 장법이고, 다음은 '칼 쓰는 법[도법刀法]'이다. 도법으로 장법을 전하는데, 도법은 장법보다 더욱 어렵다. 장법은 형태로 아름다움을 표현하는 것이고, 도법은 '작가의 정신을 전하는 것'이기 때문이다. 형태는 모사할 수 있지만 정신은 모사할 수 없다.[2]

회화와 동일하게 작가의 '정신을 전할 것[전신傳神]'을 강조하는 인장은 명대 이후 문인예술가들이 추구는 하나의 기예로 자리매김된다. 중국회화가 송대 이후 화원화가畵院畵家와 차별화된 문인화가文人畵家의 화풍이 나타나듯, 인장에 대한 인식도 서서히 변화가 나타난다. 공인工人들이 행하는 이른바 '공인전각工人篆刻'과 다른 차원에서 문인들이 행하는 '문인전각文人篆刻'이란 의식이 나타나는 것이 그것이다. 명대에 특히 인장과 관련된 많은 이론이 나타나는 점은 이런 점을 더욱 뚜렷하게 한다. 이러한 인장에 관한 기본 인식과 관련해 조선조 유재裕齋 송기면宋基冕의 다음과 같은 말을 보자.

> 칼을 들고 돌에 새겨 인장을 만드는 것 또한 서예가에게 하나의 일이다. 그 일은 쉽고 하찮은 것 같지만 '지극한 이치가 담겨 있고 오묘함이 있다'. 어찌 '저잣거리에서 조작을 일삼는 자'와 비교할 수 있겠는가. 반드시 옛 '전서'와 '예서'의 뜻을 깊이 얻고, 칼놀림이 글씨를 쓰는 것처럼 적절하고 고준하여, 마치 가파른 언덕이나 벌어진 성벽과 같아야만 혼연하게 자연스러움이 이루어지게 되어 '예스러운 운치'가 넘쳐흐르게 된다. 만일 이런 뜻을 모르고 기교를 부려 조각하면, 아무리 좀 쏠고 새 걸음을 모방한다 할지라도 끝내 사람의 기교에서 떠날 수 없다. 어떻게 혼연히 자연스러울 수 있겠는가… 아! 인장을 새기는 것은 서예가가 행하는 하나의 일에 그치는 것이지만, 사람들에게 보배로 받들어지는 것은 '예스러운 풍모'가 있기 때문이다.[3]

이상 송기면의 말은 문인예술로의 인장이 갖는 의미를 잘 보여주는 것에 해당한다. 인장이 단순 저잣거리의 도장과 어떤 차이점을 갖는가? 그것은 전각에서 형사 너머의 신사 중시의 경향성과 서예의 필법을 전각의 도법刀法에 응용하라는 것에 있다. 좀 더 구체적으로 어떤 점에서 다르다는 것일까? 인장의 역사를 보면, '예스러운 풍모'가 담긴 '진한시대의 인장[秦漢印]'에 담긴 의미를 알고서 해야 한다는 것을 말한다. 전각예술에서 '진한인'을 따라 하라는 것은 "문은 반드시 진한시대의 문풍을 따라야 하며, 시는 반드시 성당의 시풍을 따라야 한다[문필진한文必秦漢, 시필성당詩必盛唐]"라는 사유와 동일한 차원으로 이해될 수 있는, 전각에서의 경전적인 의미를 갖는다.

왜 '진한인'을 따라서 하라는 것일까? '진한인' 이후의 것을 따라 하면 어떤 문제점이 발생할까? 그 '진한인'의 예스러운 풍모에 담긴 예술정신과 미의식은 무엇인가? 이런 질문은 문인전각을 이해하는 근본적인 질문에 해당하며, 전각이 문인사대부들이 즐겨 행하는 예술로서 대접받는 이유와도 관련이 있다. 그럼 "전각에는 지극한 이치가 담겨 있고 오묘함이 있다"라는 말의 구체적인 내용과 의미를 문인전각에서 추구한 미의식을 중심으로 알아보자.

중국문화의 특징 중의 하나는 '남첩북비南帖北碑'처럼 남과 북의 지리적 환경을 중심으로 각 지역 문화의 차별성을 강조하는 것과 예술창작에 임하는 인물이 어떤 신분이냐, 추구하는 미의식이 무엇이냐에 따라 동일한 예술장르에서도 구분을 한다는 것이다. 이런 사유는 전각에도 그대로 적용되어 문인전각과 공인전각을 구분하는 것으로 나타난다.

흔히 문인전각을 행한 최초의 인물로 북송대 미불米芾을 들곤 한다.[4] 미불이 활약한 송대는 중국예술사에서 중요한 의미를 지닌다. 당대에 비해 이른바 문인사대부들이 서화에 관심을 갖는 현상이 두드러지게 나타나기 때문이다. 산수화가 발달하고 '우의寓意', '상의尙意'적 예술창작을 꾀하는 시기가 바로 송대로서, 전각에도 일정 정도 그런 경향성이 서서히 나타난다. 그리고 중국서예사에서 송대는 문인사대부들이 당대의 '서법을 숭상하는 서풍[상법서풍尙法書風]'에서 벗어나 '작가 개개인의 뜻을 숭상하는 서풍[상의서풍尙意書風]'이 일어난 시대다. 이런 '상의서풍'은 서예를 또 다른 차원에서 '자오自娛'와 힐링 차원에서 이해하는 것으로 나타난다.

말년에 서예에 심취한 북송대 구양수는 '서예를 배우면서 한가롭게 세월을 보낸다[학서소일學書消日]'[5]라는 것과 '서예를 배우면서 그것을 통해 즐거움을 얻는다[학서위락學書爲樂]'[6]라는 두 가지 효용성을 말한다. 소식은 서예를 통해 세상의 번뇌를 잊고 그 스스로 그 마음을 즐길 수 있는 효용성이 있다고 보았다.[7] 이런 점은 서예를 통해 얻을 수 있는 성정의 유쾌함과 오락의 공능성을 강조한 것에 해당한다. 송대 육유陸游는 유명한 처사인 임포林逋의 서예작품을 감상하곤 "병이 생겼지만 약을 먹지 않아도 낫고, 배가 고프지만 먹지 않아도 배부르다"[8]는 말을 한다. 그만큼 좋은 서예작품은 감상자로 하여금 정신적, 육체적으로 주는 즐거움과 효용성이 크다는 것인데 이런 인식의 변화는 전각에서도 일어난다.

송대 '상의서풍'은 이제 서예를 통해 내면의 희로애락을 자유롭게 표현할 수 있는 계기를 마련해주는데, 명대 이후에는 또 한 번의 변화가 일어난다. 그것은 서체의 '다양한 형태를 숭상하면서 자신의 개성을 드러내는 서풍[상태서풍尙態書風]'의 등장이다. 문인화에서 '서예의 기법으로 그림을 그린다[이서입화以書入畵]'는 이미 오래전부터 강조된 것이지만, '상태서풍'의 경향은 서예에 회화적 요소가 가미되는 이른바 '그림의 기법으로 글씨를 쓴다[이화입서以畵入書]'는 현상으로 바뀌어 나타난다. 육분반서六分半書와 수죽瘦竹으로 유명한 청대 정섭은 이런 면에서 유명한 서예가이면서 문인화가다. 서예가 시대에 따라 변화하는 것과 더불어 전각에 대한 이해와 전각의 표현 방식도 달라진다.

문인전각이 발달하는 과정에서 원대 화가인, 매화에 장기를 보였던 왕면王冕을 빼놓을 수 없다. 왕면은 보화산寶華山[9]에 놀러갔다가 우연히 가늘면서도 미끈하고 부드러우면서도 윤기가 있는 화유석花乳石을 발견한다. 여기에 왕면이 칼을 대고 시험 삼아 새겨보았다. 그리고 기존 인장 재료인 금, 은, 동, 철, 옥, 상아, 우각牛角 등의 재료가 재질의 단단함 때문에 자유자재로 예술적 감성을 담아내는 것에 한계가 있었던 점에 비해 용이하게 새길 수 있음을 발견한다. 왕면이 화유석을 발견한 이후 전각에는 명청 시기의 문인들이 '자전자각自篆自刻'하는 것이 성행하게 된다.[10] 이제 재료가 달라짐에 따라 '자전자각'하게 된 상태에서 전각이 문인사대부들에게 어떻게 이해되었는지를 자세히 보기로 한다.

양사수楊士修는 「주공근인설산周公瑾印說刪」에서 신분이나 직업, 기타 처한 상황에 따라 사용한 인장을 다양하게 구분한다. 예를 들면, 집정가인執政家印, 장군가인將軍家印, 경좌가인卿佐家印, 학사가인學士家印, 내사가인內史家印, 어사가인御史家印, 독학가인督學家印, 법사가인法司家印, 목민가인牧民家印, 경업가인經業家印, 은사가인隱士家印, 문인가인文人家印, 유협가인游俠家印,

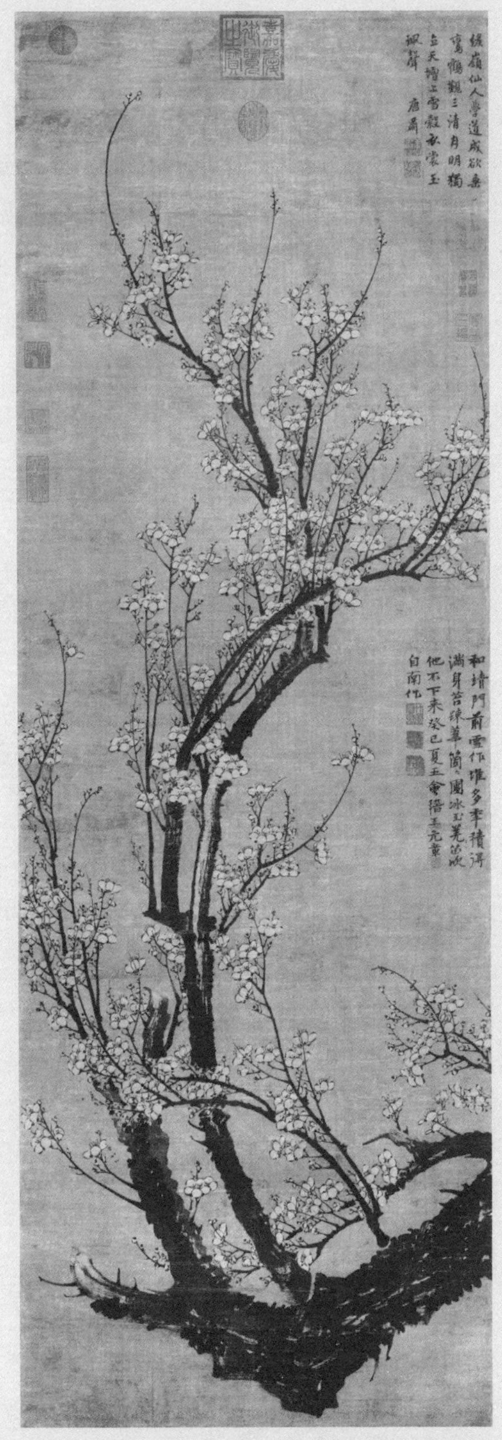

왕면, 〈남지춘조도南枝春早图〉, 타이베이 고궁박물원 소장

절지법折枝法을 운용하여 이른 봄에 핀 매화의 기운생동함을 잘 표현한 작품이다.

등림가인登臨家印, 호사가인豪士家印, 빈사가인貧士家印, 감상가인鑑賞家印, 호사가인好事家印, 승도가인僧道家印, 기녀가인妓女家印 등이 그것이다. 이것은 이제 몇몇 기술자가 주로 '상호간의 신용'을 상징하는 공적·실용적 차원에서 전문적으로 인장을 새겼던 과거에 비해 그만큼 인장이 현실 생활에서 서로 다른 직업이나 신분에 따라 다양하게 사용된 것을 보여주는데, 여기서 '문인가인文人家印'에 일단 주목하자.

우선 명대 주간朱簡의 『인경印經』을 통해 문인전각과 공인전각이 구분되는 점을 알아보자.

> 공인의 인장은 법으로 논하니, 새긴 글자의 인장의 자태가 모두 잘 갖추어져 있어야 바야흐로 능품에 해당한다. 문인의 인장은 '의취意趣'가 뛰어난 것을 좋은 것으로 한다.[11]

인장 역시 서화와 마찬가지로 '품격'을 논한다. 품격을 논한다는 것은 단순히 인장이 '소기小技'로만 머무르는 것이 아님을 의미한다. 이런 점은 이후에 자세히 보기로 한다. 공인 인장의 경우 '법'으로, 문인 인장의 경우 '의취'로 보아 각각 그 평가하는 기준을 달리하는데, 여기서 '의취'라는 말에 주목하자. 법으로 한다는 것을 다른 식으로 말하면, 기교 차원에서 글자 형태의 좋고 나쁨을 말하는 '형사 차원'에서 논한 것이다. 하지만 '의취'를 문제 삼는 것은 기교보다는 정신성을 더 우선시한 '신사 차원'에서 논한 것이다.

전각은 흔히 '소기小技'라고 여긴다. '소기'라고 하지만 인장의 깊은 경지는 쉽사리 들어갈 수 있는 것은 아니다. 방조고方祖皐의 『인상印商』의 발문을 통해 문인들의 인장에 대한 기본적인 이해를 보자.

> 도장圖章이 비록 '소기'지만, 깊은 경지에 들어가는 것은 정말 어렵다. 만드는 사람이 '옛것[古]'에 얽매이면 융통성이 없어지고, '유행[時]'을 따

라가면 경박해진다. 오로지 옛사람이 '이미 이룬 법[成法]'을 사용하여 그 사람의 정신과 기풍을 얻은 후, 지금 사람들의 윤택한 풍모를 더한다면 한 시대에 이름을 날리기에 충분할 것이다.[12]

뛰어난 인장예술가가 되는 요건으로 고와 금을 적절하게 묘합할 줄 알아야 한다는 것은 법고 이후의 창신을 꾀하라는 것이다. "깊은 경지에 들어가는 것은 정말 어렵다"라는 말을 철학적으로 접근하면, '소기'에 속하는 인장이라도 동양예술이 추구하는 최고경지인 '도'를 담아야 한다는 것을 의미한다. 청대 오경吳暻이 『보석제인보寶碩齊印譜』 서문에서 말한 다음과 같은 글은 이런 점을 말해준다.

기예는 비록 '소도'이지만, 분별하여 그 체를 바로하고, 살펴서 그 형세를 좋게 해야 한다. 거리를 두어 그 운치를 드러내고, 합하여 그 정신을 완비해야 한다. 펼쳐놓되 그것을 자유롭게 하고자 하며, 거두어들이되 그것을 감추고자 해야 한다. 열고 합치되 '이치'에 어긋나지 않고, 변하고 화하게 하되 '도'에 위배되지 않아야 한다. 그렇게 하지 않는다면 이에 대해 더 이상 말할 가치가 없다.[13]

'이치에 어긋나지 않는 것'과 '도에 위배되지 않는 것'을 강조하는 것을 형이상학적 측면에서 말하면, '일음일양一陰一陽'하는 우주대자연의 운동변화를 전각에 적용한 것에 해당한다. 전각에서는 특히 서예적 요소를 강조하는데, 이런 사유는 '서예의 기법으로 전각을 한다[이서입인以書入印]' 혹은 '서예와 전각은 동일한 예술이다[서각동일書刻同一]'[14] 등으로 나타난다. 이런 사유도 전각이 단순 칼로 새기는 기교적 차원에 머무르는 예술이 아님을 보여준다.

전각하는 일은 '소기'가 아니다. 육서六書의 요지를 살펴야 하며, 금석의 그윽한 광채를 펼쳐야 한다. 그 공능을 가늠해 보면, '효爻를 펼치고 상象을 그은 것'과 더불어 신령스러움을 갖추고 있으니, 어찌 속된 팔뚝으로 할 수 있는 것이겠는가?[15]

'육서'와 '금석'에 대한 이해는 물론 『주역』에서 말하는 생생지리生生之理 및 '관물취상'과 관련된 '효'와 '상'을 통해 전각의 예술성을 말하는 이상과 같은 말은, 전각이 더 이상 단순한 '소기' 차원이 아님을 단적으로 말해준다.

전각이 특히 문인사대부들이 추구하는 예술로서 여겨지는 데에는 아雅와 속俗, 교巧와 졸拙 등과 같은 미학범주를 통하여 평가하되,[16] '아정'을 강조하는 점과 깊은 관련이 있다.[17] 감양은 『인장집설』에서 '주문인朱文印'을 논하면서 "그 문은 마땅히 청아淸雅하면서 필의筆意가 있어야 한다. 너무 거칠게 해서는 된다. 거칠면 속되게 된다"[18]라는 말을 한다. 이런 점은 문인전각이 서화와 마찬가지로 작가의 성정을 표현하는 예술이고, 아울러 우아하면서도 격조 높은 예술이란 것을 말해준다. 명대 귀창세歸昌世는 『인지소인印指小引』에서 이런 점을 단적으로 말한다.

매번 문장 기예가 성정을 드러내지 않은 것이 없다고 하는데, 어찌 유독 인장에서만 그것을 의심한다는 말인가?[19]

문인화가들은 흔히 '묵희墨戲' 차원에서 흉중의 정취情趣를 담아낸다고 말하는데, 문인전각에서 요구하는 것도 문인화에서 요구하는 것과 전혀 다를 바가 없다. 진만언陳萬言의 다음과 같은 말을 보자.

문인은 전각을 '유희'로 삼았는데, 그렇게 여기는 것은 마치 문인화를 그릴 때 산의 정취와 물의 의취를 그리는 것이 애오라지 자신들의 흉중의 정취를 그려내는 것과 같을 뿐이다.[20]

'유희'라는 말에는 전각이 '상호간의 신용을 확인한다'라는 공적·실용적 측면을 넘어선 문인의 심성을 자유롭게 표출하는 예술로 여긴다는 의미가 담겨 있다. 또 오랜 연마 기간을 통해 궁극적으로는 '천취天趣'를 담아낼 것을 강조한다.[21] '천취'는 '신운神韻'과 더불어 문인화에서 담아내야 하는 가장 기본적인 요소이다. 이런 점에서 전각은 '소기'에 속하지만 서화와 마찬가지로 인장을 창작하는 행위 이전의 상황을 강조하기도 한다. 청대 서견徐堅은 『인전설印箋說』에서 이러한 점을 잘 말해 준다.

> 인장을 창작할 때에는 흥이 찾아올 때까지 기다렸다가 창문을 밝게 하고 안석을 깨끗하게 하면서 전각을 새길 준비를 하고, 차가 익어 맑은 향기가 나면 아름다운 돌을 어루만지다가 '우연히 만들고'자 한다. 새겨야 할 돌의 자리와 글자의 형세가 서로 융화되고 '마음이 편안하고 손이 한가하면[심일수한心逸手閑]' 쓱쓱 칼을 운용한다. 경중과 완급은 오로지 마음이 가는 대로 따른다.[22]

'우연욕작偶然欲作'의 우연성과 '심일수한' 상태에서의 심령의 자유로움을 통해 전각에 임하라는 것은 의취나 천취를 담아내는 예술로서의 전각 창작을 말하는 것이다. 그런데 인장을 통해 표현하고자 하는 미의식은 시대에 따라 다양하게 나타난다. 법고를 강조하는 원대 조맹부趙孟頫는 다음과 같이 말한 적이 있다.

> 근래 사대부들의 도서인장圖書印章을 보니 한결같이 새롭고 기이한 형상을 추구하고 있다… 세상에 유행하는 풍속과 다르면서 옛것에 부합하는 작품은 백에 두셋도 되지 않는다.[23]

조맹부가 당시 '사대부'의 '도서인장'을 문제 삼는 이 말에는 큰 틀에서는 동양예술에서의 고와 금, 아와 속에 대한 갈등이 담겨 있다. 조맹부가

'법고'를 숭상하는 차원에서 '새롭고 기이한 형상' 추구를 비판하는 것은, 역설적으로 그만큼 그 당시에 이전과 다른 다양한 심미추구가 일어났음을 반증한다. '새롭고 기이한 것'을 미학적 차원에서 말하면, 유학이 추구하는 절제되고 우아함을 추구하는 중절中節의 '중화' 심미의식을 따르지 않고 감정을 자유롭게 표현한다는 것이 담겨 있다. 심야沈野는 인장의 흥망성쇠에 따른 미의식의 변천을 다음과 같이 말하고 있다.

> 인장의 흥망성쇠는 시의 흥망성쇠와 아주 비슷하다. 인장의 경우는 진秦 이전은 말할 것이 없고, 한漢과 진晉보다 홍성한 적이 없었다. 한과 진晉의 인장은 예스러운 것과 졸박한 것이 비동飛動하며, 기이한 것과 바른 것이 상생한다. 육조六朝 이래로 굽어지고 돌아감이 마치 '무전繆篆'과 같더니, 송에 이르러서는 고법이 방탕해졌다.[24]

'인장의 흥망성쇠가 시와 비슷하다'라는 말은 시가 시대 변화에 따라 시풍이나 내용 및 시작법이 다양하게 변화하듯이 인장도 마찬가지로 변화했다는 것이다. "예스러운 것과 졸박한 것이 비동하며, 기이한 것과 바른 것이 상생한다"라는 것은 '진한인秦漢印'이 추구하는 미의식을 구체적으로 말한 것이다. 흔히 문과 시를 말할 때 앞서 말한 바와 같이 "문은 반드시 진한시대의 문풍을 따라야 하며, 시는 반드시 성당의 시풍을 따라야 한다"라는 것을 말하는데, '변화했다'는 것은 이런 틀에서 벗어났음을 의미한다. 심야의 말에는 '진한인'을 고법 혹은 정법正法으로 보고, 그 이후의 인장은 그 고법 혹은 정법을 변화시켰다는 부정적 인식이 담겨 있다. 시대에 따라 변한 것에 대한 그 부정적인 인식은 법고중심주의의 소산이다.

이같이 시대에 따라 추구하는 심미의식이 변화하는 것은 필연적이다. 그럼에도 인장에서 법고적 사유는 여전히 강한 영향력을 갖는다. 이같이 법고를 강조하는 차원에서 전각의 이상적 아름다움을 담아내고자 하는 의식은 『인보印譜』의 탄생으로 이어진다. 명대 심명신沈明臣은 『집고인보集古印譜』 서문에서 다음과 같이 말한다.

> 예전의 전문篆文은 소박하면서도 기묘하여, 모두 옛사람들의 정신과 심법心法이 깃들어 있다. 만일 『인보』가 없다면 천백세 후의 오랜 세월 뒤에 보여줄 바가 없을 것이다.[25]

이 말은 『인보』의 필요성과 중요성을 강조하는 것이면서도, 아울러 전각이 추구하는 이상적인 미의식이 이제 일정한 형식과 형상으로 획일화되고 규격화되었다는 것을 의미한다. 즉 『인보』가 나타났다는 것은 이미 수없이 많은 인물들이 인장 창작에 임했고, 그 결과 후대인들이 '롤-모델[role-model]'로 삼을 만한 훌륭한 인장 작품이 이미 존재하고 있음을 의미한다. 그 이상적 아름다움을 글자의 형태로서는 '고박하고 기묘한 것'이라 규정한 것이다. 고인의 정신과 심법은 결국 '진한인'이 담아내고자 했던 정신과 심법을 의미한다. 이같이 진한의 인장을 높이는 사유에는 '고古'를 존중하는 사유가 담겨 있다.[26]

문인전각은 흉중의 정취와 성정을 담아내는 예술이면서 아울러 일정 정도 문인들이 추구하는 법고적 예술정신이 그대로 담겨 있는데, 이런 측면은 또 다른 차원에서는 품격을 나누는 것으로 나타난다. 즉 공인전각과 문인전각을 구분하는 것에는 전각하는 인물의 신분 차이뿐 아니라 지향하는 미의식과 품격이 다르다는 사유가 담겨 있다.

3

문인전각의 품격론

시·서·화는 작품 품격의 우열을 따지기 때문에 많은 품론이 있었다. 서화에서의 품격 구분은 시대 혹은 작가의 심미기준에 따라 각기 다르게 나타났는데, 이런 점은 전각에도 그대로 적용된다. '격格'은 '품品'과 동일한 의미로 사용되는데,[27] 품격의 구분에서 우리가 주목할 것은 일품 혹은 일격의 위상이다.

양대梁代 유견오庾肩吾는 『서품書品』에서 한漢에서부터 양梁에 이르는 서예가 123인을 상·중·하 3등급으로 구분한 삼품구급三品九級을 제시한다. 당대 이사진李嗣眞은 『후서품後書品』을 지어 처음으로 일품을 가장 뛰어난 품격으로 삼는다. 앞에서 본 바와 같이 북송의 황휴복은 『익주명화기』에서 일, 신, 묘, 능의 사품으로 분류하면서 일품을 가장 높은 위치에 놓는다. 청대 포세신包世臣은 『국조서품國朝書品』에서 신, 묘, 능, 일, 가佳 등 5품으로 구분하고, 캉유웨이康有爲는 『광예주쌍즙廣藝舟雙楫』「비품碑品」에서 신, 묘, 고高, 정精, 일, 능 등 6품으로 논하기도 한다. 서화론에서의 품격에 관한 다양한 분류들은 문인전각에도 그대로 적용된다. 이런 점은 인장이 서화와 다른 예술이 아니라는 것을 보여주는 또 다른 예다. 양사수의 말이다.

> 문장에 법이 있듯이, 인장에도 법이 있다. 그림에 품이 있듯이, 인장 역시 품이 있다. 그 법을 얻게 되면 그 품을 얻을 수 있다.[28]

문인전각의 품격론은 당대 이양빙李陽氷이 신神, 기奇, 공工, 교巧 등 네 가지로 전각의 품격을 논하는 것에서 출발한다.

모인摹印의 법에는 네 가지가 있다. 첫째, 공교로움이 대자연의 조화를 닮아 그윽하게 귀신이 한 것과 같은 것을 '신'이라고 한다. 둘째, 필획의 밖에서 미묘한 법을 얻은 것을 '기'라고 한다. 셋째, 기예가 한결같이 정밀하고, 규規와 구矩가 네모나고 둥근 것에 들어맞는 것을 '공'이라고 한다. 넷째, 번잡함과 간단함이 서로 조화롭고 배치가 어지럽지 않은 것을 '교'라고 한다.[29]

공교로움, 법, 기예, 규와 구, 포치 등을 중심으로 하여 품격을 나누는 이런 분류방식은 일단 기교적 차원에서 전각의 품격을 구분한 것에 해당한다. 이와 같은 품격론은 후대에도 많은 전각가에게 그대로 이어지곤 한다.[30] 이양빙이 '일품'을 논하지 않는 것은 당대에는 송대 이후에 보이는 문인사대부들이 전각을 '유희'로 여기는 현상이 아직 일어나지 않았기 때문이다. 명대 감양甘暘은 신, 묘, 능 삼품격을 말한다.

훌륭한 인장에는 세 가지 품격이 있다. 신, 묘, 능이 그것이다. 즉 경중이 법 가운데의 법을 얻고, 굴신이 정신 밖의 정신을 얻고, '붓이 아직 다다르지 않았는데 뜻이 먼저 다다르고', '형태가 아직 존재하지 않았는데 정신이 이미 존재하는 것'은 인장의 신품이다. 완만하게 굴러 움직여 정취가 있고, 드물어 성근 것과 빽빽한 것이 구속되는 것이 없고, 더하고 더는 것이 육의六義와 합치하고, 잡아당기고 양보하는 것이 의지하고 돌아봄이 있어 균형이 맞고, 조탁을 가하지 않은 것은 인장의 묘품이다. 길고 짧은 것, 크고 작은 것이 방원의 법칙에 적중하고, 번잡함을 제거하여 간결함을 보존하고, 해이하게 흩어져 옹색하고 급박한 잘못된 것이 없어, 맑고 우아하면서 평평하고 바른 것은 인장의 능품이다.[31]

신품의 특징으로 말하는 '붓이 아직 다다르지 않았는데 뜻이 먼저 이른다', '형태가 아직 존재하지 않았는데 정신이 이미 존재한다'라는 것은 서화에서 말하는 '뜻이 붓보다 먼저 있다[의재필선意在筆先]'라는 사유를 전각에 적용하여 말한 것이다. 즉 일종의 '뜻이 칼을 놀리기 전에 먼저 있다[도재의후刀在意後 혹은 의재도전意在刀前]'라는 사유다.[32] 이러한 '도재의후' 혹은 '의재도전'의 사유는 전각에서 작가의 필의筆意를 중시하는 것 및 서예적 요소를 강조하는 것과 관련이 있다. 장사보張士保는 「견고재인보제발甄古齋印譜題跋」에서 "뜻이 붓보다 앞서 있으면, 칼을 제멋대로 놀리지 않고 넉넉하게 칼을 놀릴 수 있게 되어, 상象 너머의 참된 정신을 취할 수 있다. 나는 전각의 참된 법이 이런 것이란 것을 깨달았다"[33]라고 하여 전각에서의 '의재필선' 요소가 갖는 긍정적인 점을 말하고 있다. '상 너머의 참된 정신을 취할 수 있다'라는 것은 전각도 결국 신사를 중시하는 차원에서 '득의망상' 및 '상 너머의 상을 취할 것[상외지상象外之象]'을 요구하는 서화와 동일한 경지에서 논할 수 있다는 것이다.

양사수楊士修는 『인모印母』에서 '격格'이 곧 '품'임을 말하면서 천부적인 것과 후천적인 것에 따라 정격正格, 궤격詭格, 미격媚格, 노격老格, 선격仙格, 청격清格, 화격化格, 완격完格, 변격變格, 정격精格, 첩격捷格, 신격神格, 전격典格, 초격超格 등 14품격이 있음을 말한다.

> '격'은 '품'이다. 그 성취를 말하자면 현격히 다르다. 문장을 본떠서 글씨를 쓰는 것, 붓을 따라 칼을 대는 것이 조금도 어그러짐이 없는 것은 '정격'이다. 글자가 어떤 것은 넘어지고, 어떤 것은 들고 나면서, 천취가 흘러 움직이는 것은 '궤격'이다. 점의 이어짐이 영롱하고, 나비가 무성한 꽃에서 어지러이 왔다 갔다 하며, 반딧불이 들풀에 의지해 반짝거리는 것은 '미격'이다. 새긴 칼끝이 고졸하여 깊은 산의 괴석 같고, 오래된 언덕에 푸른 등걸 같은 것은 '노격'이다. 정신과 얼굴색이 기쁜 듯이 펼쳐지는 것이 푸른 하늘에서 학이 날아다니는 것 같은 것은 '선격'이다. 도량이 분명한 것이 모래 언덕에 큰기러기가 서식하는 것 같은 것은 '청격'이다. 짜임새에 흠이 없는 것이 창공의 흰 구름과 같은 것은 '화격'이

다. 창을 밝게 하고 안석을 깨끗하게 하여 조용히 펼쳐서 시험하는데, 도필이 단정하고 예쁜 것은 '완격'이다. 전쟁하는데 말 위에 있다가, 마침내 봉수가 있어 사물을 만나면 곧 나아가는 것은 '변격'이다. 포치가 두루 상세하여, 누에고치가 실을 짜듯 거미가 그물을 짜듯 하는 것은 '정격'이다. 손을 떠난 것이 신속하여 화살이 활을 떠난 것과 같고, 나뭇잎이 매달린 이슬을 획 뒤집히는 것과 같으면 '첩격'이다. 광기 있는 노랫가락이 아직 다함이 없는데, 태백太白이 연이어 이끌리고 도필刀筆이 기울어진 것은 '신격'이다. 규범을 취하는 것이 옛것이 먼저이고, 진秦을 좇아 한漢에 가까우면 '전격'이다. 홀로 한 유파를 창조하여, 옛것보다 뛰어나고 현재를 뛰어넘으면 '초격'이다. 이처럼 격에는 14가지가 있는데, 그중에는 천부적인 것이 있고 후천적인 것이 있지만, 이들 모두 대강대강 얻어지는 것이 아니다.[34]

여기에는 '일격'은 빠져 있지만, 기교적 측면과 관련된 이런 다양한 품격 구분은 문인들이 전각을 통해 추구한 기교와 미의식이 얼마나 다양하게 평가될 수 있는가를 보여준다. 주공근周公謹은 사품격론을 주장하면서 일품을 말한다.

법은 나에게서 나오는 것이지 법에서 나오는 것이 아니다. 자유자재로 손을 놀려 도구의 제약을 받지 않으면서도 말과 행동이 하나하나가 '도'에 들어맞는 것이, 마치 하늘을 나는 신선이 우연히 인간세상에서 노니는 것 같은 것은 일품이다. 서체가 모든 법을 갖추고 있으면서도 이리저리 얽히고 변하여 단서를 잡을 수가 없는 것이, 마치 살아 꿈틀거리는 용과 활발발하게 움직이는 호랑이 같아서 종잡을 수 없는 것은 신품이다. 법이 아니면 행하지 않고, 기이함과 바른 것이 번갈아 바뀌고, 찬란하게 문채를 이루는 것이, 마치 수많은 꽃들이 봄 골짜기에 가득하여 찬란하게 시선을 빼앗는 것 같은 것은 묘품이다. 단점을 제거하고 장점을

> 모으고, 옛 법을 힘써 추구하여 스스로 전문가가 될 수 있는 것이, 마치 금을 주조하고 옥을 쪼듯이 각각 훌륭한 작품을 이루는 것 같은 것은 능품이다.[35]

신품은 일단 법의 차원에서 논의되지만 활발발한 생명성과 다양한 변화성이 담겨 있는 경지다. 묘품은 법에 의한 작품이되 외형적으로 매우 아름다운 것이 담겨 있는 경지다. 능품은 법고를 기본으로 하면서 스스로 한 분야의 '전문가'임을 자임한다는 경지다. 일품은 법과 인위적 기교를 넘어서 타인과 구별되는 '주체적 나'를 자유자재로 담아낼 수 있는 경지이다.

여기서 일품과 신품의 경계는 법과 인위적 기교를 넘어섰는가의 여부에 있다. 법과 인위적 기교를 넘어섰다는 것은 타인과 구별되는 나만의 예술세계를 펼치고, 아울러 일종의 노장의 무위자연 차원의 기교 운용에 들어갔음을 의미하는데, 주공근은 이런 점을 잘 밝히고 있다. 주간朱簡은 『인경印經』에서 일, 신, 묘, 능 사품격을 도법刀法 측면에서 구분하면서, 서화와 다른 인장에서의 품격론의 한 특징을 보여준다.

> 내가 말하는 도법이란 문자에 기起와 복伏이 있고, 전轉과 절折이 있고, 경輕과 중重이 있어 각각의 필의筆意를 완성하고 함부로 경솔하지 않는다는 것이다⋯ 도법이란 것도 필법을 전한다는 것이다. 도법이 섞여 갈마 들어가 상대할 것을 찾을 수가 없으면 신품이다. 필법이 있으면서 도법의 형식이 없는 것은 묘품이다. 도법은 있으면서 필법이 없는 것은 능품이다. 도법과 필법 이외 '특별한 정취'가 있는 것은 일품이다.[36]

신품, 묘품, 능품이 모두 도법과 필법 이 두 가지 관계성을 '법', '형식', '인위적 기교' 등과 연계하여 논의한 경지라면, 이 같은 도구성과 법칙성을 넘어서고 '특별한 정취'가 있으면 일품이 된다. 이처럼 일품은 법 혹은 기교와 관련할 때 '무엇 무엇을 넘어섬'의 경지인데, 그 '무엇 무엇'이란

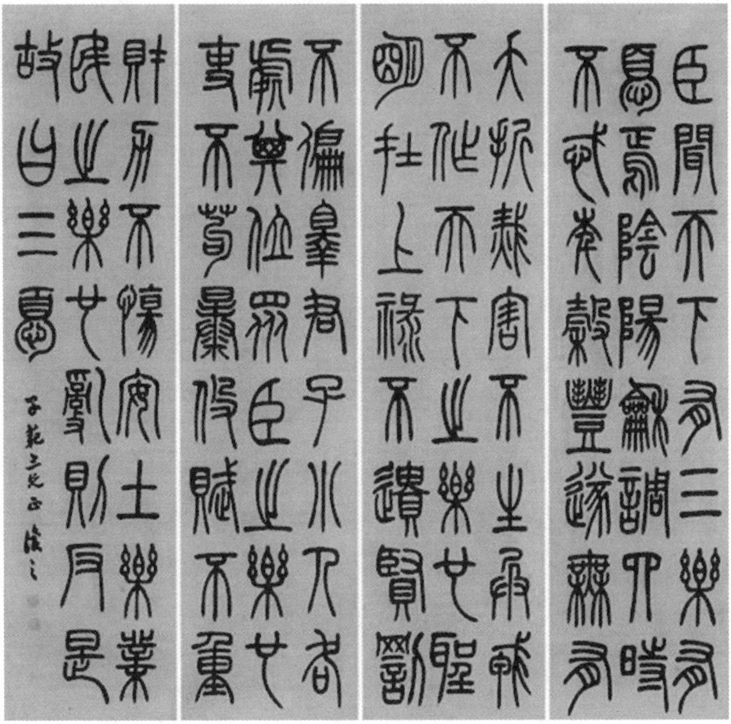

오양지의 전서

것에는 기본적으로 법과 인위적 기교가 담겨 있다. 인장에서의 이 같은 일품은 회화에서 형사 측면보다는 신사 측면을 강조하는 경향과 밀접한 관련이 있다.

이상 거론한 명대의 여러 품격론은 대체로 청대 문인전각가들에게도 영향을 주지만, 전각가에 따라 다른 입장에서 품등을 구분하기도 한다. 이 같은 다른 입장에서의 평가에는 곧 전각에서 '어떤 요소를 중시하느냐' 하는 것과 관련된 차별화된 인식이 담겨 있다. 그 핵심에 일품에 대한 이해 차이가 담겨 있다. 청대 오양지吳讓之는 『자평인고自評印稿』「제기題記」에서 신품을 제일 높은 품격으로 보고, 다음으로 묘품, 능품, 일품, 가품佳品으로 나누는, 이른바 '5급9품론五級九品論'을 제시한다.

> 인장 역시 5등급으로 나누지만, 다시 9품으로 따로 나누어야 한다. 신품이 첫째 등급이며, 묘품, 능품, 일품, 가품을 모두 상과 하로 나누어야 한다… 자연적으로 만들어진 것이 신품이다. 가로와 세로가 서로 편안한 것이 묘품이다. 생각과 힘이 번갈아 이른 것이 능품의 일이다. 잘못되지 않은 것이 일품이고, 문경門境에 좇을 만한 것이 있으면 가품일 뿐이다. 이 다섯을 나란히 배열하면 우열을 가리기 쉽다. 만약 뜻이 새롭지만 기이함이 없고, 기이하지만 정도에 맞지 않으며, 기괴하지만 제멋대로 만들었으면 모두 이 등급에 들어가기 어렵다.[37]

오양지는 '일逸'에 대해 큰 의미를 부여하지 않는다. 이처럼 품격론에서 논란이 되는 것은 신품과 일품 가운데 어떤 것을 더 상층에 두느냐 하는 것이다. 이런 점은 서화에서도 마찬가지인데, 청대 진련陳鍊은 『인설印說』에서 왜 일품을 신품보다 위에 놓았는지에 대해 답하고 있다.

> 인장의 아름다움에는 3품격이 있다고 들었는데, 신품, 묘품, 능품이 그것이다. 또 말하길, 선비의 기운이 적은 것은 능사가 아니니, 오직 가슴 속에 책이 있고, 눈 아래에 사물이 없고, 필묵 사이에 또 다른 일종의 '특별한 정취'가 있는 것이 일품이다. 이는 그런 능력을 가진 사람에게나 존재하는 것이지, 인위적인 공력으로 얻을 수 있는 것이 아니다. 따라서 옛사람들은 일품을 신품보다 위에 놓았다.[38]

일품이 신품보다 우월한 요소로 들고 있는 '특별한 정취'는 '흉중유서胸中有書'와 매우 밀접한 관련이 있다. 인장과 전혀 상관이 없을 것 같은 '독서'는 전각이 심오한 경지에 이르게 하는 원천이 된다. 이런 점은 문인전각이라 일컬어질 수 있는 또 다른 중요한 요소가 된다. 진예종陳豫鍾은 전각에는 '글씨의 맛[서미書味]', '고요한 정취[정취靜趣]', '화법'이 담겨 있어야 함을 말하면서 특히 '독서'를 강조한 적이 있다.[39] 명대 심야沈野도 『인담

印談』에서 전각에 임하기 전의 마음가짐과 '독서'의 중요성을 말한다.

> 인장이 '소기'지만 반드시 조용히 앉아 책을 읽어야 한다. 무릇 어떤 기예도 정숙하게 자리에 앉아 책을 읽지 않고 심오한 경지에 이르는 경우는 없었다.[40]

작가의 학식과 인품 형성과 관련된, 더 나아가 '격물치지'를 통해 우주 대자연의 이치를 깨닫게 하는 '독서'야말로 '소기'로서의 인장이 기교적 차원에서 벗어나 심오한 경지를 담아내는 예술로 진입하게 하는 관건이 되고, 아울러 신품에서 일품으로 넘어가는 관건도 된다. '독서'를 강조하는 이 지점에서 인장은 이제 확실하게 서화와 더불어 격조 있는 문인사대부의 예술로서 자리매김된다. "어떤 기예도 정숙하게 자리에 앉아 책을 읽지 않고 심오한 경지에 이르는 경우는 없었다"라는 말은 동양예술에서 가장 기본적으로 강조하는 말이기도 하다.

'글씨 맛[서미書味]'을 담아낼 것을 요구하는 인장의 품격론은 기본적으로 서화에서 논하는 품격론과 큰 차이가 없다. 일품으로 이해될 수 있는 인장의 경지, '독서'를 통해 흉중을 담아내고 더 나아가 '도'를 담아낸다는 것은, 전각이 도刀를 통해 단순히 기교를 부리는 차원의 예술이 아니라는 점을 보여준다. 이런 점은 총체적으로 '인여기인'의 사유로 나타난다. 즉 전각에서 독서가 필수적임을 말하거나 전각을 서·화와 동일한 차원으로 이해하는 사유에는 기본적으로 '인여기인'이란 사유가 담겨 있다. 양사수는 결론적으로 『인모印母』「총론」에서 인품人品은 인품印品과 연결되어 있음을 말한다.[41]

이제 청대 후기에는 "인장은 인장 너머의 세계를 표현할 것을 구해야 한다[인외구인印外求印]"는 것을 말해 전각의 새로운 세계를 열어준 등석여(鄧石如,1739~1805), 진한시대 인장의 격식 있는 틀에서 벗어나 작품 전체의 기세가 웅위하고, 특히 변관變款에서 새로운 조류를 열고 아울러 '이서인입화以

등석여鄧石如, 〈신황보구죽新篁補舊竹〉

조지겸趙之謙, 〈감고당鑑古堂〉

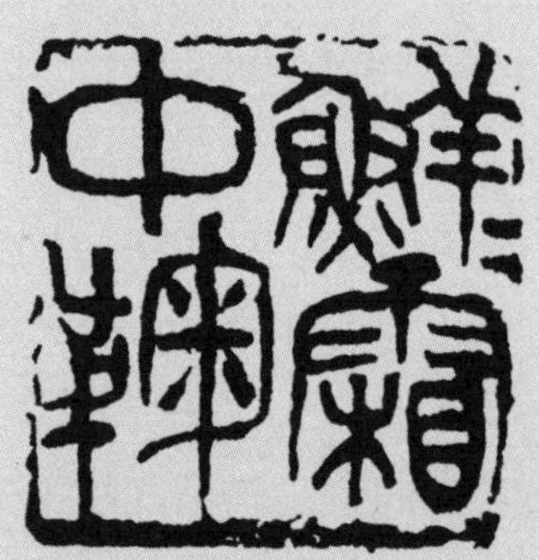

오창석吳昌碩, 〈선상중국鮮霜中菊〉

등석여의 전각

조지겸의 전각

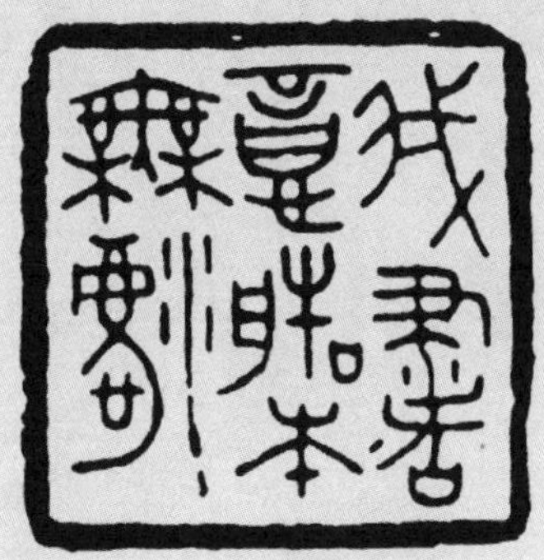

오창석의 전각

등석여(맨 위)와 오창석(맨 아래)은 소식의 "아서의조본무법我書意造本無法"이란 동일한 문구를 새겼는데 서로 다른 맛이 담겨 있다.

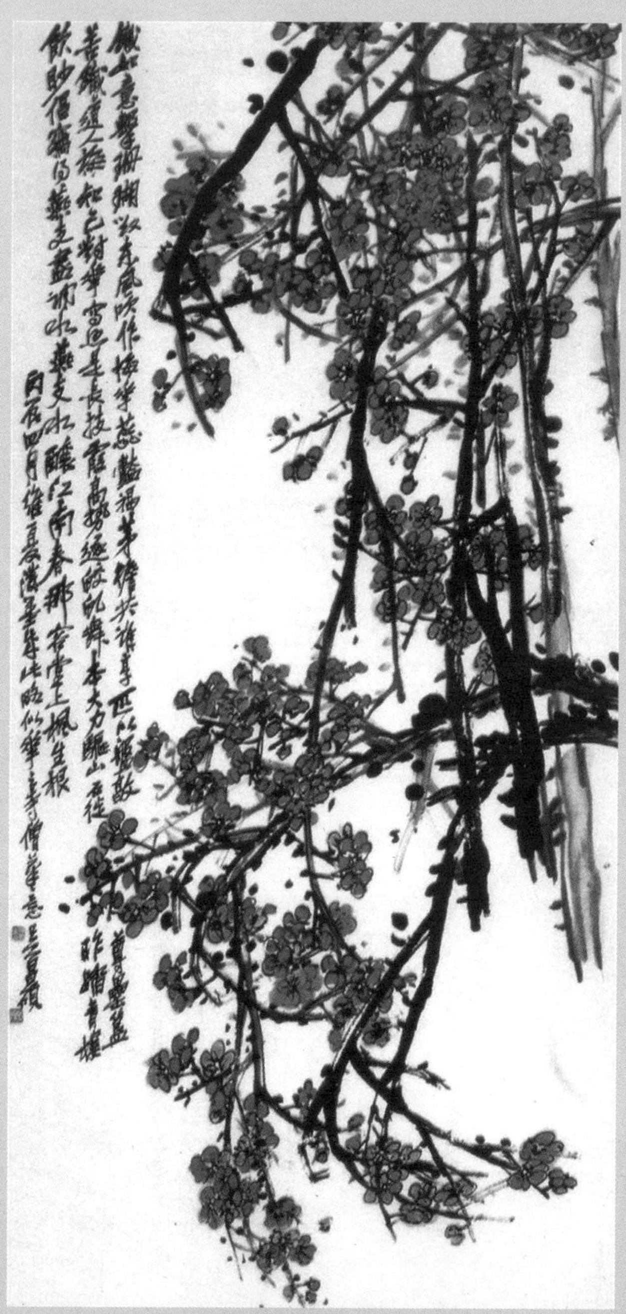

오창석, 〈홍매도紅梅圖〉, 상해박물관 소장.

書印入畵'를 통한 금석화풍金石畵風 세계를 펼친 조지겸(趙之謙, 1829~1884), 금석학을 자기화하고 전서 필법으로 그림을 그리기도 했던 오창석(吳昌碩, 1844~1927) 등과 같은 유명 전각가가 탄생한다. 이런 과정에서 전각의 회화화도 더 다양하게 나타나게 된다.

이처럼 품격 높은 전각은 서법, 장법章法, 도법刀法이 한데 어우러지면서 문인이 지향하는 청아한 맛을 내야 한다. 법을 따르고 기교를 운용하되 '유희'의 차원에서 그것이 주체적 나를 담아낼 수 있어야 한다. 독서는 기본이다. 이상 논한 것에 대한 올바른 이해가 있을 때 예술로서의 인장·전각에 대한 올바르면서 심층적인 이해가 가능하게 된다.

4
-
나오는 말

송대 이전의 전각은 주로 '권위를 상징하고 상호간의 신뢰를 확인하기 위한' 공적·실용적 차원으로서의 인장이란 의미가 강하였다. 이런 전각이 회화작품의 낙관落款 형태로 변하면서 전각의 글귀나 형태도 다양해졌다. 즉 송대에 접어들면서 문인사대부들이 '상의서풍'과 더불어 산수화 등을 통해 자신의 희로애락을 표현하게 됨에 따라, 회화의 한 요소로만 여겨졌던 전각도 점차 자신의 예술적 감성과 심성을 담은 문인전각으로 변하게 된다. 자신의 성정을 자유롭게 표현하는 일종의 '유희' 차원의 문인전각이 탄생하는 것은 전각이 서화와 구별되는 단독예술로 자리매김되었음을 의미한다.

이처럼 전각은 소기小技지만 그것이 도를 담고 있고 흉중의 정취를 담고 있다는 점에서 서화와 다를 바가 없는 청아하고 격조 있는 예술로 이해되었다. 즉 '이서입인以書入印' 혹은 '서각동일론書刻同一論' 및 일품을 최고의 경지로 이해하는 것에는 '문인전각이란 무엇을 표현해야 하는가' 하는 질문에 대한 답이 담겨 있다.

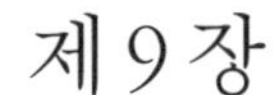

제 9 장

동양예술에서의 '도'와 '기예'의 관계성

마음이란 손의 장수이고,
손이란 마음이 쓰는 것이다.[포안도]

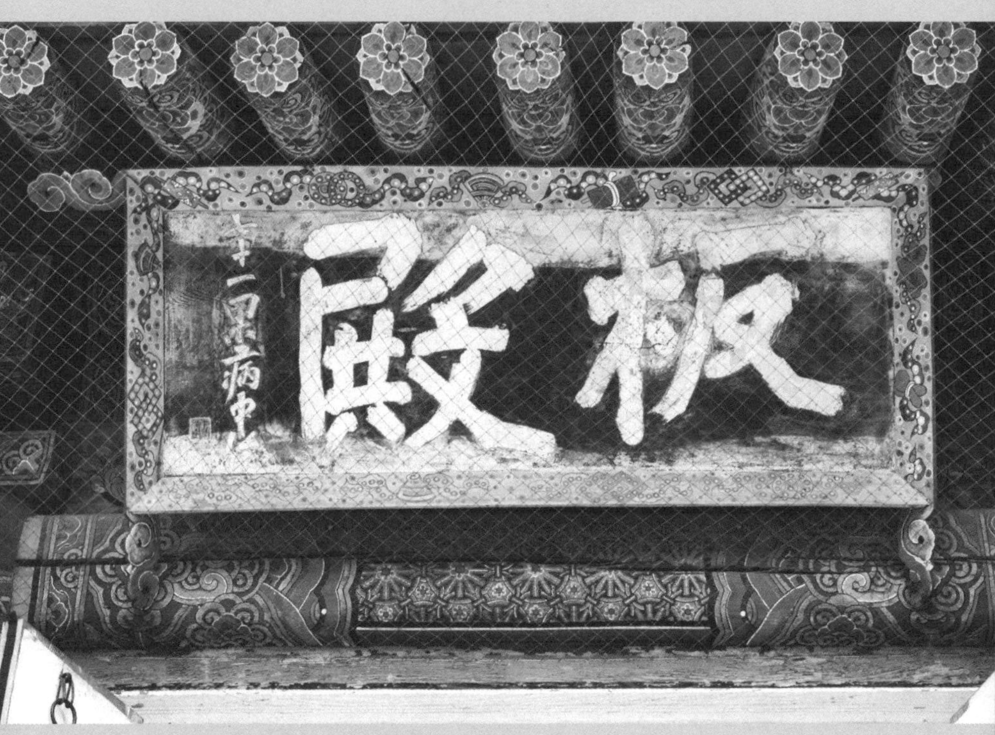

김정희, 〈판전板殿〉(봉은사 현판)
김정희가 71세 병중에 쓴 글씨로 잘 쓰고자 하는 의도 없이 초초草草하게 썼다. 대교약졸大巧若拙의 경지와 미추불분美醜不分의 불이미不二美 경지, 아이 같은 어른의 천진스러움을 엿볼 수 있는 도기합일道技合一의 작품이다.

1

들어가는 말

기技 혹은 기예는 훌륭한 작품 창작과 관련이 있다는 점에서 기에 대한 이해는 중요한 의미를 지닌다. 모든 중국 예술 장르에서 기 혹은 기예에 관한 논의는 단순히 기 혹은 기예 그 자체로서만 그치는 것이 아니라 궁극적으로는 도와 함께 거론되는 특징을 드러낸다.[1] 동양예술에서 도는 예술의 원리와 규율, 최고의 경지 혹은 사물에 내재된 특징과 규율로 이해되는데, 이런 도를 기 혹은 기예를 함께 관련지어 이해하는 것을 도예론道藝論 혹은 도기론道技論이라 부를 수 있다. 이런 도예론 혹은 도기론을 상세하게 구분하면, 도와 기를 별개로 구분하고 아울러 선차적先次的 입장에서 기가 도보다 열등하다는 식의 이해, 기를 통해 도를 담아낼 수 있다는 식의 이해, 기를 통해 도에 나아갈 수 있다는 식의 이해, 도와 상관없지만 기 그 자체의 신성성과 독자성 및 자율성을 통해 '기는 바로 도'라는 식의 이해가 있다.

도와 기예를 별개의 것으로 구분하고 선차적 입장에서 기예가 도보다 열등하다는 식의 이해는 주로 유가의 시각에서 도기론, 도예론을 전개할 때 보인다. 이 경우는 주로 도를 기예와 차이점을 강조하는 차원에서의 '도본예말론道本藝末論'과 기예가 도가 지향하는 내용을 담아내는 차원일 경우 기예를 긍정적으로 말하는 '도즉예론道則藝論'의 두 가지로 구분된다. 좀 더 자세히 말하면, 도본예말론의 경우는 주로 인품론이나 수양론적 차원에서 기예를 '완물상지玩物喪志' 차원으로 보는 것이다. 이런 이해는 기예와 관련된 행위에 대해 일정 정도 부정적인 생각이 담겨 있다. 이렇게 도에 비해 기예를 부정적으로 보기도 하지만, 기예로 불리는 범주를 어떤 식으로 규정하느냐 혹은 기예가 어떤 내용을 담고 있느냐에 따라 기예에 대한 인식이 달라지는 경우도 있다. 이런 인식에는 기예를 긍정적으로 보는 면도 있지만 본질적으로는 여전히 도와 기예는 일단 구분된다는 의식이 강하게 담겨 있다.

다음 도와 기예를 모두 강조하여 도와 기예를 함께 중시하는 사유가 있다. 이른바 소식이 말하는 일종의 '도기병진道技併進' 혹은 '유도유예有道有藝'적 사유다. 마지막으로 일단 최고의 경지로서 도를 설정하지만 '기예가 도에 나아갈 수 있다'거나 '기예 속에 도를 포함하고 있다'거나 궁극적으로는 '최고의 기예는 도이다'라는 식의 인식이 있다. 기예에 대한 이런 인식은 주로 『장자莊子』에 보이는데, '기예가 도에 나아가야 한다'는 것은 일단 기예보다는 도를 더 우선시하는 사유에 속한다. 그렇다고 기예를 천기賤技시하거나 말기末技시하는 사유는 아니다. '기예가 도에 나아갈 수 있다' 혹은 '기예 속에 도가 있다'는 언급은 기예보다 도를 더 중시한다는 사유와 함께 기예를 천기 혹은 말기로 여기는 것에 대한 문제제기가 담겨 있다. 이런 점도 장자가 주장하였는데, 이지李贄는 장자의 기예에 대한 인식을 발전시켜 기예에 대한 신성성과 자율성, 독자성을 부여하면서 '뛰어난 기예는 신의 경지에 들어간 것[절예입신絶藝入神]'을 주장한다. 이 글에서는 이런 도와 기예의 관계성을 말한 이상 세 가지 관점에서 다루고자 한다.

2

도본예말론道本藝末論과 '예즉도藝則道'로의 가능성

유가에서는 기예를 도 혹은 덕과 관련지어 이해할 때 흔히 '도본예말', '덕본예말德本藝末' 등을 거론하곤 한다. 이와 유사한 사유로 『예기』 「악기樂記」에서 말하는 '덕상예하德上藝下'가 있다. 장경張庚이 '덕상예하' 사유를 통해 원대 화가를 평가한 것을 보자.

> 양웅은 "글씨는 마음을 그린 것이다. 마음이 그림에 나타나면 사람의 사악한 것과 바른 것이 구분된다"고 하였다. 그림과 글씨가 한 근원이니, 그림도 또한 마음의 그림이다… 시험 삼아 원나라 여러 작가들에 나아가서 논해보자. 황공망黃公望은 사람됨이 솔직하고 깨끗하였으므로 그 그림이 혼후하고 윤택하여 여러 작가 중에서 가장 맑았다. 오진吳鎭은 외롭고 높고 맑고 곧았으므로 그 그림이 높이 솟고 영걸하였다. 예찬倪瓚은 줄곧 세속과 단절하였으므로 그 그림이 소원하고 초일하여 화려함을 다 버렸다. 왕몽王蒙 같은 사람은 사람됨이 영화를 탐하고 권세에 부합하였으므로 그 그림이 조급한 감이 있다. 조맹부趙孟頫는 큰 절개를 아끼지 않았으므로 그 글과 그림이 모두 예쁘고 아름다우나 속기를 띠고 있다… 『예기』 「악기」에 이르기를, "덕이 이루어지면 높게 되고, 예가 이루어지면 낮게 된다[덕상예하德上藝下]"라고 하니, 이것을 이르는 말일 것이다.[2]

장경은 예술가가 살아왔던 삶의 역정을 공공성을 추구한 삶이었는지,

윤리적 삶이었는지, 탈속적 삶이었는지를 기준으로 하여 평가하고 있다. 이런 점은 예술적 기예를 도, 혹은 덕보다 낮은 차원으로 이해하는 것에 속한다. 아울러 정호程顥가 말한 '완물상지玩物喪志'[3]나 정이程頤의 '작문해도作文害道'[4]라는 의식도 마찬가지 사유다. 물론 기예를 통해 무엇을 추구하고자 한 것인지에 따라 기예는 다른 차원에서 이해되기도 하지만, 위에서 말한 사유는 일반적으로 도나 덕보다는 기예를 천기시賤技視 혹은 말기시末技視하는, 일종의 '도와 덕 중심주의'가 담겨 있다. 이런 '도와 덕 중심주의'에는 인품을 중시하는 사유가 아울러 담겨 있다.

유가에서의 도와 기예의 관계는 일단 공자가 『논어』「술이述而」에서 말한 "도에 뜻을 두고, 덕에 의거하고, 인에 의지하고, 예에서 논다"[5]라는 것에서 찾을 수 있다. 공자는 여기서 도, 덕, 인이 기예[6]와 어떤 관계 및 선차성을 갖는지를 밝힌다. 유학은 항상 선후와 본말을 따지는데 도, 덕, 인, 기예에 관한 각각의 관계나 가치부여 더 나아가 행해야 할 순서의 경우도 마찬가지다. 일단 도, 덕, 인과 기예를 본말 관계로 따지면, 기예는 말단에 속한다.[7] 하지만 이런 선후경중先後輕重의 차례를 잘 지켜 본과 말이 겸비兼備되어 내와 외가 길러지게 되면 기예는 단순히 본말론적 차원에서만 논의되는 것이 아니다.[8]

유가 입장에서는 '완물상지'로서의 기예 그 자체는 일단 부정적으로 본다.[9] 특히 군주나 황제의 '완물상지'는 나라를 망치게 하는 매우 부정적인 것으로 이해되기도 한다.[10] 즉 단순히 '완물상지'라는 차원에서 접근하면 '유어예游於藝'는 부정적이다. 하지만 그 완물하는 것이 지리至理가 깃들어 있는 예·악·사·어·서·수의 육예六藝를 통해 하는 것이나 혹은 '완물한 것이 감정에 적당한 것[완물적정玩物適情]'이라면 달리 이해된다.[11] 즉 '유어예'하는 것이 의리의 취향을 넓히는 것이라면 도리어 방기해서는 안 되는 것으로 본다. 다른 말로 하면 도, 덕, 인을 갖추고 있더라도 기예가 더해졌을 때 좀 더 완정完整한 인간이 될 수 있다는 것이다.[12] 육구연陸九淵은 더 적극적으로 기예에 대한 가치를 부여하여 도가 곧 기예로서, 두 가지는 서로 다른 것이 아니라는 것을 말한다.

> 바둑이 나의 정신을 자라게 하고, 거문고가 나의 덕성을 기르는 것이라면 도다. 도는 바로 기예로서, 어찌 두 가지 다른 사물로 있겠는가?[13]

문인사대부들이 '자신의 욕망을 절제한다'는 것을 상징하는 악기로 인식하는 금琴[=禁]을 켜는 것이라도 정이의 '작문해도'와 같은 극단적인 차원에서 이해한다면 부정적이다. 바둑을 두는 것은 더 말할 필요가 없다. 만약 바둑을 두거나 금琴을 켜는 행위를 단순한 기예로만 보고 도와 차별하는 것은 앞서 말한 '도본예말'이나 '덕본예말'이 적용된다. 하지만 바둑을 두고 금을 켜고자 하는 의도가 단순히 즐김을 얻는다는 차원이 아닌 '정신을 자라게 하는 것', '덕성을 기르는 것'이라면 달리 이해될 수 있다. 이런 점은 얼마든지 기예를 통해 심신수양과 도에 대한 체득이 가능한지를 보여준다.[14]

이런 사유는 유희재劉熙載가 "문자·서·화는 모두 도이다"[15]라고 하는 인식이나 혹은 "기예란 도가 구체적으로 드러난 것이다. 배우는 자는 육예를 아울러 통해야 가장 훌륭하다"[16]라는 것과 관련이 있다. 이런 점에서 왕욱王昱은 그림 그리는 것이 단순 기예에 머무르지 않고 그 가운데 도가 있음을 알고 그리라는 것을 말한다. 아울러 화도畵道에 대한 정확한 인식을 강조한다.[17] 기예가 도의 경지에 나아간 회화적 이해는 장경의 『포산론화浦山論畵』「논공부論工夫」에 보인다.

> 그림이 비록 기예에 관한 일이지만 그것은 또한 '아래에서 배워서 위에 도달하는[하학상달下學上達]' 공부다. '아래에서 배우는 것'은 산·돌·물·나무를 그리는 데 당연한 법칙이 있는 것이니, 처음에는 산·돌·물·나

무의 당연한 연고를 연구해야지 감히 경솔하게 함부로 그려서는 안 된다. 마음을 스승으로 삼아야지 다른 것을 세워서는 안 되고, 순순히 옛사람의 법도에 집중하여 털끝만큼도 잘못해서는 안 된다. 이렇게 오래하면 곧 당연한 까닭을 얻게 되고, 또 오래하면 그러한 이유를 얻게 되며, 그러한 바를 터득하면 화化를 거의 할 수가 있다. 할 수 있으면 비록 산·돌·물·나무와 같은 것이라도 아는 사람이 그것을 보면 반드시 말하기를 '기예가 도에 나아갔다'고 말할 것이니, 이것이 바로 '상달'이다. 지금의 배우는 자들은 겨우 붓을 잡기만 하면 바로 독창적인 것을 강구하지만 나는 이것이 무슨 말인지 모르겠다.[18]

장경은 유가의 '하학이상달'이란 틀을 운용하여 회화창작에서의 도와 기예의 관계를 말하는데, 회화창작에서의 창신創新에 해당하는 '화化의 경지', '상달上達의 경지' 즉 '기예가 도에 나아간 경지'에 도달하려면, 법도를 중시하고 차근차근 순서를 밟아 오랜 세월의 연습을 통해[19] 사물에 대한 소이연所以然을 알게 되는 과정을 거치라는 것은 결국 기예가 도에 나아갈 수 있음을 말하는 것이다. 추사 김정희에 이르면 '완물상지'로 여겨지는 서화에 대한 견해는 완전히 달라진다.

난화蘭話 한 권에 대해서는 망령되이 제기題記한 것이 있어 이에 부쳐 올리오니 거두어주시겠습니까? 대체로 이 일은 바로 하나의 하찮은 기예이지만 그 전심하여 공부하는 것은 '성문聖門의 격물치지의 학문'과 다를 바가 없습니다. 이 때문에 군자의 일거수일투족은 어느 것도 도 아닌 것이 없으니, 만일 이렇게만 한다면 또 '완물상지'에 대한 경계를 어찌 논할 것이 있겠습니까. 그러나 이렇게 하지 못하면 곧 속사俗師의 마계魔界에 불과한 것입니다. 그리고 심지어 가슴 속의 오천 권의 서책을 담는 일이나 팔목 아래 금강저金剛杵를 휘두르는 일도 모두 여기로 말미암

아 돌아가는 것입니다.[20]

김정희가 난 치는 것을 '성문의 격물치지의 학문'과 다를 바가 없다는 것은 위에서 본 바와 같은 도와 기예를 둘로 구분하거나 혹은 도에 비해 기예를 천시하는 것과는 차이가 나는 언급이다. 특히 난을 통해 가슴속 오천 권의 서책이나 팔목 아래 금강저를 휘두르는 것과 관련지어 이해하는 것은, 난을 치는 것 자체가 '무자기無自欺'의 수양된 자신의 속내를 담아내는 것일 뿐만 아니라 그것을 통해 사물에 대한 진리인식과 관련된 격물궁리格物窮理의 차원에 이를 수 있음을 말한 것이다. 즉 김정희가 말하는 이른바 '문자향文字香과 서권기書卷氣'를 담아낼 수 있는 기예는 단순 '완물상지'로 이해되는 기예와 차별화된 것에 속한다는 것이다.

물론 기예를 격물치지나 수신양성 등과 관련하여 이해하는 것만 있는 것은 아니다.

> (『논어』 「술이述而」)에서 "도에 뜻을 두고, 덕에 의거하고, 인에 의지하고, 예에서 논다"라는 것을 말했다. 기예라는 것은 비록 도를 지향하는 선비라도 잊을 수 없는 것이나 다만 노는 것일 뿐이다. 그림도 기예로 묘한 경지에 나아가면 기예가 도가 되고, 도가 기예가 됨을 모른다. 이것은 재경이 거를 깎고, 윤편이 바퀴통을 깎는 것이니, 옛날에도 취한 바가 있다.[21]

동유董逌가 말하는 묘한 경지와 관련된 기예에 대한 이해는 완물상지로 여기는 이해와 다른 면이 있다. 즉 동유는 그림에서의 묘妙를 일단 기교 운용과 그 기교 운용을 통해 담아낸 결과에만 초점을 맞추어 이해한다. 따라서 주희 등이 말하는 기예와 관련된 윤리론 차원, 수양론 차원에서 이해하는 것과 차이가 있다.

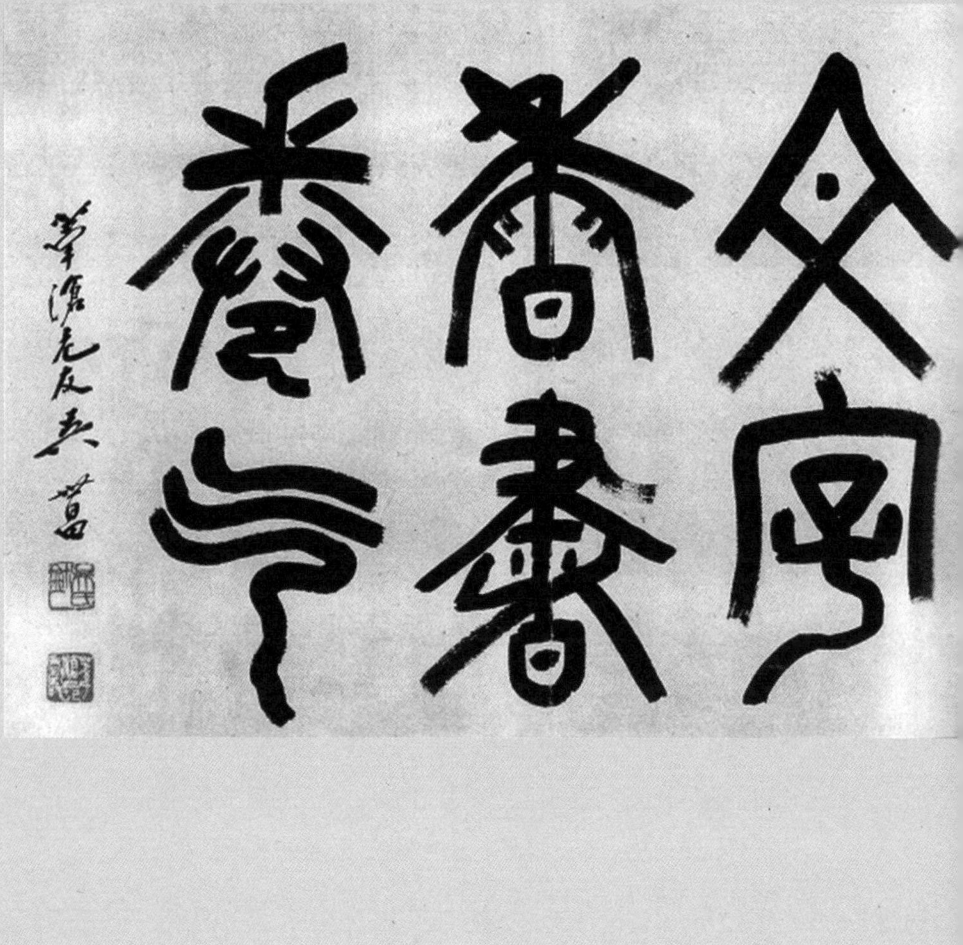

오세창吳世昌, 〈문자향서권기文字香書卷氣〉

글씨가 우직하고 고졸古拙한 형상인데, 전반적으로 회화성 짙은 서예 세계를 펼치고 있다.

유가는 기본적으로는 도나 덕에 비해 기예는 낮은 차원에 속하는 것으로 본다. 하지만 상황에 따라 기예를 통해 도와 덕을 담아낼 수 있다면 이때의 기예는 도가 될 수 있다는 가능성도 열어놓는다. 문제는 이런 사유에는 기예 그 자체의 독자성, 자율성, 신성성에 대한 사유가 없다는 것이다. 즉 항상 기예가 도와 관계되어 규정된다는 문제점이 있다.

3
-
'유도유예有道有藝'의 도기등가치론道技等價值論

앞서 본 유가의 도와 기예의 관계에 대한 이해에는 기예를 도와 관련지어 이해하더라도 일정 정도 도와 기예를 구분하는 사유와 함께 기예가 열등하다는 사유가 혼재되어 있다. 이런 점에 비하여 도도 중요하지만 기예의 중요성을 동시에 강조함으로써 도와 기예의 가치를 동등하게 이해한 사유가 있다. 이른바 소식이 말하는 '유도유예론有道有藝論'이 그것이다. '유도유예론'은 '기예는 도에 나아가야 한다'라는 당위성을 강조하는 것과 일정 정도 차별화된다. 소식은 일단 좋은 그림을 그리려면 먼저 '흉유성죽胸有成竹' 상태여야 함을 말한다. 문제는 아무리 흉유성죽의 상태가 이루어졌더라도 그것을 실질적인 예술작품으로 표현해내려면 흉유성죽의 대나무를 온전히 담아낼 수 있는 손의 기예 운용이 필요하다는 것이다. 이런 점은 문동文同[22]의 대 그림에 대한 소식의 평가에 잘 나온다.

> 따라서 대나무를 그리는 사람은 먼저 흉중에 성죽이 있어야 하니, 붓을 잡고 이를 깊이 바라보다가 그 그리고자 하는 것을 보면 급히 떨치고 일

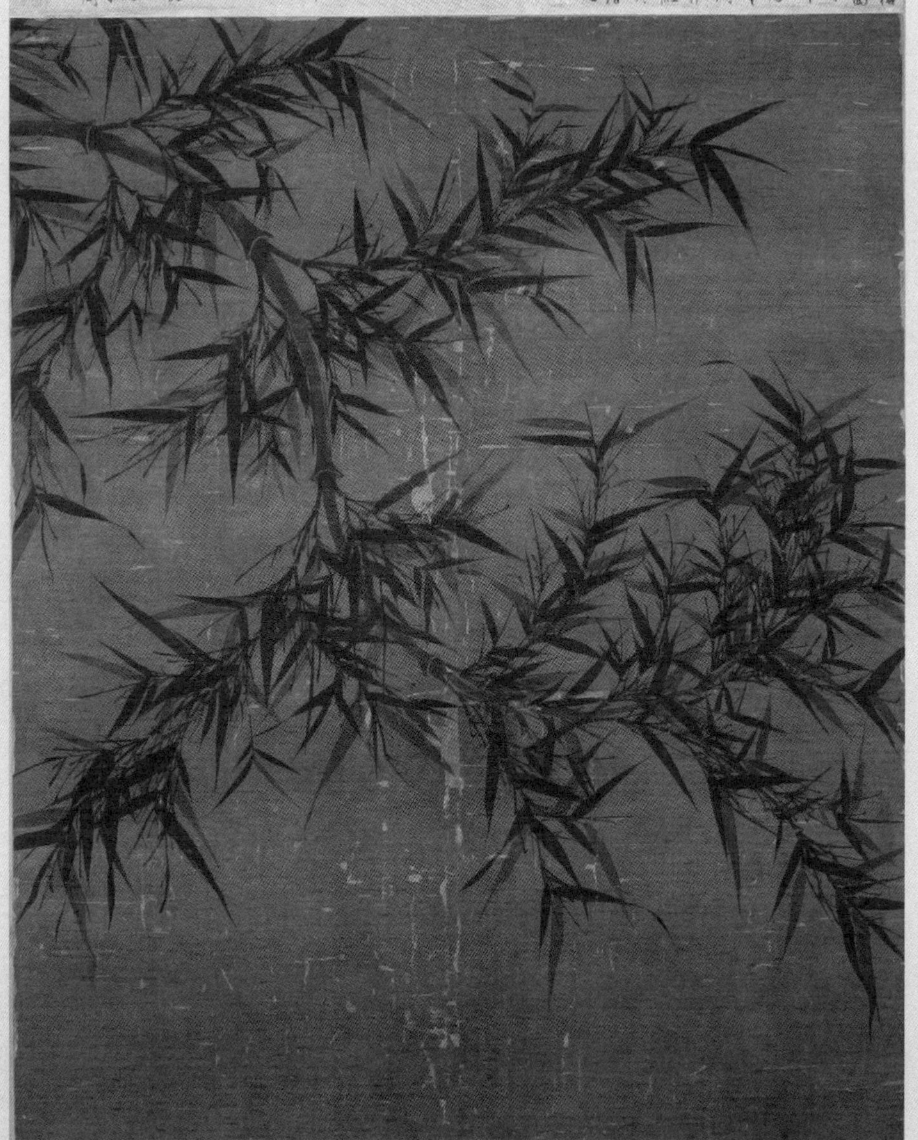

문동, 〈묵죽도墨竹圖〉
대나무 마디를 마치 서로 끼워 맞춘 듯한 형태로 그린 점에 특징이 있다. S자형의 대나무 형상에 기운이 생동하고 있다.

어나 이를 따라 붓을 휘둘러 바로 이를 이루어내고, 그 본 바를 좇아 토끼가 뛰고 송골매가 떨어지듯 하여야 하니, 조금만 머뭇거려도 이는 사라지고 만다. 문동이 나에게 가르쳐준 것은 이와 같으나, 나는 그럴 수가 없어 마음으로만 그러리라는 것을 알았다. 무릇 마음으로 그런 까닭을 알지만, 그렇게 할 수 없는 것은 내와 외가 하나가 아니기 때문이니, 마음과 손이 상응하지 못하는 것은 배우지 않은 허물 때문이다.[23]

소식 자신이 문동처럼 하지 못하는 이유로 꼽는 '내외불일內外不一'과 '심수불상응心手不相應'에서의 '내'와 '외' 및 '심'과 '수'는 바로 각각 도와 기를 의미한다. 즉 내 = 심 = 도道로, 외 = 수 = 기技로 연결지어 이해할 수 있다. 소식은 생동감 있게 사물을 표현하려면 내와 외, 심과 수가 합일해야 하는데 그렇지 못한 '불학지과不學之過'에는 도와 예에 대한 두 가지에 대한 습득을 요구하는 것이 담겨 있다.

소식은 회화창작에서의 '유도유예'에 대한 또 다른 구체적인 예로, 문동이 객과의 대화를 통해 문동이 '유도자有道者'임을 말한 「묵죽부墨竹賦」가 있다. 여기서 문동은 '유도자'임을 밝히고 있지만 실질적으로 말하고 있는 것은 '유도유예'다. 「묵죽부」에서는 객이 문동의 봄·여름·가을·겨울의 사계절에 걸친 대나무의 생장과 그려진 대나무의 아름다움을 보고 문동이 '도가 있는 자가 아닌가' 하는 질문을 한다. 이에 문동은 웃으면서 '자신이 좋아하는 것은 도'라고 말한다. 아울러 자신이 대나무와 함께 생활하면서 대나무의 생장과정 및 다양한 습성 등을 이미 체득하였고, 대나무와 자신의 구분이 없는 물아양망物我兩忘의 경지에서 그린 것임을 말한다.[24] 이에 객은 다음과 같은 말을 통하여 문동의 도가 있는 경지에 대해 말한다.

객이 말하기를, 대개 내가 듣건대, '포정이 소를 잡은 것'은 양생하는 자

> 가 취했고, '윤편이 수레바퀴를 깎은 것'은 독서자가 허여한 것이다. 만물은 하나의 이치인데 그 따라 행하는 자가 다른 것일 뿐이다. 하물며 당신이 이 대나무에 기탁한 것이야말로 말할 것이 없다. 나는 당신이 도가 있는 자라고 여기는데 그른 것입니까? 문동은 말하기를, 당신의 말이 맞습니다.[25]

'유도자'로서 문동이 행한 예술창작 결과로 나타난 것은 손에 의한 뛰어난 기예 운용이다. 하나의 대나무를 그리기 위해 문동은 잠시도 대나무 곁을 떠나지 않고 그 대나무와 함께 살았다. '자신의 몸이 대나무라는 사물과 융합된 경지[신여죽화身與竹化]'에서 대나무의 생장과 관련된 다양한 변화를 놓치지 않았다. 문동이 조물주가 대나무를 만든 것과 같은 훌륭한 대나무 그림을 그릴 수 있었던 것은 대나무의 생리生理와 그 형상에 대한 이치를 체득하였기 때문이다. 일종의 격물치지 자세다.[26] 결국 '유도자'인 문동은 동시에 기예적 차원의 '유예자'였기 때문에 이처럼 조물주가 대나무를 만든 것과 같은 뛰어난 대나무를 그릴 수 있었던 것이다. 문동의 또 다른 회화창작의 경지를 보자.

> 문동은 대나무를 그릴 때 대나무만 보고 사람은 보지 않았다. 어찌 사람만 보지 않았겠는가? 멍하게 자신을 버렸다. 그 자신이 대나무로 화했으니, 청신함이 무궁하게 나타났다. 장주(=장자)가 이 세상에 없었더라면 누가 이를 신이라는 것을 알았으랴.[27]

문동이 대나무 그림에 뛰어남을 보일 수 있는 것은 '멍하게 자신을 버린'[28] 일종의 물아일체 경지와 관련이 있는데, 이런 물아일체에 해당하는 '신여죽화'의 경지는 '유도유예' 혹은 도기병진道技併進에서 가능하다. 즉, 도와 기의 합일점에서 가능한 경지다. 이공린李公麟의 「산장도山莊圖」에 대

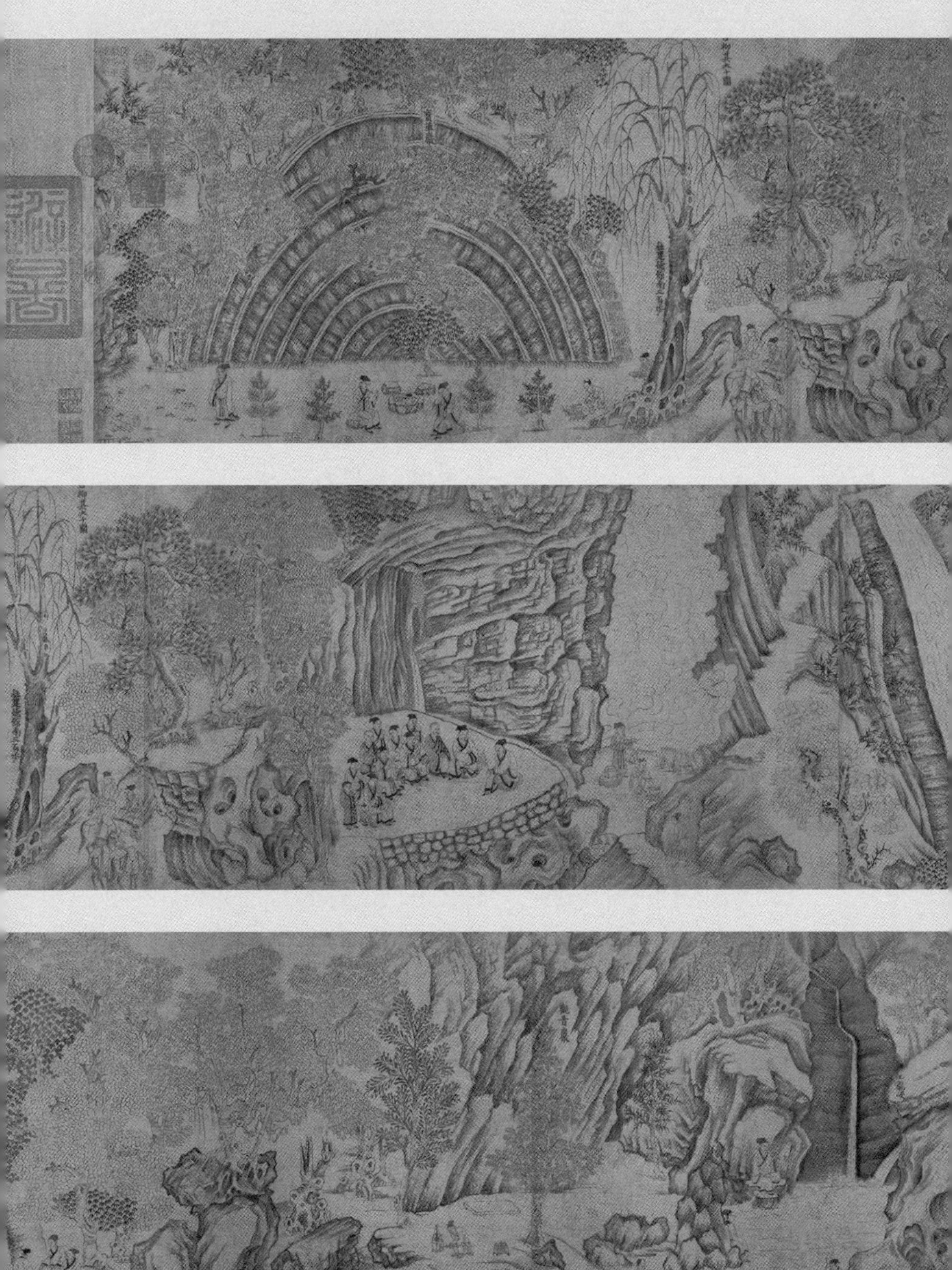

이공린, 〈산장도山莊圖〉(부분)

한 소식의 평가에도 '유도유예론'이 보인다.

> 어떤 이가 말하기를, 용면거사(=李公麟)[29]가 「산장도」를 그렸는데, 후에 산에 들어가는 자가 그림에 그려진 길을 따라갔는데 제대로 된 길을 얻게 하였으니, 꿈에서 본 바와 같았고, 전세에서 깨달은 것과 같았다… 소식은 말하기를 용면거사가 산에 있을 때는 하나의 사물에 머무르지 않았다. 그러므로 그 정신은 만물과 교류하고 그 지혜는 백공百工과 통했다. 도가 있고 예가 있어야 하는데, 만일 도가 있지만 그 도를 표현할 예가 없다면 마음에 사물을 형성하더라도 손으로 나타낼 수 없다.[30]

소식이 '흉유성죽'도 중요하지만 그 흉중의 성죽을 기운생동하게 표현하는 기교 운용도 중요하다고 말하는 것은 도에 비해 열등하게 여겨진 기예에 대한 재인식이 담겨 있다. 이상 거론한 '유도유예론'을 소식이 서예에 적용한 예도 보자.

> 글씨를 씀에 '손이 익숙하게 되면' 정신과 기운이 완전하고 착실하며 남은 운치가 있으니, 조용한 가운데 스스로 하나의 즐거운 일이 된다.[31]

소식이 말한 '손이 익숙함[수예手熟]'을 도예론의 관점에 적용하면, '손이 익숙함'은 기예의 능숙함이며, 그 '손이 익숙함'을 통해 담아낸 '정신과 기운[신기神氣]'은 도다. 이런 점에서 소식은 도와 기에 대한 균형 잡힌인 일종의 도기양진道技兩進을 말한다.

> 진소유(=秦觀)[32]의 최근의 초서는 문득 동진시기의 풍미가 있고, 시를 지음에 기이하고 화려함을 더했다… 기교가 나아갔는데 도가 나아가지 않았으면 안 된다. 진소유는 기교와 도가 함께 나아간 것이다.[33]

'도기양진'은 '유도유예'의 다른 표현에 해당한다. 소식이 '유도유예'와 '도기양진'을 통해 주장하는 것을 서화창작에 적용하면, 내용에 해당하는 '흉유성죽' 측면에서는 도를 담고 있어야 하고, 형식에 해당하는 형상 측면에서는 기법적으로 기운생동을 드러내야 한다는 것에 모두 가치 부여한 일종의 '도기등가치론道技等價值論'에 해당한다. 소식이 말하는 '유도유예'와 '도기양진'을 회화의 형신론 측면에 적용하여 말하면, 형과 신의 겸비를 의미한다. 즉 '도'가 신사적 측면을 가리킨다면, '기'는 형사적 측면을 가리킨다. 소식은 이 두 가지를 함께 겸할 것을 말하는데, 이때의 도는 서예 원리, 회화 원리에 대한 인식을 의미한다. 즉 '유도유예'와 '도기양진'을 형사와 신사의 관계성에 적용하여 이해하면, 형사와 신사를 겸비할 것을 요구한 것이라 이해할 수 있다.

4

'절예입신絶藝入神'의 기즉도론技則道論

도와 기예에 관한 논의 중 기예에 대한 가장 긍정적인 견해는 『장자』에 보인다. 장자는 기교 운용의 뛰어남을 여러 가지 예를 들어 말하는데, 그중 가장 압권은 '포정해우庖丁解牛' 우언寓言에 나오는 '기예로서 도의 경지에 나아간 기예'라는 언급이다. 일단 기예는 '도에 통하는 기예'와 '도에 통하지 않는 기예' 두 가지가 있다. 여기서 '도에 통하는 기예'는 무위자연적 자유로운 기교 운용을 통해 최고의 경지에 도달한 기예다. 이런 종류의 기예는 기술을 장악한 인물이 물아일체와 '득심응수得心應手'의 경지에서 노니는 차원의 기예, 즉 '통도通道의 기예'에 해당한다. 장자는 이런 점을 다양한 우언고사를 통하여 '통도의 기예'를 생동적으로 형상하고 있다.

이른바 '포정해우' 우언을 비롯하여 '득수응심'의 출전인 '윤편이 바퀴 구멍을 깎는 경지[윤편착륜輪扁斫輪]'[34] '구루가 매미를 줍듯이 잡는 경지[구루승조佝僂承蜩]',[35] '도끼를 바람 소리 나도록 휘둘러도 상대방 코에 바른 백토白土만 떨어뜨릴 정도의 경지[운근성풍運斤成風]',[36] '대사마의 띠 갈고리를 만드는 사람이 나이 팔십이 되어서도 작은 실수조차 없는 경지[대마추구大馬捶鉤]',[37] '나루터 뱃사공이 배를 자유자재로 조정하는 경지[진인조주津人操舟]'[38] 등의 우언을 통해 말하는 기예가 그것인데, 이런 기예는 모두 도와 통하는 기예다.

장자는 이런 기예를 덕德, 도道, 사事와 관련지어 말한 적이 있다.

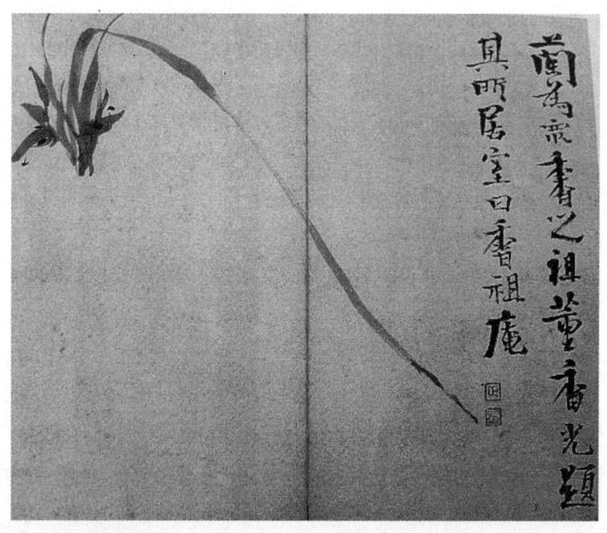

김정희, 〈향조암란香祖庵蘭〉

길게 뻗은 난 잎에 정섭鄭燮이 그린 난의 흔적이 보이기는 해도 한 줄기 난 잎으로 화면을 가르는 구도는 매우 특이하다. 이런 구도와 필획은 아무나 흉내낼 수 없는 도의 경지에 올라간 것이다. 난의 향기가 우주 끝까지 퍼지는 듯한 느낌이다. 마치 저 멀리 높은 산위의 계곡 물이 긴 물줄기를 만들며 흘러내려오는 듯한 느낌도 준다. 필간형구筆簡形具의 일품逸品이다.

> 천지에 통하는 것은 '덕'이다. 만물에 행하는 것은 '도'다. 위에서 사람을 다스리는 것은 '사'다. 능력에 예술적 재주가 있는 것은 기예다. 기예는 사를 겸하고, 사는 의를 겸하고, 의는 덕을 겸하고, 덕은 도를 겸하고, 도는 천을 겸한다.[39]

장자는 '두 가지를 함께 하여 하나로 한다'는 '겸兼'자를 통해 덕, 도, 사, 기예가 별개의 것으로 존재하는 것이 아니라 서로 유기적인 관계를[40] 가지고 있음을 말하는데, 이런 기예는 물론 오늘날 말하는 예술적 기예로 말한 것은 아니다. 하지만 그 외연을 넓혀 예술적 기예라는 차원에 적용해도 큰 무리가 없다. 장자가 이런 기예를 실질적인 기교 혹은 기예적 차원에서 말한 것이 이른바 '포정해우' 우언이다.[41] 포정해우 우언에서는 기예에 대한 오랜 기간의 숙련을 통한 도에 나아간 기예를 말한다. 이른바 소 잡는 칼을 운용하는 데 위대한 음악의 리듬과 춤의 절주에 어울리는 몸짓과 칼질, 한 번의 쉼이 없이 마치 일필휘지하듯 물 흐르는 듯한 칼놀림, 신들린 듯한 칼놀림은 그 기교 운용이 단순한 소를 잡는 기교 그 자체로만 그치는 것이 아니다. 소의 몸 구조에 대한 심득心得 즉 '천리天理에 의하고' '신우神遇'한 상태에서의 예술적 차원의 유희적 칼놀림이면서 무위자연을 체득한 칼놀림이다. 한마디로 말하면, 포정이 해우하는 칼놀림은 도의 경지에 오른 칼놀림으로 변한다. 이런 관점에서 장자는 한 차원 높은 단계인 '도의 경지에 나아간 기예'라고 말한다.

일단 기교의 쌓임이 도의 경지에 나아간다는 것은 도가 기예보다 우월하다는 인식이 깔려 있다. 하지만 그것에만 그치는 것이 아니라, '기예가 얼마든지 도가 될 수 있다'는 기예에 대한 긍정적인 사유가 함께 담겨 있다. 장자가 포정해우 우언에서 도와 기예의 연속성을 말하는 것은 유가적 차원에서 흔히 말해지는 '도는 도이고 기는 기예이다'라는 이분법적 차별화된 차원에서 말해지는 기예와 차이가 있다. 장자가 말하는 도와 기예가 서로 통한다는 사유에는 기예의 운용과 관련해 인품이나 정신 수양 등과 같은 특별한 내용이 담겨 있지는 않다. 동유董逌는 『광천서발廣川書跋』 「장장사초서張長史草書」에서 도와 기예를 나누어 보는 것에 대해 비판적인 시각을 보낸다.

> 백 가지 기예는 도에 근원한다. 스스로 한 마음에서 보존한 자가 안에서 이룬 뒤에 격물할 수 있으면 정기가 다시 노추爐錘에 신화神化한 자이니, 이것이 도에 나아간 것이다. 세상에서는 이미 도와 기예를 나누어 보는데, 한 번이라도 기예가 기예라는 것에 구속되면 그 요묘要妙한 경지가 지극히 정밀한 경지에 잠기는 것을 다시 모르는 것이니, 이것이 어찌 일에 기탁한 자가 도의 철적轍迹에서 즐기는 것이겠는가?[42]

기예와 도를 구분하여 이해하는 것의 문제점을 지적한 이 글은 기예가 얼마든지 도의 경지에 나아갈 수 있음을 확신하는 것이다. 학경郝經은 「이제생논서법서移諸生論書法書」에서 서예의 기교 운용이 도에 들어간 '심수상망心手相忘'의 경지에 대해 다음과 같이 말한 적이 있다.

> 반드시 천하의 이치를 정밀하게 궁구하고, 천하의 일을 단련하고, 천하의 변화를 털어버려라. 객기나 망령된 생각을 박멸하고 녹여 없애서 담연하게 무욕하고 숙연하게 무위하면 심心과 수手가 서로 구분되는 것을 잊고 뜻을 자유롭게 하여 '글씨가 나이고 내가 글씨임'을 모르게 되니, 유연하게 변화하여 기예로부터 도로 들어간 것이다. 무릇 쓴 것이 신묘하여 헤아릴 수 없어 자연의 조화를 다하였으니, 다시 필묵은 있지 않고 정신[神]이 있고 뜻이 보존될 뿐이다.[43]

나와 작품과의 관계는 본래 둘이다. 하지만 내가 어떤 마음가짐과 심리

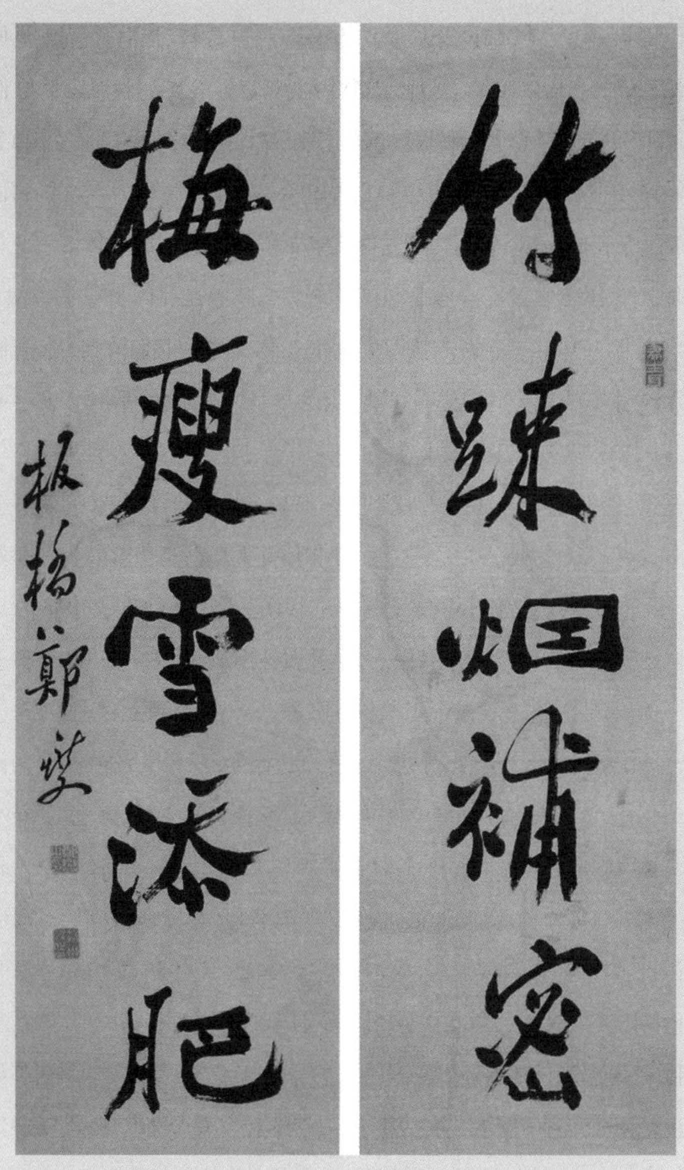

정섭, 〈죽소매수竹疎梅瘦〉

다양한 형태의 글자 운용과 자유로우면서도 절제된 붓놀림이 정섭이 지향하는 '괴怪'의 예술성을 잘 표현하고 있다. 정섭은 안중지죽眼中之竹, 흉중지죽胸中之竹, 수중지죽手中之竹 세 가지의 합일을 말한 바가 있다. 이 글씨에서는 심心·수手·필筆 합일의 경지를 볼 수 있다.

상태에서 예술창작에 임했는가에 따라 나와 작품은 하나가 될 수 있다. 학경이 말하는 도는 결국 서예를 창작할 때 물아상망, 물아일체의 극도의 자유로운 상태에서의 기교 운용을 의미한다. 써진 글자와 내가 합일된 경지가 되면, 그때 써진 글씨는 단순히 형태적 혹은 기교적 차원에서 논의되는 글씨가 아니게 된다. 작가의 정신과 뜻이 담겨 있는 신묘불측하고 자연의 조화를 다한 글씨란 '심수상망'의 경지가 무엇인가를 보여준다. 주화갱朱和羹도 『임지심해臨池心解』에서 서예가 추구하는 최고의 경지로서 도에 나아감을 말하고, 아울러 허정지심虛靜之心을 통한 서예창작을 말한다.

> 서예는 육예六藝의 하나지만 일찍이 도에 나아가지 않은 것이 없었다. 그 마음속을 아무것도 없이 텅 비게 하지 않으면 조화옹의 생기生氣가 들어와 자리할 수 없다. 종요鍾繇와 삭정索靖의 서예를 모방하고 새기면 다만 하나의 인쇄하는 공장工匠일 뿐이다. 오직 조물자와 더불어 놀면서 또 '후천적 노력과 오랜 세월의 힘씀[학력學力]'을 가한 이후에 생동감이 있을 수 있고, 생동감이 있을 수 있는 뒤에 규구에 들어갈 수 있고, 규구에 들어간 뒤에 곡曲이 승繩에 적중하고, 직直도 구鉤에 적중한다.[44]

동양예술에서 추구하는 가장 핵심적인 것은 '생기'를 표현하는 것인데, 그것은 기교와 밀접한 관련이 있다. 이런 점에서 후천적 '학력'과 수양에 의한 허정지심을 통해 조화옹의 생기를 담을 것을 말하는 것은 그만큼 기예가 단순한 것이 아님을 의미한다. 도기론에서 도에 대한 체득에서부터 기예로 나아가는 것을 말하는 것도 있다. 원대 학경이 말한 것을 보자.

> 독서를 많이 하여 조예가 깊은 경지에 나아가고, 벌어진 일을 노련하게 처리하고, 세상살이와 관련된 너저분한 일을 벗어던지고, 평범하고 속된 것을 제거하고, 사물에 얽매이지 않고 세상사를 도외시하면 붓을 내

림에 스스로 다른 사람보다 한 등급이 높게 될 것이다. 이것은 또 '도로 기예에 나아가는 것[이도진기以道進技]'이니, 서예의 근원이다.[45]

'도로 기예에 나아가는 것[以道進技]'이라는 언급은 매우 독특한 사유에 속한다. 왜냐하면 기예의 숙련 이후에 도의 경지에 도달하는 것과 다른 방식에 속하기 때문이다. 학경의 이런 의식은 '의재필선'이나 '흉유성죽'의 사유와 일정 정도 통한다. 학경이 독서를 강조하는 것은 흔히 말하는 '만권의 책을 읽으라[독만권서讀萬卷書]'는 사유와 동일선상에 놓인 것이다.

도와 기예의 관계성에서 기예의 독자성, 자율성, 신성성을 주장하면서 기예의 훌륭함은 그 훌륭함 자체로 의미 있음을 말한 인물은 이지李贄다. 이지는 '기예는 바로 도'라고 주장하여 기예를 도의 경지에 올라간 기예 혹은 도의 경지에 올라가지 못한 기예 등과 같이 이분법적으로 파악하는 것을 문제 삼는다. 이지는 '뛰어난 기예는 신의 경지에 들어간 것[절예입신絶藝入神]'이란 사유를 보이면서, 어떤 분야이건 완숙한 기예는 바로 도라는 사유를 드러낸다.

이지는 한 인간의 '큰 뜻과 올곧은 절개[대지직절大志直節]'를 담아냈다는 점에서 문장은 말기가 아니라고 한다.[46] 서예에 대한 평가에서도 이와 유사한 평가가 있다. 왕희지는 동진東晋 원제元帝 때 우군右軍 장군을 지냈기에 흔히 '왕우군王右軍'이라 부르는데, 그것은 왕희지가 맡았던 가장 높은 벼슬을 적용하여 왕희지를 높인 것에 해당한다. 왕희지는 '천하제일 행서'라고 일컬어지는 「난정서蘭亭序」를 비롯하여 「악의론樂毅論」「황정경黃庭經」 등의 걸작을 남겨 흔히 서성書聖으로 불린다. 그런데 이지는 왕희지가 서예 이외에도 학식이 깊고 세상을 경륜하는 탁월한 능력을 소유하고 있었는데, 서예가 워낙 뛰어나다보니 왕희지에 대한 평가에서 왕희지의 학식와 경륜을 제대로 이해하지 못함을 지적한다.

> 왕희지는 식견과 생각이 깊고 정밀하여 경세제민經世濟民의 능력이 있는데, 글씨의 명성 때문에 그것이 가려지고 말았다. 후세 사람들은 오직 서예로서만 그를 칭찬하니, 예술적인 능력이 그에게는 큰 방해물이 된 것이다. 탁오자[卓吾子=이지]는 말한다. 예술적 능력이 어찌 사람의 걸림돌이 될 수 있겠는가? 무릇 한 가지 예능에 완전히 정통한 자는 누구나 사람이 아닌 신인神人인 것이다. 하물며 서예에서의 예술적 성취임에랴. 선생의 견해는 너무 한쪽으로만 치우쳤구나. 혹자는 이를 두고 선생이 자신을 빗댄 말이라고 설명하기도 한다.[47]

기예의 뛰어남이 식견이나 경륜 능력과 관계없이 평가되어야 한다는 이지의 말은 예술적 능력으로서의 기예에 대한 독자성을 강조한 것이다.

> 돌을 새기는 것은 기술이지만 도이기도 하다. 문혜군이 물었다. "아, 기술이 어찌 이런 경지까지 이르렀는가." 포정이 대답하기를, "제가 좋아하는 것은 도입니다. 기보다 더 나아간 것입니다"라고 했는데, 이렇게 보면 도와 기는 서로 동떨어진 두 가지가 아니다. 성인의 경지에 이르면 그가 바로 성인이고 입신의 경지에 들었다면 신이 되는 것이니, '기예는 바로 도'일 뿐이다. 기예가 신성神聖함이 우러나는 정도까지 이르면 반드시 신의 가호가 따르는 법인데, 하물며 그것을 알아보는 사람이 있어서랴. 더군다나 천 년의 세월이 지나서도 사람들이 여전히 아끼는 것이라면 직접 만든 당사자야 어찌 그것을 아끼지 않을 도리가 있을까? 석공이 자신의 이름을 적어넣는 것은 스스로 작품을 아껴서이고 자신이 일개 석공에 불과하다는 사실을 인지하지 못해서이다. 신성성이 나에게 내재되어 있으면 기술은 함부로 구사되지 않는다. 그렇지 않다면 책을 읽고 글을 짓는 것도 천한 일이 될진대, 돌을 새기는 작업이라 해서 어찌 별다를 수 있겠는가? 이치가 그러하다면 유무량劉武良처럼 정교한

왕희지, 「악의론樂毅論」, 「황정경黃庭經」
진본은 아니지만 조선조 서예가들이 서체의 전범으로 삼은 대표적인 작품이다.

> 기술의 석공이라면 이름을 남겨도 괜찮기는 하다… 원래 기교가 신성하다 할 정도에 다다르면 사람은 절로 그것을 중시하게 된다. 사람들에게 중시될 수 있으면 반드시 그들로부터 아낌을 받게 된다.[48]

이지는 도와 기는 서로 동떨어진 두 가지가 아니라는 것을 말하지만 무엇보다 강조하는 것은 입신의 경지에 오른 기의 신성성과 자율성이다. 과거 '돌에 무엇을 새긴다'는 것은 매우 천한 일에 속하고, 따라서 그것과 관련된 기예마저 덩달아 천시되었다. 하지만 이지의 생각은 달랐다. '신성성이 나에게 내재되어 있으면 기술은 함부로 구사되지 않는다'는 것은 이지가 주장하는 기예의 인식에 대한 핵심이다. 이지의 기와 도의 관계는 『장자』 포정해우에 담긴 도기론에서 출발하지만, 그 기예를 '신성시' 한다는 점에서는 차이가 있다. 기예가 도의 경지에 이르면 그것도 바로 성인이란 것은 유가에서 말하는 도덕의 완성자 혹은 이상적 인간으로서 성인과 다른 파격적인 성인관을 제시한 것이다. 역사에 이름을 남기는 대표적인 것으로 '입덕立德, 입공立功, 입언立言'이라는 삼불후三不朽라는 틀에서 벗어나 '뛰어난 기예[절기絶技]'를 또 하나의 '불후'로 거론하고 있다. 이른바 '입예立藝'를 말하고 있다. 이지는 이런 사유를 시를 짓고 그림을 그리는 것에도 적용한다. 문인사대부들은 회화를 '사'의 차원에서 접근하고, '중신사, 경형사'를 강조하는 사유에는 형사와 관련된 기교 운용을 부정적으로 보는 사유가 담겨 있다. 이지는 좋은 회화작품이란 신사와 형사 이 두 가지를 다 아울러 겸비할 것을 요구한다.

> 소식이 말하기를, "그림을 논할 때 보이는 대상을 사실적으로 묘사해야 한다는 것은 어린아이의 견해와 다름없다. 시를 지을 때 어떤 시와 똑같이 지어야 한다고 주장하면 제대로 시를 짓는 시인이 아니다"라고 했다. 양신楊愼[49]은 그 말에 대해, "소식의 이 말은 그림은 표현되는 정신을 귀

하게 여기고, 시는 운을 높이 여긴다는 뜻이다. 하지만 그 말은 한쪽에 치우쳐 있어 대단히 올바른 견해는 되지 못한다"라고 하였다. 조이도晁以道[50]는 소식의 말에 화답하여, "그림은 바깥 사물의 형상을 묘사하지만 묘사하는 대상의 형태를 바꾸지 않는 데 요체가 있다. 시는 그림 밖의 뜻을 전달하지만 묘사 대상의 형태가 드러나는 것을 귀하게 여긴다"고 하였다. 이 말이 나오고 난 뒤에야 비로소 논의가 완정해졌다. 형태를 고치면 그림이 되지 않고, 묘사하는 뜻도 그림 밖에서 얻어지는 것이 아니란 것이 탁오자의 생각이다. 그리하여 다시 양신의 말에 화답하여 다음과 같이 덧붙인다. "그림은 한갓 형태를 묘사하는 것만은 아니니, 바로 형태와 정신이 혼재함을 요체로 친다. 시는 그림 밖에 존재하는 것이 아니니, 바로 그림에서 나타난 형태를 묘사하는 것이다"라고… 이는 그림 속의 시이고, 입신入神의 경지에 든 '절륜絶倫의 기예'다.[51]

"형태를 고치면 그림이 되지 않고 묘사하는 뜻도 그림 밖에서 얻어지는 것이 아니다"라는 것은 그림이란 상외象外의 상象을 추구한다는 것과 '신사를 중시하고 형사를 경시하는' 회화 경향에 대한 비판이다. 묘사하는 뜻도 그려진 그림에서 구해져야 하고, 그렇게 하려면 형태묘사에 대한 정확한 기교 운용이 필요하다는 점에서, 이지는 좋은 그림이란 형사적 차원에서의 형태와 신사적 차원에서의 정신이 혼재해야 함을 강조하고, 궁극적으로는 '절예입신絶藝入神'을 말한다. 이제 이지에 의해 기교는 그 자체 독립성을 갖게 된다.

이처럼 이지가 절륜의 경지에 오른 기예와 신성성이 담긴 기예를 긍정적으로 인식하는 것은 '도본예말道本藝末'의 사유에서 출발하여 기예를 말기시末技視 혹은 천기시賤技視 하는 사유와 다르고, 아울러 소식이 말한 '유도유예'와도 차별화된다. 아울러 장자의 포정해우의 우언에서 강조하는 기와 도에 대한 인식과도 차이가 난다.

5

심心·수手·필筆 합일로서의 도기론道技論

이상 도와 예, 도와 기의 관계에 대한 몇 가지 견해를 살펴보았다. 여기서 한 걸음 더 나아가 기 혹은 기예가 도와 상통할 수 있거나 혹은 도의 경지에 오를 수 있는 가능성은 어디에 있고, 왜 그런 것을 강조하는가를 보자. 이런 질문은 기교를 익히기 이전에 마음을 수련할 것을 강조하는 사유와 관련이 있다. 즉 '심·수·필 합일사상'이 담겨 있다. 일단 왜 기교를 수련하지 않으면 안 되는가를 보자.

> 육예는 수련을 하지 않으면 그 정교함을 얻을 수가 없고, 백공은 수련을 하지 않으면 그 오묘함을 얻을 수 없으니, 마치 장인이 매미를 잡는 것과 같고, 영 땅의 사람이 도끼를 감쪽같이 쓰는 것은 다 수련으로 얻은 것이다. 수련을 할 적에는 반드시 정밀하고 순수함을 필요로 하니, 만약에 정밀하고 순수하지 않으면 둥근 알이 떨어지지 않는다고 하기가 어렵고, 코가 반드시 상하지 않기 어려우니, 이른바 털끝만큼 잘못된 것이 천리에 어긋남이 있는 것은 수련을 했지만 제대로 수련하지 않았기 때문이다. 수련하는 방법은, 먼저 마음을 수련하고 다음으로 솜씨를 연마하는 것이다.[52]

이상은 앞에서 거론한 『장자』에 보이는 '장인승조丈人承蜩', '영인운근郢人運斤' 등 신기神技과 관련된 예를 거론하되, 도에 나아갈 수 있는 기예가 되려면 선차적으로 일정한 조건이 필요함을 말한 것이다. 이 글에서 주목할 것은 도구를 통한 수련도 중요하지만, 그 도구 수련과정과 관련해 반드시 마음 수양을 강조한다는 것이다. 왜 기교 운용과 관련된 솜씨 이전에 마음을 먼저 수련하라고 하는가? 그것은 심·수·필 세 가지의 합일이란 사유가 담겨 있기 때문이다.

> 붓은 곧 손이다. 옛날 사람들은 돌을 읽는 방법이 있었으니, 높고 낮은 봉우리와 숲 기슭을 반드시 가슴속에 숙독하였다. 대개 산천이 밖에 존재하는 것은 모습이고, 마음에서 익숙한 것은 정신이다. 정신이 마음에서 익숙한 것은 이 마음이 숙련한 것이다. 마음이란 손의 장수이고, 손이란 마음이 쓰는 것이니, 마음이 숙달된 것을 손으로 그리게 되면 감히 손이 응수하지 않겠는가![53]

심·수·필 세 가지 관계에서 가장 중요한 것은 '심'이다. 이런 점에서 먼저 마음 수양을 강조한다. 왜냐하면 심의 결과는 결국 '수'와 '필'로 나타나기 때문이다. 먼저 마음 수양을 하라는 것과 관련해 포안도布顔圖는 『화학심법문답畵學心法問答』에서 다음과 같이 말한 적이 있다.

> 그렇기 때문에 붓을 수련하는 자는 손으로 연습할 뿐만 아니라 마음도 수련을 해야 한다. 수련을 할 때에는 한 필치 한 필치에 힘을 써야 할 것이니, 옛날에 이른바 '획이 종이의 뒤까지 뚫어야 한다'고 한 것이 이것이다. 졸렬한 힘도 풍족하게 쓰면 공교로운 힘이 나오게 되고, 공교한 마음이 다시 공교로운 힘을 따라서 나오게 된다. 공교한 마음과 힘이 서로 작용을 하니, 어떻게 삼상三湘[54]이 내 창밀의 벼루가 되지 않고, 삼산三山[55]이 내 책상 위의 붓걸이가 되지 않는다고 염려할 것이 있겠는가? 자네가 붓끝에서 효과를 얻으려면 다만 이 하나의 '련練'자에 어둡지 않아야 할 것이다.[56]

예술에서 요구하는 기교 숙련 및 도구에 대한 숙련과 관련된 '련練'은 단순히 기교의 익숙함만을 의미하지 않고 마음 다스림도 포함된다. 아니 오히려 기교의 익숙함보다도 마음을 더 우선적으로 여기는 경향이 있다. 기예에 대한 평가가 마음 수양, 정신 수양에 달려 있다는 것은 단순히 숙련을 통해 '기예가 도에 올라간다'거나 '기예 속에 도가 있다'는 것과 차별화된다. 그렇다면 왜 이렇게 마음 수양을 강조하는가? 이런 점을 왕욱王昱의 그림에 대한 이해와 관련지어보자.

> 그림 가운데 리理과 기氣 두 글자는 사람들이 모두 알고 있으나, 또한 사람들이 다 함께 소홀히 여긴다. 그 요지는 마음을 수양하는 데에 있으니, 바로 이치가 바르고 기운이 맑아야 가슴속에 호탕한 생각이 저절로 나오게 되고, 팔 아래에서 기이하고 뛰어난 정취가 생긴 뒤에야 명작이라 일컬을 만하다. 붓을 움직이기 전에는 모름지기 흉이 고상해야 하고, 그림 그리는 뜻이 원대해야 한다. 이미 붓을 움직인 후에는 기를 조용하게 하고 정신을 응집시키는 것이 중요하니, 공필화와 사의화를 막론하고 모두 그렇다.[57]

'리'와 '기'를 그림을 그리기 전과 그림을 그리기 시작한 것으로 구분지어보자. 그림을 그리기 이전에 요구하는 '이치를 바르게 하는 것'은 '흉이 고상함', '그림을 그리는 뜻의 원대함'과 관련이 있다. '기운이 맑아야 함'은 '가슴속의 호탕한 생각', '기교 운용과 관련된 기이하고 뛰어난 정취', '기를 조용하게 하고 정신을 응집시키는 것'과 관련이 있다. 그런데 이 모든 것이 함께 동시에 이루어져야 명작이 가능하게 된다. 이런 사유는 소식이 말하는 '유도유예' 혹은 '도기양진'과 일정 정도 관련이 있지만, 이처럼 '리'와 '기'를 구분하여 마음을 수양으로 귀결하는 것은 차이가 있다. 사의화와 공필화를 막론하고 다 적용되는 최고의 법칙이란 것은 단순히 그림을 그린다는 것이 기교적 차원에만 머무르는 것이 아님을 보여준다. 이 밖에 유희재는 유법有法이면서 무법無法인 경우를 통해 도와 기예의 관계를 말한 적도 있다.

> 만물을 훼손하지 않으면 바로 그 자체는 곧 무다. 한 사물을 베풀지 않으면 바로 그 자체는 곧 유다. 글씨가 법이 있으면서도 법이 없는 경지, 이것에 이르러야 기예보다 더 앞서게 된다고 말한다.[58]

기교를 운용하기 이전에 마음 수양을 강조하는 것은 기본적으로 마음의 상태 여하에 따라 작품에 담긴 품격과 표현된 형상이 달라지기 때문이다. 이런 점은 결국 그림을 통해 표현하고자 한 미의식이 무엇인가 하는 것과도 관련이 있다. 이처럼 심·수·필 합일을 말하는 사유에는 '무자기無自欺', '사무사思無邪' 등을 비롯하여 문기文氣와 사기士氣를 담아내는 기운생동하는 예술이어야지 속기를 담아내는 예술이어서는 안 된다는 사유가 진하게 담겨 있다.

6
-
나오는 말

중국회화에는 사대부화士大夫畵와 화공화畵工畵를 구분하거나 작가지화作家之畵와 사인지화士人之畵로 구별하는 사유가 있다. 아울러 '진화眞畵'란 무엇인가 하는 질문을 통해 회화가 담아내야 할 궁극적 경지를 논하고 있고, 형신론의 측면에서도 형사와 신사의 관계성 속에서 무엇을 더 중시하는지 등의 논쟁도 있다. 황휴복은 사품격에서 기교를 넘어선 일품을 제시하고 있다. 이런 논쟁이나 품론은 결국 모두 도 및 기예와 관련이 있다.

이상 도예론 및 도기론을 살펴본 바와 같이 도와 기예를 구분하는 사유가 있고, 기예를 이해할 때 도와 덕을 기준으로 해서 평가하는 차별적 사유도 있고, 기예가 담고 있는 내용이나 기예를 통해 추구하는 바에 따라 기예를 긍정적으로 보거나 더 나아가 도와 기예를 동일시하는 사유가 있다. 즉 기예에 도 혹은 지리至理가 담겨 있다고 인식하거나 기예를 격물치지 혹은 수신양성修身養性 등과 같은 차원에서 논의되는 경우에는 기예에 대한 인식이 달라지는 것을 확인하였다. 아울러 '유도유예' 차원에서 기예를 도와 등가치로 여기는 사유가 있고, 기예의 독자성과 자율성 및 신성성을 중시하는 사유 등 다양한 관점이 있음도 확인하였다. 특히 기예의 신성성, 독자성, 자율성을 부여한 이지의 견해는 도를 중시하고 인품을 중시하는 점에서 기예를 말기末技 혹은 천기賤技로 여기는 것과 달리 기예를 높인 것에 해당한다. 이처럼 도와 기예의 관계는 보는 입장에 달라짐을 알 수 있다.

이런 다양한 관점 중에서 특히 유가가 주장하는 도본예말론 사유는 후대의 문인사대부들에게 많은 영향을 주었다. 왜 이런 현상이 일어난 것일까? 먼저 유가가 말하는 바람직한 예술은 단순히 기교를 운용하는 차원에서만 평가하는 것이 아니었기 때문이다. 예컨대 '덕상예하德上藝下'가 상징하듯 중국예술 전통에서는 위대한 예술가라고 평가한 기준은 기교의 뛰어남보다는 인물됨됨이 여부였던 것이다.

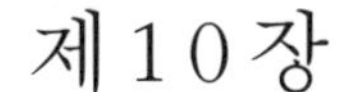

제10장

예술창작에서 기교 운용에 관한 장자적 해석

화가의 해의반박은 시조리요,

포정의 해우는 종조리다.[이덕무]

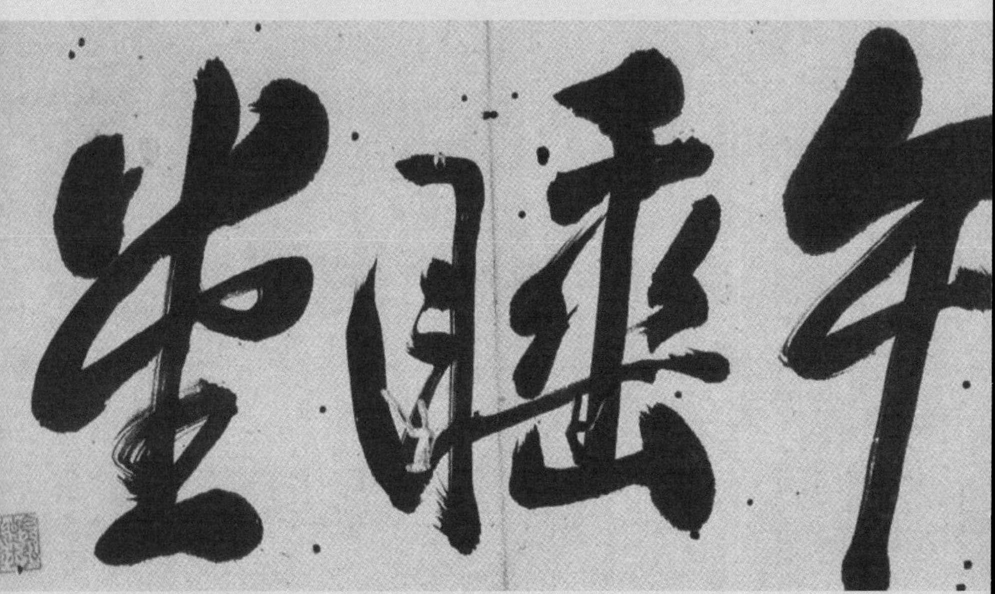

김홍도, 〈오수당午睡堂〉[낮잠 자는 집]

점심 먹고 낮술 한잔 하니 졸음이 밀려온다. '우연욕서偶然欲書'라고 했던가? 갑자기 먹물 가득한 붓을 들어 쓸 것을 잠시 구상한다. '의재필선意在筆先'이다. 그동안에 종이 위에 먹물이 떨어진다. 기운차게 '오午'자의 첫 획을 긋는데 너무 힘이 들어갔다. 취기가 몰려와 '午'자의 아래로 긋는 획이 삐뚤어졌다. 졸음이 쏟아져 눈이 가물가물하다. '수睡'자의 '눈 목目'자는 눈이 풀린 듯 좌측이 벌어졌다. 먹물도 여전히 떨어진다. 빨리 쓰고 자야겠다. 이에 '당堂'자는 초서로 휘갈기면서 마지막 획은 졸린 눈을 크게 뜨고 힘을 다해 '무왕불복無往不復'의 이치를 담아 끝마쳤다. 급히 쓰다보니 비백飛白도 생겼다. 붓을 들고 제대로 의도하는 바대로 표현된 글자를 흐뭇하게 바라보는데 여전히 먹물이 떨어진다. '포정해우庖丁解牛'의 경지란 별것이 아니군. 처음 먹물이 떨어진 곳과 거의 마지막 먹물이 떨어진 곳을 찾아 졸린 눈을 크게 뜨고 대강 삐뚤어지게 낙관을 한 뒤 붓을 휙 던지고 곧바로 낮잠에 빠져 들어갔다. 눈앞에 훨훨 나는 '나비'가 얼씬거린다. 홍취 어린 오후다.

1

들어가는 말

동양예술창작에서의 알파와 오메가는 과연 무엇일까? 이런 점을 특히 붓을 통해 작품창작에 임하는 서화창작에 적용하면 어떤 것을 예로 들 수 있을까? 물론 작가에 따라 다양한 견해를 보일 것이다. 여기서는 일단 조선 영정조 시대에 문장으로 한 시대를 풍미한 청장관靑莊館 이덕무(李德懋, 1741~1793)의 다음과 같은 말을 통해 접근해보자.

> 화가가 '옷을 걷어붙이고 다리를 쭉 뻗고 앉는 것[해의반박解衣般礴]'은 처음 시작하는 이치[시조리始條理]요, 소 잡는 포정이 '칼을 잘 간수하여 보관하는 것[선도이장善刀以藏]'은 마무리하는 이치[종조리終條理]이다.[1]

여기서 '해의반박'과 '선도이장'은 각각 『장자』의 「전자방田子方」과 「양생주養生主」에 나오는 말이다. 장자는 많은 곳에서 구체적이면서 생동감 있는 비유와 우언을 통해 자신의 철학을 전개한다. 그런데 그 비유와 우언을 통해 말한 것이, 후대의 관점에서 보면 서화미학 혹은 서화창작과 관련하여 이해된 것이 많다. 그 대표적인 것 중 하나가 '해의반박'과 '선도이장'이 나오는 포정해우 고사다. '해의반박'은 후대 서화가들의 구두선口頭禪과 같은 말로서, 예술창작에 임하는 예술가의 마음가짐, 혹은 심리 기제를, 포정해우는 예술창작 할 때의 기교 운용과 관련이 있다고 보았다. 특히 포정해우 고사에서는 도의 경지에 오른 기교를 통해 기교의 최고 경지가 무엇인지를 말해주고 있다.

'시조리'와 '종조리'는 『맹자』「만장장구하萬章章句下」 1장에 나오는 말

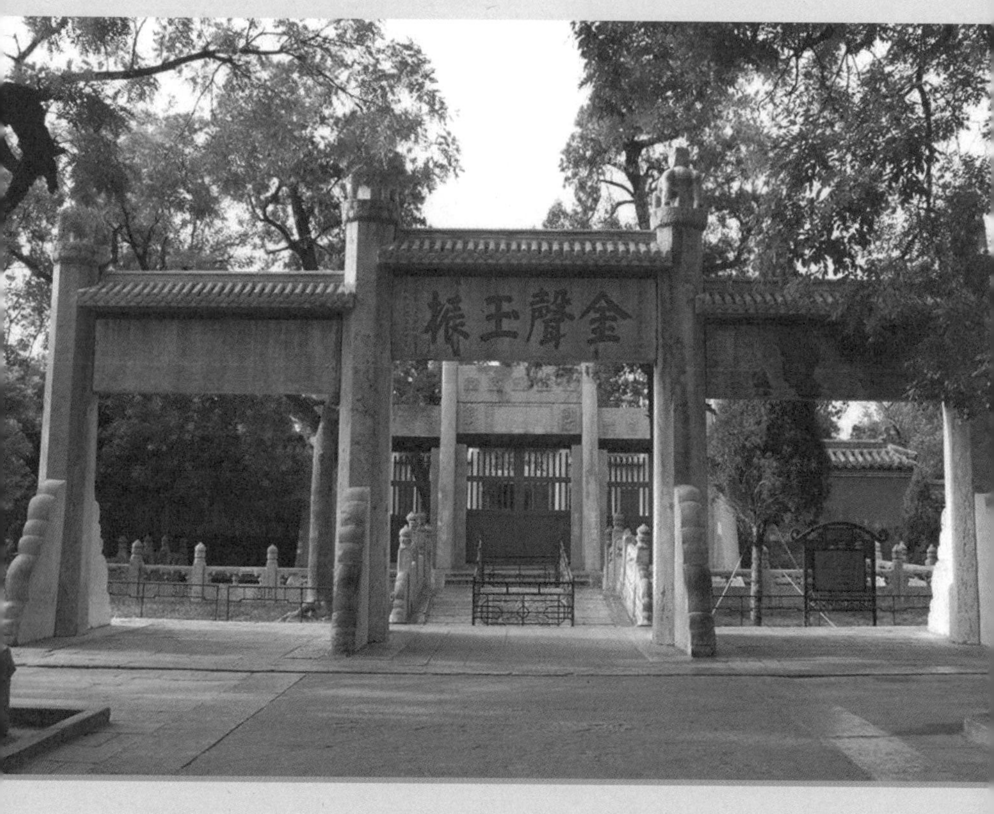

산동성 취푸[曲阜] 공림孔林의 금성옥진金聲玉振

이다.[2] 중국에서는 역대로 공자를 말할 때 성인이라 일컬어지는 요·순·우·탕·문·무·주공의 사상을 집대성한 인물로 높인다. 이러한 공자의 업적과 인물됨됨이를 음악적 차원에서 말할 때 맹자는 '시조리', '종조리'를 통해 말한다. 옛날 궁정에서 종을 쳐서[=금성金聲] 음악을 시작하고, 경磬를 쳐서 음악을 끝맺는데, 그 사이에 여러 악기의 다양한 곡조가 어우러져 여러 악장을 만들고[=小成] 그 악장들이 모여 하나의 완성된 교향곡[=대성大成]을 이룬다. 이런 과정에서 시작과 끝을 의미하는 '시조리'와 '종조리'를 이룬 것을 옛 음악 용어로는 '집대성하였다'고 한다고 말한다.[3] 여기서는 이덕무가 말한 각각의 말이 갖는 의미 분석을 통해 서화창작에서의 알파와 오메가가 무엇인지를 알아보기로 한다.

2

서화창작의 시조리始條理로서의 '해의반박解依般礴'

우리가 서예창작과 관련하여 가장 흔히 인용하는 말은 다음과 같은 말이다.

> 글씨란 것은 마음을 '흐트러트리는 것[산散]'이다. 좋은 글씨를 쓰고자 한다면 먼저 자신의 마음속에 담긴 생각을 흐트러트리고 순수한 감정에 맡기고 본성을 자유롭게 발휘한 뒤에 써야 한다. 만일 세속적인 잡다한 일에 마음이 쫓기면 비록 중산에서 나는 품질 좋은 토끼털로 만든 붓이라도 좋은 작품을 창작해낼 수 없다.[4]

채옹이 한 말로 알려진 이 말은 모든 서체의 창작에 다 적용되는 것은 아니다. 예를 들면 해서를 쓸 때하고 행서나 초서를 쓸 때 요구되는 마음가짐은 다를 수 있다. 또 절제된 온유돈후한 중화미와 유가의 금욕주의 차원의 '존천리, 거인욕'에서 출발한 아름다움을 추구하느냐, 아니면 무위자연의 졸박미와 소박미를 진솔하게 표현하느냐 하는 것에 따라 달라질 수 있다.

단정하면서도 엄정한 해서를 쓸 때는 흐트러트리는 마음을 가져서는 안 된다. 이때는 '정신을 고요하게 하고 마음을 모아[정신응사靜神凝思]' '생각을 하나로 주로 하고 마음을 흐트러트리지 않는[주일무적主一無適]' 경敬의 마음가짐을 가져야 한다. 하지만 해서에 비해 붓놀림이 자유로운 행서를 쓰거나 특히 초서를 쓸 때는 그 마음가짐이 해서를 쓸 때와 달라야 한다. 왜냐하면 마음은 몸의 주인이 되는데, 마음상태가 긴장되거나 혹은 경직된 상태를 유지하면 도구를 운용하는 손도 그렇게 되기 때문이다. 따라서 행서나 초서를 쓸 때에는 '묵좌정사默坐靜思'한 이후에 간단하게 술을 한잔 한 듯한 편안한 마음상태 즉 풀어진 마음상태가 필요하다. 한잔 술을 걸친 이후 왕희지가 '천하제일 행서'라고 일컬어지는 〈난정서〉를 쓴 것이나, 장지나 장욱 등 전통적으로 초서를 잘 쓴 인물들에게 술과 관련된 여러 가지 고사가 있는 것도 아마 이런 점 때문일 것이다.

'마음을 흐트러트리는 것'을 서예창작에 임하는 것과 관련하여 이해하면, 작가의 마음을 얽매이게 하거나 잡아 붙들어 매는 세속적인 권력, 명예, 재물, 부귀 등의 외물外物에서부터의 자유로움이란 점으로 이해할 수 있다. 즉 노장철학에서 말하는 '덜고 더는[손지우손損之又損]' 마음, '잊어버림[忘]'의 마음상태인 허정지심과 관련하여 이해할 수 있다. 서예사적 차원에서 보면 채옹이 말한 것은 초서가 실용적 차원에서 한 단계 더 넘어 하나의 예술로 자리 잡기 시작한 시점과 관련이 있는데, 허정지심을 통한 예술창작을 말하는 점은 특히 노장철학과 관련이 있다. 서예사적인 입장에서 볼 때 위진시대 예술창작에서 선도적으로 예술가의 개성을 존중하는 서예정신을 열어준 채옹의 이 말은 다음과 같은 장자가 말하는 '해의반박解衣般礴'과 매우 밀접한 관련이 있다.

> 송의 원군이 화사들에게 그림을 그리게 하니, 많은 화사들이 몰려들었다. 그들은 분부를 받자 읍을 하곤 정해진 자리에 나아가 붓을 손질하고 먹을 갈며 대기하는데 온 화사가 너무 많아 밖에 있는 자가 반이 넘었다. 이런 상황에서 뒤늦게 나타난 한 화사는 '예의에 어긋나는 느릿한 몸짓'으로 읍을 하고 서서 명령을 기다리지 않고 머무는 곳으로 가버렸다. 그런 행동을 이상하게 여긴 원군은 사람을 시켜 살펴보라고 했다. 가서 보니 옷을 벗은 채 다리를 쭉 뻗고 편안히 앉아 있었다. 원군이 탄복했다. "됐다! 이 사람이 진짜 화사로구나."[5]

'진짜 화가'라고 불리는 화사의 행동거지인 '해의반박'에서 '반박般礴'은 곡식을 까부는 키처럼 두 다리를 쫙 벌리고 앉는 모습인 '기거箕踞의 모양새'로 이해한다. 때론 방약무인傍若無人하게도 보이고 흐트러진 자세로도 이해되는 '기거'는 아무나 할 수 있는 자세가 아니다. 조금이라도 타인의 눈을 의식하거나 예법 혹은 법도에 얽매이면 나올 수 없는 몸가짐이다.

타인을 존중하는 몸가짐과 예의에 맞는 가장 공손한 자세는 이른바 '정좌正坐'로도 불리는 '궤좌跪坐'의 모습이다. 한영韓嬰의 『한씨외전韓氏外傳』 권9에는 맹자가 자신의 처가 편안하게 쉬는 때인데 예의를 갖춘 공손한 모습이 아닌 '기거'하는 자세로 있었다는 이유만으로 그 처자를 내쫓고자 한 기사가 실려 있다.[6] 『장자』 「지락至樂」에는 장자가 자신의 처가 죽었을 때 기거의 자세로 항아리를 두드리며 노래를 부르다가 혜시惠施의 책망을 받은 일도 있다.[7] 남조南朝 송宋나라의 유의경(劉義慶, 403~444)이 지은 『세설신어』에는 은자가 자신을 찾아온 완적을 '기거'하는 자세로 상대하는 모

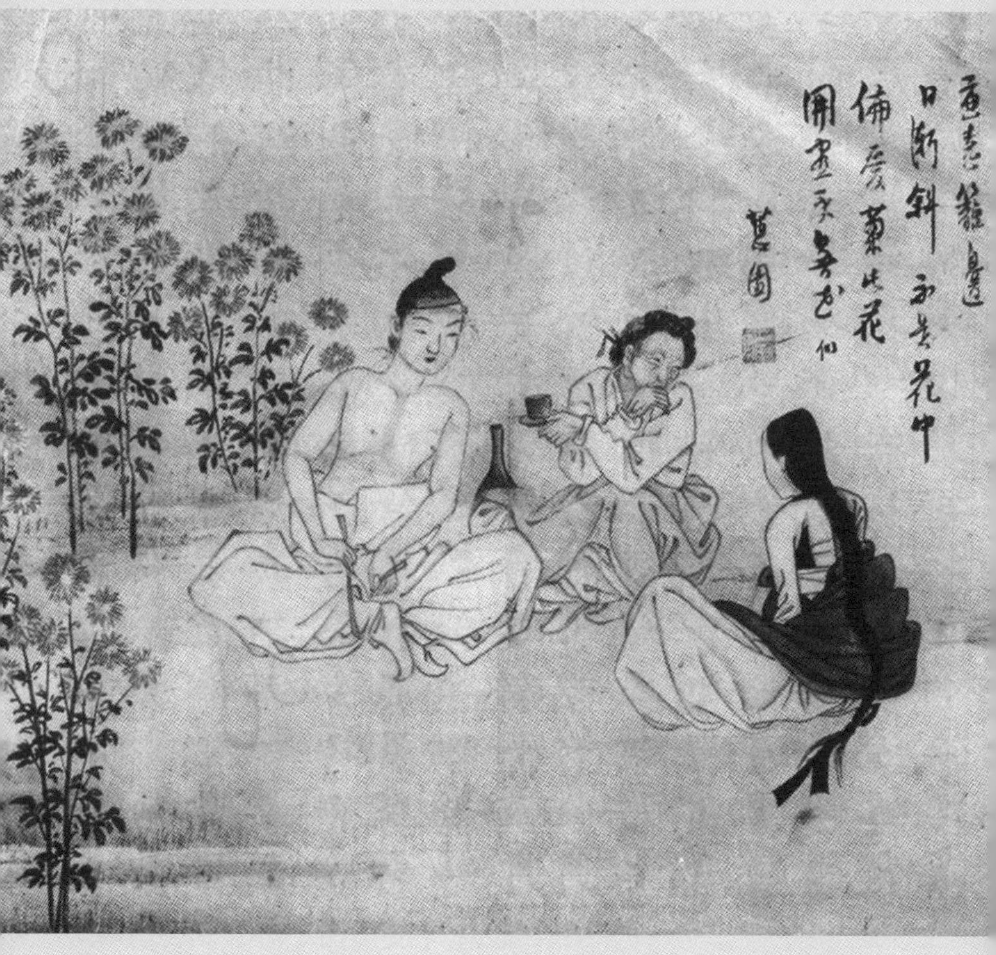

신윤복, 〈삼추가연도三秋佳戀圖〉

이 그림은 장자가 말하는 '해의반박解衣盤礴'의 내용과 전혀 관계가 없지만, 웃통을 벗은 상태에서 두 다리를 쫙 펴면 기거 자세가 된다.

습이 나온다.[8] 남송 주익朱翌의 『의각료잡기猗覺寮雜記』에는 옛사람들의 공경한 자세와 행동거지를 설명하면서, '기거'는 오만하고 공경하지 않는 모습이라고 본다.[9]

송 원군에 의해 '진짜 화사'라고 불린 화사의 행동은 유가에서 규정하는 예의범절과 거리가 먼 몸가짐이다. 우선 군주의 부름을 받고 늦게 온 것부터가 아랫사람으로서 예의와 법도에 어긋난 행위다. 유가에서는 전통적으로 군주나 스승의 앞에서는 '종종걸음으로 빨리 걸어가는 것[=추趨]'을 예의로 규정하는데, '느릿한 몸짓[불추不趨]'도 예의에 맞는 행동이 아니다. 『논어』 「계씨」에는 공자의 아들인 리鯉가 '종종걸음'으로 마당을 지나가는 것을 보고 공자가 아들에게 시와 예를 배웠는가?[10] 하는 내용이 나온다. 늦게 온 화사는 그런 예의에 맞는 행위를 조금도 신경 쓰지 않는다. 늦게 온 주제임에도 머무는 곳으로 가버리는 것은 더욱 예의에서 벗어난다. 더욱이 자기 방에서 기다리고 있는 모습은 유가가 지향하는 인간의 행동규범이나 예의범절과 더욱 거리가 멀다. 유가적으로 본다면 의관을 정제하고 언제 떨어질지 모르는 군주의 명령에 온 정신을 집중하여 공손하게 선 자세로 기다려야 정상이다. 하지만 늦게 온 화가의 해의반박의 거리낄 것 없는 자유로운 모습은 애당초 문 밖에서 머뭇거리고 있으면서 지시를 받고 그림을 그리고자 하는 여타의 화가들과 전적으로 다른 모습이다. 그것은 그들과 마음이 다른 것을 상징한다.

옷은 인간의 몸을 감싸는 신체 보호의 실용적 의미만 있는 것이 아니다. 선비들이 의관을 정제하는 것을 강조하는 것은 이유가 있다. 그것은 곧 '내면의 마음가짐'은 외면의 옷차림에 그대로 드러난다고 보기 때문이다. 군자라면 옷을 입어도 신분, 색깔과 의복의 장단이 예법에 맞아야 한다. 공자도 의복에 대해 말한 적이 있는데, 그중 하나는 예에 맞는 복식과 때에 맞는 복식이다. 예에 맞는 의복을 입었으면 그 차림에 어울리는 행동도 당연히 요구된다.[11] 이런 점에서 유가는 홀로 있을 때 몸가짐을 삼가라는 '신독愼獨'을 강조한다. 옷차림과 몸가짐을 단정하게 한다는 것은 항상 긴장을 놓지 않는다는 일종의 자기단속인 셈이다. 그것은 타인과의 관계에서 예를 차리는 자세이면서 욕망을 억누르는 극기복례의 경외敬畏적 몸가짐이다.

이처럼 옷을 벗고 다리를 쭉 펴고 앉아 있는 몸가짐은 마음가짐으로 연결되고 그것은 '방약무인旁若無人'한 모습으로 이해될 수 있는데, 이 같은 몸가짐은 인간의 사고와 신체를 구속하고 형식에 치우치게 하는 예법에서 벗어났다. 예법에서 벗어났다는 것을 예술적 차원에서 말한다면, 이미 있었던 법도에서 벗어났다는 것을 의미한다. 운격(惲格, 1633~1690)은 해의반박이 함축하고 있는 예술정신에 대해 다음과 같이 말한 적이 있다.

> 그림을 그릴 때에는 모름지기 옷을 벗고 다리를 뻗은 채 주위에 아무도 없는 듯한 마음이 있는 뒤에 변화의 기틀이 손에 있고 원기가 흘러넘치게 되고, 앞 시대의 장인에 의해 구속되지 않고 법도 밖에서 노닐[유游] 수 있다.[12]

예술을 창작할 때 가장 신경 써야 할 것은 기운이 생동함을 담아내고 아울러 법도 밖에서 새로운 예술정신을 표현해야 하는 것이다. 이런 점을 해의반박의 정신이 다 해결해준다는 것이다. '노닌다[游]'는 것은 명예, 권력, 재물 같은 외물에 의해 사역당하지 않는 정신의 자유로움이다. '법도 밖에서 노닐 수 있다'는 것은 황휴복이 말하는 '일품'의 경지를 담아낼 수 있다는 말로도 이해된다. 작가의 자유로운 예술정신은 외물에 사역당하지 않는 마음 즉 심신의 자유로움이다. 석도는 『화어록畵語錄』「원진장遠塵章」에서 화가가 멀리해야 할 것을 다음과 같이 말한 적이 있다.

> 작가가 물욕에 가리면 '세속의 속된 것[진속塵俗]'과 교류하게 된다. 사람

이 주제성을 잃어버리고 사물에 부림을 당하게 된다면 작가의 마음은 수고로움을 받는다. 마음을 졸여서 작품을 만들면 스스로를 훼손시키게 된다. 붓과 먹이 세속의 속된 것에 덮어 씌워지면 스스로를 구속하게 된다. 이런 사람은 진정한 예술가가 아니라 편협한 사람이다. 마음이 수고롭지 않을 때 그려야 올바른 그림이 그려진다.[13]

'진속'의 구체적인 것은 돈·명예·권세 등인데, 화가가 이런 진속에 얽매이면 마음만 수고롭게 하지 자신을 담아낼 수 있는 주체적 작가가 될 수 없다. 석도의 이런 언급은 장자가 말한 해의반박론을 실질적인 예술창작에 적용한 예라고 할 수 있다. 해의반박을 실질적인 작품에서 응용한 또 다른 표현은 포안도布顔圖의 다음과 같은 말에서도 찾을 수 있다.

작품에서 정경을 곡진하게 표현하는 것은 장인의 마음으로 가능하고 필묵으로 취할 수 있다. 그러나 정경이 묘한 경지에 들어가는 것은 반드시 천기가 이르는 경우를 기다려야 취할 수가 있다. 다만 천기는 마음에서 나오고 밖에서 오는 것은 아니니, 모름지기 '마음속으로 기뻐함을 품고, 신기가 융화되는 것[심회이열心懷怡悅, 신기충융神氣沖融]'을 기다려 방에 들어가 두 다리 쭉 뻗고 자유로운 태도를 갖춰야만 비로소 그러한 것들을 취할 수 있다.[14]

포안도는 정경을 곡진하게 표현하는 기교적 차원과 천기를 드러내는 정경의 묘한 경지에 들어가는 것의 비교를 통해 해의반박의 필요성을 강조하는데, '심회이열, 신기충융'은 해의반박의 전제조건이다. 이런 점에서 해의반박은 형사적 차원보다는 신사적 차원과 밀접한 관련이 있다고 할 수 있다. 곽희는 『임천고치林泉高致』「화의畵意」에서 해의반박론을 유가 차원에서 이해하기도 한다.

세상 사람들이 내가 붓을 놀려 쉽게 그림을 그리는 것으로만 아는데, 사실 그림 그리는 일이 쉽지 않다는 사실은 모른다. 장자는 '옷을 벗고 다리를 쭉 뻗고 편안히 앉아 있는 화사야말로 참으로 화가의 법을 얻었다'는 말을 한 적이 있다. 그림을 그리는 사람들은 모름지기 자기 '마음속을 너그럽고 유쾌하게 하고, 뜻을 즐겁고 만족하게[흉중관쾌胸中寬快, 의사열적意思悅適]' 해야 한다. 그러면 이른바 꾸밈이 없고[이易], 정직하고[직直], 남을 사랑하고[자子], 착하게 되는 마음[량諒]이 뭉글뭉글 생긴다. 이와 같으면 사람의 웃고 우는 온갖 모습과 사물의 뾰족함, 기울어짐, 옆으로 누임 등이 자연히 마음속에 터득되어 모르는 사이에 표현하고자 하는 것이 붓놀림에 나타난다… 그렇지 못하면 뜻과 생각이 억압되고 침체되어 한쪽 측면으로만 국한될 것이니, 어찌 사물의 실정을 그릴 수 있으며 사람의 생각을 펼 수 있겠는가?… 경계가 이미 익숙해지고 마음과 손이 응해야 비로소 자유자재로 법도에 맞고 전후좌우가 근원에 맞아 제대로 그려질 것이다.[15]

곽희도 해의반박론을 인용하여 예술창작에 임할 것을 말하는데, '흉중관쾌, 의사열적'은 포안도가 말한 '심회이열, 신기충융'과 유사한 사유다. 여기서 곽희가 해의반박을 거론하되 『예기』 「악기」의 '이·직·자·량'의 유가식 수양론을[16] 강조한 것은 장자가 말한 허정지심으로서의 해의반박과 차원이 다르다. 즉 똑같은 해의반박을 운용하더라도 그것을 취하는 인물의 철학적, 미학적 입장에 따라 차이가 난다.

유가와 도가가 모두 해의반박론을 예술창작에서 요구되는 마음가짐과 정신상태에 적용하고 있는 점은 동일하다. 이덕무는 이런 해의반박이 바로 예술창작의 '시조리'에 해당한다고 말한다. 그런데 해의반박의 마음가짐과 정신상태만 있다고 예술창작이 완성되는 것은 아니다. 실질적인 창작에 임했을 때의 기교는 또 어떻게 운용해야 하는 것이 문제가 된다. 이런 점을 이덕무는 예술창작의 '종조리'로서 '포정이 해우解牛하는 우화'를 말한다.

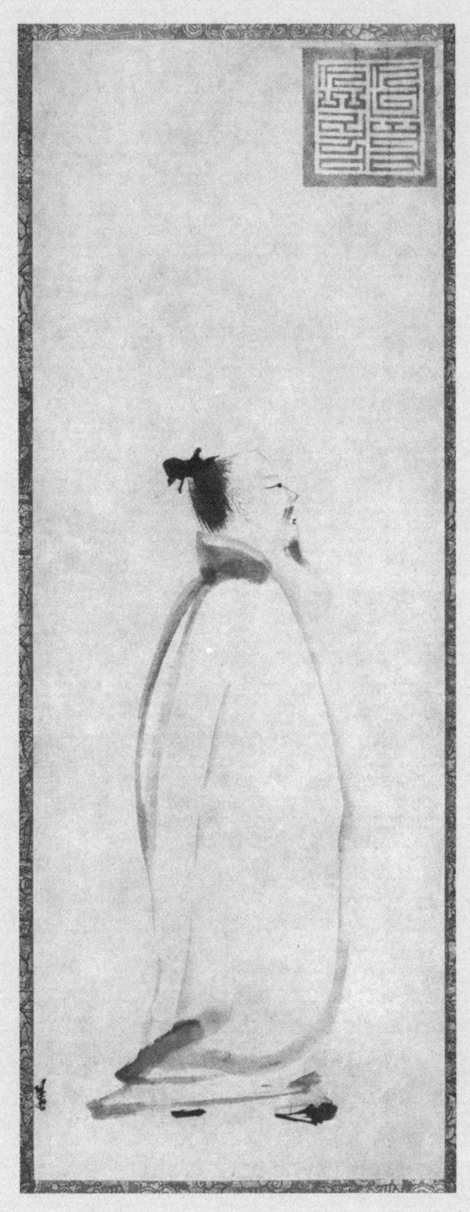

양해梁楷, 〈이백행음도李白行吟圖〉

고개를 약간 뒤로 젖힌 채 뒷짐을 지고 걸어가는 이백의 홍취 어림을 몇 개의 간단한 필선으로 그어 작품을 끝냈다. '나는 본래 초나라 광인이었다[아본초광인我本楚狂人]'이라고 자칭한 이백의 홍취 어림과 필획이 잘 어울린다. 마치 포정이 해우하듯 일필휘지의 붓놀림이다.

3

서화창작의 종조리終條理로서의 포정해우庖丁解牛

서예의 종조리에 해당하는 이른바 '포정해우庖丁解牛' 고사는 『장자』 「양생주養生主」에 나오는 다음과 같은 내용이다. 장황하지만 논지 전체를 이해하기 위해 전문을 보자.

> 포정이 문혜군을 위해서 소를 잡는데, 손으로 쇠뿔을 잡고, 어깨에 소를 기대게 하고, 발로 소를 밟고, 무릎을 세워 소를 누르면, 칼질하는 소리가 처음에는 획획하고 울리며, 칼을 움직여 나가면 쇄쇄 소리가 나는데 모두 음률에 맞지 않음이 없어서 상림桑林의 무악舞樂에 부합되고, 경수經首의 박자에 꼭 맞았다. 문혜군이 말했다. "아! 잘하는구나. 기술이 어찌 이런 경지에 이를 수 있는가!" 포정이 칼을 내려놓고 대답했다. "제가 좋아하는 것은 도道인데, 이것은 기술에서 더 나아간 것입니다. 처음 제가 소를 해부하던 때에는 눈에 비치는 것이 온전한 소 아닌 것이 없었습니다. 그런데 3년이 지난 뒤에는 온전한 소는 보이지 않게 되었습니다. 지금은 제가 '신神'을 통해 소를 대하고[신우神遇], 눈으로 보지 않습니다. 감각기관의 지각 능력이 활동을 멈추고, 대신 신묘한 작용이 움직이면 '자연의 결[천리天理]'을 따라 커다란 틈새를 치며, 커다란 공간에서 칼을 움직이되 본시 그러한 바를 따를 뿐인지라, 경락經絡과 긍경肯綮이 칼의 움직임을 조금도 방해하지 않는데 하물며 큰 뼈이겠습니까? 솜씨 좋은 백정은 일 년에 한 번 칼을 바꾸는데 살코기를 베기 때문이고, 보통의 백정은 한 달에 한 번씩 칼을 바꾸는데 뼈를 치기 때문입니다. 지금 제

가 쓰고 있는 칼은 '오랜 세월[19년]'이 지났고, 그동안 잡은 소가 수천 마리인데도 칼날이 마치 숫돌에서 막 새로 갈아낸 듯합니다. 뼈마디에는 틈이 있고 칼날 끝에는 두께가 없습니다. 두께가 없는 것을 가지고 틈이 있는 사이로 들어가기 때문에 넓고 넓어서 '칼날을 자유자재로 놀리는 데[유도游刃]' 반드시 남는 공간이 있게 마련입니다. 이 때문에 '오랜 세월[19년]'이 지났는데도 칼날이 마치 숫돌에서 막 새로 갈아낸 듯합니다. 비록 그러하더라도 매양 뼈와 근육이 엉켜 모여 있는 곳에 이를 때마다, 저는 그것을 처리하기 어려움을 알고, 두려워하면서 경계하여, 시선을 한 곳에 집중하고, 손놀림을 더디게 합니다. 그 상태로 칼을 매우 미세하게 움직여서, 스르륵 하고 고기가 이미 뼈에서 해체되어 마치 흙이 땅에 떨어지는 듯하면, 칼을 붙잡고 우두커니 서서 사방을 돌아보고 만족감을 누립니다. 제정신으로 돌아오면 칼을 닦아서 수습하곤 집어넣습니다." 문혜군이 말했다. "좋은 말이구나. 내가 포정의 말을 듣고 '양생'의 도를 터득했다."[17]

이 포정해우 고사의 원 의미는 「양생주」라는 편명이 의미하는 바와 같이 포정이 해우하는 과정에 담긴 원리를 통해 양생의 도를 터득했다는 것이다. 하지만 양생의 도를 얻게 한 포정이 해우하는 과정은 매우 다양한 측면에서 이해된다. 후대 철학에서 '리理'라는 이름은 이 포정해우 고사에서 나왔다고 한다.[18] 이런 포정해우 우언은 현실적 측면에서는 양생과 처세의 도리를 말한 것으로, 예술적 측면에서는 창작에 임할 때 요구되는 기교의 숙련을 말한 것으로,[19] 아울러 득도의 경지에 이른 기의 운용을 말한 것으로도 이해한다. 장자가 소를 잡을 때 나는 소리와 그 광경을 음악이나 무도의 절주에 부합한다고 하는 표현은 매우 문학적인데, 리듬감 있는 칼놀림과 그 몸짓이 그침없이 행해지는 모습은 서예의 일필휘지를 연상시킨다. 붓놀림에 담긴 음악적 리듬감을 서예에서도 매우 중시하기 때문이다.

쉬푸관은 『중국예술정신』에서 장자가 추구한 도는 "위대한 예술가가 표현해내는 최고의 예술정신과 본질적으로 똑같다"라고 주장하는데, 특히 '포정해우'를 그 하나의 예로 든다. 포정이 '자기가 좋아하는 것은 도'라는 것은 도가 기예보다 고차원적이라는 것을 보여준다. 포정은 결코 기예 밖에서 도를 본 것이 아니고 기 속에서 도를 보았다고 하는데, 기예가 도와 상통할 수 있기 때문에 소를 잡는 기예를 통하여 양생의 도를 체득할 수 있었다.

포정해우 고사가 양생의 도를 얻은 것으로 이해될 수 있는 것을 하나의 예를 통해 보자. 세상을 살아가면서 어느 하나의 목표를 실현하고자 할 때는 다양한 길이 앞에 놓인다. 사통팔달 뻥 뚫린 길이 있는가 하면, 구불구불하고 좁은 길이 있고, 더 심한 경우에는 절벽이 있고 막힌 길도 있다. 이런 다양한 길을 가는데 각각의 처한 상황에 따라 길을 가는 방식은 달라야 한다. 포정해우 고사가 양생을 말한 것이라 이해한다면 포정이 소를 잡을 때 처한 다양한 상황을 인간이 삶을 살아가는 데 겪는 다양한 상황과 연계하여 이해하면 된다.

포정은 자신이 소를 잡는데 소의 내부에 있는 천연적 구조인 '자연의 결[천리天理]'을 거론하는데, 그것은 세상을 살아가면서 맞닥뜨린 다양한 세상사의 상징이다. 즉 어떻게 하면 칼날을 전혀 손상시키지 않고 소를 잡을 것인가 하는 고민은 다양한 삶의 현장에서 어떻게 하면 자신의 한 몸을 온전히 보존하게 할 것인가 하는 처세술이면서 아울러 양생술이기도 하다. 강한 자는 길을 가다가 자신을 막는 벽이 있다면 그 벽을 부수고 가면 된다. 구불구불한 길을 마차로 간다고 해도 넘어지는 것이 두렵지 않다면 그 길을 빨리 가면 된다. 하지만 벽을 뚫는 과정과 구불구불한 길을 빨리 가는 과정에서 마차는 넘어질 가능성이 많아지고 결국 자신의 몸이 상하게 된다. 여기서 길을 막는 벽은 매우 어려운 상황을 상징하고 구불구불한 길은 조금 쉬운 길을 뜻한다. 뻥 뚫린 길은 당연히 쉬운 상황을 뜻한다.

처음에는 어떤 상황에 처하더라도 그것을 극복 가능하다고 여겨 강한 힘으로 몰아붙이는 경우도 있다. 하지만 이 경우 다치는 경우가 대부분이다. 소를 잡는 경우라면 칼날이 대부분 상하게 된다. 유가가 '명도구세明道救世'의 사명감을 갖고 세상을 경륜하고자 하는 것은 이런 경우에 속한다. 북송대 왕안석이나 조선조 정약용같이 진보적인 인물들이 이런 행동을 취했다. 하지만 오랜 세월의 경험[=19년]을 쌓고 소 조직의 천연적 구조인 '자연의 결'[=천리=세상사]을 알고 난 뒤에 소를 잡거나 행동하는 것은 이전과 다르게 나타난다. 소의 몸으로 비유하자면 소 몸에는 살집만 있는 경우가 있다면 칼을 놀리는 것이 쉽다. 즉 쉬운 길이다. 뼈만 있는 곳이 있다면 칼을 놀리기가 매우 어렵다. 즉 매우 어려운 길이다. 이런 경우를 만나면 잠시도 긴장을 놓아서는 안 된다. 뼈에 근육이 붙어 있는 경우에는 뼈만 있는 것에 비해 칼을 놀리는 것이 약간 어렵다. 적당히 어려운 길이다. 어떤 상황이라도 그 틈새를 보는 것이 중요하다. 그 틈새는 칼을 자유자재로 놀릴 수 있는 공간이면서 자신의 삶을 다치지 않고 지날 수 있는 온전한 공간이다. 물론 앞에서 거론한 상황이 복합적으로 얽혀져 있는 경우도 있는데, 이런 때 일수록 더욱 긴장을 늦춰서는 안 된다.

포정해우에서 양생과 관련해 가장 주목할 것은 "칼날 끝에 두께가 없다"는 말이다. '두께'라는 말은 무엇인가 형태적으로 주어진 것, 즉 이미 형성되어진 기존의 고정된 행동방식과 마음가짐이다. 일종의 진리로 존재하는 기존의 법도 해당한다. 소는 큰 틀에서는 동일한 구조로 이루어져 있지만 그 어떤 소도 다 같은 경우로 존재하는 것은 하나도 없다. 그 많은 소를 칼날이 상하지 않고 제대로 잡으려면 어떤 경우라도 무조건 고정된 법과 모양을 따라서는 안 된다. 예술창작 차원에서 말하면 무법의 경지를 체득해야 한다는 것이다. 정해진 법만 따르다보면 다양한 상황에서 의도하지 않은 어려움을 만날 수 있기 때문이다. 따라서 이런 다양한 상황을 벗어나기 위해서는 장자가 말한 심재心齋와 좌망坐忘 같은 마음가짐이 필요한데, 이런 점을 포정은 '신우神遇'라는 말로 표현하고 있다.

다음 포정해우를 서예창작 과정과 연계하여 이해해보자. 칼은 소를 잡는 도구인데, 서예로 말하면 붓에 해당한다. 소를 잡는 과정은 서예가가 붓을 들고 하나의 작품을 완성하는 것과 동일하다. 소는 눈앞에 놓여진 종이와 자신이 써야 할 내용이다. 칼을 휘두르며 소를 해부하는 것은 운필법이다. 칼을 휘두르며 소를 해부하다보면 만나는 것들이 있다. 큰 뼈, 힘줄이 얽힌 곳, 살만 있는 곳 등등이다. 즉 붓을 들고 일필휘지 하다보면 여러 가지 상황에 처하게 되는데, 그 상황에 대한 정확한 인식은 어떤 붓놀림이 가장 상황에 맞는 적의한 붓놀림인지 여부에 따라 자신이 만족하는 좋은 작품의 탄생 여부가 결정된다.

포정이 처음 소를 잡기 시작하였을 때 온통 소가 아닌 것이 없었다는 것은 소와 포정이 상호 소통이 안 되는 생소한 대립물인 단계인데, 이것을 예술창작 단계에 적용하면 작가가 표현하고자 하는 것을 제대로 표현하지 못하는 단계, 혹은 붓을 어떻게 놀려야 좋은지를 모르는 생경한 단계다. 즉 도구 자체를 제대로 운용하지 못하는 단계에 속한다. 어느 정도 시간[=3년]이 지나자 겨우 소가 대립물 단계에서 벗어났다는 것은 이제는 붓을 어떻게 놀리면 좋은지를 아는 경우에 속한다. 하지만 아직은 완벽한 단계는 아니다.

이제는 소를 대할 때 눈으로는 보지 않고, 감각과 지각이 멈추어진 채 정신이 시키는 대로 할 뿐이라는 것은 대상과 합일된 단계에 속한다. 이 소 몸뚱이 골격의 빈 곳에 있는 곳에 '자유자재의 칼놀림[유도游刀]'을 한다는 것은 붓을 놀려 표현하고자 하는 것을 자유롭게 할 수 있는 경지에 들어간 것이다. 작품이 다양한 상황을 잘 극복하고 자신이 하고자 하는 식으로 완성된 뒤에 느끼는 희열감은 포정이 해우한 이후 느끼는 것과 다를 바가 없다. 이 경우 소를 잡은 칼날을 그냥 놔두면 안 된다. 다시금 닥쳐올 상황을 예의 주시하면서 그것을 잘 씻어서 보관해야 한다. 마치 작업이 끝난

다음 도구로 사용한 붓과 벼루를 깨끗이 하듯이 말이다. 포정해우의 칼놀림과 소의 조직에 관한 다양한 장자의 표현은 정해진 틀 속에서의 일정한 간격을 두고 쓰는 해서와 같은 것보다는 최소한 행초서 이상에 해당되는 경우라 할 수 있다.

포정의 칼이 매우 '오랜 세월[=19년]'에 걸쳐 수천 마리의 소를 잡았지만 오히려 칼날은 방금 숫돌에 간 것 같다는 것은 기교가 숙련된 이후 고도의 자유로운 경지에 도달한 것을 상징한다. 이런 점에서 포정의 정신은 이제 기교 혹은 기술의 제약으로부터 해방되고 자유로움과 충만함을 만끽하게 된다. 포정이 소 잡는 것을 통해 즐거움을 얻었다는 것은 실용적인 공리를 초월하는 정신적 즐거움이 된다. 정신적 즐거움은 심미의 유열과 통한다. 즉 소를 잡기 위한 행동이었지만 그 과정에서 심미적 유열을 느꼈다는 것을 서예 차원으로 말하면, 서예를 통한 창작행위가 실용적 차원이 아닌 제대로 된 완성된 작품을 통한 유열을 느낀 것과 통한다. 이런 점에서 포정의 소 잡는 행위로서의 기교는 기술을 넘어선 정신적 유희의 차원에서 논의될 수 있다. 즉 기교라는 차원을 넘어선 도의 경지에 들어선 '유遊의 기술'이며, '신명나는 기술'이다.[20]

이제 예술이론에서 해의반박론을 실질적인 창작행위에 임한 가운데 포정해우식의 기예와 도의 관계를 함께 거론한 구체적인 예를 보자. 아래 글은 당대 장조의 회화창작과 관련된 것이다.

> 이때에 손님으로 앉아 있던 명성이 있는 선비 24인이 모두 장조의 좌우에 앉아 산처럼 서서 보면서 그를 살폈다. 운외員外 벼슬을 하는 장조[21]가 그 가운데에서 '다리를 쭉 뻗고 앉아서' 의기를 고취시키자 신령한 기미가 비로소 발하게 되었다. 그 사람들을 깜짝 놀라게 하는 것이 흐르는 번개가 공중에서 격동하는 것 같고 놀란 바람이 하늘에 이르는 것 같았는데, 붓을 꺾어 돌리고 당기면서 붓 휘두르기를 빨리 하니, 붓은 나

는 것 같고 먹은 뿜어내는 것 같고, 붓을 잡은 손바닥이 찢기는 듯 떠나고 모아지는 것이 황홀하더니 갑자기 괴이한 모양이 생겨났다. 마칠 즈음에는 곧바로 소나무 껍질이 주름진 형상이 되고 돌은 높직하게 그려졌고, 물은 맑고 구름은 끝이 없이 닿아 있는 것 같았다. 붓을 내던지고 일어나 사방을 둘러보니 마치 우레를 치며 내리던 비가 갠 것 같아 온갖 만물의 특성을 나타내었다. 장공[=장조]의 기예를 관찰해보니, 그것은 '그림이 아니라 참다운 도'이다. 그림 그릴 때에는 이미 기교 부리는 마음을 버려야 하는 것을 알아 뜻이 '현묘한 자연의 조화[현화玄化]'와 암암리에 합치되니, 온갖 만물이 마음속에 있고 눈과 귀에 있는 것이 아니었다. 그러므로 '마음에서 터득한 것을 손이 응해 표현하니, 외로운 모습과 뛰어난 형상이 붓을 대면 나와서 기가 (구체적인 형태로 드러나지 않은) 충막한 것과 교류가 되고 신과 함께 동류가 되었다. 만약에 장단을 한도 내에서 헤아리고, 아름답고 추한 것을 고루한 시야에서 계산하고, 법을 응집하고 먹을 빨며 망설이기를 진실로 오래하는 것은 바로 그림을 그리는 데 혹과 같은 것이다… 도의 정미한 것과 예술의 최고 경지는 마땅히 현묘한 깨달음에서 얻는 것이지 외형의 조악한 형상의 껍데기에서 얻는 것은 아니다.[22]

이 글은 장조의 예술창작 행태를 장자가 말하는 해의반박의 고사와 포정해우의 고사를 함께 응용하여 말한 것에 해당한다. 기교가 단순한 기술적인 활동이며 실용을 목적으로 한다면, 도는 심미의 경지로서 실용적 목적을 초월한 것에 해당한다. 도는 결코 기교 밖에 있는 것이 아니라 기교가 승화된 경지다. 즉 기교가 '도의 경지'에 이르렀다는 것이나 '현묘한 자연의 조화'와 암암리에 합치되었다는 것은 기교가 질적 변화를 초래하였음을 의미한다. 기교가 질적으로 변화하여 도의 경지에 올랐다는 것을 다른 차원에서 말하면, 화가 자신이 자신의 마음을 자유롭게 표현하는 경지

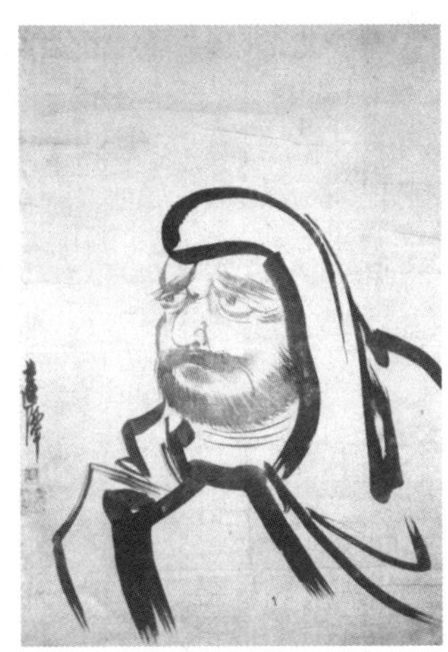

김명국金明國, 〈달마도達磨圖〉
술 먹고 광기 어린 그림을 잘 그렸기에 '취광醉狂'이라 불린 김명국의 일필휘지一筆揮之하는 붓놀림을 엿볼 수 있다.

에 도달한 것이며, 심미 경지에 오른 이 같은 기교는 기예의 완성태라고 할 수 있다.

이처럼 동양예술의 화두 중 하나는 어떤 마음가짐과 어떤 기교를 통하여 예술창작에 임했을 때 도의 경지에 오를 수 있는가 하는 것인데, 그 하나의 예를 장조의 예술창작 행위와 관련된 것을 통해 확인할 수 있다. 장조가 해의반박과 다름없이 다리를 쭉 뻗고 앉아서 의기를 고취시킨 다음에 행한 일필휘지의 무위자연의 붓놀림의 결과에는 해의반박뿐 아니라 포정의 해우 과정 및 해우 이후에 득의만만한 모습이 담겨 있다. '그림이 아니라 참다운 도'라는 말은 장조의 기교가 기교의 차원을 넘어선 도의 경지에 이른 것을 말해준다. 이처럼 '득심응수得心應手'에 의한 창작행위가 도 혹은 현묘한 자연의 조화와 합치된다는 장조의 예술창작 행위는 이후 많은 예술가들이 지향하는 궁극 목표가 된다. 조선조 서예가 이광사李匡師도 서예에서의 최상의 기예를 '포정해우'와 관련지어 이해한 적이 있다.

> 집필은 모름지기 매우 성글게 하면서 손가락으로 감싸 잡을 따름이다. 마음과 정력을 오로지 붓끝에 집중시켜 힘을 다하여 획을 그어나가면 온몸의 혈맥이 일관되게 통하여 조화를 이룰 수 있다. 만약 붓을 꽉 잡아 잡은 것에서 기운이 다하면 힘이 붓끝에 미치지 못하니 무슨 힘이 있어 지면에 획이 미치겠는가? 또 모든 기예는 최고의 경지에 이르러 마치 '포정이 소를 잡는 것'같이 되면 종일 일을 하여도 털끝 하나 맥박 한 가닥도

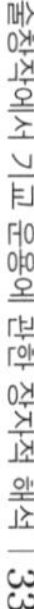

> 걸림이 없어 지극한 공을 이룰 수 있다. 붓을 견고하게 잡으면 손가락이 마비되어 아프고 몸도 따라서 피곤해져서 종일 글씨를 쓸 수가 없다. 이와 같이 한다면 어찌 능히 최상의 공을 이룰 수 있겠는가?[23]

도와 기교의 관계를 바꾸어 말하면 도와 예술의 관계라 할 수 있는데, 장자는 왜 도와 기교를 함께 연계하고자 하며, 아울러 기교 역시 도와 상통할 수 있다는 것을 들어 도를 설명하려고 하였을까? 이것은 쉬푸관이 『중국예술정신』에서[24] 지적하는 바와 같이, 장자가 말하는 도의 실질적인 내용은 자유에 있고, 기교도 예술 창조의 활동으로서 자유스런 창조적 활동을 요구하고 있기 때문이다. 예술창작 활동에서, 도의 경지에 오른 기교의 운용도 이러한 특징을 가지고 있기 때문에 도와 기교가 상통할 수 있고, 이런 경지에서 거행된 예술창작 행태를 가장 이상적인 것으로 여긴다는 것이다.

4
-
나오는 말

장자가 말하는 해의반박과 포정해우는 장자가 의도하지 않았지만 이후 실질적 예술창작할 때의 마음상태 및 기교 운용에 그대로 적용되었다. 시조리와 종조리는 시간적 상황에서는 선후의 차이가 있다. 하지만 하나의 작품이 종합적 완성체라는 점에서 본다면 그것들이 각각 따로 노는 것은 아니다. 종과 경쇠라는 각각 다른 악기를 통해 음악의 시조리와 종조리를 담아내는 음악에서는 '시조리'와 '종조리'의 구분이 선후라는 측면에서 분명하게 드러나지만 서화의 경우는 좀 다르다. 서화의 실질적인 예술창작 행위에서는 해의반박의 '시조리'와 포정해우의 '종조리'는 하나이면서 둘이어야지 간극이 있어서는 안 된다. '득심응수'의 동시성을 강조하듯이 해의반박 상태에서 붓을 잡고 작품에 임하는 마음가짐이 결국 붓의 놀림을 통해 그대로 반영되는 연속적인 과정으로 나타났을 때보다 기운이 생동하는 작품이 가능해지기 때문이다. 특히 '한 호흡에 작품이 이루어지는 것[일기가성一氣呵成]' 혹은 '일필휘지一筆揮之'를 추구하는 서예의 경우는 더욱 그렇다. 초서는 바로 이런 점을 가장 잘 보여주며, 회화에서는 발묵법潑墨法을 통한 사의성이 강한 작품을 하는 경우도 마찬가지다.

해의반박을 기예와 관련하여 이해할 때 유의할 것은, 무조건 오랜 시간에 걸쳐 경험을 쌓는다고 해도 소에 내재된 '천리'를 알지 못하면 여전히 칼날이 손상된다는 것이다. '천리'는 장자의 창작 행위를 평가할 때 말한 '현묘한 자연의 조화'와 그 의미가 통하는데, 좋은 작품을 창작하려면 '칼날에 두께가 없다'는 것이 갖는 예술적 의미를 알아야 한다. 소는 항상 새롭게 주어지고 작가가 창작에 임할 때의 상황도 항상 새롭게 주어지기 때문이다. 따라서 작가가 '현묘한 자연의 조화'에 대한 이해가 없이 무작정 칼만을 오래 쓴다고 해서 칼날이 상하지 않고 소를 해부하는 경지에 도달할 수 없다. '포정해우'에서 기교이면서 도의 경지에 들어섰다는 점을 서화론에 적용하면, 황휴복이 말한 일격逸格에[25] 해당한다. 즉 일격에서 말하는 '상식적인 법도에 거리끼지 않고 자연스러움을 얻는다는 것'은 도의 경지에 오른 기교와 유사하기 때문이다.

요컨대 시조리와 종조리가 하나로 일관되게 연결될 때 '도', '현묘한 자연의 조화'와 합치되는 심수합일의 '득심응수' 경지 및 천인합일의 예술창작이 이루어진다. 이처럼 그 어떤 것에도 얽매임이 없는 자유로운 경지를 의미하는 해의반박 및 포정해우 정신은 자신의 진정성과 개성을 담아내는 사의적 예술창작에 많은 영향을 준다. 특히 광자狂者의 진취적인 정신과 서로 호응하면서 후대의 예술창작에 지대한 영향을 주었다.

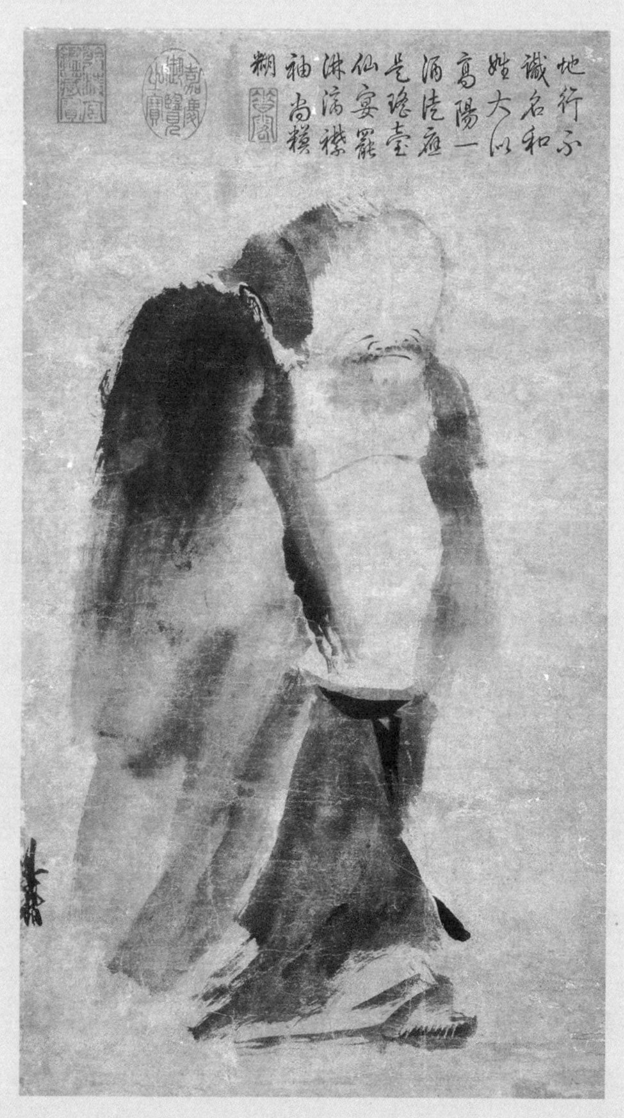

양해, 〈발묵선인도潑墨仙人圖〉

건륭제의 화제: "地行不識名和姓, 大似高陽一酒徒, 應是瑤臺仙宴罷, 淋漓襟袖尙模糊"
이 그림은 일종의 감필화減筆畵에 속한다. 얼굴에 술기운이 가득한 지행선地行仙의 형상을 우레와 천둥이 치듯 몇 번의 거침없는 발묵潑墨의 포정해우식의 붓놀림으로 그렸다.

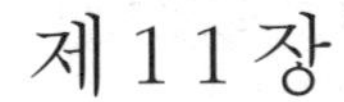

제 11 장

동양예술의 임모臨摹 전통에 담긴 의미

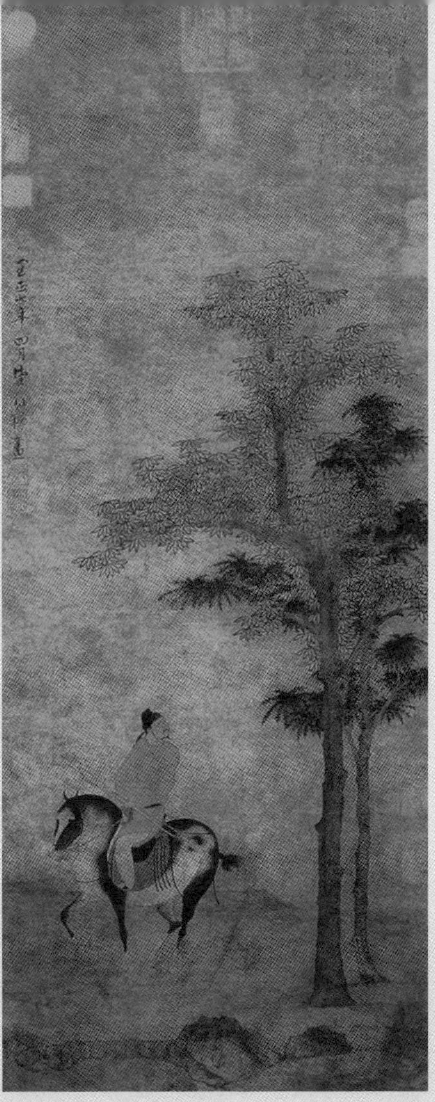

조옹, 〈수렵인물도〉

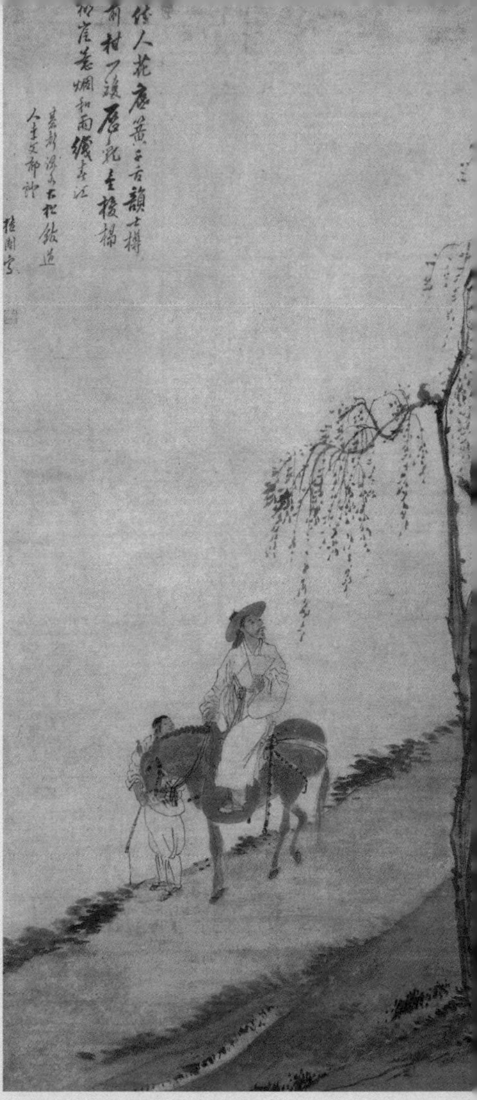

김홍도, 〈마상청앵도〉

이 그림은 조옹의 〈수렵인물도〉를 모방한 것으로 알려져 있다. 조옹의 그림보다 간결하면서도 동적이다.

1

들어가는 말 : 동양예술에서는 왜 임모를 강조할까?

우리가 기존의 유명 서화 작품을 보다보면 '방倣~', '임臨~', '의擬~', '학學~법法', '법法~필의筆意', '방倣~필의筆意'라는 글귀를 종종 발견할 수 있다. 그런 글귀가 적혀 있지 않더라도 어떤 작품은 잘 보면 과거 누구의 것을 모방해서 작품을 한 것인지를 알 수 있는 경우가 많다. 오늘날에도 여전히 과거 작품의 모방을 통한 작품 제작이 일어나고 있지만 대부분 크게 시비를 걸지 않는다. 즉 누구 것을 모방하여 제작했는데 '잘했군!', '못했군!' 하는 정도지 그것이 표절이니 또는 지적재산권과 관련해 문제가 있다는 식의 문제제기는 하지 않는다. 이런 사유는 전통적으로 동양에서의 '고古와 금今', '법法과 무법無法', '법고法古와 창신創新' 혹은 '모방과 창조[혹은 창의성]' 등과 관련이 있다.

중국철학이나 중국예술이론에는 고古와 금今에 관한 다양한 표현이 나온다. 공자의 '온고지신溫故知新', 캉유웨이의 '탁고개제托古改制',[1] 박지원의 '법고창신法古創新',[2] 이수이李修易의 '식고이화食古而化',[3] 석도의 '차고이개금借古以開今'[4] 등이 그것이다.[5] 철학에서의 고와 금의 문제는 예술에서의 모방과 창조의 문제로도 연결된다. 문제는 '고'를 어떤 식으로 이해하는가에 있다. 즉 유가에서 말하는 '고'의 절대성과 불변성을 인정하느냐, 아니면 도가에서 말하는 '변화'라는 틀과 '원형성' 입장에서 이해하느냐 하는 것이다. 동양예술에서 '고'의 절대성과 불변성을 인정하는 사유는 주로 '법고法古', '의고擬古', '방고倣古' 차원으로 나타나며, 그것은 동양예술 특징 중의 하나인 '임모臨摹' 전통으로 연결된다.

아래 글은 조선조 대표적 서예가 중 한 사람인 석봉石峯 한호韓濩에 대한 평가이다.

> 상(=선조)이 이르기를, "우리나라 사람은 글씨 획이 매우 약하고 중국은 필력이 매우 강하다. 우리나라에서 글씨에 능통한 사람으로는 한호만한 사람이 없으나 그도 미진한 점이 많았다. 주지번朱之蕃이 작은 부채에 「난정기蘭亭記」를 썼는데, 작은 글씨가 매우 정교하다. 우리나라의 글씨에 능통한 자가 어찌 그에 미치겠는가? 다만 큰 글씨는 작은 글씨처럼 정교하지 않았다" 하였다. 이에 유근柳根이 아뢰기를, "주지번이 한호의 글씨를 보고, 이것은 「난정기」와 흡사하니, 비록 옛날 글씨를 잘 쓴 자라도 이보다 나을 수 없을 것이라고 칭찬하였습니다" 하였다.[6]

한호가 주지번의 칭찬을 받은 것은 '한호만의 특색을 담은 글씨'가 아니고 왕희지 「난정기」에 써진 글씨체를 흡사하게 쓴 것이다. 서예를 하는 사람은 이런 주지번의 말에 대해 공감을 할 것이다. 과거 시대의 서화작품을 보면 '모작模作', '임작臨作', '방작倣作'을 했다는 표현을 자주 접할 수 있다.[7] 시에서도 "문장은 반드시 진나라, 한나라 문장을 모방해야 하고, 시는 반드시 성당시대의 시풍을 모방해야 한다[문필진한文必秦漢, 시필성당詩必盛唐]"라는 말을 공공연하게 거론하곤 한다. 이런 것들의 공통적인 것은 임모와 관련된 '옛것을 중시하고 그것을 본받을 것'을 말하는 '법고', '방고', '의고'이다. 그런데 '방고', '법고', '의고'[8]에 의한 작품을 자신의 작품으로 여기는 것은 오늘날의 연구윤리 차원에서 볼 때면 일종의 표절剽竊[9]에 해당한다.

조선조 장유張維가 시를 지을 때 표절이나 모의模擬를 하지 말라고 하지만[10] '방고', '법고', '의고'를 표절로 몰아가는 경우는 그다지 많지 않았다. 특히 기존의 유명 서화가의 작품 모음집인 '화전畵傳', '화보畵譜', '서보書

譜', '서첩書帖' 등을[11] 통해 기존의 작품을 본떠서 행하는 서화의 경우는 시와 다르게 이런 점이 더욱 뚜렷하게 나타났다. 때론 내가 무엇을 저본으로 했는지 혹은 누구를 스승으로 삼았는지 말하지 않아도 다 알기 때문에 굳이 밝히지 않는 경우도 있다.[12]

일단 동양서화 전통에서는 임모를 중요한 요소로 간주한다. 청대 방훈方薰의 다음과 같은 말을 보자.

> 화법은 옛사람들이 각기 얻는 바의 묘함이 있어, 눈으로 직접 보면 도가 있으나 말로는 전할 수 없다. 남제의 사혁謝赫이 처음으로 육법六法이라 명칭을 했으니, 육법은 바로 그림의 큰 요지인 것이다. 그러므로 그림을 말하는 자는 반드시 육법부터 논해야 할 것이다.[13]

사혁이 말한 육법은 '기운생동氣韻生動', '골법용필骨法用筆', '응물상형應物象形', '수류부채隨類賦彩', '경영위치經營位置', '전이모사轉移模寫'인데, 전이모사는 임모와 거의 같은 의미로 이해된다. 서예의 경우 '육요六要'을 말한 주리정朱履貞이 '임모'를 '육요'의 하나로 거론하는 것을 들 수 있다.

> 서예에는 여섯 가지 중요한 것이 있다. 하나는 기질, 둘은 선천적 자질[천자天資], 셋은 법을 얻는 것, 넷은 임모, 다섯은 힘을 쓰는 것[용력用力], 여섯은 식감[識鑒=감식]이다. 이 여섯 가지 중요한 것이 구비되어야 바야흐로 일가를 이룰 수 있다.[14]

이와 관련지어 주목할 것은 조선시대 회화비평에 뛰어났던 남태응(南泰膺, 1687~1740)이 공재恭齋 윤두서尹斗緖가 어떤 과정을 통해 회화공부를 했는지에 대해 다음과 같이 말한 내용이다.

(공재는) 어렸을 적에 우연히 『당시화보唐詩畫譜』와 『고씨화보顧氏畫譜』 등의 화첩을 본 적이 있는데, 이것이 마음에 꼭 들자 열심히 베끼면서 연습하여 무릇 점 하나 획 하나 소홀하게 지나쳐버리지 않고 '반드시 그와 똑같이 되기를 기대'하면서 연습하였다.[15]

공재의 회화공부 과정을 볼 때 주목할 것은 '화보'를 보고, 반드시 그와 똑같이 되기를 기대하였다는 것이다. 이처럼 동양 서화예술에서의 임모에 의한 '학형學形적' 방작이나 '학의學意적' 방작은[16] 오늘날 윤리개념으로 볼 때 모두 표절에 해당하지만 어느 단계에까지는 이런 사유가 희박하였다. 이런 점 이외에 다음과 같이 사승관계를 따지는 경우를 참조할 필요도 있다.

송대의 채양, 소식, 황정견, 미불 등 송대 서예의 사대가 중에서 소식은 채양의 글씨가 송대 제일이라고 하였다… 채양의 글씨는 모두 왕희지를 스승 삼았고, 미불의 글씨는 왕헌지를 스승 삼았고, 소식의 글씨는 왕순王珣의 「백원첩白遠帖」에서 나왔고, 황정견의 대초서는 장욱과 회소를 배웠으며, 행서와 해서는 「백원첩」에서 나왔다. 채양의 글씨는 평이하여 보기에는 쉽게 배울 수 있을 것 같으나 가장 배우기 어렵다.[17]

위에서 말한 사승관계는 임모하고 본받아야 할 대상의 위대함을 말함과 동시에 한 예술가의 예술정신의 뿌리를 말해준다. 물론 이런 사승관계에 의한 예술 행위가 '화노畫奴' 혹은 '서노書奴'로 빠질 수 있는 문제점이 있음에도 이런 점을 거리낌없이 거론한다.

예술에서의 모방과 창조는 흔히 말하는 법고와 창신이다. 법고를 통해 창신을 말한다는 것은 기본적으로 임모를 통한 방고 차원을 버리지 않는다는 것이다. 특히 초학자의 경우는 더욱 임모를 통한 방고와 법고를 강조한다. 그렇다면 동양예술에서는 왜 이처럼 표절로 여겨질 수도 있는 임모를 통한 방고를 강조하는가? 이제 그 이유를 살펴보자.

2

동양의 임모 전통과 법고法古 중시 전통

송대 이후 문인사대부들은 서화를 주도하면서 무엇보다도 인품에 바탕한 기운생동과 품격의 고하를 따진 '심인心印의 예술', '사의寫意적 예술'을 강조하였다. 이에 문인사대부들은 형사形似 너머의 '신사神似의 세계'를 담아내고자 했는데, 문제는 붓놀림의 일회성과 농담濃淡이 매우 변화무쌍한 먹을 통해 자신이 표현하고자 하는 것을 어떤 형식과 방법을 통해 표현해야만 '문기文氣', '사기士氣', '일기逸氣'가 담긴 고아하면서도 품격이 높은 작품 및 장법과 포치布置가 제대로 된 작품이 가능한가 하는 것이다.

이런 점을 먼저 무엇을 어떻게 그릴 것인가 하는 것을 임모 중시 사유를 통해 살펴보자. 청대의 동계董棨는 서첩에 대한 임모와 손의 운용, 운필 및 감상의 상관관계를 다음과 같이 말한 적이 있다.

> 초학자가 필묵법을 알려면 반드시 고인의 글씨를 임모해야 할 것이니, 고인의 필묵을 쓰는 법도는 방원의 지극함이다. 산주山舟 선생이 글씨를 논할 적에 일찍이 말하기를 "서첩은 보는 데에 있지 임서하는 데 있지 않다"고 했다. 나는 이르기를, 서첩을 보는 것은 마음을 얻는 것이요, 서첩을 임서함은 손을 응용하는 것이니, 보기만 하고 글씨를 임모하지 않으면 비록 묘해대妙楷臺[18]에 수장된 것이라도 모두 실제로 보고 배우

> 는 것이 아니다. 글씨를 임모만 하고 감상하지 않으면 비록 못물이 다 검어지더라도 한갓 겉모습만을 얻는 것이다. 그러므로 그림을 배울 적엔 반드시 임모를 좇아 입문하여 고인의 필묵이 모두 자신의 손에서 나온 것같이 하고, 계속 펼쳐놓고 감상하여 고인의 신묘함이 모두 자신의 마음속에서 나온 것처럼 해야 한다.[19]

밑줄 친 부분의 말과 관련된 이런 임모 태도는 오늘날의 연구윤리 관점에서 보면 표절에 해당하는 행위지만 옛사람들은 그렇게 생각하지 않았다. 무엇보다도 창조성이 강조되는 것이 예술인데, 동양예술에서는 도리어 배움 단계뿐 아니라 배움 이후의 단계에서도 여전히 임모를 강조한다. 이런 사유를 어떻게 이해해야 할까? 이런 점과 관련해 왕희지와 황정견이 말한 서예에 대한 견해를 보자.

> 대저 서예란 것은 '현묘한 기예'이다. 만약 학식에 통달하거나 서학에 뜻이 있는 사람이 아니라면 배운다고 이루어지는 것이 아니다… 대개 서예는 담담하고 우아하면서도 안온함을 귀하게 여긴다… 서예는 침착하고 고요한 것을 귀하게 여기는 바, 뜻이 붓보다 먼저 있어야 하고 글자는 마음 뒤에 있어야 한다. 따라서 글씨를 시작하기 전에 이미 마음으로 구상한 생각이 있어야 한다.[20]

> 글씨를 배울 때 때때로 임모를 하면 닮은 형태를 얻을 수 있다. 그보다 중요한 것은 옛날 글씨를 자세하게 관찰하여 그것의 정신이 들어와야만 비로소 묘한 경지에 이를 수 있다. 글씨를 배울 때에는 모름지기 마음속에 도덕과 정의가 있어야 하고 또 성인과 철인의 학문으로 넓혀야만 글씨가 비로소 귀하게 된다… 글자 배우는 것을 이미 이루면 마음속에 속기가 없도록 수양을 한 연후에 글씨를 써야만 사람들에게 법도가

됨을 보여줄 수 있다. 글자를 쓸 때 비록 공교工巧하거나 고졸古拙한 것은 사람에 따라 다르지만 요점은 모름지기 나이가 들수록 손의 힘이 강하고, 마음과 뜻이 한가롭고 담박淡泊해야만 비로소 정미한 곳에 들어갈 수 있을 따름이다.[21]

왕희지와 황정견은 좋은 작품을 창작하기 위한 전제조건으로 임모는 물론 학식, 인품, 고전에 대한 이해 등 매우 다양한 것을 거론한다. 그런데 '현묘한 기예'인 서예를 통해 속기를 제거하고 평정 안온미安穩美, 한담미閑澹美, 문자기文字氣 등을 담아낸다는 것이 쉽지 않다. 마찬가지로 실질적인 창작에서의 '의재필선意在筆先'도 실현하기 어려운데, 이런 점은 회화도 마찬가지다.

청대의 장경張庚은 『포산논화浦山論畫』에서 그림을 그리는 데 요구되는 것을 「논필論筆」「논묵論墨」「논품격論品格」「논기운論氣韻」「논성정論性情」「논공부論工夫」「논입문論入門」「논취자論取資」 등의 항목으로 나누어 말한 적이 있다. 이것은 좋은 그림을 그리려면 필, 묵, 품격, 기운, 성정, 공부, 입문, 취자 등 어느 것 하나 소홀히 해서는 안 됨을 말한 것이다. 단순히 선천적 자질이나 창의성만으로 문기가 있고 기운이 생동하는 좋은 그림을 그리거나 글씨를 쓸 수 없다. 이런 점과 관련해 윤두서가 말한 회화에 관한 다양한 견해를 보자.

굳셈과 유연함, 움직임과 고요함, 완만함과 급함, 단단함과 활발함, 각진 모양과 둥근 모양, 원만함과 돌출, 통함과 막힘, 통통함과 홀쭉함, 빠름과 느림, 가벼움과 무거움, 긴 것과 짧은 것, 거대함과 세세함 등은 붓을 쓰는 법이다. 음과 양, 고요와 격정, 진한 것과 담박한 것, 먼 것과 가까운 것, 높이와 깊이, 앞과 뒤, 바림과 물들임, 물들임과 깨트림 등은 먹을 쓰는 법이다. 필법의 공교함과 묵법의 정묘함이 묘하게 어우러져

> 서 신묘하고, 만물에 물상物象을 부여하는 것은 그림의 도道다. 그러므로 그림에는 화도畵道가 있고, 화학畵學이 있고, 화지畵識가 있고, 화공畵工이 있고, 화재畵才가 있다… 여기에 이르면 화도畵道가 완성된다.[22]

그런데 윤두서가 말한 화도의 완성을 위해 제시한 다양한 이론 및 방법을 안다는 것은 쉽지 않다. 특히 초학자라면 더욱 이루기가 어려워 감히 붓을 댈 수가 없을 정도이다.

> 나는 어려서부터 그림 그리기를 좋아했으나 염증을 느끼고 그것을 버린 지가 수년 동안이었다. 이제 옛날 화첩을 펼쳐보니 기운이 약하고 힘이 없어 불만스러운 것이 많다. 잘된 부분이 나온 때도 있으나 대체로 '그림의 도[畵道]'라는 측면에서 보면 보잘 것이 없다. 정말로 이를 이루기가 그리도 어려운 일인가. 공재가 자평하다.[23]

윤두서 같은 대단한 화가도 자신의 작품을 '화도를 기준으로 할 때' 형편없음을 말하면서 좋은 작품 이루기가 어렵다는 것을 말할 정도다. 그럼 그림을 그리는 데 필요한 것이 무엇인지 자세히 보자.

청대의 심종건沈宗騫은 처음 그림을 배우는 자가 해야 할 것으로 고인들이 어떤 식으로 붓과 먹을 운용하였으며 또 포치는 어떻게 했는가를 구하라고 한다.[24] 그것은 그림을 그리는 데 요구되는 가장 기본적인 내용에 해당한다. 성대사盛大士는 좋은 그림은 기골이 고아할 것, 신운이 빼어날 것, 붓을 쓰는 데 흔적이 없을 것, 먹을 쓰는 것을 정채하게 할 것, 구도를 변화 있게 할 것, 색칠을 격조 있게 할 것을 요구하며, 만약 이 여섯 가지 중 한 가지라도 갖추지 못하면 결국 고수가 될 수 없다고 한다.[25] 아울러 필치는 적으면서 획을 많게 하는 것이 하나의 어려움이요, 경치가 뚜렷하면서 뜻을 깊게 하는 것이 두 번째 어려움이요, 험해도 기이하지 않게 하고 평범한데 약한 것 같지 않게 하는 것이 세 번째 어려움이요, 경영을 고심해서 계획하되 구도를 잡는 것이 자연스럽게 해야 하는 것이 네 번째 어려움이라고 한다.[26] 이처럼 이상 말한 것을 습득하고 실현하려면 웬만한 능력이 있는 작가라도 기존의 좋은 작품을 보지 않고서 스스로 하나의 좋은 작품을 완성하는 것은 쉽지 않았다. 당연히 초학자의 경우는 더욱 그렇다고 할 수 있다. 필획하는 데에도 꺼리는 것이 있다고 한다.

> 획에는 일곱 가지 꺼리는 것이 있다. 매끄럽고 부드럽게 쓰는 것을 꺼리고, 경색된 것을 꺼리고, 무겁고 막힌 것을 꺼리고, 맑고 깨끗해서 반들거리는 것을 꺼리고, 빽빽해서 혼란한 것을 꺼린다.[27]

그런데 한걸음 더 나아가 좋은 작품의 경우 이 같은 도구 운용에 관한 것뿐 아니라 품격의 고하와 인품,[28] 기운생동, 문기文氣와 사기士氣 혹은 일기逸氣가 담겨 있는지의 여부 등을 따진다.[29] 이런 점은 글씨나 그림 모두 동일한 차원에서 논의된다.[30] 심종건은 회화에서 담아야 할 것으로 고아古雅, 전아典雅, 준아俊雅, 화아和雅, 대아大雅의 '오아五雅'와 피해야 할 것으로 격속格俗, 운속韻俗, 기속氣俗, 필속筆俗, 도속圖俗의 '오속五俗'을 말한다. 성정을 표현하는 회화에서는 무엇보다도 속기를 제거할 것을 요구하는데, 이 가운데 '격속格俗'의 내용으로 고인을 임모하는 것은 좋지 않다고 한다.[31]

이처럼 하나의 좋은 작품을 완성하려면 해야 할 것이 있고 해서는 안 되는 것이 있다. 이런 상황에서 취할 수 있는 가장 좋은 방법은 무엇인가? 장식張式은 화품을 이루는 조건으로 고인의 진적을 많이 임사하는 것과 고인의 '화설畫說' 및 당시의 '화전畫傳'을 보라고 한다. '화설'과 '화전'을 보라는 이유는 무엇인가? '화설'과 화론을 통해 좋은 그림을 그릴 수 있는 실질적인 방법과 내용을 알 수 있기 때문이다.

> 글씨 배우기를 잘한다는 것은 옛 서첩을 임서하고, 옛날의 필적을 보는 것이 중요하니, 그림을 배우는 것도 또한 그러하다. 선비 된 자가 만약에 부채에 조그마한 경치를 그리더라도 당시에 유행하는 '화전'을 보고 연습을 이어서 재차 묵운이 무성하고 담담한 정취를 얻어야만 곧 흥을 기탁할 수 있다. 만일 입문하여 화품을 이루고자 한다면 반드시 고인의 전적을 많이 임모하고, 고인의 '화설'을 많이 참조해야 한다.[32]

물론 임모할 때 주의해야 할 것은 고인의 정신과 명맥이 어디에 있는가를 터득해야 하는 것이지 그냥 형태적인 것만 임모해서는 안 된다는 것이다.

> 옛 그림을 임모할 때에는 먼저 반드시 고인의 정신과 명맥이 있는 곳을 알아서 그것을 완미하고 사색하여 마음에 터득한 바가 있게 되면 붓을 대서 그것을 모사하는데, 모사하기를 두 번에서 네 번을 하면 곧 점차적으로 새로워지는 면모를 보게 될 것이다. 만약에 한갓 비슷하게 그리면 책을 덮을 경우 문득 잊어버리게 되니, 비록 온종일 모방한다고 해도 고인과 전혀 관련이 없게 된다.[33]

임모할 때 고인의 정신과 명맥을 이해해야 할 것을 강조하는 것은, 그것이 단순 모방 차원에서 벗어나 새로운 면모를 담아내는 전제조건이 되기 때문이다.

임모와 법고의 필요성을 강조하는 것은 '제대로 된 품격 높은 좋은 그림을 어떻게 하면 효과적으로 그릴 수 있는가'에 대한 질문과 답이 담겨 있기 때문이다. '무엇을 창의적으로 그릴 것인가'하는 것은 그 다음 단계에 속한다.

3

'하학이상달下學而上達'과 숙熟 그리고 임모

전통적으로 동양철학과 예술은 고를 중시하는 사유인 '상고', '숭고', '복고' 경향이 강하다. '고古'가 의미하는 것에 유가의 '불변不變'과 도가의 '변變'이란 차이가 있어도 유가와 도가 모두 '고'를 중시하였다. 중국적 사유에서는 처음부터 '고'를 전혀 고려하지 않고 '금今'만을 논한 경우는 거의 없다. '고'는 단순한 시간상의 되돌림만이 아니다. 이상적인 시대, 경지, 원형, 진리, 무오류성 및 보편적인 근원으로서의 항상성이란 매우 다양한 의미가 담겨 있다. 때론 '고인'이라 하여 이상적인 인물을 의미하기도 한다.

유가에서는 인물의 경우 '고'를 말할 때는 도통관에 입각한 요·순·우·탕·문·무·주공 및 그들의 학문을 집대성한 공자를 성인으로 추앙하면서 본받고자 한다. 공자는 '온고지신'을 말하지만, 또 '조술요순祖述堯舜, 헌장문무憲章文武'를 말하여 복고, 상고, 숭고의 경향성을 띤다. 서예에서도 도통관에 입각한 서통관書統觀이 있을 정도이다.[34] 서화예술에서 '고'는 '서성'과 '화성' 등을 말하는 것으로 나타나는데, 서성과 화성 등이 행한 작품에 담긴 묵법, 필법, 색채, 포치, 품격, 전범이 되는 미의식 등은 후세 작가들에게 전범이 된다. 이런 점에서 임모를 통한 법고와 함께 '오랜 기간 기교의 숙련[숙熟]'을 강조한다.

『광예주쌍즙廣藝舟雙楫』을 쓴 캉유웨이는 중국서예사에서 서예를 정치와 결부하여 이해한 인물인데, '학서學書'에 대한 견해에서는 임모의 중요성을 강조한다. 캉유웨이는 숙련된 기교에다가 학문이 더해져야 일가를 이루는 서예가가 될 수 있다는 것을 말한다. 그 과정에서 기존의 좋은 '비碑'를 널리 보고, 그것을 오랜 기간 반복적으로 임모하면 '득심응수得心應手'가 제대로 된 서예를 할 수 있다고 하여,[35] 임모에 의한 '숙'을 말한다. 아울러 캉유웨이는 서예가 담아내야 할 것으로 '의태意態'를 말하는데, 이 '의태'를 얻기 위한 과정으로 선후본말론 사유를 거론한다. 그것은 일종의 '하학이상달'식 이해로서, 캉유웨이는 서예를 배워 이루는 데 어려운 것으로 '배움에 게으른 것'과 '선생의 가르침에 순서가 없는 것' 두 가지를 말한다. 결국 말하고자 하는 것은 배움에서의 선후본말을 제대로 알지 못하고 배우는 태도이다.[36]

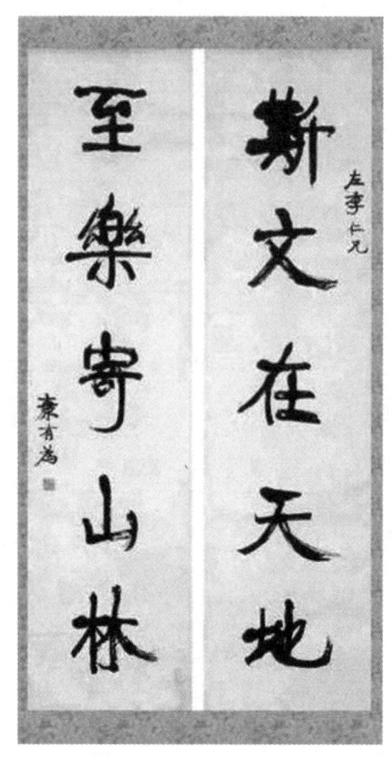

캉유웨이의 글씨

그렇다면 어떤 순서를 취해 배워야 하는가? 캉유웨이가 말한 것을 차례로 보자. 먼저 집필법을 배운다. 다음 글씨를 쓰는데 먼저 결구법을 익히고 이후에 글자체의 향배向背, 왕래往來, 신축伸縮의 형세를 구한다. 그 다음 글자의 분행分行과 포국布局을 강구하는데, 이때 고대의 비탁碑拓을 보고 각 서예가의 글자체 구조와 장법章法을 배워 소밀과 원근을 어떻게 하는 것이 좋은가를 알아야 한다. 아울러 고대의 서론을 학습하고 유명 서예가들의 비결을 파악하여 제필提筆, 돈필頓筆, 방필方筆, 원필圓筆의 묘용을 알아야 한다. 이 후에 '오랜 시간을 걸쳐 연습하여 익숙하게 된 뒤' 작품의 골육이나 기혈, 정신 등이 모두 갖추어지게 되어 하나의 체를 이룰 수 있

고, 이처럼 하나의 체를 이룬 이후에 작품의 풍격과 의태를 강구할 수 있다고 본다.[37]

이처럼 캉유웨이는 제대로 된 글자 하나 이루는 것이 그냥 붓 한번 휙 놀린다고 되는 것이 아니라 집필부터 시작하여 하나의 완성된 작품을 이루는 데 요구되는 여러 가지 사항을 습득할 것을 말한다. 여기서 붓을 댄 이후의 결과물에 대한 품격이나 의태는 또 다른 차원에서 요구되는 사항에 해당한다. 이에 캉유웨이는 서예를 학습하는 데 모방의 단계에서도 구체적으로 어떤 비문의 글씨가 어떤 점에서 아름다운지, 왜 그 비를 먼저 모방해야 하는지를 구체적으로 밝히기도 한다.[38] 이처럼 선후본말이 무엇인지를 알고서 행해야 한다는 것은 일종의 '하학이상달'식 공부에 해당하는데, 하학의 내용과 관련해 서화에서는 전통적으로 '정숙精熟' 혹은 '순숙純熟'을 요구한다. 장경張庚의 말을 보자.

> 그림이 비록 기예에 관한 일이나, 또한 '아래에서 배워서 위에 도달하는 공부[下學上達工夫]'이다. '아래에서 배우는 것'은 산·돌·물·나무를 그리는 데 당연한 법칙이 있다는 것이니, 처음에는 산과 돌, 물과 나무의 당연한 연고를 연구해야지 감히 경솔하게 함부로 그려서는 안 되고, 감히 스승의 마음으로 다른 것을 세워서는 안 되고, 순순히 '옛사람의 법도'에 집중하여 털끝만큼도 잘못해서는 안 된다. 그렇게 오래 하면 곧 당연한 까닭을 얻게 되고, 또 오래 하면 그러한 이유를 얻게 되며, 그러한 바를 터득하면 '화[化]'의 경지에 거의 도달할 것이다. 능히 '화'할 수 있게 되면 비록 산과 돌, 물과 나무 같은 것이라도 아는 사람이 그것을 보면 "예가 도에 나아갔다"고 반드시 말할 것이니, 이것이 바로 '상달'이다.[39]

'화경化境'으로 말해지는 '상달의 경지'는 자신만의 예술세계가 담긴 경지, 기예지만 도의 경지에 나아간 것을 의미하는데, 이런 상달의 경지는 당연히 스승을 따르고 옛사람의 법도를 준수하는 것에서부터 시작해야 한다. 동양예술에서 하학이 없는 상태에서의 상달을 추구하는 것은 금물이다. 애시당초 하학이 없는 상태에서는 상달처를 담아낼 수도 없다고 생각한다. 이런 점에서 심종건은 하학의 단계에서는 방고倣古하되 오랜 기간 정밀하게 살피고 성실하게 임방하는 '숙'의 공부를 요구한다.[40] 동계董棨는 '숙'의 효용성에 대해 다음과 같이 말한 적이 있다.

> 주희의 「독서법」에 이르기를, '모든 글은 다만 읽는 것을 귀하게 여기니, 많이 읽으면 자연히 깨닫게 된다'고 하였는데, 나는 모든 그림이란 반드시 '그림을 임모하는 것'이 중요하다고 여긴다. 그림을 임모하는 것을 많이 하면 자연히 깨닫게 된다. 또 주희는 "글을 천 번 읽으면 그 뜻이 저절로 나타난다" 하였으니, 그림을 임모하는 것도 하나의 '숙'자에 벗어나지 않는다.[41]

오랜 기간의 반복적인 학습과 임모를 통한 '숙'은 그림의 이치를 깨달을 수 있는 장점이 있다. 그렇다면 어느 정도 기간을 그림을 임모해야 하는가? 서예의 예를 빌면 최소한 10년 이상은 해야 한다. 10년을 해서 되는 것이 있고 안 되는 것이 있다. 항목은 왕희지의 「성교서기聖教序記」는 20년은 해야 한다고 한다.[42] 흔히 기교가 정미하고 익숙해야 손과 마음이 서로 응하여 변화의 경지에 들어갈 수 있다고 보는데,[43] 이것도 기본적으로 '숙'과 관련이 있다. 즉 '숙'은 마음으로 얻은 법도가 손이 응하게 하는 것의 기본이라 할 수 있다.[44] 더 나아가 옛 법첩을 임모하고 '하학이상달'을 거친 '숙'은 화경化境에 들어가는 '창조적 생生의 단계'로 이어지는 가교 역할을 한다.[45]

동양예술에서는 '무엇을 그리는가' 하는 것도 중요하지만 일단 그 무엇을 '어떻게 그리는가' 하는 방법도 문제가 되기에 이처럼 임모를 통한 '숙'

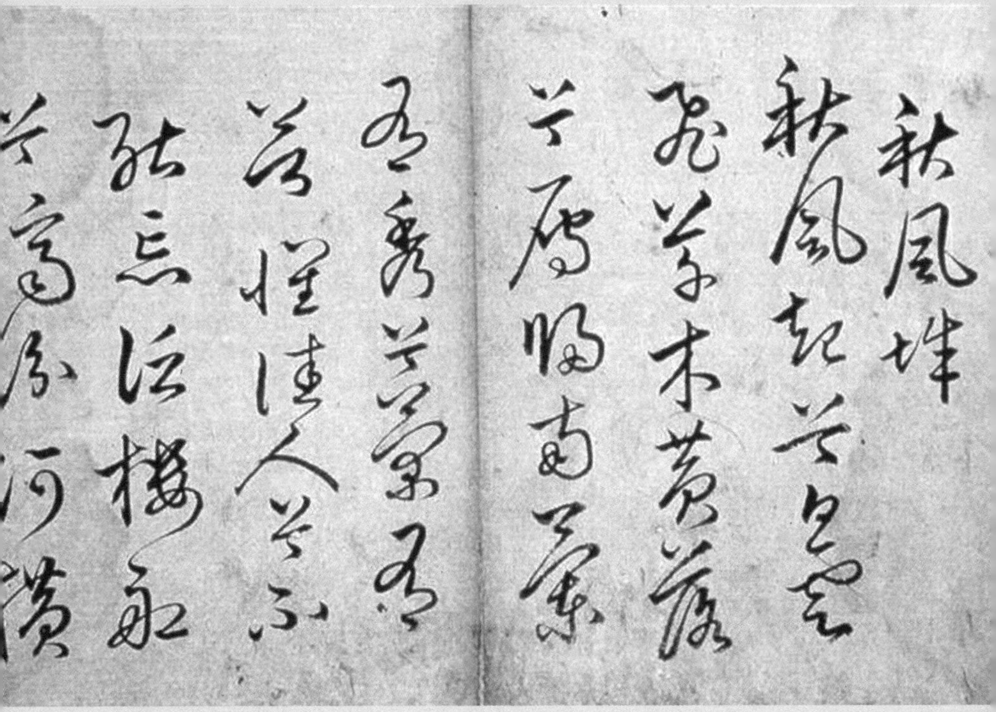

한호, 〈증유여장서첩贈柳汝章書帖〉

임모에 탁월한 재능을 보인 한호가 한漢 무제武帝의 「추풍사秋風辭」, "秋風起兮白雲飛, 草木黃落兮鴈南歸, 蘭有秀兮菊有芳, 懷佳人兮不能忘, 泛樓船兮濟汾河"를 초서로 쓴 것이다.

의 단계를 요구한다. 즉 득심得心했더라도 응수應手할 수 있어야만 하는데, 그 과정에서 반드시 요구되는 것이 기교는 물론 그리고자 하는 대상에 대한 다양한 측면과 관련된 '숙'이다. 이런 점에서 동양예술에서는 '숙' 이후의 창신[生][46]은 가능하지만 '숙'의 과정이 없는 창신은 사실상 힘들다고 본다. 이처럼 임모 전통이 강한 동양예술은 철저히 '하학이상달'식 사유가 적용되는 예술에 속한다. 유학에서는 격물치지의 하학 과정 이후에 하루아침에 상달처에 오르는 '활연관통豁然貫通'을 추구하는데, 격물치지의 하학의 과정에서 요구되는 것이 바로 방고, 의고, 법고이다.

4

임모에서의 체본體本과 진적眞迹 및 법고法古 중시 전통

법고法古, 방고倣古, 의고擬古에서 방법론적으로 중요한 것은 법도나 신운神韻을 제대로 알 수 있는 진본이나 진적을 매우 중요시한다는 것이다. 서화예술에서 '화성', '서성' 등에 의한 '고'로 인정되는 작품이 묵법, 필법, 색채, 포치, 품격, 미의식 등에서 후세 작가들에게 전범이 된다는 사유는 서예에서 전통적으로 체본體本을 중시하는 사유로 나타났다.

서화를 처음 배울 때 흔히 스승에게 체본을 받는 것으로부터 시작한다. 체본 즉 '완성된 원고[성고成稿]'는 어떤 의미가 있기에 중요시하는 것일까? '성고'의 중요성을 강조하는 말을 보자.

처음 배우는 선비화가들은 당나라 화가인 오도자같이 그림의 초고가

> 가슴속에 있어도 하룻밤 사이에 그림을 다 그릴 수는 없다. 오직 모름지기 이미 '완성된 원고'를 많이 임모해 그리는 사람 '가슴속에 이미 완성된 대나무[흉유성죽胸有成竹]'가 있고 난 뒤에 고인의 그림을 본떠 만들어 스스로 기저機杼를 내야만 비로소 아름다운 작품이 완성된다. 그렇지 않으면 자기 멋대로 마음을 스승으로 삼아 그려진 작품에 우둔한 생각이 들게 되면 곧 모든 화법에서 어긋나 이치에 맞는 법이 없게 된다. 그것은 마치 문장을 짓는 작가들이 편장 계획을 잘못하면 비록 아름다운 말이 있더라도 그것을 배열하는 것에 실패하는 것과 같아서 도리어 잘못이 많게 된다. 그러니 '체본'이 어찌 쉽게 다룰 수 있는 것인가?[47]

좋은 그림을 그리는 데 '흉유성죽' 및 회화에서의 이법理法과 관련된 체본의 효용성을 강조하는 것은 다 이유가 있다. 체본의 임방 혹은 임모를 강조하는 이유를 김정희의 말을 통해 보자.

> 어느 날 추사 선생이 백운산초의 화첩 하나를 주시며 말씀하시기를, 그림의 도는 어려운 것이다… 이것은 원대인의 필법을 방하여 그린 것이다. 이것을 익히고 나면 점차 깨닫는 길이 있을 것이니, 한 본마다 열 번씩 임방하여 그려보는 것이 좋을 것이다.[48]

여기서 '열 번'이란 '학이시습지'의 학습태도를 강조하는 것이다. 좋은 그림을 그리는 기초로서 임모를 강조하는 것은 그런 임모 과정을 통해 고인의 명적, 진적, 진본과 '좋은 판본[선본善本]' 등이 갖고 있는 장점을 얻을 수 있기 때문이다.

> 고인의 유명한 그림을 많이 읽는 것은 시문의 유명한 대가의 작품을 많이 읽고 우리들 가슴에 융회관통하면 그 문장이 암암리에 신묘한 도움

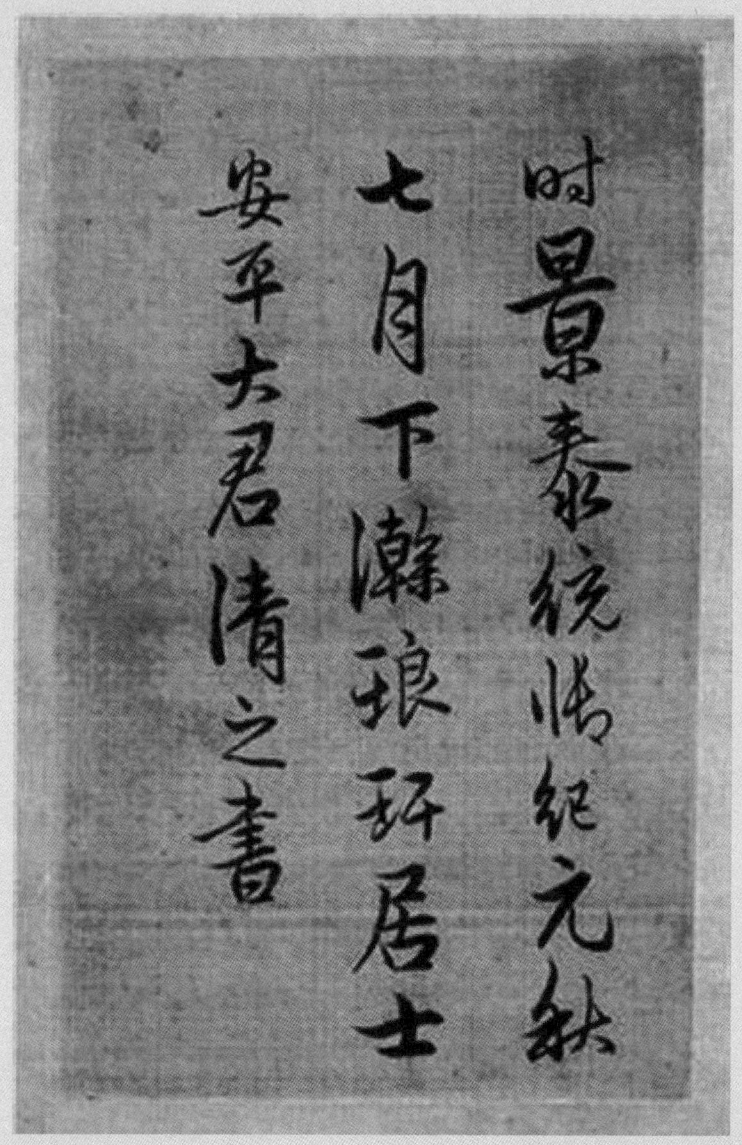

안평대군의 서첩

조선 초기 최대의 '서화 컬렉터'였던 안평대군[이용李瑢]의 글씨는 일정 정도 조맹부의 송설체宋雪體를 자기화했다는 평을 듣는다. 안평대군의 자는 '청지淸之'다. 이런 안평대군의 글씨에 대해 이서李漵는 『필결筆訣』에서 "기운이 위로 치켜 올라간 느낌[부浮]이 있다"고 평가한다. 당 태종 이세민의 글씨도 그렇고, 제왕가에 속하면서 예술적 재능이 있는 경우 글씨는 다소 긍정적 '부기浮氣'가 있다.

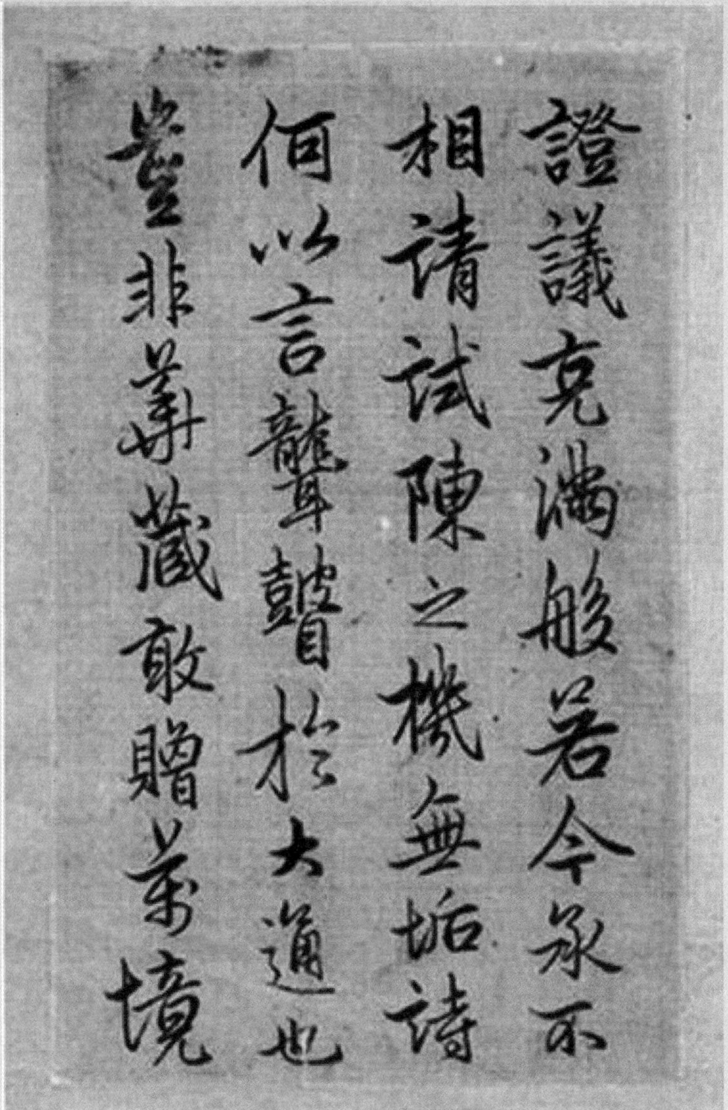

證議克滿般若令永不
相請試陳之機無垢詩
何以言聾瞽於大道也
豈非華藏敢贈萬境

이 있는 것과 같듯이 그림의 경지도 정히 다시 이와 같다. '뱃속에 이루어진 화보'가 풍부하게 많게 되면 국면을 임모할 적에 또한 암암리에 신묘한 도움이 있고, 필묵이 서로 통하면 그렇게 되기를 기약하지 않아도 그렇게 되는 묘함이 있게 되니, 이른바 암암리에 손빈과 오기의 병법에 합치된다고 하는 것이다. 만약에 유명한 화가의 화본을 임모할 적에 어떤 곳이 병통이며 어떤 곳이 좋은 것인지를 모르면 스승과 친구에게 서로 더 가르쳐주기를 청하는 것이 해롭지 않을 것이니, 남에게 묻는 것을 부끄럽게 여기면 끝까지 자신에게 오랫동안 진보할 때가 없을 것이다. 근래에 전하는 『개자원화보』는 의논이 정확하고 타당하며 흠이 없어서 처음 배우는 사람이 족히 법식으로 삼을 만하니, 먼저 기초를 좋게 다지고 누대를 일으켜 덮으면 자연히 견실하게 될 것이다. 기초가 견고하지 못하면 비록 조각한 들보나 그림을 그린 작은 기둥이라 할지라도 또한 허공에 가설하여 억지로 버티는 것이니, 마침내 넘어지는 것을 방지할 수 있겠는가?[49]

'간화看畵'가 아닌 '독화讀畵' 차원에서 출발하여 '뱃속에 이루어진 화보', 예를 들면 『개자원화보』를 통한 올바른 학습은 실질적인 창작에 많은 도움을 얻을 수 있는데, 그런 『개자원화보』 같은 자료는 이미 고인의 명적을 법도로 삼아 만든 것에 해당한다. 고인의 명적을 법도로 삼으면 어떤 장점이 있을까?

평소에 마음을 비워서 가르침을 받고, 안목을 넓혀 유람하면서 눈앞의 진경을 남본藍本으로 삼고, 고인의 명적을 법도로 삼으면 그림의 격조가 높아지고, 사람도 더욱 우아하게 된다. 마음에 간직한 것과 일을 행한 것이 세속에 따라 물들지 않으면 인품과 학식이 이미 넉넉하게 되고, 타인들이 스스로 공경하고 귀중하게 여겨, 명예 또한 따라서 나라 안에

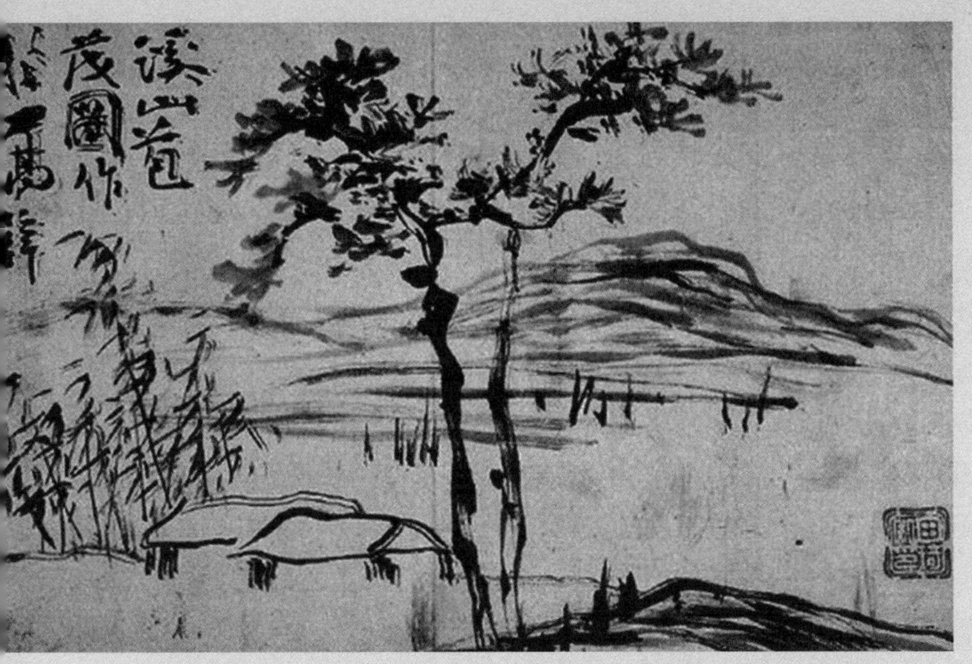

전기田琦, 〈계산포무도溪山苞茂圖〉

술을 한잔 하고 그린 것 같다. 평소 예찬 화풍을 추종한 전기답지 않게 거침없는 붓놀림으로 계산에 포무한 형상을 그렸다. 화면 중앙에 대담하게 두 그루의 나무를 그려 화면을 분할하고 두 개의 집을 겹쳐서 그렸다. 두 집은 군집群集과 타자와의 관계를 상징한다. 예찬이 '독獨'의 미학을 실천하는 은일적 삶의 상징으로 '공정空亭'을 그린 것을 감안한다면, 엉성하게 그린 두 개의 집은 예찬이 지향하는 예술정신과 잘 어울리지 않는다. 좌측의 집을 그리지 않았으면 허와 실이 좀 더 상생하는 그림이 되었을 것이다. 물론 예찬과 달리 두 개의 공정을 그린 것을 전기의 창의적 회화정신으로 이해할 수도 있다.

넘치게 될 것이다.[50]

고인의 명적을 법도로 삼으면 문인사대부들이 작품을 통해 문기, 사기士氣, 일기逸氣 등의 기운이나 인물됨됨이에 담긴 담박미, 우아미 등이 가능하게 된다. 따라서 고인의 명적을 법도로 삼는다는 것은 기교나 형태를 모방하는 것에만 머무르지 않는다는 것을 알 수 있다. 이런 점에서 임모의 경우 무엇보다도 진적, 진본이 중시된다.

> 그림을 그리는 법이 옛사람을 본받고 옛것을 본받으려면 먼저 옛 그림을 잘 감식해야만 한다. 만약 안본贋本으로 임모하면 그 형적에 구애되고 신운을 잃게 될 것이다. 오직 고인의 붓 쓰는 묘함을 알게 되면 자연히 한 번만 봐도 어떤 사람의 필적인지를 알게 되니, 암암리에 모색하더라도 오히려 그것을 알 수 있게 된다. 감상이 정밀하면 곧 마음과 눈이 고인과 서로 합치되고, 한 번 붓을 댄 것이 곧 이미 정신이 닮게 되어 용렬한 모방이 없게 된다.[51]

문인사대부들이 작품을 통해 표현하고자 하는 것은 '신운神韻'인데, 그것은 옛 그림에 대한 정밀한 감상과 진본을 통해 가능하다. 박지원도 『열하일기』에서 필묵 사이의 무한한 정신과 성정이 담긴 친필 즉 진품에 대한 중요성을 강조한 적이 있다.

> 대저 우리나라의 글씨 배우는 자들은 옛사람의 친필을 보지 못하고 평생에 임모하는 것은 다만 금석뿐이니, 그 금석이란 것은 다만 옛사람의 전형을 상상할 수 있을 뿐이다. 그 필묵 사이의 무한한 정신과 성정은 이미 '선천先天'에 속하는 것이다. 그러므로 비록 그 체세는 비슷하게 할 수 있어도 그 힘줄과 뼈가 단단하고 강하여 도무지 '필의'를 찾아볼 수

> 없어서, 진한 것은 먹돼지가 되고 마른 것은 마른 등나무 덩굴같이 되어 버린다. 이것은 다름이 아니라 금석의 획이 습성이 되어버렸고, 또 종이와 먹이 중국과 다르기 때문이다.[52]

'선천'은 『주역』「건괘」에서 선천과 후천을 말한 것에서[53] 나온 것으로, 유희재는 '의[=서예의 본체]'와 '상[=서예의 작용]'을 각각 선천과 후천에 적용하여 서예의 원리를 규명한 바가[54] 있다. 박지원은 선천에 대한 정확하지 못한 인식은 한 작가가 필획을 통해 담아내고자 하는 예술정신 즉 '필의'를 정확하게 표현하지 못한다는 한계점을 갖는 것으로 이해한다. 금석문이 가진 한계는 '선천'에 해당하는 무한한 정신과 성정을 알 수 없다는 한계가 있다는 이런 발언은 종이에 써진 서예의 본질과 원형에 대한 실사구시實事求是 정신을 서예차원에서 강조한 것에 속한다.

진적을 보면 이미 과거의 인물이지만 지금 당장 용필법, 묵법, 채색법 등을 그대로 확인할 수 있는 장점이 있다.

> 옛사람에게 다시 그리게 할 수 없으나 고인의 필묵을 보면 고인을 마주하는 것과 같다. 용필은 어떻게 하였고, 용묵은 어떻게 하였으며, 채색은 어떻게 하였는가 하는 것을 곧바로 권축[화폭]에 진열해놓아서 하나도 숨기는 것이 없다… 아, 한 기예의 작은 것도 주고받기가 너무나 어렵다는 것을 느끼게 한다.[55]

이런 진적에는 작가가 담아내야 할 법도가 갖추어진 장점도 있다.

> 고인의 화설에는 정심한 뜻이 있고, 고인의 진적에는 법이 갖추어져 있으니, 잘 배우려는 자는 몸소 음미하여 찾아야만 스스로 '당에 올라 방에 들어갈 수 있다[승당입실升堂入室]'. 다만 착수하는 것이 잡다하게 섭렵하

> 는 것은 마땅하지 않으니, 핵심을 잡아 이해할 수 있는 것을 선택하여 그 것을 임사하고 익혀 그 규모를 헤아리고 그 먹과 채색을 요리하고 그 필법을 신중히 해야 할 것이다. 비어 있는 사이에 있는 예술정신을 접하려면 활발하게 한 필치씩 해서 차근차근 순서 있게 하고, 마음씀이 오래되면 점차로 자연스러움에 가깝게 되면 비로소 그림의 묘한 이치가 이러하다는 것을 알게 될 뿐이다.[56]

예술가의 최종 목적은 핵심의 겉자리에 해당하는 '마당'이 아닌 '당'에 올라 방에 들어가 핵심을 파악하는 것이다. 초학자의 경우에는 특히 법도에 대한 '하학이상달'식의 습득을 강조하는데, 이것은 모사라도 위대한 작가들의 법도에 대한 제대로 된 공부와 이해가 없으면 이후 표현해야 할 법도와 신리神理를 제대로 표현할 수 없기 때문이다.[57] 따라서 처음 배울 때는 차근차근 순서와 법도에 따라 옛 그림이 담고 있는 필묵이 창경하고 간결하며 노련한 것을 취하여 수년 동안 공들일 것을 요구한다.

> 학습은 반드시 법도를 따라 입문해야 하고 신묘한 변화도 법도에서 나오는 것이니, 법도를 떠나면 곧 이치도 없고 법도 없게 된다. 처음 배울 때 입론을 고원하게 하고, 형사를 하찮게 여겨서는 안 되니, 옛 그림의 필묵이 창경하고 간결하며 노련한 것을 취하는 자는 배우기를 반드시 수년 공들여야만 이룰 수 있다. 마침내 이것으로부터 정진하여 물상 밖에 초월하게 되면 거의 터득하게 될 것이다.[58]

이렇게 진적을 강조하는 것과 '하학이상달'식의 공부를 강조하는 것은 그 진적이 갖는 이상적인 미적 경지, 형태적 완비성 및 한 걸음 더 나아가 무오류성이란 인식이 담겨 있다. 다른 관점에서 말하면 진적을 통한 법고, 모고摹古에는 시대를 초월한 '심동心同', '수동手同', '법동法同'이란 관점이 담겨 있기 때문이다.[59] 법도가 일정불역이란 사유[60]는 '고'에 대한 보편성과 불변성, 항상성을 강조하는 사유다. 따라서 옛것으로부터 멀어짐을 고인의 풍회風會가 날로 미미해진 것이라고 본다. 이런 사유는 '옛것' 그 자체는 정법이며 완벽한 것으로서, 시대적으로 그 이후에 벌어진 행태는 왜곡과 변형이란 것을 암시한다.[61] 물론 당연히 형태적 차원의 임모의 의양依樣적 태도나 주마간산식의 작품에 대한 부적절한 이해는 비판하기도 한다.

> 무릇 그림을 배우는 자들은 유명한 화가들이 그린 진본을 얻게 되면 반드시 마음을 안정시키고 기를 가라앉혀서 몇 번이고 깊이 새겨본 뒤에 붓을 머금고 종이를 펴서 대략 큰 뜻만을 취해야 한다. 흥이 이르면 곧 저것은 성근데 나는 치밀하게 그리고, 저 사람은 짙게 그렸는데 나는 담담하게 그리더라도 모두 안 될 것이 없다. 반드시 천심, 원근, 장단, 활협의 사이에 너무 구애받을 필요는 없다. 오래되어 그의 뜻과 취향을 내가 이해하고 그 처음 원래의 정신을 받아들이면 자연히 새로운 면모가 홀연히 열리게 된다. 배우는 자들이 옛사람의 유명한 필적을 보게 되면, 더러는 슬쩍 봐서 지나쳐버리고 혹은 그 모양에 의지해서 그대로 본뜨나 이 두 가지 모두 잘못된 것이다.[62]

임모에서는 무엇보다도 진적과 진본, 선본을 중시한다. 법고와 관련하여 진적과 진본을 중시하는 사유에는 앞서 본 바와 같이 진적과 진본에는 시공을 초월한 불변적이면서 항상적인 '심동', '수동', '법동'이란 사유가 담겨 있기 때문이다. 즉 '고'는 단순한 시간상의 되돌림이 아니라 현상과 형식 안에 깊이 담겨 있는 원리의 항상성과[63] 반드시 지키고 따라야 할 법도가 동시에 담겨 있다. 그 원리의 항상성과 법도는 작품의 미적 완비성을 가능하게 해주고, 이런 점 때문에 동양 서화예술에서 임모를 강조하는 것이다.

5

나오는 말

임모와 관련된 방고, 의고, 법고는 시공을 넘어선 '심동, 수동, 법동'이란 관점이 담겨 있다고 본다. 이런 인식은 모두 내가 무엇을 그리고자 해도 '그것을 어떻게 효과적으로 그리고 또 표현할 것인가'와 직접적으로 관련이 있다. 특히 의기意氣를 담아내는 사의적, 심인心印적 예술일 경우에는 이런 점은 특히 강조된다. 따라서 내가 그리고자 하는 것에 대한 전범이 이미 있다면 그것을 일단 임모하라고 한다. 즉 옛날 서화가들은 임방한다는 것은 단순히 형상을 그대로 베끼는 표절이라 여기지 않았다. 이에 어떤 경우는 핍진하게 하는 것만으로도 훌륭한 기교를 소유한 것으로 보았다. 물론 이상적인 것은 정신과 필의를 깨닫는 것이다. 이런 점에서 때론 정신과 필의를 깨닫지 못하고 단순히 형상만을 베낄 경우 그것을 '글씨의 노예', 혹은 '그림의 노예'라고 비판하기도 하였다.

이처럼 동양예술에서 임모에 의한 방고, 법고, 의고擬古를 강조하는 것은 '고' 속에 담긴 진리의 항상성, 미적 완비성이 담겨 있다. 따라서 동양예술에서는 창의와 창신을 강조하지만 앞으로도 여전히 임모에 의한 방고, 법고, 의고에 의한 예술행위는 행해질 것이다. 그런데 이런 '고古'자에 대해 유가와 도가는 다르게 이해한다. 이제 본격적으로 '고'자의 의미에 대한 다양한 견해를 고찰하고자 한다.

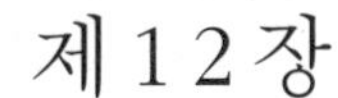

제 1 2 장

동양미학에서의 모방과 창조

옛날에 그림을 잘 그리는 사람은
조물주를 스승으로 삼았다.[정섭]

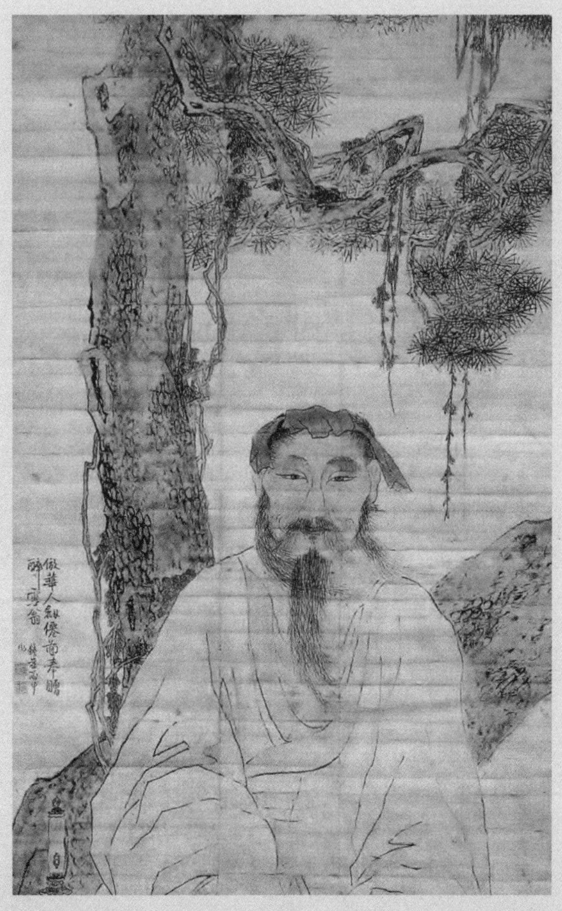

이인상, 〈검선도劍仙圖〉

이인상은 이 그림을 중국인의 〈검선도〉를 모방했다고 하는데, 유홍준 교수는 이 그림이 시각적 특징에서 동아시아 회화사에서 전후무후 유일무이한 그림이라고 한다. 이를 인정한다면, 이 그림은 모방 그 자체에만 머무르는 것이 아니라 또 다른 의미로서 창신의 경지를 보여준 작품에 해당한다.

1

들어가는 말

동양예술에서는 오늘날에도 방작 행위에 대해 표절 여부를 가리기보다는 방작의 결과물이 원본과 닮았을 때 도리어 칭찬하는 경우가 많다. 동양예술에서는 '모파某派', '모가某家', '대가大家' 등으로 말해지는 것에 대한 모방 풍조가 있는데, 한 예술가의 작품을 품평할 때 어느 시대 누구누구의 화풍 혹은 서풍을 제대로 재현했다고 하는 것은 흠이 아니었다. 명대 항목項穆은 '살찌지도 마르지도 않은[불비불수不肥不瘦]' 중화지미를 실현한 서예가로 왕희지를 평가한 적이 있다.

> 그 묘함은 시중의 경지에 들어갔고, 이전의 성인들의 업적을 계승하고 앞으로 올 미래를 열어주었으니, 왕희지는 영원히 모범으로 좇을 궤적을 남겼다.[1]

항목은 왕희지를 서예 집대성자로 파악하면서 그를 '서성'으로 높이는데, 어느 한 서예가의 작품을 보고 '왕희지가 다시 태어났다'고 평하면 그것은 칭찬에 속한다는 것이다. 명의 사신으로 온 주지번朱之蕃이 왕희지체 모방에 뛰어난 사자관寫字官이었던[2] 한호의 말년 글씨 〈광한전백옥루상량문廣寒殿白玉樓上樑文〉을 보고 한호의 글씨가 왕희지, 안진경과 함께할 만하다고 평한 적이 있고,[3] 이규상도 영조 연간에 '당시에 가장 유행하는 서체[시체時體]'라고 불릴 정도로 글씨를 잘 쓴 백하白下 윤순尹淳의 글씨에 대해 동일한 견해를 밝힌 적이 있다.

> 백하가 처음부터 왕희지의 서첩인 〈유교경遺敎經〉과 〈황정경黃庭經〉을 임모하기 시작했는데, 그가 임모한 서첩은 어느 것이 왕희지의 글씨이고, 어느 것이 윤순의 글씨인지 분별할 수 없을 정도였다.[4]

이런 평가는 서화에서의 의고擬古주의를 대표한다. 중국회화사에서 청대 '사왕四王'은 의고주의를 대표하는데,[5] 의고주의는 일종의 '의양依樣'의 아름다움을 추구한다. 하지만 동양예술에서는 이 같은 법고의 시각에서 의양의 미를 담은 작품을 부정적으로 보지는 않는다. '법고창신'은 동양예술에서 가장 많이 사용하는 말이다. 특히 유가에서는 법고 없는 상태에서의 자기 멋대로의 예술세계를 펼친 '자용自用'의 경지를 부정적으로 보기도 한다. 왜 창신만을 단독으로 말하지 않고 대부분 법고 위에서의 창신을 거론할까? 그것은 '고'가 갖는 긍정적 의미를 인정하기 때문인데, '고'는 항상 동일한 의미만을 담고 있지 않다. 어떤 입장에서 이해하느냐에 따라 '고'에 대한 이해는 달라진다.

이 글에서는 동양예술에서는 왜 그렇게 법고를 강조하며 또 법고 이후의 창신에 대해 말하는가 하는 점을 보기로 한다. 특히 '고'에 대한 인식의 차이점을 유가와 도가에 적용하여 창신의 개념이 어떤 식으로 차이를 보이는가를 보기로 한다.

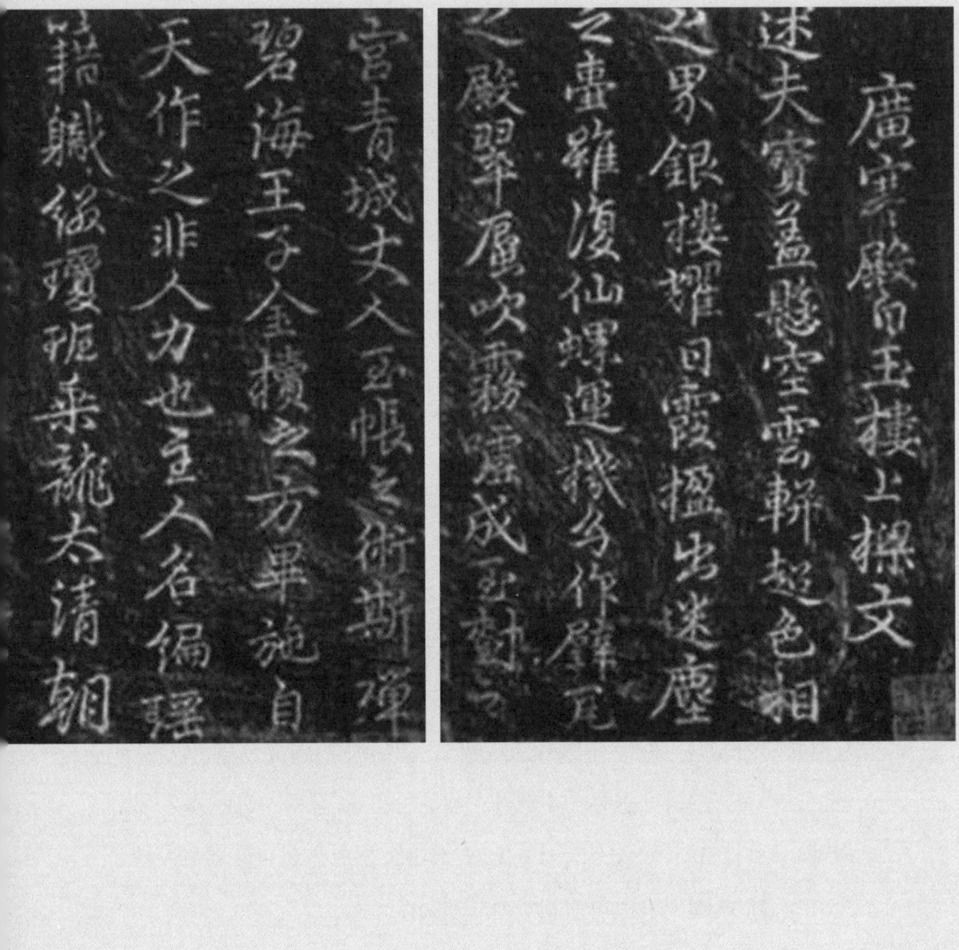

한호의 글씨 〈광한전백옥루상량문〉

한호가 허균이 동생 허난설헌이 여덟 살에 지은 〈광한전백옥루상량문〉을 써달라는 부탁을 듣고 쓴 것이다. 한호와 허균의 친밀한 관계를 보여주는 작품이다. 주지번이 왕희지와 함께할 만하다고 칭찬한 작품이다.

2

'고古'에 대한 인식과 법고창신法古創新

1) 고에 대한 인식과 학습 강조

동양예술에서는 '학형學形적' 방작은 물론 '학의學意적' 방작도 부정하지 않는다. '학의적' 방작에는 두 가지가 있다. 하나는 원작을 보면서 의식적으로 변화시키는 재해석 측면의 방작이고, 다른 하나는 원작을 인식하고 그것을 기억하면서 보지 않고 그리는 추인追認적 방작이 있다.[6] 대체로 방작을 인정하는 사유에는 단순히 형상을 베끼는 것이 아니라 그 작가의 예술세계와 정신경지를 흠모하고 체득하는 과정에 대한 긍정적 인식이 담겨 있는데,[7] 그것에는 방작의 대상이 되는 작품이 '고'에 속한다는 사유가 동시에 담겨 있다. 유가는 전통적으로 법고, 상고, 숭고, 복고를 말한다. 도가도 '고'가 갖는 의미를 유가와 달리 이해하지만 '고'를 중시하는 것은 예외가 아니다. 유가에서는 '고'자를 단순 시대적 의미뿐 아니라 본받아야 할 이상적인 인물과 연계하여 말하기도 한다.[8]

모작, 임작, 방작 등으로 말해지는 일종의 방고적 사유는 모두 학습을 바탕으로 한다는 공통점을 지닌다.[9] 주희는 『논어』「학이」 1장의 "배우고 때때로 익힌다[학이시습지學而時習之]"에서의 '학'자를 "학이란 본받는 것을 의미한다[학지위언효야學之爲言效也]"라고 풀이한다. 여기서 '본받는다'는 '효'는 이미 우리가 본받아야 할 이상적인 모델이 존재함을 함축한다. 주희는 그것을 '선각자'로 풀이하고 있는데, '선각자'는 후각자보다도 먼저 진리를 인식하고 체득한 유가의 성인을 의미한다. 요컨대 '학'은 후각자는 진리를 체득한 선각자가 행한 것의 결과적 삶[소위所爲] 즉 지와 행이 합일된 삶을 본받는다는 것을 의미한다.[10] 유가는 '고'를 인물과 관련하여 말할 때는 요·순·우·탕·문·무·주공 및 그들의 사상을 집대성한 공자와 같은 선각자[=성인]를 든다.

공자는 "옛것을 풀이하기만 했지 창작하지 않았다. 신실하면서 옛것을 좋아한 것을 적이 나는 노팽에게 비유하노라"[11]고 말하여 자신은 창작하지 않았음을 말한다. 『중용』에는 공자가 "요순의 도를 조술하시고, 문왕과 무왕의 도를 헌장하시며, 위로는 하늘의 때를 법으로 따르시고, 아래로는 물과 흙의 이치를 따랐다"[12]라는 말이 나온다. 이것에 대해 주희는 "조술은 멀리 그 도를 높이는 것이요, 헌장이란 가까이 그 법을 지키는 것이다. 하늘의 때를 법한다는 것은 그 자연의 운행을 본받는다는 것이요, 물과 흙을 따랐다는 것은 그 일정한 이치를 따른다는 것이니, 다 안과 밖을 겸하고 근본과 말단을 갖추어서 말한 것이다"[13]라고 주석한다.

공자는 자신의 창의적 사유를 펼쳐냈다기보다는 옛날 성인들이 세운 도와 법을 따랐고, 아울러 끊임없이 순환하는 사계절의 변화를 인간 삶의 근원에 내재된 불변의 이치로 여기고 전범으로 삼았음을 말한다. 이 두 가지 삶의 방식은 서로 다른 별개의 것은 아니다. 기본적으로 '천도를 본받고 인극을 세운다[법천도法天道, 입인극立人極]'라는 천인합일이 공통적으로 적용되었기 때문이다. 이런 사유에서 출발하여 유가에서는 불변의 진리일원주의를 확립하는데, 그런 사유가 압축적으로 '고'자에 나타난다. 이런 점에서 공자는 '신新'을 말하더라도 '온고'의 바탕 위에서의 '지신' 즉 '온고지신'을 말한다.[14] 이 점에 대해 주희는 "배우는데 때로 '예전에 들은 것'을 익혀서 매번 새로 얻은 것이 있으면, 배우는 나에게 그 응하는 것이 끝이 없을 것이다. 그러므로 다른 사람의 스승이 될 수 있다"[15]라고 하여 '구문舊聞'에 대한 반복 학습을 강조한다. 여기서 "학이시습지"는 배운 것이 반복학습에 의해 '숙熟'의 단계에 갔을 때 비로소 자신이 배운 것을 체득하게 됨을 의미한다.[16] 즉 진리에 대한 체득은 배운 것을 항상 거듭 반복 익히는 것에 의해 가능해진다.

동양의 자연관은 순환적 자연관이다. 동양적 삶의 방식은 정착을 기본으로 하는 농경적 삶이다. 유가의 진리관은 이 두 가지가 결합하여 형성되며, 그것의 결과는 결국 '고'로 인식된다. 즉 '고'자에는 선각자로서의 유가의 성인이 오랜 경험의 축적을 통해 형성한 앎을 불변의 진리로 여기는 사유가 담겨 있다. 후각자에게 '본받음이란 의미를 가진 학'을 요구하는 것은 결국 '고'에 대한 올바른 인식과 '고'가 갖는 중요성을 동시에 강조하는 사유다. 이 같은 사유는 예술에서 왜 방작이나 임모를 강조하는가의 철학적 바탕이 된다.

2) 법고창신

필굉畢宏이 장조張璪에게 그림의 요결要訣이 무엇이냐고 물었을 때 장조가 "밖으로는 자연의 변화를 스승으로 삼고 안으로는 마음의 근원에 있는 이치를 얻는다[외사조화外師造化, 중득심원中得心源]"고 하였다. 장조의 이러한 사유는 이후 예술가가 지향해야 하는 목표가 되었다. 중국예술에서 일반적으로 창작론을 말하는 화가들은 '고인의 마음을 스승'으로 삼는 것과 '천지의 조화'를 스승으로 삼는 것 이 두 가지를 말한다.[17] 명대 동기창董其昌은 창작론과 관련해 '고인을 스승'으로 삼아야 한다는 것과 '천지를 스승'으로 삼아야 한다는 것을 결합하여 말한 적이 있다.[18] 이런 사유에서 유가는 '전자[고인을 스승으로]'에 치중하는 반면, 도가는 '후자[천지조화를 스승]'에 치중하는 경향이 있다. 유가는 학습을 통해 본받아야 할 옛날의 성인을 스승으로 삼는 것에 비해 도가는 '도법자연道法自然'을 말하듯이 천지자연을 본받으라고 하기 때문이다.

여기서 '고인을 스승'으로 삼아야 한다는 것은 두 가지 점에서 분석할 수 있다. 하나는 '고인의 형적'을 스승으로 삼는다는 것이고, 다른 하나는

'고인의 마음'을 스승으로 삼는다는 것이다. 전자는 주로 '의양의 아름다움' 차원에서 말하는 것이며, 그것은 고인이 세운 법을 그대로 따른다는 의미가 담겨 있다. 동양예술에서는 이런 '의양의 아름다움'만 제대로 표현해도 긍정적으로 본다.

먼저 법고에 의한 '의양지미'를 보자. 유가는 법고法古의 바탕 위에서 '의양지미'를 말한다. '무과불급'과 '온유돈후'함의 중용·중화미를 강조하는 유가는 '의양지미'를 추구하는 경향성이 강하다. 이런 의양지미는 형태적 측면의 '의양지미'와 자득 차원의 '의양지미'가 있다. 예를 들면 조선조 옥동 이서가 서예에서 말한 '의양', '자용自用', '자득自得'에 대한 견해가 그것이다.

> 옛말에 이르기를 "최상의 경지는 정신을 전수하는 것이고, 그 다음은 뜻을 전수하는 것이며, 또 그 다음은 형태를 전수하는 것이다"고 하였으니, 형태를 전수하는 것이란 '겉모양을 모방하는 것[의양依樣]'이 아니겠는가? 또 행해서는 안 될 것이 있으니, 겉모양을 면하려 하여 '제멋대로 쓰는 것[자용自用]'이다. 제멋대로 쓰면 도리어 해롭다.[19]

서예에서 '겉모양을 모방하는 것'은 가장 낮은 단계에 속하는데, 그것은 형태는 비슷한 점이 있지만 필의는 제대로 표현하지 못한 단점도 있기 때문이다.[20] 하지만 '제멋대로 쓰는 것'도 문제가 있다. 이서는 "제멋대로 쓰는 사람들은 말하기를, '나는 스스로 오묘한 이치를 터득하였으니 옛사람의 글씨를 모방하는 것을 달갑게 여기지 않는다'고 말한다. 그러나 알지도 못하면서 제멋대로 쓰는 것은 자득한 것이 아님을 전혀 알지 못하는 것이다"[21]라고 한다. 여기서 이서가 말하는 '진정한 자득'이 무엇인가에 대한 정확한 이해가 요구된다. 이서는 「논작자법論作字法」에서 '진정한 자득'에 대해 다음과 같이 말한다.

이른바 자득이라는 것은 옛사람의 필법에 근거하여 그 필의를 탐구하는 것이다. 따라서 겉모양을 모방하는 자들이 한갓 필법만을 본받는 것과 같은 것은 아니다. 옛사람의 필의를 이어받아 발명하는 것이니, '제멋대로 쓰는 자'들이 함부로 필법을 저버리는 것과는 다른 것이다.[22]

이서가 말하는 '진정한 자득'은 필법과 필의를 동시에 체득하는 것인데, 이런 사유는 앞서 고인의 마음을 스승으로 삼는다는 정신과 통한다. 이런 식의 자득은 일단 '고인을 통한 자득'이란 점에서 일정 정도 한계가 있다.

이런 점과 비교해 창신과 관련된 '무법無法'과 '화경化境'에 대해 보자. 예술에서의 창조는 기본적으로 법法을 어떻게 이해하느냐와 관련이 있다. 명말청초의 창신적 예술세계를 펼친 석도石濤는 법에 대해 다음과 같이 말한 적이 있다.

고인이 아직 법을 세우기 전에는 고인의 법이 어떤 법인지 몰랐다. 고인이 이미 법을 세운 뒤에는 곧 오늘날 사람들이 고법에서 벗어나는 것을 용납하지 않아 천백년래 마침내 오늘날 사람들로 하여금 한 발자국도 벗어나지 못하게 하였다. 고인의 자취를 스승으로 삼고 고인의 마음을 스승으로 삼지 않으면 고인을 조금도 넘어설 수 없는 것은 당연하니, 원통하도다.[23]

석도가 고인의 마음을 스승으로 삼지 고인의 흔적을 스승으로 만들지 말라는 것은 고인이 법을 만든 근본 목적을 알라는 것으로, 궁극적으로는 고인이 법을 만들기 전에는 무법이었음을 말하기 위한 것이다. 이런 점에서 석도는 예술적 창조와 관련해 '무법이법無法而法'을 말하는데, 이 '무법이법'은 법과 변화가 통일된 경지이다.

지극한 경지에 오른 사람은 법이 없는데, 이것은 법이 없는 것을 의미하는 것이 아니다. '법이 없는 법'이라야 이에 지극한 법이 되는 것이다."[24]

예술에서의 법은 예술가들이 예술적인 실천을 통하여 확립한 예술의 표현 법칙으로 일정 정도 객관성을 지닌다. 그런데 그것이 시공을 초월한 불변적 법이라고 여길 때 문제가 된다. 이런 점에서 석도는 무법이란 인식에서 출발하여 변화를 통한 '창조적 예술세계[화경化境]'를 펼치라고 한다. 석도는 권경론權經論을 통해 '경'과 '화化'의 관계를 함께 논하고 있다.

> 무릇 일에 '불변의 원칙[經]'이 있으면 반드시 '상황에 따른 적의한 수단[權]'이 있고, 법이 있으면 반드시 '화化'가 있다. 한번 그 불변의 원칙을 알면 그 적의한 수단으로 나아가야 하고, 한번 그 법을 알면 곧 '화'에 나아가야 한다.[25]

'권'과 '경'은 『맹자』에 잘 나타나는데,[26] '경'이 법과 동일한 차원에서 논의된 것이라면 '권'은 '화'와 관련이 있다. 석도가 무법을 강조하는 것은 '옛것[=기존의 유법有法 경지]'에 빠져 변화시키지 못하는 문제점을 드러내기 위한 것이다.

이런 정신은 석도가 『화어록』 「변화장變化章」에서 "내가 나로서 존재하는 것은 스스로 나에게 나라는 주체가 있기 때문이다[아지위아我之爲我, 자유아재自有我在]"라는 정신으로 귀결된다. 이런 점을 이제 다음과 같은 언급을 시작으로 하여 살펴보기로 한다.

> 그림에는 남종南宗과 북종北宗이 있고 글씨에는 이왕(二王: 왕희지, 왕헌지)의 법이 있다. 장융의 말에 "신에게 이왕의 법이 없음을 한스럽게 여기지 않고 이왕에 신의 법 없음을 한스럽게 생각한다"는 말이 있다. 이제

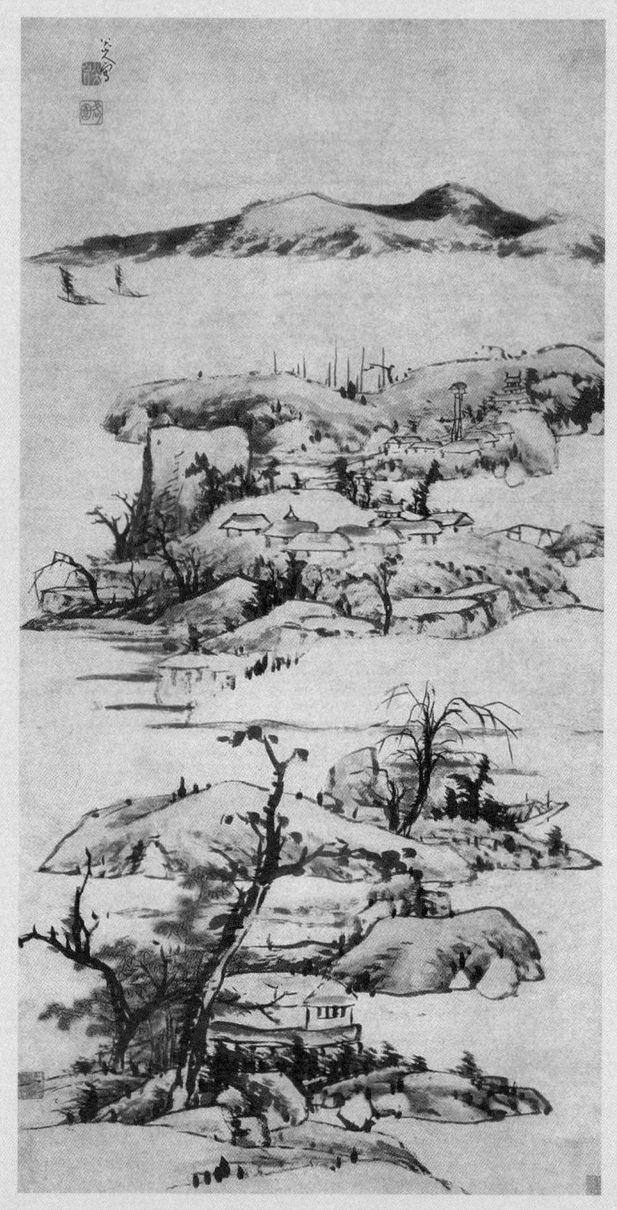

팔대산인八大山人, 〈방예운림산수倣倪雲林山水〉

팔대산인이 예찬의 화풍을 보고 자기화하여 그린 그림으로서, 팔대산인 작품 가운데 특이한 작품에 속한다. 최근 중국 경매에서 8천4백만 위안에 팔린 작품이다.

묻기를 '내가 남종과 북종의 법을 좇을 것인가 아니면 자신의 법을 따를 것인가'라고 한다면 한바탕 크게 웃고 말하리라, '나는 스스로 자신의 법을 사용한다'고.[27]

석도가 '나의 법'을 사용하겠다 하면서 "내가 나로서 존재하는 것은 스스로 나에게 나라는 주체가 있기 때문이다[我之爲我, 自有我在]"라고 하는 것은 '고'로서의 전통과 '화'로서의 창조의 관계로 연결된다.

(전통에 해당하는) '고'는 내가 앎을 통해 사물을 인식하는 도구이다. (새로운 것을 창조하는) '화'의 정신은 그것이 도구라는 것을 알고 예술 창작에 사용하지 않는 정신이다. 옛것을 갖추고 있으면서 새로운 것을 창조하는 사람은 아직까지 보지 못했다. 나는 옛것의 진흙 구렁텅이에 빠져 새로운 것을 창조하지 못하는 자를 한심하게 여긴 적이 있는데, 이것은 앎이 구속하기 때문이다. 앎이 옛것을 비슷하게 표현하고자 하는 것에 구애받는 자는 자신만의 새로운 예술세계가 넓어질 수 없다. 따라서 '위대한 예술가[=군자君子]'는 '기존의 법에 대한 선택적 비판을 통해[=차고借古]' '자신만의 새로운 예술성을 담은 오늘날의 세계를 여는 것[=개금開今]'이다. 또한 말하기를 '지극한 경지에 오른 예술가는 법이 없다'고 했는데, 이때 '법이 없다' 함은 법이 없다는 뜻은 아니다. 단지 '법이 없는 것'으로 법을 삼는다는 것이니, 이래야 지극한 법이 된다.[28]

'차고이개금'과 '무법이법'은 결국 기존의 법을 진리라고 여겨지게 한 '앎[식識]'이 갖는 문제점을 지적하는 것이면서 법에 얽매여 더 이상 새로운 예술세계를 펼쳐내지 못한 것에 대한 비판이다. 이런 사유는 결국 '진정한 그림이란 무엇인가?', '진정한 그림을 그리려면 어떤 마음가짐을 가지고 임해야 하는가' 하는 질문과 관련이 있다. 석도는 그림에 대해 다음과 같이 말한다.

대저 그림이란 천하가 변통한 큰 법이고, 산천은 형세가 정화롭게 빛난 것이고, 고금은 조물주가 빚은 것이고, 음양은 기의 도수가 유행한 것이니, 필묵을 빌어 천지만물을 그려 자신의 마음을 즐겁게 해야 한다.[29]

진정한 그림이란 끊임없이 변화하는 천지자연과 음양조화의 변화 및 유행의 이치를 자신이 체득하고 필묵이란 도구를 통해 형상화시킨 것으로, 궁극적으로는 그런 창작과정을 통하여 기쁨을 얻을 수 있어야 한다. 내 마음이 즐겁다는 것은 나와 천지만물이 하나가 됨을 의미하면서, 아울러 기존의 법의 얽매임에서 벗어나 내가 주체적인 나로서 존재함을 의미한다. 하지만 이런 점을 모르는 사람들에 대해 석도는 다음과 같이 비판한다.

요즘 사람들은 이런 점을 알지 못하고 붓을 들어 그리는 경우 이르기를, 어느 유명 화가의 준법과 점법은 의거할 만한 것이고, 어느 유명 화가[모가某家]의 산수를 닮지 않으면 오래 전해질 수 없고, 어느 유명 화가의 깨끗하고 맑은 것을 담아내야 좋은 그림이 되고, 어느 유명 화가의 공교로움을 닮지 않으면 사람의 눈을 즐겁게 하는 데 족할 뿐이라고 한다. 이는 내가 어느 유명 화가에 의해 부림을 당하는 것이지 그 유명 화가가 나를 위해 써지는 것이 아니다. 비록 어느 유명 화가를 똑같이 닮더라도 또한 어느 유명 화가가 남은 국을 먹는 것일 뿐이니, 나에게 무슨 소용이 있겠는가?[30]

예술창작에서 가장 중요한 것은 고인의 자취를 배우고 고인에게 부림을 당하는 것이 아니라 주체적인 '나 자신'을 드러내는 것이다. 이런 점에서 석도는 당시의 '사왕四王'을 중심으로 하는 의고주의자들의 온화하고 순박하며 청아한 심미풍격을 펼친 화풍에[31] 대해 비판한 적이 있는데, 이런 사유는 다음과 같은 사유와 관련이 있다.

고인의 자취를 스승으로 삼고 고인의 마음을 스승으로 삼지 않으면 고인을 조금도 넘어설 수 없는 것은 당연하다.[32]

고인의 마음을 배우라는 것은 고인이 기본적으로 작품을 통해 담아내고자 한 예술정신이 무엇인가를 정확하게 체득하라는 것이다. 그것은 다른 차원에서는 변화를 통한 창조적 예술세계를 펼칠 수 있는 주체적인 나를 확립하라는 것으로 이어진다.

내가 나로서 존재하는 것은 스스로 나에게 나라는 주체가 있기 때문이다. 고인의 수염과 눈썹이 내 얼굴에 생겨날 수 없고, 고인의 폐부가 나의 뱃속에 들어올 수 없다. 나는 스스로 나의 폐부를 드러내고 나의 수염과 눈썹을 들어 올리리라. 비록 때때로 '모가某家'를 접촉하기는 하지만 이는 '모가'가 나에게 돌아가는 것이지 내가 고의로 '모가'를 위하는 것이 아니다.[33]

예술에서의 개성적인 자아와 주체적 창조정신을 강조하는 것은 '무법이법'과 '화'에 대한 언급에 잘 나타난다. '나의 법'을 사용할 것을 말하는 것은 바로 이런 예술정신에서 출발하고 있다.

다음 정섭의 괴怪의 예술정신과 '화'의 예술정신을 알아보자. 양주팔괴揚州八怪를 대표하는 정섭은 그림을 잘 그린 인물에 대해 「난죽석도蘭竹石圖」에서 다음과 같이 단적으로 말한다.

옛날에 그림을 잘 그리는 사람은 대개 조물주를 스승으로 삼았다.[34]

정섭이 '조물주를 스승으로 삼았다'는 것을 강조하는 것은 흔히 말하는 인간과 인간에 의한 사승관계를 부정한다는 것이다. 다른 식으로 말하면

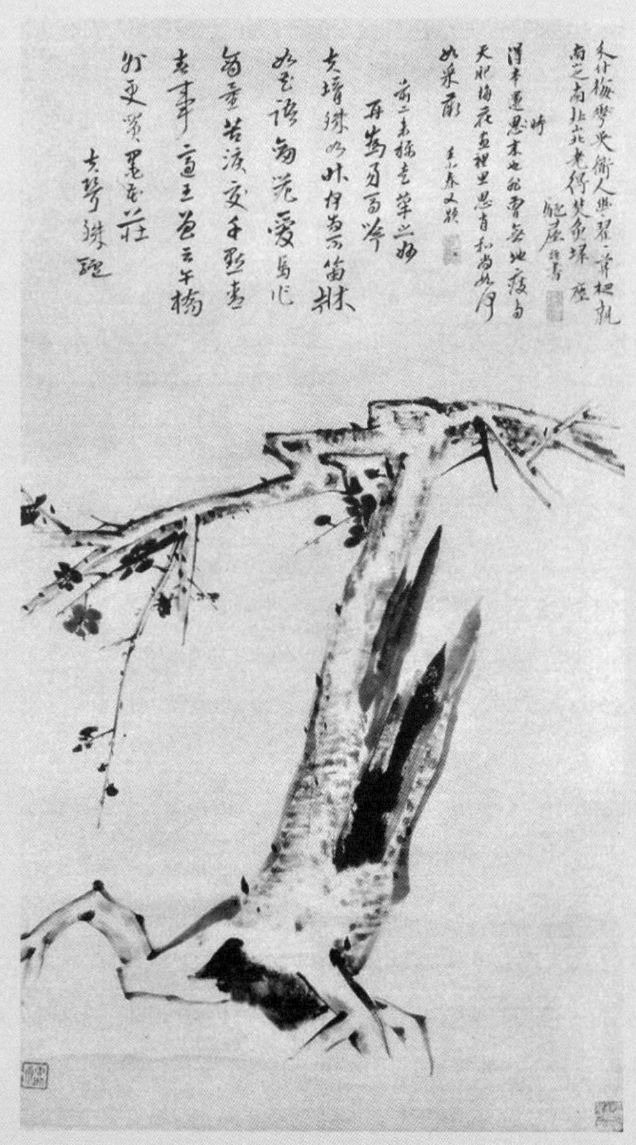

팔대산인, 〈고매도古梅圖(일명 노근매도露根梅圖)〉

정사초鄭思肖의 노근란露根蘭이 유명하지만, 노근매露根梅를 통해 '국파가망國破家亡[명의 망함과 집안의 망함]'한 고통을 상징한 그림에서 팔대산인의 천재성을 읽을 수 있다. 두 번째 화제에서 "得本還時末也非, 曾無地瘦與天肥, 梅花畫裡思思肖, 和尚如何如采薇"라고 하여 정사초와 백이·숙제['采薇']를 거론하면서 청에 굴복하지 않겠다는 의지를 표명한다.

한 인간이 만든 법과 그 법을 통해 담아내고자 하는 예술정신의 한계성을 지적하는 것이다. 진정한 예술이란 어느 하나의 이론과 법으로 규정할 수 없는데, 이런 점을 상징적으로 '조물주를 스승으로 삼았다'는 것으로 말한 것인데, 노장의 '도법자연' 정신이 깔려 있다. '조물주를 스승으로 삼았다'는 것은 자연물에 대해 느낀 감성을 그대로 표현하겠다는 의지다.

> 그리기 이전에는 가슴속에 하나의 대나무도 없으며, 그런 이후에도 가슴속에 하나의 대나무도 남기지 않는다. 한창 그릴 때에는 마치 음양의 두 기운이 불쑥 생겨나는 것과 같아서, 뽑아들면 죽순도 되고 대나무 숲도 되고, 흩어놓으면 가지가 되고 펼쳐놓으면 잎이 되니, 진실로 그렇게 되는 까닭을 알지 못하는데 그렇게 되는 것이다. 한간韓幹[35]이 임금의 말을 그리면서 말하기를, '천자의 마구간에 있는 십만 필의 말이 모두 나의 스승이다'라고 하였는데, 나도 천녕사天寧寺 서쪽 행원杏園에 객으로 있을 적에 또한 말하기를, '후원의 대나무 십만 그루가 모두 나의 스승이다'라고 하였으니, 다시 무엇을 스승 삼겠는가?[36]

> 여름날이면 대나무 숲 한가운데 작은 침상 자리를 마련해놓고 누워서 대나무 죽순이 자라는 것을 바라보며 녹음이 사람에게 주는 청량하고 쾌적한 감정을 체험하고 깨달았다. 가을이나 겨울날이면 대나무 줄기로 격자를 만들고 그 위에 깨끗한 흰 종이를 붙여서 바람을 막았다. 날씨가 맑은 날 달이 떠오를 때에 창문에 붙여진 종이 위에 미친 대나무 그림자를 보며 천연으로 이루어진 도화를 관찰했다. 무릇 내가 그린 대나무는 사승한 바가 없고 대부분 종이창, 분벽에 비친 일광과 월영일 뿐이다.[37]

인간이 아닌 자연의 대상물 그 자체를 스승으로 삼는다는 것은 그냥 이루어진 것이 아니라 다양하게 변하는 자연현상을 끊임없이 주의 깊게 관찰한 결과에 의한 것이다. 더 나아가 정섭이 조화 혹은 자연의 변화를 스승으로 삼았다는 것에는 '원기元氣가 하나로 뭉친 것'을 그림으로 그린다는 사유가 담겨 있다.

> 난을 그리는 법은 가지는 세 개에다 잎은 다섯 개이고, 돌을 그리는 법은 셋을 모아 다섯을 취한다. 이는 모두 그리는 기법을 세운 것이니, 난과 죽을 그리는 한 가지 방법만 이러할 뿐만이 아니라 평생의 학문도 그러하다. 옛날의 그림을 잘 그리던 자는 모두 자연을 스승으로 삼았으니, 하늘이 낸 바가 곧 내가 그릴 바여서, 모두 반드시 '한 덩이 원기를 하나로 뭉쳐서' 이루어낸 것이다. 이 폭은 비록 작은 경치에 속하지만, 요컨대 산기슭 아래의 동굴 곁에 핀 난초다. 화분 안에 돌을 쌓고 물을 주어 기른 난이 아니니, 그 기세가 단정하다고 말할 뿐이다. 그저 28자를 지어 뒤에 붙인다.
>
> 감히 말하건대 내 그림은 마침내 스승이 없었으니,
> 또한 어리석음을 열어 배움을 향한 때는 있었도다.
> 그림이 천기天機가 흘러 드러나는 경지에 이르면
> 오늘도 없고 예도 없음을 마음은 알리다.[38]

자연을 스승으로 삼으면서 사승관계를 부정하는 것은 당연히 법에 대한 이해와 관련이 있다. 이처럼 자연의 조화와 변화를 스승으로 삼아 창신적 예술세계를 펼쳐나가고자 하는 예술정신에는 기존의 법에 얽매이지 않겠다는 사유와 원기론의 사유가 담겨 있는데, 이러한 정신은 더 나아가 서화예술에서 '기존의 격식을 벗어난 현재적 인식에 담긴 생명감이 충만하고 변화를 담고 있는 활발발함[활活]'을 중시하는 사유로 이어진다.

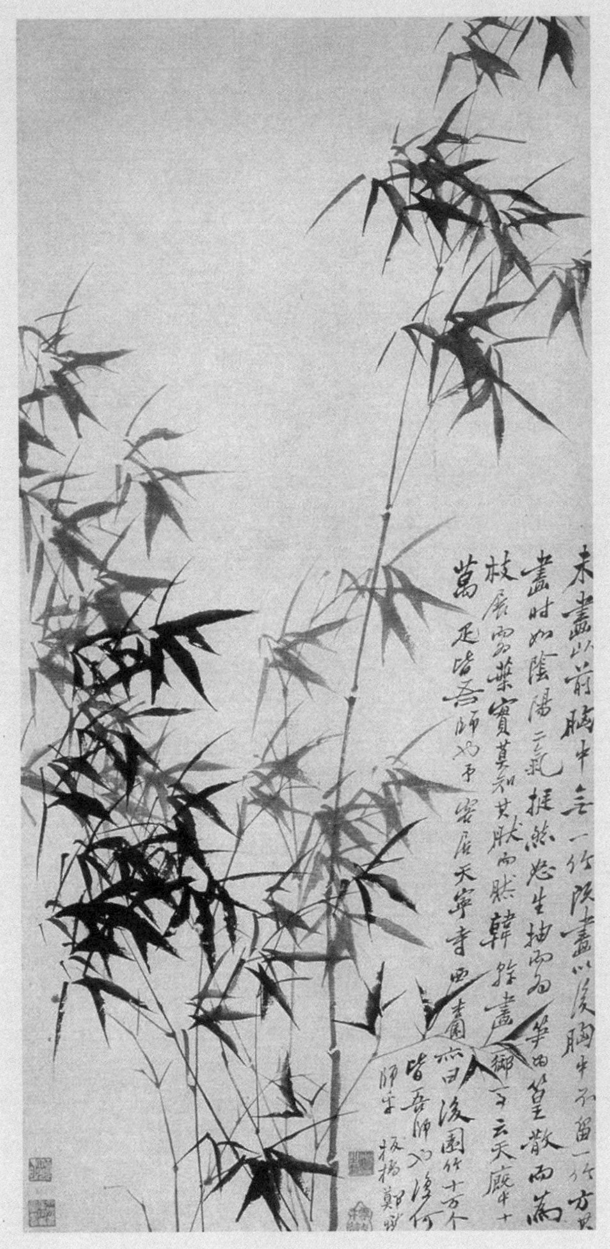

정섭, 〈묵죽도墨竹圖〉, 안휘성박물관 소장정

정섭은 화제를 통해 자신의 도법자연의 예술철학을 전개한다.

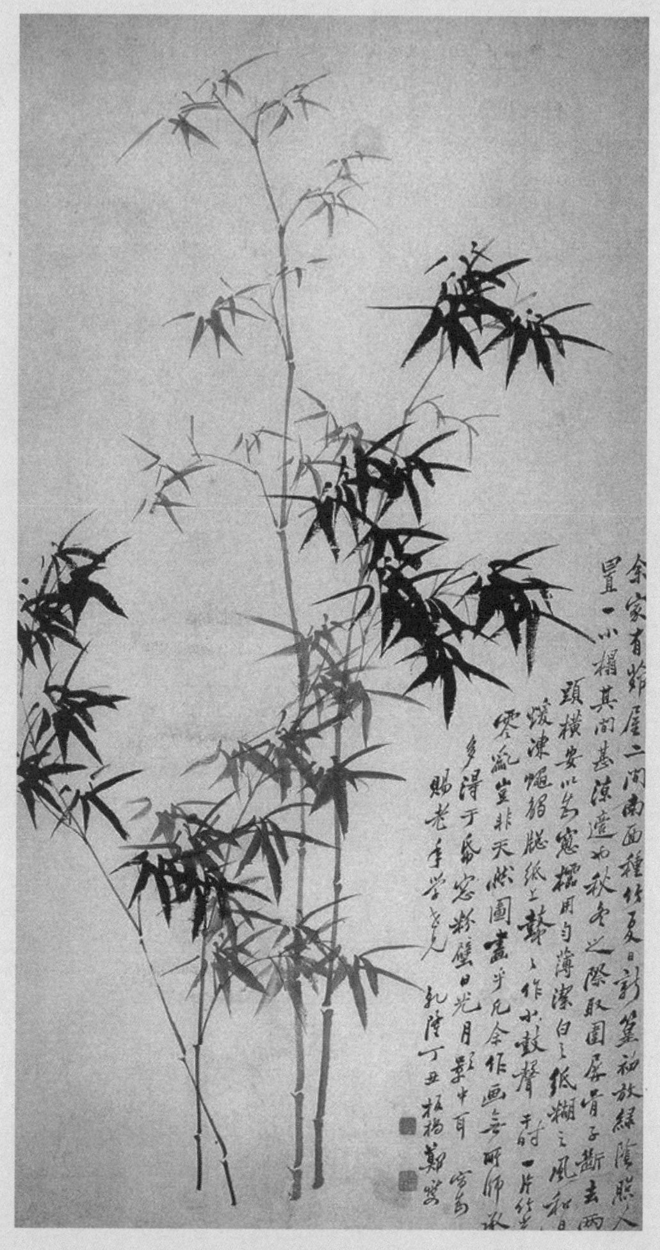

정섭, 〈묵죽도墨竹圖〉, 천진역사박물관 소장

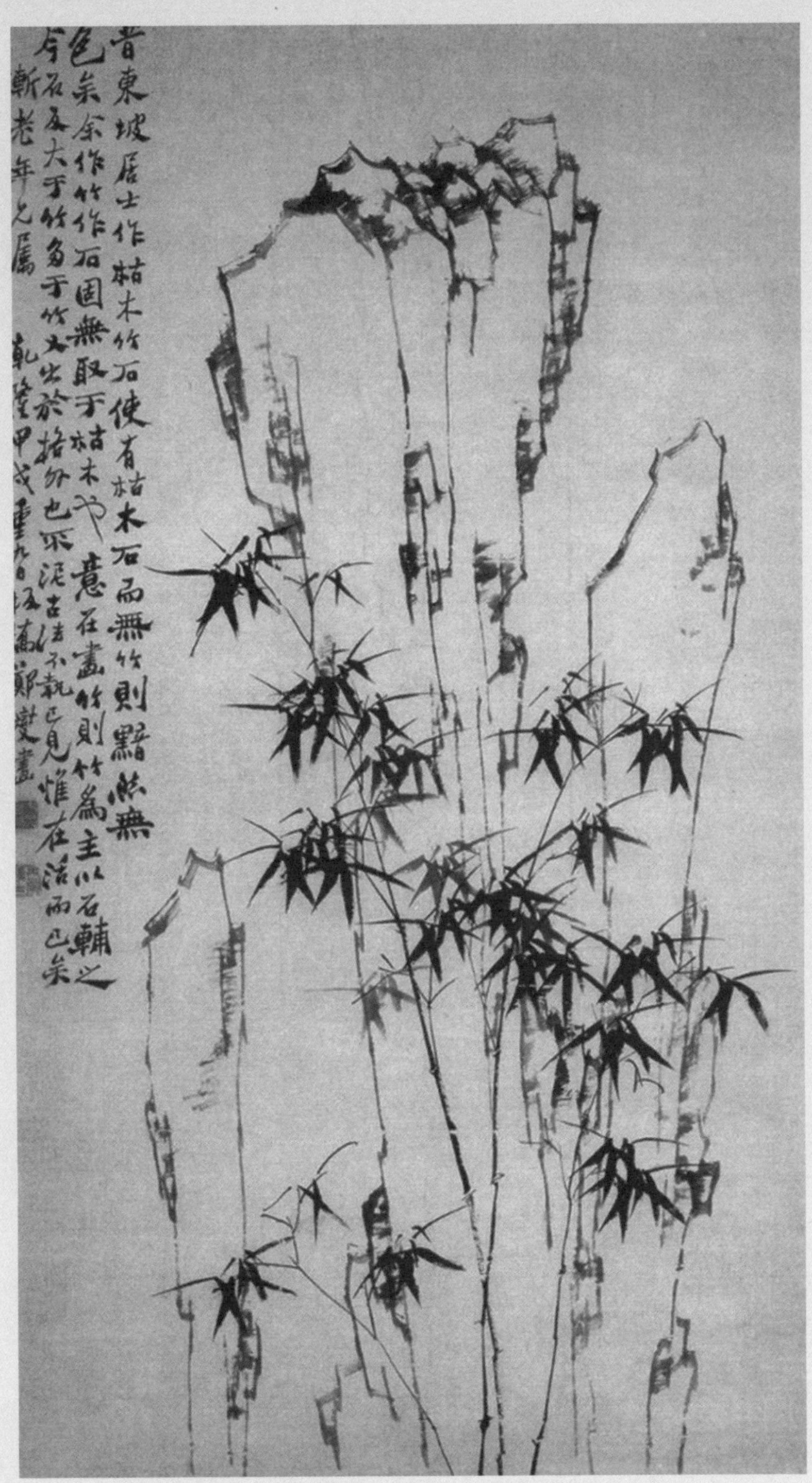

정섭, 〈묵죽도墨竹圖〉, 상해박물관 소장

정섭 화제의 예술철학을 확인할 수 있는 대표적 작품이다. '활活' 추구의 예술철학이 담겨 있다.

옛날에 동파東坡 거사[=소식蘇軾]가 고목과 죽석을 그렸는데, 만약 고목과 돌만 있고 죽을 그리지 않았다면, 어두워서 색깔이 없게 되었을 것이다. 나는 대나무를 그리고 돌을 그리지만 진실로 고목을 취하지 않는다. 대나무를 그리는 데 뜻이 있다면, 대나무로서 주를 삼고 돌로 보완하면 된다. 그런데 지금 돌이 도리어 대나무보다 크고 대나무보다 많은 것은, 또한 격식을 벗어나는 것이다. 고법에 얽매이지 않고 자신의 견해에도 집착하지 않는 것은 다만 '살아 있는[활活]' 그림을 그리는 데에 달려 있다.[39]

이런 사유는 예술작품의 생명은 평범한 식견을 벗어나 자신만의 개성을 담아내는 특수한 풍채를 드러내는 것에 있다는 것과 통한다.

하늘을 번쩍 들고 땅을 짊어질 만한 글, 번개가 치고 우레가 울리는 듯한 글씨, 신령도 꾸짖고 귀신도 욕할 만한 이야기, 예전에도 없었고 지금도 볼 수 없는 그림은 원래 평범한 식견 중에 있는 것이 아니다. 그리기 이전에는 하나의 격을 세우지 않으며, 이미 그린 이후에도 하나의 격을 남기지 않는다.[40]

여기서 하늘, 땅, 번개, 우레, 신령, 귀신 등과 관련된 언급은 유가의 '괴력난신'을 말하지 않은 중화미학과 다른 사유에 속한다. 그런데 정섭이 독창성을 강조한다고 해서 법을 완전히 무시하는 것은 아니다.

석도의 대나무 그림은 틀에서 벗어난 것을 좋아하여 조금도 기율이 없으나, 기율은 본래부터 그 안에 있었다. 내가 강영장을 위해 이 큰 폭을 그리면서, 힘을 다해 그를 모방했다. 그러나 저절로 가로로 칠하고 세로로 문지르는 붓질이 법 안에 있어 단 한 번의 붓질도 법 밖을 넘어서지 못하였다. 심하다, 석도에 미칠 수 없음이여. 그의 예술적 기의 징후와

공부는 한 점도 얻지 못하였다.[41]

정섭은 이런 점에서 앞선 사람의 예술정신에 대한 비판적 입장을 통한 선택적 학습을 요구한다.

> 반은 배우고 반은 버려 일찍이 다 배우지 않았다. 다 배우고자 하지도 않았고 사실 다 배울 수도 없었다. 또한 반드시 다 배울 필요도 없다. 열에서 일곱을 배우고 셋은 버려야 하니, 각기 영묘한 싹을 또한 스스로 탐구해서 이룩해내야 한다.[42]

'학고學古'는 수단이지 목적은 아니다. 정섭은 그 목적은 '옛것에서 벗어나 새로운 것을 창안하는 것[유신특립維新特立]'[43]에 있다고 한다.

석도나 정섭은 기본적으로 예술은 독창성을 가져야 한다는 것을 말한다. 이런 점에서 고와 법에 대한 비판적 계승 혹은 '무법이법'을 통한 새로운 차원의 법을 말한다. 자연을 스승으로 삼고 '활'의 정신을 담아내라는 것은 법고 이후의 창신의 경지에 대한 그들만의 독창적 견해다.

3

나오는 말

동양예술에서는 모방을 무조건 부정하지 않고, 고인이 세운 법 혹은 스승의 마음을 본받으라고 한다. 이런 점에는 기본적으로 '고'에 대한 긍정적인 생각과 아울러 '처음 단계의 생경함[생生]'과 그 다음 단계의 '익숙함[숙

熟]', 마지막의 새로운 '창의적 경지[생生]'라는 사유가 작동하고 있다.

유가는 무오류성과 보편타당이란 측면의 '고古'를 존중하기에 창신을 말하더라도 '법고창신'과 '온고지신'을 말한다. 그러나 이런 사유에서 출발한 창신은 진정한 창신이 아니다. 특히 중화미를 강조할 땐 창신은 더욱 제한적이며, 이런 사유는 정치교육적 입장과 연계하여 이해할 수 있다. 법고의식에서 출발하면 때론 예술적 창의성이나 개성을 살리는 것은 사회적 안정을 무너트린다는 부정적 인식으로 나타나기도 한다. 조선조 후기 정조 때의 '문체반정文體反正' 이나 '서체반정書體反正'은 이런 점을 보여준다.

이 같은 유가의 법고의식과 달리 석도는 '차고'하여 '개금'하라는 것을 통한 '화경化境'을 말한다. 이때의 '고'는 무오류성의 완벽함을 전제하지 않는다. '고'는 도리어 오늘날 나 자신의 창신을 위해 존재해야 한다고 본다. 석도는 이런 사유에서 출발하여 법과 관련해서 '무법이법'을 강조한다. 이런 정신은 정섭에게는 '살아 생생한[활活]' 자연이나 원기론이 바탕이 된 변화무쌍한 자연의 조화를 본받아야 한다는 주장으로 나타났다. 이런 사유에는 기본적으로 '도법자연'을 말하는 도가적 사유가 담겨 있다. 유가는 인간[성인]으로 대표되는 불변으로서의 '고'를 말함에 비해 도가는 변화로서의 '고', 자연으로서의 '고', 무엇으로도 규정되지 않는 혼돈으로서의 '고', 원형을 간직한 원초적 의미로서의 '고'를 말한다. 이에 두 학파는 동일한 '고'자를 사용해도 그 의미하는 바는 다르고 지향하는 미의식과 예술정신의 차이점을 알 수 있다.

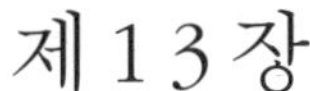

제 1 3 장

유가의 '성중형외誠中形外' 사유에 나타난 상덕미학象德美學

마음속에 성실한 기운이 쌓이게 되면

밖의 몸표정으로 나타난다.[대학]

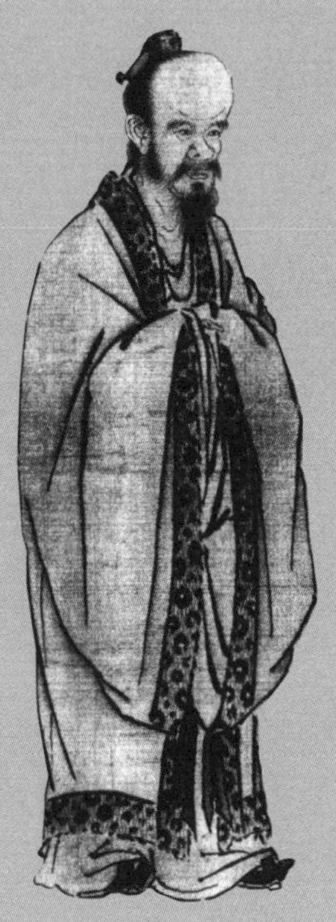

마원馬遠, 〈공자상〉, 타이베이 고궁박물원 소장

공자 얼굴의 특징 가운데 하나는 툭 튀어나온 이마와 토끼 이빨이다. 마원의 그림에선 그 이마가 유달리 강조돼 있다. 오늘날 성균관에서 모시는 오도자吳道子[오도현吳道玄]의 〈공자행교상孔子行敎像〉과 비교되는 그림이다. 왕충王充의 『논형論衡』「골상骨相」에 따르면, 공자를 포함한 중국 고대 성인들은 거의 대부분 기추인奇醜人이었다. 하지만 그들은 그런 외형임에도 업적을 남긴다. 왕충은 골상만을 보고 사람을 평가하는 것이 얼마나 문제인지 지적하고 있다. 성장盛裝 차림으로 손을 공손히 모은 자세에서 정제, 단정, 예법을 중시하는 경외敬畏의 몸가짐과 내적으로 중화기상中和氣象이 잘 어우러진, 문질빈빈文質彬彬하며 극기복례克己復禮하는 그의 삶을 엿볼 수 있다.

1

들어가는 말

보이지 않는 인간 내면의 마음상태를 겉으로 드러난 목소리나 몸짓을 통해 정확하게 이해할 수 있을까? 『황제팔십일난경黃帝八十一難經』「육십일난六十一難」에서는 다음과 같은 말이 있다.

> 보아서 아는 것을 신묘하다고 하고, 듣고서 아는 것을 성스럽다 하고, 물어서 아는 것을 교묘하다고 하고, 진맥을 통해 아는 것을 기교가 뛰어나다고 한다.[1]

하지만 사람은 자신의 마음을 감출 수 있다. 처음 보거나 관계가 그다지 친밀하지 못했을 경우에는 이런 가능성은 높아진다. 특히 성선이 아닌 성악의 관점에서는 이런 가능성은 더욱 높아진다. 이런 점에서 『서경』에서는 교활한 말과 환심을 사려는 얼굴을 가진 관리의 선발을 경고한다.

> 네 관료[막료幕僚]들을 삼가 선발하되, 말을 잘하고, 얼굴빛을 좋게 하며, 편벽되고, 치우쳐 아부하는 자를 쓰지 말고 길사吉士를 쓰도록 하라.[2]

『서경』에서 말한 이 경고는 얼굴에 나타나는 진실을 부정하려는 것이 아니라 통찰의 필요성을 강조하기 위함이다.[3] 공자도 "교묘한 말과 꾸미는 예쁜 얼굴표정을 짓는 사람들 중에는 인자한 자가 드물다"[4]라는 말을 한 적이 있다. 유가는 낙관적인 성선론에 바탕하여 내면의 마음상태를 아무리 숨기고자 해도 결국 그것은 드러날 수밖에 없다는 '경험론적 측면'의 믿음이 있었다. 이런 사유는 긍정적인 기운이건 부정적인 기운이건, 내면에 기운이 축적됨과 쌓임이란 전제조건하에서 말해진 것이다. 유가는 수양론적 측면에서 볼 때, 내면에 축적된 기운이 긍정적인 '덕기德氣'일 경우 그것의 드러남을 통한 인격미학이 가능하다고 여겼지만, 부정적인 경우 그것이 야기할 수 있는 사회적 혼란을 염려하면서 그것은 교정되어야 할 것으로 여겼다.

유가는 인간 마음속에 기운이 오랫동안 쌓임이 있으면 그 기운은 자신이 의도하지 않아도 몸으로 표현된다고 말한다. 이런 사유를 가장 적의適宜하게 표현하고 있는 것은 『대학』 6장에서 말하는 '마음속에 성실한 기운이 쌓이게 되면 밖의 몸 표정으로 나타난다[성어중誠於中, 형어외形於外. 이하 준말로 '성중형외誠中形外'라고 한다.]'는 이론이다. 유가에서는 일종의 내외가 서로 부합하는 사고방식에 해당하는[5] '성중형외' 및 '마음에 쌓인 기운이 확장되면 그 기운이 몸의 편안한 모습으로 풍부하게 드러난다[심광체반心廣體胖]'라는 것과 관련된 '신독愼獨'을 말한다. 이런 사유는 『맹자』에서 말하는 "선의 기운 혹은 덕의 기운이 가득 쌓인 것을 아름다운 것이다[충실지위미充實之謂美]"[6]라는 사유, "내면의 덕의 기운이 얼굴에 밝게 드러나고 등까지 그 기운이 가득 차 넘친다[수면앙배睟面盎背]"라는 사유, 『예기』 「악기」에서 말하는 "마음속으로 느낀 정감이 깊으면 그것을 표현하는 문채가 밝다. 문채가 밝게 드러나면 정신세계가 변화를 일으킨다. 조화롭고 순응하는 기운이 마음속에 쌓이면 그 기운의 영화로움이 밖으로 드러난다"[7]는 사유 등과 매우 밀접한 관련을 갖는다.

이 '성중형외' 이론은 기본적으로 유가가 지향하는 인격미학의 근간이 된다. 아울러 '격물치지' 이후의 '성의' 단계에서 제기된 '성중형외' 이론은 특히 타인에게 보여지는 나를 염두에 두는 '신독'과 관련이 된다는 점에서 유가 수양론의 핵심이 된다. 즉, '성중형외' 이론은 주로 '무자기毋自欺', '신독愼獨', '성의誠意' 등을 통해 인간의 선의지 실천과 공공선 실현에

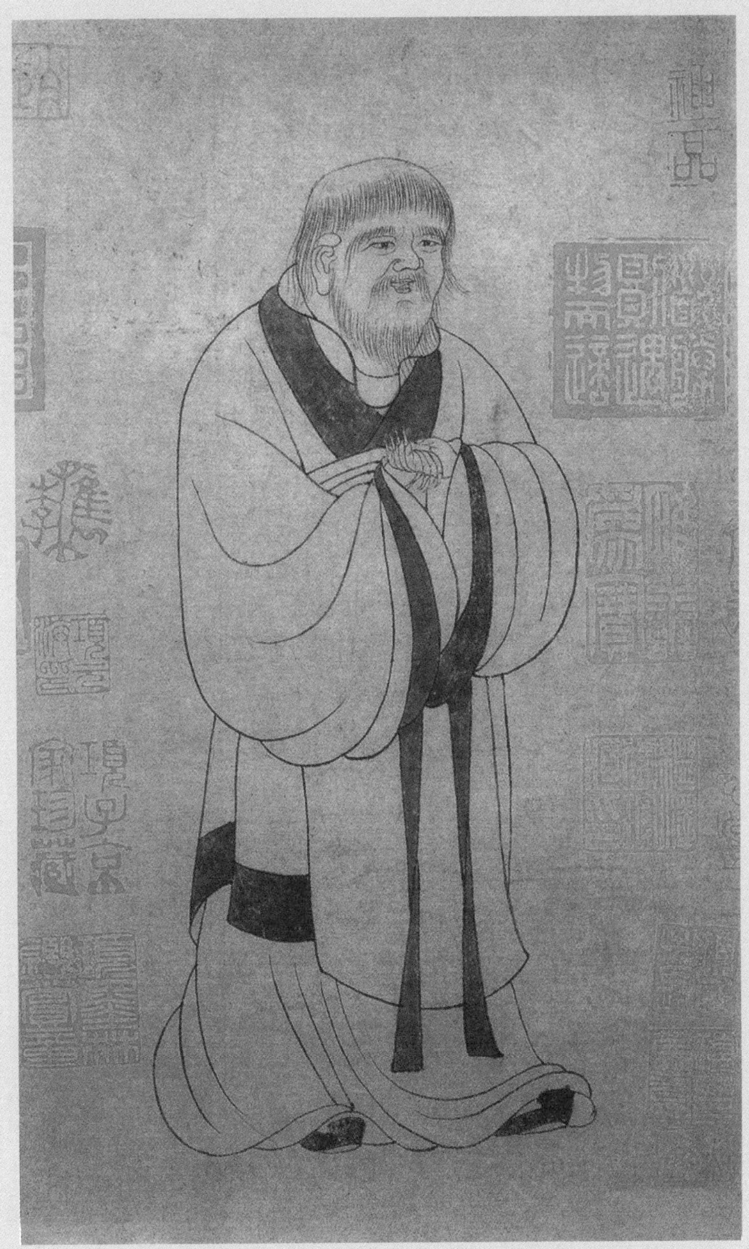

조맹부, 〈노자상〉
조맹부가 평복 차림의 노자를 그렸다. 예법에 맞춰 성장한 〈공자상〉과 대비된다. 제대로 다듬지 않은 덥수룩한 수염과 수수한 옷차림에서 탈속적이고 은일적이면서 현소포박見素抱樸한 그의 삶을 엿볼 수 있다. 명대 수장가인 항원변項元汴[항자경項子京]의 낙관이 여럿 보인다.

초점이 맞추어져 있다. 이런 '성중형외' 이론은 송대 이후 유학자들이 '기상론氣象論' 측면에서 인물됨됨이를 파악하는 인격미학의 핵심이 된다.[8] 아울러 한 인물의 역량과 그 됨됨이를 파악한 것을 통해 관리를 임용하는 '인물 판정 기준 이론'의 근거도 된다. 여기서는 '성중형외' 사유에서 드러난 인간에 대한 미학적 이해를 인격미학적 차원에서 규명하고자 한다.

2
-
'성중형외誠中形外'로서의 시중視中와 관색觀色

유가 인격미학의 틀을 제공하는 '성중형외' 이론은 『대학』 6장의 이른바 '성의'장에 나온다.

> 이른바 그 뜻을 성실히 한다는 것은 '스스로 속이지 않는 것'이니, 악을 미워하기를 악취를 싫어하듯이 하고, 선을 좋아하기를 색을 좋아하듯이 하여야 하니, 이것을 자겸自慊이라고 한다. 그러므로 군자는 반드시 '홀로 있을 때를 삼가는 것[신독愼獨]'이다. 소인은 한가로이 혼자 있을 때에 불선한 짓을 하되 하지 못하는 바가 없다가, 군자를 본 뒤에는 겸연쩍게 불선함을 가리고 선함을 드러내고자 하나 남들이 자기를 알아봄이 마치 자신의 폐와 간을 꿰뚫어보듯 하니, 그 무슨 유익함이 있겠는가. 이것을 일러 "마음속에 성실한 기운이 쌓이게 되면 밖의 몸 표정으로 나타난다"고 한다. 그러므로 군자는 반드시 '홀로 있을 때를 삼가는 것[愼獨]'이다. 증자가 말하기를 "열 눈[=많은 눈]이 보는 바이며 열 손가락[=많은 손가락]이 가리키는 바이니, 무섭구나" 하였다. 부유함은 집을 윤택하게 하

고[부윤옥富潤屋], 덕은 몸을 윤택하게[덕윤신德潤身] 하니, 마음에 쌓인 기운이 확장되면 그 기운이 몸의 편안한 모습으로 풍부하게 드러난다[심광체반心廣體胖]. 그러므로 군자는 반드시 그 '뜻을 성실히' 하는 것이다.[9]

'성중형외' 사유는 인간의 본질은 성선이기 때문에 아무리 자기 자신을 속이려고 해도 성선에 기반한 본 마음은 '반드시' 몸짓으로 표현될 수밖에 없다는 일종의 '낙관적 성선론'과 내외가 서로 부합하는 '심신일원心身一元' 사유에서 출발한다. 그것은 인간이 수양을 통해 쌓은 선을 실천하고자 덕의 기운은 몸으로 드러난다는 것이다.[10] '성어중'은 문맥의 의미로 보면, 실질적으로는 『대대례기大戴禮記』「문왕관인文王官人」의 '시중론視中論'에 보이는 "성실함이 그 마음속에 있으면, 이것은 밖으로 보이게 된다"[11]라는 것을 의미한다. 그리고 '성실함이 그 마음에 있다'란 말은 다른 차원에서 보면 '마음에 성실한 것이 채워진 것[성실어중誠實於中]', '성실한 것이 마음에 쌓인 것[성적어중誠積於中]'이란 의미를 지닌다. 왜냐하면 내면의 성실한 것이 밖으로 드러나려면, 반드시 '가득 채워짐' 혹은 '쌓임'이 있어야 하기 때문이다. 이런 '성중형외'를 미학적 측면에서 구체적으로 표현한 것은 『대학』에서 말하는 '덕윤신'과 '심광체반'이다. '윤潤'과 '반胖'자에는 미학적 사유가 담겨 있기 때문이다.[12]

이처럼 '성중형외'를 강조하는 것은 타인에게 보여지는 '신독' 차원의 수양된 몸과 밀접한 관련이 있다는 점에서 결국 '신독'과 '무자기'를 요구하는 사유다. 아울러 '신독'은, '경계하면서 신중히 하고 두려워한다[계신공구戒愼恐懼]'라는 것을 통한 경외敬畏적 삶과 매우 밀접한 관련이 있다. 즉 『대학』 '무자기'의 신독은 『중용』 1장에서 말하는 '계신공구'의 '신독'과도 밀접한 관련이 있다. 『중용』 1장에서는 '계신공구'의 경외철학을 통한 '천리를 보존하는 것[존천리存天理]'을 강조하는데,[13] 이러한 '계신공구'의 경외철학은 '인욕을 제거하는 것[거인욕去人欲]'이란 측면에서의 '그 홀로 있음을 삼간다[신기독愼其獨]'라는 사유로 이어진다.[14] 여기서 '존천리, 거인욕'은 '그 뜻을 정성스럽게 하는 것[성기의誠其意]'의 다른 차원이다.

이런 '성중형외' 사유는 다양한 측면에서 응용된다. 『관자管子』에서는 '마음을 온전히 하는 것[심전心全]'과 '형체[몸]를 온전히 하는 것[형전形全]'을 통해 '성중형외' 사유를 말한 적이 있다.

> 마음이 안에서 온전하면 몸은 밖에서 온전하다.[15]

> 온전한 마음이 안에 있으면 숨길 수 없어 밖으로 형용에 나타나니 안색顔色에서 알 수 있다.[16]

> 경계하는 마음이 안에서 형성되면 용모는 밖에서 움직인다.[17]

이런 점을 구체적으로 '내면에 어떤 마음가짐을 갖고 있는가를 본다[시중視中]'라는 것과 '외적으로 드러난 얼굴색을 보고 그 사람의 내면의 마음을 안다[관색觀色]'라는 관점과 연계하여 보자. 즉 '성중형외'가 갖는 인격미학적 요소를 알아보기 전에 이 같은 '성중형외' 이론이 먼저 인간을 파악하는 관점에서 어떻게 적용되었는지를 살펴보자.

봉건제하에서 군주가 국가를 다스리는 데 가장 중요한 것 중 하나는 군주가 유능한 인물을 발탁해 적재적소適材適所에서 그 능력을 제대로 발휘하게 하는 것이다. 중국 고대의 군주는 과거 유능한 인물을 택해 그에게 국가의 중대사를 맡기는 경우 간혹 겉으로 드러난 얼굴색이나 말투를 보고 한 인물을 판단하곤 하였다. 당나라 때 관리를 등용하는 시험에서 외적인 몸[身: 체모體貌], 말씨[言: 언변言辨], 글씨[書: 필적筆跡], 판단[判: 문리文理]을 인물 평가 기준으로 삼았던 것이 그 한 예다. 『신당서新唐書』 「선거지選擧志」에 의하면, '신'은 풍채가 늠름하게 생겨야 하고, '언'은 말을 정직하게 해

야 하며, '서'는 글씨를 잘 써야 하고, '판'은 문리가 익숙해야 한다는 것이다.[18]

특히 '신'은 사람의 뛰어난 풍채와 당당한 인상의 용모를 뜻하는 것으로, 사람을 대했을 때 신분의 고하 또는 재주의 유무와 상관없이 첫눈에 풍채와 용모가 바르지 못하면 정당한 평가를 받기 어려웠다. 물론 사람은 자신의 능력에 따라 자신의 마음을 감추고, 밖으로 드러난 얼굴색을 꾸며 얼마든지 타인을 속일 수가 있다. 하지만 명민한 관찰자는 그런 가식을 꿰뚫어보고 심지어는 생각마저도 엿볼 수 있다는 것이다. 그 하나의 예를 보자.

제나라 환공桓公이 재상 관중管仲과 거莒를 공격하고자 모의한 일이 있었는데, 그 계획을 공표하기 전에 원정이 임박했다는 소문이 퍼졌다. 이에 관중은 "나라에 성인이 있는 것이 틀림없다. 오직 성인만이 공표되지도 않은 계획을 미리 알 수 있다"고 여겼다. 동곽아東郭牙를 의심한 관중이 그를 불러서 물어보자, 동곽아는 관중의 얼굴을 관찰함으로써 그 계획을 알 수 있었다고 대답한다. 동곽아는 평소 관중의 마음이 얼굴 표정으로 드러나는 것을 유심히 관찰하였고, 그 결과 관중이 말하지도 않고 마음속으로만 품고 있었던 계획을 알아차릴 수 있었다.[19]

왕충王充은 『논형論衡』「지실知實」에서 이상과 같은 사건을 거론하고 하나의 사건을 더 싣고 있다. 즉 날카로운 눈을 가진 순우곤淳于髡이 양혜왕梁惠王의 생각을 읽어냄으로써 그를 놀라게 한 이야기다. 이 사건에 대해 왕충은 "의도는 가슴속에 숨겨져 있다. 그러나 곤은 그것을 알 수 있었다. 어떻게 그럴 수 있었을까? 그는 '표정을 관찰하여[관색觀色] 마음을 들여다볼 수[규심窺心] 있었다"[20]라고 결론 내린다.

여기서 '관색觀色' = '규심窺心'이라 여기는 사유에는 '성중형외' 사유가 작동한다. 『대대례기大戴禮記』「문왕관인文王官人」에서는 '시중'과 '관색' 이론을 통해 '성중형외' 사유가 인물을 선택하는 데 응용된 것을 보여준다.

먼저 '시중'에 대해 보자.

> 세 번째는 "성실함이 그 마음속에 있으면 이것은 밖으로 나타나게 된다[성재기중誠在其中, 차현어외此見於外]"는 것이다. 그 나타나는 것으로 그 숨은 것을 헤아리고, 그 작은 것으로 그 큰 것을 헤아리고, 그 소리로 그 기를 정한다. 태초의 기가 만물을 생성하게 하는데, 생겨난 만물에는 소리가 있다. 소리에는 굳센 것과 부드러운 것이 있고, 둔탁하고 맑은 것이 있고, 좋은 것과 싫은 것이 있으니, 모두 소리로 발한 것이다… 심기가 과장되고 제멋대로인 것[화탄華誕]은 그 소리가 흘러 흩어지고, 심기가 순하고 믿음직한 것[순신順信]은 그 소리가 절도에 따르고, 심기가 비루하고 도에 벗어나는 것[비려鄙戾]은 그 소리가 갈라져 듣기가 싫고, 심기가 너그럽고 부드러운 것[관유寬柔]은 그 소리가 온난하고 좋다. 믿음이 있는 기운[신기信氣]은 중정하고 평이하며, 의로운 기운[의기義氣]은 때에 펴지며, 지혜로운 기운[지기智氣]은 간략하고 갖추어지고, 용맹스러운 기운[용기勇氣]은 씩씩하고 곧다. 그 소리를 듣고 그 기운을 정하고, 그 하는 바를 생각하고, 그 말미암는 것을 보고, 그 편안해하는 것을 살핀다. 그 앞으로 그 뒤를 헤아리고, 그 보이는 것으로 그 숨은 것을 헤아리고, 그 작은 것으로 그 큰 것을 헤아린다. 이것을 일러 "마음속을 본다[시중視中]"고 하는 것이다.[21]

이 이론은 양웅揚雄이 『법언法言』 「문신問神」에서 말한 "말은 마음을 소리로 표현한 것이다. 글씨는 마음을 그린 것이다"라는 이론을 연상시킨다.[22] 여기서 청탁과 호오好惡가 소리로 발해진 것에 해당하는 심기心氣의 화탄華誕한 것, 심기의 순신順信한 것, 심기의 비려鄙戾한 것, 심기의 관유寬柔한 것을 비롯하여 '신기', '의기', '지기', '용기'가 드러난 것 등은 '성중형외'라는 사유의 다양한 측면을 말한 것이다. 이상 거론한 다양한 감정의 표출은 모두 자신이 속일 수 없는, 마음속에 담겨진 진실된 것을 드러낸 예에 속한다. 하지만 그것들의 내용이 모두 반드시 '성실한' 것은 아니다.

여기서 가식적인 권위, 존경, 관대함이 아닌 참된 권위, 존경, 관대함을 드러내는 표정은 자기가 원한다고 해서 지을 수 있는 것이 아니다. 그렇게 하기 위해서는 좀 더 많은 필요조건이 필요한데,[23] 그런 '시중'이 가능함을 '성중형외'의 사유를 통해 말하고 있다. 색色과 관련해 말하고 있는 것은 '관색론觀色論'이다.

> 네 번째는 백성에게 다섯 가지 성품이 있으니, 기쁨[희喜]과 성냄[노怒]과 슬퍼함[애哀]과 두려움[구懼]과 근심[우憂]이다. 기쁜 마음을 속에 쌓으면[내축內畜] 그것을 숨기고자 하여도 기쁨이 밖으로 반드시 나타난다. 성난 기운을 속에 쌓으면 그것을 숨기고자 하여도 성냄이 밖으로 반드시 나타난다. 두려운 기운을 속에 쌓으면 그것을 숨기고자 하여도 두려움이 밖으로 반드시 나타난다. 근심하고 슬퍼하는 기운을 속에 쌓으면 그것을 숨기고자 하여도 두려움이 밖으로 반드시 나타난다. 다섯 가지 기운은 '마음에 성실하면 그 모양이 밖으로 나타나게 되는 것'이니, 백성의 정이 숨겨지지 않아서이다… 참다운 지혜[성지誠智]에는 반드시 다하기 어려운 표정이 있다. 참다운 어짊[성인誠仁]에는 반드시 높일 수 있는 표정이 있다. 참다운 용기[성용誠勇]에는 반드시 두려워하기 어려운 표정이 있다. 참다운 충성[성충誠忠]에는 반드시 친할 수 있는 표정이 있다. 참다운 깨끗함[성결誠潔]에는 반드시 더럽히기 어려운 표정이 있다. 참다운 고요함[성정誠靜]에는 반드시 믿을 수 있는 표정이 있다. 본질적인 표정[질색質色]은 호연皓然하여 편안하면서 단단해지고[고이안固以安], 거짓된 표정[위색僞色]은 뒤섞여 번거롭고 어지러워진다[난이번亂以煩]. 비록 그것을 움직이지 않고, 가운데 두고자 해도 표정이 듣지 않으니 변하더라도 알 수 있다. 이것을 표정을 살피는 '관색'이라고 한다.[24]

희·노·애·구·우와 관련된 기운의 '내축內畜'이란 표현에서의 '축畜'은 '쌓임[적積]'과 동일한 맥락에서 이해할 수 있다. 즉 내면에 어떤 기운이라도 가득히 쌓여지면 아무리 숨기고자 하여도 그것이 '반드시' 밖으로 드러날 수밖에 없다는 것은 안에 '쌓임'이 있기 때문이다. 이런 안의 '쌓임'의 외재적 표현인 '색色'은 사람의 본성을 드러내는데, 관찰자의 눈에 비친 '색'은 사람들이 감추고자 하는 경향, 심지어는 자신도 욕망까지도 모르는 사이에 표현하게 된다.[25]

이처럼 드러난 기운을 통해 내면의 기운을 알아차리는 것을 '관색'이라 하는데, 이 같은 '관색'이 가능함을 이론적으로 뒷받침하는 것은 '성중형외' 사유다. 때론 '숨긴다'는 '은隱'자를 통해 내면에 쌓은 기운을 인위적으로 숨기고자 하는 의도를 말하기도 하지만, 이 같은 인위적인 감춤도 결국은 드러날 수밖에 없다고 본다. 여기서 말하는 '은'자를 통한 '관색'의 이론은 『대학』 6장에서 '소인이 숨기고자 하지만 결국은 드러날 수밖에 없다'라는 사유를 연상시킨다. '성誠'은 긍정적 내면의 기운을 상징하는 것으로, '성'이란 글자에는 '가득 쌓임'이란 의미를 지니고 있다. '성지誠智', '성인誠仁', '성용誠勇', '성충誠忠', '성결誠潔', '성정誠靜'에서 거론한 '지智', '인仁', '용勇', '충忠', '결潔', '정靜'은 모두 국가를 이끌어가야 할 인재의 덕목을 구체적으로 말한 것에 속한다.

당연히 '성지', '성인', '성용', '성충', '성결', '성정'에 담긴 긍정적 기운은 인격미학의 구체적인 내용에 속한다. 아울러 '질색質色'의 호연皓然한 것을 '고이안固以安'이라 표현하는데, 여기서 '호연'은 미적 차원에서 '질색'을 파악한 것이다. 이런 점에 비해 '위색僞色'의 만연縵然한 '난이번亂以煩'은 정제됨과 온유돈후함을 추구하는 유가미학에서 볼 때는 추함에 속한다.

이상 거론한 자료에서 '반드시[必]'라고 표현한 것에는 100퍼센트 확실함이란 의미가 담겨 있다. '필'이란 단어에는 '쌓임'이란 것과 '경험의 축적'에 대한 확신이 담겨 있다. 즉 숨기고자 해도 드러난다는 것은, 하루아침에 이루어진 단발적인 것이 아니라 오랜 기간 쌓인 것이 드러난 것이기 때문에 속일 수 없다는 것이다. 이처럼 '필'을 말하는 것은 과학적으로 증명할 수 있는 확신 차원은 아니고 일종의 경험적 차원의 확신에 속하는데, 유가의 경우 이런 사유에는 낙관적 성선론이 깔려 있다. 따라서 과학적으로는 100퍼센트 정확성을 보장할 수 없는 가능성이 존재하지만, '시중'이나 '관색' 이론에 보이는 '필'자에는 살아온 경험의 축적에 대한 판단의 확실성이 담겨 있다. 이런 사유의 인격미학은 '기상론氣象論'과 관련된 비덕比德의 인격미학으로 나타난다.

3

기상론氣象論과 비덕比德의 인격미학

송대 이후의 유가는 덕을 인간상과 관련지어 말할 때 자주 '기상'이란 용어를 통해 표현한다. 성인의 덕이 융성한 것을 '성인기상聖人氣象'이라 표현한 것은 그 대표적인 것이다.[26] 송대에 오면 유학자들은 내면의 수양을 통한 결과로서의 덕기德氣와 관련된 기상론을 통해 인격미학의 한 전형을 전개하는데, 아래와 같은 공자, 안연[顏淵=顏回], 맹자에 대한 평가는 이런 점을 보여준다.

> 공자는 으뜸 되는 기운이다. 안연은 만물을 생성하는 봄의 기운이다. 맹자는 가을의 살기까지 아우르니, 다 밖으로 나타난 것이다. 공자는 모든 것을 포용하였다. 안연은 스승의 가르침을 어기지 않는 모습이 '바보와 같다'[27]는 학문을 후세의 사람들에게 보여주었으니, 자연의 조화로운

기운을 지니고 있어 말이 없어도 감화를 이룰 수 있는 인물이다. 맹자는 재능을 밝게 드러냈으니, 대개 또한 처한 때가 그래서일 뿐이다. 공자는 천지에 비유될 만한 인물이고, 안연은 (봄에 부는) 온화한 바람, 비가 오는 (혹은 길조를 나타내는) 상서로운 구름이고, 맹자는 태산에 바위가 중첩한 것과 같은 기상이다. 그들의 언설을 관찰하면 그것을 알 수 있을 것이다. 공자는 흔적이 없고, 안연은 약간 있으며, 맹자는 그것이 두드러졌다. 공자는 아주 명쾌한 인물이고, 안연은 아주 온후하며, 맹자는 대단한 웅변이다.[28]

이정二程은 공자, 안연, 맹자의 포용성, 인물됨됨이, 행동거지를 사계절에 비유하여 설명하고 있다. 이런 이해는 큰 틀에서 볼 때 기상론적 관점에서 이해한 것에 속한다. 유가는 이후 자연변화와 관련된 기상론을 인품론·인격론 측면의 기상론으로 연결하여 이해한다. 공자를 규정한 '원기'는 춘생春生, 하장夏長, 추수秋收, 동장冬藏으로 말해지는 사계절에 모두 통용되는 '으뜸 되는 기운'이라는 의미다. 안연을 규정하는 '춘생'은 인의예지로 말하면 인仁에 해당한다. '추수'는 의義에 해당하는데, 맹자는 인과 의를 모두 말했다는 점에서 가을의 기운까지 드러냈다고 본다. 즉 맹자는 가을의 기운까지 드러냈기 때문에 내면의 기운을 '밖으로 모두 드러냈다'고 한 것이다. 이정은 덕행과 관련하여 "성인의 덕행은 진실로 이름하여 형용할 수 없다. 안연 같은 경우는 우리들도 마음으로 알 수 있다. 성인을 배우고자 한다면 또한 모름지기 안연을 배워야 한다"[29]라고 한다. '마음으로 알 수 있다'는 것은 알 수 있는 흔적이 있음을 말한 것이다. 공자의 역량과 인물됨됨이는 어느 한 특징을 잡아 말할 수 없고, 더 나아가 모든 것을 두루 포함하고 있다는 점을 '이름하여 형용할 수 없다'고 말한다. 이것은 모든 것을 고루 갖춘 완벽한 인간으로서 공자의 위대함을 한마디로 규정한 것에 속한다.

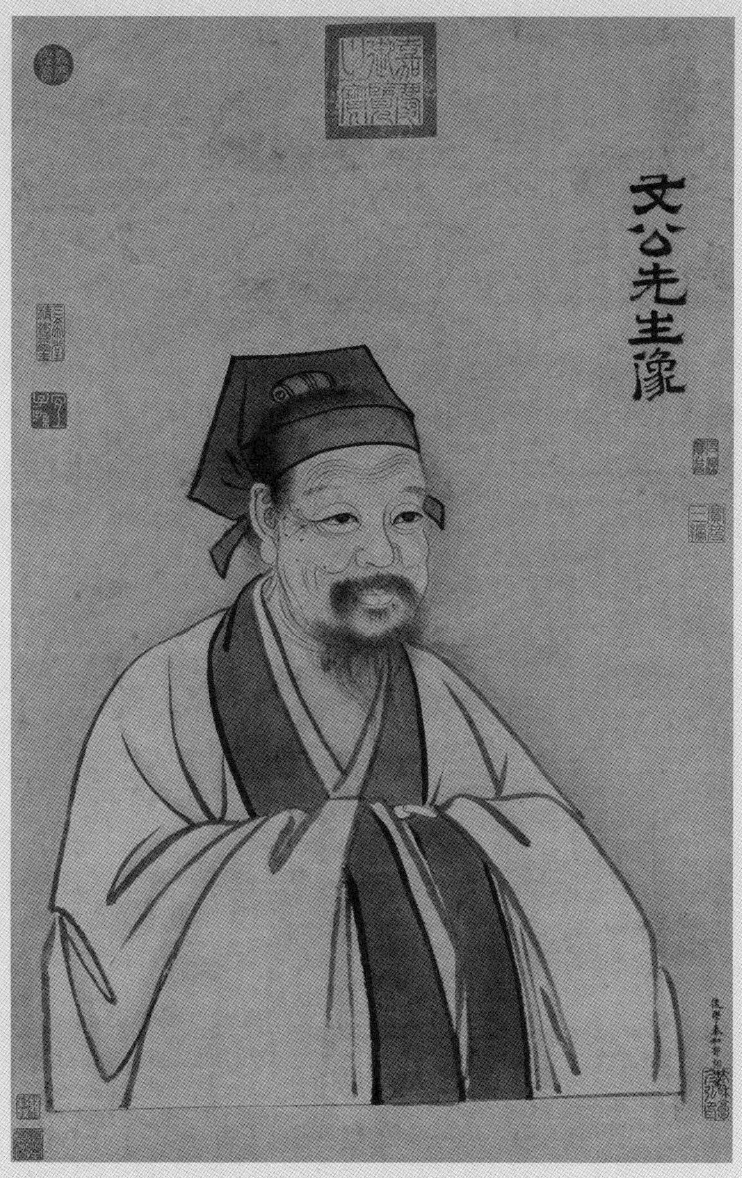

곽후郭詡, 〈문공선생[주희]상〉

평복 차림에 미소를 머금고 있는 〈주희상〉을 통해 주희가 경외敬畏적 삶만을 산 것이 아님을 보여주고 있다.

'금옥만당金玉滿堂', '금지옥엽金枝玉葉'이란 말들이 보여주듯, 금과 옥은 고대로 중국인들이 가장 고귀하게 여긴 보석으로, 각각 '순수함'과 '온윤함'을 상징하는 광물질이다. 이정은 기상론적 관점에서 공자를 '옥'으로, 맹자를 '빙'과 '수정'이란 비유를 통해 비교한다. 즉 '빙'과 '수정'이 빛을 발하지 않는 것은 아니지만, '옥'처럼 허다한 광휘光耀가 없음을 말하여 그 차이점을 밝힌다.[30] 유가에서는 전통적으로 '옥'을 통해 군자를 비유하여 말한다. 『시경詩經』「소융小戎」에서는 비덕의 입장에서 옥을 군자에 비유해 "군자를 그리노니, 온화하기 옥 같은 분이시네"[31]라고 한 적이 있다. 『순자荀子』「법행法行」에는 자공子貢이 공자에게 '군자는 왜 옥을 귀중히 여기는지'를 물어본 것에 대한 공자의 답변이 실려 있다.[32]

순자는 비덕의 입장에서 자연물인 옥의 다양한 속성을 인간화하여 군자의 '인仁', '지知', '의義', '행行', '용勇', '정情', '사辭' 등과 같은 품격으로 비유한다. 이것은 일종의 '옥인합일玉人合一'적 사유인데, 이런 '옥인합일'적 사유에는 군자의 덕성을 옥에 비유하고 그것을 미적으로 아름답게 여긴다는 사유가 담겨 있다.

기상론 가운데 가장 이상적인 것은 공자를 평가한 것에 나타난다.

> 증자는 성인의 기상을 잘 형용했는데, 말하기를 "공자는 온윤하면서도 엄격하였고[온이려溫而厲], 위엄이 있으면서도 사납지 않았고[위이불맹威而不猛], 공손한 경외의 마음가짐을 유지하면서도 화락한 모습[공이안恭而安]이었다.[33]

증자가 공자의 기상으로 말한 "온이려, 위이불맹, 공이안"은 『논어』「술이述而」에 나오는 말로서, 공자가 체득하고 실현한 '중화기상中和氣象'을 구체적으로 표현한 것이다. 이정은 기상론적 관점에서 주공, 문왕 등의 성인들을 형용한 적이 있는데, 모두 '성중형외'의 관점에 근거하고 있다.

“도량이 넓으신 그분께선, 붉은 신 신으신 걸음걸이 점잖고 의젓하다” 라는 것은 다만 주공을 형용한 기상이니, 맹자가 이른바 ‘수면앙배, 사체불언이유睟面盎背, 四體不言而喩’라는 뜻이다. “온화한 모습으로 궁에 계시며, 공경하는 모습으로 사당에 계신다”라는 것은 다만 문왕의 기상을 형용한 것이다. 대저 고인이 성현을 형용한 것에는 많은 종류가 있으니, “밝은 저 은하수가 하늘에 무늬를 이루었네”라는 것도 성인[=문왕]을 형용한 것이다.[34]

이정이 주공의 기상을 말할 때 “도량이 넓으신 그분께선, 붉은 신 신으신 걸음걸이 점잖고 의젓하다”라는 것을 맹자가 말한 ‘수면앙배’의 관점에서 이해하는 점에 주목할 필요가 있다.[35] 왜냐하면 이처럼 비덕比德 차원에서 유가 성현의 인격미학을 전개하는 것은 유가가 지향하는 이상적인 인물의 삶과 행동거지에 대한 추존推尊과 아울러 그들을 닮고자 하는 사유가 담겨 있기 때문이다. 정이程頤는 성현기상을 체득할 것을 강조하는데, 특히 책을 읽는데 고지식하게 읽어서는 안 되고 그 속에서 ‘성현의 기상’을 체득해야 한다고 말한 적이 있다.

문자를 보고는 말을 이해할 수 없으니, ‘성현의 기상’을 알아야 한다. 공자가 ‘어찌 각자 자신의 뜻을 말하지 않겠는가’라 하였고, 자로는 ‘수레와 말, 가벼운 갖옷을 친구와 함께 하여 헤지더라도 유감이 없기를 원합니다’라고 하였고, 안연은 ‘선함을 자랑하지 않고 공로를 자랑하지 않기를 원합니다’라고 하였고, 공자는 ‘노인은 편안하게 하고, 벗은 믿게 하고, 젊은이는 품어주겠다’라고 하였으니, 이 여러 구절을 보면 ‘성현의 기상’이 대략 같지 않음을 알 수 있다. 만약 이것을 읽고 ‘성현의 기상’을 알지 못한다면 다른 것은 알기 어려울 것이다. 배우는 자는 ‘성현의 기상’을 잘 알아야 할 것이다.[36]

이 글은 배우는 자의 '성현기상'에 대한 학습의 중요성을 강조한 것이다. 이런 점에서 정이는 성인을 배우지 않으면 그만이지만 배우고자 한다면 '성현의 기상'을 익숙하게 완미해야 함을 말한다.[37] 이런 기상론 관점은 인물의 품성과 행동거지를 평가하는 인격미학과 매우 밀접한 관련이 있다. 예를 들면, '성현기상'이란 상징적 표현을 비롯해,[38] 증점曾點이 말한 '욕기영귀浴沂詠歸'를 쇄락灑落한 기상이라 하는 것,[39] 아울러 시대상황을 기상과 관련지어 이해하는 것이 그것이다.[40] 때론 구체적으로 수양론의 관점에서 말하는 경우도 있다. '지경持敬의 기상'이란 말이 그것이다.[41] 이 밖에 인물됨됨이를 평가하는 기준에서도 기상론이 적용되는데, 아래와 같은 공자의 제자들에 대한 평가가 그것이다.

> 민자건은 공자를 옆에서 모시고 있을 때 그 태도가 공손하였고, 자로는 강직하였고, 염유와 자공은 화락하니 공자께서 즐거워하셨다. 하지만 자로 같은 경우는 온전한 죽음을 얻지 못할 것이라 하였다.[42]

주희는 제자들과의 문답에서 민자건閔子騫, 자로子路, 염유冉有, 자공子貢의 인물됨됨이를 각각 기상의 관점을 통해 비교하기도 한다.[43] 물론 유가의 인물만 기상론의 관점에서 평가하는 것은 아니다. 이정은 "장자莊子의 기상이 크다"[44]는 말을 하기도 한다. 인격미학의 관점에서 주목할 것은, 정이는 인품론 측면에서 자신의 형인 정호程顥의 행장에서 정호의 인물됨됨이와 쇄락적 풍모 및 인격에 대한 미학적 견해를 엿볼 수 있는 부분이다.

> 선생의 타고난 성품이 남다르고 확충하고 기름에 도가 있었다. 정련된 금과 같이 순수하고 온윤함은 질 좋은 옥과 같아서 너그럽고 절제가 있고, 온화하면서도 세속에 흐르지 않았다. 충성은 금석이라도 꿰뚫을 정도이

고, 효제의 마음은 신명에까지 통할 정도였다. 그 얼굴빛을 보면 사람과 접할 때 봄볕의 따사로움과 같았다. 그 말을 들을 때에는 사람에게 파고 드니, 때에 맞게 내리는 비의 윤택함과 같고, 가슴속은 매우 밝아 꿰뚫어 보는 것이 깊었다. 심오한 학식을 헤아려보면 넓어서 끝이 없는 푸른 바다와 같아, 그 덕을 나타내려면 아름다운 말로도 형용하기 부족하다.[45]

'순수함'은 말 그대로 어떤 '잡된 것'이 섞이지 않았다는 것을 의미한다. 이때의 '잡된 것'이란 '인욕人欲'으로 이해할 수 있다. '온윤함'이란 '불격불려不激不厲'의 의미다. '아름다운 말로 형용할 수 없다'는 것에는 그것이 최고의 아름다움이란 사유가 담겨 있다. 이정은 "정호의 기氣됨이 의義과 도道에 짝하니, 도에는 충막沖漠한 기상이 있다"[46]라는 것을 말한 적이 있다. 여기서 특히 유안례劉安禮는 금과 옥으로 비유되는 명도의 인격과 인품에 대해 '수면앙배' 사유를 통해 의미를 부여한다.

유안례가 말하였다. 명도 선생은 덕이 충실하게 갖추어져, 온화한 기운이 온 몸에 넘치고 있다. 마음은 활달하고 다정하시며, 언제나 웃음을 띠고 있었다. 나는 30년이나 선생의 곁에 있었는데 일찍이 화내거나 사나운 모습을 본 적이 없다.[47]

주희는 『맹자』 「진심상盡心上」의 '수연睟然'에 대해 '맑고 조화롭고[청화淸和] 윤택潤澤한 모양'이라고 주석한다.[48] '청화'나 '윤택'이란 표현에는 인격이 드러난 것에 대한 긍정 차원의 미적 의미가 담겨 있다. 인격미학적 측면에서 말한 '수연'의 풍모風貌를 계절과 연계하여보자. 계절적으로 보면 그 기운은 이제 겨울이 다 지나가 대지에는 생명의 기운을 듬뿍 담은 온난한 바람이 불고, 산천의 모든 식물이 하늘에서 내린 생명의 근원인 비를 촉촉하게 맞아 그 싹을 틔우는 봄의 기운이 만연한 것을 의미한다.

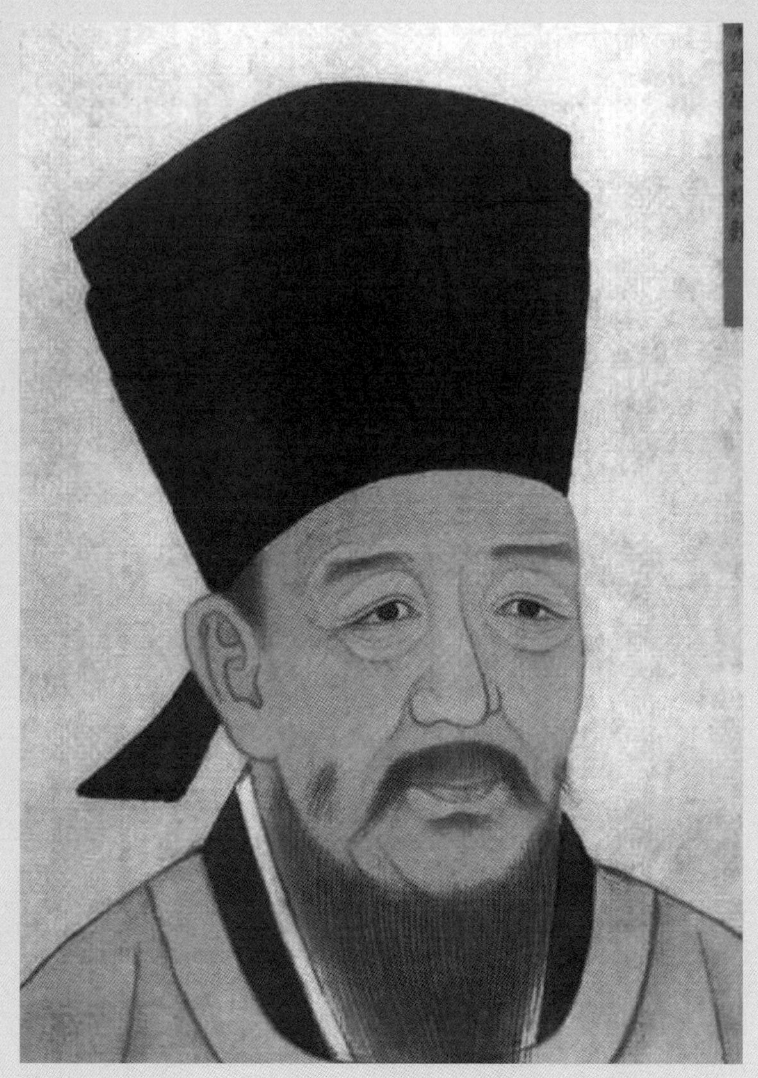

〈정호상程顥像〉, 청궁전장화본清宮殿藏畫本

전신사조傳神寫照의 실체를 확인할 수 있는 초상화로, 정호의 후덕하면서도 온화한 인품이 잘 드러나고 있다.

이처럼 유가에서는 기상론과 비덕 이론을 결합하여 이상적인 인물과 관련된 인격미학을 전개하고 있다. 그런데 이처럼 기상론을 통해 인격미학을 전개하는 데 필요충분조건은 '적덕積德'에 의한 '성중형외'적 사유다.

4

적덕積德과 '성중형외'의 인격미학

중국문화와 의학에서는 얼굴색에 대한 탐구를 '피어나는 꽃'에 대한 관찰과 대응하여 이해하곤 한다. 아울러 이런 사유를 도덕적 발전 혹은 성장해서 자신을 드러내는 방식에도 적용한다. 특히 식물의 꽃과 관련된 '화색華色'은 상징적으로 마음상태와 몸의 본질이 피어난 것으로 본다. 이런 점과 관련해 『소문素問』에서 "덕이 있는 사람은 조화로운 기운이 눈에 비친다. 덕이 없으면 얼굴에 근심이 나타난다",[49] 『국어國語』에서 "얼굴은 감정의 꽃피어남"[50]이라고 한 것을 참조할 필요가 있다. 즉 꽃이 식물의 상태를 표현한 것처럼 얼굴색은 사람의 내면의 상태를 드러낸다는 것이다.[51]

이정은 "인간에는 반드시 인의의 마음이 있고 난 이후에 인의의 기운이 순수하게 밖으로 도달한다. 그러므로 마음에서 얻지 못했다면 기에서 구하지 않아야 옳다"[52]라고 말한다. 인의의 마음이 있어야 한다는 조건하에서 외재적 기의 드러남을 말하는데, 그 인의의 마음은 외재적인 것이 아니라 내재적이다. 즉 인의가 내재한다는 것이 '성중형외' 이론의 핵심이 되며, 이런 점에서 내재된 인의가 제대로 효용을 발휘하기 위한 수양론이 요구된다.

'형색形色'을 통한 '하늘이 준 성선에 바탕한 사람다움의 실천[천형踐形]'

을 말하는 맹자는 이런 점을 좀 더 구체적으로 '생색生色'을 통해 말하는데, 그것을 특히 인간의 도덕성과 결부지어 이해한다.

군자가 본성으로 하고 있는 것은 마음에 뿌리를 내린 인의예지이니, 그 빛이 나타남은 수연睟然하게 얼굴에 드러나며, 등에 가득 넘치고, 사지에 베풀어져 사지가 말하지 않아도 절로 알게 된다.[53]

양루빈楊儒賓은 이런 신체관을 '정신화精神化된 신체관'이란 말을 하면서, 맹자에게 특히 이런 점이 드러난다고 한다.[54] 주희는 맹자의 위의 말에 대해 다음과 같이 주석한다.

인의예지는 본성의 네 가지 덕이다. '근根'은 근본이다. '생生'은 발현하는 것이다. '수연睟然'은 맑고 조화로워 윤택이 나는 모습이다. '앙盎'은 풍부하고 두터워 가득 차 넘친다는 뜻이다. 사지가 베풀어진다는 것은 동작과 위의 사이에서 나타난다는 것이다. '유喩'는 깨우친다는 것이다. 사지가 말하지 않아도 절로 알게 된다는 것은, 말하자면 사지는 나의 말을 기다리지 않고서도 스스로 내 뜻을 깨우친다는 것이다. 대개 기품이 청명하여 물욕에 얽매임이 없으면 본성의 네 가지 덕은 마음에 뿌리 내리니, 그 쌓임이 융성하면 발하여 밖으로 드러나 말을 기다리지 않아도 순하지 않음이 없다.[55]

앞서 말한 것처럼 '수연睟然'을 맑고 조화롭고 윤택한 모습으로 해석하는 것은 인의예지가 밖으로 표현된 것에 대한 미학적 이해다. 유학에서 덕은 '사람으로서 다른 사람을 해하고자 하지 않는 것',[56] '내가 홀로 얻은 것',[57] '본래부터 가지고 있는 것',[58] '스스로 마음에서 얻은 도리',[59] '이치가 이미 내 마음에서 얻어진 것' 등 다양한 의미를 지닌다.[60] 따라서 이 같

은 덕을 얻었으면 잘 지켜서 그것을 잃지 않도록 해야 한다는 수양론을 강조한다.[61]

인간 본성의 네 가지 덕인 인의예지가 '마음에 뿌리내린다'는 것은 무엇을 의미하는 것일까? 주희는 기질의 청명함 및 물욕에 얽매임이 없는 것으로 이해한다.

> 인의예지가 마음에 뿌리내린다는 것에 대해 묻습니다. 말하기를, 위에서 군자를 말한 것은 성인에 통하여 말한 것이다. 대개 군자는 기질의 품부 받은 것이 청명하고 물욕에 얽매임이 없다. 그 까닭에 막 태어났을 때 뿌리는 곧 땅에 내리므로 생색이 밖에 나타나는 것이다. 뭇사람들은 막 태어났을 때 기가 품부받은 것이 물욕에 거듭 막히니, 이것은 뿌리가 곧 땅에 내리지 못한 것이다.[62]

주희가 '인의예지가 마음에 뿌리내릴 수 있는지의 여부와 관련된 기질의 청명함과 물욕에 얽매임을 말한 것은 결국 수양론 관점으로 귀결된다. 특히 물욕에 지배되는 삶에 대한 수양론의 필요성을 강조한다.

> 잔인殘忍한 마음이 있으면 곧 인의 뿌리가 없는 것이고, 완둔頑鈍한 마음이 있으면 의의 뿌리가 없는 것이고, 분한忿狠한 마음이 있으면 예의 뿌리가 없는 것이고, 암매黑暗한 마음이 있으면 지의 뿌리가 없는 것이니, 모두 각각 거듭 사이가 뜬 것이다. 오늘날 사람들은 그 기질의 물욕에 막힌 것을 제거하여 인의예지 네 가지 뿌리로 하여금 땅에 내리도록 해야 할 뿐이다. 예를 들면 요와 순은 본성대로 사니 곧 뿌리가 이미 땅에 내린 것이고, 탕과 무는 본성으로 되돌리니 곧 원래 아직 뿌리를 내리지는 않았지만 지금 옮겨 뿌리를 내린 것이다.[63]

안경이 묻기를 '인의예지가 마음에 뿌리내린다'고 하는데 무엇을 일러 '뿌리내린다'고 합니까? 말하기를, 기른 것이 이르는 것을 얻고, 본 것이 분명함을 얻으면 곧 자연스럽게 뿌리가 날 것이니, 이것은 인간이 공부한 것이다.[64]

이 경우 특히 '근根'자가 갖는 수양론적 의미에 주목할 필요가 있다.

문자를 볼 때는 대의를 봐야 한다. 또 구어 중 어떤 글자가 가장 긴요한 것인지를 봐야 한다. 맹자가 '인의예지가 마음에 뿌리내린다'고 했는데, 다만 '근'자가 매우 의미가 있다. 이와 같이 마음을 쓰면 의리가 스스로 나온다.[65]

여기서 '근'자가 갖는 수양론적 측면과 더불어 '수면앙배睟面盎背'의 전제조건으로 내세우는 '쌓임의 융성함'이란 것에서의 '쌓임'이라 표현한 것에도 주목할 필요가 있다.

일상적 삶에 처하는 데 공손하고, 일을 집행하는 데 공경의 마음으로 하고, 다른 사람과 사귀는 데 자신의 진실된 마음을 다한다. 이런 세 가지 마음가짐과 행동거지를 충실하게 쌓으면 '수면앙배'하고 '유중형외有中形外'할 것이니, 그 기상을 보면 곧 얻음이 있게 된다.[66]

정자는 말하기를, '수면앙배'는 모두 쌓임이 융성하여 이룬 것이다. '사지는 말하지 않아도 깨닫는다'는 것은 오직 덕이 있는 자만이 능하다.[67]

『주역』「건괘」구삼효에 대해 『문언』에서는 "공자가 말하기를, '군자는 덕에 나아가고 업을 닦아야 하니[진덕수업進德修業]', 충신이 덕에 나아가는 이유다. 말을 닦아 그 성실함을 세우니 업에 거처하는 이유다"[68]라는 말을 한다. 정호는 '진덕수업'에 대해 "안으로 충신을 쌓는 것이 진덕에 나가는 이유가 된다. 말을 택해 뜻을 독실하게 하는 것은 사업에 거처하는 이유가 된다"라고 주석한다.[69] 한 걸음 더 나아가 정이는 '안으로 충신을 쌓는다[내적충신內積忠信]'라는 이론을 전개한다. 정이는 "(맹자는 호연한 기개는) 의로움이 모여 생긴 것[집의소생集義所生]이지 하루아침에 엄습하여 취해지는 것이 아니다"[70]라고 하였다. 여기서 '집의集義'는 '의를 쌓은 것[적의積義]'이란 의미다. 따라서 '집集'은 단순히 '모은다'는 의미가 아니고 하나하나 '차근차근 쌓아간다'는 의미다.[71]

여기서 정이가 '적積'자의 의미에 대해 강조한 것에 주목할 필요가 있다. 주희의 다음과 같은 말도 보자.

> 정이는 '안으로 충신을 쌓는다'라고 말하였는데, '적積'자를 말한 것이 좋다.[72]

> '안으로 충신을 쌓는다'라는 것은, 한마디 말과 행동이 반드시 충이고 신이라는 것이니, 이것이 '적積'이다.[73]

'안으로 충신을 쌓는다'라는 것은 (『대학』 6장 '성의'장에서 말한) '덕윤신'이나 『맹자』「진심상」에서 말하는 '수면앙배' 사유와 유사하다. 아래의 인용 글의 내용은 이런 점의 구체적인 것에 속한다.

> 충신이 진덕의 이유라는 것은 사실 광명이라는 것이니, 『대학』 '성의' 장에서의 '덕윤신'과 같다.[74]

> 충신진덕忠信進德은 곧 뜻이 정성스런 곳이다. '악취를 싫어하는 듯, 좋

은 색을 좋아하는 듯'한 연후에 근거할 여지가 있다. 사적으로 얽매이고 어지럽힘에 끌리는 걱정거리가 없다면 그 진덕을 누가 막겠는가?[75]

충신은 뿌리로서, 이 뿌리가 있으면 곧 지엽을 발생할 수 있다. 업業은 외면에 단서가 있는 것이다.[76]

묻습니다. '안으로 충신을 쌓는다'는 것은 '안으로 성실하게 한다'는 것이고, '말을 택해 뜻을 독실하게 한다'는 것은 '밖으로 성실하게 한다'는 것입니까? 말하기를, '안으로 충신을 쌓는다'는 것은 실심實心이고, '말을 택해 뜻을 독실하게 한다'는 것은 실사實事다.[77]

이처럼 '내면에 충실하게 쌓인 덕의 기운이 밖으로 드러난다'는 것은 유가 인격미학의 핵심이 된다. 이런 점에서 유가에서는 수양론적 차원과 윤리론적 차원에서 무엇보다도 '뿌리내림[根]'과 관련된 수양론과 '쌓임[積]'이란 성실성의 함축을 강조한다. 그것은 인간에게 내재해 있는 인의예지를 실천하는 성선설의 근간이 되고, 아울러 이런 사유는 유가가 지향하는 인격미학의 한 전형을 보여준다.

5
나오는 말

이 글은 보이지 않는 인간 내면의 마음상태를 겉으로 드러난 목소리나 몸짓을 통해 정확하게 이해할 수 있을까? 라는 의문에서 출발하였고, 그 의

문에 대해 『대학』 6장에서 말하는 '성중형외'의 이론을 통해 논증하고자 하였다. 유가는 인간 내면의 마음상태는 어떤 기운이 오랫동안 쌓임이 있으면 자신이 의도하지 않아도 몸으로 표현된다고 말한다. 이런 점은 맹자가 말한 "(선의 기운 혹은) 덕의 기운이 가득 쌓인 것이 아름다운 것이다[충실지위미充實之謂美]"라는 내용과 일맥상통하는 사유다. 이 같은 '성중형외'나, '충실지위미'라는 사유가 가능한 것은 본문에서 말한 바와 같이 유가의 낙관적 성선론이 그 이론의 밑바탕을 이루고 있기 때문이다. 즉 낙관적 성선론의 입장에서 보면, 아무리 자기 자신을 속이려고 해도 그 속마음은 겉으로 표정을 짓거나, 말하거나, 행동하는 모든 외적 몸짓으로 표현된다는 것이다.

물론 이런 사유가 모든 인간에게 적용될 수 있는가 하는 의문을 제기할 수 있다. 예를 들면, 만약 원죄론原罪論에 입각한 서구 기독교식의 '근본악으로서의 인간관'에 입각한 성악설이라면, 이상 말한 '성중형외' 이론을 통해 말하는 인간 이해와 다른 이해가 나타날 수 있기 때문이다. 근본악으로서의 인간은 얼마든지 자신을 타인에게 속일 수 있기 때문이다. 이런 점에서 '성중형외' 사유는 인간은 아무리 자신의 내적인 감정을 타인에게 속이고자 해도 결국은 속일 수 없고 그대로 드러날 수밖에 없다는 믿음에서 출발한 일종의 '낙관적 성선론'에 근거한다고 할 수 있다.

이 같은 내외가 서로 부합하는 것을 의미하는 '성중형외' 이론에서 주목할 것은, '성중형외'가 인의내재설仁義內在說의 입장에서 말해진 것이냐? 아니면 인의외재설仁義外在說의 입장에서 말해진 것이냐? 하는 것이다. '내외가 서로 부합한다'라는 사유는 『장자』 「덕충부德充符」에서도 나타나기 때문이다. '덕충부'는 말 그대로 '내면의 덕의 충만함이 몸 밖으로 드러남이 부절符節처럼 일치한다'는 사유이다. 그런데 장자는 천부적 인의가 내재한다는 사유에서 출발하지 않는다. 그리고 장자가 말하는 덕도 유가가 말하는 덕과 차이가 있다. 유가가 말하는 덕이 윤리 도덕 차원의 수양된 결과물로서의 덕이라면, 장자가 말하는 덕은 그 어떤 것도 개입되지 않은 인간 본연의 순수성, 자연성 등을 의미하는 덕이다. 따라서 그 덕이 선한 것인지 악한 것인지 규정하지 않는다. 즉 장자는 인간 본성과 관련하여 성선이니 성악이니 하는 규정을 내리지 않는다는 것이다.

하지만 유가는 『중용』에서 "하늘이 명해 인간이 품부받은 것을 성이라고 한다[천명지위성天命之謂性]"라 하듯 인간 성선의 근거를 절대적 선인 하늘에서부터 찾고, 그것이 인간에게 천부적으로 내재되었다는 일종의 인의 내재설을 주장한다. 정이는 덕성은 '천부천자天賦天資'한 것으로 재질의 아름다운 것이라고 말한다.[78] 즉 수양을 통해 사단四端을 뿌리내리는 것이나 덕의 기운을 오랜 기간 쌓임을 통해 성선의 확충과 바람직한 인물됨됨이를 말하는 것은, 기본적으로 성선설에 바탕한 인의내재설에서 출발하고 있다. 이런 점은 '쌓임[적積]'을 통한 성선회복과 그 실천을 말하거나, 후천적 학습과 수양을 통해 '자신의 선을 밝히고 처음의 본래 모습을 회복한다[명선복초明善復初]'라는 수양론의 차원에서 성선의 확충을 꾀하는 맹자 사상을 참조하면 더욱 그렇다고 할 수 있다.

유가는 이 밖에 '안에서부터 출발하여 밖을 다스린다'는 차원의 '성중형외' 뿐만 아니라 '밖에서부터 출발하여 안을 기르는' 이른바 '제외양중制外養中'을 말하기도 한다. 정이程頤는 『논어』「안연顔淵」에서 극기복례克己復禮와 관련하여 말해진 '네 가지 해서는 안 되는 것' 즉, '비례물시非禮勿視', '비례물청非禮勿聽', '비례물언非禮勿言', '비례물동非禮勿動'이라는 '사물四勿에 대한 잠[사물잠四勿箴]'을 쓴 적이 있다.

> 정자가 말하기를, 안연이 '극기복례'의 조목을 묻자, 공자가 예가 아니면 보지 말며, 예가 아니면 듣지 말며, 예가 아니면 말하지 말며, 예가 아니면 움직이지 말라고 하였다. 보고, 듣고, 말하고, 움직이는 이 네 가지는 몸의 작용으로, '마음속에서 말미암아 밖에 응하는 것'인데, '외적인

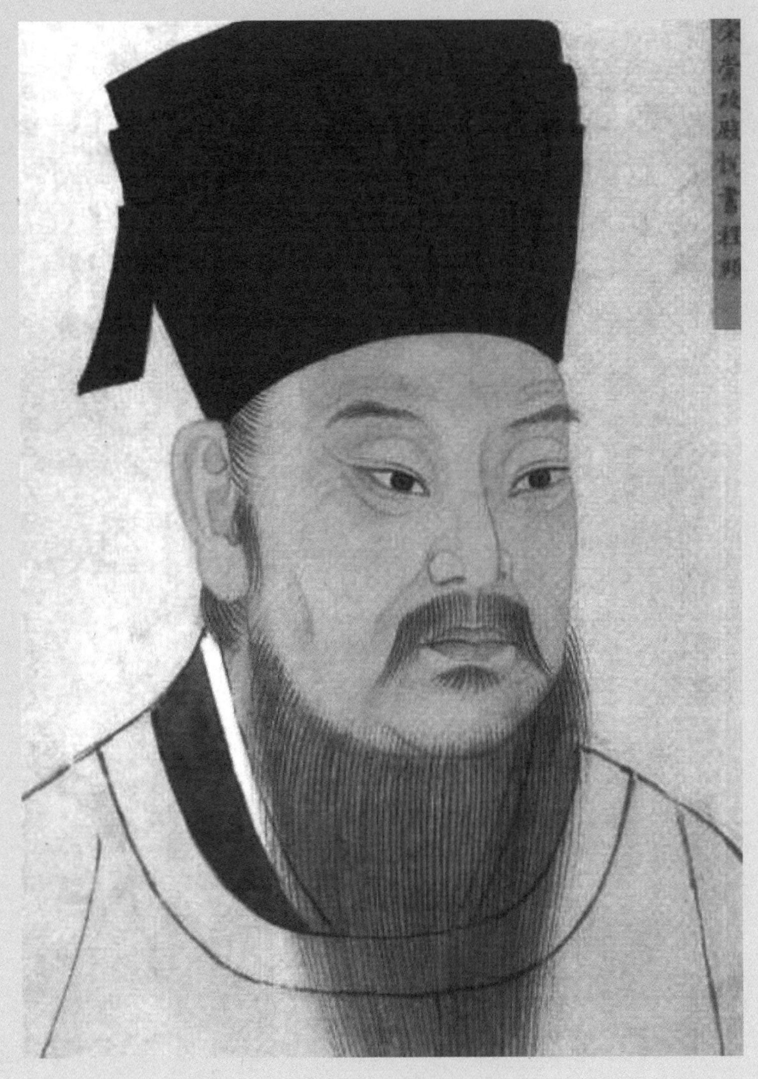

〈정이상程頤像〉, 청궁전장화본清宮殿藏畫本

'존천리存天理, 거인욕去人欲'과 금욕주의를 주장한 정이程頤의 초상은 유儒·불佛·도道 삼교에 정통하고 온화한 성품의 소유자인 〈정호상〉에 비해 조금 경직된 모습으로 그려져 있다.

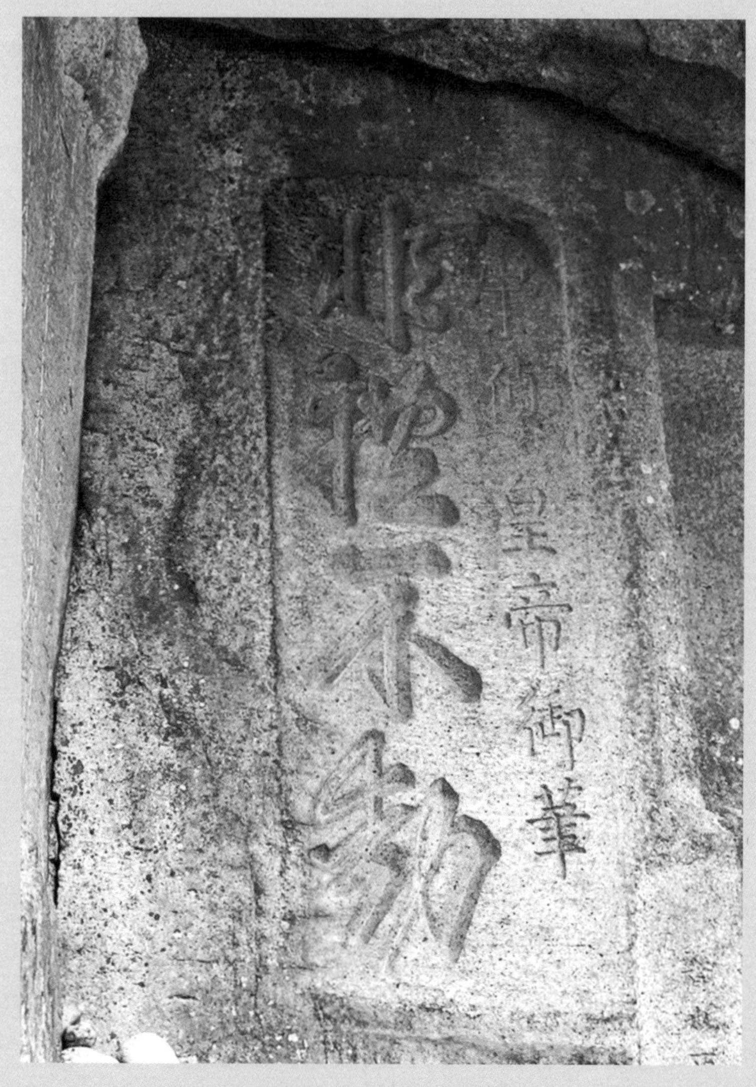

화양 오곡에 새겨진 명대 마지막 황제 의종[崇禎]의 비례부동

> 행동거지를 제어하는 것[제외制外]'은 그 '마음속을 기르는[양중養中] '이유다. 안연이 이 말에 종사하였으니, 이 때문에 성인에 나아간 것이다. 후세에 성인을 배우는 자들은 마땅히 이것을 가슴속에 두고 잃지 않아야 할 것이다. 이것을 따라서 잠을 지어 스스로 경계하노라.[79]

주희는 정이가 '사물잠'을 왜 썼는가 하는 것을 밝힌 다음, 특히 '시잠視箴'에서 '밖을 제재하여 그 안을 편안히 할 것[제외안내制外安內]'을 한번 더 강조하여 말한다.

> 잠하여 말하기를, 마음이여, 본래 허한 것이니, 사물을 응함에 자취가 없다. 마음을 잡는 데는 요점이 있으니, 보는 것이 그 법이 된다. 사물이 눈앞에 가리어 사귀면 그 마음은 옮겨가니, '밖에서 제재하여 그 안을 편안히' 해야 한다. 극기복례하기를 오래하면 정성스럽게 될 것이다.[80]

'눈으로 보는 것'을 단순히 본다는 것 그 자체에만 머무르는 것이 아니라, 마음을 움직이게 하는 원인이 되고, 이런 점에서 '보는 것'은 마음잡는 법과 관련이 있다. 아울러 '보는 것'은 모든 행동의 실질적인 출발점이 된다는 점에서 무엇보다도 '보는 것'을 삼갈 필요가 있다. 이런 점에서 '보는 것'과 관련된 극기복례의 결과는 '성誠'으로 이어져야 하는 것을 강조한다. 이같이 외적 차원의 행동거지와 관련된 '사물四勿'을 통해 자신을 정제엄숙整齊嚴肅하게 하여 내적인 마음을 기른다는 것도 내와 외가 서로 유기적 연관성을 지니고 있음을 보여준다.

이처럼 낙관적 성선론에 입각한 '성중형외' 이론은 인간을 품평하는 이론적 근거가 될 뿐만 아니라 유가가 지향하는 인간의 인격미학의 핵심이 된다. 특히 '성중형외' 이론은 유가미학에서 바람직한 인간상을 말하는 기상론과 관련된 인격미학의 핵심 사유가 된다. 이런 점을 정이는 '불괴옥루

不愧屋漏'[81]와 '신독'을 '잡아서 기름[지양持養]의 기상'이라고 말하기도 한다.[82] 이 같은 '성중형외'를 통한 인격 완성은 '신독'과 '무자기毋自欺' 등과 같은 경외적 마음가짐과 몸가짐을 강조하는 사유로까지 이어진다는 점에서 유가 수양론의 핵심이면서 인격미학의 핵심이 된다.

제 1 4 장

동양예술에 나타난 인품론에 관한 연구

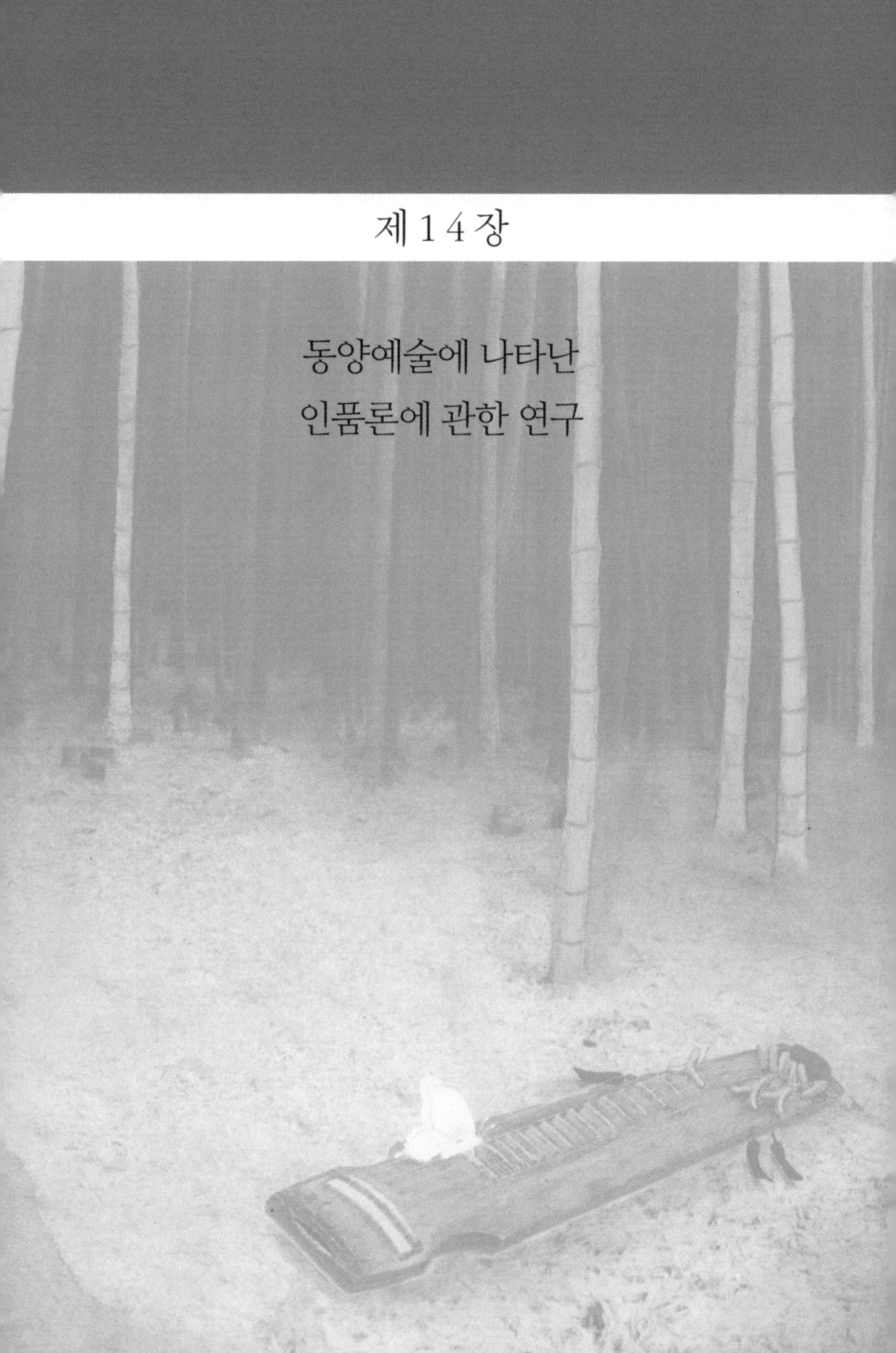

옛사람이 서예를 논할 때에
그가 평생 산 삶도 논하였다.[소식]

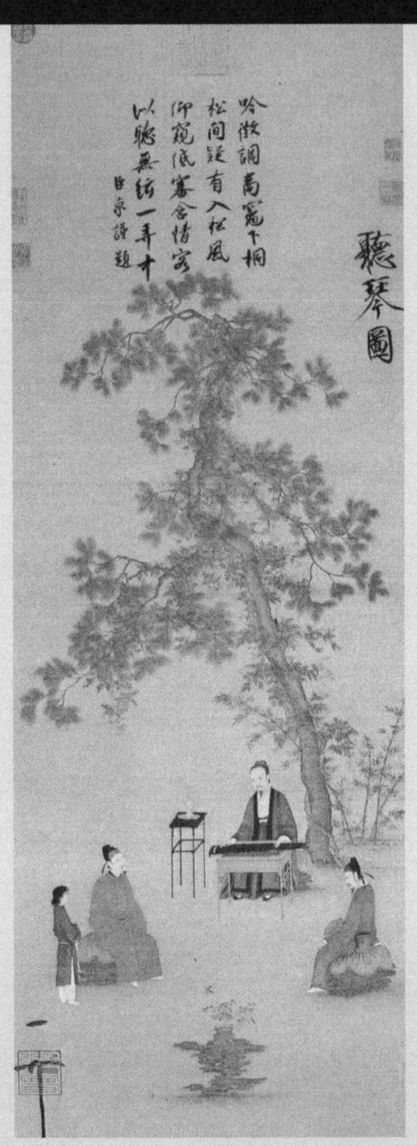

송 휘종, 〈청금도聽琴圖〉

도교를 믿고 스스로 '교주도군황제教主道君皇帝'임을 자칭한 송 휘종[조길趙佶]의 〈청금도聽琴圖〉에 채경蔡京이 화제를 썼다. 화제에 '신경근제臣京謹題'와 휘종의 수결이 있는 것을 보면 휘종이 그린 것 같다. 가운데 검은색 금삼襟衫을 입은 휘종이 금을 켜고 있고, 붉은 옷을 입은 채경이 감상하고 있다. 휘종과 채경의 긴밀한 관계와 채경의 서예 실력도 엿볼 수 있다. 휘종은 채경에게 정사를 맡겨버린 뒤, 황가원림皇家園林을 조성하고 만세산萬歲山[일명 간악艮嶽]이란 가산을 만들면서 괴기한 돌이나 그림에만 관심을 기울였다. 그 결과 북송은 멸망했다.

1

-

들어가는 말

아래와 같은 인물, 거론한 글귀와 시가 갖는 의미를 생각해보자.

A : 1 안진경顔眞卿, 채양蔡襄./ 안중근安重根.

2 〈지사인인志士仁人, 살신성인殺身成仁〉, 〈견리사의見利思義, 견위수명見危授命〉, 〈세한연후歲寒然後, 지송백지불[후]조知松柏之不[後]彫〉, 〈불인자不仁者, 불가이처구약不可以處久約〉, 〈계신호기소부도戒愼乎其所不睹〉, 〈민이호학敏而好學, 불치하문不恥下問〉, 〈인무원려人無遠慮, 필유근우必有近憂〉, 〈국가안위國家安危, 노심초사勞心焦思〉

B : 1 조맹부趙孟頫, 채경蔡京./ 이완용李完用

2 상원춘선입上苑春先入 : 궁궐 동산에 봄이 먼저 드니
중원화진개中園花盡開 : 동산 가운데 꽃은 다 피었네
유여유경초惟餘幽徑草 : 오직 남아 있는 깊은 그늘 길의 풀들은
상대일광최尙待日光催 : 아직도 햇볕이 빨리 들기를 기다리네.

A의 2는 모두 안중근이 여순 감옥에서 쓴 서예 작품의 글귀들이다. 유학 경전[사서四書]에 나오는 이타주의적 삶, '참된 자기를 위한 학문[위기지학爲己之學]'을 이루기 위한 경외적 삶, 지조와 절개를 지키는 군자의 삶 및 애국 충정을 양강陽剛의 미가 담긴 굳센 필체로 쓰고 있다. B의 2는 따사로운 봄날 햇볕이 내리쬐는 궁궐 동산과 그늘 길의 정경을 읊은 시어를 유려하게 쓴 것이다. 시어詩語에 특별한 의미를 부여하지 않으면 서정성이 강한 시

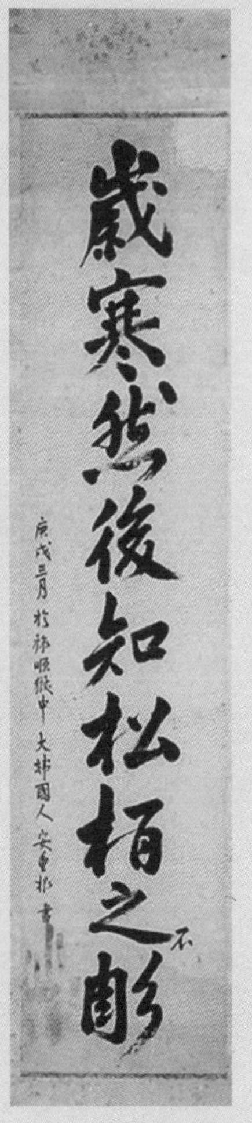

1

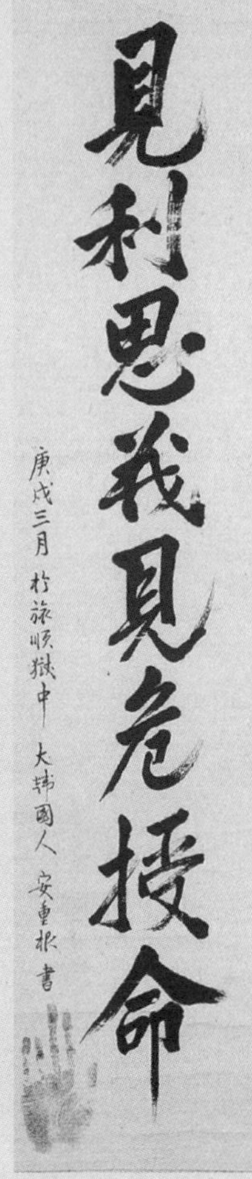

2

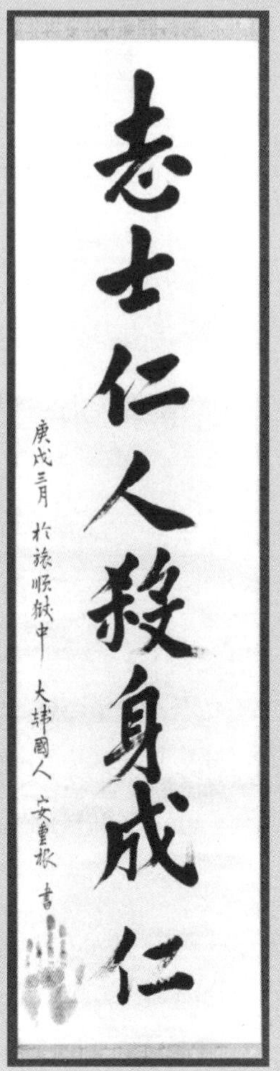

3

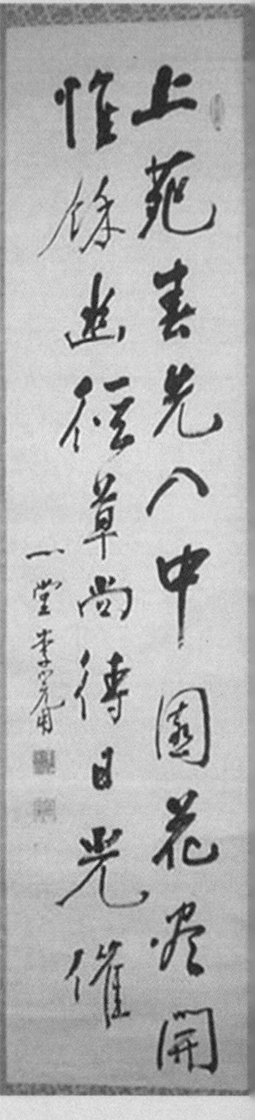

4

1. 안중근의 글씨
'세한연후지송백지후조歲寒然後知松栢之後彫'라고 써야 하는데 깜빡 '후後'자를 빼고 말았다. 다 쓴 다음에 후자 대신 '불不'자를 써서 보완하였다. 이런 실수가 도리어 이 작품이 진품 중에 진품임을 말해준다.

2. 안중근의 글씨
『논어』「헌문」에 나오는 "見利思義, 見危授命"은 군자가 되는 조건을 말한 것으로, 사보다는 공을 우선시하라는 말이다.

3. 안중근의 글씨
『논어』「위령공」에 나오는 '志士仁人, 殺身成仁'은 유가가 지향하는 이타적 삶의 핵심이다.

4. 이완용의 글씨
"上苑春先入, 中園花盡開, 惟餘幽徑草, 尙待日光催" 이 시는 장구령張九齡의 「답태상근박사견증일절答太常靳博士見贈一絶」이다. 자의적 판단이지만, 마지막 시구의 '일日'자를 일본으로 바꾸면 일제를 찬양하는 시로 해석될 수 있다.

다. 하지만 이 작품의 시를 유려한 필체로 쓴 인물이 누구인가를 알면 단순한 서정시로 볼 수 없음을 알게 된다. 매국노 이완용의 서예작품으로, 여기서 '해[日]'가 일제를 상징한다면 이 시는 일제의 조선 침략이 온 구석까지 하루빨리 이루어지기를 바란다는 시로 이해될 수 있다.

안진경, 채양, 안중근과 조맹부, 채경, 이완용 가운데 안중근을 제외하면 모두 기교적으로 뛰어난 서예가들이다. 하지만 각각에 대한 역대 평가는 달랐다. 북송대 네 명의 유명한 서예가를 꼽는데, 소식(1037~1101), 황정견黃庭堅(1045~1105), 미불米芾(1051~1107) 이외에 나머지 한 사람으로 채양(1012~1067)과 채경(1047~1126) 가운데 어떤 인물을 꼽을까 논쟁하곤 한다.[1] 기교적 차원에서는 채경을 꼽지만 인품이나 살아온 인생역정을 적용하면 채양을 꼽는다. 양계초梁啓超는 중국역사상 군주에게 아첨하면서 국정을 농단하고 백성을 괴롭힌 많은 권신權臣이 있는데, 그 하나로 채경을 거론한다.[2] 그렇다면 이상 거론한 북송대 서예가 중에서 누가 최고 경지를 이룬 서예가일까? 소식은 "채양은 타고난 자질이 이미 높고 후천적인 학습도 깊은 경지에 나아가 마음과 손이 서로 상응하여 그 글씨는 변태가 무궁하기에 마침내 송대의 제일이 되었다"[3]고 말한다. 소식의 평가는 옳은 것일까? 사실이 아니다. 왜냐하면 후세에는 소식을 채양보다 뛰어난 서예가로 평가하기 때문이다.

이런 사유를 한 작가를 평가하는 데 인품과 관계하여 논한 서예이론을 통해 살펴보기로 한다. 왜냐하면 중국예술은 기본적으로 '마음을 표현하는' 예술이란 관점이 있는데, 서예가 그런 점을 가장 잘 반영하기 때문이다. 아울러 이런 사유는 자기 도야의 기술로서의 예술이란 점과 매우 밀접한 관련이 있다. 이 같은 자기 도야의 기술로서의 예술을 이 글에서는 구체적으로 '~여기인如其人'적 인품결정론, 심화·심학心學으로서의 예술 및 심상설心相說에 근간한 심정心正의 예술, 상덕象德의 예술, 대용大用[재도載道] 차원의 예술 추구 경향 등을 통해 살펴보기로 한다.

2

'~여기인如其人'적 인품결정론

송대 성리학이 발흥함과 더불어 서예는 개인의 자유 의지와 개성을 중시해야 한다는 '상의尙意' 서풍이 일어난다. 이런 '상의' 서풍은 서예작품을 서예가의 인품, 학덕과 함께 연계하여 평가하는 것으로 나타났다. 앞서 말한 소식의 채양에 대한 평가는 자신을 비롯하여 황정견, 미불 등의 글씨와 비교하고 내린 결론일 것이다. 하지만 후세 사람들은 이러한 소식의 평가에 대하여 모두가 긍정하지 않는다. 왜냐하면 소식, 황정견, 미불 등은 자신들의 독특한 기교와 개성적인 풍격을 통해 이름을 날렸지만 채양은 조금 떨어진다고 평가되기 때문이다. 하지만 소식 이후 많은 서예가들이 소식의 채양에 대한 평가를 크게 문제 삼지 않는 것은 그것이 인품결정론에 근거한 윤리론 차원에서 평가한 것이기 때문이다.[4]

우리는 흔히 '서여기인'과 관련하여 '글씨는 마음을 그린 것이다'라는 말을 한다. 동양예술에서는 이런 사유에서 출발하여 한 작가를 평가할 때 흔히 작품은 '그 사람과 같다[如其人]'라는 표현을 쓴다. '~여기인'은 다양한 시각으로 이해할 수 있지만, 흔히 인격이나 인품이 그 작품의 풍격을 결정한다는 것을 의미한다. 이런 사유를 확장하여 모든 예술에 대한 비평, 감상 및 예술가 작품의 고하를 예술가의 인품과 연계하여 평가하곤 한다. 이런 점과 관련하여 어떤 작품이 후세에 전해졌을까? 하는 점을 보자. 글씨가 기교적으로 능숙하지 못하더라도 그의 인물됨됨이와 인생역정이 긍정적일 때 그 글씨는 후대에 전해졌다.[5]

> 진실로 '그 사람'이 아니면 글씨를 아무리 잘 써도 귀하게 여기지 않는다.[6]

이것은 소식의 말인데, 여기서 '그 사람[기인其人]'은 단순한 그 사람을 가리키는 것이 아니다. 『중용』 『논어』 『시경』 『주역』 등에서 쓰인 '기인'은 주로 인품과 품덕이 높은 인물 혹은 어떤 일에 합당한 능력이 있는 인물을 가리킨다.[7] 유희재의 다음과 같은 글을 보자.

> 글씨라는 것은 같은 것이다. 바로 그 사람의 학문과 같고, 재주와 같고, 뜻과 같은 것이니 이것을 종합하여 말하면, 바로 그 인품과 같다… '현명한 철인[현철賢哲]'의 글씨는 온화하고 순후醇厚하며, '준걸한 영웅[준웅駿雄]'의 글씨는 침착하고 굳셈이 있으며, '탈속한 기이한 선비[기사畸士]'의 글씨는 탈속적이고 높은 풍격이 있으며, '재주 있는 자재[재자才子]'의 글씨는 수려하고 영특하다… 글씨로 식견을 볼 수 있다. 필법과 글씨체에 있어서 피차가 취하고 버림이 각각 다르니, 식견의 높고 낮음이 바로 여기에 존재한다.[8]

유희재가 행한 '현철', '준웅', '기사', '재자'들에 대한 평가는 유가가 이상적으로 말하는 인물됨됨이 및 미의식과 매우 밀접한 관련이 있다. 이 같은 사유에서 출발하여 유가 사유에 훈도된 인물들은 인격수양을 통하여 승화된 인격미를 추구한다.

이처럼 '서여기인'의 '기인'은 그냥 단순히 글씨 쓰는 사람 그 자체를 가지고 논한 것이 아니다. 심괄沈括은 한 인간의 사적이나 그린 작품을 보면 그 사람이 어떤 사람인지를 상상할 수 있다고 한다.[9] 소식은 이런 점을 '서상기인론書象其人論'을 통해 말하기도 한다.[10] 그럼 송대 '서예 사대가' 논쟁과 관련해 '서여기인'과 인품의 관계를 보자.

채경은 이른바 북송 육적六賊의 우두머리로서 백성을 괴롭힌 대표적인 간신이었다. 그런데 인품론 차원에서 문제가 된 채경의 글씨는 호방하면서도 골력骨力을 갖추고 있어 그 수준이 소식과 미불 사이에 처할 정도로 평가를 받기도 한다. 채경의 서예와 인생역정의 관계를 말한 것을 보자.

> 그[채경]의 글씨를 잘 살펴보니 호방하면서도 골력을 갖추고 있어서 출렁이는 물결을 넘어 파도를 잠재우는 듯하였다. 만약 그의 명예와 절의도 이 같았다면 무슨 아쉬움이 있겠는가? 그러나 그가 처하고 그가 나아간 처세 태도는 마치 충의와 은혜를 태산에 고인 썩은 물 정도로 하찮게 본 것일 뿐이었다. 이런 이유 때문에 교활한 서화 매매 거간꾼들마저도 그의 글씨를 얻게 되면 침을 뱉고 버려버렸다.[11]

채경의 호방한 글씨를 단순히 예술적 차원에서 본다면 대단한 서예가이지만, 명예와 절의를 기준으로 한다면 문제가 된다는 것이다. 서화 거간꾼들마저 채경의 작품에 침을 뱉은 행위는 채경이란 인물에 대한 응징을 상징한다.[12] 주화갱의 다음과 같은 글도 채경 평가에 대한 전후 사정을 말해준다.

> 세상에서 송나라 사람의 글씨를 말할 때 반드시 소식·황정견·미불·'채蔡'를 거론한다. 여기서 '채'는 채경을 말한다. 채경의 글씨는 자태가 아름다운데 어찌하여 일찍이 전해지지 않는가? 후인들이 그 사람됨을 미워하여 이를 배척하였던 것이다. 그래서 채양을 소식·황정견·미불 등의 반열에 포함시켰다. 그러므로 군자는 비록 뛰어난 예술적 자질이 있더라도 처신을 한 번 잘못하면 세상 사람들에게 손가락질을 당하게 된다. 어찌 채경의 예를 거울로 삼지 않을 수 있겠는가?[13]

채경에 대한 이 같은 평가는 한국에도 적용이 된다.[14] 처세의 문제점을 '실절失節'과 연계하여 거론할 때 또 다른 예는 송대 황족이면서 원대에 벼슬하여 절개를 잃은 조맹부다. 호가 '송설松雪'인 조맹부에 대한 평가는 편의상 조선조 옥동玉洞 이서李溆의 평가를 중심으로 보자. 동국진체東國眞體 창시자이면서 『필결筆訣』을 쓴 이서는 왕희지를 서예를 집대성한 서성으로 평가하는데, 그 아들인 왕헌지를 '불경不敬'이란 점을 거론하면서 비판적으로 평가한 적이 있다.[15] 왕헌지는 이완용처럼 매국한 것도 아니고 조맹부처럼 '실절失節'한 것도 아니다. 손과정 『서보』에는 "왕헌지가 스스로 아버지보다 글씨를 잘 썼다"[16]고 하는 말이 나오는데, 이서는 왕헌지가 '내가 아버지보다 낫다'라고 한 '불경'을 문제 삼고 있다. 이서의 왕헌지에 대한 평가는 지나친 감이 없지 않지만, 이 같은 평가가 동양에서의 한 예술가에 대한 평가의 한 부분이란 점에 주목할 필요가 있다.

그럼 이서가 행한 조맹부에 대한 평가를 보자. 이서의 조맹부에 대한 평가의 핵심은 '심술心術의 부정不正'이다. 조맹부를 '녕인佞人'이라 평가하는 이서는 조맹부 서예를 미학적 차원에서 보면 유가가 지향하는 중화미학을 어지럽혔다고 본다.[17] 서예에서의 중화중심주의를 강조하는 이서는 조맹부의 심술이 부정한 것을 획법의 요사스러움과 자법字法의 간교함으로 이해하는데, 그것은 왕희지가 지향한 중화미학을 기준으로 하여 평가한 것이다. 사실 조맹부의 글씨는 전혀 용렬하거나 속되지 않고 문기와 선비 기운이 충만한 글씨에 해당한다. 다만 연미한 맛은 있다. 이 같은 연미한 맛을 담고 있는 이른바 '송설체松雪體'라고 불리는 조맹부의 글씨는 조선조 서예계에 대단한 영향을 끼친다. 조선조 서예풍의 한 흐름을 보면 안평대군 이용李瑢을 비롯하여 많은 서예가들이 조맹부의 서풍을 따르고 있다. 중국도 마찬가지다. 하지만 조맹부의 '실절'을 '심술부린 것', '속기가 있는 연미함을 추구하는 것' 등과 연결하여 이해할 때는 이서와 같은 평가가 나타나곤 한다. 이런 평가는 동양에서의 '실절'한 예술가에 대한 대표적인 평가에 속한다.

조맹부의 이런 '실절'한 행위는 이후 문인사대부들의 미에 대한 인식 전환으로까지 나타난다. 명청대의 서론에서는 이전과 다른 미추에 대한 인식이 나타나는데, 그 발단은 조맹부의 연미함에 담긴 유미주의 서화풍 때문이었다. 조맹부 서화의 풍류는 공교로우면서도 연미한데, 청대 장경張庚은 이런 점을 조맹부가 '실절'한 것과 연계하여 말한다.[18] 장경의 이런 사유는 인간의 행동거지를 인물됨됨이와 연계한 것이다. 명청대 서단에서는 연미함은 속기를 띄고 있다는 점에서 그것을 부정적으로 보고 추괴醜怪를 숭상하는 풍기도 일어나는데, 그 한 계기가 된 것이 바로 조맹부의 처세였다.[19]

이처럼 채경이나 이완용처럼 글씨가 좋아도 충의와 절의를 기준으로 평가할 때는 긍정적으로 평가받지 못하였다. 그럼 이와 반대되는 예를 안진경을 통해 살펴보자. 구양수는 안진경의 글씨를 안진경의 충의와 관련지어 "충성과 의리는 천성에서 나와 글자의 획이 강하고 굳세어 홀로 우뚝 서 있고, 이전의 글씨를 답습하지 않아서 기이하고 위대함이 딱 버티고 있는 것이 마치 그 사람됨과 같음이 있다"[20]고 평가한다. 아울러 안진경의 글씨는 비록 아주 뛰어나지 않았지만 그의 충의를 높이 평가하는 사람들은 안진경의 글씨를 마치 보배처럼 여겼기에 그의 글씨는 오랫동안 후세에 전해졌다고 한다. 현철賢哲의 글씨도 마찬가지라고 말한다.[21] 안중근이 전문적인 서예가가 아니지만 우리들이 글씨를 사랑하는 것도 이와 다른 것이 아니다.

서예에서 이처럼 한 인물의 글씨를 인물됨됨이와 연계하여 이해한 것은 회화에도 적용되었다.[22] 그럼 인격·인품결정론으로 이해될 수 있는 것은 무엇을 근거로 한 것인지를 알아보자.

3

'성중형외'의 심정心正의 예술 지향

'서여기인'의 전범이라 할 수 있는 안진경 서예에 대한 실질적인 추숭 의식은 북송대 소식에 의해 일어나는데,[23] 안진경 서체의 중후함과 질박함을 단정한 사람, 바른 선비와 같은 긍정적 인간으로 비유하는 경우가 많다.[24]어느 시대나 안진경과 같은 충신은 요구되는데, 당대唐代의 지배적 위치를 차지하고 있던 문벌이나 귀족 등도 이런 입장을 보이지만 송대에 와서 제왕과 함께 천하 다스리는 것을 자임한 사대부들의 경우는 더욱 이런 점에서 민감하였다. 서예에서 그런 점을 가장 잘 보여주는 것은 바로 안진경에 대한 평가다.

유희재는 『서개書概』에서 안진경을 『사기』를 쓴 사마천으로 비유하여 중국역사에서 안진경의 위상을 가름하고 있다.[25] 특히 주성연은 안진경을 '옛것을 이어주고 미래의 것을 열어주는[계왕개래繼往開來]' 역할과 '더 이상 보는 것을 그만둔다[관지觀止]'라는 입장에서 평가하는데, 이것은 안진경을 평가한 것 중에서 최고로 높이 평가한 것에 속한다. '계왕개래'는 유가 도통관의 입장에서 유학의 '위대한 성인의 학문을 계승하고 이후의 학문세계를 열어주었다는 것[계왕성繼往聖, 개래학開來學]'을 의미하고,[26] 계찰季札이 '관지'라고 하면서 감탄하는 것은 '나머지 것은 더 이상 볼 것이 없다'라는[27] 완벽함을 상징하기 때문이다.[28] 정표鄭杓는 안진경을 서여기인의 입장에다 기상론을 가미해 '서통書統의 조종'으로 보는데, 이것도 안진경을 최고로 높인 것에 속한다.[29] 이처럼 안진경의 글씨가 그다지 아름답지 않음에도 안진경이란 인물과 그의 글씨를 보배처럼 여기는 이유에 대해 주장문朱長文의 다음과 같은 말을 통해 좀 더 구체적으로 살펴보자.

아, 안진경은 가히 충성스런 신하라고 할 수 있다… 안진경의 충성이 글씨에 나타난 것이 강직하고 웅장하니, 글자의 형체가 엄정하여 법도를 갖추었다. 이는 마치 충성스러운 신하나 의로운 선비가 얼굴을 바로 하여 조정에 서서 큰 절개에 임하고 있는 것을 감히 빼앗을 수 없는 것과 같다. 양웅은 '글씨는 마음을 그린 것이다'고 하였다. 안진경의 글씨가 참으로 그러한 것이다.[30]

여기서 주목할 것은 안진경의 글씨를 충신지사와 관련지어 말하면서 양웅이 말한 '글씨는 마음을 그린 것이다'라는 것을 보여준다고 하는 말이다. 양웅이 『법언』「문신」에서 말한 '글씨는 마음을 그린 것이다'라는 것은[31] '인품은 서품이다'라는 것의 발단이 된다. 유희재는 양웅의 '서심화설書心畵說'을 발전시켜 서를 '마음의 학문[심학心學]'으로 본다.[32]

'서여기인론', 서심화설', '서심학설' 등은 서예란 단순히 문자를 써서 의미를 전달하는 실용적 차원에 머물지 않음을 말해주는데, 이렇다 보니 '심'의 상태가 무엇이어야 긍정적인 예술로 나타날 수 있는지 하는 것이 문제가 된다. 이에 '성중형외'라는 사유에서 출발한 '심상心相의 예술', '심정心正의 예술', '상덕象德의 예술'이어야 함을 강조한다. 유가의 '성중형외' 사유는 인품론 차원에서 서예를 이해하는 철학적 근간이 된다. 요맹기姚孟起는 『서학억참書學憶參』에서 '성중형외' 차원에서 출발하여 글자에도 정신이 있다는 것을 말한다.[33] 유공권柳公權은 "마음이 바르면 붓도 바르다"[34]라는 말을 하는데, 항목은 유공권의 '마음이 바르면 붓도 바르다[심정즉필정心正則筆正]'라는 것을 '사람이 바르면 글씨도 바르다[인정즉서정人正則書正]' 및 '붓이 바르면 일도 바르다[필정즉사정筆正則事正]'라는 것까지 확장하여 이해하여[35] 인품론이 갖는 의미를 더욱 심화시키고 있다. 항목은 '인정'을 '서정'으로, '필정'을 '사정'으로 연결하여 이해하면서 아울러 '사무사'와 '무불경'을 서예창작에서의 큰 뜻으로 말하는데, 그것은 서예창작에 임할

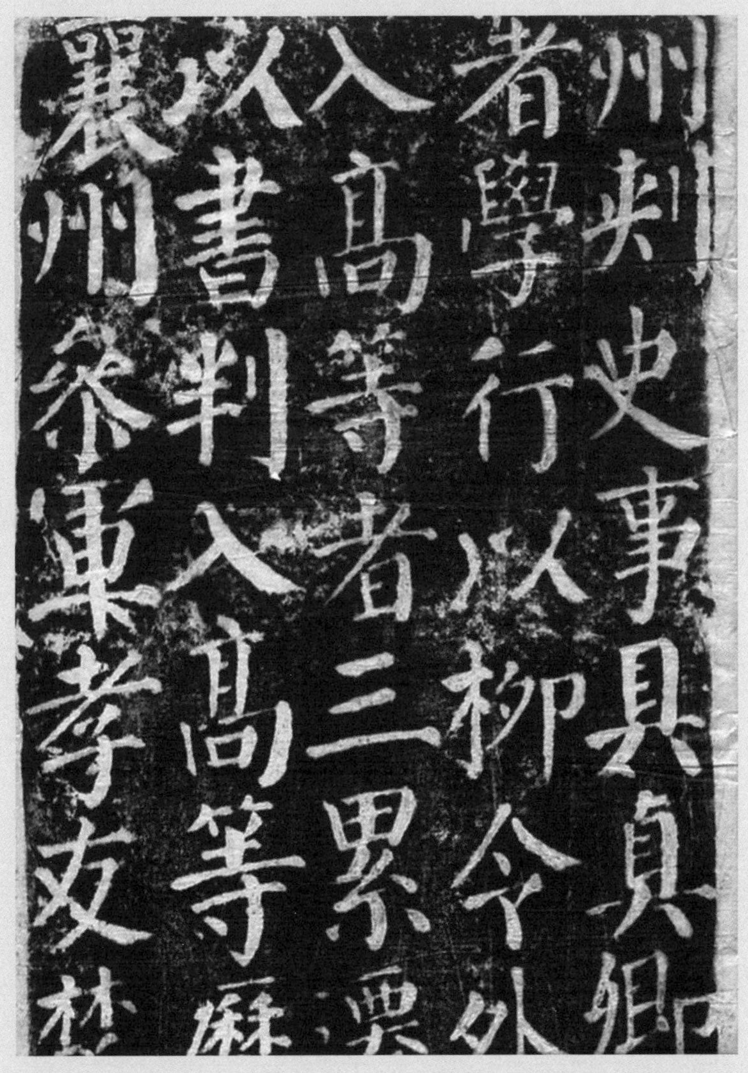

안진경顔眞卿, 〈안근례비顔勤禮碑〉

서예가 안진경은 그때까지 유행하던, 왕희지의 내엽內擫을 통한 부드럽고 우아함을 추구한 서체의 흐름을 남성적이고 탄탄하면서 강건한 서체로 바꿨다. 사람에 비유하면, 이 글씨는 건장한 장수 같은 느낌을 준다. "안진경의 서체에는 힘줄이 있고, 유공권의 서체에는 뼈가 있다[안근유골顔筋柳骨]"는 게 당대의 평이었다.

때 마음가짐이나 마음상태가 그만큼 중요하다는 것을 의미한다.[36] 마음과 정신이 바르지 못하면 어떤 결과가 나타나는가? 육구연陸九淵은 이런 점에 대해 다음과 같이 말한 적이 있다.

> 만일 그 마음이 바르고 그 일이 훌륭하면, 비록 글자를 몰랐다 하더라도 역시 저절로 독서의 공이 있다. 그 마음이 바르지 못하고 그 일이 훌륭하지 못하면 비록 많은 책을 읽는다 하더라도 무슨 소용이 있겠는가? 그것을 선하지 않은 것에 쓰면 도리어 죄악을 증가시키는 것일 뿐이다.[37]

이런 점과 관련해 항목은 '정심正心'을 중심으로 하여 심신 수양공부의 중요성 및 그 선차성에 대해 말하고,[38] 아울러 '심정'이 왜 중요한가 하는 점에 대해 결론적으로 심상설을 전개한다. 『중용』 1장의 '미발未發의 중中'과 '이발已發의 화和'를 연상시키는 심상설에서의 '상相'은 손을 통하여 붓을 놀려 구체적으로 드러난 필적筆跡을 말한다.[39] 심心에 있는 것은 반드시 밖으로 나타나기 때문에 그 글씨를 보면 그 심을 알 수 있다는 심상설은 『대학』의 이른바 '성중형외' 사유에서 출발한 것이다.[40] '성중형외' 사유에서 '신독'을 통해 경외적 삶을 강조하는데 이런 점도 서예에 적용된다. 주성연周星蓮은 이런 점을 기상론 측면에서 말하고 있다.[41]

기상론 측면에서 서예를 이해하는 것에는 유가의 윤리도덕을 기준으로 한 인물 평가가 담겨 있다.[42] 이런 이해를 바탕으로 하여 서예를 인품과 관련지어 말한 것을 보자. 항목은 '성중형외' 사유를 '그 드러난 형적인 상을 보면 그 마음을 알 수 있다[관기상觀其相, 가식기심可識其心]'라는 관점에 적용하면서 다양한 인물상의 특징과 관련된 인품론을 전개한다.[43] '관상觀相하여 식심識心'이 가능한 것은 '성중형외'라는 사유가 작동하기 때문이다. 원대의 학경郝經은 글씨는 인품을 근본으로 한다고 하면서, 결론적으로 '서법書法은 곧 심법心法'임을 말한다.[44] '서법은 심법'이란 사유에도 '성중형외'의 사유가 담겨 있고, 이 같은 '성중형외'를 통한 평가는 인품결정론과 깊은 관계가 있음을 알 수 있다. 이런 점은 수양된 자신의 마음과 행동을 서예를 통하여 확인하는 '위기지학爲己之學'으로서 서예를 강조하는 것으로 연결된다.[45] 따라서 예술가 이전에 먼저 바람직한 사람이 될 것도 요구한다.[46]

> 글씨를 배우는 것은 하나의 기예에 불과하나 품격을 세우는 것이 가장 중요하다. 품격이 높은 것은 하나의 점과 획에 스스로 '맑고 굳세면서 우아하고 단정한[청강아정淸剛雅正]' 기운이 있다. 품격이 낮은 글씨는 비록 변화가 풍부하고 엄숙한 것이 볼만하여도 종횡으로 강한 맛이 아직 종이 밖으로 드러남을 면치 못한다. 그러므로 도덕, 사공事功, 문장, 절개가 드러난 사람이 대대로 적지 않은데 세상일을 논하는 자는 그를 사모하고 더욱 그의 글씨를 소중하게 여기니, 그 사람과 글씨는 천고토록 썩지 않고 전해지는 것이다.[47]

품격을 통한 '청강아정'한 기운을 드러내는 것은 유가 사유에 훈도된 예술가들의 지향점 중의 하나다.[48] 그렇다면 어떻게 해야 품격이 높으면서 유가 성현의 기상이 담긴 글씨를 쓸 수 있는가? 이런 점에서 글씨는 흔히 추사 김정희가 말한 '문자향文字香, 서권기書卷氣'를 드러내야 함을 말하는데, 그것의 핵심은 독서에 있다.[49] 소식은 '만 권의 책'를 읽으면 신묘한 경지에 통할 수 있음을 말한다.[50] 동기창은 이상적인 문인화를 창작하려면 '독만권서, 행만리로' 해야 함을 말한 바가 있다. 이런 점에서 서예의 이치란 다른 것이 아니라 학문이 없으면 서를 말할 수 없고, 인품이 없으면 서예를 더욱 말할 수 없다고 말해지기도 한다.[51]

특히 손의 재주에 의한 기교를 부린 글씨보다는 책을 많이 읽어 서권기가 담겨 있는 글씨를 쓰라는 것에는 독서를 통해 바람직한 인물됨됨이를 이룰 수 있다는 사유가 담겨 있다. 이 같은 사유는 일종의 '학學[인품人品]에 일치藝一致'를 말한 것이다. 아울러 독서는 단순히 지식을 획득하게 하는 것에만 머무르는 것이 아니라 양성養性과도 관련이 있다.[52]

마음의 수양공부를 통한 속기가 배제된 상태에서는 당당하게 글씨를 남에게 보일 수 있는데,[53] 우세남虞世南은 중화미학 차원에서 이런 점에 대하여 말한 적이 있다.[54] 우세남이 생각하는 나쁜 글씨는 마음과 정신이 바르지 못하고 뜻과 기운이 화목하지 못한 결과다. 이런 글씨는 중화 차원의 미와 거리가 있는 글씨에 해당한다. 즉 '기울고, 엎어진 글씨'는 수양이 제대로 안 된 '인욕'을 드러낸 글씨에 해당한다. 이런 점에서 올바른 서예창작은 정신 집중과 마음 다스림의 수양공부가 요청된다는 것이다. 그것을 총체적으로 '성중형외'의 '심정'을 통해 말하고 있다.

4

대용大用[재도載道] 차원의 예술 추구 경향과 인품론

한대 조일은 당시 유행하는 '배경추속背經趨俗'의 초서 서풍을 비판한 「비초서非草書」를 쓴 바 있다. 조일은 서예가 문자예술이란 점에서 문자와 불가분리의 관계를 갖고 있고, 따라서 문자를 통한 예술을 한다 해도 유가성인이 문자를 만든 근본적인 목적 즉 '홍도홍세弘道興世'에서 벗어나서는 안 됨을 말한다.[55] 결론적으로 예술을 해도 인륜을 밝히고 세상을 경륜하는 '치세'와 '재도載道' 차원에서 임해야지 순수 예술적 차원에서 탐닉해서는 안 됨을 말한다.[56] 조일과 유사한 서예인식을 보이는 항목은 서예의 공효성을 형이상학 측면에서 '천지의 작용과 함께하는 경지[동류천지同流天地]'

를 말하고, 현실적 차원에서는 '가르침과 유가의 경전을 돕고 지키는 것[익위교경翼衛教經]'에 있다고 말한다.[57] 주성연은 '인간이 천도의 항상됨을 본받는 것[성지자誠之者]'이란 차원의 서예를 말한다.[58]

이런 예술관에서 출발한 예술은 우아함, 담박함, 한냉寒冷함을 담아내는 이른바 '존천리, 거인욕'의 미학으로 나타난다. 때론 차원은 다르지만 일품逸品을 중시하는 것으로도 나타났다. 즉 손위, 왕묵, 이영성, 장지화, 예찬 등이 일품 작가로 평가받는 가장 중요한 이유는, 바로 훌륭한 인품과 더불어 은일적 삶, 탈속적 삶을 살았기 때문이다. 하지만 전 중국예술사를 보면, 일품의 경지에 오른 인물이라도 윤리의 영역을 벗어난 것은 아니었다. 팡둥메이方東美는 이런 점에 대해, 중국역사를 볼 때 대부분의 시대에 정치로써 문화를 제어하고 사상자유에 재갈을 물렸기 때문에 극소수의 우뚝 서서 홀로 고고하게 살아갔던 예술가를 제외하면 모두 정치에 복무하는 예술을 펼칠 수밖에 없었는데, 다행스럽게 은일자들이 정치의 지배를 받지 않고 자신의 예술세계를 펼쳤기 때문에 학술생명이 끊어지지 않은 점이 있었다고 한다. 하지만 중요한 것은 이런 은일자들이 정치의 지배를 받지 않았더라도 윤리의 영역을 벗어난 것은 아니었다고 한다.[59] 팡둥메이의 분석은 공자의 '은거구지隱居求志' 사유의 예술적 적용에 해당하는데,[60] 이런 점은 동양예술에서 추구하는 '자기 도야의 기술로서의 예술관'을 이해하는 인품결정론의 핵심이 되기도 한다.

유가는 공자가 말한 이른바 '의인유예依仁遊藝', '회사후소繪事後素' 정신을 예술창작에 적용하여 이해한다. 아울러 『예기』「악기」에서는 '덕상예하德上藝下'를 말하면서 바람직한 예술이란 이른바 '상덕象德' 차원의 예술이어야 함을 말한다. 이런 점은 '명명덕明明德' 이후에 '친親[혹은 신新]민民'으로, '성의정심誠意正心' 이후에 '수신제가, 치국평천하'로 이어지는 이른바 선후본말에 대한 사유를 예술창작에 적용하여 이해한 것이다. 결국 『논어』「학이」에서 말하는 '근본이 서고서 도가 생긴다[본립이도생本立而道生]'라는 사유가 적용되는 이러한 예술관은 총체적으로 '도道[혹은 덕德]본예말本藝末' 사상으로 귀결된다. 아울러 이런 사유는 예술창작 이전의 마음상태로서 '미발의 중'이 먼저 확보된 이후에 예술창작의 긍정적인 결과인 '이발의 화'로 이어져야 한다는 중화미학을 강조하는 것으로도 나타난다.

이상 말한 것을 정리하면, 모든 것이 예술창작 이전에 먼저 마음 다스림의 수양공부 및 인격을 완성한 이후에 예술창작에 임하라는 것이다. 항목은 이런 점을 『서법아언』에서 "서법을 바로하는 것은 인심을 바로하고자 함이고, 인심을 바로하는 것은 성인의 도를 호위하고자 함이다"라고 말한다.[61]

이처럼 유가는 유가 성현이 말한 '치세'와 '전도傳道'로서의 예술 즉 '재도載道'로서의 예술을 강조하는데, 장언원이 서화의 감계적 기능과 "교화를 이루고 인륜을 돕는다[성교화成敎化, 조인륜助人倫]"라는 것을[62] 강조하는 것도 이런 점과 무관하지 않다. 주희는 이런 서예의 공효성을 '대용으로서의 서예'와 '소용으로서의 서예'로 구분하여 말한다. 『성리대전性理大全』 권70의 「시詩」와 「문文」 부분에는 정이, 주희 등이 읊은 철리시哲理詩 및 '극기복례', '존천리, 거인욕' 등의 수양론과 관련된 「잠箴」과 「명銘」 등이 실려 있다. 그것에는 유가가 지향한 쇄락灑落풍의 바람직한 예술경지와 경외적 삶이 함께 실려 있는데, 예술에 주로 적용되는 것은 경외적 사유다. 『성리대전』은 성리학을 이해하는 핵심 텍스트이면서 아울러 과거를 응시하는 데 필독서다. 표면상으로 보면 『성리대전』에 담긴 내용들은 서예와 전혀 관련이 없는 것 같지만, 암암리에 서예에 농후한 유가의 도학道學 색채를 띄게 하였다. 주희가 말하는 '대용大用으로서의 서예'는 '전경傳經', '재도載道', '술사述史', '기사記事', '치백관治百官', '찰만민察萬民', '관통삼재貫通三才'를 담아내야 한다는 것이다. '소용小用으로서의 서예'는 간편함과 자미姿媚함을 추구하다가 점차로 '참된 것을 잃어버리고[실진失眞]' '눈만 즐겁게 하는 것[열목悅目]'을 아름다운 것으로 여기는 것을 의미한다.[63] 여기서

'실진'은 주희가 『중용장구』 「서문」에서 말하듯, 유가 성인이 지향하는 '진실로 그 중을 잡아라[윤집궐중允執厥中]'라는 것을 벗어난 인욕을 드러냄을 의미한다. '열목'은 순수예술론 차원에서의 예술의 오락적 측면을 말한다. 주희는 예술이란 순수예술론 측면보다는 '치세'와 '전도'로서의 예술이어야 함을 강조한다. 당연히 예술을 통해 지향하는 세계관이 무엇인가와 마음 다스림의 수양공부가 중요하게 된다.[64]

왜 중국예술에서 예술창작 이전에 마음 닦는 수양공부를 강조하는가? 그것은 공자가 극기복례와 관련하여 말한 '사물론四勿論[비례물시非禮勿視, 비례물청非禮勿聽, 비례물언非禮勿言, 비례물동非禮勿動]'과 관련이 있다. 즉 유가사상에 훈도된 예술가들은 '예에 맞지 않으면 예술을 하지 말아라[비례물예非禮勿藝]'라는 것을 항상 염두에 둔다. 예술가로서 개인도 전체 사회 구성원의 하나라는 사실을 잊어서는 안 된다. 이런 사유는 결국 예술가는 어떤 세계관을 가지고 예술에 임해야 하는 것인가 하는 질문으로 이어진다. 이런 의식을 크게 확장하여 말해보자.

송대에 오면 사士는 기본적으로 장재張載가 말하는 "천지를 위하여 마음을 세우고, 백성을 위하여 명을 세우고, 지나간 성인의 학문을 이으며, 끊어진 성인의 학문을 계승한다. 만세를 위하여 태평성세를 연다"[65]라는 것과 범중엄范仲淹이 말한 "천하로써 나의 임무를 삼는다", " 천하의 근심을 먼저 근심하고, 천하의 즐거움을 후에 즐거워한다"[66]라는 역사적 사명감을 실천하고자 하였다. 사士는 천자와 마찬가지로 세상을 책임진다는 사명감과 우환憂患 의식하에서 도의道義를 실천하고자 하였다. 고염무顧炎武는 이런 점과 관련해 군자가 학문을 하는 것을 '유가 성인이 말한 도를 밝히고 세상을 구제한다[명도구세明道救世]'라는 것으로 이해하고, 시문詩文을 하더라도 이 같은 '명도구세'에서 벗어나서는 안 된다고 한다.[67]

중국의 문인사대부들이 '자연으로 귀거래歸去來'를 행한 도연명을 높이는 이유도 다른 것이 아니다. 도연명이 권력, 명예, 재물 등과 같은 세속적인 것을 멀리하고 은일적 삶을 살면서 자신의 삶을 '고궁절固窮節'이라 규명한 것에 담긴 인품 때문이었다. 소식이 "옛사람이 서예를 논할 때에 그가 평생 산 삶도 함께 논하였다. 진실로 그 사람이 그릇되었다면 비록 글씨를 잘 썼다고 하더라도 귀하지 않다"[68]라는 말은 한 인간을 평가하는 데 관건이 되었고, 그것은 예술에서의 인품결정론으로 귀결되었다. 대용차원의 예술 추구 경향도 이런 점과 무관하지 않다.

5

인품을 기준으로 하는 평가에 대한 변화상

이처럼 인품이 있어야 격조 높은 기운생동의 예술경지가 가능하다고 말하는 것이나,[69] 혹은 '학[인품]예일치론'을 말하는 것은 중국예술의 정론이다. 한 걸음 더 나아가 예술가는 인품도 있어야 하지만, 아울러 역사인식과 '롤 모델'로 작동할 수 있는 의미 있는 삶이 있어야 함도 강조한다. '시사詩史'로 일컬어지는 두보杜甫가 다른 시인보다도 추앙받는 이유는 그가 애군우국의 마음을 시에 담아냈기 때문이다. 이런 사유에는 시詩는 '덕이 밖으로 드러난 것이고 마음속에 담긴 감정이 소리로 드러난 것이다[덕지장德之章, 심지성心之聲]'라는 사유가 깔려 있다.[70] 그렇다면 이 같은 유가적 시각에서 이해한 '서여기인'을 오늘날 어떤 식으로 평가할 수 있을까? 사실 올바른 인생관을 가지고 학식과 도량을 닦게 되면 더 좋은 작품을 창작하는 데 도움을 줄 수 있다. 하지만 그렇다고 서예작품의 우열이 한 작가의 도덕이나 인품 혹은 정치적인 품행과 반드시 필연적 관계를 갖고 있는 것이 아닐 수도 있다. 우리는 송설체로 유명한 조맹부에 대해 많은 사람들이

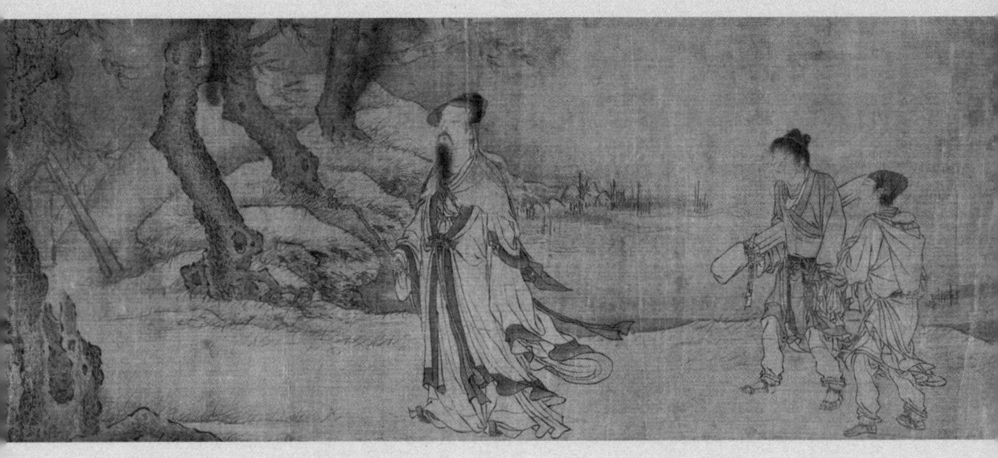

조맹부趙孟頫, 〈연명귀거래도淵明歸去來圖〉

도연명의 트레이드 마크인 '갈건葛巾', '명아주 지팡이', '무현금無絃琴' 등이 그려져 있다. 벼슬을 버리고 귀거래하는 도연명의 표표히 휘날리는 옷자락이 잘 묘사된 작품이다. 팽택彭澤 현령을 지냈지만, 그에게 남은 살림 도구들은 참으로 소박하다.

조맹부가 절개를 잃은 것을 비판도 하지만 후세 사람들이 그의 해법楷法을 좋게 여긴 것도 참조할 필요가 있다.[71] '서여기인'을 인품과 관련지어 이해하고 강조하는 것은 결국 미학, 예술이 윤리에 종속되는 결과를 야기한다. 이런 것은 자칫하면 편협한 예술론이 될 수 있다. 공자는 다음과 같은 말을 한 적이 있다.

> 공자는 말하기를, 군자는 말을 잘한다고 해서 그 사람을 들어 쓰지 않으며, 사람이 나쁘다 하여 그의 좋은 말을 버리지 않는다.[72]

군자가 하는 말이 좋다고 하여 그 사람을 들어 쓰지 않는 것은 사람의 행동이 말에 미치지 못하는 경우가 있기 때문이다. 사람이 악하다고 해서 그의 좋은 말을 버리지 않는다는 것은 한 마디라도 좋은 말이 없을 수 없기 때문이다. 유가는 원래 '무과불급'의 중용과 중화적 이념을 기준으로 하여 그것을 벗어난 노장사상과 불가사상을 이단으로 보아 배척하는 이단관을 전개한다. 이러한 이단관은 예술에서도 그대로 적용된다. "사람이 나쁘다 하여 그의 좋은 말을 버리지 않는다"라는 말은 이단을 무조건 배척하는 것을 문제 삼는 사람들이 반박글로 인용하는 말이기도 하다. 물론 이 말에는 군자라는 조건이 붙어 있다는 점을 상기해야 하지만.

여기서 '그의 좋은 말'을 예술 혹은 예술가로 바꾸어 이해하면, 그것은 서여기인 사유를 오늘날 어떤 식으로 이해해야 하는지의 질문과 깊은 관계가 있다. 즉 그 사람이 도덕적으로 문제가 있는 사람이라도 그 사람이 쓴 좋은 글씨까지 폐기하지 말라는 것과 연계지어 이해할 수 있다. 우리는 오덕선吳德旋이 "장서도張瑞圖와 왕탁王鐸의 인품은 형편없으나, 글씨를 씀에 있어서는 북송시대 대가의 풍모가 있으니, 어찌 그 사람으로 글씨를 폐할 수 있단 말인가"[73]라는 말에 귀를 기울일 필요가 있다는 것이다. 이것은 서예와 사람의 도덕이나 인품의 필연적인 관계를 부인하는 말에 해당한다. 이런 언급은 한 작품을 평가할 때 그 작품이 담고 있는 예술성 그 자체만으로 논하라는 것이다. 물론 이런 사유도 전혀 문제가 없는 것은 아니다. 하지만 그렇다고 서예작품의 모든 것을 인격이나 인품과 관련지어 평가하는 것도 문제가 있다는 것이다. 이런 점에서 옹방강翁方綱은 조맹부의 '실절'과 관련된 '원대의 벼슬[사원仕元]'한 행적을 비난하면서도 그의 글씨를 쓰는 것에 대한 이 두 가지 현상에 대해 합해서 논하는 입장을 취하기도 한다.[74]

이처럼 심화心畵, 심학心學, 심법心法이란 차원의 '서여기인'만을 강조하다보면 기교적인 차원을 무시하는 경우가 발생한다. 예를 들면 손과정이 "설사 운필이 미숙하여 기교가 오묘한 경지에 이르지 못하였다 하더라도 필획이 변화 기복할 적에 이미 마음에서 깊숙히 발양되고 있는 것이면 족하다"[75]라는 것이나 장회관張懷瓘이 「서단書斷」에서 "서에 대해 깊이 있게 아는 사람은 오로지 글씨에 표현된 신채神采만을 볼 뿐 자형은 보지 않는다"[76]라는 식의 언급이 이것에 해당한다. 이런 것은 모두 한쪽에만 치우친 예술관이라고 할 수 있다.

아울러 충의를 지킨 안진경의 인품에 대한 것은 모두 긍정적으로 평가하지만, 안진경 서예에 대한 평가에는 긍정적인 평가만 있는 것은 아니다. 남당南唐의 이욱李煜은 왕희지의 서체를 중심으로 우세남, 구양순, 저수량褚遂良, 설직薛稷, 안진경, 유공권, 서호, 이옹李邕, 장욱 등 당대 서예가를 평가한 적이 있는데, 그때 안진경 서체에 대해서는 '거칠고 노둔하다[조로粗魯]'라는 평가를 한다.[77] 왜냐하면 안진경의 글씨는 흔히 '누에의 머리 쥐의 꼬리[잠두서미蠶頭鼠尾]'라고 하는데, 서예가로서 안진경은 그때까지 유행하던 왕희지의 부드럽고 우아한 서체를 남성적이고 강건한 서체로 흐름을 바꾸었는데 그 서체가 거친 듯 노둔한 느낌이 들기 때문이다.[78] 이런 이욱의 평가는 왕희지가 상징하는 진대晉代 서예가 추구한 운치 및 중화미학을 기준으로 한 평가에 해당하지만, 중국 전체 서예사를 보면 이욱의 안진경에 대한 평가는 일정 정도 타당성을 가진다. 양신楊愼은 안진경과 조맹부에 대해 다음과 같이 평가한 바가 있다.

> 서법의 파괴는 안진경에서부터 시작하였다. 안진경 이하부터 당나라가 끝날 때까지 진대의 운치는 없었다. 오대 이욱에 이르러 비로소 이런 문제점을 알았다. 안진경 글씨에는 해서의 법이 있지만 좋은 곳이 없어 바로 '손과 발을 꼬고 있는 농가의 사내 혹은 늙은이와 같을 뿐'이라고 말하였다. 이욱의 논의가 한번 나오자 송대에 이르러 미불이 평하여 말하기를 "안진경 글씨의 붓끝은 찐빵과 같아 크게 추악하기가 물릴 정도다"라고 하였다. 또 말하기를 "안진경 행서는 볼만하지만 진실로 곧 속품에 들어간다"라고 하였다. 미불의 말은 비록 풍자에 가깝지만 이치가 없는 것은 아니다. 그러나 말은 잘하였지만 행동은 미치지 못하였다. 조맹부가 출현함에 이르러 한 번에 안진경, 유공권의 문제점을 씻어버리고 곧바로 진대의 인물들을 스승으로 삼았으니, 왕희지 이후에 진대의 서풍을 표현한 서예가는 조맹부 한 사람뿐이다.[79]

양신의 이러한 평가는 서여기인을 기준으로 한 평가보다는 예술성 및 기교를 긍정적으로 평가한 것에 해당한다. '서법의 무너짐이 안진경부터 시작했다'는 것은 왕희지 서예를 기준으로 한 평가에 속한다. 그런데 이런 평가를 다른 차원으로 보면, 안진경 서예가 왕희지 서예세계에서 벗어나 그만큼 독창적인 면을 보였다는 것을 의미하기도 한다.[80] 하지만 그것을 부정적으로 봤을 때는 때론 '손과 발을 꼬고 있는 농가의 사내 혹은 늙은이와 같을 뿐', '붓끝은 찐빵과 같아 크게 추악하기가 물릴 정도다' 등과 같은 평가로 나타나는데, 이런 평가는 앞의 '거칠고 노둔하다'라는 평가를 상기시킨다.

다음 채양 서예에 대한 평가를 보자. 원대 일명佚名은 서예가 추구하는 법으로 인품이 높아야 할 것과 법고를 스승으로 하는 것을 든다. 아울러 기교를 익히기 전에 먼저 '덕'을 쌓고, 그 '덕'이 손을 통해 드러났을 때 단정엄숙하면서 온후한 중화미학에 합치하는 아름다움이 나타나는데, 그것을 실천한 서예가의 예로 채양을 거론한다.[81] 이런 언급은 서여기인의 입장에서 왜 채양을 높이는가 하는 점을 단적으로 보여준다. 아울러 서예를 자기 도야의 기술로 이해한 것에 속한다.

그런데 이렇게 높임을 받은 채양 글씨에 대한 서로 다른 평가는 이미 소식 시대에도 있었다. 소식은 채양의 글씨는 당대 독보적이라고 평가하면서, 채양의 글씨가 뛰어나지 않다는 이론異論을 불식시키고자 한다.[82] 소식의 이런 견해는 주로 유가적 사유에서 출발하여 채양을 최고의 서예가로 평가한 것에 속한다. 그런데 소식처럼 긍정적인 평가만 있는 것은 아니다. 채양의 글씨에 대한 다른 평가의 예를 들면, 채양의 글자 형태가 요요妖嬈한 규방의 냄새가 난다고 하는 평가가 그것이다.[83] 청대에 오면 채양 글씨에 대한 존숭은 점차 줄어드는 경향이 나타나기도 한다.[84] 소식은 채양이 자신보다 낫다고 말하지만, 오덕선은 채양보다 소식이 더 우위에 있다고 평가한다.[85] 소식과 채양에 대한 후대의 다양한 평가를 참조하면, 소식을 채양보다 낫다고 한 오덕선의 평가가 더 정확한 것에 속한다.

조맹부의 '실절'에 대한 것은 대부분 부정하지만, 서예의 예술성 그 자체에 대한 평가는 부정적인 것만 있는 것은 아니다. 조맹부는 명의 황족으로 '원대에 벼슬'하여 '실절'했지만 채경 같은 간신은 아니었고, 후에는 은둔을 꿈꾸면서 자신을 반성하기도 한다. 주화갱은 조맹부 글씨를 원대의 가장 뛰어난 서예가라고 하면서 그를 '노서奴書'로 폄하하는 것은 잘못된 것이라 말한다.[86] 후대에는 채경에 대한 평가도 다양하게 나타난다. 양빈은 서여기인의 입장에서 채경이나 조맹부 등의 서예가 골기가 없다는 평가를 하는데,[87] 이런 평가는 조맹부 서예에 대해 적용할 수 있지만 채경의 서예에 적용하기에는 무리가 있다고 한다. 이런 점과 관련해 채경의 간신에 해당하는 행위를 일단 제외한 상태에서 채경의 서예에 대해 말한 왕불王紱의 언급에 주목할 필요가 있다. 왕불은 채경은 왕희지의 필의筆意를 깊이 얻어 스스로 일가를 이루었음을 말한다. 특히 큰 글자를 매우 힘차게 잘 써 장중莊重하고 힘센 맛이 있어서 한때의 '큰 구경거리[거관巨觀]'였다고 평가한다.[88] 이처럼 인품론을 기준으로 한 평가에서 벗어나 순수예술론적 차원에서 평가하면 조맹부와 채경에 대한 평가에는 다양한 평가가 있음을 확인할 수 있다.

이 밖에 조선조에서는 채경을 어떻게 이해했는지를 보자. 정도전鄭道傳은 채경이 이적의 화를 불러와 나라를 망하게 한 간신의 행태는 부정적으로 여긴다.[89] 정도전의 이런 이해는 이후 조선조에서 행해진 채경 이해에 거의 그대로 적용된다.[90] 하지만 채경의 글씨에 대한 평가는 미묘한 차이를 드러낸다. 조선조에서도 인품으로 평가하는 경우와 순수예술론적 차원에서의 평가가 다르게 나타나기 때문이다. 성해응成海應은 채경의 글씨는 묘하지만 귀하게 여기지 않은 것은 품행의 문제점 때문임을 지적한다. 이런 평가는 채경에 대한 일반적인 평가에 속한다.[91] 이덕무李德懋는 '성중형외'에 근간한 인품론 측면의 평가가 맞지 않는 경우의 하나로 채경을 거론하지만, '채경은 별종'이란 말을 통해 '성중형외'의 인품론이 일정 정도는 타당성이 있음을 말한다.

> 송지문宋之問은 옛날의 간사한 사람이다. 그런데 그의 시는 평온平溫하니, 과연 성정의 바른 데서 나온 것인가. 채경은 옛날의 간휼한 사람이다. 그런데 그의 글씨는 굳세고 단아하니 과연 마음에서 우러나와 쓴 것인가. 이는 혹시 별종別種인가. 시나 글씨는 기예일 따름이다. 단지 그 대체가 어떠한가만 보면 거짓과 바름을 구분할 수 있다.[92]

그런데 성현成俔은 이상 본 것과 달리 휘종과 채경이 군신의 도를 잃어버린 점은 인정하지만 이미 시대가 오래된 상태에서 필적의 묘함이란 측면만을 보면 보배로 삼을 수 있음을 말한다.[93] 아울러 수양대군과 권력다툼에 진 안평대군의 글씨에 대해서도 '뛰어난 보물[절보絶寶]'이란 말로 평가한다. 이런 입장은 정치적 상황을 떠난 예술론 차원에서의 평가에 해당한다.

이상 본 바와 같이 인품론만을 기준으로 하여 한 작가의 예술세계를 평가하는 것의 문제점을 지적하는 것에는 예술이란 단순히 인품으로만 평가할 수만 없는 예술의 자율성을 인정하는 사유가 담겨 있다.

6
-
나오는 말

한국역사에서 글씨를 잘 쓴 서예가로 해동海東의 서성으로 일컬어지는 김생金生을 비롯하여 안평대군 이용, 석봉 한호, 추사 김정희, 원교圓嶠 이광사李匡師 등을 들 수 있는데, 이 같은 쟁쟁한 서예가들의 작품도 가격 측면에서 보면 안중근의 서예작품과 상대가 되지 않는다. 한두 작품만 보물로 지정되어도 영광인데, 안중근 작품은 20여 편이 넘는 작품이 보물로 지정되었다.[94] 안중근은 전문적인 서예가가 아닌데도 말이다. 이 글에서는 왜 이 같은 현상이 일어나는 것일까? 하는 것을 다양한 관점에서 살펴보았다.

중국예술은 기본적으로 '마음을 표현하는' 예술이란 관점이 있는데, 서예가 그런 점을 가장 잘 반영한다. 그리고 이런 점은 자기 도야의 기술로서의 예술이란 점과 매우 밀접한 관련이 있다. 이런 점을 이 글에서는 구체적으로 '서여기인'에서 출발한 인품결정론, 심화·심학으로서의 예술 및 심상설心相說에 근간한 심정心正의 예술, 상덕象德의 예술, '대용[재도載道]' 차원의 예술 추구 경향 등을 통해 살펴보았다.

송대 성리학이 발흥함과 더불어 서예는 개인의 자유의지와 개성을 중시해야 한다는 상의尙意 서풍이 발생한다. 이런 상의 서풍은 서예작품을 서예가의 인품, 학덕과 함께 평가하는 것으로 나타났다. 이런 점에서 가장 추앙받았던 작가는 안진경이었다. 중국서예사를 보면 인품결정론에서 출발하여 작가의 인품과 행실이 문제가 될 경우에는 작품 자체가 뛰어나더라도 제대로 평가를 받지 못하였다. 예를 들면 채경과 조맹부가 그 예다. 이렇게 작가를 기교 아닌 인품으로 판단하는 인품론에는 '성중형외' 이론이 담겨 있었다. 인품론은 결국 작가의 '심정心正'을 강조하는데, 그 밑바탕에는 유가가 지향하는 중화적 심미관이 깔려 있다. 아울러 예술을 순수 예술론적 차원에서 접근하는 것이 아니라 한 예술가의 예술행위와 작품이 사회에 어떤 영향력을 끼치는가 하는 점에서 접근하였다. 이런 점에서 '예술의 공효성' 측면을 강조하는데, 유가는 특히 '대용[재도載道]'으로서의 예술을 강조하였다.

이처럼 심상心相의 예술, 심정心正의 예술, 상덕象德의 차원에서 제기된 인품결정론은 '자기 도야의 기술로서의 예술'과 매우 밀접한 관련이 있다.

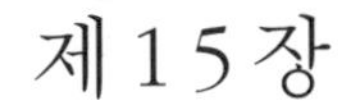

제 1 5 장

유가의 몸에 대한 인식을 통해 본 신체미학

사사로움이 사람의 마음이다.

만약 사사로움이 없다면 마음이 없는 것이다.[이지]

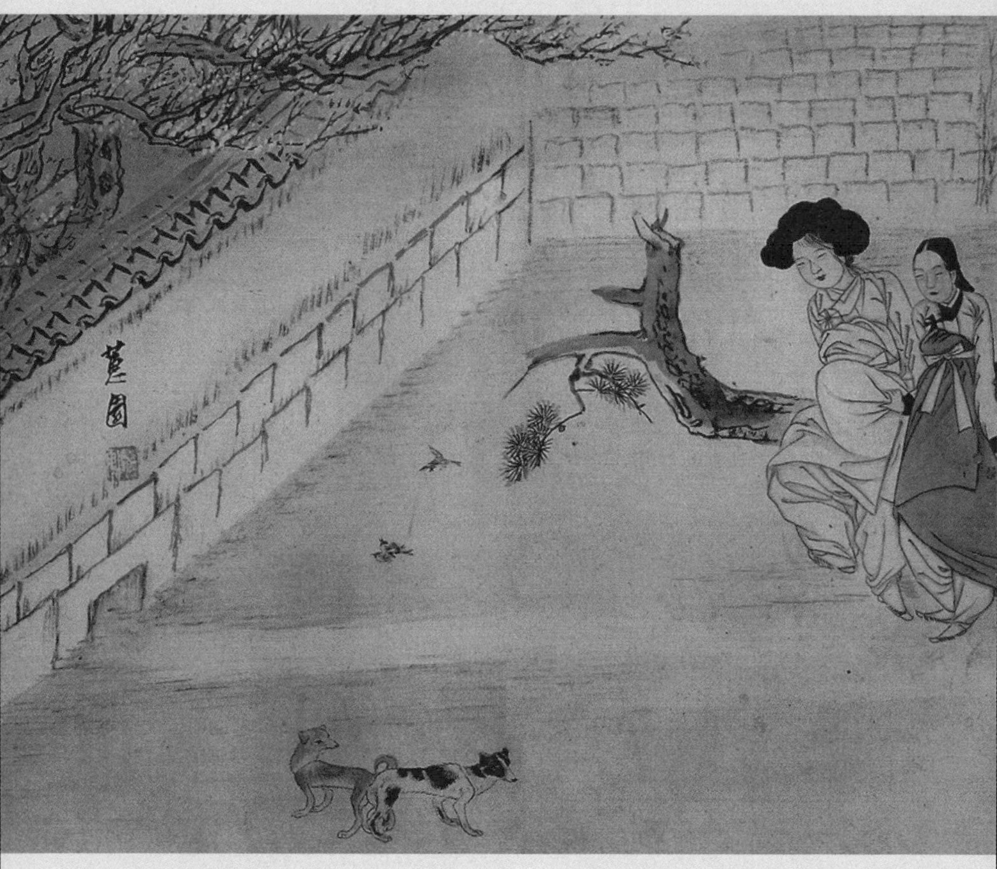

신윤복, 〈이부탐춘嫠婦探春〉

봄은 양기가 새롭게 일어나는 계절이다. '춘春'자는 흔히 남녀의 성적 욕망과 행위와 관련된 용어로 쓰인다. 이 그림은 두 마리 개가 짝짓기 하는 광경을 본 과부가 소나무에 걸터앉은 채 배시시 웃으면서 춘동하자 옆에 있던 시녀가 못마땅한 표정으로 꼬집는 장면을 그린 것이다. 자연은 과부가 걸터앉은, 온갖 풍상을 다 겪은 늙은 소나무에도 새로운 가지가 자라게 한다. 이는 『주역』「대과괘大過卦」의 '고양생화枯楊生華' 혹은 '고양생제枯楊生梯'를 연상시킨다. 흔히 이 그림은 과부의 색탐을 그린 것으로 본다. 본디 '존천리, 거인욕'을 통해 유가의 금욕주의를 부르짖은 정이程頤는 과부의 재가에 대해, "재가하지 못해 굶어죽는 것은 사소한 것이지만, 절개를 잃어버리는 것은 큰일이다[餓死事小, 失節死大]"라며, 여성의 재가와 관련된 욕망을 부정적으로 보았다. 하지만 신윤복은 욕망에 재갈을 물린 억압적인 발언에 대해 실질적으로 반기를 든다. 여성도 비록 은밀하지만 소외됐던 욕망을 표현하는 시대가 왔다. '열녀문'이 모든 것이 아닌 시대가 도래한다는 의미다.

1

들어가는 말

이성에 대한 절대적인 믿음이 약해지고 그와 더불어 포스트모더니즘이 활발하게 논의되고 있는 시점에서 데카르트가 말한 "나는 생각한다. 그러므로 나는 존재한다"가 아닌 "나는 몸으로 말한다. 고로 존재한다"[1]라고 할 정도로 몸, 육체성에 대해 많은 관심을 기울인다. 현대문화와 사회를 이해하는 한 방식으로서 몸은 이제 철학계뿐 아니라[2] 예술계의 관심의 대상으로 떠올랐다. 특히 현대미술에서는 '육체성의 부활'을 이성으로부터 해방하려는 부단한 몸짓으로 해석하고자 하는 경향도 나타나고 있다.[3]

동양적 사유구조에서 몸은 마음과 별개의 것이 아니라는 심신일원론을 말한다.[4] 즉 동양철학에서 몸과 마음을 '신심일여身心一如'와 '심물합일心物合一' 차원에서 논하는 경우가 많다. 이런 사유는 서양에서 데카르트가 말하는 양자를 두 개의 실체로 간주하려는 실체이원론과 대비된다.[5]

동양에서의 몸과 마음에 대한 이해는 시대와 사상가에 따라 달리 나타난다. 몸과 마음에 대한 견해에는 두 가지가 있다. 하나는 마음은 '몸의 주인이다', 혹은 '마음은 몸을 주재한다'는 것이다. 이런 것은 대개 '욕망과 관련되어 이해되는 몸'을 닦아야 한다는 수신修身을 강조하는 철학으로 나타난다. 즉 자기의 사사로운 욕망을 이기고 예를 회복하고, 예가 아니면 보지도 듣지도 말하지도 움직이지도 말하는 극기복례의 미학과 '천리를 보존하고 인욕을 없애라'라는 것을 강조하는 욕망 절제의 미학인 '수신의 미학'으로 나타난다. 이런 사유에는 기氣보다는 리理를, 문文보다는 도道를 우선적인 것으로 보는 이성주의 중시 사고도 담겨 있다.

다른 하나는 '몸이 마음을 주재한다'는 입장을 인정하기도 하지만, 마음 못지않게 몸의 중요성을 강조하는 사유로, 이런 점은 주로 왕수인의 양명학에서 주장한다. 특히 양명좌파라고 불리는 태주학파의 자신의 욕망을 충족하여 '몸을 편안하게 하라[안신安身]'는 '안신의 철학'은 이런 점을 대표한다. '안신의 철학'은 욕망 긍정의 미학인 '안신의 미학'으로 나타난다. 이런 사유에서 출발하면 문은 도로부터 벗어나기 시작하고, 그동안 리에 의해 부정적으로 여겨진 기에 대해 가치를 부여하는 것으로 나타난다. 물론 이러한 구분은 개괄적이다. 하지만 이 글에서는 이해의 편의상 '수신의 미학'과 '안신의 미학' 이 두 가지로 나누어 고찰한다.

미학적 입장에서 볼 때 심신일원론은 더 나아가 감정과 이성의 합일을 추구하는 정리합일론情理合一論, 문文과 질質의 조화를 추구하는 문질빈빈론文質彬彬論 등도 가능하게 한다. 아울러 서양미학에서 잘 찾아볼 수 없는 형신론形神論, 기운생동론氣韻生動論 등을 가능하게 한다. 왜냐하면 몸은 정신과 육체의 통일체이므로 그 마음은 몸짓, 낯빛, 눈빛 등으로 표현되는데, 마음이 몸으로 표현됨은 몸에 충만한 '기氣'와 관련이 있고, 이 '기'는 모든 예술의 출발점이 되기 때문이다.[6]

2
-
'마음이 기를 통해 몸에 드러남'의 미학

대부분의 중국사상가들은 마음은 몸의 주인이거나 혹은 몸을 주재하는 것으로 본다. 진순陳淳은 송대 정주이학에서의 중요한 철학적 범주를 풀이한 『북계자의北溪字義』에서 "마음은 한 몸의 주재이다"[7]라고 한다. 송대 정주이학의 '성은 곧 이치이다[성즉리性卽理]'와 다르게 '마음이 곧 이치이다[심즉리心卽理]'를 말하는 왕수인도 "몸을 주재하는 것은 마음이다"[8]라 하고, 또 "마음은 몸의 주인이다"[9]라고 한다. 몸과 기의 관계에 대하여, 진순은 몸은 기로 충만되어 있고, 몸은 천지의 기를 얻어서 이루어진다고 본다.[10] 회남자淮南子는 "형形은 생生의 집이다. 기氣는 생生의 충만함이다. 신神은 생生을 제어하는 것이다. 하나라도 없게 되면 세 가지는 상하게 된다"[11]고 하여 형·기·신 삼자의 불가불리적 속성을 말하고 있다.

장자는 기의 변화 혹은 기가 모이고 흩어지는 것에 따라 인간의 생사를 설명하기도 한다.[12] 이런 점에서 볼 때 기는 사상가에 따라 정신적인 것으로 보거나 혹은 물질적인 것으로 보거나 하는 차이점은 있지만, 생명체에 충만해 있으면서 그 활동을 영위하게 하는 힘인 것을 알 수 있다. 유가의 기와 몸 그리고 마음의 관계를 잘 보여주는 것은 맹자의 다음과 같은 말이다.

> '지志'는 '기氣'의 장수요, '기'는 몸에 꽉 차 있는 것이니, '지'가 최고요, '기'가 그 다음이다.[13]

'마음의 가는 바[심지소지心之所之]'라고 풀이되는 '지'는 마음이 움직인 것으로,[14] 이 '지'는 '기'에 의해, '기'는 '지'에 의해 영향을 주고받는다고 본다.

> '지'가 한결같으면 '기'가 동하며, '기'가 한결같으면 '지'를 동한다. 지금 넘어지는 것과 달리는 것, 이것은 '기'이나 도리어 그 마음을 동요하게 된다.[15]

정이가 '지'가 한결같을 때 '기'가 동하는 경우는 열에 아홉이며, '기'가 한결같을 때 '지'가 동하는 것은 열에 하나라는 말을 해도,[16] '지'와 '기'는 각각 영향을 주고받는 관계에 있다. 특히 '지'라 해도 '기'가 없으면 부릴 바가 없다는 것은[17] '심신일원' 사고하에서 가능한 이해다. 이처럼 사람의 몸은 기로 이루어져 있고, 기의 힘에 의하여 자신의 생명을 유지하고 활동한다. 이 글에서는 이 기가 정신적인 것인지 물질적인 것인지 하는 것은 일단 보류한다. 다만 몸에 충만한 것은 기이며, 마음의 상태가 몸으로 드러나는 것은 기에 의한 것이라는 것만 확인하고자 한다. 즉 시력, 청력은 물론이고 감정, 욕망, 사고, 마음의 기능 등은 모두 기와 연관이 있다는 것이다.[18]

여기서 주목할 것은 기가 몸에 충만하게 쌓여 있는지 아닌지의 여부와 충만하게 쌓인 기가 정기精氣 혹은 덕기德氣인지, 아니면 사사로운 욕망과 관련된 사기私氣인지의 여부에[19] 따라 그 기와 관련된 몸의 드러남의 양상이 달라진다는 것이다. 따라서 마음 표현을 예술의 출발점으로 삼는 동양미학, 동양예술에서는 이 기가 매우 중요한 의미를 지닌다.

유가는 수기치인修己治人[혹은 수기안인修己安人], 내성외왕內聖外王을 추구한다. 단순히 자기완성에 그치지 않고 항상 완성된 자기를 바탕으로 하여 치인 혹은 안인을 추구한다. 치인 혹은 안인은 의도적인 정치적 행위 또는 교육을 통하여 이루기도 하지만, 완성된 자신을 통해 타인이 자연스럽게 감화되는 감화력을 통하여 이루기도 한다. 후자의 경우는 일종의 인격미학의 핵심으로서, 미학적으로 중요한 의미를 지닌다. 완성된 자기를 이루기 위해서는 나면서부터 부여받은 성선性善을 확충하는 수양공부가 필요하다. 이런 것을 미학적인 측면에서 논하고 있는 것은 맹자다.

> 태어나면서 부여받은 성선의 욕구대로 하는 것을 착하다[선善]고 하고, 태어나면서 부여받은 성선을 몸에 지닌 것을 신실하다[신信] 하고, 몸에 지닌 것을 충실케 하는 것을 아름답다[미美] 하고, 충실케 하여 광휘가 있는 것을 위대하다[대大] 하고, 위대하여 남을 감화시키는 것을 성스럽다[성聖] 하고, 성스러워 남이 알 수 없는 것을 신령스럽다[신神] 한다.[20]

여기서 충실하게 한다는 것은 인간에게 선천적으로 주어진 인의仁義의 선한 본성을 자신의 노력을 통하여 인간의 몸 가운데 충만하게 한다는 것이다. 따라서 무엇보다도 선한 본성과 관련된 기운을 몸 안에 충만하게 하는 수양공부가 필요하다. 몸 안에 충만된 성선의 도덕미는 몸 밖으로 드러나 광채를 발하고 그와 더불어 타인을 성선으로 감화시키는 감화력이 있게 되기 때문이다. 이런 점에 대하여 주희는 "도덕적 화순함이 마음속에 가득 쌓이면 영화로움이 밖으로 나타나게 된다. 미는 그 가운데에 있고, 점차로 그 미덕이 사지에 넘쳐 흘러가고 사업에 발하게 되면 덕업德業은 지극히 성실하게 되어 더 이상 더할 것이 없게 된다"[21]고 주석한다. 『주역周易』「곤괘坤卦·문언文言」에서는 "군자는 황색의 치마가 상징한 바와 같이 곤도坤道의 이치를 깨닫고 자신이 서야 할 위치를 지켜 방자하지 않는다. 그러면 미덕美德이 가슴에 가득 차고 온 몸에 퍼져 몸을 윤기 있게 해주며 그 업적은 사업에 나타난다. 이것이야말로 미덕의 극치이다"[22]고 하여 앞의 내용과 유사한 미의식을 말하고 있다. 이처럼 이상적인 미는 단순히 '충실지위미' 차원에만 그치는 것이 아니다. 나면서부터 부여받은 성선에 바탕한 미가 몸으로 빛을 발하고 감화력을 발휘하는 '대'·'성'·'신'의 경지에 이르러야 한다.

곤괘

이 밖에 예악을 중시하는 유가에서는 예악을 통하여 앞서 맹자와 동일한 미의식을 보여주고 있다.

> 악을 이루어서 마음을 다스린다면, 꾸밈이 없고[이易], 정직하고[직直], 남을 사랑하고[자子], 착하게 되는 마음[량諒]이 뭉글뭉글 생긴다. 이 이·직·자·량의 마음이 생기면 즐겁고, 즐거우면 편안하고, 편안하면 오래가고, 오래가면 하늘과 같은 경지에 오를 수 있다. 하늘과 같은 경지에

오르면 신묘하게 된다. 하늘과 같은 경지에 오르면 말하지 않아도 백성들에게 믿음을 주고, 신묘하게 되면 화내지 않아도 백성들에게 위엄을 드러내게 된다.[23]

여기서 '이·직·자·량'의 마음이 생기면 즐겁고, 즐거우면 편안하고, 편안하면 오래간다는 것'은 각각 맹자가 말한 '선·신·미·대'의 경지에 해당하고, '하늘과 같은 경지에 오르고 신묘하게 된다는 것'은 맹자가 말한 '성·신'의 경지에 오른 것을 의미한다.[24] 이처럼 안에 충실한 기에 의한 미적인 것이 몸 밖으로 드러난다는 미의식은 유가미학의 기본이 된다.

유가는 몸을 정신과 육체의 통일체로 생각하고, 그 몸은 마음이 드러난 것으로 본다. 특히 유가는 안으로 축적한 나의 덕, 나의 감정은 반드시 행위와 몸짓을 통하여 공동체의 상호 주관적 시선에[25] 드러날 때 그 존재가 확인된다고 생각한다.

소인이 한가로이 혼자 있을 때에 불선한 짓을 하되 하지 못하는 짓이 없다가 군자를 본 뒤에 겸연쩍게 그 불선함을 가리고 선함을 드러내고자 하나, 남이 자기를 알아봄이 마치 자신의 폐와 간을 꿰뚫어보듯 하니 그 무슨 소용이 있겠는가? 이런 것을 일러 '마음속에 성실한 기운이 쌓이게 되면 밖의 몸 표정으로 나타난다'고 한다. 그러므로 군자는 반드시 '홀로 있을 때를 삼가는 것'이다. 증자는 말하기를 "열 눈[=많은 눈]이 보는 바이며 열 손가락[=많은 손가락]이 가리키는구나, 무섭구나" 하였다.[26]

나는 나의 몸을 통하여 타인에게 보여지고 평가받지만 타인의 몸도 나를 통하여 보여지고 평가받는다. 나의 존재는 결국 나의 순수의식에 의하여 확인되는 것이 아니라 공동체 안에서 나를 주시하는 타인의 시선에 의해 확인된다는 것이다.[27] 따라서 항상 내가 타인에게 어떻게 보여질까 하는 '평가되는 나'를 문제 삼기에 보여지는 나의 몸의 닦임 여부를 염두에 두며, 이런 점에서 항상 나의 마음의 상태가 어떤 것인지를 문제 삼는다. 『예기』「악기」에는 '지정志情'이 심원하고 '지기志氣'가 충실하면 그 결과가 어떻게 되는지 하는 내용이 나온다.

> 덕은 본성의 단서이다. 악[28]은 그 덕이 밖으로 드러난 영화로운 것이다… 지정志情의 느낌이 심원하면 가사는 문채가 나 밝고, 지기志氣가 충실하면 그것이 사물을 감동시키는 것이 신묘하다. 화순和順한 기운이 마음속에 쌓이면 성음의 영화로움이 밖으로 나타난다. 악은 마음의 표현이므로 악은 거짓된 것으로 해서는 안 된다.[29]

몸에 충만한 마음과 관련된 기는 몸짓이나 눈빛으로 드러나기 때문에 자신을 속이는 짓을 해서는 안 된다. 또 타인을 속인다고 속일 수 있는 것이 아니다. 이런 점을 『대학』 6장에서는 '성중형외'와 '심광체반'[30]으로 말한다.

유가는 마음이 몸으로 드러남을 얼굴과 연계하여 말하되 그중에서 특히 눈동자에 주목한다. 유가에서 얼굴은 본성으로 주어진 인의예지가 드러나는 몸의 윤리적 의미를 지니는데, 특히 눈동자가 그런 점을 잘 말해주고 있기 때문이다.

> 사람을 살피는 데는 눈동자보다 더 좋은 것은 없다. 눈동자는 자기의 악을 엄폐하지 못한다. 마음속이 올바르면 눈동자가 맑고, 마음속이 올바르지 못하면 눈동자가 흐리다. 그가 하는 말을 듣고 그의 눈동자를 보면 사람이 어찌 자기 마음속을 감출 수 있겠는가?[31]

눈동자는 마음의 바른 것과 바르지 않은 것에 따라 달라진다. 즉 내재적 정신이 어떤 것인지에 따라 눈동자를 통해 드러난 기운은 달라지고, 그것을 통하여 마음속을 알 수 있다.[32] 서산진씨西山眞氏는 눈동자의 밝음과 어두움을 통하여 인간이 현인인지 아닌지를 알 수 있다는 관인법觀人法도 가능하다고 본다.[33] 이 같은 몸과 마음의 관계가 어떤 것인가에 관한 의문은 우선 '인간의 본성은 무엇인가' 하는 의문과 관련이 있다. 덕의 기운이 안에서 충만하면 몸 밖으로 드러난다는 미의식, 특히 눈동자에 드러난다는 미의식은[34] 성선론에 바탕한 낙관론에서 출발하고 있다.[35]

앞서 말한 대로 유가는 수기에 바탕한 치인을 항상 염두에 둔다. 몸의 드러남을 문제 삼는 것을 달리 이해하면, 드러난 몸의 정치적, 교육적, 사회적 효용성을 염두에 둔다는 것이다. 『예기』「악기」에서는 백성들이 군자의 드러난 외모를 보고 도덕적으로 훈화되어 저절로 감화하고 승복한다는 것을 말하고 있다.

> 악은 마음속에서 발동하는 것이고 예는 밖에서 발동하는 것이다. 악은 조화를 극진히 하고 예는 순함을 극진히 한다. 마음속이 화락하고 외모가 공손하면 백성들은 그 낯빛을 우러러보고 서로 다투지 않고, 그 용모를 보고 훈화되어 태만하거나 방탕한 생각을 일으키지 않는다. 그러므로 덕의 광휘가 군자의 마음속에서 움직이면 백성들은 명령에 복종하지 않음이 없다. 군자가 몸짓을 통하여 바른 도리가 밖으로 펼쳐진다면 백성은 승복하여 따르게 된다. 그러므로 예악의 도를 체득하여 이것을 천하에 실시한다면 천하를 다스리는 일은 조금도 어렵지 않다.[36]

유가미학에서 몸을 문제 삼는 것, 특히 몸의 닦음을 문제 삼는 것은 단순히 미학적인 측면에만 적용되는 것은 아니라는 것을 알 수 있다. 이같이 예술의 정치교육적 효용성을 염두에 두고 몸을 이해하는 것은 유가미학의 한 특징이다.

유가는 이처럼 나의 몸의 닦임을 통하여 자기완성을 이룬 뒤에[= 수기修己·성기成己·정기正己] 그것을 통하여 타인에 대한 감화력[= 치인治人·성물成物·정물正物]을 확보하고자 하기 때문에 몸의 닦임을 강조한다. 즉 생물학적인 몸이 아닌 타인에게 감화력을 줄 수 있는 도덕적 몸을 만들어가고자 한다. 이 같은 유가에서의 몸에 관한 담론은 결국 마음에 관한 윤리론적 담론이라고 할 수 있다. 아울러 몸의 드러남은 바로 '칠정' 같은 감정의 드러남으로 이어지기 때문에 욕망에 관한 담론으로 이어진다. 즉 수신의 미학으로 이어진다.

3

수신의 미학

중국의 성풍속사를 쓴 R · H · 반훌릭은 시대에 따라 인간의 몸의 노출에 따른 의복 또는 화장과 관련된 매우 흥미있는 분석을 한다. 예를 들면 다음과 같다. 당대만 해도 여자들이 목을 맨살로 드러냈고 흔히 가슴의 대부분이 노출되어 있다. 이것은 특히 무희들에게 적용되었다. 당대의 중국인들은 여자들이 목덜미와 젖가슴 부분을 드러내는 것에 대해 거부감이 없었다. 아니 오히려 그것을 통해 자신의 아름다움을 드러내고자 하는 의도도 보인다.

그러나 송대가 되면 상황이 달라진다. 송대에 오면 여자들은 가슴과 목을 겉옷의 위쪽 가장자리나 그 속에 입는 상의의 높직한 꼭 맞는 깃으로 가렸다. 여자들이 목과 가슴을 맨살로 들어낸다는 것이 보기 흉하다고 여겨진 후로 여자들은 길고 헐거운 겉옷 안에다 앞에 단추가 달리고 높직한

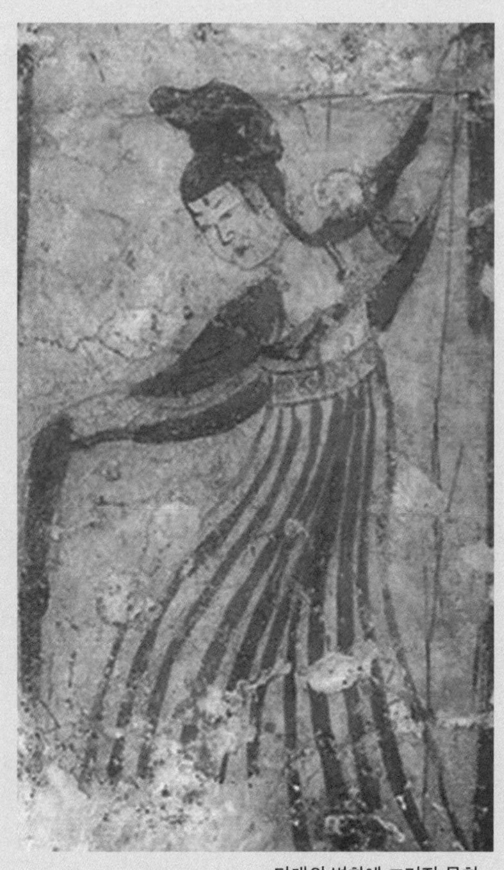

당대의 벽화에 그려진 무희
무희의 드러난 가슴이 당대의 특징이다.

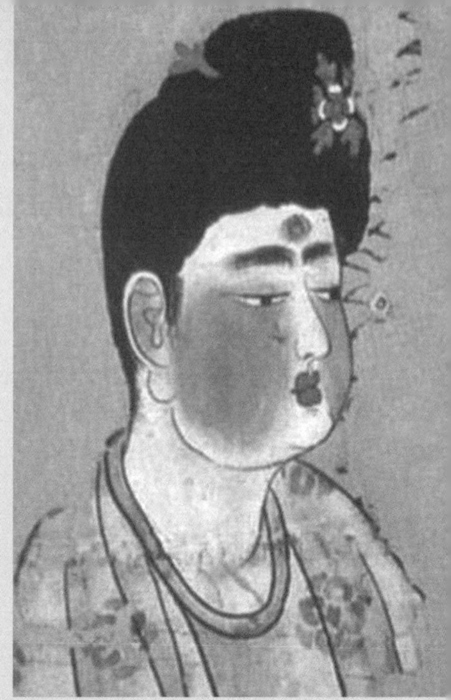

당대의 볼에 연지 바른 여인

송대에 그려진
〈영종공성황후좌상寧宗恭聖皇后坐像〉

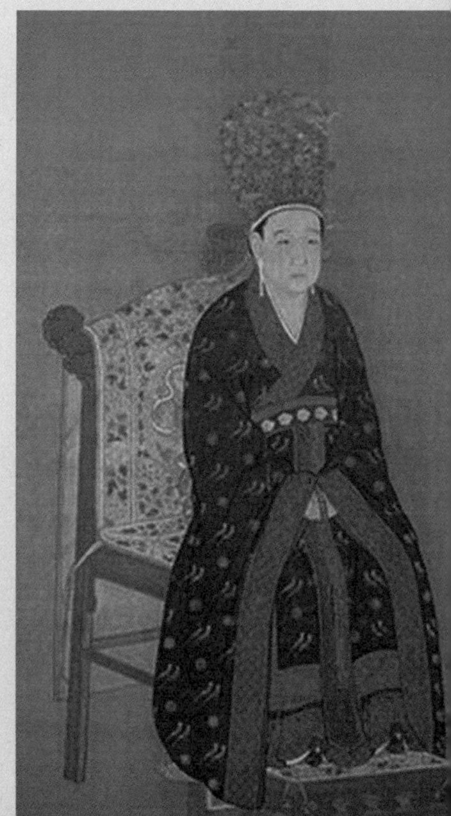

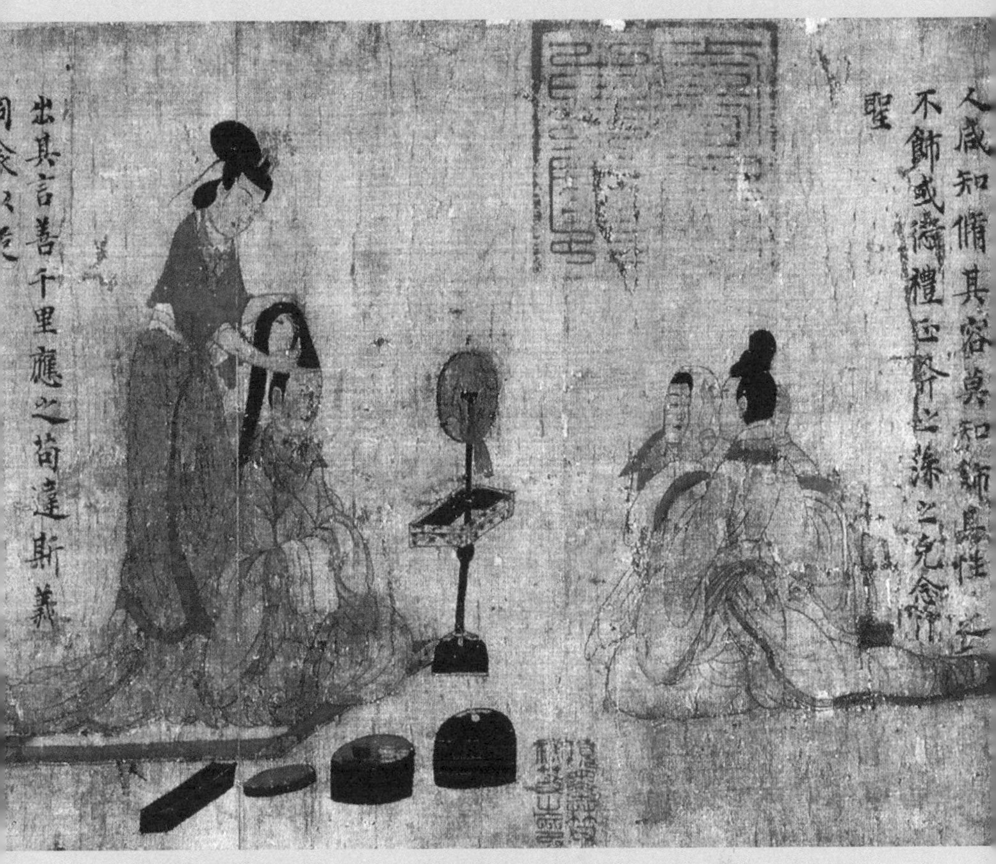

고개지, 〈여사잠도女史箴圖〉(부분), 런던 대영박물관 소장

꼭 맞는 깃이 달린 짧은 상의를 입기 시작했다. 화장의 경우, 당대 여자들의 입술에는 연지가 발라져 있고 볼에는 큼직하고 뚜렷한 연지 반점을 바로 눈 아래에 덧칠해 멋을 내고 있음에 비하여, 남송시대의 여자들은 연지를 그 이전보다 더 조심스럽게 발랐다. 뺨은 약간만 붉게 칠했고, 당대와 북송시대에 유행이었던 짙게 칠한 윤곽이 선명한 눈 밑의 붉은 점들은 더 이상 보이지 않게 되었다.[37]

종합하여 말하면, 당대와 송대에 각각 자신의 몸매를 보이는 것과 얼굴 꾸미는 것을 비교하면 큰 차이가 남을 알 수 있다. 왜 이런 차이가 나는 것일까? 이런 식으로 차이가 나는 것은 당대가 유·불·도 삼교가 공존한 시대였음에 비하여 송대는 정이와 주희의 이학사상 이른바 정주이학이 그 시대를 지배한 것과 무관하지 않다. 고개지顧愷之가 그렸다고 하는 「여사잠도女史箴圖」의 「화권畵卷」 중에는 "아름다운 것은 그 자체가 지닌 대로 아름다워야 한다. 꾸미면서 바꾸면 허물이 된다. 얼굴을 아름답게 꾸며 곱게 하여 군자가 짝으로 취해 인연을 맺었다가 끊어지게 됨은 실로 이러한 연유에서이다"[38]라는 화제가 있다. 얼굴을 예쁘게 꾸미고자 하는 것은 여인의 자연스러운 욕망일 수 있다. 하지만 얼굴을 꾸밈을 허물로 보았다.

이런 사유의 바탕에는 공자의 제자인 자하子夏가 "예쁜 웃음에 보조개가 예쁘며 아름다운 눈에 눈동자의 흑백이 선명함이여. 흰 비단으로 채색을 한다"라는 것이 무엇을 말한 것이냐고 질문할 때 공자가 "그림 그리는 것은 흰 비단[=바탕]을 먼저 해야 한다[회사후소繪事後素]"[39]고 대답한 것과 공자가 말한 '극기복례'의 사유가 동시에 깔려 있다. 여기서 '흰 비단[=바탕]을 먼저 한다'는 것은 몸을 아름답게 꾸미기 이전에 먼저 아름다운 자질 및 마음가짐—예를 들면 충忠과 신信—이 있어야 한다는 윤리성을 강조한 것이다. 『시경』 「국풍國風·소남周南」의 「관저장關雎章」에서는 요조숙녀가 좋은 짝인 군자를 오매불망 그리면서 전전반측하다가 그 군자를 만나 금슬 좋게 산다는 것을 말한다. 공자는 이 「관저장」을 "즐거우면서도 지나쳐 그 바름을 잃지 않았고, 슬프면서도 지나쳐 그 조화로움을 깨지 않았다"[40] 고 해석한다. 주희는 공자가 이 시를 지은 자는 성정性情의 올바름과 성기聲氣의 조화로움을 얻었다는 의미로 말한 것이라 주석하는데,[41] 이 같은 절제되고 중화된 감정 드러냄은 몸매를 보이는 것과 얼굴 꾸미는 것에도 그대로 적용된다.

유가는 몸보다는 정신을 강조하고, 감성보다는 이성을 강조함에 따라 자신의 희로애락의 감정을 자유롭게 드러내는 것을 억제해야만 했다. 여인들은 얼굴뿐 아니라 몸도 열두 폭 치마폭에 감추어야 했던 때도 있었다. 공자는 '예가 아니면 보지도, 듣지도, 말하지도, 움직이지도 말라'고 하면서 '자기 한 몸의 사사로운 욕망을 이기고 예로 돌아가라[극기복례克己復禮]'[42]를 강조한 적이 있다. 이것은 몸이 객관적 규범[=예禮]에 종속되어야 비로소 사회적으로 의미 있는 주체로서 형성된다는 것이다.[43]

이처럼 몸이 사회적으로 의미 있는 주체로 형성되기 위해서는 극기해야만 한다. 주희는 이러한 극기복례에 대하여 "공자가 극기복례라고 말한 것은 모두 나의 이 마음을 바로잡는 것이 천하만사의 근본이 되기 때문이다"[44]고 하여 극기복례하는 것이야말로 천하만사의 근본이라는 것을 말한다. 이런 관점에서 출발하면 욕구의 주체로서의 몸은 일정 정도 부정적으로 이해될 수밖에 없다.

송대 정주이학에서는 '성은 곧 리[성즉리性卽理]'이며, 선하지 않음이 없다는 것이다. 주희는 "성이란 마음의 리이고, 정이란 성의 움직임이다. 마음은 성정의 주인이다"[45]고 하는데, 결국은 마음이 정감과 욕망을 통제하는 주인이 되어야 함을 말한다. 이런 마음을 이해할 때 눈과 귀의 욕망으로부터 지각하는 것을 '인심', 의리상으로부터 지각하는 것은 '도심'이라[46] 하여 두 가지로 구분한다. "인심은 형기形氣의 사사로움에서 생기며, 도심은 성명性命의 정正에 근원한다"[47]고 하는데, 이런 사유를 도식적으로 규정하면 천리는 도심과 관련이 있고, 인욕은 인심과 관련이 있다. 물론 인심과 인욕은 다르고 논의되는 경지가 다르지만, 마음의 성정에 대한 주재성에 비하여 몸은 다르다고 본다. 정이는 "인간에게 몸이 있으면 스스로 사사로운 욕망의 이치가 있게 되니, 그것이 도와 합치되기 어려운 것은 당연하다"[48]고 하여 몸을 사사로운 욕망과 관련지어 부정적으로 이해한다. 주희도 동일하게 "사람에게 이 몸이 있으면 귀, 눈, 입, 체 사이에서 사욕에 연루됨이 없을 수 없어 예에 위배되고 인을 해친다"[49]고 말한다.

이처럼 욕망과 관련된 몸은 사회적 혼란을 야기시킨다. 이런 점에서 주희는 생존을 위한 최소한의 욕망 표출은 천리지만 그 이상의 것을 요구하는 것은 인욕이라 보았다.

> 먹고 마시는 행위 사이에 어떤 경우는 천리이며 어떤 경우는 인욕인가? (생존을 위해) 먹고 마시는 단순한 행위는 천리이나 맛있는 것[미미美味]을 요구하는 것은 인욕이다.[50]

맛있는 것을 요구하는 것은 몸의 욕망충족과 직접적인 관계가 있는데, 주희는 그것을 인욕으로 보아 부정적으로 이해한다. 정이는 특히 과부의 재가에 대하여 "굶어죽는 것은 작은 일이고 절개를 잃는 것은 큰 일이다"[51]라는 상징적인 언급을 통해 '존천리, 거인욕'을 말한 적이 있다. 자신의 사사로운 감정에 따라 절개를 잃어버리는 것은 몸의 욕망에 따르는 것이다. 정이의 말은 유가 윤리학의 핵심 표현인 '이로움을 보면 의로운지를 생각하라[견리사의見利思義]', '생을 버리고 의를 취한다[사생취의捨生取義]', '의로운 것을 중시하고 이로운 것을 가볍게 여기는[중의경리重義輕利]' 사상이 극단적으로 표현된 것이라 할 수 있다. 유가의 이러한 의와 리利의 구별은 이성과 감성을 대립적으로 이해하고, 이성으로 감성을 억제하고 또 욕망을 억압하여 개인의 생존을 확보함과 동시에 욕망 표출에 따라 야기될 수 있는 사회적 혼란을 막는다는 의미가 있다. 당연히 이런 점은 감정의 표현과 관련된 미학과 예술정신에도 영향을 준다.

이런 점에서 정이는 마음이 외물에 접할 때 나타나는 칠정 가운데 욕심을 가장 문제 삼는다. 정이는 "욕심이 사람에게 피해를 준다. 사람이 불선하는 것은 욕심이 유혹하기 때문이다. 유혹되었는데도 알지 못하면 천리가 멸하여 되돌아감을 알지 못하는 지경에 이르게 된다. 눈은 색을 욕심내며, 귀는 듣는 것을 욕심내며, 코는 향기를 욕심내며, 입은 맛을 욕심내며, 몸은 편안함을 욕심내는데 이것들은 욕망에 사역되기 때문이다"[52]라고 하여 이목구비 및 몸체가 욕망하는 그 자체를 문제 삼는다.

주희도 마찬가지로 "눈이 찬란한 색을 추구하고, 귀가 감동적인 소리를 추구하고, 입이 훌륭한 맛을 추구하고, 코가 좋은 냄새를 추구하고, 사지가 편안함을 추구하기 때문에 그 덕을 해치는 것을 어찌 말로 표현할 수 있겠는가"[53]라 하여 정이와 동일한 사고를 보여준다. 요컨대 사람이 이목구비 및 몸체의 욕망함은 착한 본성을 상실하고 천리를 위반하며, 이런 점에서 볼 때 몸을 편안하게 하고자 하는 욕망이나 기타 몸과 관련된 다른 욕망은 극복되어야 한다고 본다. 이것의 극복 방안은 극기복례하는 수양공부에 있다. 이런 점에서 주희는 "문을 꽉 잠그고 스스로 몸에 나아가 자세히 체인하여 바야흐로 사사로운 생각이 극복되었음을 느껴야 한다"[54]고 하여 욕망이 극복되었음을 확인하라고 한다.

우리가 확인해야 할 것은 예술표현은 주희가 부정적으로 본 이목구비에 의한 느낌 및 욕망 표출과 매우 밀접한 관련이 있다는 점이다. 결론적으로 주희는 "도를 닦는 것은 반드시 마음을 바로 하고 몸을 닦는 데 근본해야 한다"[55]고 하여 '존천리, 거인욕'과 극기복례적 사유를 하여 수신과 연계하여 이해한다. 이런 점에서 정이와 주희의 천리인욕관에 바탕한 미학은 천리를 드러내고 인욕을 억제하는 수신의 미학으로 나타났다.[56] 이런 몸의 욕망 드러냄에 대한 부정적인 사유와 앞 장에서 논한 타인에 의해 보여지고 평가받는 나를 염두에 두는 사유가 복합적으로 작용하게 되면 자신의 몸 드러냄과 관련된 행동거지는 매우 신중할 수밖에 없다. 이런 복합적인 사유가 있었기 때문에 중국예술에서는 서양과 같이 인간의 누드가 예술적 소재로 다루어지지 않았다.

유가의 전형적인 인간성 이해인 성선론의 입장에 서면 '수신'은 인간의 몸을 선한 주체로 만들어가는 과정이다. 인간의 몸을 선한 주체, 윤리적 몸으로 만들어가고자 하는 것은 욕망 극복을 통해 인간의 '선한 본성으로의 회복[복기초復其初]'로 이어진다. 이상과 같은 사유는 수신을 통해 미적인 것을 표현하는 수신의 미학으로 귀결되었다. 이런 수신의 미학은 중국미학 전통에서 볼 때 몸의 욕망 표현을 긍정적으로 바라보는 명대 중기 이후 '안신'의 철학이 나오기 전까지 지대한 영향을 끼쳤다.

4
안신安身의 미학

명 중기 이후 청 초에 이르는 기간은 상품경제, 화폐경제, 도시화가 실행됨에 따라 이른바 자본주의 맹아가 두드러지게 나타났고, 사회구조의 재편에 따른 인구의 이동이 격심하게 일어났던 시기였다.[57] 이런 사회적 변화에 따라 인간의 몸에 대한 이해도 달라졌다. 철학적인 측면으로 보면, 양명학의 탄생과 그 양명학의 변화—이른바 양명좌파로 불리는 태주학파의 탄생—에 따라 인간의 몸과 욕망에 대한 이해가 달라진다. 특히 청대 대진戴震의 기氣의 철학은 정주이학과 차별화된 몸의 철학과 미학에 일조한다.

왕수인은 이른바 심학의 핵심인 '마음이 곧 이치'라는 것을 주장한다.

주희가 도심은 항상 한 몸의 주인이고, 인심은 매번 도심의 명령을 받는다는 말에 대하여,[58] 왕수인은 도심과 인심은 분리될 수 없다는 '인심도심일심설人心道心一心說'을 말한다.[59] 아울러 마음은 혈육으로 된 몸을 벗어날 수 없고, 몸에 의지해야만 비로소 존재할 수 있다고 보아 정주이학에 비해 몸의 중요성을 상대적으로 강조한다.[60] 이런 왕수인의 심학은 시대가 흐름에 따라 '심즉리'에서의 리는 점차 내재적인 자연 정감으로 변하게 되고, 심지어는 욕구로까지 변하게 된다. 즉 '심즉리'는 '심즉욕心卽欲'으로 변하게 된다.[61] 인욕을 부추긴 사상가 중의 한 사람인 하심은何心隱은 사람의 감성 욕구가 사람이 가진 최고의 천성임을 분명하게 긍정하였다. 하심은이 "본성대로 맛난 것을 찾고, 본성대로 색을 밝히며, 본성대로 소리를 좋아하고, 본성대로 안일하고자 하는 것, 이것이 성性이다"[62]고 하는 것이 그것이다. 태주학파에 속하는 왕간王艮은 안신을 말하고 몸을 심心 위에 두었다.

> 그 몸을 편하게 하고 그 마음을 편하게 하는 것이 으뜸이며, 그 몸을 불안하게 하나 그 마음을 편하게 하는 것이 그 다음이고, 그 몸을 불안하게 하고 또 그 마음을 불안하게 하는 것이 그 아래가 된다.[63]

왕간은 "몸을 닦는 것이 근본을 세우는 것이다"라 하여 수신을 완전히 부정하지는 않지만 다른 방면에서 그는 '수신' 이외에 '안신'과 '보신保身', '애신愛身'을 더욱 강조한다.

> 몸을 닦는 것이 근본을 세우는 것이다. 근본을 세우는 것은 몸을 편안하게 하는 것이다. 몸을 편안하게 하여 집이 편안하면 집이 가지런해지고, 몸을 편안하게 하여 나라가 편안하면 나라가 다스려지고, 몸을 편안하게 하여 천하가 편안하면 천하가 평정된다. 그러므로 '자기를 닦아 남을

> 편안하게 하고, 자기를 닦아 백성을 편안하게 하며, 그 몸을 닦아 천하가 평화롭다'고 말하는 것이다. 몸을 편안하게 하는 것을 알지 못하고 문득 천하와 국가의 일을 구한다면, 이를 일러 근본을 잃었다고 하는 것이다.[64]

'몸을 편안하게 한다'는 것은 자신의 욕망을 충족시키는 것인데, 그것을 단순히 몸의 편안함으로만 이해하는 것은 아니다. 왕간이 돌출시킨 '신身'은 피와 살로 된 몸이다. 그는 이러한 '신'의 욕구를 만족시키는 것이 학문을 하는 근본이라고 인식하는 것은 몸의 욕망 드러냄에 대한 긍정적인 이해다.[65] 왕수인 제자 중에서 왕간이 가장 뛰어났다고 평가하는 이지는[66] '존천리, 멸인욕'를 부정하면서 인욕을 도덕의 기초, 선악의 표준으로 삼는다. 즉 자연스런 욕망의 만족과 물질적인 이익을 추구하는 것이 사람이 사는 목적이라고 지적하였다. 이지는 "옷 걸치고 밥 먹는 것이 곧 인륜人倫이자 사물의 이치다. 옷 걸치고 밥 먹는 것 이외에 인륜이나 물리는 없다"[67]고 한다. 한 걸음 더 나아가 이지는 양명학의 핵심 범주인 심을 '사욕의 심'으로 해석한다.

> 무릇 사사로움이 사람의 마음이다. 사람은 반드시 사사로움이 있은 후라야 그 마음이 이에 드러난다. 만약 사사로움이 없다면 마음이 없는 것이다.[68]

심을 '사욕의 심'으로 해석한 것은 도덕이성을 자연감성으로 전환시킨 것이다. 이런 이지의 철학은 유명한 '동심설童心說'로 나타나게 된다.

청대의 대진戴震은 송명 정주이학에서 말하는 "리에서 나오지 않으면 욕에서 나오고, 욕에서 나오지 않으면 리에서 나온다"[69]는 것을 비판한다. 특히 욕을 분변한 것이 사람 잡는 잔인한 도구가 되었다고 비판한다.[70]

결론적으로 정욕을 긍정하는 입장에서 '기의 철학'을 전개한다. 기의 철학에서 출발한 성론에 의하면, 육체에 해당하는 혈기와 마음에 해당하는 심지心知 및 그것의 작용인 정情, 욕欲, 지志는 모두가 성 자체이며 성에 본래 고유한 것이다.[71] 천리란 욕망을 절제하여 인욕이 방종하지 않게 된 상태를 말한다. 따라서 욕망을 방종하지 않게 할 따름이지 욕망을 전혀 갖지 않을 수는 없다고 한다.[72]

이런 점에서 대진은 몸과 관련해 "몸이 있기에 소리·빛깔·냄새·맛에 대한 욕망이 있게 되며, 몸이 있기에 군신·부자·부부·형제·붕우의 관계가 성립되며, 그에 따라 기쁨·노여움·슬픔·즐거움의 감정이 일어난다. 오직 욕망과 감정 및 지각이 있은 후에 욕망을 충족하고 감정이 잘 드러날 수가 있다. 욕망이 충족되도록 하고 감정이 잘 드러날 수 있도록 한다면 세상일은 그것으로 다 된 것이다"[73]고 한다. 즉 몸이 있기 때문에 인간의 윤리가 논의된다는 것이다. 이것은 인간이 있기 이전에 이미 '리'가 존재했다는 정주이학과 다른 사고다. 그리고 오히려 욕망이 올바르게 처리되지 못할 때 사사로운 마음이 생기며, 사사로운 마음이 있게 되면 탐욕과 사악함에 빠지게 된다고 본다.[74] 결론적으로 사사로운 마음이 없다면 그러한 욕망은 인仁에 부합하는 것이며, 예의에 부합된다고 한다.[75] 이런 사고는 정주이학에서 천리를 보존하고 인욕을 버리고 인을 실현시켜야 한다는 것과 다른 이해다. 대진의 몸과 욕망에 대한 이런 이해는 안신 철학의 연장선상에 있다.

몸을 편안하게 하는 안신의 철학은 안신의 미학 즉 욕망 긍정의 미학으로 이어진다. 정주이학에서 벗어나고자 했던 이런 철학의 바탕하에서 명대 중기 이후에는 『금병매金瓶梅』나 『육포단肉蒲團』과 같은 성애문학이 탄생할 수 있었고, 회화의 경우 춘화도春畫圖와 여색도女色圖를 잘 그린 것으로 알려진 당인唐寅이나 구영仇英 등이 나타날 수 있었다.[76]

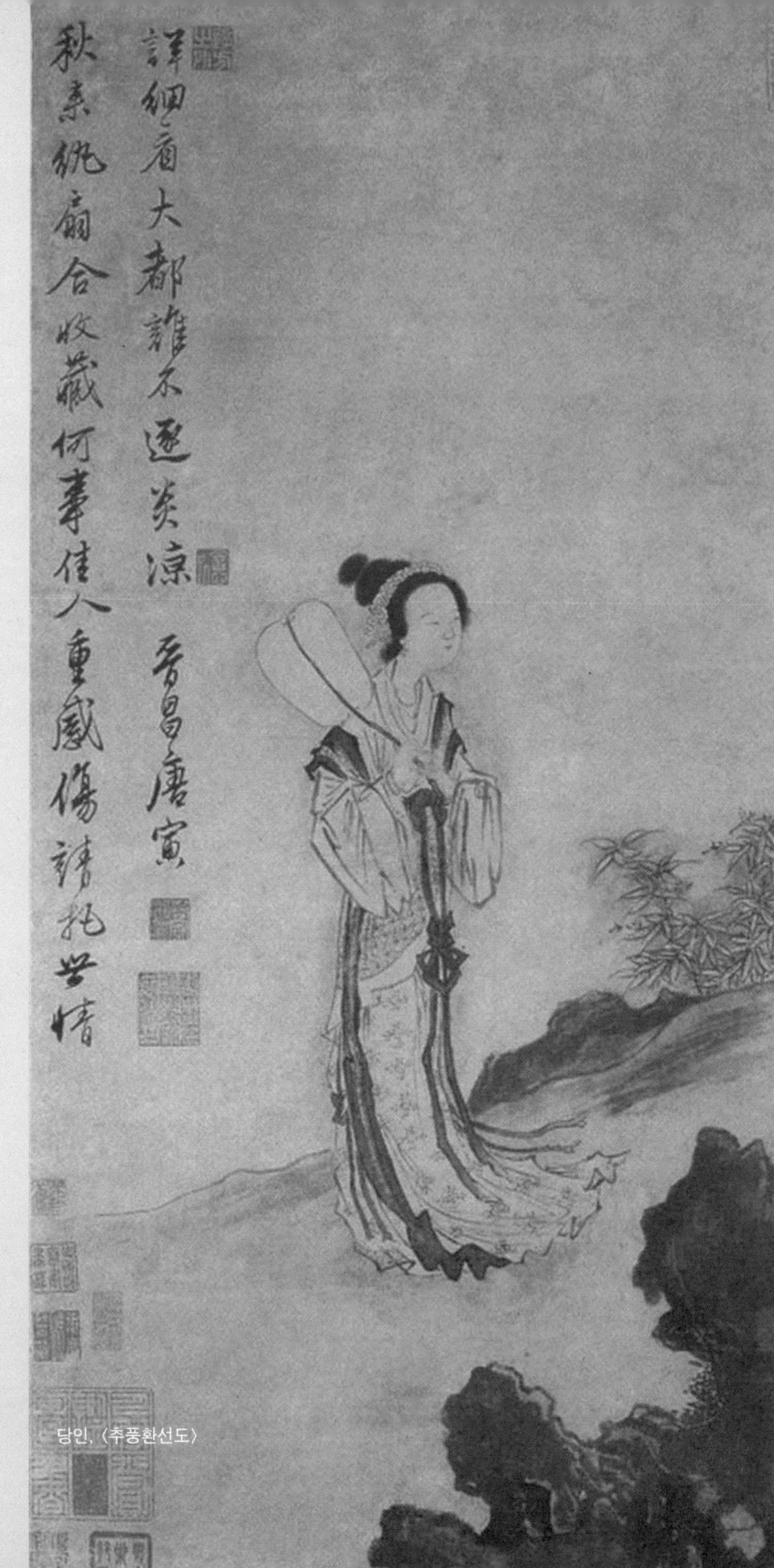

당인, 〈추풍환선도〉

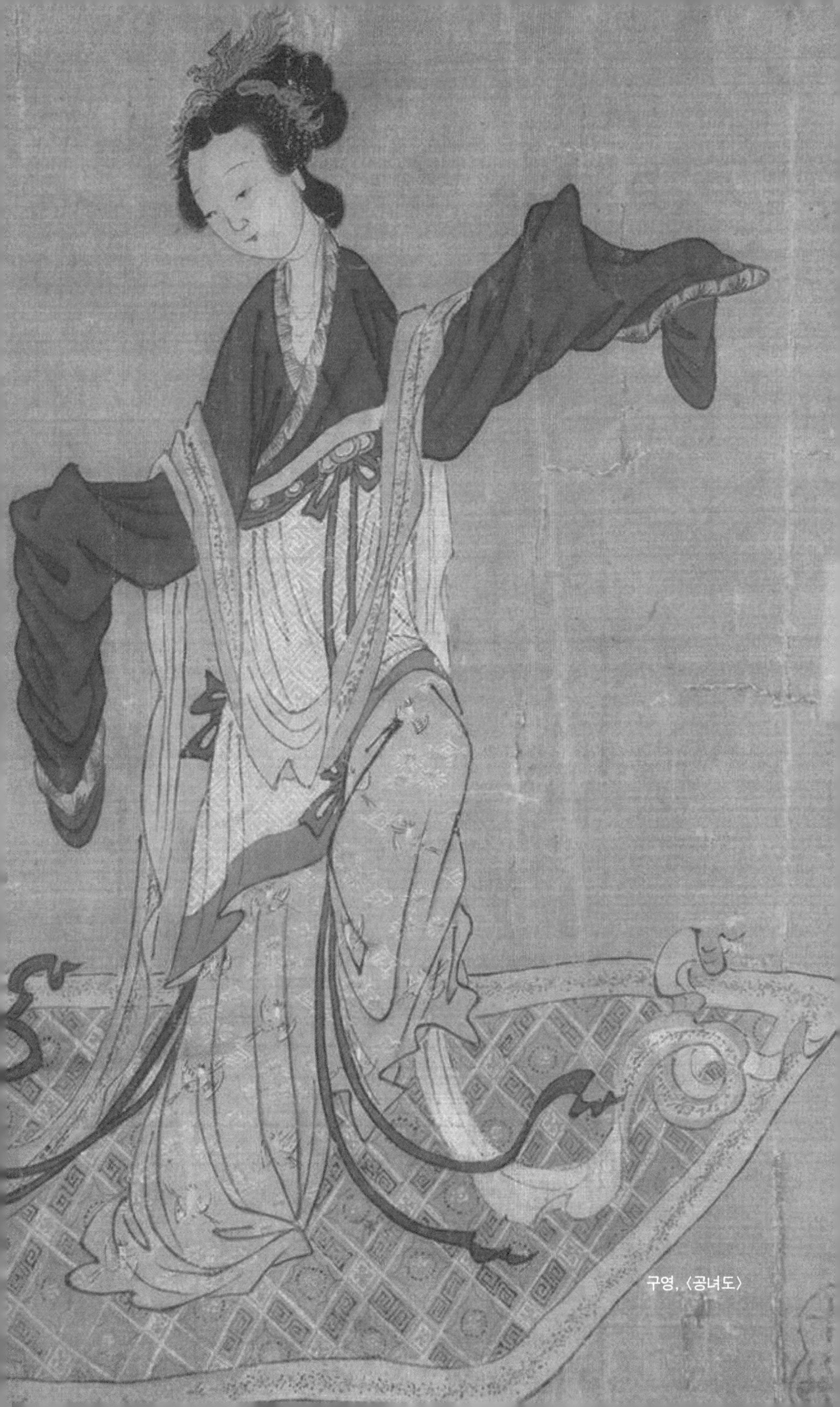

구영, 〈공녀도〉

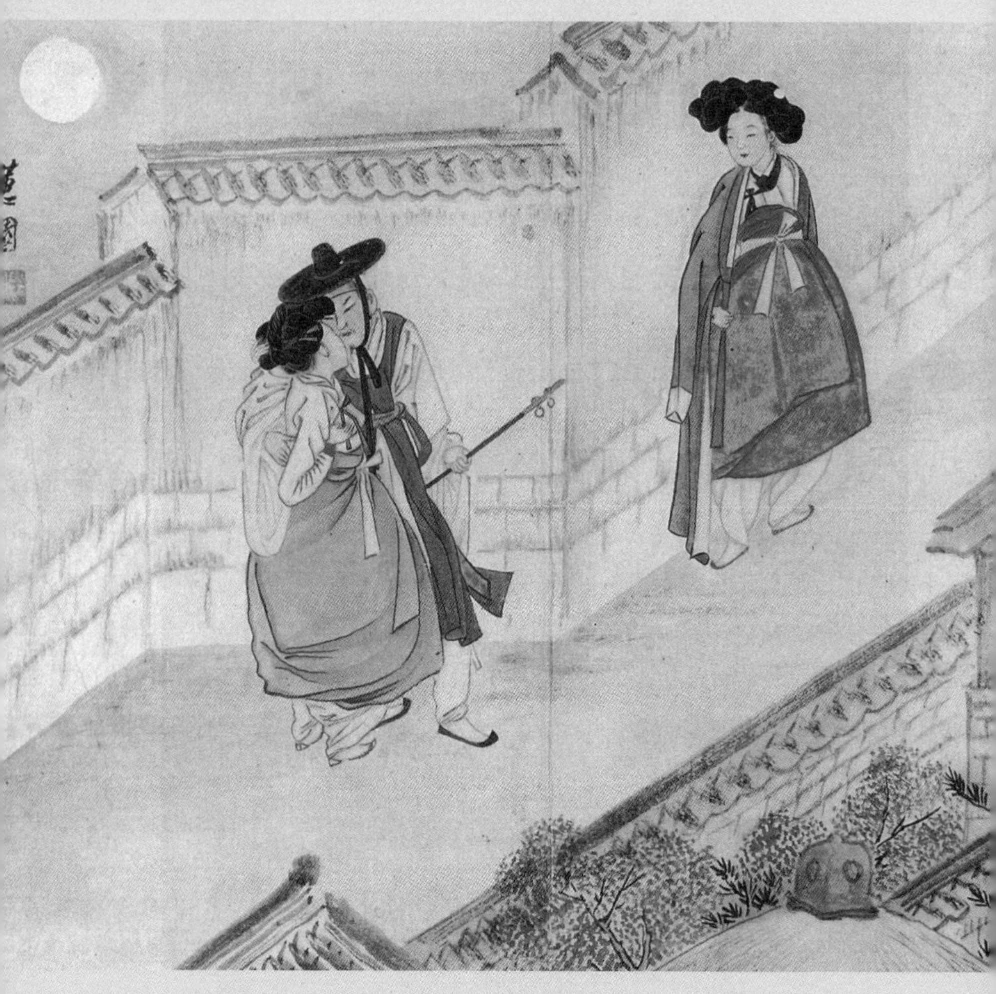

신윤복, 〈월야접문月夜接吻〉, 간송미술관 소장

희미한 달빛 아래 은밀한 만남의 정경을 담았던 〈월하정인도〉와 비교할 때, 이 그림 속 두 정인은 환한 보름달이 뜬 시내 중심지 어느 구석에서 대담하게 '입을 맞추고[接吻]' 있다. 훔쳐보는 여인의 옷차림과 비교할 때, 입맞추고 있는 여인은 담 근처 집에 살면서 잠시 바깥으로 나온 것 같다. 사실 여인이 더 적극적이다. 남정네는 조금 어정쩡한 자세인 데 반해, 여인은 손으로 가슴을 밀치고 고개를 들며 입맞춤에 적극적이다. 전립氈笠 쓰고, 전복戰服에 남전대藍纏帶를 맨 남성이 손에 든 '조그마한 방울'이 달린 '장창' 혹은 '철편鐵鞭'의 '각도'는 현재 그의 양물陽物 상태를 상징한다. 다리를 벌리고 벽에 바싹 붙어 이 장면을 보는 여인네도 아마 이 밤에 자신의 정인을 만나러 가다가 이런 광경을 목격한 듯하다. 행여 들킬까 숨죽이고 훔쳐보고 있다. 이제 여인도 자신의 애정을 거침없이 표현하는 시대가 온 것이다.

5

심신일원론의 예술론적 이해 : 형신론形神論

신윤복申潤福의 그림 중 〈월하정인도月下情人圖〉가 있다. 한밤중 초승달처럼 생긴 달이 비치는 폐가 부근 담 주변에서 은밀하게 만나는 두 남녀를 그리고 "달이 기울어 삼경인데 데이트하는 두 사람의 심사는 두 사람만이 안다"[77]라는 화제를 적어놓았다. 남녀가 밤에 만날 때는 환한 보름달보다는 초승달 등과 같이 희미한 달빛이 어울린다. 우리는 그려진 몸짓을 통해 두사람의 마음을 알 수 있다. 여자를 바라보고 있는 한량의 게슴츠레한 눈을 통하여 남자의 마음을 짐작할 수 있고, 또 고개를 숙이고 부끄러운 표정 혹은 토라진 표정을 짓고 있지만 이미 자신의 마음을 담고 있는 참외씨 같은 두 신발의 방향이 이미 남자를 향해 있는 것을 통하여 그 여자의 마음도 짐작할 수 있다는 말이다. 이상과 같은 심신일원론에 바탕한 몸의 철학이 미학적 측면으로 나타난 것이 형신론形神論이다. 조선조 신윤복 그림 중에 〈미인도美人圖〉의 다음과 같은 화제를 보자.

> 여인의 가슴속에 들끓는 온갖 사랑하는 마음을 붓끝으로 능숙하게 겉모습과 더불어 속마음까지 그려냈네[전신傳神].[78]

동양의 인물화는 '전신'을 문제 삼는다. '전신'에서 문제 삼는 것은 어떻게 형체나 몸을 통하여 대상의 본질과 영혼을 읽어야 하는가, 또는 대상 속에 숨겨진 정신을 그려낼 것인가 하는 것이다. 여기서는 형신론이란 무엇인가를 논의하지 않고, 다만 형신론이나 기운생동론도 심신일원론적 사

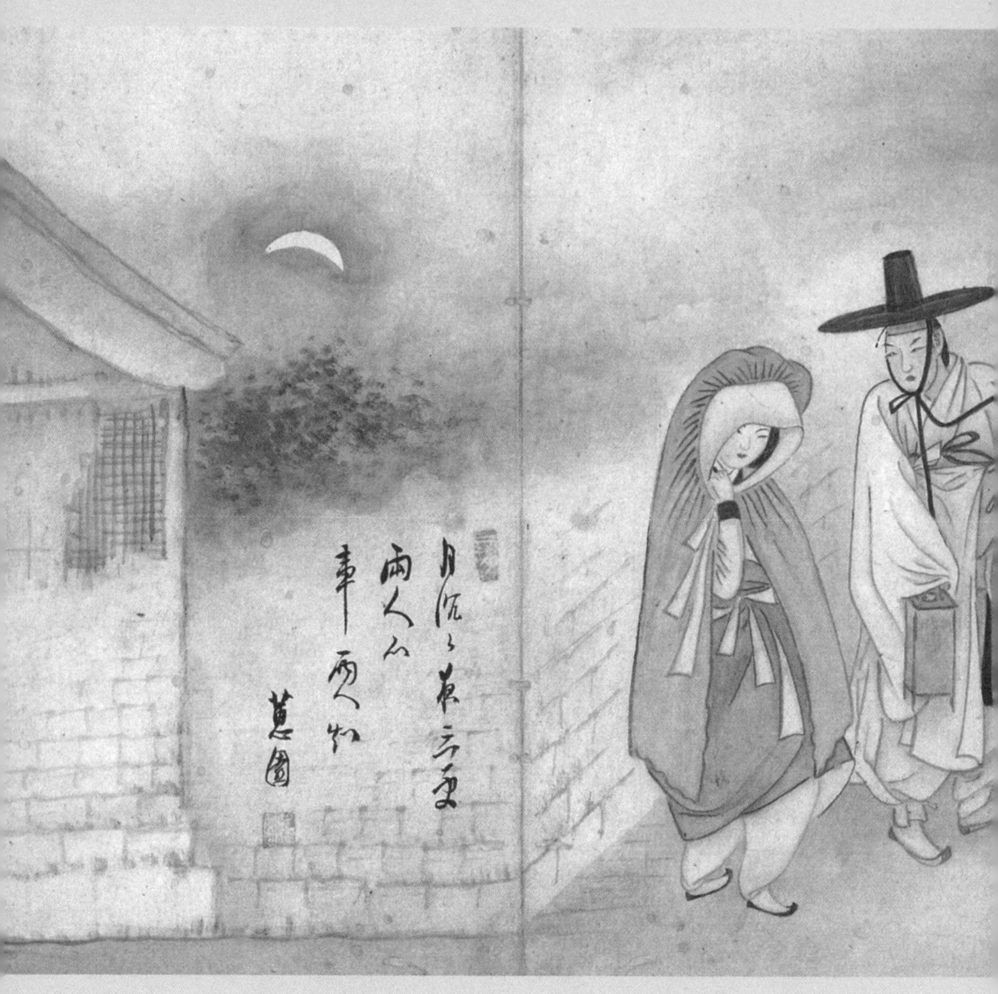

신윤복, 〈월하정인도月下情人圖〉, 간송미술관 소장

눈과 몸짓은 그 사람의 속마음을 표현한다. 이 그림은 다양하게 해석될 수 있는데 갓에서 삐져나온 머리 등 남자의 대강 차린 옷차림은 아마 약속시간에 늦어 헐레벌떡 달려온 것 같다. 고개를 살짝 돌린 여인네는 그런 남자가 야속한 듯 얼굴만 살짝 돌려 남자의 시선을 거부하고 있다. 하지만 발의 방향은 그 반대다.

고에서 가능하다는 것만 확인하고자 한다.

'전신'이 가능한 것은 앞에서도 확인하였듯이 기본적으로 마음속에 충만한 기는 몸, 특히 눈동자에 나타난다는 것인데, 이 기는 당연히 마음과 관련이 있다. 이런 점과 관련하여 '이형사신以形寫神'을 말한 고개지(345~406)가 사람을 그리는데 어떤 때는 몇 년 동안이나 그림자를 그리지 않았는데, 그 이유를 사람들이 묻자 다음과 같이 대답한 것을 보자.

> 사지가 잘생기고 못생긴 것은 본래 묘처와 무관하다. 정신을 전하여 인물을 그리는 것은 바로 아도阿堵[=눈동자] 가운데 있다.[79]

여기서 먼저 눈여겨볼 것은 사람의 팔과 다리의 미추는 '전신'과 큰 관계가 없다는 것이다. 이것은 전신 누드를 통하여 인간 육체의 아름다움을 그려내는 서양의 예술과 비교되는 언급이다. 왜 동양화에는 누드화의 전통이 없는지 하는 것도 이 같은 고개지의 전신론도 한몫을 한다. '전신사조傳神寫照'의 핵심은 바로 눈동자 가운데 있다는 점에서 고개지는 눈동자 그리는 것에 특히 주의한다.

> 눈동자를 그릴 때 아래 위나 크고 작음, 또는 짙고 엷음을 터럭만큼이라도 잃으면 곧 신기神氣가 이것과 더불어 변한다.[80]

신기를 반영해야만 좋은 그림이 되는데, 이 같은 신기는 바로 몸에 충만한 정신의 기다. 이 같은 고개지의 '이형사신以形寫神' 회화이론은 인간의 형체와 정신은 분리되어 있지 않다는 것을 반영한다. 고개지 이후 남제南齊의 사혁謝赫은 『고화품록古畵品錄』에서 회화의 육법을 말하는데, 그 첫 번째가 기운생동이다. 이 기운생동을 형신관계의 측면에서 이해하면, 생동적인 예술형상으로 인물의 내재정신을 충분하게 표현해야 한다는 것도

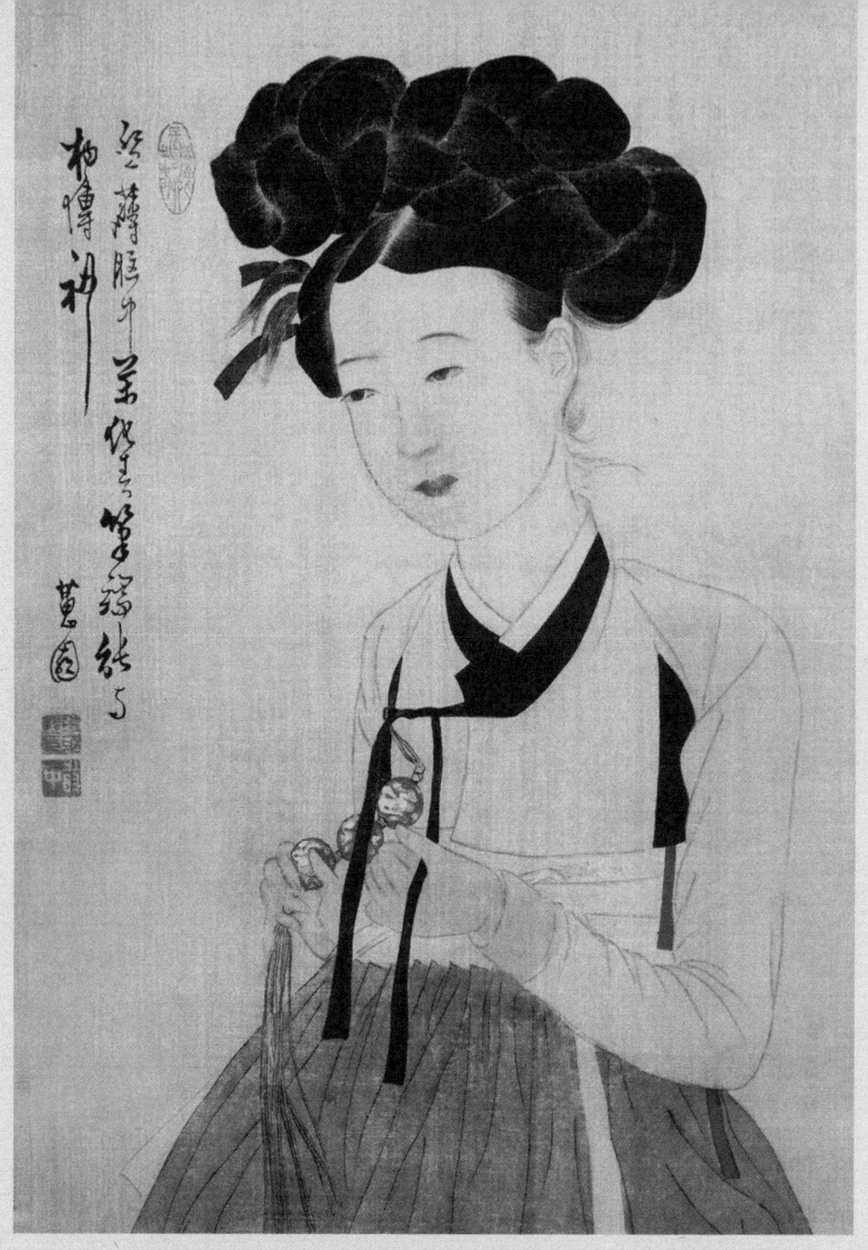

신윤복 〈미인도美人圖〉, 간송미술관 소장

조선조 후기에 유행했던 소매가 좁고 거의 가슴까지 올라온 짧은 저고리를 보여주는 작품이기도 하다. 이런 저고리를 유학자들은 '의복의 요물[복요服妖]'이라고 하였다.

마찬가지로 큰 틀에서는 심신일원론이 적용된 것이다. 이처럼 '이형사신'을 통한 전신과 기운생동을 강조하는 것이 동양미학의 특징인데, 이런 사유에는 모두 심신일원론적 사고방식이 담겨 있다.

6

나오는 말

시대에 따라 마음과 몸에 대한 강조점은 달랐지만 유가미학에서는 기본적으로 마음은 몸을 통하여 드러나며, 그 드러난 몸은 타인에게 감화력을 줄 수 있어야 하는 것을 말한다. 이런 점 때문에 항상 몸과 마음을 닦는 수양공부를 강조하고, 더불어 욕망을 절제하고 때로는 극복할 것을 요구하였다. 마음과 몸에 대한 이런 이해는 '성즉리'를 말하는 정주이학의 수신의 미학에 잘 나타났다. 하지만 명대 중기 이후는 '천리를 보존하고 인욕을 제거하라'는 수신의 철학에 반발한 왕간 같은 인물은 '심즉욕心卽欲'을 말하고 안신의 철학과 미학을 전개하였다.

이 밖에 마음이 기를 통하여 몸으로 드러날 수 있다는 것은 동양미학에서는 형신론을 가능하게 하였고, 그것에 따라 기운생동론도 전개될 수 있었다. 이런 점은 동양에서 서양미학이나 예술이론과 다른 미학과 예술이론이 나타날 수 있게 하였다.

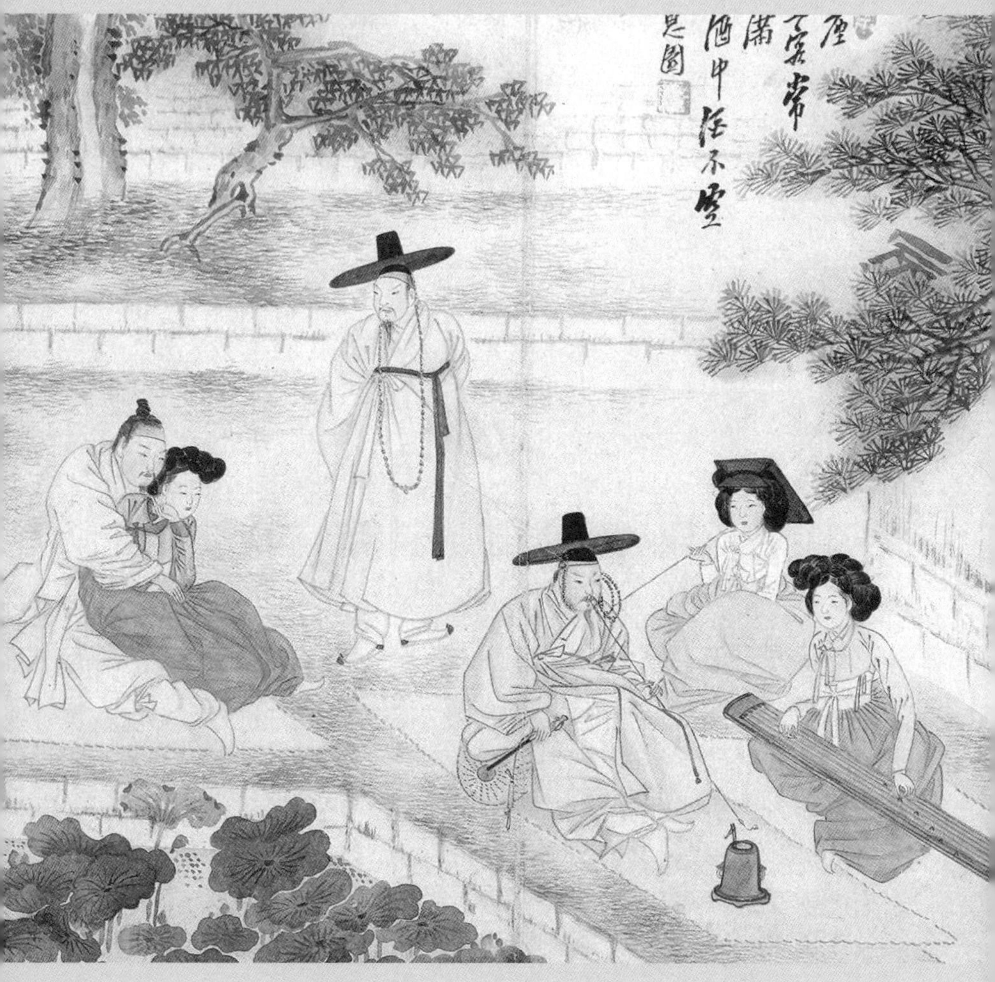

신윤복, 〈연당야유蓮塘野遊〉

이제 조선조를 이끌어왔던 주자학적 이데올로기가 무너지는 시점이다. 대낮임에도 거침없이 욕망을 표출하는 시대가 왔다. 연못에 연을 심은 것은 주돈이周敦頤가 「애련설愛蓮說」에서 말하듯이 '군자 꽃인 연'을 보고 군자적 삶을 살고자 한 것인데, 이 같은 '애련'의 상징성은 온데간데없고 기생들을 희롱하는 질펀한 여흥 장소로 변해버렸다. 〈청금상련淸琴賞蓮〉 혹은 〈연당야유蓮塘野遊〉라 제목을 삼지만, '상련'이 없고 야외도 아니라는 점에서 〈연당춘유蓮塘春遊〉라 하고 싶다. '座上客常滿, 酒[樽의 오자]中酒不空'라는 화제가 말해주듯, 대낮부터 술 마시고 기생을 안고 질펀한 짓을 하고 있는 양반, 그 광경을 보면서도 몸가짐에 흐트러짐이 없는 양반, 외면인지 달관인지 알 듯 모를 듯한 양반을 교묘하게 결합해 그들의 갖은 속성을 적나라하게 표현하고 있다. 양반 역시 이제 타인의 시선을 의식하지 않고 자기 욕망을 표현하는 시대가 온 것이다.

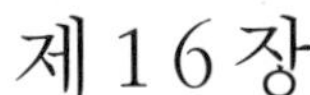

제 16 장

쇄락灑落과 천재적 광기의 미학적 이해

늦봄에 기수에서 목욕하고 무우대에서 바람 쐬고

노래를 읊으면서 돌아오겠다. [증점]

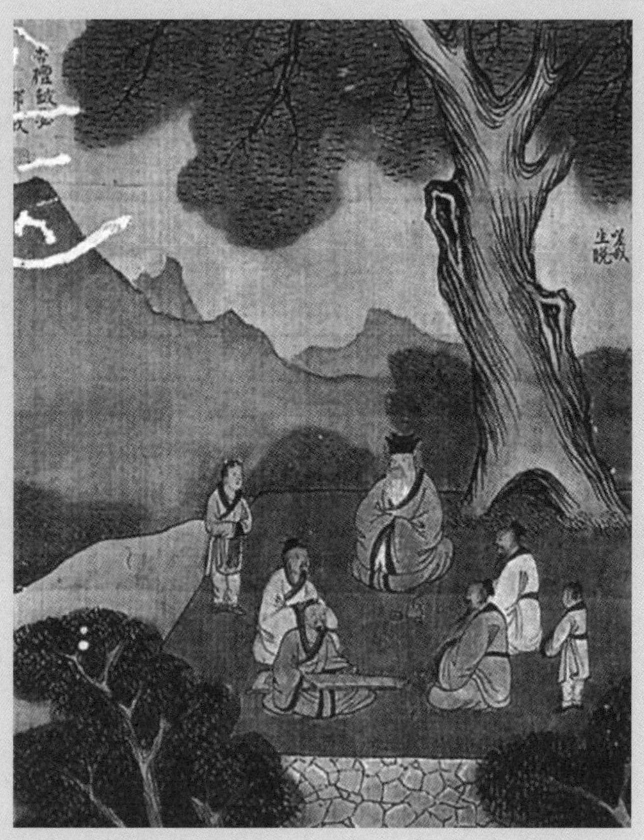

정선鄭歚, 〈행단고슬도杏亶鼓瑟圖〉, 왜관수도원 소장

공자가 네 명의 제자들에게 평소 하고자 한 것을 말해보라는 상황을 그린 그림이다. 그림의 제목은 '슬'을 뜯고 있던 증점이 '욕기영귀浴沂詠歸'하겠다고 하자 공자가 허여許與했다는 고사에서 취한 것이다. 좌측 앞쪽에 슬을 안고 있는 인물이 증점이다. 증점이 대답하기 위해 예를 갖추려고 막 일어나려는 시점을 그린 것이다.

1

들어가는 말

중국 송대 이학이 형성되는 과정에서 바람직한 인간상과 관련된 다양한 문제의식이 나타난다. 그중 하나가 공자가 증점曾點의 '욕기영귀浴沂詠歸' 한 것에 대해 '나는 증점이 말한 것을 허락[허여許與]하노라[오여점吾與點]'라고 말한 것에 대한 견해다.

송대 이학의 학문에는 두 가지 경향이 나타난다. 하나는 정제整齊 엄숙한 마음가짐을 가지고 의관을 바로 하고 보는 것을 삼가면서 자신의 마음을 흐트러트리지 않는 경敬과 관련된 사유다.[1] 즉 주희가 『중용』 1장에서 말하는 '계신공구戒愼恐懼'와 신독愼獨을 강조하면서 '존천리存天理, 알인욕遏人欲'을 실현하고자 하는 '경외' 철학이다.[2] 주희는 경외를 강조하기에 '락樂'을 말하더라도 정이가 말한 경 이후의 화락和樂을 긍정적으로 평가한다.[3]

다른 하나는 이와 상대적으로 주돈이周敦頤의 '광풍제월光風霽月',[4] 소옹邵雍의 '소요안락逍遙安樂', 정호程顥의 '음풍농월吟風弄月'과[5] 관련된 '쇄락灑落'의 경지다. 주희는 흉중胸中의 쇄락을 광풍제월의 기상氣象으로 비유하여 말한다.[6] 주희가 쇄락의 기상을 통해 높이는 인물은 정호다. 주희는 정호와 정이의 행동거지와 인물됨됨이를 비교하여 말한 적이 있는데, 이때 정호를 '사리를 꿰뚫어 훤히 아는 쇄락[통투쇄락通透灑落]'이란 표현을 통해 그의 인물됨됨이를 말한다. 단적으로 말하면 정호는 쇄락적 삶, 정이는 경외적 삶을 살았다는 것이다.[7] 이런 경외와 쇄락을 통한 삶은 철학, 미학과 매우 밀접한 관련이 있다는 점에서 매우 중요하다.

이런 쇄락적 삶은 증점曾點의 '욕기영귀浴沂詠歸'에서 비롯되는데, 증점은 흔히 유학에서는 '광자狂者'로 말해진다. 이 '광자'에 대한 이해는 동양미학과 예술정신을 이해할 때 매우 중요한 의미를 지닌다. 왜냐하면 이 광자가 추구한 삶의 방식과 정신 경지는 창신의 예술세계를 가능하게 하기 때문이다.

2

쇄락과 광기의 미학적 이해

쇄락의 경지를 상징적으로 표현하는 말은 증점이 '기수에서 목욕하고 무우대舞雩臺에서 바람 쐬고 노래 읊으면서 돌아오겠다'라는 이른바 '욕기영귀'다. 이 '욕기영귀'는 이해하는 입장에 따라 다른 이해가 나타나는데, 주희는 그 논란의 중심에 있다. 증점의 '욕기영귀'에 대한 송대 유학자의 평가는 긍정적 평가와 부정적 평가가 있다. 긍정적 평가는 '증점의 뜻'에 요순기상堯舜氣象이 있다는 기상론 측면에서의 평가다.[8] 다른 하나는 부정적 평가인데, 그것은 증점의 광자적 행태와 관련되어 나타난다. 특히 주희는 '욕기영귀'가 노장으로 흐를 가능성을 문제 삼는다. 그런데 '욕기영귀'를 비판적으로 보는 주희는 아이러니하게도 주로 '욕기영귀'를 주제로 한 시를 읊기도 한다.[9]

주희는 '증점의 뜻'을 인욕과 천리의 입장에서, '인욕이 다한 곳에 천리가 유행한다'라고 하여 긍정적으로 평가하지만,[10] 그렇다고 모든 상황에서 그런 증점의 행위를 긍정하는 것도 아니다. 주희는 증점의 행태가 노장으로 흐를 가능성과 관련해, '증점의 뜻은 장주와 비슷하다. 다만 이와 같은 질탕한 것에 이르지는 않았다'[11]라는 것과 '하학이상달下學而上達'이란 사유에서 볼 때 "그가 한 하학 공부는 실제로는 여기에 도달하지 못했다”[12]라는 것을 말한다. 아울러 ‘함양涵養이 아직 이르지 못한 것’[13]이란 것을 통해 증점의 학문 방법을 문제 삼는다.

전반적으로 볼 때, 주희는 증점이 ‘욕기영귀’를 말한 것에 대한 제한적인 판단을 요구한다. 특히 주희는 ‘욕기영귀’하는 것도 한 번이면 받아들일 수 있지만 제재하지 않고 자주 하는 것도 문제라고 본다.[14] 아울러 주희는 증점이 품고 있는 기상을 얻으려면 정호가 증점의 ‘욕기영귀’한 것을 성인기상이라고 말한 것에 대한 올바른 이해를 전제조건으로 든다.[15]이런 점에서 주희는 ‘욕기영귀’가 ‘계신공구’와 경외를 저버릴 수 있는 가능성이 야기하는 부정적인 측면을 경계한다. 특히 ‘하학이상달’의 순서를 중시하는 주희는 궁리窮理 공부를 떠나 추구하는 쇄락은 “소략하면서 방사放肆한 다른 이름”이라 말한다.[16]

그런데 주희와 다르게 왕수인은 쇄락은 ‘광탕曠蕩한 방일放逸’이 아니라는 것을 말하면서, 경외의 심과 쇄락의 합일을 말한다.[17] 왕수인의 쇄락에 대한 이 같은 이해는 증점의 ‘욕기영귀’에 대한 긍정적 이해에 속한다. 결국 경외와 쇄락의 적절한 묘합은 긍정적이지만, 어느 한쪽이 지나치게 강조될 때는 문제가 발생한다. 이런 점에서 경외와 쇄락의 간극을 어떻게 메우느냐 하는 점이 문제가 된다.

공자는 지식과 학습 습득이란 측면에서 인간을 분류한 적이 있다.[18] 만약 성격 혹은 행동양식으로 인간을 구분한다면 어떤 분류가 가능할까? 이런 대답의 하나로 우리는 중국 고대 인재론의 체계를 완성했다고 평가받고 아울러 인물을 품감品鑑하여 성격학 분야에서 체계적인 틀을 완성한 유소劉劭[19]가 『인물지人物志』에서 행한 다양한 분류방식을 취할 수 있다. 유소는 기본적으로 중용中庸을 기준으로 하여 그 중용에서 벗어나 어느 한 부분으로 치우친 편재지성偏材之性을 문제 삼는다.[20] 이런 분류 가운데 유소는 특히 광狂과 견狷을 언급하는데, 유소가 성인과 대비되는 인간상으로 광견에 관심을 갖는 것은 바로 공자가 취한 인간상과 관련이 있다.[21]

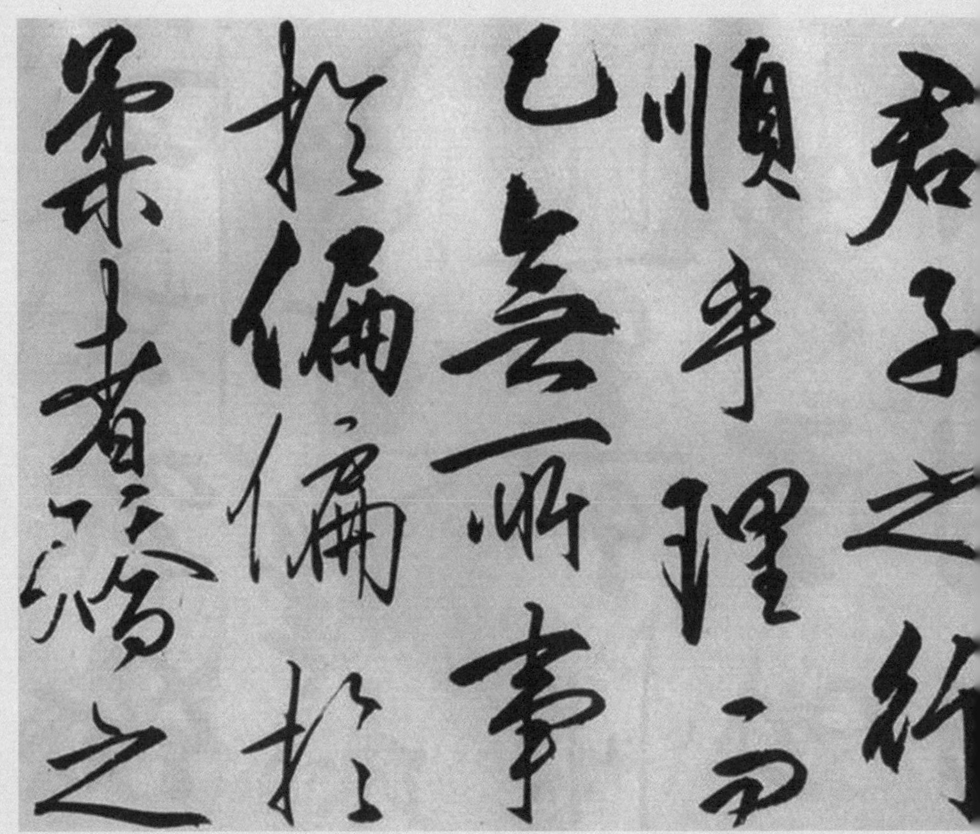

왕수인王守仁, 〈교정설矯亭說〉

왕수인 행초서의 대표작인 〈교정설〉의 장창대극長槍大戟 같은 서체는 마치 백의白衣 검객劍客이 임진臨陣하는 듯하다. 병법에도 뛰어나 남경병부상서南京兵部尙書를 지내고, '심즉리心卽理'를 주장한 왕수인의 성품을 잘 보여준다.

광인 혹은 광사狂士로 불리는 인물들에 대해 공자는 물론 장자도 매우 많은 관심을 가졌다. 아니 장자는 광인을 통해 이상적인 인간상을 말할 정도다. 노자도 '광'자를 말하는데, 그것은 부정적인 의미로 사용된다.[22] 이상적 인간상으로 무위자연의 도를 체득한 우인愚人, 성인聖人을 말하는 노자는 실질적으로 광인에 대해 관심을 갖지 않았다. 이상은 공자, 노자, 장자 세 사람의 차이점이 드러나는 대목이다.

공자의 3천 명 제자 중 공자의 뜻을 가장 잘 이해한 제자는 과연 누구일까? 『논어』「선진」에는 공자가 자로, 증석[=증점], 염유, 공서화 등 네 명의 제자에게 평소 자신들이 추구하고자 한 삶에 대해 말해보라는 말이 나온다. 자로, 염유, 공서화 세 사람은 모두 자신들이 세상 다스리는 데 유용한 것을 말한다. 즉 국방, 경제, 외교 등 이른바 치국평천하에 쓰이는 것을 말함에 비해 증점은 달랐다. 공자가 "점아, 너는 어떻게 하겠느냐?" 하자, 증점은 다음과 같이 말한다.

> 증점은 비파 타기를 드문드문 하더니, 쨍그렁 하고 비파를 놓으며 일어나 대답하였다. "세 사람이 갖고 있는 뜻과는 다릅니다." 공자가 말하기를 "무엇이 문제가 되겠느냐? 또한 각기 자기의 포부를 말한 것이다." 하자, 다음과 같이 대답하였다. "늦봄에 봄옷이 이미 이루어지면 관을 쓴 어른 5~6명과(혹은 5×6명=30명)과 동자 6~7명(혹은 6×7명=42명)과 함께 기수沂水에서 목욕하고 무우대舞雩臺에서 봄바람을 쐬다가 노래하면서 내가 살던 곳으로 다시 돌아오겠습니다." 공자가 '아!' 하고 감탄하며, "나는 증점을 허여한다" 하였다.[23]

흔히 '욕기영기'로 알려진 이야기의 전모다. 『논어』에 나오는 현실적 삶과 관련된 공자의 말을 보면 사실 공자가 긍정적으로 평가해야 할 것은 증점이 아닌 세 사람이 말한 것이어야 한다. 왜냐하면 그 세 사람이 말한

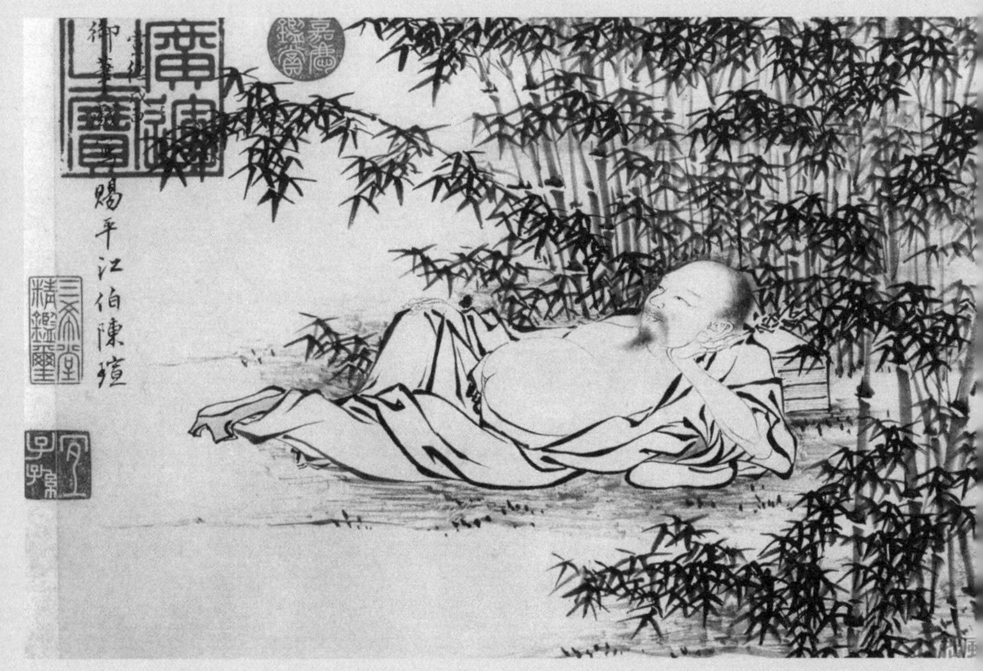

주첨기朱瞻基, 〈무후고와도武侯高臥圖〉

이 그림은 제갈량諸葛亮[무후武侯]이 유비劉備를 도와주기 전 남양南陽에 은거하면서 살던 시절을 그린 그림이다. 책을 본다는 핑계를 대고 대나무 숲에 와서 웃통을 벗어던지고 배를 드러낸 채 서갑書匣을 베개 삼아 턱을 고인 채 하늘을 바라보면서 한가로운 시간을 보내는 제갈량의 고와방광高臥放狂한 정태情態가 잘 표현되어 있다.

것은 모두 현실적 삶의 공간에서 유가가 실현하고자 하는 이념의 일부분을 각각 담고 있기 때문이다. 세 사람이 하고자 하는 것이 공자가 보기에는 조금씩 문제가 있더라도 공자가 증점과 함께하겠다는 평가는 의외인데, 이런 점에서 유가가 지향하는 또 다른 세계를 엿볼 수 있다. 그것은 바로 계신공구하는 경외적 삶이 아닌 쇄락적 삶이다. 이 같은 쇄락적 삶은 유가가 지향하는 격조 있고 우아한 삶이면서 아울러 미학적 삶, 예술적 삶에 속한다.

공자가 '허여한 경지'가 무엇인지를 하나하나 의미를 부여하면서 보자. 때는 바야흐로 겨울을 지나 완연히 봄기운을 느낄 수 있는 계절이다. 불어오는 봄바람에 담긴 따사로운 기운에 인간을 포함한 대지의 온 생명체가 봄바람에 담긴 생명의 기운을 온몸으로 느낄 수 있는 참으로 좋은 계절이다. 이제 입고 있는 두터운 겨울옷이 무겁고 거추장스러울 정도의 계절에 접어들었다. 계절이 변화하면 자연에 있는 모든 생명체도 그 자연의 변화에 순응하듯 인간도 변화된 계절 날씨에 자연스럽게 순응해야 한다. 주희가 '천리의 유행에 따르고 인욕이 다한 것'이란 것은 바로 아무런 전제조건이 없이 자연의 변화에 따르는 것을 의미한다. 변화된 자연에 순응하는 것을 보여주는 가장 뚜렷한 것은, 겨울옷을 봄옷으로 갈아입고 야외에 나가 그동안 겨우내 움츠렸던 마음을 풀고 새로운 기분으로 봄을 만끽하는 것이다.

증점도 천리가 유행하는 자연의 변화에 순응하듯, 겨울옷을 벗고 봄옷으로 갈아입고 들판 기수 물가에 간다. 유학은 항상 나 아닌 타자와 함께하면서 인화人和를 추구한다. 산과 들로 야유회를 가도 '다른 사람과 더불어 만족함을 함께하는[여인동적與人同適]' 만족함을 꾀한다. 즉 증점은 '나 혼자[=독獨]'만이 아닌 나와 함께 관계를 맺고 살아가는 주위의 어른과 어린 아이와 함께 집단[=군群]으로 나의 삶의 공간을 잠시 벗어나 기우제를 기낼 수 있는 야외로 간다. 한대 왕충王充의 해석은 주희의 해석과 다르게 주로 기우제를 지내는 것에 초점이 맞추어져 있다. 왕충은 이렇게 '많은 인원[관을 쓴 어른 5~6명, 혹은 5×6=30명과 동자 6~7명, 혹은 6×7=42명]'은 제사를 지내기 위한 악인樂人들이며, 기수에 간 것을 철저하게 기우제를 지내기 위해서라고 한다.

> 노나라는 기우제를 기수 부근에서 지냈다. '모暮'는 저녁때를 가리키며, '춘春'은 사월을 뜻한다. 봄옷이 이미 완성되었다는 말은 4월에 입을 옷이 완성되었다는 뜻이다. 관 쓴 사람과 동자는 기우제 지낼 때 음악을 연주하는 사람이다. 기우제에서의 목욕이란 기수가를 걷는 일로, 물속에서 나온 용을 상징한다… 주나라 4월은 하나라 월력으로 2월에 해당한다. 아직도 추운데 어떻게 목욕할 수 있겠으며, 어떻게 바람으로 몸을 말릴 수 있겠는가? 그러므로 기수 물가를 걸었을 뿐 목욕하지는 않았다. 기우제를 지낸 것이 분명하다.[24]

일단 왕충의 해석에서 관자와 동자에 대한 이해에 타당한 점이 있더라도 여기서는 단순 기우제를 지낸 것만은 아니라는 점에서 접근하고자 한다. 들판에 있는 기수[=자연]에서 목욕하면서 마음의 때를 함께 씻어내는 '불제祓除'의식을 끝낸 뒤, 주위보다 높아 사방으로 확 트인 전망 좋은 곳에 자리한 기우제 지내는 '무우대'에서 불어오는 봄바람을 쐬면서 계절의 변화가 주는 상큼함을 만끽하고, 시야 가득 들어오는 탁 트인 곳에서 시간을 보내는 동안 그동안 예법과 관계맺음에 의해 얽매인 삶 속에서의 답답함과 긴장감은 잠시나마 사라진다.

이처럼 자연 속에 파묻혀 자연과 하나가 되는 즐거움을 누리다가 일정한 시간이 흐른 뒤 돌아갈 때가 되면 다시 자신이 살았던 예법과 관계맺음이 존재하는 이전의 삶의 공간으로 돌아간다. 유학은 인간들이 집단을 이루고 사는 삶의 현장을 버리고 금수와 함께하면서 자연에서 사는 것을 용납하지 않기 때문이다. 야외에서 누렸던 홍취 어림은 돌아오는 길에 저절로 노래가 나오게 한다. 오랜만에 풍류를 만끽할 수 있는 참으로 즐거운 하루였고, 이런 즐거움은 날마다 누릴 수 없지만 항상 마음속에서 바라고 있었던 것이다. 가능하다면 좀 더 자연 속에 몸을 머물고 싶은 심정이다.

여기서 '기수에 간 것'을 왕충이 말한 것처럼 기우제를 지내기 위한 것이 아니라 봄맞이 '불제'의식을 치르기 위해 기수[=자연]에 나간 것이라 한다면, '기수에서 목욕하고[욕호기浴乎沂]'하고 '무우대에서 바람을 쐰다[풍호무우風乎舞雩]'는 행위는 일상적 삶인 유가적 예교禮敎가 지배하는 삶의 영역을 일단 벗어난 것을 의미한다. 즉 현실적 삶과 잠시 동안 일정한 거리두기를 시도하는 '자연으로 감[왕往]'에 해당한다. 여기서 자연이란 공간은 일종의 도가적 사유가 담긴 공간이다. 이처럼 자연 혹은 도가적 공간에 들어가면 일단 이성과 예법이 지배하는 세속에서부터 해방된 즐거움을 누릴 수 있다. 하지만 유가는 그런 자연의 삶에 자신의 몸을 영원히 담고자 하지 않는다. 항상 인의예지의 실천이 요구되고 아울러 예교에 의해 영위되는 일상적 삶의 공간으로 돌아온다. 즉 '자연으로 갔다가 다시 현실로 복귀하는 것[왕이귀往而歸]'은 유가가 지향하는 삶의 특징이다. 증점이 군사, 경제, 외교 등과 같은 실용적인 것이 아닌 자연과 함께하다가 다시 현실로 돌아오는 '왕이귀'의 삶은 쇄락적 삶이면서 미학적, 예술적 삶이다.

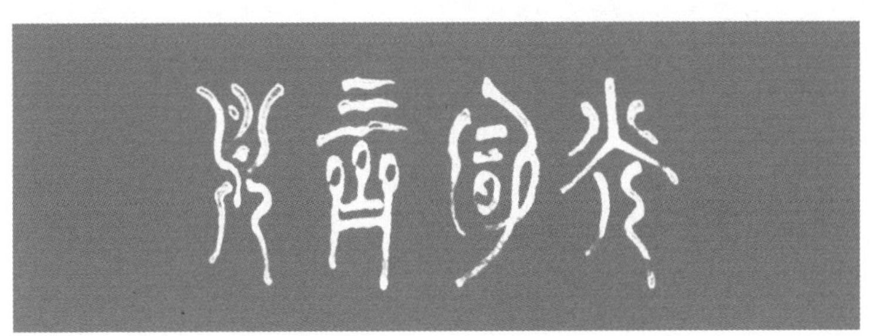

허목, 〈광풍제월 전서〉, 안동 의성김씨 운장각 소장

이러한 증점의 '욕기영귀'한 삶은 안빈낙도安貧樂道한 안자[顔子=안연顔淵]의 즐거움과 비교되기도 한다. 동이점이 있는데, 동일한 것은 사욕을 제거하고 천리의 유행에 따르는 행위다. 정자는 증점이 추구하고자 한 뜻이 '성인 공자의 뜻과 같다'는 점에서 요순의 기상과 관련지어 이해한다. 그런데 기상이 있다는 것하고 그 기상이 현실적 삶에 실천되었다는 것은 다른 차원에 속한다. 증점은 비록 성인 기상이 담긴 경지를 말했지만, 실질적으로 그런 기상을 실천하지는 못하였고 또 그럴 정도의 인물됨됨이도 아니었다. 이에 증점은 도리어 '광자'로 평가된다.

여기서 요순 기상에 비유되는 증점에 대해 주희가 '광'이라 진단한 것에 주목하자. 주희는 증점의 뜻은 장자莊子와 비슷한 면이 있지만 장자같이 질탕跌蕩한 것에 이르지 않았고, 노장에 도달하지는 않았지만 노장에 빠질 염려가 있다고 말한다.[25] 주희는 기본적으로 광자는 뜻이 고원하여 혹 그와 더불어 도에 나아갈 수 있다고 여겼지만, 자칫 잘못하면 중도를 벗어나거나 중도를 잃어 혹 이단에 빠질 수 있는 가능성을 경계한 적이 있다. 주희의 증점에 대한 평가는 '중용의 도' 혹은 '중정中正'을 기준으로 한 것이다.

여기서 '광자'를 이해하는 데 두 가지 틀을 볼 수 있다. 하나는 성현과 관련지어 이해하는 것이고 다른 하나는 노장사상과 관련지어 이해하는 것이다. 이것의 판단 기준은 한 인간의 행동양식이 어떤 식으로 드러났는가 하는 점이다. 즉 그들의 행동양식이 중용의 도에 맞는 것이라면 유가 성현과의 거리가 멀지 않고, 창광猖狂하면서 망령되이 행동하면 노장에 가깝게 된다. 이런 것을 통해 광자 이해에 담긴 유가의 '경계적 성향'을 읽을 수 있다. 공자는 광에 대해 많은 언급을 한다.

> 공자가 진나라에 있으면서 말하기를, 돌아갈까 보다 돌아갈까 보다. 우리 고을의 젊은이들은 뜻은 크나 일에는 소략하여, 빛나게 문장을 이루고도[비연성장斐然成章] 마름질할 바를 알지 못하는구나.[26]

사실 수레를 타고 천하를 주유한 공자의 제자들 가운데 광자가 많았다. 공자를 따라다니는 것이 쉽지 않았고, 이런 점에서 보통의 자질을 가진 인물들은 버티기 어려웠을 것이다. 중용을 실천하고자 하는 공자가 큰 뜻을 품고 진취적 기상이 있는 '비연성장斐然成章'한 광사狂士를 인정하면서도 그들이 중용의 도에 맞게 마름질할 줄 모르는 '과중실정過中失正'을 걱정하는 것은 당연하다고 할 수 있다. 하지만 그들을 심하게 책망하지는 않는 점에 주목할 필요가 있다. '마름질한다'는 것은 중정에 돌아가게 하고자 함이다. 사실 공자가 힘들게 천하를 주유하면서 선택할 수 있었던 인물은 많지 않았고, 중행의 도를 실천하는 인물과 함께 한다는 것은 이상에 지나지 않는다. 따라서 이러한 이상적인 꿈을 꾸는 공자가 사실상 도리어 광자라 할 수 있다. 맹자는 현실적 상황에서 공자가 차선책으로 생각한 것은 바로 '광자'라고 한다.[27] 물론 '견자狷者'도 말하지만.

> 중행의 도를 얻어 더불어 할 수 없다면 '반드시[필야必也]' 광자나 견자와 함께할 것이다. 광자는 진취적이고 견자는 하지 않는 바가 있다.[28]

'필야[必也]'라는 표현에는 더 이상 선택하는 데 망설임이 없다는 공자의 강한 의지가 담겨 있다. 당연히 그것에는 긍정적 가치부여도 담겨 있다. 광은 뜻이 지극히 높지만 행동함이 따르지 못하거나 중용의 도에 어긋나는 행동을 하는 등 실천성 여부와 행동양식에 문제점은 있지만 공자가 광자에 거는 기대는 남다르다. 그 이유 중의 하나는 도를 실천할 수 있는 가능성을 담은 '진취성'에 있다. 진취성은 공자가 천하무도天下無道의 사회를 천하유도天下有道의 사회로 바꾸고자 하는 데의 필수조건 중 하나였을 것이다.

이런 광자에 대한 평가는, 『중용』의 "높고 밝은 덕을 극진히 하되 중용에 말미암는다[극고명이도중용極高明而道中庸]"라는 평가가 자리 잡고 있는데,

이런 사유에서 광자가 갖고 있는 장점을 찾을 수 있다. 바로 품기稟氣한 것의 영명英明함과 부여받은 자질의 견강[견경堅勁]함이다.[29] 관점을 바꾸어 보면 광자는 타고난 기질은 매우 좋은데, 중용을 기준으로 하는 유가 입장에서 보면 문제가 된다는 것이다. 구체적으로 유가 차원에서 문제 삼는 광을 포괄적으로 말하면, '이치를 어그러트리고 항상된 것을 어지럽히는[패리난상悖理亂常]' 것으로서의 광, 즉 유가가 추구하는 강상윤리 혹은 예교를 무시하는 행위다. 유가는 이러한 광자를 후천적 학습을 통해 기질의 변화가 가능한 교화의 대상으로 본다. 그런데 유가가 말하는 학습이 갖는 문제점은 인간의 행동양식을 일정한 틀에 가둔다는 점이고, 예술에서는 더욱 그런 문제점이 발생할 수 있다. 즉 강상윤리를 지키며 극기복례를 통해 예교에 순응하는 윤리론적 인간을 만드는 것은 인간의 선천적 자연본성과 자율성을 속박하며, 때론 상고적이면서 복고적 인간을 만들어 체제 순응적인 보수적 인간을 만들어낸다는 것이다. 자신의 타고난 좋은 자질을 근간으로 한 창의성을 제대로 발휘할 수 없게 하는 한계성이 있다. 예술에서 이런 점은 매우 심각한 문제를 발생한다.

여기서 광이 갖는 긍정적인 의미를 잘 살린다면 매우 진취적이면서도 새로운 영역을 개척할 수 있는 여지가 있음에 유의할 필요가 있다. 이런 점은 주로 왕수인을 비롯하여 후대의 양명좌파, 이른바 태주학파인 왕기王畿의 사유 및 동심설童心說을 주장한 이지 등의 사유에서 확인할 수 있다.[30] 양명좌파의 광에 대한 이런 긍정적인 사유는 수묵대사의화水墨大寫意畵를 창안했다고 평가받는 서위徐渭를 비롯한 많은 예술가들이 지난날의 인습因襲과 흔적을 답습하지 않고 자신의 진정성을 대담하고 거침없이 담아낸 창신적 예술로 나타났다. 즉 '진정한 나'를 담아내고자 하는 그들의 사유에서 일종의 천재적 광기를 확인할 수 있다.

광의 정신적 역량인 진취성, 대담성, 개방성, 비판성, 비타협성, 창신성 등은 서위를 비롯한 많은 예술가들의 천재적 광기가 작품창작에 그대로 반영되었고, 그들이 행한 작품을 통해 이전과 다른 예술경향을 발견할 수 있다는 점은 큰 장점에 해당한다고 할 수 있다.

3
-
나오는 말

이상 다양하게 이해된 경외와 쇄락의 관계성은 결과적으로 심心으로 귀결될 수밖에 없다. 즉 주희가 말한 '성즉리'와 '존천리, 거인욕', '하학이상달'을 추구하는 관점에서 '증점기상'을 이해하느냐, 아니면 왕양명의 '심즉리'의 차원에서 천리와 인욕의 간극을 논하지 않는 관점에서 논의하느냐 하는 점으로 귀결된다. 유가에서는 중용을 근간으로 하여 광을 문제 삼는다. 그러나 그 광은 때로는 고착화된 삶과 이념에서 과감히 탈출하게 하거나 고정적 틀을 깨게 하는 긍정적인 역할을 하였다. 기질변화를 할 수 있다는 점에서 보면 광은 수양의 대상이지 배척의 대상이 아니다.

이상 본 바와 같이 증점의 '욕기영귀'로 말해지는 쇄락적 삶은 예법과 이성이 지배하는 엄숙하고 경외적 삶에서 벗어나게 하는 장점을 지닌다. 물론 한도를 넘어서는 '욕기영귀'는 부정되었지만, '영이귀'로 상징되는 쇄락적 삶은 이후 자연과 친하게 지내는 탈속적 삶, 요산요수 등의 삶과 연계되어 나타났다. 공자나 장자가 말하는 광자는 푸코가 말하는 정신병자로서 감금, 격리해야 하는 미치광이라는 의미의 광인이 아님을 확인할 수 있었다. 이런 광자에 대한 다양한 이해를 통해 중국문화의 한 특징을 엿볼 수 있다. 특히 예술 쪽에서는 중국예술의 특징을 규명하려면 이런 점에 대한 이해가 필요하다.

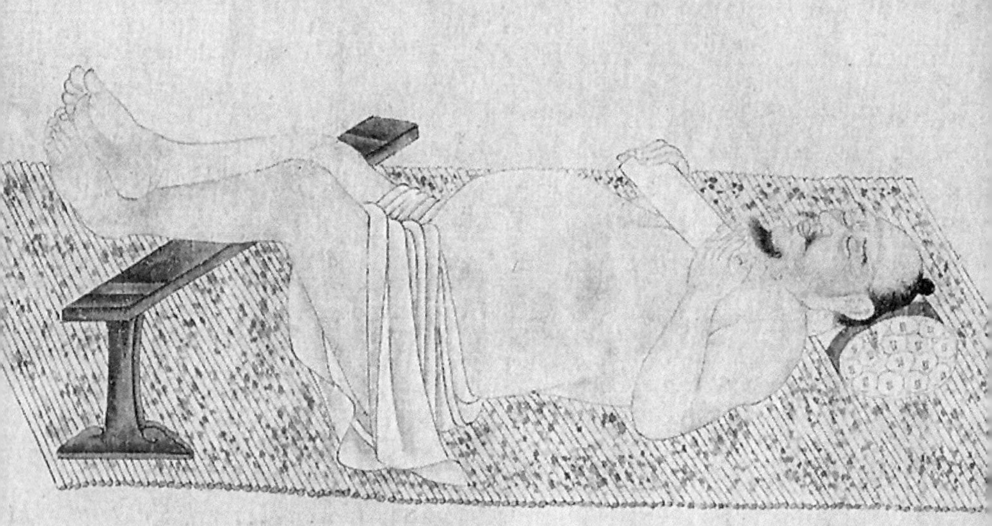

육요陸曜, 〈육일도권六逸圖卷〉, 타이베이 고궁박물원 소장
중요 부분만 가리고 불룩한 배를 드러낸 채 대자리에 누워 은궤隱机에 발을 올려놓은 채 '주공周公'을 만나는 낮잠에 빠져들어갔다. 베개는 책을 모아서 만들었다. 인물됨됨이가 쇄탈洒脫하고 자잘한 예법에 얽매이지 않았던 변소邊韶[변효선邊孝先]로 추정되는 인물이 손에 책을 들고 잠든 것을 보니 재미있는 내용의 책을 보다가 막 잠이 든 것 같다. 더운 여름에도 손에서 책을 놓지 않는 학문에 대한 열정에 절로 고개가 숙여진다. 원래 권태로울 '권倦'자가 사람 '인人'과 책 '권卷'자가 합해진 글자인데, 내용이 어려운 책은 수면제로 최적이다. 낮잠을 자는 행색 치곤 광기 어린 몸가짐에 속한다.

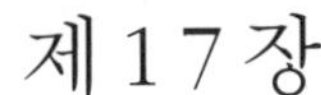

제 17 장

은사隱士의 쇄락적 삶에 대한 미학적 이해

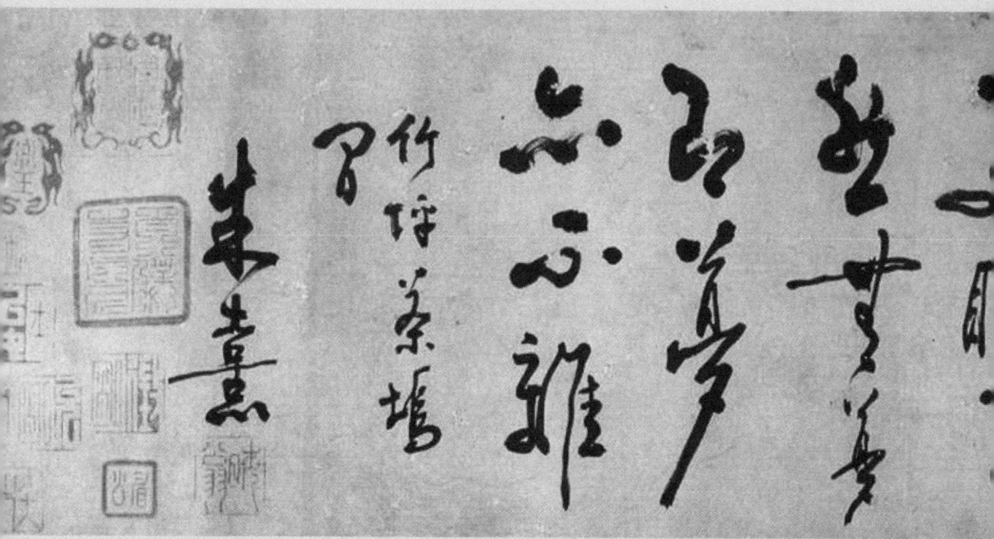

주희朱熹, 〈봉호수권蓬户手卷〉(부분)

전문: "蓬戶掩兮井徑荒, 青苔滿兮履綦絕, 園種邵平之瓜, 門栽先生之柳. 曉起呼童子, 問山桃落乎, 辛夷開未. 手甕灌花, 除虫絲蛛總於時. 不巾不履, 坐水窗, 追涼風, 焚好香, 烹苦茗. 忽見異鳥來鳴樹間, 小倦即臥, 康涼枕一覺, 美睡蕭然無夢, 即夢亦不離竹坪茶塢間. 朱熹."

이 글에는 주희가 누리고자 한 은일적 삶이 담겨 있다.

1
-
들어가는 말

은사가 잠시도 쉴 틈이 없이 근무하는 관료나 혹은 힘든 노동을 통해 삶을 꾸려야 하는 계층과 차별화되면서 즐길 수 있는 가장 대표적인 것은 무엇일까? 특히 가만있어도 땀이 줄줄 흐르는 여름철에 말이다. 예사倪思[1]는 『경서당잡지經鉏堂雜志』에서 '한거閑居'와 '관거官居'할 때의 차이점을 말하는데, 특히 여름 한철 은사 하루의 삶을 통해 말한다.

> 한가하게 사는 것이 벼슬살이보다 훨씬 나은데 그 일은 한결같지 않다. 그 가운데 가장 편한 것은 더운 계절[음력 6월]에서 더욱 볼 수 있다… 밥을 먹은 뒤 두건과 웃통, 바지와 짚신 등을 모두 벗어던지고, 등나무 와상臥床, 대나무 의자에 몸을 기대고 북쪽 창 아래에서 뒹굴다가 때로 맑은 바람이 불어오면 도리어 너무 서늘함을 걱정하며, 책策을 끼고 잠자리에 들면 이내 깊은 잠이 든다. 서늘한 저녁에는 목욕을 끝내고 지팡이를 짚고 이곳저곳을 천천히 거닐면서 연못에 가서는 달을 구경하고 높은 곳에 올라가서 바람을 쏘인다. 연을 캐서 가시연밥[검실]을 따고, 쪼갠 오이조각과 하얀 연뿌리를 안주 삼아 흰 막걸리 서너 잔 마시고 거나하게 취하여 유유자적하니, 그 즐거움이야 하나둘로 헤아릴 수 없다.[2]

두건과 웃통, 바지와 짚신 등을 모두 벗어던지고 서늘한 저녁을 걱정할 정도임에도 목욕하는 것을 보면 계절은 땀을 많이 흘린 여름임에 틀림없다. 이 더운 여름에 관료로 벼슬살이 하는 사람과 은사의 차별화된 행동을 간략히 정리해보자. 예법이나 타인의 시선을 전혀 의식하지 않는 상태에서의 탈의, 와상에서의 할 일 없이 뒹굶, 독서, 낮잠, 목욕, 산보, 달구경, 바람 쏘임, 안주 곁들인 막걸리에 취함 등을 들 수 있다. 이처럼 유유자적하는 즐거운 삶 가운데 압권은 방안이나 시원한 그늘 밑, 평상 혹은 산속 너럭바위 등에서 장소와 시간에 구애받지 않는 낮잠이다. 왜냐하면 관료적 삶을 살면 이런 낮잠을 마음대로 즐길 수 없기 때문이다. 물론 관료로 근무하더라도 낮잠을 즐길 수도 있지만 근무태만이란 문책을 각오해야 한다. 이처럼 여름철에 시간과 장소에 구애받지 않고 낮잠을 잘 수 있으려면 먼저 자신의 몸과 마음을 얽어매는 관료적 삶에서부터 벗어나야 한다.

과거 왕조시대의 '땅 치곤 왕의 땅이 아닌 것이 없다[막비왕토莫非王土]'와 '신하 치곤 왕의 신하가 아님이 없다[막비왕신莫非王臣]'라는 상황 속에서도 많은 인물들이 왕후王侯를 섬기지 않고 자신의 몸을 온전히 보전하면서 은일적 삶을 살고자 했다. 공자는 '천하유도'와 '천하무도'의 상황에 따른 출처진퇴관을 말하며,[3] 아울러 상황에 따라 '은거를 통한 구지求志'와 '행의行義를 통한 달도達道'를 말한다.[4] 맹자는 '궁窮'과 '달達'의 상황에서 '독선기신獨善其身'과 '겸제천하兼濟天下' 등 처한 상황에 따라 다양한 출처진퇴관을 말한다.[5] 백거이는 한 몸의 편안함과 길함은 '궁窮'과 '통通', '풍豐'과 '약約' 이 네 가지 사이에서 어떤 것을 선택하느냐에 있다고 말한 적이 있다.[6] 이런 다양한 삶의 방식이 있는 이유로 "몸과 명예를 다 함께 안전하게 보존하고 취할 수 있는 사람은 매우 드물었다"[7]라고 한 갈홍의 말을 들 수 있다.

몸과 명예 중 어느 하나만 선택한다면? 명예를 선택할 경우, 그 명예를 남기는 가장 손쉬운 방법은 관료로 나아가 살신성인의 자세로 이타적 삶을 살면서 역사에 남는 위대한 공을 세우는 것이다. 이른바 '입공立功'이다. 그런데 명예를 선택할 경우 권력, 명예, 재물 등은 얻을지언정 그것 때문에 심신이 사역당하고, 심한 경우 목숨이 위태롭게 될 수 있는 문제점이

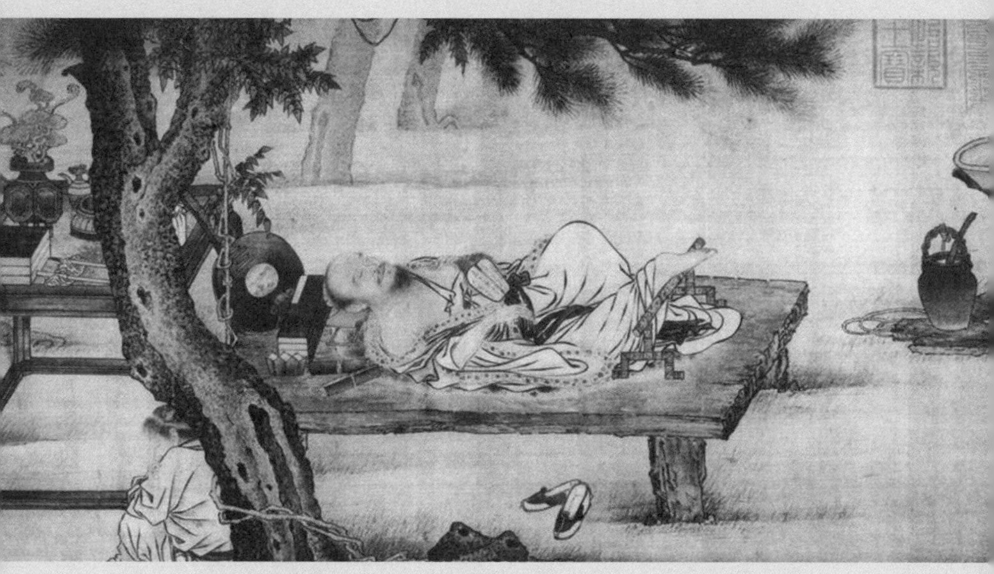

송대 일명佚名, 〈괴음소하도槐蔭消夏圖〉

소박한 나무 침상 곁에서 웃통을 벗고 발을 걸대에 올려놓은 채 낮잠에 빠져들어간 문인의 한적한 삶을 엿볼 수 있는 그림이다. 머리 위에 아직 열지 않은 책이 있고, 그 곁에 죽림칠현 가운데 완함阮咸이 만든 악기인 '완함'이 있다. 영지로 만든 꽃꽂이도 보인다. 나무 곁에 시동도 함께 잠들었는데, 낮잠 이후에 시동이 끓여준 차를 한잔 마신 뒤 '완함'을 연주하다가 독서할 것이다.

있다. 몸을 선택한다는 것은 일종의 '양생'을 통한 개인주의적 삶을 산다는 것인데, 경제적으로 풍요로운 삶의 조건이 마련되지 않은 경우 몸의 온전함은 얻을지언정 경제적으로는 빈한한 삶을 살게 된다는 문제점이 있다. 하지만 역사적으로 이름을 날린 많은 인물들이 이런 어려움이 있음에도 은일적 삶을 살고자 했다. 제왕의 밑에서 관료지향적인 삶과 은일적 삶의 갈등 속에서 은일적 삶을 택한 인물 중 하나가 바로 「락지론樂志論」을[8] 쓴 중장통仲長統이다.[9]

이 글에서는 중장통 「락지론」의 내용 분석을 통해 혼란한 시대에 선비들이 어떤 삶을 추구하고자 했는지 그 '이상향'의 일단을 보고, 아울러 그런 삶에 깃든 쇄락적 즐거움을 살펴보고자 한다.

2

은일을 위한 공간 선택 : 양전광택良田廣宅과 배산임류背山臨流

중국철학사의 큰 흐름을 보면 사회적 혼란함이 가중된 삼국시기에 이르면 도가사상은 점차 융성하게 된다. 조위曹魏[10]시기의 명사들은 유가와 도가를 겸하는 경향이 있는데, 그 경향은 위로는 한나라 말기까지 올라간다.[11] 그런 경향을 보이는 학자 중 하나가 바로 중장통이다. 중장통은[12] 건안建安 초기에 당고黨錮의 화[13]와 황건적黃巾賊의 난을 눈으로 목격한다. 그런 상황에서 중장통은 자신의 힘으로는 어떻게 할 수 없는 현실에 대해 붓을 들어 마음을 토로한다. 재부의 불균형과 당시의 부조리한 사회상을 지적한다.[14] 그리고 그는 세속적인 명예, 재물 등과 같은 더러운 것을 버리고

문징명의 행서
〈락지론樂志論〉

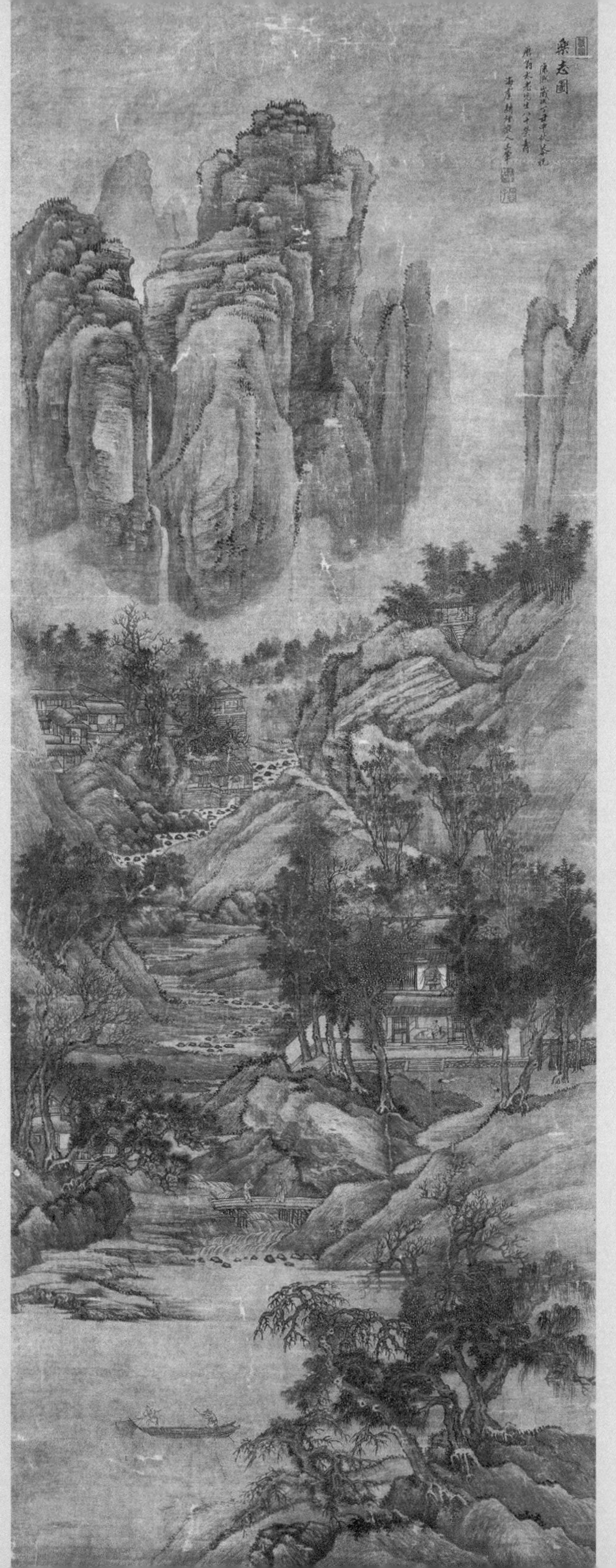

왕석곡,
〈락지도樂志圖〉

세상을 피하여 고고하게 살고자 하는 입장에서 「락지론」을 쓴다.

은일을 추구하는 은사들은 어떤 공간을 선택하여 살고자 했을까? 은일을 추구하는 경우 대부분 공간적으로는 산속을 택하는 경우가 많다. 왜 산속을 택하는가? 갈홍의 예를 통해 보자. 중장통보다 약 100여 년 뒤에 태어나 『포박자』를 통해 은일의 다양함을 말한 갈홍은 숭산嵩山에 들어가고자 한 적이 있고, 실질적으로는 라부산羅浮山에 가서 은거 생활을 한 적이 있다. 갈홍이 라부산에 들어가 은거한 것은 산림 속에 도가 있어서가 아니다. 그것은 마음을 어지럽히는 세간의 시비에 얽매이는 삶에서 벗어나고자 하는 차원에서의 공간적 선택이었다.[15] 한 인물이 세간의 시비에 얽매인다는 것은 그만큼 자신의 역량과 위치가 일정 정도 사회적으로 유용성과 영향력이 있다는 것을 의미하는데, 은일을 택한다는 것은 그런 것을 다 버린다는 것을 의미한다.

이처럼 산속을 택해 은일하기도 하지만 모두가 그런 것만은 아니다. 특히 유가적 삶을 산 경우 무조건 산속만을 고집하지 않고 요산요수樂山樂水할 수 있는 적당한 공간을 선택해 일정 정도 공자가 말한 '은거구지'의 삶을 살고자 한다. 퇴계 이황이 '비둔肥遯'을 하기 위해 선택한 도산이란 공간도 그 하나의 예다.[16] 퇴계가 비둔을 실천하고자 한 공간은 농사를 지을 수 있는 넓은 공간은 아니고, 겨우 '양정養靜'의 삶을 실천할 정도의 공간이었다.[17]

은일을 택할 경우 가장 이상적인 상황은 무엇일까? 당연히 경제적 안정과 풍요로움을 누릴 수 있는 상황이면 금상첨화이다. 즉 경제적 풍요로움이 완비된 상태에서 '배산임수背山臨水'나 '배산임류背山臨流'의 공간에서 요산요수할 수 있으면 더욱 좋다. 산수로 도를 체득하고, 아울러 산수 속에서 은일자들이 추구하는 진의를 구할 수 있기 때문이다.[18] 사령운謝靈運은 「산거부山居賦」에서 귀족이나 문인들이 처하는 곳을 '암서岩棲', '산거山居', '구원丘園', '성방城傍' 등으로 구분한다.[19] 사령운은 자연의 신기하고 미려

함을 선택하면 고서高棲[=隱居]를 통한 뜻을 다 얻을 수 있다는 점에서 '산거'를 최고로 친다.[20] 이중환李重煥은 『택리지擇里志』「복거총론卜居總論」에서 '복거지'로서 갖추어야 할 것을 '지리', '생리生利', '인심', '산수'를 말하는데, '산수'는 성정을 닦고 표현할 수 있는 공간이라 말한 적도 있다.[21] 중장통이 「락지론」을 통해 말하는 공간은 퇴계가 선택한 도산이란 공간에 비해 훨씬 풍요롭고 넉넉한 공간이다. 중장통은 '양전광택良田廣宅'과 '배산임류'의 공간을 택하는데, 그 공간에서 농경적 삶을 통한 경제적 풍요로움과 안락함을 누릴 수 있다.

> 거주하고자 하는 곳에는 좋은 밭과 넓은 집이 있는데, 산을 등지고 냇물이 앞으로 흐른다. 도랑과 연못이 둘러 있고, 대나무와 나무들이 두루 벌려 있다. 채소밭은 앞에 있고, 과수원이 뒤에 심어져 있다.[22]

산을 등지고 물이 감싸 흘러내려가는 배산임류는[23] 큰 틀에서 보면 후대 풍수에서 말하는 배산임수에 해당한다. 배산임수나 배산임류는 성정을 닦고 표현할 수 있고 요산요수의 공간이란 점에서는 공통적이다. 사령운은 「락지론」의 산수 형상을 '유수고산流水高山'으로 표현한 바가 있다.[24]

중장통이 설정한 배산임류의 공간은 입세와 출세, 혹은 사仕와 은隱의 대립과 공존이 아울러 존재하는 공간일 수도 있다. 중요한 것은 그 배산임류의 공간에서 어떤 삶을 영위하는가 하는 것이다. 다음 두 번째 내용을 보자.

> 배나 수레가 걷거나 물을 건너는 어려움을 대신하고, 심부름꾼들이 팔다리의 노역을 쉬게 한다. 부모님을 봉양함에 진미를 겸한 반찬이 있고, 처자들은 몸을 괴롭히는 수고로움이 없다. 좋은 벗이 모이면 술과 안주를 베풀어 즐기고, 명절과 좋은 날에는 염소[고羔]와 돼지를 잡아 제사를 받든다.[25]

중장통이 꿈꾼 것은 논과 밭 및 과수원, 궁벽한 곳에서 노동의 수고로움을 감내하면서 경제적 어려운 삶을 누리는 은일적 삶은 아니다. 중장통은 일상적 삶 속에서 노동하는 수고로움이 없고 아울러 부모에 대한 봉양, 처자의 신체적 편안함, 친구와의 교유, 조상에 대한 제사를 지내는 데 전혀 문제가 없는 풍요롭고 여유로운 삶, 특히 유가의 관계지향적 삶과 무리를 지어 사는 삶을 말한다. 고된 환로宦路의 길을 걸었던 결과로서 얻어진 경제적 풍요로움인지 아니면 부모님께 물려받은 재산이 있었는지는 알 수 없지만, 여기서 중장통이 말하는 은일적 삶은 일정 정도 재력을 가지고 있거나 이미 성공한 사람만이 누릴 수 있는 환경과 삶을 말하고 있다는 점에 그 특징이 있다.

중장통이 지향한 삶은 맹자가 말하는 '인생삼락人生三樂'까지는[26] 아니더라도 유가에서 지향하는 전형적인 삶과 즐거움을 담고 있다. 이런 점에서 중장통이 지향한 은일적 삶은 공간적 차원에서는 일정 정도 현실과 거리감을 둔 점이 있지만 유가의 삶의 틀을 크게 벗어난 것이 아님을 알 수 있다.

3

소요자적逍遙自適과 영이귀詠而歸의 낮 문화

은일하는 고사高士는 산림의 맑고 고요함과 계곡의 샘물이 흘러가면서 보이는 변화무쌍한 경지를 사랑한다. 이에 산림에 은거하고 대자연의 아름다운 경치 속에서 소요하면서 세속의 번거로움을 잊고자 한다. 특히 폭포가 있는 산에 올라가면 속세에서 맛볼 수 없는 정취를 얻을 수 있다. 명대 진계유陳繼儒의 아래 말은 이런 점을 잘 말해준다.

> 매번 높은 산에 오를 적마다 깊숙한 골짜기로 가서 편안히 머물러 앉아 깎아지른 듯한 절벽에 걸린 폭포수와 고목에 드리운 덩굴을 구경했다. 깊숙하고 고요한 곳이면 해가 기울어도 돌아가길 잊게 된다.[27]

왕유王維는 「록시鹿柴」에서 "빈 산, 사람을 볼 수 없다[공산불견인空山不見人]"를 말하고, 사공도는 『이십사시품』「자연自然」에서 "조용한 사람, 빈 산[유인공산幽人空山]"을 말하고, 소식은 「십팔대아라한송十八大阿羅漢頌」에서 '빈 산, 사람 없다[공산무인空山無人]'[28]라고 말한다. 각각 처한 상황은 다르지만 인적이 드문 높은 산 깊숙한 골짜기 편안히 머물러 앉아 있을 수 있는 것은 세속의 인간들로부터 혹은 외물로부터 자유롭기 때문이다. 많은 시간이 걸리는 높은 산에 오른다는 것 자체가 이미 한가롭게 시간을 보낼 수 있음과 당장에 시간을 투여하여 일삼을 만한 것이 없음을 말해준다. 해가 기울어도 돌아가길 잊게 되는 것은 그만큼 주위의 아름다운 경치에 빠져들었다는 것과 일찍 돌아갈 어떤 이유가 없음도 말해준다.

높은 산속 깊숙하고 조용한 곳은 사람으로 하여금 마음을 더없이 맑고 깨끗하게 한다. 염담恬淡의 허정한 마음을 갖게 한다. '관폭觀瀑'하는 행위는 물의 속성과 관련된 비덕比德의 의미가 담겨 있다. 고목에 드리운 덩굴에는 온갖 세월의 풍상을 겪으면서 살아간 고목에 깃든 생명의 항상성과 세월의 축적을 담고 있는데, 보는 이는 그것과 자신을 동일시한다. 이런 점을 염두에 두면서 「락지론」의 세 번째 내용을 보자.

> (집을 나와) 밭두둑과 동산을 거닐고, 숲속에서 유희한다. (들판에 나가) 맑은 물에 몸을 씻고, 시원한 바람을 좇는다. 물에 헤엄치는 잉어를

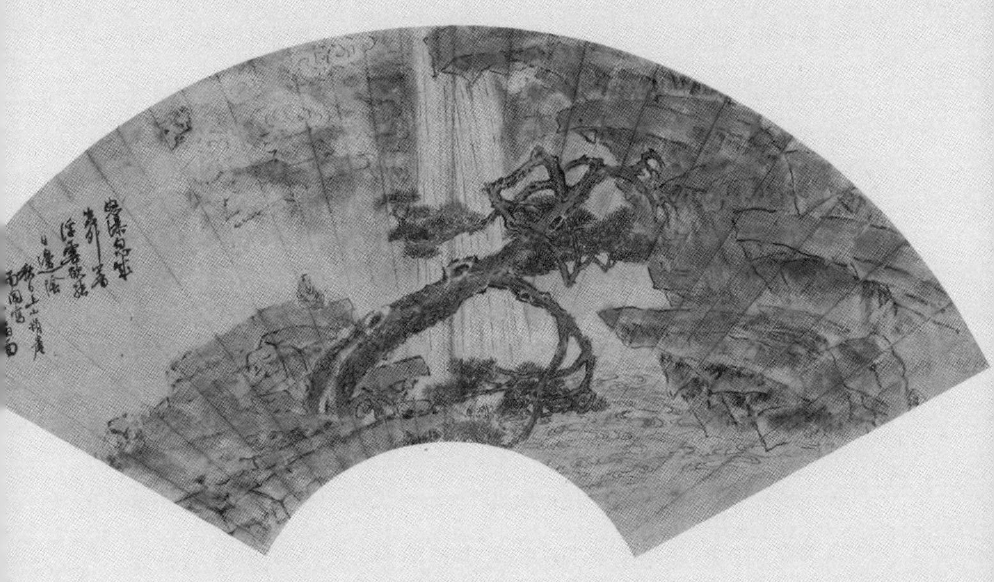

이인상, 〈송하관폭도〉, 국립중앙박물관 소장
은사로 보이는 선비가 심산유곡의 너럭바위에 앉아 쏟아지는 폭포를 바라보고 있다. 그 옆의 뒤틀어지고 굽은 소나무는 애초에 단단한 바위에 씨를 내린 통에 힘겹게 자랐지만, 이제 여전히 푸름을 자랑하는 소나무로 컸다. 은사와 그려진 소나무를 동일시하여 이해할 수 있는 작품에서 이인상의 높은 화격을 엿볼 수 있다.

> 낚시질하며, 높이 나는 기러기를 쏘아 잡는다. '무우대'의 아래에서 바람을 쐬며, 고당高堂 위로 시를 읊으며 돌아온다.[29]

세 번째는 관료로 근무하면 제대로 할 수 없는 삶으로서, 한가롭게 하루를 어떤 식으로 보내는가와 관련된 내용이다. 먼저 특별나게 신경써야 할 일이 없는 상태와 시간적인 제약을 받지 않는 상태에서 심신의 안락함과 쾌적함을 말한다. 제일 먼저 집을 나와 아무런 목적의식 없이 그저 자신이 살고 있는 주변 공간을 소요한다. 집 주위를 산보하다가 조금 더 나아가 산속에까지 간다. 그 산속에서 노닐다가 기우제를 지내는, 다른 곳보다 높은 곳에 있는 '무우대'가 있고 물가가 있는 넓은 들판으로 나간다. 자연과 함께하는 삶을 통해 즐거움을 누린다. 그 들판에 있는 냇가로 나와 몸을 씻고 기분 좋게 시간을 보내다가 바람 맞으며 돌아온다. 자신이 사는 삶의 공간으로 돌아온다는 것은 이미 시간적으로 상당한 시간이 흘렀음을 의미한다. 중장통은 증점이 말하는 '욕기영귀'의[30]삶을 실천하고자 한다. 여기까지는 유가적 삶과 관련이 있다. 즉 중장통이 「락지론」에서 말하는 삶은 기본적으로는 관계지향적인 삶을 포기하지 않으면서 '영이귀'를 실천하고자 하는 전형적인 유가적 삶이다.

이상 말한 것은 해지기 전 낮에 행한 삶의 행태를 말한 것이다. 중장통은 배산임류의 공간에서 요산요수하면서 궁극적으로는 '영이귀'를 실천하고자 한다. 따라서 이러한 '인간 관계망틀' 속에서의 자연친화적인 '영이귀'는 '가기만 하고 돌아오지 않는다[왕이불반往而不返]'라는 도가적 삶과 차이가 나는 유가적 삶의 틀에 속한다. 이런 삶은 증점을 비롯한 유학자들이 추구한 쇄락적 삶과 매우 밀접한 관련이 있다.

4

-

독서와 예술 향유의 밤 문화

1) 독서와 양생

은사가 누릴 수 있는 것 중 하나가 시간에 제약을 받지 않는 독서와 다양한 예술 향유다. 갈홍도 이와 유사한 사유를 보인다. 갈홍은 자신의 부귀관을 통해[31] 자리가 높아질수록 책임감이 무거워지고, 공이 클수록 남의 미움을 더 받는 관료적 삶을 살고자 하지 않는다.

> 그것보다는 차라리 고전의 세계에서 즐거운 마음을 탐하고, '옛것을 토하고 새로운 것을 받아들인다[토고납신吐故納新]'라는 것을 통한 불로장생의 운동을 수련하고, 괭이를 들어 주림을 채우고, 손수 베를 짜는 것이 좋다. 가령 광대한 저택에 산처럼 음식이 있다 할지라도 한 몸을 만족시키는 것은 한 접시의 음식과 방 하나면 족할 것이다. 천지 사이에 태어난 만물은 언젠가는 티끌로 변하고 만다. 그러므로 죽을 마시며 갈포나 온포를 입든 욕심 없는 자유로운 경지에서 근심할 것도 없고, 너무 기뻐할 것도 없이 살아가면 되는 것이다. 이야말로 가장 존귀한 즐거움으로서 무엇에도 비할 수 없다. 도대체 벼슬살이는 왜 하는가? 명성을 위해서인가? 그런 것이라면 붓을 휘둘러도 쌓인 감정을 토로할 수 있다. 시를 지어도 그 이름을 세상에 전할 수 있다.[32]

갈홍은 태어난 것은 반드시 죽는다는 자연의 변화를 알고, 지족의 삶 속에서 욕심 없는 마음으로 소요자적逍遙自適하면서 고전에 대한 탐닉과 저술활동, 양생을 통한 불로장생을 추구하고자 한다. 경제적으로 빈곤하고 육체적 피로는 있지만 자신이 선택한 은일이기에 마음으로 즐거움을 누릴 수 있다. 특히 갈홍은 안빈낙도적 삶, 양생적 삶, 예술을 향유하는 삶을 영위하면서 세속적인 부귀와 다른 자신이 생각하는 부귀관을 통해 자신의 은일적 삶을 합리화한다. 이런 삶에는 노장에 대한 깊은 이해가 담겨 있다.[33] 고전에 대한 탐닉에서 그 고전이 무엇인지 하는 것은 더 구체적으로 따져봐야 하겠지만, 중장통도 고전에 대한 탐닉과 독서를 통해 우주를 이해하고 역사를 품평한다. 아울러 시간을 내어 예술 향유를 통해 심신의 안락함을 추구한다. 「락지론」의 다음 네 번째 내용을 보자.

> 안방에서 정신을 편안히 하여 노자의 현허한 도를 생각해보고, 정기의 조화로움을 호흡하여, 지인至人과 같아지기를 구한다. 이치를 통달한 몇 사람과 도를 논하고 책을 강술하며, 하늘과 땅을 내려보고 올려보며, 고금의 인물들을 모아놓고 평가한다. 순임금의 「남풍시南風詩」의 우아한 곡조를 타기도 하고, 진나라 사광師曠의 「청상곡淸商曲」의 묘한 곡조를 발하기도 한다.[34]

네 번째는 한가로이 산책하면서 자연에서 노닐던 삶에서 돌아와 방안에서 추구하는 삶을 말한다. 시간적으로 보면 해가 질 무렵 정도 혹은 밤 시간대로 추정되는 때의 삶으로 보인다. 이런 시간에서의 행동거지에는 신체적 차원과 정신적 차원 이 두 가지 차원이 담겨 있다. 중장통은 '양형養形'과 '양신養神'을 동시에 추구하는 삶을 추구한다. 그 삶에는 노장사상이 자리 잡고 있고, 아울러 예술을 통해 즐기는 삶도 함께 들어 있다. 이런 삶이 자연이란 공간이 아닌 자신이 살고 있는 안방에서 이루어지는데, 중요한 것은 안방이냐 자연이냐 하는 공간의 문제가 아니다. 정신의 무한한 소요는 공간적 지배를 받지 않기 때문이다. 여기서 중장통은 유가적 삶과 더불어 도가적 삶을 동시에 추구하고자 하는 삶을 보인다.

정신적으로는 먼저 중장통은 노자사상에 심취한다. 그 노자사상의 핵심을 현玄과 허虛로 이해한다. '현'은 노자사상에서 가장 중요한 개념으로, '미분화된 혼돈의 상태', '인온絪縕한 기가 모인 상태', '언어문자로서 규정되지 않는 경지', '미추·선악·시비를 나누는 분별지로 규정되지 않는 경지', '무한한 우주 변화의 오묘함을 담고 있는 경지' 등 다양한 의미를 지닌다. 한마디로 말하면 도를 설명하는 말이다.[35] '허'는 이런 도의 다른 모습이면서, 아울러 허정지심으로 이해될 때는 도와 합일을 위해 인간의 마음이 추구해야 할 이상적 경지가 된다. 이런 점에서 '허'는 우주론적인 측면과 인성론적 측면 두 가지를 다 말해주는 개념이다. 여기까지는 정신적 차원이다. 일종의 '양신'인 셈이다.

다음은 '양형'의 측면에서는 호흡과 관련된 건강법을 말한다. 중장통은 정기를 호흡하는 것을 통하여 장생불로의 삶을 추구한다. '지인'은 『장자』 「소요유」의 "지극한 경지에 도달한 사람은 자기라는 것이 없다[지인무기至人無己]"라는 말을 비롯하여 여러 편에서 나온다. '지인'의 경지를 추구한다는 것은 다양한 차원에서 이해할 수 있지만, 큰 틀에서는 인간의 삶을 힘들고 고통스럽게 하는 생사와 희로애락에서 벗어나는 삶이다. 즉 자연의 변화와 함께하고 조물주와 친구가 되는 삶이다. 『황제내경黃帝內徑』에서는 인간의 수명과 관련하여 층차적으로 '진인眞人', '지인至人', '성인聖人', '현인賢人' 등을 구분한다. 이 가운데 상고시대에 살았던 진인의 수명이 천지와 필적하여 다하는 때가 없게 되는 요소로 '정기를 호흡하는 것'을 들고 있다.

> 황제가 말하기를, 상고에 진인이 있어 천지를 거느리고, 정기를 호흡하며, 홀로 서서 신을 지키고, 비육肌肉이 한결같아 수명이 천지와 필적하여 다하는 때가 없다. 이것이 그 도가 있는 사람의 삶이다.[36]

이것은 수명 연장에서 정기精氣를 호흡하는 것이 그만큼 중요하다는 것을 의미한다. 중장통은 진인보다는 지인에[37] 초점을 맞추어 말한다. 중장통이 「락지시」에서 말한 "지인은 능히 변화할 수 있다[지인능변至人能變]"라는 것은 그 하나의 예다. 유가적 삶을 유지하느냐 아니면 도가적 삶을 유지하느냐에 따라 달라지겠지만, 은사의 삶에서 장생과 양생을 강조하는 것이 뚜렷하게 나타나지 않더라도 그런 의식은 잠재적으로 담겨 있다. 물론 유가의 삶이냐 아니면 도가의 삶이냐에 따라 양생과 장생을 추구하는 방식에는 다른 점이 있다. 예를 들면 퇴계 이황같이 '양정養靜'을 통해 자신의 심신의 양생을 꾀하느냐, 아니면 갈홍이 『포박자』(내편) 「금단金丹」에서 말하는 것과 같이 금단을 복용하여 좀 더 적극적으로 양생과 장생을 추구하느냐 하는 차이는 있다.

중장통은 양형과 양신 이 두 가지를 함께 추구하는 것을 말한다.[38] 여기까지는 방안에서 혼자 하는 삶이다. 중장통은 혼자서 정신적 소요를 즐기고 불로장생을 추구하지만 오로지 그것만을 추구하지는 않는다. 주변에 있는 이치를 통달한 사람 혹은 말이 통하는 인물들과 함께하는 삶을 말하여 타자와의 관계망을 유지하고자 한다. 이런 삶은 마치 죽림칠현竹林七賢들이 혜강嵇康의 죽림에 모여 현허玄虛한 논의와 청담淸談을 논한 삶과 유사한 점이 있다.

문인사대부들이 독서를 하는 목적은 여러 가지가 있다. 경세치용經世致用을 주장하는 고염무顧炎武는 군자가 학문을 하는 목적은 '명도구세明道救世'하는 것에 있다고 말한 적이 있다.[39] 왕부지王夫之는 독서하는 목적은 그 대의를 분변하여 수기치인의 체를 세우고, 그 미언微言을 살펴 '세상의 오묘한 이치를 깨달아 신묘한 경지에 들어간다[정의입신精義入神]'[40]라는 작용을 잘하고자 함에 있다고 한다.[41] 독서하는 목적은 단순히 '완물상지玩物喪志'하고자 하는 것이 아니라는 것이다. 은자의 독서는 그 은자가 어떤 성격의 은자이냐에 따라 독서의 목적과 책 선택은 달라질 수밖에 없다. 일단 은자의 독서는 '명도구세'에 목적이 있지 않다. 유가지향적 삶을 살아가는 것과 일정한 거리를 두고 있기에 독서할 때 책의 선택은 자유롭다. 하지만 철저하게 유가지향적 삶과 무관한 독서도 아니다. 예사는 『경서당잡지』「한거사업閑居事業」에서 '한거'와 '달관達官'의 차이점이 없음을 말하면서 독서가 갖는 의미를 다양한 차원에서 밝힌 바가 있다.

> 한가로이 살면서 일삼는 것은 관료로 출세하여 근무하는 것과 다를 바가 없다. 성현의 책을 보는 것은 군주와 아버지를 대하는 것과 같고, 역사책을 읽는 것은 공안을 보는 것과 같고, 소설을 보는 것은 우령優伶을[42] 보는 것과 같고, 『시경』을 보는 것은 가곡을 듣는 것과 같으니, 이것은 한가로이 살면서 즐기는 것이 관료와 다를 바가 없다는 것이다.[43]

예사의 이런 의식은 일정 정도 은일적 삶을 살아가는 은자들에게 거의 대부분 공통적으로 적용된다. 중장통은 '양형'과 '양신'을 꾀하면서 아울러 다양한 독서를 통한 우주에 대한 이해와 역사의 득실을 논한다. 우주에 대해 논하고 책을 강술한다는 것은 현실과 완벽한 거리를 두고 있지 않음을 의미한다.

이처럼 한가한 삶을 살지만 무료하게 하루를 보내는 것이 아니라 시간이 나는 대로 독서를 한다. 물론 그 독서는 관료적 삶을 살기 위한 도구 차원의 독서는 아니다. 책의 선택이나 독서 시간은 구애받지 않지만, 그렇다고 아무 책이나 마구잡이로 읽는 것은 아니다. 직접적으로 관료로서 정치에 참여하는 행위를 하지 않더라도 공자가 말한 '은거구지'의 삶을 사는 경우라면 독서를 통해 세상사를 이해하고 혹은 저술을 통해 관여하기도 한다. 즉 은일의 삶을 추구하더라도 세상사를 단절하는 것은 아니라는 것이다. 이런 점에서 예사는 군자가 '물러나 한가롭게 사는 것[퇴휴退閑]'도 결국 '때를 구제하는 것[제시濟時]'임을 말하기도 한다.

관료로 나아가면 세상을 구제한다는 것은 사람들이 다 아는 것이지만 물러나 한가롭게 사는 것도 세상을 구제한다는 것에 대해서는 사람들이 아직 모른다. 대저 군자가 이미 몸을 닦는 것은 장차 시대에 쓰임이 되고자 하고, 뜻은 세상을 구하는 것에 있을 뿐이지 이익과 복록을 구하고 부와 귀를 누리고자 함은 아니다. 그러다가 물러나 궁벽함에 처했을 때는 단지 자신의 이익과 복록에는 덜어진 바가 있다. 하지만 세상을 구하는 쓰임이 되는 것에 스스로 그러한 점이 있는 것은 무엇 때문인가? 세상은 바야흐로 명성과 이익에 빠지고 예의염치를 차리는 풍조가 날로 이지러지는데, 한 군자가 있어 도는 구차하게 세속적인 것과 합치하지 않고 그렇게 함으로써 천하 염치의 풍조를 힘쓰고자 하니, 이것이 어찌 세상을 구하는 것이라고 말하지 않을 수 있는가? 그러므로 물러나 한가롭게 사는 것도 세상을 구하는 것이라고 하는 것이다.[44]

은일적 삶을 살면 경제적으로는 곤궁함이 있다. 하지만 경제적 곤궁함을 겪으면서도 이익과 녹봉을 탐하지 않는다. 이처럼 은일적 삶을 사는 인물이 명성과 이익에 탐하는 삶이 아닌 올바른 행동거지는 세속적인 인물들에게 하나의 '롤 모델role model'이 될 수 있다는 것이다. 물론 예사가 말한 것이 모든 은일자에게 적용되는 것은 아니다. 하지만 궁벽한 산속에서 완벽하게 세상사와 단절된 삶을 사는 경우가 아니면 일정 정도 예사의 말은 타당하다. 이런 점은 중장통의 은일적 삶을 이해할 때도 적용된다. 중장통은 「락지론 뒤에 쓴다」에서 다음과 같이 읊기도 한다.

가난한 선비가 살림살이는 옹색할망정
조물주에 다 맡기고 살아가는 것이 기쁘다.
숲과 꽃을 힘들여서 재배할 일도 없고
못을 파고 폭포 만드는 공사는 벌리지도 않는다.

물고기랑 새랑 제풀에 와서 벗이 돼주고
시내와 산은 집을 에워싸고 창문을 보호한다.
그 속의 참 즐거움은 천 권의 책에 있나니
손길 가는 대로 뽑아보면 온갖 잡념 사라진다.[45]

유가적 사유를 완벽하게 버리지 못하는 은사의 경우 우주와 자연 그리고 인간 삶에 대한 것은 여전히 관심 대상이다. 관심을 갖고 있지만 적극적으로 그 관심을 행동으로 옮기지는 않을 뿐이다. 하늘과 땅을 내려보고 올려본다는 것은 우주자연의 이치를 논하는 것과 같이 형이상학적 차원에 속하는 이야기를 나눈다는 것이다. 아울러 고금의 인물들에 대한 평가를 통해 현실문제에 대한 비판적 대안을 모색하면서 자신들이 살아야 할 삶에 대한 '롤 모델'도 찾는다. 이런 삶은 유가적이면서 도가적이다.

2) 예술 향유

여유가 있는 은사의 삶에서 빼놓을 수 없는 것이 바로 예술 향유다. 예술 향유에는 시를 짓고 아울러 서예와 회화 및 음악을 통해 향유함이 있다. 그런데 이런 예술 향유는 시대에 따라 내용적 측면에서는 다른 면이 나타난다. 시대적으로 은사들의 예술 향유를 보면, 송대 이전에는 주로 음악과 함께하는 소요자적하는 삶이 나온다. 금琴과 서書는 선비가 특별한 일이 없으면 곁에서 떠나게 하지 않았다는 말이 있듯이, '금'을 통한 음악의 즐김은 송대 이전의 은거하는 선비에게는 매우 중요한 일상사가 된다. 물론 그것에는 단순히 음악을 통한 즐거움만을 얻고자 하는 것이 아니라, 그 음악을 통해 자신을 경계하고 절제하는 삶을 얻고자 함도 담겨 있다.

음악과 달리 시대에 따라 서화의 경우는 조금 다른 현상이 나타난다. 서화를 즐기는 것은 주로 송대 이후에 나타나는 경향이 있다. 특히 '화'의 경우는 더욱 그렇다. 왜냐하면 회화는 서예와 다른 차원에서 이해될 수 있는 부분이 있기 때문이다. 은사들이 회화를 즐긴 현상은 묵희 차원의 문인화풍의 유행 경향과 관련이 있다고 본다. 송대 이후 이른바 사인화가 나타나고 이후 명대의 문인화가 발흥함에 따른 경향 속에서 은일자들의 회화에 대한 예술 향유가 나타나게 된다는 것이다.[46] 이것은 경제적으로 풍부한 삶을 산 귀족과 같은 특수한 계층이 은일을 지향했을 때의 예술 향유에 맞추어 말한 것은 아니다. 송대 이후 관료적 삶을 산 사대부들이 행한 은일적 삶 속에서 나타난 경향성에 초점을 맞추어 말한 것이다.

'순임금의 「남풍시」를 타기도 하고, 진나라 사광의 「청상곡」의 미묘한 곡조를 발하기도 한다'에서 남풍과 청상은 봄과 가을을 상징하는 악곡으로, 분위기로만 보면 반대가 되는 음악들이다. 관점을 바꾸어 말하면 「남풍시」와 「청상곡」은 일년을 상징하는 봄과 가을의 기운을 담고 있는 악곡들로서, 그것을 들음으로써 자연의 변화와 추이를 알게 된다. 그리고 이런 자연의 변화와 추이를 인간세계에 적용하여 이해한다. 『공자가어孔子家語』에는 남풍과 관련해 "순임금께서 오현금을 타면서 「남풍시」를 지어 말하기를, 남풍이 훈훈하게 불어옴이여. 내 백성들의 화를 풀 수 있게 하리. 남풍이 때맞게 불어옴이여. 내 백성들의 재물을 불어날 수 있게 하리라고 하였다"[47]라는 말이 나온다. 『한비자韓非子』 「십과十過」에는 '청상'에 대해 다음과 같은 말이 나온다.

> 진晉 평공平公이 시이대施夷臺에서 술을 마시며 음악을 듣는데, 악관 사광이 곡 하나를 연주하자 평공이 물었다. "이게 무슨 곡인가?" 사광이 답하길, "청상이라 하옵니다" 하였다. 평공이 다시, "'청상'이 가장 슬픈 곡인가?" 묻자, "'청치[淸徵]'만 못하옵니다" 하였다. 공이 말하길, "청치를 들을 수 있겠는가?" 하자 대답하길, "아니 되옵니다. 과거 '청치'를 들은 사람은 모두 덕과 의가 있는 임금이었습니다. 아직 임금께서는

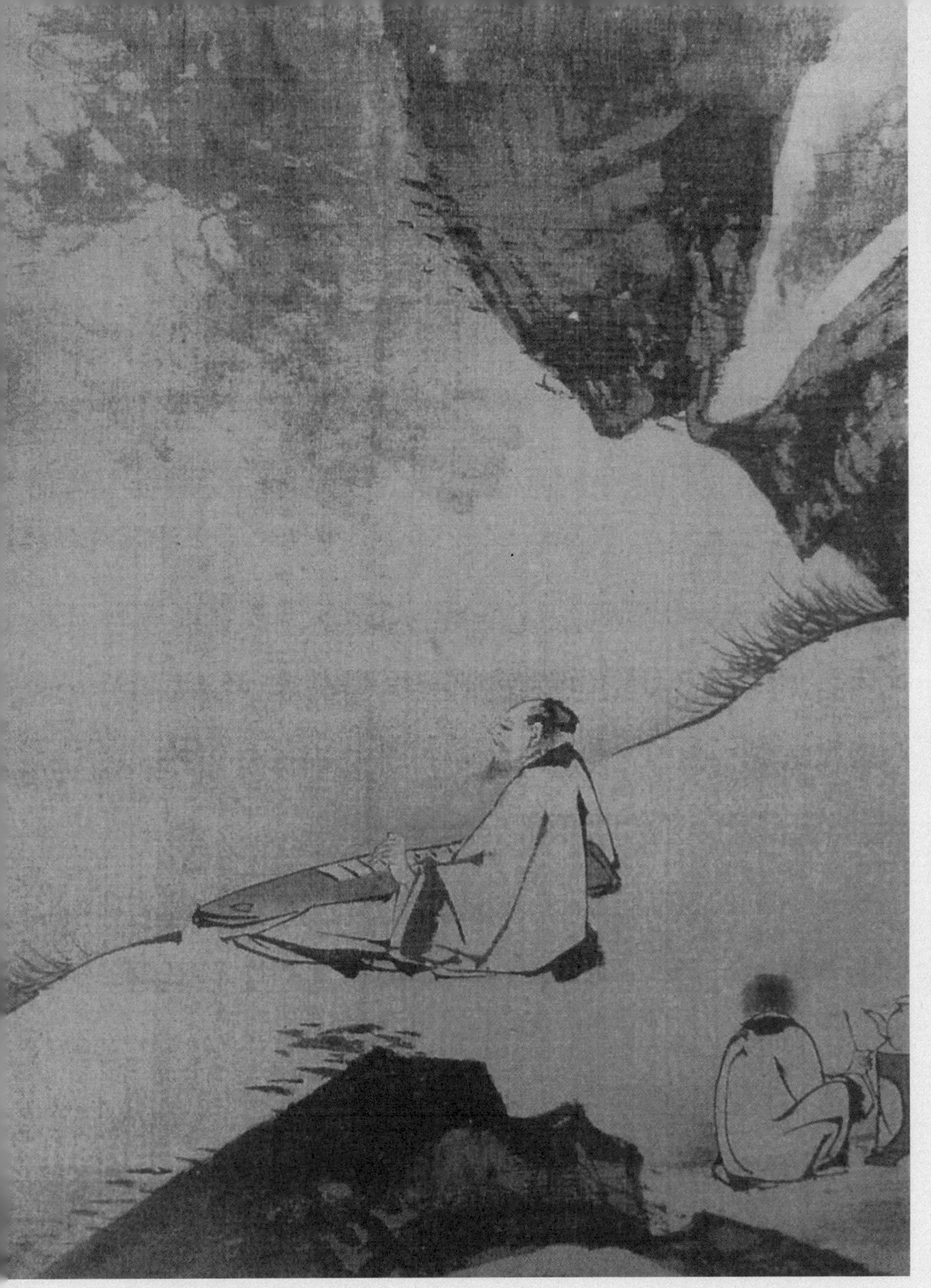

이경윤李慶胤, 〈월하탄금도月下彈琴圖〉

도연명은 음률을 이해하지 못하였지만 '무현금無絃琴'을 두고 말하기를, "거문고의 홍취만 알 것이지 어찌 줄 위의 소리가 필요하랴(但識琴中趣, 何勞絃上聲)"고 하였다. 이런 무현금의 의미를 알려면 노장의 '득의망상得意忘象'을 이해해야 한다. 홀로 무현금을 농무하고 있는 선비의 모습에서 장자가 말하는 '홀로 초연하게 천지와 더불어 정신을 왕래하는 경지[獨與天地精神往來]'를 느낄 수 있다. 감상자는 무현금을 타면서 선비의 마음속에 체득된 인뢰人籟가 아닌 천지에 가득한 천뢰天籟를 들어야 한다.

> 덕이 얕으시니 들으실 수 없습니다" 하였다. 공이 말하길, "과인이 좋아하는 것이 음악이니 원컨대 시험 삼아 들려주시게" 하였다.[48]

사광은 음악이란 단순히 음 그 자체에 머무르는 것이 아니라 인간의 인품 및 그 됨됨이와 관련이 있다고 말한다. 즉 '남풍'과 '청상'은 그 내용으로 보면 군주의 덕의 유무와 그 정치행태와의 연관성이 담겨 있다. 따라서 은일적 삶을 살 경우에도 그 삶에 맞는 음악을 선택해 들을 필요가 있다. 은사는 음악을 통해 자연의 변화를 이해하면서 아울러 정교적 효용성과 그 득실을 따지기도 한다. 이렇게 볼 수 있다면 중장통이 듣고자 하는 음악은 일정 정도 유가적 사유를 담고 있는 음악이다. 그 음악을 통해 즐거움을 느끼면서도 아울러 자신의 심성 도야를 꾀하기 때문이다.

이상과 같이 중장통은 방안에 앉아 독서한다고 하는데, 시대가 흘러감에 따라 은사의 독서는 다양한 모습을 보인다.[49] 이 밖에 담론을 하고 아울러 음악을 들으면서 '양형'으로서의 심신의 안락함과 '양신'으로서의 정신의 자유로움을 추구하는 경지를 그리고 있다. 다섯 번째 내용에서는 최종적으로 이런 삶을 통하여 자신이 추구하는 이상적인 삶이 무엇인지를 밝힌다.

> 이에 어지러운 세상을 초월하여 유유히 소요하며, 하늘과 땅 사이의 온갖 일들을 무심히 바라보며, 시대에 책임을 져야 하는 관직을 받지 않고, 주어진 천명을 다한다. 이와 같이 하면 저 하늘을 넘어서 우주 밖으로 초탈할 수 있을 것이니, 어찌 제왕의 문으로 들어가는 것을 부러워하겠는가?[50]

사실 「락지론」에서 말하고자 하는 궁극적인 것은 바로 이 부분에 있다. 은사로서 가장 신경 써야 할 것은 제왕의 문에 들어가는 환로宦路를 택할 것인가 아니면 그것에서부터 벗어나는가 하는 것에 있다. 중장통은 장자가 말하는 소요철학을 통해 궁극적으로는 우주 밖으로까지 마음을 확장하고 우주와 합일하는 꿈을 꾼다. 이런 식의 삶에는 '사仕'를 택할 것인가 아니면 '은'을 택할 것인가 하는 갈등 따위는 더 이상 없다. 그런 삶은 바로 자신의 삶을 온전하게 하는 것이며 장수하는 길이기도 하다. 『후한서』「은일전」에서는 다양한 은일행태를 말하는데, 은일자들은 『순자』「수신」에서 말하고 있는 "자신이 지향하는 뜻을 닦으면서 부귀를 업신여기고, 도의를 중하게 여기고 왕공을 가볍게 여긴다"라고 하는 의식은 일정 정도 공통적임을 말한다.[51] 아무리 세속과 거리를 두는 공간을 선택하더라도 마음속에 환로에 대한 미련이 남아 있다면 위에서 말한 심신의 한가로움과 편안함은 얻을 수 없다. 중장통이 이 부분을 통해 말하고자 하는 주된 사상은 탈속적인 삶을 추구하면서 소유를 즐길 것을 말하는 노장사상이다.

중장통이 「락지론」을 통해 은일을 말하지만 궁벽한 산속에서 홀로 고고하게 사는 삶이 아니다. 유가적 관계망을 버리지 않으면서 '영이귀'를 추구하고, 아울러 독서와 예술 향유 등을 통해 우주와 합일되는 정신적 소요자적을 추구하는 삶이 동시에 어우러진 삶이다. 중장통이 유가적 삶을 버리지 않은 상태에서 불로장생과 관련된 도가적 양생관을 동시에 추구하는 은일적 삶에도 유가와 도가의 삶이 동시에 녹아 있다.

4

-

나오는 말

진晋 석계륜石季倫[=석숭石崇]은 「사귀인서思歸引序」에서 50세 이후 관료적 삶을 버리고 맑은 물이 흐르고 많은 나무가 있는 안락한 공간인 하양河陽의 별장[별장別業]에서 '비둔'의 삶을 살고자 한다.[52] 그는 '금서琴書'를 통한 즐거움을 누리면서 더 이상 유속流俗에 얽매이지 않는 방일한 삶을 살고자 한다. 아울러 능운凌雲의 절조를 지키면서 더 나아가 복식과 인기咽氣를 통한 불로장생을 꾀한다.[53] 석숭처럼 오랜 기간 관료로 살면서 많은 재산을 모은 뒤의 '비둔'을 꿈꾸는 이런 삶은 일종의 풍요로운 은둔의 삶에 해당한다.[54] 중장통이 말하고자 하는 삶은 앞의 석숭의 삶과 일정 정도 유사함을 보이지만 규모에서는 차이가 많다. 「락지론」에서 말한 바와 같이 현실적으로 신체적 노고가 없고 인간사의 간섭과 어지럽힘이 없는 풍요로우면서 한적한 삶을 실현하는 것은 그리 쉽지 않다. 진정한 은사라면 스스로 논밭을 경작하는 수고로움이 있어야 하고, 비록 자발적으로 선택한 은일의 삶이지만 때론 밥을 굶는 근심걱정과 경작의 수고로움과 호랑이나 표범, 도적의 피해 등도 있기 때문이다.[55] 「락지론」에는 이런 점에 대한 것이 없다는 점에서 이후 은일적 삶을 살아간 인물들의 빈곤한 삶과는 차이가 난다.

『후한서』 「중장통열전」에는 중장통의 사람됨과 관련된 글이 실려 있다. 이 글에는 중장통이 「락지론」을 왜 지었는지도 실려 있다.

> 중장통은 성격이 거침이 없어 과감히 직언을 잘하였으며, 작은 예절에 구애받지 않고, 내키지 않을 때에는 도무지 말을 하지 않아 사람들이

'광생狂生'이라 불렀다. 주나 군에서 벼슬을 내려 불러도 병을 핑계로 나가지 않았다. 평소 생각하길, '무릇 제왕을 따라다니는 자들은 언제나 입신양명하고자 하나 이름은 항상 보존되는 것이 아니며, 사람은 태어나면 쉽사리 죽는다. 한가로이 노닐며 휴식하면서 스스로 즐기고, 맑고도 넓은 곳을 골라서 살며, 이러한 자신의 뜻을 스스로 즐겨야 한다'라고 생각하여, 그 논지를 다음과 같이 저술하였다.[56]

중장통이 평소에 유가가 지향하는 예법에 맞지 않는 행동거지를 했음은 '광생'이라는 표현에 그대로 담겨 있다. '광생'이라 일컬어진 행동의 가장 핵심 되는 것은 제왕의 밑에서 입신양명하고자 하지 않는 것에 있다. 이런 글을 통해 그가 어떤 의도에서 「락지론」을 지었는가도 알 수 있다.[57] 이지는 『장서藏書』 권37 「유신전儒臣傳·중장통」에서 「락지론」을 '지락至樂'이란 두 글자를 통해 평가하고 있다.

중장통의 「락지론」은 한말 산수의식과 산수문학의 맹아를 보이는 글이라는 점에서도 의의가 있다.[58] 중장통은 「락지론」 이외에 노장 입장에서 볼 때 유사성을 보이는 「락지시樂志詩」[59]도 짓는다. 중장통의 「락지시」는 조기의 현언시玄言詩라는 점에서 중국문학사에서 일정한 지위를 갖는다. 이 같은 중장통의 「락지론」과 「락지시」는 한말 사인들이 물질적으로 풍요하고 정신적으로 자유롭고자 하는 이상생활이 담겨 있다. 이런 사유에는 선진 유가의 "혼란한 시대에는 은거한다[난세즉은亂世則隱]"는 이념도 일정 정도 담겨 있다.

중장통이 지향한 삶은 그가 처한 혼란한 시대적 상황과 밀접한 관련이 있지만, 중장통이 살고자 한 삶은 이후 시대적 혼란함과 상관없이 문인사대부들이 지향하는 삶의 한 형태로 자리 잡히게 된다. 이에 많은 서화가들이 「락지론」을 주제로 하여 작품을 남긴다.[60] 만약 「락지론」에서 말한 것이 중장통이 설정한 '이상향'이라고 한다면, 도연명이 생각한 무릉도원武

陵桃源식의 이상향과 차이가 난다. 무릉도원이 세속과 단절된 공간을 설정한 것이라면, 중장통이 설정한 공간은 현실과 함께하는 이상향에 가깝기 때문이다. 중장통의 이런 삶은 쾌락을 추구하는 삶의 한 전형이 된다.

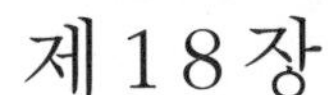

제18장

조선조 시화에 나타난 은일적 삶의 미학적 이해

일삼는 것 없이 조용히 앉아 있으면

하루에 이틀의 효용이 있다.[소식]

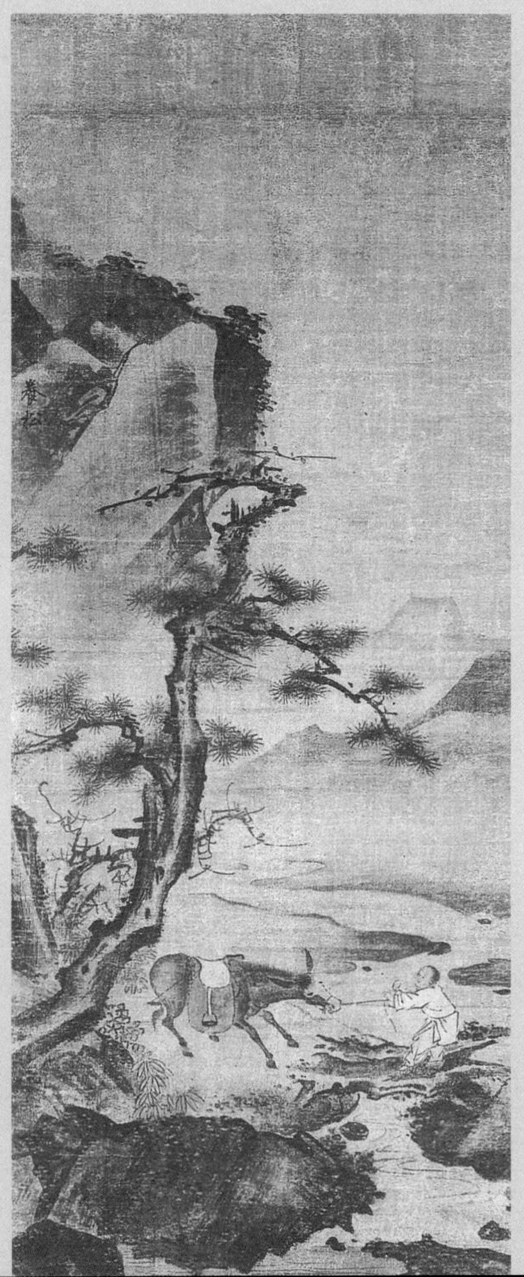

김지金禔, 〈동자견려도童子牽驢圖〉
개울 위의 다리를 중심으로 나귀를 끌어당기는 동자의 낑낑대는 소리와 버티면서 내쉬는 나귀의 거친 콧김이 화면 가득하다. 나귀는 잠시 주인이 없는 사이 들판의 싱싱한 풀도 뜯어먹고 길가에 핀 꽃 냄새도 맡아보고 졸졸 흐르는 개울가의 시원한 물맛도 보는 등 정말로 신이 났었다. 〈동자견려도〉는 흔히 물을 두려워하는 겁 많은 나귀가 물을 건너지 않으려고 낑낑대는 그림 정도로 이해하나, 부적절한 이해다. 동양화에 그려진 소나 말은 단순히 짐승을 그린 것이 아니라, 화가 자신이 지향하는 삶을 상징한다. 이 그림은 자신을 얽어맨 여물이 있는 현실적인 삶[관료적 삶]과 동자에게 끌려가지 않고 자유롭게 살려는 나귀의 몸짓[은일적 삶] 사이의 팽팽한 긴장감을 그린 것이다.

1

들어가는 말

중국문화에는 은사, 일민逸民, 유민遺民, 은자, 은군자, 육침陸沈, 은일, 은둔, 퇴은退隱, 귀은歸隱을 비롯하여 고사, 처사, 일사逸士, 유인幽人, 고인高人, 처인處人 등, 세속과 일정한 거리를 두면서 삶을 산 일종의 은사문화가 있다. 범엽范曄이 『후한서』 「은일전」에서 행한 다양한 은사 분류 이후[1] 역대 중국 정사正史에는 일민 혹은 은일과 같은 부류가 많이 보인다. 시대에 따라 은사의 층차도 다르게 나타나고,[2] 더 나아가 '가은假隱'도 나타나게 된다.[3] 이 밖에 정사 이외에 서진西晉 황보밀(皇甫謐, 215~282)의 「고사전」을 비롯하여 「일사전」 같은 부류의 저작이 많이 보인다. 대범함과 깨끗함, 고상함과 소박함이란 독특한 풍격을 지닌 은사는 벼슬을 하지 않는 것을 하나의 특징으로 삼고, 정신의 독립과 세속의 초탈이라는 이상적인 삶을 추구한다.[4] 은사는 자신의 능력과 처한 상황에 따라 유가적 삶과 도가적 삶을 함께 추구하거나 때론 도가적 삶에 치중한 형태를 취하기도 한다. 그리고 이런 삶은 쇄락적 삶의 전형을 보여주기도 한다.

우리는 흔히 송대 이후 사대부들의 삶의 모습에 대하여 "그들이 대상臺上[=묘당廟堂, 조정朝廷]에 있을 때는 유가이고, 대하臺下[=산림山林, 강호江湖]에 있을 때는 도가였다"는 말을 하곤 한다. 송대의 문인들은 그들의 자나 호에 '거사居士'나 '도인道人'을 붙여 벼슬에는 별다른 생각이 없고 도에 마음 쓰는 것이 깊다는 것을 보여주고자 하였다. 그들은 은일하여 세상일을 잊고자 하였고 벼슬은 단지 몸을 기대는 것에 불과하다고 강조하였다. 식솔들의 생계유지 등과 같은 상황 때문에 어쩔 수 없이 벼슬은 하고 있지만 본래의 마음은 산림에 은거하고자 하였다.

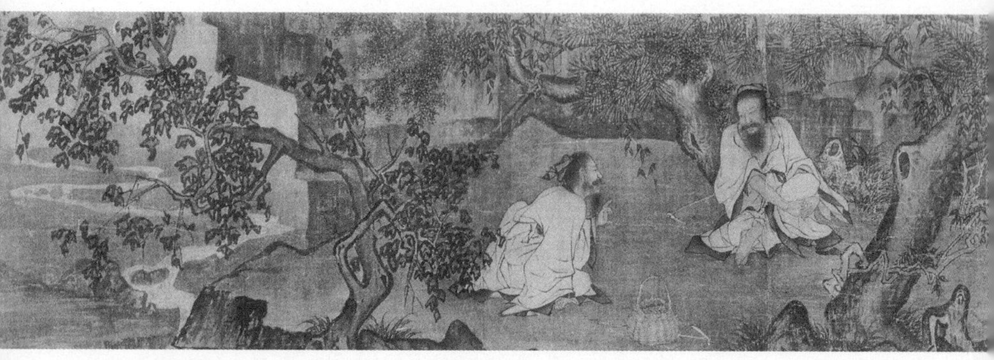

이당李唐, 〈채미도采薇图〉
백이伯夷와 숙제叔齊가 주나라 무왕의 곡식을 먹을 수 없다고 하여 수양산에서 고사리를 뜯어 먹은 이야기를 그린 그림이다. 쉬베이훙徐飛鴻은 이 그림을 레오나르도 다빈치의 〈예수상〉과 견주면서 중국회화의 최고봉이라고 평가한 적이 있다. 화면 중앙에 고사리를 담은 듯한 바구니가 그려져 있다. 맨발의 두 사내는 자발적 은둔이기에 고사리만 먹어도 행복하다.

송대 유학자들의 화두 중의 하나는 '공자와 안회가 즐거워하는 것[공안락처孔顏樂處]'이 무엇인가이다. '공안락처'는 공자가 "거친 밥을 먹고 물을 마시며 팔을 굽혀 베더라도 즐거움은 또 그 가운데 있다"[5]고 한 것, 공자가 안회를 "어질다, 안회여. 대나무 한 그릇의 밥과 한 표주박의 음료로 누추한 시골에 있는 것을 딴 사람들은 그 근심을 견뎌내지 못하는데, 안회는 그 즐거움을 변치 않으니, 어질다, 안회여"[6]라고 칭찬한 것과 관련이 있다. 주희는 '둔옹遁翁'이란 호를 사용하는데, 이런 것은 바로 은일하고자 하는 바람을 드러낸 것이라 할 수 있다. '둔옹'에서의 '둔'은 『주역』 「둔괘遯卦」에서 말하는 '호둔好遯[좋은 은둔생활]', '가둔嘉遯[아름다운 은둔생활]', '비둔肥遯[여유로운 은둔생활]'을 생각하면 된다.[7] '둔遁'과 '둔遯'은 의미가 같다. 이 같은 안빈낙도하는 '공안락처'의 바탕 위에서 증점의 '영이귀'와 같은 늦은 봄날의 미학적, 예술적 삶의 경지가 펼쳐지게 된다.

은사의 은일적 삶은 중국과 한국 역대 시화의 주된 소재가 되었다. 비록 은사가 아니더라도 은사의 은일적 삶은 문인사대부들이 추구하는 꿈 중의 하나였다. 이런 삶은 경외적 삶보다는 쇄락적 삶에 가까운 삶이다. 이 글에서는 조선조 회화사에 나타난 은일적 삶을 추구한 그림을 통해 궁극적으로는 은사가 하루의 삶을 어떤 식으로 보냈는지를 살펴보고자 한다.

2

심원心遠의 은일적 삶과 쇄락

조선조의 화가 중 이재관李在寬, 김희겸金喜謙, 이인문李寅文, 허련許鍊 등을 비롯한 여러 화가가 라대경羅大經의 「산정일장山靜日長」의 내용을 화폭에 담곤 하였다.[8] 이인문은 「산정일장」의 내용을 8폭 병풍에 담아 그림을 그렸을 것으로 추정되는데, 허련은 선면扇面에 「산정일장」의 전문을 화제로 쓰기도 한다. 이런 현상은 라대경의 「산정일장」이 얼마나 조선조 화가들에게 많은 영향을 주었는지를 짐작하게 한다. 은사의 삶은 '몸도 은거하고 마음도 은거한 것[신은이심은身隱而心隱]', '몸은 은거하지 않았지만 마음은 은거한 것[신불은이심은身不隱而心隱]', '마음도 은거하지 않고 몸도 은거함이 없는 것[심불은이무신은心不隱而無身隱]' 등의 다양한 모습으로 나타나는데,[9] 먼저 「산정일장」에 보이는 은사 삶의 영역을 보자.

은사의 삶은 시대에 따라 조금씩 달라진다. 배산임수가 제대로 된 곳에 양전광택良田廣宅과 부릴 수 있는 하인, 맛있게 먹을 수 있을 정도의 음식과 술, 친구가 있는 곳에서 더 이상 벼슬자리에 연연해하지 않으면서 자연을 벗 삼아 한가롭고 여유롭게 '영이귀'하는 삶을 살고, 더 나아가 정신을 우주자연으로 확장하여 소요자적하는 삶을 살고자 한 중장통의 「락지론」과 같은 삶은 풍족한 은사의 삶에 속한다. 중장통은 몸은 유가식으로, 정신은 도가식으로 살고자 했다. 그런데 중장통같이 환로宦路의 길을 걷지 않아도 의식주 해결에 문제가 없는 풍요로운 상황에서의 유유자적한 은사적 삶을 살게 되는 경우는 그렇게 많지 않았다. 관료가 되면 권력, 명예, 재물 등과 같은 외물에 의해 심신이 사역당할지언정 경제적으로는 최소한의 삶이 보장된다. 따라서 경제적 측면을 일정 정도 보장하는 관료적 삶을 송두리째 벗어던지고 소요자적하는 은사적 삶을 사는 것은 쉽지 않았다. 그리고 형식적으로 몸만 산속이나 시골 등과 같은 한적한 곳으로 들어갔다고 은일적 삶을 추구할 수 있는 것은 아니다. 진심으로 외물로부터 마음을 멀리하고 또 비워야만 제대로 된 은일적 삶을 추구할 수 있다는 것이다. 이런 점에서 다양한 형태의 은사가 나타났다. 하나의 예를 들면 백거이가 말한 '소은', '중은', '대은'이 그것이다. 동진 때 시인 왕강거王康琚는 「반초은시反招隱詩」에서 은사를 소은과 대은으로 구분하여 말한 적이 있다.

> 소은은릉수小隱隱陵藪 : 소은은 숲 속에 숨지만
> 대은은조시大隱隱朝市 : 대은은 조정이나 저잣거리에 숨나니.[10]

어찌 보면 역설적인 것 같은 이 표현은 그만큼 은사가 현실적 삶을 버리고 사는 것만이 아니라는 것을 말해준다. 백거이는 「중은」에서 소은과 대은은 물론 중은까지 읊으면서 중은의 편안한 삶을 읊은 적이 있다.[11] 백거이가 말하는 소은은 실제로 궁벽한 곳으로 숨는 이를 뜻하며, 중은은 한가로이 벼슬하면서 몸을 숨기는 이 즉 벼슬살이와 은일을 조화시킨 삶을 사는 이를 뜻하고, 대은은 조정과 저잣거리에 있으면서도 뜻은 은일을 꿈꾸는 고상한 데에 있는 사람을 뜻한다. 백거이는 중은을 통해 관료적 삶과 은사의 삶의 묘합처를 찾고 있다.

맹자는 '벼슬하지 못해 경제적으로 어려운 상황[궁窮]'에서는 독선기신하고, '관료적으로 현달顯達하는 상황[달達]'에서는 '겸선천하'하라는 두 가지 관점을 말한다.[12] 이후 관료문화와 은사문화의 대립과 모순 및 상호보완과 교류라는 복잡한 현상 속에서 이 말은 진퇴와 출처의 진로를 결정하는 데 금과옥조로 받아들여진다. 그것은 때론 증점의 '왕이귀[往而歸=왕이반往而返]'의 삶과 장자의 '가기만 하고 돌아오지 않는다[왕이불귀往而不歸=왕이불반往而不返]'라는 삶의 묘합으로 나타난다. 장자는 특히 '육침陸沈'을 말한다.

> 공자가 말하기를, 저들은 성인의 무리이다. 그들은 스스로 사람 속에 묻히고 스스로 밭이랑 사이에 숨어서 그 이름은 사라졌으나 그 뜻은 끝이 없다. 그 입은 남과 같이 말을 하지마는 그 마음은 일찍이 말한 적이 없다. 그들은 이 세상과 서로 달라서 그 마음은 세상과 함께하기를 꺼리는 것이니, 이른바 '육지에 있으면서 물속에 잠기는 사람[육침陸沈]'이다.[13]

'육지에 있으면서 물속에 잠긴다'는 것은 세속을 떠나 은거하는 것이 아니다. 세속과 공존하지만 타협하지 않고 개체의식의 독립성을 유지하는 것이다. 여기서 육지는 현실, 세속, 인간관계망을 의미하고, 물속은 은둔, 자연, 독립성 유지를 의미한다. 왕보王博는 장자는 심령과 형체를 구분하는 방식을 통한 '형체적인 은거[=형은形隱]' 방식을 취하지 않았고, 형체는 무리 중에서 은거하면서도 망형忘形을 통해 독립적 심을 강조하고자 하고, 심령을 자유롭게 하는 '마음의 은거[=심은心隱]'의 방식을 취한다고 한다.[14] 이상과 같은 삶이 묘합적으로 나타난 것은 도연명이 귀거래한 삶을 살면서 읊은 「음주」(5수首)에 나타난 심원心遠적 삶이다.[15] 자문자답 형식을 빌려 심원의 경지가 갖는 의미를 말하는 이 시는 『노자』 16장의 복귀의 철학과 '언부진의' 사유가 담겨 있다.[16] 도연명이 말하고자 하는 것은, 자신의 삶의 공간을 떠날 수 없는 상황에서 또 다른 일상으로부터 탈출을 꿈꾸는, 이른바 '심원'을 바탕으로 한 일종의 '심은心隱'이다. 이런 도연명의 삶은 이후 은사들이 꿈꾼 삶의 전형이 된다.

도연명의 「귀거래사」를 제외하곤 은사가 하루의 삶을 어떤 식으로 살고 있는지를 잘 보여주는 것은 바로 송대 라대경의 「산정일장」이다. 북송의 시인 중에 '작은 동파[소동파小東坡]'라고 일컬어졌던 당경(唐庚, 1071~1121. 자는 자서子西)이 「술에 취해 잠들다[취면醉眠]」라는 시를 지은 적이 있다. 이 시에 '산정'과 '일장'이란 말이 나온다.

산정사태고山靜似太古 : 산은 태고인양 고요하고
일장여소년日長如小年 : 하루해는 짧은 1년처럼 길기만 하다.
여화유가취餘花猶可醉 : 남은 꽃에도 오히려 취할 만하니
호조불방면好鳥不妨眠 : 귀여운 새들 소리 잠을 방해하지 않는다.
세미문상엄世味門常掩 : 세상일 어두워 문은 늘 닫혀 있어
시광단이편時光簞已便 : 시절은 대자리가 편한 지 오래라네.
몽중빈득구夢中頻得句 : 꿈결에 자주 떠오르는 좋은 시구
염필우망전拈筆又忘筌 : 붓을 잡으면 또다시 사라져버린다.

당경은 늦봄 혹은 초여름 정도의 시절 대낮에 술을 마신 다음 홀로 한가롭게 한숨 자고 다시 꿈에서 깨어나는 과정을 평이하고 담담하게 읊고 있다. 자신의 심신을 사역하게 하는 관료지향적 삶과 인간관계망을 단절하고 사는 삶은 한가롭기만 하다. 술은 '수작酬酌한다'라고 하듯 원래 술잔을 주고받는 과정을 통해 다양한 인간관계가 형성된다. 하지만 혼자서 먹는 술이 더 운치가 있을 수 있다. 이백이 읊은 「월하독작月下獨酌」이란 시는[17] 이런 점을 잘 반영한다.

대낮에 술을 먹고 자는 것은 두 가지 상황을 설정할 수 있다. 먼저 '회재불우懷才不遇' 등과 같이 자신의 능력을 발휘할 수 없어 어쩔 수 없는 상황에서 대낮부터 술을 먹고 잠을 잘 수밖에 없는 상황이다. 이런 상황은 비분강개함이 담겨 있다. 다음 대낮부터 술을 먹고 낮잠을 자도 무엇 하나

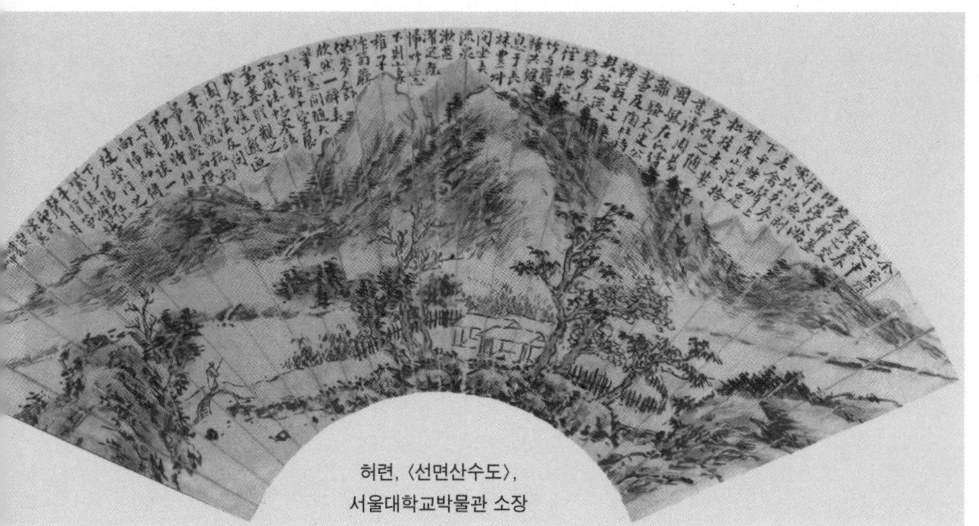
허련, 〈선면산수도〉,
서울대학교박물관 소장

신경 쓸 것도 없고 거리낄 것도 없는 상황이다. 세상일 어둡다고 하는 것은 어떤 상황에서 이렇게 된 것인지는 몰라도, 이제 타인에게 자신은 잊혀진 존재가 된 것을 의미한다. 하지만 이런 생활은 도리어 좋은 시구가 떠오르게 하는 여지를 마련해주기도 한다. 한 가지 아쉬운 것은 꿈속의 좋은 시가 '제필망전提筆忘筌'의 상태가 되어버린다는 것이다. 하지만 오늘 하루만 낮잠을 자면서 좋은 시상을 떠올릴 수 있는 것은 아니다. 낮잠은 내일도 자면 된다.

상황이야 어찌되었든 속세의 시끄러움이나 명리를 추구하는 생활이 아니다보니 유유자적하기만 하다. 당경의 위와 같은 시를 읽고 느낀 바가 있어 라대경은 참으로 좋은 계절인 '봄이 가고 여름이 올 무렵' 자신이 살고 있는 하루 동안의 은일적 삶의 모습을 담담하게 읊었다.

> 산은 태고인양 고요하고 하루해는 마치 짧은 1년처럼 길기만 하다. 내 집이 깊은 산중에 있어 매번 봄이 가고 여름이 닥쳐올 무렵에는 (오르락

내리락하는 발걸음이 없다보니) 푸른 이끼는 섬돌에 깔리고 떨어진 꽃잎은 길바닥에 가득하다. (내가 이미 오래전에 은일적 삶을 살고자 이처럼 깊은 산중에 은거하니) 사립문에는 나를 찾아 문 두드리는 소리가 없다. (늦봄에 부는 산들바람에 흔들리는) 솔 그늘은 들쑥날쑥 길고 짧으며, (소나무 가지를 오르락내리락거리는) 자그마한 새들이 내는 새소리를 자장가 삼아 막 낮잠에 빠져든다. (낮잠을 푹 자고 나서 잠시 뒤 차를 끓이기 위해) 샘물을 긷고 솔가지를 주어다가 고명자苦茗茶를 달여 마신다. (차 한 잔을 마시고 정신을 가다듬은 다음) 마음 내키는 대로 『주역』『시경』『춘추좌씨전』『이소경』과 사마천의 『사기』, 도연명·두보의 시와 한유·소식의 문 몇 편을 읽는다. (책을 읽고 난 뒤 집에서 나와) 조용히 산길을 거닐며 소나무와 대나무를 어루만지고, 새끼 사슴과 송아지와 더불어 (인간이 베지 않고 손이 닿지 않은) 긴 숲 풍성한 풀 사이에서 뒹굴기도 하면서 쉰다. 앉아서 시냇물에 물장난하다가 양치질하고 발도 씻는다. (산에서 한참 자연과 함께하는 시간을 보내다보니) 배가 출출해 돌아와 (대나무로 엮은 대나무집 죽창에 앉으면 이제는 산속의 삶에 익숙해져버린) 촌 아내와 자식들이 죽순나물, 고비나물을 만들고 보리밥을 지어준다. 기쁜 마음으로 포식한다. 그 후 창가에 앉아 붓을 놀려 큰 글씨 작은 글씨 되는 대로 수십 글자를 쓰다가 동시에 집에 보관한 법첩法帖, 필적筆跡, 화권畵卷을 펴놓고 실컷 구경한다. 홍이 나면 짧은 시를 읊거나 『옥로』 한두 단을 쓴다. (이렇게 집안에서 그동안 하고 싶었던 예술 향유를 마쳤지만) 해는 여전히 중천에 있기에 다시 고명차를 끓여 먹고 시냇가로 걸어나가 (산림에 은거해 사는) 원옹園翁과 냇가 친구[계우溪友]를 만나면 뽕과 삼베 농사를 묻고 찰벼와 메벼의 작황을 이야기하며, 날씨가 좋은지 나쁜지를 헤아리고 절기의 차례를 따지며 서로 더불어 한바탕 이야기한다. (이렇게 한바탕 수다를 떨다보니 시간이 흘러) 이제 해가 지려고 하여 다시 돌아와 지팡이에 기대어 사립문 아래 섰노라니

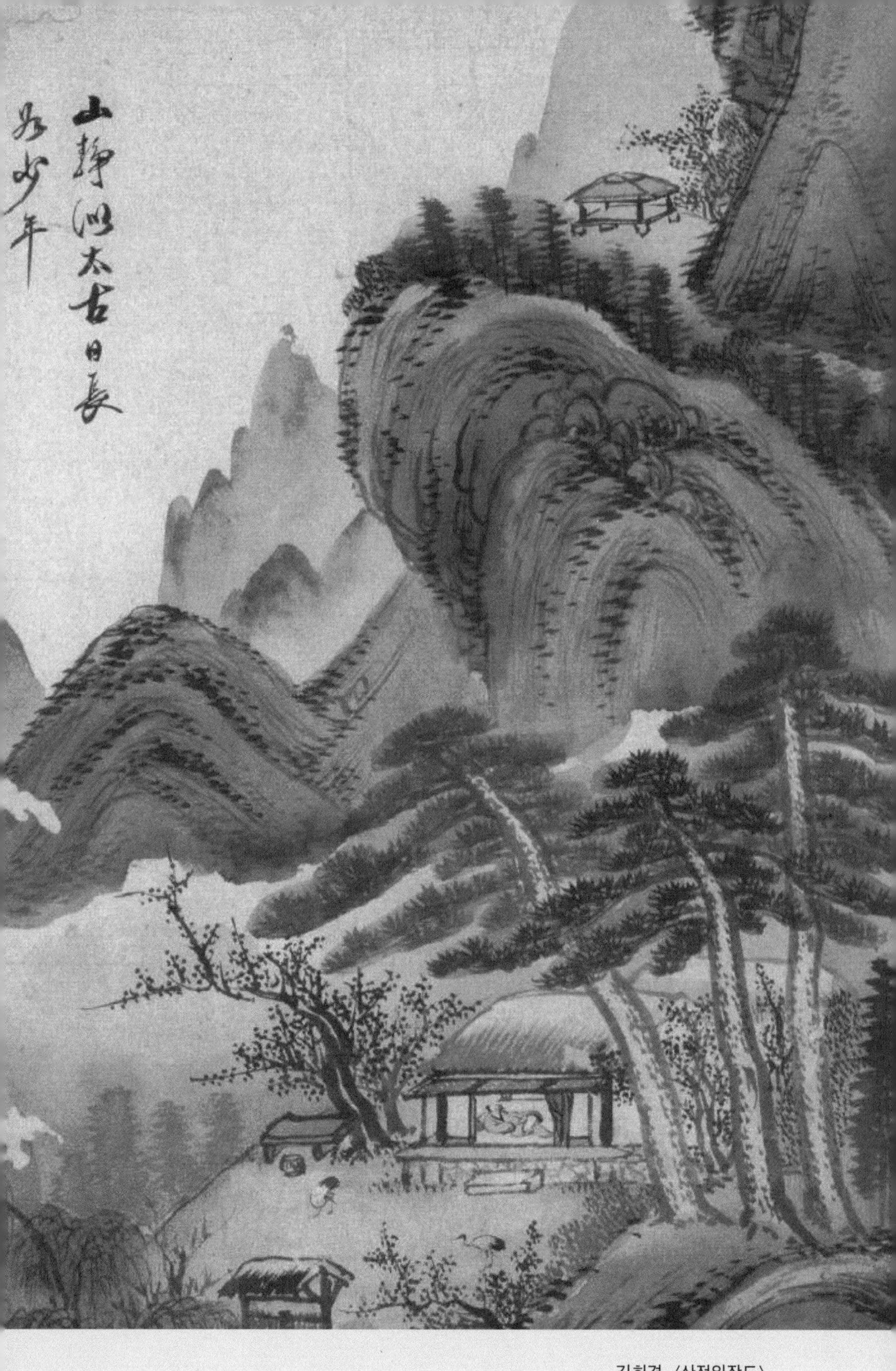

김희겸, 〈산정일장도〉
'산정사태고, 일장여소년' 글귀를 그린 것이다.

> 서산마루에 걸려 지는 해는 붉고 푸른 색깔이 수만 가지로 변하여 사람의 눈을 즐겁게 한다. (나만 집으로 돌아오는 것이 아니다. 아침에 소를 몰고 나간) 목동도 소를 타고 피리 소리 내며 쌍쌍이 모두 돌아오니 (그 맘때쯤이면) 달은 앞 시내에 뚜렷이 솟아오른다.[18]

'매년每年'이라고 하는 것을 보니 이제 이런 생활을 한 지도 시간이 상당히 흘러간 것 같다. 이제 자신을 포함한 처자들도 모두 촌사람이 되었다. 세속적인 것을 멀리하고 깊은 산중에 오래 살다보니 문을 두드리며 나를 찾아와 귀찮게 하는 인간이나 일도 없다. 즉 유용성과 실용성을 기준으로 하여 심신을 사역하게 하는 인간관계가 더 이상 나를 괴롭히지 않는다. 관료적 삶과 같이 '무엇인가 일삼는 것[유사有事]'으로써 자신의 능력을 인정받아야 하는 바쁜 삶은 차 한 잔 마실 시간도 없는 경우가 많지만 세속적 외물과 거리를 두는 '일삼는 것이 없는 삶[무사無事]'은 그런 '시간의 노예'가 되지 않는다. 이처럼 세속과 거리를 두다보니 딱히 무엇을 해야겠다고 정해진 것도 없다.

이에 낮잠을 잘 수 있고, 그동안 보고 싶은 책을 내 마음대로 볼 수 있고, 산책을 하고, 탁족도 한다. 서화를 즐기는 예술 향유의 시간을 가질 수 있고, 차를 두 번이나 끓여 먹을 수 있다. 은사에게서 독서와 예술적 향유는 관료적 삶을 살다보면 제한된 경우에만 할 수 있다. 하지만 은일적 삶을 사는 경우 시간적 제한이 없고 사회적 유용성을 따지지 않기 때문에 자유롭다. 보는 책도 자기가 보고 싶은 것을 맘대로 선택할 수 있다는 장점이 있다. 그 공간에 나만 혼자서 사는 것도 아니다. 이웃에는 자신과 마찬가지로 은일적 삶을 살아가는 인물들인 '원옹'과 '계우'도 있어 서로 한가로이 대화를 나누기도 한다. 그들과 나누는 대화는 일상적인 삶과 관련된 대화이다. 뽕나무가 잘 되어야 누에도 치고 비단옷도 입을 수 있고, 비가 제때에 와야 농사가 잘 될 텐데 하는 정도의 대화다. 간혹 절기가 언제인

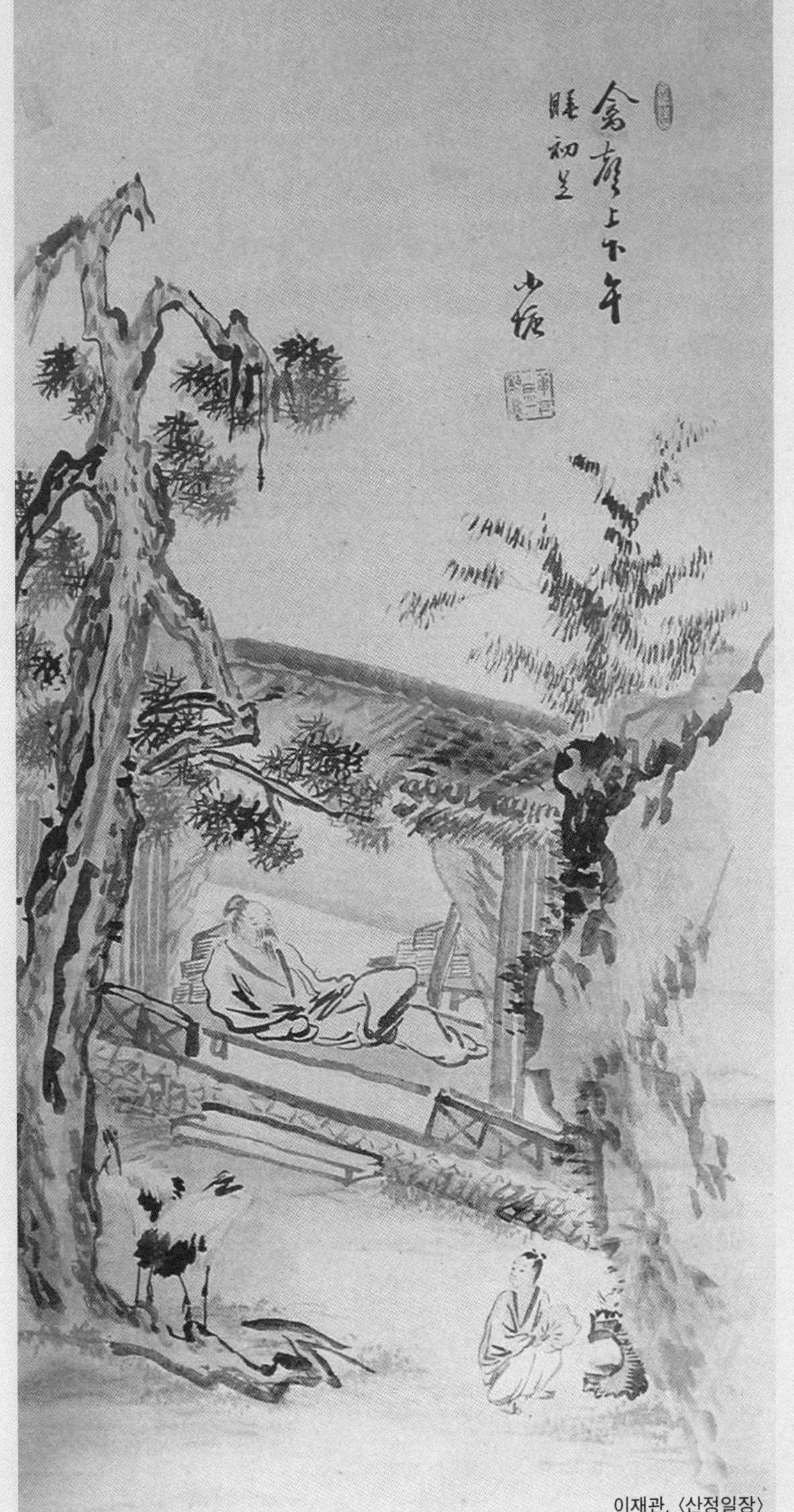

이재관, 〈산정일장〉

두 마리 학 중 한 마리는 졸고 있다. 이재관은 「산정일장」에 없는 학을 그렸다. '금성상하, 오수초족'을 그린 것이다.

지도 따져본다. 세상사와 관련된 골치 아픈 정치적 상황이나 교육적 측면의 대화는 애당초 관심이 없다.

이렇게 은일을 누리는 시간이지만 이것저것 하다보면 긴 하루지만 나름 바쁜 시간을 보내게 된다. 이렇게 나름 바쁜 시간을 보내다 보면 어느덧 하루해가 간다. 이제 세속에 찌든 바쁜 삶을 살 때는 잘 몰랐던 평범한 일상적 삶 속에서 일어나는 자연현상에도 눈이 간다. 이에 해가 지는 저녁놀을 아름답게 느끼고, 하루 일을 마치고 돌아오는 목동들의 삶의 모습에서 마치 도연명의 「음주」(5)에서 읊고 있는 복귀의 미학을 본다. 달을 비춘 물결은 잔잔해 온통 둥근 달의 모습을 다 담고 있다. 달이 뜨고 그 달이 비추이는 잔잔한 물가를 보고 있는 사람의 마음조차 고요하다. 자연의 현상만이 고요한 것이 아니라 그것을 바라보는 인간의 마음도 고요하다. 자연과 인간이 합일하는 미적 경지다. 전체적으로 무엇 하나 바쁘게 움직이거나 번잡한 것은 없다. 한가롭고 조용하다. 담담함과 고요함의 미학을 잘 담아내고 있다.

「산정일장」 이 글에서 가장 중요한 내용 중의 하나는 '죽순나물, 고비나물을 만들고 보리밥을 지어주는데, 그것을 기쁜 마음으로 포식한다'는 것이다. 산해진미가 아닌 가난한 상태를 상징하는 죽순나물, 고비나물, 보리밥 등을 먹으면서 비통해하지 않고 행복해한다는 것은 이런 삶을 자신이 자발적으로 선택했기 때문이다. 라대경은 시간과 관련하여 「산정일장」의 마지막을 다음과 같은 글귀로 맺는다.

> 당경의 앞에 나온 이 시구를 음미해보면 참으로 절묘하다 하겠다. 그러나 이 시구가 아무리 절묘하다 한들 그 절묘함을 아는 자는 대개 적다. 저 누런 사냥개를 끌고 팔뚝에 매를 앉혀 사냥하는 자나 이익을 위해 치달리는 자는 단지 말머리에 이는 자욱한 먼지나 틈 사이로 언뜻 망아지 그림자나 볼 뿐이니, 어찌 이 시구의 절묘함을 알겠는가. 사람이 진정

이 시구의 절묘함을 안다면 소식의

무사차정좌無事此靜坐 : 일삼는 것 없이 조용히 앉아 있으면

일일시양일一日是兩日 : 하루에 이틀의 효용이 있으니

약활칠십년若活七十年 : 만약 70년을 산다면

변시백사십便是百四十 : 140년을 사는 셈이 되리라.

고 한 시와 같이 될 것이니, 그 소득이 많지 않겠는가.[19]

소식蘇軾의 이 시어는 「사명궁양도사식헌司命宮楊道士息軒」에 나오는 것인데, 번개같이 흘러가는 시간 속에서 일삼는 것 없이 정좌하면서 '멈추어 쉴 것[식息]'을 강조한 것이다.[20] 라대경이 "당경의 이 시구가 아무리 절묘하다 한들 그 절묘함을 아는 자는 대개 적다"라고 하는 것은 자발적으로 은일적 삶을 선택한 경우에만 이해될 수 있는 말이다. 이 글에서 언급하고 있는 차와 책, 그리고 서화 관련 자료는 이 글의 주인공이 그런 것을 소유할 만큼 능력이 있는 인물이었다는 것을 반증한다. 당연히 이전에는 그에 걸맞는 학자로서 혹은 관료로서 복무했을 것이다. 하지만 이제는 그런 것을 다 떨쳐버린 삶을 살면서 행복해하고 있다. 신은身隱이면서 심원적 은사의 모습으로 말이다.

은사의 은일적 삶은 이전 관료로 근무할 때 할 수 없는 것을 마음껏 즐길 수 있는, 역설적으로 말하면 도리어 바쁜 하루를 보내게 된다. 은사로 살다보면 남는 것은 시간인데, 그 남는 시간에 그동안 하고 싶었는데 하지 못한 것이 많기 때문이다. 예를 들면 낮잠, 마음 내키는 대로의 독서, 산책, 탁족濯足, 부담 없는 서화 감상과 실기, 두 잔의 차, 남성들끼리의 수다 등이 그것이다. 은일적 삶에서 자족함과 자연현상에 대한 심미감은 저절로 주어진다. 이런 삶을 살다보면 그 긴 하루해도 때론 짧게 느껴진다. 하지만 어떤 것이라도 반드시 해야 한다는 것은 없다. 그때그때 하고 싶은 것만 하면 된다. 이런 점이 긴 하루 동안 할 것이 많음에도 마음에 전혀

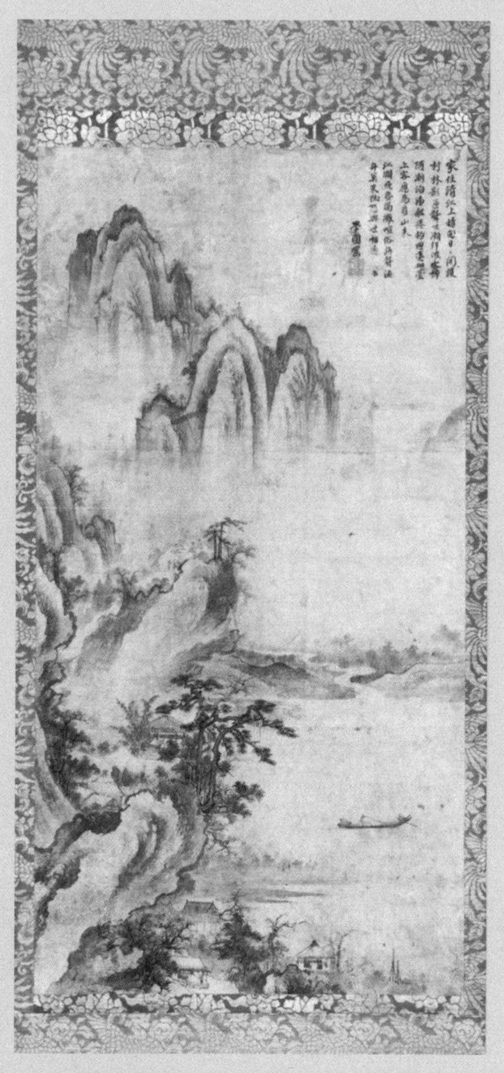

(전) 양팽손梁彭孫, 〈산수도〉, 국립중앙박물관 소장

"家住淸江上, 晴窓日日開, 護村林影匝, 聾世瀨聲催. 客棹隨潮泊, 漁船捲釣廻, 遙知臺上客, 應爲看山來.", "江闊飛塵隔, 灘喧俗語聾, 漁舟莫去來, 恐與世相通"라는 두 개의 화제가 있다. 세속과 단절 혹은 관계 맺음은 '다리'의 유무 여부가 각기 상징한다. 화가는 아예 세속적인 냄새는 전혀 이를 수 없는 공간, 육지와 멀리 떨어져 배를 타고 와야 하는 공간을 선택했다. 그런데도 이 산의 경치를 보러 오는 객들이 있다. 하여 그 강을 오가는 배조차 없었으면 좋겠다고 한다. 왜냐하면 모두 그 배를 통해 세상과 인연이 이어질까 저어하기 때문이다. '청淸'자와 '활闊'자는 모두 세속적인 것에 한 점 물들지 않는 것을 의미하고, '롱聾'자는 세속과의 단절을 의미한다.

부담을 주지 않는다. 당연히 혼자 앉아서 한가롭게 지내려면 심신을 사역하는 외물 등에 대해 심원의 마음가짐을 갖는 것이 필요하다. 이 같은 은일적 삶에서 가장 중요한 것은 관료적 삶을 버렸기 때문에 경제적으로는 어려움이 있지만 자신이 선택한 은일적 삶에 대해 행복감과 즐거움을 느낀다는 것이다. 이런 삶은 쇄락적 삶을 단적으로 보여준다.

3

-

조선조 시화에 나타난 은일적 삶과 쇄락

조선조에서는 한가로움을 담고 있는 많은 시가 있지만, 그런 시에 흐르는 기본적인 사유를 잘 보여주는 것은 「술지述志」 혹은 「한거」로도 알려진 야은 길재(吉再, 1353~1419)의 시이다.

> 림계모옥독한거臨溪茅屋獨閑居 : 개울 옆의 띠풀 집에 한가히 혼자인데
> 월백풍청흥유여月白風淸興有餘 : 밝은 달과 맑은 바람 홍취가 넘친다.
> 외객불래산조어外客不來山鳥語 : 찾아오는 손님 없어 산새와 벗을 하고
> 이상죽오와간서移床竹塢臥看書 : 대밭으로 평상 옮겨 누워서 책을 보네.

길재는 은거의 공간에서 타인과 거리를 둔 채 자연과 벗 삼아 사는 한가로움과 홍취를 읊고 있다. '홀로 있음[독獨]'이란 글자는 이 시의 핵심이다. 그 '홀로 있음'이 도리어 삶을 한가롭고 여유롭게 만들어주고 친자연적인 삶을 가능하게 하기 때문이다. 찾아오는 손님이 없다는 것은 대문을 열어놓을 필요가 없다는 것과 관련 있다. 많은 시에서 '대문을 열어놓는

다' 혹은 '닫아놓는다' 하는 것을 말한다. 대문은 외부와의 관계성을 의미한다. 문을 닫아두고 열어두고 한다는 것은 단순히 열고 닫는다는 의미가 아니다. 김시습은 「희우견방喜友見訪」이란 시를 쓴다.

객리무인조客裏無人弔 : 객리에 아무도 오지 않아
시비진일관柴扉盡日關 : 사립문을 온종일 닫아둔다.
무심간세사無心看世事 : 무심코 세상일 돌아가는 것을 보니
유루억운산有漏憶雲山 : 눈물지으며 구름에 잠긴 산 생각한다.
고구성소활故舊成疏闊 : 옛 친구는 서먹서먹해져버렸고
친붕절왕환親朋絶往還 : 친한 친구는 왕래를 끊었다.
희군류반일喜君留半日 : 그대 찾아와 한나절 머물러주니
상대일개안相對一開顔 : 마주 보고 서로 얼굴빛 한번 펴본다.

만약 "사립문[=시비柴扉]을 닫지 말고 열어두라"고 한다면 그것은 사립문을 통해 들어오는 사람과의 관계를 계속 유지하겠다는 것이다. 대문을 닫아버리는 것은 일단 외부와의 관계를 끊는다는 것이다. 그런데 자신이 원해서 문을 닫는 경우하고 자신은 원하지 않았는데 찾아오는 사람이 없어 문을 아예 닫아버리는 경우는 완전히 정반대의 상황에 해당한다. 은일적 삶을 살고자 하면 인간관계의 연결고리가 되는 문을 자발적으로 닫아버린다. 그리고 행복감을 느낀다. 하지만 유배를 당해 세상에 잊혀진 경우처럼 찾아오는 사람이 없어 아예 닫아버리는 것은 '눈물짓는 상황'과 같은 식으로 나타난다. 이제 옛날의 친한 친구들조차 모두 나하고 단절된 삶을 살 수밖에 없는 현실이 더욱 쓸쓸하다. 얼마나 자신을 찾아주는 사람이 없었으면 누군가가 찾아와 한나절 머무는 것에 세상사는 맛을 느꼈을까? 이런 점과 관련하여 또 다른 시로 추사 김정희가 제주도 대정읍大靜邑에 유배되었을 때의 「청독서聽讀書」를 보자.

일원추태불소제一院秋苔不掃除 : 마당의 가을 이끼 쓸어내지 않았는데
풍전홍엽점표소風前紅葉漸飄疎 : 바람 앞에 붉은 낙엽 하나둘 쓸려가네.
허당진일무인과虛堂盡日無人過 : 빈집엔 온종일 지나는 이 없고
노수저두청독서老樹低頭聽讀書 : 고목은 머리 숙여 책 읽는 소리 듣고 있네.

타인과의 관계를 마음대로 유지할 수 없는 유배당하고 있는 상태다. 쌀쌀한 가을이 되어 낙엽이 쓸려가는 것도 자신의 마음을 쓸쓸하고 울적하게 한다. 이런 삶은 추사 자신이 선택한 삶이 아니기에 쓸쓸하고 적막하다. 주위에서 벗 삼을 수 있는 것은 오로지 고목밖에 없다. 찾아오는 사람이 그립고, 관계가 단절된 삶에 학자로서 할 일이라고는 책을 읽을 도리밖에 없다. 그 책 읽는 소리를 듣는 것은 뜰 안의 고목뿐이다. 그래도 책을 읽을 수 있다는 것이 다행인지도 모른다. 추사가 읽는 책이 어떤 종류의 책인지는 알 수 없다. 이런 상황에 유가경전이면 물극필반物極必反의 원리를 담고 있는 『주역』이 조금은 위로를 준다. 『장자』나 『산해경山海經』과 같은 자신의 현실상황을 위로받을 수 있는 책이나 현실로부터 벗어난 세계를 보여주는 책을 읽으면 마음이 조금 더 위안을 받을 것이다. 이처럼 자신이 선택한 삶이냐 아니냐에 따라 동일한 환경이라도 다르게 받아들여진다. 자신이 선택한 삶이라면, 찾아오는 사람이 없고 고목만이 자신의 책 읽는 소리를 듣는 상황은 도리어 삶의 운치를 더하게 된다.

인간관계의 연속성과 단절성이란 점을 '문'과 관련지어 이해하면, '문' 하나를 열어둔다는 것과 닫아둔다는 것이 이처럼 중요한 의미가 있다. '문을 닫는 것'을 '도둑을 막는다'는 의미로 이해하는 것은 천박하다. 은일자는 찾아오는 사람이 있으면 귀찮지만 — 물론 찾아오는 사람이 누구냐에 따라 다른 점은 있다 — 인간관계의 연속성을 통해 즐거움을 누리고자 하는 경우 유가적 삶을 살고자 하는 김정희나 김시습은 모두 사람이 그립다. 하지만 은일적 삶과 관련된 '유거幽居'나 '정거靜居'일 경우 문을 닫고 홀로

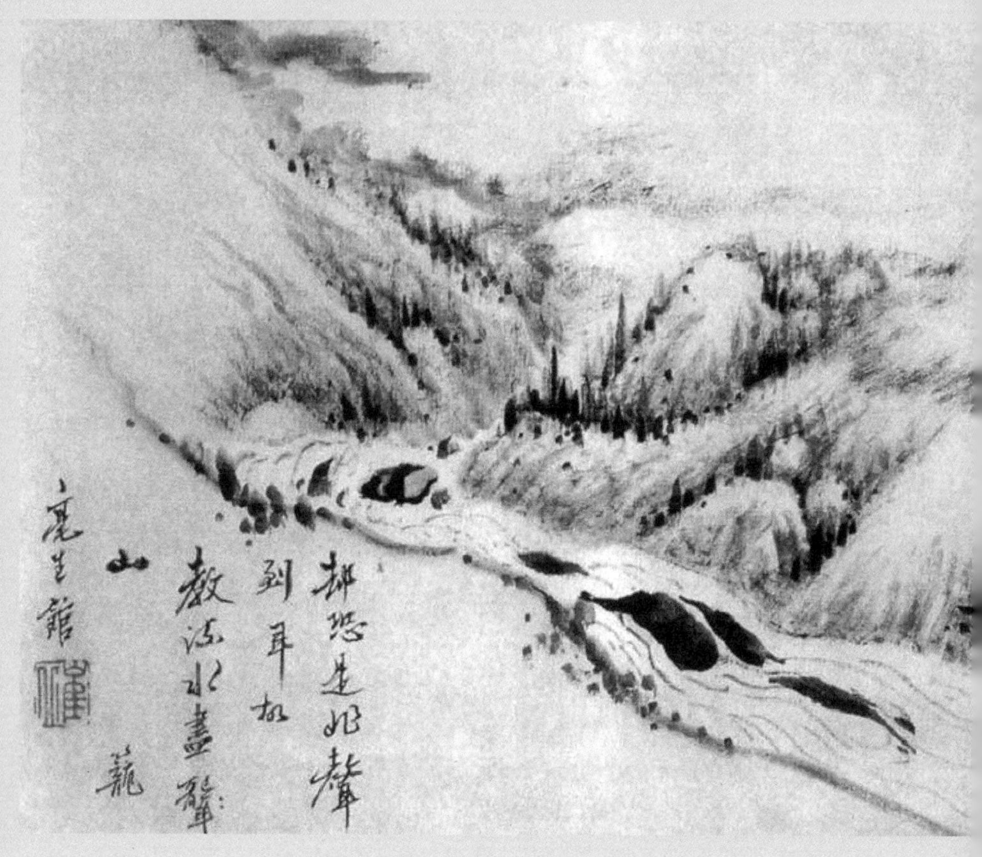

최북崔北, 〈산수도〉

화제: "却恐是非聲到耳, 故敎流水盡聾山." 聾은 籠자의 오자다.

이 화제는 최치원崔致遠의 「題伽倻山讀書堂瀑布」, "狂噴疊石吼重巒, 人語難分咫尺間. 常恐是非聲到耳, 故敎流水盡籠山"에 따온 것으로, 세속을 떠나 은일을 실행하려는 최치원의 삶이 상징적으로 드러나 있다. 그림에 선미禪味가 가득하다.

소요자적의 삶을 누리고자 한다.

앞의 길재의 시는 이규보의 다음과 같은 시와 비교가 된다.

> 구탐명리몽방감久貪名利夢方酣 : 꿈에 취하여 오랫동안 명리를 탐하다
>
> 미거전원면자참未居田園面自慙 : 자연으로 돌아가지 못함이 못내 부끄럽네.
>
> 백수유거백료미白首猶居百寮尾 : 늙은 몸 아직도 백관 뒤에 서서
>
> 람삼목백진조삼藍杉木柏趁朝參 : 청삼青杉과 목홀木笏로 조례에 참석하네.[21]

이 시는 이규보가 새해 첫날 조회에 참석하고 돌아온 다음의 심회를 노래한 것이다. 이미 오래전에 벼슬을 버리고 자연으로 돌아가야 했음에도 명리를 탐하다 호호백발이 다 된 지금에도 벼슬자리에 얽매여 있으니 부끄럽다는 것에서 관료적 삶과 은일적 삶의 갈등을 볼 수 있다.

이처럼 은일을 추구하는 삶은 심은心隱이냐 형은形隱이냐, 아니면 이 두 가지가 다 겸비되어 있느냐 하는 등 각각의 인물에 따라 다르게 나타난다. 심은이건 형은이건 공통적인 것은 마음속으로 관료적 삶을 지양止揚하고 은일을 추구하면서 친자연적인 삶을 살고자 하는 것이다. 즉 '심원'은 공통적이다. 은일을 꿈꾸는 많은 인물들이 관료적 삶과 은일적 삶을 함께 할 수 없는 상황 속에서는 '정신적인 산림'을 현실의 시장과 조정에 옮겨놓거나 혹은 산수시나 산수화와 같은 예술로 대체하곤 하였다.

4

자화상에 나타난 은일적 삶

조선조의 몇몇 그림에서는 이상 말한 은일적 삶을 그리고 있다. 관련하여 이 글에서는 강세황姜世晃의 「자화상」, 김홍도金弘道의 「포의풍류도布衣風流圖」, 정선鄭敾의 「인곡유거도仁谷幽居圖」를 중심으로 하여 은일적 삶이 어떤 식으로 나타났는지를 밝히고자 한다. 강세황의 「자화상」이나 김홍도의 「포의풍류도」, 정선의 「인곡유거도」는 각각 자신들이 지향하는 삶을 그린 것이지만, 큰 틀에서 볼 때 모두 은일적 삶과 쇄락적 삶을 담고 있다는 점에서는 공통적이다. 이 글에서는 이런 공통점에 주목하고 논의를 전개하고자 한다.

단원 김홍도의 스승이며, 예림藝林의 총수라고 일컬어지던 강세황이 「자화상」을 그리고 다음과 같은 찬문을 썼다.

> 저 사람은 누구인가? 수염과 눈썹이 하얀데 머리에는 오사모 쓰고 몸엔 평복을 걸쳤구나. 오라, 마음은 산림에 가 있으되 이름은 벼슬아치 명부에 걸린 게라. 가슴엔 수천 권 읽은 학문을 품었고, (감춘 손엔) 모든 산을 뒤흔들 붓 솜씨 들었구나. 사람들이 어찌 알리오, 내가 스스로 (이런 삶을) 즐거워하는 것을. 노인 나이는 일흔이요, 호는 노죽이라. 자기 초상을 제가 그리고, 그 찬문도 제가 지었으니, 이해는 임인년이라.[22]

이 자화상에 나타난 오사모를 쓰고 평복 두루마기를 입고 있는 우스꽝스러울 정도의 특이한 차림새에 대한 해답은 화면 상단부에 적힌 그의 「자찬문自撰文」에 나와 있다. 조선조의 관복은 머리에 오사모烏紗帽를 쓰고, 상

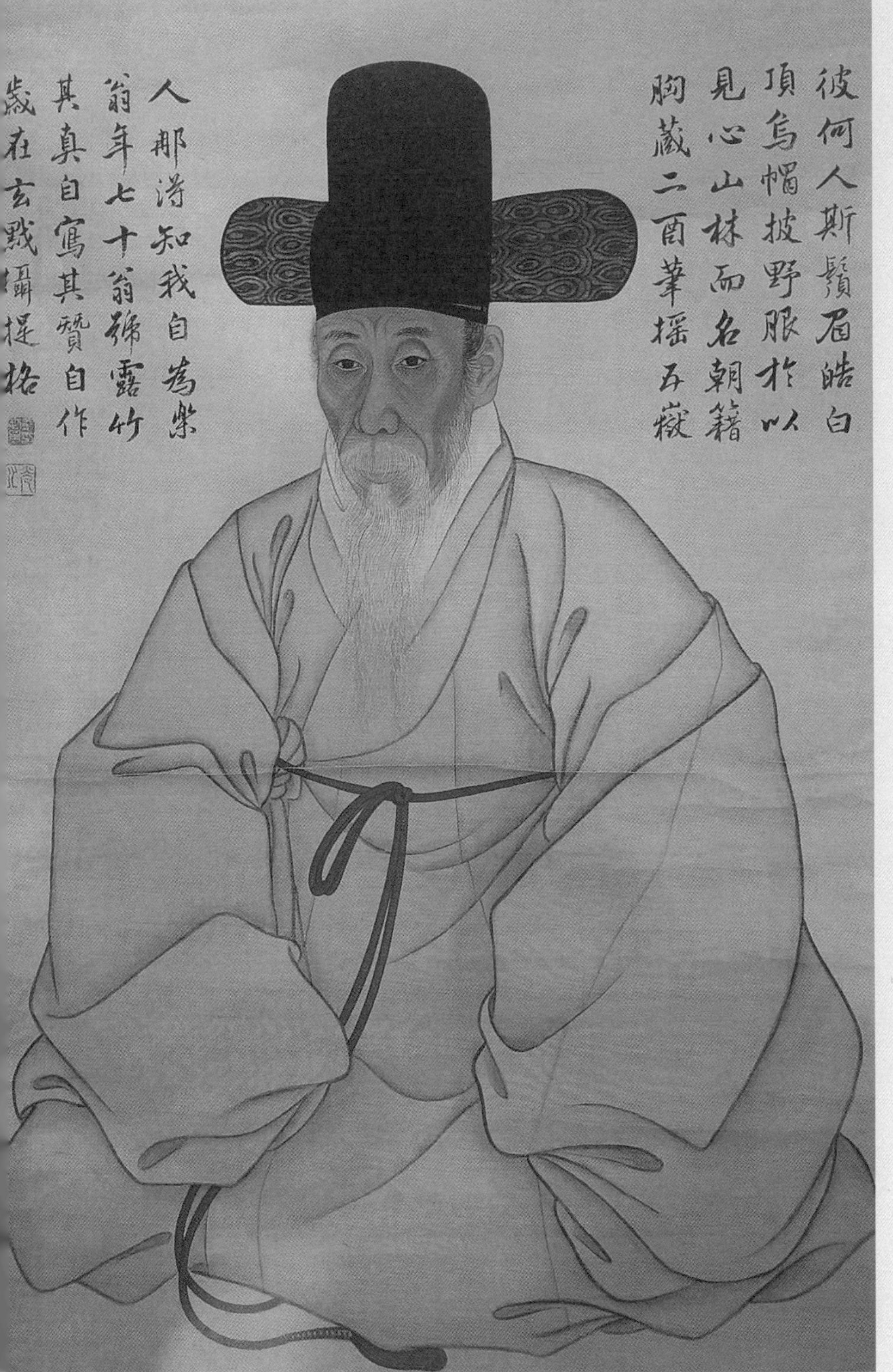
彼何人斯鬚眉皓白
頂烏帽披野服於以
見心山林而名朝籍
胸藏二酉筆搖五嶽
人那得知我自爲樂
翁年七十翁號露竹
其眞自寫其贊自作
歲在玄黓攝提格

강세황의 〈자화상〉

반신에는 흉배 붙인 원령圓領을 입고 각대角帶를 두른다. 일흔이 다 된 나이지만 오사모를 쓰고 벼슬아치 명부에 이름이 걸린 상태로 살아간다. 아직도 여전히 벼슬자리에 연연해하고 있다는 것이다. 하지만 평복 차림으로 반전을 꾀한다. 평복 차림은 산림, 자연으로 돌아가고자 하는 마음을 상징한다. 강세황은 늘그막의 나이에도 몸은 관료적 삶에 매어 있지만 마음은 자연에서 한적하게 살고자 하는 은일에 대한 꿈을 꾼다.

강세황과 같은 자화상은 아니지만 자화상으로 추정해도 큰 문제가 없는 김홍도의 「포의풍류도」의 화제에도 그런 바람이 담겨 있다.

> 지창토벽종신紙窓土壁終身 : 흙벽에 종이창 내고 평생 벼슬하지 아니하며,
> 포의소영기중布衣嘯詠其中 : 휘파람 불고 시가나 읊으며 살아가리.

그려진 인물은 사방관을 쓴 중치막 차림에 맨발이다. 인물의 외적 옷차림에 굳이 의미를 부여하여 말하면 유가[=사방관]와 도가[=맨발]가 공존하는 모습이다. 유가의 예법을 준수하는 점잖은 선비는 절대로 맨발을 하지 않는다. 평생 벼슬하지 않으면 그만큼 경제적으로 어려움을 겪는다. 하지만 흙벽에 종이창을 내고 벼슬하지 않고 살아가는 한가로운 삶에 풍류적 즐거움이 담겨 있다. 이 모든 것이 자신이 선택한 삶이니까 그렇다. 그 한가로움 속에 담긴 홍취는 휘파람 불며 시가를 읊는 여유작작한 삶으로 나타난다.[23]

휘파람을 부는 것은 은사의 전매특허와 같은 행위다. 이런 점에서 '장소長嘯'라는 표현을 쓰기도 한다. 일단 '장소'하려면 폐활량이 커야 한다. 폐활량은 심폐기능의 건강성과도 관련이 있다. 이처럼 '장소'는 큰 폐활량을 자랑하며 몸의 기운을 화평하게 하는 단련의 목적으로 이용된다. 아울러 조기調氣, 운기運氣, 양기養氣의 기능이 있는 '장소'는 때론 인물에 따라 '장소'를 통해 홍곡鴻鵠의 뜻을 펼쳐내거나 장사가 품고 있는 늠름하고

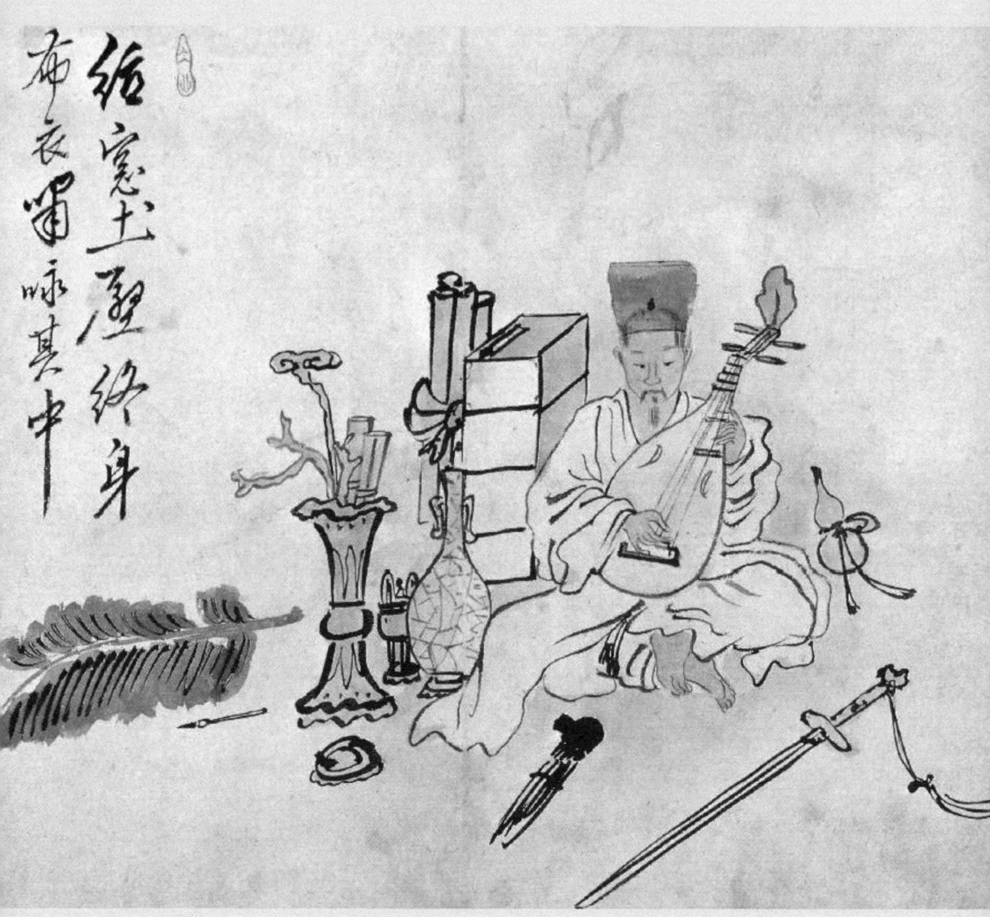

김홍도, 〈포의풍류도布衣風流圖〉

호리병이 기운 것을 보니 이미 술을 먹고 난 뒤다. 목이 꺾여 있는 당비파를 켜다가 또 다른 흥이 나면 고악기에 해당하는 생황을 불고, 그러다가 싫증나면 시를 읊고 글씨도 쓰고 그림도 그릴 것이다. 파초, 벼루, 먹은 종이 살 돈이 없었던 회소懷素가 파초 잎에다 글씨 연습한 것을 의미한다. 시간이 되면 책을 보고 성현과 만나고, 도자기를 쓰다듬으면서 먼 옛날의 향기를 음미하다가 졸리면 영지버섯을 먹고 불로장생하는 신선 되는 꿈에 빠져들 것이다. 여동빈呂洞賓을 상징하는 칼은 살상용이 아니라 번뇌煩惱, 색욕色欲, 탐진貪嗔 이 세 가지를 끊는 혜검慧劍이다. 포의를 입고 한가로운 삶을 살면서도 여동빈처럼 지혜로운 삶을 살겠다는 것이다. 벼슬하는 것에 얽매이지 않고[布衣] 풍류를 즐기는 삶을 여러 가지 기물을 통해 상징한다. 그런데 기물을 보니 그리 가난한 삶은 아니다.

호연한 기운을 드러내곤 한다.[24] 다음은 '장소'와 관련하여 스스로 '장소'에 능했던 완적阮籍이 겪었던 이야기다.

> 완적의 휘파람은 수백 보 떨어진 곳까지 들렸다. 나무하러 갔던 사람들이 모두 소문사蘇門山에 갑자기 진인眞人이 나타났다고 하므로, 완적이 찾아가보니 그가 바위 곁에 무릎을 안고 있었다. 완적이 고개로 올라가 다가가니 '두 다리를 뻗고 앉아 대했다.' 완적이 상고의 일을 토론하며 위로는 황제黃帝와 신농神農의 심오한 도리를 말하고, 아래로는 삼대의 아름다운 성덕에 대해 물었지만 그 사람은 고개만 들고 아무 말도 하지 않았다. 완적이 다시 쓸모 있는 교훈과 정신 안정, 원기元氣, 도인導引하는 방법을 말해도 그 사람은 여전히 까딱 않고 쳐다보기만 하였다. 완적은 말이 소용없음을 알고 그 사람을 마주 보고 앉아 한참 동안 휘파람을 부니 그 사람이 비로소 웃으면서 "다시 해보라" 했다. 완적이 다시 흥이 다할 때까지 휘파람을 불었다. (만남이 끝난 뒤 완적이) 고개 중턱쯤 내려갔을 때 고개 위에서 구슬픈 소리가 들리는데 마치 북 치고 피리 부는 소리가 산골짝에 울려 퍼지는 것 같아 돌아다보니 바로 그 사람이 휘파람을 부는 것이었다.[25]

'두 다리를 뻗고 앉아 대하는 자세[기거상대箕踞相對]'는 장자의 '해의반박'과[26] 유사한 자세다. 보기에 따라 '방약무인'하는 자세로서, 예법에 어긋나는 자세다. 진인이라 불리는 인물은 완적의 유가와 도교에 관련된 다양한 질문과 말에 아무런 대답을 하지 않았다. 따라서 지식이 있는지 없는지 알 수가 없다. 하지만 진인이라 불리는 인물이 행한 '북 치고 피리 부는 소리가 산골짝에 울려 퍼지는 것' 같은 '장소'는 이런 의문을 한꺼번에 해소시킨다. 이처럼 아름다운 음악을 연상시키는 '장소'를 자유자재로 멋대로 할 수 있다는 것은 그만큼 쌓인 내공內功이 깊다는 것이다. 진인은 자신의 실질적인 모습을 말보다는 구체적인 행동으로 증명하고 있다. 이처럼 '장소'는 상대방에게 예법을 지키지 않는 도가적 인물인 진인이나 은사의 유풍과 관련이 있다. 유가 예법을 지키는 점잖은 사대부들은 휘파람을 불지 않는다.

강세황의 「자화상」에서 손을 옷소매에 집어넣고 있는 자세, 김홍도가 그린 「포의풍류도」 속 주인공의 맨발이나 포의는 유가의 예법에 충실한 몸가짐은 아니다. 여전히 늙었어도 관료적 삶을 유지하는 강세황은 물론이고 김홍도가 그린 그림의 주인공도 주위에 널린 값이 나가는 다양한 기물들을 보면 빈한한 선비의 삶은 아니다. 하지만 모두가 현재적 삶을 벗어나서 은일적 삶을 추구하고자 한다. 강세황이나 김홍도가 '안빈安貧' 차원은 아니지만 '낙도樂道'의 삶을 추구한다는 점에서 모두 공통적이다.

또 다른 차원에서 회화에 나타난 '유거幽居'를 통한 은일적 삶을 보자. 자화상은 아니지만 겸재 정선도 '인왕산 계곡에 홀로 조용히 있는 것을 그린 그림[인곡유거도仁谷幽居圖]'을 통해 자신이 원하고자 한 은일적 삶의 단면을 보여준다. '인곡유거'라고 할 때의 '유'자는 숨는 것, 깊은 것, 은미한 것, 어두운 것 등과 같은 다양한 의미를 지닌다. '유'자는 인간의 행동양식으로는 적당하게 세속적인 것과 거리를 두면서 자신의 지식, 능력, 지혜를 밖으로 나타내어 적극적으로 세상일에 참여하고 출세하여 자신을 드러낸다는 '입신양명'의 '명明'이나 '현달顯達'의 '현顯'과 대비되어 쓰인다.

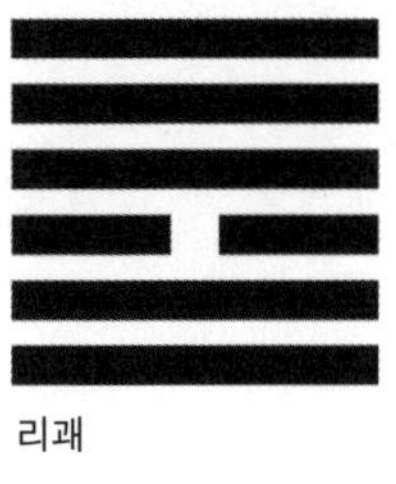
리괘

전통적으로 '유인'은 '유은지인幽隱之人' 즉 은사를 의미한다. 『주역』 「리괘履卦」 구이효에는 "밟는 길이 탄탄하니 유인이라야 바르고 길하리라[리도탄탄履道坦坦, 유인정길幽人貞吉]."라는 말이 나온다. '「(천택天澤) 리괘」'에서 상괘上卦인 건괘乾卦는 하늘이고 하괘下卦인 태괘兌卦는 연못이다. 「리괘」는 이 두 가지가 결합된 괘로서 본래 예禮를 실천하는 괘다.

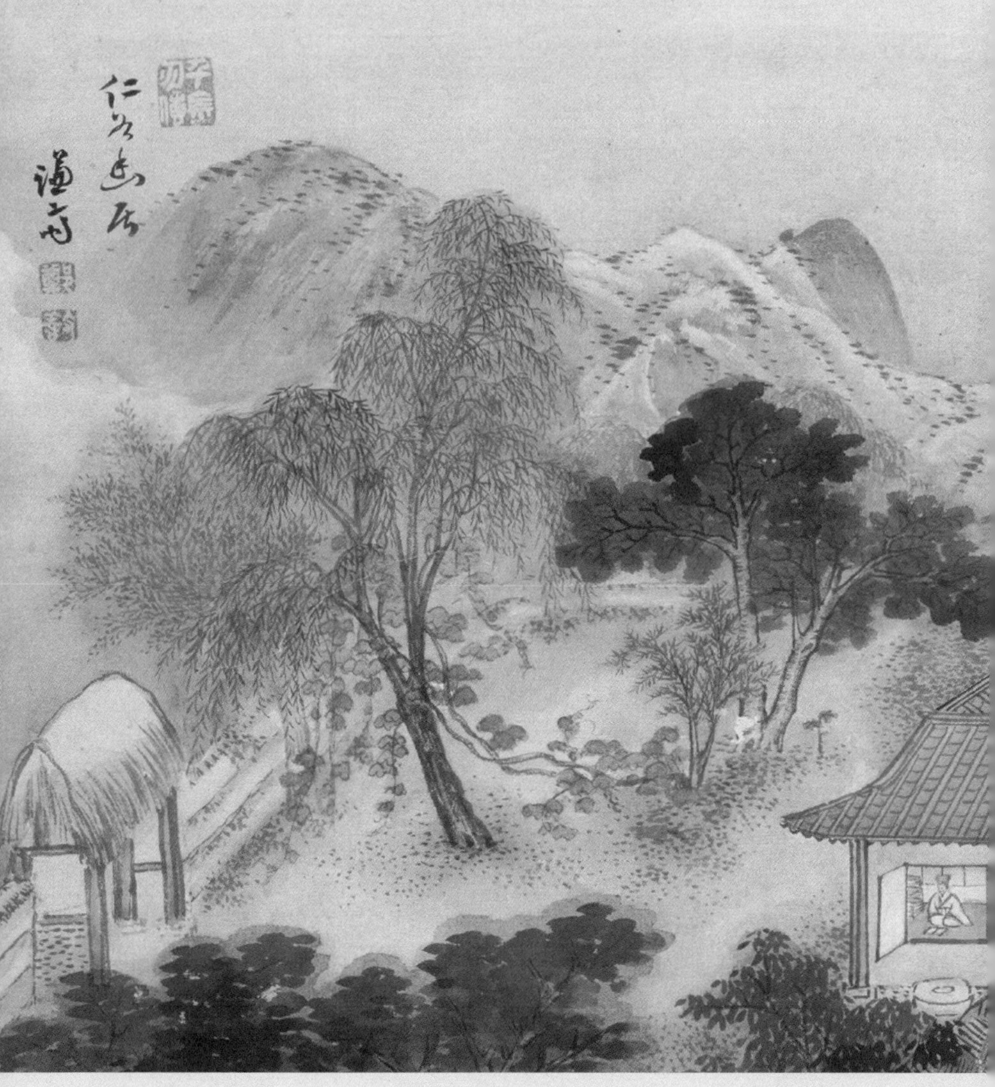

정선, 〈인곡유거도仁谷幽居圖〉

즉 무엇인가 상황에 맞게 행동하는 괘에 해당한다. 여기서 그 행동과 관련된 점을 보자. 「리괘」는 육삼효의 음효를 제외하면 모두 양효로 이루어진 괘인데, 육삼효는 하괘의 맨 위에 있다. 육삼효는 자신은 음으로서 유약한데 그가 처한 자리는 양으로 강하다. 알기 쉽게 말하면 여성으로서 하괘의 맨 위에 있으면서 남성적인 힘을 발휘한다. 재질은 약한데 뜻만 강해서 분수 넘는 부당한 짓을 하고자 한다. 이 경우 육삼효 밑의 구이효가 어떤 행동을 해야 하는 것이 문제가 된다. 이때 구이효는 이런 육삼효에 휘둘리거나 하면 안 된다. 바람직한 것은 구이효가 중심을 잡고 자신의 몸가짐을 바르게 행동해야 한다는 것이다.

정이는 「리괘」 구이효의 '유인'을 '그윽하고 고요히 살면서 편안해하고 담박한 사람[유정안념지인幽靜安恬之人]'이라 풀고 있다. 이러한 사람은 '독선기신'하면서 마음상태가 외물에 흔들림이 없이 고요하고 담박하며 편안한 삶을 산다. 따라서 육삼효가 시비를 걸 일이 없다. 이상 말한 사유가 '유인'과 관련이 있다. 소식은 유인을 '유거지사幽居之士'로 보고서, "유인은 일이 없으면 문을 나서는 일이 없다. 우연히 따사로움을 간직한 동풍[=샛바람]을 좇다보니 어느새인가 좋은 밤이 되었다"[27]라고 읊는다. 소식이 말한 상황이 가능한 것은 세상사에 얽매이지 않고 일정한 거리를 두는 한가로운 삶에서나 가능한 일이다. 이처럼 '유거'라는 말은 자연이나 전원에 살면서 세속과 거리를 두고자 하는 은일적 삶을 말한다. 때론 외부와 관계를 끊고자 하는 이런 삶은 대문을 열어놓을 필요가 없다.

이 밖에 유거와 비슷한 삶으로는 '정거靜居'가 있다. 정선은 퇴계 이황이 '신퇴身退'를 추구하면서 계상서당溪上書堂에서 학문을 연마하면서 자신의 심성을 도야하는 것을 주제로 한 「계상정거도溪上靜居圖」를 그린 적이 있다. 이 그림은 우리나라 화폐 천 원짜리에 실려 있다. 퇴계의 삶은 공자 제자인 증점이 추구한 '영이귀'를 추구한다는 점에서 현실과 단절하는 삶은 아니다. 하지만 '신퇴'[28]와 '비둔'[29]을 강조하는 퇴계의 삶에도 일정 정도

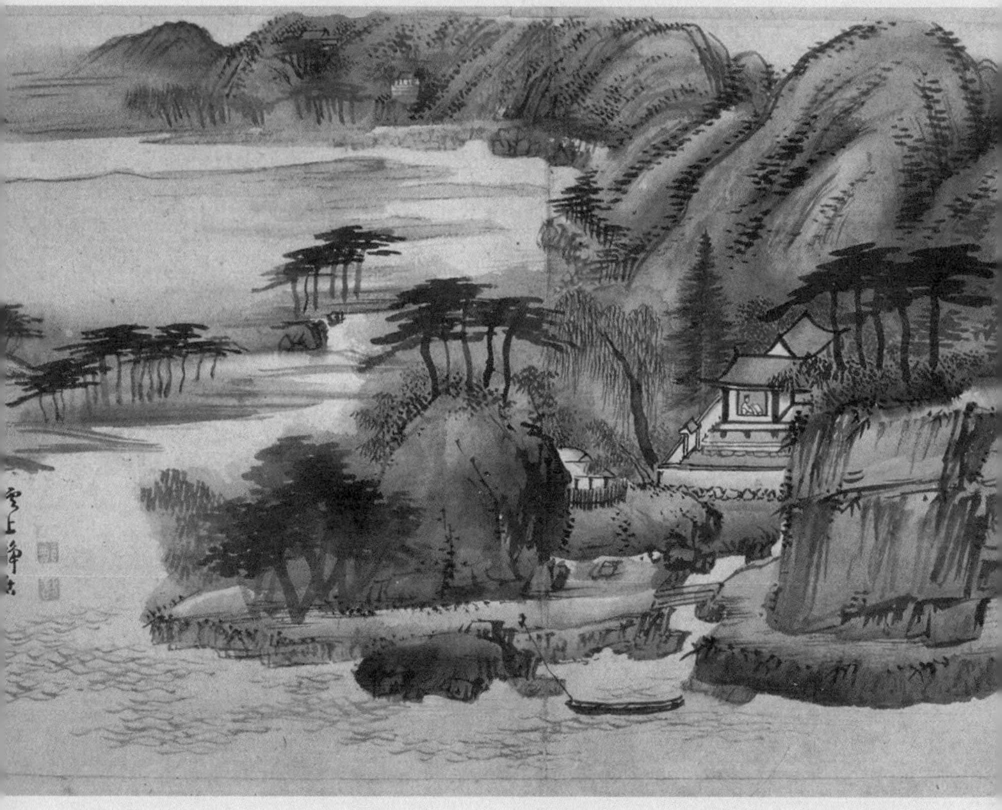

정선, 〈계상정거도溪上靜居圖〉

이 그림은 도산서당의 정경을 그린 것으로 착각할 수 있는데, 사실 이황이 도산서당 이전에 머물던 계상서당이다. 그림 가운데 집 안에 앉아 있는 인물이 이황이고, 그가 보고 있는 책자는 주자의 편지글이다. 이황은 계상서당에 있을 때 많은 저작을 냈다. 그중 하나가 주자의 편지글 가운데 성리학의 핵심을 보여주는 편지글을 추려 편찬한 『주자서절요朱子書節要』다. 『퇴우이선생진적첩』에 실린 글을 참조해봤을 때, 이 그림은 주희 편지글을 보고 정리하는 그 시점을 담은 것이다.

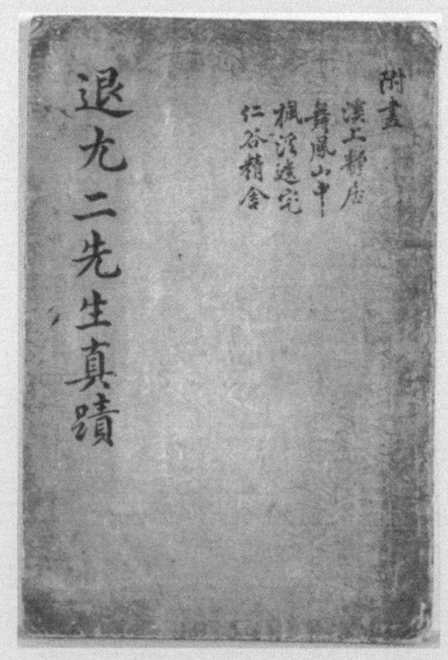

『퇴우이선생진적첩退尤二先生眞蹟帖』

은일의 삶이 담겨 있다. 퇴계가 도산서당에 출입하는 문을 '유정문幽靜門'이라고 한 것도 이런 점을 아울러 반영한다.

5
나오는 말

중국의 사대부는 물론 조선조 사대부들도 항상 전통적인 가치관을 고수하며 관직에 나아가 자신과 자신의 집안을 빛내며 충효를 다하고자 한다. 그렇게 하여 이름을 청사靑史에 길이 남기겠다는 포부를 가진다. 그런데 이러한 것들은 부와 명예를 주는 대신 또 다른 측면으로는 자신의 자유가 그것에 속박당하게 되고, 심한 경우 자아상실이라는 결과를 초래하기도 한다. 더 심한 경우는 몸에 욕됨을 당하는 경우도 발생한다. 따라서 가능하면 관직에서 물러나 친자연하는 삶을 통하여 존심양성存心養性하고 아울러 한 몸을 온전히 보전하고자 한다. 공자는 자신이 처한 시대가 좋지 않으면 '은거하면서 그 뜻을 구하라'는 것을 말한 적이 있는데 이런 삶은 자연을 동경하고 자연에서의 삶에 일정한 의미를 부여한다. 하지만 노장과 같이 산림으로 도피하여 현세를 초월하는 삶을 사는 것은 아니다.

그런데 송대 이후 사대부들이 이상적으로 추구한 실질적인 삶은 유가와 도가의 경계가 애매한 경우가 많았다. 유가와 도가의 경계선의 애매함, '유가와 도가 사이'의 삶은 중국 문인들로 하여금 묘합적으로 은일적 삶을 살게 하였는데, 그것은 단순한 삶 그 자체를 넘어서 미학적, 예술적 삶이었다. 그런 삶을 살았던 대표적인 인물은 바로 동진시기 「귀거래사」의 주인공인 도연명이다. 도연명은 「귀거래사」를 지어, 오두미五斗米에 얽매여 부당한 현실에 속박되어 사느니 차라리 벼슬을 버리고 자연으로 돌아가 세속에 구애됨이 없이 살고자 하는 마음을 표현하였다. 도연명의 「음주」(5五)에 보이는 '심원'의 삶은 이후 문인사대부들이 동경했던 삶이 된다. 동일한 사유는 아니지만 유학자들에게는 어지러운 현실을 피해 은둔하거나 혹은 어려운 환경 속에서도 공자의 '곡굉음수曲肱飮水'의 즐거움, 안회의 '누항단표陋巷簞瓢'의 즐거움, 증점의 '욕기영귀'의 즐거움과 관련된 안빈낙도하고 낙천지명樂天知命하고자 하는 삶을 추구하고자 하였다. 이런 유가적 삶은 때론 도가의 외물로부터 벗어난 탈속적 삶과 어우러져 묘한 은사문화를 창출하는 경우도 많았다.

이상 논한 것에서 알 수 있는 것은 '신은'적 차원의 은사이건 '심은'적 은사이건 '심원心遠'은 기본이었다. 이런 은사의 은일적 삶은 경제적 빈한함에도 전혀 좌절이나 비통함은 없고, 빈한함에도 행복해한다. 그것은 나 자신이 스스로 선택한 삶이기 때문이다. 언제라도 마음만 먹으면 그런 빈한함에서 벗어날 수 있는 능력을 갖춘 '능력 있는 백수'로서의 삶이다. 이런 은일적 삶은 조선조 시인이나 화가들에게도 중요한 작품 소재가 되었고, 이런 작품을 통해 우회적으로 자신들의 은일적 삶과 쇄락적 삶을 동시에 담아내고자 하였다.

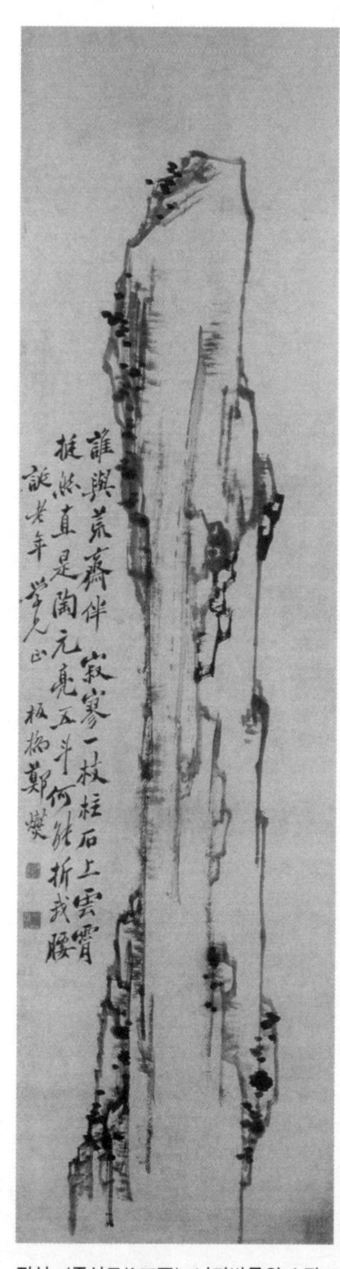

정섭, 〈주석도柱石圖〉, 남경박물원 소장
도연명이 허리를 굽히지 않은 것을 우뚝 선 괴석 형상으로 표현했다.

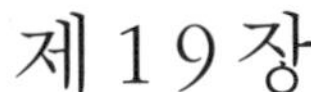

제19장

피로사회와 동양 은일사상의 현대적 효용성

몸이 한가하면 저절로 고귀해지니

어찌 반드시 영화를 누리는 지위에 있어야 할까.[백거이]

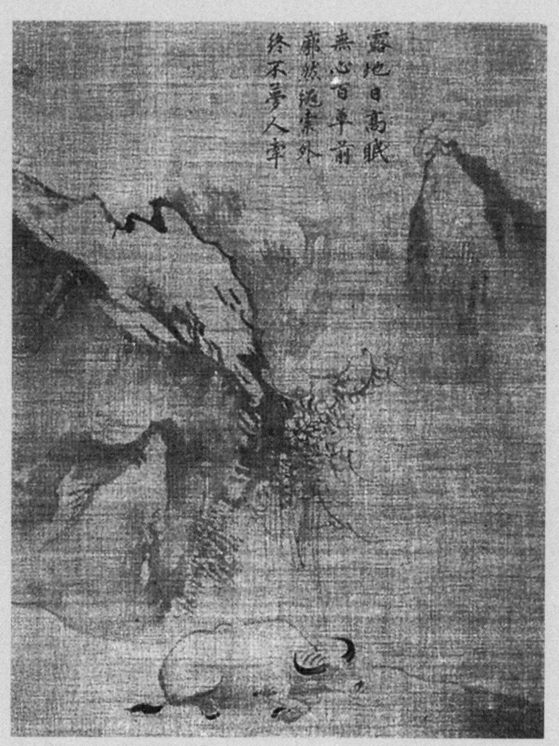

김지金禔, 〈노지우면도露地牛眠圖〉

화제: "露地日高眠, 無心百草前, 廓然繩索外, 終不夢人牽."

여기서 소를 사람에 비유하면 바로 은일적 삶을 사는 은자의 다른 모습이다. 인간[=군주]에게 고삐[=벼슬살이]가 매이지 않은 상태에서 아침 해가 높이 떠 있는 시간인데도 일어나지 않는 소는 무사無事의 은일자를 상징한다. 인간에게 매인 소라면 밭으로 일하러 가야 한다. 눈앞의 온갖 풀은 소를 유혹하는 물질인데, 인간에게는 부귀영화를 누리면서 풍요로움을 누릴 수 있는 관료적 삶을 상징한다. 그 풀에 마음을 두면 이제 다른 곳으로 가려고 해도 망설이게 된다. 고삐는 자신의 운신을 부자유스럽게 하는 관료적 삶이고, 고삐를 매는 사람은 군주다. 김지는 군주에게 얽매이는 삶을 절대 살지 않겠다는 것이다.

1

들어가는 말

독일에서 활동하고 있는 문화비평가인 한병철은 오늘날 우리는 해도 해도 끝이 없는 일과 성과에 대한 압박감에 의해 몸과 마음이 옥죄임을 당한다고 규정한다. 그는 오늘날의 이런 사회를 '성과사회'라 규정하고, 이 사회 속에 살고 있는 인간을 성과주체라고 명명하면서 '피로사회疲勞社會'라는 말을 한다.[1] 인간의 심신을 사역하게 하는 것은 많지만, 그중에서 압권壓卷은 성과에 대한 과도한 압박감이다. 성과사회는 "할 수 있다"는 것이 최상의 가치가 된 긍정의 사회인데, 성과사회에서의 긍정성의 과잉은 도리어 자기를 착취하게 된다는 것이다. 긍정성의 과잉에 기반한 성과사회의 이런 삶은 또 다른 차원에서는 '활동적 삶'에 대한 긍정성과 관련이 있다고 본다.

아울러 한병철은 시간을 극도로 무상하게 만드는 것은 바로 욕망인데, 욕망으로 인해 정신은 가만있지 못하고 마구 내달리는 것에 비해, 정신이 가만히 있을 때나 정신이 자기 안에 편안히 머물러 있을 때 좋은 시간이 생겨난다고 한다. 이에 한병철은 '월화수목금금금'이 상징하듯 '일 중독자'에게 이런 삶에서 벗어나 보기에는 '무용無用'일 것 같지만 향기가 나는 '사색적 삶', '정관靜觀적 삶', '무위無爲의 삶'을 살 것을 요구한다. 향기가 있고 좋은 시간에 들어갈 수 있는 것은 쓸데없는 것을 비워낸 정신이고, 바로 이러한 비움이 정신을 욕망에서 해방하고 아울러 시간에 깊이를 준다고 본다. 이 같은 시간의 깊이는 궁극적으로는 모든 순간을 온 존재 및 그 향기로운 영원성과 결합한다고 본다.[2]

과거 유학자들은 효를 강조하면서 내세운 슬로건이 있다. 바로 『효경』

에서 말하는 것과 같이 '입신양명'을 통해 자신은 물론 가문의 영광을 드러내라는 관료지향적 삶이다.[3] 이런 점은 유학자들에게는 일단 개인적 차원에 머물러 있다. 좀 더 큰 차원에서 접근하면, 북송대 장재張載가 말한 이른바 '횡거사구橫渠四句'를 통해 천자와 동일한 차원에서의 역사적 사명감을 유가의 '사士'에게 강요하고 있다.[4] 유가의 '사'들은 이 경우 주어진 사명감을 완수했을 때 한 개인은 성취감을 느끼지만 그렇지 못한 경우 동시에 엄청난 정신적 스트레스를 받았다. 유학자들에게 이 같은 대사회적 차원의 성공지향적 삶만이 압박감을 준 것이 아니었다. 유학은 항상 타인의 눈에 자신이 평가받는 것을 염두에 두고 자신의 수양을 통한 경외적 삶을 살 것을 강요당했다. '성중형외'를 통한 '신독[혹은 근독謹獨]', '무자기'[5] 및 '계신공구'의 삶을[6] 살아야 했다. 아울러 '제외양중制外養中'을 통해 예가 아니면 '시·청·언·동을 마음대로 하지 말라'는, 이른바 외적 행동거지를 제한하는 '사물四勿'의 극기복례의 삶을 살 것을 요구당하였다.[7] 이 같은 완성된 인격체로서의 수양된 몸의 효용성을 강조하는 인위적 삶은 한병철이 피로사회에서 규정하지 않는 또 다른 차원의 피로에 해당한다고 할 수 있다. 유학에서는 이런 경외적 삶에서 벗어나는 숨통으로 주돈이의 '음풍농월', 소옹의 '소요안락', 증점의 '욕기영귀'하는 쇄락적 삶을 말하기도 한다. 하지만 이것은 매우 제한적이었다.

한병철이 제시한 피로사회의 증후군은 일정 정도 제한적이지만 과거 동양 문인사대부들의 관료 추구적 삶과 관련이 있고, 아울러 한병철이 그것의 극복방안으로 제시한 것은 문인사대부들이 추구한 은일적 삶과 매우 깊은 관련이 있다. 이 글에서는 과거 사·농·공·상이라고 한 의식을 감안하여, 오늘날 자본주의 사회에서 야기된 피로사회의 증후군을 과거 문인사대부들의 관료적 삶과 연결하여 이해할 수도 있다는 가정하에 이 글의 논지를 전개하고자 한다. 즉 과거 유가의 '사'를 오늘날의 피로사회와 성과사회의 핵심주체에 적용하여 살펴본다는 것이다. 이런 가정하에서

성과지상주의와 피로사회가 야기한 바쁜 삶, 활동적 삶을 잠시라도 지양止揚하고 도연명이 말한 '심원心遠'의 상태에서 '일의 시간'에 매몰된 피로한 나가 아닌 '참된 나'를 되찾는 '향기 있는 시간', 정관자득靜觀自得의 삶을 동양 은자들의 은일적 삶에서 찾아보기로 한다.

2

'형로불휴形勞不休'의 삶에 대한 반성적 고찰과 부귀관

'난'의 은은한 향기를 맡아본 적이 있는지?

> 정좌처다반향초靜坐處茶半香初 : 고요히 앉아 있는 곳, 차를 반 마시다 향 처음 사르고,
> 묘용시수류화개妙用時水流花開 : 자연의 묘한 작용이 일 때 물은 흐르고 꽃은 피는구나.

무척이나 차 맛에 까다로웠던 추사 김정희가 마음이 고요한 가운데 차 마시고 향 사르는 '향기 있는 시간'에 대해 읊은 구절이다. 동기창은 공무를 마친 한가로운 시간에 『주역』을 읽는 등 독서를 하다가 '향을 피우고 묵묵히 앉아서[분향묵좌焚香默坐] 심신을 번잡하게 하는 것을 없앤다'[8]라는 것을 말한 적이 있다. 여기서 '정좌靜坐'는 단순히 몸가짐의 고요함 그 자체만의 행위적 차원에 머무르지 않는다. 더 근본적인 것은 한순간일지라도 세상의 걱정거리가 다 제거된 마음의 고요함이 함께 깃들인 상태다.

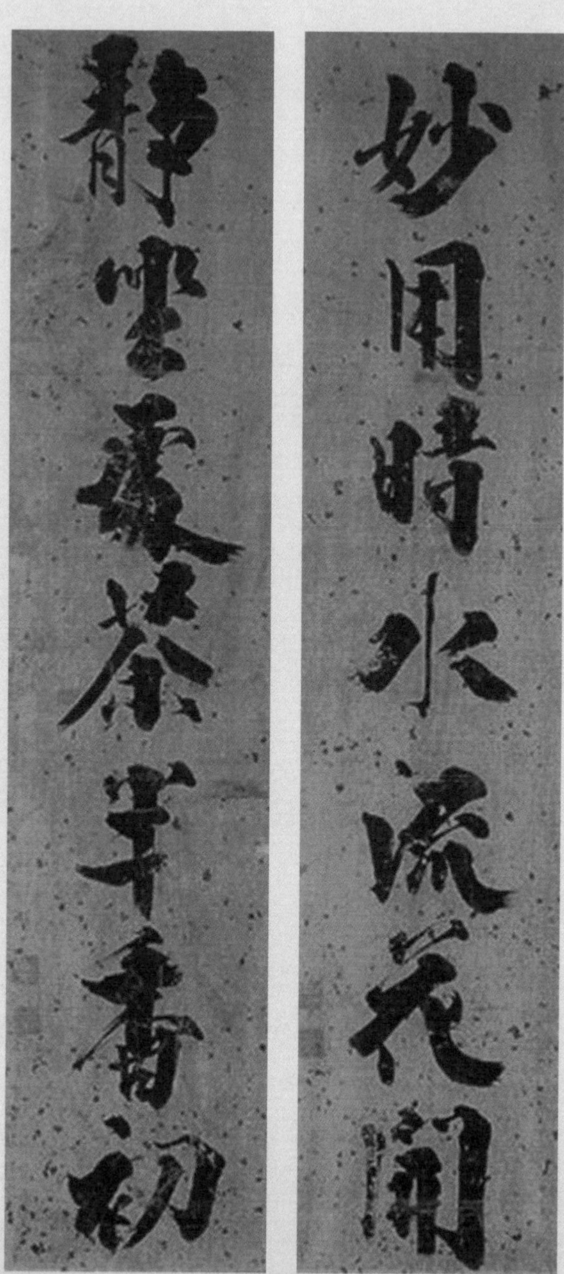

김정희의 대련 글씨

정좌의 '정靜'과 묘용의 '동動'의 대비적 상황을 '다반향초'와 '수류화개'로 표현하고 있다.

사소한 것 같은 차 마시고 향 피우는 행위는 은일적 삶을 상징한다. 차는 색·행·미를 따진다.

문제는 마시는 차의 맛과 피운 향의 냄새를 제대로 맡을 수 있는가 하는 것이다. 이때 마음이 흔들리면 차의 맛과 향을 제대로 느낄 수 없다. 마음이 고요한 상태일 때만 가능하다. 난의 은은한 향을 맡는 것도 차향을 맡는 것과 마찬가지다. 모든 관건은 마음의 고요함이다. 아울러 김정희는 정좌한 상태에서 차를 마시면서 눈앞에 펼쳐진 사물 움직임을 정관할 수 있는 기회를 얻는다. 끊임없이 흘러가는 시간의 변화 속에서 누가 시키지 않아도 봄이란 계절이 오면 겨울철 얼음물이 녹아 자연스럽게 '물이 흐르고, 그 봄이란 계절에 맞게 꽃이 피는 자연의 변화[수류화개水流花開]'가 눈앞에 나타나고, 그런 현상에 담긴 자연의 오묘한 이치를 깨닫는다.

중국 북송대 유학자인 정호는 「가을날 우연히 시를 짓다[추일우성秋日偶成]」에서 '마음을 고요하게 한 상태에서 사물을 바라보는 것[정관]'을 통해 만물의 이치를 스스로 깨달은 '정관자득'의 경지를 읊고 있다.

한래무사부종용閑來無事不從容 : 한가롭게 일삼는 것 없으니 조용하지 아니한가.
수각동창일이홍睡覺東窓日已紅 : 아침 눈뜨니 동창 이미 밝았구나.
정관만물개자득靜觀萬物皆自得 : 만물 고요히 살피니 모두 자신의 삶을 사니
사시가흥여인동四時佳興與人同 : 네 계절 좋은 취향 인간과 같도다.

만물을 정관하는 것이 가능하려면 일단 '일삼는 것'이 없어야 한다. 즉 자신의 심신을 사역하게 하는 권력, 명예, 재물, 성과지상주의 등과 같은 외물外物로부터 벗어나야 한다. 허정한 마음을 통해 만물들의 갖가지 삶의 행태를 살펴보니 모두 자연에 순응하면서 때에 맞게 살아감을 느끼고, 시인은 그런 자연만물의 생태학적 속성을 인간의 삶과 일치시킨다. 잠시 나

의 능력을 인정받고 무엇인가 사회적 유용성을 얻고자 바둥대는 '활동적 삶'을 멈추게 하는 정관은 나와 자연만물을 일체화시킨다. 더 이상 바쁜 일상사에 얽매여 사는 시간의 노예가 아니라, 잠시 '일의 시간'으로부터 벗어나 '머무름'을 추구하는 순간 내가 향유하는 시간에는 향기가 난다. 만물의 자득을 깨닫는 것은 인간이 자득의 경지에 있을 때 가능하다.

"차 한잔 마실 시간이 없다." 바쁜 일상 속에서 일에 치여 사는 현대인들이 자주 하는 말이다. 가만히 생각해보면 '차 한잔' 마실 시간은 얼마든지 있다. 곳곳에 널려 있는 테이크 아웃take out이 가능한 찻집과 따뜻한 물만 부으면 먹을 수 있는 인스턴트instant 커피를 감안하면 '차 한잔' 마시는 정도의 짧은 시간은 얼마든지 낼 수 있다. 어떤 종류의 차를 어떤 상황에서 마시느냐 하는 등 다양한 상황성을 생각할 수 있겠지만, 중요한 것은 '차 한잔' 할 마음의 여유가 없다는 것이 요점이다. 이렇게 된 이유는 스스로가 모든 시간을 항상 바쁘게 움직이는 '일의 시간'으로 만들어버렸기 때문이다. 당대 시인 백거이白居易는 「가을 산[추산秋山]」에서 다음과 같이 읊은 적이 있다.

인생무기하人生無幾何 : 인생은 얼마 되지도 않은데
여기천지간如寄天地間 : 천지 사이에 기숙하는 것 같도다.
심유천재우心有千載憂 : 마음에는 천년의 근심이 있고
신무일일한身無一日閑 : 몸에는 하루의 한가함도 없도다.
하시해진망何時解塵網 : 어느 때라야 속세의 그물을 끊고
차지내엄관此地來掩關 : 이곳에 와서 대문 닫고 살아볼까.

이같이 어느 하루도 심신을 편안하게 쉴 수 없는 '형로불휴形勞不休'적 삶에 대해 장자는 다음과 같이 말한 적이 있다.

몸을 고달프게 하여 쉬지 않으면 쓰러지고, 정신을 써서 그치지 않으면 괴로울 것이니, 괴로우면 기운이 다한다.[9]

장자는 인간들이 자신들에게 주어진 화살처럼 빨리 지나가는 짧은 인생 동안[10] 재물, 권세, 명예, 타인을 위한 삶, 더 나아가 생사 등을 의미하는 외물에 얽매여 심신이 손상되는, 올바른 삶을 살아가지 못하는 삶의 방식에 대해 여러 곳에서 '슬프다'는 것을 의미하는 '비부悲夫', '비호悲乎', '비재悲哉'라는 표현을 통해 안타까운 마음을 드러낸 적이 있다.[11] 이런 삶의 구체적인 흔적은 과거 동양의 관료적 삶에서 찾아볼 수 있다. 이런 점을 이 글에서는 주로 백거이의 시어를 통해 살펴보고자 한다.

백거이는 관료적 삶과 은일적 삶의 경계선에서 다양한 견해를 표방한 적이 있는데, 어떻게 하면 부귀영화를 추구하는 삶에서 벗어나 심신이 편안하고 안락한 삶을 살 수 있을 것인가를 말하고 있다. 백거이는 「내 마음을 노래하다[영의詠意]」에서 장자가 말한 사유에서 출발하여 능력 있고 재주 있음이 갖는 피로감을 말한다.

상문남화경常聞南華經 : 남화경[=莊子]의 말을 항상 들었다
교노지우수巧勞智憂愁 : 재주 있는 자 수고롭고 지혜로운 자 근심한다고.
불여무능자不如無能者 : 차라리 못하리라, 무능한 사람이
포식단오유飽食但遨遊 : 배불리 먹고 마음대로 노는 것만 말이다.
(중략)
혹음시일장或吟詩一章 : 간혹 시 한 편을 읊기도 하고
혹음다일구或飮茶一甌 : 간혹 차 한 잔을 마시기도 한다.
신심일무계身心一無繫 : 몸과 마음 어느 한 곳에도 얽히지 않아
호호여허주浩浩如虛舟 : 호방함이 마치 '빈 배' 같았다.
부귀역유고富貴亦有苦 : 부귀한 사람에게도 고통이 있나니

고재심위우苦在心危憂 : 고통이 있으면 마음이 불안하고 근심스럽다.

빈천역유락貧賤亦有樂 : 빈천한 사람에게도 즐거움이 있나니

낙재신자유樂在身自由 : 즐거움은 몸의 자유로움에 있다.

백거이는 재주가 있고 지혜가 있는 자보다는 오히려 무능한 사람이 더 즐겁고 자유롭다는 역설을 말한다. 장자가 말한 바가 있는 '빈 배[허주虛舟]'는 허정한 마음을 상징한다. 「낙산 사람의 교외 집 연못에 들러[과낙산인야거소지過駱山人野居小池]」에서는 바삐 사는 인간의 모습을 다음과 같이 읊고 있다.

문전거마로門前車馬路 : 문 앞에 수레와 말이 다니는 길

분주무혼효奔走無昏曉 : 밤낮없이 달리는구나.

명리구인심名利驅人心 : 명예와 이익에 사람 마음 달리게 하여

현우동요요賢愚同擾擾 : 어질거나 어리석은 사람 모두가 바쁘구나.

수레와 말은 부귀함과 관료적 삶의 상징이다. 아울러 바쁜 일정에서의 시간의 빠름도 상징한다. 이렇게 바삐 밤낮으로 달리는 이유는 명예와 이익을 추구하는 인간의 욕망 추구 마음 때문이다. 이런 삶을 살면 세월은 화살처럼 빨리 지나가는데, 「내 마음속 생각을 읊다[영회詠懷]」에서는 그런 점을 읊고 있다.

인생백년내人生百年內 : 인생살이 미처 백 년도 못 되는데

질속여과극疾速如過隙 : 빠르기가 마치 망아지 문틈을 지나는 듯하는구나.

선무신안한先務身安閒 : 우선은 몸이 편안하고 한가한 것에 힘쓰고

차요심환적次要心歡適 : 다음은 마음이 기쁘고 만족하게 해야 한다.

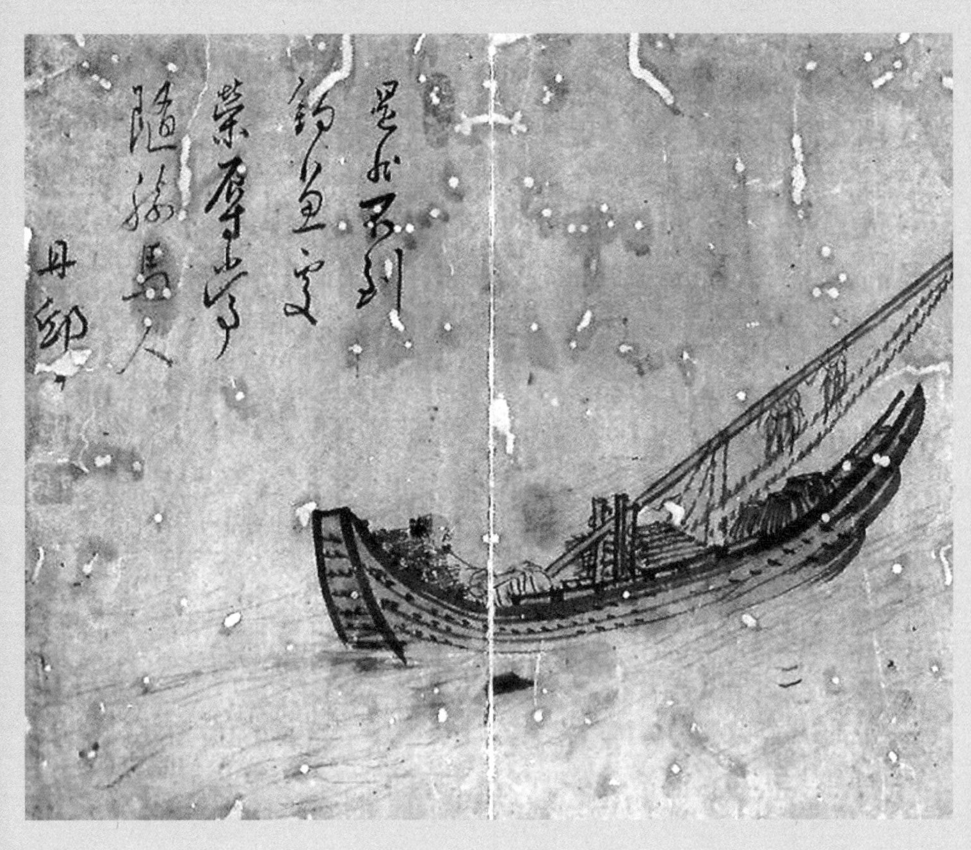

김홍도, 〈조환어주釣還魚舟〉, 간송미술관 소장

화제: "是非不到釣魚處, 榮辱常隨騎馬人"

어부로서 은일적 삶을 살아가면 벼슬하는 동안 겪을 수 있는 임금의 총애와 욕됨으로부터 자유로울 수 있다. '기마인騎馬人'은 관료적 삶을 상징한다.

백 년도 못 되는 짧은 세월에 어떻게 살아야 할 것인가에 대해 마음의 편안함, 한가로움, 기쁨, 만족함 등에 힘쓸 것을 강조한다. 이에 「관청을 나와 내 집에 돌아와[출부귀오려出府歸吾廬]」에서 몸이 한가하면 저절로 고귀해지고, 빈천함이 도리어 몸을 자유롭게 한다는 것을 말한다.

출부귀오려出府歸吾廬 : 관청을 나와 집에 돌아오니
정연안차일靜然安且逸 : 고요하여 편안하고 한가롭구나.
(중략)
신한자위귀身閒自爲貴 : 몸이 한가하면 저절로 고귀해지니
하필거영질何必居榮秩 : 어찌 반드시 영화를 누리는 지위에 있어야 할까.
심족즉비빈心足卽非貧 : 마음이 흡족하면 가난하지 않나니
개유금만실豈唯金滿室 : 어찌 오직 황금을 집안에 가득히 채워야 할까.
오관권세자吾觀權勢者 : 내가 권세 있는 자를 살펴보니
고이신순물苦以身徇物 : 고통스럽게 자신을 물질을 따르게 한다.
(중략)
단유부귀명但有富貴名 : 다만 부귀의 이름만 있을 뿐이지
이무부귀실而無富貴實 : 부귀의 실속은 전혀 없는 것이었다.

진정한 부귀란 몸의 한가로움과 마음의 흡족함이다. 물질적인 부나 사물에 사역당하는 권세는 진정한 부귀가 아니다. 그렇다면 실속 있는 부귀, 진정한 부귀란 무엇인가? 백거이는 「한가로이 살면서[한거閑居]」에서 하루 종일 몸과 마음이 일삼는 것이 없이[무사無事] 살면서 마음이 만족함을 느끼고, 몸이 한가롭게 되면 그것이 진정한 부귀라는 것을 말한다. 따라서 부귀를 누리기 위해 굳이 고위직에 올라갈 필요가 없다.[12] 백거이는 「내 오두막집[오려吾廬]」에서 '임천풍월林泉風月'을 자신의 재산으로 여긴다는 것을 말한 적도 있다.

신창소원송당호新昌小院松當戶 : 신창의 작은 관아 집 앞에 소나무
이도유거죽요지履道幽居竹繞池 : 그윽한 내 집을 걷자니 대숲이 못을 둘러 있다.
막도량도공유댁莫道兩都空有宅 : 두 도읍에 공연히 집 가졌다 말하지 말라
임천풍월시가자林泉風月是家資 : 숲속 바람과 달이 곧 내 집의 재산인 것을.

'임천풍월'을 벗으로 삼는 것은 전형적인 은일적 삶에 해당한다. 이런 삶과 사유에서는 성과사회에서의 피로감은 없고, 향기 있는 시간만 있다. 그렇다고 백거이는 경제적인 것을 모두 포기하라는 것은 아니다. '중은中隱'을 찬미하는 그는 「한가롭게 노님을 힘쓰다[면한유勉閒遊]」에서 경제적인 궁핍함이 몸을 고생시키고 부귀는 항상 마음을 바쁘고 자유롭지 못하게 하는 상황에서, 일정 정도의 생활이 가능한 지위를 얻을 것을 말한다.

빈궁신고다무흥貧窮身苦多無興 : 가난에 쪼달리면 마음고생 많으니 흥이 안 나고
부귀신망부자유富貴身忙不自由 : 부귀를 누리면 몸이 바빠 자유롭지 못한다.
유유분사관흡호唯有分司官恰好 : 오직 분사 정도의 벼슬이 나에게 맞으니
한유수로미능휴閒遊雖老未能休 : 비록 늙어도 한가롭게 노니는 것을 즐기리라.

'분사分司'[13] 정도의 벼슬을 하면서 한가롭게 노니는 것을 즐기라는 것은 능력 있는 선비들이 은일적 삶을 추구하는 데에 구미 당기는 제안이다. 다만 심신을 과도하게 억압하는 세속적 욕망을 줄인다는 전제조건하에서 말이다. 『포박자』를 쓴 갈홍은 영예와 지위, 권세, 이익은 잠시 머물렀다 가버리는 '나그네[기객寄客]'라 말하면서, 양생적 차원에서 그것을 추구하는 폐단에 대해 다음과 같이 말한 적이 있다.

내가 언제나 생각하는 것이지만, 생각하기에 부귀는 점차적으로 얻는 것이지 갑자기 굴러오는 것은 아니다. 그 사이에서 애쓰는 것은 또한 사람을 피로하게 한다. 그리고 영화, 지위, 권세, 이익은 '나그네'와 같은 것으로, 항상 있는 것도 아니고 또한 가버려도 다시 멈춰 세울 수 없다. 아무리 위세가 당당한 자라도 언젠가는 없어지고, 빛나는 명성이라 해도 반드시 없어진다. 봄에 피는 꽃처럼 눈 깜박할 사이에 시들어 떨어지고 만다. 그것을 얻었다고 기뻐할 것도 없고, 잃어버렸다고 해서 슬퍼할 것도 못 된다. 그것을 얻기 위해서는 후회와 근심이 백 가지로 싹이 트고, 불안과 걱정 속에서 다투면서 살아가야 하는 것은 이루 말할 수 없으니, 그렇게 해서는 안 된다.[14]

'나그네'와 같은 부귀를 얻기 위해 바둥대는 삶과 영예와 지위, 권세, 이익에 마음을 쏟고 그것에 탐닉하는 것이 심신을 피로하게 할 뿐 심신건강과 관련된 '양생'에 전혀 도움을 주지 못한다면 '인식의 전환'이 요구된다.

이상과 같은 상황에서 권력, 명예, 재물 등과 같은 외물에 사역당하지 않고, 시간에 지배당하지 않는 삶을 살고자 할 때 요구되는 것은 '부귀에 대한 인식 전환'이다. 백거이는 「마음에 느껴진 것[감흥感興]」에서 사람의 재난은 명리를 지나치게 탐하는 것에서 비롯되기 때문에 지나친 욕심을 부리지 말 것을 말한다.

명위공기무다취名爲公器無多取 : 명예는 사회의 공기인지라 많이 취하지 말고
이시신재합소구利是身災合少求 : 이익은 몸의 재앙거리니 조금만 탐해야 한다.
수이포과난불식雖異匏瓜難不食 : 사람은 표주박과는 달라서 먹어야 살지만
대도식족조의휴大都食足早宜休 : 적당히 배부르면 일찌감치 그쳐야 한다.

「아욱을 삶으며[팽규烹葵]」에서는 '안분지족安分知足'의 삶이 주는 소박한

행복을 말한다.

> 빈주하소유貧廚何所有 : 가난한 집 부엌에 있는 것이 무엇인가
> 취도팽추규炊稻烹秋葵 : 밥 짓고 가을 아욱 정도를 삶는다.
> 홍립향복연紅粒香復軟 : 붉은 밥알은 향기롭고도 부드럽고
> 녹영골차비綠英滑且肥 : 녹색 꽃부리는 부드럽고도 두터워라.

주원장朱元璋의 17번째 아들인 주권朱權은 『호천신은지壺天神隱志』「신은서神隱序」에서 몸이 현실을 벗어날 수 없는 상황에서의 신은神隱적 처세술을 말하기도 한다. 그는 세속인의 곤면袞冕에 뜻을 둔 용세用世 차원의 부귀가 아닌 갈구褐裘를 추구하는 염담恬澹의 마음을 약으로 삼는다는 '신은'적 처세술을 말한다.[15] '부귀에 대한 인식 전환'은 삶의 소박한 행복으로 이어진다. 이 같은 안분지족의 삶에서는 피로사회에서 야기된 성과를 내지 못하거나 좌절했을 때 생기는 우울증, 심리적 압박이 들어설 자리가 없다.

장자, 백거이, 갈홍 등은 부귀추구를 위한 삶이 야기하는 심신의 피로감과 양생을 해치는 억압적이고 몰주체적인 자기착취 상황부터 벗어날 것을 말한다. 이런 점에서 안분지족할 것과 부귀에 대한 인식 전환을 요구한다. 성과지상주의에 매몰된 바쁜 삶에 대한 추구를 버린 부귀에 대한 인식 전환 속에 향기 있는 시간은 전개된다.

3

'산정일장山靜日長'의 은일적 삶과 환아還我적 삶

전원시인인 동진의 도연명은 「귀거래사」에서 그동안 자신이 살았던 관료적 삶을 다음과 같이 반성한다.

> 귀거래혜歸去來兮 : 자, 돌아가자.
>
> 전원장무호불귀田園將蕪胡不歸 : 고향 전원이 황폐해지려 하는데 어찌 돌아가지 않겠는가.
>
> 기자이심위형역旣自以心爲形役 : 지금까지는 고귀한 정신을 '육신의 노예'로 만들어버렸다.
>
> 해추창이독비奚惆悵而獨悲 : 어찌 슬퍼하여 서러워만 할 것인가.
>
> 오이왕지불간悟已往之不諫 : 이미 지난 일은 탓해야 소용없음을 깨달았다.
>
> 지래자지가추知來者之可追 : 앞으로 바른 길을 좇는 것이 옳다는 것을 알았다.
>
> 실미도기미원實迷塗其未遠 : 내가 인생길을 잘못 들어 헤맨 것은 사실이나, 아직은 그리 멀지 않았다.
>
> 각금시이작비覺今是而昨非 : 오늘 취한 행동이 '옳았고', 지난날 벼슬살이가 '그릇된 것'을 깨달았다.

도연명의 '귀거래'는 단순 공간적 차원으로 복귀가 아니라 그동안 외물에 사역당했던 나 자신의 본성과 본모습을 찾는 '환아還我'적 경지, 시비 판단에 대한 올바른 자기 자각으로 이어진다. '귀거래'하고자 한 자기 결단이 갖는 의미를 「귀전원거歸田園居」 제1 수首에서는 물욕과 명예욕으로 가

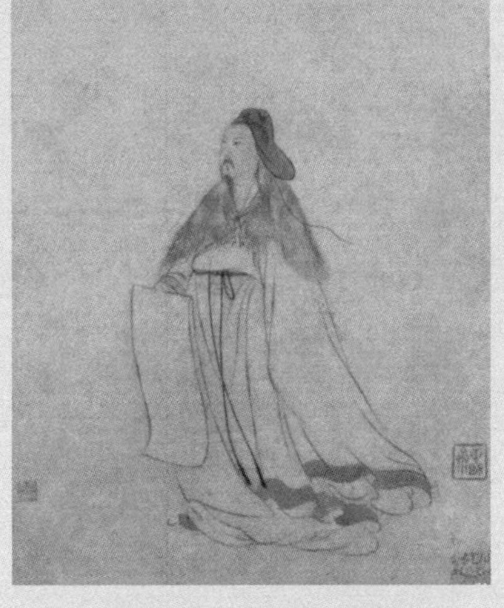

왕중옥王仲玉, 〈도연명도陶淵明圖〉

상단에 도연명이 쓴 「귀거래사」 전문이 쓰여 있다.

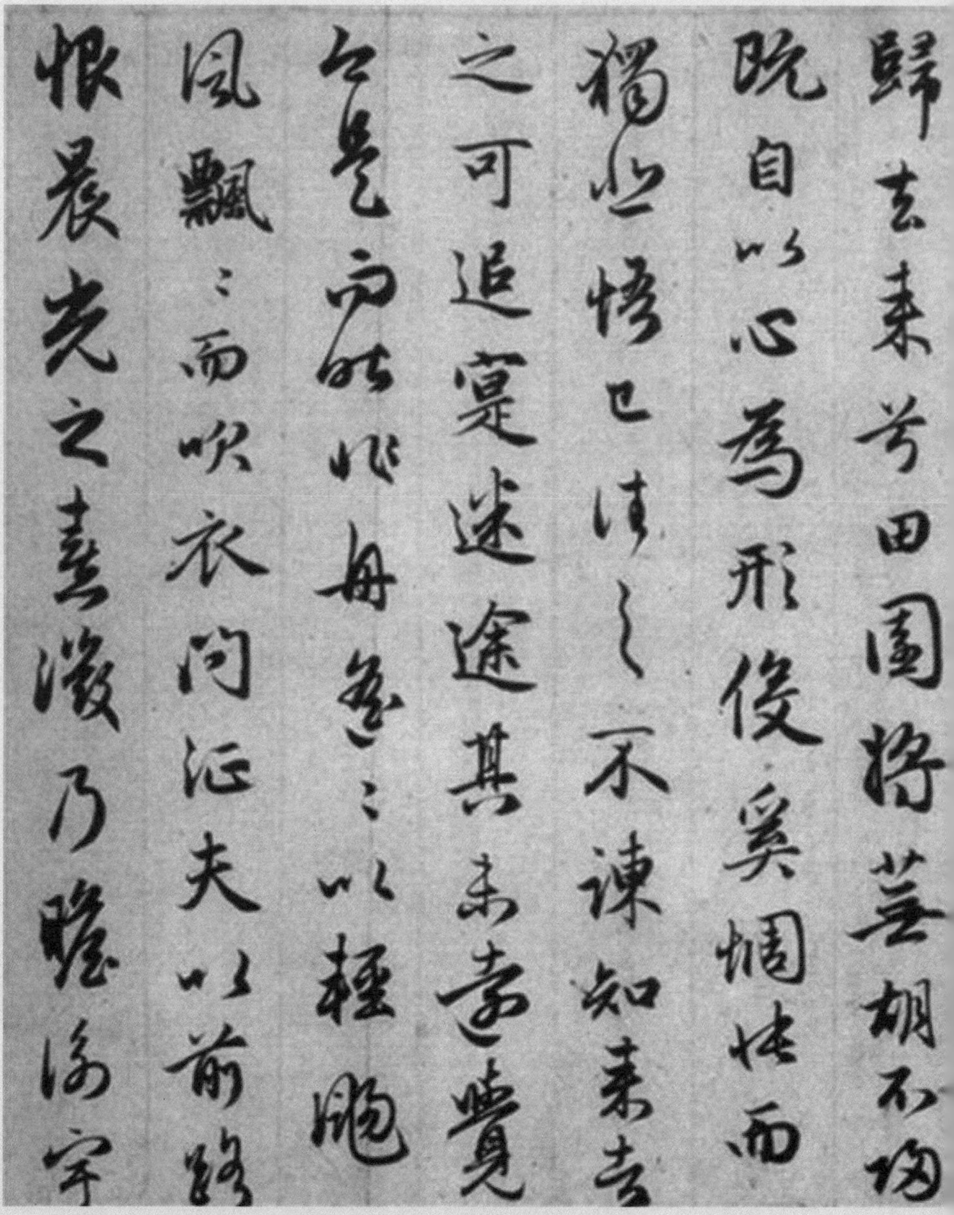

조맹부, 「귀거래사」

득 찬 세속에 물들지 않고자 관직을 떠나 자연으로 돌아온 것을 자신의 '자연을 좋아하는 천성'과 연계하여 말한다.

소무적속운少無適俗韻 : 젊어서부터 세속의 운치에 맞지 않았고
성본애구산性本愛丘山 : 천성은 본시 언덕과 산을 좋아하였네.
오락진망중誤落塵網中 : 잘못하여 티끌 그물 가운데 떨어져서
일거삼십년一去三十年 : 한번 떠났더니 훌쩍 삼십 년이 지났네.
(중략)
호정무진잡戶庭無塵雜 : 문에도 뜰에도 티끌의 잡스러움 없고
허실유여한虛室有餘閑 : 빈 방 넉넉한 한가로움 있네.
구재번농리久在樊籠裏 : 오랫동안 조롱 속에 있다가
복득반자연復得反自然 : 다시 자연으로 돌아올 수 있었노라.

자유로움을 상징하는 자연과 대비되는 '조롱鳥籠'은 관료적 삶을 상징하고, 아울러 심신의 부자유를 의미한다. 귀거래한 이후에 누리는 한아자적閒雅自適의 삶은 더 나아가 인간의 심신을 얽매이게 하는 세속적인 것에서부터 벗어난 '심원心遠'의 삶을 통해 자연의 오묘한 이치를 깨닫는 경지에까지 나아가게 한다. 「음주」(5)에서는 이런 점을 잘 말해준다. 권력, 명예, 재물, 성과지상주의와 같은 외물에 사역당하지 않고 심신의 안정과 한가로움을 추구한 도연명의 '심원적 삶'은 향기가 있는 삶이면서 운치가 있는 미학적 삶이기도 하다.

피로사회의 증후군에서 벗어나는 것을 시간의 흐름과 관련하여 이해할 때에도 은일적 삶은 시사해주는 바가 있다. 자신을 착취하는 부귀영화를 추구하는 삶과 일에 부림을 당하는 삶에서 벗어난다는 것은 '시간의 지배'에서 벗어나는 것과 관련이 있다. 이런 점에서 한적한 삶을 살면서 시간의 흐름에 지배를 받지 않았던 은일자의 삶을 보기로 한다.

당경唐庚[자는 자서子西]은 「취면醉眠」[16]이란 시에서 은일적 삶을 읊고 있다. 이 시어 중에서 중국인의 시간관과 관련하여 가장 회자되는 것은 '산정사태고山靜似太古, 일장여소년日長如小年'이라는 시구이다. '생생지리生生之理'에 의거해 운행되는 자연의 이법을 알고 있는 중국의 시인이나 예술가들은 평상적인 인간들이 느끼는 시간관념과 다른 시간관념이 있다. 사공도는 『이십사시품』「함축含蓄」에서 '춘시반추春時反[=返]秋'라는 말을 한다. 꽃이 필 때 이미 꽃 핀 것 속에서 함축된 가을의 결실을 알아차린다. 시간은 인간에게 동일하게 주어진다. 그런데 '일각여삼추一刻如三秋'라는 말이 있듯이 동일한 시간이라도 사람에 따라 다르게 느껴진다. 특히 '일삼는 것이 없음[무사無事]'의 한적한 삶을 사는 은일자는 인간을 지배하는 시간에서부터 벗어나게 된다. 당경은 아직도 남은 꽃의 향기가 남아 있어 자신의 코를 자극하는 산들바람이 부는 시절, 아울러 대나무로 만든 돗자리에서 편안하게 낮잠을 잘 수 있는 시절 즉 늦봄에서 초여름 되기 전까지의 하루 시간을 '짧은 1년처럼 길다'고 읊고 있다. 당경은 하루의 시간이 얼마나 길었으면 '짧은 1년처럼' 길다고 했을까? 물론 이런 시간은 모든 인간에게 동일하게 주어지지만 바쁜 일정을 사는 인간은 그것을 알아차릴 겨를이 없다.

라대경羅大經은 당경의 '산정사태고, 일장여소년'이란 시구를 보고 느낀 바가 있어 「산정일장」이라는 글을 써 은일자의 하루 삶을 그리고 있다. 예를 들면, 일과 시간에 구애받지 않는, 은자만이 누릴 수 있는 특권 중의 하나인 낮잠, 마음 내키는 대로의 독서, 무목적의 산책, 탁족, 서화 감상과 실기, 두 잔의 차, 시간에 구애받지 않는 남성들끼리의 수다 떨기, 저녁노을 감상 등과 같은 것이 그것이다.[17] 중간에 거친 밥을 '흡족하게' 한 번 먹기도 한다. 이런 거친 밥을 먹는데 행복할까? '자발적 은일'일 경우 흡족함을 느낀다는 것이다. 능력 있는 백수, 자발적으로 백수의 길을 선택한 은일자가 이 모든 것을 하루에 다 하려면 상당히 바쁠 것 같다. 하지만 중요한 것은, 내가 하고 싶지 않으면 그 많은 것을 하지 않아도 된다는 것이다. 더 중요한 것은 하나하나 하는 과정에서 충만한 즐거움을 얻는다는 것이다. 무엇인가 목적의식을 가지고 하지 않는 '무사'의 이런 행동은 인간을 자유롭게 만든다. 시간으로부터 지배와 옥죄임을 당하지 않는 정신적, 신체적 자유로움을 얻게 된다. 이런 삶은 양생의 비결이기도 하다.

앞서 정호가 말하였듯이 '무사'는 정관자득의 관건이기도 하다. 즉 정좌할 수 있는 조건은 세속적인 명예, 이익, 권세 등과 같은 것을 '일삼는 것이 없음[無事]'이다. 이같이 '무사'를 근간으로 하면서 세속적인 물질로부터 벗어나 한적하게 사는 삶은 덤으로 장생과 양생을 함께 얻는다. 백거이는 이런 점을 「문밖에 나가지 않고[불출문不出門]」에서 다음과 읊고 있다.

> 자정기심연수명自靜其心延壽命 : 스스로 마음을 고요히 하니 더 오래 살게 되고
> 무구어물장정신無求於物長精神 : 물질에서 구하는 것이 없으니 정신이 길러지게 된다.

당경이 말한 '산정사태고, 일장여소년'의 경지에 대해 리쩌허우는 다음과 같이 의미를 부여하고 있다.

> 도구본체에서 심리본체에 이르는 노정 중에서 시간은 객관적 공간화에서부터 주관적 정감화로 파생된다. 다시 말하면 시간은 계산할 수 있는 시계 속 숫자에 불과한 것이 아니라 어떤 정감의 강력한 지속이 되어버린다. 정감 속에서 공간화된 시간은 정지되고, 시간은 초시간이 된다.[18]

리쩌허우는 이런 점에서 '공간화된 시간'은 인간의 품에서 끝난다고 하면서, 특히 중국화론에서 말하는 능품, 묘품, 신품, 일품 중에서 '일품'에 주목한다. 전통적으로 문인사대부들의 경우 기교와 법도의 최고 경지인

신품보다는 무법과 무위자연의 예술경지를 담아내는 일품을 더 높이곤 한다. 리쩌허우는 중국화론에서 일품을 신품 위에 놓는 것은 일품이 초시간적인 인생경지를 보여주고 있기 때문이며, 이런 일품은 단지 시간, 의상, 홍취, 도덕에 그치는 것이 아니라 '일逸[한적하고 편안하며 초월적인]'한 운치라고 한다.[19]

그런데 이런 일품은 단순히 기교나 법도의 차원에서만 평가되는 것이 아니라 인물됨됨이, 인품의 고하가 사실은 그 핵심을 이룬다. 예를 들면 '일필초초逸筆草草'를 통해 일기逸氣를 담아내는 '일격逸格'을 말한 예찬倪瓚을 비롯하여,[20] 황공망, 손위孫位, 왕묵王墨, 장지화張志和 등 일품화가로 거론되는 인물들의 한아자적함에 담긴 '탈속적 심령의 자유로움', '기운이 고거高舉함', '선풍도골仙風道骨'의 은일적 삶과 인생경지를 보면 이런 점을 알 수 있다.[21] 이들의 회화작품에는 그들이 권세와 명리를 추구하는 현실적 삶이나 계량화된 시간에서 벗어난 초시간적인 인생경지의 '정靜', '한閒', '한寒', '냉冷'을 추구하는 은일적 삶이 담겨 있다. 이런 아름다움을 담고 있는 작품들은 감상자로 하여금 잠시나마 향기 있는 시간을 맛보게 한다. 주량즈는 시간의 과정 속에서 생명을 바라보며, 시간의 부림을 받지 않는 것은 중국예술의 형이상학적 사고의 중요한 내용이라고 한다. 그리고 중국예술이 온 힘을 쏟아 창조한 정적은 원래 시간을 초월하기 위한 것이자 고요함 속에서 영원을 체험하기 위한 것이라고 한다. 즉 시간으로 공간을 통제하는 것에서 벗어나는 것은, 시간의 흐름에 있는 생명의 진실을 파악하고 영원히 불변하는 것의 의미를 캐물으며 존재의 가치를 생각하게 한다고 말한다.[22]

'산정일장'은 은일적 삶을 상징하며, 그것은 시간의 구속에서부터 벗어남과 동시에 생명의 존재가치를 아울러 파악하게 한다. 이런 과정에서 그동안 시간에 구속당하고 외물에 사역당한 나를 다시금 되찾게 하는 향기가 있는 '환아還我적 삶'이 가능해진다.

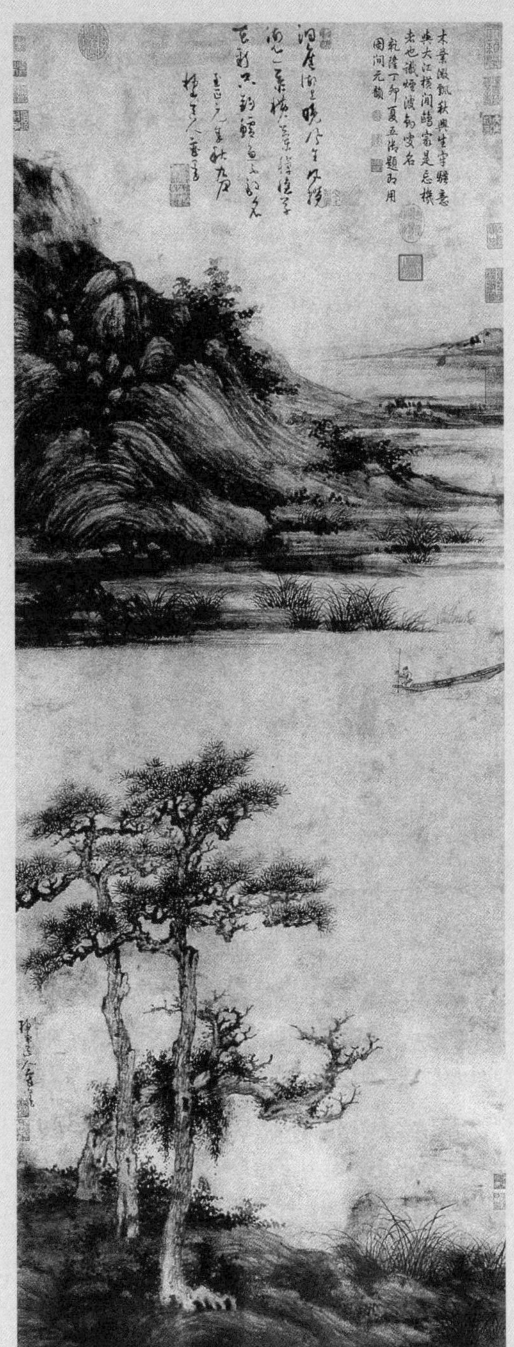

오진吳鎭,
〈동정어은도洞庭漁隱圖〉

화제: "洞庭湖上晩風生, 風攪湖心一葉橫. 蘭棹穩, 草花新, 只釣鱸魚不釣名." 오진이 화제에 쓴 것처럼 전통적으로 어부는 세속적인 명예를 탐하지 않고 청고고결淸高孤潔하면서 탈속한 은사의 화신化身이다. 오진은 태호太湖에 은거하면서 그런 은자의 삶을 그리고 있다.

4

-

나오는 말

중국 최대 전자상거래 업체인 '알리바바 그룹' 회장인 마윈馬雲은 2016년 6월 러시아 상트페테르부르크에서 열린 B20 국제경제포럼에 참석해 "알리바바를 창업한 것이 인생 최대 실수"라고 하면서, 자신은 본래 작은 회사를 하나 차리고 싶었을 뿐인데 이렇게 큰 기업이 되어버렸고, '알리바바 그룹' 일이 내 모든 시간을 가져가버렸다고 한 뒤 "다시 삶이 주어진다면 이런 사업을 하지 않을 것"이며, "기회가 있다면 어느 나라든 가서 조용히 하루를 보내고 싶다. 사업 얘기도 하기 싫고 일도 하기 싫다"는 소망을 얘기했다고 한다.[23] 이 기사에 대해 "배불렀다 이거지. 가진 자의 여유인가?"라는 거친 댓글이 올라와 있다.

사실 작은 업체가 큰 업체보다도 육체적, 정신적으로는 도리어 더 피곤할 수도 있다. 즉 피로사회와 연관하여 볼 때는 업체 규모의 크고 작은 것은 본질적인 문제가 아니라는 것이다. 백거이는 「중은」에서 대은, 중은, 소은에 대해 말하면서, 공사가 없어 삶을 즐길 만한 적당한 시간도 있고, 몸과 힘을 다해 수고롭게 일하지 않아도 달마다 나오는 봉급이 있어 경제적으로 배고픔과 추위를 면하면서 편안하게 살아갈 수 있는 중은을 예찬한 적이 있다.[24] 이런 중은은 당대 이후 중국의 문인사대부들이 추구한 삶이기도 한데,[25] 성과지향적 삶 속에 그 삶을 포기할 수 없는 경우라면 '중은'이나 '신은'이 주는 메시지에 귀를 기울일 필요가 있다.

문제는 이처럼 대은, 중은, 소은을 선택할 수 없는 상황에서 어떻게 할 것인가 하는 것이다. 피로사회를 벗어나게 하는 가능성으로 주어진 동양의 은일사상이 지향하는 다양한 삶의 방식은 그런 상황에 해당되는 인물이나 선택할 수 있는 제한적인 것에 속한다. 즉 자신이 소유하고 있는 것을 버린 상태에서 취할 수 있는 삶에 대한 하나의 지혜를 얻는 차원에서 접근해야 한다는 한계가 있다. 상황에 따라 일종의 '능력 있는 백수'들의 은일적 삶에 대한 찬미는 공허한 외침이 될 수 있다.

> 가난 때문에 걱정하는 사람에게 그 근심을 잊으라고 한다. 그 사람인들 잊고 싶지 않겠는가? 그러나 그의 집에서는 아내와 아이들이 배고픔과 추위에 울고, 밖에서는 빚쟁이들이 거칠게 문을 두드리는데 어찌 근심을 잊을 수 있겠는가? 그러니 가난한 사람에게 근심을 잊으라고 하고 싶다면, 이상 말한 여러 가지 상황과 관련된 일들을 먼저 해결해준 이후에나 가능한 것이다. 그런데 이런 일은 불가능한 일이다. 이와 같다면 근심을 잊으라는 말은 공허할 따름이다.[26]

명말청초에 살았던 이어李漁의 말이다. 한병철 식의 '피로사회'의 문제점을 운운하면서 은일적 삶을 꿈꾸는 것은 성공한 사람, 능력 있는 사람에게는 적용될지 몰라도 대상에 따라 공허한 말이 될 수가 있다. 즉 한병철이 '더욱 생산적이 될 것을 요구하는 자본주의 시스템의 욕망에 굴복해 탈진하고 고갈된 영혼 없는 개인으로 살지 않고 각성과 결단으로 자본주의 욕망의 굴레를 끊어내야 한다'라고 한 것은 적용범위가 매우 한정적이라는 것이다. 두목杜牧은 「회자각산懷紫閣山」에서 은일적 삶을 선택한다는 것이 쉽지 않았다는 것을 말한 적이 있다.

> 인도청산귀거호人道青山歸去好 : 사람들은 청산으로 돌아가는 것이 좋다고들 하지만
> 청산능유기인귀青山能有幾人歸 : 청산으로 돌아간 사람 과연 몇 명이나 되는가.

한유韓愈는 「종사從仕」에서 출사出仕와 은일隱逸의 갈등을 문학적 시어를 통해 해학적으로 읊기도 한다.

> 한거식부족閑居食不足 : 한가히 살자니 양식이 부족하고
> 종환력난임從宦力難任 : 벼슬에 나가자니 능력이 모자라네.
> 양사개해성兩事皆害性 : 이 두 가지 일 모두 본성을 해치는 거라
> 일생상고심一生常苦心 : 일생 동안 늘 고심했다네.

은일적 삶에 대한 추구가 이런 제한적인 면이 있지만, 피로사회와 '일의 시간'이 지배하는 현실적 상황에서 하나의 탈출구를 찾을 때 동양의 은사들이 추구했던 은일적 삶을 떠올릴 수 있다. 특히 '심원적 삶'은 더 나아가 기존의 진리·제도 등에 강제당하고 매몰된 자아를 회복하게 하고, 아울러 타인의 시선으로 평가받는 나에서 벗어나 자신의 참된 모습과 자신 본성 속에 담긴 자신만의 향기를 되찾는 '환아' 추구의 삶으로 이어지는 효용성이 있다. 이런 점에서 피로사회에서 '유거幽居' 혹은 '정거靜居'로 상징되는 과거 은사隱士들의 '심원적 삶'과 미학적 삶이 주는 지혜로움에 주목할 필요가 있다.

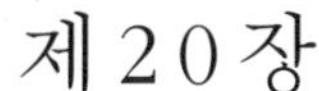

제 20 장

노장철학에 바탕을 둔 서화이론과 기공氣功의 상호연관성

붓끝의 연기와 구름이 성령을 길러주고,
이 때문에 장수를 누릴 수 있으나
사람마다 얻을 수 있는 것은 아니다. [조희룡]

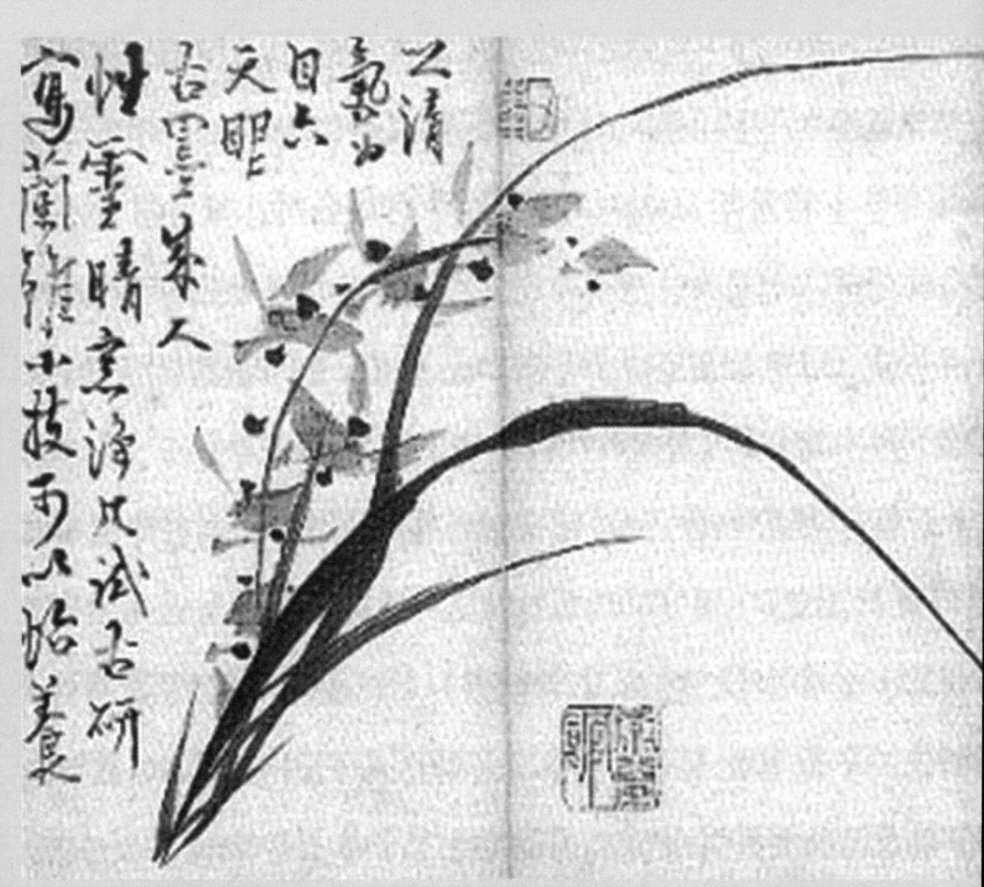

조희룡, 〈묵란도墨蘭圖〉
사란寫蘭을 통한 양생을 말하고 있다.

1

들어가는 말

추사 김정희의 수제자이면서 홍매紅梅를 매우 잘 그린 조희룡趙熙龍이 묵란墨蘭을 그리고 다음과 같은 화제를 썼다.

> 난을 그리는 것이 비록 작은 재주이지만 성령性靈을 즐겁게 기를 수 있다. 밝은 창 깨끗한 책상에 옛 벼루와 옛 먹을 사용하여 눈빛같이 흰 종이 위에 손 가는 대로 짙은 잎과 엷은 꽃을 끄집어내어 인천안목人天眼目[1]을 이룬다. 육기[六氣=음陰·양陽·풍風·우雨·회晦·명明]가 그로 인해 맑아진다. 어찌 병을 물리칠 뿐이겠는가. 수명도 연장할 수 있다.[2]

난을 그리는 것의 효용성은 무엇일까? 조희룡은 난 그리는 행위를 단순히 예술적 행위 그 자체에만 그치는 것이 아니라고 한다. 예술행위가 타고난 자연본성으로서의 성령을 즐겁게 기를 수 있고 병도 물리치며 수명도 연장할 수 있다는 것은 심리치료 혹은 예술치료에 매우 효과적일 뿐만 아니라 웰빙의 삶에도 매우 도움을 준다. 만병통치약이 난 그리는 것 이외의 것이 없을 것 같은, 난 그리는 것의 효용성을 이 정도라고 말할 수 있을까? 조희룡의 난 그리는 행위는 작가가 이 난을 그려 경제적으로 돈을 번다든지 하는 식의 경제적 차원, 도구적 차원에서의 예술행위는 아니다. 난 그리는 그 자체가 즐겁다는 것이 전제되어 있다고 본다.

난 그리는 것의 효용성에 대한 조희룡의 말을 전적으로 믿을 수 있을까? 그리고 난 그리는 것에만 이런 점을 적용할 수 있을까? 즉 난 그리는 것과 관련된 효용성을 산수화를 비롯해 서예까지 그 외연을 확장하여 말할 수 있을까 하는 것이다. 우리가 중국의 서화이론을 보면 '성정을 기르는 것'과 '생을 기르고 수명연장을 돕는 것'과 관련된 많은 내용을 찾을 수 있다. 이런 측면을 다른 의미로 말하면, 글씨를 쓰거나 그림을 그리는 그 자체에 기공氣功과 유사한 활동이 많다는 것이다. 예컨대 다음과 같은 언급이다.

> 그림을 배운다는 것은 성정을 기르는 것이면서 아울러 마음속의 번뇌를 깨끗이 제거하고, 고민을 타파하고 조급한 마음을 풀고 고요한 기운을 맞이할 수 있는 행위다. 옛날 사람들이 산수를 그린 화가들은 많은 경우 장수했다고 하는데, 대개 연운烟雲을 공양하니 눈앞에 생기 가득한 것이 아닌 것이 없다. 옛날부터 유명한 인물들이 오래 장수한 경우가 많았는데, 그것에는 다 이유가 있었다.[3]

그림 그리는 것과 관련된 효용성으로서 제기된 '마음속의 번뇌를 깨끗이 제거하고 고민을 타파하고 조급한 마음을 풀고 고요한 기운을 맞이'할 수 있는 행위는 기공이 지향하는 바와 유사한 점이 많다. 거칠게 말하면 고대의 많은 서화가들은 자각적으로 혹은 자각하지 못하는 사이에 기공을 운용하여 글씨를 쓰고 그림을 그린 경우가 많았고, 이런 점들은 그들의 연년익수延年益壽에 도움을 주었다. 물론 서화가 자신들의 금욕적이면서 절제된 삶이 장수의 근간이 된 측면도 있을 것이다. 이런 점에 대한 개연성을 인정하지만, 이 글에서 주목하고자 하는 것은 서화창작 과정에서 자신도 모르는 사이에 이루어지는, 흔히 말하는 기공과 관련된 행위다.

2

입정入靜의 내원來源으로서의 노장의 허정虛靜

기공은 기氣의 운동 규율에 따라 인체 내기內氣와 자연계 외기外氣의 결합을 운용하되, 일정한 공법功法을 통하여 인체 내기의 운행을 조정하여 '몸을 닦고 성을 기르고[수신양성修身養性]', '병을 제거하고 신체를 강하게 하여[거병강신祛病强身]' '살 수 있는 해를 늘려 더욱 오래 살 수 있는 것[연년익수延年益壽]'에 도달하게 하는 수단이다. 인체의 항병抗病 능력과 생명활동에 유리한 기를 정기正氣라 하고, 병을 일으키고 노쇠하게 하는 기를 사기邪氣라 하는데, 기공을 단련하는 주된 목적은 정기를 부식扶植하고 사기를 제거除祛하는 것이다.[4] 고대의 '도인導引',[5] '토고납신吐故納新', '좌선坐禪', '연단煉丹', '행기行氣'[6] 및 양생법 등은 기공과 밀접한 관련이 있다.[7]

기공의 두 유형으로는 '동공動功'과 '정공靜功'을 꼽을 수 있다. 기공의 수련 내용은 각양각색이나 종합해 말하면 조신[調身=자식姿式, 자세를 조정하는 것], 조식[調息=호흡을 조정하는 것], 조심[調心=신 혹은 의념意念을 조정하는 것]과 같은 '삼조三調'를 벗어나는 것이 아니다. 삼조 가운데 가장 장악하기 어려운 것은 조심調心이다. 즉 어떻게 의념을 조정하고 단전丹田을 단단하게 지키느냐 하는 것이 가장 어렵다는 것이다. 조심의 목적 중의 하나는 심신을 안정시켜 입정入靜에 도달하게 하는 것이다. 기공을 수련할 때 입정에 들어가지 못하면 조식調息할 수 없고, 조식할 수 없으면 행기行氣할 수 없다.[8] 따라서 무엇보다도 입정이 중요하다.

동공은 여러 가지 신체 운동 및 '안마按摩', '박격拍擊' 등을 통해 건강한 신체를 만들고자 하는 공법이다. 즉 신체 단련을 진행하여 의意와 기氣가

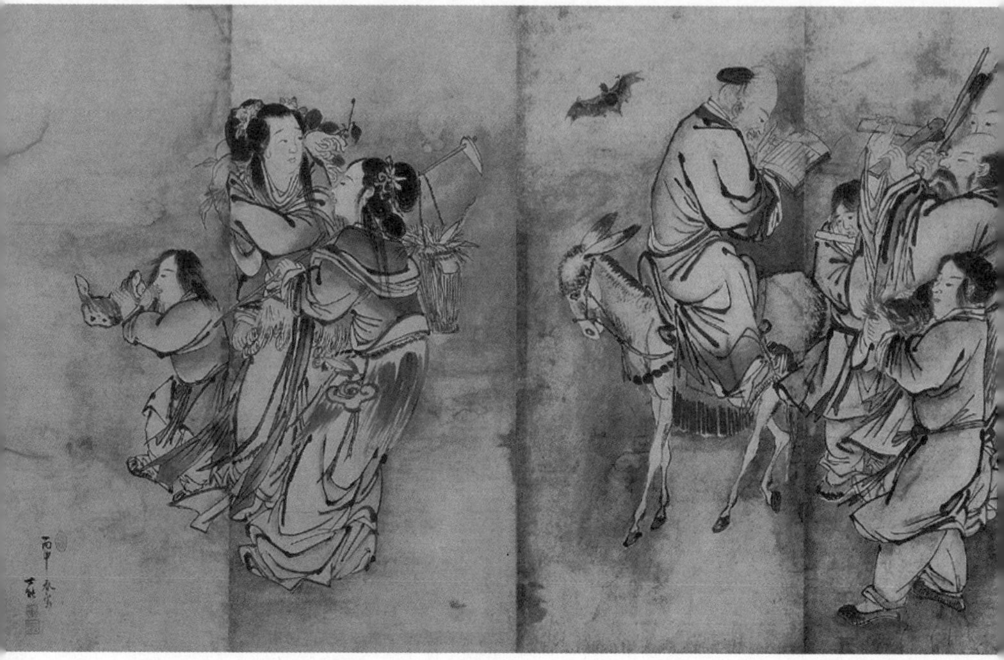

김홍도, 〈군선도병풍群仙圖屛風〉, 리움미술관 소장

불로장생하는 신선이 되려는 욕망은 인간이면 다 가지고 있다. 갈홍葛洪은 『포박자抱朴子』에서 다양한 방식으로 이를 설명한다. 흔히 도교 팔선을 말하는데[漢鍾離(혹은 鍾離權), 張果老, 韓湘子, 鐵拐李(혹은 李鐵拐), 曹國舅, 呂洞賓, 藍采和, 何仙姑], 이들 가운데 문인사대부들에게 가장 인기 있던 신선은 자신들의 '회재불우懷才不遇'의 인생역정과 일정 부분 공통점을 찾을 수 있는 순양자純陽子 여동빈呂洞賓이었다. "후천적인 노력[공부]을 통해 신선이 될 수 있는가[神仙可學論]"의 문제는 도교철학의 중요한 주제였다. 이는 유학에서 "성인은 후천적인 학문을 통해 가능한가[聖人可學論]"란 질문으로 나타났다.

서로 합해지게 하여 건강한 신체에 도달하게 하며, 아울러 '병을 제거하고 해를 늘리게 하는 작용[거병연년祛病延年]'의 공법功法이다. 이런 점에서 동공은 조신調身을 강조한다. 정공은 '앉아 있는 것[좌坐]', '누워 있는 것[와臥]', '서 있는 것[참站]' 등 정지 상태를 채용하여 각종 '조심', '조식' 방법을 결합시키는 단련을 가리킨다. '토납吐納', '복기服氣', '태식胎息', '존사存思', 또는 '존상存想', '내관內觀', '입정수일入靜守一', '지념止念', '수심收心', '참선입정參禪入靜'은 모두 정공에 속한다.[9]

입정은 의념을 집중하는 단련이다. 입정은 송말원초의 호삼성胡三省이

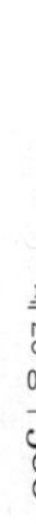

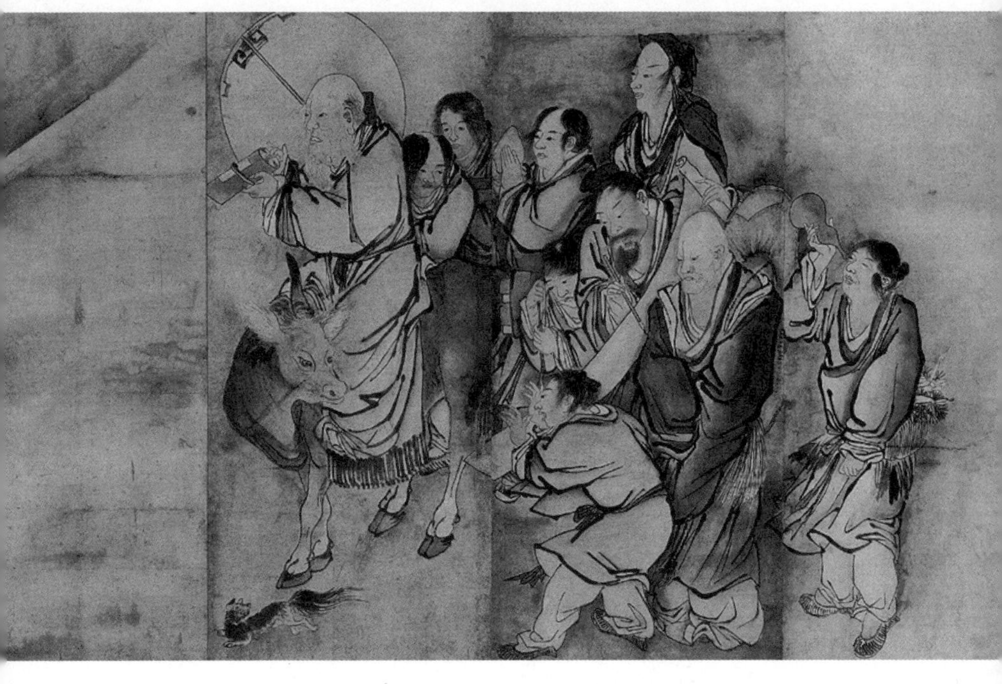

『자치통감資治通鑑』 「당희종광계삼조唐喜宗光啓三條」를 주석한 것에 나온다. 즉 "입정은 고요하게 방에 처하여 좌우를 물리치고, 정신을 맑게 하고 생각을 고요히 하며, 사사로움과 꾀함이 없는 것"[10]이 그것이다. 다른 의미로 말하면 입정은 방송放鬆,[11] 조식, 조신調身을 비롯하여 마음의 안정과 평온을 방해하는 온갖 잡념을 물리치기 위해 오직 '한 가지 대상에 생각을 집중시키는 것[의수意守]'을 바탕으로 하여 도달한 '맑게 깨어 있는[청성清醒]' 상태이다. 입정의 특징은 '정신을 맑게 하고 생각을 고요히 한다[징신정려澄神靜慮]'는 것에 있다. 이런 점에서 입정을 '허정'이라 칭하기도 한다.[12] 이처럼 입정은 우리들의 감각기관에 의해 일어난 잡념을 제거하지 않고서는 어렵다. 이런 점에서 입정의 과정은 잡념을 배제하는 과정이라고 말할 수 있다. 입정의 최고 단계는 '염담허무恬淡虛無'와 '물아양망物我兩忘'의 경지에 도달하는 것이다.[13]

일반적으로 이 정공과 입정入靜의 내원을 도가로 본다.[14] 『노자』 16장에서는 "마음을 텅 빈 극치에 이르게 하고, 고요함을 독실하게 지킨다"를 말하는데, 허정의 결과는 자연의 생생의 도리와 복귀의 원리를 인식할 수 있게 한다.[15] 공을 단련하는 자에게 요구되는 맑게 깨어 있는[청성淸醒] 상태는 '마음을 텅 빈 극치에 이르게 하고, 고요함을 독실하게 지킨다'라는 공부가 있어야 도달할 수 있다. 『노자』 10장에서는 도를 인식하는 방법론으로 '척제현람滌除玄覽'[16]을 말한다. 조선조 이이李珥는 『노자』 주해서인 『순언醇言』에서 "척제란 물욕을 씻어버린다는 뜻이고, 현람은 현묘한 이치를 환히 살핀다는 말이다. 소리, 색깔, 냄새, 맛에 대한 욕심을 버리고 나면 마음은 텅 비고 경계는 깨끗해져 학식이 더욱더 진보하게 된다. 그리하여 지식과 행동이 모두 지극함에 이르면 한 점의 티도 없게 된다"[17]라 하여 '마음이 텅 비고 경계가 깨끗한 경지[심허경청心虛境淸]'로 이해한다. 아울러 『노자』 10장에서는 '기를 전일하게 하여 지극히 부드럽게 한다[전기치유專氣致柔]'[18]라는 것을 말한다. '척제현람'이나 '전기치유'는 입정에 이르는 가장 기본적인 공부이다. 장자는 노자의 이상과 같은 사유를 발전시켜 '마음의 재계[심재心齋]', '앉아서 잊어버림[좌망坐忘]'을 말한다.

> 안회가 심재를 가르쳐달라고 하자 공자가 대답하였다. 너는 잡념을 없애고 마음을 통일하라. 귀로 듣지 말고 마음으로 듣도록 하라. 귀는 소리를 들을 뿐이요 마음은 밖에서 들어온 것에 맞추어 깨달을 뿐이다. 하지만 기는 허하여 무엇이나 다 받아들인다. 참된 도는 오직 허 속에 모인다. 이 허가 곧 심재이다.[19]

잡념을 없애고 마음을 통일해야 하는 심재와 입정은 방법론상에서 큰 차이가 없다. 귀, 마음, 기는 각각 개인의 수양 단계, 학습의 습득 정도에 따라 체득의 범위가 다르다는 것을 의미한다.[20] '귀가 아닌 마음으로 듣는다'는 것은 귀로 인식할 수 없는 한 차원 높은 경지의 감상이다. 하지만 아직도 주객의 구분이 있는 경지라고 할 수 있다.[21] '기로 듣는다'는 것은 도의 인식을 방해하는 잡념, 지각, 사려를 완전히 버리는 경지를 의미한다.[22] '허'는 고정된 내용이 없다는 것인데, 도리어 고정된 내용이 없기에 모든 만물을 실상 그대로 받아들일 수 있다. 즉 천변만화하는 모든 만물과 명합冥合하는 경지에 이르기 위해서는 잡념, 분별지 등을 완전히 버린 허의 상태가 되어야 한다. 심재는 좌망과 상통한다.

> 공자가 놀라 정색하며 물었다. 무엇을 좌망이라고 하느냐? 안회가 대답하였다. 손발이나 몸을 잊고, 귀나 눈의 작용을 물리치고, 형체를 떠나고 지식을 버려 막힘이 없이 크게 통하는 저 위대한 도와 하나가 되는 것, 이것을 좌망이라고 합니다.[23]

'손발이나 몸을 잊는다는 것'은 형체를 떠난다는 것과 같다. '귀나 눈의 작용을 물리친다'는 것은 '지식을 버린다'는 것과 같다. 이것은 몸과 마음과 관련된 감각기능의 잘못된 인식이나 분석적이고 개념적인 지식활동을 배제한다는 것이다. 결국 우리를 얽매이게 하는 욕망과 지식의 속박에서 벗어날 때 맑은 정신은 도와 합일되는 경지에 오를 수 있다는 것을 의미한다. 심재와 좌망은 『노자』 16장에서 말한 '마음을 텅 빈 극치에 이르게 하고, 고요함을 독실하게 지킨다'[24]라는 수양공부와 같다.

『장자』 「재유在宥」에는 어떻게 몸을 다스리면 장수할 수 있을 것인가와 관련된 지극한 도의 체득 방법이 나온다.

> 지극한 도의 핵심은 깊고 어둡다. 지극한 도의 극치는 어둡고 고요하다. 보려고 들으려고 하지 말고 정신을 안에 간직한 채 고요히 있으면 육체도 저절로 올바르게 될 것이다. 마음을 고요하고 맑게 하여 당신의 몸을 지치지 않게 하면 장수할 수 있다. 눈에 비치는 것이 없고 귀에 들리는

> 것이 없고 마음에 분별이 없으면 당신의 정신을 지키게 될 것이고 육체는 곧 장수하게 될 것이다.[25]

장수의 기본은 지극한 도의 체득에 있는데, 그것은 정신을 온전하게 하고 심신을 안정적으로 만들며 '분별지'를 거부하는 허정한 마음을 통해 가능해진다. 이상 논의한 것을 장언원張彦遠이 말한 그림 그리는 방법과 관련지어보자.

> 정신을 모으고 생각을 멀리하여 자연을 묘하게 깨닫는다. 사물과 나를 함께 잊어버려 형체를 떠나고 지혜를 버린다. 그러면 '몸은 진실로 고목과 같이 할 수 있고, 마음은 진실로 타다 남은 재와 같이 할 수 있다.' 이 또한 묘리에 이른 것이 아니겠는가? 이른바 그림을 그리는 방법이다.[26]

장언원의 이런 이해는 바로 『장자』가 말한 심재와 좌망 및 「제물론」에서 말하는 '남곽자기'의 심적 상태를 바탕으로 하여[27] 그림을 그리는 방법을 말한 것이다. 몸을 고목으로, 마음을 타다 남을 재와 같이 할 수 있다는 것은 허정의 완성이면서 우주자연과 합일되는 경지에 해당한다. 이러한 심재와 좌망은 후대 서화이론의 기초가 되었을 뿐만 아니라 기공의 정공과 입정의 철학적 기초가 되었다.

요컨대 노자가 말한 '척제현람' 혹은 '전기치유', 장자가 말한 심재와 좌망 등과 같은 사유는 기공의 정공 특히 입정의 철학적 기초가 된다.

3

-

입정入靜과 서화의 기론氣論

흔히 서화의 공능으로 인식작용, 교육작용, 심미작용 등을 거론한다. 장언원張彦遠은 그림이 어떤 것을 담아내야 할 것인지를 두 가지 차원에서 말하고 있다. 하나는 "교화를 이루고 인륜을 돕는다"라는 현실의 정치교화적 차원이다. 다른 하나는 "신묘한 변화를 다하고 그윽하고 은미한 자연의 법칙을 헤아린다"는 우주론적 차원이다.[28] 이 두 가지 중 좀 더 강조하는 것은 정치교화적 측면이다. 그것은 수신-제가-치국-평천하를 말하는 유가사상의 사유틀 속에서 회화를 이해한 것에 속한다. 하지만 회화창작이 인간의 성정을 즐겁게 하는 심미작용과 서화창작이 '생을 기르고 목숨을 연장하는[장생익수養生益壽]' 작용이 있음에도 주목할 필요가 있다.

중국역사를 보면 서화가들이 장수하였는데 그 까닭은 무엇 때문일까? 이런 점과 관련하여 조희룡이 「석우망년록石友忘年錄」에서 말한 것을 참조해보자.

> 황공망黃公望은 나이가 구십이 되어도 얼굴이 동안이었고, 미우인米友仁은 팔십여 세에도 정신이 쇠하지 않았는데, 사람들은 그림 속의 연기와 구름이 공양供養한 덕이라고 한다. 내가 지난해 바닷가에서 연기와 구름을 호흡하고 연기와 구름에 목욕하다시피 했지만 노쇠함은 나날이 심해져 흙과 나무의 말라빠진 형해形骸 그대로이다. 이로 미루어보건대, 연기와 구름도 사람으로 하여금 진짜로 강성해지게 못하는데, 하물며 그림 속의 연기와 구름이겠는가? 하지만 자세히 궁구해보면 이러한 이치를 터득할 수 있다. 두 선생은 인품이 이미 높은데다가 청정淸淨함과

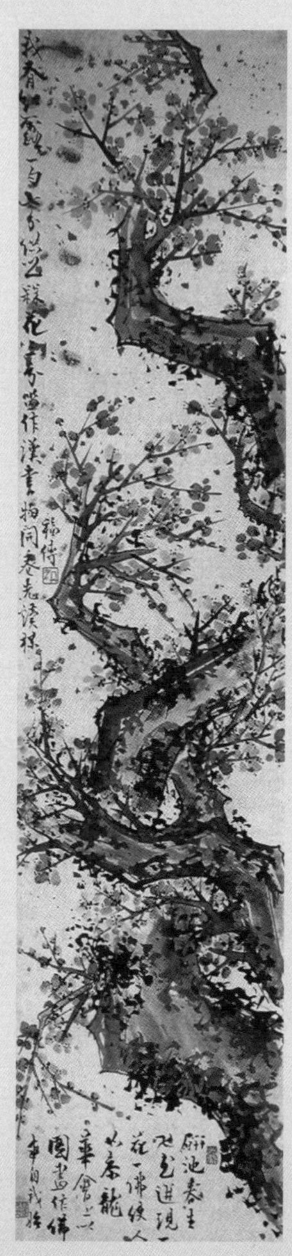

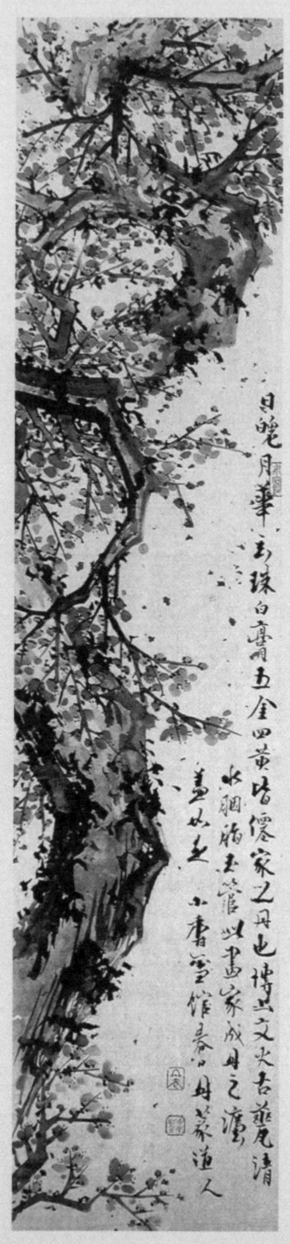

조희룡趙熙龍, 〈홍매대련도紅梅對聯圖〉, 리움미술관 소장

오른쪽 그림의 화제: "日魄, 月華, 玄珠, 白膏, 五金, 四黃, 皆仙家之丹也. 博山文火, 古瓷淸水, 臙脂玉管, 此畵家成丹之灋, 蓋如是"

선가仙家의 단과 화가畵家가 단을 이루는 법을 말하고 있다.

과욕寡欲을 그림 가운데 기탁하니 가슴속에 조화의 기틀이 있었다. 그러므로 붓끝의 연기와 구름이 성령을 길러주고, 이 때문에 장수를 누릴 수 있으나, 사람마다 얻을 수 있는 것이 아니다.[29]

모든 화가가 그림을 그린다고 하여 다 장수하는 것이 아니다. 전제조건이 있다. 먼저 고고한 인품이다. 고고한 인품은 그냥 형성되는 것이 아니다. 성현의 말씀이 기록된 경전을 통한 많은 독서와 수양공부가 있어야 한다. 그리고 마음가짐도 달라야 한다. 맑고 깨끗하면서 허정한 마음을 가지고 아울러 욕심을 적게 하는 마음이어야 한다. 이런 것을 다른 식으로 말하면 인간의 심신을 사역하게 하는 외물 즉 권력, 명예, 재물 등과 같은 것에서 자유로워야 한다. 만족할 줄 아는 지족의 삶이어야 한다. 이런 전제조건이 충족된 이후에 그것을 붓끝에 기탁하여 창작에 임했을 때 성령은 길러지고, 그 결과는 장수로 이어진다. 따라서 이런 것은 아무나 할 수 없는 경지에 속한다.

우리는 서화창작과 관련된 말을 할 때 전통적으로 흔히 '정신을 모으고 기를 관통한다[응신관기凝神貫氣]', '정신을 모으고 숨을 고요히 한다[응신정식凝神靜息]', '정신을 밖으로 제멋대로 일탈하지 않는다[신불외일神不外逸]', '정기를 모으고 정신을 모은다[취정회신聚精會神]', '신을 온전히 하여 온몸에 관주한다[전신관주全神貫注]' 등을 요구한다. 그런데 이 같은 것은 사실상 기공을 단련하는 형식과 통하고, 특히 입정과 깊은 관련이 있다.

정공 혹은 입정은 서화가가 서화창작에 임하는 데 기본적으로 요구되는 '마음을 닦고 정신을 기르는[수심양신修心養神]' 공부와 밀접한 관련이 있다. 현대의 펑위우馮亦吾는 『서법탐구書法探求』에서 서화를 기공의 입정, '조심', '조식'과 연결하여 다음과 같이 말하고 있다.

사람들은 서예가들 가운데에는 장수한 사람이 많다고 한다. 대개 글씨를 쓸 때는 반드시 마음을 고요히 하여 정서가 펴지고 정력이 집중되는 경우에 진행해야 한다. 이런 것이 이른바 우세남虞世南이 말하는 '보는 것을 거두고 듣는 것을 돌이키고, 생각을 끊어 정신을 모으고, 마음을 바르게 하여 기가 화하게 되면 이에 묘취妙趣에 합할 수 있다'[30]는 것이다. 만약 마음과 정신이 바르지 않으면 글자는 반드시 기울어지게 써질 것이다. 마음이 지향하는 기가 화하지 않으면 글씨는 반드시 제대로 되지 않을 것이다. 따라서 서예가가 글씨를 쓸 때에는 자기를 단정히 하고 용모를 바르게 하고, 정신을 모으고 생각을 맑게 해야 한다. 이렇게 하고 붓을 잡으면 지혜가 생기며, 작품에 임할 때 뜻이 한일하게 될 수 있다. 이런 것들은 기공의 '입정', '조심', '조식'과 의도하지는 않았지만 합치되는 것이다.[31]

기공에서 요구하는 마음 다스림이나 서화창작에 임하기 전의 예술가들의 마음상태를 동일한 경지에서 논의하고, 그것이 양생의 효과 및 작품의 잘잘못과도 연결된다고 보는 것은 그만큼 마음을 어떤 상태로 만드느냐 하는 것이 중요하다는 것을 의미한다. 실제 예술창작에 적용된 것을 보자. 초서로 이름을 떨친 장지張芝는 글씨를 쓰는 것으로 양생하고 '육체를 잊어버렸다[망형忘形]'고 한다.[32] 또 글씨를 쓰는 것으로 '기를 기르고[양기養氣]', '기를 도울 수[조기助氣]' 있다고 말한다. 즉 정좌靜坐해서 해서를 쓰거나 행초를 쓰면 그 효과가 있다는 것이다.[33]

서화의 이 같은 점을 기공에 적용하여보자. 기공에서는 기본적으로 동공과 정공 중 어느 하나만을 강조하는 것이 아니라 두 가지를 함께 용납할 것을 요구한다. 그렇게 하는 데의 핵심은 바로 기를 기르고, 기를 단련하는 것에 있다.[34] 우리는 동양의 서화를 거론하면서 '기운생동', '문기', '서권기', '묵기墨氣', '필기筆氣' 등 다양한 점에서 기와 관련하여 논의하는 것을 자주 볼 수 있다. 일단 기공과 서화는 기를 운용한다는 점에서 상동점이 있다. 남조南朝의 사혁謝赫은 『고화품록古畵品錄』에서 그림을 그리는 데 필요한 '육법六法'을 말하는 가운데 기운생동을 첫머리에 놓았다.[35] 오대五代 양梁의 형호荊浩는 『필법기筆法記』에서 그림에서의 '여섯 가지 중요한 것[육요六要]'을 말하면서 그 첫 번째 것으로 기를 들고 있다.[36]

이 밖에 중국의 서화이론서에 기를 가장 중요시하거나 혹은 기를 운용하여[운기運氣] 서화를 창작한 것에 대한 논술이 많다. 장언원은 『역대명화기』에서 대화가인 고개지顧愷之, 육탐미陸探微, 장승요張僧繇, 오도자吳道子의 필법과 서예가인 왕헌지, 장지 등이 행한 용필用筆의 공통적인 측면을 묘사하고 있다. 그것들의 공통된 것은 '일필에 이루어진다', '기맥이 관통하여 뜬 행간이 끊어지지 않았다'로 말해지는 '일필에 쓴다'와 '일필에 그린다'는 것이다.[37] 아울러 그것을 통하여 서와 화의 용필이 같은 법이라는 것도 알았다고 한다.

명조의 조좌趙左는 「논화論畵」에서 '일필에 쓴다'와 '일필에 그린다'를 '한숨 내쉬자 이루어졌다[일기가성一氣呵成]'라는 것으로 표현한다. 청대의 고동헌高桐軒은 『묵여쇄록墨餘瑣錄』에서 '일기가성'의 방법을 "붓의 기를 운행하는 것이 끊어지면 안 되고, 힘을 느슨하게 해서도 안 된다"[38]고 해석한다. '일필서'나 '일필화'를 '일기가성'으로 비유하는 것은 그것들이 결국 호흡을 조정하고 잡념을 배제하는 입정, 조식 등과 관련이 있음을 보여주는 것이다. 청대 정적鄭績은 기공과 좀 더 밀접한 관련이 있는 이론을 말한다.

> 붓을 사용하는 데 손가락을 움직이지 않고 팔뚝을 움직여 기를 끌어들이는 것을 귀하게 여긴다. 대개 손가락이 한번 움직이면 팔뚝이 느슨해져 단전丹田의 기를 끌 수 없다. 이 때문에 경박하고 마음이 들떠 조급한 폐단이 있게 된다. 힘이 있는 것은 기가 있는 것에 말미암고, 기가 있다는 것은 팔뚝을 능숙하게 움직이는 것에 말미암는다는 것을 안다.

팔뚝을 능숙하게 움직이는 비결은 손가락을 움직이지 않는 것이다. 글씨를 쓰는 것이 참으로 이와 같은데, 그림을 그리는 것도 또한 그러하다.[39]

서화를 한다는 것은 일반적으로 용필을 통해 가능하다. 문제는 용필을 할 때 어떻게 해야 올바른 그림이 그려지고 글씨가 써지는가 하는 점이다. 이 점에 대해 정적은 단순히 손가락 움직이는 것으로 하지 말고 팔을 움직여 인기引氣하라고 한다. 단순히 손가락만 움직이면 팔이 느슨해져 단전의 기를 이끌어 펼 수 없기 때문이다. 올바른 용필은 신체의 움직임과 관련된 기를 어떻게 다루느냐 하는 것에 있는데, 이것은 기공과 관련이 있다는 것이다.

서화이론에서는 서화를 행하기 전에 먼저 심신을 허무하게 하고 입정하라고 한다. 채옹蔡邕은 『필론筆論』에서 "대저 글씨를 쓸 때에는 먼저 묵묵히 좌정하고 생각을 고요히 하라[묵좌정사默坐靜思]. 뜻이 가는 곳으로 따르고 말을 입에서 내지 않는다. 기는 숨을 가득 채우지 않고[기불영식氣不盈息], 신채를 깊고 긴밀하게 하여 마치 지존의 인물을 대하듯이 하면 좋지 않은 것이 없으리라"[40]를 말한다. '묵좌정사'와 '기불영식'은 조식이나 입정의 측면과 관련이 있다. 왕희지는 「제필진도후題筆陳圖後」에서 "대저 글씨를 쓰고자 하는 자는 먼저 벼루와 먹을 말리고 정신을 모으고 생각을 고요히 하라[응신정사凝神靜思]. 그리고 자형의 대소大小, 언앙偃仰, 평직平直, 진동振動을 예상하고 근맥으로 하여금 서로 이어지게 하라. 뜻이 붓보다 먼저 있은 다음에 글씨를 써라"[41]는 것을 말한다.

'응신정사'를 강조하는 왕희지는 이런 사유에 바탕하여 결론적으로 '뜻이 붓보다 먼저 있어야 한다[의재필선意在筆先]'는 것을 주장한다.[42] 장언원은 '의재필선'의 상태여야만 진정한 예술이 성립하다는 사유는 그림이나 글씨에만 그치는 것이 아니라고 한다.[43] 그렇다면 왜 먼저 마음을 바로하고,

고요히 할 필요가 있는가? 주성연周星蓮의 다음과 같은 말은 그 점에 대한 해답을 준다.

> 마음이 바르면 기가 안정되고, 기가 안정되면 팔의 움직임이 활발하고, 팔의 움직임이 활발하면 붓이 단정하고, 붓이 단정하면 묵이 주입되고, 묵이 주입되면 신이 모이고, 신이 모이면 그려진 상이 증가한다.[44]

즉 심의 상태에 따라 기氣, 완腕, 필筆, 묵墨, 신神의 상태가 결정되기 때문에 무엇보다도 심의 상태가 문제가 된다. 따라서 최초의 급선무는 '심을 바로 하는 것'이다. 만약 마음이 고요하지 않으면 어떻게 될까? 이 점과 관련하여 당대唐岱는 『회사발미繪事發微』에서 "마음이 고요하지 않으면 정신이 온전하지 않고, 뜻이 불순하고, 생각이 마르게 된다. 이때 허둥지둥 붓을 놓으면 산의 대세를 얻을 수 없고 뜻의 홍취는 흩어져버릴 것이다"[45]라는 것을 말한다. 명대의 항목은 『서법아언』에서 "글씨를 쓰기 전에 뜻을 안정시킴으로써 그 기를 통솔하라. 글씨를 쓸 즈음에는 기를 기름으로써 그 뜻을 충실하게 하라. 잊지도 조장하지도 말고 힘써 노력함으로써 편안한 경지에 들어가라. 이런 경우에 글씨를 쓰면 막히는 것이 없게 될 것이다"[46]라는 것을 말한다. 그림을 그리기전, 글씨를 쓰기 전에 창작의 결과물에 실질적으로 영향을 줄 수 있는 기를 통솔하고 기르라는 것의 중요성을 강조한 말이다.

이상 서화이론에서 말한 것은 기공에서 추구하는 정신상태와 다른 것이 없다. 『황제내경黃帝內經』「소문素問」에서는 "마음을 염담恬淡하고 허무하게 하면 진기가 따른다"[47]는 것과 "염담하는 것을 힘써야 한다. 자득으로써 공을 삼아야 한다. 형체가 피폐해지지 않고 정신이 흩어지지 않으면 백수를 누릴 수 있을 것이다"[48]라는 것을 말한다. 염담은 허정과 그 궁극적 경지는 같다.[49] 의료적인 측면에서 볼 때 마음이 고요하면 어떤 결과가

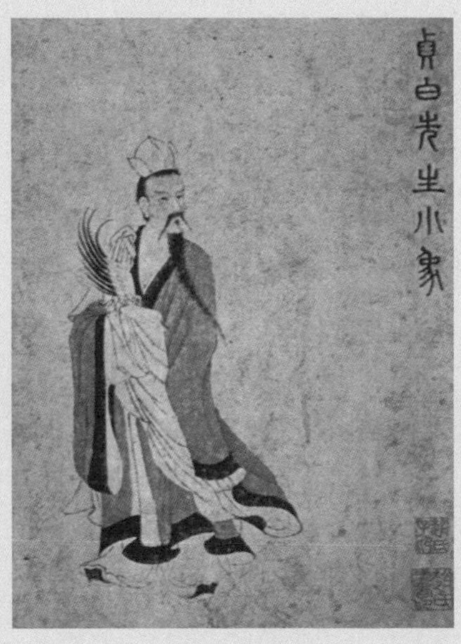

도홍경상

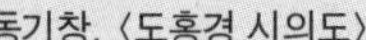

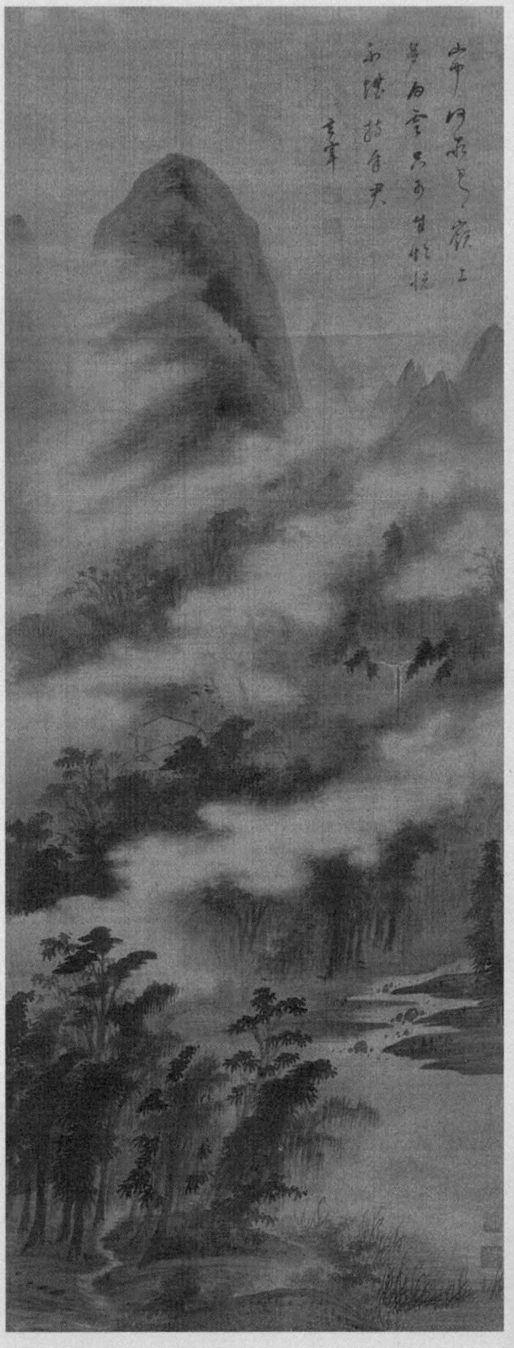

동기창, 〈도홍경 시의도〉

양무제梁武帝 소연蕭衍은 도홍경이 구곡산九曲山에 들어가 은둔생활을 하자 "산중에 무엇이 있어 나오지 않느냐?"고 묻는다. 이에 산중재상으로 알려진 도홍경은 "산중에 무엇이 있느냐고요? 산마루에 흰 구름이 많이 있지요. 단지 스스로 즐길 뿐이며, 그대에게 갖다 줄 순 없사옵니다[山中何所有, 嶺上多白雲, 只可自怡悅, 不堪持贈君]"라고 읊었다. 동기창이 도홍경의 시어를 그림으로 그리고, 그 시를 상단에 유려한 필체로 썼다.

있는가? 중국역사에서 산속 재상으로 유명한 남조南朝의 도홍경陶弘景은 『양생연명록養生延命錄』에서 "고요한 자는 장수하고 조급한 자는 요절한다"[50]고 한다. 청대의 왕궁당王肯堂은 『증치준승證治準繩』에서 "만약 능히 진기를 보존하고 허를 이루고, 원기를 보존하고 하나를 지키는 자는 자주 치료하지 않아도 나을 것이다"[51]고 한다.

요컨대 기공과 서화는 기를 운용한다는 점에서 공통점을 갖는다. 그 기를 운용하는 데 요구되었던 정신상태와 마음상태는 서로 공통된 측면이 있었다. 실질적으로 고대의 우수한 서화가들이 행했던 초인적인 예술 공력은 서화창작을 하는 데 입정 등과 같은 기공 단련을 운용하여 도달한 '신기神氣' 운필과 매우 밀접한 관련이 있었다. 그것은 알게 모르게 그들의 '연년익수'에 도움도 주었다.

4

입정入靜의 방법론과 서화창작의 환경

입정에 들어가기 위해서는 어떤 상황이 요구될까? 여러 가지 주변의 환경적인 측면을 무시할 수 없다. 이런 것은 결국 서화창작을 할 때 어떤 상황에서 어떤 마음가짐을 가지고 할 것인가? 하는 것과 연결된다. 송대 곽희郭熙는 『임천고치林泉高致』「산수훈山水訓」에서 회화창작에 임하는 환경과 마음가짐을 논한다.

> 무릇 붓을 놓는 날에는 반드시 창을 밝게 하고 책상을 깨끗이 한다. 좌우에 분향을 피우고, 붓을 정결하게 하고 묵을 묘하게 간다. 그리고 손

> 을 씻고 벼루를 씻어 마치 큰 손님을 보는 듯이 한다. 이렇게 하여 정신이 한가하고 뜻이 정해진 다음에 글씨를 써야 한다. 붓을 놓는다는 것이 어찌 이른바 감히 '마음을 경솔하게 하여 붓을 내리지 않는다'는 것이 아니겠는가?[52]

동양화에서 붓이란 도구를 제대로 운용한다는 것은 쉽지 않다. 좋은 작품은 작가가 그리고 싶은 형상을 붓이 그대로 담아내었을 때[심수쌍응心手雙應] 가능하다. 이런 점에서 마음 다스리는 차원이 매우 중요하다. 곽희는 그림을 그리기 전에 심신의 안정과 방송放鬆 및 그림을 그리는 것과 관련된 도구 및 좌우 환경을 살피라고 한다.

한졸韓拙은 『산수순전집山水純全集』에서 "옛날에 고개지가 여름날에 누각에 올랐을 때 집안사람들이 그 모습을 거의 볼 수 없었다. 바람이 불고 비가 올 때, 어두컴컴할 때, 굶주리고 추울 때, 기쁘고 화가 났을 때는 모두 붓을 잡지 않았다"[53] 라는 것을 말한다. 고개지가 정신집중과 감정상태와 일기변화 및 주위 환경적 요소를 매우 중시했음을 말해준다. 비영費瀛은 『대서장어大書長語』에서 이런 상황을 다음과 같이 좀 더 구체적으로 말하고 있다.

> 글씨란 인간의 마음을 펴는 것이다. 마음속에 담겨 있는 생각을 펴고 흩어지게 하되, 맑고 그윽하고 밝고 상쾌한 곳을 택하여 종이와 묵이 정결하고 좋으면 부리는 자가 곧 지혜롭게 된다. 이에 흥을 타 일필휘지하면 스스로 세속의 티끌을 털어버리는 소쇄한 홍취가 있게 된다… 이 때문에 글씨를 잘 쓰는 자는 바람이 불거나 비가 올 때, 어두울 때, 정신이 황홀할 때에는 글씨를 쓰지 않는다. 복역하는 것이 충분하지 않으면 글씨를 쓰지 않는다. 궤안이 깨끗하지 않으면 글씨를 쓰지 않는다.[54]

이 밖에 손과정은 『서보』에서 글씨를 쓰기 좋은 조건인 '오합五合'과 쓰기 나쁜 조건인 '오괴五乖'를 말한 적이 있다.[55] '심신이 유쾌하고 일이 한가한 것[신이무한神怡務閑]'과 '기후가 화창하고 대기에 윤택한 기운이 있는 것[시화기윤時和氣潤]'은 글씨 쓰기 좋은 조건에 해당한다. 이 점에 비해 '마음이 초조하고 몸이 무겁고[심거체류心遽體留]', '공기가 건조하고 날씨가 무더운 때[풍조일염風燥日炎]'는 나쁜 조건에 해당한다. 종이와 먹과 같은 도구의 좋고 나쁨도 중요함을 말한다. 왜 이처럼 서화를 하려면 겨울에는 따뜻하고 여름에는 시원하며, 조용한 공간, 맑고 깨끗한 공기가 있는 곳이어야 한다고 하는가? 이런 곳이어야 마음이 활달해지고 맑은 마음의 상태가 되어 좋은 글씨를 쓸 수 있고 그림을 그릴 수 있기 때문이다.

그렇다면 기공은 어떤 환경 상황에서 해야만 하는가? 곽림郭林은 연공練功과 관련된 공간과 기후 등에 대해 말하고 있다. 즉 연공은 넓은 장소에서 공기가 좋은 곳을 선택해야 하는데, 가장 좋은 것은 물이 있고 송백나무가 있는 곳이다. 연공은 편안하고 고요한 곳에서 하는 것이 좋다. 집안에서 연공할 때는 공기가 잘 통하고 조용한 곳이어야 한다. 집 밖에서 연공할 때에는 뜨거운 해를 피할 수 있는 곳이어야 한다. 겨울에 연공할 때에는 차가운 바람이 부는 곳은 좋지 않다.[56] 서화이론에서 서화를 창작할 때 어떤 환경에서 해야 좋은가와 연공할 때 요구하는 조건 및 환경은 거의 다를 것이 없다. 서화창작이나 연공 모두 마음을 다스리고 마음을 표현한다는 점에서 동일한 맥락에 있음도 알 수 있다.

임산지林散之는 "서법은 기를 얻어야 하니, 마음속의 호연지기를 얻어야 한다. 호연지기가 없다면 역량을 발휘할 수 없다"[57]라는 것을 말한 적이 있다. 이런 점은 기공에도 그대로 적용된다. 석도는 피곤한 몸이나 세속의 돈, 명예, 권세 등에 얽매인 상태에서 그림을 그리면 안 된다고 한다.

사람이 물욕에 가리게 되면 진속과 더불어 교류하게 된다. 사람이 외적

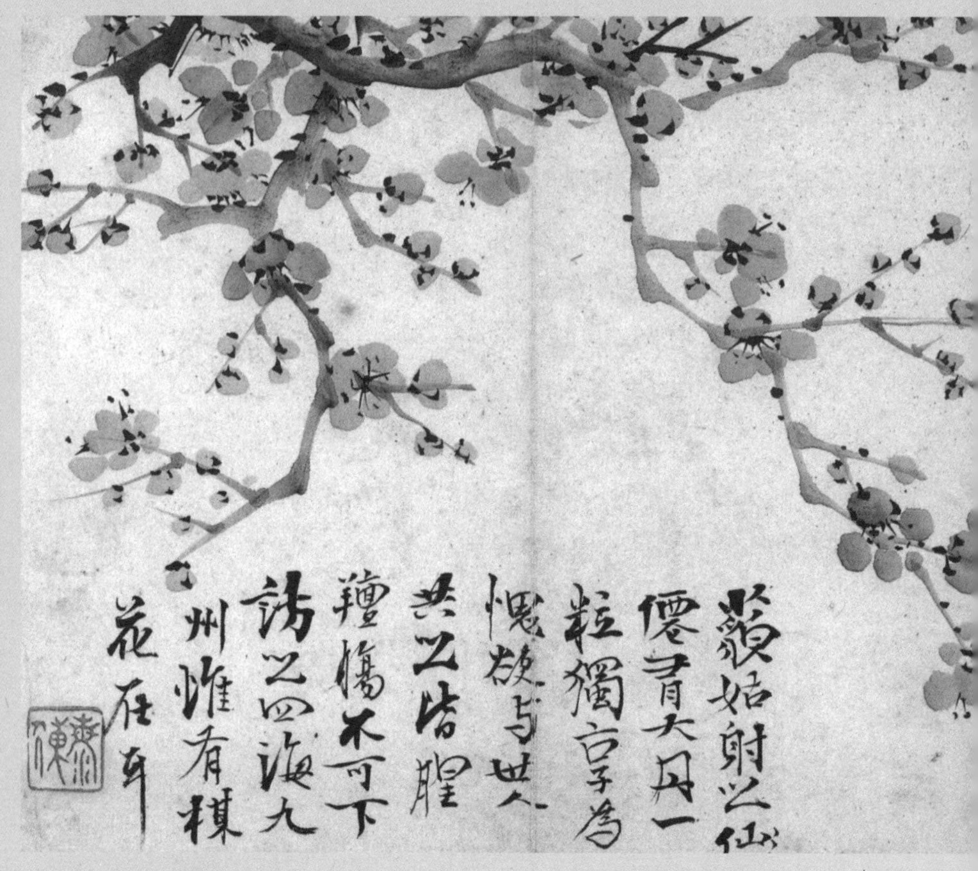

조희룡, 〈홍매도紅梅圖〉

화제: 藐姑射之仙僊, 有大丹一粒, 獨享爲愧, 欲爲世人共之, 皆腥羶腸不可下. 訪之相四海九州, 惟有梅花在耳”

막고야藐姑射의 신선은 『장자』 「소요유」에 나오는 얼굴이 작약한 처자를 말하는데, 매화를 통한 양생을 말하고 있다.

> 인 물질에 부림을 당하게 된다면 나의 마음은 애씀과 괴로움을 받는다. 피로한 마음으로 그림을 그리면 자기 자신을 훼손시키는 결과만 초래된다. 붓과 먹에 진속의 모든 더러움을 덮어씌워 움직이면 스스로 자기 자신을 구속하는 결과만 낳는다. 이러한 사람은 편협한 사람이다. 이렇게 되면 손실만 있고 이익됨이 없고, 마침내는 그 마음마저 불쾌해진다… 마음이 피로해지지 않아야 좋은 그림이 그려지는 것이다.[58]

화가가 좋은 그림을 그리기 위해서는 피해야 할 것이 많다. 그중에서 가장 중요한 것은 돈, 명예, 권세 따위의 물질적인 것에 얽매인 상태의 심신의 피곤함과 몰주체성, 속기 등이다. 청대 성대사盛大士는 특히 물욕에 탐닉하여 그리는 그림은 '그림의 좀'일 뿐이라고 한다.[59] 청대의 송년松年은 이런 점에 대해 좀 더 구체적으로 다음과 같이 말하고 있다.

> 지금 '그림을 배우는 선비들은[학화지사學畵之士]' 매번 조급하게 명예를 구하고 타인의 좋은 평가를 구하는 병이 있다. 이와 같이 마음을 급하게 먹고 스스로 좋아하면서 결단코 힘들게 하는 공부를 즐겨하지 않으면, 그림을 그리는 도중에 자주 은밀하게 물러나거나 나태한 생각이 생기니 이러한 습기는 마땅히 용감하게 고쳐야 한다. 이런 것은 화의 품격이 높지 않을 뿐만 아니라 실제로는 복이나 장수와도 관련이 있으니, 경계할지어다. 경계할지어다.[60]

이 문장에서 '학화지사'를 '학기공지사學氣功之士'라는 것으로 바꾸어 이해하더라도 전혀 문제가 없다. 기공을 할 때에도 습기習氣가 있다면 고쳐야 한다. 궁극적으로 수신양성修身養性하고 연년익수延年益壽하는 데 방해가 되기 때문이다. 습기에 젖어들지 않으려면 수신양성하면서 많은 책을 봐야 한다. 왕개王槩는 『학화천설學畵淺說』에서 "필묵 사이에는 차라리 치기가 있어야지 체기가 있어서는 안 된다. 차라리 패기가 있어야지 시장기가 있어서는 안 된다. 기가 정체되면 생동감이 없고, 시장기가 있으면 속됨이 많다. 속된 것에 물드는 것은 더욱 안 된다. 속된 것을 제거하는 것은 다른 것이 없다. 책을 많이 보면 서권기는 상승하고 시장기나 속기는 하강할 것이다"[61]를 말한다. 시장기, 세속적인 기를 제거하는 것은 책을 많이 보는 것 이외에는 다른 방법이 없다는 것이다. 당대唐岱는 『회사발미繪事發微』에서 "만 권 책을 읽지 않고 만 리를 여행하지 않으면 글을 쓸 수 없고 그림을 그릴 수 없다"[62]라는 것을 말한다.

청대 장식張式은 『화담畵譚』에서 결론적으로 다음과 같이 말한다.

> 그림을 배우는 것은 마땅히 먼저 수신부터 해야 한다. 수신하면 심기가 평화로워 만물에 응할 수 있다. 심기가 평화롭지 않고 서화를 할 수 있다는 것은 듣지 못했다. 책을 읽음으로써 성을 기르고, 그림을 그리고 글씨를 씀으로써 심을 길러야 한다. 책을 읽지 않고서 뛰어난 작품에 이를 수 있는 것은 아직까지 보지 못했다.[63]

독서를 통한 이후 서화를 통해 양성, 양심을 강조하는 것은 참된 서화는 문인화가들이 꺼리는 장인적 기교 추구에서 벗어나 마음을 담아내는 예술이어야 하기 때문이다.

서화이론에서 양성, 양심 및 독서할 것을 강조하는 것은 기공에도 적용된다. 양성, 양심 및 독서가 수반되지 않는 기공은 자칫하면 잘못된 행태의 기공이나 정기正氣 아닌 사기邪氣를 가지고 연공할 수 있는 가능성이 있다. 자신이 행하는 연공법이 올바른지 판단을 내릴 수도 없고, 사회성을 망각한 기공에 빠질 수도 있다. 이 경우 도리어 몸을 해칠 수 있는 부작용이 나타난다. 올바른 기공은 올바른 서화창작에 필요한 양성, 양심, 다독과 관련이 있음을 알 수 있다.

5

나오는 말

이처럼 중국 고대의 서화이론에는 의도하지는 않았지만 기공과 상통하는 내용이 많았고, 서화이론에 나타난 기공적 요소는 서화가로 하여금 연년익수하게 함도 확인하였다. 그런데 이상 논한 것을 실증적으로 증명할 수 있는가? 이런 점이 증명되어야 이상 논한 것이 타당성을 확보할 있을 것이다. 아래의 시는 '사람이 칠십까지 살기는 옛부터 드문 일[인생칠십고래희人生七十古來稀]'이란 출전으로 유명한 두보(杜甫, 712~770)의 「곡강시曲江詩」다.

> 조회 갔다 돌아올 때면 날마다 봄옷 저당 잡히고
> 나날이 곡강으로 나가 한껏 취하여 돌아온다.
> 술 빚은 가는 곳마다 늘 있기 마련
> 사람이 칠십까지 살기는 옛부터 드문 일.[64]

오늘날은 남녀의 평균수명이 대강 70세를 넘을 정도로 수명이 길어졌지만 과거로 올라가면 갈수록 평균수명은 낮았다. 아마 두보가 살았던 당대까지만 해도 실제 70세를 산다는 것이 쉽지 않았던 모양이다. 역대의 많은 유명 서화가들은 의외로 두보의 '인생칠십고래희'라는 말을 비웃기라도 하듯이 70세를 넘어 장수한 사람이 많았다. 일단 두보가 살았던 당대에 활약했던 서예가를 예를 들어보자. 지영智永 화상和尙은 100세까지 살았다 하고, 당대의 저명한 4대 서예가인 우세남(虞世南, 558~638), 구양순(歐陽詢, 557~641), 유공권(柳公權, 778~865) 등은 80세 이상을 살아 두보의 말을 무색하게 만든다. 구양수歐陽脩가 「육일제발六一題跋」에서 "충의의 절개가 밝기는 해와 달 같고 굳세기는 금석과 같다"고 충직을 드높인 안진경(顏眞卿, 709~785)은 반신叛臣에게 액살縊殺당했는데, 그때 나이가 76세였다. 만약 안진경이 액살당하지 않았다면 더 오래 살았을 것이다. 여기서 그들과 대략 100여 년을 사이에 두고 살았던 그 이전에 두보가 '인생칠십고래희'라고 읊은 것을 참조하면 이들이 얼마나 오래 살았는가를 짐작할 수 있다.[65]

이처럼 고대의 많은 서화가들은 자각적으로 혹은 자각하지 못하는 사이에 기공을 운용하여 글씨를 쓰고 그림을 그린 경우가 많았고, 이런 점들은 그들의 연년익수에 도움 주었음을 확인할 수 있다.

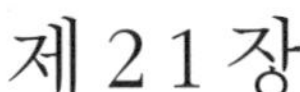

제21장

도산서당: '택여기인宅如其人'의 관점에서 본 형세론 미학

진리를 강론하여 무엇을 하려는가.
도학에 뜻을 두어 편안한 곳 찾으련다.[이황]

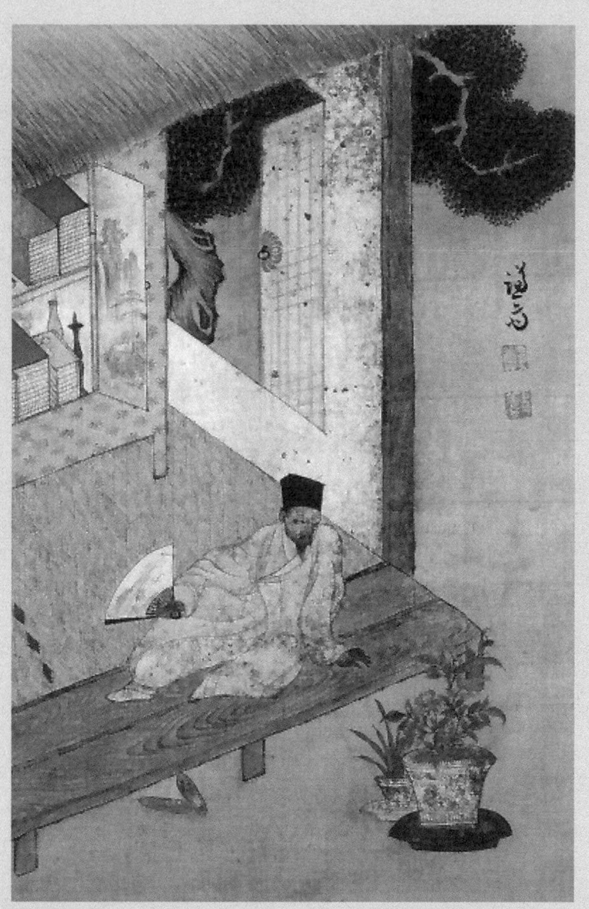

정선, 〈여가간화도餘暇看花圖〉

그림 속의 그림—벽에 걸린 폭포가 그려진 산수화로, 더운 여름 은일지향의 삶을 드러내는 데 제격이다—으로 유명한 이 작품에서 선비가 '꽃을 본다'는 것은 꽃의 외형적 아름다움을 보는 것에 그치지 않는다. 아무 때나 꽃이 피고 지는 것이 아니다. 다 때가 있다. '이물관물以物觀物'의 자세로 꽃이 피고 지는 자연현상을 격물치지格物致知를 통해 본다. 꽃에 담긴 우주자연의 법칙과 운동변화에 감응하고, 그 꽃과 자신을 일체화한다. 그 감응은 선비정신과 몸가짐을 바로 하는 수양으로 연결된다. 선비가 꽃을 보는 것은 쉬는 것이 아니라 결국 공부의 연속이다.

1

들어가는 말

과거 유학자들의 노년기의 삶은 어떤 공간에서 무엇을 하면서 지내고자 하였을까? 우선 정약용丁若鏞이 바란 삶을 통해 그 대략적인 단면을 보기로 한다.

> 계산에 눈이 시원하게 탁 트인 복지 중앙에 남향으로 '초가집 삼사칸'을 짓는다. 그 방에 책장을 마련하여 '천삼백여 권'의 어느 한 분야에 치우침이 없는 다양한 책을 꼽고 읽는다. 뜰 앞에는 기와와 무늬를 넣고 동그랗게 구멍 낸 가림벽을 두세 자 높이로 쌓는다. 담장 안에는 갖가지 화분을 놓되 석류, 치자, 백목련, 국화 등 품격 있는 식물을 갖추나 '국화'가 최고이다… 뜰 오른편에는 사방 수십 보 크기의 연못을 판다. 연못에 수십 포기의 연을 심고 대나무 홈통으로 산골짜기 물을 끌어다가 붕어를 기른다. 넘치는 물은 담장을 따라 남새밭에 흘러들어가게 한다. 밭두둑을 평평하게 하여 네모지게 구분하고 아욱, 배추, 마늘 등을 심는다… 조금 떨어진 곳에 오이, 고구마를 심고 남새밭을 둘러싸고 해당화 수십 그루를 심어 울타리를 만들어 봄과 여름이 바뀌는 즈음에 남새밭을 거닐며 향기를 느끼게 한다. 마당의 좌우 '형문衡門'에는 대나무를 심고 사립문을 만든다. 시내를 따라 올라가면 양전 수백 묘가 있고, 사방 5~6리의 제방에 있는 물에 달마다 밤에 배를 띄우고 퉁소 불고 소금小琴을 켜며, 제방을 서너 번 돌다가 '취하면 돌아온다'… 사랑채 당 뒤에는 소나무를 심어서 용이 휘어감고 범이 움켜잡은 듯한 형세로 만들고 그 밑에 백학 한 쌍이 노닐게 한다. 소나무 동쪽 밭 한 뙈기에 인삼, 도라지,

천궁, 당귀 등을 심는다. 매번 낮차를 마시면 누에 치는 방에 들어가 아내에게 송엽주를 몇 잔 따르게 하여 마시며 누에 기르는 책으로 이야기하고 서로 마주 보며 미소를 나눈다… 이것이 바로 『주역』「리괘履卦」 구이효에서 말하는 '길하다'는 것이다.[1]

계산에 거처를 마련하고 초가집 세 칸, 책, '소금', 연못, 붕어 등을 통해 즐기는 삶은 백거이가 여산에 초당을 짓고 살고자 했던 삶과 유사한 면이[2] 있다. 이 글은 사대부들이 추구하고자 한 삶의 모습을 잘 반영하고 있다. '형문'은 도연명이 「귀거래사」에서 자신의 문을 '형우衡宇'라[3] 한 것을 따른 것으로, 이후부터 소박한 집을 상징한다. 정약용이 말한 삶과 유사한 정경은 은일적 삶을 살고자 한 인물들의 거처를 그린 그림에서 확인할 수 있다. 행복한 삶이란 다른 것이 아니다. 산수 좋은 공간에 소박한 거처를 마련하고 한가롭게 오차를 마시고 송엽주를 들면서 늘그막에 부인과 함께하는 안빈낙도의 삶이라고 말한다. 제방에 놀러 가서 배를 타고 악기를 연주하다가 '취하면 돌아온다'는 것은 '영이귀'의 삶을 의미한다. 『주역』「리괘」 구이효에서는 "밟는 길이 탄탄하니 유인이라야 바르고 길하리라[리도탄탄履道坦坦, 유인정길幽人貞吉.]" 라는 말을 한다. 이처럼 정약용은 자신의 공간을 손수 소박하게 꾸미고 한가로운 삶을 살고자 한다.[4]

'신퇴身退'를 실천한 퇴계는 어떤 공간을 선택하고 어떤 삶을 살고자 했을까? 퇴계 50대 이후의 삶을 통해 이런 점을 살펴보기로 한다. 『매화시첩梅花詩帖』이란 시집을 낼 정도로 매화를 좋아했던 이황은 대자로 〈신기독愼其獨〉 〈무불경毋不敬〉 〈사무사思無邪〉 〈무자기毋自欺〉를 쓴 적이 있다. 이런 글씨는 퇴계가 평소 자신의 삶의 지향점이 무엇이었는가를 단적으로 보여주고 있는데, 최립은 「퇴계가 쓴 작은 병풍에 쓴 발문」에서 다음과 같이 말한 적이 있다.

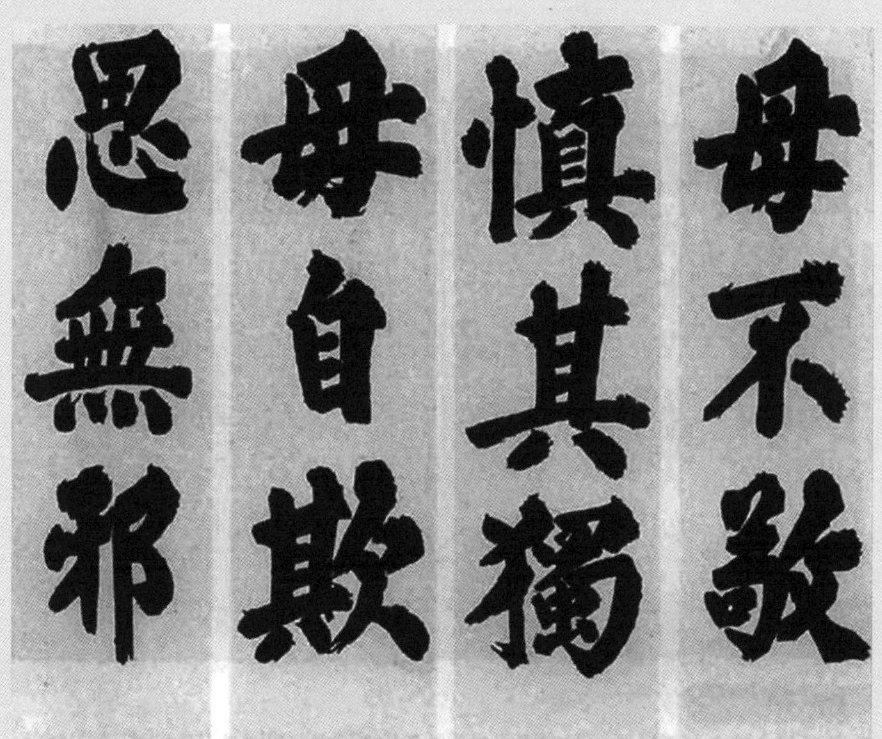

이황의 글씨

유가 수양론과 윤리론의 핵심이 되는 문구로, '무불경毋不敬', '신기독愼其獨', '무자기毋自欺', '사무사思無邪'라고 쓰여 있다.

대개 글씨는 마음을 그린 것이다. 마음이 그림으로 나타난 것에서 진실로 그 사람을 상상해볼 수 있다. 하물며 선생의 글씨는 단정하고 정중하고 굳세고 긴밀하여 비록 혹 초서를 쓰더라도 반듯하게 쓰지 않은 적이 없음에 있어서랴. 평생토록 마음속에 공부를 잊지 않아서 글씨에서 그 공부가 반드시 나타났다.[5]

'글씨는 그 사람이다'라는 '서여기인' 사유에서 접근한 이 글에서 '단정하고 정중하고 굳세고 긴밀한 것'은 퇴계의 글씨에 대한 평가지만, 그 평가에는 퇴계의 담박하고 고아한 인품과 한 점 흐트러짐이 없는 반듯한 몸가짐이 담겨 있다. 도자기에 비유하면 티끌 하나 없이 '맑은 백자'가 연상되는 퇴계의 인품과 학식은 그의 '주일무적主一無適'의 '경敬'의 철학으로 귀결되는데, '경'의 철학의 근본을 이루는 것은 퇴계가 주장하는 이발理發적 사유이다. 사단과 칠정의 경우, 사단은 '리가 발함에 기가 따른다[이발이기수지理發而氣隨之]'로, 칠정은 '기가 발함에 리가 올라탄다[기발이이승지氣發而理乘之]'라는 이기호발설理氣互發說을 말하는데, 특히 퇴계는 리의 작위성과 능동성을 인정하는 이발적 사유를 강조하고 있다.[6] '거경궁리居敬窮理'를 강조하는 퇴계는 리는 '지극히 존귀하여 상대할 것이 없는 것[극존무대極尊無對]'으로 보며, '리는 귀하고 기는 천하다[이귀기천理貴氣賤]'라는 것을 말하여 '리 우월주의' 사유를 말하는데, 나는 이발적 사유의 공간적 적용이 바로 도산서당이란 것을 말하고자 한다.

누추한 공간에서 현실과 일정한 거리를 유지하면서 '독락獨樂'의 경지를 누리고자 한 유우석劉禹錫은 「누실명陋室銘」을 짓는다.[7] 그 글에서 주목할 것은 "산이 높다 하여 명산이 아니고, 신선이 살고 있어야 명산이다. 깊다 하여 신령스러운 물이 아니고, 용이 살고 있어야 신령스러운 물이다"[8]라는 것이다. 송대 유학자들은 전통적으로 '공자와 안연이 즐거워했던 경지[공안락처孔顏樂處]'가 무엇인지를 화두로 삼고 그런 경지의 삶을 살고자 하

동기창 글씨 유우석의 「누실명」을 동기창이 유려한 필체로 썼다.

였는데, 이런 삶은 조선조 선비들에게도 예외가 아니었다. 이때 중요한 것은 '어떤 공간'을 선택해 그런 삶을 사는가 하는 것이었다. 유학자들이 어떤 공간에서 삶을 영위할 것인가는 '천하유도天下有道'와 '천하무도天下無道'라는 상반된 상황에 따라 달라진다. 사실 '천하유도'의 경우는 크게 문제가 되지 않는다. 문제가 되는 것은 '천하무도'의 경우인데, 공자는 숨으라고 한다.[9] 『논어』「헌문憲問」에는 공자가 말한 "현자는 세상을 피하고, 그다음은 어지러운 나라를 피한다"[10]라고 하는 이른바 「현자피세장賢者辟[=避]世章」이 있다. 현자는 왜 '피세'하는가? 천하에 도가 없기 때문에 피세[=隱]하는 것이다. 이 밖에 때론 '은거하면서 그 뜻을 구한다[은거구지隱居求志]'라는 사유로도 나타난다.

> 공자는 말하기를, '은거하면서 그 뜻을 구하고, 의를 행하며 그 도를 행한다'고 하는 그러한 말만 들었고 그러한 사람을 보지 못하였노라.[11]

'은거하면서 그 뜻을 구한다'는 것은 기본적으로는 '명도구세明道救世'라는 유가사상에 바탕을 둔 은거로서, 세속과 완전히 거리를 두면서 산림으로 도피하여 현세를 초월하는 도가식이 아니다. 맹자는 '어려운 상황[궁窮]'에서는 '독선기신'하고, '현달하는 상황[달達]'에서는 '겸제천하'하라는 두 가지 관점을 말하는데,[12] 이후 이런 사유는 관료문화와 은사문화의 대립과 모순 및 상호보완과 교류라는 복잡한 현상 속에서 진퇴와 출처의 진로를 결정하는 데 금과옥조로 받아들여진다. 조선조의 경우는 특히 사대사화를 겪는 가운데 이런 점이 특히 뚜렷하게 나타났고, 이에 도연명식의 귀거래가 화두로 나타나기도 하였다.[13]

유가의 '강상윤리를 어지럽히는 것[난륜亂倫]'이 아닌 '은거구지'의 삶이나 귀거래한 삶, 신퇴身退로서의 '독선기신'은 오히려 추앙받았다. 이런 상황에서 또 하나 관심거리로 등장하는 것은 어떤 지역, 공간을 선택해 '은

구隱求'하는 것인가이다. 그 하나의 예로, 신퇴하여 도산에서 '은거구지'한 퇴계를 들 수 있다. 이런 점을 퇴계의 「도산잡영陶山雜詠」을 중심으로 하여 이발理發의 공간으로서 도산서당이 갖는 의미를 고찰해보자.

2
-
퇴계는 도산을 선택하여 어떤 삶을 살고자 했는가?

을사사화乙巳士禍가 일어나 많은 선비들이 희생당할 때 퇴계도 한때 파직당하였다가 복직된 것은 퇴계의 삶에서 중요한 전환점이 된다. 이때부터 퇴계는 조정에 몸담는 뜻을 버리고 고향에 돌아간다. 46세 때는 양진암養眞庵 앞을 지나가는 '토계兎溪'를 '퇴계'라 이름을 고치고 자신의 아호雅號로 삼는다. 50세에 지은 「퇴계」라는 시를 통해 초야에 묻혀 산수의 경치를 즐기고 독서에 평생을 맡기려는 뜻을 밝힌다.

> 몸이 벼슬에서 물러오니 본 분수에 편안하건만
> 학문이 물러서니 늘그막이 걱정되네.
> 비로소 이 시내 가에 깃들 곳 마련했으니
> 날마다 맑은 흐름을 굽어보아 깨달음이 있을 것일세.[14]

'퇴계'의 '퇴'자에는 권력이나 재물, 세속의 공간 등과 같은 외물로부터 심신이 얽매임을 당하는 것에서 벗어나 안분지족의 삶을 살고자 하는 뜻이 담겨 있다. 사실 이황은 능력이 부족하거나 나이가 많아서 '신퇴'한 것이 아니다. 이 시에서 '흐르는 물'은 단순한 물이 아니다. 한순간의 멈춤도 없이 흘러가는 물은 '하학상달' 공부를 통해 자신을 닦고 도를 체득하는 상징물이다.[15] 퇴계의 눈에 보이는 자연물은 단순한 자연물이 아니라 미학적, 철학적, 윤리적 자연물이 된다. 공간의 경우도 마찬가지다. 이때 문제가 되는 것은 어떤 공간에서 은거하며 무엇을 추구하느냐 하는 것이다. 퇴계는 「도산잡영기陶山雜詠記」에서 예전에 산림을 즐기며 산 사람을 두 가지로 분류하면서 자신이 살고자 한 삶에 대해 말한다.

> 고인이 산림을 즐기는 방법에는 두 가지 종류가 있다. 그 하나는 현허玄虛를 사모하고 고상한 것을 일삼으며 자연을 즐기는 사람이고, 다른 하나는 도의를 기뻐하고 심성을 기르며 자연을 즐기는 사람이다. 전자에 따르면 몸을 더럽힐까 두려워하면서 세상과 인연을 끊고, 심한 이는 조수와 같이 생활하면서 그것을 그르다고 생각하지 않는다. 후자를 따르면 즐기는 것은 성인이 남긴 찌꺼기뿐이며, 문자로 전할 수 없는 묘한 이치에 이르러서는 구할수록 얻지 못하거늘 어찌 즐거움이 있으리요 하는 것이다. 비록 그렇더라도 나는 차라리 후자를 위하여 스스로 힘쓸지언정 전자를 위하여 스스로 속이지 않겠다. 어느 여가에 세속의 번거로운 것이 내 마음에 들어오겠는가.[16]

현허玄虛를 사모하고 고상한 것을 일삼아 세속과 거리를 두면서 자연을 즐기는 것은 도가식 삶이다. 도의道義를 기뻐하고 심성을 기르며 자연을 즐기는 것은 유가식 삶이다. 신퇴한 이후 도산에서 욕망충족적인 세속의 번거로운 삶[=기발氣發적 삶]을 버리고 유가 성현이 지향하는 도의를 실천하는 삶, 심성을 도야하는 삶을 살겠다는 것은 일종의 '이발'적 삶이다. 그렇다면 왜 도산에 자리를 잡고 사는가에 대해 질문한 사람이 있었다.

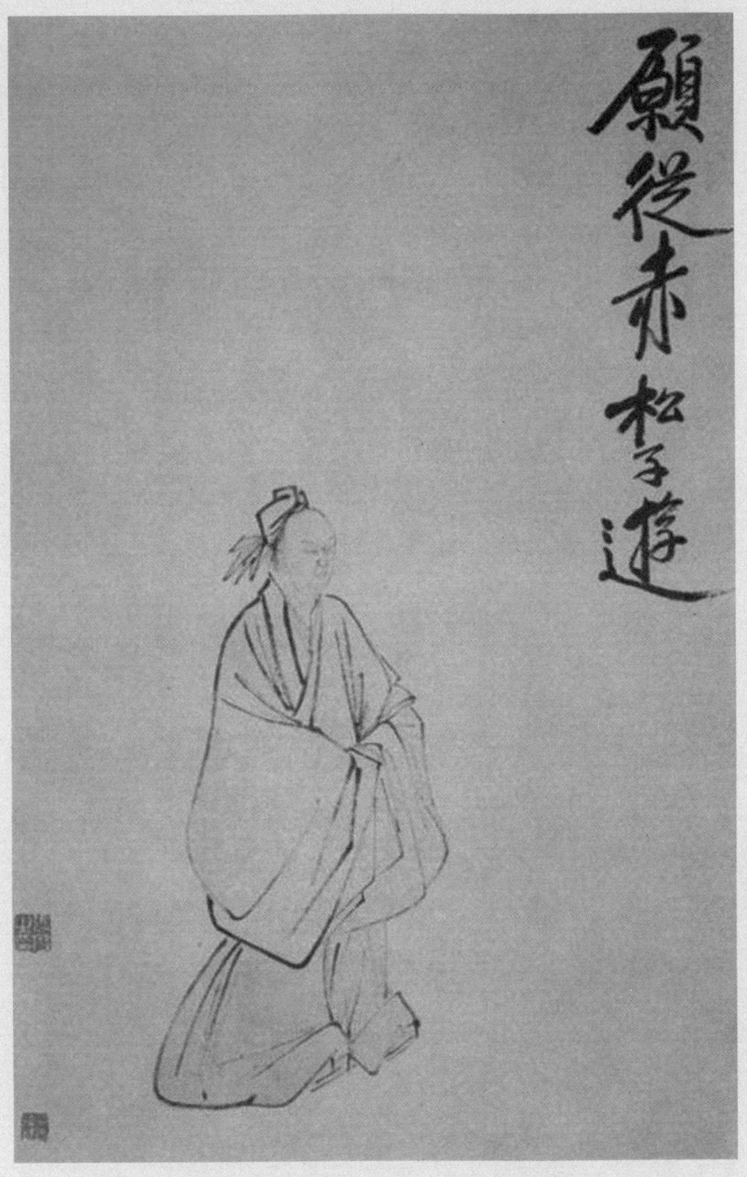

이 그림은 장량張良이 '적송자赤松子'를 따라 놀고자 한 고사를 그린 것이다. 관인이 없어 누가 그린 것인지를 알 수 없다. 유방劉邦이 장량의 지모를 써서 한 제국을 세운 뒤 장량에게 대국으로 보답하고자 할 때, 장량은 유후留侯에 만족하면서 인간사를 버리고 적송자라는 신선을 따라서 놀고 싶다는 말을 한다. 중국사에서 월나라 범여范蠡와 더불어 공성명수功成名遂한 이후에 신퇴身退를 실천한 대표적인 인물이다. 처한 상황은 다르지만 신퇴를 실천한 이황도 이런 장량을 높인다.

질문 1. 어떤 이가 말하기를, "옛날 산을 사랑하는 사람들은 반드시 명산을 얻어 자기 자신을 위탁하였거늘, 그대는 왜 청량산清凉山에 살지 않고 여기에 사는가" 하였다.

답변 1. 나는 대답하기를 "청량산은 만 길이나 높은 절벽이 위태롭게 깊은 골짜기에 이어 있기 때문에, 늙고 병든 사람이 편안히 쉴 곳은 못 된다. 또 '산을 즐기고 물을 즐기려면[=요산요수樂山樂水의 의미]' 그 하나가 없어도 안 되는데, 지금 낙천洛川이 비록 청량산을 지나치긴 하지만 그 산중에서는 물이 보이지 않는다. 나도 청량산에서 살기를 진실로 원한다. 그러면서 그것을 뒤로하고 이곳을 우선으로 하는 것은, 여기는 '산과 물을 겸하고' 또 늙고 병든 이에게 편하기 때문이다" 하였다.[17]

퇴계가 수려한 청량산을 택하지 않고 도산을 택한 이유는 도산이 '요산요수'할 수 있는 적합한 공간이란 점과 '늙고 병든 상태에서 편안하게 노후를 보낼 수 있기 때문인데, 초점은 전자에 있다.

주지하는 바와 같이 공자는 인간의 덕성을 자연물에 비유하는 비덕比德 차원에서 '요산요수'를 말한 적이 있다.[18] 그런데 누구나 '요산요수'할 수 있는 것은 아니다. '요산요수'에 적합한 공간을 볼 수 있는 눈이 있어야 한다. 아울러 설령 '요산요수'하는 공간을 볼 수 있는 눈이 있더라도 더욱 중요한 것은 누가 그곳에 살면서 '요산요수'했는가 하는 것이다. 인물의 비중에 따라 그 공간은 달리 이해되기 때문이다. 그 하나의 예로 중국 복건성福建省 '무이武夷'라는 공간을 들 수 있다. 무이산은 원래 유학자들이 살던 공간이 아니라 도사들이 살던 공간이었다. 하지만 주희가 그곳에서 정사精舍를 짓고 살면서 그곳의 아름다움을 읊은 이후 후대의 유학자들은 그곳을 '유가의 도'가 실천되는 공간, 인격수양의 공간으로 여기게 된다.[19] 즉 주희가 살기 전에는 구곡에 있는 수석초목은 단순한 자연물이었다. 그런데 주희가 그곳에 살기 시작하면서 그곳에 있는 수석초목은 단순한 자연물이 아니게 된다. 그것들은 '리를 완미하고 도에 나아가는[완리조도玩理造道]' 도구이며 '인자는 고요하고 지혜로운 자는 움직인다[인지동정仁智動靜]'는 '요산요수'의 기틀, '만물을 화육하면서 유행하는[화육유행化育流行]' 대자연의 묘함을 담고 있는 사물로 변하게 된다.[20]

주희는 「무이도가」를 통하여 산수에 은거하면서 학문을 연찬하는 귀거래의 의미와 자연경물을 완상하면서 자연과 합일을 꾀하는 삶을 추구하고자 하였는데, 조선조 이황을 비롯하여 많은 유학자들이 주희가 「무이도가」에서 말한 삶을 살고자 하였다.[21] 퇴계는 「한가한 중에 『무이지』를 읽다가 「구곡도가」를 차운하니 열 수라[한거독무이지차구곡도가운십수閑居讀武夷志次九曲櫂歌韻十首]」라는 시에서 주희의 맑은 운치를 읊는다.

> 신선 산이 신령함을 자랑하지 않으니
> 창주에서 놀던 자취 맑은 운치 그리워라.
> 어제 저녁 꿈 가운데 감격해 마지않고
> 아홉 굽이 뱃노래 화답하여 하옵니다.[22]

율곡栗谷 이이李珥도 「무이구곡도」를 본뜬 그림을 병풍으로 그려 '요산요수'를 통한 즐거움과 '와유지락臥遊之樂'은 물론 주희의 덕과 학문을 흠모하며 본받고자 하였다.[23]

이처럼 산수의 기이함이나 땅의 아름다움도 주희나 퇴계 이황, 율곡 이이 같은 인품과 학식이 높은 대유학자가 그곳에서 삶을 영위하게 되면 더욱 유명세를 타게 된다. 그 공간을 통해 그 공간에 살았던 인물도 연상되게 된다.[24] 따라서 우리가 '무이구곡'을 말할 때 주희에 의해 도학적, 윤리적 의미 부여가 된 자연물을 이해하지 못하고 그냥 '무이구곡'의 산수를 보고 완상하는 차원에서만 접근한다면 그것은 제대로 된 감상이 될 수 없다.[25] 나는 이런 위대한 인물이 살게 됨에 따라 도학적, 윤리적 차원의 의미 있는 공간을 그들이 추구한 탈속적이면서 도학적인 삶이 담겨 있다는 점에서 '이발의 공간'이라고 규정하고자 한다.

유가는 은둔을 말하더라도 인의 실천을 통한 '명도구세'하는 것을 잊은 적이 없다. '요산요수'를 한다고 해도 마찬가지다. 퇴계가 신퇴하고 도산에서 '요산요수'의 삶을 즐기고자 한 것은 관료적 삶, 출세지향적인 '기발의 삶'에서 벗어나 유가의 성현이 추구한 도의를 실천하고자 하는 '이발의 삶'이 담겨 있다. '이발의 삶'을 실천하게 하는 '은거구지' 공간인 도산은 이발의 공간이다. 그럼 퇴계가 왜 도산이란 공간을 선택해 자리를 잡았는가를 형세론을 중심으로 한 미학적 고찰을 해보자.

3

형세론적 측면의 미학적 공간으로서의 도산

전통적으로 유자들은 자신이 사는 삶의 공간을 선택할 수 있는 상황이 되는 경우 공자가 말한 "인후한 풍속이 있는 마을을 선택하는 것이 아름다우니[이인위미里仁爲美], 인후한 풍속이 있는 마을을 택하되 인에 처하지 않는다면 어떻게 지혜롭다 하겠는가"[26]라는 것을 기준으로 삼았다. 이 같은 '인후한 풍속이 있는 마을을 선택하는 것이 아름답다'라는 사유에는 공간에 대한 미학적, 윤리적, 철학적 견해가 담겨 있다. 송대 정이는 풍수지리 차원에서 어느 곳을 장지葬地로 할 것인가를 말하면서, 땅을 고르는 데 형세가 중요함을 말한 적이 있다.

그 택조[=음택陰宅]를 정하는 것은 땅의 아름답고 추한 것을 가리는 것이지 음양가들이 말하는 화복을 말하는 것이 아니다. 땅이 아름다운 곳은 그 신령이 편안하고 그 자손이 번성한다.[27]

정이가 '동기감응同氣感應'과 '효孝'라는 측면에서 출발하여 형세가 아름다운 곳을 신령의 편안함과 자손이 번성함을 연계하여 말한 것에는 의도하지는 않았지만 형세론적 풍수미학 사유가 담겨 있다. 이런 형세론 측면의 미적 공간은 아무에게나 보이는 것이 아니다. 『용경龍經』에서는 심혈深穴의 방법에 대하여 형세의 중요성을 다음과 같이 강조한 적이 있다.

지극하구나, 형세가 서로 다름이여. 원근과 행지行止가 같지 않으므로 마음의 눈을 크게 뜨고 보아서 현묘함이 잠겨 두루 통한 것을 보아야 한다. 비록 세간의 방술方術이 유행하나 유학자가 추구한 근원을 구해야 한다.[28]

여기서 주목할 것은 마음의 눈을 크게 뜨고 보아야 한다는 것이다. 아무리 좋은 형세의 산이 있더라도 마음을 닦는 수양공부가 된 사람이 아니면 잘 보이지 않는다.[29] 풍수에 관한 정이의 이런 언급은 '요산요수' 차원과 함께 조선조 선비들의 공간 선택에 많은 영향을 준다. 그럼 퇴계가 왜 도산이란 곳을 선택했는지를 형세 미학적 측면에서 보자.

이 산은 그리 높거나 크지 않으며, 그 골짜기가 넓고 형세가 뛰어나고, 치우침이 없이 높이 솟아 사방의 봉우리와 계곡들이 모두 손잡고 절하면서 그 산을 사방으로 둘러 안은 것 같다.[30]

여기서 퇴계가 말한 산을 단순히 산으로 보지 말고 자연을 인간화시킨

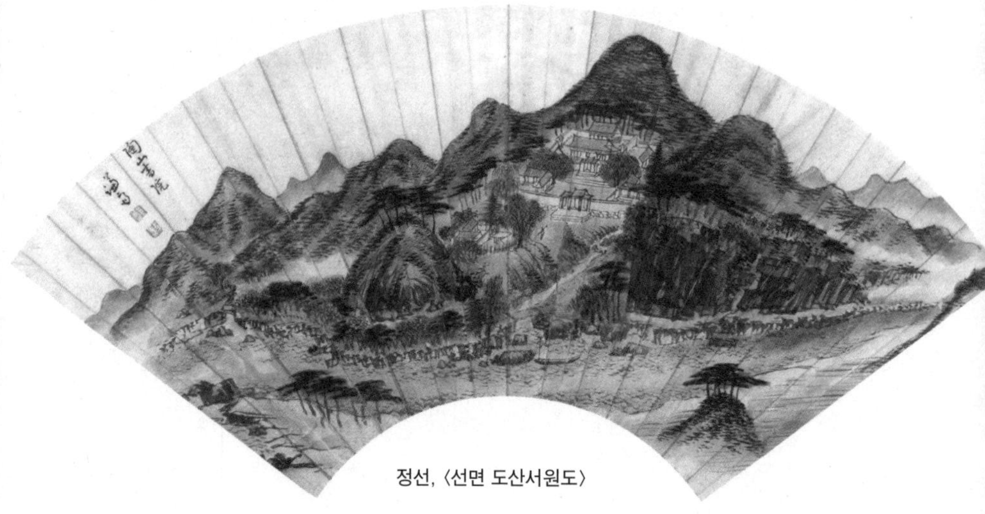
정선, 〈선면 도산서원도〉

입장에서 이해해보자. 퇴계가 산 형세의 뛰어남과 치우침이 없음을 강조한 것을 인간으로 비유하자면, '넓고 높이 솟았다는 것'은 덕이 높고 마음이 너그러운 인간을 의미한다. 균제미均齊美가 있고 치우침이 없다는 것은 중정, 중용의 인간상을 의미한다. 사방의 봉우리와 계곡들이 모두 손잡고 절하면서 그 산을 사방으로 둘러 안은 것 같다는 것은, 덕이 높은 고귀한 분을 여타의 사람들이 흠모하고 존경하는 모습을 상징한 것과 같다. 마치 『논어』 「위정爲政」에서 "정사를 덕으로 하는 것은 비유하자면, 북극성이 제자리에 머물러 있으면 모든 별들이 그쪽을 향해 있는 것과 같다"[31]고 하듯이 말이다. 이황은 도산의 형세를 다음과 같이 좀 더 자세히 말하고 있다.

> 왼쪽에 있는 산을 '동취병'이라 하고 오른쪽에 있는 것을 '서취병'이라 한다. 동병은 청량산에서 나와 이 산 동쪽에 이르러서 벌려 선 품이 아련히 트였고, 서병은 영지산에서 나와 이 산 서쪽에 이르러 봉우리들이 우뚝우뚝 높이 솟았다. 두 병풍이 마주 바라보면서 남쪽으로 꾸불꾸불 기어 내려가 8, 9리쯤 내려가다가 동병은 서쪽으로 달리고, 서병은 동쪽

으로 달려서 남쪽의 넓고 넓은 들판의 아득한 밖에서 합세하였다. 산 뒤에 있는 물을 '퇴계'라 하고, 산 남쪽에 있는 것은 '낙천'이라 한다. 퇴계는 산 북쪽을 돌아 낙천에 들어 산 동쪽으로 흐르고, 낙천은 동병에서 나와 서쪽으로 산기슭 아래 이르러 넓어지고 물이 깊어졌다. 여기서 몇 리를 거슬러 올라가면 물이 깊어 배가 다닐 만한데, 금 같은 모래와 옥 같은 조약돌이 맑게 빛나며 검푸르고 차디차니, 여기가 이른바 '탁영담'이다. 서쪽으로 서병의 벼랑을 지나서 그 아래의 물까지 합하고 남쪽으로 큰 들을 지나 부용봉 밑으로 들어가는데, 그 봉이 바로 서병이 동병으로 와서 합세한 곳이다.[32]

산이 병풍처럼 좌우로 균형이 잡힌 상태에서의 그 영활靈活한 기운이 꿈틀대는 들판과 잘 어우러진 점 및 그 산에서 흘러내린 물과 주위환경의 아름다움을 미학적으로 잘 표현해주고 있다. 금과 옥의 빛, 푸르다 못해 검푸름과 찬 이미지가 주는, 맑고 밝은 담淡의 미학적 이미지가 담겨 있다. 이런 표현을 통해 자신이 선택한 공간이 일종의 '문중유화文中有畵' 혹은 '시중유화詩中有畵'로서 아름다운 한 폭의 산수화가 연상되는, 요산요수할 수 있는 매우 적절한 공간임을 말하고 있다. 이런 미학적 공간에서 편안하게 사는 삶은 인仁을 실천할 수 있는 공간이 되기도 한다. 『주역』「계사전 상」에서는 "땅에 편안해하며 인을 돈돈히 실행한다. 그러므로 천지만물을 능히 사랑하고 구제할 수 있다"고 말한 적이 있는데, 이런 점을 '요산'하는 즐거움으로 이해하기도 한다.[33]

조선조 선비들의 화두 중의 하나는 도연명이 말한 '귀거래'였는데, 퇴계는 특히 왜 도산이란 공간을 선택했는지를 '비둔肥遯'의 삶과 관련지어 말한다.

처음에 내가 '시내 가[溪上]'에 자리를 잡고 시내 가에 임해 집 두어 칸을 얽고, 책을 간직하고 옹졸한 성품을 기르는 처소로 삼아 벌써 세 번이나 그 자리를 옮겼으나 번번히 비바람에 허물어져버렸다. 그리고 그 '시내가'는 너무 한적하여 마음을 넓히기는 적당하지 않기 때문에 다시 옮기기로 작정하고 산 남쪽에 땅을 얻었던 것이다. 거기에는 조그마한 골이 있는데, 앞으로는 강과 들이 내려다보이고, 깊숙하고 아늑하면서도 멀리 트였으며, 산기슭과 바위들은 선명하며 돌우물은 물맛이 달고 차서 이른바 '비둔'할 곳으로 적당하였다.[34]

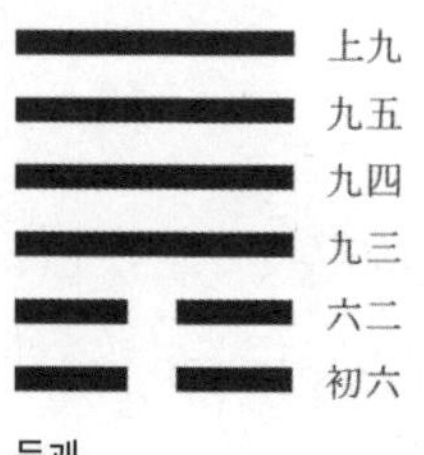

둔괘

'비둔'이란 말은 『주역』「둔괘遯卦」 상구효의 말이다.[35] '둔'은 '퇴退', '피避', '거去'를 의미하는 말로서 곤궁한 때에 행하는 것이지만, '비둔'이란 장소를 잘 골라 세속으로부터 멀리 떠나 있으면서 얽매임이 없는 여유작작함을 의미한다.[36] 비둔은 공간적 차원에서만 의미가 있는 것이 아니라 심리적 차원에도 적용된다. 퇴계는 '비둔'이란 사유에서 출발하되 땅의 형세적 측면에서 일단 옹졸한 성품을 기르는 처소로 어떤 곳이 적합한지를 고민한다. 이에 '앞으로는 강과 들이 내려다보이는, 깊숙하고 아늑하면서도 멀리 트인, 산기슭과 바위들은 선명하며 돌우물은 물맛이 달고 찬' 환경이 갖는 형세적으로 균형 잡히고 맑고 투명하며 상쾌함을 느낄 수 있는 공간을 선택한다. 이런 공간은 바라만 보고 있어도 마음이 맑아진다. 거기서 살 수 있으면 더욱 좋다.[37] 퇴계는 그곳에 두 채의 건물을 만들고 각각을 '완락재玩樂齋', '암서헌巖栖軒'이라고 하고 최종적으로 도산서당을 완성하는데, '완락재'와 '암서헌'은 주희가 살고자 한 삶의 방식과 학문에 대한 입장을 빌어 각각의 건물에 의미를 부여한 것이다.

정사년에서 신유년까지 5년 만에 당사 두 채가 되어 겨우 거처할 만하

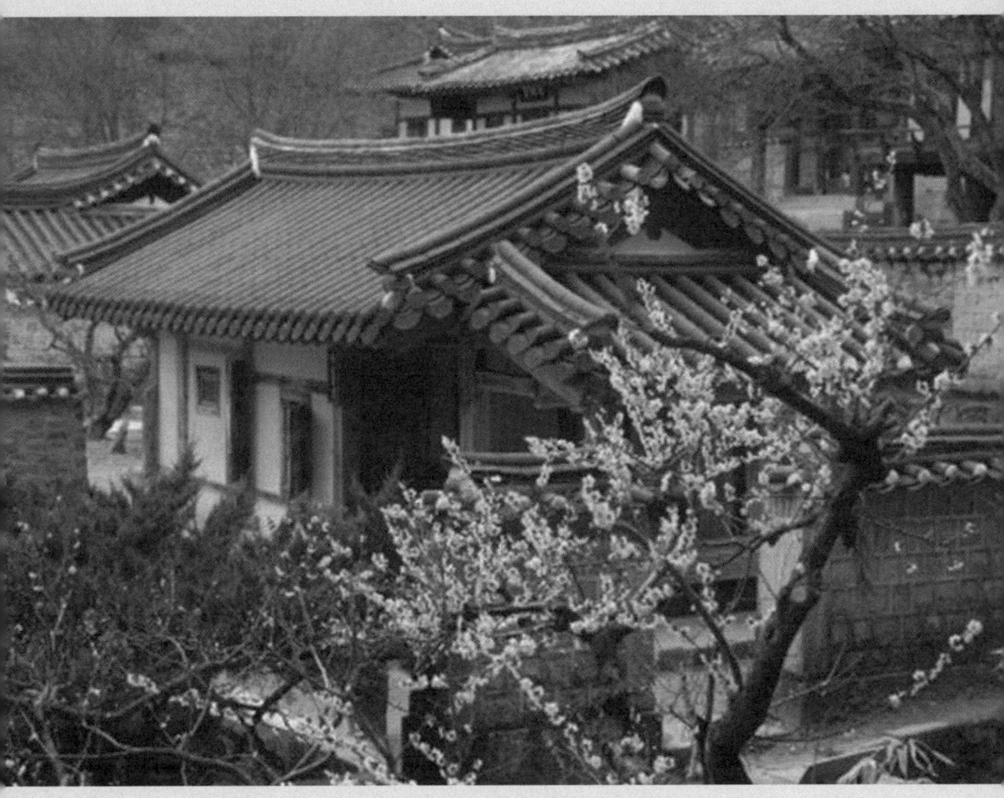

도산서당
매화는 이황이 가장 좋아했던 꽃으로, 그의 고결한 인품을 상징한다.

였다. 당사는 세 칸인데, 중간 한 칸은 '완락재'라 하였으니, 그것은 주희가 「명당실기名堂室記」에서 "완상하여 즐기니 여기서 평생토록 지내도 싫지 않겠다"라는 말에서 따온 것이다. 동쪽 한 칸은 '암서헌巖栖軒'이라 하였으니, 그것은 주희가 지은 「운곡雲谷」 시에서, "학문에 대한 자신을 오래도록 가지지 못했더니 바위에 깃들여 조그만 효험이라도 바란다"는 말을 따온 것이다. 그리고 합하여 '도산서당陶山書堂'이라고 현판을 달았다. 당사는 모두 여덟 칸이니, '시습재時習齋', '지숙료止宿寮', '관란헌觀瀾軒'이라 하였는데, 모두 합하여 '농운정사隴雲精舍'[38]라고 현판을 달았다.[39]

이렇게 도산서당을 완성한 다음 유가적 사유가 깃든 인위적 공간과 미학적 공간을 하나하나 만든다.

당사의 동쪽 구석에 조그만 못을 파고 거기에 연을 심어 '정우당淨友塘'이라 하였다. 또 그 동쪽에 '몽천蒙泉'이란 샘을 만들고, 샘 위에 산기슭을 파서 추녀와 맞대고 평평하게 단을 만들고는 그 위에 매화·대·소나무·국화를 심어 '절우사節友社'라고 불렀다. 당 앞 출입하는 곳을 막아서 사립문을 만들고 이름을 '유정문幽貞門'이라 하였는데, 문 밖의 오솔길은 시내를 따라 내려가 마을 어귀에 이르면 양쪽 산기슭이 마주 대하여 있다. 그 동쪽 기슭 옆에 바위를 부수고 터를 쌓으면 조그만 정자를 지을 만한데, 힘이 모자라서 만들지 못하고 다만 그 자리만 남겨두었는데, 마치 산문山門과 같아 이름을 '곡구암谷口巖'이라 하였다. 여기서 동으로 몇 걸음 나가면 산기슭이 끊어지고 탁영담에 이르는데, 그 위는 큰 돌이 마치 깎아 세운 듯 서서 여러 층으로 포개진 것이 10여 길은 될 것이다. 그 위를 쌓아 대를 만들어 우거진 소나무는 해를 가리며 위로 하늘과 밑으로 물에는 '새와 고기가 날고 뛰며[우린비약羽鱗飛躍]' 좌우 취병산의 물에 비친 그림자가 흔들거려 강산의 훌륭한 경치를 한눈에 다 볼 수 있으니 이름을 '천연대天淵臺'라고 한다. 그 서쪽 기슭 역시 이것을 본떠서 대를 쌓고 이름을 '천광운영天光雲影'[40]이라 하였으니, 그 훌륭한 경치는 천연대 못지않다. '반타석盤陀石'은 탁영담 가운데 있다. 그 모양이 평평하여 배를 매어두고 술잔을 서로 전할 만한데, 큰 홍수를 만날 때면 물속에 들어갔다가 물이 빠지면 물결이 맑은 뒤에야 비로소 드러난다.[41]

인위적인 건축물과 사물들은 퇴계가 하나하나 의미 있는 이름을 부여함에 따라 의미가 있는 공간, 의미가 있는 사물로 변한다. 퇴계는 주위에 나무를 심어도 비덕比德 차원에서 의미 있는 나무를 심는다. 즉 흔히 매화·대나무·소나무·국화 등과 같이 군자의 올곧은 삶과 관련된 것을 고른다. 대부분의 전통 가옥에는 하나의 앞마당과 뒤뜰이 있다. 집을 짓고 나면 다양한 식물들을 통해 마당이나 뒤뜰을 꾸미고 정원을 만드는데, 이때 의식 있는 선비들은 나무를 고르고 심는 행위 자체에 의미를 부여하였다. 삶의 공간뿐 아니라 그 공간을 꾸미는 것도 다 의미 있는 행위에 해당한다. 상류계층의 살림집 가꾸기는 대부분 자연과 조화를 추구하면서 제한된 뜰에 가주의 품격이나 윤리관을 반영한 '마음의 정원[심원心園]'이라 할 수 있는 조경에는 실용적 가치는 물론 심미성이 반영되어 있다.[42]

퇴계가 심은 나무는 흔히 말하는 사군자에 속하는 매, 국, 죽과 『논어』에서 공자가 "날씨가 차가워진 뒤에 소나무, 잣나무의 늦게 시드는 것을 안다[세한지연후歲寒之然後, 지송백지후조知松栢之後凋]"라고 한 그 소나무이다. 이런 나무들은 단순히 생물학적 차원의 나무가 아니라 인간의 도덕성이 투영된 비덕 차원의 나무들이다. 퇴계는 이런 나무를 심어놓고 그 나무들의 공통된 특징 중의 하나인 '절節'이란 단어를 붙이고 있다. 매화·대나무·소나무·국화 등과 같은 나무들은 군자의 올곧은 삶, 절개를 지키는 삶과 관련이 있다. 이때 매화·대나무·소나무·국화 등이 심어져 있는 공간은 단순히 환경녹

화나 미화 차원의 공간이 아니다.[43] 이미 덕성을 함양하는 공간, 비덕의 공간, 즉 미학적 공간으로 변하게 된다. 때론 양생의 공간이 되기도 한다.

사군자라는 의식이 말해주듯 동양에서 자연의 꽃과 식물에 대한 심미관은 단순한 아름다움과 즐거움을 주는 장식물이란 의미를 넘어서 있다. 이런 점은 강희안(姜希顔, 1417~1494)이 『양화소록養花小錄』에서 '양화養花'의 정신과 목적을 "꽃을 가꾸는 것은 심지心志를 두텁게 하고, 덕성을 기르는 것이다"[44]라는 것에서 확인할 수 있다. 난과 대나무 등 이른바 사군자는 사대부의 지조와 덕성을 함양하는 표상으로 삼는다.[45] 그리고 '양화'의 과정을 통한 호연한 심지의 함양은 물질적인 세속의 집착으로부터 생겨날 수 있는 교만함과 인색함의 굴레에서 벗어날 수 있게 한다고 한다.[46] 이런 점에서 강희안은 꽃과 나무를 심는 장소와 '양화'의 대상을 선택하는 것도 차별을 둔다.

> 그 운치와 격조, 그리고 절개와 지조가 없는 것은 감상할 것이 못 되기 때문에 울타리 주위나 담장 밑 적당한 곳에 심되 가까이할 필요는 없다. 그것을 가까이한다는 것은 선비와 비루한 사내가 한 방에 같이 있는 것과 같아서 풍격이 없게 된다.[47]

강희안은 꽃과 나무가 지니는 '격'을 나누고 있는데, 이런 것은 꽃과 나무가 지닌 생물학적 속성에 대한 비덕 차원의 차별화이다.[48] 그리고 각각의 꽃과 나무를 잘 기르기 위해서는 그 각각의 천성과 이치를 잘 이해해야 함을 말한다.[49] 강희안은 단순히 꽃과 나무를 기르는 차원을 넘어 꽃과 나무를 기르는 과정을 통해 삶의 태도와 지혜를 터득하는 것에까지 이르고 있다. 유학자나 선비들이 꾸민 정원이나 화단은 비덕의 공간이며, 그것을 통해 자신의 덕성을 함양하는 공간, 양생의 이치를 알게 하는 공간이기도 하다. 심은 나무나 꾸민 정원을 보면 그곳에 사는 사람이 어떤 삶을 살고자 하는지, 더 나아가 어떤 인품의 소유자였는지를 알게 된다. 일종의 '꽃이 바로 그 사람'이란 '화여기인花如其人' 사유이다.

'정우당'의 '정'자,[50] '몽천'이란 맑은 샘, '절우사'의 '절', '유정문'의 '유와 정', '탁영담'의 '탁영', '천연대'의 '천연', '천광운영' 등은 퇴계가 추구한 담박하고 맑은 삶, 천리를 보존하고 인욕을 제거하고자 한 삶 즉 이발적 삶을 상징적으로 보여주는 단어이다. 특히 '반타석'은 물속에 있는 큰 바위로서 자연물이지만 「반타석」이란 시를 보면[51] 혼탁한 기운, 거친 풍파가 판치는 세상에 시속에 물들지도 어느 한쪽에 치우치지도 않고 꼿꼿한 맑은 심성을 가진 군자의 모습을 연상케 하는 '의미 있는 대상'으로 변한다. 이처럼 퇴계에 의해 도산의 자연적 공간, 인위적 공간은 유가 차원에서 이제 의미 있는 미학적 공간, 윤리적 공간으로 변하는데, 그 공간은 궁극적으로는 진리 탐구의 공간, 심성도야의 공간으로도 변하게 된다.

4
-
궁리窮理, 심성도야의 공간으로서 도산서당

일단 말년을 편안하게 보낼 신퇴 공간을 확보한 도산서당에서 퇴계는 무엇을 하고자 했는지를 보자. 먼저 신퇴한 이후 세속적인 것과 거리를 둔 상태에서의 한가롭고 여유로운 삶을 누린다. 이런 삶은 도연명이 귀거래한 이후의 삶과[52] 비슷하다. 퇴계는 증점의 '욕기영귀'하는 삶을 살고자 하였고, 그런 흥취 어린 삶을 여러 개의 시 구절로 표현하곤 하였다.

또 봄에는 산새가 즐거이 서로 울고, 여름에는 초목이 우거져 무성하며,

가을에는 바람과 서리가 차갑고, 겨울에는 눈과 달이 서로 얼러 빛나며 사철의 경지가 서로 다르니 흥취 또한 끝이 없다. 그래서 너무 춥거나 또는 큰바람이 불거나 큰비가 올 때가 아니면 어느 날, 어느 때나 나가지 않는 날이 없었고, 나갈 때나 돌아올 때나 이와 같았다. 이것은 곧 한가하게 지내면서 병을 다스리고 섭생하기 위한 쓸데없는 일이라 비록 도학하는 옛사람의 집 앞뜰도 엿보지 못했다. 하지만 스스로 마음속에 즐거움을 얻음이 얕지 않아서 아무리 말이 없고자 하나 말하지 않고서는 배길 수가 없었다. 이에 곳곳에 칠언 한 수씩으로 그 일을 적어보았더니 모두 18절이 되더라.[53]

신퇴한 이후에 겪고 얻을 수 있는 것 중 하나는 한가로운 삶을 영위하는 가운데 얻어진 사계절의 변화가 가져다주는 아름다움에 대한 흥취 어림이다. 이러한 자연과 합일하는 경지에서 일어난 흥취 어린 삶의 느낌은 때론 퇴계를 시인으로 만든다. 이런 환경에서 지어진 시에는 자연에 흠뻑 젖어 사는 퇴계의 미학적 삶이 오롯이 담겨 있다.

나는 항상 오랜 병의 시달림에 괴로워하기 때문에 비록 산에서 살더라도 마음을 다해 책을 읽지 못한다. 깊은 시름에 잠겼다가 조식調食한 뒤 때로 몸이 가뿐하고 마음이 상쾌하여 우주를 굽어보고 우러러보아 감개가 생기면 책을 덮고 지팡이 짚고 뜰 마루에 나가 연못을 구경하기도 하고, 단에 올라 사[=절우사]를 찾기도 하며, 밭을 돌면서 약초를 심기도 하고, 숲을 헤치며 꽃을 따기도 한다. 또 혹은 돌에 앉아 샘물을 구경도 하고, 대에 올라 구름을 바라보다가, 여울에서 고기를 구경하고 배에서 갈매기와 친하면서 '뜻에 따라 마음대로 가고 싶은 곳에 가고[수의소적隨意所適]' 소요하면서 노닐다가, 좋은 경치를 만나면 흥취가 절로 일어 한껏 즐기다가 집으로 돌아오면 고요한 방안에 쌓인 책이 가득하다.[54]

평생 몸이 좋지 않았던 퇴계는 『활인심방活人心方』이란 책자를 통해 건강을 유지하기도 했는데, '수의소적'이 상징하듯 어느 것 하나 조급하고 번잡한 것은 없다. 한가로움 그 자체다. 양생의 도를 행하면서 자신이 살고 있는 삶의 공간을 잠시 벗어나 자연을 벗 삼아 한가롭고 여유롭게 노닐다가 때론 자연 대상과 하나가 되는 상쾌하면서도 홍취 어린 삶을 살고자 하나 그런 삶을 영원히 살고자 하지 않는다. 즉 '왕이불반往而不返'의 삶이 아닌 '왕이반'의 삶을 추구한다. 퇴계는 홍이 다하면 항상 방안 가득 쌓인 봐야 할 성현의 책자가 있는 현실로 돌아온다. 돌아온 이후의 눈에 들어오는 성현의 책은 퇴계가 지향하는 궁극적인 삶이 담겨 있다. 이런 삶은 증점이 말한 일종의 '욕기' 이후의 '영이귀'의 경지이다.

> 책상을 마주하여 잠자코 앉아 삼가 마음을 잡고 이치를 궁구할 때 간간이 마음에 얻는 것이 있으면 흐뭇하여 밥을 먹는 것도 잊어버린다. 생각하다가 통하지 못한 것이 있을 때는 좋은 벗을 찾아 물어보며 그래도 알지 못할 때는 혼자서 분비憤悱한다. 그러나 감히 억지로 통하려 하지 않고 우선 한쪽에 밀쳐두었다가 가끔 다시 그 문제를 꺼내어 마음을 비우고 곰곰이 생각하면서 스스로 깨달아지기를 기다린다. 오늘도 그렇게 하고, 내일도 그렇게 한다.[55]

억지로 진리를 체득하고자 하지 않고 궁리하되 자연스럽게 진리가 체득되는 것을 기다리고, 때론 '발분망식發憤亡食'하는 태도를 통해 진정한 학문의 세계를 체득하고자 하는 것은 학문하는 사람이라면 반드시 본받아야 할 자세다. 이런 과정을 통해 얻어진 기쁨은 신퇴한 유자가 누릴 수 있는 최고의 기쁨이다. 퇴계는 이런 점에서 당시 사람들의 학문자세를 문제 삼고 있다.

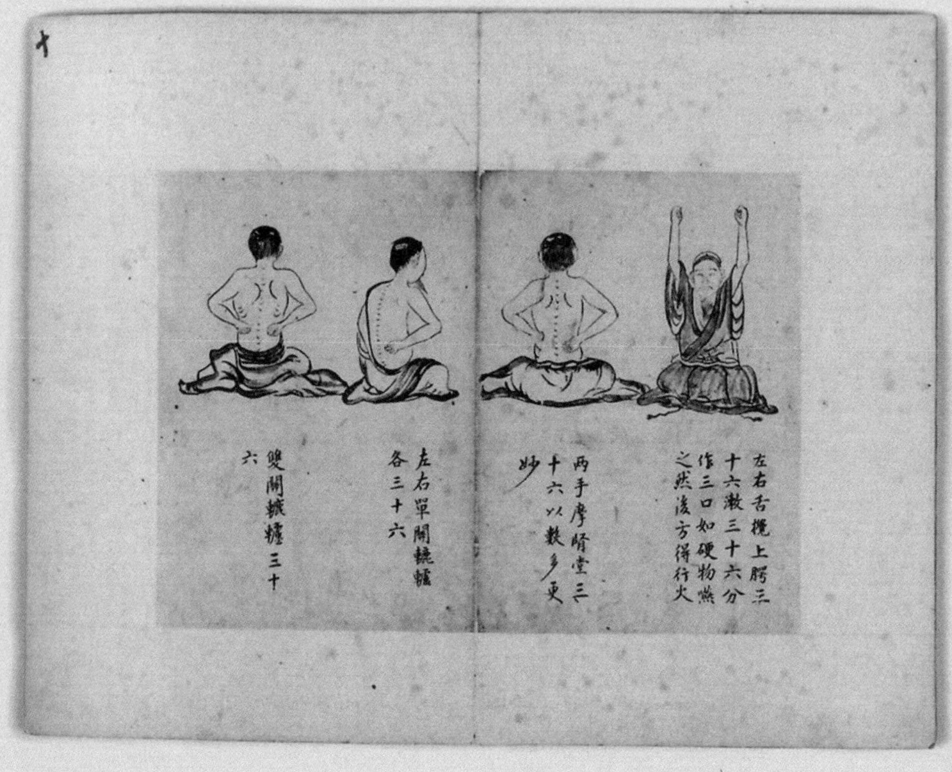

이황, 『활인심방』
유학자들은 철학적으로 도가와 도교를 이단으로 배척했으며, 특히 불로장생의 신선술을 더욱 비판했다. 하지만 그들도 육체적 양생과 정신적 양생, 두 가지는 추구했다. 도교적 양생이 철학적으로 개인주의적 성향을 띠고 있다는 비판만 제외하면 육체적으로는 도교의 양생법을 자주 취하곤 했다. 즉, 유학자들도 웰 다잉뿐 아니라 웰 에이징도 중요하게 생각했으며, 이황을 통해 그 한 사례를 찾아볼 수 있다.

「서처사의 화담집 뒤에 쓴다[서서처사화담집후書徐處士花潭集後]」

아무리 말세라도 진리는 변함없어
동녘 이 나라에 성인도 살고 싶어라.
노나라 풍속이 오히려 변할 것이나
기자의 높은 교훈 어찌 그리 헛되겠는가?
선배가 없지 않으나 문장에 치우쳤고
요사이 사람들은 학문에 성글다.
뉘라서 이 즈음에 스스로 분발하여
몸소 도를 닦아 경서에 힘썼던고.[56]

기존 유학자들의 학문 경향인 문장에 치우친 것을 비판하는 사유에는 도학을 통한 올바른 공부가 무엇인가 담겨 있다. 화담花潭 서경덕徐敬德을 통해 진리의 불변성과 도를 닦아 경서에 힘씀이 바람직한 학문의 자세라는 것을 강조한 것은 퇴계 자신이 무엇에 힘쓰고 있는가를 상징적으로 말해준다. 그것은 욕망에 좌지우지되는 삶으로서, 외물로부터 얽매이는 인욕적 공간, 기발氣發적 공간, 세속적 공간으로부터 벗어나 여유롭고 한가로운 가운데 진리를 탐구하는 데 전혀 방해를 받지 않는 공간을 찾는 것으로 나타났다. 그것은 천리를 보존하고 인욕을 제거할 수 있는 이발적 공간인 도산서당에서 성현들의 말씀을 통한 치열한 진리탐구와 도학적 삶에 대한 추구로 나타났다.

「도산에서 뜻을 말하다[도산언지陶山言志]」

산당이 이미 반이나 이루어져 기뻐하나니
산에 살아도 몸소 밭 갈기 면할 수가 있다.
책을 이 서당으로 옮겨오니 점차 옛 책 상자가 비었고
대를 심었는데 보는 동안 새 죽순이 나네.

샘물 소리가 고요한 밤을 방해한다고 느끼지 못하겠고
산 빛이 좋은 갠 아침을 더욱 사랑한다.
예부터 숲에 사는 선비들은 만사를 온통 잊고
그 이름 숨기려던 뜻을 이제야 알겠구나.[57]

「도학을 강론하다[강도講道]」
옛날 성인과 현인의 말씀이 계시니
아무리 미묘하다 하지만 캄캄하진 않으리라.
연원이 흘러내려 나온 곳이 뚜렷하니
털끝처럼 가늘어도 다투어 따지련다.
진리를 강론하여 무엇을 하려는가
도학에 뜻을 두어 편안한 곳 찾으련다.[58]

퇴계가 지향하고 꼼꼼히 찾고자 하는 것은 윤리실천의 근원으로서 성현이 말씀하신 도학인데, 진리인식 측면에서는 진리란 먼 곳에 있는 것이 아니라 바로 자신의 곁에 있다는 일종의 '도불원인道不遠人'의 사유를 말하고 있다. 그런데 진리는 우연하게 다가온다. 이런 진리를 퇴계는 성현의 말씀이 기록된 경전을 통해 확인하고자 한다.

「다시 나가서 도산 남녘 동학을 살펴보고 이를 읊어 남경상, 금훈지와 민생 응기와 아들 준과 손자 안도에게 보이다[재행시도산남동, 유작시남경상금훈지민생응기아자준손아안도再行視陶山南洞, 有作示南景祥琴壎之閔生應祺兒子寯孫兒安道]」
퇴계 가에 서재를 마련한 뒤
광음이 덧이 없어 얼마나 흘렀던고.
허술한 한서암은 여러 차례 옮겼으나

튼튼하지 못하여서 얼마 안 되어 쓰러졌네.
비록 샘과 돌의 그윽함을 사랑하나
마침내 그 형세는 좁은 것이 흠이로다.
위연히 탄식하며 다른 곳을 두루 찾아
높은 데나 깊은 데를 안 다닌 곳 없었노라.
이제 시내 남편에 이 도산이 있었다니
가까운 곳에 숨겨진 것이 참으로 괴이한 일.
어제 우연히 나가 혼자서 찾아두고.
오늘 아침 너희들과 함께 오려 하였노라.[59]

「서당을 고쳐 지을 땅을 찾아 도산 남녘에 얻고 느낌이 있어 읊으니 두 마리이다[심개복서당지득어도산지남유감이작이수尋改卜書堂地得於陶山之南有感而作二首]」
비바람 치는 계당 책상 하나 못 가릴 제
좋은 곳에 옮겨보려 숲속 두루 찾았더니
어찌 알았으랴 백년 장수할 땅이
나물 캐고 고기 낚던 그 곁에 있을 줄이야.
(중략)
그윽이 깃들지니 감개가 절로 나고
늘그막에 반환할 곳 참으로 쾌적하다.
조화를 더듬음이야 어찌 감히 이르리오
원컨대 옛 경전 속 끼친 글을 외우고자.[60]

'시냇가'에 세웠던 거처가 문제가 발생해 옮긴 도산이란 공간은 단순 강학 장소의 의미만 지니는 것은 아니다. 요산요수할 수 있는 공간이면서 심성도야의 공간을 동시에 겸할 수 있는 공간이다. 도산이란 적절한 공간

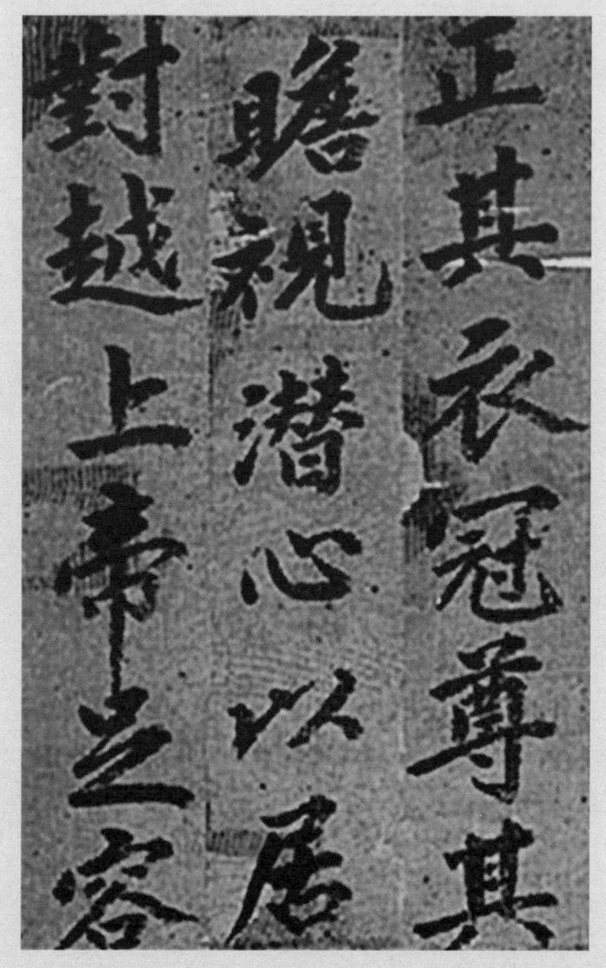

이황의 글씨, 주희의 〈경재잠〉

유가 경외 철학의 핵심인 〈경재잠〉의 내용에 맞게 퇴계가 해서로 정갈스럽게 쓴 글씨다. 동아시아문명권에서 이 같은 〈경재잠〉의 내용대로 산 대표적인 인물이 바로 퇴계다.

은 퇴계가 지향한 삶을 실천할 수 있는 공간으로 자리매김되고, 그것을 얻었을 때의 기쁨은 컸다.

퇴계는 도산이란 공간에서 경전을 통해 학문의 근본을 탐구하고 성현되기를 추구하고자 한다. 특히 기발적 삶을 극복하고 성선의 본연지성本然之性을 회복하는 것과 심성 도야를 통한 윤리적 삶을 살기를 원한다. 이것은 퇴계가 평생에 걸쳐 실천하고자 한 핵심이다. 「자중[정유일鄭惟一]이 한가롭게 거처하다라는 스무 마디 시에 화답하다[화자중한거이십영和子中閑居二十詠]」에서는 신퇴한 이후에 영위하고자 하는 자신의 삶을 '강학講學', '구지求志', '습서習書', '음시吟詩', '애한愛閒', '양정養靜', '분향焚香', '복약服藥', '탄금彈琴', '투호投壺', '상화賞花', '조어釣魚', '요책曬冊', '대객對客', '자궐煮蕨', '음주飮酒', '완월玩月', '납량納涼', '치포治圃', '종송種松' 등 20가지를 통해 말하고 있다. 이것을 보면 퇴계가 크게는 일 년 사계절 동안, 작게는 하루 일과를 무엇을 하면서 지냈는지를 잘 알 수 있는데, 번잡하지도 않고 담박하면서 때론 소요안락함과 풍류가 있는 그 삶은 윤리적 삶이면서 예술적 삶이었다. 그중 몇 개의 시를 보자.

> 「화자중한거이십영-학문을 강론하다[강학講學]」
> 탁한 흐름 덕이 흐려 그 형세 도도하니
> 아득히 끊긴 올 찾기가 어려워라.
> 오로지 윤리 지녀 그 길을 밝히고는
> 다시금 성정대로 그 마음을 지니어라.
> 찌경이 알고 보면 묘한 경지 전할 거요
> 곰과 괴 어떤 것이 맛 깊은지 잘 알리라.
> 다만 이 산림에 벗이 없음을 한하면서
> 종일토록 서재에서 잠잠히 홀로 있네.[61]

「화자중한거이십영-뜻을 구하다[구지求志]」

깊은 뜻이 무엇인가 그 근본에 달하고자
우주 사이 큰 사업을 모름지기 구하련다.
우리 바라는 일은 어진 이를 따르는 것
대도를 지키는 이 이날 걱정 잊으리오.
그릇 지은 장기라면 본을 다시 떠야겠고
아득한 길 깨닫자면 급히 수레 돌려야지.
안연의 누항 따라 부지런히 잡는다면
부귀는 헛된 구름 한 점만이 떠 있으리.[62]

'강학'과 '구지'는 비록 신퇴身退하였지만 유가 성현의 도를 체득하고 그것을 통한 윤리적 삶을 실천하고자 하는 것을 절대로 포기하지 않는다는 의지를 표명한다. 퇴계는 산림에서 살지만 이처럼 학문 연마에 게으름을 피우지 않고 그 학문에 담긴 근본이 무엇인가를 고민한다. 『예기』「악기」에서는 "사람이 태어나면서 '고요한 것[靜]'은 하늘로부터 부여받은 본성이라"[63]라고 한다. 이런 '미발지중未發之中'으로서의 '정'은 순선무악純善無惡한 천연의 본성을 의미한다. 퇴계는 이 '정'을 기르면서 이 세상에서 무엇이 옳고 그른지에 대한 선악 판단을 명확하게 하며 자신을 끊임없이 채찍질한다.

「화자중한거이십영-고요함을 기르다[양정養靜]」

산림 얻어 편안타고 이르지를 말아다오
마음이 끝이 없어 오히려 관계 많소.
눈 속이 서늘하여 항상 편히 길러가고
지난 일에 초연하여 얽히지 말겠노라.
아홉 해나 공중 봄은 면벽이 아니었고

삼 년을 기운 단련 단을 지음과 달랐노라.
성현의 '정' 공부가 밝은 햇빛 같으니
터럭 끝 잘못 볼까 깊이 경계하노라.[64]

성현들이 욕망에 의해 한 점 흐트러짐이 없고자 행했던 '정靜' 공부를 체득하고 행여 욕망에 의해 좌지우지되어 조금이라도 자신이 흐트러지지 않을까 경계하는 모습은 왜 우리가 퇴계를 수양된 인간의 전형으로 이해하는가를 보여주는 것에 해당한다. 이상 말한 것과 같은 20가지를 통한 삶은 수신양심修身養心의 '수정守靜' 공부로 귀결된다.

「고요함을 지켜라[수정守靜]」
이 몸을 지킴에는 흔들리지 않게 하고
이 마음을 기름에는 싹트지 않게 하라.
진실한 '정' 공부로 근본 삼지 않는다면
수레가 움직일 때 멍에막이 없을 건가.
나의 타고난 성품이 산에 숨기 좋아하여
티끌 세속 그 인연은 사라진 지 오래더니
하루아침에 여기 와서 세상일을 맛보고는
이미 본래 '정'을 잃었음을 스스로 느꼈노라.
하물며 지껄이는 이 도성 속에서
출렁이는 욕심 바다에 마침내 휩쓸렸네.
그대는 아직도 선비의 몸이라서
꽃다운 난 심었으니 어찌 곧장 베어내리.
그대의 사립문은 고요히 닫아두고
그대의 우물에는 진흙 혼탁 일게 하지 말게.
에워싼 네 벽에는 도서가 가득하니

향을 홀로 태우고 초연히 높이 앉아
맑고 어둠 잘 살피어 선과 악을 판정하며
헌걸찬 한 장수로 많은 군졸 지휘하라.[65]

'사립문 고요히 닫아두면서 마음이 외물에 사역당하지 말고, 자신의 속마음[우물]에 인욕[진흙 혼탁] 일게 하지 말라'는 것은 인욕의 단절을 통한 천리 보존을 요구한 것이다. '양정'과 '수정'을 통해 '존천리, 거인욕'을 실현하고자 한 것은 사실 퇴계가 지향한 궁극적 삶이다.

이처럼 '도는 멀리 있지 않다'는 진리인식에서 출발하고 아울러 성현되기를 추구한 퇴계는 어느 한순간 인욕에 휩쓸리지 않고자 한다. 그것은 '수정守靜'과 '양정養靜' 공부를 통해 심성도야로 나타났는데, 이 같은 '거경궁리居敬窮理'의 삶, '존천리, 거인욕'의 윤리적 삶을 실천할 수 있는 공간이 바로 도산서당이었다.

5
나오는 말

퇴계는 만년에 자신의 묘비에 「퇴도만은이공지묘退陶晩隱李公之墓」로 쓸 것을 유언한다. '만은'에서 보듯 '신퇴'를 강조한 유언이다. 퇴계는 명종이 승하했을 때 사직서를 냈다. 이때 남시보南時甫가 양주楊朱와 같이 자기만을 위하는 '위아지학爲我之學'이 아니냐고 비판하자 퇴계는 다음과 같이 말한다.

'의義'란 고정되어 있는 것이 아니라 사람에 따라 변하는 것으로, 지금 나에게는 물러가는 것이 의이므로 물러갈 뿐이다.[66]

퇴계가 행한 '신퇴'는 도와 의에 합치되는 행위로서 단순 현실도피는 아니다. 유가 선비들은 효를 실현하는 입장에서 입신양명하여 가문의 명예를 드러낼 것을 꿈꾸지만 퇴계는 도리어 물러남으로 명예를 드높인 결과가 되었다. 즉 퇴계가 50세 이후 말년에 도산으로 '신퇴'한 것은 혼탁한 정쟁의 와중에 섞이지 않고 '겸선兼善'이 되지 않는다면 '독선獨善'을 취하고, 더 나아가서는 인재를 교육하면서 의義와 리利의 다른 점이 제대로 밝혀지지 않는 사회 풍조에서 무엇이 옳고 무엇이 그른가를 분명히 하여 학술적으로 진리를 밝히고 아울러 가치체계를 올바로 세우고자 하는 적극적 의지와 견고한 각오를 드러내고자 한 것이다.[67] 이런 점에서 이황의 '신퇴'는 '왕이불반'하는 도가 차원의 '신퇴'와는 다른 것에 속한다.

자연에는 수없이 많은 공간이 이미 주어져 있다. 하지만 그 공간을 선택하는 것은 인간이다. 따라서 어떤 인간이 어떤 공간을 선택하는가 하는 것이 문제가 된다. 그리고 동양에서는 차경借景 같이 자연을 인간이 사는 공간에다 인위적으로 꾸미는 경우가 있지만, 그 공간에 있는 자연물을 비덕 차원에서 의미를 부여하는 것은 다른 경지에 속한다. 그곳에 산 인물의 삶을 들여다보고 그의 자연관을 이해할 때 그 공간이 갖는 '심원心園'적 의미를 정확하게 알 수 있다.

퇴계가 선택한 도산은 권력, 명예 등의 외물에 얽매여 심신이 사역당하는[68] '기발氣發'의 공간이 아니다. 즉 욕망 추구의 공간이 아니다. 한가롭게 자연의 변화에 따라 소요하고 자연이 주는 즐거움을 누리면서도 고요함을 기르는 공간, 도를 닦고 실천하는 공간, 성현을 배우는 공간, 심성을 도야하는 공간, 진리를 탐구하는 궁리의 공간, 교육 실천의 공간이다. 이런 공간은 '거경궁리'를 실천하는 공간이면서 바로 '천리를 보존하고 인욕을 제거'하는 이발적 공간이다.

도산이란 공간은 퇴계 이전에도 많은 사람들이 오랜 기간 그곳을 지나갔고 살아갔지만 미학적, 윤리적, 철학적 공간, 교육적 공간으로서 의미가 부여된 것은 퇴계가 그곳에 자리를 잡고 난 이후부터이다. 도산에 있는 자연물과 인공물은 이제 퇴계에 의해 미학적, 철학적, 윤리적, 교육적으로 의미가 부여된 공간으로 변하게 된다. 이런 이발적 삶을 살고자 하는 공간은 아울러 생태적 쾌적성을 누릴 수 있는 공간이기도 하다. 이런 점에는 그 집이 바로 그 사람의 모든 것을 말해준다는 '택여기인宅如期人'이란 사유가 담겨 있다.

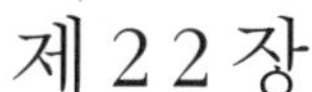

제 2 2 장

유가·도가사상의 관점에서 본 한국 전통미의 특질

서양문화에 젖은 사람들이 동양의 아름다움을

이해하려고 하면 동양미학부터 이해해야 한다. [조요한]

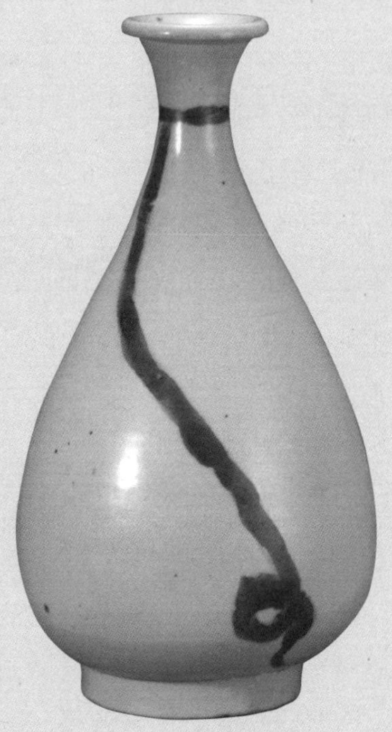

백자 철화끈 무늬병, 국립중앙박물관 소장

끝을 휙 돌린 극적 변화 덕분에 자칫 밋밋할 수 있는 단조로운 획이 기이하게 변화하였다. 독수리가 하늘에 있다가 토끼 같은 먹잇감을 낚아챌 때 땅에 거의 다 도착했을 즈음 이런 몸짓을 한다. 이 문양은 병에 끈을 동여매 걸어놓았던 것을 표현한 것이다. 좀 다른 해석을 해보자. 목을 질끈 맨 이성이 무너지고 감성이 춤춘다. 그래, 술은 역시 백주 대낮에 먹는 술이 최고다. 체면과 예법에 대한 강요가 목을 매는 삶으로부터 일탈하려는 본능이 꿈틀댄다. "한 잔 먹세 그려, 또 한 잔 먹세 그려. 꽃 꺾어 술잔 수를 세면서 한없이 먹세 그려"라고 누가 읊었던가? 비어가는 술병 따라 반듯하던 자세도 점차 기울어진다. '접신탈아接神脫我' 경지가 별거냐. 그래도 '꼬부라진' 혀로 '그만 먹어야지' 하면서 몸을 일으키는 순간, 아찔하더니 몸이 '획' 돌다가 땅에 곤두박질친다. 하늘을 이불 삼고 땅을 요로 삼아 코골며 낮잠 삼매경에 빠져들어간다. 감성이 살아 움직이는 일탈, 파격, 운치, 그리고 풍류가 있다. 이것이 한국인의 심성 아니던가?

1

들어가는 말

한국미의 특질 및 고유성에 관한 논의는 여전히 진행중에 있다. 외국인에 의해 연구된 것도 있고 한국인에 의해 연구된 것도 있다. 다만 아쉬운 것은 역사적 유물이 우리와 매우 유사성을 보이는 중국인에 의한 연구가 없어 기존 논의의 객관타당성이 좀 더 확보되지 못한 점이다. 특히 한국인 학자에 의해 말해진 한·중·일 삼국 비교의 경우 객관타당성이란 점에서 일정 정도 이런 문제점은 더욱 드러날 수 있다. 이런 한계점이 있음을 인정하고 먼저 한국의 한국미의 특질 및 고유성에 관해 기존에 논해진 것을 정리하고,[1] 이어서 이런 논의에 나타난 미의식 혹은 미적 범주를 편의상 유가사상 및 도가사상과 연계하여 이해하기로 한다.

2

외국인의 한국미에 대한 견해

1) 안드레 에카르트의 한국미 견해

안드레 에카르트Andre Eckardt는 『조선미술사』[2]에서 예술의 진정한 의미는 삶의 예술에 기반을 두어야 하며 아울러 미술의 전체를 연결시키는 통일적인 고리가 형성되어야 한다는 입장에서 한국미술에는 분절성分節性,

비통합성, 비유기성이 있다고 본다. 건축, 불탑, 조각, 회화, 벽화, 도자기 등 한국미술 대부분의 장르에 고전적인 특질이 내재되어 있는데, 좌우대칭적인 구조·힘이 한쪽으로 치우치지 않은 균형감과 평온함이 있는 것을 구조적인 단순성[simplicity]의 개념과 상통한다고 본다. 이 밖에 한국미술에는 꾸밈없는 소박성이 있고, 과도한 장식을 피하는 절제가 수반되어 복잡하고 어수선한 것이나 야한 것에 대해 거부감을 갖는다는 점에서 한국미술의 위대한 비밀을 중용과 절제로 든다. 예를 들어 도자기는 평상시의 단순성, 조용함, 정숙, 균제, 자연스러운 조화 등이 지배한다는 것이 그것이다.

안드레 에카르트의 한국미에 대한 인식에는 대부분 유가적인 미의식이 담겨 있다. 고전적 특질 혹은 구조적인 단순성을 비롯하여 분절성, 중용, 좌우대칭적 구조, 균형감, 절제, 단순성, 조용함, 정숙, 균제 등은 중용과 중화 및 극기복례와 '존천리存天理 거인욕去人欲'을 기반으로 하는 유가가 지향하는 기본적인 미의식이기 때문이다. 꾸밈없는 소박성은 도가적 경향성이 많은 단어지만 안드레 에카르트는 위에서 말한 고전미 의식과 관련지어 말한 것으로 이해할 수 있고,[3] 따라서 이후 본 글에서 말하는 도가적 소박한 경향과 관련하여 이해하기는 무리가 있다고 본다.

2) 야나기 무네요시의 한국미 견해

『조선과 그 예술』을 지은 야나기 무네요시柳宗悅는 한국인에게는 애상미, 비애미, 위엄의 미, 의지의 미, 천연과 인공의 조화, 선의 미와 추의 미의 결합, 정情의 예술, 친근함의 예술, 남성미 등이 있다고 하면서 한국의 예술품들이 지닌 선의 미와 백색의 미를 비애의 미로 규정한다.[4] 그는 특히 한국미술에 나타나는 가늘고 길게 흐르는 선에 주목한다. 예를 들면 석굴암, 첨성대, 금동미륵반가사유상, 각 사찰의 범종에 나타나는 비천문, 지

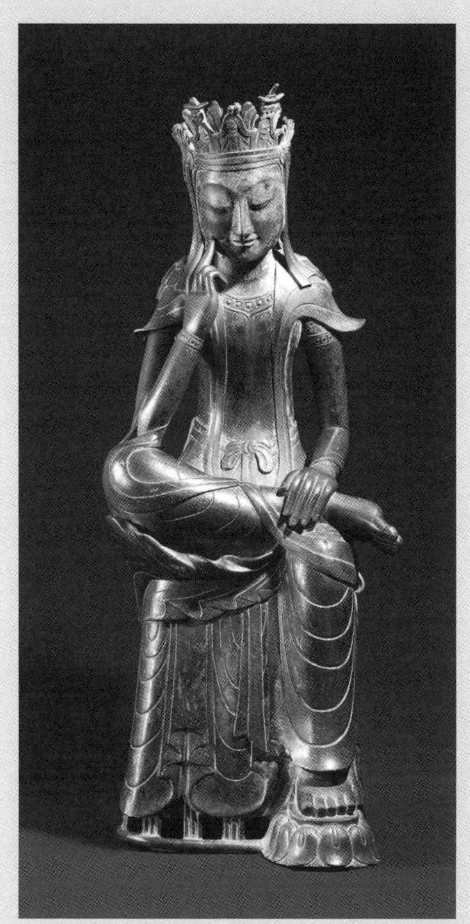

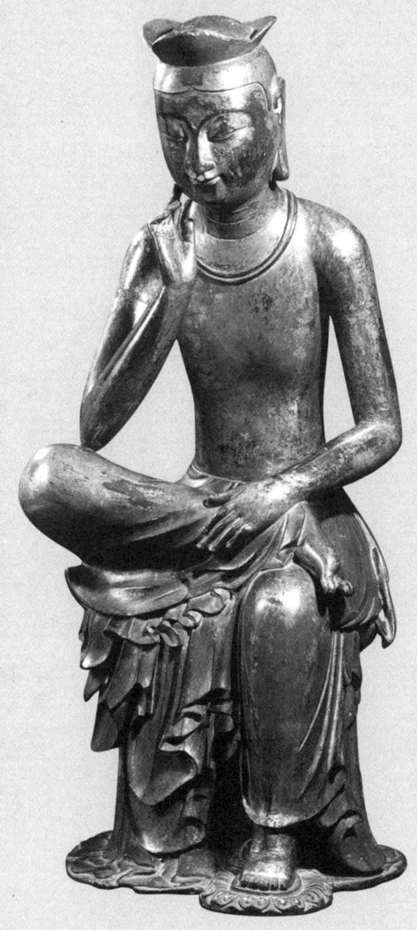

반가사유상, 국보 78호(왼쪽), 국보 83호(오른쪽)

두 반가사유상을 형태적으로 구분해 유가식으로 말한다면, 완정한 의상에 정제된 엄숙함을 띠고 있는 78호는 경외의 몸가짐에 해당하고, 평상복 차림에 편안한 미소를 띠고 있는 83호는 쇄락의 몸가짐에 해당한다.

붕의 처마선, 버선 등이 그것이다. 이에 중국의 예술을 '의지의 예술', 일본의 미술을 '정취의 예술'로 보고, 중국은 '면', 한국은 '선', 일본은 '색'으로 그 특징을 드러냈다고 본다.

그는 민예론의 전개과정에서 발견하는 한국의 아름다움에 주목한다. 이에 건강의 미, 무위자연의 미, 소박미, 불합리의 미, 파형의 미, 치졸미, 무기교의 기교, 천연의 아름다움, 민예미, 타력미, 무사無事의 아름다움, 불이不二미, 무계획의 계획 등 다양한 미를 말한다. 이런 야나기 무네요시의 한국미에 관한 규정은 이후 한국미를 논하는 데 적지 않은 영향을 준다. 야나기 무네요시가 본 한국미의 특질 요소에는 유가 이외에 무위자연과 '도법자연道法自然'을 말하는 도가적 요소가 많다. 무위자연의 미, 소박미, 불합리의 미, 파형의 미, 치졸미, 무기교의 기교, 천연의 아름다움, 무계획의 계획 등이 그것이다. '불이'는 불가적인 미의식이지만 도가적인 미의식과 상통하는 점이 있다.

일정 정도 오리엔탈리즘 요소가 보인다고 비판받는 안드레 에카르트와 일본 제국주의 식민주의사관의 잔재가 있다고 비판받는 야나기 무네요시가 이해한 한국미의 특질에는 사상적 측면에서 볼 때 큰 차이가 있음을 알 수 있다. 의도하지는 않았겠지만 결과적으로 보면 안드레 에카르트는 주로 유가적 측면의 미의식에 주목하였고, 야나기 무네요시는 주로 도가적 측면의 미의식에 주목했기 때문이다. 이런 점을 통해 하나의 유물에 담긴 미의식은 어떤 시각에 초점을 맞추어 규명하느냐에 따라 규정되는 미의식이 달라짐을 알 수 있다.

3

한국인의 한국미에 대한 견해

1) 고유섭의 한국미 견해

한국인 가운데 한국미의 특질을 논한 선두 주자는 고유섭高裕燮이다. 그는 「조선고대미술의 특징과 그 전승문제」에서 한국미의 성격적 특질로서 '무기교의 기교', '무계획의 계획', '민예적인 것', '비정제성', '적조미', '적요한 유머', '어른 같은 아해', '비균제성', '무관심성', '구수한 큰 맛'을 든다. 이 가운데 무기교의 기교, 무계획의 계획, 무관심성 등에 초점을 맞추어 살펴보자.

고유섭은 무기교의 기교와 무계획의 계획에 대해서 구체적으로 다음과 같이 말한다. 조선에는 서구와 같이 독자성, 자율성, 과학성을 획득하지 못한 한국 전통미술의 제작태도의 특성이 있고 아울러 개성적 미술, 천재주의적 미술, 기교적 미술이 발달하지 못한 점이 있지만, 일반적 생활, 전체적 생활의 미술, 즉 민예가 큰 동맥을 흘러나왔다. 따라서 조선의 미술은 민예적인 것이고, 신앙과 생활과 미술이 분리되어 있지 않다고 한다. 비정제성과 비균제성 및 완벽한 기술주의가 구사될 수 없었던 제작태도의 특성에 대해서는, 정치한 맛이나 깔끔하게 정돈된 맛이 부족하지만 대신 질박한 맛, 둔후한 맛, 순진한 맛이 드러났다. 원형적 정제성을 갖지 못한 왜곡된 파형破形의 도자기는 형태가 형태로서의 완형을 갖지 않지만 음악적 율동성을 띤다. 선적인 점에서 우아로 통하는 섬약미纖弱味와 생동성이 있고 여기에 또 색채적인 단조로움이 곁들여진 적조미가 구성되었다. 이때 특히 단색조는 사상적 깊이보다도 사상적으로 어느 정도 만치의 깊이에 들어갔다가 명랑성으로 화하여 나온 체관적諦觀的 전회轉廻을 통하여 '적요寂寥과 명랑'이라는 두 개의 모순된 성격이 동시에 성립되어 '적요한 유머'와 아울러 '어른 같은 아해'의 특성을 보인다는 것이다.

무관심성에 대해서 고유섭은 특히 인위적이고 기교적인 완벽주의를 거부하고 재료의 자연성을 선호하는 한국미술 특유의 미적 취향에 주목한다. 자연 재료가 갖는 자연성과 그 자연적 환경에 거슬림이 없이 조화를 추구한다. 예를 들면 건축에서의 자연적 굴곡이 있는 목재를 사용하는 것은 자연에 순응하는 심리가 담겨 있고, 이에 미적 체험의 원리적 근거로서 예술과 자연을 구분하지 않는다. 세부를 위하지 않는 조소성粗疎性이 있어 소대황잡疏大荒雜한 비예술적인 결점을 낳는 것도 있지만, 세부에서 치밀치 않은 점은 더 큰 전체에 포용되어 '구수한 큰 맛'을 이룬다. 이 구수한 큰 맛은 중국의 웅장한 건실미健實味과 구별되는 번역할 수 없는 한국미술의 특징이다. '구수한 큰 맛'에서의 '구수하다는 것'은 순박淳朴, 순후淳厚에서 오는 큰 맛이지, 예리銳利, 규각圭角, 표열漂冽에서 오는 맛이 아니다. 심도에서는 입체적으로 온축蘊蓄 있는 맛, 속도에서는 완만緩慢함에서 오는 맛이라, 얄상궂고 천박하고 경망輕妄하고 교혜巧慧로운 점이 없다고 한다.

결론적으로 한국인은 자연과 인간과 예술의 하나됨을 추구하는데, 이런 점은 한국미술의 미적 체험 형성의 원리적 구조를 이룬다고 한다. '대상적 자연'은 '심성적 자연'으로 복귀하며, '심성적 자연'은 '예술적 자연'으로 발양되어 다시 또 대상적 자연과 일치를 꾀하는데, 이런 과정에서 자연과 인간, 인간과 예술, 예술과 자연은 하나로 어우러진다고 본다. 고유섭의 이런 점을 다른 차원에서 말하면, 유희재가 말하는 '인간의 인위적인 기교를 통해 자연의 참모습을 예술적 차원에서 다시 회복하는[유인복천由人復天]' 차원의[5] 예술창작 행태에 속한다.

고유섭이 한국미의 특질로 꼽는 무기교의 기교, 무계획의 계획, 비정제성, 적조미, 적요한 유머, 어른 같은 아해, 비균제성, 무관심성, 구수한 큰 맛 등은 거의 대부분 도가적 사유와 관련이 있다. 그런데 도가미학 측면에서 볼 때 '어른 같은 아해'는 문제가 있다, 즉 노자는 천진난만한 영아를 찬양하면서 '박으로 복귀하라[복귀어박復歸於樸](『노자』 28장)'는 것과 더불어 '영아로 복귀하라[복귀어영아復歸於嬰兒](『노자』 28장)'는 것을 말하는데, 이런 점 등과 관련지어 이해하면 '어른 같은 아해'보다는 '아해 같은 어른'이 더 어울린다고 본다.

2) 윤희순의 한국미 견해

윤희순尹喜淳은 시대를 일관하는 미의 형식이 있다고 본다. 한국인은 섬세하고 감미로운 것에 흐르지 않고 조대치둔粗大癡鈍한 것에 기울어지지 않은 완전 무구한 조화 통일의 미, 원만 극치의 미, 웅건과 우미와 신비를 겸한 최고의 미라고 본다. 1943년 「조선미술의 특이성」에서는 반도라는 특수한 지형이 대륙과 섬나라 양자의 특질을 포용하고 통일하여 독특한 미를 구성했다고 본다. 즉 맑고 고운 푸른 하늘은 청정무구한데, 가을 하늘에서의 청초함이 파생되어 아취와 소박미가 나타났고, 이에 극명한 태양광 아래에서 얻은 구성적 미감을 중시한다고 본다.

1946년 「조선미술사연구」에서는 양에서는 대륙[=중국]의 대大와 도국[島國=일본]의 소小에 비해, 반도[=한국]는 중용, 통일 있는 조화로서의 양을 추구하고, 형에서는 대륙의 거대·번쇄기괴煩瑣奇魁함과 도국의 단조單調에 비해 반도는 정제오묘整齊奧妙하다고 본다. 색에서는 대륙의 번화繁華, 도국의 농연穠姸에 비해 반도는 청초淸楚하다고 본다. 선에서는 대륙의 중후, 도국의 경조輕佻함에 비해 반도는 유려流麗하다고 본다. 결론적으로는 한국미의 특질로서 형과 질의 유기적인 조화를 꼽는다.

윤희순은 주로 유가적 입장에서 한국미의 특질을 논하고 있다. 중용,

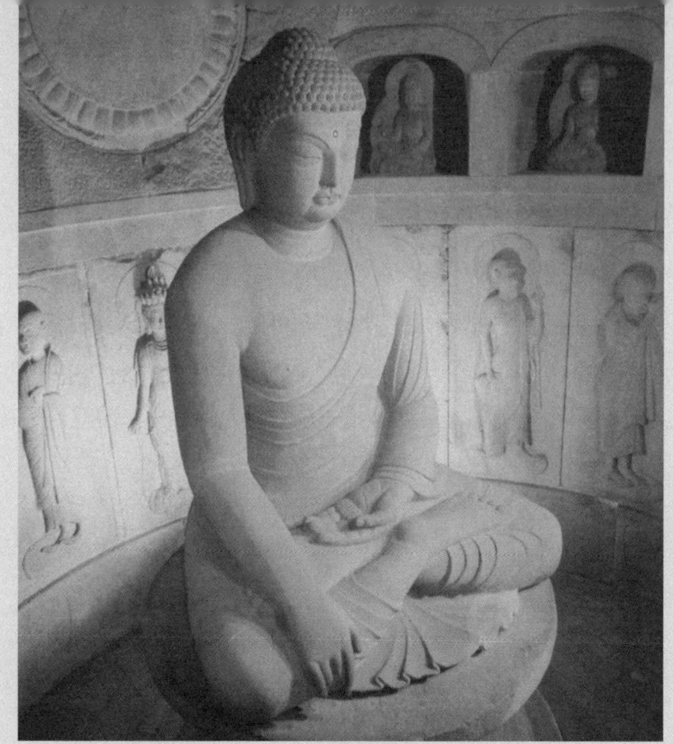

석굴암 본존불

백제금동대향로, 국립중앙박물관 소장

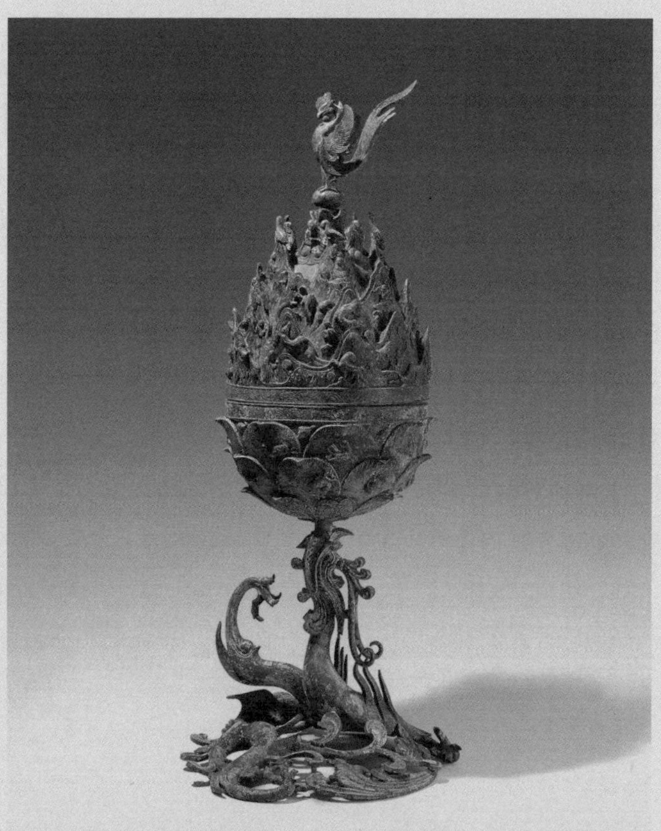

통일 있는 조화로서의 양, 정제오묘, 유려, 청초 등은 유가에서 긍정적으로 말하는 미의식이기 때문이다.

3) 김용준의 한국미 견해

김용준金瑢俊의 한국미 특질 분석은 조선 고유의 맛을 향토색[Local color]이라 규정하는 것에 있다.[6] 정신요소로서 고담枯淡한 맛, 청아淸雅한 맛, 한아閑雅한 맛과 장한長閑한 맛을 꼽는다.[7] 시대를 관통하는 조선 고유의 특질로 고구려의 웅혼과 장대, 신라의 숭고와 전아, 고려의 아담과 화려, 조선의 청렴과 소박을 꼽는데, 그 모든 특색을 관통하는 특질로 전아와 온화를 든다.[8] 『조선미술대요』에서는 구수하고 시원스럽고 어리석고 아담함을 드는데, 구수함은 맛과 냄새가 비위에 맞아 좋다는 것이고, 시원함은 말과 짓이 맺고 끊음이 또렷하다는 것이고, 어리석음은 꾀가 적어 되바라지지 않은 것이고, 아담함은 말쑥하고 담담한 것이라 말한다.

김용준은 주로 유가가 지향하는 아미雅美과 온유돈후溫柔敦厚한 중화미를 중심으로 하여 한국미의 특질을 논하고 있다.

4) 최순우의 한국미 견해

다양하면서도 아름다운 형용사를 통해 한국미의 아름다움을 설파한 최순우崔淳雨는 우리 미술에는 소박과 정숙과 아취가 깃들인 선의에 가득 찬 의젓한 아름다움이 실려 있다고 본다. 이에 중국미술의 권위와 형식과 존대와 완성에서 오는 '장중미'와 다르고, 일본미술의 상냥하고 경쾌한 '간지러운 아름다움'과 구별된다고 본다.[9] 어리석은 듯하면서도 따스하고 쓸쓸한 듯하면서도 멋진 점을 들기도 한다.[10]

구체적으로, 조선조 자기는 목공예품과 더불어 착실하고 의젓하면서

도 소박하게 아름답던 조선의 마음씨를 그대로 담아내고 있고, 도자기의 흰 빛깔과 공예미술에 표현된 둥근 맛은 한국적인 조형미의 특이한 체질이다. 달항아리는 무심스러운 아름다움과 어리숭하게 생긴 둥근 맛이 돋보이고, 분청사기는 무아의 경지와 같은 선미 또는 생동하는 서민적 의지를 느끼게 한다. 도자기와 목공예는 단순과 질박미를 가지고 있고, 건축은 실질미와 단순미를 가지고 있다. 특히 건물 기둥을 받치는 초석의 경우에는 자연석을 이용하는 '덤벙 주초柱礎'를 말하고, 자연과 건축을 일심동체로 만들어 마치 자연 속에 점정點睛하는 신비한 효과를 낼 줄 안다. 이에 한국인의 점지占地의 묘妙를 강조하기도 한다.[11]

최순우는 결론적으로 한국미를 세 가지로 요약한다. 유가가 지향하는 선비상에 도가적 사유의 결합을 말하는데, 그것은 세 가지로 나누어볼 수 있다. 첫째, 그 색채나 의장이 담소하고 순정적이며 아첨이 없다. 둘째, 그다지 끈덕지고 기름지지도 않으며 그다지 나약하지도 거만스럽지도 않다. 셋째, 표현이 정력적이라기보다는 온전 소직素直하고, 호들갑스럽기보다는 은근해서 꾸밈새가 적다. 이에 비해 중국미술은 기름지고 권위적이며, 일본미술은 신경질적이고 근시안적인 잔재주를 가졌다. 아울러 한국미를 분석하는 데 두 가지를 더 첨가하는데 먼저 해학미를 든다. 익살의 아름다움을 담고 있는 해학미는 한국의 회화, 조각, 공예, 건축 등 모든 분야에서 흔히 느껴지는 즐거움이다. 다음 분수에 맞는 아름다움을 든다. 그것은 과분하지 않다는 뜻도 있고 자연환경이나 자신의 체도體度에 가장 알맞은 형질미를 가늠할 줄 아는 것이다.[12]

한국미 특질의 다양성을 말하는 최순우는 큰 틀에서는 유가와 도가를 적용하여 한국미의 특질을 논하고 있다. 유가가 지향하는 선비상에 도가적 사유의 결합을 말한 점이 그것이다. 이렇게 분석할 수밖에 없는 이유는 조선조 유학자들의 정신세계와 삶이 유가와 도가 중 어느 한 입장으로만 규정할 수 없는 복합적인 측면이 있기 때문이다.[13]

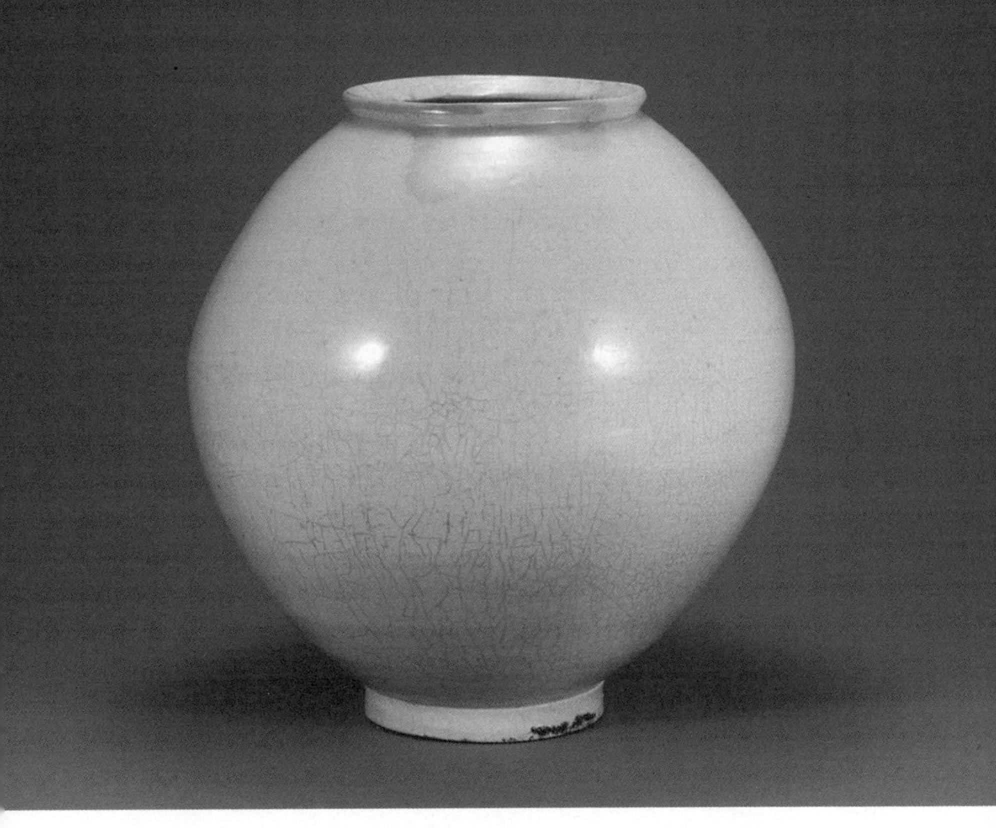

백자 달항아리, 보물 1437호, 국립중앙박물관 소장
조선 후기 '리理'와 정제엄숙을 강조한 지배 이데올로기였던 주자학은 그 기반이 흔들리면서 '기氣' 차원의 욕망에 대한 긍정적인 이해들이 나타나기 시작한다. 이 같은 변화된 시대상을 잘 표현하고 있는 작품이다.

5) 김원룡의 한국미 견해

김원룡金元龍은 미추를 초월한 미 이전의 세계를 말한다. 그는 "자연환경과 관련해 세상 어디 흰구름 날아간 뒤의 맑은 한국 하늘 같은 어여쁨이 있을까. 이 맑은 하늘 밑, 부드러운 산수 속에 한국의 백성들이 살고 있는 것이다. 이것이 바로 한국의 미요, 이 자연의 미가 바로 한국의 미다… 미추를 인식하기 이전 미추의 세계를 완전 이탈한 미가 자연의 미다"라고 하면서 한국의 미에는 이러한 '미 이전의 미'가 있다고 본다.[14] 아울러 설

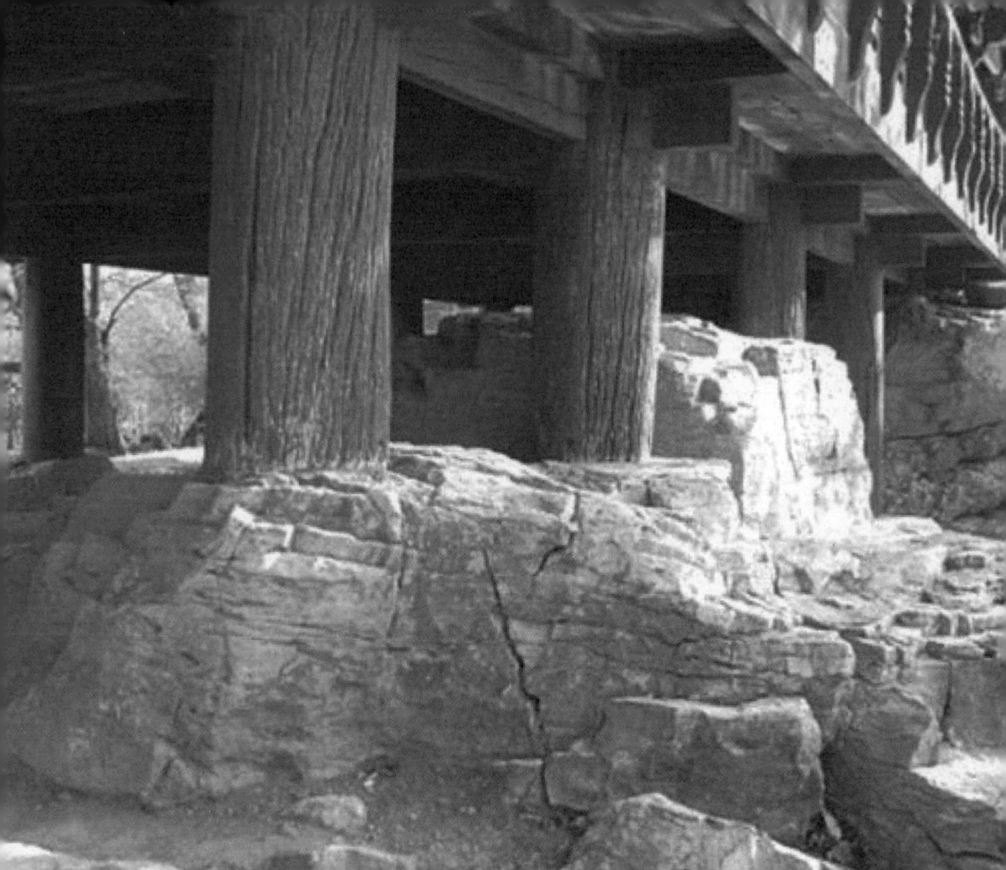

죽서루 덤벙 주초

탕처럼 달콤하지는 않으나, 언제 먹어도 맛있는, 본래 무미無味의 흰 쌀밥 같은 자연의 맛, 그것이 바로 한국의 미가 아닌가라고 반문한다.[15]

「한국미술의 특색과 그 형성」에서는 한국 고미술의 특색은 시대나 지역에 따라 조금 차이는 있으나 한편으로는 공통성을 가지고 있는데, 그것은 대상을 있는 그대로 파악·재현하려는 '자연주의'요 '철저한 아의 배제'라고 한다. 그리고 자연에 즉응하는 조화, 평범하고 조용한 효과를 노린다고 하면서 그 모든 것에 무관심한 것을 무아무집의 철학이라고 한다.[16] 김원룡은 이러한 특성을 돌이켜보면 결국 한국미술은 인공을 회피하는 자연에의 순응, 자연적인 것에서의 기호로 특징화할 수 있고, 그것은 결국

자연적인 것에 미의 기준을 두는 자연주의 테두리 안에 들어가는 것이라고 본다.[17]

김원룡이 말한 '자연주의'에 대해서는 비판적인 시각이 있지만, 그는 주로 자연성을 강조하는 도가적 입장에서 한국미의 특질을 논하고 있다.

이상 다양한 인물들이 거론한 한국미를 통해 한국미의 특질이 전반적으로 무엇인지와 한·중·일 삼국의 차이가 무엇인지 등을 알 수 있었다. 하지만 이상 거론한 한국미에 관한 논의들은 철학과 미학 측면에서 심도 있게 거론한 것은 아니다. 이런 점에서 우리는 조요한의 한국미에 관한 담론을 볼 필요가 있다. 왜냐하면 한국미에 관해 철학·미학적 관점에서 실질적인 분석을 하고 있기 때문이다. 조요한의 분석을 통해 한국미 특질 형성에 유가와 도가사상이 어떤 영향을 주었는지를 알 수 있다.

4

-

조요한의 한국미 특질에 관한 철학·미학적 관점

1) 조요한의 한국미학과 한국미 이해의 출발점

조요한은 외국은 물론 한·중·일 삼국을 비교할 때 한국미의 특질이 무엇인가를 실질적으로 접근하고자 한다. 이에 디트리히 젝켈Dietrich Seckel의 '대립적 변이들'에 주목하고,[18] 특히 텐느Hippolyte A. Taine가 말한 방법론에 주목한다. 조요한은 텐느가 말한 예술작품의 이해를 위한 세 가지 기본적인 요인 즉 첫째, 선천적 또는 유전적으로 구비된 인간의 기질과 신체의 소질인 '종족[la race]'과 둘째, 그 종족을 둘러싼 자연적 또는 사회적인 환경인 '외적 상태의 총화[le milieu]'와 셋째, 과거의 작가 또는 사상이 후기의 작가와 사상에 영향을 미치는 '시대[le moment]'의 문제를 구체적으로 한국예술의 정신에 적용한다. 조요한은 텐느의 '밀리[milieu]'와 관련하여 '한국의 자연과 그 아름다움'을 고찰하고, 종족의 문제와 관련해 '한국인의 이상과 그 아름다움'을 더듬고, 시대적 문제와 관련시켜 '한국미의 역사적 전승'을 검토한다.

이 밖에 한국인의 예술은 보링거가 말한 이른바 자연과의 친화관계에서 형성되었다고 보며,[19] 무속신앙·도교·유교를 막론하고 한국인의 삶의 자세에는 자연 사랑과 자연과의 조화가 그 기조에 깔려 있다고 본다.[20] 결론적으로 인간 자체가 자연의 일부임을 자각하는 바탕에서 한국의 모든 예술작업이 출발했다고 말할 수 있다고 본다.[21] 이 같은 조요한의 이해는 어느 한 분야에서 한국미 특질을 규명한 것이 아니라 전방위적 차원에서 융복합적으로 규명하였다는 점에서 의의가 있다. 특히 철학과 미학의 관점에서 접근하고 있다는 점에서 앞서 거론한 인물들과 차별상을 보인다.

그럼 조요한의 한국미 특질 규명의 구체적인 언급을 보자.

> 한국은 삼국시대로부터 한나라에서 유儒·불佛·도道 사상을 받아들여 한국인의 사고와 생활에 적용해 현실을 헤쳐나갔다. 한국인은 자기의 정체성을 발견하고 도덕적 자아를 세우고 '예로써 남을 대하는 일[극기복례克己復禮]'을 축으로 하여 '우주의 존재와 인간 사이의 연결성[천인합일天人合一]'을 세우는 것은 유교와 도교의 가르침에서 얻었다.[22]

유가에서 마음 드러냄과 행동거지를 단적으로 규정하는 '극기복례'와 동양에서의 인간과 자연의 관계를 '천인합일' 등의 철학적 사유를 통해 한국미 특질을 규명한 것은 여타 인물들과 다른 접근 방식인데, 조요한의 한국미 특질을 규명하는 데 특징을 드러내는 것 중 하나는 무교에 주목한다는 것이다.

> 우리나라에는 유·불·도의 삼교가 잘 융합되어 공존해 내려왔다. 그러면서도 한국문화는 유교의 남성적인 것과 무교의 여성적인 것이 잘 조화되어 무리 없이 내려왔다. 유교는 절제와 예법으로 우리의 감정을 억제하고, 이성적 생활을 강조한다. 그러나 무교는 우리의 무의식까지 개방시키는 엑스터시를 오히려 용인한다… 한국인은 유교의 남성적 엄격주의를 무교의 여성적 포용성으로 중화시켰다… 남성적 유교의 엄격함과 여성적 무교의 황홀함이 잘 조화를 이룬 것이 한국미의 특징이다.[23]

한국인의 묘합妙合적 성격을 강조하는 조요한은 한국예술에서의 비균제성은 북방 유목민의 삶에서 형성된 무교적 영향에서 유래되었고 그것과 관련하여 신바람이, 자연순응성은 남방의 농경문화에서 유래되었고 그 결과 질박미라는 한국예술의 양대 특성이 형성되었다고 한다.[24] 이에 조요한은 '동양의 아름다움은 동양미학으로 이해해야 함'을 요구한다.[25]

> 동양의 아름다움은 동양미학으로써만 이해된다는 사실을 주장하고 싶다. 동양에서는 기교보다는 고졸을, 화려함보다는 소박한 것을 높인다. 구도나 색채보다는 '기운생동氣韻生動'을 높이 본다. 서양인과 서양문화에 젖은 사람들이 동양의 아름다움을 이해하려고 하면 동양미학부터 이해해야 한다.[26]

> 자연순응의 인생관과 무속신앙으로 헤쳐나온 지혜가 그 밑에 깔린 한국예술의 정신을 미학적으로 어떻게 고찰하고, 그것의 미학적 범주를

어떻게 설명해야 할 것인가 하는 점이 우리에게 부과된 임무라고 필자는 생각한다.[27]

조요한의 말은 우리가 동양예술 특히 한국예술을 이해할 때 요구되는 가장 핵심적인 내용이다. 한국미의 특질을 이해할 때 서양인의 눈이 아닌 우리의 눈으로 봐야 한다는 지적은 기존의 한국미 특질 규명에 대해 철학적 접근을 요구한다는 사유다. 이상 동양미학의 중요성을 강조하는 조요한의 유가미학과 도가미학에 바탕한 한국미에 관한 견해를 보자.

2) 유가미학에 바탕을 둔 한국미 분석

『논어』「술이述而」의 "도에 뜻을 두고, 덕을 근거 삼아, 인에 의지하고, 예에서 노닐어라"[28]라는 '유예遊藝' 정신[29]은 유가사상을 기반으로 한 삶을 살았던 한국과 중국의 지식인들의 미의식 형성에 많은 영향을 주었다.[30] 아울러 이런 '유예' 정신은 한국의 선비들의 인격미이고 생활미라고 본다. 구체적인 예로 서예를 드는데, 서예는 형사形似에 있지 않고 정신에 있는데, 가슴속에 문자향文字香과 서권기書卷氣가 있어야 청고淸高하고 고아한 뜻이 풍긴다는 추사 김정희의 서론을 든다.[31] 아울러 마음속에 유교에 터를 두고 있으나, 속기에서 벗어나는 도교와 불교를 함께 수렴하면서 '유예' 정신에 의해 덤덤히 살아가는 인격의 세계를 강조한다.

결론적으로는 이는 조선조 선비들이 지향한 이상이라고 한다.[32] 다른 측면으로는 조선백자의 청초함은 유교적 생활철학을 나타냈다고 한다.[33] 조요한은 조선백자는 맑은 하늘 밑의 백민白民을 상징하듯이 기품 있는 아름다움을 지니고 있는데, 그것은 유교의 영향으로 마음의 청정淸淨을 희구했던 선비다운 자부심을 잘 나타냈다고 본다. 그리고 초기에는 명나라의 것과 비슷한 문양을 넣었으나, 점차 중국과 달리 여백이 많고 간결하고 소

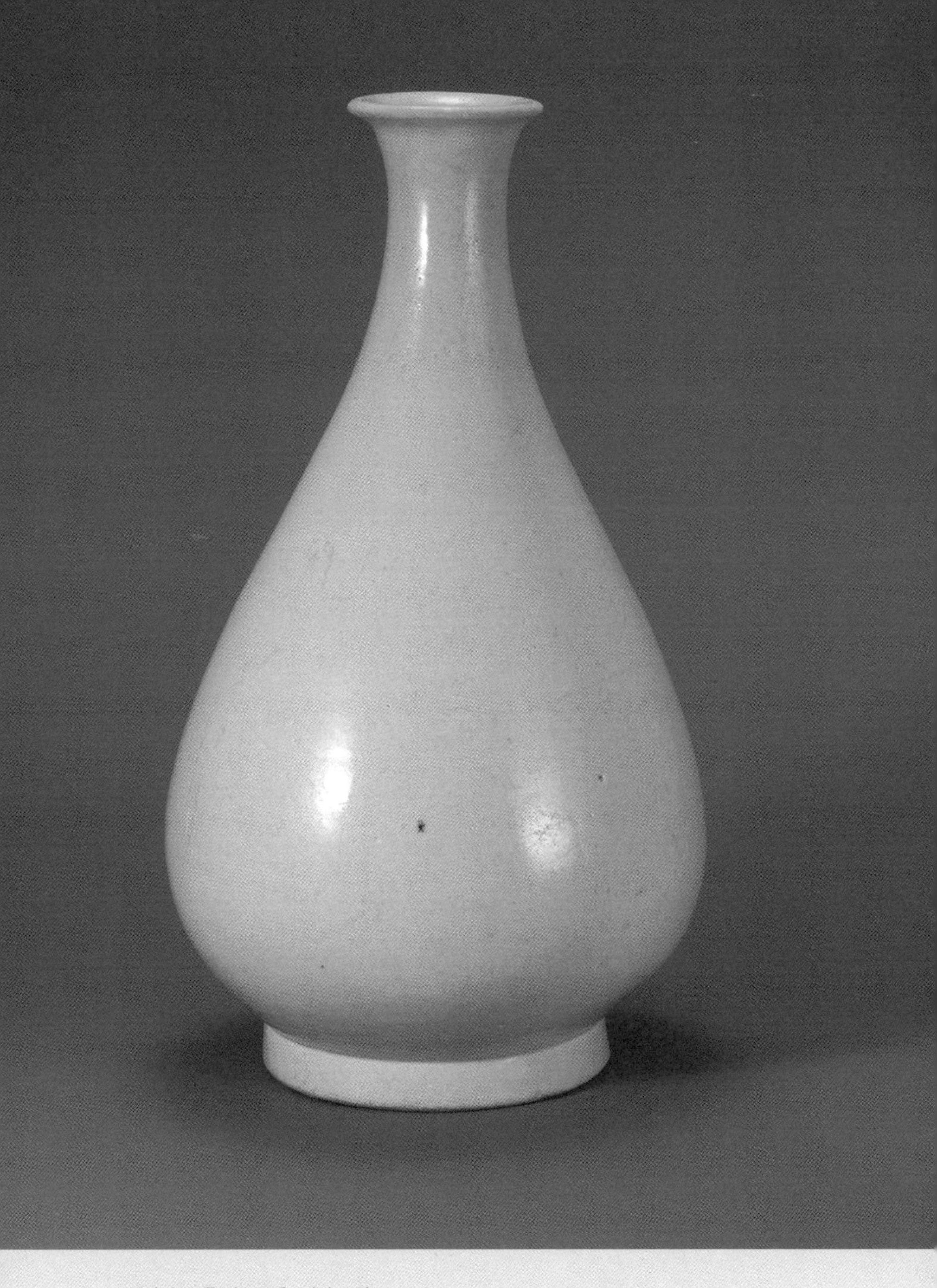

백자병, 보물 제1054호, 개인 소장
성리학의 '존천리, 거인욕' 철학을 가장 잘 보여주는 것은 백자다.

박한 회화적인 문양을 많이 채택하여 조선백자의 소박미를 잘 나타내었다고 본다.[34] 조요한의 말대로 조선백자의 청초함이 유교적 생활철학과 매우 밀접한 관련을 갖는다는 것은 맞다. 성리학의 대명제인 '존천리, 거인욕' 사유의 백미가 바로 백자이기 때문이다. 이 밖에 그림의 담묵淡墨과 시詩의 심의心意가 하나가 되어 결과적으로 선비의 기품이 간결하고 담백하게 나타내는 것을 조선조 시·서·화 일치의 표현양상이라 본다.[35]

조선조 선비들이 추구한 극기복례 및 '존천리, 거인욕'의 삶과 그 철학적이면서 미학적 삶에서 출발한 예술에 담긴 인품의 고고함과 우아함에 대한 조요한의 이해는 정확하다. 백자를 비롯한 시서화에 담긴 미의식은 이처럼 유가가 지향한 철학과 미학이 듬뿍 깔려 있기 때문이다. 이런 평가는 유가 선비들의 '경외적 삶'에 대한 미학적 이해다. 그런데 유가 선비들은 앞에서 본 것처럼 '경외적 삶'만을 산 것은 아니다. '경외적 삶'과 대비되는 '쇄락적 삶'이 있었고 또 유가와 도가를 묘합한 은일적 삶이 있었다. 이런 점은 조선조 선비들의 삶과 미의식을 단순 유가사상으로만 설명하기에는 부족한 점이 있다. 이에 도가철학과 미학에 바탕한 한국미를 분석할 필요가 있다.

3) 도가미학에 바탕을 둔 한국미 분석

자연관은 어떤 민족이건 그 민족의 미의식 형성에 지대한 영향을 주었다. 조요한은 이런 점에서 한국미 형성과 관련된 도가사상의 영향에 대해 다음과 같이 말한다.

> 한국인의 자연관은 중국에서 전래된 유·불·도 사상의 영향에서 이루어졌다. 불가는 불살생不殺生의 계율과 대자대비大慈大悲의 교리에 따라 인간의 허망한 자연 착취의 욕심을 버리라고 했고, 유가는 하늘이 명하

는 것이 본성[천명지위성天命之謂性]이라 보았고, 천·지·인의 합일을 말했다. 그러나 이 두 가르침보다는 도가의 사상이 한국인의 자연관 형성에 더 많은 영향을 주었을 것이다. "인간이 땅을 따르고, 땅은 하늘을 따르고, 하늘은 도를 따르고, 도는 자연을 따른다[인법지人法地, 지법천地法天, 천법도天法道, 도법자연道法自然]"(『도덕경』 25장)의 가르침을 한국인은 어느 나라 사람보다 소중하게 생각했다.[36]

도가사상이 한국인의 자연관 형성에 더 많은 영향을 주었다는 점은 한국미의 대표적인 특질로 거론되는 자연미 중시와 관련이 있다. 이런 점에서 조요한은 한국예술의 특징으로 꼽는 인위적인 꾸밈이 없는 자연과의 합일을 말하고 있는 '멋', '무기교의 기교', '소박미'는 도가적인 것과 일치한다고 본다.[37] 이런 '순천順天'의 자연순응적인 도법자연 사상을 집을 짓고 정원을 가꾸는 것에도 적용한다.[38] 아울러 구체적으로 조원造苑에서의 '지형에 맞게 적절한 대책을 세운다[인지제의因地制宜]'는 사유를 말한다.[39]

조요한의 이런 분석은 철학과 미학 측면에서 볼 때 맞는 말이다. 물론 단순히 공간 선택의 차원에만 초점을 맞추어서 이해하면 안 된다. 동양에서는 그 공간에 살았던 인물이 어떤 인물이었는가에 따라 그 공간에 자리 잡은 건축물에 대한 평가도 달라지는 일종의 '택여기인宅如其人'의 사유도 있기 때문이다. 공자는 '인자한 사람이 사는 곳이 아름답다[리인위미里仁爲美]'[40]를 말한 적이 있는데, 이런 사유는 공간 선택에서의 형세론形勢論 측면과 관련해 동양의 공간에 대한 인식에서 매우 중요한 의미를 지닌다.[41] 조요한은 한국의 정원미에 대한 결론으로 노자가 말한 '박으로 돌아가라'는 복귀사상을 말한다.

노자는 "만물을 애양하면서도 주인이 되지 않으면 가히 이름하여 크다고 할 수 있다[만물애양이불위주萬物愛養而不爲主, 가명위대可名爲大]"(『도덕경』

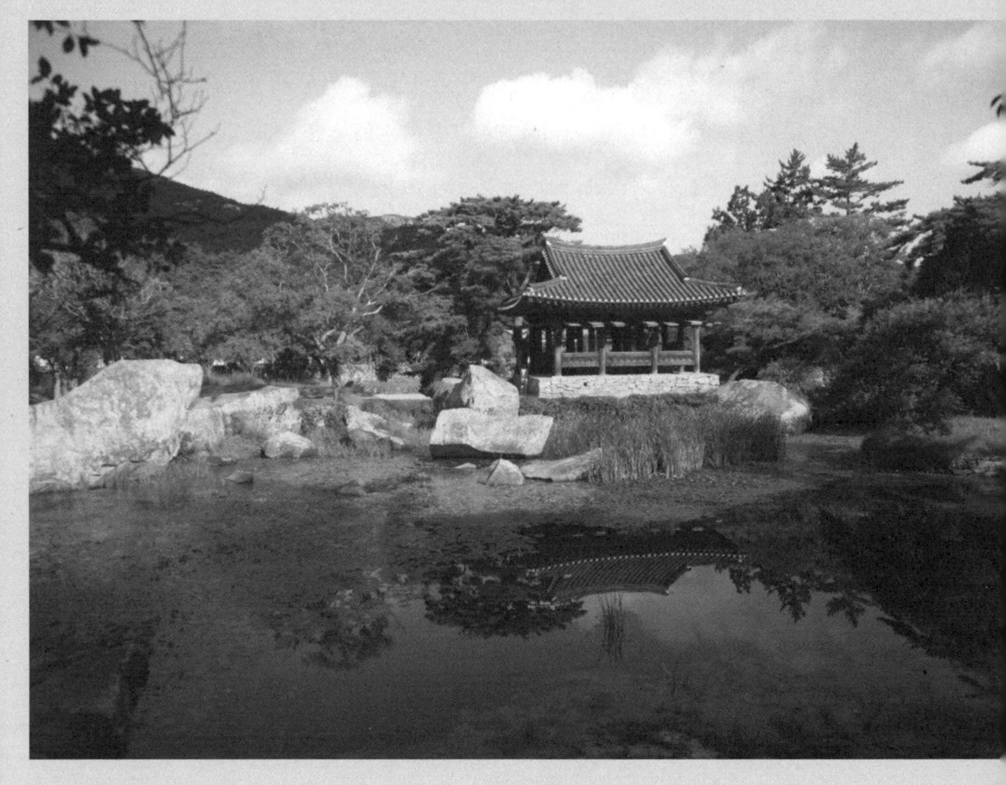

윤선도가 설계한 세연정洗蓮亭

전라남도 완도군 보길면에 있는 세연정은 윤선도가 지은 정자다. 자연 연못을 중심으로 자연을 최대한 살리면서 인간이 거처할 최소한의 공간만 꾸몄다. 너른 공간은 아니지만 선유경仙遊境을 연출하기에는 무리가 없다.

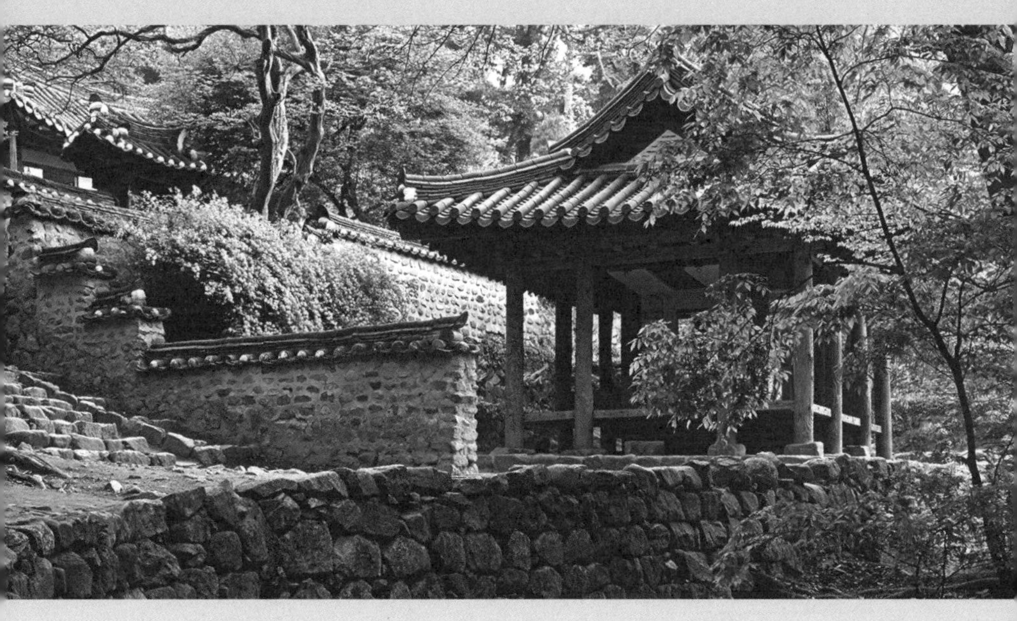

소쇄원의 광풍각
자연에 순응하고 그 자연과 합일하고자 한 한국인의 마음의 정원[심원心園]을 가장 잘 보여준다.

> 34장)고 했는데, 자연의 아름다움만을 앞세워서 인공을 가하지 않고, 또 내 것이라고 주장하지 않을 때 위대한 자연미가 나타날 것이다. 그것이 '소박한 상태로 돌아가는 것'이 될 것이다. 한국의 정원미는 중국정원처럼 인공에 의하여 창조되는 것도 아니고, 일본 정원처럼 자연을 주택의 마당에 끌어들여서 주인행세를 하는 것도 아니다. 한국 정원의 이상은 소박함으로 돌아가는 것이다.[42]

조요한이 한국 정원미의 핵심으로 노자가 말하는 '소박의 상태로 돌아가는 것[복귀어박復歸於樸]'을 거론하는 것은 한국인의 삶의 방식과 공간에서 지향하는 친자연親自然적이면서 순자연順自然적 사유 및 인간은 자연의 일부분에 지나지 않는다는 사유를 동시에 반영한 것이라 할 수 있다. 이상 본 바와 같이 조요한이 유가사상과 도가사상 측면에서 한국미의 특질을 분석한 것은 철학·미학적 측면에서 한국미를 균형감 있게 이해하는 데 도움을 준다. 특히 무교와 관련지어 이해하는 점은 여타인과 차별상을 보인다.

조요한도 지적한 바와 같이 동양예술정신에서는 『논어』의 '유예' 정신과 더불어 전통적으로 문인화[혹은 유화儒畵]와 화원화를 구분하면서 천재적 기교보다는 작품의 기운생동과 작가의 인품을 우선적으로 강조하는 사유가 있다. 더 나아가 천인합일을 가장 이상적으로 보는 자연관 혹은 우주관이 있다. 기교의 능숙함과 관련된 신품神品보다는 작가의 정신성과 기교와 법도 및 형사에 얽매이지 않는 무위자연의 일품逸品을 더 우선시하는 사유를 보인다. 따라서 이런 점에 대한 심도 있는 이해가 있을 때 동양미술 혹은 한국미술에 담긴 미의식을 제대로 이해하고 평가할 수 있다. 즉 서양의 눈으로 보느냐 아니면 동양의 눈으로 보느냐, 동양의 눈으로 보더라도 동양미학의 지향점을 알고 보느냐 그렇지 않느냐에 따라 동일한 유물이라도 판단 기준이 달라질 수 있다. 더 나아가 이런 점은 한·중·일 삼국에서 자연에 순응하는 성격이 강한 한국미술을 평가하는 데 더욱 중요한 의미를 지닌다.

이상 한국미에 대한 다양한 견해를 검토한 결과 수학적 균제미나 비례, 중화 사유에 의한 우아미와 정제미 혹은 고전적 아름다움을 가진 유물들에 대한 평가는 표현하는 용어는 달라도 유가가 지향하는 미의식에 근접하고 있다. 하지만 무기교의 기교, 무계획의 계획, 자연미 혹은 소박미를 근간으로 하는 유물들, 이른바 도가미학 차원에서 접근해야 그 의미가 제대로 드러나는 유물들은 미적 기준을 어디에 두느냐, 어떤 관점에서 이해하느냐에 따라 달리 이해될 수 있는 부분이 있었다.

5

한국의 전통적 미의식 형성에 끼친 유가·도가사상

이상 논한 한국미에 관한 외국인과 한국인의 한국미를 논한 미적 범주를 정리해보자. 일단 유가사상과 관련된 미의식을 보자.

유가미학에서 추구하는 것은 온유돈후溫柔敦厚함과 중용에 입각한 중화미와 아미雅美다. '괴력난신'을 말하지 않았던 공자는 '아雅'를 통해 자신이 지향하는 미의식을 드러낸다. 정正[43] 혹은 상常의 의미를 갖는 '아'는 유가적 미의식을 대표하는 단어다.[44] 순자는 학문과 인격 수양 등 인간의 인위적 노력을 통해 미적 경지를 이룬다는 점에서 '온전함[전全]'과 '순수함[수粹]'이란 개념을 제출하고[45] 또 행동거지를 예禮와 관련지으면서 '아'를 통한 유가가 지향하는 미의식을 말한다.[46] 중화미와 아미의 근간에는 극기복례와 '주일무적主一無適'의 주경主敬 사상 및 '존천리, 거인욕'의 금욕주의 사유가 깔려 있다. 『대학』의 "성어중誠於中 형어외形於外"의 사유와 관련된 무자기毋自欺와 신독愼獨 정신이 담겨 있다. 『주역』 「곤괘坤卦·문언文言」에는 "군자는 경으로써 안을 곧게 하고, 의로써 밖을 방정하게 한다"[47]라는 것을 말하는데, 이런 사유는 유가 선비들의 삶의 근간이 되었고, 그들의 예술창작에도 그대로 적용되었다. 여기서 '군자'를 '예술가'로 바꿔도 전혀 문제가 되지 않는다. 한국미 특질은 논하는 데 이런 점에서 접근한 인물은 정도 차이는 있지만 안드레 에카르트, 윤희순, 김용준 등이다.

여기서 김용준이 한국미의 정신요소로서 말한 고담枯淡은 눈여겨볼 필요가 있다. 퇴계 이황은 자신의 시의 세계를 '고담'이라고 평가하는데,[48] 이런 고담과 관련된 예술정신은 그의 서예창작에도 그대로 적용된다. 이런 점과 더불어 퇴계의 인물됨됨이와 행동거지 및 서체書體의 특징을 보여주는 '힘차고 건실하면서 방정하고 엄숙한 것[경건방엄勁健方嚴]', '방정하고 바르면서 단아하고 후중한 것[방정단중方正端重]', '단아하면서 힘이 있고 우아하면서 후중한 것[단경아중端勁雅重]', '방정하면서 엄숙하고 정제되면서 고른 것[방엄정제方嚴整齊],' '단아하면서 후중하고 굳세면서 긴밀한 것[단중주긴端重遒緊]' 등은 유가적 차원에서 한국미술이 지향하는 근본 미의식과 닮아 있다.

퇴계의 이런 미의식은 이른바 '이발理發'적 미의식의 다른 양태다. 즉 퇴계의 예술정신을 이기론理氣論 차원에 적용하면, 일종의 '이발적 예술정신이라 할 수 있다.[49] 한국미술에 나타난 유가예술의 정수는 바로 이런 이발적 예술창작의 결과물인 경우가 많다.[50] 철학·미학적 측면에서 볼 때 한국인이 백색을 좋아하는 이유는 바로 이런 점과 관련이 있다. 이발적 예술의 다른 층차에 속하는 '문의 내용으로 유가 성현의 말씀[도]을 싣는다[문이재도文以載道]' 사유는 조선조 유학자들의 서화 인식과 창작에도 적용되어 일종의 '화이재도畵以載道', '서이재도書以載道'라는 식으로 나타났다.[51]

도가사상과 관련해 한국미의 특질을 이해할 때 가장 어려운 말은 '무기교의 기교' 혹은 '무계획의 계획'[52] 등이다. 이런 점을 좁혀서 "참으로 위대한 기교는 졸렬한 것 같다[대교약졸大巧若拙]"에 관한 이해를 통해 살펴보자. 『노자』 45장에서 말한 '대교약졸'의 '졸'을 이해할 때 단순히 '치졸稚拙하다'는 차원의 졸로 보느냐 아니냐는 매우 중요하다. '약졸'과 '즉졸卽拙'은 다르다. '즉졸'은 '곧 졸이다'라는 말이다. 동양미학 범주 가운데 매우 독특한 개념이 '약졸로서의 졸'이다. '약졸'은 '졸 같다'라는 것이지 '치졸한 졸 그 자체'는 아니라는 것이다. '졸 그 자체'는 치졸하고 생경한 것을 의미한다. 하지만 '졸 같다는 것'은 결국 형태적으로는 졸 같지만 절대 치졸한 것이 아니고 '치졸한 것처럼 보인다'는 것이다. '약졸로서의 졸'에 대한 심도 있는 이해가 수반되지 않으면 한국미 특질로 이해되는 '무기교의 기교', '무계획의 계획'을 포함하여 '미추 이전의 미' 등을 제대로 이해할 수 없다. '대교약졸'에 관한 이해를 왕필王弼의 이해를 통해 보자.

> 참으로 위대한 기교는 자연스러움에 인하여 기물器物을 만드는 것이지 인위적 조작을 통해 이상한 것을 만들지 않는다. 그러므로 졸한 것 같다.[53]

노자는 '박이 흩어지면 그릇이 된다[박산즉위기樸散則爲器]'와 '박으로 돌아가라[복귀어박復歸於樸]'는 것을 말하는데,[54] '기器'는 인간이 인위를 가미해 만들어진 결과물 즉 '구체적인 형태'를 갖춘 인위적 예술작품이다. 그런데 만들어진 기물이 인위적 냄새를 갖느냐 아니면 자연스러움을 담고 있느냐 하는 것에 따라 평가되는 것이 다르다. '이상한 것'은 공장工匠의 인위의 결과물로서 원형인 박이 흩어진 것이나 깨진 것을 의미한다.[55] 이런 점에서 노자는 '소박함을 드러내고 박을 껴안아라[현소포박見素抱樸]'[56]라는 것을 말하고, 장자는 소박미素樸美를 최고의 미로 삼는다.[57]

그런데 '문질빈빈文質彬彬'을 추구하는 유학의 입장에서 볼 때 장자가 최고의 아름다움으로 여기는 '소박'은 한쪽 면만을 강조하는 문제가 있다. 하지만 그 '소박함'이 인위가 가지고 있는 문제점을 인식하고 난 이후의 사물의 본성과 원형에 담긴 아름다움에 대한 회복이란 점에서 접근하면 달리 이해될 수 있다. 즉 노장에서 자연을 강조하고 소박을 강조하는 것이 지나친 인위가 갖고 있는 문제점의 극복 차원으로 이해할 수 있다면 소박함과 졸박함에 대한 새로운 이해가 가능하다는 것이다. 동양예술에서는 주로 이런 입장에서 소박함과 졸박함을 이해하고, 이런 점을 가장 잘 표현하고 있는 것이 한국인이 지향한 아름다움이다. 즉 '복귀어박'에서의 '복귀'는 이런 점을 상징한다. 노장이 '영아嬰兒'[58]와 '적자赤子'[59]를 강조하는 것도 이런 차원에서 이해해야지 진짜로 '영아'와 '적자'가 되라는 것은 아니라는 것이다.

인위적 기교를 부려 기물을 만들고 그것에 외적 아름다움을 담아내고자 하는 의식을 제거하고 사물의 뿌리와 참모습으로 돌아가라고 하는 '복귀어박'에서의 박은 미추로 분별되는 '기器'로 나누어지기 이전의 자연의 참모습이다.[60] 한국미는 이런 자연의 진솔하고 소박한 참모습을 담아내고자 했다. 이런 점에서 우리가 먹는 음식의 많은 내용물이 자연에서 난 그대로의 자연 상태를 거의 그대로 유지하면서 먹는 점에도 유의할 필요가 있다. '박산樸散'의 '산'이 아닌 '박'의 상태를 그대로 유지하면서 먹는 음식문화는 당연히 한국인의 문화예술 유전자의 한 부분이 되었을 것이다.[61]

여혜경呂惠卿은 '대교약졸'에 대해 "조물자가 행하는 참으로 위대한 기교는 뭇 사물의 형태를 새기고 조각하지만 인위적 차원의 기교됨은 아니다. 그러므로 졸렬한 것 같다"[62]라고 주석한다. 『장자』「대종사」에서는 조물자의 작용에 대해 "하늘과 땅을 덮고 싣고, 뭇 사물의 형태를 새기고 조각하지만 인위적 차원의 기교됨은 아니니, 이것은 '노는 경지[유遊]'일 뿐이다"[63]라 하고, 『장자』「천도」에서는 "하늘과 땅을 덮고 싣고, 뭇 사물의 형태를 새기고 조각하지만 인위적 차원의 기교됨은 아니니, 이것을 일러 '자연의 즐거움[천락天樂]'이라 한다. 그러므로 자연의 즐거움을 아는 자는 그 생겨남도 하늘의 운행이요, 그 죽음도 사물로 '화化'하는 것이다"[64] 라 한다. 장자가 말하는 조물자의 '유遊'와 '천락天樂'의 경지는 '대교약졸'이 지향하는 궁극적 경지의 다른 차원에 해당한다. 한국미의 특질로 말해지는 무기교의 기교도 바로 '유'와 '천락' 등과 관련되어 있다. 즉 무기교의 기교는 '유'의 기교이며 '천락'의 기교이다.

예술작품을 창작할 때 숙련된 기교가 뒷받침되지 않는다면 미적 보편성이 담긴 예술작품이 될 수 없다. 중요한 것은 기교부림과 관련해 동양에서는 인위적 기교를 부리되 그 기교가 인위적 기교가 아닌 자연스러움의 경지에 이른 기교여야 함을 말하는 것이다.[65] 망령되이 인위적 차원에서 무엇인가 목적의식을 가지고 기물을 만드는 유위적 차원의 기교를 '덜고 덜어 무위 차원[위도일손爲道日損]'에 이르는 무위자연의 기교에 나아가야 하며,[66] 아울러 『장자』 「양생주」의 포정해우庖丁解牛 고사에 나오는 '도의 경지에 나아간 기교' 혹은 '자연의 결[천리天理]'을 따르는 기교여야 한다.[67] 이처럼 궁극적으로는 도를 표현하고자 한 '무기교의 기교', '무계획의 계획'은 목적지향적인 '유심有心'의 경지나 '형사'적 측면 그 자체에 머무르면 제대로 파악할 수 없다. 이식재李息齋의 주석을 보자.

> 공교로움과 졸렬함은… 모두 사물의 형사적 측면을 드러낸다. 오직 도는 이름할 수 없으니 형사로 구한다면 도의 본질을 얻을 수 없다… 그러므로 비록 기교가 졸렬한 것 같더라도 그 기교는 '마음'으로 하는 것이 아니다.[68]

한국미의 특질은 '무명無名으로서의 도' 혹은 '대상무형大象無形으로서의 도'[69]를 표현하고자 하는 것에 있다. 형신론으로 말하면, 신사와 무심의 경지를 표현하고자 한다. 이식재가 말하는 '마음'은 부정적인 마음으로, 장자가 말하는 '무기無己'의 마음이 아닌 무엇인가 하고자 하는 목적의식을 담고 있는 마음이다. 다른 의미로 말하면 미추·선악·시비를 가리는 분별지의 마음을 의미한다.

무기교의 기교와 관련된 대교약졸은 '아해 같은 어른'의 창작행태와 관련이 있다. 『노자』 28장에서는 "영아로 복귀하라"는 말을 한다. 왕필은 "영아는 인간의 미추판단의 분별지를 사용하지 않고, 미추를 나누지 않는 자연의 지혜로움에 합한다"[70]라고 주석한다. 여기서 '인간의 지혜를 사용한다는 것'을 미학적으로 이해하면, 미추의 분별의식을 담아서 사물을 이해한다는 것이다. '자연의 지혜로움'은 미추를 나누지 않는 지혜로움으로, 일종의 귀천·시비·미추·선악의 구별을 두지 않는 '현동玄同'[71]의 지혜로움이다. 아울러 분별지를 사용하여 분석하거나 분별하지 않는 참된 바보의 경지인 '우愚'[72]의 경지다. 이런 미의식은 때론 야일미野逸美가 듬뿍 담긴 작품으로 나타나곤 하는데 한국의 유물에서는 이런 점을 많이 확인할 수 있다.[73]

이 밖에 한국미의 특질로 거론되는 한아閑雅에서의 '한閑'을 비롯하여 '소산간원蕭散簡遠'의 미의식 등은 사상적으로 볼 때 유가와 도가가 복합적으로 담겨 있다. '담淡'[74]이나 '한閑',[75] '청淸'[76] 등은 원래 도가적 경향성이 강한 용어다. 평소 거처함에도 게으르거나 나태하고 제멋대로 행동하는 것을 용납하지 않았던 경외적 삶을 산 공자나[77] 신독愼獨을 통해 자신의 몸과 마음을 단속했던 유가는 '한閑'자를 좋아하지 않는다. 그런데 송대 이후 심원心遠을 말한 도연명陶淵明을 높이는 유학자들은 유가와 도가를 융합하는 차원에서 '담'과 '한'[78] 및 '청'을 사용하여 자신들의 심리상태, 삶의 방식 및 미의식을 드러내곤 하였다. 즉 '담'의 경우 유가의 '존천리, 거인욕'의 '윤리도덕 차원의 담'과 도가의 '허정지심虛靜之心으로서의 담'의 구별은 있지만, 때론 두 가지가 혼용되어 그 경계가 불분명할 때가 많았다. 한국인은 이 두 가지 점을 복합적으로 묘합시킬 줄 알았다. 즉 도가적 경

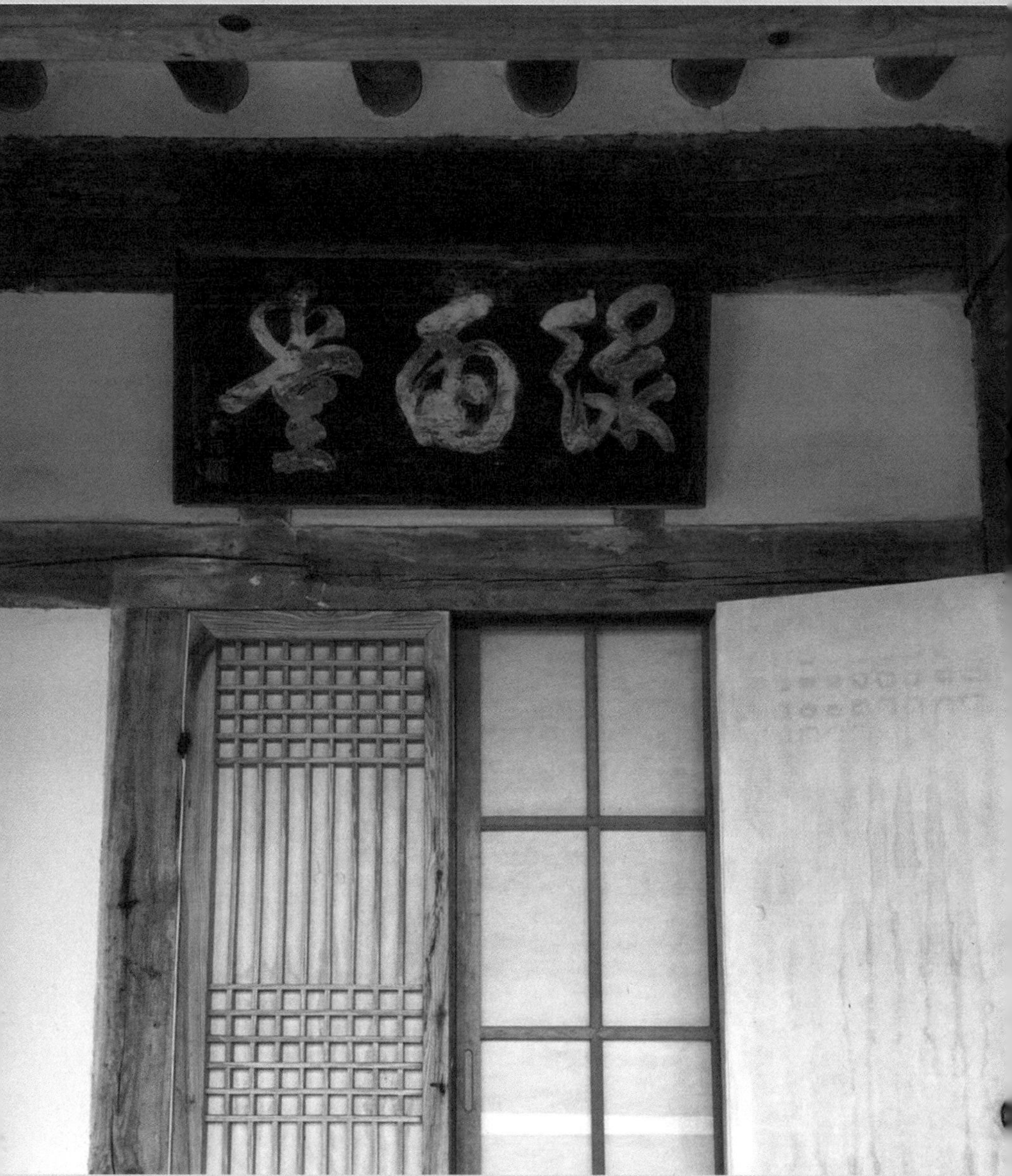

이서李漵, 〈녹우당綠雨堂〉 편액
동국진체東國眞體 창시자로 일컬어지는 이서가 물이 흐르는 듯한 필획으로 쓴 해남윤씨海南尹氏 어초은파漁樵隱派 종택의 〈녹우당〉 편액이다. 왼편 구석에 옥동玉洞이라 쓰여 있다. 이런 편액은 주로 방정한 해서로 많이 쓰는데, 이서는 이곳에서 사는 사람들이 지향하는 은일적 삶과 자유로운 심령, 그리고 주변 덕음산德蔭山의 풍광에 어울리게 행운유수行雲流水의 맛이 있는 우졸愚拙한 서체를 택했다. 필자는 이 우졸미가 한국미 특질 가운데 하나란 생각이다.

향성을 띠면서 아울러 유가적 미의식이 가미된 예술창작 즉 일종의 '밖으로는 유학적 삶을 살지만 안으로는 도가적 삶을 추구하는[외유내도外儒內道]' 삶을 예술작품으로 표현한 것이 많다는 것이다.[79] 마치 최치원崔致遠이 「난랑비서鸞郎碑序」에서 "나라에 현묘한 도가 있는데, 이것을 일러 풍류라 한다"[80]라 하면서 유·불·도 삼교 묘합성의 풍류미학을 전개하듯이 말이다. 그 풍류 속에는 묘합성과 생명성, 포용성, 무규정성, 활발발성 등이 복합적으로 담긴 '자유로움의 미학[유游]'이 내재되어 있다고 본다. 이런 복합적인 것들이 묘합되어 나타난 미가 바로 자연미의 특질이다.

이처럼 한국미의 특질은 '형사 너머'의 철학과 그 철학에 바탕한 형이상학적 미학이 담겨 있는데, 자연순응적 자연미에는 '복귀어박'의 다른 표현으로 이해될 수 있는 정신 즉 유희재가 말한 '인간의 인위적인 기교를 통해 자연의 참모습을 예술적 차원에서 다시 회복한다[유인복천由人復天]'라는 예술창작정신이 담겨 있다. '복천復天'하는 창작과정에 대교약졸의 미학이 담겨 있다. 따라서 단순히 '하늘을 설정하고 그것을 통해 인간이 행해야 할 길을 정한다[입천정인立天定人]'라는 차원에서 행해지는 재현 차원의 미와 다르고, 이런 사유는 복합적으로 한국미 특질로서의 자연미로 나타났다고 본다.

6

나오는 말

이상 기존에 행해진 한국미 특질에 관한 다양한 견해를 살펴보았다. 한 가지 아쉬운 것은 중국인이 심도 있게 살펴본 한국미 특질에 관한 연구가 없다는 것이다. 우리와 거의 비슷한 환경에 살고 있는 중국인은 과연 어떤 점에서 한국미의 특질을 발견할까? 중국인이 만약 화이관華夷觀에 입각한 중화주의中華主義적 시각을 버리고 객관적으로 한국미 특질에 대해 언급한다고 하면 차별화된 한국미 특질이 더욱 잘 드러날 수 있다고 본다.

나는 한·중·일 삼국이 지향한 미의식을 비교하여 말한다면, 한국미학의 특징의 하나로 순자연順自然 사유에서 출발한 노경老境의 미학에 대한 긍정적 인식을 들고 싶다. 중국도 노경의 미학을 긍정하지 않는 것은 아니지만 우리의 경우 더욱 강하게 드러났다고 본다. 중국은 '인위적 노경의 미학'이라면 우리는 '자연적 노경의 미학'이라고 말하고 싶다. 우리는 사계절이 순환 반복하는 자연환경 속에 살고 있다. 『주역』「계사전」에서 말하는 '생생지리生生之理'가 담겨 있는 '일음일양의 원리'와 '물극필반物極必反'의 원리가 작동되는 동양의 자연관에서는 나간 것은 반드시 되돌아온다고 본다. 한국미술의 특징으로 여겨지는 '선線'에 대한 이해도 이런 차원에서 접근해야 한다고 본다. 한국미 특질의 구체적 예에 해당하는 한국인의 '선'은 자연의 이치를 담고 있는 '선'으로서, 그것은 생명성과 변화성을 기반으로 하는 '활活'을 핵심으로 하면서 곡선의 형태로 존재하기 때문이다. 즉 자연에 순응하는 자연관의 형이상학적 측면이 예술적으로 드러난 것 혹은 일종의 '이형미도以形媚道' 차원이 예술적으로 승화되어 구체화된 것이 바로 '선'이라는 것이다. 나는 '선'이란 의미보다는 우주 대자연의 생명성과 연속성을 담고 있다는 점에서 '획'이라 하고 싶다. 사계절이 순환 반복되는 자연환경은 한·중·일 삼국이 거의 동일하지만 '금수강산'으로 상징되는 자연환경 속에서 '노경'의 자연스러움을 추구하는 순자연順自然 사유는 한국인에게서 더욱 강하게 드러난다는 것이다.

이런 점을 계절과 관련지어 이해할 때, 한국미를 탐구하는 많은 인물들이 한국의 자연환경을 거론할 때 특히 가을 하늘의 밝음과 맑음을 관련지어 이해하는 점에 주목할 필요가 있다. 되돌아옴을 상징하는 가을의 미학은 노경의 미학에 속한다. '고요함[정靜]'[81]과 '물러남[퇴退]'[82]을 상징하는 가을과 그 가을 하늘의 밝음과 맑음 말고도 가을이 갖는 인생의 원숙한 맛을 누구보다도 잘 알았던 민족이 한국인이었다. 한국인은 가을이란 계절이 주는 상징성으로서의 '고담枯淡'과 '물러남의 미학', '겸손함의 미학', '덜어냄의 미학', '소산간원의 미학'을 더욱 긍정적으로 보았다. '위도일손爲道日損'에서 출발한 대교약졸의 미학도 결국 노경의 미학인 셈이다.

이런 노경의 미학은 유가의 차원과 도가의 차원으로 이해할 수 있다. 유가적 차원의 노경의 미학은 '이발理發'의 미학으로 나타났다고 본다. 중국과 일본에 비해 맑은 심성 및 인품론과 관련된 화여기인畵如其人, 서여기인書如其人, 문여기인文如其人, 택여기인宅如其人 등을 강조하는 '이발'적 사유는 한국미에서의 아미雅美로서 담박淡泊과 소쇄瀟灑함을 통해 더욱 두드러지게 나타냈다. 담양 소쇄원의 광풍각光風閣과 제월당霽月堂, 도산서당 등은 이런 점을 상징하는 건축물이다. 그런데 오랜 시간과 경험의 축적에 의해서만 완성될 수 있고 또 이해될 수 있는 노경의 미학은 도가적 경향이 더 강하다.[83]

도가적 차원에서 보면, 노경의 미학은 중용이란 원칙을 정하고 '택선고집擇善固執'의[84] 분별지分別智에 의한 미추판단과는 일단 거리가 멀다. 노자식으로 말하면 인위적인 불변지와 기교 및 형태를 제거하고자 하는 '현동玄同', '우愚', '망忘', '손損', '무미無味'의 미학이다. 이런 점에서 본다면 한국적 자연미를 표현하는 무기교의 기교, 구수한 큰 맛, 무계획의 계획도 결국 순자연 사유에서 출발한 노경미학의 결과물이다.

이상 거론한 한국미의 특질의 하나로 거론한 자연순응적 차원에서 배태된 노경의 미학을 심도 있게 이해하려면 크게는 동양미학 좁게는 한국미학을 제대로 이해해야만 한다.

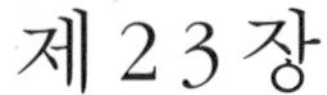

조선조 서화예술에 나타난 태극음양론

한 자루의 붓으로 우주의 원기를 나타낸다. [왕미]

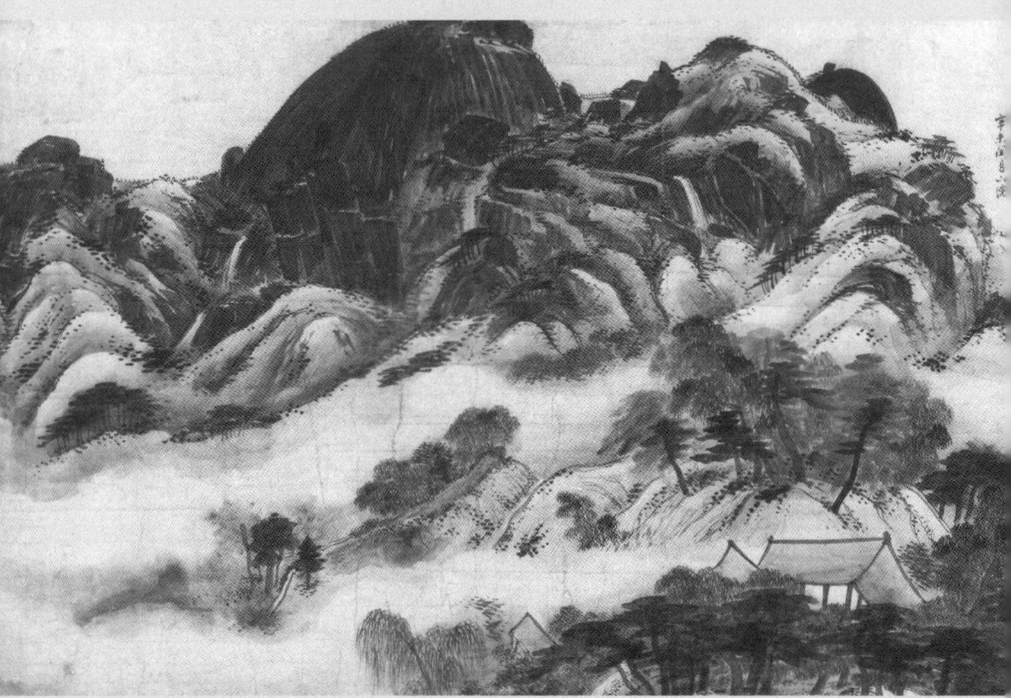

정선, 〈인왕제색도仁王霽色圖〉, 리움미술관 소장

비가 온 뒤에 맑게 갠 인왕산에 구름이 뭉게뭉게 올라오는 것을 그린 것으로, 원래 심환지의 "華岳春雲送雨餘, 萬松蒼潤帶幽廬, 主翁定在深帷下, 獨玩河圖及洛書. 深一作垂 壬戌(1802年) 孟夏下瀚 晩圃書"라는 화제가 있었다. 흔히 이 그림은 정선이 친구인 사천槎川 이병연李秉淵의 쾌유를 비는 차원에서 그렸다고 전해진다. 필자의 생각은 이와 다른데, '하도낙서'를 통한 심환지의 화평畵評이 이 그림의 핵심을 짚었다고 본다. 즉, '초여름(음력 4월) 하순'에 많은 비가 온 뒤 인왕산에 구름이 일어나면서 여름이 오는 기운을 담은, 때에 맞게 일어난 자연의 변화를 그린 그림이다. 『주역』「건괘」에서 말하는 '운행우시雲行雨施' 이후에 펼쳐진 대자연의 아름다움을 즉흥적으로 보여준, 흰 구름과 인왕산 적색의 음양대비가 뚜렷한 역동적인 그림이다. 주돈이의 뛰어난 인품을 '광풍제월光風霽月'이라 하듯 '제霽색'이 갖는 의미를 부여한다면, 비가 온 뒤 거인의 얼굴처럼 생긴 '인자한 왕의 산'인 '인왕산'이 갖는 맑고 깨끗한 아름다움을 순간적으로 포착하고 그린 것이다.

1

들어가는 말

한국을 대표하는 문양을 무엇이라고 할 수 있을까? 아마도 대부분 '태극'이라고 답할 것이다. 우리는 태극을 응용하여 국기를 만들고 부채를 만들고 기타 많은 곳에 응용한다. 이런 묘합妙合적 사유를 담고 있는 태극문양은 우리 민족만의 고유한 것이 아니다. 하지만 우리 민족은 그 태극도형을 오래전부터 매우 선호하였다. 신라시대에 건립된 감은사지感恩寺址 석각石刻에 이미 태극도형이 새겨져 있음을 볼 수 있듯이,[1] 태극에 내포된 음양사상은 우리나라 고대 문화유적이나 삶 속에 깊이 침투되어 있다.[2]

한국예술정신 혹은 미학의 정체성을 논할 때 우리만의 '고유한 미의식과 예술정신'이 있는가 하는 질문을 하곤 한다. 그것에 대한 우회적인 답으로 유승국이 한국 유학사상과 중국 유학사상의 차이점을 말한 것에서 찾아보자. 유승국은 한국 유학사상은 중국의 유학에 비하여 한국적 정신풍토와 사회적 여건, 민족사의 발전 과정이 다르므로 그 발전 양상도 다르게 나타났다고 한다.

> 사상적 동이를 말하면, 중국의 유학은 합리적, 윤리적 경향이 강하게 드러나지만 한국의 유학사상은 한민족의 전통적 기질인 고신도古神道적 신비성이 체질적으로 가미되어 있다. 단순한 합리성으로서의 법法[리理]을 넘어서 영감적 '묘妙[신神]'의 경지에 미도味到하려 한다. 최치원의 '현묘지도'나 원효元曉의 『십문화쟁론十門和諍論』에 보이는 '공空'과 '유有'의 모순을 '원융圓融'하려는 철학이라든지, 퇴계의 '이지묘理之妙'나 율곡의 '이기지묘理氣之妙', 화담花潭의 "화를 도외시하고서 묘한 경지를 말하는

> 것은 역을 아는 자가 아니다[외화이어묘外化而語妙, 비지역자야非知易者也]"라 한 '어묘語妙'나 『훈민정음』의 원리가 "지혜를 운용하여 힘써서 찾을 수 있는 것은 아니다[비지영이력색非智營而力索]" 하여 인간의 합리적 지성으로만 조직된 것이 아니고 자연의 묘리를 이룬 것이라고 한 말(『훈민정음 해례訓民正音解例·제자해制子解』 및 정인지鄭麟趾 서문) 등이 그것이다.[3]

여기서 주목할 것은 '묘妙' 및 '원융圓融'과 관련된 언급에 담긴 의미이다. '묘'는 흔히 '현'자와 함께 쓰여 '현묘'함으로 말해지는데, 이것은 형상이나 언어로 표현할 수 없는 형이상의 세계를 규명할 때 쓰인다. 두 가지 이질적 요소가 있을 때는 그것들의 묘합을 의미한다. 묘합은 음과 양의 묘합, 이와 기의 묘합 등을 들 수 있는데, '소리도 냄새도 없는[무성무취無聲無臭]' 도는 묘합적으로 존재한다. 태극은 대대對待 관계인 음양의 묘합으로 이루어져 있는데, 한국철학에는 이런 묘합의 사유가 많다는 것이다. 이런 점을 김형효金炯孝는 다양한 관점에서 논증하고 있다. 김형효는 한국정신사의 정신적, 유형적 범주인식을 순수성純粹性, 묘합성妙合性, 풍류성風流性, 인본성人本性, 현세성現世性, 가족성家族性, 애국성愛國性 등 7가지로 나누면서, 특히 한국철학은 어느 나라 철학보다 이 묘합과 합명合明의 논리에 강한 점을 나타내고 있다고 말한다. 묘합과 합명을 강조한 것은 일정 정도 타당한 견해다.[4] 물론 이 같은 유승국과 김형효의 언급이 과연 보편타당한 것인가 하는 문제제기를 할 수 있다. 하지만 나는 이 같은 언급에 수긍하면서 논지를 전개하고자 한다. 이 글에서는 한국의 회화, 서예 등에서 응용된 태극음양론의 흔적을 살펴보기로 한다.

2

한국 전통문화 및 예술에 나타난 태극음양론

동양의 예술가는 자연을 그리더라도 단순히 눈에 보이는 자연을 그리지 않았다. 마음속에 있는 자연, 마음을 담고 있는 자연을 그렸다. 동양의 회화를 사심화寫心畵, 사의화寫意畵라 하고, 서예를 '심화心畵'라 하는 것도 이런 점과 무관하지 않다. 다른 말로 말하면 심心, 의意를 강조하는 것에는 바로 철학과 미학이 담겨 있다는 말이다. 구체적으로 동양의 서예, 회화, 문학 등을 말할 때 천지자연의 조화를 스승으로 삼거나 도와 연계하여 말하는 것을 접할 수 있다.[5]

동양에서는 명화를 판별할 때 형사적 차원을 논하지 않고 그 작품이 도 혹은 천지자연의 이치를 얼마나 구체적인 형이나 색, 획을 통하여 담아냈는가를 본다. 이것은 동양예술에서의 궁극적인 경지나 근원은 바로 천지자연 혹은 도라는 것이다. 이 같은 점을 좀 더 구체적으로 말하면, 태극음양론에 입각한 도나 천지가 만물을 '낳고 낳으면서 그침이 없는[생생불이生生不已]' '천지지심天地之心'에 대한 체득을 통하여 얻은 생명의 감동을 표현하고 조형하는 데 동양예술의 특징이 있다. 이런 점들을 한국 전통문화 및 구체적인 예술작품을 통하여 확인해보고자 한다.

1) 회화에 나타난 태극음양론 : 정선의 〈금강전도〉

『도설경해圖說經解』라는 저서를 지었다는 말이 있을 정도로 『주역』에 매우 밝았고, 자신의 호도 『주역』「겸괘謙卦」를 본떠 '겸재謙齋'라고 지었다

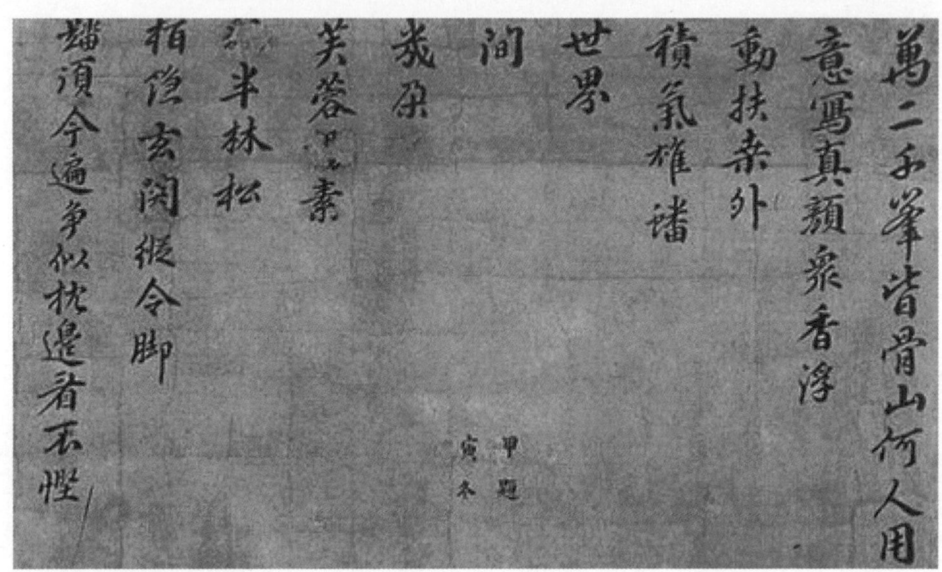

〈금강전도〉 화제

는 정선(鄭敾, 1676~1759)은 겨울 금강산[=개골산皆骨山]을 그 시점이 위에서 아래로 내려다보는 심원법深遠法[=부감법俯瞰法]을 사용하여 그리고 〈금강전도〉라 이름하였다. 그 그림 위에는 여타 화제들과 다른 매우 독특한 형태의 칠언율시七言律詩가 적혀 있다.[6]

만이천 봉 겨울 금강산의 드러난 뼈를
누가 뜻을 써 그 진면목을 그려내리.
뭇 향기는 동해 끝의 해 솟는 신목에까지 떠 날리고
쌓인 기운 웅혼하게 온 누리에 서렸구나.
암봉은 몇 송이 연꽃인양 흰 빛을 드날리고
반쪽 숲은 소나무 잣나무로 현묘한 도의 문을 가리었네.
설령 제 발로 밟아보자 해도 이제 두루 다녀야 할 터이니
그려서 벽에 걸어놓고 베갯맡에 기대어 실컷 보는 것만 못하지.[7]

제시 밑의 갑인甲寅년(1734년) 동지冬至에 그렸다는 기년명紀年銘을 보면

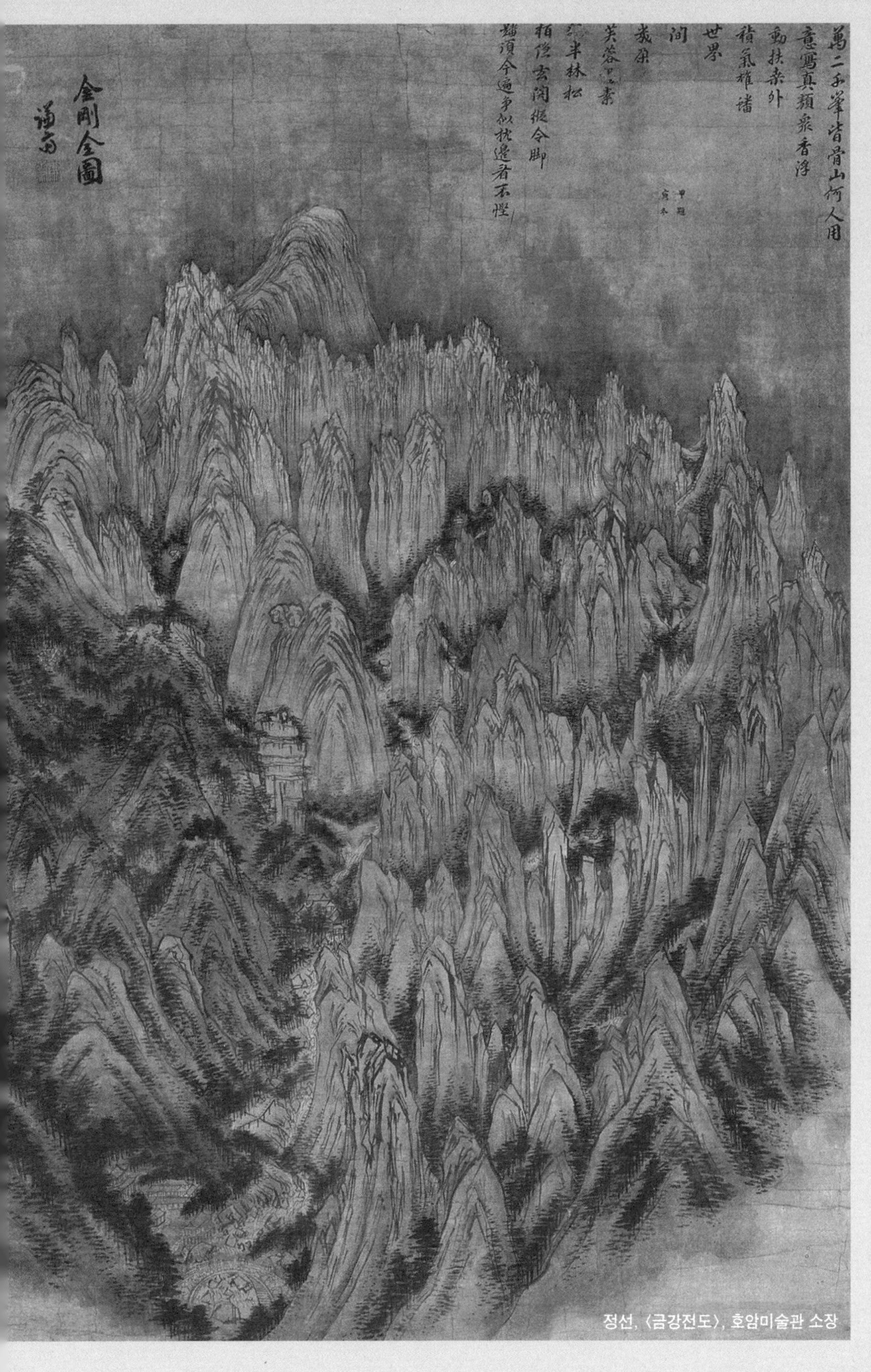

정선, 〈금강전도〉, 호암미술관 소장

동지 때의 겨울 금강산[=개골산]의 모습을 그린 것임을 알 수 있다. 최완수는 골산의 서릿발 준법皴法은 북방화법에서 취하고, 토산수림법土山樹林法은 미불米芾 등의 남방화법에서 취하되 음양 조화의 성리학적 우주관을 그려냈다고 말한다. 이렇게 겸재가 필묵으로 양분되는 남·북방 화법을 조금도 무리가 없이 조화시켜 자기 화법으로 재창조해낼 수 있었던 것은 그 사상적 바탕을 이루고 있던 조선 성리학 이념이 원천적으로 작용한 결과라고 분석한다.[8] 이런 지적은 타당한 면이 있다. 왜냐하면 제시에서 "'누가 뜻을 사용하여[용의用意]' 금강산의 진면목을 그려낼 수 있는가" 하는 말은 아무 생각 없이 그린 것이 아니기 때문이다. '무엇인가 뜻을 사용하여 그렸다'는 것은 제시의 내용이나 형태 및 그림의 구도를 보면 역학의 시각을 통해 그린 것임을 추론할 수 있다. 즉 〈금강전도〉는 음양 양의兩儀를 갖춘 태극을 형상한 것으로, 이 작품은 그 구도만으로도 역의 근본 이치와 함께 우주만물의 생성원리를 상징한다고 볼 수 있다.[9]

우리는 겨울 금강산을 '개골산'이라고 한다. 어떤 점에서 '개골'이라고 하였을까? 율곡 이이의 이해를 통하여 알아보자. 율곡은 금강산 비로봉毘盧峯을 오른 적이 있는데, 그때 '개골'을 다음과 같이 풀고 있다.

> 혼돈하여 아직 나누어지지 않았으니 '양의'로 나뉠 수 없다. 음양이 서로 동정하나 누가 그 기미를 알아챌 수 있으랴? 만물을 변화시키지만 그 흔적을 보이지 않으니, 그 묘한 이치 기묘하구나 기묘해. 건과 곤이 이미 개벽하니 상하가 이에서 나뉘어졌다. 중간에 만물이 형성되나 모든 것이 이름하기가 곤란하구나. 물은 천지의 피요 흙은 천지의 살을 이룬다. 백골이 쌓인 곳에 스스로 높고 험한 산을 이루었는데, 특히 맑고 깨끗한 기가 뭉친 것을 이름하여 '개골'이라고 한다.[10]

율곡은 천지조화 작용의 묘리妙理를 기이하다고 감탄하면서 천지가 개벽한 이후 천지의 '맑고 깨끗한 기'가 뭉친 것을 이름하여 '개골'이라 하는데, 이런 점에서 개골은 단순히 겨울 바위들의 겉모습만을 의미하지 않는 것을 알 수 있다. 천지자연의 기운이 뭉친 것은, 특히 동지 때 한 양陽이 상징하는 생명의 기운이 뭉친 것으로 이해할 수 있다. 〈금강전도〉를 보면 비로봉을 중심으로 하여 좌우로, 그리고 밑부분의 여백과 함께 좌우에 있는 약간 푸른색을 띠고 있는 '바림'은 언뜻 보면 좀 차가운 느낌을 주기도 한다. 하지만 율곡이 말한 '개골'의 의미와 이후 말하는 『주역』「복괘」의 생에 충만한 '한 양'의 기운이 온 누리에 쌓인 것이라고 이해한다면 춥다는 느낌보다는 맑으면서도 담일청허湛一淸虛한 기운을 느낄 수 있다. 즉 '개골'의 맑고 정결한 기운이, 동지를 맞이한 양의 기운이 푸른색의 '바림'으로 표현되었다고 본다.

〈금강전도〉를 역학과 관련지어 이해할 때, 그것을 『주역』「복괘」와 관련하여 이해가 가능하게 하는 것은 제시의 형태이다. 『주역』에서는 한겨울 추위 속에서 '한 양'이 태동하는 동지를 「복괘」로 이해한다. 우선 이런 점을 특이한 형태의 제시를 통해 보자. 제시는 칠언율시로 총 56자, 11행이다. 제시를 우측에서부터 보면, 써진 글자 수를 음과 양의 기운으로 대별할 수 있다. 음과 양을 방위로 말하면, 이른바 '좌가 양이고 우가 음[좌양우음左陽右陰]'이다. 이런 점은 「선천복희팔괘도先天伏羲八卦圖」 및 주돈이의 『태극도설』에서 비롯한 다양한 자료에서 확인할 수 있다. 이런 이해를 기본으로 하여 11행의 각행에 써진 숫자에 담긴 철학적 의미를 보자. 먼저 오른쪽 맨 첫 번째 행부터 좌측으로 가는 식으로 보면 된다.

음의 기운과 변화를 상징하는 것은 오른 편의 10자, 7자, 4자, 4자, 2자 순이다. '간間'이란 1자는 태극을 상징한다. 음에서 벗어나 양으로 넘어가는 기운을 상징하는 것은 가운데 '간'자에서부터 왼쪽으로 써진 글자의 수인 2자, 4자, 4자, 7자, 11자다. 이 같은 제시가 무엇을 의미하는 것인지를 알려면 이 제시를 상수역학象數易學 시각에서 이해할 필요가 있다. 아울러 이 그림을 '갑인년(1734년) 동지'의 겨울 금강산을 그린 것임을 함께 상기할 필요가 있다. 특히 '동지'라는 표현에 주목할 필요가 있는데, 동지는 음력 11월로서, 하지와 더불어 자연의 '물극필반'의 이치를 담고 있다. 즉 동지에 이르면 밤의 길이가 극점에 달하고, 다음날부터는 다시 낮이 길어진다는 것이 그것이다.

그림 제시와 관련된 역학적 사유를 찾아보자. 『주역』의 기본적인 사유는 『주역』「계사전상」 11장에서 말하는 "역에 태극이 있으니, 이것이 양의를 낳고, 양의가 사상을 낳고, 사상이 팔괘를 낳는다"[11]고 하는 것이다. 이것을 상기하면서 우선 중앙 부분의 한 글자로 되어 있는 '간間'자 및 '간'자 좌우의 두 글자로 써진 두 개의 행과 네 글자가 네 개로 써진 네 개의 행이 의미하는 것을 분석해보자. '간'자를 이루는 한 글자는 바로 음도 아니고 양도 아닌, 음과 양의 '사이'에 있는 태극을 의미한다.[12] 화제를 쓴 사람이 태극의 의미를 '간'이란 글자로 표현한 것은 탁월한 발상이라고 할 수 있다. 상수역학 차원에서 태극을 숫자로 표현한다면 '1'이 된다. 즉 만약 "태극생양의太極生兩儀, 양의생사상兩儀生四象, 사상생팔괘四象生八卦"를 숫자로 말한다면, "일생이一生二, 이생사二生四, 사생팔四生八"[13]이 된다. 이때의 '1'은 우리가 말하는 단순한 숫자 개념으로서 '1'이 아니고, 미분화된 혼돈의 도, 또는 더불어 '짝하는 것[우偶]'이 없는 절대적인 것을 의미한다. 즉 '1'은 '수의 본체'이며 또 '다多'의 통일체이다. 이렇게 보면 '간'자를 중심으로 할 때 좌우에 두 글자로 써진 2행은 양의를 뜻하는 것으로서, 구체적으로는 음과 양이다. 좌우 양쪽에 두 개씩 네 글자로 써진 4행은 '사상'을 상징한다.

그렇다면 7과 10과 11은 어떻게 이해할 수 있을까. 이것에 대한 추론은 동지라는 것과 그 동지를 나타내는 「복괘」가 의미하는 음력 11월을 상기하면 된다. 11행이란 숫자의 '11'과 맨 좌측의 '11'글자는 바로 동지인 복괘를 상징한다. 이것에 비해 맨 우측의 '10'글자는 당연히 곤괘인 음력 10

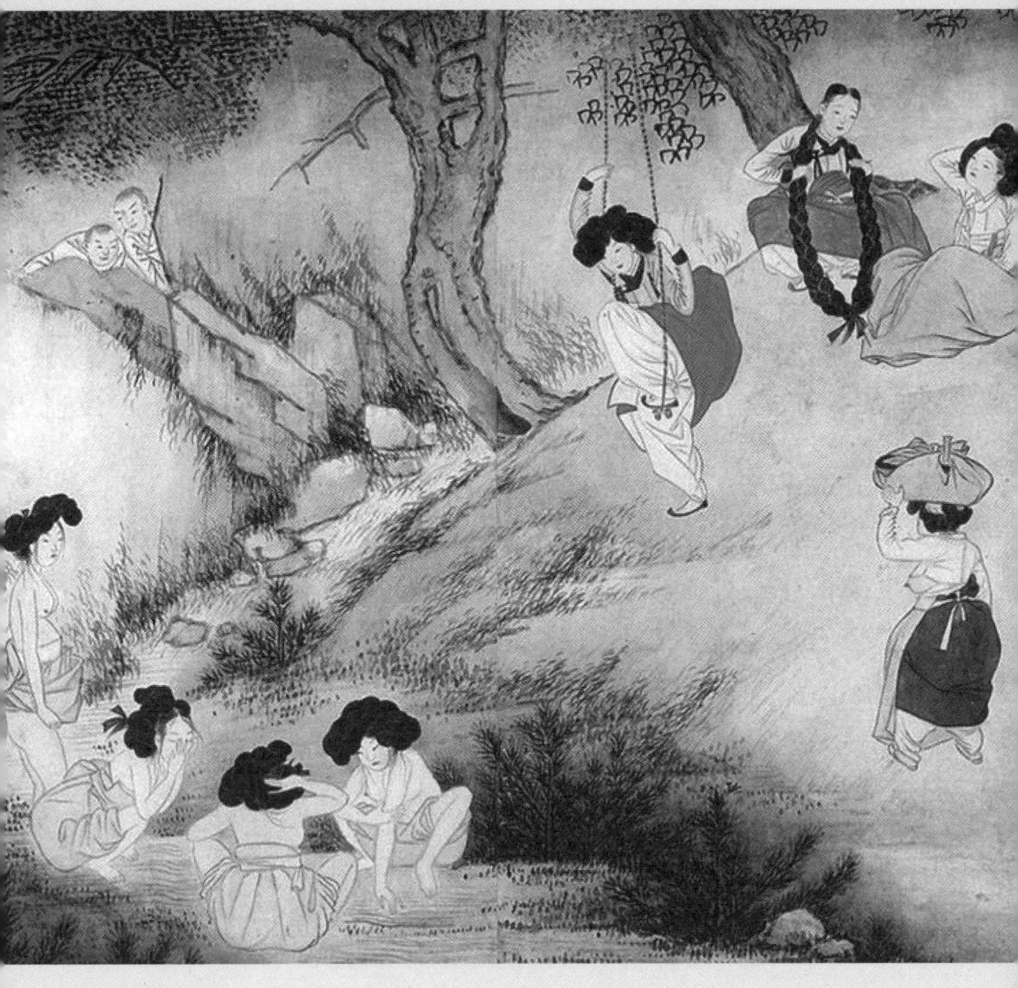

김홍도, 〈단오풍정도端午風情圖〉
단양절端陽節이라고도 불리는 단오는 온 대지에 양기가 가장 충만한 시절이다. 『주역』의 12벽괘辟卦로 말하면, 순양월純陽月(중천重天) 「건괘乾卦(☰)」가 그것에 해당한다. 이날은 이 양기를 받기 위해 집안에 있던 여인들이 밖으로 나와 그네를 타고 널을 뛰고 창포로 머리를 감는다.

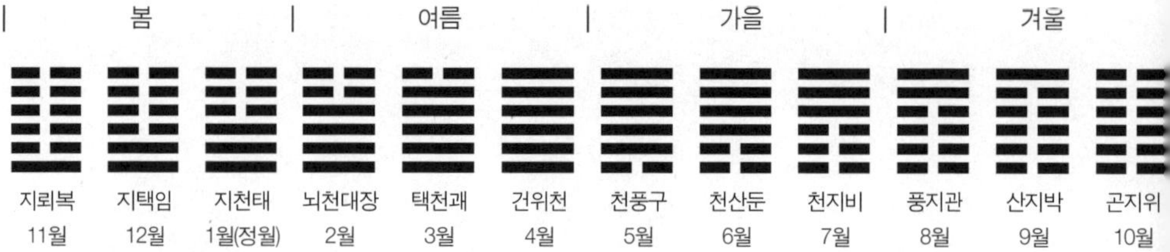

봄			여름			가을			겨울		
지뢰복	지택임	지천태	뇌천대장	택천괘	건위천	천풍구	천산둔	천지비	풍지관	산지박	곤지위
11월	12월	1월(정월)	2월	3월	4월	5월	6월	7월	8월	9월	10월

12벽괘도

월을 의미한다. 그럼 7이란 숫자에 대하여 추론해보자. 「복괘」의 '대상大象'에는 "그 도를 반복하여 7일에 와서 회복하니 가는 바를 두는 것이 이롭다"[14]라는 말이 나온다. 7이란 글자 수는 바로 '칠일래복七日來復'을 의미한다. '칠일래복'이란 무엇을 의미하는가? 「복괘」의 '단전彖傳'에는 "그 도를 반복한다. 칠일에 와서 회복하는 것은 하늘의 운행이다. 회복하는 것에서 그 천지의 마음을 볼 수 있다"[15]라는 말이 나온다. 7은 하늘의 운행을 상징한다. 즉 사그라지고 자라나는 도가 반복해서 갈마드니 양의 사그라짐이 칠일에 이르러 회복한다는 말이다. 그런데 이런 과정은 자연의 전체 변화에서 보면 양에서만 있는 것이 아니다. 음에서도 있다.

좀 더 구체적으로 말하면 하지인 음력 5월을 상징하는 「구괘姤卦」는 양이 처음 사그라진 것으로서, 즉 '한 음'이 처음 생긴다, 그 음이 한 달에 한 번씩 변하여[즉 「구괘姤卦」→「둔괘遯卦」→「비괘否卦」→「관괘觀卦」→「박괘剝卦」→「곤괘坤卦」→「복괘」 순으로 변화하는 것] 일곱 번 변하면 「복괘」가 된다. 이 때문에 '칠일'이라고 한 것이다. 역순도 마찬가지다[즉 「복괘」→「임괘臨卦」→「태괘泰卦」→「대장괘大壯卦」→「쾌괘夬卦」→「건괘」→「구괘姤卦」 순으로 변화하는 것]. 7일은 한 양이 다시 음으로 변하고, 음이 다시 양으로 변하는 이치를 말한 것인데, 7일을 12개월에 대비하면 실질적으로는 7개월을 의미한다. 정리하면, 왜 7글자를 좌우 두 군데에 두었는가 하는 그 답은, '그 도를 반복한다'라는 왕복의 개념이 있으므로 좌우로 두 번 쓴 것이다. 『주역』에서 '위로 궁하면 아래로 되돌아간다는 것[궁상반하窮上反下]'의 구체적인 예가 바로 이것이다. 전체적으로 다시 정리해보자. 〈금강전도〉는 왼쪽의 숫자에서부터 시작하면 음력 10월[=곤괘]에서부터 일어난 자연의 변화[태극생양의, 양의생사상]가 음력 11월[복괘=동지]에 와서 완성된 자연의 변화를 그린 것이고, 독특한 제시 형상은 이런 점을 밝히고 있는 것이다. 〈금강전도〉에 그려진 산의 형상에 초점을 맞추어보면, 왼쪽에 미불의 미점米點법을 사용하여 그린 화면의 약 1/5 정도의 흙산 형상은 나머지 눈이 서려 앙상한 뼈 같은 산의 형상과 비교할 때 상대적으로 따뜻한 느낌을 준다. 이런 형상은 일종의 동지를 상징하는 복괘의 '한 양'을 이 같은 형상으로 그렸다고 본다.

〈금강전도〉를 볼 때 이처럼 11이란 숫자에 더욱 주목할 필요가 있다. 전체 행수는 11행이다. 화제의 왼쪽 맨 끝 동지를 상징하는 복괘의 숫자도 11이다. 한 가지 더 첨가하면 겸재가 〈금강전도〉를 그린 1734년은 영조 10년이다. 그런데 '1734년 동지'면 이미 1735년의 새로운 해로 넘어가는 시점이기도 하다. 자연의 변화로 규명하면 동지가 지나면 이제 1735년 즉 영조 즉위 11년으로 접어 들어가는 시점이 된다. 그렇다면 왜 1734년 동지라는 이 시점에서 〈금강전도〉를 그렸을까? 부감법으로 그린 〈금강전도〉가 일정 정도 요즘 식으로 말하면 금강산의 전모를 사진으로 찍어 '금강산이 이렇게 생겼다'는 것을 보여준 작품이라고 폄하하여 이해할 수 있지만, 화제나 기타 그려진 형상들을 보면 단순히 이렇게 평할 것만은 아니라고 본다. 겸재는 이전에 가본 금강산을 마음에 품고 있다가, 영조가 재위 11년째를 맞이하는 시점에서 조선의 새로운 기운이 온 우주에 퍼지기를 염원하는 바람을 화폭에 담아낸 것은 아닐까 하는 추측도 해본다.

「복괘」에서는 이런 운행을 통하여 '한 양'이 아래에서 회복하는 것에서 '천지가 만물을 낳는 마음을 볼 수 있는 것인가[복復, 기견천지지심호其見天地之心乎]'라고 한다. '천지지심'은 천지가 만물을 낳는 마음인데 줄여서 '천심'이라고도 한다. 이 '천지지심' 혹은 '천심'은 중국예술에 담긴 생명원리를

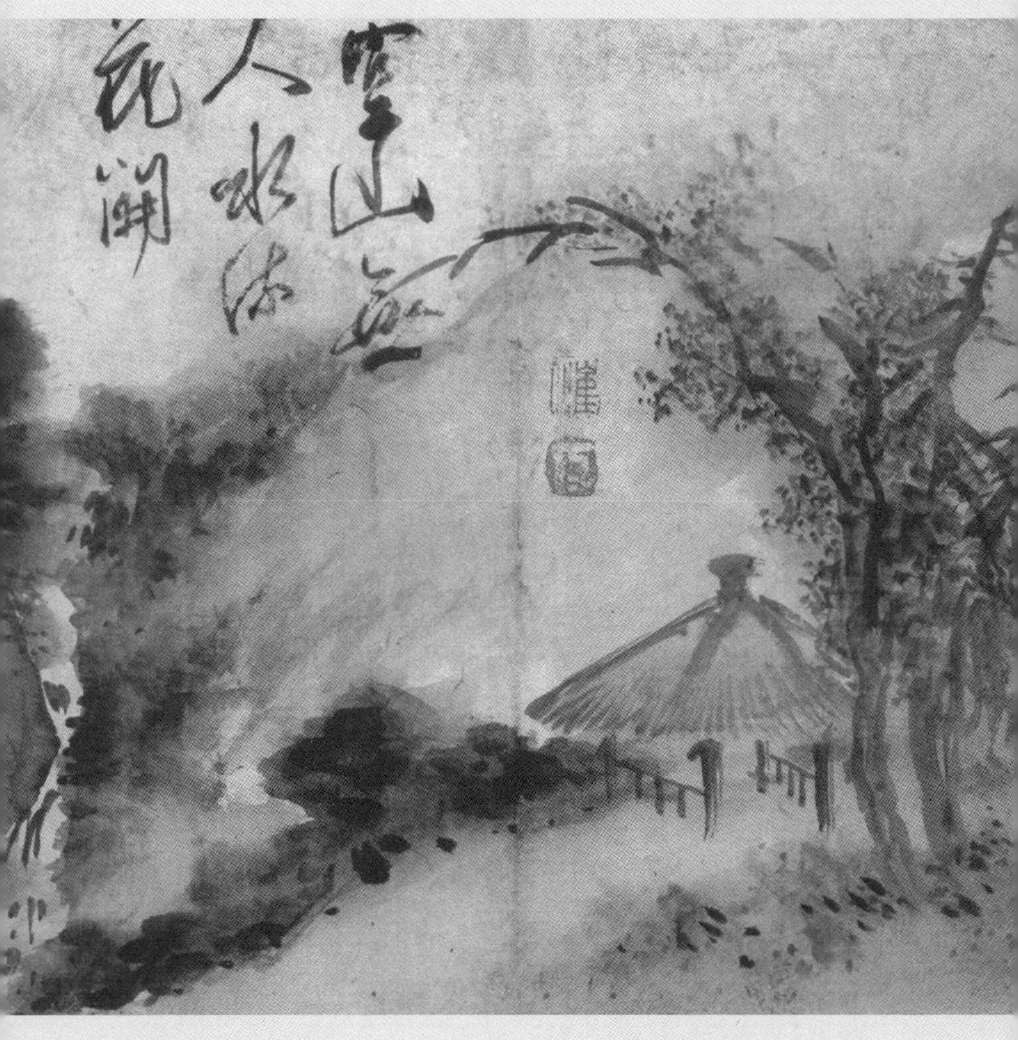

최북, 〈공산무인도空山無人圖〉
봄의 미학을 잘 보여주는 작품이다. "공산무인公山無人, 수류화개水流花開"에서 '공'과 '무'의 핵심은 주체의 허정한 마음이다. 산에는 동식물을 비롯하여 온갖 것이 가득 차 전혀 비어 있지 않다. 소리도 바람소리, 폭포소리, 짐승소리 온갖 소리가 다 있다. 허정한 마음이 먼저 전제되어야 산을 바라봤을 때 그 산을 '공'이라고 여기게 되고, 물아일체의 경지가 가능해진다. 마치 정호程顥가 「추일우성秋日偶成」에서 무사無事일 때 '만물정관개자득萬物靜觀皆自得'을 깨달았듯이 말이다. 산속 폭포는 봄이 되면 겨우내 얼었던 얼음이 녹아 내로 흘러가고, 식물은 스스로 알아서 꽃을 피운다. 어디 인간이 개입된 흔적이 있는가? 공과 무의 허정한 마음으로 바라볼 때 대자연도 때가 되면 자신들의 존재를 드러낸다는 것을 알 수 있다.

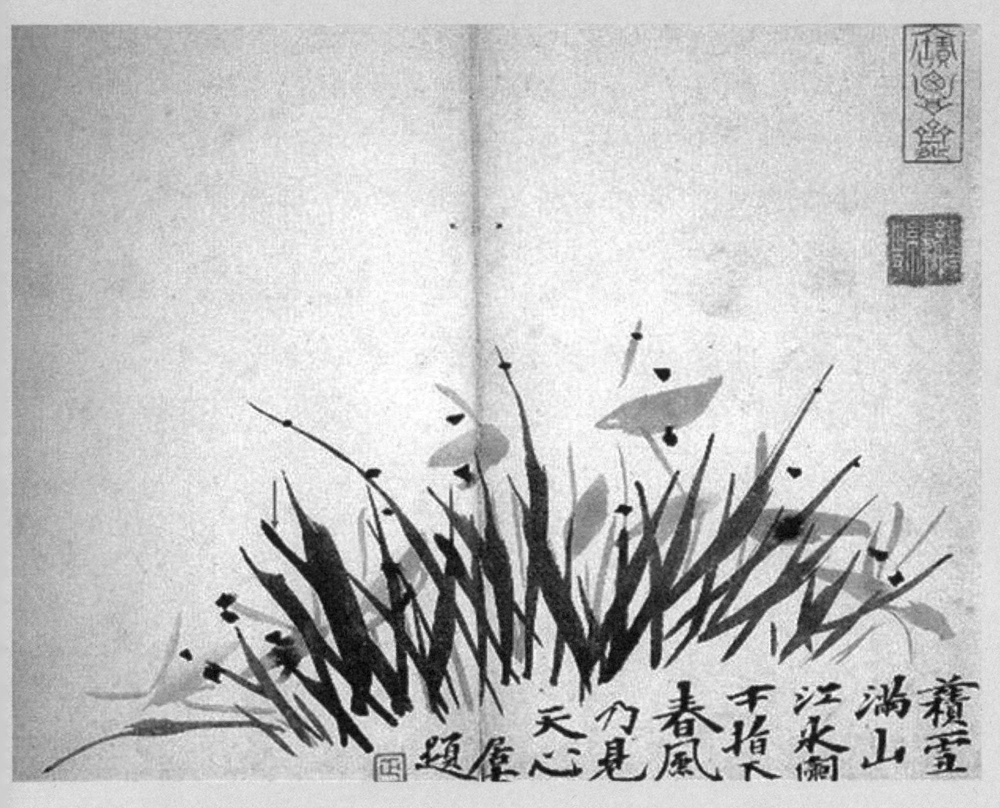

김정희, 〈묵란도墨蘭圖〉(일명 천심란도天心蘭圖)

화제 : "積雪滿山, 江氷闌干, 地下春風 乃見天心"

화제 내용을 참조하면, 이 그림은 동지를 기점으로 천지 대자연의 변화를 난을 통해 그린 것이다. 전반부는 동지 이전의 시련을, 후반부는 동지 이후의 희망을 담고 있다. 강물이 얼어 단단한 '흰 돌덩이[난간闌干]'처럼 단단하지만 계절의 변화는 어김없이 찾아온다. 봄이 오는 기운을 느끼는 듯 손가락 끝을 강조한 아래 '하下'자, 손가락 끝에 희미하지만 양기가 위로 치켜 올라가는 듯한 '춘春'자, 땅 속에서 이미 봄이 오는 양의 기운을 느낀 벌레가 준동蠢動하는 듯한 '풍風'자의 벌레 '충虫'자 형상, 오는 봄에 흥이 겨운 듯 어깨춤을 추는 듯한 '내乃'자, 방긋 웃는 듯한 '심心'자 등은 매우 회화적이다. '천심'은 「복괘復卦」에 나오는 '천지지심天地之心'의 준말이다. 이런 내용을 감안해 필자는 이 그림을 일명 〈천심란도〉라고 칭한다.

미학적으로 이해할 때 가장 중요한 개념이기도 하다.[16] 주희는 이것에 대하여 "여러 음이 쌓인 밑에 한 양이 다시 생기니, 천지의 만물을 낳는 마음이 거의 멸식되었지만 여기에 이르러 다시 볼 수 있다"[17]고 주석한다. 「복괘」에서는 이처럼 생에 충만한 '한 양'의 기운을 느낄 수 있다. 겨울에 꽁꽁 언 땅을 뚫고 나오는 기운, 온 산에 서린 천지가 만물을 낳는 마음의 표현인 생명의 기운은 제시에서 말하는 바와 같이 당연히 향기로우리라.

그럼 여기서 우리는 이같이 겸재가 음양조화를 통한 남방, 북방의 화법을 묘합한 그림을 탄생시킬 수 있었던 배경을 따져보자.

흔히 말하는 바와 같이 율곡 이이 이래 서인·노론의 문화적 계보 속에서 겸재의 위상을 말할 수 있고, 또 그런 사상적 맥락의 바탕하에서 〈금강전도〉가 이루어진 점을 인정한다면, 우리는 다음과 같이 말할 수 있다. 〈금강전도〉는 태극음양론과 더불어 율곡 철학의 특징인 '이기지묘'의 사상을 바탕으로 하여 만들어진 작품이라고. 겸재는 사천槎川 이병연李秉淵, 담헌澹軒 이하곤李夏坤과 매우 친한 것으로 알려져 있고, 그들의 학맥은 농암農巖 김창협金昌協, 그 아우인 삼연三淵 김창흡金昌翕 등으로 이어진다. 겸재는 삼연의 제자라고도 말해진다. 흔히 퇴계 이황과 율곡 이이의 절충파로 알려진 삼연 형제들은 자연관에 있어서는 율곡의 '리와 기의 불상리不相離'라는 이론을 그대로 따른다. 따라서 겸재의 〈금강전도〉를 자연관의 입장에서 볼 때 율곡의 이기론적 사유와 연관성을 발견할 수 있다.[18] 특히 율곡이 말하는 리과 기의 관계에서의 '이기지묘'에 대한 이해에서 접근할 수 있다고 본다.

율곡은 리와 기는 '하나이면서 둘이고, 둘이면서 하나다'[19]라 하고, '리'는 무형무위無形無爲한 소이연자所以然者이며 '기'는 유형유위有形有爲한 소연자所然者라고 본다.[20] 율곡은 리와 기의 관계를 동정과 음양의 관계에 적용하여 다음과 같이 말한다.

> 한 번은 움직이고 한 번은 고요한 것은 기이고, 움직임과 고요함을 가능케 하는 것은 리이다. 음양이 이미 나누어지면 음양 두 끌이 비로소 열리고, 음양 두 끌이 이미 열리면 만물이 화생化生한다. 현상적으로 드러난 그러한 것은 기이고, 그러한 까닭은 리이다.[21]

여기서 리와 기를 '소이연자'과 '소연자'으로 규정하는 것은, 리를 원리로 보고, 기는 작용에 의해 나타난 현상으로 보는 것이다. 예컨대 해와 달과 별이 하늘에 걸려 있는 것, 비와 눈과 서리와 이슬이 땅에 내리는 것, 바람과 구름이 일어나는 것, 우레와 번개가 일어나는 것은 모두 현상으로서, 이것은 기에 해당한다. 현상이 그렇게 되는 까닭은 '현상의 원리'로서, 이것은 리에 해당한다. 그런데 율곡은 이 리와 기는 떨어져 있는 것이 아니라는 점에서 '리와 기의 불상리不相離'를 주장한다. 율곡은 '리와 기는 불상리의 묘한 관계에 있다[이기지묘理氣之妙]'와 '리는 보편적으로 통하고 기는 국한되어 적용된다[이통기국理通氣局]', '기가 발하고 리가 올라타서 하나의 길을 가는 관계다[기발리승일도설氣發理乘一途說]'[22] 등의 이론을 전개한다. 율곡은 리와 기는 혼륜하게 사이가 없어 원래 서로 분리된 것이 아니므로 두 개의 사물이라 할 수 없지만, 혼연한 가운데 사실은 서로 협잡한 것이 아니므로 하나의 사물이라 말할 수 없으므로 이 두설을 종합하여 잘 음미해야 이기지묘를 알 수 있다고 한다.[23] 이런 점에서 율곡은 이 같은 '이기지묘'는 "알기도 어렵고 말하기도 어렵다[난견난설難見難說]"[24]고 한다.

남방화법과 북방화법은 흔히 중국회화사에서 자연을 그리는 두 가지 방법을 대표한다. 예를 들면 남종화와 북종화에서 그런 점을 확인할 수 있다. 그런데 율곡식으로 말하면 남종화법과 북종화법은 별개의 것으로 존재하지 않는다. 물론 같은 것은 아니지만 그렇다고 전혀 섞을 수 없는 것도 아니다. 왜냐하면 남방화법이나 북방화법은 궁극적으로 자연을 그리는 방법의 차이, 시각의 차이에 불과할 뿐이기 때문이다. 그렇다고 두 가지를 무

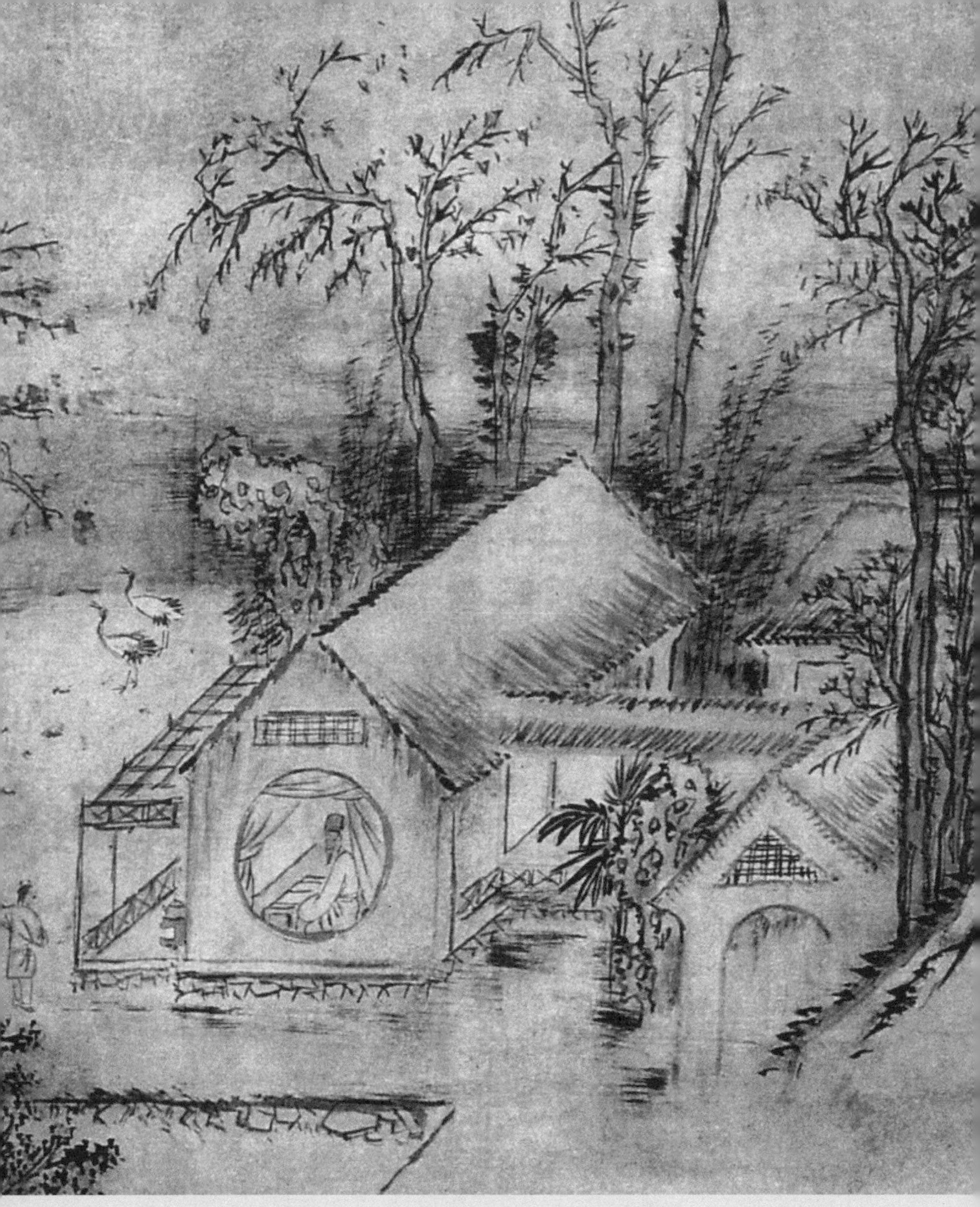

김홍도, 〈추성부도秋聲賦圖〉 부분, 리움미술관 소장

이 그림은 구양수가 숙살肅殺의 기운을 담고 있는 가을바람이 내는 소리를 듣고 느낀 것이 있어서 지은 「추성부」를 김홍도가 그림으로 그린 것이다. 구양수가 밤에 책을 읽는데, 처음에는 바스락거리며 낙엽 지는 소리인 듯하더니, 갑자기 파도가 일고 비바람이 몰아치다 이내 쇠붙이가 부딪히는 소리와 적진으로 질주하는 사람과 말들의 소리가 들렸다. 이를 이상하게 여겨 동자에게 무슨 소리인지 알아보게 한다. 동자는 하늘에는 달이 걸려 있고 은하수는 맑게 빛나며 인적도 없는 상황에서 '나무들 사이에서 나는 소리[성재수간聲在樹間]'라고 알려준다. 그 장면을 그린 것이다. '이칙夷則'에 해당하는 가을이 되면 일어나는 자연스런 현상이다.

조건 기계적인 결합을 꾀한다면 그것도 문제가 있다. 이 두 가지 기법이 묘합되었을 때 명품이 탄생한다. 겸재는 〈금강전도〉에서 이런 묘합성을 실현했다고 본다. 태극은 구체적으로 표현되는 것은 아니지만 음양 속에 이치로 담겨 있는 원리를 〈금강전도〉를 통해 형상화시켰다고 본다.

〈금강전도〉는 동지 때 「복괘」를 중심으로 천지가 만물을 낳는 '생생生生'의 원리를 '개골산'을 빌려 형상화시킨 그림이다. 이처럼 태극음양론을 운용하면서 남방적 화법과 북방적 화법을 결합하여 완성한 〈금강전도〉는 그 바탕에 이기지묘의 사유가 담겨 있다. 왕미王微가 말한 "한 자루의 붓으로 우주의 원기를 나타낸다"[25]는 경지가 바로 이런 것이 아닐까?

2) 서예이론에 나타난 태극음양론 : 이서의 『필결』

동양의 예술분야 가운데 서예는 서양의 예술과는 다른 특징을 보이는 대표적인 것에 속한다. 특히 서예는 위에서 거론한 『주역』 「복괘」의 천지의 마음과 도를 표현하고 있다는 점에서 중국미학의 중요한 부분을 차지한다.[26]

서예가 천지의 마음 또는 도를 표현한다는 것은 바로 서예를 역학과 관련지어 이해한다는 것이다. 우리는 조선조에서 서예를 『주역』과 관련지어 이해하는 전형적인 예를 발견할 수 있다. 그것은 바로 '동국진체東國眞體'의 창시자라고 일컬어지는 옥동玉洞 이서(李漵, 1662~1723)의 서예이론에 관한 저작물인 『필결筆訣』이다.[27] 허전許傳에 의하면 '동국진체'는 옥동 이서로부터 시작하여 그 후 공재恭齋 윤두서尹斗緖, 백하白下 윤순尹淳, 원교圓嶠 이광사李匡師 등이 그 실마리를 이어갔다고 한다. 원교 이광사가 일찍이 말하기를, '옥동의 글씨는 논의를 통해서는 감히 도달할 수 없는 면이 있다'고 극찬한 적이 있을 정도로 뛰어난 서예가인데, 아울러 뛰어난 서예이론가이기도 하다.[28] 이처럼 옥동은 글씨와 이론을 겸비한 인물인데, 그의 서예에 대한 역학적 이해는 '동국진체'라는 한국 고유의 미의식을 드러내

弘道先生遺稿卷之十二下
筆訣
與人規矩上篇
書本於易易有陰陽有三停有四正有四隅
陰陽如何兩畫相對爲陰三畫相連爲陽
☷ ☰
畫象陽故必有三停三停非相連之義乎
三停之中亦自有三停三其三九也
運筆有三過何以必三過之也三過之則筆鋒由畫

이서, 『필결』

는 서체를 가능하게 하였다.

옥동 이서는 『필결』의 모두冒頭에서 "서예는 『주역』에 근본을 둔다"[29] 고 말하면서 역학과 관련된 서예미학을 전개한다. 좀 더 구체적으로 말하면, 역에는 음양이 있다는 언급과[30] 삼정三停, 사정四正, 사우四隅가 있다[31]는 점을 서예에 응용하고 있다. 두 개의 획이 상대하는 것이 '음'이고, 세 개의 획이 서로 이어 있는 것이 '양'이다.[32] 획은 '측側'에서 시작하는데, '측'이 바로 '점點'이다. 여기서 옥동은 획은 점에서 시작되는데, 점은 '일

一'로서 음양이 나누어지고자 하나 아직 나누어지지 않은 것으로 이해한다.[33] 이 때의 '점'은 정靜 가운데 동動을 함유하고 있는 미분화된 혼륜한 상태를 의미한다. 즉 태극이 음양으로 나누어지기 이전의 상태를 점으로 이해한 것이다. 따라서 단순히 '정지'라는 의미의 점이 아닌 '정중동靜中動' 상태의 점이다. 이런 '운동가능태 혹은 잠재태로서의 점'이라 이해하는 것은 단순 '정지태로서 점'으로 이해하여 출발한 예술정신과 다른 예술정신이 나오게 된다.

획은 기본적으로 운동하므로 양을 상징하는데, 반드시 '삼정三停'이 있다고 한다. 여기서 말하는 '삼정'은 단순 세 번 그침이 아니라 '서로 연결된다[상련相連]'라는 것을 의미한다.[34] 옥동은 이 '삼정' 가운데에 또 '삼정'이 있으니 '3×3은 9가 된다'고 한다.[35] 이런 점에서 '삼정'에서의 '정停'은 단순한 절대적 정지가 아니다. 옥동은 운필법에서의 '정停'과 '행行'을 『주역』「건괘」의 '원元' 및 '정貞'과 관련지어 이해한다.[36] 즉 '정停'과 '행行'은 '원元'과 '정貞'의 다른 표현인 셈이다.

'역에 사상이 있다'는 것은 『주역』의 기본 논리이다.[37] 음양은 구체적으로는 노양老陽, 노음老陰, 소양少陽, 소음少陰의 네 가지 상[사상]으로 나타난다. 옥동은 획에도 이 사상이 있다고 한다.[38] 이 사상의 논리는 한마디로 말하면, 획에는 음양이 있다는 것으로 귀결된다.[39] 이것은 좀 더 구체적으로 "획에는 일관된 뜻이 있으니 무엇인가? 그것은 점[=측側]에서 시작되어 가로획[=륵勒]과 세로 획[=노努]에서 이루어져, 이끌고 펼치면서 같은 무리끼리 접촉하여 성장해가면 서예가로서의 능사는 다할 것이다"[40]는 것으로 귀결된다. 옥동은 획에는 '오행'도 있다고 하여[41] 오행과 관련지어 이해하기도 한다. 음양론의 서예적 적용은 "서예는 '하도河圖와 낙서洛書'[42]에 근본을 둔다"라는 것으로도 나타난다.[43] 예술의 형이상학적 발생론적으로 볼 때 하도와 낙서는 서예에만 적용되는 것이 아니다.

이 밖에 옥동은 음양오행론을 서예에 적용한다. 『주역』「계사전상」 5장에서 말하는 "한 번은 음이 되고 한 번은 양이 되는 것을 도라고 한다[일음일양지위도一陰一陽之謂道]"라는 원리는 서예에서 진퇴와 영허盈虛, 왕래, 굴직直屈 등으로 나타난다.[44] 획에는 수미首尾, 내외內外, 승강昇降, 진퇴, 출입, 완급, 행지行止가 있고, 상중하, 좌우가 있고, 팔방, 오행이 갖추어져 있으며,[45] 글자에도 상·중·하·좌·우가 있고 오행과 팔괘의 방위가 있다고 한다.[46] 글자는 뭇 획이 합하여 이루어진 것이라고 한다.[47]

결론적으로 옥동은 『주역』에 나타난 음양론을 적용하여 "글씨는 음양을 상징할 뿐이다. 뭇 획이 합쳐서 글자가 되고, 뭇 글자가 모여서 글줄이 되고, 글줄이 모여서 문장이 되고, 문장이 되어서 글 편이 된다"[48]고 한다. 이런 역학적 사유를 연장시켜 이해하면, '행行'은 곧은 것과 굽은 것이 있고, 그것이 수시처변隨時處變하여 서로 구제할 수 있다는 '수시처변'의 이론으로 전개된다. 이처럼 옥동은 기본적으로 서예를 역학과 관련지어 이해하되 태극음양론과 하도낙서론河圖洛書論으로 연결하여 서예의 발생론과 그것이 갖고 있는 형이상학적 의미를 밝힌다. 아울러 역의 '수시처변'의 원리에 입각하여 자신이 처한 시대상황에 맞는 미의식이 담긴 서체인 '동국진체'를 만들어냈다.[49]

3) 한글 창제에 담긴 태극음양론

우리 조상이 후손들에게 물려준 가장 위대한 문화유산 중 하나가 한글이다. 상하 귀천을 막론하고 누구든지 쉽게 익혀서 일상생활에 편리하게 쓰도록 하고자 한다는 위민爲民과 애민 의식의 발로하에 만들어진 한글은 '판본체板本體',[50] '궁체宮體', '민체民體'(혹은 '향체鄕體')[51]를 비롯한 다양한 서체를 통하여 독특한 미의식을 드러내고 있다. 이 같은 아름다운 한글에는 태극음양론과 천·지·인 삼재三才 사상이 담겨 있다.

정인지鄭麟趾는 『훈민정음해례』「제자해」에서 '훈민정음訓民正音'에 대해 다음과 같이 칠언七言의 결訣로 노래하고 있다.

> 하늘과 땅의 조화는 본디 하나의 기운이니
> 음양과 오행이 서로 처음이 되며 끝이 되네.
> 만물이 둘(하늘과 땅) 사이에서 꼴과 소리 있으되
> 원래 근본은 둘이 아니니 리理와 수數로 통하네.
> 정음의 글자 만듦에 그 형상을 숭상하여
> 소리가 거세짐에 따라 매양 획을 더하였네.
> '●'는 하늘을 본떠 소리 가장 깊으니
> 그러므로 둥근 꼴이 총알 같다.
> 'ㅡ'는 소리가 깊지도 얕지도 않아
> 그 모양 평평함은 땅을 본떴다.
> 'ㅣ'는 사람이 서 있음을 본떠 그 소리 얕으니
> 삼재의 이치가 이에 갖추었도다.[52]

한글의 제자원리에는 태극·음양·오행의 이치가 적용되었고, 소리의 근본이 되는 '●, ㅡ, ㅣ'에는 천·지·인 삼재 사상이 담겨 있다는 말은 훈민정음이 단순히 소리문자라는 것은 아니다. 그 소리에 동양의 우주론 즉 태극음양론이 담겨 있고, 인간과 자연에 대한 관계가 담겨 있다는 것이다. 이런 훈민정음의 제자원리를 간파한 정인지는 "아아, 정음이 만들어지매 천지만물의 이치가 모두 갖추어지니, 그 신비롭기도 하구나. 이는 아마도 하늘이 성스러운 임금님의 마음을 열어 그 손을 빌려주신 것인가"[53]라 하면서 훈민정음 제자원리에 담긴 천지만물의 이치에 탄복하고 있다. 훈민정음이 아름다울 수 있는 이유는 단순한 소리글자가 아니라 천지만물의 이치가 담겨 있기 때문인데, 그것은 더 구체적으로 태극음양론과 관련지어 이해할 수 있다.

> 하늘과 땅의 이치는 음양과 오행뿐이다. '곤괘'와 '복괘'의 사이가 '태극'이 되고, 움직이고 고요한 뒤가 음양이 된다. 무릇 어떤 생물이든 하늘과 땅 사이에 있는 것은 음양을 두고 어디로 가랴? 그러므로 사람의 말소리도 모두 음양의 이치가 있건마는 다만 사람들이 살피지 않을 뿐이다. 이제 정음을 만든 것도 처음부터 지혜로써 경영하고 힘써 찾아낸 것이 아니라 다만 그 소리에 따라서 그 이치를 다했을 뿐이다. 이치가 이미 둘이 아닌즉 어찌 하늘과 땅과 귀신과 더불어 그 운용을 같이 하지 않을 수 있겠는가?[54]

훈민정음이 어떤 철학 근거를 기반으로 하여 제작된 것인지를 밝힌 정인지의 『훈민정음해례』「제자해」의 내용인데, 첫머리 글이 태극과 음양에 관한 언급으로부터 시작하고 있다. 태극, 음양, 오행은 따로따로의 별개의 것이 아니다. 주돈이의 「태극도설」에서 보듯 분화되기 이전이냐, 분화된 이후냐 하는, 어떤 측면에서 보느냐 하는 차이만 있을 뿐이지 본질적으로는 하나다. 정인지는 훈민정음을 오행과 관련지어 다음과 같이 말하고 있다.

> 대저 사람의 말소리가 있는 그 근본은 오행에 있다. 그러므로 이것을 4계절에 짝지어도 어그러지지 않고, 이것을 오음에 맞추어도 어긋나지 않는다.[55]

오행을 사람의 말소리와 관련지어 말할 때는 목구멍[후喉]은 수水, 동冬, 우羽로 보고, 어금니[아牙]는 목木, 춘春, 각角으로 보고, 혀[설舌]는 화火, 하夏, 치徵로 보고, 이[치齒]는 금金, 추秋, 상商으로 보고, 입술[순脣]은 토土, 계하季夏[늦은 여름], 궁宮으로 본다. 이것은 스스로 음양과 방위의 수가 있다는 것이다.[56]

천·지·인 삼재를 상징하는 '●, ㅡ, ㅣ'에 대해서는 '하도'의 원리와 주돈이가 『태극도설』에서 말하는 '무극의 참된 것[무극지진無極之眞]'과 '음

訓民正音解例

制字解

天地之道。一陰陽五行而已。坤復之間爲太極。而動靜之後爲陰陽。凡有生類在天地之間者。捨陰陽而何之。故人之聲音。皆有陰陽之理。顧人不察耳。今正音之作。初非智營而力索。但因其聲音而極其理而已。理旣不二。則何得不與天地鬼神同其用也。正音二十八字。各象其形而制之。初聲凡十七字。牙音ㄱ。象舌根閉喉之形。舌音ㄴ。象舌附上腭之形。脣音ㅁ。象口形。齒音ㅅ。象齒形。喉音ㅇ。象喉形。ㅋ比ㄱ。聲出稍厲。故加畫。ㄴ而ㄷ。ㄷ而ㅌ。ㅁ而ㅂ。ㅂ而ㅍ。ㅅ而ㅈ。ㅈ而

『훈민정음해례』「제자해」

양과 오행의 정기[이오지정二五之精]'를[57] 운용하여 말하고 있다.

> '●'는 하늘의 5는 토를 낳는[천오생토天五生土] 자리요, 'ㅡ'는 땅의 10이 토를 이루는[지십성토地十成土] 자리다. 'ㅣ'만이 다만 홀로 자리와 수가 없는 것은 대개 사람은 '무극의 참된 것'과 '음양오행의 정기'가 묘합하여 엉긴 것으로서, 본디 정해진 자리와 완성된 수를 논할 수 없기 때문이다. 이것은 가운뎃소리 속에 또한 스스로 음양, 오행, 방위의 수가 있음을 말한 것이다.[58]

'천오생토'와 '지십성토'는 '하도'에서 중앙에 해당하는 것을 말한 것이다. '무극지진'에서 '무극'은 바로 태극이다. 원래 태극은 무성무취無聲無臭하다는 인식 불가능성을 말한다. '이오지정'에서의 '이二'는 음양을 말하고 '오五'는 오행을 말한다. '무극지진'은 '리'와 관련이 있고 '이오지정'은 '기'와 관련이 있다. 묘합이란 무극[=태극]과 음양, 오행이 혼융한 상태로서 사이가 없음을 말한다.[59] 천·지·인 삼재를 상징하는 '●, ㅡ, ㅣ'는 태극·음양오행과 '하도'는 물론 '이기지묘'와도 관련이 있다. 이런 점은 아래와 같은 언급에서 확인할 수 있다.

> 천지자연의 소리가 있으면 곧 반드시 천지자연의 글자가 있는 법이다. 그러므로 옛사람이 소리를 따라 글자를 만들어서 그것으로 만물의 실정에 통하고, 그렇게 하여 삼재의 이치를 실었으니, 뒷사람이 바꿀 수 없는 까닭이 여기에 있다. 그러므로 사방의 풍토가 다르고 말소리도 또한 이에 따라 다르다. 대개 중국 이외의 딴 나라 말은 그 소리만 있고 글자가 없어서 중국의 글자를 빌려다가 변통해 쓰는데, 이것은 마치 둥근 자루와 모난 구멍의 어긋남과 같으니 어찌 능히 통달하여 걸림이 없겠는가? 요컨대 다 각각 그 실정에 따라 편안하게 할 것이지, 억지로 같게

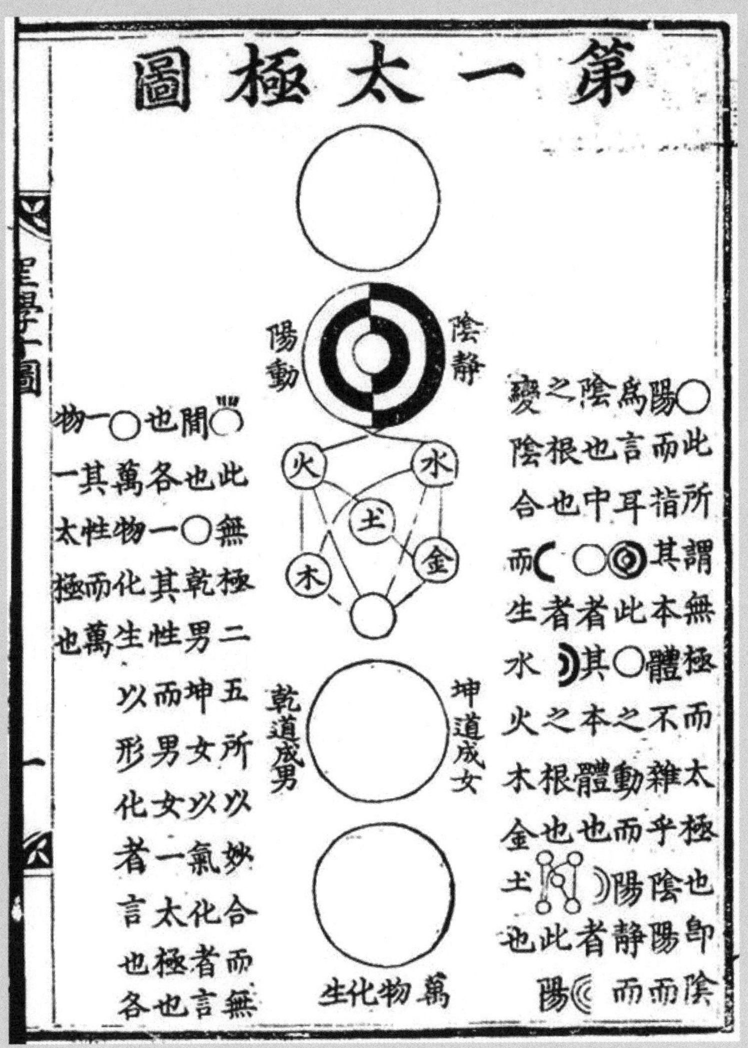

이황의 『성학십도』에 실린 주돈이의 「태극도설」 앞부분의 내용

이황은 성인이 되는 열 가지의 그림인 『성학십도』에서 제1도로 주돈이의 「태극도설」을 실고 있다. '무극이태극'으로 시작되는 「태극도설」은 송대 성리학의 형이상학적 출발점이면서 서예의 점과 획의 이론적 출발점이 되기도 한다. 이런 점은 이서가 『필결』에서 「혼원분판생획도」를 통해 잘 말해주고 있다.

해서는 안 될 것이다… 훈민정음은 모양을 본떴지만 글자는 옛 전자篆字를 닮았고, 소리를 따랐으되 음은 일곱 가락에 들어맞아 삼극三極의 뜻과 '이기의 묘'가 다 포함되지 않은 것이 없다.[60]

'중국'이 나라 한가운데 즉 '서울을 포함한 경기지역'을 의미하느냐 아니면 말 그대로 국가 개념으로 사용된 '중국'을 의미하느냐 하는 논쟁이 있는데, 정인지의 "중국 이외의 딴 나라 말은 그 소리만 있고 글자가 없어서 중국의 글자를 빌려다가 변통해 쓴다"고 하는 말을 보면 일정 정도 민족 국가 개념으로 사용된 중국임을 알 수 있다. 우리가 살고 있는 자연환경과 풍토는 중국과 다르기 때문에 당연히 우리의 삶에 맞는 소리가 있고 문자가 있는데, 그것이 한글인 것이다.

요컨대 우리의 삶에 맞는 소리이면서 문자인 한글은 태극·음양·오행과 천·지·인 삼재사상 및 '이기지묘' 사유를 바탕으로 만들어졌다. 이런 점에서 한글을 단순히 소리글자로만 이해하면 안 된다. 한글이 아름다울 수 있는 이유 중 하나는 이 같은 태극·음양오행론과 천·지·인 삼재사상 및 '이기지묘'의 사상이 담겨 있기 때문이다.

3

나오는 말

지난 20세기 우리를 포함한 동양의 역사는 탈동양의 역사라고 해도 과언이 아니다. 서양의 힘과 경제력에 밀린 동양은 자신의 것을 자신의 눈으로 보지 못하고 모두 서구의 눈으로 자신들의 것을 보고 판단하곤 하였다. 서

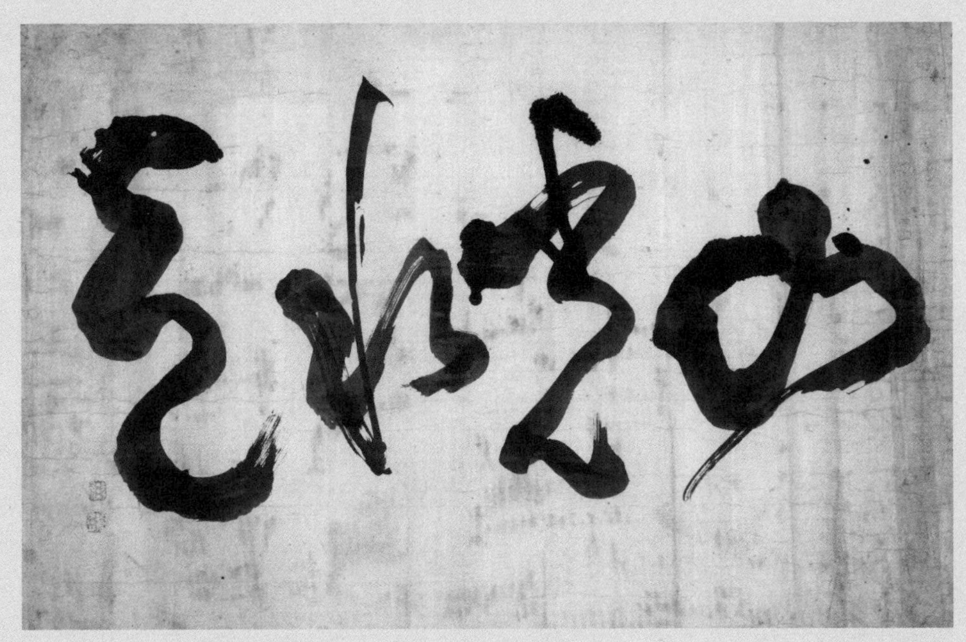

이삼만李三晩, 〈산광수색山光水色〉

조선조 서예가 중에서 노장사상을 자신의 서예에 실천하고자 한 대표적인 서예가가 이삼만이다. 그는 자신의 서예정신의 근간으로 노장의 '우졸미학愚拙美學'을 견지한다. 글자체가 뱀의 형상을 닮아 회화인 듯 착각하게 만드는 그의 글씨에는 기괴한 맛이 있다. 이 작품은 이른바 '행운유수체行雲流水體'의 서예세계를 잘 보여주고 있다. 먹물이 몇 방울 떨어진 상태에서 이렇게 거침없고 자연스런 글씨는 여타 서예가에서 쉽게 찾아보기 어렵다.

구중심주의나 오리엔탈리즘은 타자[서양]에 비해 나[동양]는 비이성적이고 미신적이며 신비적이라고 하는 자기비하, 자기 허무주의에 빠지게 하였다. 심한 경우는 자신의 것을 통째로 부정하고 서구를 좇아서 따라가는 전반서화론全般西化論으로 나타나기도 하였다. 당연히 그것은 정체성 상실로 이어졌다.

세계인이 바라보는 한국문화의 현주소는 헌팅턴이 말한 바와 같이 문명충돌론에서 한국문화는 변별성을 확보하지 못한 채 일본문화에 대립되는 중국문화에 내포되어 있는 정도이다.[61] 또한 오늘날 서구지향적인 우리의 교육상황은 동양철학과 동양예술, 한국철학과 한국예술의 상호 연계성을 단절시켜버렸다. 서양의 유명한 중국학자인 후레드릭 W. 모오트는 "중국의 유구한 역사에서 중국의 특유한 성격과 살아 있는 문명으로서 그 비길 바 없는 지속성을 설명해주는 것은 과연 무엇인가? 그 과거가 오늘날 과연 어떤 중요성을 띠는가?"라는 질문을 던진다. 그리고 이 질문에 대한 답은 '중국을 이해하기 위해서는 그 문명이 그토록 굳건히, 그리고 그토록 오랫동안 딛고 서 있었던 지적 기초를 이해하지 않으면 안 된다'고 생각하는 쪽으로 옮겨진다. 그리고 그것은 중국 고대의 지적 사유의 출현 쪽으로 관심이 옮겨간다.[62]

이제 우리는 중국과의 변별성은 물론 서구문화의 예속으로부터 벗어나기 위한 노력과 문화의 독자성 및 주체성 확립을 위해서는 우리의 눈으로 5천 년 역사 속에서 단절되지 않고 이어져 내려온 연속성과 그것에 내재되어 있는 타문화로 환원될 수 없는 고유성을 재확인하는 작업을 해야 한다. 그 고유성의 확인작업은 디자인 등을 통하여 곧바로 상품으로 이어진다는 점에서 볼 때 더욱 시급한 과제가 아닐 수 없다. 이런 점을 해결하기 위해서는 한국 전통예술에 담겨 있는 태극음양론과 '이기지묘', 더 나아가 '원융'의 정신에 바탕을 둔 미의식 및 예술작품을 찾고, 그런 다음에 이를 현대적으로 재조명하는 작업이 필요하다. 즉 태극음양론이나 이기론이 중국철학에서 배태된 것이지만 그것을 단순히 중국철학으로 환원하는 우를 범하지 말고 우리 것으로 체화體化한 것을 찾아 그것을 현대화하는 작업이 요청된다는 것이다.

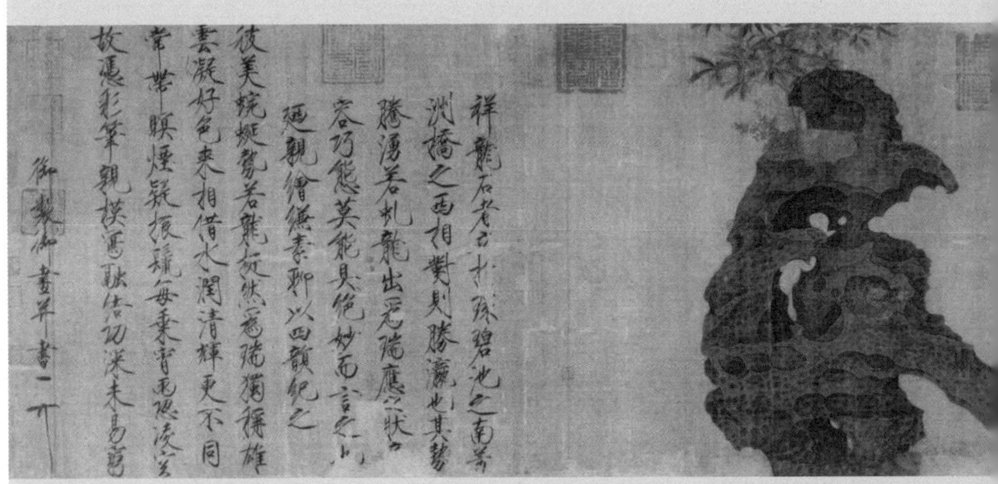

휘종, 〈상룡석도祥龍石圖〉

화제: "祥龍石者, 立於環碧池之南, 芳洲橋之西, 相對則勝瀛也. 其勢勝湧, 若虬龍出爲瑞應之狀, 奇容巧態, 莫能具絕妙而言之也. 迺親繪縑素, 聊以四韻紀之. 彼美蜿蜒勢若龍, 挺然爲瑞獨稱雄. 雲凝好色來相借, 水潤清輝更不同, 常帶瞑煙疑振鬣, 每乘宵雨恐淩空. 故憑彩筆親模寫, 融結功深未易窮. 署款은 "御制御畫並書". 押署는 "天下一人". 鈐朱文印은 "御書", "宣和殿寶".

휘종은 황가화원皇家花園을 꾸미기 위해 태호의 많은 괴석을 수집하는데 '상룡석'도 그중 하나다. 수없이 많은 홈이 파인 상태에서 위로 솟구쳐 올라간 이 돌[상룡석祥龍石]의 형상을 직접 그리고, 아울러 그 내력과 아름다움을 자기 서체인 수금체瘦金體로 쓰고 있다. 이 돌의 출현이 북송의 길상을 말해준다[정연위서挺然爲瑞]고 여긴 휘종은 이 돌의 아름다움을 규룡虯龍이 꿈틀거리는 듯한 형세를 통해 평하고 있다. 용을 돌의 형세에 비유하는 것을 볼 때, 황제 자신의 기세를 이로써 표현했으리라. 이제 왜 휘종을 비롯한 중국의 문인사대부들이 이처럼 괴이하면서도 '추악한 형상'의 돌에 미적 의미를 부여하고 관심을 가졌는가를 이해해야 한다. 즉, 괴석이 갖고 있는 수瘦, 루漏, 준皺, 투透, 추醜 등이 갖는 철학과 미학을 이해할 때, 동양미학의 핵심에 한 걸음 더 다가가게 된다.

책을 마치며

1.

"왜 우리는 지금 동양의 미학을 연구할 필요가 있는 것일까? 나는 본래 중국이나 한국, 그리고 일본은 미학적 사상이 풍부한 나라라고 생각했으나, 유감스럽게도 오늘날까지 동양미학에 대한 뛰어난 연구는 많다고 할 수 없다. 그 이유는 과학과 마찬가지로 철학적 학문에서도 방법적 엄밀성이라고 말하는 것에 관해서는 그 의식이 현저했던 서양의 학문적 전통을 소화할 필요가 있었기 때문에, 서양사상에 관심을 빼앗기고 자신이 속해 있던 동양의 미학사상을 학문적으로 재인식하려는 작업은 등한시했기 때문이다. 그러므로 동양미학의 연구가 적다는 것이 동양의 미학사상 그 자체가 빈약하다는 것을 의미하는 것은 아니다."

2.

위의 말은 1980년대 이마미치 도모노부今道友信가 『동양의 미학東洋の美學』[1]에서 한 말로서, 제대로 된 동양미학 연구에 대한 필요성을 말한 것이다.[2] 그가 우려한 '서양 따라잡기 식' 현상이 여전한 가운데 최근 중국미학 관련 저서가 봇물 터지듯 나오고 있다.[3] 이 가운데 '이학미학理學美學'[4]의 '이학'처럼 철학에서 사용하는 개념을 통하여 중국미학을 분석하고, 아울러 송명이학宋明理學의 태극음양론, 이기론理氣論, 이일분수론理一分殊論, 심성론心性論 등을 미학 측면에서 분석하고 있는 연구 경향은 주목할 만하다.

이런 연구는 퇴계 이황을 비롯한 조선조 유학자들이 추구한 미의식과 예술정신을 분석하는 데 유효한 시각을 제시한다는 점에서 특히 중요하다.

주량즈朱良志는 송대 회화와 원대 회화의 관건을 각각 '리理'자와 '의意'자를 연계하여 파악하고, 송대 회화는 '리'자를 중심으로 한 '리취理趣'를 담아낸 예술형식을 전개했다는 점에서 '사상적 예술'이라 하고, 심령心靈을 쏟아내고 일기逸氣를 토로한 원대 회화를 '심령적 예술'이라 규정한다. 결론적으로 이에 회화는 '심학心學'으로 발전했다고 한다.[5] '심학'의 경지에 오른 회화미학을 제대로 이해하려면 먼저 송명이학에 대한 이해가 필수적이다. 예를 들면 우주만물의 본원, 선험적 초감각 초시공적 절대, 우주만물의 절대 주재자, 윤리도덕의 원천, 우주만물의 규율 및 법칙이면서[6] '이학미학본체론'의 핵심 개념인 '무형적無形迹', '무방소無方所', '무정의無情意', '무계탁無計度', '무조작無造作', '무성무취無聲無臭'인 '리理'를 미학 측면에서 어떻게 분석할가를 고민해야 한다.

이런 점은 형이상자로서의 '도道'와 형이하자로서의 '기器', 현상계의 '미적 존재[소연자所然者]'와 그것을 미적 존재로 가능하게 하는 '소이연지리所以然之理' 등의 관계를 통해 풀 수 있다. 즉 '본체로서의 체와 작용으로서 용은 동일한 근원을 가지고 있고[체용일원體用一源]', 솔개가 하늘을 날아오르고 물고기가 깊은 물에서 뛰는 것[연비려천鳶飛戾天, 어약우연魚躍于淵]과 같이 '드러난 광대한 현상계와 무성무취의 드러나지 않은 은미한 원리는 사이가 없다[현미무간顯微無間]'라는 사유를 적용해 풀 수 있다. 『중용』 1장에서 말하는 희로애락이 미발未發인 '중中'이 '작용하여 모두가 무과불급의 적절함에 적중하는[발이개중절發而皆中節]' 화和와 관련된 중화미학에 대한 규명도 동일한 방법이 요구된다. 여기서 '희로애락이 미발인 중'을 미학적으로 이해하는 것은 '감성학으로서 미학'의 범위를 넘어선다. 종병宗炳은 「화산수서畵山水序」에서 '징회관도澄懷觀道'를 말한 적이 있는데, 주희는 '구체적인 사물을 통해 (하나하나 그것에 담긴 원리를 규명해가면 그 속에 담긴) 도를 볼 수 있다[지물이견도指物以見道]'[7]라는 것을 통해 구체적인 사물이 왜 아름다운 것인지 하는 미의 본질을 알 수 있음을 말한다. 다른 말로 바꾸어 말하면, 격물치지格物致知의 공부를 통해 활연관통豁然貫通의 경지에 오르면 사물을 통한 미의 본질에 대한 인식이 가능해진다는 것이다. 이 밖에 『주역』의 '생생지리生生之理'를 근간으로 하는 우주론에 대한 미학적 분석[8] 및 노장철학을 적용해 중국 예술작품에 담긴 예술정신을 분석하는 시도도 주목할 만하다. 이런 점에서 동양미학의 핵심을 이해하려면 이마미치 도모노부가 『동양의 미학東洋の美學』[9]에서 장자의 미학을 분석하면서 말한 장자의 미학적인 형이상학 또는 형이상학적 미학, 즉 '카로놀로지아'가 동아시아 예술철학의 원형이란 말에 귀를 기울일 필요가 있다.[10]

내가 일전에 낸 책자인 『중국철학과 예술정신』[11]에서 이상 거론한 것과 관련하여 조악한 분석을 한 적은 있는데, 본 책자에서도 이런 점에 대해 많은 흔적을 남기고자 하였다. 이상 거론한 것들은 이후 더 폭넓고 심도 있게 연구해야 할 남은 과제다. 어찌되었든 이상 거론한 중국미학에 대한 신선한 시각 및 내용과 관련된 대표적인 몇몇 연구업적을 분석해보면 그것들이 다루고 있는 것은 미학 혹은 예술정신이지만 보는 관점에 따라 철학, 윤리학, 정치학, 교육학으로 환치될 수 있는 것이 대부분이다. 즉 연구 내용의 대부분이 『주역』「계사전」에서 말하는 "(한 사건이나 사물에 대해) 인자한 사람이 판단할 때는 인자함이라 말하고, 지혜로운 사람이 판단한 때는 지혜로움이라고 말한다[仁者見之謂之仁, 知者見之謂之知]"라는 사유가 적용된다는 것이다. 이런 점에서 동양미학과 예술정신에 대한 심도 있는 이해는 학문분과적 차원에서 하나의 시각만을 가지고 접근해서는 안 된다는 것을 말하고 싶다.

구체적으로 흔히 말하는 동양 예술작품에서 명품일 경우에는 철학적 언어와 예술적 형상 및 그 예술적 형상에 담아내고자 한 작가의 예술정신은 거의 동일한 맥락에서 이해될 수 있다. 퇴계 이황은 신잠申潛이 그런 대나무를 보고 '신잠이 자기 자신을 그린 것'이라고 평한다. 즉 '예술은 마음을 담아내는 것이다' 혹은 '마음을 표현하는 것이다'라는 사유, "~여기인如其人"을 강조하는 동양예술에서 '사의寫意적 차원의 명품'일 경우 한 인물이 지향하는 철학과 예술정신은 그 작품의 예술적 형상을 통해 거의 그대로 표현되곤 한다는 것이다. 따라서 한 작품을 정확하게 이해하려면 기본적으로 작가가 작품을 통해 담아내고 지향하고자 한 근본 철학이 무엇인지를 알아야 한다. 예를 들면 성정이 견개狷介하고 화풍에서 냉담冷淡함, 담박淡泊함, 유정幽靜함, 청한淸閑함을 추구한 예찬倪瓚 회화의 상징에 해당하는 '빈 정자[공정空亭]'에 대한 심도 있는 이해는 그의 삶에 많은 영향을 끼친 지순부잡至純不雜한 진眞을 추구한 전진교全眞教 교리를 알았을 때 가능하다는 것이다.

아울러 동양예술을 서양예술과 비교했을 때 거론할 수 있는 차이점을 큰 틀에서 간략하게 정리해보자. 동양에서는 시의 중요성을 강조한다. 중국문화를 제대로 이해하려면 '당시唐詩'를 알아야 한다는 말을 하고, 아울러 지식인으로서 행세하려면 시를 지을 줄 알아야 했는데, 격조 있는 시는 아무나 지을 수 있는 것은 아니었다. 예술가가 어떤 신분, 어느 정도 학식을 가지고 있었냐 하는 것도 따졌다. 회화는 기교 아닌 예술정신 차원에서 문인화를 전문적인 직업화가인 화원화가와 구분하고, 전각은 문인전각을 공인工人전각과 구분하고, 건축은 '호중천지壺中天地'와 '심원心園'이란 점에 근간한 '인원합일人園合一'의 문인건축을 추구하고, 음악도 문인아악의식이 있었다. '서예는 마음을 그린 것'이란 점에서 출발한 상의尙意서풍 추구는 불경 등 경전을 쓰는 '사경寫經서예'나 기타 '사자관寫字官 서예'와 구분하였다. 어떤 삶을 살았느냐 하는 것은 더욱 중요했다. 삶도 세속의 관료적 삶을 살았는가 아니면 어부로 상징되는 명철보신明哲保身의 은일적 삶을 살았는가 하는 구분을 통해 다른 평가를 하였다. 시·서·화·인印이 복합적으로 담겨 있는 자기瓷器문화가 있고, 아울러 탈속적이면서 향기 있는 시간을 상징하는 고품격의 다茶문화를 추구하기도 하였다. 다만 불가와 도교의 위대한 인물들의 형상을 제작하기는 했지만 서양에서 행해진 인체의 아름다움을 표현하는 조각 개념이 희박했다는 점은 있었다.

이같이 지식인이면서 그 시대를 이끌어간 핵심 주체로서 문인(사대부)들이 추구한 미학 혹은 예술정신, 삶의 방식은 서양과 일정 정도 차별화를 갖는다. 동양철학은 물론 미학과 예술을 제대로 이해하려면 먼저 이런 점에 대한 심도 있는 이해가 요구된다. 이런 점에서 서양미학을 공부한 다음 동양미학과 예술에 관심을 가진 조요한의 다음과 같은 말에 주목하고자 한다.

> "동양의 아름다움은 동양의 미학으로써만이 이해된다는 사실을 주장하고 싶다… 서양인과 서양문화에 젖은 사람들이 동양의 아름다움을 이해하려고 하면 동양미학에서부터 시작해야 한다."[12]

남의 눈이 아닌 '우리 눈'으로 '우리 것'을 제대로 볼 수 있는 역량을 기르라는 조요한의 지적은 당연한 말이지만 지금까지 그런 지적대로 행해졌는지는 의문이다.

이쯤 해서 내가 이 책자 제목에 '동양'이란 용어를 사용한 것에 대한 변명을 해야 할 것 같다. 본 책자에 '동양'이란 용어를 사용하는 것은 본 책자에서 기술한 내용으로 볼 때 문제가 많다. 좀 더 적절할 용어를 사용한다면 '동북아시아' 정도로 해야 할 것이고, 많은 부분에서 노장철학과 미학을 다루고 있지만 크게 보면 '유교문화권' 혹은 '한자문화권'이란 의미에서 접근해야 일정 정도 타당성을 얻을 수 있을 것이다. 이에 나는 책자 제목에 '동양'이란 용어를 사용했을 때 나타나는 문제점에 대한 변명거리가 있는지를 찾아보았다.

이전에 동양이란 용어를 사용하여 미학 혹은 예술정신을 논한 책자가 있었는지를 찾아보니, 대강 토머스 먼로Thomas Munro의 『동양미학[*Oriental Aesthetics*]』[13], 이마미치 도모노부今道友信의 『동양의 미학東洋の美學』[14], 오니시 요시노리大西克禮의 『동양적 예술정신東洋的藝術精神』[15] 등이 있었다. 토머스 먼로는 중국, 일본, 인도를 다루고 있고, 이마미치 도모노부는 일본과 중국을 다루고 있다.[16] 오니시 요시노리는 서양과 대비되는 차원에서 동양을 다루되, 주로 일본을 위주로 하면서 중국을 덧대는 식이다. 아쉽게도 모두가 한국 것은 다루지 않고 있다. 왜일까? 그들이 한국 것은 잘 모르기에, 아니 전혀 모르기 때문이다. 이후 '동양'이란 이름에 걸맞는 '정명正名' 차원의 저서가 나오기를 바라지만, 다루고자 하는 범위가 너무 커서 한 개인의 역량으로는 쉽지 않을 것 같다. 이마미치 도모노부도 자신의 저서에서 중국과 일본밖에 다루지 못한 것에 대해 그런 변명의 말을 하는데, 외국어에 한계가 많은 나에게는 매우 좋은 변명거리다.

나의 경우는 많은 부분 중국의 미학과 예술정신을 논하지만 그 사유들이 결국 한국의 미학과 예술정신에 많은 영향을 준 점을 고려한다면 본 책자는 큰 틀에서는 중국과 한국을 다루고 있는 셈이다. 일본의 경우는 전혀 다루지 않았지만, 일본미학의 특징으로 거론되는 미적 범주美的範疇로서 'ゆうげん[유현幽玄]', 'さび[적寂]' 등은 각각의 특징이 있지만 일정 정도 중국철학과 미학의 영향을 받았고, 때론 '일본과 중국의 융합[화한융합和漢融合]' 현상이 있었던 점을 참조하면 일본에 대해 구체적인 언급은 하지 않았지만 그 '언저리 정도'는 상징적으로 다루었다고 말할 수 있다. 물론 이후에 보완해야 할 사항이다. 아울러 동양사상의 핵심을 말할 때 유·불·도 삼교를 거론하곤 하는데, 이 책자에 불교에 대한 것이 빠져 있다는 점도 문제가 된다. 하지만 종교 차원이 아니고 미학이나 예술 차원에서 본다면 역시 변명거리가 있다. 본 책자에서 주로 다루고 있는 중국사회를 이끌어왔던 송대 이후 문인사대부들에게 초점을 맞추어 논한다면 그렇다는 것이다. "선종은 장자에서 나왔다"는 식으로 이해한 유학자[주희가 대표적

이다]나 혹은 송대 이후 유가와 도가의 상호보완적인 삶을 살았던 문인사대부들, 예를 들면 소식에 의해 최초의 문인화가로 여겨지는 당대 왕유王維를 비롯하여 북송대 서예가 황정견黃庭堅, 명대 화가 동기창董其昌 같은 경우 불교[혹은 선종]에 대해서도 일정 정도 이해가 있었기 때문이다. 도교의 경우는 일품逸品에 오른 화가이면서 견자狷者로 평가받는 앞서 거론한 예찬倪瓚 회화미학의 전진교全眞教에 대한 영향 등을 들 수 있다.

이상 본 책자가 갖는 한계점에 대한 변명거리를 늘어놓았지만, 동양미학을 논한 여타의 저술과 비교했을 때 본 책자가 갖는 장점을 굳이 말하라고 한다면, 기존의 많은 저술 등이 동양예술의 핵심 중 하나인 '서예' 및 '전각'을 제대로 다루지 않은 것을 본 책자에서 상당히 비중 있게 다루고 있다는 점을 들고 싶다.

3.

마치는 말의 최종적인 내용은 우선 중국역사에 나타난 국가의 흥망성쇠를 좀 엉뚱하지만 서예와 연계하여 논하는 것으로 시작하기로 한다.

전통적으로 서예는 '마음을 그린 것[심화心畵]'이란 사유에서 출발하여 '서여기인'을 강조하였다.[17] 이에 따라 평가되는 미의식도 달랐는데, 서예가 갖는 장점 중의 하나는 서예를 익히는 과정 중에서 쓰는 문장이나 문구가 대부분 교훈적인 의미가 담겨 있다는 것이다. 지식습득은 물론 예술성과 인격도야를 동시에 이룰 수 있게 하는 것이 서예였다. 추사 김정희가 서예를 말하면서 '문자향'과 '서권기'를 연계하여 이해하는 것도 이런 점과 관련이 있다. 이런 서예는 중국역사를 보면 예술적 측면 이외에 역사의 흥망성쇠를 이해하는 데 매우 중요한 위상을 지녔다. 왜냐하면 중국역사에 나타난 국가의 흥망성쇠를 예술 차원에서 접근하다보면 정치가이면서 동시에 뛰어난 서예가였던 인물들이 깊이 관련된 것을 발견할 수 있기 때문이다. 이런 점은 한 인물이 서예에 장기를 보이는 것은 예술 차원 이외 다양한 측면과 복합적으로 연계되어 있음도 보여준다.

중국서화사를 보면 서양과 달리 제왕임에도 서화예술에 장기를 보인 인물이 많고, 그 가운데 많은 제왕들은 예술성이 높은 법서와 비각을 수장하기도 하였다.[18] 예를 들면 양梁 무제武帝[소연蕭衍], 당 태종[이세민李世民], 남당南唐의 이후주[이욱李煜], 송 태종, 휘종[조길趙佶], 고종[조구趙構], 금 장종章宗 등이 그들인데, 그중에서도 특히 이후주, 당 태종, 송 휘종은 서예이론가이면서 아울러 서예가로서도 유명하다. 이 가운데 압권은 '수금체瘦金體'라는 독특한 서체를 창안하고 "나는 정치를 한 뒤 한가한 시간에는 다른 취미가 있는 것이 아니라 오직 그림 그리는 것만 좋아할 뿐이다"[19]라고 말한 송 휘종이다. 물론 송 휘종은 서화에만 몰두한 것은 아니었다. 중국역사를 보면 제왕들이 『노자』에 대해 주석을 한 것을 발견할 수 있는데, 휘종은 그중 한 사람이다. 문제는 '치국이신治國理身' 차원이 아닌 도교를 신봉하면서 자신을 신격화한 점이다.[20]

시대적으로 보면, '상법尙法' 서예를 강조하면서 관료를 선발하는 기준으로 '신언서판身言書判'을 제시한[21] 당대에 서예에 장기를 보인 제왕이 많았다. 뛰어난 서예가이고 서예이론가이기도 한 당 태종은 특히 자손들에게도 서예를 강조해 당대의 많은 제왕들은 글씨에 능했고, 이런 영향 때문인지 당대에는 도둑까지도 글씨에 능한 자가 많았다고 한다.[22] 양귀비[=양옥환楊玉環]와 로맨스로 유명한 당 현종도 글씨에 매우 뛰어났고, 이후 청대의 건륭제도 상당한 필력을 자랑하였다. 최초의 중국 여황제인 측천무후則天武后, 조맹부 부인 관도승管道昇도 서예에 뛰어났다.[23] 제왕 가운데 서화에 장기를 보인 대표적인 인물은 앞서 거론한 송 휘종이다. 그는 북송을 멸망으로 몰아간 군주인데, 북송 멸망의 간접적 요소 가운데 하나가 서예였다. '상룡석祥龍石'과 같은 기이한 태호석에 관심을 쏟은 휘종은 채경의 서예를 매우 좋아했고, 이것은 일정 정도 채경이 휘종의 아낌을 받는 원인이 되기도 했다는 것을 말한 것이다. 휘종의 9남, 흠종欽宗의 이복

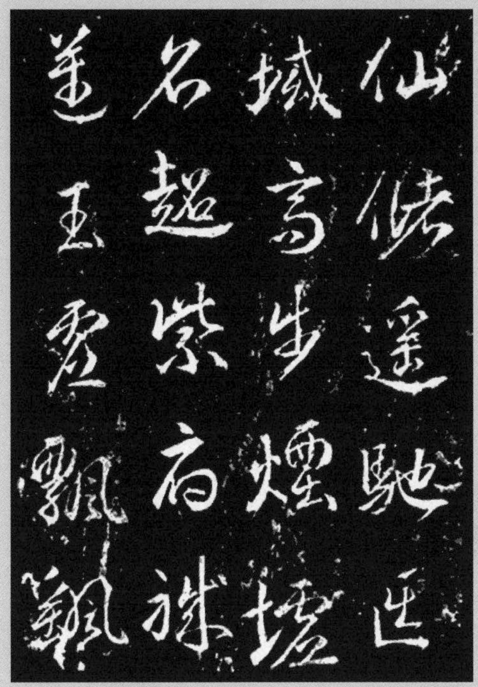

측천무후則天武后, 〈승선태자비昇仙太子碑〉

〈승선태자비〉는 중국 행초서行草書 비각碑刻 중 가장 앞서는 것 중 하나이면서, 여인이 쓴 첫 번째 비이기도 하다. 내용은 주영왕周靈王 태자 진晉이 승선升仙한 고사인데, 사실은 무주武周의 태평성세를 찬양한 것이다. 필법이 완약婉約하면서 유창流暢하고 의태意態가 종횡무진縱橫無盡한 것이 '여황제'다운 기세를 느낄 수 있는 작품이다.

동생이면서 간신 진회秦檜를 신뢰하고 명장 악비岳飛를 죽인 남송 초대 황제인 고종[조구趙構]도 '50년 동안 이해가 크게 상충되는 일이 아니면 붓을 놓은 적이 없다'고 스스로 말할 정도로 서예를 좋아하면서 정사를 제대로 돌보지 않았던 것도 함께 기억하자.[24]

물론 이런 점을 거론하는 것은 서예를 부정적으로 말하고자 한 것은 절대 아니고, 그만큼 중국문화와 예술에서 서예가 차지하는 독특한 위상을 말하고자 함이다. 이런 현상은 역설적으로 얼마나 서예가 주는 열락悅樂이 컸으면 국가가 망할 지경인데도 황제들이 그것에 탐닉하느냐 하는 것

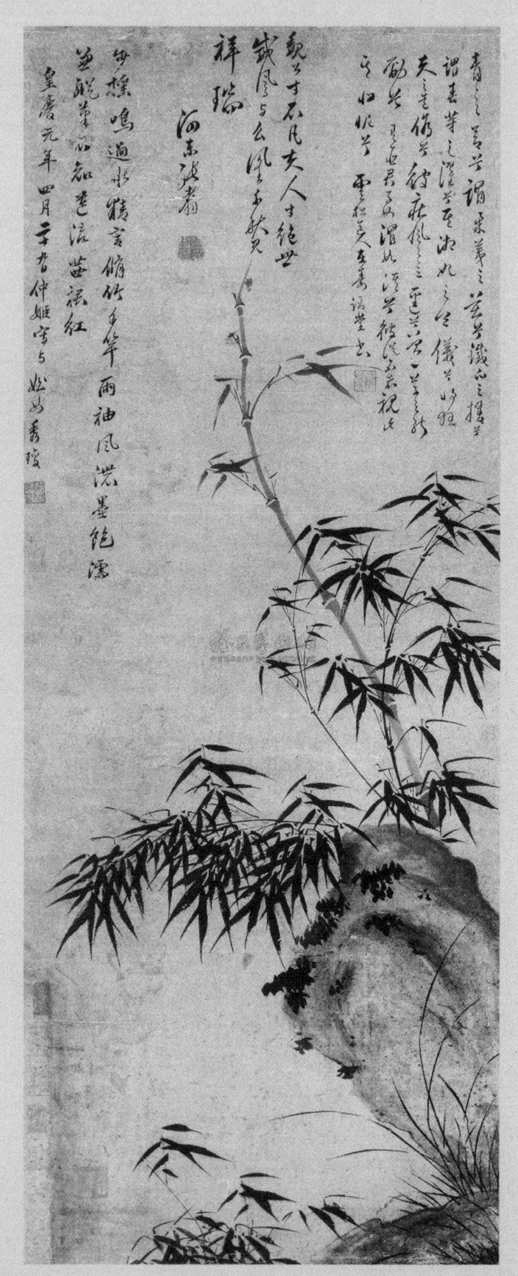

관도승管道昇, 〈소상연람瀟湘烟嵐〉

그림과 글씨에 뛰어났던 조맹부 부인 관도승[중희仲姬]의 〈난죽석도〉다.

을 말해준다. 서예와 관련하여 말한다면, 휘종이나 고종의 정치적 무능함을 탓하면서도 동시에 봐야 할 것은 바로 이 점이다.

신하 가운데 작품 수장에 뛰어난 인물로는 구양수歐陽脩, 미원장米元章[=미불米芾], 장돈章惇, 심석전沈石田[=심주沈周], 왕엄주王弇州[=왕세정王世貞], 항자경項子京[=항원변項元汴], 엄숭嚴嵩, 초약후焦弱侯[=초횡焦竑] 등이다.[25] 이상 거론한 인물들 대부분이 유명 서화가이면서 감식안에 뛰어난 인물들이지만 동시에 구양수, 왕엄주와 같은 문장가, 초약후와 같은 유명한 학자도 있고, 항자경과 같은 사업가도 있다. 이 가운데 채경을 등용하고 소식을 귀양 보낸 북송의 장돈, 남송을 멸망으로 몰고 간 가사도 등은 권신權臣이면서 '간신'이었다. 여기서 간신을 강조하는 것은 이유가 있다. 엄숭은 채경과 더불어 중국역사의 대표적인 간신에 속하는데, 그들은 한 시대를 휩쓴 유명 서예가였기 때문이다.

중국역사를 보면 정치가, 학자, 문장가이면서 아울러 예술가인 인물들이 많은데, 그들이 예술가로 평가받는 실질적인 것은 서예에 장기를 보이는 경우가 대부분이었다. 서예는 따로 특별히 시간을 내어 기교를 익히는 경우도 있지만, 많은 경우 관료가 되기 위해 공부를 하는 과정에서 자연스럽게 서예에 관한 예술성을 습득하곤 한다. 이런 학습과정에서 서예에 장기를 보이면 동일한 과정을 거친 많은 사람들의 부러움을 사곤 했다. 서예는 종이와 먹물 이외에 별다른 준비물이 없이 한 자리에서 짧은 시간에 자신의 장기를 발휘하여 많은 작품을 할 수 있는 창작의 수월성이란 점에 장점이 있다.

서예에 장기가 있다는 것은 타인과의 관계 맺음에서 여러 가지 긍정적인 기회를 준다. 예술 차원 이외의 인간관계의 원만함을 이룬다는 측면에서 말해보자. 좋은 문구가 담긴 자신의 작품을 타인에게 주는 경우 그 서예 작품은 인간관계를 원만하게 하는 촉매제가 되며, 작품을 주고받은 인물들간의 친밀감을 증명하는 상징물이 되기도 한다. 그것이 뛰어난 예술성이 있는 경우 금상첨화의 효과가 있다. 특히 인품이 높고 능력이 있는 제왕이 서예에 장기가 있는 경우 정치적으로 매우 유리한 점이 많았다. 예를 들면 제왕이 자신의 글씨를 신하들에게 하사하면 그 서예작품은 군주 자신이 신하를 믿고 총애한다는 상징적인 기물이 된다. '어필御筆'을 하사받은 신하는 군주에게 다시 한 번 충심 어린 충성을 다짐하며, 대대로 그 작품을 가보로 여긴다. 하사한 서예작품은 곧 군주를 상징하니, 이에 이른바 서예를 통한 정치가 가능해진다. 이런 점이 서양과 다른 모습이 아닌가 한다.

동양역사를 보면 제왕들이 서화에 장기를 보인 경우 부정적인 측면과 긍정적인 측면이 있었지만 회화는 서예와 다르게 이해하였다. 제왕이 글씨를 잘 쓰는 것은 장점으로 여겼지만 회화에 장기를 보인 경우 '완물상지玩物喪志'라는 입장에서 부정적으로 이해한 경우가 많았다는 것이다.[26] 서예의 경우 글씨를 쓰는 것 자체가 좋은 글귀를 쓰는 경우가 많기 때문에 기본적으로 인격도야와 관련된 수양공부 측면에 장점을 가졌지만 그림의 경우는 달랐다. 제대로 된 회화작품을 창작하려면 기본적인 재능도 있어야 하지만 서예와 달리 다양한 사물에 대한 형상 묘사와 관련하여 요구되는 것이 많았던 점도 문제가 되었다. 100퍼센트 검증된 말이라 할 수 없지만, 제왕이 회화에 재능을 보이는 경우 여러 정치적 상황에서 결단력을 요구하는 제왕의 자질보다는 심약한 예술가의 기질을 갖는 경우가 많았다. 요컨대 명군明君일 때는 서화를 잘하는 것이 장점으로 부각되기도 하지만, 암군暗君일 경우에는 자칫 나라를 어지럽게 한 요소로 거론되곤 한다는 것이다.

동양에는 이른바 육체는 소멸하더라도 한 인간이 남긴 업적은 '썩지 않고 영원히 후대인에게 기억되는 것 세 가지[삼불후三不朽]'라는 사유가 있다. 덕을 쌓아 성인처럼 위대한 인간이 되는 것[입덕立德], 살신성인殺身成仁의 자세로 자신을 희생시켜가면서 많은 공을 쌓아 타인에게 기림을 받는 것[입공立功], 훌륭한 논저나 이론을 통해 자신의 사상을 정립하여 후대인에게 삶을 살아가는 지혜로움과 바람직한 길을 제시해주는 것[입언立言] 등이다. '입덕', '입공', '입언'에 하나를 더 첨가한다면 '훌륭한 예술작품을 남겨 타인과 구별되는 예술창작 세계를 펼치면서 인류에게 감동을 주는 것[입예立藝]'을 들 수 있을 것이다. 인간의 이성보다는 감성에 호소하는 '입예'는 앞에서 거론한 '삼불후'보다 확장성, 접근성, 수용성 측면에서 장점을 지닌다. 물론 삼불후에는 '뛰어난 인품'이 공통적으로 작용하고 있는데, 동양문화권의 예술가에 대한 평가에서는 이런 점이 더욱더 강조되었다고 할 수 있다. 그런데 동양예술의 역사를 보면, '입예'가 갖는 효용성에 대해 그다지 의미를 부여하지 않은 것은 사실이다. 특히 유가처럼 '도는 근본이고 기예는 말단이다[도본예말道本藝末]', '덕은 근본이고 기예는 말단이다[덕본예말德本藝末]'라는 관점에서 출발하여 '덕이 있는 자는 윗자리에 있으면서 존경을 받고, 기예에 재능이 있는 자는 아랫자리에 있으면서 차별을 당한다[덕상예하德上藝下]'라는 차원에서 예술을 이해할 때 더욱 그런 점이 강하였다. 예술과 관련된 기예를 '말기末技', '천기賤技'시한 것이 사실이다. 하지만 스포츠 및 예술을 통해 세계적인 스타가 탄생하는 오늘날 불후의 하나로 '입예'를 거론할 여지는 있다.

이처럼 동양에서 과거 '입예'적 측면을 어떻게 이해했는가에 대한 정확한 인식이 무엇보다도 요구되었다.

4.

이상 중국역사에 나타난 서예와 관련된 다양한 측면을 살펴보았다. 이런 언급 가운데 서예에 장기를 보였지만 간신으로 유명한 채경에 주목하면서, 주희에 의해 행해진 아래와 같은 인물 평가가 갖는 의미를 살펴보자.

> "만일 권세를 가졌다면 채경이 한 짓을 직접 하지 않았다고 보장할 수 없을 것이다."

주희가 대상으로 삼고 있는 인물이 어떤 인물이기에 저렇게 '심한 험담'을 늘어놓는 것일까? 내가 '심한 험담'이라 하는 것은 대상으로 삼고 있는 인물을 채경에 비유하고 있기 때문이다. 채경이 누구인가? 앞서 잠시 거론한 바와 같이 서예의 대가이면서 그 서예를 통해 휘종이란 혼매한 군주에게 주목을 받고, 이후 휘종 밑에서 16여 년 재상을 하면서 결국은 북송을 망하게 한 중국역사의 대표적인 간신 중 하나다. 중국역사에서 대표적인 간신은 채경 이외에 남송대 악비岳飛를 모함해 죽인 진회秦檜, 김만중金萬重의 『사씨남정기』에 악인의 상징인 엄승상으로 나오는 명대의 엄숭嚴嵩[27]이다. 이들 3인은 서예 실력으로는 당대 대가급에 속하는 인물들이었다는 점에 주목하라는 것이다.[28]

사마광司馬光은 『자치통감資治通鑑』에서 어떤 인물을 택해 관료로 임명할 것인가에 대해 논한 적이 있다. 크게는 '총명하고 강의한 자질[총찰강의聰察強毅]'을 '재才'라 하고, '정직하고 중화가 담긴 품성[정직중화正直中和]'을 '덕德'이라 하면서 인간을 네 가지로 구분하여 말한다. 구체적으로 재주와 덕을 온전히 다 갖춘 인물은 '성인', 재주와 덕을 모두 갖추지 못한 사람은 '어리석은 사람', 덕이 재주를 이긴 자는 '군자', 재주가 덕을 이긴 자는 '소인'이란 구분이 그것이다. 사마광은 성인과 군자를 취해 다스릴 수 없다면 차라리 통제 가능한 '어리석은 사람'을 취할 것이지 '소인'을 취하지 말라고 한다. '소인'의 지혜로움은 간사함을 이루기에 족하고 그들이 행하는 행동의 거침없음은 포악함을 이루기에 족하며, 이에 그 재주를 믿고 행한 행동의 패악함은 나라와 집안을 망하게 만들기 때문이다.[29]

서예에 탁월한 재능이 있었지만 매국노로 낙인찍힌 조선조 이완용을 비롯하여 채경, 진회, 엄숭 등은 대표적인 '소인'에 속한다. 간신은 아무나 되는 것이 아니다. 혼매한 군주일지언정 군주를 현혹시킬 탁월한 정치적 감각, 정적政敵을 논리적으로 물리칠 수 있는 학문적 역량, 아울러 권모술수를 통한 과감한 행동 등을 겸비해야 역사에 남는 간신이 될 수 있다.

중요한 것은 간신이 문제가 되는 것은 그런 탁월한 능력을 공적 차원이 아닌 한 개인의 영달과 재화축적이란 사적 차원에만 힘을 쏟았다는 것이다.

다시 본론으로 들어가자. 주희에 의해 이렇게 '심한 험담'을 당한 인물은 놀랍게도 한·중·일 삼국 시문학사에서 도연명과 더불어 가장 탁월한 업적을 남긴 소식이다. 소식이 누구인가? 당대의 '상법 서풍'에서 벗어나 북송대 '상의 서풍'을 주도한 서예가이면서, 서예창작과 관련해 무법無法을 강조해 참된 예술가란 무엇인가를 말한 서예이론가, 회화이론에서 형신론形神論의 새로운 장을 열어준 회화이론가, 「적벽부赤壁賦」라는 명문을 써서 '당송팔대가'의 한 사람으로 추앙받는 문장가, 유·불·도 3교 사상에 막힘이 없었던 사상가, 왕안석과 다른 정치적 견해 때문에 유배를 당한 정치가다. 한국의 경우 신라와 고려는 물론 조선조 후기에 이르기까지 '소식 숭배[숭소崇蘇]' 혹은 '동파東坡 열풍' 현상이 일어난다.[30] 다만 소식은 세속과 타협하지 않는 자세로 자신의 잘난 것을 드러냈기에 노자가 말한 '화광동진和光同塵'하지 못했다는 평을 듣기도 한다.

앞서 거론한 어느 한 분야만 뛰어나도 역사에 남는데 소식은 팔방미인이었다. 물론 주희가 소식의 학문을 비판만 하는 것은 아니다. 하지만 주희의 위의 말에는 소식의 인간됨됨이와 정치적 역량에 매우 부정적인 견해가 담겨 있다. 주희의 이런 점은 더 나아가 소식의 사상과 문학이 학자들에게 큰 해독을 끼친다는 것으로 이어진다. 중국역사상 공자와 맹자를 제외하면 의리론을 견지하면서 유가의 '도통론道統論'과 '화이관華夷觀'에 투철했던 주희에게 긍정적으로 평가된 인물이 얼마나 있겠냐마는, 그런 점을 참조하더라도 소식에 대한 위와 같은 평가는 매우 악의적이다. 그럼 주희의 소식에 대한 부정적 평가의 전모를 보자.

> '소씨蘇氏[소식]'는 그 몸가짐이 이미 형공荊公처럼 엄정하지 못하고 그 학술은 결국 공리功利를 잊지 못하고 속임수가 많다. 그를 따르는 사람으

> 로 진관秦觀, 이천李薦 같은 자들은 모두 허황하고 경박하여 선비의 무리가 선비 축에 끼워주지도 않았는데 서로 부추기면서 현란한 언변을 구사하여 자기들의 주장을 유지하지만 예의와 염치가 무엇인지 전혀 알지 못하였다. 비록 그 형세가 사람들을 움직일 정도는 못 되었으나 '세상의 방종을 좋아하고 몸과 마음을 구속당하는 것을 싫어하는 자'들이 이미 많이 그쪽으로 쏠렸으니, 만일 권세를 가졌다면 채경이 한 짓을 직접 하지 않았다고 보장할 수 없을 것이다. 세상 사람들은 이미 드러난 행적만 가지고 평가한다. 그래서 소씨가 그나마 근세 명경名卿의 반열에 들 수 있었고, 남의 장점을 칭찬하길 좋아하는 군자들 또한 '아직 드러나지 않은 화'를 미리 찾아내어 비판하고자 하지 않았던 것이다.[31]

'형공'은 북송 신종 때 '왕안석王安石'으로, 신법[혹은 변법]을 주장한 정치가이면서 당송팔대가의 한 사람으로서, 서예에도 재능을 보인 인물이다. 아울러 『노자』 1장에 대해 왕필王弼이 행한 구두법과 다른 방식을 취해 해석함으로써 『노자』 해석의 새로운 차원을 연 학자이기도 하다. 왕안석의 정치적 계승자라 할 수 있는 채경은 사후에 왕안석을 공자묘孔子廟에 배향한다.[32] 이 같은 왕안석에 대한 평가는 극과 극이다. 북송을 멸망시킨 원흉, 만세의 재앙이요 천고의 죄인으로 매도하거나, 심지어 그를 개와 돼지로 묘사한 사람도 있었다.[33] 주희가 이런 왕안석 몸가짐의 엄정함에 대해 좋은 평가를 내리고 있는 점을 참조하면 소식을 얼마나 심하게 비판하고 있는지를 알 수 있다. 왕안석을 '공'이라 하는 것과 달리 소식을 '공'이 아닌 '씨'라고 일컬은 것에는 이미 폄하한다는 의미가 담겨 있다.

도학자인 주희가 소식을 소인배로 몰아붙이는 내용으로, '엄정하지 못한 몸가짐', '학술의 공리성과 속임성', '허탄함과 경박함', '예의와 염치를 모름', '행동의 방종함과 얽매이기 싫어함' 등을 말하는데, 결국 비유의 핵심은 간신인 채경에 비유한 것이다. '세상 사람들이 이미 드러난 행적만 가지고 평가한다'는 주희의 말의 옳고 그름을 떠나 말하면, 주희는 이미 소식의 마음속을 꿰뚫어본 것 같다. 그런데 주희가 구체적으로 '아직 드러나지 않은 화'가 무엇인지를 말하지 않아 알 수 없지만, 소식의 DNA에 악행을 저지를 가능성이 있다는 '잠재적 범죄자'로 취급하는 악의적이면서 추측성 평가는 지나친 점이 없지 않다. 주희의 소식에 대한 다른 평가도 보자.

> 동파[소식蘇軾]가 호주湖州에서 체포될 때 얼굴은 사색이 되고 두 다리에 맥이 풀려 거의 걷지도 못하였다. 집에 들어가 가족과 작별하게 해달라고 했으나 사자가 들어주지 않았다.[34]

유가 사유의 훈도를 받은 군자라면 체포되는 상황에도 늠름하면서도 의젓한 몸가짐을 유지해야 한다. 사실 속으로는 두렵지만 타인의 시선을 의식해 두렵지 않은 듯한 가식적인 몸짓보다는 소식의 이런 행태가 더 인간다울 수 있지만, 주희의 글만 보면 소식의 행태는 형편없이 나약한 소인배의 매우 구차한 몸짓이다. 소식의 이런 나약한 몸짓을 좋게 보면 감성이 풍부한 예술가의 모습으로 이해될 수도 있지만.

그런데 주희가 유가의 예교禮敎 및 공사관公私觀과 의리관義利觀을 통해 평가한 악의적 평가와 달리 주희를 존경했던 조선조 퇴계 이황의 소식에 대한 평가는 달랐다. 이덕홍李德弘의 『계산기선록溪山記善錄』에는 이황이 신유년(1561) 4월 15일 달밤에 탁영담濯纓潭에 배를 띄워 강물을 거슬러 올라가서 반타석盤陀石에 배를 정박했다가 역탄櫟灘에 이르러 닻줄을 풀고 배에서 내린 뒤 세 순배 술을 마신 다음, 옷깃을 바루고 단정히 앉아 마음과 정신을 고요히 가다듬고 한참 동안 가만히 있다가 소식의 「전적벽부前赤壁賦」를 읊고 다음과 같이 소식을 평가한 것이 실려 있다.

'소공蘇公'이 비록 병통이 없진 않지만 그 마음에 욕심이 없었음은 '진실로 나의 소유가 아니면 비록 털끝만한 것도 취하지 않는다' 이하의 구절에서 알 수 있다. 또 귀양 갈 때에 관을 싣고 갔으니, 세상일에 초연하여 구차하지 않음이 이와 같았다.[35]

주희와 이황의 '소식이란 동일한 인물'에 대한 평가에는 많은 차이가 난다. 이황은 소식을 일단 '소공'이라 하면서 높인다. 주희처럼 독심술이 뛰어나지 못한 것인지는 몰라도 이황은 '진실로 나의 소유가 아니면 비록 털끝만한 것도 취하지 않는다'라는 소식의 말을 곧이 그대로 믿었던 모양이다. 아울러 이황이 거론한 '귀양 갈 때 관을 싣고 간 소식의 행위'는 주희가 소식이 처음 체포되었을 때 말한 구차한 몸가짐과 너무 다르다. 전모야 어찌되었든 이황은 이 같은 소식의 행위를 '세상일에 초연하여 구차하지 않았다'고 평가한다. 결론적으로 이황의 소식에 대한 평가는 주희가 소식을 유가의 예교 및 공사관과 의리관에 입각해 악평한 것과 완전히 구별된다. 만약 주희의 평가가 옳다고 하면 퇴계의 소식에 대한 평가는 '아직 드러나지 않은 소식의 악행을 제대로 이해하지 못한 평가'일 수도 있지만 말이다.

여기서 소식에 대해 주희와 이황의 서로 다른 평가와 아울러 왕안석에 대한 것을 동시에 거론하는 것은 어떤 관점에서 동양미학과 예술정신을 이해하느냐에 따라 동일한 예술작품이라도 평가가 다를 수 있음을 말하고자 함이다. 예를 들면 주희가 소식에 대해 윤리적 측면에서 부정적으로 거론한 '허탄함과 경박함', '예의와 염치를 모름', '행동의 방종함과 얽매이기 싫어함' 등은 관점을 바꾸어 이해하면, 소식의 '자유로운 예술적 심령'과 관련지어 이해할 수 있는 여지가 있다. 즉 소식의 광견狂狷 지향의 예술정신과 일정 정도 관련지어 이해할 수 있는데, 이런 소식의 광견풍 예술정신에 대해 긍정적으로 평가할 것인가 부정적으로 평가할 것인가는 평가하는 인물의 입장과 견해에 따라 다르게 나타날 수 있다는 것이다. 이런 점은 이미 이 책자 1장에서 '일逸', '화華', '연姸' 등과 같은 다양한 미적 개념에 대한 유가와 도가의 차이점에서 확인한 바가 있다.

이상 본 바와 같이 계신공구戒愼恐懼를 통한 신독愼獨의 경외敬畏적 삶을 강조한 주희와 동일하게 경외적 삶을 살았지만 상대적으로 쇄락灑落적 삶을 놓지 않았던 이황이 행한 동일한 인물에 대한 평가와 예술정신에 대한 견해는 조금 달랐다.[36] 주희와 비교할 때 이황의 소식에 대한 긍정적 평가에는 주희보다 유연하고 탄력적인 사유가 담겨 있고, 이 같은 유연하고 탄력적인 사유에 기반한 삶은 윤리적 삶뿐 아니라 더 나아가 예술적 삶을 좀 더 가능하게 한다. 사실 주희도 알고 보면 미학적 측면에서는 노장을 무조건 배척하지는 않는다. 심미공능이란 측면에서는 정통 유가사상을 견지하지만 심미를 추구하는 방법론 측면에서는 노장사상에 감염된 것이 많았다는 것이다.[37] 때론 뜻이 고개孤介하고 절조가 있는 '견자狷者'와 지기志氣가 격앙激昂한 '광자'와 관련된 '광견 기개氣槪'를 맥락에 따라 긍정적으로 여기기도 한다.[38]

하지만 '무엇이 유가 성인이 지향한 진리인가' 하는 점을 판별하는 상황에서는 달랐다. 주희는 이런 진리에 대해 "천하에 단지 하나의 이치가 있을 뿐이다. 이쪽이 옳으면 저쪽이 그르고 이쪽이 그르면 저쪽이 옳다. 양쪽이 병립하는 것은 용납할 수 없다. 그러므로 옛날의 성현은 마음으로 보존하거나 눈으로 보는 것은 다만 '의리'만 있을 뿐이다"[39]라는 것을 말한 적이 있다. 소식에 대한 평가에는 이처럼 '의리'를 기준으로 하고 아울러 가치론적 차별에서 출발하여 '양시양비兩是兩非'가 있을 수 없다는 입장이 적용된 것인데, 주희의 이런 사유는 유가의 미추관에도 지대한 영향을 끼친다. 주희가 이런 사유를 견지할 때는 노자가 말한 "천하 사람들이 모두 아름답다고 여기는 것도 시각을 바꾸어보면 추악한 것이 될 수 있다"[40]라는 사유나 장자의 사물에 대한 등가치等價値 및 무차별적 '만물제동萬物齊同'에 기반한 사물인식과 진리관에서 출발한 미추관은 받아들일 수 없다. 주희식의 사유에서는 영원히 '미는 미고 추는 추'이지, '미가 추로 변한다거나 추가 미로 변하는 것'은 있을 수 없다. 즉 '백자' 같은 예술작품만 나오지 '광기'를 담아낸 예술작품이나 '미추불분美醜不分', '대교약졸大巧若拙'의 경지를 담아낸 작품은 나올 수 없다는 것이다. '대교약졸'이나 '미추불분'의 미적 경지를 담은 작품이 나오려면 소식과 같은 자유로운 심령에 기반한 예술적 감성이 있을 때 가능해진다.

5.

최종 결론을 말할 때가 되었다. 이 책에서 기술한 내용을 크게 보면, 유가의 중화미학, 경외와 쇄락이란 틀 및 노장의 광견미학이란 틀을 주로 하여 기술한 것이 많다. 인격미학이나 인품론과 관련된 언급은 주로 경외 쪽과 관련이 있고, 은일적 삶에 대한 것은 주로 쇄락과 관계가 있다. 이것을 도식적으로 말하면 경외는 주로 유가사상에 근본을 둔 것이고 쇄락에 대한 언급의 경우 노장사상과 일정 정도 관련지어 이해할 수 있다. 유가가 추구한 증점의 '욕기영귀浴沂詠歸'로 상징되는 쇄락에 근간한 예술정신과 노장의 광기 어린 자유로운 예술정신은 현실인식이란 측면에서는 근본적으로 다른 점이 많지만, 왕수인王守仁이 말한 쇄락 차원으로 이해하면 그것들이 묘합될 수 있는 여지가 생기고 이에 그 차이는 그만큼 줄어들게 된다.

이제 유가가 지향한 중화미학이 갖는 장점이 충분히 있음을 말하면서 아울러 도연명이 추구한 '심원心遠'적 삶, 백거이가 추구한 '중은中隱'적 삶에 기반한 예술정신 및 노장적 사유에 입각한 '진아眞我', '환아還我' 추구의 광견狂狷 지향의 예술정신이 있었기에 동양예술과 미학은 유가 중화미학의 제한된 틀에서 벗어나 더 풍부한 예술세계를 펼칠 수 있었고, 더 나아가 서양과 대비되는 독특한 미학과 예술이 가능했다는 점을 지적하면서 글을 마친다.

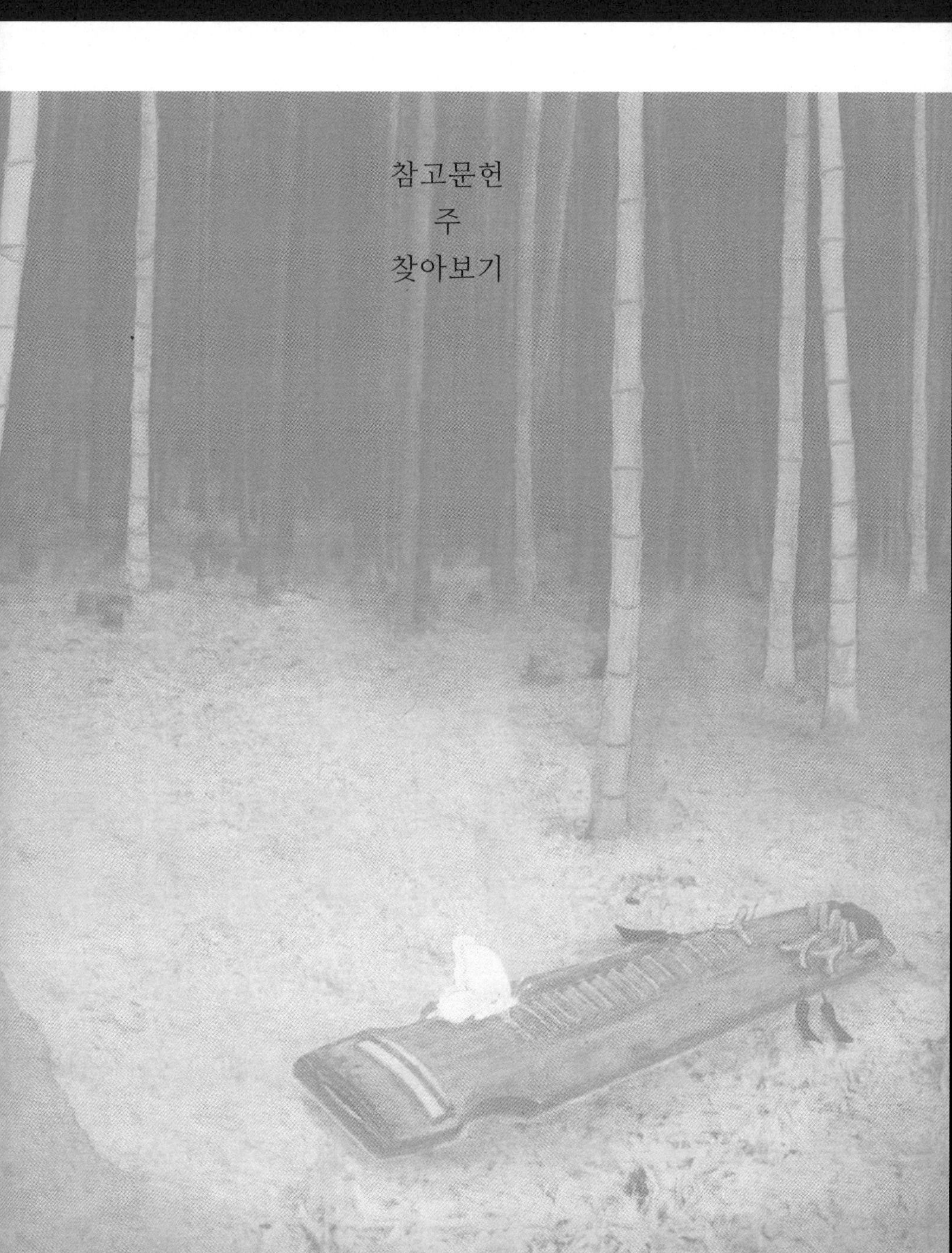

참고문헌
주
찾아보기

이 책에 수록된 글들은 다음의 학술지에 발표한 내용을
대폭 수정하고 보완한 것이다.

1. 「동양미학·예술정신 이해 방법론 고찰」, 『양명학』 46호, 한국양명학회, 2017년: pp.477~503.
2. 「선비들의 예술세계에 관한 연구」, 『유교사상연구』 22집, 한국유교학회, 2005년: pp.393~414.
3. 「東洋美學에서의 形象性과 이미지」, 『유교문화연구』 7집, 한국유교학회, 2004년: pp.219~240.
4. 「中國 書論에 나타난 奇에 관한 연구」, 『도교문화』 46집, 한국도교문화학회, 2017년: pp.173~196.
5. 「明淸 書畵家의 老莊美學的 要素에 관한 研究」, 『한국사상과문화』 54집, 한국사상문화학회, 2010년: pp.677~699.
6. 「感應·感發美學에 나타난 倫理性 연구」, 『한국사상과문화』 87집, 한국사상과문화학회, 2017년 : pp.213~239.
7. 「中國 書·畵·印 品論의 道家美學的 考察」, 『도교문화연구』 43집, 한국도교문화학회, 2015년:pp.349~370.
8. 「文人篆刻의 美意識에 관한 研究」, 『서예학연구』 20호, 한국서예학회, 2012년: pp.205~227.
9. 「東洋藝術에서의 道와 藝의 關係性」, 『동양철학연구』 77집, 한국동양철학연구회, 2014년: pp.283~315.
10. 「書畵創作의 始條理와 終條理에 관한 莊子的 解釋」, 『동양예술』 19호, 한국동양예술학회, 2012년: pp.255~285.
11. 「東洋藝術의 臨摹 傳統과 研究倫理」, 『서예학연구』 18권, 한국서예학회, 2011년: pp.5~29.
12. 「東洋藝術에서의 模倣과 創造에 대한 儒家와 道家적 고찰」, 『중국학보』 56집, 한국중국학회, 2007년: pp.419~442.

13. 「儒家의 誠中形外 사유에 나타난 象德美學」, 『한국사상과문화』 82집, 한국사상문화학회, 2016년: pp.115~142.
14. 「書藝에 나타난 人品論에 관한 연구」, 『한국사상과문화』 86집, 한국사상과문화학회, 2017년: pp.507~533.
15. 「儒家美學에서 바라본 몸」, 『동양철학연구』 18집, 한국동양철학연구회, 1998년: pp.429~457.
16. 「一蠹 鄭汝昌의 敬畏·灑落 妙合적 삶」, 『유교사상연구』 62집, 한국유교학회, 2015년: pp.7~30.
17. 「狂에 대한 이해를 중심으로 본 儒家 속의 道家的 要素」, 『유교사상연구』 49집, 한국유교학회, 2012년: pp.177~206.
18. 「仲長統 「樂志論」을 통해본 隱士의 삶」, 『동양예술』 25호, 한국동양예술학회, 2014년: pp.357~379.
19. 「道家的 隱士의 삶과 웰빙」, 『동양철학연구』 53집, 한국동양철학연구회, 2008년: pp.73~106.
20. 「피로사회와 동양의 은일사상」, 『도교문화연구』 45집, 한국도교문화학회, 2016년: pp.201~227.
21. 「氣功과 書畵理論의 상관관계」, 『동양철학연구』 26집, 한국동양철학연구회, 2001년:pp.335~363.
22. 「傳統 家屋 空間의 美學的 理解」, 『동양예술』 17호, 한국동양예술학회, 2011년: pp.5~33.
23. 「한국 전통미 특질에 대한 諸說의 유가·도가 미학적 고찰」, 『한국사상과문화』 63집, 한국사상과문화학회, 2012년: pp.299~330.
24. 「太極陰陽論과 韓國傳統藝術의 美意識」, 『미학예술학』17호, 한국미학예술학회, 2003년: pp.93~111.

참고 문헌

1. 總類, 集類

郭慶蕃 輯,『莊子集釋』, 臺北: 中華書局, 1978.
季伏昆,『中國書論輯要』, 南京: 江蘇美術出版社, 2000.
『經書』(論語·孟子·大學·中庸), 서울: 成均館大 大東文化硏究院, 1999.
陶明君 編著,『中國書論辭典』, 長沙: 湖南美術出版社, 2001.
『道藏』(36책), 上海: 上海書店, 1988.
黎靖德 編,『朱子語類』, 北京: 中華書局, 1986.
『歷代書法論文選』, 上海: 上海書畵出版社, 1979.
『歷代書法論文選』(續編), 上海: 上海書畵出版社, 1993.
林同華 主編,『中華美學大詞典』, 合肥: 安徽敎育出版社, 2002.
毛萬寶, 黃君 主編,『中國古代書論類編』, 合肥: 安徽敎育出版社, 2009.
『文淵閣四庫全書』(藝術類), 서울: 驪江出版社, 1988.
北京大學哲學系美學敎硏室編,『中國美學史資料選編』, 北京: 中華書局, 1985.
石創千次,『東洋書論集成』(上·下), 東京: 讀畵書院, 大正5年.
『性理大全』, 서울: 光成文化史, 1989.
成復王 主編,『中國美學範疇辭典』, 北京: 中國人民大學出版社, 1995.
『新編諸子集成』(7책), 臺北: 世界書局, 1978,
『十三經經注疏』, 臺北: 中華書局, 1980.
吳世昌 編著,『槿域書畵徵』(上·下), 서울: 時空社, 1998.
於民·孫通海 編著,『中國古典美學擧要』, 合肥: 安徽敎育出版社, 2000.
王謨,『(增訂)漢魏叢書』(6冊), 重慶: 西南師範大學出版社, 2011.
王伯敏·任道斌·胡小偉 主編,『書學集成』(3책), 河北: 河北美術出版社, 2002.
兪劍華 編著,『中國古代畵論類編』, 北京: 人民美術出版社, 2000.
周積寅 編著,『中國畵論輯要』, 南京: 江蘇美術出版社, 2005.

周積寅·史金城,『中國歷代題畵詩選注』, 上海: 西泠印社, 1998
秦弘燮 編著,『韓國美術史資料集成』(8책), 서울: 一志社, 1996.
蔡仲德,『中國音樂美學史資料注釋』(上·下), 北京: 人民音樂出版社, 1990.
焦竑,『老子翼·莊子翼』, 東京: 富山房 漢文大系, 1980.
崔爾平 選編點校,『明·淸書法論文選』, 上海: 上海書店出版社, 1995.
胡經之 主編,『中國古典美學叢編』, 南京: 鳳凰出版社, 2009.
黃賓虹·鄧實 編,『美術叢書』(3책), 南京: 江蘇古蹟出版社, 1997.

2. 원전류

葛洪,『抱樸子』(外篇), 北京: 中華書局, 1985.
郭熙,『林泉高致』(『宋人論畵』 所收, 潘運告 譯註, 長沙: 湖南美術出版社, 2004.)
金正喜,『阮堂先生全集』, 서울: 文淵閣, 1988.
童其昌,『畵禪室隨筆』(『明代畵論』 所收, 潘運告 譯註, 長沙: 湖南美術出版社, 2004.)
董逌,『廣川書跋』(『書學集成』 所收, 河北: 河北美術出版社, 2002.)
羅大經,『鶴林玉露』, 北京: 中華書局, 2008.
潘運告 編著,『漢魏六朝書畵論』, 長沙: 湖南美術出版社, 2002.
______,『明代畵論』, 長沙: 湖南美術出版社, 2002.
______,『元代書畵論』, 長沙: 湖南美術出版社, 2002.
______,『淸人論畵』, 長沙: 湖南美術出版社, 2004.
______,『晩淸書論』, 長沙: 湖南美術出版社, 2004.
______,『宋人畵評』, 長沙: 湖南美術出版社, 1999.
『白居易詩集校注』(全6册), 北京: 中華書局, 2009.
傅山,『霜紅龕集』(3册), 太原: 山西人民出版社, 1985.
徐渭,『徐渭集』(4册), 北京: 中華書局, 1984.
石濤,『畵語錄』, (『淸人論畵』 所收, 潘運告 譯註, 長沙: 湖南美術出版社, 2004.)
盛大士,『溪山臥遊錄』(『淸人畵論』 所收, 雲告 譯註, 長沙: 湖南美術出版社, 2004.)
孫過庭,『書譜』(『歷代書法論文選』 所收, 上海: 上海書畵出版社, 1993.)
蘇軾,『蘇東坡全集』, 北京: 中國書店, 1986.

沈宗騫,『芥子學畫編』(『淸人畵論』, 雲告 譯註, 長沙: 湖南美術出版社, 2004.)
楊賓,『大瓢偶筆』(『歷代書法論文選』 所收, 長沙: 上海書畵出版社, 1993.)
楊亮 注評, 項穆 著,『書法雅言』, 南京: 江蘇美術出版社, 2008.
倪思,『經鉏堂雜志』, 長沙: 嶽麓書社, 2005.
倪瓚,『淸閟閣集』, 文淵閣四庫全書本, 上海: 上海古籍出版社, 2003.
王畿,『王龍溪先生全集』, 齊南: 齊魯書社, 1997.
吳可 校點,『鄭板橋文集』, 成都: 巴蜀書社, 1997.
嶽仁 譯註,『宣和畵譜』, 長沙: 湖南美術出版社, 2004.
王紱,『書畵傳習錄』(『歷代書法論文選』 所收, 上海: 上海書畵出版社, 1993.)
王守仁,『王陽明全集』, 吳光·錢明·董平·姚廷福 編校, 上海: 上海古籍出版社, 1992.
王昱,『東莊論畵』(『淸人論畵』 所收, 潘運告 譯註, 長沙: 湖南美術出版社, 2004.)
劉劭,『人物志』, 臺北: 中華書局, 1990.
劉海石 選注,『淸人題畵詩選注』, 廣東: 遼海出版社, 1998.
劉熙載,『藝槪』, 上海: 上海古籍出版社, 1978.
劉熙載 著, 金學智 評注,『書槪評注』, 上海: 上海書畵出版社, 2007.
陸九淵,『象山全集』, 上海: 商務印書館, 2008.
雲告 譯註,『宋人畵評』, 長沙: 湖南美術出版社, 1999.
______ 譯註,『淸代畵論』, 長沙: 湖南美術出版社, 2003.
惲壽平,『南田畵跋』(『淸人論畵』 所收, 潘運告 譯註, 長沙: 湖南美術出版社, 2004.
熊志庭·劉城准·金五德 譯註,『宋人畵論』, 長沙: 湖南美術出版社, 2000.
袁宏道 著, 錢伯城 箋校,『袁宏道集箋校』(4冊), 上海: 上海古籍出版社, 1981.
李匡師,『圓嶠書訣』, 서울: 서울大 奎章閣 所藏, 筆寫本.
______,『斗南集』, 서울: 서울大 奎章閣 所藏, 筆寫本.
李漵,『弘道遺稿』, 서울: 서울大 奎章閣, 筆寫本.
李漁,『閑情偶寄』, 北京: 中華書局, 2011.
李珥,『栗穀全書』, 서울: 成均館大 大東文化硏究院, 1995.
李贄,『焚書』, 北京: 中華書局 , 2009.
李滉,『增補退溪全書』, 서울: 成均館大 大東文化硏究院, 1985.
張庚,『浦山論畵』(『美術叢書』 所收, 南京: 江蘇古籍出版社, 1997.)
張紳,『法書通釋』(『歷代書法論文選』 所收, 上海: 上海書畵出版社, 1993.)
張載,『張載集』, 章錫琛 點校, 北京: 中華書局, 1978.
程顥·程頤,『二程集』, 王孝魚 點校, 中華書局, 1981.

鄭燮,『鄭板橋詩文選』, 北京: 作家出版社, 2000.
鄭燮,『鄭板橋全集』, 揚州: 江蘇廣陵古籍刻印社, 1997.
鄭杓,『衍極』(『歷代書法論文選』 所收, 上海: 上海書畫出版社, 1993.)
趙熙龍,『趙熙龍全集』(5책), 서울: 한길아트, 1998.
朱權,『壺天神隱志』, 藏外道書本, 成都: 巴蜀書社, 1992.
周星蓮,『臨池管見』(『歷代書法論文選』 所收, 上海: 上海書畫出版社, 1993.)
朱和羹,『臨池心解』(『書學集成』 所收, 河北: 河北美術出版社, 2002.)
朱熹,『朱熹集』, 郭齊·尹波 點校, 成都: 四川教育出版社, 1996.
朱熹, 呂祖謙,『近思錄』, 貴州: 貴州人民出版社, 2009.
陳繼儒,『小窗幽記』, 長春: 吉林文史出版社, 2011.
布顔圖,『畵學心法問答』,(『美術叢書』 所收, 南京: 江蘇古籍出版社, 1997.)
郝經,『陵川集』(『書學集成』 所收, 河北: 河北美術出版社, 2002.)
韓拙,『山水純全集』(『宋人論畵』 所收, 潘運告 譯註, 長沙: 湖南美術出版社, 2004.)
項穆,『書法雅言』(『歷代書法論文選』 所收, 上海: 上海書畫出版社, 1993.)

3. 2차 자료

1) 한글 문헌

董寬植 역, 葛路 저,『中國繪畵理論史』, 서울: 미진사, 1989.
강명관,『공안파와 조선후기 한문학』, 서울: 소명출판, 2007.
강경범·천현경 역, 馬華, 陳正宏 저,『중국은사문화』, 서울: 동문선, 1997.
강필임,『시회의 탄생』, 서울: 한길사, 2016.
고연희,『그림, 문학에 취하다』, 서울: 아트북스, 2011.
______,『조선시대산수화』, 서울: 돌베개, 2009.
고유섭,『高裕燮全集』(5책), 서울: 東方文化社, 1993.
고지마 쓰요시 지음, 신현승 옮김,『송학의 형성과 전개』, 서울: 논형, 2004.
高懷民 저, 鄭炳碩 역,『周易哲學의 理解』, 서울: 문예출판사, 1995.
구리야마 시게히사 지음, 정우진·권상옥 옮김,『몸의 노래』, 서울: 이음, 2014.

권석환, 『중국아집』, 서울: 박문사, 2015.
權德周, 『중국미술사상에 관한 연구』, 서울: 숙대출판부, 1982.
권영필 외 지음, 『한국의 미를 다시 읽는다』, 서울: 돌베개, 2005.
권영필 옮김, 안드레 에카르트 저, 『에카르트의 조선미술사』, 서울: 열화당, 2003.
金炳基, 『書藝란 어떤 藝術인가』, 서울: 미술문화원, 1989.
김백현, 『중국철학사상사』, 서울: 신명문화, 2017.
김승룡 편역주, 『樂記集釋』(1·2), 서울: 청계, 2002
金容沃, 『石濤畵論』, 서울: 통나무, 1992.
김용준, 『近園金瑢俊全集』(5책), 서울: 열화당, 2001.
김원용, 『한국미의 탐구』, 서울: 탐구당, 1996.
김응학, 『서예미학과 예술정신』, 서울: 고륜, 2006.
金正喜 저, 崔完秀 역, 『秋史集』, 서울: 현암사, 1978.
金忠烈, 『中國哲學散考』(1 · 2), 서울: 온누리, 1990.
김형효, 『한국 사상 산고』, 서울: 일지사, 1976.
______, 『한국 정신사의 현재적 인식』, 서울: 고려원, 1986.
금장태, 『퇴계의 삶과 철학』, 서울: 서울대 출판부, 1998.
勞思光 저, 鄭仁在 역, 『中國哲學史』, 서울: 탐구당, 1987.
廖名春 外 지음, 심경호 옮김, 『周易哲學史』, 서울: 예문서원, 1998.
류명시 지음, 한계경·이국희 옮김, 『광자의 탄생』, 서울: 글항아리, 2015.
리빙하이 저, 신정근 역, 『동아시아의 미학』, 서울: 동아시아, 2010.
리우사오간 씀, 최진석 옮김, 『장자철학』, 서울: 소나무, 1990.
리쩌허우 지음, 정병석 옮김, 『중국고대사상사론』, 서울: 한길사, 2005.
______, 『중국근대사상사론』, 서울: 한길사, 2005.
______, 『중국현대사상사론』, 서울: 한길사, 2005.
______, 황희경 옮김, 『역사본체론』, 서울: 들녘, 2004.
______, 조송식 옮김, 『화하미학』, 서울: 아카넷, 2016.
______, 이유진 역, 『미의 역정』, 서울: 글항아리, 2014.
마루야마 도시아끼 저, 박희준 옮김, 『氣란 무엇인가』, 서울: 정신세계사, 1989.
牟宗三 저, 宋恒龍 역, 『中國哲學의 特質』, 서울: 同和出判公社, 1983.
몽배원 지음, 홍원식 외 옮김, 『성리학의 개념들』, 서울: 예문서원, 2008.
문정자 지음, 『동국진체탐구』, 서울: 다운샘, 2001.
미셸 푸코 지음, 이규현 옮김, 『광의 역사』, 서울: 나남출판, 2003.

미우라 구니오 지음, 이승연 옮김, 『주자와 기 그리고 몸』, 서울: 예문서원, 2003.
方東美 著, 鄭仁在 옮김, 『中國人의 人生哲學』, 서울: 탐구당, 1989.
방병선, 『조선후기 백자연구』, 서울: 일지사, 2009.
白琪洙, 『藝術의 思索』, 서울: 서울대 출판부, 1991.
______, 『美의 思索』, 서울: 서울대 출판부, 1996.
벤자민 수월츠 지음, 나성 옮김, 『중국고대사상의 세계』, 서울: 살림, 1996.
山井 湧 저, 김석기 · 배경석 공역, 『명청사상사의 연구』, 서울: 학고방, 1994.
徐復觀 저, 권덕주 외 옮김, 『중국예술정신』, 서울: 대한교과서주식회사, 1999.
______, 李鍵煥 역, 『中國藝術精神』, 서울: 百選文化社, 2000.
孫過庭 저, 임태승 譯解, 『孫過庭 書譜 譯解』, 서울: 미술문화, 2008.
손오규, 『산수미학탐구』, 제주: 제주대 출판부, 2006.
宋民 저, 郭魯鳳 역, 『중국서예미학』, 서울: 동문선, 1998.
宋河璟, 『서예미학과 신서예정신』, 서울: 다운샘, 2003.
______, 『新書藝時代』, 서울: 不二, 1996.
宋恒龍, 『東洋哲學의 問題들』, 서울: 驪江出版社, 1987.
______, 『동양인의 哲學的 思考와 그 삶의 세계』, 서울: 明文堂, 1993.
송희경, 『조선후기 아회도』, 서울: 다할미디어, 2008.
시마다 겐지, 김석근 역, 『주자학과 양명학』, 서울: 까치, 2003.
신정근, 『철학사의 전환』, 서울: 글항아리, 2012.
안대회, 『궁극의 시학: 스물네 개의 시적풍경』, 서울: 문학동네, 2013.
安炳周, 『유교의 민본사상』, 서울: 성균관대 대동문화연구원, 1987.
안병주 · 전호근 번역, 『장자』(4冊), 서울: 전통문화연구원, 2007.
안재호 옮김, 진래 지음, 『송명성리학』, 서울: 예문서원, 1991.
안휘준 · 정양모 외, 『한국의 미』(1:회화, 공예), 서울: 돌베개, 2007.
안휘준, 『한국회화의 전통』, 문예출판사, 서울: 1988.
______, 『한국회화사』, 일지사, 서울: 1980.
야나기 무네요시 저, 이길진 역, 『조선과 그 예술』, 서울: 신구문화사, 2006.
葉郎 저, 李鍵煥 역, 『中國美學史大綱』, 서울: 百選文化社, 2000.
오다 스스무 지음, 김은주 옮김, 『동양의 광을 찾아서』, 서울: 르네상스, 2004.
오병남, 『미학강의』, 서울: 서울대 출판부, 2003.
오주석, 『이인문의 강산무진도』, 서울: 신구문화사, 2006.
______, 『한국의 미 특강』, 서울: 솔, 2003.

王陽明, 鄭仁在·韓正吉 譯註, 『傳習錄』, 서울: 청계출판사, 2007.
王充 저, 성기옥 역, 『論衡(校勘)』, 서울: 동아일보사, 2016.
兪劍華 편저, 김대원 역주, 『중국고대화론유편』(16책), 서울: 소명출판사, 2010.
劉笑敢 저, 김용섭 역, 『老子哲學』, 서울: 청계, 1999.
柳肅 지음, 洪熹 옮김, 『藝의 정신』, 서울: 동문선, 1994
柳承國, 『한국사상과 현대』, 서울: 동방학술연구원, 1988.
______, 『東洋哲學硏究』, 서울: 동방학술연구원, 1998.
______, 『유가철학과 동방사상』, 서울: 성균관대 출판부, 2010.
______, 『한국유학사』, 서울: 성균관대 출판부, 2009.
______, 『한국사상의 연원과 역사적 전망』, 서울: 성균관대 출판부, 2009.
尹絲淳, 『韓國儒學史』(상·하), 서울: 지식산업사, 2012.
______, 『退溪哲學의 硏究』, 서울: 고려대 출판부, 1980.
윤사순 편저, 『퇴계 이황』, 서울: 예문서원, 2002.
윤수영 옮김, 오비 고오이치 저, 『중국의 은둔사상』, 춘천: 강원대 출판부, 2008.
유홍준, 한국미술사(3책), 서울: 눌와, 2003.
______, 『조선시대 화론 연구』, 서울: 학고재, 1998.
尹壽榮 옮김, 李澤厚 저, 『美의 歷程』, 서울: 동문선, 1991.
熊秉明 저, 郭魯鳳 역,『中國書藝理論體系』, 서울: 동문선, 2001.
劉邵 撰 林東錫 역주, 『人物志』, 서울: 동서문화사, 2011.
李基東 譯解, 『論語講說』, 서울: 성균관대 출판부, 1992.
______, 『大學·中庸講說』, 서울: 성균관대 출판부, 1992.
______, 『孟子講說』, 서울: 성균관대 출판부. 1993.
______, 『周易講說』(상·하), 서울: 성균관대 출판부, 1997.
李敏弘, 『조선중기 詩歌의 이념과 미의식』, 서울: 성균관대 출판부, 1993.
이상해, 『궁궐·유교건축』, 서울: 솔 출판사, 2004.
이시다 히데미 지음, 이동철 옮김, 『기 흐르는 신체』, 서울: 열린책들, 2000.
李正浩, 『第三의 易學』, 서울: 아세아문화사, 1992.
______, 『周易正義』, 서울: 아세아문화사, 1994.
이주행, 『무위 유학』, 서울: 소나무, 2005.
이주헌, 『徐渭와 부정의 예술』, 서울: 명문당, 2016.
李贄 著, 김혜경 옮김, 『焚書』(2책), 서울: 한길사, 2004.
______, 김혜경 옮김, 『續焚書』, 서울: 한길사, 2008.

이케다 마사카즈 저, 노지연 역, 『황제내경의 난경』, 서울: 청홍, 2002.
이태호, 『조선후기 회화의 사실정신』, 서울: 학고재, 1996.
李澤厚·劉綱紀 저, 權德周·金勝心 역, 『중국미학사』, 서울: 대한교과서, 1993.
임석재, 『한국전통건축과 동양사상』, 서울: 북하우스, 2006.
임어당 지음, 원창화 옮김, 『생활의 발견』, 서울: 홍신문화사, 1987.
임종진, 『증점 그는 누구인가』, 서울: 역락, 2015.
林泰勝, 『아이콘과 코드』, 서울: 미술문화, 2006.
______, 『소나무와 나비』, 서울: 심산, 2004.
張立文 主編, 權瑚 옮김, 『道』, 서울: 동문선, 1995.
張彦遠 외, 김기주 역주, 『중국화론선집』, 서울: 미술문화, 2002.
장파 저, 유중하 외 역, 『동양과 서양, 그리고 미학』, 서울: 푸른숲, 1999.
______, 백승도 옮김, 『중국미학사』, 서울: 푸른숲, 2012.
정민, 『한시미학산책』, 서울: 솔, 1996.
______, 『조선후기 고문론 연구』, 서울: 아세아문화사, 1989.
정우진, 『감응의 철학』, 서울: 소나무, 2016.
조선미, 『초상화연구』, 서울: 문예출판사, 2010.
______, 『한국초상화연구』, 서울: 열화당, 1994.
조민환, 『유학자들이 보는 노장철학』, 서울: 예문서원, 1996.
______, 『中國哲學과 藝術精神』, 서울: 예문서원, 1997.
______, 『老莊哲學으로 동아시아 문화를 읽는다』, 서울: 한길사, 2002.
______, 「유가미학에서 바라본 몸」(이거룡 외 지음), 서울: 한길사, 1999 .
曺秉漢, 『講座中國史』(IV), 서울: 지식산업사, 1994.
趙要翰, 『韓國美의 照明』, 서울: 열화당, 2004.
주래상 지음, 남석헌·노장시 옮김, 『中國古典美學』, 서울: 미진사, 2003.
주량즈 지음, 신원봉 옮김, 『미학으로 동양인문학을 꿰뚫다』, 서울: 알마, 2013.
______, 서진희 옮김, 『인문정신으로 동양예술을 탐하다』, 서울: 알마, 2015.
주희·여조겸 편저, 이광호 역주, 『근사록집해』, 서울: 아카넷, 2006.
朱熹 지음, 김상섭 해설, 『易學啓蒙』, 서울: 예문서원, 1999.
陳淳 지음, 김영민 옮김, 『北溪字義』, 서울: 예문서원, 2001.
陳鼓應 저, 崔珍晳 역, 『老莊新論』, 서울: 소나무, 1998.
陳來 지음, 안재호 옮김, 『송명성리학』, 서울: 예문서원, 1997.
______, 이종란 외 옮김, 『주희의 철학』, 서울: 예문서원, 2002.

______, 전병우 옮김, 『양명철학』, 서울: 예문서원, 2003.
______, 진성수·고재욱 옮김, 『중국고대사상문화의 세계』, 서울: 성균관대 출판부, 2008.
陳振濂 저, 金洪哲 편역, 『中國書法發展史』, 서울: 이화문화출판사, 2002.
崔炳植, 『中國繪畵史論』, 서울: 현암사, 1978.
______, 『水墨의 사상과 역사』, 서울: 현암사, 1986.
______, 『東洋繪畵美學』, 서울: 동문선, 1994.
최순우, 『최순우전집』(5책), 서울: 학고재, 1992.
최완수, 『겸재를 따라가는 금강산 여행』, 서울: 대원사, 1999.
최완수 외, 『진경시대』(1 · 2), 서울: 돌베개, 1998.
崔英辰, 『유교사상의 본질과 현재성』, 서울: 성균관대 유교문화연구소, 2002.
최재목 저, 이우진 역, 『동아시아 양명학의 전개』, 서울: 정병규에디션, 2016.
킴바라세이고 저, 閔丙山 역, 『동양의 마음과 그림』, 서울: 새문社, 1989.
湯淺泰雄 저, 김영희 역, 『身體:동양적 身心論의 시도』, 서울: 박영사, 1992.
토머스 먼로 저, 백기수 역, 『동양미학』, 서울: 열화당, 1991.
팽철호, 『중국고전문학풍격론』, 서울: 사람과 책, 2001.
풍우란 저, 박성규 역, 『중국철학사』 (상 · 하), 서울: 까치, 2003.
한병철 저, 김태환 역, 『피로사회』, 서울: 문학과지성사, 2012.
______, 김태환 역, 『시간의 향기』, 서울: 문학과지성사, 2013.
허버트 핑가레트 지음, 송영배 역, 『공자의 철학』, 서울: 서광사, 1993.
홍선표, 『조선시대 회화사론』, 서울: 문예출판사, 2008.
후레드릭 W. 모오트 지음, 권미숙 옮김, 『중국문명의 철학적 기초』, 서울: 인간사랑, 1991.

2) 중국어 문헌

葛兆光, 『禪宗與中國文化』, 上海: 上海人民出版社, 1986.
姜廣輝, 『理學與中國文化』, 上海: 上海人民出版社, 1994.
姜澄清, 『易經與中國藝術精神』, 遼寧: 遼寧教育出版社, 1990.
______, 『中國書法思想史』, 鄭州: 河南美術教育出版社, 1997.
______, 『中國繪精神體系』, 遼寧: 遼寧教育出版社, 1992.
霍然, 『宋代美學思潮』, 長春: 長春出版社, 1997.

金開誠 外 主編,『中國書法文化大觀』, 北京: 北京大學出版社, 1996.

金學智,『中國書法美學』(上·下), 南京: 江蘇文藝出版社, 1994.

勞思光,『新編中國哲學史』(四册), 臺北: 三民書局, 1986.

唐君毅,『中國文化之精神價值』, 臺北: 正中書局, 1981.

______,『人文精神之重建』, 臺北: 學生書局, 1988.

______,『原性篇』, 臺北: 臺灣學生書局, 1984.

______,『中國人文精神之發展』, 臺北: 臺灣學生書局, 1988.

塗光社,『原創在氣』, 南昌: 百花洲文藝出版社, 2001.

羅中峰,『中國傳統文人審美生活方式之硏究』, 臺北: 紅葉文化事業有限公司, 2001.

馬正應,『李退溪美學思想硏究』, 齊南: 山東大學出版社, 2014.

萬志全,『揚雄美學思想硏究』, 中國社會科學出版社, 2008.

敏澤,『中國美學思想史』(4책), 長沙: 湖南教育出版社, 2004.

牟宗三,『心體與性體』, 臺北: 正中書局, 1981.

______,『才性與玄理』, 臺北: 學生書局, 1989.

______,『智的直覺與中國哲學』, 臺北: 商務印書館, 1971.

______,『中國哲學十九講』, 臺北: 學生書局, 1983.

______,『中國哲學的特質』, 臺北: 人生出版社, 1961.

攀美筠,『中國傳統美學的當代闡釋』, 北京: 北京大學出版社, 2006.

潘立勇,『朱子理學美學』, 北京: 東方出版社, 1999.

潘知常,『中西比較美學論考』, 南昌: 百花洲文藝出版社, 2000.

方東美,『生生之德』, 臺北: 黎明文化事業公司, 民國74年.

______,『中國人生哲學』, 臺北: 黎明文化事業公司, 1985.

樊波,『中國書畵美學史綱』, 長春: 吉林美術出版社, 1998.

______,『董其昌』, 長春: 吉林美術出版社, 1996.

付長珍,『宋儒境界論』, 桂林: 廣西師範大學, 2016.

上海書畵出版社,『倪瓚硏究』(『朶雲』 第62集), 上海: 上海書畵出版社, 2005.

尙永亮·魏崇新 等著,『中國文化奇人傳』, 河北: 河北教育出版社, 2005.

徐復觀,『中國人性論史』, 臺北: 商務印書館, 1985.

______,『中國藝術精神』, 臺北: 臺灣學生書局, 1966.

______,『兩漢思想史』, 臺北: 臺灣學生書局, 1976.

______,『中國思想史論集』, 臺北: 臺灣學生書局, 1983.

徐利明·金春峰,『漢代思想史』, 北京: 中國社會科學出版社, 1958.

成復旺,『神與物遊』, 齊南: 山東人民出版社, 2007.

成復旺 主編,『中國美學範疇辭典』, 北京: 中國人民大學出版社, 1995.

蕭元,『書法美學史』, 長沙: 湖南美術出版社, 1998.

辛塵,『唐宋繪畫逸品論嬗變研究』, 南京: 江蘇鳳凰教育出版社, 2016.

沈善洪·王鳳賢,『中國倫理學說史』(上·下), 杭州: 浙江人民出版社, 1988.

楊開飛,『宋代心畵書學觀念研究』, 北京: 中國社會科學院, 2016.

楊成寅 主編,『美學範疇概論』, 杭州: 浙江美術學院出版社, 1991.

楊儒賓 主編,『中國古代思想中的氣論及身體觀』, 臺北: 巨流圖書公司, 2009.

楊儒賓 著,『儒家的身體觀』, 臺北: 中央研究院中國文哲研究所, 民國93年.

王同書,『鄭燮評傳』, 南京: 南京大學出版社, 2002.

王水照·朱剛,『蘇軾評傳』, 南京: 南京大學出版社, 2004.

王毅,『園林與中國文化』, 上海: 上海人民出版社, 1990.

王向峰,『中國美學論稿』, 北京: 中國社會科學出版社, 1996.

余英時,『士與中國文化』, 上海: 上海人民出版社, 1987.

余光社,『原創在氣』, 南昌: 百花洲文藝出版社, 2001.

______,『因動成勢』, 南昌: 百花洲文藝出版社, 2001.

葉朗,『中國美學史大綱』, 上海: 上海人民出版社, 2002.

葉朗 外,『中國美學通史』(8책), 南京: 江蘇人民出版社, 2014.

劉綱紀,『書法美學簡論』, 武漢: 湖北教育出版社, 1985.

______,『易學美學』, 長沙: 湖南教育出版社, 1992.

______,『傳統文化·哲學與美學』, 桂林: 廣西師範大學出版社, 1997.

______,『文徵明』, 長春: 吉林美術出版社, 1996.

劉綱紀·範明華 著,『易學與美學』, 沈陽: 沈陽出版社, 1997.

劉文英,『王符評傳』, 南京: 南京大學出版社, 1993.

劉方,『宋型文化與宋代美學精神』, 成都: 四川出版集團, 2004.

劉墨,『中國畵論與中國美學』, 北京: 人民美術出版社, 2003.

劉墨,『生命的理想』, 南京: 江蘇教育出版社, 1996.

______,『中國美學與中國畵論』, 北京: 人民美術出版社, 2003.

郁沅,『心物感應與情景交融』, 南昌: 百花洲文藝出版社, 2006.

袁宏,『周敦頤理學美學思想研究』, 齊南: 山東大學出版社, 2014.

熊海英,『北宋文人集會與詩歌』, 北京: 中和書局, 2008.

李繼凱,『文人墨客與書法文化』, 臺北: 新銳文創, 2014.

李健,『魏晉南北朝的感物美學』, 北京: 中國社會科學出版社, 2007.
李德仁,『徐渭』, 長春: 吉林美術出版社, 1996.
李萬才,『石濤』, 長春: 吉林美術出版社, 1996.
李修建,『風尙: 魏晉名士的生活美學』, 北京: 人民出版社, 2010.
張建業 主編,『李贄文集』(7책), 北京: 社會科學文獻出版社, 2000.
李天道 主編,『中國古代人生美學』, 北京: 中國社會科學出版社, 2008.
李天道,『中國美學之雅俗精神』, 北京: 中華書局, 2004.
李澤厚,『華夏美學』, 天津: 天津社會科學院出版社, 2002.
______,『美的歷程』, 桂林: 廣西師範大學出版社, 2000.
______,『中國古代思想史論』, 北京: 人民出版社, 1986.
______,『中國近代思想史論』, 臺北: 三民書局, 1987.
______,『實用理性與樂感文化』, 香港: 三聯書店, 2005.
李澤厚·劉綱紀 主編,『中國美學史』, 北京: 中國司會科學出版社, 1990.
魏宗禹,『傅山評傳』, 南京: 南京大學出版社, 2000.
張炬,『以藝進道』, 北京: 中國社會科學出版社, 1999.
章啓群,『百年中國美學史略』, 北京: 北京大學出版社, 2005.
張岱年,『中國哲學大綱』, 北京: 中國社會科學出版社, 1982.
張曼華,『奇正論』, 北京: 中國華僑出版社, 2007.
張法,『中國美學史』, 上海: 上海人民出版社, 2000.
張少康,『古典文藝美學論考』, 北京: 中國社會科學出版社, 1988.
張淑嫻,『明淸文人園林藝術』, 臺北: 古宮出版社, 2016.
張艷艷,『先秦儒道身體觀及其美學意義考察』, 上海: 上海古籍出版社, 2007.
張節末,『狂與逸』, 臺北: 東方出版社, 1995.
張涵,『中國美學史』, 北京: 西苑出版社, 1995.
田智忠,『朱子論曾點氣象硏究』, 成都: 巴蜀書社, 2007.
丁薇薇,『中國畵論中的美與醜』, 上海: 上海古籍出版社, 2013.
趙士林,『心學與美學』, 北京: 中國社會科學出版社, 1992.
______,『中國詩性文化』, 南京: 江蘇人民出版社, 1999.
宗白華,『美學散步』, 上海: 上海人民出版社, 2007.
______,『藝境』, 北京: 北京大學出版社, 2000.
鍾躍英,『氣韻論』, 上海: 上海人民美術出版社, 2000.
周群·謝建華,『徐渭評傳』, 南京: 南京大學出版社, 2006.

朱立元,『天人合一』(中華審美文化之魂), 上海: 上海文藝出版社, 1998.
朱伯崑,『易學哲學史』(4책), 南京: 華夏出版社, 1995.
朱良志,『曲院風荷』, 合肥: 安徽教育出版社, 2003.
______,『扁舟一葉』(理學與中國畵學美學), 合肥: 安徽教育出版社, 1996.
______,『中國藝術的生命精神』, 合肥: 安徽教育出版社, 1995.
______,『大音希聲·妙悟的審美考察』, 南昌: 百花洲文藝出版社, 2005.
______,『中國美學十五講』, 北京: 北京大學出版社, 2006.
______,『眞水無香』, 北京: 北京大學出版社, 2009.
周積寅,『鄭板橋』, 長春: 吉林美術出版社, 1996.
曾祖蔭,『中國古代文藝美學範疇』, 臺北: 文津出版社, 2001.
陳德禮,『人生境界與生命美學』, 長春: 長春出版社, 1998.
陳來,『朱熹哲學研究』, 北京: 中國社會科學出版社, 1993.
______,『有無之境』, 北京: 人民出版社, 1991.
______,『宋明理學』, 臺北: 洪葉文化事業有限公司, 1994.
陳望衡,『中國古典美學史』, 長沙: 湖南教育出版社, 1998.
______,『境外談美』, 友誼: 花山文藝出版社, 2004.
______,『中國美學史』, 北京: 人民出版社, 2015.
陳玉強,『古代文論奇範疇研究』, 北京: 人民出版社, 2015.
陳玉良,『明代士大夫的精神世界』, 北京: 北京師範大學, 2017.
陳振濂 主編,『中國書法批評史』, 杭州: 中國美術學院出版社, 1998.
蔡鍾翔,『美在自然』, 南昌: 百花洲文藝出版社, 2001.
蔡鍾翔·鄧光東 主編,『美的考察』, 南昌: 百花洲文藝出版社, 2005.
鮑鵬山,『白居易與莊子』, 上海: 復旦大學, 2017.
馮滬祥,『中國古代美學思想』, 臺北: 臺灣學生書局, 民國79年.
馮友蘭,『中國哲學史』(2책), 臺北: 中國圖書公司, 1959.
______,『中國哲學史新編』, 北京: 人民出版社, 1985.
______,『貞元六書』, 臺北: 古文圖書公司, 1972.
賀昌群,『魏晉淸談思想初論』, 臺北: 理仁書局, 民國73年.
韓林德,『境生象外』, 北京: 三聯書店, 1996.
______,『石濤』, 南京: 南京大學出版社, 1998.
韓玉濤,『書論十講』, 南京: 江蘇教育出版社, 2007.
______,『中國美學之靈魂』, 深圳海天出版社, 1998.

胡光華,『八大山人』, 長春: 吉林美術出版社, 1996.

侯外廬·趙紀彬·杜國庠,『中國思想通史』(6책), 北京: 人民出版社, 1957.

3) 일본어 문헌

岡田武言,『宋明哲學の本質』, 東京: 耳木社, 昭和59年.

溝口雄三,『中國前近代思想の屈折と展開』, 東京: 東京大學出版會, 1980.

______,『中國の人と思想10(李卓吾)』, 東京: 集英社, 1985.

______,『方法としての中國』, 東京: 東京大學出版會, 1989.

______,『中國の思想』, 東京: 放送大學教育振興會, 1991.

______,『中國の公と私』, 東京: 研文出版, 1995.

堀池信夫,『漢魏思想史研究』, 東京: 明治書院, 1988.

金穀治,『秦漢思想史研究』, 東京: 平楽寺書店, 1992.

______,『中國おける人間性の探究』, 東京: 創文社, 昭和58.

今道友信,『東洋の美學』, 東京: TBSブリタニカ, 1980..

內山 俊彦,『中國古代思想史における自然認識』, 東京: 創文社, 1987.

大西克禮,『東洋的藝術精神』, 東京: 弘文堂, 1988.

笠原仲二,『古代中國人の美意識』, 東京: 有朋書籍, 1979.

______,『中國人の自然觀と美意識』, 東京: 創文社, 1982.

木村英一,『中國哲學の探究』, 東京: 創文社, 昭和56.

福永光司,『藝術論集』(中國文明選 第14卷), 東京: 朝日新聞社, 昭和46.

______,『莊子: 古代中國の實存主義』, 東京: 中公新書 1963.

______,『中國の哲學·宗教·芸術』, 東京: 人文書院, 1988.

森三樹三郎,『上古より漢代に至る性命観の展開』, 東京: 創文社, 1971.

山井湧,『明清思想史の研究』, 東京: 東京大學出版會, 1980.

小島 毅,『宋學の形成と展開』, 東京: 創文社, 1999.

小野沢精一·福永光司·山井湧 編,『氣の思想』, 東京: 東京大學出版會, 1978.

中嶋隆藏,『中國の文人像』, 東京: 研文出版, 2006.

中田勇次郎,『文人畫論集』, 東京: 中央公論社, 1982.

日原利國,『漢代思想の研究』, 東京: 研文出版, 1985.

荒木 見悟,『明代思想研究』, 東京: 創文社, 1972.

4. 국내외 논문

1) 한국어 논문

權應相, 「徐渭 文學論 研究」, 서울대 박사논문, 1993.

金應鶴, 「書藝美學思想의 易哲學的 研究」, 성균관대 박사논문, 2004.

김현숙, 「문인전각의 미학적 연구」, 성균관대 박사논문, 2010년.

김홍대, 「조선시대 방작회화 연구」, 홍익대 석사논문, 2003.

김희정, 「유희재 『書概』의 서예미학사상 연구」, 성균관대 박사논문, 2009.

박춘순, 「東洋藝術에 나타난 儒家의 敬畏와 灑落의 美學」, 성균관대 박사논문, 2016.

배현진, 「明末 江南地域 書畫 收藏 研究」, 경희대 박사논문, 2013.

徐誠齋, 「板橋 鄭燮의 書畵美學思想研究」, 성균관대 박사논문, 2007.

辛玉珠, 「項穆書法雅言의 美學思想 研究」, 성균관대 박사논문, 2016.

梁貴淑, 「鄭燮文學研究」, 성균관대 박사논문, 1996.

유정동, 「退溪의 哲學思想研究」, 성균관대 박사논문, 1975.

李家源, 「陶山雜詠과 山水之樂」, 『退溪學報』 46집, 1985.

李仁淑, 「板橋 鄭燮의 繪畵世界와 우리나라 書畵界에 끼친 영향」, 영남대 석사논문, 1996.

張志熏, 「朝鮮朝後期 書藝美學思想 研究」, 성균관대 박사논문, 2007.

曺仁淑, 「傅山 書藝의 道家美學적 研究」, 성균관대 박사논문, 2009.

崔銀哲, 「宋代 尙意的 書藝美學의 老莊哲學的 研究」, 성균관대 박사논문, 2006.

2) 중국어 논문

金哲弘, 「倪瓚山水畵研究」, 中國美術學院 博士論文, 2008.

童偉, 「論狂:泰州學派與明清美學範疇研究」, 揚州大學 博士論文, 2006.

付長珍, 『宋代理學境界論』, 華東師範大學 碩士論文, 2001.

楊貴中, 「項穆書法雅言之思想研究」, 國立臺灣師範大 碩士論文, 1991.

葉梅, 「論書法雅言正宗觀」, 西南師範大 碩士論文, 2003.

劉善軍, 「項穆書法中和美學思想研究」, 渤海大學 碩士論文, 2012.

吳淩鷗, 「孟子的敬畏之心與當前社會道德建設」, 浙江大學 碩士論文, 2007.

吳鵬,「徐渭的藝術精神」, 貴州師範大學 碩士論文, 2005.
李珊,「倪瓚美學思想 硏究」, 武漢大學 博士論文, 2012
趙長欣,「仲長統思想硏究」, 蘭州大學 碩士論文, 2012.
周積寅,「倪瓚繪畫美學思想」,「藝苑』第2期, 1994.
黃成,「儒家敬畏意識的萌生與形成」, 山東大學 碩士論文, 2011.

주

제1장
동양의 미학과 예술정신을 어떻게 이해할 것인가?

1) '동양'은 유라시아 대륙의 동부 지역, 아시아의 동부 및 남부를 말하는 것으로, 한국, 중국, 일본, 인도, 미얀마, 타이, 인도네시아 등이 속해 있다. 하지만 본 글에서 말하는 동양은 통상 한·중·일 삼국을 지칭하는 의미로 사용하고, 아울러 본 책자에서는 특별한 경우가 아니면 대부분 중국을 지칭하는 경우로 사용한다.
2) 『論語』「季氏」, "嘗獨立, 鯉趨而過庭. 曰, 學詩乎. 對曰, 未也. 不學詩, 無以言. 鯉退而學詩."
3) 『論語』「爲政」.
4) 李澤厚·劉康紀, 『中國美學史』(1권) (中國社會科學出版社, 1984) 「緖論」의 「中國美學史的硏究方法」 부분(p.16) 참조.
5) 李澤厚·劉康紀, 『中國美學史』(1권) (中國社會科學出版社, 1984) 「緖論」의 「中國美學史的硏究方法」 부분(p.20) 참조.
6) 李澤厚, 『華夏美學』, 天津社會科學院出版社, 2002, pp.191~192 참조.
7) 李澤厚, 『華夏美學』, 天津社會科學院出版社, 2002, p.217.
8) 張法, 『中國美學史』, 上海人民出版社, 2000, p.340 참조.
9) 李澤厚·劉康紀, 『中國美學史』(1권) (中國社會科學出版社, 1984) 「緖論」의 「中國美學思想的基本特徵」 부분(pp.20~34) 참조.
10) 馮友蘭, 『新原人』, 三聯出版社, 2007.
11) 팡둥메이方東美는 '중국인의 우주는 예술의 의경'이란 점을 말하고(「生命情調與美感」 『生生之德』, 黎明文化事業公司, 1985, p.127 참조) 廣大和諧한 우주의 생명정신을 통한 중국예술론과 미학을 말하는데(『中國人生哲學』(英文 原著 『The Chinese View of Life』), 黎明文化事業公司, 1985), 팡둥메이의 이런 연구는 上達處로서의 미학과 예술정신을 이해하는 데 참조할 만하다.

12) 陳望衡, 「中國古典美學體系簡論」(『中國古典美學史』, 湖南教育出版社, 1998), pp.1~24 참조.

13) 宗白華, 『美學散步』, 上海人民出版社, 1998, pp.35~36 참조. 아울러 이런 점은 예술의 미와 진, 선의 관계 문제라고 본다. 宗白華, 『美學散步』, 上海人民出版社, 1998, p.38 참조.

14) 徐林祥, 『中國美學初步』, 廣東人民出版社, 2001. pp.1~2 참조.

15) 독일의 철학자. 주지하는 바와 같이 그는 라이프니츠-볼프 철학의 입장에 서서 이성에 의한 인식을 연구하는 '논리학'에 대립되는, '아름다운 것의 감각에 의한 인식과 그 예술 형태로서의 표현에 관한 연구'를 '미학(aesthetica)'이라 이름 지었는데, 서양에서 미학은 '미[beauty]'와 '예술[fine arts]'이라는 고유한 대상영역을 가지고 있지만 동양미학에 적용할 때는 일정 정도 제한적으로 적용된다. 우리가 사용하는 '미학'이란 학술용어는 'aesthetics'의 번역어로서, 일본의 메이지 유신 초기 나카에 조민(中江兆民, 1847~1901)이 번역한 것으로 알려져 있다.

16) 張法, 『中國美學史』(上海人民出版社, 2000) 서론 부분 참조.

17) 중국미학과 예술정신과 관련된 업적을 낸 많은 학자가 있고 많은 책자가 있지만, 통사적 성격을 지니면서 쉽게 접할 수 있는 자료는 다음과 같다. 표기한 연대는 최초 출간된 연대다. 徐復觀의 『中國藝術精神』(台北: 學生書局, 1967), 李澤厚·劉剛紀 주편, 『中國美學史』(1권/2권)(中國社會科學出版社, 1984/1987), 李澤厚의 『華夏美學』(時報文化出版公司, 1989) 및 『美的歷程』(文物出版社, 1991), 葉朗의 『中國美學史大綱』(上海人民出版社, 1985), 敏澤의 『中國美學思想史』(齊魯書社, 1989), 陳望衡의 『中國古典美學史』(湖南教育出版社, 1998) 및 『中國美學史』(人民出版社, 2005), 張法의 『中國美學史』(上海人民出版社, 2000) 등이 그것이다. 이 밖에 朱良志의 『中國美學十五講』(北京大學出版社, 2006) 및 『中國藝術的生命精神』(安徽教育出版社, 2006) 등도 중국미학과 예술정신의 핵심을 이해하는 데 도움을 준다. 관련 자료집도 많은데, 胡經之 主編의 『中國古典美學叢編』(상·중·하)(中華書局, 1988)과 北京大學校哲學系美學敎硏室編의 『中國美學史資料選編』(상·하)(中華書局, 1980) 등이 잘 정리되어 있다.

18) 林盛彬, 「美在中國古代文化語境中的意義」(國立臺北大學中國語文學系, 2007年 10月, 『第三屆中國文哲之當代詮釋學術硏討會會前論文集』, pp.125~133 참조.

19) 중국미학과 예술정신을 이해하는 데 허신이 '미'자를 특히 '선'자와 동의라고 말한 점에 주목할 필요가 있다. 왜냐하면 공자는 '盡善盡美'를 미의 최고경지로 말하여 미와 선의 합일과 묘합을 추구하는데, 이런 사유는 이후 유가가 지향하는

미의식의 기준이 되기 때문이다.

20) 笠原仲二,『古代中國人の美意識』(有朋書籍, 1979),『中國人の自然觀と美意識』(創文社, 1982)을 비롯하여 蔡鍾翔·鄧光東 主編,『美的考察』(百花注文藝出版社, 2005), 丁薇薇,『中國畫論中的美與醜』(上海古籍出版社, 2013) 등을 참조하면 그 대강을 알 수 있다.

21) 葛洪,『抱朴子』「勖學」, "匪和弗美."

22) 『論語』「八佾」, "子謂韶盡美矣, 又盡善也. 謂武, 盡美矣, 未盡善也."

23) 攀美筠,『中國傳統美學的當代闡釋』, 北京大學出版社, 2006, p.121 참조.

24) 『老子』 2장, "天下皆知美之爲美, 斯惡耳."

25) 『老子』 12장, "五色令人目盲, 五音令人耳聾, 五味令人口爽, 馳騁田獵, 令人心發狂." 및 『莊子』「天地」, "且夫失性有五, 一曰五色亂目, 使目不明. 二曰五聲亂耳, 使耳不聰. 三曰五臭薰鼻, 困惾中顙. 四曰五味濁口, 使口厲爽. 五曰趣舍滑心, 使性飛揚. 此五者, 皆生之害也." 참조.

26) 『老子』 20장, "美之與惡, 相去若何." 참조.

27) 중국미학에서의 '비미주의' 전통에 관한 것은 攀美筠,『中國傳統美學的當代闡釋』(北京大學出版社, 2006),「제6장 中國傳統美學中的非美傳統」 부분을 참조할 것.

28) 葛兆光,『禪宗與中國文化』, 上海人民出版社, 1986, p.122.

29) 葉朗,『中國美學史大綱』(上海人民出版社, 1985)「서론」 부분의 제2절 참조.

30) 嚴羽,『滄浪詩話』「詩辨」, "盛唐諸人惟在興趣, 羚羊掛角, 無跡可求. 故其妙處, 透徹玲瓏, 不可湊泊, 如空中之音, 相中之色, 水中之月, 鏡中之象, 言有盡而意無窮."

31) 張懷瓘,『書議』, "是以無爲而用, 同自然之功, 物類其形, 得造化之理, 皆不知其然也. 可以心契, 不可以言宣."

32) 郭若虛,『圖畫見聞志』「敘論」, "人品既已高矣, 氣韻不得不高. 氣韻既已高矣, 生動不得不至."

33) 蘇軾,「與二郎侄書」, "凡文字, 少小時須令氣象崢嶸, 采色絢爛, 漸老漸熟, 乃造平淡. 其實不是平淡, 絢爛之極也." 참조. 蘇軾,「書黃子思詩集後」, "柳宗元, 發纖穠於簡古, 寄至味於淡泊."도 유사한 사유다.

34) 劉熙載,「書概」, "怪石以醜爲美, 醜到極處, 便是美到極處. 一醜字中丘壑未易盡言." 및 鄭燮,『鄭板橋集』「板橋題畫」, "米元章論石, 曰瘦, 曰縐, 曰漏, 曰透, 可謂盡石之妙矣. 東坡又曰, 石文而醜. 一醜字則石之千態萬狀, 皆從此出. 彼元章但知好之爲好, 而不知陋劣之中有至好也. 東坡胸次, 其造化之爐冶乎. 燮畫此石, 醜石也, 醜而雄, 醜而秀." 참조.

35) '固窮節'은 『論語』「衛靈公」, "在陳絕糧, 從者病, 莫能興. 子路慍見曰, 君子亦有窮乎. 子曰, 君子固窮, 小人窮斯濫矣."에 나오는데, 이런 점은 도연명이 귀거래한 자신의 삶을 규정한 시에서 주로 볼 수 있다.

36) 沈宗騫, 『芥舟學畫編』 권3, 「山水·存質」, "我所欲去者, 乃是筆墨間一種媚態. 俗人喜之, 雅人惡之, 畵道忌之."라는 말은 이런 점을 보여준다. 張庚, 『圖畵精意識』「論性情」, "趙文敏大節不惜, 故書畵皆嫵媚而帶俗氣." 참조.

37) 예를 들면 노자가 말하는 『노자』 38장의 "前識者, 道之華也 而愚之首也."라는 것이 그 한 예다.

38) 傅山의 이른바 '四寧說'(『霜紅龕集』 권4 「作者示兒孫」, "寧拙毋巧, 寧醜毋媚, 寧支離毋輕滑, 寧真率毋安排.")은 하나의 예다.

39) 『老子』 8장의 "上善若水", 『莊子』「知北遊」의 "天地有大美而不言.", 『장자』「田子方」의 '至美至樂' 등이 그것이다.

40) 葉朗, 『中國美學史大綱』, 上海人民出版社, 1985, 제1편 1장 4절 참조.

41) 사공도가 말한 '24시품'은 "雄渾, 沖淡, 纖穠, 沉著, 高古, 典雅, 洗煉, 勁健, 綺麗, 自然, 含蓄, 豪放, 精神, 縝密, 疏野, 清奇, 委曲, 實境, 悲慨, 形容, 超詣, 飄逸, 曠達, 流動"이다. 唐代에는 '웅혼'을 가장 높이고, 송대에는 '충담'을 가장 높여 시대에 따라 추구한 최고의 미적 범주가 달랐음을 알 수 있다. 사공도 『二十四詩品』에 대한 것은 안대회, 『궁극의 시학』(문학동네, 2013)에서 잘 풀이하고 있다.

42) 서상영이 琴의 이론과 실기를 반영한 '24況'은 "和, 靜, 清, 遠, 方, 膻, 恬, 逸, 雅, 麗, 亮, 來, 潔, 潤, 圓, 堅, 宏, 細, 溜, 健, 輕, 重, 遲, 速."이다. '和'를 맨 먼저 거론한 것에서 樂에서 '和'를 가장 중시한 것을 알 수 있다.

43) 황월이 말하는 '24화품'은 "氣韻, 神妙, 高古, 蒼潤, 沉雄, 沖和, 淡遠, 樸拙, 超脫, 奇僻, 縱橫, 淋漓, 荒寒, 清曠, 性靈, 圓渾, 幽邃, 明淨, 健拔, 簡潔, 精謹, 俊爽, 空靈, 韶秀"이다. 제일 먼저 氣韻이 거론된 것을 보면 회화에서 '氣韻生動'을 가장 중시한 것을 알 수 있다.

44) 楊景曾은 「二十四書品」에서 "神韻, 古雅, 瀟灑, 雄肆, 名貴, 擺脫, 遒煉, 峭拔, 精嚴, 鬆秀, 渾含, 淡逸, 工細, 變化, 流利, 頓挫, 飛舞, 超邁, 瘦硬, 圓厚, 奇險, 停勻, 寬博, 嫵媚" 등을 들고 있다. 현대 서예이론가인 金學智는 '新二十四書品'으로 "工巧, 天真, 豐肥, 方正, 老成, 自然, 獷野, 沖和, 沉著, 勁健, 拙樸, 怪奇, 姿媚, 險峭, 緊結, 圓融, 倔強, 高古, 寬博, 頹駿, 雄渾, 瘦硬, 瀟灑, 飄逸"을 들고 있다. 金學智, 『書法美學』(상·하)(江蘇美術出版社, 1994) 및 金學智·沈海牧, 『書法美學引論: 新二十四書品探析』(湖南美術出版社, 2009) 참조.

45) 第環寧·鮑鑫·李楠·于曉川 등이 지은 『中國古典文藝美學範疇輯論』(民族出版社, 2009)에서는 문예미학 범주로 '道, 和, 美, 氣, 情, 象, 游, 比興, 感物, 妙悟, 氣韻, 情景, 神思, 文質, 文氣, 形神, 言意, 意象, 意境, 風骨, 品, 味, 趣' 등을 거론하고 있는데, 이런 점도 '미'자 이외의 미적 범주를 통해 중국미학을 논해야 함을 말해준다.

46) 蘇軾, 『東坡全集』 卷16, 「書鄢陵王主簿所畵折枝二首」, "詩畵本一律."

47) 薛雪, 『一瓢詩話』, "詩文與書法一理, 具得胸襟, 人品必高."

48) 오늘날 우리가 말하는 서예는 중국에서는 서법, 일본에서는 서도라고 하여 동일한 장르인데 나라마다 다르게 부르고 있다. 본 책자에서는 이하 서법이라고 해야 하는 특별한 경우가 아니면 서예라고 표기한다.

49) 金正喜, 『阮堂全集』 권8 「雜識」, "書法與詩品畵隨, 同一妙境… 有能妙悟於二十四品, 書境卽詩境耳."

50) 팽철호, 『중국고전문학풍격론』, 사람과 책, 2001, p.12.

51) 劉勰, 『文心雕龍』 「講對」, "陸機斷議, 亦有鋒穎, 而腴辭弗剪, 頗累文骨, 亦各有美, 風格存焉."

52) 姚鼐의 다음과 같은 말은 그 예에 해당한다. 姚鼐, 「復魯絜非書」, "鼐聞天地之道, 陰陽剛柔而已. 文者, 天地之精英, 而陰陽剛柔之發也. 惟聖人之言, 統二氣之會而弗偏, 然而易詩書論語所載, 亦間有可以剛柔分矣. 值其時其人告語之, 體各有宜也. 自諸子而降, 其爲文無有弗偏者, 其得於陽與剛之美者, 則其文如霆, 如電, 如長風之出谷, 如崇山峻崖, 如決大川, 如奔騏驥… 其於人也, 如憑高視遠, 如君而朝萬衆, 如鼓萬勇士而戰之. 其得於陰與柔之美者, 則其文如升初日, 如清風, 如雲, 如霞, 如煙, 如幽林曲澗, 如淪, 如漾, 如珠玉之輝, 如鴻鵠之鳴而入廖廓. 其於人也, 漻乎其如歎, 邈乎其如有思, 暖乎其如喜, 愀乎其如悲. 觀其文, 諷其音, 則爲文者之性情形狀, 舉以殊焉." 참조. 조선조 李瀷는 『弘道遺稿』 권8 「雜著」에서 이 같은 음양론을 매우 다양한 방면에 적용하고 있다. 『弘道遺稿』 권8 「雜著」, "仁義禮樂, 陽也. 雜覇權數, 陰也. 是故伏羲炎帝黃帝堯舜禹湯文武周公孔子顔曾思孟周程張朱之道, 陽也. 老佛鬼谷孫吳管商申韓莊列黃石馬遷及諸人之學, 陰也. 取人以德, 陽也. 取人以能, 陰也." 및 "書, 古篆, 陽也. 八分隷字, 陰也. 正書, 陽也. 草書, 陰也. 羲之法. 陽也. 張旭魯公金生懷素東坡元章孟頫韓護東海孤山聽蟬眉叟之法, 陰也." 참조.

53) 王國維, 『人間詞話』, "有有我之境, 有無我之境. 淚眼問花花不語, 亂紅飛過鞦韆去, 可堪孤館閉春寒, 杜鵑聲裏斜陽暮, 有我之境也. 採菊東籬下, 悠然見南山, 寒波澹澹起, 白鳥悠悠下, 無我之境也. 有我之境, 以我觀物, 故物我皆著我之色彩.

無我之境, 以物觀物, 故不知何者爲我, 何者爲物. 古人爲詞, 寫有我之境者爲多, 然未始不能寫無我之境, 此在豪傑之士能自樹立耳."

54) 張法, 『中國美學史』, 上海人民出版社, 2000, p.357 참조.

55) 李澤厚, 『美的歷程』(廣西師範大學出版社, 2000), 「제6장 佛陀世容」의 「走向世俗」 부분 참조. 차를 애호하기 시작한 것이나 바둑에 탐닉하는 것도 중당시대부터다.

56) 張法, 『中國美學史』, 上海人民出版社, 2000, p.113.

57) 張法, 앞의 책, p.129.

58) 張法, 앞의 책, p.203.

59) 張彦遠, 『歷代名畵記』, "桓玄性貪好奇, 天下法書名畵, 必使歸己."

60) 張法, 『中國美學史』, 上海人民出版社, 2000, p.163.

61) 李澤厚, 『美的歷程』, 「제8장 韻外之致」의 「中唐文藝」 부분 참조.

62) 朱良志는 그 예로 『莊子』 「盜尺」, "生而長大, 美而無雙.", 『荀子』 「非相」, "長令蛟美, 天下之杰也.", 『詩經』 「衛風·碩人」에서 말하는 '碩[=大]人'의 풍모, 『公羊傳』 「隱公」 5년, "美, 大之之辭也." 및 秦始皇의 兵馬俑과 한대의 大賦의 창작 등을 그 예로 든다. 朱良志, 『曲院風荷: 中國藝術論十講』, 中和書局, 2014, p.103.

63) 朱良志, 『曲院風荷: 中國藝術論十講』, 中和書局, 2014, p.103.

64) '以天下爲己任'는 공자가 말한 『論語』 「里仁」의 "士志于道"와 曾參이 말한 『論語』 「泰伯」의 "士不可以不弘毅, 任重而道遠, 仁以爲己任, 不亦重乎. 死而後已, 不亦遠乎." 등이 복합적으로 표현된 것이라 할 수 있다.

65) 余英時, 『士與中國文化』, 上海人民出版社, 1987, p.9 참조.

66) 張法, 『中國美學史』, 上海人民出版社, 2000, pp.223~224.

67) 李澤厚, 『華夏美學』, 天津社會科學院出版社, 2002, p.267.

시대	先秦 兩漢	六朝 隋唐		宋元	明靑 近代
철학	儒學	莊子	屈原	禪	
객	氣	道	象	韻	
주	志	格	情	意	欲
仲介	比興	神理	風骨	妙悟	性靈
擧例	顧愷之 杜甫 顔眞卿 吳敬梓	陶潛 張旭 李白 黃公望	阮籍 王羲之 柳宗元 朱耷	王維 蘇軾 倪瓚 曹雪芹	徐渭 湯顯祖 李漁 袁枚
美(在)	禮樂 人道	自然	深情	境界	生活

68) 禪이 중국예술에 끼친 영향에 대해서는 리쩌허우, 『華夏美學』의 「제5장 形上追

求」 부분에서 자세히 설명하고 있다. 이 밖에 張法, 『中國美學史』, 上海人民出版社, 2000, p.339 참조.

69) 葛兆光, 『禪宗與中國文化』(上海人民出版社, 1986)의 「2) 禪宗與中國士大夫的人生哲學與審美情趣」 부분 및 임태승, 「逸: 禪宗의 미학적 유산」(『유교사상문화연구』 제61집, 2015) 참조.

70) 강필임, 『시회의 탄생』, 한길사, 2016, p.339 참조.

71) 唐君毅, 『中國文化之精神價值』, 臺北:正中書局, 1994, pp.286~287 참조.

72) 자세한 것은 尙永亮·魏崇新 主編, 『中國文化奇人傳』(河北教育出版社, 2005) 참조.

73) 역사에 나타난 중국의 문인상에 관한 것은 中嶋隆藏, 『中國の文人像』(硏文出版, 2006) 참조. 王充은 올바른 요지를 부여하고 자구를 가감하며 상주문으로 논설을 펼치거나 글을 저작할 수 있는 사람은 문인과 鴻儒라고 하며(王充, 『論衡』 「超奇」, "杼其義旨, 損益其文句, 而以上書奏記, 或興論立說, 結連篇章者, 文人鴻儒也."), 공자를 주대의 문인이라고도 한다(王充, 『論衡』 「佚文」, "孔子, 周之文人也.").

74) 먼저 司馬相如와 揚雄 등과 같은 훌륭한 문인이라도 반드시 인격이 훌륭한 것이 아니라고 하여 문사들의 결함을 밝힌다. 동시에 屈原이나 賈誼 같은 경우를 보면 문인을 그처럼 싸잡아서 말하는 것도 문제가 있음을 지적하고 있다(『文心雕龍』 권49, 「程器」, "略觀文士之疵, 相如竊妻而受金, 揚雄嗜酒而少算⋯ 諸有此類, 並文士之瑕累⋯ 若夫屈,賈之忠貞⋯ 豈曰文士, 必其玷歟.").

75) 中嶋隆藏, 『中國の文人像』, 硏文出版, 2006, p.81 및 p.110 참조.

76) 顧炎武, 『日知錄』 권19 「文人之多條」, "唐宋以下, 何文人之多也. 固有不識經術, 不通古今, 而自命爲文人者矣. 韓文公符讀書城南詩曰, 文章豈不貴, 經訓乃菑佘, 潢潦無根源, 朝滿夕已除, 人不通古今, 馬牛而襟裾, 行身陷不義, 況望多名譽. 而宋劉摯之訓子孫每曰, 士當以器識爲先, 一號爲文人, 無足觀矣." 참조.

77) (傳)王羲之, 「書論」, "夫書者, 玄妙之伎也. 若非通人志士, 學無及之." 王充은 『論衡』 「超奇」에서 "천 편 이상 만 권 이하 정도의 서적에 통달해 매우 유창하게 읽고 외우며, 구두점을 확실히 찍을 수 있고 타인을 가르칠 수 있는 사람은 통인이다(通書千篇以上, 萬卷以下, 弘暢雅閑, 審定文讀, 而以教授爲人師者, 通人也)"라 한다.

78) 『禮記』 「樂記」, "君子樂得其道, 小人樂得其欲."

79) 郭若虛, 『圖畫見聞志』 「論氣韻非師」, "竊觀自古奇跡, 多是軒冕才賢, 巖穴上士. 依仁遊藝, 探賾鉤深, 高雅之情, 一寄於畫. 人品旣已高矣, 氣韻不得不高."

80) 郭熙, 『林泉高致』 「山水訓」, "君子之所以愛夫山水者, 其旨安在. 丘園養素, 所常處也. 泉石嘯傲, 所常樂也."

81) 『論語』「季氏」, "子曰, 隱居以求其志, 行義以達其道, 吾聞其語矣, 未見其人也."

82) 『孟子』「盡心上」 9장, "古之人, 得志, 澤加於民. 不得志, 修身見於世. 窮則獨善其身, 達則兼濟天下."

83) 『莊子』「讓王」, "身在江海之上, 心居魏闕之下."

84) 郭象이 『莊子』「逍遙遊」, "藐姑射之山, 有神人居焉."의 '神人'을 聖人이라고 해석하면서, "此皆寄言耳, 夫神人則今所謂聖人也. 夫聖人雖在廟堂之上, 然其心無異於山林之中, 世豈識之哉."라고 한 것 참조.

85) 『노자』 13장, "寵辱若驚, 貴大患若身. 何謂寵辱若驚. 寵爲上, 辱爲下. 得之若驚, 失之若驚, 是謂寵辱若驚."

86) 白居易, 『白居易集』 권1 「寄隱者」, "昨日延英對, 今日崖州去. 由來君臣間, 寵辱在朝暮."

87) 白居易, 「中隱」, "大隱住朝市, 小隱入丘樊. 丘樊太冷落, 朝市太囂喧. 不如作中隱, 隱在留司官. 似出復似處, 非忙亦非閑. 不勞心與力, 又免饑與寒. 終歲無公事, 隨月有俸錢."

88) 白居易, 『白居易集』 권8 「郡亭」, "平旦起視事, 正午臥掩關. 除親簿領外, 多在琴書前… 持此聊過日, 非忙亦非閑. 山林太寂寞, 朝闕空喧煩. 唯玆郡閣內, 囂靜得中間."

89) 白居易, 『白居易集』 권33 「從同州刺史改授太子少傅分司」, "歌酒優遊聊卒歲, 園林蕭灑可終身."

90) 白居易, 『白居易集』 권36 「閑題家池寄王屋張道士」, "進不趨要路, 退不入深山. 深山太濩落, 要路多險艱. 不如家池上, 樂逸無憂患. 有食適吾口, 有酒酡吾顔."

91) 王毅, 『園林與中國文化』, 上海人民出版社, 1990, 제2장 제5절 참조.

92) 熊海英은 「北宋文人集會與詩歌」에서 송대 문인들은 崇雅 관념을 근간으로 하여 일생생활의 심미화를 추구하고, 琴棋, 書畵, 茶酒, 詩賦, 風花, 雪月의 생활환경과 활동방식을 정형화하여 '雅化'生活의 본보기로 삼았다고 한다. 熊海英, 「北宋文人集會與詩歌」, 中和書局, 2008, p.2.

93) '雅集'을 '일상과 일탈의 경계적 유희'라 규정하는 권석환은 '雅集'이란 용어가 처음 사용된 것은 북송대 李公麟이 그린 〈西園雅集〉이라고 하면서, 아집은 그 이전에 사용되었던 文會, 修禊, 宴會, 夜宴, 九老會 등을 모두 포괄하는 명칭으로 본다. 권석환, 『中國雅集』, 박문사, 2013, p.23 참조.

94) 송희경은 雅會는 아집이나 燕集 등 우아하고 고상한 문인 모임을 포괄하는 총체적인 용어로 인식되었다고 한다. 송희경, 『조선후기아회도』, 다할미디어,

2008, p.25 참조.

95) 詩會에 관한 것은 강필임, 『시회의 탄생』(한길사, 2016) 참조.

96) 熊海英, 「北宋文人集會與詩歌」, 中和書局, 2008, pp.92~94 참조.

97) 구체적인 예를 들면, 독서, 작문, 習書, 耽畵, 鼓琴, 奕棋 등 예술문화 활동, 出遊[看山, 漱泉, 釣魚], 賞景[候月, 聽雨], 花竹之樂[看花, 訪竹, 掃葉], 飮食之美[酣飮, 試茗, 美食], 文房淸玩, 肢體安逸[負暄, 支杖, 晏坐, 高臥], 耽樂魚鳥, 淸談, 吟咏, 嘯歌, 游宴 등의 生活閒賞 활동, 焚香, 斸方, 經行, 禮佛, 翻經, 參禪, 趺坐 등 學道養生 활동 등이 그것이다. 羅中峯, 『中國傳統文人審美生活方式之硏究』, 紅葉文化事業有限公司, 2001, p.199. 참조.

98) 구체적으로 沈宗騫, 『芥舟學畵編』 「立格」, "淸心地以消俗慮.", 徐上瀛, 『溪山琴況』, "雪其操氣, 釋其競心.", 黃庭堅, 「論書」, "胸中有道義, 又廣之以聖哲之學.", 楊表正, 『彈琴雜說』, "肚裏要有墨.", 董其昌, 『畵旨』, "讀萬卷書, 行萬里路." 등을 들 수 있다. 羅中峰, 『中國傳統文人審美生活方式之硏究』, 紅葉文化事業有限公司, 2001, p.189 참조.

99) 『論語』 「述而」, "子曰, 飯疏食飮水, 曲肱而枕之, 樂亦在其中矣, 不義而富且貴, 於我如浮雲.", 『論語』 「雍也」, "子曰, 賢哉, 回也. 一簞食, 一瓢飮, 在陋巷, 人不堪其憂, 回也不改其樂, 賢哉, 回也." 및 『二程集』 권2상, "昔受學於周茂叔, 每令尋顔子仲尼樂處, 所樂何事." 등 참조.

100) 『朱子語類』 권40, "或問曾點氣象, 曰, 曾點氣象, 固是從容灑落."

101) 羅大經, 『鶴林玉露』 권2 「丙編·憂樂」, "吾輩學道, 須是打疊敎心下快活. 古曰無悶, 曰不慍, 曰樂則生矣, 曰樂莫大焉. 夫子有曲肱飮水之樂, 顔子有陋巷簞瓢之樂, 曾點有浴沂詠歸之樂, 曾參有履穿肘見, 歌若金石之樂. 周程有愛蓮觀艸, 弄月吟風, 望花隨柳之樂. 學道而至於樂, 方是眞有所得. 大概於世間一切聲色嗜好洗得淨, 一切榮辱得喪看得破, 然後快活意思方自此生."

102) 趙翼, 『二十二史箚記』 권30 「元季風雅相尙」, "元季士大夫好以文墨相尙, 每歲必聯詩社, 四方名士畢集, 宴賞窮日夜, 詩勝者輒有厚贈… 又顧仲瑛玉山草堂, 楊廉夫,柯九思,倪元鎭,張伯雨,于彦成諸人, 嘗寓其家, 流連觴咏, 聲光映蔽江表. 此皆林下之人. 揚風扢雅, 而聲氣所屆, 希風附響者, 如恐不及. 其他以名園別墅, 書畵古玩相尙者, 更不一而足. 如倪元鎭之淸閟閣, 楊竹西之不礙雲山樓, 花木竹石, 圖書彝鼎, 擅名江南, 至今猶有豔稱之者. 獨怪有元之世, 文學甚輕, 當時有九儒十丐之謠, 科擧亦屢興屢廢, 宜乎風雅之事棄如弁髦, 乃搢紳之徒風流相尙如此."

103) 李繼凱는 특히 고대의 문단 및 서단은 결국 하나라는 입장에서 서예의 주력군과

주체 부분은 모두 사대부 문인이라고 한다. 서예에만 초점을 맞추어보면, 서예가이면서 문학가, 경학가, 음률과 琴의 명수, 천문에 능했던 蔡邕을 비롯하여 王羲之, 王獻之, 顏眞卿, 張旭, 虞世南, 蘇軾, 黃庭堅, 董其昌, 趙孟頫, 鄭燮 등은 모두 이 경우에 속한다고 한다. 李繼凱,『文人墨客與書法文化』, 新銳文創, 2014, pp.38~41 참조.

제2장
동양의 미학과 예술정신을 이해하는 초보적 사유

1) 書畵에만 초점을 맞추어 말하면 다음과 같은 것을 들 수 있다. 董其昌,『畫禪室隨筆』, "畫家以古人爲師, 已是上乘, 進此當以天地爲師.", 鄭燮,『鄭板橋文集』「蘭竹石圖」, "古之善畫者, 大都以造物爲師.", 劉熙載,『藝概』, "藝者, 道之形也." 및『書概』, "書當造乎自然, 蔡中郎但謂書肇乎自然, 此立天定人, 尚未及乎由人復天也."
2) 虞世南,『筆髓論』, "字雖有質, 迹本無爲, 稟陰陽而動靜, 體萬物以成形, 達性通變, 其常不住, 故知書道玄妙, 必資神遇, 不可以力求也. 機巧必須心悟, 不可以目取也… 學者心悟于至道, 則書契于無爲.", 何紹基,『東洲草堂文集』, "書雖一藝, 與性道通.", 龔賢,『乙輝編』, "古人之書畫, 與造化同根, 陰陽同候… 心窮萬物之源, 目盡山川之勢, 取證於晉唐宋人, 則得之矣.", 董其昌,『畫禪室隨筆』, "畫之道, 所謂宇宙在乎手者, 眼前無非生機." 등 참조.
3) 朱德潤의『渾淪圖』(1349년) 畫贊, "渾淪者, 不方而圓, 不圓而方. 先天地生者, 無形而形存, 後天地生者, 有形而形亡, 一翕一張, 是豈有繩墨之可量哉."
4) 朱德潤(1294~1365). 자는 澤民. 趙孟頫의 추천으로 國史編修를 지냄.
5) 여기에 그려진 형상들을 比德의 차원에서 인간에 대비시켜 본다면, 나무의 S라인 형태는 무수한 시련을 의미한다.
6) 미국 과학자 본 베로는 1879년 프랑스 천문학자인 카미유 플라마리옹이 발표한『대중적 천문학』이란 책을 읽고 영감을 받아 나선은하를 그렸다고 한다.
7) 왕필은『노자』제6장의 도를 상징하는 '綿綿若存, 用之不勤'에 대한 주석에서 "그것이 있다고 말하려고 하면 그 형체를 볼 수가 없고, 그것이 없다고 말하려고 하면 만물이 그로부터 생겨난다. 그래서 있다고도 없다고도 말하지 않고 '면면

히 있는 것 같다'라고 표현한다(欲言存邪, 則不見其形, 欲言亡邪, 萬物以之生. 故緜緜若存也.)"라고 주석하는데, 이런 점은 주덕윤의 『혼륜도』를 이해하는 데 도움을 준다.

8) 『周易』「繫辭傳上」 6장, "夫乾, 其靜也專, 其動也直, 是以大生焉. 夫坤, 其靜也翕, 其動也闢, 是以廣生焉."

9) 『周易』「繫辭傳上」 5장, "陰陽不測之謂神." 및 『周易』「說卦」, "神也者, 妙萬物而爲言者也." 참조.

10) 司馬相如는 「上林賦」와 「子虛賦」를 지으면서 "생각이 고요해지고 흩어지면 다시는 바깥일과 상관하지 않으면서, 천지를 잡아당기고 고금을 뒤섞어놓는다(意思蕭散, 不復與外事相關, 控引天地, 錯綜古今.)"라고 하여 상상력의 초시공성을 들고 있다.

11) 『周易』「繫辭傳上」 11장, "子曰, 夫易, 何爲者也. 夫易開物成務, 冒天下之道, 如斯而已者也. 是故, 天生神物, 聖人執之. 天地變化, 聖人效之. 天垂象, 見吉凶, 聖人象之. 河出圖, 洛出書, 聖人則之."

12) 『老子』 14장에 대한 주석인 『韓非子』「解老」, "人希見生象也, 而得死象骨, 案其圖以想其生也. 故諸人之所以意想者, 皆謂之象也. 今圖雖不可得聞見, 聖人執其見功, 以處見其形. 故曰, 無狀之狀, 無物之象." 참조.

13) 龐樸, 『一分爲三』, 海天出版社, 1998, p.228.

14) 『周易』「繫辭傳上」 1장, "在天成象, 在地成形."

15) 이것에 대해서는 다음을 참조하라. 韓康伯 주, "象況日月星辰, 形況山川草木也." 및 阮籍, 『達莊論』, "形謂之石, 象謂之星."

16) 『周易』「繫辭傳下」 2장, "古者包犧氏之王天下也, 仰則觀象於天, 俯則觀法於地, 觀鳥獸之文與地之宜, 近取諸身, 遠取諸物, 於是始作八卦, 以通神明之德, 以類萬物之情." 및 『周易』「繫辭傳上」 8장, "聖人有以見天下之賾, 而擬諸其形容, 象其物宜, 是故謂之象." 참조.

17) 『周易』「繫辭傳下」 3장, "易者, 象也. 象也者, 像也."

18) 孔穎達, 『周易正義』, "易卦者, 寫萬物之形象, 故易者象也. 象也者, 像也, 謂卦爲萬物象者, 法像萬物, 猶若乾坤之象法像于天地."

19) 孔穎達, 『周易正義』, "凡易者, 象也. 以物象而明人事, 若詩之比喩也. 或取天地陰陽之象以明義者, 若乾之潛龍見龍, 坤之履霜堅氷, 龍戰之屬是也."

20) 曾祖蔭, 『中國古代文藝美學範疇』, 文史出版社, 19987, p.195.

21) 『周易』「繫辭傳上」 12장, "子曰, 書不盡言, 言不盡意, 然則聖人之意, 其不可見乎.

子曰, 聖人立象以盡意, 設卦以盡情僞, 繫辭焉以盡其言."

22) 『二程全書』 권30 外書1, "得意則可以忘言, 然無言又不見其意."

23) 『二程全書』 권19, "大率言語須是含蓄而有餘意, 所謂書不盡言, 言不盡意也." 鍾嶸은 『詩品』에서 "문장은 끝이 났는데 그 속에 담긴 뜻이 남아 있는 것, 그것이 흥이다(文已盡而意有餘, 興也)"라는 말을 한 적이 있다.

24) 『周易』 「繫辭傳下」 2장, "古者包羲氏之王天下, 仰則觀象於天, 俯則觀法於地, 觀鳥獸之文, 與地之宜, 近取諸身, 遠取諸物, 於是始作八卦. 以通神明之德, 以類萬物之情."

25) 孫過庭, 『書譜』, "易曰, 觀乎天文, 以察時變, 觀乎人文, 以化成天下. 況書之爲妙, 近取諸身."

26) 張懷瓘, 「六體書論」, "臣聞形見曰象, 書者, 法象也."

27) 『노자』 1장, "道可道, 非常道, 名可名, 非常名."

28) 『莊子』 「天道」, "語有貴也, 語之所貴者意也. 意有所隨, 意之所隨者, 不可以言傳也."

29) 『莊子』 「外物」, "筌者所以在魚, 得魚而忘筌. 蹄者所以在兎, 得免而忘蹄. 言者所以在意, 得意而忘言."

30) 王弼, 『周易略例』 「明象」, "夫象者, 出意者也. 言者, 明象者也. 盡意莫若象, 盡象莫若言. 言生於象, 故可尋言以觀象. 象生於意, 故可尋象以觀意. 意以象盡, 象以言著. 故言者, 所以明象, 得象而忘言. 象者, 所以存意, 得意而忘象. 猶蹄者所以在免, 得免而忘蹄. 筌者所以在魚, 得魚而忘筌也."

31) 『노자』 41장.

32) 『老子』 21장, "道之爲物, 惟恍惟惚, 惚兮恍兮, 其中有象. 恍兮惚兮, 其中有物. 窈兮冥兮, 其中有精. 其精甚眞, 其中有信."

33) 『노자』 14장, "是謂無狀之狀, 無物之象."

34) 『노자』 14장에 대한 왕필의 주, "欲言無邪, 而物由以成. 欲言有邪, 而不見其形. 故曰無狀之狀, 無物之象也."

35) 『莊子』 「天地」, "黃帝遊乎赤水之北, 登乎崑崙之丘, 而南望還歸, 遺其玄珠. 使知索之而不得, 使離朱索之而不得, 喫詬索之而不得也. 乃使象罔, 象罔得之. 黃帝曰, 異哉, 象罔乃可以得之乎."

36) 呂惠卿, 『莊子義』, "象則非無, 罔則非有, 不皎不昧, 玄珠之所以得也."

37) 宗白華, 『美學散步』, 上海人民出版社, 1981, p.68.

38) 『老子』 16장, "致虛極, 守靜篤. 萬物並作, 吾以觀復. 夫物芸芸, 各復歸其根. 歸根曰靜, 靜曰復命. 復命曰常, 知常曰明."

39) 『莊子』「人間世」, "回曰, 敢問心齋. 仲尼曰, 若一志, 無聽之以耳, 而聽之以心. 無聽之以心, 而聽之以氣. 聽止於耳, 心止於符. 氣也者, 虛而待物者也. 唯道集虛, 虛者, 心齋也."

40) 『莊子』「大宗師」, "顔回曰, 回益矣. 仲尼曰, 何謂也. 曰, 回忘仁義矣. 曰可矣, 猶未也. 他日復見曰, 回益矣. 曰, 何謂也. 曰, 回忘禮樂矣. 曰可矣, 猶未也. 他日復見曰, 回益矣. 曰, 何謂也. 曰, 回坐忘矣. 仲尼蹴然曰, 何謂坐忘. 顔回曰, 墮肢體, 出聰明, 離形去知, 同於大通, 此謂坐忘."

41) 陸機, 「文賦」, "其始也, 皆收視反聽, 耽思傍訊, 精騖八極, 心游萬仞."

42) 曾祖蔭, 『中國古代文藝美學範疇』, 文史出版社, 1987, p.195.

43) 『荀子』「天論」, "形具而神生.", 『淮南子』「說山訓」, "畫西施之面, 美而不可說. 規孟賁之目, 大而不可畏, 君形者亡焉.", 『淮南子』「原道訓」, "形神氣志, 各居其宜, 以隨天地之所爲. 形者, 生之舍也. 氣者, 生之充也. 神者, 生之制也. 一失位則三者傷矣.", 『論衡』「論死」, "形朽神亡." 嵇康「養生論」, "君子知形恃神而立, 神須形以存, 悟生理之易失, 知一過之害生. 故修性以保神, 安心以全身." 등 참조.

44) 朱景玄, 『唐朝名畫錄序』, "夫畫者, 以人物居先, 禽獸次之, 山水次之, 樓殿屋木次之."

45) 郭若虛, 『圖畫見聞誌』「論古今優劣」, "或問近代至, 藝與古人如何. 答曰, 近代方古多不及, 而過亦有之. 若論佛道人物, 士女牛馬, 則近不及古. 若論山水木石, 花竹禽魚, 則古不及近."

46) 朱良志, 『扁舟一葉』, 安徽教育出版社, 1996, p.11.

47) 董逌, 『廣川畫跋』「書大戲圖」, "雖得形似, 而不盡其理者, 亦未可謂工也.", "旣索于形似, 復求于理." 참조.

48) 劉方, 『宋型文化與宋代美學精神』, 巴蜀書社, 2004, p.40.

49) 蘇軾, 『蘇東坡集』(前集) 권31「淨因院畫記」, "余嘗論畫, 以爲人禽, 宮室, 器用, 皆有常形. 至于山石, 竹木, 水波, 煙雲, 雖無常形而有常理. 常形之失, 人皆知之, 常理之不當, 雖曉畫者有不知. 故凡可以欺世而取名者, 必托于無常形者也. 雖然常形之失, 止于所失而不能病其全, 若常理之不當, 則擧廢之矣. 以其形之無常, 是以其理不可不謹也. 世之工人或能曲盡其形, 而至于其理, 非高人逸才不能辨."

50) 蘇軾, 『蘇東坡集』(前集) 권16「書鄢陵王主簿所畫折枝二首」, "論畫以形似, 見與兒童隣. 賦詩必此詩, 定非知詩人. 詩畫本一律, 天工與淸新."

51) 倪瓚, 『淸閟閣全集』 권9「題自畫墨竹」, "張以中每愛余畫竹, 余之竹聊以寫胸中逸氣耳, 豈復較其似與非, 葉之繁與疏, 枝之斜與直哉. 或涂抹久之, 他人視以爲麻爲蘆, 僕亦不能强辨爲竹."

52) 倪瓚,『清閟閣全集』 권10「答張藻仲書」, "僕之所畵者, 不過逸筆草草, 不求形似, 聊以自娛耳."

53) 石濤,『大滌子題畵詩跋』 권1「題畵山水」, "天地渾溶一氣, 再分風雨四時. 明暗高低遠近, 不似之似似之."

54) 齊白石,『齊白石畵集序』, "作畵妙在似與不似之間, 太似爲媚俗, 不似爲欺世."

55) 王紱,『書畵傳習錄』「論畵」, "高人曠士, 用以寄其閒情, 學士大夫, 亦時彰其絶業, 凡此皆外師造化, 未嘗定爲何法何法也. 內得心源, 不言得之某氏某氏也. 興至則神超理得, 景物逼肖, 興盡則得意忘象, 矜愼不傳, 亦未嘗以供人耳目之玩, 爲己稻粱之謀夜. 惟人品高, 寄託自遠, 由學富故, 揮灑不凡, 畵之足貴, 有由然耳."

56) 張彦遠,『歷代名畵記』 卷10 所收.

57) 宋, 米友仁,『題新昌戲筆圖』, "子雲云, 以字爲心畵, 非窮理者, 其語不能至是. 畵之爲說, 亦心畵也."

58) 郭若虛,『圖畵見聞志』, "書畵發于情思."

59) 王原祁,『麓臺題畵稿·送厲南湖畵册十幅』, "畵雖一藝, 而氣合書卷, 道通心性. 非深于契合者, 不輕以此爲酬酌也."

60) 劉熙載,『書概』, "筆性墨情, 皆以其人之性情爲本, 是則理性情者, 書之首務也."

61) 劉熙載,『書概』, "揚子以書爲心畵, 故書也者心學也."

62) 王羲之,「書論」, "凡書貴乎沈靜, 令意在筆前, 字居心后, 未作之始, 結思成矣."

63) 李漵,『弘道遺稿』「筆訣」, "又曰, 書家之道, 貴在省察而照管, 照管則能預想其得失. 故用畫之際, 必精心而省察, 搆字之際, 必審察, 排字之際, 必密察, 排行之際, 必顧察, 聯章合編之際, 必摠攬而周察焉."

64) 朱和羹,『臨池心解』, "胸有成竹, 所謂意在筆先也."

65) 蘇軾,「蘇東坡全集」 권32「文與可畵篔谷偃竹記」, "竹之始生, 一寸之萌耳, 而節葉具焉… 今畵者乃節節而爲之, 葉葉而累之, 豈復有竹乎. 故畵竹者, 必先得成竹於胸中. 執筆熟視, 乃見其所欲畵者, 急起從之, 振筆直遂, 以追其所見, 如兎起鶻落, 少縱則逝矣. 與可之教予如此, 予不能然也, 而心識其所以然. 夫旣心識其所以然而不能然者, 內外不一, 心手不相應, 不學之過也. 故凡有見于中而操之不熟者, 平居自視了然, 而臨事忽焉喪之, 豈獨竹乎."

66) 북송 韓拙은『山水純全集』에서 "凡未操筆, 當凝神著思, 豫在目前, 所以意在筆先, 然後以格法推之. 可謂得之于心, 應之于手也."라고 하여 의재필선을 특히 得手應心과 관련해 말하고 있다. 鄭積은『夢幻居畵學簡明』「論意」에서 "夫意者, 筆之意也. 先立其意而后落筆, 所謂意在筆先也. 然筆意亦無他焉, 在品格取韻而已"이

라 하여 의재필선의 '의'의 의미를 품격과 취운으로 이해하며, 청대의 蔣和는 『書學雜論』「立意」에서 "未落筆時先須立意, 一幅之中有氣有筆有景, 種種具于胸中, 到筆着紙時, 直推出心中之畵, 理法相生, 氣機流暢, 自不與凡俗等."라고 하여 의재필선을 '理法이 相生'하고 '氣機가 流暢'하는 점과 연계하여 이해하는 것 참조.

67) 鄭績, 『夢幻居畵學簡明』「論意」, "作畵須先立意. 若先不能立意, 而遽然下筆, 則胸無主宰, 心手相錯, 斷無足取."

68) 蘇軾, 『東坡題跋』「書摩詰南田烟雨圖」, "味摩詰之詩, 詩中有畵, 觀摩詰之畵, 畵中有詩."

69) 吳龍翰, 『野趣有聲畵』「序」, "畵難畵之景, 以詩湊成, 吟難吟之詩, 以畵補足."

70) 方薰, 『山靜居畵論』, "高情逸思, 畵之不足, 以題跋之."

71) 宋民, 『中國古代書法美學』, 北京體育學院出版社, 1989, p.144.

72) 楊維禎, 『圖繪寶鑑序』, "書盛于晉, 畵盛于唐, 宋書與畵一耳. 士大夫工畵者必工書, 其畵法則書法所在. 然則書畵豈可以庸妄人得之乎."

73) 黃賓虹, 『賓虹書簡』「致汪孝文」, "書畵同源, 欲明畵法. 先究書法, 畵法重氣韻生動, 書法亦然."

74) 謝赫, 「論繪畵六法」, "六法者何. 一, 氣韻生動是也. 二, 骨法用筆是也. 三, 應物象形是也. 四, 隨類賦彩是也. 五, 經營位置是也. 六, 轉移模寫是也."

75) 郭若虛, 『圖畵見聞誌』「論氣韻非師」, "高雅之情, 一寄于畵. 人品旣高矣, 氣韻不得不高. 氣韻旣高矣, 生動不得不至."

76) 趙孟頫, 「秀石疏林圖卷」, "石如飛白木如籒, 寫竹還應八法通. 若也有人能會此, 須知書畵本來同."

77) 柯九思, 『丹丘題跋』「佩文齋書畵譜」, "寫竹竿用篆法, 枝用草書法, 寫葉用八分法, 或用魯公撇筆法, 木石用折釵股, 屋漏痕之遺意."

78) 王世貞, 『藝苑卮言』, "郭熙, 唐棣之樹, 文與可之竹, 溫日觀之葡萄, 皆自草法中來, 此畵之與書通者也."

79) 吳歷, 『墨井畵跋』, "元人擇僻靜地, 結構層樓爲畵所. 朝起看四山煙雲變幻, 得一新境, 便欣然落墨. 大都如草書法, 唯寫胸中逸趣耳."

80) 錢杜, 『宋壺畵憶』, "子昻嘗謂錢舜擧曰, 如何爲士夫畵, 舜擧曰, 隸法耳. 隸者, 有異於描. 故書畵皆曰寫, 本無二也."

81) 張懋鎔, 『書畵與文人畵風』, 陝西人民出版社, 2002, p.189.

82) 劉熙載, 『書概』, "凡論書氣, 以士氣爲上."

83) 劉熙載, 『書槪』, "若婦氣, 兵氣, 村氣, 市氣, 匠氣, 腐氣, 傖氣, 俳氣, 江湖氣, 門客氣, 酒肉氣, 蔬筍氣, 皆士之棄也."

84) 劉熙載,『書概』, "高韻深情, 堅質浩氣, 缺一不可以爲書."

85) 董其昌,『容臺集』, "趙文敏問畫道于錢舜擧, 何以稱士氣. 錢曰, 隸體耳. 畫史能辨之, 卽可無翼而飛. 不爾, 便落邪道, 愈工愈遠. 然又有關棙, 要得無求於世, 不以贊毁撓懷."

86) 董其昌,『畫旨』, "士人作畫, 當以草隸奇字之法爲之. 樹如屈鐵, 山如劃沙, 絶去甛俗蹊徑, 乃爲士氣. 不爾, 縱儼然及格, 已落畫師魔界, 不復可救藥矣."

87) 『宣和書譜』 권17 「草書」 5, "大抵胸中所養不凡, 見之筆下者皆超絶. 故善論書者以謂胸中有萬卷書, 下筆便無俗氣."

88) 李瑞淸,『玉梅花盦書斷』, "學書尤貴多讀書, 讀書多則下筆自雅. 故自古來學問家雖不善書, 而其書有書卷氣. 故書以氣味爲第一. 不然但成乎技, 不足貴矣."

89) 蘇軾,「柳氏二外生求筆迹」, "退筆成山未足珍, 讀書萬卷始通神."

90) 黃庭堅,『豫章黃先生文集』「跋與長載熙書卷尾」, "學書旣成, 且養於心中, 無俗氣, 然後可以作書示人楷式."

91) 김정희, 〈不欺心蘭圖〉 화제, "寫蘭亦當作不欺心始. 一撇葉一點瓣, 內省不疚, 可以示人. 十目所視, 十手所指, 其嚴乎. 雖此小藝, 必自誠意正心中來, 始得爲下手宗旨."

92) 高濂,『燕閑清賞箋·論畫』, "今之論畫, 必曰士氣, 所謂士氣者乃士林中能作隸家作品. 全在用神氣生動爲法, 不求物趣, 以得天趣爲高. 觀其曰寫而不曰苗者, 欲脫畫工院氣故爾. 此等謂之寄興取玩一世則可, 若云善畫, 何以比方前代而爲后世寶藏. 若趙松雪, 王叔明, 黃子久, 錢舜擧輩, 此眞士氣畫也."

93) 王學浩,『山南論畫』, "王耕煙云, 有人問如何是士大夫畫, 曰, 只一寫字盡之. 此語最爲中肯. 字要寫不要描, 畫亦如之. 一入描畫, 便爲俗工矣."

94) 『朱子語類』 권140 「論文」(下), "淵明詩平淡, 出於自然, 後人學他平淡, 便相去遠矣."

95) 董其昌,『容臺別集』, "作書與詩文同一關棙, 大抵傳與不傳, 在淡與不淡耳."

96) 이것과 관련된 자세한 것은 프랑수아 줄리앙 저, 최애리 역,『무미예찬』(산책자, 2012)을 참조할 것.

97) 邵梅臣,『畫耕偶錄論畫』, "蕭條淡漠, 是畫家極不易到工夫, 極不易得境界. 蕭條則會筆墨之趣, 淡漠則得筆墨之神." 및 "昔人妙論曰, 萬物之毒, 皆主於濃. 解濃之法, 曰淡. 淡之一字, 眞繪素家一粒金丹. 然所謂淡者, 爲層層烘染, 由一道至二道, 由二道至三至四. 淡中仍有濃, 有陰陽, 有向背, 有精神, 有趣味." 참조.

98) 蘇軾.「與二郎侄書」, "凡文字, 少小時須令氣象崢嶸, 采色絢爛, 漸老漸熟, 乃造平淡. 其實不是平淡, 絢爛之極也."

99) 蘇軾, 「書黃子思詩集後」, "韋應物柳宗元, 發纖穠於簡古, 寄至味於淡泊."

100) 8개 가운데 나머지 하나는 빠져 있다.

101) 李珥, 『精言妙選』, "元字集曰, 此集所選, 主於沖澹蕭散, 不事繪飾, 自然之中, 深有妙趣… 讀此集則味其淡泊, 樂其希音, 而三百之遺意, 端不外此矣."

102) 李滉, 『退溪全書』(4) 「言行通錄」 卷5 「類編」, "先生喜爲詩, 平生用功甚多… 嘗言吾詩枯淡, 人多不喜,"

103) 주희는 1183년 '무이산 구곡'의 제5곡에 武夷精舍를 짓고 「武夷精舍雜詠」을 읊었다. 이듬해에는 「精舍閒居戲作武夷櫂歌」 10수를 짓는다. 이것을 약칭하여 「武夷櫂歌」(櫂는 棹이다)라고 한다.

104) '書如其人'의 人에 대하여 金學智는 功力層, 氣質層, 學養層, 才識層, 志趣層, 習慣層, 情性層으로 구분하여 논의하고 있다. 金學智, 『中國書法美學』(上册), 江蘇文藝出版社, 1997, pp.270~295. 참조. 宋民은 '書如其人'이라는 명제는 크게 보면 성격결정론과 인품결정론 또는 도덕결정론 두 가지로 구분하여 말한다. 성격결정론은 사람의 성격과 기질이 서로 다른 것처럼 서예의 작품에서도 서로 다른 풍모가 나온다는 것이다. 예를 들면 명대의 項穆이 "사람의 마음이 같지 않은 것이 진실로 그 얼굴과 같다. 마음의 중심으로부터 밖으로 발산되는 것이니 글씨 또한 그렇다고 말할 수 있다. 그러므로 글씨를 쓰는 선비들이 비록 법을 같이하지만, 휘호를 하는 사이에 각각 형체와 바탕을 이룬다… 무릇 사람의 성정은 강하고 부드러움이 다르기 때문에 손의 운용에 있어서도 어그러지고 합함에 따라 서로 형태가 달라진다(項穆, 『書法雅言』 「變體」, "人心不同, 誠如其面, 由中發外, 書亦云然, 所以染翰之士, 雖同法家, 揮毫之際, 各成體質… 夫人之性情, 剛柔殊稟, 手之運用, 乖合互形")"라는 것이 그 예이다.

105) 張孝祥, 『事文類聚』, "書至唐最盛, 雖經生書亦可觀, 其傳者以人不以書也. 褚, 薛, 歐,虞太宗名臣, 魯公之忠義, 公權之筆諫, 雖不能書, 若人何如哉."

106) 蘇軾, 「論唐六家書」, "苟非其人, 雖工而不貴也."

107) 『論語』 「公冶長」, "子曰, 巧言令色足恭, 左丘明恥之, 丘亦恥之. 匿怨而友其人, 左丘明恥之, 丘亦恥之."

108) 『中庸』 20장, "哀公問政, 子曰, 文武之政, 布在方策. 其人存則其政擧. 其人亡則其政息."

109) 『論語』 「季氏」, "孔子曰, 見善如不及, 見不善如探湯. 吾見其人矣, 吾聞其語矣. 隱居以求其志, 行義以達其道. 吾聞其語矣, 未見其人矣."

110) 앞의 『論語』「季氏」에 대한 주희의 주, "眞知善惡而誠好惡之, 顔曾冉閔之徒蓋能之矣… 求其志, 守其所達之道也. 達其道, 行其所求之志也. 蓋惟伊尹太公之流, 可以當之."

111) 『詩經』「小雅 · 白駒」, "皎皎白駒, 在彼空谷. 生芻一束, 其人如玉."

112) 앞의 『詩經』「小雅·白駒」에 대한 주희의 주, "賢者, 必去而不可留矣. 於是歎其乘白駒入空谷, 束生芻而秣之, 而其人之德美如玉也."

113) 『周易』「繫辭傳下」 8장, "初率其辭, 而揆其方, 旣有典常. 苟非其人, 道不虛行."

114) 劉熙載, 『藝概』, "書, 如也. 書其學, 如其才, 如其志, 總之曰如其人而已… 賢哲之書溫醇, 駿雄之書沈毅, 畸士之書歷落, 才子之書秀穎… 書可觀識, 筆法字體, 彼此取合各殊, 識之高下存焉矣."

115) 徐復觀, 『中國藝術精神』, 學生書局, 1983(8판), 「自序」 부분 p.3.

116) 徐復觀, 『中國藝術精神』, 學生書局, 1983(8판), pp.47~50 참조.

117) 沈宗騫, 『芥舟學畫編』 권1 「山水·宗派」, "天地之氣, 各以方殊, 而人亦因之. 南方山水蘊藉而縈紆, 人生其間, 得氣之正者, 爲溫潤和雅, 其偏者則輕佻浮薄. 北方山水奇傑而雄厚, 人生其間, 得氣之正者, 爲剛健爽直, 其偏者, 則粗厲強橫, 此自然之理也. 於是率其性而發爲筆墨, 遂亦有南北之殊焉. 惟能學則咸歸於正, 不學則日流於偏."

제3장
동양의 미학과 예술정신을 이해하는 두 가지 틀 : 중화미학과 광견미학

1) 『毛詩』「序」, "詩者, 志之所在也. 在心爲志, 發言爲詩."

2) 『尙書』「堯典」, "詩言志."

3) 『禮記』「樂記」, "凡音者, 生於人心者也."

4) 韓拙, 『山水純全集』「論用筆墨格法氣韻之病」, "凡畵者, 筆也. 斯乃心運."

5) 石濤, 『畵語錄』「一劃章」, "夫畵者, 從於心者也."

6) 揚雄, 『法言』「問神」, "書, 心畵也."

7) 劉熙載, 『書概』, "書當造乎自然, 蔡仲郞但謂書肇於自然, 此立天定人, 尙未及乎由人復天也."

8) 전통 유교에 대한 반역정신을 가진 양명좌파 혹은 泰州學派에게 이런 현상이 좀 더 뚜렷하게 나타난다. 학자에 따라 구분하는 인물들이 다르지만 대개 양명좌파의 대표인물로 王畿를 꼽고, 태주학파는 王艮을 대표로 하여 羅汝芳, 何心隱, 李贄, 顔均, 焦竑 등을 거론한다.

9) 특히 서예의 꽃이라고 할 수 있는 초서에 대한 인식에서 그 차이점이 잘 나타난다.

10) 崔瑗, 「草書勢」, "方不中矩, 圓不中規, 抑左揚右, 望之若欹… 畜怒怫鬱, 放逸後奇." 崔瑗(BC 142~BC 78, 자 子玉)은 한대 초서의 집대성자로, 흔히 초성으로 불린 張芝도 "上比崔杜不足"이라 말할 정도로 글씨를 잘 썼다. 삼국시대 위나라 韋誕은 그를 "書體甚濃, 結字工巧."라고 말한다.

11) 項穆, 『書法雅言』「正奇」, "書法要旨有正與奇. 所謂正者, 偃仰頓挫, 揭按照應, 筋骨威儀, 確有節制是也. 所謂奇者, 參差起復, 騰凌射空風, 風情恣態, 巧妙多端是也. 奇即運于正之內, 正即列于奇之中. 正而無奇, 雖莊嚴沉實, 恒朴厚而少文. 奇而弗正, 雖雄爽飛妍, 多譎厲而乏雅."

12) 『老子』 57장, "以正治國, 以奇用兵." 傅山은 『霜紅龕集』에서 "寫字無奇巧, 只有正拙, 正極奇生, 歸于大巧若拙已矣."를 말한다.

13) 蔡邕, 「九勢」, "勢來不可止, 勢去不可遏, 惟筆軟則奇怪生焉."

14) 『莊子』「逍遙遊」, "肩吾問於連叔曰, 吾聞言於接輿, 大而無當, 往而不反. 吾驚怖其言猶河漢而無極也. 大有逕庭不近人情焉… 吾以是狂而不信也."

15) 鄭燮, 『鄭板橋文集』「序跋碑記文·劉柑村册子」, "莊生, 鵬怒而飛, 其翼若垂天之雲, 有人又云, 草木怒生, 然則萬事萬物何可無怒也. 板橋書法以漢八分雜入隸行草, 以顔魯公爭座位稿爲行款, 亦是怒不同人之意."

16) 趙壹, 「非草書」, "余懼其背經而趨俗, 此非所以弘道興世也… 夫草書之興也, 其於近古乎. 上非天象所垂, 下非河洛所吐, 中非聖人所造… 而今之學草書者, 不思其簡易之旨, 直以爲杜崔之法, 龜龍所見也."

17) 韓玉濤, 『書論十講』, 江蘇教育出版社, 2007, p.236.

18) 金正喜, 『阮堂全集』 권7 「書示佑兒」, "且隸法非有胸中淸高古雅之意, 無以出手. 胸中淸高古雅之意, 又非有胸中文字香, 書卷氣, 不能現發於腕下指頭." 및 金正喜, 『阮堂全集』, "別錄曰, 須於胸中, 先具文字香, 書卷氣, 爲隸法張本, 爲寫隸神訣… 李元靈, 隸法畵法, 皆有文字氣. 試觀於此, 可以悟得其有文字氣, 然後可爲之耳."는 이런 점을 잘 보여준다.

19) 『論語』「述而」, "子不語怪力亂神."

20) 『中庸』 2장, "仲尼曰, 君子中庸, 小人反中庸. 君子之中庸也, 君子而時中, 小人之

中庸也, 小人而無忌憚也."에 대한 朱熹의 "小人不知有此, 則肆欲妄行而無忌憚矣."라는 주석 참조.

21) 『孟子』「盡心章下」, "孔子豈不欲中道哉. 不可必得, 故思其次也."

22) 『論語』「子路」, "子曰, 不得中行而與之, 必也狂狷乎. 狂者, 進取, 狷者, 有所不爲也."

23) 項穆, 『書法雅言』「品格」, "會古通今, 不激不厲, 規矩諳練, 骨態淸和, 衆體兼能, 天然逸出, 巍然端雅, 奕矣奇解. 此謂大成已集, 妙入時中, 繼往開來, 永垂模軌, 一之正宗也."

24) 項穆, 『書法雅言』「古今」, "是以堯舜禹周皆聖人也, 獨孔子爲聖之大成. 史李蔡杜皆書祖也, 惟右軍爲書之正鵠."

25) 項穆, 『書法雅言』「資學附評」, "宣尼稱聖時中, 逸少永寶爲訓. 蓋謂通今會古, 集彼大成, 萬億斯年, 不可改易者也."

26) 項穆, 『書法雅言』「書統」, "宰我稱仲尼賢於堯舜, 余則謂逸少兼乎鍾張, 大統斯垂, 萬世不易… 逸少我師也. 所願學是焉."

27) 項穆, 『書法雅言』「形質」, "是以人之所稟, 上下不齊. 性賦相同, 氣習多異, 不過曰中行, 曰狂, 曰狷而已. 所以人之于書, 得心應手, 千形萬狀, 不過曰中和, 曰肥, 曰瘦而已… 臨池之士, 進退於肥瘦之間, 深造於中和之妙, 是猶自狂狷而進中行也. 愼毋自暴且棄哉."

28) 蔡邕, 「論筆法」, "書有二法, 一曰疾, 一曰澁. 得疾澁二法, 書妙盡矣." 참조. 『東坡題跋』 卷4 「書論」, "書必有神氣骨肉血, 五者缺一, 不能成書."

29) 項穆, 『書法雅言』「中和」, "中和斯爲美善. 中也者, 無過不及是也, 和也者, 無乖無戾是也. 然中固不可廢和, 和亦不可離中, 如禮節樂和本然之體也. 禮過于節則嚴矣. 樂純乎和則淫矣. 所以禮尙從容而不迫, 樂戒奪倫而皦如, 中和一致, 位育可期, 況夫翰墨者哉."

30) 『중용』 1장, "致中和, 天地位焉, 萬物育焉."

31) 項穆, 『書法雅言』「心相」, "蓋聞德性根心, 睟盎生色, 得心應手, 書亦云然. 人品既殊, 性情各異, 筆勢所運, 邪正自形… 人由心正, 書由筆正, 即詩云思無邪, 禮云毋不敬, 書法大旨, 一語括之矣."

32) 項穆, 『書法雅言』「心相」, "故欲正其書者, 先正其筆, 欲正其筆者, 先正其心. 若所謂誠意者, 即以此心端己澄神, 勿虛勿貳也. 致知者, 即以此心審其得失, 明乎取舍也. 格物者, 即博習精察, 不自專用也. 正心之外, 豈更有說哉."

33) 項穆, 『書法雅言』「功序」, "大率書有三戒. 初學分布, 戒不均與欹, 繼知規矩, 戒不活與滯, 終能純熟, 戒狂怪與俗… 又書有三要, 第一要淸整, 淸則點畫不混雜, 整則形體不偏邪. 第二要溫潤, 溫則性情不驕怒, 潤則折挫不枯澀. 第三要閑雅, 閑則運用不矜持, 雅則起伏不恣肆."

34) 『新唐書』「徐浩傳」, "浩父嶠之善書, 以法授浩, 益工. 嘗書四十二幅屛, 八體皆備, 草隸尤工, 世狀其法曰, 怒猊抉石, 渴驥奔泉."

35) 朱長文, 『墨池編』, "嘗書四十二幅屛, 八體皆備. 其朔風動秋草, 邊馬有歸心十數字, 草隸相參, 皆爲精絶. 識者評云, 怒猊抉石, 渴驥奔泉, 尤爲司空圖所寶愛."

36) 梁巘, 『評書帖』, "徐浩書, 收轉處倔强拗折, 故昔人有抉石奔泉之目."

37) 馮班, 『鈍吟書要』, "坡書眞有怒猊抉石, 渴驥奔泉之態."

38) 馮班, 『鈍吟書要』, "季海筋在劃中, 晩年有一種如渴驥奔泉之勢. 老極, 所以熟而不俗."

39) 周星蓮, 『臨池管見』, "褚登善, 顔常山, 柳諫議文章妙古今, 忠義貫日月, 其書嚴正之氣, 溢于楮墨. 歐陽父子險勁秀拔, 鷹隼摩空, 英俊之氣, 咄咄逼人. 李太白書新鮮秀活, 呼吸淸淑, 擺脫塵凡, 飄飄乎有仙氣. 坡老筆挾風濤, 天眞爛漫, 米癡龍跳天門, 虎臥鳳闕, 二公書橫絶一時, 是一種豪杰之氣. 黃山谷淸癯雅脫, 古澹絶倫, 超卓之中, 寄托深遠, 是名貴氣象. 凡此皆字如其人, 自然流露者. 惟右軍書, 醇粹之中, 淸雄之氣, 俯視一切, 所以爲千古字學之聖. 魯公渾厚天成, 精深博大, 所以爲有唐一代之冠."

40) 周星蓮, 『臨池管見』, "古人謂喜氣畵蘭, 怒氣畵竹, 各有所宜. 余謂筆墨之間, 本足覘人氣象. 書法亦然. 王右軍, 虞世南字體馨逸, 擧止安和, 蓬蓬然得春夏之氣, 卽所謂喜氣也. 徐季海善用渴筆, 世狀其貌, 如怒猊抉石, 渴驥奔泉. 卽所謂怒氣也."

41) 『周易』「坤卦·文言」, "敬以直內, 義以方外."

42) 陳良運, 『美的考察』, 百花洲文藝出版社, 2005, p.250.

43) 『論語』「述而」, "子不語怪力亂神."

44) 李贄, 「童心說」, "夫童心者, 絕假純真, 最初一念之本心也."

45) 李贄, 『焚書』 권3 「雜述·讀律膚說」, "蓋聲色之來, 發於情性, 由乎自然, 是可以牽合矯強而致乎. 故自然發於情性, 則自然止乎禮義, 非情性之外復有禮義可止也. 惟矯強乃失之, 故以自然之爲美耳, 又非於情性之外復有所謂自然而然也. 故性格淸徹者音調自然宣暢, 性格舒徐者音調自然疏緩, 曠達者自然浩蕩, 雄邁者自然壯烈, 沉鬱者自然悲酸, 古怪者自然奇絕. 有是格, 便有是調, 皆情性自然之謂也. 莫不有情, 莫不有性, 而可以一律求之哉. 然則所謂自然者, 非有意爲自然而遂以謂自然也. 若有意爲自然, 則與矯強何異. 故自然之道, 未易言也."

46) '矯强'은 『중용』 10장, "子路問強, 子曰, 南方之強與, 北方之強與, 抑而強與… 故

君子和而不流, 強哉矯. 中立而不倚, 強哉矯. 國有道, 不變塞焉, 強哉矯. 國無道, 至死不變, 強哉矯."에서 취한 말이다.

47) 『詩經』「毛詩序」, "發乎情, 止乎禮義."

48) 湯顯祖, 『玉茗堂文之四』「耳伯麻姑游詩序」, "世總爲情."

49) 湯顯祖, 『玉茗堂文之四』「宜黃縣戲神淸源寺廟記」, "人生而有情."

50) 葉朗, 『中國美學史大綱』, 上海人民出版社, 2002, p.340.

51) 袁中道, 『珂雪齋文集』 권1, 「華云賦引」, "天下無百年不變之文章, 有作始自有末流, 有末流還有作詩, 其變也, 皆若有氣行乎其間, 創爲變者, 與受變者, 皆不及知… 夫昔之繁蕪, 有持法律者救之, 今之剽竊, 又得有主性情者救之矣, 此必變之勢也. 變之必自楚人始. 季周之詩, 變于屈子, 三唐之詩, 變于杜陵, 皆楚人也. 夫楚人者, 才情未必勝于吳越, 而膽勝之. 當其變也, 相沿已久, 而忽自我鼎革, 非世間毁譽是非所不能震憾者, 烏能勝之."

52) 袁宏道, 『袁宏道集箋校』「敍小修詩」, "不拘格套, 獨抒性靈." (袁宏道, 『袁宏道集箋校』(錢伯城箋校), 上海古籍出版社, 1981, p.188) 원굉도의 문학에 관한 것은 이기면, 『원굉도문학사상』, 한국학술정보(주), 2007 참조.

53) 徐渭, 『徐文長佚草』 권2 「跋張東海草書千文卷後」, "夫不學而天成者, 尙矣. 其次則始於學, 終於天成. 天成者, 非成於天也, 出乎己, 而不由於人也."(『徐渭集』 第4册, 中華書局, 1984, p.1091)

54) 徐渭, 『靑藤山人路史』 卷下, "人不易到, 乃在眞率寫情, 渾然天成."

55) 李贄, 『焚書』 권1 「與耿司寇告別」, "論載道而承千聖絶學, 則舍狂狷將何之乎… 有狂狷而不聞道者有之, 未有非狂狷而能聞道者也."

56) 李贄, 『焚書』 권1 「與耿司寇告別」, "狂者不蹈故襲, 不踐往跡, 見識高矣. 所謂如鳳皇翔於千仞之上, 誰能當之, 而不信凡鳥之平常, 與己均同於物類. 是以見雖高而不實, 不實則不中行矣. 狷者行一不義, 殺一不辜而得天下不爲, 如夷齊之倫, 其守定矣. 所謂虎豹在山, 百獸震恐, 誰敢犯之, 而不信凡走之皆獸. 是以守雖定而不虛, 不虛則不中行矣."

57) 李贄, 『續焚書』 권2 「聖教小引」, "余自幼讀聖教不知聖教, 尊孔子不知孔夫子何自可尊, 所謂矮子觀場, 隨人說研, 和聲而已. 是余五十以前眞一犬也, 因前犬吠形, 亦隨而吠之, 若問以吠聲之故, 正好啞然自笑也已… 嗚呼. 余今日知吾夫子矣, 不吠聲矣. 向作矮子, 至老遂爲長人矣."

58) 王鐸(1592~1652) 의 字는 覺斯, 號는 嵩樵다. 세칭 '王孟津'이라 한다. 왕탁의 시가 및 서예에 관한 것은 白一瑾, 「論王鐸詩歌的美學取向」(『山西大學學報』 제34

권 3기, 2011) 및 施國卿,「簡論王鐸書法美學思想」(『淮陽工學院學報』 제16권 4기, 2007) 참조.

59) 崔瑗,「草書勢」,"方不中矩, 圓不中規, 抑左揚右, 望之若欹… 畜怒怫鬱, 放逸後奇.

60)『周易』「渙卦」,"象曰, 風行水上, 渙. 先王, 以, 享于帝, 立廟."

61) 王鐸,『擬山園選集』「文丹」,"風行水上爲文, 不善解之迂儒, 只以水平箭言之, 誤却多少奇才, 不敢放手, 不知風行水上, 不是平平說也. 風水相遭, 小則漣漪, 大則澎湃. 風之所行, 崩浪拍天, 驚濤摧岫, 黿鼉蛟龍, 駭跳怒激, 皆風之爲也, 皆風水之爲也."

62) 王鐸,『擬山園選集』「文丹」,"怪則幽險猙獰, 面如貝皮, 眉如柴棱, 口中吐火, 身上纏蛇, 力如金剛, 聲如彪虎, 長刀大劍, 劈山超海, 飛沙走石, 天旋地轉, 鞭雷電而騎雄龍, 子美所謂語不驚人死不休, 文公所謂破鬼膽是也."

63) 王鐸,『擬山園選集』「文丹」,"文中有奇怪, 淺人不知耳, 望之咋指而退… 自使人目怖心震, 不能已.",「文丹」,"奇奇怪怪, 駭人耳目, 奇矣."

64) 王鐸,『擬山園選集』「文丹」,"爲人不可狠鷙深刻, 作文不可不狠鷙深刻."

65) 王鐸,『擬山園選集』「文丹」,"文要膽. 文無膽, 動即拘促, 不能開人不敢開之口. 筆無鋒鍔, 無陣勢, 無縱橫, 其文窄而不大, 單而不聳."

66) 王鐸,『擬山園選集』「文丹」,"笑文令人親, 怒文令人怕."

67) 王鐸,『擬山園選集』「文丹」,"文要一氣吹去, 欲飛欲舞, 提筆不住, 何也. 有生氣故也.",「文丹」,"文有矜貴氣, 有壯麗氣, 有兵戈氣, 有寒酸氣, 有頹敗氣, 有死人氣. 全無氣, 不名爲文."

68) 王鐸,『擬山園選集』「文丹」,"史記敢於胡亂, 前漢書如彼洗練, 如彼精神, 一毫不敢胡亂."

69) 王鐸,『擬山園選集』「文丹」,"文要深心大力. 大力, 如海中神鰲, 戴八紘, 吸十日, 侮星宿, 嬉九垓, 撞三山, 踢四海海.",『擬山園選集』「文丹」,"兔之力不如犬, 犬之力不如馬, 馬之力不如獅, 獅之力不如象, 象之力不如龍, 龍之力, 不可得而測已."

70) 王鐸,『擬山園選集』「文丹」,"文, 曰古, 曰怪, 曰幻, 曰雅… 極神奇, 正是極中庸也."

71) 王鐸,『擬山園選集』「文丹」,"文有時中, 有狂, 有狷, 有鄉愿, 有異端."

72) 湯顯祖,『湯顯祖詩文集』 권32「合奇序」,"士有志於千秋, 寧爲狂狷, 毋爲鄉愿."

73) 劉熙載,『遊藝約言』,"詩文書畫之品, 有狂, 有狷. 若鄉愿, 無是品也.", 劉熙載,『遊藝約言』,"書雖小道, 學書者亦要不見惡於聖人. 聖人所惡者, 舍狂狷而就鄉愿也."

제4장
정기론 :
우아한 것이 아름다운가? 기이한 것이 아름다운가?

1) 『論語』「八佾」, "關雎, 樂而不淫, 哀而不傷."

2) 張曼華, 『奇正論』, 中國華僑出版社, 2007, p.93.

3) (傳)王羲之, 『筆勢論』「視形章」, "分均點畫, 遠近相須, 播布研精, 調和筆墨. 鋒纖往來, 疏密相附, 鐵點銀鉤, 方圓周整." 및 『筆勢論』「視形章」, "大字促之貴小, 小字寬之貴大, 自然寬狹得所, 不失其宜." 참조.

4) (傳)王羲之, 『筆勢論』「節制章」, "夫學書作字之體, 須遵正法. 字之形勢, 不得上寬下窄, 如是則頭輕尾重, 不相勝任. 不宜傷密, 密則似屙瘵纏身, 不舒展也. 復不宜傷疏, 疏則似溺水之禽, 諸處傷慢. 不宜傷長, 長則似死蛇掛樹, 腰肢無力. 不宜傷短, 短則似踏死蛤蟆, 言其闊也. 此乃大忌, 可不慎歟."

5) 孫過庭, 『書譜』, "至若數畫並施, 其形各異, 眾點齊列, 爲體互乖. 一點成一字之規, 一字乃終篇之准. 違而不犯, 和而不同."

6) 虞世南, 『筆髓論』「契妙」, "欲書之時, 當收視反聽, 絕慮凝神, 心正氣和, 則契於妙. 心神不正, 書則攲斜. 志氣不和, 字則顛仆. 其道同魯廟之器, 虛則攲, 滿則覆, 中則正, 正者, 沖和之謂也."

7) 그 예를 들면 『呂氏春秋』「仲夏紀」에서 말하는 大小輕重이 적당한 충화의 음을 통한 귀에 듣기 좋은 소리[適音](『呂氏春秋』「仲夏紀·適音」, "夫音亦有適. 故太巨, 太小, 太清, 太濁, 皆非適也. 何謂適, 衷音之適也. 何謂衷. 大不出鈞, 重不過石, 小大輕重之衷也. 黃鍾之宮, 音之本也, 清濁之衷也. 衷也者, 適也. 以適聽適則和矣.")나 徐上瀛이 『溪山琴況』에서 맨 첫 번째 '況'으로 '和'를 거론하는 것이 그 예다(徐上瀛, 『溪山琴況』「和」, "稽古至聖心通造化, 德協神人, 理一身之性情, 以理天下人之性情, 於是制之爲琴. 其所首重者, 和也. 和之始, 先以正調品弦, 循徽葉聲, 辨之在指, 審之在聽, 此所謂以和感, 以和應也. 和也者, 其眾音之款會, 而優柔平中之槖答乎… 太音希聲, 古道難復, 不以性情中和相遇, 而以爲是技也, 斯愈久而愈失其傳矣.").

8) 『孫子兵法』의 奇正說과 관련된 것은 呂斌, 「我國的兩種奇正說」(『廣西社會科學』, 2004年 第2期) 참조.

9) 『老子』 57장, "以正治國, 以奇用兵, 以無事取天下.", 『孫子』「勢」, "三軍之眾, 可

使必受敵而無敗者, 奇正是也… 戰勢不過奇正, 奇正之變, 不可勝窮也." 등 참조

10) 안대회, 『궁극의 시학: 스물네 개의 시적 풍경』, 문학동네, 2013, p.427 참조. 생동감을 주는 奇를 미적인 것으로 파악한 것은 이미 『회남자』에 보인다. 『淮南子』 「精神訓」, "珍怪奇异, 人之所美也." 참조.

11) 陳玉强, 『古代文論奇範疇研究』(人民出版社, 2015), 婁仁彪, 「文心雕龍奇正思想的批評方法」(『安順學院學報第』 16卷 第1期, 2014年 2月), 張孝評, 「論詩的奇美」(『人文雜志』, 2001年 第6期), 呂斌, 「我國的兩種奇正說」(『廣西社會科學』, 2004年 第2期), 王炬, 「試論中國古代文學理論的奇」(『上海大學學報』(社會科學版), 1998年 第5卷 第2期), 李健, 「中國古代文論中的奇與正」(『阜陽師院學報』(社科版), 1998年 第1期), 曾瑩·楊向榮, 「論中國古典詩學中的新奇觀念」(『湘潭師範學院學報(社會科學版)』, 第30卷 第3期, 2008年 5月) 등 참조.

12) 張曼華, 『奇正論』(中國華僑出版社, 2007), 張曼華, 「中國畫品評標准中的奇正思想探微」(『南京藝術學院學報』, 2012년 1월호), 張曼華, 「奇崛畫風與畫家性情: 析傳統中國畫審美標准中的特殊現象」(『藝術探索』 第29卷 第5期, 2015), 孫成武, 「奇正對偶範疇在書法美學中的表現及其現代反思」(『東方藝術』, 2006) 등 참조.

13) 중국역사에서의 광견에 관한 다양한 자료는 류명시 지음, 한계경·이국희 옮김, 『광자의 탄생』(글항아리, 2015)을 참조할 것.

14) 張懷瓘, 『文字論』, "闡典墳之大猷, 成國家之盛業者, 莫近乎書. 其後能者加之以玄妙, 故有翰墨之道光焉. 世之賢達莫不珍貴."

15) (傳)王羲之, 「筆陣圖」, "夫書者, 玄妙之伎也. 自非通人君子, 不可得而達之."

16) 『禮記』 「樂記」, "凡音之起, 由人心生也."

17) 『法言』 「問神」, "或問神, 曰, 心. 請問之, 曰, 潛天而天, 潛地而地. 天地, 神明而不測者也. 心之潛也, 猶將測之, 況于人乎, 況于事倫乎."

18) 萬志全, 『揚雄美學思想研究』, 中國社會科學出版社, 2008, p.127 참조. 萬志全은 項穆의 傳心說을 말하지 않고 나머지 세 가지를 말하는데, 나는 항목의 傳心說을 더해 네 가지로 구분하고자 한다.

19) 蔡邕, 「筆論」, "書者, 散也. 欲書, 先散懷抱, 任情恣性, 然後書之… 夫書, 先默坐靜思, 隨意所適."

20) 『莊子』 「田子方」, "宋元君將畫圖, 眾史皆至, 受揖而立, 舐筆與墨, 在外者半. 有一史後之者, 儃儃然不趨, 受揖不立, 因之舍. 公使人視之, 則解衣般礴, 臝. 君曰, 可矣, 是真畫者也."

21) 項穆, 『書法雅言』 「心相」, "蓋聞德性根心, 睟盎生色, 得心應手, 書亦云然… 夫經卦皆心畫也, 書法乃傳心也."

22) 劉熙載, 『書概』, "揚子以書爲心畫, 故書也者, 心學也. 心不若人而欲書之過人, 其勤而無所也宜矣. 寫字者, 寫志也… 筆性墨情, 皆以其人之性情爲本, 是則理性情者, 書之首務也." 이 밖에 包世臣, 『藝舟雙楫』「述書上」, "書之妙在性情, 能在形質."도 참조.

23) 朱和羹, 『臨池心解』, "作書要發揮自己性靈, 切莫寄人籬下." 회화에서는 청대 董棨가 『養素居畵學鉤深』에서 "臨摹古人, 求用筆, 明各家之法度, 論章法, 知各家之胸臆, 用古人之規矩, 而抒寫自己之性靈. 心領神會, 直不知我之爲古人, 古人之爲我, 是中至樂, 豈可以言語形容哉."라고 하여 그림에서 성령을 담아낼 것을 강조한다.

24) 崔瑗, 「草書勢」, "純儉之變, 豈必古式. 觀其法象, 俯仰有儀, 方不中矩, 圓不中規. 抑左揚右, 望之若欹… 畜怒怫鬱, 放逸後奇."

25) 趙壹, 「非草書」, "余郡士有梁孔達薑孟穎者, 皆當世之彦哲也. 然慕張生之草書過於希孔顔焉. 孔達寫書以示孟穎, 皆口誦其文, 手楷其篇, 無怠倦焉. 於是後學之徒競慕二賢, 守令作篇, 人撰一卷, 以爲秘玩. 余懼其背經而趨俗, 此非所以弘道興世也."

26) 沈宗騫, 『芥舟學畫編』 권2 「山水·避俗」, "畫與詩皆士人陶寫性情之事, 故凡可入詩者, 皆可入畫. 然則畫而俗, 如詩之惡, 何可不急爲去之耶."

27) 沈宗騫, 『芥舟學畫編』 권2 「山水·避俗」, "夫畫俗約有五, 曰格俗, 韻俗, 氣俗, 筆俗, 圖俗. 其人既不喜臨摹古人, 又不能自出精意, 平鋪直敘千篇一律者, 謂之格俗. 純用水墨渲染, 但見片白片黑, 無從尋其筆墨之趣者, 謂之韻俗. 格局無異於人, 而筆意窒滯, 墨氣昏暗, 謂之氣俗. 狃於俗師指授, 不識古人用筆之道, 或燥筆如弸, 或呆筆如刷, 本自平庸無奇, 而故欲出奇以駭俗, 或妄生圭角, 故作狂態者, 謂之筆俗. 非古名賢事跡, 及風雅名目, 而專取諛頌繁華, 與一切不入詩料之事者, 謂之圖俗. 能去此五俗, 而後可幾於雅矣."

28) 沈宗騫, 『芥舟學畫編』 권2 「山水·避俗」, "雅之大略亦有五, 古淡天真, 不著一點色相者, 高雅也. 布局有法, 行筆有本, 變化之至, 而不離乎矩矱者, 典雅也. 平原疏木, 遠岫寒沙, 隱隱遙岑, 盈盈秋水, 筆墨無多, 愈玩之而愈無窮者, 雋雅也. 神恬氣靜, 令人頓消其躁妄之氣者, 和雅也. 能集前古各家之長, 而自成一種風度, 且不失名貴卷軸之氣者, 太雅也."

29) 沈宗騫, 『芥舟學畫編』 권2 「山水·避俗」, "作畫者, 俗不去, 則雅不來. 雖日對董巨倪黃之跡, 百摹千臨, 亦自無解於俗. 蓋日逐逐於時俗之所爲, 而欲去俗, 其可得乎. 故惟能避俗者, 而後可以就雅也." 심종건은 避俗하는 방법으로 '多讀書'와

'參名理'를 들고 있다. 沈宗騫,『芥舟學畫編』권2「山水·避俗」,"如欲避俗, 當多讀書, 參名理, 始以蕩滌, 繼以消融, 須令方寸之際, 纖俗不留. 若少著一點滯重挑達意思, 即痛自裁抑, 則筆墨間自日幾於溫文爾雅矣."

30) 沈宗騫,『芥舟學畫編』권2「山水·避俗」,"若夫通人才士, 寄情托興, 非不雅趣有餘, 而不能必其出入於規矩, 動而轍合, 是謂雅而未正. 至若師門授受, 膠固已深, 既自是而人非, 復少見而多怪. 欲非之, 而未嘗乖乎繩尺, 欲是之, 而未見越乎尋常, 是謂正而未雅. 夫雅而未正猶可也, 若正而未雅, 其去俗也幾何哉. 是在天資敏妙者, 能於規矩中尋空闊道理, 又當於超逸中求實際工夫. 內本乎性情, 外通乎名理, 奇處求法, 僻處合理."

31) 范璣,『過雲廬論畫』,"士夫氣磊落大方, 名士氣英華秀發, 山林氣靜穆淵深, 此三者爲正格. 其中寓名貴氣, 煙霞氣, 忠義氣, 奇氣, 古氣, 皆貴也."

32) 周亮工,『尺牘新鈔』,"既曰文矣, 焉得無奇. 如其不奇, 是不文也. 第奇自有平正之奇, 有邪祟之奇. 今之嚴於正文體者, 正欲去邪祟之奇, 歸之平正之奇, 非欲去奇而歸之不奇也."

33) 劉勰,『文心雕龍』「定勢」,"然密會者, 以意新得巧, 苟異者, 以失體成怪. 舊練之才, 則執正以馭奇. 新學之銳, 則逐奇而失正. 勢流不反, 則文體遂弊. 秉茲情術, 可無思耶."

34) 李金坤,「文心雕龍創作論的現代繹說」,『江蘇大學學報』(社會科學版), 2004년 3월, 6권 2期, p.57.

35) 沈宗騫,『芥舟學畫編』권1「山水·神韻」,"故吾嘗謂因奇以求奇, 奇未必卽得… 獨其筆墨間奇氣, 又使人愈求之而愈無盡, 觀乎此則知動輒好奇, 畫者之大病, 而能靜按其筆墨以求之而得者, 是謂平中之奇, 是真所謂奇也. 非資學過人, 未易臻此."

36) 沈宗騫,『芥舟學畫編』권1「山水·神韻」,"古人之奇, 有筆奇, 有趣奇, 有格奇, 皆本其人之性情胸臆而非學之可致也, 學者規矩而已… 今人之奇者, 專於狀貌之間, 或反其常道, 或易其常形, 而曰我能爲人所不敢也, 不知此特狂怪者耳, 烏可謂之奇哉. 乃淺慮者羣焉附之, 遂與正道萬里睽隔, 終身爲之而不知古人之所以爲畫者, 豈不可歎."

37) 沈宗騫,『芥舟學畫編』권1「山水·神韻」,"一切可驚可愕, 可悲可喜之事, 或曠世而追慕, 或異地而相感, 或應徵雷雨, 或孚及豚魚, 其足以致此者, 豈非大奇事哉. 然考其實, 不越乎性情所發. 人人自具性情, 又人日在性情中周旋, 性情有何奇處. 人誠能盡性情之正, 則可傳不可泯之事以成, 可知至平之間至奇出焉. 理固然也. 若離卻性情以求奇, 必至狂怪而已矣, 尚何足以令人相感而相慕乎哉. 今人自揣無

以出眾, 乃故作狂態以惑人. 若俗目喜之, 便矜自得. 昧者轉相仿效, 不知所止, 因而自樹門派, 以誤來學, 在有識者固不直一笑, 而有識者幾人哉. 嗟乎, 正道衰微, 邪魅將白晝迷人矣."

38) 孫過庭, 『書譜』, "好異尚奇之士, 玩體勢之多方."

39) 馮班, 『鈍吟書要』, "書至成時, 神奇變化, 出沒無窮. 若工夫淺, 得少爲足, 便退落."

40) 方薰, 『山靜居畵論』 권上, "或謂筆之起倒先後順逆, 有一定法, 亦不盡然. 古人往往有筆不應此處起而起, 有別致, 有應用順而逆筆出之, 尤奇突, 有筆應先而反後之, 有餘意, 皆極變化之妙, 畵豈有定法哉."

41) 姜夔, 『續書譜』 「草書」, "筆正則鋒藏, 筆偃則鋒出, 一起一倒, 一晦一明, 而神奇出焉. 大抵用筆有緩有急, 有有鋒, 有無鋒, 有承接上文, 有牽引下字, 乍徐環疾, 忽往復收. 緩以效古, 急以出奇." 참조.

42) 康有爲, 『廣藝舟雙楫』 「變體」, "鐘鼎及籀字, 皆在方長之間, 形體或正或斜, 各盡物形, 奇古生動. 章法亦復落落, 若星辰麗天, 皆有奇致."

43) 蔡邕, 「九勢」, "夫書肇於自然, 自然既立, 陰陽生矣. 陰陽既生, 形勢出矣… 故曰, 勢來不可止, 勢去不可遏. 惟筆軟則奇怪生焉." 및 최원, 「草書勢」, "觀其法象, 俯仰有儀. 方不中矩, 圓不中規, 抑左揚右, 望之若欹… 畜怒怫鬱, 放逸後奇."

44) 袁昂, 『古今書評』, "張芝驚奇, 鍾繇特絶, 逸少最能, 獻之冠世. 四賢共類, 洪芳不滅."

45) 朱長文, 『續書斷』 「神品」, "張長史旭, 蘇州吳人也. 爲人倜儻閎達, 卓爾不群, 所與遊者皆一時豪傑. 李白詩云, 楚人盡道張旭奇, 心藏風雲世莫知. 三吳君伯皆顧盼, 四海雄俠爭追隨. 太白奇士也, 稱君如此, 君之蘊蓄浩博可知矣… 蓋如神虯騰宵漢, 夏雲出嵩華, 逸勢奇狀, 莫可窮測也… 君性嗜酒, 每大醉, 呼叫狂走, 下筆愈奇."

46) 楊泉, 「草書賦」, "惟六書之爲體, 美章法之最奇… 字要妙而有好, 勢奇綺而分馳… 衆妙百態, 無不盡奇."

47) 方薰, 『山靜居畵論』 권上 「山水」, "作畵必先立意, 以定位置. 意奇則奇, 意高則高, 意遠則遠, 意深則深, 意古則古, 庸則庸, 俗則俗矣. 書畵貴有奇氣, 不在形跡間尚奇, 此南宗義也. 故前人論書曰, 既追險絕, 復歸平正. 論畵曰, 有可望者, 可遊者, 可居者, 反是則非畵."

48) 王昱, 『東莊論畵』, "奇者, 不在位置, 而在氣韻之間, 不在有形處, 而在無形處."

49) 王昱, 『東莊論畵』, "寫意畵落筆, 須簡淨, 佈局佈景, 務須筆有盡而意無窮. 位置落墨時, 能於不畵煞處, 忽轉出別意來, 每多奇趣, 正如摩詰所云, 行到水窮處, 坐看雲起時, 是也."

50) 楊維禎, 『圖繪寶鑑序』, "書盛于晉, 畵盛于唐, 宋書與畵一耳. 士大夫工畵者必工

書, 其畵法則書法所在. 然則書畵豈可以庸妄人得之乎.", 黃賓虹, 『賓虹書簡』「致汪孝文」, "書畵同源, 欲明畵法, 先究書法, 畵法重氣韻生動, 書法亦然.", 蘇軾, 『東坡全集』 卷16, 「書鄢陵王主簿所畵折枝二首」, "詩畵本一律.", 薛雪, 『一瓢詩侍話』, "詩文與書法一理, 具得胸襟, 人品必高.", 金正喜, 『阮堂全集』 권8 「雜識」, "書法與詩品畵隨, 同一妙境⋯ 有能妙悟於二十四品, 書境卽詩境耳." 등 참조.

51) 顔眞卿, 「張長史十二意筆法」, "夫書道之妙, 煥乎其有旨焉. 字外之奇, 言所不能盡."

52) 王文治, 『快雨堂題跋』 권3 「宋拓醴泉銘」, "歐陽書, 以險絶爲平, 以奇極爲正, 徒賞其端凝, 乃形骸之論也."

53) 劉大魁, 『論文偶記』, "文貴奇, 所謂珍愛者必非常物. 有奇在字句者, 有奇在意思者, 有奇在筆者, 有奇在丘壑者, 有奇在氣者, 有奇在神者. 字句之奇, 不足爲奇, 氣奇則真奇矣. 神奇則古來亦不多見. 次第雖如此, 然字句亦不可不奇, 自是文家能事. 揚子太玄法言, 昌黎甚好之, 故昌黎文奇. 奇氣最難識, 大約忽起忽落, 其來無端, 其去無跡. 讀古人文, 於起滅轉接之間, 覺有不可測識處, 便是奇氣. 奇正與平相對, 氣雖盛大, 一片行去, 不可謂奇. 奇者, 於一氣行走之中, 時時提起. 太史公伯夷傳可謂神奇."

54) 陸紹珩, 『醉古堂劍掃』, "清之品有五, 睹標致, 發厭俗之心, 見精潔, 動出塵之想, 名曰清興. 知蓄書史, 能親筆硯, 布景物有趣, 種花木有方, 名曰清致. 紙裏中窺錢, 瓦瓶中藏粟, 困頓於荒野, 擯棄乎血屬, 名曰清苦. 指幽僻之耽, 誇以爲高, 好言動之異, 標以爲放, 名曰清狂. 博極今古, 適情泉石, 文韻帶煙霞, 行事絕塵俗, 名曰清奇." 陳繼儒, 『小窗幽記』 卷4 「靈」에도 동일한 내용이 나온다.

55) 司空圖, 『二十四詩品』 「清奇」, "神出古異, 淡不可收, 如月之曙, 如氣之秋."

56) 司空圖, 『二十四詩品』 「清奇」, "娟娟群松, 下有漪流, 晴雪滿汀, 隔溪漁舟. 可人如玉, 步屧尋幽, 載瞻載止, 空碧悠悠."

57) 唐志契, 『繪事微言』 「逸品」, "山水之妙, 蒼古奇峭, 圓渾韻動則易知, 唯逸之一字最難分解. 蓋逸有清逸, 有雅逸, 有俊逸, 有隱逸, 有沉逸. 逸縱不同, 從未有逸而濁, 逸而俗, 逸而模棱卑鄙者, 以此想之, 則逸之變態盡矣. 逸雖近於奇, 而實非有意爲奇."

58) (傳)王羲之, 「題衛夫人筆陣圖後」, "若平直相似, 狀如算子, 上下方整, 前后齊平, 此不是書, 但得點劃爾." 및 「筆陣圖」, "夫書不貴平正安穩, 先須用筆, 有偃有仰, 有攲有側有斜, 或小或大, 或長或短." 참조.

59) 方薰, 『山靜居畵論』 권上, "氣格要奇, 筆法須正. 氣格筆法皆正, 則易入平版. 氣

格筆法皆奇, 則易入險惡. 前人所以有狂求理, 鹵莽求笨之謂."

60) 董其昌, 『畵禪室隨筆』「書品」, "故人作書, 必不作正局. 蓋以奇反正."

61) 董其昌, 『畫禪室隨筆』「論用筆」, "作書所最忌者, 位置等匀. 且如一字中, 須有收有放, 有精神相挽處. 王大令之書, 從無左右並頭者. 右軍如鳳翥鸞翔, 似奇反正… 轉左側右, 乃右軍字勢, 所謂迹似奇而反正者, 世人不能解也. 書家好觀閣帖, 此正是病. 蓋王著輩, 絕不識晉唐人筆意, 專得其形, 故多正局. 字須奇宕瀟灑, 時出新致, 以奇爲正, 不主故常. 此趙吳興所未嘗夢見者, 惟米癡能會其趣耳… 古人作書, 必不作正局, 蓋以奇爲正, 此趙吳興所以不入晉唐門室也. 蘭亭非不正, 其縱宕用筆處, 無跡可尋."

62) 董其昌, 『畫禪室隨筆』「論用筆」, "書家以險絕爲奇, 此竅惟魯公楊少師得之, 趙吳興弗能解也. 今人眼目, 爲吳興所遮障."

63) 王澍, 『論書剩語』「運筆」, "以正爲奇, 故無奇不法. 以收爲縱, 故無縱不擒. 以虛爲實, 故斷處皆連. 以背爲尙, 故連處皆斷. 學書解得連處皆斷, 正正奇奇, 無妙不臻矣. 能用拙, 乃得巧, 能用柔, 乃得剛."

64) 項穆, 『書法雅言』「正奇」, "書法要旨, 有正與奇. 所謂正者, 偃仰頓挫, 揭按照應, 筋骨威儀, 確有節制是也. 所謂奇者, 參差起復, 騰淩射空, 風情姿態, 巧妙多端是也."

65) 項穆, 『書法雅言』「正奇」, "奇即連於正之內, 正即列於奇之中. 正而無奇, 雖莊嚴沉實, 恒樸厚而少文. 奇而弗正, 雖雄爽飛妍, 多譎厲而乏雅. 逸少一出, 揖讓禮樂, 森嚴有法, 神彩攸煥, 正奇混成也. 書至子敬, 尙奇之門開矣. 嗣後智永專範右軍, 精熟無奇, 此學其正而不變者也. 羊欣思齊大令, 舉止依樣, 此學其奇而不變者也." 참조

66) 서예의 정기론은 孫成武, 「奇正對偶範疇在書法美學中的表現及其現代反思」(『東方藝術』, 2006) 참조.

67) 項穆, 『書法雅言』「正奇」, "大抵不變者, 情拘於守正, 好變者, 意刻於探奇. 正奇既分爲二, 書法自醇入漓矣. 然質樸端重以爲正, 剽急駭動以爲奇, 非正奇之妙用也. 世之厭常以喜新者, 每舍正而慕奇, 豈知奇不必求, 久之自至者哉. 假使雅好之士, 留神翰墨, 窮搜博究, 月習歲勤, 分布條理, 諳練於胸襟. 運用抑揚, 精熟於心手, 自然意先筆後, 妙逸忘情, 墨灑神凝, 從容中道. 此乃天然之巧, 自得之能… 何事求奇於意外之筆, 後垂超世之聲哉."

68) 項穆, 『書法雅言』「中和」, "書有性情, 即筋力之屬也. 言乎形質, 即標格之類也. 真以方正爲體, 圓奇爲用. 草以圓奇爲體, 方正爲用… 圓而且方, 方而復圓, 正能含奇, 奇不失正, 會於中和, 斯爲美善."

69) 項穆, 『書法雅言』「中和」, "中也者, 無過不及是也. 和也者, 無乖無戾是也. 然中固不可廢和, 和亦不可離中, 如禮節樂和… 方圓互成, 正奇相濟, 偏有所著, 即非中和… 不知正奇參用, 斯可與權. 權之謂者, 稱物平施, 即中和也."

70) 項穆, 『書法雅言』「心相」, "故欲正其書者, 先正其筆. 欲正其筆者, 先正其心… 由此篤行, 至於深造, 自然秉筆思生, 臨池志逸, 新中更新, 妙之益妙, 非惟不奇而自奇, 抑亦已正而物正矣."

71) 項穆, 『書法雅言』「形質」, "臨池之士, 進退于肥瘦之間, 深造于中和之妙, 是猶自狂狷而進中行也. 愼毋自暴且棄哉."

제5장
노장철학과 예술정신 :
광기 어린 작품은 무엇을 표현하고자 한 것인가?

1) 黃庭堅, 『山谷題跋』, "余嘗以右軍父子草書比之文章, 右軍似左氏, 大令似莊周也. 由晉以來, 難得脫然都無風塵氣似二王者."

2) 張懷瓘은 『書議』「草書」 부분에서 "伯英第一, 叔夜第二, 子敬[王獻之]第三… 逸少[王羲之]第八."이라 하여 초서의 경우에는 왕헌지가 왕희지보다 더 나은 것으로 평가하고 있다.

3) 이상 말한 나의 진단은 철학과 미학적 측면에서 분석한 것이다. 따라서 틀릴 수도 있다. 초서에서 왕헌지보다 왕희지를 낮게 평가한 것에 대한 좀 더 정확한 것은 장회관의 아래와 같은 자문자답을 참조할 것. 張懷瓘은 『書議』에서 "或問曰, 此品之中諸子, 豈能悉過于逸少. 答曰, 人之才能, 各有長短. 諸子于草, 各有性識, 精魄超然, 精彩射人. 逸少則格律非高, 功夫又少. 雖圓豊姸美, 耐乏神氣, 無戈戟銛銳可畏, 無物象生動可奇, 是以劣于諸子. 得重名者, 以眞行故也. 擧世莫之能曉, 悉以爲眞草一槪. 若所見與諸子雷同, 則何煩有倫."이라 하여 왜 왕헌지가 초서에서는 다른 사람에게 뒤지는가를 재능의 장단과 초서에 대한 性識, 격률의 낮음, 공부의 적음, 신기의 부족, 형상의 기이함이 없는 밋밋함 등을 거론하면서 분명하게 밝히고 있다.

4) 李淑, 『筆訣』「書家正統」, "異端之萌, 始於獻之."

5) 王羲之, 『蘭亭集序』, "夫人之相與, 俯仰一世, 或取諸懷抱, 悟言一室之內, 或因寄

所托, 放浪形骸之外. 雖趣舍萬殊, 靜躁不同, 當其欣於所遇, 暫得於己, 快然自足, 不知老之將至. 及其所之既倦, 情隨事遷, 感慨繫之矣. 向之所欣, 俯仰之間, 已爲陳跡, 猶不能不以之興懷, 況修短隨化, 終期於盡. 古人云, 死生亦大矣, 豈不痛哉." 참조.

6) 왕희지는 도교에 매우 심취했던 것으로 알려져 있다.

7) 이들은 대개 명대 陽明左派인 泰州學派의 李贄의 영향을 받는데, 이지는 노장적 사유에 입각한 童心說을 주창하여 새로운 창작세계를 말하고 있다.

8) 『書經』「大禹謨」, "人心惟危, 道心惟微, 惟精惟一, 允執厥中."

9) 이런 점을 가장 잘 보여주는 것은 朱熹의 『中庸章句』「序文」의 "蓋自上古聖神, 繼天立極, 而道統之傳有自來矣. 其見於經, 則允執厥中者, 堯之所以授舜也. 人心惟危, 道心惟微, 惟精惟一, 允執厥中者, 舜之所以授禹也."라는 도통 의식에 입각한 말이다. 이러한 도통관과 心法을 통해 擇善固執으로서의 精一과 君子 時中으로서의 執中을 말하고 이런 바탕하에서 이단관을 전개한다.

10) 徐渭, 『三教圖贊』, "三公伊何, 宣尼聃縣, 謂其旨趣, 轅北舟南, 以予觀之, 如首脊尾."

11) 徐渭, 『徐文長三集』 권19 「園居五記序」, "莊周雖放, 亦老子流也. 老子非異端, 其所陳悉上古之道, 與衰周甚殊異. 後世學士不深究其旨, 罔爲異端耳. 稱孔子者曰, 聖之時, 宜其斥老子也. 然孔子未嘗斥老子, 非不斥也, 且尊之. 故曰, 老子其猶龍."

12) 철학사적으로 볼 때 유학자들은 받아들이지 않지만, 공자가 노자를 만났다는 기사는 司馬遷의 『史記』「老子申韓列傳」 등에 나온다.

13) 『徐文長三集』 권19 「贈禮師序」, "大約佛之精, 有學佛者所不知, 而吾儒知之. 吾儒之粗, 有吾儒自不能全, 而學佛者反全之者."

14) 傅山, 『霜紅龕集』 권17 「書張維遇志狀后」, "老夫學老莊者也." 이 밖에 『霜紅龕集』 권3 「示弟侄」, "我本徒蒙莊.", 『霜紅龕集』 권28 「雜著2·傅史」, "吾師莊先生.", 『霜紅龕集』 권16 「王二彌先生遺稿序」, "吾漆園家學." 등 참조.

15) 『霜紅龕墨寶』, "癸巳之冬, 自汾州移寓土堂, 行李只有南華經, 時時在目."

16) 『霜紅龕墨寶』 권40 『雜記』 5, "三日不讀老子, 不覺舌本軟. 疇昔但習其語, 五十以后, 細注老子, 而覺前輩精于此學者, 徒費多少舌頭. 舌頭總是軟底. 何故. 正坐猜度, 玄牝不著耳."

17) 『老子』 6장, "谷神不死, 是謂玄牝, 玄牝之門, 是謂天地根."

18) 『霜紅龕集』 권37 「雜記」 2, "講學者群攻陽明, 謂近于禪, 而陽明之徒不理爲高也. 眞足愍殺攻者, 若與饒舌爭其是非, 仍是自信不篤, 自居異端矣. 近有祖陽明而

爲力斥攻者之陋, 眞陽明亦不必輒許可, 陽明不護短望救也.” 및 『霜紅龕集』 권11 「覽岩徑詩卽事」, “異端辭不得, 眞諦共誰銓, 自把孤舟舵, 相將寶筏牽. 黿觚垂畏避, 薪膽待因緣.” 참조.

19) 鄭燮, 『鄭板橋文集』 「道情十首」, “羨莊周, 拜老聃.”

20) 『鄭板橋文集』 「雍正十年杭州韜光庵中寄舍弟墨」, “誰非黃帝堯舜之子孫, 而至於今日, 其不幸而爲臧獲, 爲婢妾, 爲輿臺, 皁隸窮迫逼, 無可乃何. 非其數十代以前, 卽自臧獲婢妾輿臺皁隸來也. 一旦奮發有爲, 精勤不倦, 有及身而富貴者矣. 有及其子孫而富貴者矣. 王侯將相豈有種乎.”

21) 『鄭板橋文集』 「題畵竹」, “莫漫鋤荊棘, 由他與竹高. 西銘原有說, 萬物總同胞.”

22) 『鄭板橋文集』 「焦山讀書寄四弟墨」, “僧人遍滿天下, 不是西域送來的. 卽吾中國之父兄子弟, 窮而無歸, 入而難返者也. 削去頭髮便是他, 留起頭髮還是我. 怒眉瞋目, 叱爲異端而深惡痛絶之, 亦覺太過.”

23) 『論語』 「述而」, “子不語怪力亂神.”

24) 傅山, 『霜紅龕集』 권25 「家訓·學訓」, “寫字無奇巧, 只有正拙, 正極奇生, 歸于大巧若拙已矣… 王鐸四十年前字, 極力造作, 四十以后, 無意合拍, 遂能大家.”

25) 王鐸, 『擬山園文集』 권82 「文丹」 제32則, “怪則幽險猙獰, 面如具皮, 眉如紫棱, 口中吐火, 身上纏蛇, 力如金剛, 聲如彪虎, 長刃大劍, 劈山超海. 飛沙走石, 天旋地轉, 鞭雷電而騎雄龍, 子美所謂語不驚人死不休, 文公所謂破鬼膽是也.”

26) 앞의 제3장 주 61 이후의 王鐸, 『擬山園文集』 권82 「文丹」 참조.

27) 앞의 제3장 주 61 이후의 王鐸, 『擬山園文集』 권82 「文丹」 참조.

28) 傅山, 『霜紅龕集』 권4 「作字示兒孫」, “寧拙毋巧, 寧醜毋媚, 寧支離毋輕滑, 寧眞率毋安排.”

29) 鄭燮, 『鄭板橋文集』 「墨蘭圖」, “蘭草寫三臺, 無人敢筆裁, 取得新奇法, 墨香吹出來.”

30) 『鄭板橋文集』 「蘭竹圖」, “近代白丁清湘, 或渾成, 或奇縱, 皆脫古維新特立.”

31) 『鄭板橋文集』 「蘭竹圖」, “近日禹鴻臚畵竹, 頗能亂, 甚妙. 亂之一字, 甚當體任, 甚當體任.”

32) 『鄭板橋文集』 「蘭竹圖」, “翔高老長兄四十初度, 索予寫竹爲壽, 且曰, 寧難毋整, 當使天趣淋灕, 煙雲滿幅, 此眞知畵意者也. 予旣出機軸, 亦復遠追禹尙二公遺筆. 是不獨鄭竹, 幷可謂之尙竹禹竹, 合是三家, 以爲華封人之三竹, 有何不可.”

33) 『鄭板橋文集』 「墨石圖」, “米元章論石, 曰瘦, 曰縐, 曰漏, 曰透, 可謂盡石之妙矣. 東坡又曰, 石文而醜. 一醜字則石之千態萬狀, 皆從此出. 彼元章但知好之爲好, 而不知陋劣之中有至好也. 東坡胸次, 其造化之爐冶乎. 燮畵此石, 醜石也. 醜而雄, 醜而秀. 弟子朱靑雷索余畵不得, 卽以是寄之. 靑雷袖中倘有元章之石, 當棄弗顧矣."

34) 『鄭板橋文集』「序跋碑記文·劉柢村册子」, "莊生, 鵬怒而飛, 其翼若垂天之雲, 有人又云, 草木怒生, 然則萬事萬物何可無怒也. 板橋書法以漢八分雜入隷行草, 以顔魯公爭座位稿爲行款, 亦是怒不同人之意."

35) 陳振濂, 『書法美學』, 陝西人民美術出版社, 2004, p.214.

36) 『中庸』 30장, "仲尼, 祖述堯舜, 憲章文武."

37) 石濤, 『畵語錄』「變化章」, "古者, 識之具也. 化者, 識其具而弗爲也. 具古以化, 未見夫人也. 嘗憾其泥古不化者, 是識拘之也. 識拘于似則不廣, 故君子借古以開今也. 又曰, 古人無法, 非無法也, 無法而法, 乃爲至法."

38) 石濤, 『山水册』題跋, 「丁酉偶畵漫識於西湖之冷泉」, "畵有南北宗, 書有二王法. 張融有言, 不限臣無二王法, 恨二王無臣法. 今問南北宗, 我宗邪, 宗我邪. 一時捧腹曰, 我自用我法."

39) 石濤, 『畵語錄』「變化章」, "我之爲我, 自有我在. 古之鬚眉, 不能生在我之面目, 古之肺腑, 不能安入我之腹腸. 我自發我之肺腑, 揭我之鬚眉. 縱有時觸著某家, 是某家就我也, 非我故爲某家也."

40) 『鄭板橋文集』「亂蘭亂竹亂石與汪希林」, "掀天揭地之文, 震電驚雷之字, 呵神罵鬼之談, 無古無今之畵. 原不在尋常孔眼中也. 未畵以前, 不立一格, 旣畵以后, 不留一格."

41) 陳望衡, 『中國美學史』, 人民大學出版社, 2005, p.123.

42) 司馬遷, 『史記』「太史公自序」, "世傳呂覽, 韓非囚秦, 說難孤憤, 詩三百篇, 大抵賢聖發憤之所爲作也."

43) 李贄, 『焚書』「忠義水滸傳序」, "太史公曰, 說難孤憤聖賢發憤之所作也. 由此觀之, 古之聖賢, 不憤則不作矣. 不憤而作, 譬如不寒而顫, 不疾而呻吟也. 雖作可觀乎. 水滸傳者, 發憤之所作也." 이 말은 『史記』「太史公自序」에는 "한비자는 진나라 감옥에 갇히자 「세난」과 「고분」을 지었고, 『시경』 삼백 편은 대체로 성현께서 억울함을 토로하기 위해 지은 작품이다(韓非囚秦, 說難孤憤, 詩三百篇, 大抵聖賢發憤之所爲作也.)"라 되어 있다.

44) 徐渭, 「四時花卉圖」, "老夫游戲墨淋漓, 花草都將雜四時, 莫怪畵圖差兩筆, 近來天道殼差池."

45) 徐渭, 「題畵蟹」, "稻熟江村蟹正肥, 雙螯如戟挺靑泥, 若敎紙上翻身看, 應見團團董卓臍."

46) 『鄭板橋文集』「靳秋田索畵」, "三間茅屋, 十里春風, 窓裏有蘭, 窓外脩竹. 此是何等雅趣, 而安享之人不知也. 懵懵憧憧, 沒沒墨墨, 絶不知樂在何處. 惟勞苦貧病之人, 忽得十日五日之暇, 閉柴扉, 掃竹徑, 對芳蘭, 啜苦茗, 時有微風細雨, 潤澤于疎籬仄徑之間. 俗客不來, 良友輒至, 亦適適然自驚爲今日之難得也. 凡吾畵蘭畵竹畵石, 用以慰天下之勞人, 非以供天下之安享人也."

47) 『鄭板橋文集』「濰縣署中畵竹呈年伯包大中丞括」, "衙齊臥聽蕭蕭竹, 疑是民間疾苦聲. 些小吾曹州縣吏, 一枝一葉總關情."

48) 만력은 明 신종 때의 연호로서, 1573년부터 1619년까지를 의미한다.

49) 顧炎武는 明淸之際의 諸子學 硏究가 성행한 것에 대해 顧炎武, 『顧亭林文集』 권5 「富平李君墓志銘」에서 "當萬曆之末, 士子好新說, 以莊·列百家之言竄入經義, 甚至合佛老與吾儒爲一, 自謂千載絶學."이라고 하는 것 참조.

제6장
동양 서화예술에 나타난 감응感應미학에 관한 연구

1) 『中庸』 24장, "至誠之道可以前知. 國家將興, 必有禎祥, 國家將亡, 必有妖孽. 見乎蓍龜, 動乎四體. 禍福將至, 善必先知之, 不善必先知之, 故至誠如神."

2) 정우진은 감응에 대해 기-감응-유별이 동양세계관의 기본구도로서, 유별은 감응의 결과이고 기는 감응의 토대라는 점에서 감응을 서양의 인과와 대비되는 관계 지움의 논리라고 규정하는데 타당한 견해다. 정우진, 『감응의 철학』, 소나무, 2016, p.184.

3) 柳宗元, 「馬退山茅亭記」, "夫美不自美, 因人而彰. 蘭亭也, 不遭右軍, 則淸湍修竹, 蕪沒於空山矣. 是亭也, 僻介閩嶺, 佳境罕到, 不書所作, 使盛跡鬱湮, 是貽林間之愧. 故志之."

4) 『管子』「五行篇」, "人與天調, 然後天地之美生."

5) 감응미학에 관한 체계적이며 실질적인 연구는 郁沅의 『心物感應與情景交融』(百花洲文藝出版社, 2006) 참조. 李健의 『魏晉南北朝的感物美學』(中國社會科學出版社, 2007)도 시문학 쪽에 주로 초점을 맞추어 논하고 있다.

6) 陳水雲, 「審美感應與山水文化」(『湖北大學學報(哲學社會科學版)』, 1994年 第1期) 정도이다.

7) 『周易』「乾卦·文言」, "九五曰飛龍在天, 利見大人, 何謂也. 子曰, 同聲相應, 同氣相求, 水流濕, 火就燥, 雲從龍, 風從虎, 聖人作而萬物睹, 本乎天者親上, 本乎地者親下, 則各從其類也."

8) 程頤, 『易傳』, "本乎天者, 如日月星辰, 本乎地者, 如蟲獸草木. 陰陽各從其類, 人物莫不然也."

9) 송말원초의 도사로서 字가 元素, 號는 淸庵, 별호는 瑩蟾子. 도교의 남종 白玉蟾의 제자인 王金蟾의 문하생이었으며, 내단 학설은 張伯端을 따른다.

10) 李道純, 『中和集』「頌二十五章」, "道本至虛, 至虛無體. 窮於無窮, 始於無始. 虛極化神, 神變生氣. 氣聚有形, 一分爲二. 二則有感, 感則有配… 原其始也. 一切萬有未有不本乎氣. 推其終也, 一切萬物未有不變於形. 是知萬物本一形氣也, 形氣本一神也… 氣化則無生, 無生故無死. 不生不死, 神之常也. 形化體地, 氣化象天. 形化有感, 氣化自然."

11) 李道純, 『中和集』「體用第三」, "常者, 易之體, 變者, 易之用. 古今不易, 易之體, 隨時變易, 易之用. 無思無爲, 易之體, 有感有應, 易之用."

12) 『周易』「咸卦」, "彖曰, 咸, 感也."

13) 『周易』「咸卦」의 卦辭 "艮下兌上"에 대한 朱熹, 『周易本意』, "咸, 交感也. 兌柔在上, 艮剛在下, 而交相感應. 又艮止則感之專, 兌說則應之至, 又艮以少男下於兌之少女, 男先於女, 得男女之正, 婚姻之時, 故其卦爲咸."

14) 『周易』「咸卦」의 卦辭 "艮下兌上"에 대한 程頤, 『易傳』, "艮體篤實, 止爲誠慤之義. 男志篤實以下交, 女心說而上應, 男感之先也. 男先以誠感, 則女說而應也."

15) 『주역』「咸卦」 卦辭의 "咸, 亨, 利貞, 取女吉"에 대한 程頤, 『易傳』, "咸, 感也. 不曰感者, 咸有皆義, 男女交相感也. 物之相感, 莫如男女, 而少復甚焉. 凡君臣上下, 以至萬物, 皆有相感之道. 物之相感, 則有亨通之理. 君臣能相感, 則君臣之道通. 上下能相感, 則上下之志通. 以至父子夫婦親戚朋友, 皆情意相感, 則和順而亨通. 事物皆然, 故咸有亨之理也. 利貞, 相感之道理在於正也. 不以正, 則入於惡矣. 如夫婦之以淫姣, 君臣之以媚說, 上下之以邪僻, 皆相感之不以正也. 取女吉, 以卦才言也. 卦有柔上剛下, 二氣感應, 相與止而說, 男下女之義. 以此義取女, 則得正而吉也."

16) 『주역』「咸卦」, "彖曰… 天地感而萬物化生, 聖人感人心而天下和平. 觀其所感, 而天地萬物之情可見矣."

17) 『朱子語類』 권72 「易8·咸卦」, "易傳言感應之理, 咸九四盡矣."

18) 『주역』「咸卦」九四爻, "貞吉, 悔亡. 憧憧往來, 朋從爾思."

19) 『朱子語類』 권72 「易8·咸卦」, "憧憧往來, 朋從爾思. 聖人未嘗不教人思, 只是不

可憧憧, 這便是私了. 感應自有箇自然底道理, 何必思他. 若是義理, 却不可不思."

20) 『朱子語類』 권72 「易8·咸卦」, "或問, 尺蠖之屈, 以求信也. 伊川說是感應, 如何. 曰, 屈一屈便感得那信底, 信又感得那屈底, 如呼吸出入往來皆是."

21) 『朱子語類』 권72 「易8·咸卦」, "問, 伊川解屈伸往來一段, 以屈伸爲感應. 屈伸之與感應若不相似, 何也. 曰, 屈則感伸, 伸則感屈, 自然之理也. 今以鼻息觀之, 出則必入, 出感入也. 入則必出, 入感出也. 故曰, 感則有應, 應復爲感, 所感復有應. 屈伸非感應而何."

22) 『朱子語類』 권72 「易8·咸卦」, "或問易傳說感應之理. 曰, 如日往則感得那月來, 月往則感得那日來, 寒往則感得那暑來, 暑往則感得那寒來. 一感一應, 一往一來, 其理無窮, 感應之理是如此."

23) 『朱子語類』 권72 「易8 · 咸卦」, "周易傳有感必有應, 是如何. 曰, 凡在天地間, 無非感應之理, 造化與人事皆是. 且如雨暘, 雨不成只管雨, 便感得箇暘出來, 暘不成只管暘, 暘已是應處, 又感得雨來. 是感則必有應, 所應復爲感. 寒暑晝夜, 無非此理. 如人夜睡, 不成只管睡至曉, 須著起來. 一日運動, 向晦亦須常息. 凡一死一生, 一出一入, 一往一來, 一語一默, 皆是感應."

24) 『朱子語類』 권72 「易8·咸卦」, "林一之問, 凡有動皆爲感, 感則必有應. 曰, 如風來是感, 樹動便是應. 樹拽又是感, 下面物動又是應. 如晝極必感得夜來, 夜極又便感得晝來. 曰, 感便有善惡否. 曰, 自是有善惡. 曰, 何謂心無私主, 則有感皆通. 曰, 心無私主, 不是溟涬沒理會, 也只是公. 善則好之, 惡則惡之. 善則賞之, 惡則刑之, 此是聖人至神之化. 心無私主, 如天地一般, 寒則遍天下皆寒, 熱則遍天下皆熱, 便是有感皆通. 曰, 心無私主最難. 曰, 只是克去己私, 便心無私主. 若心有私主, 只是相契者應, 不相契者則不應. 如好讀書人, 見讀書便愛, 不好讀書人, 見書便不愛."

25) 『주역』 「계사전상」 8장, "鳴鶴在陰, 其子和之. 我有好爵, 吾與爾靡之. 子曰, 君子居其室, 出其言善, 則千里之外應之, 況其邇者乎. 居其室, 出其言不善, 則千里之外違之, 況其邇者乎. 言出乎身加乎民, 行發乎邇見乎遠. 言行, 君子之樞機, 樞機之發, 榮辱之主也. 言行, 君子之所以動天地也, 可不愼乎."

26) 蔡淵(1156~1236)은 南宋의 理學家, 敎育家. 字는 伯靜. 蔡元定 長子.

27) 『주역』 「繫辭傳上」 8장에 대한 節齋蔡氏의 말, "萬化不窮, 感應二端而已. 故夫子取中孚九二之辭, 而推廣其理也. 居其室則在陰之義, 出其言則鳴鶴之義, 千里之外應之, 卽其子和之之義. 特主乎人而爲言耳. 感應者, 心也. 言者, 心之聲, 行者, 心之跡, 言行乃感應之樞機也. 善者, 至善之理也. 不善則悖理矣. 人以善而感應, 則感應同乎天矣. 故曰動天地也."

28) 『周易』「繫辭傳上」 11장, “易曰, 自天祐之, 吉無不利. 子曰, 祐者, 助也, 天之所助者順也, 人之所助者信也. 履信思乎順, 又以尙賢也. 是以自天祐之吉無不利也.”

29) 『주역』「大有」 上九, “象曰, 大有上吉, 有天祐也.”에 대한 程頤의 『역전』, “大有之上有極當變, 由其所爲順天合道, 故天祐助之, 所以吉也. 君子滿而不溢, 天祐也. 繫辭申之, 又云天之所助者順也, 人之所助者信也.” 참조.

30) 『周易』「繫辭傳上」 8장에 대한 朱熹의 말 “鳴鶴在陰, 其子和之, 我有好爵, 吾與爾靡之, 此本是說誠信感通之理. 夫子却專以言行論之. 蓋誠信感通莫大於言行.”

31) 『周易』「繫辭傳上」 10장, “易無思也, 無爲也. 寂然不動, 感而遂通天下之故. 非天下之至神, 其孰能與於此.”

32) 李道純, 『中和集』「體用第三」, “常者, 易之體. 變者, 易之用. 古今不易, 易之體, 隨時變易, 易之用. 無思無爲, 易之體, 有感有應, 易之用. 知其用, 則能極其體, 全其體, 則能利其用.”

33) 李道純, 『中和集』「感應第十二」, “寂然而通, 無爲而成, 不見而知, 易道之感應也. 寂然而通, 無所不通. 無爲而成, 無所不成. 不見而知, 無所不知. 動而感通, 不足謂之通. 爲而後成, 不足謂之成. 見而後知, 不足謂之知. 此三者, 其於感應之道也遠矣. 誠能爲之於未有, 感之於未動, 見之於未萌, 三者相須而進, 無所感而不通也, 無所事而不應也, 無所住而非利也. 盡此道者, 其惟顔子乎.”

34) 李道純, 『中和集』「正己第十」, “進德修業, 莫若正己. 己一正, 則無所不正, 一切形名, 非正不立, 一切事故, 非正不成. 日用平常, 設施酬酢, 未有不始於己者. 一切事事理理, 頭頭物物, 亦未有不自己出者. 是故進修之要, 必以正己爲立基. 正己接人, 人亦歸正. 正己處事, 事亦歸正, 正己應物, 物亦歸正. 惟天下之一正, 爲能通天下之萬變. 是知正己者, 進修之大用也, 入聖之階梯也.”

35) 큰 틀이라고 한 것은, 동일한 윤리론에서 출발해도 그것을 실제 예술로 표현할 때 어떤 감정 드러냄을 긍정적으로 보느냐에 따라 다른 점이 있기 때문이다.

36) 李健은 이런 점에 비해 노장사상의 영향을 받은 위진시대는 감물이론도 노장의 자연관에 의한 감물론으로 나타났다고 말한다. 衛恒의 ‘睹物象以致思’의 감물이론, 陸機의 “悲落葉於勁秋, 喜柔務於芳春.” 및 그 감물이론, 宗炳의 ‘澄懷味象’과 ‘應會感神’의 회화 감물이론, 劉勰의 “人秉七情, 應物斯感, 感物吟志, 莫非紫煙, 詩人感物, 聯類不窮.”의 감물미학사상, 謝赫의 ‘應物象形’과 ‘氣韻生動’의 감물미학, 鍾嶸의 ‘氣之動物, 物之感人’ 등의 감물미학사상은 감물미학사상의 전형을 이루었다고 본다. 李健, 『魏晉南北朝的感物美學』, 中國社會科學出版社, 2007, p.27 참조.

37) 鍾嶸, 『詩品·序』, "氣之動物, 物之感人. 故搖蕩性情, 形諸舞詠."

38) 『禮記』「樂記」, "凡音之起, 由人心生也. 人心之動, 物使之然也. 感於物而動, 故形於聲, 聲相應, 故生變, 變成方, 謂之音."

39) 『禮記』「樂記」, "樂者, 音之所由生也. 其本在人心之感於物也. 是故其哀心感者, 其聲噍以殺. 其樂心感者, 其聲嘽以緩. 其喜心感者, 其聲發以散. 其怒心感者, 其聲粗以厲. 其敬心感者, 其聲直以廉. 其愛心感者, 其聲和以柔. 六者非性也, 感於物而後動. 是故先王愼所以感之者. 故禮以道其志, 樂以和其聲, 政以一其行, 刑以防其姦. 禮樂刑政, 其極一也. 所以同民心而出治道也."

40) 『禮記』「樂記」, "凡音之起, 由人心生也."에 대한 陳澔 주석, "凡音之初起, 皆由人心之感於物而生, 人心虛靈不昧, 感而遂通. 情動於中, 故形於言而爲聲, 聲之辭意相應, 自然生淸濁高下之變." 참조.

41) 『禮記』「樂記」, "凡音之起, 由人心生也."에 대한 孫希旦 주석, "聲之別有五, 其始形也, 止一聲而已. 然旣形則有不能自已之勢, 而其同者以類相應."

42) 『禮記』「樂記」, "凡音者, 生人心者也. 情動於中. 故形於聲. 聲成文, 謂之音. 是故治世之音安以樂, 其政和. 亂世之音怨以怒, 其政乖. 亡國之音哀以思, 其民困. 聲音之道與政通矣."

43) 『禮記』「樂記」, "凡姦聲感人, 而逆氣應之. 逆氣成象, 而淫樂興焉. 正聲感人, 而順氣應之, 順氣成象, 而和樂興焉. 倡和有應, 回邪曲直, 各歸其分, 而萬物之理, 各以類相動也. 是故, 君子反情以和其志, 比類以成其行, 姦聲亂色, 不留聰明, 淫樂慝禮, 不接心術, 惰慢邪辟之氣, 不設於身體, 使耳目鼻口心知百體, 皆由順正以行其義."

44) 『禮記』「樂記」, "人生而靜, 天之性也. 感於物而動, 性之欲也. 物至知知, 然後好惡形焉. 好惡無節於內, 知誘於外, 不能反躬, 天理滅矣. 夫物之感人無窮, 而人之好惡無節, 則是物至而人化物也. 人化物也者, 滅天理而窮人欲者也. 於是有悖逆詐僞之心, 有淫佚作亂之事, 是故強者脅弱, 眾者暴寡, 知者詐愚, 勇者苦怯, 疾病不養, 老幼孤獨, 不得其所. 此大亂之道也."

45) 『朱文公文集』 권67 「樂記動靜說」, "樂記曰, 人生而靜, 天之性也. 感於物而動, 性之欲也, 何也. 曰, 此言性情之妙, 人之所生而有者也. 蓋人受天地之中以生, 其未感也, 純粹至善, 萬理具焉, 所謂性也. 然人有是性, 則即有是形, 有是形, 則即有是心, 而不能無感於物. 感於物而動, 則性之欲者出焉, 而善惡於是乎分矣. 性之欲, 即所謂情也… 夫物之感人無窮, 而人之好惡無節, 則是物至而人化物也. 人化物也者, 滅天理而窮人欲, 何也. 曰, 上言情之所以流, 此以其流之甚而不反者言之也. 好惡之節, 天之所以與我也, 而至於無節, 宰制萬物, 人之所以爲貴也, 而反化

於物焉. 天理惟恐其存之不至也, 而反滅之, 人欲惟恐其制之不力也, 而反窮之, 則人之所以爲人者, 至是盡矣. 然天理秉彝終非可殄滅者, 雖化物窮欲至於此極, 苟能反躬以求天理之本然者, 則初未嘗滅也. 但染習之深, 難覺而易昧, 難反而易流, 非厲知恥之勇而致百倍之功, 則不足以復其初爾."

46) 『淮南子』「原道訓」, "人生而靜, 天之性也. 感而後動, 性之害也. 物至而神應, 知之動也. 知與物接, 而好憎生焉. 好憎成形, 而知誘於外, 不能反己, 而天理滅矣. 故達於道者, 不以人易天, 外與物化, 而內不失其情, 至無而供其求, 時騁而要其宿."

47) 李道純, 『中和集』「中和圖」, "禮記云, 喜怒哀樂未發謂之中, 發而皆中節謂之和. 未發, 謂靜定中謹其所存也, 故曰中. 存而無體, 故謂天下之大本. 發而中節, 謂動時謹其所發也, 故曰和. 發無不中, 故謂天下之達道. 誠能致中和於一身, 則本然之體, 虛而靈, 靜而覺, 動而正, 故能應天下無窮之變也. 老君曰, 人能常清靜, 天地悉皆歸, 即子思所謂致中和, 天地位, 萬物育, 同一意也. 中也和也, 感通之妙用也, 應變之樞機也. 周易生育流行, 一動一靜之全體也."

48) 中國 전통 美學 中의 "比興說"은 心物交融을 추구할 것을 강조하는데, 이것도 審美 主體와 客體의 統一을 강조하는 것이다.

49) 劉勰이 『文心雕龍』「原道」에서 말하는 "文之爲德也大矣, 與天地並生者何哉. 夫玄黃色雜, 方圓體分, 日月疊璧, 以垂麗天之象. 山川煥綺, 以鋪理地之形, 此蓋道之文也. 仰觀吐曜, 俯察含章, 高卑定位, 故兩儀既生矣. 惟人參之, 性靈所鍾, 是謂三才. 爲五行之秀, 實天地之心, 心生而言立, 言立而文明, 自然之道也… 人文之元, 肇自太極, 幽贊神明, 易象惟先. 庖犧畫其始, 仲尼翼其終, 而乾坤兩位, 獨制文言, 言之文也, 天地之心哉. 若乃河圖孕八卦, 洛書韞乎九疇, 玉版金鏤之實, 丹文綠牒之華, 誰其尸之, 亦神理而已."라는 사유는 조금씩 표현만 다를 뿐이지 기본적인 사유는 詩·書·畵·文 모두 동일하다.

50) 『周易』「繫辭傳上」 12장, "是故, 夫象, 聖人有以見天下之賾, 而擬諸其形容, 象其物宜, 是故謂之象."

51) 『周易』「繫辭傳上」 11장, "是故, 天生神物, 聖人則之. 天地變化, 聖人效之. 天垂象, 見吉凶, 聖人象之. 河出圖, 洛出書, 聖人則之."

52) 『周易』「繫辭傳上」 4章, "易與天地准, 故能彌綸天地之道. 仰以觀於天文, 俯以察於地理, 是故知幽明之故. 原始反終, 故知死生之說. 精氣爲物, 游魂爲變, 是故知鬼神之情狀."

53) 『周易』「繫辭傳下」 2장, "古者包犧氏之王天下也, 仰則觀象於天, 俯則觀法於地, 觀鳥獸之文, 與地之宜, 近取諸身, 遠取諸物. 於是始作八卦, 以通神明之德, 以類

萬物之情."

54) 『周易』「繫辭傳上」12장, "子曰, 書不盡言, 言不盡意. 然則聖人之意, 其不可見乎. 聖人立象以盡意, 設卦以盡情僞, 繫辭焉以盡其言, 變而通之以盡利, 鼓之舞之以盡神."

55) 劉熙載, 『書概』, "聖人作易, 立象以盡意. 意, 先天, 書之本也. 象, 後天, 書之用也."

56) 『孟子』「盡心章上」, "萬物皆備於我矣. 反身而誠, 樂莫大焉. 強恕而行, 求仁莫近焉."

57) 『莊子』「齊物論」, "天地與我竝生, 而萬物與我爲一."

58) 『中庸』 1장, "致中和, 天地位焉, 萬物育焉."

59) 朱熹의 『中庸』 1장에 대한 주석, "蓋天地萬物本吾一體, 吾之心正, 則天地之心亦正矣. 吾之氣順, 則天地之氣亦順矣. 故其效驗至於如此."

60) 王陽明, 『傳習錄』(下), "心無體, 以天地萬物感應之是非爲體." 전후 문맥은 "目無體, 以萬物之色爲體, 耳無體, 以萬物之聲爲體, 身無體, 以萬物之臭爲體, 口無體, 以萬物之味爲體, 心無體, 以天地萬物感應之是非爲體."다. 왕양명은 『왕양명전집』 권7 「親民堂記」에서 "大人者, 以天地萬物爲一體也, 然後能以天地萬物爲一體.", 『왕양명전집』 권5 「與黃勉之」에서 "仁人之心, 以天地萬物爲一體, 訢合和暢, 原無間隙."이라 하여 천지만물일체사상을 강조한다.

61) 石濤, 『畵語錄』「山川章」, "山川脫胎于予也, 予脫胎于山川也. 搜盡奇峯, 打草稿也. 山川與予神遇而迹化也."

62) '神遇'는 『莊子』「養生主」, "臣以神遇, 而不以目視."에 나오는 말로서, 陸德明은 『釋文』에서 向秀가 "暗與理會謂之神遇."라고 하는 말을 게재하고 있다.

63) 唐志契, 『繪事微言』「山水」, "凡畫山水, 最要得山水性情… 山性即我性, 水情即我情."

64) 劉熙載, 『藝概·文概』, "悉取其意與法以爲草書, 其秘要則在於無我, 而以萬物爲我也."

65) 石濤, 『畵語錄』「尊守章」, "受與識, 先受而後識也. 識然後受, 非受也. 古今至明之士, 籍其識而發其所受, 知其受而發其所識. 不過一事之能, 其小受小識也. 未能識一畫之權, 擴而大之也."

66) 宗炳, 『畵山水序』, "至於山水質而有趣靈, 是以軒轅堯孔廣成大隗許由孤竹之流, 心有崆峒具茨藐姑箕首大蒙之遊焉."

67) 宗炳, 「畵山水序」, "聖人含道暎物, 賢者澄懷味像."

68) 宗炳, 『畵山水序』, "山水以形媚道, 而仁者樂, 不亦幾乎"

69) 虞世南, 『筆髓論』「契妙」, "書道玄妙, 必資神遇, 不可以力求也. 機巧必須心悟,不可以目取也."

70) 虞世南,『筆髓論』「契妙」,"欲書之时, 當收視返聽, 絶慮凝神, 心正氣和, 则契於妙… 必在澄心運思, 至微至妙之間, 神應思徹."

71) 張懷瓘,「文字論」,"自非冥心玄照, 閉目深視, 則識不盡矣. 可以心契, 非可言宣."

제7장
품론을 통해 작품의 우열을 가리다

1) 朱景玄,『唐朝名畫錄』「序」,"古今畫品, 論之者多矣, 隋梁以前, 不可得而言, 自國朝以來, 惟李嗣真畫品錄空錄人名, 而不論其善惡, 無品格高下, 俾後之觀者, 何所考焉. 景玄竊好斯藝, 尋其蹤跡, 不見者不錄, 見者必書, 推之至心, 不愧拙目. 以張懷瓘畫品斷神,妙,能三品, 定其等格上中下, 又分爲三, 其格外有不拘常法, 又有逸品, 以表其優劣也."

2)『論語』「微子」,"逸民伯夷叔齊虞仲夷逸朱張柳下惠少連. 子曰, 不降其志, 不辱其身, 伯夷叔齊與. 謂柳下惠少連, 降志辱身矣, 言中倫, 行中慮, 其斯而已矣. 謂虞仲夷逸, 隱居放言, 身中淸, 廢中權. 我則異於是, 無可無不可."

3) 葛洪,『抱朴子』(外篇)「嘉遯」의 '懷氷',「隱逸」의 '逸民',「任命」의 '居冷',「守堉」의 '潛居',「安貧」의 '樂天',「知止」(重言)의 '玄泊' 등의 삶이 그것이다. 이것과 관련된 자세한 것은 조민환,「『抱朴子』(外篇)에 나타난 葛洪의 嗜好性的 隱逸觀」(『한국사상과문화』 74집, 한국사상문화학회, 2014) 및 조민환,「『抱朴子』(外篇)에 나타난 葛洪의 '隱居求志'的 隱逸觀」(『도교문화연구』 제41집, 한국도교문화학회, 2014) 등을 참조할 것.

4) 牟宗三은『人物志』에서 행한 이런 人物品鑑을 '美學的判斷', '欣趣判斷'이라고 규정한다. 牟宗三,『才性與玄理』, 臺灣: 學生書局, 1976, p.44.

5) 牟宗三,『才性與玄理』, 臺灣: 學生書局, 1976, p.68.

6) 丁薇薇,『中國畫論中的美與醜』, 上海古籍出版社, 2013, p.102.

7) 朱長文,『續書斷』「品書論」,"然肩吾, 梁人也. 其去羲,獻未遠, 其所評, 遠者必有據依, 近者皆所親見也. 而嗣真得承群賢之緒餘, 而又益以隋,唐之近跡, 故可以錙銖以權之, 尺寸以度之, 列爲數品, 然太繁則亂, 其升降失中者多矣. 其說止於題評譬喻, 不求事實, 虛言潤飾, 孰爲准繩."

8) 朱長文,『續書斷』「品書論」, "至張懷瓘乃討論古今, 自史籀至於唐之盧藏用, 爲神, 妙, 能三品, 人爲一傳, 兼王, 袁之評, 庾, 李之品, 而附之以名字, 郡邑, 爵位之詳, 品簡則易推, 事明則可考, 此足爲學者之便也. 然其或失於折衷, 或傷於鄙俚, 而敍古人之行事未備, 其猶病諸… 自隋以前, 能書者雖懷瓘所不錄, 而雜見於庾, 李書品, 竇臮述書賦, 跡絕難考, 此不復載也. 懷瓘, 開元中嘗爲翰林供奉, 工書之外無聞焉. 不以人廢言, 此謂神, 妙, 能者, 以言乎上中下之號而已, 豈所謂聖神之神, 道妙之抄, 賢能之能哉. 就乎一藝, 區以別矣. 傑立特出, 可謂之神, 運用精美, 可謂之妙, 離俗不謬, 可謂之能."

9) 본 논문에 관한 필요한 자료는 王伯敏·任道斌·胡小偉 主編,『書學集成』(전 3권)(河北美術出版社, 2002) 및 毛萬寶 黃君 主編,『中國古代書論類編』(安徽教育出版社, 2009) 및『歷代印學論文選』(상·하)(西泠印社出版, 1985) 및 黃賓虹, 鄧實 編,『美術叢書』(江蘇古籍出版社, 1997) 등을 참조하여 추출하였다.

10) 李嗣眞은『後書品』에서 逸品으로 李斯, 張芝, 鍾繇, 王羲之, 王獻之 등 5명을 거론하면서, 王獻之 草書의 逸氣는 王羲之를 넘어섰다는 말을 한다. 李嗣眞,『後書品』, "子敬草書, 逸氣過父, 如丹穴鳳舞, 淸泉龍躍, 倏忽變化, 莫知所成." 여기서 '莫知所成'은 逸氣의 핵심이다. 왜냐하면 逸氣는 남이 흉내낼 수 있는 境地가 아니기 때문이다.

11) 張懷瓘,『書斷』, "幽思入於毫間, 逸氣彌於宇內, 鬼出神入, 追虛捕微, 則非言象筌蹄所能存亡也." 이 밖에 唐 太宗 글씨도 逸氣라는 차원에서 논한 글이 있다. 청대 梁巘,『承晉齋積聞錄』「學書論」, "晉人尙韻, 唐人尙法, 宋人尙意, 元明尙態. 唐太宗作書, 全行以逸氣, 學書者見太宗字, 而後始敢放筆." 蘇東坡의 글씨도 逸氣라고 본다. 吳德旋,「初月樓論書隨筆」, "東坡筆力雄放, 逸氣橫霄, 故肥而不俗."

12) 張懷瓘,『書斷』「神品」, "獻之字子敬… 尤善草隸, 幼學於父, 次習於張, 後改變制度, 別創其法, 率爾師心, 冥合天矩. 觀其逸志, 莫之與京. 至於行,草興合, 如孤峰四絕, 迥出天外, 其峭峻不可量也. 爾其雄武神縱, 靈姿秀出, 臧武仲之智, 卞莊子之勇. 或大鵬摶風, 長鯨噴浪, 懸崖墜石, 驚電遺光, 察其所由, 則意逸乎筆, 未見其止. 蓋欲奪龍蛇之飛動, 掩鍾張之神氣."

13) 孫過庭,『書譜』, "夫運用之方, 雖由己出, 規模所設, 信屬目前, 差之一豪, 失之千里, 苟知其術, 適可兼通. 心不厭精, 手不忘熟. 若運用盡於精熟, 規矩諳於胸襟, 自然容與徘徊, 意先筆後, 瀟灑流落, 翰逸神飛. 亦猶弘羊之心, 預乎無際, 庖丁之目, 不見全牛."

14) 米芾,「書史」,“蓋以晉史太宗贊貶子敬也. 然唐太宗力學右軍不能至, 復學虞行書, 欲上攀右軍, 故大罵子敬耳. 子敬天眞超逸, 豈父可比也.”

15) 董斄,『續書譜』「眞」,“真書以平正爲善, 此世俗之論, 唐人之失也. 古今真書之神妙, 無出鐘元常, 其次王逸少, 今觀二家之書, 皆瀟灑縱橫, 何拘平正… 故唐人下筆應規入矩, 無復魏, 晉飄逸之氣.”

16) 潘之淙,『書法離鉤』「品題」,“王弇州云, 山谷書以側險爲勢, 以橫逸爲功, 老骨顚態, 種種槎出.”

17) 朱長文,『續書斷』「品書論」,“張長史… 爲人倜儻閎達, 卓爾不群, 所與遊者皆一時豪傑… 蓋如神虯騰霄漢, 夏雲出嵩華, 逸勢奇狀, 莫可窮測也.”

18) 司空圖,『二十四詩品』「飄逸」,“落落欲往, 矯矯不群, 緱山之鶴, 華頂之雲. 高人畵中, 令色絪緼, 郷風蓬葉, 泛彼無垠. 如不可執, 如將有聞, 識者已傾, 期之愈分.”

19) 歐陽脩,『六一跋畵』「題跋」,“筆簡而意足, 是不亦爲難哉.”

20) 竇皐,『述書賦』「古語例」,“縱任無方曰逸.”

21) 趙宧光,『寒山帚談』「評鑒」6,“字有三品, 曰庸, 曰高, 曰奇. 庸之極致曰時, 高之極致曰妙. 奇之極致, 便不可知, 不可知, 其機甚危. 學足以濟之, 識可以該之, 則超乎高妙. 學識不足以該濟, 而但思高出人上者, 野狐何有哉.”

22) 趙宧光,『寒山帚談』「格調二」,“筆法尙圓, 過圓則弱而無骨. 體裁尙方, 過方則剛而不韻. 筆圓而用方, 謂之遒, 體方而用圓, 謂之逸. 逸近於媚, 遒近於疏. 媚則俗, 疏則野. 惟媚與疏, 即未入惡道, 亦野俗之濫觴乎. 預防其流毒, 斯不爲魔中.”

23) 李士達,『仰槐山水論』,“山水有五美, 蒼也, 逸也, 奇也, 遠也, 韻也. 山水有五惡, 嫩也, 板也, 刻也, 生也, 癡也.”

24) 趙孟頫,「定武蘭亭十三跋」,“右軍人品甚高, 故書入神品.”

25) 徐上達,『印法參同』「分品」,“李陽冰曰, 摹印之法有四, 功侔造化, 冥受鬼神, 謂之神. 筆畫之外, 得微妙法, 謂之奇. 藝精於一, 規矩方圓, 謂之工. 繁簡相參, 布置不紊, 謂之巧.”

26) 뒷장의 주 34)의 楊士修,『印母』 참조.

27) 朱景玄,『唐朝名畫錄』「序」,“其格外有不拘常法, 又有逸品.”

28) 黃休復,『益州名畵錄』,“山水畫之四格爲逸神妙能. 畫之逸格, 最難其儔, 拙規矩於方圓, 鄙精研於彩繪, 筆簡形具, 得之自然, 莫可楷模, 由於意表, 故目之曰逸格爾. 大凡畫藝, 應物象形, 其天機迥高, 思與神合, 創意立體, 妙合化權, 非謂開廚已走, 撥壁而飛, 故目之曰神格爾. 畫之於人, 各有本性, 筆精墨妙, 不知所然. 若投刃於解牛, 類運斤於斫鼻, 自心付手, 曲盡玄微, 故目之曰妙格爾. 畫有性周動植,學侔天功, 乃至結嶽融川, 潛鱗翔羽, 形象生動者, 故目之曰能格爾."

29) 黃休復,『益州名畵錄』의 앞글 참조.

30) 王昱,『東莊論畫』, "畫有六長, 所謂氣骨古雅, 神韻秀逸, 使筆無痕, 用墨精彩, 布局變化, 設色高華是也. 六者一有未備, 終不得爲高手."

31) 竇臯,『述書賦』「古語例」, "逸, 縱任無方. 神, 非意所到, 可以識知. 能, 千種風流曰能. 妙, 百般滋味曰妙."

32) 李修易,『小蓬萊閣畫鑒』, "高逸一種, 不必以筆墨繁簡論也. 總須味外有味, 令人嚼之不見, 咽之無窮."

33) 汪之元,『天下有山堂畫藝』, "山水家以神品置逸品之下, 以其費盡工夫, 失於自然而後神也. 余謂墨竹有逸品而無神品. 一落神品, 便不成竹, 正如千仞高峰, 一超便上, 勿使從階梯夤緣, 令人短氣."

34) 張庚,『圖畫精意識』「畫論」, "古人有云, 畫要士夫氣, 此言品格也. 第今之論士夫氣者, 惟此幹筆儉墨當之. 一見設重色者, 即目之爲畫匠, 此皆強作解事者. 古人如王右丞大小李將軍王都尉文湖州趙令穰趙承旨俱以青綠見長, 亦可謂之畫匠耶. 蓋品格之高下, 不在乎跡, 在乎意. 知其意者, 雖青綠泥金, 亦未可儕之於院體, 況可目之爲匠耶. 不知其意, 則雖出倪入黃, 猶然俗品, 所謂意者若何. 猶作文者, 當求古人立言之旨."

35) 查禮,『畫梅題記』, "畫家寫意, 必須有意到筆不到處, 方稱逸品." 惲向은『玉几山房畫外錄』에서 "逸筆之畫, 筆似近而遠愈甚, 似無而有愈甚, 其嫩處如金, 秀處如鐵, 所以可貴, 未易爲俗人言也."라고 말하기도 한다.

36) 項穆,『書法雅言』「品格」, "夫質分高下, 未必群妙攸歸, 功有淺深, 詎能美善咸盡. 因人而各造其成, 就書而分論其等, 擅長殊技, 略有五焉. 一曰正宗, 二曰大家, 三曰名家, 四曰正源, 五曰傍流, 並列精鑒, 優劣定矣. 會古通今, 不激不厲, 規矩諳練. 骨態清和, 眾體兼能, 天然逸出, 巍然端雅, 奕矣奇解, 此謂大成已集. 妙入時中, 繼往開來, 永垂模軌, 一之正宗也."

37) 甘陽,『印章集說』「印品」, "印之佳者有三品, 神,妙,能. 然輕重有法中之法, 屈伸得神外之神, 筆未到而意到, 形未存而神存, 印之神品也. 婉轉得情趣, 稀密無拘束, 增減合六文, 挪讓有依顧, 不加雕琢, 印之妙品也. 長短大小, 中規矩方圓之制, 繁簡去存, 無懶散局促之失, 清雅平正, 印之能品也. 有此三者, 可追秦, 漢矣."

38) 程遠,『印旨』, "印有法有品, 婉轉綿密, 繁簡得宜, 首尾貫串, 此章法也. 圓融潔淨, 無懶散, 無局促, 經緯各中其則, 此字法也. 清朗雅正, 無垂頭無鎖腰無軟腳, 此點畫法也. 氣韻高舉, 如碧虛天仙遊下界者, 逸品也. 體備諸法, 錯綜變化, 如生龍活虎

者, 神品也. 非法不行, 奇正迭運, 斐然成文, 如萬花春谷者, 妙品也. 去短集長, 力遵古法, 如範金琢玉, 各成良器者, 能品也." 孫光祖는 『篆印發微』에서 程遠과 거의 비슷한 견해를 보인다. 孫光祖, 『篆印發微』, "故去短集長, 力追古法, 自足專家, 如範金琢玉, 各成良器者, 能品也. 體備諸法, 斐然成文, 如花明春旦, 月淨秋空, 使人對之, 怡然穆然者, 妙品也. 自出心裁, 頭頭是道, 錯綜變化, 莫可端倪, 如生龍活虎者, 神品也. 氣韻高舉, 如飛天仙人, 遊行下界者, 逸品也."

39) 朱簡, 『印經』, "刀法也者, 所以傳筆法也. 刀法渾融, 無跡可尋, 神品也. 有筆無刀, 妙品也. 有刀無筆, 能品也. 刀筆之外而有別趣, 逸品也. 有刀鋒而似鋸牙燕尾, 外道也. 無刀鋒而似墨豬鐵線, 庸工也."

40) 周公謹, 『印說』, "文有法, 印亦有法, 畵有品, 印亦有品. 得其法, 斯得其品. 法由我出, 不由法出, 信手拈來, 頭頭是道, 如飛天仙人, 偶遊下界者, 逸品也. 體備諸法, 錯綜變化, 莫可端擬, 如生龍虎, 捉摸不定者, 神品也. 非法不行, 奇正迭運, 斐然成文, 如萬花春谷, 燦爛奪目者, 妙品也. 去短集長, 力追古法, 自足專家, 如範金琢玉, 各成良器, 能品也."

41) 陳煉, 『印說』, "聞之印之佳者有三品, 神, 妙, 能. 輕重得法中之法, 屈伸得神外之神, 筆未到而意到, 形未存而神存, 印之神品也. 婉轉得情趣, 稀密無拘束, 增減合六義, 挪讓有依顧, 不加雕琢, 印之妙品也. 長短大小中規矩方圓之制, 繁簡去存無懶散局促之失, 清雅平正, 印之能品也. 又日少士人氣亦非能事, 惟胸中有書, 眼底無物, 筆墨間另有一種別致, 是爲逸品. 此則存乎其人, 非功力所能致也, 故昔人以逸品置於神品之上."

42) 方亨咸, 『讀畫錄』 卷2 「邵村論畵」, "但伸逸品於神品之上, 別似尙未當. 蓋神也者心手兩忘, 筆墨俱化, 氣韻規矩, 皆不可端倪, 仁者見仁, 智者見智, 所謂一切而不可知之謂神也. 逸者, 軼也. 軼於尋常范圍之外, 如天馬行空, 不事羈絡爲也. 亦自有堂構窈窕, 禪家所謂教外別傳. 又日, 別峰相見者也. 神品是如來地位… 神非一端可執也. 是神品在能與逸之上, 不可概論, 況可抑之哉,"

43) 鄧椿, 『畫繼』 권九 「雜說論遠」, "自昔鑒賞家分品有三, 曰神, 曰妙, 曰能. 獨唐朱景真撰唐賢畫錄, 三品之外, 更增逸品. 其後黃休復作益州名畫記, 乃以逸爲先, 而神, 妙, 能次之. 景真雖云逸格不拘常法, 用表賢愚, 然逸之高, 豈得附於三品之末. 未若休復首推之爲當也. 至徽宗皇帝, 專尙法度, 乃以神, 逸, 妙, 能爲次."

44) 范璣, 『過雲廬畫論』, "夫逸者, 放佚也. 其超乎塵表之概, 即三品中流出, 非實別有一品也."

45) 盛大士, 『溪山臥遊錄』 권1, "士大夫之畫, 所以異於畫工者, 全在氣韻間求之而已.

歷觀古名家, 每有亂頭粗服, 不求工肖, 而神致雋逸, 落落自喜, 令人坐對移晷, 傾消塵想, 此爲最上一乘. 昔人云, 畫秋景惟楚客宋玉最佳, 寥栗兮若在遠行, 登山臨水兮送將歸, 無一語及秋, 而難狀之景, 自在言外, 即此可以窺畫家不傳之秘. 若刻意求工, 遺神襲貌, 匠門習氣, 易於沾染, 慎之慎之."

46) 盛大士, 『溪山臥遊錄』 권1, "畫有三到, 理也, 氣也, 趣也. 非是三者, 不能入精, 妙, 神, 逸之品. 故必於平中求奇, 純系裹鐵, 虛實相生."

47) 方薰, 『山靜居畫論』, "逸品畫從能妙神三品脫屣而出. 故意簡神淸, 空諸功力, 不知六法者, 烏能造此. 正如真仙古佛, 慈容道貌, 多自千修百劫得來, 方是真實相."

48) 李修易, 『小蓬萊閣畫鑒』, "逸格之目, 亦從能品中脫胎. 故筆簡意賅, 令觀者興趣深遠, 若別開一境界. 近世之淡墨塗鴉者, 輒以逸品自居, 其自欺抑欺人乎."

49) 李修易, 『小蓬萊閣畫鑒』, "佛者苦梵網之密, 逃而爲禪. 仙者苦金丹之難, 逃而爲玄. 儒者苦經傳之博, 逃而爲心學. 畫者苦門戶之繁, 逃而爲逸品."

50) 趙宧光, 『寒山帚談』 「評鑒」 6, "畫後策, 豎後打, 謂之能品. 策如馬頭, 打如鶴膝, 謂之俗品. 不策能藏, 不打能正, 藏不穎, 正不銳, 謂之高品. 隨勢而施, 無所拘礙, 謂之逸品. 若乃皮相飛黃, 野狐骨胳者, 怪妄自不能外掩, 可謂低品. 是以書法不道, 世多蹈此. 故稍及之, 名義具書法中."

51) 包世臣, 『藝舟雙楫』 「論品格」, "和平簡靜, 遒麗天成曰神品. 醞釀無跡, 橫直相安曰妙品. 逐跡窮源, 思力交至曰能品. 楚調自歌, 不謬風雅曰逸品. 墨守跡象, 雅有門庭曰佳品. 右爲品五, 妙品以降, 各分上下, 共爲九等. 能者二等, 仰接先民, 俯授來學, 積力既深, 或臻神妙. 逸取天趣, 味從卷軸. 若能以古爲師, 便不外妙道. 佳品諸君, 雖心悟無聞, 而實則不及苦攻之效, 未可泯沒, 至於狂怪軟媚, 並係俗書, 縱負時名, 難入真鑑."

52) 吳讓之, 『吳讓之自評印稿』, "印亦當分五等, 別爲九品. 神品一等, 妙品, 能品, 逸品, 佳品, 俱分上下. 然近作自訂之, 以質同好焉. 天性者神品, 橫直相安者妙矣. 思力交至者能事也. 不謬者爲逸, 有門境可循者佳耳. 五者並列, 優劣易分. 若意無新奇, 奇不中度, 狂怪妄作, 皆難列等. 苦心孤詣, 願索解人, 草草習之, 未堪語此."

53) 劉熙載, 『書概』, "書與畫異形而同品. 畫之意象變化, 不可勝窮. 約之, 不出神能逸妙四品而已."

54) 陳師道, 『後山談叢』 권2, "蜀人句龍爽作名畫記, 以范瓊,趙承祐爲神品, 孫位爲逸品. 孫位方不用矩, 圓不用規." 規矩를 자유롭게 운용한 孫位는 은일자다.

55) 관련된 전문은 다음과 같다. 朱景玄, 『唐朝名畫錄』, "逸品三人, 王墨, 李靈省, 張志和. 王墨者, 不知何許人, 亦不知其名, 善潑墨畫山水, 時人故謂之王墨. 多遊江

湖間, 常畫山水, 松石, 雜樹. 性多疏野, 好酒, 凡欲畫圖幛, 先飮, 醺酣之後, 即以墨潑. 或笑或吟, 脚蹙手抹, 或揮或掃, 或淡或濃, 隨其形狀, 爲山爲石, 爲雲爲水. 應手隨意, 倏若造化, 圖出雲霞, 染成風雨, 宛若神巧, 俯觀不見墨汙之跡, 皆謂奇異也. 李靈省, 落托不拘檢, 長愛畫山水, 每圖一幛, 非其所欲, 不即強爲也. 但以酒生思, 傲然自得, 不知王公之尊重. 若畫山水,竹樹, 皆一點一抹, 便得其象, 物勢皆出自然. 或爲峰岑雲際, 或爲島嶼江邊, 得非常之體, 符造化之功, 不拘於品格, 自得其趣爾. 張志和, 或號曰煙波子, 常漁釣於洞庭湖. 初顔魯公典吳興, 知其高節, 以漁歌五首贈之. 張乃爲卷軸, 隨句賦象, 人物,舟船,鳥獸,煙波,風月, 皆依其文, 曲盡其妙, 爲世之雅律, 深得其態. 此三人非畫之本法, 故目之爲逸品. 蓋前古未之有也, 故書之."

56) 관련된 글은 다음과 같다. 松年,『頤園論畫』, "畫工筆墨, 專工精細, 處處到家, 此謂之能品. 如畫仙佛現諸法相, 鬼神施諸靈異, 山水造出奇境天開, 皆人不可思議之景, 畫史心運巧思, 纖細精到, 栩栩欲活, 此謂之神品. 以上兩等, 良工皆能擅長, 惟文人墨士所畫一種, 似到家似不到家, 似能畫似不能畫之間, 一片書卷名貴, 或有仙風道骨, 此謂之逸品. 若此等必須由博返約, 由巧返拙, 展卷一觀, 令人耐看, 毫無些許煙火暴烈之氣, 久對此畫, 不覺寂靜無人, 頓生敬肅, 如此佳妙, 方可謂之真逸品. 有半世苦功而不能臻斯境界者, 然初學入門者, 斷不可誤學此等畫法, 不但學不到好處, 更引入迷途, 而不可救矣. 世人不知個中區別, 往往視逸品爲高超, 更易摹仿, 譬如唱亂彈者, 硬教唱昆曲, 不入格調, 兩門皆不成就耳."

57) 華翼綸, 「畫說」, "倪元鎭, 平淡天眞, 簡而厚, 淡而有精彩, 絶不經意, 純乎天趣."

58) 華翼綸, 「畫說」, "元人自有元人門徑, 雖皆法北苑, 而子久得其閒靜, 倪迂得其超逸, 王蒙得其神氣, 梅道人, 得其精彩, 求奇求工, 皆畫弊也. 妙處總在無意得之, 一著意象, 便落第二乘矣. 於蒼莽橫逸中, 貴有神閒氣靜之致."

59) 董其昌, 『畫眼』, "迂翁畫, 在勝國時可稱逸品. 昔人以逸品置神之上, 歷代惟張志和,盧鴻可無愧色. 宋人中米襄陽在蹊徑之外, 余皆從陶鑄而成. 元之能者雖多, 然稟承宋法稍加蕭散耳. 吳仲圭大有神氣, 黃子久特妙風格, 王叔明奄有前規, 而三家皆有縱橫習氣. 獨雲林古淡天然, 米顚後一人而已."

60) 李修易, 『小蓬萊閣畫鑒』, "石田之老筆密思, 與雲林之疏散蕭遠者, 趣不同耳."

61) 李修易, 『小蓬萊閣畫鑒』, "凡畫之沉雄蕭散, 皆可臨摹, 唯一冷字, 則不可臨摹. 而今人竟以倪高士一邱一壑當之, 不知青綠泥金, 何嘗不可作冷字觀哉. 但看其人之胸次何如耳."

62) 『抱朴子』(外篇) 권19 「任命」, "抱朴子曰, 余之友人有居冷先生者, 恬愉靜素, 形神

相忘, 外不飾驚愚之容, 內不寄有容之心. 遊精墳誥, 樂以忘憂. 晝競義和之末景, 夕照望舒之餘耀, 道靡遠而不究, 言無微而不硏. 然車跡不軔權右之國, 尺牘不經貴勢之庭. 是以名不出蓬戶, 身不離畎畝."

63) 邵梅臣, 『畫耕偶錄』 「論畫」, "蕭條淡漠, 是畫家極不易到功夫, 極不易得境界. 蕭條則會筆墨之趣, 淡漠則得筆墨之神. 寫意畫必有意, 意必有趣, 趣必有神. 無趣, 無神則無意, 無意何必寫爲."

64) 『周易』 「繫辭傳上」 12장, "子曰, 書不盡言, 言不盡意. 然則聖人之意, 其不可見乎. 子曰, 聖人立象以盡意."

65) 唐岱, 『繪事發微』, "古人只分解三品之義, 而何以造進能到三品者, 則古人固有所未盡也. 余論欲到能品者, 莫如勤依格法, 多自作畫. 欲到妙品者, 莫如多臨摹古人, 多讀繪事之書. 欲到神品者, 莫如多遊多見. 而逸品者亦須多遊, 寓目最多, 用筆反少, 取其幽僻境界. 意象濃粹者, 間一寓之於畫, 心溯手追, 熟後自臻化境, 不羈不離之中, 別有一種風姿. 故欲求神逸兼到, 無過於遍歷名山大川, 則胸襟開豁, 毫無塵俗之氣, 落筆自有佳境矣."

66) 項穆은 『書法雅言』 「神化」에서 神化의 경지를 말하는데, 規矩를 통한 神化 경지 도달과 관련된 사유는 唐岱의 사유와 유사하다고 할 수 있다. 項穆, 『書法雅言』 「神化」, "書之爲言, 散也, 舒也, 意也, 如也. 欲書必舒散懷抱, 至於如意所願, 斯可稱神. 書不變化, 匪足語神也. 所謂神化者, 豈復有外於規矩哉.. 規矩入巧, 乃名神化. 故不滯不執, 有圓通之妙焉. 況大造之玄功, 宣泄於文字. 神化也者, 即天機自發, 氣韻生動之謂也."

67) 李修易, 『小蓬萊閣畫鑒』, "畫至逸品, 難言之矣. 當令惜墨如金, 弄筆如丸, 骨戛青玉, 身入明境, 乃爲庶幾. 若論高遠閑曠之致, 又如登黃鶴樓, 親聽仙人吹笛, 一時寄托, 不在人間世."

68) 徐上瀛, 『溪山琴況』 「逸」, "一曰逸. 先正云, 以無累之神合有道之器, 非有逸致者則不能也."

69) 『莊子』 「庚桑楚」, "徹志之物, 解心之謬, 去德之累, 達道之塞. 貴富顯嚴名利六者, 勃志也. 容動色理氣意六者, 謬心也. 惡欲喜怒哀樂六者, 累德也. 去就取與知能六者, 塞道也. 此四六者不蕩, 胸中則正, 正則靜, 靜則明, 明則虛, 虛則無爲無不爲也."

70) 徐上瀛, 『溪山琴況』 「逸」, "一曰逸… 第其人必具超逸之品, 故自發超逸之音… 所以得之心而應之手, 聽其音而得其人, 此逸之所徵也."

71) 李日華, 『竹嬾論畫』, "倪迂漫士, 無意工拙. 彼云, 自寫胸中逸氣, 無逸氣而襲其迹, 終成類狗耳."

72) 楊維禎,『圖繪寶鑑』「序」,"故畵品優劣, 關於人品之高下."

73) 布顏圖,『畵學心法問答』,"高士倪瓚, 師法關仝, 綿綿一脈, 雖無層巒疊嶂, 茂樹叢林, 而冰痕雪影, 一片空靈, 剩水殘山, 全無煙火, 足成一代逸品. 我觀其畵, 如見其人."

74) 한병철 저, 김태환 역,『피로사회』, 문학과지성사, 2012.

75) 方薰,『山靜居畵論』,"雲林大癡畵, 皆於平淡中見本領, 直使智者息心, 力者喪氣, 非巧思力索所能造."

제8장
품격론을 통해 본 문인전각

1) 楊士修,「周公謹『印說』刪」,"圓融淨潔, 無散懶, 無局促, 經緯各中其則, 如衆體咸根一心者, 字法也."

2) 徐堅,『印箋說』,"作印之秘, 先章法, 次刀法, 刀法以傳章法也, 而刀法更難於章法. 章法, 形也. 刀法, 神也. 形可以摹, 神不可摹." 참조.

3) 宋基冕,『裕齋集』권4 序,「印譜引」참조. 宋基冕 著, 박완식 譯,『裕齋集』(筆寫本), 서울: 이회문화사, 2000, p.401 참조.

4) 문인사대부 가운데 전각을 최초로 행한 인물로 북송대 米芾을 거론하지만, 실질적인 문인전각 창시자는 명대 文彭이란 견해도 있다.

5) 歐陽脩,『試筆』「學書消日」,"自少所喜事多矣. 中年以來, 或厭而不爲, 或好之未厭, 力有不能而止者. 其愈久益深而尤不厭者, 書也. 至於學字, 爲於不倦時, 往往可以消日. 乃知昔賢留意於此, 不爲無意也."

6) 歐陽脩,『試筆』「學書爲樂」,"蘇子美嘗言, 明窗淨几, 筆硯紙墨皆極精良, 亦自是人生一樂. 能得此樂者甚稀, 其不爲外物移其好者, 又特稀也. 余晚知此趣, 恨字體不工, 不能到古人佳處. 若以爲樂, 則自是有餘." 및『試筆』「學真草書」,"自此已後, 只日學草書, 雙日學真書. 真書兼行, 草書兼楷, 十年不倦當得名. 然虛名已得, 而真氣耗矣. 萬事莫不皆然. 有以寓其意, 不知身之爲勞也. 有以樂其心, 不知物之爲累也. 然則自古無不累心之物, 而有爲物所樂之心." 참조.

7) 蘇軾,「題筆陣圖」,"筆墨之迹, 托于有形, 有形則有弊. 苟不至于無, 而自樂于一時. 聊寓其心, 忘優晚歲, 則猶賢于博奕也."

8) 陸遊,「放翁題跋」,"君復(=林逋)書法高勝絕人, 予見之方病不藥而愈, 方饑不食而飽."

9) 오늘날 浙江省 台州市 天台縣에 있음.

10) 黃卓越, 黨聖元 主編,『中國人的閑情逸致』, 廣西師範大學出版社, 2007, p.398 참조.

11) 朱簡,『印經』, "工人之印以法論, 章字畢具, 方入能品. 文人之印以趣勝."

12) 方祖臯,『印商』「跋」, "圖章雖小技, 深造正難. 其人泥古則失之拘, 入時則失之佻. 惟是用古人成法, 得其神骨, 稍傳以今人之澤貌, 足以擅名一代矣."

13) 吳曝,『寶碩齊印譜』「序」, "技雖小道也. 然別之以正其体, 審之以善其勢, 離之以發其韻, 合之以完其神. 縱之欲其肆, 收之欲其藏. 開之合之而不悖乎理, 變之化之而不詭乎道, 非是不足語於斯也."

14) 齊白石,『白石老人自述』, "我刻印, 同寫字一樣. 寫字, 下筆不重描. 刻印, 一刀下去, 決不回刀."

15) 韓敬,『忍草堂印選』「序」, "篆刻一事, 非小技也. 竅六書之旨要, 發金石之幽光. 權其功用, 與敷爻畫象同具神靈, 豈俗腕所可與哉."

16) 朱簡,『印品』「自序」, "盖代有升降, 作有眞贋. 字有異同, 格有正變. 體有雅俗, 用有工拙."

17) 錢履坦,『受齋印存』「序」, "摹印所貴, 雅與正而已. 雅則無拙滯鄙俗之形, 正則無巧媚傾欹之習."

18) 甘暘,『印章集說』, "其文, 宜淸雅而有筆意, 不可太粗, 粗則俗."

19) 歸昌世,『印指小引』, "每謂文章技藝, 無一不可流露性情, 何獨于印而疑之."

20) 陳萬言,『學山堂印譜』「序」, "文人以篆刻爲遊戲, 如作士夫畵, 山情水意, 聊寫其胸中之致而已."

21) 王撰,「『寶硯齋印譜』序」, "夫鐫篆豈小技乎. 其中有書法, 有章法, 有刀法, 三者不可不講也… 日漸月摩, 純熟之至, 迎刃而出, 自然渾融, 具有天趣. 否則刻意摹古, 痕迹未化, 非刀法矣."

22) 徐堅,『印戔說』, "作印, 須于興到時, 明窗淨几, 茶熟香淸, 摩挲佳石, 偶然欲作, 而石之位分, 與字之體勢, 適相融洽.", "心逸手閑, 砉然奏刀, 輕重緩急, 惟心所欲." 참조.

23) 趙孟頫,『印史』「序」, "近世士大夫圖書印章, 一是新奇相… 其異於流俗以求古者, 百無二三焉."

24) 沈野,『印談』, "印章興廢, 絶類于詩, 秦以前無論矣. 蓋莫盛于漢晋. 漢晋之印, 古拙飛動, 奇正相生. 六朝而降, 乃始屈曲盤回如繆篆之狀. 至宋則古法蕩然矣."

25) 沈明臣,『集古印譜』「序」, "而其文篆古樸奇妙, 皆古人精神心法之所寓者, 非譜無以示千百世後矣."

26) 甘暘,『印章集說』「印體」,"古之印章, 各有其體, 故得稱佳. 毋妄自作巧弄奇, 以涉于俗而失規矩. 如詩之宗唐, 字之宗晉, 得其正也. 印如宗漢, 則不失其正矣. 而又何體制之不得哉."

27) 楊士修,『印母』,"格, 品也."

28) 楊士修,『周公謹印說刪』,"文有法, 印亦有法, 畫有品, 印亦有品. 得其法, 斯得其品."

29) 徐上達,『印法參同』,"李陽冰曰, 摹印之法有四, 功侔造化, 冥受鬼神, 謂之神. 筆畫之外, 得微妙法, 謂之奇. 藝精於一, 規矩方圓, 謂之工. 繁簡相參, 布置不紊, 謂之巧."

30) 楊士修,『周公謹印說刪』,"論篆又云, 摹印有四, 功侔造化, 冥契鬼神, 謂之神. 筆畫之外, 得微妙法, 謂之奇. 藝精于一, 規矩方圓, 謂之工. 繁簡相參, 布置不紊, 謂之巧."

31) 甘暘,『印章集說』,"印之佳者有三品, 神, 妙, 能. 然輕重得法中之法, 屈伸得神外之神, 筆未到而意到, 形未存而神存, 印之神品也. 婉轉得情趣, 稀密無拘束, 增減合六義, 挪讓有依顧, 不加雕琢, 印之妙品也. 長短大小, 中規矩方圓之制, 繁簡去存, 無懶散局促之失, 清雅平正, 印之能品也."

32) 明代 潘茂弘이『印章法』에서 말한 "夫作篆凝神靜思, 預想字形, 須相親顧盼, 意在筆前, 刀在意後. 未作之始, 結思成章. 然下筆不欲急而須遲, 墨先淡而後濃. 立志要堅, 刀法要力, 石色要佳."라는 말은 서화의 '意在筆先'을 전각의'意在刀先'으로 연결하는 사유를 보여준다.

33) 張士保,「甄古齋印譜題跋」,"意在筆先, 刀無狂發, 而有餘之游刃, 取象外之眞神, 篆刻之法, 余竊有悟焉."

34) 楊士修,『印母』,"格, 品也. 言其成就, 懸隔不一也. 摹文下筆, 循筆叩叮, 忽不爽, 是名正格. 字或顚倒, 或出入, 天趣流動, 是名詭格. 點綴玲瓏, 蝶擾叢花, 螢依野草, 是名媚格. 刀頭古拙, 深山怪石, 古岸蒼藤, 是名老格. 神色欣舉, 如青霄唳鶴, 是名仙格. 局度分明, 如沙岸棲鴻, 是名清格. 結構無痕, 如長空白雲, 是名化格. 明窗淨几, 從容展試, 刀筆端好, 是名完格. 軍中馬上, 卒有封授, 遇物輒就, 是名變格. 布置周詳, 如蠶作繭, 如蛛結網, 是名精格. 脫手神速, 如矢離弓, 如葉翻珠, 是名捷格. 狂歌未歇, 太白連引, 刀筆傾欹, 是名神格. 取法古先, 追秦逼漢, 是名典格. 獨創一家, 軼古越今, 是名超格. 凡格有十四, 其有天勝有人勝, 俱不能草草便到."

35) 楊士修,「周公謹印說刪」,"法由我出, 不由法出, 信手拈來, 頭頭是道, 如飛天仙人, 偶游下界者, 逸品也. 體備諸法, 錯綜變化, 莫可端倪, 如生龍活虎, 捉摸不定者, 神品也. 非法不行, 奇正迭運, 斐然成文, 如萬花春谷, 燦爛奪目者, 妙品也. 去短集長, 力追古法, 自足專家, 如範金琢玉, 各成良器者, 能品也."

36) 朱簡, 『印經』, "吾所謂刀法者, 如字之有起有伏, 有轉折, 有輕重, 各完筆意, 不得孟浪… 刀法也者, 所以傳筆法也. 刀法渾融, 無敵可尋, 神品也. 有筆無刀, 妙品也. 有刀無筆, 能品也. 刀筆之外而有別趣, 逸品也."

37) 吳讓之, 『自評印稿』 「題記」, "印亦當分五等, 別爲九品. 神品一等, 妙品能品逸品佳品, 俱分上下… 天成者神品, 橫直相安者, 妙矣. 思力交至者, 能事也. 不謬者爲逸, 有門境可循者佳耳. 五者幷列, 優劣易分. 若意無新奇, 奇不中度, 狂怪妄作, 皆難列等."

38) 陳錬, 『印說』, "聞之印之佳者有三品, 神妙能. 又曰, 少士人氣, 亦非能事, 惟胸中有書, 眼底無物, 筆墨間, 另有一種別致, 是爲逸品. 此則存乎其人, 非功力所能致也. 故昔人以逸品置於神品之上."

39) 陳豫鍾, 「蓮莊書畵」, "昔人云, 古來無不讀書之書家, 無不善書之畵家. 夫畵原從書出, 而善書又必本于讀書. 凡其所必讀之書, 務須焚香獨坐, 三復得深思. 又取古人石刻之可學者, 朝夕臨倣, 形神俱肖. 如此則其流露于楮素間者, 無非盎然書味也, 無非淵然靜趣也, 無非古人法則也, 而畵法在其中焉, 余向來持論如此."

40) 沈野, 『印談』, "印雖小技, 須是靜坐讀書, 凡百技藝, 未有不靜坐讀書而能入室者."

41) 楊士修, 『印母』, "蓋立志不虛, 則見聞必寡, 賞鑒不博, 則杜撰必多, 縱能獨創一家, 終墮野狐下乘. 是以有志之士, 秦璽漢章不徒見其文, 必如見其人."

제9장
동양예술에서의 '도'와 '기예'의 관계성

1) 이런 점이 가장 잘 드러나는 것은 일본에서 차 한잔 마시는 것을 '茶道', 검을 휘두르는 것을 '劍道', 글씨를 쓰는 것을 '書道' 등과 같이 말하는 것이다.

2) 張庚, 『浦山論畵』 「論性情」, "揚子雲曰, 書, 心畵也. 心畵形而人之邪正分焉. 畵與書一源, 亦心畵也… 試卽有元諸家論之. 大癡, 爲人坦易而灑落, 故其畵平淡而沖濡, 在諸家最醇. 梅華道人, 孤高而淸介, 故其畵危聳而英俊. 倪雲林, 則一味絶俗, 故其畵蕭遠峭逸, 刊盡雕華. 若王叔明, 未免貪榮附熱, 故其畫近於躁. 趙文敏, 大節不惜, 故書畫皆嫵媚而帶俗氣… 記云, 德成而上, 藝成而下, 其是之謂乎."

3) 朱熹, 『近思錄』 권2, "明道先生, 以記誦博識爲玩物喪志."

4) 『河南程氏遺書』 권18, "問, 作文害道否. 曰, 害也. 凡爲文不專意則不工, 若專意則志局於此, 又安能與天地同其大也. 書云玩物喪志, 爲文亦玩物也."

5) 『論語』「述而」, "志於道, 據於德, 依於仁, 游於藝."

6) '遊於藝'에서의 '藝'는 흔히 禮·樂·射·御·書·數의 六藝를 지칭하는 것으로 말해지는데, 여기서는 그런 육예를 습득하는 차원의 기예 차원에서 이해하고 있다.

7) 『論語』「述而」의 "志於道, 據於德, 依於仁, 游於藝"에 대한 『朱子語類』 권34(「論語」 16), "子承問, 上三句皆有次序, 至於藝, 乃日用常行, 莫不可後否. 曰, 藝是小學工夫, 若論先後, 則藝爲先, 三者爲後. 若論本末, 則三者爲本, 而藝爲末. 習藝之功, 固在先游者, 從容潛玩之義, 又當在後."

8) 『論語』「述而」의 "志於道, 據於德, 依於仁, 游於藝"에 대한 朱熹의 주, "學者於此, 有以不失其先後之序, 輕重之倫焉, 則本末兼該, 內外交養, 日用之間無少間隙, 而涵泳從容, 忽不自知其入於盛賢之域矣."

9) 『尙書』「旅獒」, "玩人喪德, 玩物喪志."

10) 예를 들면 春秋時期 衛國 18대 君主 衛懿公이 정치는 제대로 하지 않고 鶴만을 매우 좋아하다가 전쟁에서 죽은 것이나 북송 徽宗[趙佶]이 書畵에 탐닉하다가 결국 나라를 망하게 한 것이 그것이다.

11) 『論語』「述而」의 "志於道, 據於德, 依於仁, 游於藝"에 대한 朱熹의 주, "游者, 玩物適情之謂, 藝則禮樂之文射御書數之法, 皆至理所寓, 而日用之不可闕者也. 朝夕游焉以博其義理之趣, 則應務有餘, 而心亦無所放矣."

12) 예를 들면 『論語』「述而」의 "志於道, 據於德, 依於仁, 游於藝"에 대한 胡炳文, 『論語通』, "玩物本非美辭, 然以六藝爲物而玩之, 非喪志之物也… 藝亦日用不可無者, 乃是理之妙散於日用間, 苟有未通於爲全體之累." 참조.

13) 陸九淵, 『象山全集』 권35 「語錄下·荊州日錄」, "棋所以長吾之精神, 琴所以養吾之德性, 卽是道. 道卽是藝, 豈有二物."

14) 물론 동일한 藝에 속하는 것이라도 주희와 육구연이 추구하는 근본 철학의 다름에 따라 그 기예에 대한 이해는 달리 이해될 수 있다. 이런 점에 대한 것을 일단 배제하고 말하면 기예를 통해 얻을 수 있는 것이나 혹은 기예를 통해 추구하는 것에 따라 기예는 도와 동일한 경지 혹은 그 경지로 나아갈 수 있는 가능성이 있음을 알 수 있다.

15) 劉熙載, 『遊藝約言』, "道不泥言說形象, 亦不離言說形象. 是故, 文章書畫皆道."

16) 劉熙載, 『藝概·序』, "藝者, 道之形也. 學者兼通六藝, 尙矣." 傅抱石은 도와 예의 관계를 體用論을 통해 이해하기도 한다. 傅抱石, "道與藝, 旣象是體用的相須, 又

象是形質的相成. 藝的進展到了相當境界, 便是道, 道的某種類型的蘊蓄, 便是藝. 職是之故, 藝卽是道."

17) 王昱, 『東莊論畵』, "畵雖一藝, 其中有道. 試觀古人眞蹟, 何等章法, 何等骨力, 何等神味. 學者能深造自得, 便可左右逢源. 否則紙成堆, 筆成冢, 終無見道之日耳."

18) 張庚, 『浦山論畵』「論工夫」, "畵雖藝事, 亦有下學上達之工夫. 下學者, 山石水木有當然之法. 始則求其山石水木之當然, 不敢率意妄作, 不敢師心立異, 循循乎古人規矩之中, 不失毫芒, 久之而得其當然之故矣. 又久之, 而得其所以然之故矣. 得其所以然, 而化可幾焉. 至於能化, 則雖有是山石水木, 而識者視之, 必曰藝也, 眞乎道矣. 此上達也. 今之學者, 甫執筆, 而卽講超脫, 我不知其何說也."

19) 周星蓮은 『臨池管見』에서 "中庸云, 誠者不勉而中, 不思而得, 從容中道. 誠之者, 擇善而固執之道也. 通乎藝矣. 學書者, 由勉強以漸近自然. 藝也進乎道矣."라고 하여 유가적 차원에서 어떤 과정을 거쳤을 때 예이면서 도의 경지에 올라가는가를 밝히고 있다.

20) 金正喜, 『阮堂先生全集』 권2, 與石坡[二], "蘭話一卷, 妄有題記, 順此寄呈, 可蒙領存. 大抵此事直一小技曲藝, 其專心下工, 無異聖門格致之學. 所以君子一擧手一擧足, 無往非道. 若如是, 又何論於玩物之戒. 不如是, 卽不過俗師魔界. 至如胷中五千卷腕下金剛, 皆從此入耳."

21) 董逌, 『廣川畵跋』「宣和畫譜論道釋人物番族」, "志於道, 據於德, 依於仁, 遊於藝. 藝也者, 雖志道之士所不能忘, 然特遊之而已. 畫亦藝也, 進乎妙, 則不知藝之爲道, 道之爲藝. 此梓慶之削鐻, 輪扁之斫輪, 昔亦有所取焉."

22) 文同(1018~1079), 字는 與可.

23) 蘇軾, 『蘇東坡全集·前集』 권32 「文與可畵篔簹谷偃竹記」, "故畵竹者必, 先得成竹於胸中. 執筆熟視, 乃見其所欲畵者, 急起從之, 振筆直遂, 以追其所見, 如兎起鶻落, 少縱則逝矣. 與可之敎予如此, 予不能然也, 而心識其所以然. 夫旣心識其所以然, 而不能然者, 內外不一, 心手不相應, 不學之過也."

24) 蘇軾, 「墨竹賦」, "與可以墨爲竹, 視之良竹也. 客見而驚焉曰, 今夫受命於天, 賦形於地, 涵濡雨露, 振蕩風氣, 春而萌芽, 夏而解馳, 散柯布葉, 逮冬而遂. 性剛潔而疏直, 姿嬋娟以閑媚, 涉寒暑之徂變, 傲冰雪之淩厲, 均一氣於草木, 嗟壤同而性異, 信物生之自然, 雖造化其能使… 竊造物之潛思, 賦生意於崇朝. 子豈誠有道者邪. 與可聽然而笑曰, 夫予之所好者道也, 放乎竹矣. 始予隱乎崇山之陽, 廬乎修竹之林. 視聽漠然, 無槪乎予心. 朝與竹乎爲遊, 莫與竹乎爲, 飮食乎竹間, 偃息乎竹陰, 觀竹之變也多矣… 始也, 予見而悅之, 今也, 悅之而不自知也. 忽乎忘筆之在手, 與紙之在前, 勃然而興, 而修竹森然, 雖天造之無朕, 亦何以異於茲焉.”

25) 蘇軾, 「墨竹賦」, “客曰, 蓋予聞之, 庖丁, 解牛者也. 而養生者取之. 輪扁, 斫輪者也, 而讀書者與之. 萬物一理也, 其所從爲之者異爾. 況夫夫子之托於斯竹也, 而予以爲有道者, 則非耶. 與可曰, 唯唯.”

26) 소식이 常形보다는 常理를 강조한 것도 이런 사유와 관련이 있다.

27) 蘇軾, 『蘇東坡全集』(前集) 권16 「書晁補之所藏與可畵竹」, “與可畵竹時, 見竹不見人, 豈獨不見人. 嗒然遺其身, 其身與竹化, 無窮出淸新, 莊周世無有, 詎知此疑神.”

28) ‘嗒然遺其身’은 『莊子』 「齊物論」의 “南郭子綦隱几而坐, 仰天而噓, 嗒焉似喪其耦.”에서 따온 것이다.

29) 李公麟(1049~1106), 北宋 著名 畫家. 字는 伯時. 號는 龍眠居士.

30) 蘇軾, 『東坡題跋』 권5 「書李伯時山莊圖後」, “或曰, 龍眠居士作山莊圖, 使後來入山者信足而行, 自得道路, 如見所夢, 如悟前世… 曰, 居士之在山也, 不留於一物. 故其神與萬物交, 其智與百工通. 雖然有道有藝, 有道而不藝, 則物雖形於心, 不形於手.”

31) 蘇軾, 『東坡題跋』 권4 「記與君謨論書」, “作字要手熟, 則神氣完實而有餘韻, 于靜中自是一樂也.”

32) 秦少遊(1049~1100), 宋代의 詞人이다. 이름은 觀, 字는 太虛, 少遊.

33) 蘇軾, 『東坡題跋』 권4 「跋秦少遊書」, “少遊近日草書, 便有東晉風味, 作詩增奇麗… 技進而道不進, 則不可. 少遊乃技道兩進也.”

34) 『莊子』 「天道」, “輪扁斫輪, 徐則甘而不固, 疾則苦而不入. 不徐不疾, 得之於手而應於心.”

35) 『莊子』 「達生」, “仲尼適楚, 出於林中, 見佝僂者承蜩, 猶掇之也. 仲尼曰, 子巧乎. 有道邪. 曰, 我有道也… 孔子顧謂弟子曰, 用志不分, 乃凝於神, 其佝僂丈人之謂乎.”

36) 『莊子』 「徐無鬼」, “莊子送葬, 過惠子墓, 顧謂從者曰, 郢人堊慢其鼻端, 若蠅翼, 使匠石斫之. 匠石運斤成風, 聽而斫之, 盡堊而鼻不傷, 郢人立不失容.”

37) 『莊子』 「知北遊」, “大馬之捶鉤者, 年八十矣, 而不失豪芒. 大馬曰, 子巧與. 有道與. 曰, 臣有守也. 臣之年二十而好捶鉤, 於物無視也, 非鉤無察也. 是用之者, 假不用者也. 以長得其用, 而況乎無用者乎. 物孰不資焉.”

38) 『莊子』 「達生」, “顔淵問仲尼曰, 吾嘗濟乎觴深之淵, 津人操舟若神. 吾問焉, 曰, 操舟可學邪. 曰, 可. 善遊者數能. 若乃夫沒人, 則未嘗見舟而便操之也. 吾問焉而不吾告, 敢問何謂也. 仲尼曰, 善遊者數能, 忘水也.”

39) 『莊子』「天地」, "通於天地者德也, 行於萬物者道也, 上治人者事也, 能有所藝者技也. 技兼於事, 事兼於義, 義兼於德, 德兼於道, 道兼於天."

40) '事兼於義'에서의 義자는 藝자의 誤字라는 학설이 있다. 林希逸의 학설이 그것인데, 특히 임희일은 德, 道, 事, 技, 藝의 유기적 관계성을 말하고 있다. 林希逸, 『南華眞經口義』, "事事之中, 各有藝業隨其所能者, 人之技也. 道德精者也. 事與技粗者也. 無精無粗皆出於自然, 則技卽事, 事卽藝, 藝卽德, 德卽道, 道卽天. 故曰技兼于事, 事兼于義, 義兼于德, 德兼于道, 道兼于天. 兼者, 合二爲一之意. 義合作藝, 因聲同故傳寫之訛耳."

41) 『莊子』「養生主」, "庖丁爲文惠君解牛… 文惠君曰, 嘻, 善哉. 技蓋至此乎. 庖丁釋刀對曰, 臣之所好者, 道也, 進乎技矣."

42) 董逌, 『廣川書跋』 권7 「張長史草書」, "百技原於道, 自一心存者致於內, 然後可以格物, 則精復神化於爐錘者, 此進乎道也. 世既以道與技分矣, 則一涉技能械藝, 便不復知其要妙藏乎至精. 此豈托於事者, 遊泳乎道之轍跡者耶."

43) 郝經, 『移諸生論書法書』, "必精窮天下之理, 鍛煉天下之事, 紛拂天下之變. 客氣妄慮, 撲滅消弛, 澹然無欲, 翛然無爲, 心手相忘, 縱意所如, 不知書之爲我, 我之爲書, 悠然而化然, 從技入道. 凡有所書, 神妙不測, 盡爲自然造化, 不復有筆墨, 神在意存而已."

44) 朱和羹, 『臨池心解』, "書雖六藝, 而未嘗不進乎道. 非其胸中空洞無物, 則化工生氣, 不能入而居之, 則即摹鍾刻索, 只成一染紙匠耳. 惟與造物者遊, 又加之以學力, 然後能生動. 能生動, 然後入規矩. 入規矩然後, 曲亦中繩, 而直亦中鉤."

45) 郝經, 『陵川集』「敘書」, "然讀書多, 造詣深, 老練事故. 遺落塵累, 除去凡俗, 翛然物外, 下筆自高人一等矣. 此又以道進技, 書法之源也."

46) 李贄, 『焚書』 권五 「讀史·孔北海」, "北海大志直節, 東漢名流, 而與建安七子並稱, 駱賓王勁辭忠憤, 唐之義士, 而與世拱四傑爲列. 以文章之末技而掩其立身之大閑, 可惜也. 卓吾子曰, 文章非末技, 大閑豈容掩. 先生差矣. 或曰, 先生皆自況也."

47) 李贄, 『焚書』 권五 「讀史·逸少經濟」, "先生謂逸少識慮精深, 有經濟才, 而爲書名所蓋, 後世但以翰墨稱之, 藝之爲累大哉. 卓吾子曰, 藝又安能累人. 凡藝之極精者, 皆神人也, 況翰墨之爲藝哉. 先生偏矣. 或曰, 先生蓋自寓也."

48) 李贄, 『焚書』 권五 「讀史·樊敏碑後」, "鐫石, 技也, 亦道也. 文惠君曰, 嘻, 技益至此乎. 庖丁對曰, 臣之所好者道也, 進乎技矣. 是以道與技爲二, 非也. 造聖則聖, 入神則神, 技即道耳. 技至於神聖所在之處, 必有神物護持, 而況有識之人歟. 且千載而後, 人猶愛惜, 豈有身親爲之而不自愛惜者. 石工書名, 自愛惜也, 不自知其爲

石工也. 神聖在我, 技不得輕矣. 否則, 讀書作文亦賤也, 寧獨鐫石之工乎. 雖然, 劉武良以精鐫書名可… 蓋技巧神聖, 人自重之. 能爲人重, 則必借重於人."

49) 楊愼. 명대 저명 학자. 字는 用修, 號는 升庵.

50) 송대의 晁說之를 말한다.

51) 李贄, 『焚書』 권五 「讀史·詩畫」, "東坡先生曰, 論畫以形似, 見與兒童鄰. 作詩必此詩, 定知非詩人. 升庵曰, 此言畫貴神, 詩貴韻也. 然其言偏, 未是至者. 晁以道和之云, 畫寫物外形, 要物形不改, 詩傳畫外意, 貴有畫中態. 其論始定. 卓吾子謂改形不成畫, 得意非畫外. 因復和之曰, 畫不徒寫形, 正要形神在, 詩不在畫外, 正寫畫中態… 此畫中詩也, 絕藝入神矣."

52) 布顔圖, 『畫學心法問答』, "問, 練筆法, 曰, 六藝非練, 不能得其精, 百工非練, 不能成其巧. 如丈人之承蜩, 郢人之運斤, 皆由練而得也. 故練必要精純, 苟不精純, 卵難必其不墮, 鼻難必其不傷, 所謂纖發之疵, 千里之謬, 練猶未練也. 練之之法, 先練心, 次練手."

53) 布顔圖, 『畫學心法問答』, "筆即手也. 古人有讀石之法, 峰巒林麓, 必當熟讀於胸中. 蓋山川之存於外者, 形也. 熟於心者, 神也. 神熟於心, 此心練之也. 心者, 手之率, 手者, 心之用. 心之所熟, 使手爲之, 敢不應手."

54) 三湘 : 湘鄕, 湘潭, 湘陰 세 지역을 말한다.

55) 三山 : 蓬萊, 方丈, 瀛州 세 산으로 신선이 살고 있다고 한다.

56) 布顔圖, 『畫學心法問答』, "故練筆者非徒手練也, 心使練之也. 練時須筆筆著力, 古所謂畫穿紙背是也. 拙力用足, 巧力出焉, 而巧心更隨巧力而出矣. 巧心巧力, 互相爲用, 何慮三湘不爲吾窗下之硯池, 而三山不爲吾几上之筆架. 子欲取效於管城, 只此一練字不爽."

57) 王昱, 『東莊論畫』, "畫中理氣二字, 人所共知, 亦人所共忽. 其要在修養心性, 則理正氣淸, 胸中自發浩蕩之思, 腕底乃生奇逸之趣, 然後可稱名作. 未動筆前, 須興高意遠, 已動筆後, 要氣靜神凝, 無論工緻與寫意皆然."

58) 劉熙載, 『遊藝約言』, "不毁萬物, 當體便無, 不設一物, 當體便有. 書之有法而無法, 至此進乎技矣."

제10장
예술창작에서 기교 운용에 관한 장자적 해석

1) 李德懋,『靑莊館全書』卷63「天涯知己書·蟬橘堂濃笑」,"畫史之解衣般礴, 始條理也. 庖丁之善刀以藏, 終條理也."

2)『孟子』「萬章章句下」1장,"孟子曰, 伯夷聖之淸者也, 伊尹聖之任者也, 柳下惠聖之和者也, 孔子聖之時者也. 孔子之謂集大成, 集大成也者, 金聲而玉振之也. 金聲也者, 始條理也, 玉振之也者, 終條理也. 始條理者, 智之事也, 終條理者, 聖之事也."

3) 맹자는 고대의 세 성인(=伯夷, 伊尹, 柳下惠)을 각각 하나의 곡조를 이룬 小成한 분으로, 공자는 이 모든 곡조를 합하여 이루어낸 교향곡 즉 대성한 분으로 비유하고 있다.

4) 蔡邕,「筆論」,"書者, 散也. 欲書先散懷抱, 任情恣性, 然後書之. 若迫於事, 雖中山兎豪, 不能佳也."

5)『莊子』「田子方」,"宋元君將畵圖, 衆史皆至, 受揖而立, 舐筆和墨, 在外者半. 有一史後至者, 儃儃然不趨, 受揖不立, 因之舍. 公使人視之, 則解衣般礴贏. 君曰, 可矣, 是眞畵者也."

6) 韓嬰,『韓詩外傳』卷9,"孟子妻獨居, 踞. 孟子入戶視之, 白其母曰, 婦無禮, 請去之. 母曰, 何也. 曰, 踞. 母曰, 何知之. 曰, 我親見之. 母曰, 乃汝無禮也, 非婦無禮. 禮不云乎, 將入門, 問孰存, 將上堂, 聲必揚, 將入戶, 視必下, 掩人不備也. 今汝往燕私之處, 入戶不有聲, 令人踞而視之, 是汝之無禮, 非婦無禮也. 於是孟子自責不敢去婦."

7)『莊子』「至樂」,"莊子妻死, 惠子吊之, 莊子則方箕踞鼓盆而歌. 惠子曰, 與人居, 長子老身, 死不哭亦足矣, 又鼓盆而歌, 不亦甚乎. 莊子曰, 不然. 是其始死也, 我獨何能無概然. 察其始而本無生, 非徒無生也而本無形, 非徒無形也而本無氣. 雜乎芒芴之間, 變而有氣, 氣變而有形, 形變而有生, 今又變而之死. 是相與爲春秋冬夏四時行也. 人且偃然寢於巨室, 而我噭噭然隨而哭之, 自以爲不通乎命, 故止也."

8) 劉義慶,『世說新語』18「棲逸」,"阮步兵嘯, 聞數百步. 蘇門山中, 忽有真人, 樵伐者咸共傳說. 阮籍往以見其人擁膝岩側, 籍登嶺就之, 箕踞相對."

9) 朱翌,『猗覺寮雜記』,"古人席地而坐, 坐則跪, 行則膝前, 足皆向後, 以爲是敬. 若伸兩足, 則手據膝, 故若箕狀. 踞爲傲慢不敬之容."

10)『論語』「季氏」,"鯉趨而過庭, 曰, 學詩乎. 對曰, 未也. 不學詩, 無以言. 鯉退而學詩. 他日又獨立, 鯉趨而過庭, 曰, 學禮乎. 對曰, 未也. 不學禮, 無以立. 鯉退而學禮."

11) 『論語』「鄕黨」, "君子不以紺緅飾, 紅紫不以爲褻服. 當暑,袗絺綌, 必表而出之. 緇衣羔裘, 素衣裘, 黃衣狐裘. 褻裘長, 短右袂. 必有寢衣, 長一身有半. 狐貉之厚以居. 去喪, 無所不佩. 非帷裳, 必殺之. 羔裘玄冠, 不以吊. 吉月, 必朝服而朝."

12) 惲格, 「南田畵跋」, "作畵須有解衣盤礴旁若無人, 然後化機在手, 元氣狼藉, 不爲先匠所拘, 而游於法度之外矣."

13) 石濤, 『畵語錄』「遠塵章」, "人爲物蔽, 則與塵交, 人爲物使, 則心受勞. 勞心於刻畵而自毁, 蔽塵於筆墨而自拘, 此局隘人也… 心不勞則有畵矣."

14) 布顔圖, 『畵學心法問答』, "夫境界曲折, 匠心可能, 筆墨可取. 然情景入妙, 必俟天機所到, 方能取之. 但天機由中而出, 非外來者. 須待心懷怡悅, 神氣沖融, 入室般礴, 方能取之."

15) 郭熙, 『林泉高致』「畵意」, "世人知吾落筆作畵, 却不知畵非易事. 莊子說畵史解衣般礴, 此眞得畵家之法. 人須得胸中寬快, 意思悅適, 如所謂易直子諒, 油然之心生, 則人之笑啼情狀, 物之尖斜偃側, 自然列布於心中, 不覺見之於筆下… 不然則志意已抑鬱沈滯, 局在一曲, 如何得寫貌物情, 攄發人思哉… 境界已熟, 心手已應, 方始縱橫中度, 左右逢原."

16) 『예기』「악기」에서는 "致樂以治心, 則易直子諒之心油然生矣."를 말하여 '致樂'을 통한 '治心'의 결과로서 '이직자량'의 마음을 말하고 있음을 참조할 것.

17) 『莊子』, 「養生主」, "庖丁爲文惠君解牛, 手之所觸, 肩之所倚, 足之所履, 膝之所踦, 砉然嚮然, 奏刀騞然, 莫不中音, 合於桑林之舞, 乃中經首之會. 文惠君曰, 譆, 善哉. 技蓋至此乎. 庖丁釋刀, 對曰, 臣之所好者道也. 進乎技矣. 始臣之解牛之時, 所見無非牛者, 三年之後, 未嘗見全牛也. 方今之時, 臣以神遇, 而不以目視, 官知止而神欲行, 依乎天理. 批大郤, 導大窾, 因其固然, 技經肯綮之未嘗, 而況大軱乎. 良庖歲更刀, 割也. 族庖月更刀, 折也. 今臣之刀十九年矣. 所解數千牛矣, 而刀刃若, 新發於硎. 彼節者有間, 而刀刃者無厚, 以無厚入有間, 恢恢乎其於遊刃, 必有餘地矣. 是以十九年, 而刀刃若新發於硎. 雖然, 每至於族, 吾見其難爲, 怵然爲戒, 視爲止, 行爲遲. 動刀甚微, 謋然已解, 如土委地, 提刀而立, 爲之四顧, 爲之躊躇滿志, 善刀而藏之. 文惠君曰, 善哉. 吾聞庖丁之言, 得養生焉."

18) 朱熹는 『朱子大全』 권67 「雜著」에서 이 「양생주」의 내용을 다루고 있는데, 理와 관련된 언급은 『朱子語類』 권125 「老氏·莊子書」(內篇養生主3), "因論庖丁解牛一段至灰灰乎其有餘刃. 曰, 理之得名以此." 참조.

19) 潘公凱 編, 『潘天壽談藝錄』(浙江人民美術出版社, 1984, p.148), "印章上所用之文字, 以篆書爲主, 亦間隷楷. 故治印學者, 須先攻文字之學與夫篆隷楷草之事寫.

其次須硏習分朱布白與字體縱橫交錯之配置. 其三須熟習切勒錘鑿之功能, 如庖丁解牛, 游刃有餘, 無所滯碍. 其四須得印面上氣勢之迂回, 神情之朴茂, 風格之高華等." 참조.

20) 공자식으로 말하면, '자기의 마음이 하고자 하는 대로 따라 행해도 법도에 어긋남이 없는[從心所欲不踰矩]' 경지라고 할 수 있다. 하지만 차이는 있다. 공자는 결국 법도라는 조건을 버리지 않기 때문이다.

21) 장조의 당시 벼슬은 '운외員外'였다.

22) 符載 撰, 「觀張員外畵松石序」, "是時坐客聲聞士凡二十四人, 在其左右, 皆岑立注視而觀之. 員外居中, 箕坐鼓氣, 神機始發. 其駭人也, 若流電激空, 驚飆戾天. 摧挫斡掣, 撝霍瞥列. 毫飛墨噴, 捽掌如裂. 離合惝恍, 忽生怪狀. 及其終也, 則松鱗皴, 石疊岩, 水湛湛, 雲窈渺. 投筆而起, 爲主四顧, 若雷雨之澄霽, 見萬物之情性. 觀夫張公之藝, 非畫也, 真道也. 當其有事, 已知夫遺去機巧, 意冥玄化, 而物在靈府, 不在耳目. 故得於心, 應於手, 孤姿絕狀, 觸毫而出. 氣交沖漠, 與神爲徒. 若忖短長於隘度, 算妍媸於陋目, 凝觚舐墨, 依違良久, 乃繪物之贅疣也… 則知夫道精藝極, 當得之於玄悟, 不得之於糟粕."(『全唐文』 690권) 朱景玄의 『唐朝名畫記』에는 張璪의 作畫 과정을 싣고 있다.

23) 李匡師, 『書訣』「前編」, "執筆須甚疎, 以指護持而已. 心意精力, 專注毫端, 盡力行劃, 則一身血脈貫通, 可成造化. 若執筆堅氣盡執處, 力不及毫端, 有何力可及紙面之劃, 且百藝成上才. 如庖丁解刀, 終日執役, 無一毫一脈之牽碍. 可就極功, 執筆堅, 手指麻痛, 身體從而疲勞, 不可終日書也. 如是何能成無上之功."

24) 徐復觀, 『中國藝術精神』, 學生書局, 1983, PP.48~56 참조.

25) 앞장의 黃休復, 『益州名畫錄』 참조.

제11장
동양예술의 임모臨摹 전통에 담긴 의미

1) 유사한 사유로 '入古出新'이 있다.

2) 朴趾源, 『燕巖集』 권1 「煙湘閣選本·楚亭集序」, "法古者, 病泥跡, 創新者, 患不經. 苟能法古而知變, 創新而能典, 今之文, 猶古之文也." 참조.

3) 李修易, 『小蓬萊閣畫鑑』, "論進境, 臨畫決不如看畫. 遇古人名跡, 不必留心位置,但當探討筆墨, 噓吸其神韻, 以廣我之見解, 所謂食古而化也. 若臨摹必求形似, 雖神似終不離乎形似, 此初學之功, 非入門以後之學也. 故王司農云, 山水奇者, 不在丘壑, 而在氣韻間. 今人但於丘壑, 求之遠矣."

4) 石濤, 『畵語錄』「變化」, "古者, 識之具也. 化者, 識其具而弗爲也. 具古以化, 未見夫人也. 嘗憾其泥古不化者, 是識拘之也. 識拘於似則不廣, 故君子惟借古以開今."

5) '推陳出新'도 있다.

6) 『宣祖實錄』 권202, 丙午 39년 8월 壬寅조 1606, "上曰, 我國人, 書畵甚弱, 中國則多筆力矣. 我國能書者, 莫如韓濩. 然多有未盡之處. 朱使書蘭亭記於小扁, 細字極妙, 我國能書者, 豈能及之. 但大字, 不如細字之精妙矣. 根曰, 朱使見韓濩書, 嘆美曰, 此逼眞於蘭亭, 雖古之善寫者, 莫過於此也."

7) 범기는 임과 방의 차이점과 그 종류를 말한다. 范璣, 『過運廬畵論』, "臨與仿不同, 臨有對臨背臨, 用心在彼. 仿有略仿合仿, 主見在我. 臨有我則失眞矣, 仿無我則成假矣. 臨忌優盟衣冠, 仿須善學柳惠."

8) 이 밖에 우리가 흔히 서화작품에 보이는 效~, 得~, 似~, 式~, 類~, 屬~筆意, 追~, ~體, 慕~, 祖~ 등도 크게 보면 모두 방고적 차원에 속한다고 할 수 있다. 김홍대, 『조선시대방작회화연구』, 홍대대학원 석사논문, 2002, P.63 참조.

9) 일반적으로 표절은 '표적(剽賊)'이라 하는데, 사전적 의미로서는 다른 사람이 창작한 저작물의 일부 또는 전부를 도용하여 자신의 창작물인 것처럼 발표하는 것을 말한다. 보통 학문이나 예술의 영역에서 출처를 충분히 밝히지 않고 다른 사람의 저작을 인용하거나 차용하는 행위를 가리키며, 기본적으로는 도덕적·윤리적 문제로 간주하는 경향이 짙다. 특히 표절은 다른 사람의 창작물을 자신의 것으로 도용한다는 점에서 다른 사람의 창작물을 본떠 나름대로 재창조한 모방과는 구별된다. 후자가 갖는 의미를 오늘날 말하는 연구윤리 초점에 맞추어보면 표절에 해당한다.

10) 張維, 『谿谷漫筆』, "毋滯澁, 毋剽竊, 毋模擬, 毋尖巧, 毋使疑事僻語." 참조. 물론 서화에서도 옛것을 본뜬 것이면서도 누구 것을 본뜬 것인지를 밝히지 않고 마치 자기 자신의 창작물인 것처럼 하는 행위에 대해 세상을 속이고 이름을 도둑질한 표절로 비난하기도 한다. 范璣, 『過運廬畵論』, "臨摹名迹, 乃用功之事, 非可應請也. 摹古而不表明何本, 蒙爲已出, 欺世盜名, 多生內愧. 卽剿襲撏撦, 亦由自乏意思, 以至雜出姸媸, 體裁不合, 久久習慣, 獨立無望矣." 참조.

11) 예를 들면 휘종 대의 『宣和書譜』 『宣和畵譜』를 비롯하여 『歷代名公畵譜』 『晩笑堂畵傳』 『唐詩畵譜』 『詩餘堂譜』 『顧氏畵譜』 『十竹齋書畵譜』 『芥子園畵傳』

『唐六如畵譜』『佩文齋書畵譜』 등이 있다. 우리나라 역대 명가의 글씨를 목각, 탁본하여 만든 法帖인 『大東書法』도 있다.

12) 구체적인 회화작품을 예로 들면, 宋代 趙雍의 「挾彈遊騎圖」를 본뜬 것처럼 보이는 金弘道의 「馬上聽鶯圖」와 金碩臣의 「馬上鸚鵡圖」를 들 수 있다.

13) 方薰, 『山靜居畵論』, "畵法, 古人各有所得之妙, 目擊而道存者, 非可以言傳也. 謝赫始有六法之名, 六法乃畵之大凡耳. 故談畵者, 必自六法論."

14) 청, 朱履貞, 「書學捷要」, "書有六要, 一氣質, 二天資, 三得法, 四臨摹, 五用力, 六識鑒. 六要具備, 方能成家."

15) 南泰應, 『聽竹畵史』, "少時偶閱唐詩顧氏兩畵譜等帖, 犁淵心契屈首臨習, 凡一點一劃無敢放過, 期於必似如是者."

16) 倣古繪畫의 내용상 구분에 대해서는 김홍대, 『조선시대방작회화연구』, 홍대대학원 석사논문, 2002, p.7 참조.

17) 張伯驅, 「宋四家書」, "宋蔡君謨, 蘇東坡, 黃山谷, 米元章四家, 東坡謂蔡書爲本朝第一… 蔡書全師右軍, 米書則師大令, 蘇書則出自王珣伯遠帖, 黃書大草師張旭懷素, 行楷亦出自伯遠帖. 蔡書平易, 看似易學而最難學."

18) 수나라 文帝 '동쪽 수도[東京]' 낙양의 觀文殿 뒤에 두 개의 누대를 짓고, 동쪽의 것을 '妙楷臺'라 이름 지어 옛날의 법서를 보관하였고, 서쪽의 것을 '寶蹟臺'라 이름 지어 옛날의 명화를 넣어두었다.

19) 董棨, 『養素居畵學鉤深』, "初學欲知筆墨, 須臨摹古人, 古人筆墨規矩, 方圓之至也. 山舟先生論書, 嘗言帖在看, 不在臨, 僕謂看帖, 是得於心, 而臨帖, 是應於手. 看而不臨, 縱觀妙楷所藏, 都非實學. 臨而不看, 縱池水盡墨, 而徒得其皮毛. 故學畵, 必從臨摹入門, 使古人之筆墨, 皆若出於吾之手, 繼以披玩, 使古人之神妙, 皆若出於吾之心."

20) (傳)王羲之, 「書論」, "夫書者, 玄妙之伎也. 若非通人志士, 學無及之… 夫書者貴平正安穩… 凡書貴乎沈靜, 令意在筆前, 字居心后, 未作之時, 結思成矣."

21) 黃庭堅, 「論書」, "學書時時臨摹, 可得形似. 大要多取古書細看, 令入神, 乃到妙處… 學書須要胸中有道義, 又廣之以聖哲之學, 書乃可貴… 學字旣成, 且養于心中無俗氣, 然後可以作, 示人爲楷式… 學字雖工拙在人, 要須年高手硬, 心意閑澹, 乃入微耳."

22) 尹斗緖, 「自評」, "剛柔·動靜·强弱·緩急·硬活·方圓·遍突·通滯·肥瘦·疾徐·輕重·長短·巨細者, 筆法也. 陰陽·舒慘·濃淡·遠近·高深·面背·渲染·漬破者, 墨法也. 筆法之工, 墨法之妙, 妙合而神, 物以付物者, 畵之道也. 故有畵道焉, 有畵學焉, 有畵識焉, 有畵工焉, 有畵才焉… 至此而畵之道成矣."

23) 尹斗緖, 「自評」, "僕少好畵, 不能懸習, 厭而棄之亦數年矣. 今觀帖中舊作, 輒筆弱力淺, 多不滿志, 時有佳處, 其於道蓋蔑如矣. 信乎行之之難若此哉. 恭齋彦自評."

24) 沈宗騫, 『芥舟學畵編』「神韻」, "凡初學者, 但當求古人筆如何運, 墨如何用, 布置如何停當… 人譽我且不必喜, 惟能合古人之意則喜之. 人毁我且不必憂, 有不能合古人之意則憂之. 不徇時好, 不流異學."

25) 盛大士, 『谿山臥遊錄』, "畵有六長, 所謂氣骨古雅, 神韻秀逸, 使筆無痕, 用墨精彩, 佈局變化, 設色高華, 是也. 六者, 一有未備, 終不得爲高手."

26) 盛大士, 『谿山臥遊錄』, "畵有四難, 筆少劃多, 一難也. 境顯意深, 二難也. 險不入怪, 平不類弱, 三難也. 經營慘澹, 結構自然, 四難也."

27) 盛大士, 『谿山臥遊錄』, "劃有七忌, 用筆忌滑軟, 忌硬, 忌重而滯, 忌率而溷, 忌明淨而膩, 忌叢密而亂. 又不可有意着好筆, 有意去累筆."

28) 王昱, 『東莊論畵』, "學畵者先貴立品, 立品之人, 必墨外自有一種正大光明之槪. 否則畵雖可觀, 却有一種不正之氣隱躍毫端. 文如其人, 畵亦有然."

29) 王原祁, 『麓臺題畵稿』「仿大癡設色·爲賈毅作」, "畵法與詩文相通, 必有書卷氣, 而后可以言畵. 右丞詩中有畵, 畵中有詩, 唐宋以來悉宗之. 若不知其源流, 則與販夫牧竪何異也." 및 王原祁, 『麓臺題畵稿』「宋勵南湖畵册十幅」, "畵雖一藝, 而氣合書卷, 道通心性, 非深於契合者, 不輕以此爲酬酢也. 宋元諸家俱有源委, 其所投贈, 無不寄托深遠. 仿其意者, 曠然有遐思焉, 而后可以從事." 및 王原祁, 『麓臺題畵稿』「仿設色倪黃·爲劉懷遠作」, "聲音一道, 未嘗不與畵通. 音之淸濁, 猶畵之氣韻也. 音之品節, 猶畵之間架也. 音之出落, 猶畵之筆墨也." 등 참조.

30) 方薰, 『山靜居畵論』, "古人摹畵, 亦如摹書."

31) 沈宗騫, 『芥舟學畵編』「避俗」, "畵與詩皆士人陶瀉性情之事. 故凡可入詩者皆可入畵, 然則畵而俗如詩之惡, 何可不急爲去之耶. 夫畵俗約有五, 曰, 格俗, 韻俗, 氣俗, 筆俗, 圖俗. 其人旣不喜臨摹古人, 又不能自出精意, 平鋪直敍, 千編一律者, 謂之格俗… 能去此五俗而后可幾于雅矣. 雅之大略亦有五. 古雅也… 典雅也… 俊雅也… 和雅也… 大雅也… 故惟能避俗者, 而后可以就雅也."

32) 張式, 『畵譚』, "善學書者, 要臨古帖, 見古蹟, 學畵亦然. 士者若游藝扇頭小景, 卽看時行畵傳, 演習連絡. 再得墨韻濃淡之情, 便可寄興, 如欲入門成品, 須多臨古人眞迹, 多參古人畵說."

33) 方薰, 『山靜居畵論』, "臨摹古畵, 先須會得古人精神命脈處, 玩味思索, 心有所得,落筆摹之. 摹之再四, 便見逐次改觀之效. 若徒以彷彿爲之, 則掩卷輒忘, 雖終日摹仿, 與古人全無相涉."

34) 項穆, 『書法雅言』「書統」 부분 참조.

35) 康有爲, 『廣藝舟雙楫』「購碑」, "學者欲能書, 當得通人以爲師, 然通人不可多得. 吾爲學者尋師, 其莫如多購碑刻乎. 揚子雲曰, 能觀千劍, 而後能劍, 能讀千賦, 而後能賦. 仲尼子輿論學, 必先博學詳說. 夫耳目隘陋, 無以備其體裁. 博其神趣, 學烏乎成. 若所見博, 所臨多, 熟古今之體變, 通源流之分合, 盡得于目, 盡存于心, 盡應于手, 如蜂採花, 醞釀久之, 變化縱橫, 自有成效… 學者若能見千碑而好臨之, 而不能書者, 未之有也… 又有謂學書須專學一碑數十字, 如是一年數月, 臨寫千數百過, 然後易一碑, 又一年數月, 臨寫千數百過, 然後易碑亦如是… 吾之術, 以能執筆多見碑爲先務. 然後辨其流派, 擇其精奇, 惟吾意之所欲, 以時臨之. 臨碑旬月, 遍臨百碑, 自能釀成一體, 不其然而自然者. 加之熟巧, 申之學問, 已可成家."

36) 康有爲, 『廣藝舟雙楫』「學敍」, "今天下人士, 學之難成者, 非獨其人之惰學, 亦教之無其序也. 蒙偲就傅, 不事小學而讀大學, 舍名物訓詁而言性理, 故有號稱學人, 問以度數之實而瞢如者. 其他未學文史而遽爲八股, 未臨碑刻而遽寫卷折, 皆顚倒舛戾, 失序之尤. 卽以臨碑刻觀之, 則亦昧于本末先後之序, 旣以用力多而蓄德鮮, 久之則懈畏不敢爲, 此所以難成也."

37) 康有爲, 『廣藝舟雙楫』「學敍」, "學書有序, 必先能執筆, 固也. 至于作書, 先從結構入. 劃平竪直, 先求體方. 次講向背往來伸縮之勢, 字妥貼矣. 次講分行布白之章. 求之古碑, 得各家結體章法, 通其疏密遠近之故. 求之書法, 各得各家秘藏驗, 方知提頓, 方圓之用. 浸淫久之, 習作熟之, 骨肉氣血精神皆備, 然後成體. 體旣成, 然後可言意態也. 記曰, 體不備, 君子謂之不成人, 體不備亦謂之不成書也."

38) 康有爲, 『廣藝舟雙楫』「學敍」, "字在一二寸間而方筆者, 以何碑爲美. 張猛龍碑額, 楊翬碑額字皆二寸, 最爲豊整有勢可學者也. 寸字方筆之碑, 以龍文造像爲美. 丘穆陵亮夫人尉遲造像, 體方筆厚, 劃平竪直, 宜先學之. 次之楊大眼, 骨力峻拔. 徧臨諸品, 終之始平公, 極意峻宕. 骨格成, 形體定, 得其勢雄力厚, 一身無靡弱之病. 且學之亦易似."

39) 張庚, 『浦山論畵』, "畵雖藝事, 亦有下學上達之工夫. 下學者, 山石水木, 有當然之法. 始則求其山石水之當然, 不敢率意妄作, 不敢師心立異. 循循乎古人規矩之中, 不失毫芒, 久之而得其當然之故矣. 又久之而得其所以然之故矣. 得其所以然, 而化可幾焉. 至於能化, 則雖猶是山石水木, 而識者視之, 必曰藝也進乎道矣. 此上達也"

40) 沈宗騫,『芥舟學畫編』「自運」,"如有知肆力于古之爲益者, 必且自初學以迄于純熟, 無一日不從事于古, 乃是眞種子也. 今有時師于此, 求而習之, 數年之間, 便已稱能, 或加齊之. 若欲推攀古人, 今年學之未必不似, 加之數載之功而反不能, 再加數年愈嘆莫及. 更有終身由之, 而卒若莫能到者, 乃其虛心實力愈進而愈不足也."

41) 董棨,『養素居畫學鉤深』,"朱熹讀書法曰, 凡書只貴讀, 讀多自然曉. 僕謂凡畫須要臨, 臨多自然曉. 又曰, 讀書千遍, 其義自見, 臨畫亦不外一熟字."

42) 項穆,『書法雅言』「取捨」,"如前賢眞迹, 未易得見, 擇其善帖, 精專臨仿, 十年之後方以元章參看, 庶知其短, 而取其長矣. 若逸少聖教序記, 非有二十年精進之功, 不能知其妙, 易不能下一筆, 宜乎學寥寥也. 此可與知者道之."

43) 徐上達,『印法參同』「摹古類」,"須取古印良可法者, 想象摹擬, 俾形神幷得, 毫髮無差, 如此久之, 自然得手. 張懷瓘論學書云, 臨仿古帖, 毫髮精研, 隨手變化, 得魚忘筌, 斯亦可與摹印者語矣. 米元章書史云, 畫可摹, 書可臨而不可摹. 惟印不可僞作, 作者必異."

44) 孫過庭,『書譜』,"心不厭精, 手不忘熟. 若運用盡于精熟, 規矩諳于胸襟, 自然容與徘徊, 意先筆後, 瀟灑流落, 翰逸神飛." 및 解縉,『春雨雜述』,"此不可以强爲, 亦不可以强學. 惟日日臨名書, 無恡紙筆, 工夫精熟, 久乃自然, 言雖近易, 實爲要旨." 및 朱和羹,『臨池心解』,"凡臨摹須專力一家, 然後以各家縱覽揣摩, 自然胸中饜飫, 腕下精熟. 久之眼光廣闊, 志趣高深, 集衆長以爲已有, 方得出群境地." 참조.

45) 蔣和,『書法正宗』,"董文敏云, 書須熟後生, 余謂熟字人人能解, 所謂生者, 熟後又臨摹古帖也. 熟後生則入化境, 脫略形迹, 則有一種超妙氣象. 若未經純熟, 漫擬高超, 是未學步先趨, 必蹶矣." 참조.

46) 흔히 말하는 生-熟-生의 삼단계론에서의 맨 마지막 단계의 '생'을 의미한다.

47) 華琳,『南宗抉秘』,"初學之士, 固不能如吳道子粉本在胸, 一夕脫手. 惟須多臨成稿, 使胸有成竹, 然後陶鑄古人, 自出機杼, 方成佳製. 不然師心自用, 非癡呆無心思, 卽乖戾無理法. 如文家之不善謀篇, 雖有綺語, 位置失所, 翻多疵謬. 且成稿, 亦豈易辦."

48) 許維,『小癡實錄』,"一日以白雲山樵王岑畫一帖贈之, 畫道, 難矣哉… 此倣元人筆法, 習此然後, 有漸悟之道矣. 每一本十廻臨倣可也."

49) 松年,『頤園論畫』,"多讀古人之名畫如詩文, 多讀名大家之作, 融貫我胸, 其文暗有神助, 畫境正復相似. 腹中成稿富庶, 臨局亦暗有神助, 筆墨交關, 有不期然而然之妙, 所謂暗合孫吳兵法也. 如臨摹名家畫本, 不知何處爲病, 何處爲佳, 不妨師友, 互相請益, 恥於文人, 則終身無長進之時. 近所傳之芥子園畫譜, 議論確當無疵, 初學足可矜式. 先將根脚打好, 起蓋樓臺, 自然堅實. 根脚不固, 雖雕樑畵棟, 亦是虛架强撑, 終防傾倒."

50) 松年, 『頤園論畵』, "平日虛心受教, 放眼遊覽, 以眼前眞境爲藍本, 以古人名蹟作規模, 畵格高超, 人更儒雅. 存心行事, 不染流俗, 品學旣優, 人自敬重, 名亦隨之, 洋溢乎中國矣."

51) 華翼綸, 『畵說』, "畵法古人, 而法古, 必先能鑑古. 徜以贋本臨摹, 泥其跡而遺其神矣. 惟知古人用筆之妙, 自然一望而知爲何人筆, 暗中摸索, 猶能識之. 賞鑒精, 則心目與古人相契, 下筆便已神似, 無庸摹倣也."

52) 朴趾源, 『熱河日記』, "大抵我東習字者, 未見古人墨蹟, 平生所臨, 只是金石. 金石, 但可想像古人典型, 而其筆墨之間, 無限神情, 已屬先天. 雖能彷彿體勢, 而觔骨强梁, 都無筆意. 濃爲墨猪, 焦爲枯藤. 此無他, 石刻鐵劃, 習與性成, 又紙筆尤異中國."

53) 『周易』 「乾卦」, "夫大人者, 與天地合其德, 與日月合其明, 與四時合其序, 與鬼神合其吉凶, 先天而天弗違, 後天而奉天時."

54) 劉熙載, 『書概』, "聖人作易, 立象以盡意. 意, 先天, 書之本也. 象, 後天, 書之用也."

55) 李修易, 『小蓬萊閣畵鑑』, "古人不可復作矣, 見古人之筆墨, 如對古人也. 用筆若何, 用墨若何, 設色若何, 直陳於卷軸, 而一無所隱… 噫, 一藝之微, 而覺授受之難也."

56) 張式, 『畵譚』, "古人畵說, 各有精義, 古人眞迹, 其法具在, 善學者, 體味而尋索之, 自能升堂入室. 但入手, 不宜雜獵, 擇一種可領略者, 臨習之. 測度其規模, 料理其墨采, 愼重其筆脚, 要接神在空有之間, 活活潑潑, 一筆是筆, 循循有序, 用心日久, 漸近自然, 纔知畵之妙理乃爾."

57) 沈宗騫, 『芥舟學畵編』 「作法」, "初學作畵, 固欲分別許多門徑法則, 某物當用何法, 某家當用何筆. 少識筆墨道理, 便儀消去, 一意臨摹古人成作爲要. 臨摹時先取法派平正者, 看其用筆大意, 取其一段, 細揣其法, 未能卽得, 百遍千遍, 務得其故而后及其他處. 若便求之全局, 恐反失逐段筆墨精妙之處. 故未得其道, 縱一絲不改, 彼自氣象萬千, 我則牽强滿紙. 如得其道, 則彼多而我偶少, 彼重而我或輕, 無妨于大概, 無害于畵理, 而筆墨之間自然合拍, 乃是臨摹得益功夫… 有功夫者打一圈子便得石之神理, 功夫尙淺, 法度未純, 雖用意摹寫, 神理愈失."

58) 蔣和, 『學畵雜論』 「用稿」, "學習須終規矩入, 神化亦從規矩出, 離規矩, 便無理無法矣. 初時不可立論高遠, 以形似爲可薄. 取古畵筆墨之蒼勁簡老者, 學之須數年之功, 可到. 終此精進, 超乎象外, 庶幾得之."

59) 沈宗騫, 『芥舟學畵編』 「摹古」, "時有今古之不同, 而心同手同法同, 安在古今人

不相及也. 且所用之法, 古人已盡之矣. 士生明備之后, 苟能得古人所用之法以爲法, 則心手間自超凡軼俗矣. 夫天下無離性情以爲法者, 無古之成法, 無以發我之性情耳. 然則時雖有今古, 若本性情以爲法, 因卽法以見性情, 則今古無少異也. 故雖倣古不可有古而無我, 正以有我之性情也. 以我之性情合古人之性情, 而無不同者. 蓋以古人之法, 卽古人之性情之見端也. 法同則性情亦無以異矣. 故倣古正惟貴有我之情在耳. 假舍我以求古, 不但失我, 且失古矣." 및 沈宗騫, 『芥舟學畫編』「摹古」, "人特患不能盡取古人之法, 懸于腕下, 苟能取之, 無非是我之性靈, 卽無非是古人之眷屬. 今日所作, 是一個樣子, 明日所作, 又是一個樣子, 局局不同, 而筆筆是古, 乃是倣古有我."

60) 沈宗騫, 『芥舟學畫編』「自運」, "前言倣古必自存其爲我, 謂以古人之法度運自己之心思也. 此言自運, 又當復必有古法, 謂運我之心思不可暫忘古人之法度也. 心思雖變化而無方, 法度則一定而不易." 및 沈宗騫, 『芥舟學畫編』「自運」, "心之所運, 日出而不窮, 法之所存, 一定而不易, 是以胸中丘壑原非我所固有. 平時遍摹各家, 漸識其承接掩映, 來去虛實之故, 當揮灑時自有一重一掩, 不寬不迫意思, 方得大家體段, 方合古人丘壑. 若故意弄巧, 强爲牽扯掯, 雖無碍于畫理, 而甚遠于大方." 참조.

61) 沈宗騫, 『芥舟學畫編』「自運」, "宋元逮降, 意思猶皆近古, 至其規矩之縝密, 尤非復后人所能望見. 去古旣遠, 風會日靡, 規矩日廢, 遂至古意蕩然. 原其故, 蓋因取資未多, 師心實甚, 旣不肯從古人吃緊處下實際工夫, 驟欲自開門面. 詭形殊態, 自矜自喜, 甚至訛以傳訛, 轉相倣效, 而庸耳俗目又從而揚譽之, 遂至漸染一方, 家弦戶誦, 或以古法詰之. 彼且曰, 古自成其爲古, 我自成其爲我."

62) 盛大士, 『谿山臥遊錄』, "凡學畫者, 得名家眞本, 須識心靜氣, 再四翫索, 然後含毫伸紙, 略取大意. 興之所到, 卽彼疎我密, 彼密我疎, 彼澹我濃, 彼濃我澹, 皆無不可. 不必規規於淺深遠近長短闊狹間也. 久而領其旨趣, 吸其元神, 自然生面頓開, 學者見古人名蹟, 或過眼卽棄, 或依樣鉤摹, 胥失之矣."

63) 임태승, 『아이콘과 코드』, 미술문화, 2006, p.205.

제12장
동양미학에서의 모방과 창조

1) 項穆, 『書法雅言』「品格」, "妙入時中, 繼往開來, 永垂模軌."

2) 李完雨, 「朝鮮中期書藝의 흐름」(『朝鮮中期書藝』, 예술의 전당, 1993, p.251) 및 이완우, 『石峯韓濩書藝硏究』(한국정신문화원 박사논문, 1998, p.174) 참조.

3) 李廷龜, 『月沙集』 권47 「韓石峯墓碣銘幷書」, "翰林朱之蕃來我國曰, 石峯書, 當與王右軍顔眞卿相優劣."

4) 李奎象, 『幷世才彦錄』 「書家錄」, "白下始純模於遺敎經黃庭經, 其模臨帖者, 莫辨何者王者尹."

5) 청대에는 정제된 형식과 기교의 세련미를 중요시하는 이른바 신전통 南宗畵를 이룬 王時敏, 王鑑, 王翬, 王原祁 등의 '四王'과 吳歷, 惲格을 합하여 '四王吳惲' 혹은 '淸六家'라 하는데, '사왕'으로 일컬어지는 화가들은 옛것을 모방하는 산수화풍을 펼쳤다.

6) 金弘大, 『朝鮮時代倣作硏究』, 홍익대 석사논문, 2002, p.5.

7) 임태승, 『아이콘과 코드』, 미술문화, 2006, p.47.

8) '古人', '古之人'이란 것이 그것이다.

9) 倣에 대해 『廣韻』 『正字通』에서는 "學也."라고 하여 고서나 고화를 학습하는 것을 가리킨다. 金弘大, 『朝鮮時代倣作硏究』, 홍익대 석사논문, 2002, p.5.

10) 『論語』 「學而」 1장에 대한 주희의 주, "學之爲言效也. 人性皆善, 而覺有先後, 後覺者必效先覺之所爲, 乃可以明善而復其初也."

11) 『論語』 「述而」 1장, "子曰, 述而不作, 信而好古, 竊比於我老彭." 주희는 "'술'은 옛것을 전할 따름이다. '작'은 창시하는 것이다(述, 傳舊而耳. 作, 則創始也)"라 주석한다.

12) 『中庸』 30장, "仲尼, 祖述堯舜, 憲章文武, 上律天時, 下襲水土."

13) 『中庸』 30장에 대한 주희 주, "祖述者, 遠宗其道, 憲章者, 近守其法. 律天時者, 法其自然之運, 襲水土者, 因其一定之理, 皆兼內外, 該本末而言也."

14) 『論語』 「爲政」 11장, "子曰, 溫故而知新, 可謂爲師矣."

15) 『論語』 「爲政」 11장에 대한 주희 주, "言學能時習舊聞, 而每有新得, 則所學在我, 而其應不窮."

16) 『論語』 「學而」 1장에 대한 주희의 주, "說, 喜意也. 旣學而又時時習之, 則所學者熟, 而中心喜悅, 其心自不能已矣."

17) 韓林德, 『石濤評傳』, 南京大學出版社, 1998, p.197.

18) 董其昌, 『畵禪室隨筆』, "畵家以古人爲師, 已是上乘, 進此當以天地爲師."

19) 『筆訣』 「論作字法」, "古語曰, 太上傳神, 其次傳意, 其次傳形, 傳形非依樣乎. 又有所不可行, 欲免依樣, 而妄作之, 妄作反害矣."

20) 『筆訣』「論作字法」, "依樣者之言曰, 吾効古法, 其字與劃恰肖似, 殊不知不知而依樣, 則不能肖似也. 一字一畫, 或近疑似, 何能字字畫畫, 形雖疑似, 意則未也."

21) 『筆訣』「論作字法」, "自用者之言曰, 吾自得妙理, 不屑乎依樣古人, 殊不知不知而妄作, 則非自得也."

22) 『筆訣』「論作字法」, "所謂自得者, 因古人之法, 而尋其意. 非若依樣者之徒効於法也. 述古人之意, 而發明之, 非若自用者之妄背於法也."

23) 石濤, 『大滌子題畫詩跋』「跋畫」 권1 「山水」, "古人未立法之先, 不知古人法何法. 古人旣立法之后, 便不容今人出古法, 千百年來, 遂使今人不能出一頭地也. 師古人之迹, 而不師古人之心, 宜其不能出一頭地也, 寃哉."

24) 石濤, 『畫語錄』「變化章」, "至人無法, 非無法也. 無法而法, 乃至法也."

25) 『畫語錄』「變化章」, "凡事有經必有權, 有法必有化. 一知其經, 卽變其權, 一知其法, 卽功於化."

26) 권경론은 원래 맹자가 말한 것으로, 불변적 윤리로서의 經과 상황에 따른 상황윤리로서의 權이란 윤리학적 의미가 있지만, 예술에서 응용되기도 한다.

27) 石濤, 『山水冊』 題跋, 「丁酉偶畫漫識於西湖之冷泉」, "畫有南北宗, 書有二王法. 張融有言, 不限臣無二王法, 恨二王無臣法. 今問南北宗, 我宗邪, 宗我邪. 一時捧腹曰, 我自用我法."

28) 石濤, 『畫語錄』「變化章」, "古者, 識之具也. 化者, 識其具而弗爲也. 具古以化, 未見夫人也. 嘗憾其泥古不化者, 是識拘之也. 識拘于似則不廣, 故君子借古以開今也. 又曰, 至人無法, 非無法也, 無法而法, 乃爲至法."

29) 『畫語錄』「變化章」, "夫畫, 天下變通之大法, 山川形勢之精英也, 古今造物之陶冶也, 陰陽氣度之流行也. 借筆墨以寫天地萬物, 而陶泳乎我也."

30) 『畫語錄』「變化章」, "今人不明乎此, 動則曰, 某家皴點, 可以立脚, 非似某家山水, 不能傳久. 某家淸澹, 可以立品, 非似某家工巧, 只足娛人. 是我爲某家役, 非某家爲我用也. 縱逼似某家, 亦食某家殘羹耳. 於我何有哉."

31) 이런 현상은 강희 때 청 왕조의 통치자들이 문예상에 程朱 理學에 기초한 '淸眞雅正'한 풍격과 밀접하게 연관이 있다. 즉 이것은 유가의 '中和'의 심미이상이 청대에 반영된 일종의 특수한 표현이다.

32) 石濤, 『大滌子題畫詩跋』 권1 「山水」, 「跋畫」 참조.

33) 『畫語錄』「變化章」, "我之爲我, 自有我在, 古之鬚眉, 不能生在我之面目, 古之肺腑, 不能安入我之腹腸. 我自發我之肺腑, 揭我之鬚眉. 縱有時觸著某家, 是某家就我也. 非我故爲某家也."

34) 鄭燮,「蘭竹石圖」,"古之善畵者, 大都以造物爲師."

35) 韓幹은 唐代에 말 그림의 명가이다. 寫生을 중시했으며, 일찍이 궁중 및 여러 王府의 名馬를 두루 그렸다.

36) 鄭燮,「墨竹圖」,"予客居天寧寺西杏園, 亦曰, 後園竹十萬個, 皆吾師也. 復何師乎."

37) 鄭燮,「墨竹圖」,"夏日新篁初放, 綠陰照人. 置一小榻其中, 甚凉適野. 秋冬之際, 取圍屛骨子, 斷去兩頭. 橫安以爲窓櫺, 用均薄潔白之紙糊之. 風和日暖, 凍蠅觸窓紙上, 冬冬作小鼓聲. 於時一片竹影零亂, 豈非天然圖畵乎. 凡吾畵竹, 無所師承, 多得於紙窓粉壁日光月影中耳."

38) 鄭燮,「題蘭竹石」,"畵蘭之法, 三枝五葉. 畵石之法, 叢三取五. 皆起手法, 非爲蘭竹一道僅僅如此. 遂了其生平學問也. 古之善畵者, 大都以造物爲師. 天之所生, 卽吾之所畵, 總需一塊元氣團結而成. 此幅雖屬小景, 要是山脚下洞穴旁之蘭, 不是盆中磊石湊栽之蘭, 謂其氣整故爾. 聊作二十八字以繫于后. 敢云我畵竟無師, 亦有開蒙上學時. 畵到天機流露處, 無今無古寸心知."

39) 鄭燮,「題畵竹」,"昔東坡居士作枯木竹石, 使有枯木石而無竹, 則黯然無色矣. 余作竹作石, 固無取于枯木也. 意在畵竹, 則竹爲主, 以石輔之. 今石反大于竹, 多于竹, 又出于格外也. 不泥古法, 不執己見, 惟在活而已矣."

40) 鄭燮,「亂蘭亂竹亂石與汪希林」,"掀天揭地之文, 震電驚雷之字, 呵神罵鬼之談, 無古無今之畵. 原不在尋常孔眼中也. 未畵以前, 不立一格, 旣畵以后, 不留一格."

41) 鄭燮,「墨竹圖」,"石濤畵竹, 好野戰, 略無紀律, 而紀律自在其中, 燮爲江君穎長作此大幅, 極力倣之. 橫塗竪抹, 要自筆筆在法中, 未能一筆逾于法外. 甚矣, 石公之不可及也. 功夫氣候, 僭差一點不得."

42)『鄭板橋集』,「爲黃陵廟女道士畵竹」,"學一半, 撇一半, 未嘗全學, 非不欲全, 實不能全, 亦不必全也. 十分學七要抛三, 各有靈苗各自探."

43)『鄭板橋文集』「蘭竹圖」,"近代白丁淸湘, 或渾成, 或奇縱, 皆脫古維新特立." 참조.

제13장
유가의 '성중형외誠中形外' 사유에 나타난 상덕미학象德美學

1) 扁鵲,『黃帝八十一難經』「六十一難」,"望而知之謂之神, 聞而知之謂之聖, 問而知之謂之工, 切脈而知之謂之巧."

2) 『書經』「冏命」, "愼簡乃僚, 無以巧言令色便側媚, 其惟吉士."

3) 구리야마 시게히사 지음, 정우진·권상옥 옮김, 『몸의 노래』(동양의 몸과 서양의 몸), 이음, 2014, p.178.

4) 『論語』「學而」, "巧言令色, 鮮矣仁."

5) 楊儒賓 著, 『儒家的身體觀』, 中央硏究院中國文哲硏究所, 中華民國93, p.51.

6) 『孟子』「盡心章下」, "浩生不害問曰, 樂正子何人也. 孟子曰, 善人也, 信人也. 何謂善, 何謂信. 曰可欲之謂善."

7) 『禮記』「樂記」, "情深而文明, 文明而化神, 和順積中, 而英華發外."

8) 내재적 기의 드러남과 인간의 심신 및 신체의 관계에 대한 것은 몇몇 자료가 있다. 楊儒賓 主編, 『中國古代思想中的氣論及身體觀』(巨流圖書公司, 2009), 楊儒賓 著, 『儒家的身體觀』(中央硏究院中國文哲硏究所, 中華民國93), 張艶艶, 『先秦儒道身體觀及其美學意義考察』(上海古籍出版社, 2007), 湯淺泰雄 저, 김영희 역, 『身體: 동양적 身心論의 시도』(박영사, 1992), 미우라 구니오 지음, 이승연 옮김, 『주희와 기 그리고 몸』(예문서원, 2003), 이시다 히데미 지음, 이동철 옮김, 『기 흐르는 신체』(열린책들, 2000), 이거룡 외 지음, 『몸 또는 욕망의 사다리』(한길사, 1999), 楊儒賓 著, 『儒家的身體觀』을 제외한 대부분의 저작들이 주로 한의학이나 도교의 관점에서 논의하고 있다.

9) 『大學』 6章, "所謂誠其意者, 毋自欺也, 如惡惡臭, 如好好色, 此之謂自謙(慊), 故君子必愼其獨也. 小人閒居, 爲不善, 無所不至, 見君子而后, 厭然掩其不善, 而著其善. 人之視己, 如見其肺肝然, 則何益矣. 此謂誠於中, 形於外. 故君子必愼其獨也. 富潤屋, 德潤身, 心廣體胖. 故君子必誠其意."

10) 조민환, 「유가미학에서 바라본 몸」(이거룡 외 지음, 몸 또는 욕망의 사다리, 한길사, 1999 所收) 참조.

11) 『大戴禮記』「文王官人」, "誠在其中, 此見於外."

12) '心廣體胖'에 대한 주희의 주석, "朱熹曰, 心無愧怍, 則廣大寬平, 而體常舒泰." 참조.

13) 『中庸』 1장, "是故君子戒愼乎其所不睹, 恐懼乎其所不聞."에 대한 朱熹의 주석 "是以君子之心常存敬畏, 雖不見聞, 亦不敢忽. 所以存天理之本然, 而不使離於須臾之頃也." 참조.

14) 『中庸』 1장, "莫見乎隱, 莫顯乎微, 故君子愼其獨也."에 대한 朱熹의 주석, "是以君子旣常戒懼, 而於此尤加謹焉. 所以遏人欲於將萌, 而不使其滋長於隱微之中, 以至離道之遠也." 참조.

15) 『管子』「內業」, “心全於內, 形全於外.”

16) 『管子』「心術下」, “全心在中不可匿, 外見于形容, 可知于顔色.”

17) 『管子』「君臣下」, “戒心形于內, 則容貌動于外.”

18) 『新唐書』「選擧志」(下), “凡擇人之法有四, 一曰身, 體貌豊偉. 二曰言, 言辭辨正. 三曰書, 楷法遒美. 四曰判, 文理優長. 四事皆可取, 則先德行. 德均以才, 才均以勞, 得者爲留, 不得者爲放.”

19) 王充, 『論衡』「知實」, 참조.

20) 王充, 『論衡』「知實」, “志在胸臆之中, 藏匿不見, 髡能知之. 以髡等爲聖, 則髡聖人也. 如以髡等非聖, 則聖人之知, 何以過髡之知惠王也. 觀色以窺心, 皆有因緣以准的之.”

21) 『大戴禮記』「文王官人」, “三曰誠在其中, 此見於外, 以其見占其隱, 以其細占其大, 以其聲處其氣. 初氣主物, 物生有聲, 聲有剛有柔, 有濁有清, 有好有惡, 咸發於聲也. 心氣華誕者, 其聲流散, 心氣順信者, 其聲順節, 心氣鄙戾者, 其聲斯醜, 心氣寬柔者, 其聲溫好. 信氣中易, 義氣時舒, 智氣簡備, 勇氣壯直. 聽其聲, 處其氣, 考其所爲, 觀其所由, 察其所安, 以其前占其後, 以其見占其隱, 以其小占其大. 此之謂視中也.”

22) 揚雄, 『法言』「問神」, “言, 心聲也. 書, 心畵也.”

23) 구리야마 시게히사 지음, 앞의 책, p.187.

24) 『大戴禮記』「文王官人」, “四曰民有五性, 喜,怒,欲,懼,憂也. 喜氣內畜, 雖欲隱之, 陽喜必見. 怒氣內畜, 雖欲隱之, 陽怒必見. 欲氣內畜, 雖欲隱之, 陽欲必見. 懼氣內畜, 雖欲隱之, 陽懼必見. 憂悲之氣內畜, 雖欲隱之, 陽憂必見. 五氣誠於中, 發形於外, 民情不隱也… 誠智必有難盡之色, 誠仁必有可尊之色, 誠勇必有難懾之色, 誠忠必有可親之色, 誠潔必有難汙之色, 誠靜必有可信之色. 質色皓然固以安, 僞色縵然亂以煩, 雖欲故之中, 色不聽也. 雖變可知, 此之謂觀色也.”

25) 구리야마 시게히사 지음, 앞의 책, p.183.

26) 『朱子語類』 권34 『論語』「述而篇·子溫而厲章」, “子, 溫而厲, 威而不猛, 恭而安. 須看厲, 便自有威底意思, 不猛, 便自有溫底意思… 諸公且看聖人威底氣象是如何. 久之云, 聖人德盛, 自然尊嚴.”

27) 『論語』「爲政」, “子曰, 吾與回言終日, 不違如愚.”

28) 『二程集』 권6, “仲尼, 元氣也. 顔子, 春生也. 孟子並秋殺盡見. 仲尼無所不包, 顔子視不違如愚之學於後世, 有自然之和氣, 不言而化者也. 孟子則露其材, 蓋亦時然而已. 仲尼, 天地也. 顔子, 和風慶雲也. 孟子, 泰山岩岩之氣象也. 觀其言皆可

見之矣. 仲尼無迹, 顔子微有迹, 孟子其迹著. 孔子儘是明快人, 顔子儘豈弟, 孟子儘雄辨."

29) 『二程集』 권2, "聖人之德行, 固不可得而名狀, 若顔子底一箇氣象, 吾曹亦心知之. 欲學聖人, 且須學顔子."

30) 『二程集』 권19, "孟子大賢, 亞聖之次也. 或問, 英氣於甚處見. 曰, 但以孔子之言比之, 便見, 如冰與水精非不光. 比之玉, 自是有溫潤含蓄氣象, 無許多光耀也."

31) 『詩經』 「國風·秦風·小戎」, "言念君子, 溫其如玉."

32) 『荀子』 「法行」, "夫玉者, 君子比德焉. 溫潤而澤, 仁也. 栗而理, 知也. 堅剛而不屈, 義也. 廉而不劌, 行也. 折而不撓, 勇也. 瑕適並見, 情也. 扣之, 其聲清揚而遠聞, 其止輟然, 辭也. 故雖有珉之雕雕, 不若玉之章章. 詩曰, 言念君子, 溫其如玉, 此之謂也."

33) 『二程集』 권19, "曾子善形容聖人氣像. 曰, 子, 溫而厲, 威而不猛, 恭而安."

34) 『二程集』 권34, "赤舃几几, 只是形容周公一箇氣象, 乃孟子所謂睟面盎背, 四體不言而喩之意. 雍雍在宮, 肅肅在廟, 只是形容文王氣象. 大抵古人形容聖人多此類, 如倬彼雲漢, 爲章于天, 亦是形容聖人也."

35) 『詩經』 「周頌·臣工之什·有瞽」, "肅雍和鳴, 先祖是聽." 『예기』 「악기」에서는 이것을 인용한 다음 "夫肅肅, 敬也, 雍雍, 和也. 夫敬以和, 何事不行."라고 말한 적이 있다.

36) 『二程集』 권22 『二程集』, 第284頁, "凡看文字, 非只要理會語言, 要識得聖賢氣象. 如孔子曰, 盍各言爾志. 而由曰, 願車馬, 衣輕裘, 與朋友共, 敝之而無憾. 顔子曰, 願無伐善, 無施勞. 孔子曰, 老者安之, 朋友信之, 少者懷之. 觀此數句, 便見聖賢氣象大段不同. 若讀此不見得聖賢氣象, 他處也難見. 學者須要理會得聖賢氣象."

37) 『二程集』 권37, "學者不學聖人則已. 欲學之, 須熟玩味聖人之氣象."

38) 『朱子語類』 권29 『論語』 「公冶長下·顔淵季路侍章」, "伊川令學者看聖賢氣象. 曰, 要看聖賢氣象則甚… 聖人氣象雖非常人之所可能. 然其如天底氣象, 亦須知常以是涵養於胸中."

39) 『朱子語類』 권40 『論語』 「先進篇下·子路曾晳冉有公西華侍坐章」, "或問曾點氣象. 曰, 曾點氣象, 固是從容灑落."

40) 『近思錄』 권14 「聖賢」, "仲尼, 元氣也… 孟子則露其才, 蓋是亦時然而已"

41) 『二程集』 권2, "要修持佗這天理, 則在德, 須有不言而信者. 言難爲形狀, 養之則須直不愧屋漏與愼獨, 這是箇持養底氣象也."

42) 『論語』 「先進」, "閔子侍側, 誾誾如也. 子路, 行行如也. 冉有·子貢, 侃侃如也. 子樂. 若由也, 不得其死然."

43) 『朱子語類』 권39 『論語』 「先進篇上·閔子侍側章」, "問閔子誾誾, 冉有子貢侃侃, 二者氣象. 曰, 閔子純粹, 冉有子貢便較粗了. 侃侃, 便有盡發見在外底氣象. 閔子則較近裏些子."

44) 『二程集』 권39, "問莊周與佛如何. 伊川曰, 周安得比他佛. 佛說直有高妙處, 莊周氣象大."

45) 程頤, 『明道先生行狀』, "先生資稟既異, 而充養有道, 純粹如精金, 溫潤如良玉. 寬而有制, 和而不流, 忠誠貫於金石, 孝悌通於神明. 視其色, 其接物也, 如春陽之溫. 聽其言, 其入人也, 如時雨之潤, 胸懷洞然, 徹視無間. 測其蘊, 則浩乎若蒼溟之無際, 極其德, 美言蓋不足以形容."

46) 『二程集』 권12, "其爲氣也, 配義與道, 道有冲漠之氣象."

47) 『近思錄』 권14, 「聖賢」, "劉安禮云, "明道先生德性充完, 粹和之氣, 盎於面背. 樂易多恕, 終日怡悅. 立之從先生三十年, 未嘗見其忿厲之容."

48) 『孟子』 「盡心上」, "君子所性, 仁義礼智根於心. 其生色也, 睟然見於面, 盎於背, 施於四体."에 대한 주희의 "睟然, 清和潤沢之貌." 참조.

49) 『素問』 「解精微論」 第81篇, "夫心者, 五臟之專精也. 目者, 其竅也. 華色者, 其榮也. 是以人有德也, 則氣和於目. 有亡, 憂知於色."

50) 『國語』 권11, "夫貌, 情之華也."

51) 구리야마 시게히사 지음, 정우진·권상옥 옮김, 『몸의 노래』(동양의 몸과 서양의 몸), 이음, 2014, p.191.

52) 『二程集』 권3, "人必有仁義之心, 然後仁與義之氣, 睟然達於外. 故不得於心, 勿求於氣可也."

53) 『孟子』 「盡心上」, "孟子曰, 君子所性, 仁義禮智根於心. 其生色也, 睟然見於面, 盎於背, 施於四體, 四體不言而喻."

54) 『孟子』 「盡心上」, "形色, 天性也. 惟聖人然後可以踐形." 楊儒賓 著, 『儒家的身體觀』, 中央研究院中國文哲研究所, 中華民國93, p.45.

55) 위의 『孟子』 「盡心上」 내용에 대한 朱熹의 주석, "仁義禮智, 性之四德也. 根, 本也. 生, 發見也. 睟然, 清和潤澤之貌. 盎, 豐厚盈溢之意. 施於四體, 謂見於動作威儀之閒也. 喻, 曉也. 四體不言而喻, 言四體不待吾言, 而自能曉吾意也. 蓋氣稟清明, 無物欲之累, 則性之四德根本於心, 其積之盛, 則發而著見於外者, 不待言而無不順也."

56) 『朱子語類』 권34 『論語』 「述而篇·德之不修章」, "或問此章. 曰, 須實見得是如

何. 德是甚麼物事. 如何喚做修, 如何喚做不修. 人而無欲害人之心, 這是德, 得之於吾心也."

57) 『朱子語類』 권34 『論語』 「述而篇·志於道章」, "德者, 已之所獨得, 如能忠, 能孝, 則是就做處言也."

58) 『朱子語類』 권34 『論語』 「述而篇·志於道章」, "問據於德云. 曰, 德者, 吾之所自有, 非自外而得也."

59) 『朱子語類』 권34 『論語』 「述而篇·志於道章」, "正卿問志道, 據德, 依仁. 曰, 德, 是自家心下得這箇道理, 如欲爲忠而得其所以忠, 如欲爲孝而得其所以孝."

60) 『朱子語類』 권34 『論語』 「述而篇·德之不修章」, "立之問此章. 曰, 德是理之既得於吾心者, 便已是我有底物事了."

61) 『朱子語類』 권34 『論語』 「述而篇·志於道章」, "據於德. 德者, 得之於身. 然既得之, 守不定, 亦會失了."

62) 『朱子語類』 권60 『孟子』 「盡心上·廣土眾民」, "問仁義禮智根於心. 曰, 上說君子, 是通聖人言. 蓋君子氣稟清明, 無物欲之累. 故合下生時, 這箇根便著土, 所以生色形見於外. 眾人則合下生時, 便爲氣稟物欲一重隔了, 這箇根便未著土在."

63) 『朱子語類』 권60 『孟子』 「盡心上·廣土眾民」, "蓋有殘忍底心, 便沒了仁之根. 有頑鈍底心, 便沒了義之根. 有忿狠底心, 便沒了禮之根. 有黑暗底心, 便沒了智之根. 都各有一重隔了, 而今人只要去其氣質物欲之隔, 教四者之根著土而已. 如堯舜性之, 便是根已著土了. 湯武反之, 便是元來未曾著土, 而今方移得來著土了."

64) 『朱子語類』 권60 『孟子』 「盡心上·廣土眾民」, "安卿問, 仁義禮智根於心, 何謂根. 曰, 養得到, 見得明, 便自然生根, 此是人功夫做來."

65) 『朱子語類』 권60 『孟子』 「盡心上·廣土眾民」, "看文字當看大意, 又看句語中何字是切要. 孟子謂仁義禮智根於心, 只根字甚有意. 如此用心, 義理自出."

66) 『二程集』 권6, "居處恭, 執事敬, 與人忠, 充此便睟面盎背, 有諸中必形諸外, 觀其氣象便有得."

67) 『二程集』 권2, "程子曰, 睟面盎背, 皆積盛致然. 四體不言而喻, 惟有德者能之."

68) 『周易』 「乾卦·文言」, "子曰, 君子, 進德修業, 忠信所以進德也. 修辭立其誠, 所以居業也."

69) 程頤, 『易傳』, "內積忠信, 所以進德也. 擇言篤志, 所以居業也."

70) 『孟子』 「公孫丑上」, "敢問何謂浩然之氣. 曰, 難言也. 其爲氣也, 至大至剛, 以直養而無害, 則塞于天地之間. 其爲氣也, 配義與道, 無是, 餒也. 是集義所生者, 非義襲而取之也."

71) 『二程集』 권16, "集義所生, 非義襲而取之也. 集義是積義, 所生如集大成. 若累土爲山, 須是積土乃成山, 非是山已成形, 乃名爲義."

72) 『朱子語類』 卷69 「易·乾下」, "伊川說內積忠信, 積字說得好. 某實其善之說雖密, 不似積字見得積在此, 而未見於事之意."

73) 『朱子語類』 卷69 「易·乾下」, "內積忠信, 一言一動, 必忠必信, 是積也."

74) 『朱子語類』 卷69 「易·乾下」, "忠信所以進德, 實便光明, 如誠意之潤身."

75) 『朱子語類』 卷69 「易·乾下」, "忠信進德, 便是意誠處. 至如惡惡臭, 如好好色, 然後有地可據, 而無私累牽擾之患, 其進德孰禦."

76) 『朱子語類』 卷69 「易·乾下」, "忠信是根, 有此根便能發生枝葉. 業是外面有端緒者."

77) 『朱子語類』 卷69 「易·乾下」, "問, 內積忠信, 是誠之於內, 擇言篤志, 是誠之於外否. 曰, 內積忠信是實心, 擇言篤志是實事."

78) 『二程集』 권2, "德性謂天賦天姿, 才之美者也."

79) 朱熹가 『論語集注』에서 인용한 "程子曰, 顏淵問克己復禮之目, 子曰, 非禮勿視, 非禮勿聽, 非禮勿言, 非禮勿動, 四者, 身之用也. 由乎中而應乎外, 制於外, 所以養中也. 顏淵事四語, 所以進於聖人, 後之學聖人者, 宜服膺而勿失也. 因箴以自警." 참조.

80) 朱熹가 『論語集注』에서 인용한 정이의 「사물잠」 가운데 「心箴」인 "箴曰, 心兮本虛, 應物無迹. 操之有要, 視爲之則. 蔽交於前, 其中則遷. 制之於外, 以安其內. 克己復禮, 久而誠矣." 참조.

81) 『詩經』 「大雅·抑」, "相在爾室, 尚不愧於屋漏."에 나오는 말인데, 『중용』 33장에서는 "詩云, 相在爾室, 尚不愧於屋漏. 故君子不動而敬, 不言而信."라는 말을 한다. 屋漏는 방의 북서쪽의 어두운 구석인데, 군자는 사람이 보지 않는 곳에서도 타인에게 보여도 부끄럽지 않은 마음과 행동거지를 취한다는 것이다.

82) 『二程集』 권2, "要修持佗這天理, 則在德, 須有不言而信者, 言難爲形狀. 養之, 則須直不愧屋漏與愼獨, 這是箇持養底氣象也."

제14장
동양예술에 나타난 인품론에 관한 연구

1) 楊賓, 『大瓢偶筆』 권5 「論宋四家」, "宋四家書本號蘇黃米蔡, 後以蔡京當國而亦以書名, 遂以京易之. 後人以京小人而書又無骨, 仍以君謨易之, 皆非三家同時也. 宋四家書本稱蘇黃米蔡, 朱熹以黃米欹側狂怪, 世俗甲乙非是. 沈啟南以君謨爲朱熹所重, 乃更爲蔡蘇黃米. 余則以爲蘇冠於黃米之前亦未允當, 遂於書要更定之曰蔡黃米蘇." 참조.

2) 梁啟超, 『李鴻章傳』, "其下者則巧言令色, 獻媚人主, 竊弄國柄, 荼毒生民, 如秦之趙高, 漢之十常侍, 唐之盧杞李林甫, 宋之蔡京秦檜韓侂胄, 明之劉瑾魏忠賢, 穿窬斗筲, 無足比數. 此爲權臣之第四種類. 以上四者, 中國數千年所稱權臣, 略盡於是矣."

3) 蘇軾, 「書評」, "蔡君謨書, 天資既高, 積學深至, 心手相應, 變態無窮, 遂爲本朝第一."

4) 朱熹가 『朱子語類』 권146 「論文下」에서 蔡襄에 대해 "字被蘇黃胡亂寫壞了. 近見蔡君謨一帖, 字字有法度, 如端人正士, 方是字."라고 말한 것이 그 하나의 예다.

5) 張孝祥, 『事文類聚』, "書至唐最盛, 雖經生書亦可觀, 其傳者以人不以書也. 褚, 薛, 歐, 虞太宗名臣, 魯公之忠義, 公權之筆諫, 雖不能書, 若人何如哉."

6) 蘇軾, 「論唐六家書」, "苟非其人, 雖工而不貴也."

7) 서여기인에 관한 자세한 것은 조민환, 「書如其人의 儒家哲學的 考察」(『동양철학연구』 30집, 동양철학연구회, 2002)을 참조할 것.

8) 劉熙載, 『藝概』, "書, 如也. 書其學, 如其才, 如其志, 總之曰如其人而已… 賢哲之書溫醇, 駿雄之書沈毅, 畸士之書歷落, 才子之書秀穎… 書可觀識, 筆法字體, 彼此取合各殊, 識之高下存焉矣."

9) 沈括, 『夢溪筆談』 권17 「書畵」, "王仲至閱吾家畫, 最愛王維畫黃梅出山圖. 蓋其所圖黃梅曹溪二人, 氣韻神檢, 皆如其爲人. 讀二人事跡, 還觀所畫, 可以想見其人."

10) 蘇軾, 「書唐氏六家書後」, "凡書象其爲人. 率更貌寒寢, 敏語絕人. 今觀其書, 勁險刻厲, 正稱其貌耳."

11) 岳珂, 『寶眞齋法書讚』, "驗其字體, 則豪放而且有骨力, 激越而竟波瀾, 使名節足以齊驅, 則亦何羨乎哉. 然而所立所趨, 其視忠惠啻汚池之于太山. 故雖驚駬, 尙得而唾棄之"

12) 사람들이 채경이 친필로 쓴 「元祐黨籍碑」를 부순 것은 비를 부순 것이 아니라

결국 채경을 응징한 것이다.

13) 朱和羹, 『臨池心解』, "世稱宋人書, 必擧蘇黃米蔡. 蔡者, 謂京也. 京書姿媚, 何嘗不可傳. 後人惡其爲人, 斥去之, 而進端明于東破, 山谷, 元章之列. 然則士君子雖有絶藝, 而立身一敗, 爲世所羞, 可不爲殷鑒哉." 여기서 端明은 蔡襄의 관직이 端明殿學士에 이르렀기에 端明이라고도 한다. 채양의 자는 君謨다.

14) 서예가로서 이름을 날렸지만 賣國奴인 李完用이 그 예이다. 하지만 채경은 나라를 팔아먹은 매국노와는 달리 간신이었고, 이후 그의 서예세계는 때론 긍정적으로 평가받기도 한다.

15) 李潡, 『筆訣』 「評論書家·論古書」, "鍾繇質, 獻之不恭, 惟右軍爲得中, 右軍之謂集大成也. 夫子可以行則行, 可以止則止, 右軍之謂歟."

16) 孫過庭, 『書譜』, "謝安素善尺牘而輕子敬之書, 子敬嘗作佳書與之, 謂必存錄, 安輒題後答之, 甚以爲恨. 安嘗問敬, 卿書何如右軍, 答云, 故當勝."

17) 李潡, 『筆訣』 「評論書家·論孟頫」, "心術不正, 悖於正法. 故劃法回邪, 字法奸巧, 所以狐媚於世, 當如佞人而絶之, 孟頫之法, 亂眞極矣. 庸俗, 故高明者有所不取."

18) 張庚, 「論性情」, "趙文敏大節不惜, 故書畵皆嫵媚而帶俗氣."

19) 張弼, 徐渭, 傅山, 金農 등이 그것을 대표한다. 부산의 이른바 '四寧說[寧拙毋巧, 寧丑毋媚, 寧支離毋輕滑, 寧真率毋安排]'이나 劉熙載의 "醜到極處, 就是美到極處.", 包世臣의 '尊碑抑帖'의 사상도 이런 풍조의 영향을 받은 것이다. 朱良志, 『眞水無香』, 北京大學出版社, 2009, p.56 참조.

20) 歐陽脩, 『集古錄·唐顔眞卿二十二字帖跋』, "斯人忠義出于天性. 故其字畵剛勁, 獨立不襲前迹, 挺然奇偉, 有似其爲人."

21) 歐陽脩, 『歐陽文忠集』 「論字法」, "古之人皆能書, 獨其人之賢者傳遂遠. 然後世不推此, 但務于書, 不知前日工書, 隨與紙墨泯棄者, 不可勝數也. 使顔公書雖不佳, 後世見者必寶之. 楊凝式以直言諫其父, 其節見于艱危. 李建中淸愼溫雅, 愛其書者兼取其爲人也. 豈有其實, 然後存之久也. 非自賢哲必能書也. 唯賢者能存耳. 其餘泯泯, 不復見耳."

22) 松年, 『頤園論畵』, "書畵淸高, 首重人品. 品節其優, 不但人人重其筆墨, 更欽仰其人. 唐宋元明以及國朝諸賢, 凡善書畵者, 未有不品學兼長. 居官更講政績聲名, 所以後世貴重, 前賢已往, 而片紙只字皆以餠金購求. 書畵以人重, 信不誣也."

23) 蘇軾, 『書吳道子畫後』 「跋文」, "智者創物, 能者述焉, 非一人而成也. 君子之於學, 百工之於技, 自三代曆漢, 至唐而備矣. 故詩至於杜子美, 文至於韓退之, 書至於顔平原, 畫至於吳道子, 而古今之變天下之能事畢矣."

24) 楊守敬, 『學書邇言』「評碑」, "顔魯公書, 氣體質厚, 如端人正士, 不可褻視."

25) 劉熙載, 『書概』, "或問顔魯公書如何, 曰似司馬遷. 懷素書何似, 曰似莊子. 曰, 不以一沈著一飄逸乎. 曰, 必若此言, 是謂馬不飄逸, 莊不沈著也."

26) 朱熹, 『中庸章句』「序文」, "蓋自上古聖神繼天立極, 而道統之傳有自來矣… 旣皆以此而接夫道統之傳, 若吾夫子, 則雖不得其位, 而所以繼往聖開來學, 其功反有賢於堯舜者." 朱熹, 「隆興府學濂溪先生祠記」, "此先生之教, 所以繼往聖, 開來學, 有功於斯世也." 등 참조.

27) 『春秋左氏傳』「襄公29年」, "吳公子札來聘, 請觀於周樂… 見舞韶箾者, 德至矣哉. 大矣, 如天之無不幬也, 如地之無不載也. 雖甚盛德, 其蔑以加於此矣, 觀止矣. 若有他樂, 吾不敢請已." 참조.

28) 周星蓮, 『臨池管見』, "近又見得顔魯公書最好, 以其天趣橫生, 腳踏實地, 繼往開來, 惟此爲最. 昔人云, 詩至子美, 書至魯公, 足嘆觀止. 此言不余欺也."

29) 鄭杓, 『衍極』「至樸篇」, "顔眞卿含宏光大, 爲書統宗, 其氣象足以儀表衰俗."

30) 朱長文, 『墨池篇』「續書斷上」「神品」, "嗚呼, 魯公可謂忠烈之臣也… 其發于筆翰, 則剛毅雄特, 體嚴法備, 如忠臣義士, 正色立朝, 臨大節而不可奪也. 揚子雲以書爲心畵, 于魯公信矣."

31) 揚雄, 『法言』「問神」, "書, 心畵. 聲畵形君子小人見矣."

32) 劉熙載, 『書概』, "揚子以書爲心畵. 故書也者, 心學也. 心不若人而欲書之過人, 其勤而無所也宜矣. 寫字者, 寫志也. 故張長史授顔魯公曰, 非志士高人, 讵可與言要妙."

33) 姚孟起, 『書學憶參』, "淸心寡欲, 字亦精神, 是誠中形外之一證也."

34) 柳公權, 「筆諫」, "心正則筆正."

35) 項穆, 『書法雅言』「心相」, "柳公權曰, 心正則筆正, 余今曰, 人正則書正. 心爲人之帥, 心正則人正矣. 筆爲書之充, 筆正則事正矣. 人由心正, 書由筆正, 卽詩云思無邪, 禮云毋不敬. 書法大旨, 一語括之矣."

36) 心에 대한 이해는 사상가마다 차이가 있지만 대부분 心이 身의 주인이거나 혹은 신을 주재하는 것으로 본다. 陳淳, 『北溪字義』「心條」, "心者, 一身之主宰也." 王守仁, 『傳習錄』(上), "身之主宰便是心." 한국과 중국철학에서의 심에 관한 것은 문석윤, 『심: 동양적 마음의 탄생』(글항아리, 2013)에서 잘 정리하고 있다.

37) 陸九淵, 『象山選集』 23권 「荊門軍上元設廳皇極講義」, "若其正心, 其事善, 雖不曾識字, 亦自有讀書之功. 其心不正, 其事不善, 雖多讀書有何所用. 用之不善, 反增罪惡耳."

38) 項穆,『書法雅言』「心相」,"故欲正其書者, 先正其筆, 欲正其筆者, 先正其心. 若所謂誠意者, 卽以此心端己澄神, 勿虛勿貳也. 致知者, 卽以此心審其得失, 明乎取舍也. 格物者, 卽以此心博習精察, 不自專用也. 正心之外, 豈更有說哉."

39) 項穆,『書法雅言』「心相」,"蓋聞德性根本, 睟盎生色, 得心應手, 書亦云然. 書之心, 主張布算, 想象化裁, 意在筆端, 未形之相也. 書之相, 旋折進退, 威儀神采, 筆隨意發, 旣形之心也."

40) 『大學』6장,"小人閒居, 爲不善, 無所不至, 見君子而后, 厭然揜其不善, 而著其善. 人之視己, 如見其肺肝然, 則何益矣. 此謂誠於中, 形於外. 故君子必愼其獨也."

41) 周星蓮,『臨池管見』,"余謂筆墨之間, 本足覘人氣象, 書法亦然… 褚登善, 顔常山, 柳諫議, 文章妙古今, 忠義貫日月, 其書嚴正之氣溢于楮墨… 魯公渾厚天成, 精深博大, 所以爲有唐一代之冠."

42) 金紐,『璞齋集』권5「閒中筆談」,"退溪李先生, 書法純正, 類其爲人, 見之可尊. 嘗書佔畢書院四大字, 掛於我先祖佔畢齋書院, 其畢字, 儼然方正, 如公特立之氣象, 令人尤爲瞻仰也."

43) 項穆,『書法雅言』「心相」,"試以人品喻之, 宰輔則貴有愛君容賢之心, 正直忠厚之相. 將帥則貴有盡忠立節之心, 智勇萬全之相. 諫議則貴有正道格君之心, 謇諤不阿之相. 隱士則貴有樂善無悶之心, 遺世仙擧之相. 由此例推, 儒行也, 才子也, 佳人也, 僧道也, 莫不有本來之心, 合宜之相者. 所謂有諸中必形諸外, 觀其相可, 識其心."

44) 郝經,『陵川集』「移諸生論書法書」,"蓋皆以人品爲本, 其書法卽其心法也. 故柳公權謂心正則筆正, 雖一時諷諫, 亦書法之本也. 苟其人品凡下, 頗僻側媚, 縱其書工, 其中心蘊蓄者亦不能掩, 有諸內者, 必形諸外也."

45) 劉熙載,『書概』,"書尙淸而厚, 淸厚要必本于心行. 不然, 書雖幸免薄濁, 亦但爲他人寫照而已."

46) 傅山,『霜紅龕集』,"作字先作人, 人奇字自古."

47) 朱和羹,『臨池心解』,"學書不過一技耳, 然立品是第一關頭. 品高者, 一點一劃, 自有淸剛雅正之氣. 品下者, 雖激昻頓挫, 儼然可觀, 而縱橫剛暴, 未免流露楮外. 故以道德, 事功, 文章, 風節著者, 代不乏人. 論世者, 慕其人, 益重其書, 書人遂幷不虧于千古."

48) 金正喜,『阮堂集』卷7「雜著, 書示佑兒」,"隸法必以方勁古拙爲上. 其拙處又未可易得, 漢隸之妙 專在拙處. 且隸法非有胷中淸高古雅之意 無以出手."

49) 李瑞淸,『玉梅花盦書斷』,"學書尤貴多讀書, 讀書多則下筆自雅. 故自古來學問家雖不善書, 而其書有書卷氣. 故書以氣味爲第一. 不然但成乎技, 不足貴矣."

50) 蘇軾, 「柳氏二外生求筆迹」, "退筆成山未足珍, 讀書萬卷始通神."

51) 李健, 『書通』, "自來書品, 視其人品. 故無學不足以言書, 無品尤不足以言書. 此書道之理也."

52) 張式, 「畵譚」, "言, 身之文, 畵, 心之文也. 學畵當先修身, 修身則心氣和平, 能應萬物. 未有心不和平而能書畵者. 讀書以養性, 書畵以養心. 不讀書以能臻絶品者, 未之見也."

53) 黃庭堅, 『豫章黃先生文集』「跋與長載熙書卷尾」, "學書旣成, 且養於心中, 無俗氣, 然後可以作書示人楷式."

54) 虞世南, 「筆髓論」「契妙」, "欲書之時, 當收視反聽, 絶慮凝神. 心正氣和, 則契于妙. 心神不正, 書則欹斜. 志氣不和, 字則顚仆."

55) 趙壹, 「非草書」, "余懼其背經而趨俗, 此非所以弘道興世也."

56) 趙壹, 「非草書」, "第以此篇研思銳精, 豈若用之於彼聖經. 稽曆協律, 推步期程, 探賾鉤深, 幽贊神明, 覽天地之心, 推聖人之情. 析疑論之中, 理俗儒之諍, 依正道於邪說, 儕雅樂於鄭聲, 興至德之和睦, 宏大倫之玄清. 窮可以守身遺名, 達可以尊主致平, 以玆命世, 永鑒後生, 不亦淵乎."

57) 項穆, 『書法雅言』「書統」, "然書之作也, 帝王之經綸, 聖賢之學術. 至於玄文內典, 百氏九流, 詩歌之勸懲, 碑銘之訓戒, 不由斯字, 何以紀辭. 故書之爲功, 同流天地, 翼衛教經者也."

58) 周星蓮, 『臨池管見』, "中庸云, 誠者不勉而中, 不思而得, 從容中道. 誠之者, 擇善而固執之. 道也, 通乎藝矣. 學書者, 由勉強以漸近自然, 藝也, 進乎道矣."

59) 方東美, 「哲學三慧」『生生之德』, 黎明文化事業公司, 中華民國74, p.155 참조.

60) 『論語』「季氏」, "隱居以求其志, 行義以達其道."

61) 項穆, 『書法雅言』「書統」, "六經非心學乎, 傳經非六書乎. 正書法, 所以正人心也. 正人心, 所以閑聖道也."

62) 張彦遠, 『曆代名畫記』 권1 「敘畫之源流」, "夫畫者, 成教化, 助人倫, 窮神變, 測幽微, 與六籍同功, 四時並運, 發於天然, 非由述作."

63) 『性理大全』 권55 「字學」, "夫字者, 所以傳經, 載道, 述史, 記事, 治百官, 察萬民, 貫通三才, 其爲用大矣. 縮之以簡便, 華之以姿媚, 偏旁點畫, 浸浸失真, 弗省弗顧, 惟以悅目爲姝, 何其小用之哉."

64) 王昱, 「東莊論畵」, "畵中理氣二字, 人所共知, 亦人所共忽. 其要在修養心性, 則理正氣淸. 胸中自發浩蕩之思, 腕底乃生奇逸之趣, 然後可稱名作."

65) 張載,『宋元學案』,"爲天地立心, 爲生民立命, 爲往聖繼絶學, 爲萬世開太平."

66) 范仲淹, "以天下爲己任, 先天下之憂而憂, 後天下之樂而樂."

67) 顧炎武,『亭林文集』권4「與人書」,"君子之爲學, 以明道也, 以救世也. 徒以詩文而已, 所謂雕蟲篆刻, 亦何益哉."

68) 蘇軾,『書唐氏六家書後』,"古人論書者, 兼論其生平. 苟非其人, 雖工不貴也."

69) 郭若虛,「圖畫見聞志·敘論」,"人品既高矣, 氣韻不得不高. 氣韻既已高矣, 生動不能不奇."

70) 趙孟堅,『彝齋文編』권3「趙竹譚詩集序」,"詩非一藝也, 德之章, 心之聲也… 杜工部詩言愛君憂國, 不失其正, 此所以獨步于詩家者流也."

71) 王澍,『虛舟題跋』,"子昂以有宋宗臣, 失身事元, 可謂悖矣… 后世以其楷法之佳, 而不忍斥去, 節取何所不可. 李斯之篆法, 至今重之, 得謂以此而宥其亡秦之罪乎. 子昂書法自佳, 身自失節, 當分別觀之, 不可牽此蓋彼也."

72)『論語』「衛靈公」,"君子, 不以言擧人, 不以人廢言."

73) 吳德旋,『初月樓論書隨筆』,"張果亭, 王覺斯人品頹喪, 而作字居然有北宋大家之風, 豈得以其人而廢之." 여기서 장과정은 명대의 張瑞圖를 말하고, 왕각사는 명말 청초의 王鐸을 말한다. 장서도의 호는 果亭山人이다. 사람들은 장서도가 天啓 연간에 환관 魏忠賢에 아부하여 武英殿大學士에 올랐지만 위충현의 실각과 함께 면직된 부정적인 행적을 문제 삼는다. 왕탁의 경우 후세 사람들은 왕탁이 명이 멸망할 때 남경 복왕을 찾아갔으나, 순치 2년(1645) 청에게 항복한 것을 문제 삼는다.

74) 翁方綱,『復初齋書論集萃』,"趙子昂之仕元, 人皆議之, 而其書人皆習之, 說者以爲此自二義, 不相妨也. 吾則欲合而論之者. 君子之論人也, 擇其要者, 權其重輕, 則可以尙論古人耳. 夫以出處之節, 與藝文之末, 擇而權之, 孰重孰輕乎, 則必曰出處爲重, 爲要矣. 然而吾欲合觀者, 何也… 吾則謂子昂出處之大者, 人旣皆知之, 又能莫以此全廢之, 則何若以人所最取重之書法論之. 而其書之側媚取姸, 實非書之正路. 吾每見趙書之側鋒者, 笑曰, 奸佞體也. 俾後來學者專趨圓熟流便, 以悅人目, 而漸失古法, 此所爲害于學術人心者大矣. 此較之但執出處以概其生平者, 孰爲切中哉. 吾則又有說焉. 子昂大楷多側媚, 而小楷尙有存黃庭之遺意者, 行書則實有淵深渾厚可入晋人室者. 專取其書法之深厚以概其餘, 則子昂之眞品出矣. 上而米書, 下而董書皆極神秀, 皆有習氣. 以子昂之深厚例之, 則可以仰窺晋法, 其有功于學者, 視米董爲更優." 참조.

75) 孫過庭,『書譜』,"假令運用未周, 尙虧工于秘奧, 而波瀾之際, 已浚發于靈臺."

76) 張懷瓘,「書斷」,"深識書者, 惟觀神彩, 不見字形."

77) 楊賓, 『大瓢偶筆』 권8 「偶筆識餘」, "李後主云, 後世書家可得右軍之一體. 虞世南得其美韻而失其俊邁, 歐陽詢得其力而失其溫秀, 褚遂良得其意而失其變化, 薛稷得其清而失於窘拘, 顏真卿得其筋而失於粗魯, 柳公權得其骨而失於生獷, 徐浩得其肉而失於俗, 李邕得其氣而失於體格, 張旭得其法而失於狂. 獨獻之俱得, 而失於驚急, 無蘊藉態度. 余謂此評誠有根據."

78) 이런 안진경의 글씨를 유공권 글씨와 비교하여 '안진경의 서체에는 힘줄이 있고 유공권의 서체에는 뼈가 있다[顏筋柳骨]'라고 평가하기도 한다.

79) 楊愼, 『墨池瑣錄』 권2, "書法之壞, 自顏真卿始. 自顏而下, 終晚唐無晉韻矣. 至五代李後主, 始知病之, 謂顏書有楷法而無佳處, 正如叉手並足如田舍郎翁耳. 李之論一出, 至宋米元章評之曰, 顏書筆頭如蒸餅, 大醜惡可厭. 又曰, 顏行書可觀, 真便入俗品. 米之言雖近風, 不爲無理. 然能言而行不逮. 至趙子昂出, 一洗顏柳之病, 直以晉人爲師, 右軍之後, 一人而已."

80) 예를 들면 何良俊이 「四友齋書論」에서 "顏魯公奇秀獨出, 一變古法, 如杜子美詩, 格力天縱, 奄有漢魏晉宋以來風流, 後之作者, 殆難復措手. 柳少師本出於顏, 而能自出新意, 一字百金, 非虛語也."라고 하는 것이 그것이다. 董其昌이 『畵禪室隨筆』에서 "書家以險絶爲奇, 此竅惟魯公, 楊少師得之, 趙吳興不能解也. 今人眼目爲吳興所遮障."이라고 말한 것도 유사한 사유에 속한다.

81) 元代의 佚名, 『書法三昧』, "古人論書云, 一須人品高, 二須師法古, 是書之法, 學者習之. 固常熟之於手, 必先修諸德, 以熟之於身, 德而熟之於身, 書之於手, 如是而爲書焉. 其容止之可觀, 進退之可度, 隱然自見於毫楮之間, 端嚴而不刻, 溫厚而難犯, 如鄧之論蔡君謨, 始可以爲善矣. 臨池君子, 其謂然乎."

82) 蘇軾, 『東坡題跋』 「論君謨書」, "歐陽文忠公論書云, 蔡君謨獨步當世, 此爲至論. 言君謨行書第一, 小楷第二, 草書第三. 就其所長而求其所短, 大字爲小疏也. 天資既高, 輔以篤學, 其獨步當世, 宜哉. 近歲論君謨書者, 頗有異論, 故特明之.", 蘇軾, 『東坡題跋』 「跋君謨書賦」, "余評近風書, 以君謨爲第一, 而論者或不然, 殆未易與不知者言也. 書法當自小楷出, 豈有正未能而以行草稱也. 君謨年二十九而楷法如此, 知其本末矣." 참조

83) 戈守智, 『漢溪書法通解』 「名人論書」, "蔡君謨如文姬胡笳十八拍, 雖清氣爲頓挫, 亦時有閨房態度. 米襄陽曰, 君謨書如懷春女子, 體態妖嬈, 訪雲尋雨. 鄧肅曰, 蔡書溫厚而弱, 下筆端嚴, 不涉粗豪習氣. 故有宋四家蘇醞藉黃流麗米峭拔, 而蔡以渾厚居其上."

84) 馮班, 『鈍吟書要』, "宋人蔡君謨書最佳, 今人不重, 只緣不學古耳."

85) 吳德善,「初月樓論書隨筆」,"東坡自云, 余書盡意作之, 似蔡君謨, 稍放似楊風子. 東坡於少師, 神似非形似, 觀其筆勢, 殆可伯仲. 君謨學平原而出以恬和, 和能入雅, 恬亦近俗, 較之東坡, 殊爲遜矣."

86) 朱和羹,『臨池心解』,"自歐虞顔柳旭素, 以至宋四大家, 各用古法損益. 若趙承旨, 則各體俱有師承, 不必己撰, 要是元代第一人. 評者乃以奴書誚之, 眞蚍蜉之撼大樹也."

87) 楊賓,『大瓢偶筆』 권8「偶筆識餘」,"書貴有骨, 然骨存其人, 非可強而致也. 六朝以前無論已. 唐以後如歐褚徐張顔柳范蔡歐蘇黃米朱文諸公, 書皆與其人相似, 絕無軟熟嫵媚之態. 若鍾紹京, 蔡京, 趙松雪輩, 書未嘗不佳, 而骨則微矣. 此可與知者道, 難與世人言也."

88) 王紱,『書畵傳習錄』,"蔡京, 深得右軍筆意, 自名一家. 尤擅大字, 莊重遒勍, 巍巍若巨鰲之載昆侖, 翩翩如大鵬之翻溟海, 稱爲一時巨觀. 所可恨者, 奸黨碑乃其親書, 又進豊亨裕大之說, 以致二帝北狩, 京之首禍奚辭."

89) 鄭道傳,『三峯集』 권5「經濟文鑑上·宰相」,"蔡京姦邪百出, 是時小人更迭用事, 馴致中原之變, 噫."

90) 그 하나의 예로 周世鵬,『武陵雜稿』 권6「雜著·闢邪」,"蔡京, 雖名推尊王氏, 然其淫侈縱恣. 所以敗亂天下者, 不盡出於金陵也."라는 것을 들 수 있다.

91) 成海應,『研經齋全集』(續集) 16책「書畵雜識·題嶽武穆筆後」,"武穆筆, 流傳東土, 雕刻於嶺南某縣, 雄傑如其人然, 忠義亦增其敬也, 殆欲整襟起拜. 如蔡京筆, 未嘗不妙, 人未有貴之者, 以其品行之匪人也. 士之飭躬, 當何如也."

92) 李德懋,『青莊館全書』 권50「耳目口心書·三」,"宋之問, 古之詖人也. 其詩溫平, 果出於性情之正乎. 蔡京, 古之譎人也. 其筆勁端, 果從心而形晝乎. 是或別種子乎. 然詩也筆也, 技而已矣. 只觀其大體之如何, 則邪正可分也."

93) 成俔,『慵齋叢話』 권9 "余嘗到開京安和寺, 見殿額, 則宋徽宗所書, 而門額則蔡京書也. 雖皆君臣之失道者, 然其年代之遠, 筆跡之妙, 則可寶也. 庶人瑢書, 大慈菴海藏殿白華閣之字, 蔚然有飛動意, 亦絶寶也."

94) 안중근 의사는 뤼순 감옥에서 50여 점의 글씨를 남겼다고 하는데, 안 의사의 절개와 기품에 감복한 뤼순 감옥 일본인 간수계장 나카무라 등의 도움으로 옥중 유품은 보존될 수 있었고, 나카무라 가문과 다른 일본인 소장자들이 간직하고 있던 50여 점의 유묵 가운데 30여 점이 그동안 국내로 돌아왔다. 안중근 서예 遺墨은「지정번호 보물 596-×호」 등으로 되어 있는데, 2007년 10월 현재「지정번호 보물 596-26호」까지 지정되어 있다.

제15장
유가의 몸에 대한 인식을 통해 본 신체미학

1) 김용호, 『몸으로 생각한다』, 민음사, 1997, p.39.
2) 이승환, 「눈빛, 낯빛, 몸짓: 유가전통에서의 덕의 감성적 표현에 관하여」, 『감성의 철학』, 민음사, 1996.
3) 金聖鎬, 「신체, 그 테마로서의 현대미술」(『미술세계』, 1997년 4월) 참조.
4) 몸과 마음, 정신과 육체, 영혼과 육신 등에 관한 차이점은 유초하, 「동서의 철학적 전통에서 본 육체」(『문화과학』 4호, 1993년 가을)를 참조할 것.
5) 이승환, 앞의 논문(『감성의 철학』, 민음사, 1996, p.131) 참조. 서양 전통철학의 영혼/육체의 관계론은 영혼이 주인이고 육체는 그 영혼의 도구에 불과하다는 정신주의나, 반대로 육체가 주인이고 영혼은 그 육체의 부수현상에 지나지 않는다고 보는 물질주의로 대변된다(김형효, 『메를로 뽕띠와 애매성의 철학』, 철학과 현실사, 1995, p. 65). 이런 사고에 대하여 메를로 뽕띠는 심신일원론적 사고로서 '살의 철학'을 말하고, 니체는 순수 이성의 동일성으로 결정화되는 자아란 존재하지 않고, 이성이란 몸의 주인이 아니고, 정신은 몸을 매개로 표현된다 하여 심신일원론적 철학을 주장하기도 한다(김성현, 『니체의 몸의 철학』, 지성의 샘, 1995, pp.172~179) 참조. 하지만 이런 사유는 흔히 서양철학의 주류는 아니라고 평가한다.
6) 이글에서는 논의의 편의상 동양미학, 그중에서도 유가미학의 관점에서 바라본 몸을 고찰하고자 한다. 이렇게 범위를 한정시키는 것은 유가사상과 도가사상 이 두 사상은 그들의 철학이 다른 만큼 그것에 바탕한 몸의 미학도 다르게 나타나고, 이런 것을 제한된 지면에 다 논의할 수 없기 때문이다.
7) 陳淳, 『北溪字義』 「心條」, "心者, 一身之主宰也."
8) 王守仁, 『傳習錄』(上), "身之主宰便是心."
9) 王守仁, 『傳習錄』(中) 「答顧東橋書」, "心者, 身之主也."
10) 陳淳, 『北溪字義』 「心條」, "大抵人得天地之理爲性, 得天地之氣爲體, 理與氣合, 方成箇心." 『管子』 「心術下」, "氣, 身之充也."
11) 『淮南子』 「原道訓」, "夫形者, 生之舍也. 氣者, 生之充也. 神者, 生之制也. 一失則三者傷矣."
12) 『莊子』 「至樂」, "察其始而本無生, 非徒無生也, 而本無形. 非徒無形, 而本無氣.

雜乎芒芴之間, 變而有氣, 氣變而有形, 形變而有生, 今又變而之死."『莊子』「知北遊」, "人之生, 氣之聚也. 聚則爲生, 散則爲死." 참조.

13) 『孟子』「公孫丑上」, "夫志, 氣之帥也, 氣, 體之充也. 夫志至焉, 氣次焉."

14) James Legge는 志를 心과 동의어로 이해한다. James Legge, 『THE WORKS OF MENCIUS』, "From his language here, and in the next paragraph, we see that he uses 志 and 心 synonymously."

15) 『孟子』「公孫丑上」, "志壹則動氣, 氣壹則動志也. 今夫蹶者趨者, 是氣也而反動其心."

16) 『孟子』「公孫丑上」의 앞의 내용에 대한 程頤의 注, "程子曰, 志動氣者什九, 氣動志者什一."

17) 『孟子』「公孫丑上」의 앞의 내용에 대한 慶源輔氏의 細注, "志而無氣, 則志無所使."를 참조할 것.

18) 山井涌 等編, 『氣の思想』, 東京大學出版社, 1978, p.356.

19) 『管子』「心術下」, "氣者, 身之充也, 行者, 正之義也. 充不美, 則心不得, 行不正, 則民不服." 및 『管子』「心術下」, "精存自生, 其外安榮, 內藏以爲泉原, 浩然和平, 以爲氣淵."

20) 『孟子』「盡心章下」 25장, "浩生不害問曰, 樂正子何人也. 孟子曰, 善人也, 信人也. 何謂善, 何謂信. 曰, 可欲之謂善, 有諸己之謂信, 充實之謂美, 充實而有光輝之謂大, 大而化之之謂聖, 聖而不可知之之謂神."

21) '充實而有光輝之謂大, 大而化之之謂聖'에 대한 朱熹의 주, "和順積中而榮華發外, 美在其中而暢於四支, 發於事業, 則德業至誠而不可加矣."

22) 『周易』「坤卦·文言」, "君子, 黃中通理, 正位居體, 美在其中而暢於四支, 發於事業, 美之至也."

23) 『禮記』「樂記」, "君子曰, 禮樂不可斯須去身, 治樂以治心, 則易直子諒之心, 油然生矣. 易直子諒之心, 生則樂, 樂則安, 安則久, 久則天, 天則神. 天則不言而信, 神則不怒而威. 治樂以治心者也."

24) 『禮記』「樂記」의 앞의 내용에 대한 西山眞氏의 주석, "(西山眞氏曰), 生樂久安, 猶孟子所謂善信美大也. 至於天且神, 則大而化之矣." 참조.

25) 이승환, 앞의 논문, p.135.

26) 『大學』 6장, "小人閒居, 爲不善, 無所不至, 見君子而后, 厭然揜其不善, 而著其善. 人之視己, 如見其肺肝然, 則何益矣. 此謂, 誠於中, 形於外. 故君子 必愼其獨也. 曾子曰 十目所視, 十手所指, 其嚴乎."

27) 이승환, 앞의 논문, p.134 참조.

28) 여기서의 樂은 詩·歌·舞를 총칭하는 종합예술체로서의 악이다.

29) 『禮記』「樂記」, "德者, 性之端也, 樂者, 德之華也… 是故情深而文明, 氣盛而化神, 和順積中而英華發外, 惟樂不可以爲僞."

30) 『大學』 6장, "心廣體胖."

31) 『孟子』「離婁上」, "存乎人者, 莫良於眸子, 眸子不能掩其惡. 胸中正則眸子瞭焉. 胸中不正則眸子眊焉. 聽其言也, 觀其眸子, 人焉廋哉."

32) 주희는 『孟子』「離婁上」의 앞의 문장에 대하여 "蓋人與物接之時, 其神在目. 故胸中正則神精而明, 不正則神散而昏."이라 주석한다.

33) 『孟子』「離婁上」의 앞의 문장에 대한 西山眞氏의 細注, "(西山眞氏曰), 目者, 精神之所發, 而言者心術之所形. 故審其言之邪正, 驗其目之明昧, 而人之賢否不可掩焉. 此觀人之一法也." 참조.

34) 이런 점과 관련해 劉邵는 『人物志』「九徵」에서 "夫色見於貌, 所謂徵神. 徵神見貌, 則情發於目. 故人, 目之精, 慤然以端. 勇, 膽之精, 曄然以彊."이라 한다. 이 밖에 劉邵, 『人物志』「九徵」, "陰陽淸和, 則中叡外明. 聖人淳耀, 能兼二美. 知微知章, 自非聖人, 莫能兩遂. 夫聲暢於氣, 則實存貌色. 故誠仁, 必有溫柔之色, 誠勇, 必有矜奮之色, 誠智, 必有明達之色. 五質內充, 五精外章. 是以目彩五暉之光也. 故曰, 物生有形, 形有神精, 能知精神, 則窮理盡性. 性之所盡, 九質之徵也." 참조.

35) 여기서 우선 확인할 것은, 이같이 눈동자를 중시하는 사상은 회화이론에서 形神論 혹은 傳神 이론으로 나타났다는 것이다.

36) 『禮記』「樂記」, "故樂也者, 動於內者也. 禮也者, 動於外者也. 樂極和, 禮極順, 內和而外順, 則民瞻其顔色而弗與爭也. 望其容貌而民不生易慢焉, 故德輝動於內, 而民莫不承聽. 理發諸外, 而民莫不承順. 故曰治禮樂之道, 擧而錯之天下, 無難矣." 참조.

37) R. H. 반훌릭, 장원철 역, 『중국성풍속사』, 까치, 1993, p.300 참조.

38) 顧愷之, 「女史箴圖」의 9번째 그림의 「畫卷」, "美者自美, 翻以取尤, 冶容求好, 君子取仇, 結恩而絶, 寔此之由."

39) 『論語』「八佾」, "子夏問曰, 巧笑倩兮, 美目盼兮. 素以爲絢兮, 何謂也. 子曰, 繪事後素."

40) 『論語』「八佾」, "子曰, 關雎, 樂而不淫, 哀而不傷."

41) 『詩經』「國風·周南」의 「關雎章」에 대한 朱熹의 注, "孔子曰, 關雎樂而不淫, 哀而不傷. 愚謂, 此言爲此詩者, 得其性情之正, 聲氣之和也."

42) 『論語』「顔淵」, "子曰, 非禮勿視, 非禮勿聽, 非禮勿言, 非禮不動."

43) 김성태, 「몸-주체성의 표현양식」, 『철학』 43집, 한국철학회, 1995, p.40.

44) 朱熹, 『朱熹文集』 권11 「戊申封事」, "孔子所以有克己復禮之云, 皆所以正吾此心而爲天下萬事之本也."

45) 『朱子語類』 권5, "性者, 心之理. 情者, 性之動, 心者, 性情之主."

46) 『朱子語類』 권78, "知覺從耳目之欲上去, 便是人心. 知覺從義理上去, 便是道心."

47) 朱熹의 『中庸章句序』, "有人心道心之異者, 則以其或生於形氣之私, 或原於性命之正."

48) 『近思錄』 권5 「克己類」, "伊川先生曰, 大抵人有身, 便有自私之理, 宜其與道難一."

49) 朱熹, 『四書或問』 권12, "然人有是身, 則耳目口體之間, 不能無私欲之累, 以違於禮而害夫仁."

50) 『朱子語類』 권13, "問飮食之間, 孰爲天理, 孰爲人欲. 曰, 飮食者, 天理也. 要求美味, 人欲也."

51) 『程氏遺書』 권22, "餓死事小, 失節事大."

52) 『二程遺書』 권25, "欲之害人也, 人之爲不善, 欲誘之也. 誘之而弗知, 則至於天理滅而不知反. 故目則欲色, 耳則欲聲, 而至鼻則欲香, 口則欲味, 體則欲安, 此則有以使之也."

53) 朱熹, 『朱熹文集』 「經筵講義」, "目之欲色, 耳之欲聲, 口之欲味, 鼻之欲臭, 四肢之欲安佚, 所以害乎其德者, 豈可勝言也哉."

54) 『朱子語類』 권41, "緊緊閉門, 自就身上細體認, 覺得方有私意便克去."

55) 『朱子語類』 권108, "治道必本於正心修身."

56) 이런 것이 문학에 적용된 것이 '문은 도를 실어야 한다[文以載道]'는 학설, '문은 도를 밝혀야 한다[文以明道]'는 학설이다.

57) 배영동, 『명말청초사상』, 민음사, 1992, p.84.

58) 朱熹, 『中庸章句』의 서문, "必使道心常爲一身之主, 而人心每聽命焉, 則危者安, 微者著, 而動靜云爲, 自無過不及之差矣." 참조.

59) 王守仁, 『傳習錄』上, "愛問, 道心常爲一身之主, 而人心每聽命, 以先生精一之訓推之, 此語似有弊. 先生曰, 然, 心一也. 未雜於人謂之道心, 雜以人僞謂之人心. 人心之得其正者卽道心, 道心之失其正者卽人心, 初非有二心也."

60) 王守仁, 『傳習錄』下, "無心則無身, 無身則無心. 但指其充塞處言之謂之身, 指其主宰處言之謂之心."

61) 심학의 이단적 사고의 미학적 측면에 관한 것은 趙士林, 『心學與美學』(중국사회

과학출판사, 1992)을 참조할 것.

62) 何心隱, 『爨桐集』 권2, "性而味, 性而色, 性而聲, 性而安逸, 性也."

63) 王艮, 『王心齋先生遺集』 卷1, "安其身而安其心者, 上也. 不安其身而安其心者, 次之.. 不安其身, 又不安其心, 斯其爲下矣."

64) 王艮, 『王心齋先生遺集』 卷1, "修身, 立本也. 立本, 安身也. 安身以安家而家齊, 安身以安國而國治, 安身以安天下, 而天下平也. 故曰, 修己以安人, 修己以安百姓, 修其身而天下平. 不知安身, 便去干天下國家事, 此之謂失本也." 그리고 王艮은 『王心齋先生遺集』 卷1에서 "明哲者, 良知也. 明哲保身者, 良知良能也. 知保身者則必愛身, 能愛身則不敢不愛人, 能愛人則人必愛我, 人愛我則吾身保矣."라 하여 愛身, 保身을 말한다.

65) 王艮, 何心隱 철학에 관한 것은 金守中, 「양명학의 大同사회의식에 관한 연구」-王守仁, 王艮, 何心隱을 중심으로-, (서울대학교 박사학위논문, 1991)를 참조할 것.

66) 李贄, 『焚書』 권1 「爲黃安二上人」, "當時陽明先生門徒遍天下, 獨有心齋爲最英靈."

67) 李贄, 『焚書』 권1, "穿衣吃飯, 卽是人倫物理, 除却穿衣吃飯, 無倫物矣."

68) 李贄, 『藏書』 권24, "夫私者, 人之心也. 人必有私, 而後其心乃見."

69) 戴震, 『孟子字義疏證』 「權」, "凡以爲, 理宅於心, 不出於理則出於欲, 不出於欲則出於理. 未有不以意見爲理而禍天下者也."

70) 戴震, 『孟子字義疏證』 「權」, "此理欲之辨, 適成忍而殘殺之具, 爲禍又如是也."

71) 戴震, 『孟子字義疏證』 「才」, "人生而後有欲, 有情, 有知. 三者, 血氣心知之自然也."

72) 戴震, 『孟子字義疏證』 「理」, "天理者, 節其欲而不窮人欲也. 是故欲不可窮, 非不可有. 有而節之, 使無過情, 無不及情, 可謂之非天理乎."

73) 戴震, 『孟子字義疏證』 「才」, "有是身, 故有聲色臭味之欲. 有是身, 而君臣父子夫婦昆弟朋友之倫具. 故有喜怒哀樂之情. 惟有欲有情而又有知, 然後欲得遂也, 情得達也. 天下之事, 使欲之得遂, 情之得達, 斯已矣."

74) 戴震, 『孟子字義疏證』 「才」, "欲之失爲私, 私則貪邪隨之矣."

75) 戴震, 『孟子字義疏證』 「才」, "不私, 則其欲皆仁也, 皆禮義也."

76) 조선조 申潤福의 탄생도 조선조를 지배하였던 정주이학이 약화됨과 무관하지 않다고 할 수 있다.

77) 申潤福, 「月下情人圖」의 畫題, "月沈沈夜三更, 兩人心事兩人知."

78) 申潤福, 「美人圖」의 畫題, "盤礴胸中萬化春, 筆端能與物傳神."

79) 張彦遠, 『歷代名畫記』 권5 「魏晉勝流畫贊」, "畵人嘗數年不點目睛, 人問其故.

答曰, 四體姸蚩, 本無關於妙處, 傳神寫照, 正在阿堵之中."

80) 顧愷之, 「論畵」, "若長短剛軟深淺廣狹與點睛之節, 上下大小醲薄, 有一毫小失, 則神氣與之俱變矣."

제16장
쇄락灑落과 천재적 광기의 미학적 이해

1) 『朱子大全』 권43 「答林擇之」, "程子言敬必以整齊嚴肅正衣冠尊瞻視爲先又言未有箕踞而心不慢者如此乃是至論."

2) 『中庸』 1장, "道也者, 不可須臾離也, 可離非道也. 是故君子戒愼乎其所不睹, 恐懼乎其所不聞. 莫見乎隱, 莫顯乎微. 故君子愼其獨也."에 대한 주희의 주석, "道者, 日用事物當行之理, 皆性之德而具於心, 無物不有, 無時不然, 所以不可須臾離也. 若其可離, 則爲外物而非道矣. 是以君子之心常存敬畏, 雖不見聞, 亦不敢忽. 所以存天理之本然, 而不使離於須臾之頃也… 獨者, 人所不知而己所獨知之地也. 言幽暗之中, 細微之事, 跡雖未形而幾則已動, 人雖不知而己獨知之, 則是天下之事, 無有著見明顯而過於此者. 是以君子旣常戒懼, 而於此尤加謹焉. 所以遏人欲於將萌, 而不使其滋長於隱微之中, 以至離道之遠也." 참조.

3) 『朱子大全』 권45 「答廖子晦」, "二先生… 故曰, 毋不敬, 儼若思, 又曰, 事思敬, 執思敬, 豈必以攝心坐禪, 而謂之敬哉. 禮樂故必相須, 然所謂樂者, 亦不過謂胸中無事, 而自和樂耳, 非是著意方開一路, 而欲其和樂也. 然欲胸中無事, 非敬不能. 故程子曰, 敬則自然和樂.", 『二程全書』 권2, "中心斯須不和不樂, 則鄙詐之心入之矣. 此與敬以直內同理, 謂敬爲和樂則不可. 然敬須和樂, 只是中心沒事也." 참조.

4) 黃庭堅, 『豫章集』 「濂溪詩序」, "舂陵周茂叔, 人品甚高, 胸懷灑落, 如光風霽月."

5) 『宋史』 「周敦頤傳」 卷四二七, "周敦頤掾南安時, 程珦通判軍事, 視其氣貌非常人, 與語知其爲學知道, 因與爲友, 使二子顥頤往受業焉. 敦頤每令尋孔顔樂處所樂何事. 二程之學源流乎此矣. 故顥之言曰, 自再見周茂叔後, 吟風弄月以歸, 有吾與點也之意."

6) 『朱子大全』 권42 「答石子重」, "胸中灑落, 如光風霽月氣象."

7) 『朱子大全』 권31 「答張敬夫」, "大抵明道之言發明極致通透灑落善開發人. 伊川之言, 卽事明理, 質慤精深, 尤耐詛嚼. 然明道之言一見便好久看愈好. 所以賢愚皆獲

其益. 伊川之言乍見未好久看方好. 故非久於玩索者不能得其味. 此其自任所以有成人材尊師道之不同. 明道渾然天成不犯人力伊川功夫造極 可奪天巧."

8) 『二程遺書』 권12 「戊冬見伯淳先生洛中所聞」, "孔子與點, 蓋與聖人之同, 便是堯舜氣象也. 誠異三子者之撰, 特行有不掩焉者, 眞所謂狂矣. 子路等所見者小, 子路只爲不達爲國以理道理, 所以爲夫子笑. 若知爲國以理之道, 便卻是這氣象也."

9) 『朱子大全』 「遺集」 권1 「風乎舞雩」, "羣趨浴沂水, 遙集舞雩風.", 「浴沂」, "只就吾身分上思, 相呼童子浴沂歸, 更無一點閒思想, 正是助忘俱勿時." 이 밖에 「讀書樂四首·春」의 "山光照檻水遶廓, 舞雩歸詠春風香, 好鳥枝頭亦朋友, 落花水面皆文章."에서 봄철 '舞雩歸詠'을 읊고 있다. 曾點에 대해서 『주자대전』 권1 「曾點」에서 "春服初成麗景遲, 步隨流水玩晴漪, 微吟緩節歸來晚, 一任輕風拂面吹."라 읊는다.

10) 주희는 『論語』 「先進」 증점의 '浴沂詠歸'에 대해 "曾點之學, 蓋有以見夫人欲盡處, 天理流行, 隨處充滿, 無所欠闕. 故其動靜之際, 從容如此, 而其言志則又不過卽其所居之位, 樂其日用之常, 初無舍己爲人之意. 而其胸次悠然, 直與天地萬物, 上下同流, 各得其所之妙, 隱然自見於言外."라고 극찬하고 있다.

11) 『朱子語類』 권40, "曾點意思, 與莊周相似, 只不至如此跌蕩."

12) 『朱子文集』 권43, 「答陳明仲·爲長府與季氏聚斂事」, "曾點見道無疑, 心不累事, 其胸次灑落, 有非言語所能形容者. 故雖夫子有如或知爾之問, 而其所對亦未嘗少出其位焉. 蓋若將終身於此者, 而其語言氣象, 則固位天地育萬物之事也. 但其下學工夫實未至此. 故夫子雖喟然與之, 而終以爲狂也."

13) 『朱子文集』 권42 「答石子重, 從事於斯」, "門人詳記曾晳舍瑟之事, 但欲見其從容不迫, 灑落自在之意耳. 若如此言, 則流於莊列之到矣. 且人之擧動, 孰非天機之自動耶. 然亦只此便見曾晳狂處, 蓋所見高而涵養未至也."

14) 『朱子語類』 권40, "曾晳不曾見他工夫, 只是天資高後自說著. 如夫子說吾黨之小子狂簡斐然成章, 不知所以裁之, 這便是狂簡. 如莊列之徒皆是. 他自說得恁地好, 所以夫子要歸裁正之. 若是不裁, 只管聽他恁地, 今日也浴沂詠歸, 明日也浴沂詠歸, 却做箇甚麼合殺."

15) 『朱子大全』 권31 「答張敬夫論癸巳論語說」, "若夫曾晳言志, 乃其中心之所願, 而可樂之事也. 蓋其見道分明, 無所係累, 從容和樂, 欲與萬物各得其所之意, 莫不藹然見於詞氣之間. 明道所謂與聖人之志同, 便是堯舜氣象者, 正指此以言之也. 學者欲求曾晳之胸懷氣象, 而舍此以求之, 則亦有沒世以不可得者矣."

16) 『朱子文集』 권53 「答胡季隨, 所喩兩條」, "今乃復有來書之喩, 其言欲以灑落爲始

學之事, 而可以力致… 纔有令之之心, 卽便終身不能得灑落者, 此尤切至之論. 蓋纔有此意便不自然, 其自謂灑落者, 乃是疏略放肆之異名耳. 選此兩三重病痛, 如何能到眞實灑落地位耶."

17) 『傳習錄』「拾遺」, "是月, 舒柏有敬畏累灑落之問, 劉侯有入山養靜之問. 先生曰, 君子之所謂敬畏者, 非恐懼憂患之謂也. 戒慎不睹, 恐懼不聞之謂耳. 君子之所謂灑落者, 非曠蕩放逸之謂也. 乃其心體不累於欲, 無入而不自得之渭耳. 夫心之本體, 卽天理也. 天理之昭明靈覺, 所謂良知也. 君子戒懼之功, 無時或間, 則天理常存, 而其昭明靈覺之本體, 自無所昏蔽, 自無所牽擾, 自無所歉餒愧作. 動容周旋而中體, 從心所欲而不逾, 斯乃所謂真灑落矣. 是灑落生於天理之常存, 天理常存生於戒慎恐懼之無間, 孰謂敬畏之心, 反爲灑落累耶."

18) 『論語』「季氏」, "子曰, 生而知之者上矣, 學而知之者次矣, 困而學之又其次也. 困而不學, 民斯爲下矣."

19) 劉劭(? ~ ?)는 後漢부터 三國時代에 생존했으며, 魏나라에서 활약한 인물임.

20) 유소는 『人物志』「體別」에서 中庸을 기준으로 하여 剛毅之人, 柔順之人, 雄悍之人, 懼慎之人, 淩楷之人, 辨博之人, 弘普之人, 狷介之人, 修動之人, 沉靜之人, 樸露之人, 韜譎之人 등 12가지로 구분한다.

21) 유소, 『인물지』「自序」, "又歎中庸, 以殊聖人之德, 尚德以勸庶幾之論. 訓六蔽, 以戒偏材之失, 思狂狷, 以通拘抗之材. 疾悾悾而無信, 以明爲似之難保."

22) 『老子』 12장의 "馳騁畋獵, 令人心發狂."이 그것이다.

23) 『論語』「先進」, "子路曾晳冉有公西華侍坐, 子曰, 以吾一日長乎爾, 毋吾以也. 居則曰不吾知也, 如或知爾, 則何以哉. 子路率爾而對曰, 千乘之國, 攝乎大國之間, 加之以師旅, 因之以饑饉, 由也爲之, 比及三年, 可使有勇, 且知方也. 夫子哂之. 求, 爾, 何如. 對曰, 方六七十, 如五六十, 求也爲之, 比及三年, 可使足民, 如其禮樂, 以俟君子. 赤, 爾, 何如. 對曰, 非曰能之, 願學焉. 宗廟之事, 如會同, 端章甫, 願爲小相焉. 點, 爾, 何如. 鼓瑟希, 鏗爾, 舍瑟而作. 對曰, 異乎三者之撰. 子曰, 何傷乎, 亦各言其志也. 曰, 莫春者, 春服既成, 冠者五六人, 童子六七人, 浴乎沂, 風乎舞雩, 詠而歸. 夫子喟然嘆曰, 吾與點也."

24) 王充, 『論衡』「明雩」, "魯設雩祭於沂水之上, 暮者, 晚也. 春謂四月也. 春服既成, 謂四月之服成也. 冠者,童子, 雩祭樂人也. 浴乎沂, 涉沂水也. 象龍之從水中出也… 周之四月, 正歲二月也. 尙寒, 安得浴而風乾身. 由此言之, 涉水不浴, 雩祭審矣."

25) 『朱子語類』 권40「論語」, "只怕曾點有莊老意思… 他也未到得便做莊老, 只怕其流入於莊老." 및 『朱子語類』 권40「論語」, "曾點之學, 無聖人爲之依歸, 怕有老

莊意思也. 末篇做老莊, 只怕其流入於老莊." 참조.

26) 『論語』「公冶長」, "子在陳曰,"歸與歸與, 吾黨之小子狂簡, 斐然成章, 不知所以裁之."

27) 『孟子』「盡心章下」, "孔子豈不欲中道哉. 不可必得, 故思其次也."

28) 『論語』「子路」, "子曰, 不得中行而與之, 必也狂狷乎. 狂者, 進取, 狷者, 所不爲也."

29) 『論語』「子路」, "子曰, 不得中行而與之, 必也狂狷乎. 狂者, 進取, 狷者, 所不爲也." 에 대한 "微庵程氏曰, 狂簡者, 志大而略於事, 宜其梗概疏率, 乃能斐然成章者. 蓋其稟氣英明, 賦資堅勁, 雖致廣大而不屑於精微. 然其規模之廣大, 實非卑下者所能攀. 雖極高明而不屑於中庸, 然其志趣之高明, 實非平凡者所能企也. 其立心制行, 豈不斐然可觀. 但各矜所自得, 非得聖人以裁之, 則廣大雖可觀而精微有未究. 高明雖可喜而中庸有未協, 且有琴張曾晳牧皮之夷考其行而不掩焉者矣." 참조.

30) 王畿, 『王龍溪先生全集』 권1 「與梅純甫問答」, "狂者之意, 只是要做聖人, 其行有不掩. 雖是受病處, 然其心事光明超脫, 不作些子蓋藏回護, 亦更是得力處." 및 李贄, 『焚書』 卷一 「與耿司寇告別」, "狂者不蹈故襲, 不踐往跡, 見識高矣. 所謂如鳳凰翔於千仞之上, 誰能當之, 而不信凡鳥之平常, 與己均同於物類. 是以見雖高而不實, 不實則不中行矣. 蓋論好人極好相處, 則鄉愿爲第一, 論載道而承千聖絕學, 則舍狂狷將何之乎."

제17장
은사隱士의 쇄락적 삶에 대한 미학적 이해

1) 倪思(1147~1220). 남송 湖州 歸安人. 字는 正甫, 號는 齊齋, 諡號는 文節. 倪稱의 아들이다.

2) 倪思, 『經鉏堂雜志』 권3 「閑居」, "閑居勝于官居, 其事不一. 其最便者尤于署月見之… 食罷, 便可岸巾衩袒裙靸, 從事藤床竹几, 展轉北窗, 清風時至, 反患太涼. 挾策就枕, 困來熟睡, 晩涼浴罷, 杖履逍遙. 臨池觀月, 登高乘風, 采蓮割芡, 剖瓜雪藕, 白醪三杯, 取醉而適, 其爲樂殆未易可以一二數也."

3) 관련 문장의 전문은 다음과 같다. 『論語』「述而」, "子謂顏淵曰, 用之則行, 舍之則藏, 惟我與爾有是夫." 및 『論語』「泰伯」, "子曰, 篤信好學, 守死善道. 危邦不入, 亂邦不居. 天下有道則見, 無道則隱." 참조.

4) 『論語』「季氏」, "孔子曰, 隱居以求其志, 行義以達其道."

5) 『後漢書』「隱逸傳」에서는 "自茲以降, 風流彌繁, 長往之軌未殊, 而感致之數匪一. 或隱居以求其志, 或回避以全其道, 或靜己以鎮其躁, 或去危以圖其安, 或垢俗以動其槩, 或疵物以激其清. 然觀其甘心畎畝之中, 憔悴江海之上, 豈必親魚鳥樂林草哉, 亦云性分所至而已."라고 하여 성분에 따른 隱逸의 다양함을 말하고 있다.

6) 白居易, 「中隱」, "致身吉且安, 窮通與豐約, 正在四者間."

7) 葛洪, 『抱朴子』(外篇) 권1 「嘉遯」, "是以身名并全者甚稀, 而先笑後号者多有也." 및 『抱朴子』(外篇) 권49 「知止」, "是以身名並全者甚稀, 而折足覆食束者不乏也." 참조.

8) 『後漢書』「仲長統本傳」(仲長統, 「樂志論」), "凡遊帝王者, 欲以立身揚名耳, 而名不常存, 人生易滅. 優遊偃仰, 可以自娛, 欲蔔居清曠, 以樂其志論之曰, 使居有良田廣宅… 如是, 則可以淩霄漢, 出宇宙之外矣, 豈羨夫人帝王之門哉."

9) 仲長統(179 ~ 220). 자는 公理. 고평(高平: 山東省) 출생. 어려서부터 학문을 좋아하고 文辭에 능하였으며, 直言을 즐겨 당시 사람들이 '狂生'이라 부를 정도로 행동이 자유분방했고, 아울러 비판정신이 투철하였다. 저서로 『昌言』 34편이 있었다고 한다. 그러나 『後漢書』에 「理亂」「損益」「法誡」 3편만 전해진다. 王充·王符과 後漢 三賢으로 일컬어졌고, 그들과 마찬가지로 전통적인 유교사상을 바탕으로 당시의 사상과 사회를 비판하였다.

10) 조조(曹操)를 시조로 하는 뜻에서 사용하는 말. 중국 삼국 중 하나인 魏를 달리 이르는 말.

11) 漢代 사상의 흐름에 관한 것은 金春峰, 『漢代思想史』(中國社會科學出版社, 1958) 및 侯外廬 주편, 『中國思想通史』 권2 「兩漢思想史」(北京人民出版社, 1980)를 참조할 것.

12) 仲長統에 관한 전반적인 것은 劉文英,『王符評傳』(南京大學出版社, 1993) 속에 附錄인 「仲長統評傳」 및 趙長欣, 「仲長統思想研究」(蘭州大學 석사논문, 2012)를 참조할 것.

13) 한나라 桓帝 때 李膺, 陳蕃 등이 환관의 독재권력에 반대하다가 종신토록 벼슬을 못하는 禁錮에 처해진 사건.

14) 仲長統, 『昌言』(上) 「理亂」, "豪人之室, 連棟數百, 膏田滿野, 奴婢千群, 徒附萬計. 船車賈販, 周於四方, 廢居積貯, 滿於都城. 琦賂寶貨, 巨室不能容, 馬牛羊豕, 山谷不能受. 妖童美妾, 填乎綺室, 倡嫗伎樂, 列乎深堂. 賓客待見而不敢去, 車騎交錯而不敢進. 三牲之肉, 臭而不可食, 清醇之酎, 敗而不可飲. 睇盼則人從其目之

所視, 喜怒則人隨其心之所慮. 此皆公侯之廣樂, 君長之厚實也. 苟能運智詐者, 則得之焉. 苟能得之者, 人不以爲罪焉. 源發而橫流, 路開而四通矣. 求士之舍榮樂而居窮苦, 棄放逸而赴束縛, 夫誰肯爲之者邪." '理亂'은 본래 '治亂'인데, 唐朝人들이 高宗(=李治)을 諱하여 '治'를 '理'로 고쳤다.

15) 葛洪, 『抱朴子』(外篇) 권50 「自敍」, "乃歎曰, 山林之中無道也, 而古之修道者必入山林者, 誠欲以違遠讙華, 使心不亂也. 今將遂本志, 委桑梓, 適嵩嶽, 以尋方平梁公之軌."

16) 李滉, 「陶山記」, "蓋已三遷其地, 而輒爲風雨所壞, 且以溪上偏於閴寂, 而不稱於曠懷, 乃更謀遷而得地於山之南也. 爰有小洞前俯江郊, 幽敻遼廓, 巖麓悄蒨, 石井甘冽, 允宜肥遯之所."

17) 李滉, 『退溪集』 권3 「養靜」, "休道山林已辦安, 心源未了尙多干, 眼中灑若常恬養, 過超然莫控摶, 九歲觀空非面壁, 三年服氣異燒丹, 聖賢說靜明如日, 深戒毫釐錯做看."

18) 徐曉力, 『山水畵的文化解釋』, 黑龍江人民出版社, 2008, p.65.

19) 謝靈運, 「山居賦」, "古巢居穴處曰岩棲, 棟宇居山曰山居, 在林野曰丘園, 在郊郭曰城傍, 四者不同, 可以理推."

20) 謝靈運, 「山居賦」, "覽明達之撫運, 乘機緘而理默. 指歲暮而歸休, 詠宏徽於刊勒. 狹三閭之喪江, 矜望諸之去國. 選自然之神麗, 盡高棲之意得."

21) 李重煥, 『擇里志』 「卜居總論」, "大抵卜居之地, 地理爲上, 生利次之, 次則人心, 次則山水, 四者缺一, 非樂土也. 地理雖佳生利乏, 則不能久居. 生利雖好, 地理惡, 則亦不能久居. 地理及生利俱好, 而人心不淑, 則必有悔吝. 近處無山水可賞處, 則無以陶瀉性情."

22) 仲長統, 「樂志論」, "使居有良田廣宅, 背山臨流, 溝池環匝, 竹木周布, 場圃築前, 果園樹後."

23) 이중환(李重煥, 1690~1752)이 지은 『擇里志』 「卜居總論·山水」에도 "여러 마을이 모두 산을 등지고 냇물을 마주 대하여 있다(諸村皆背山臨流)"라 하여 背山臨流를 말한다.

24) 謝靈運, 「山居賦」, "昔仲長願言, 流水高山."

25) 仲長統, 「樂志論」, "舟車足以代步涉之難, 使令足以息四體之役, 養親有兼珍之膳, 妻孥無苦身之勞, 良朋萃止則陳酒肴以娛之, 嘉時吉日則烹羔豚以奉之."

26) 『孟子』 「盡心章」上, "父母俱存, 兄弟無故, 一樂也. 仰不愧於天, 俯不怍於人, 二樂也. 得天下英才, 而敎育之, 三樂也."

27) 陳繼儒, 『小窓幽記』 권6 「集景」, "每登高丘, 步邃谷, 延留燕坐, 見懸崖瀑流, 壽木垂蘿, 閟邃岑寂之處, 終日忘返."

28) 蘇軾, 「十八大阿羅漢頌」, "第九尊者, 食已袱缽, 持數珠, 誦咒而坐. 下有童子, 構火具茶, 又有埋筒注水蓮池中者. 頌曰, 飯食已異, 袱缽而坐. 童子茗供, 吹龠發火. 我作佛事, 淵乎妙哉. 空山無人, 水流花開." 사공도, 『이십사시품』 「縝密」에도 '수류화개'를 말한다. "是有眞跡, 如不可知. 意象欲生, 造化已奇. 水流花開, 淸露未晞." 참조.

29) 仲長統, 「樂志論」, "躕躇畦苑, 遊戲平林, 濯淸水, 追凉風, 釣游鯉, 弋高鴻, 諷於舞雩之下, 詠歸高堂之上."

30) 『論語』 「先進」, "(曾點曰)莫春者, 春服旣成, 冠者五六人, 童子六七人, 浴乎沂, 風乎舞雩, 詠而歸."

31) 『抱朴子』(外篇) 卷1 「嘉遯」, "躬耕以食之, 穿井以飮之, 短褐以蔽之, 蓬廬以覆之, 彈詠以娛之, 呼吸以延之. 逍遥竹素, 寄情玄毫, 守常待終, 斯亦足矣. 且夫道存則尊, 德盛則貴, 隋珠彈雀, 智者不爲. 何必須權而顯, 俟祿而飽哉. 且夫安貧者以無財爲富, 甘卑者以不任爲榮."

32) 『抱朴子』(外篇) 卷2 「逸民」, "未若遊神典文, 吐故納新, 求飽乎耒耜之端, 索縕乎杼軸之間, 腹仰河而已滿, 身集一枝而余安, 萬物芸芸, 化爲埃塵矣. 食噉弱糊口, 布褐縕袍, 淡泊肆志, 不憂不喜, 斯尊樂, 喻之無物也. 夫仕也者, 欲以爲名邪? 則脩毫可以洩憤懣, 篇章可以寄姓字. 何假乎良史,何煩乎鑴鼎哉!"

33) 갈홍의 은일관에 관한 것은 조민환, 「『포박자』(외편)에 나타난 갈홍의 은일관」 (『한국사상과 문화』 74권, 한국사상문화학회, 2014년) 참조.

34) 仲長統, 「樂志論」, "安神閨房, 思老氏之玄虛, 呼吸精和, 求至人之彷彿. 與達者數子, 論道講書, 俯仰二儀, 錯綜人物. 彈南風之雅操, 發淸商之妙曲."

35) 葛洪은 『抱朴子』(內篇) 「暢玄」에서 "抱朴子曰, 玄者, 自然之始祖, 而萬殊之大宗也. 眇昧乎其深也, 故稱微焉. 綿邈乎其遠也, 故稱妙焉."이라 하여 玄를 우주의 최고 범주로 설정하고 있다.

36) 『黃帝內徑』 「上古天眞論」 제4장, "黃帝曰, 余聞上古有眞人者, 提挈天地, 把握陰陽, 呼吸精氣, 獨立守神, 肌肉若一. 故能壽敝天地, 无有終時, 此其道生."

37) 참고로 『黃帝內徑』 「上古天眞論」에서 말한 지인의 삶을 보면 다음과 같다. 『黃帝內徑』 「上古天眞論」 제4장, "中古之時, 有至人者. 淳德全道, 和於陰陽, 調於四時, 去世離俗, 積精全神, 游行天地之間, 視聽八達之外. 此蓋益其壽命而强者也, 亦歸於眞人."

38) 장자는 "숨을 내쉬든가 들이마시든가 하면서 호흡운동을 하고, 오래된 낡은 공기를 토해내고 신선한 공기를 받아들이고, 마치 곰이 나무에 올라가 가지에 매달리고, 새가 날면서 다리를 펴는 것같이 하여 수명을 연장시키려는 자가 있다. 이는 導引의 선비라고 불리는 자들, 몸을 기르는 자들, 彭祖와 같이 장수를 바라는 자들이 좋아하는 것이다(『莊子』「刻意」, "吹呴呼吸, 吐故納新, 熊經鳥申, 爲壽而已矣. 此導引之士, 養形之人.")"라고 하여 養形하는 것만을 목표로 하는 것을 비판한 적이 있다.

39) 顧炎武, 『亭林文集』 卷4 「又與人書25」, "君子之爲學, 以明道也, 以救世也. 徒以詩文而已, 所謂雕蟲小技, 亦何益哉."

40) 『주역』 「계사전하」 5장, "精義入神, 以致用也."

41) 王夫之, 『讀通鑒論』 권17 「論梁元帝讀書」, "夫讀書將何以爲哉. 辨其大義, 以立修己治人之體也. 察其微言, 以善精義入神之用也. 乃善讀者, 有得於心, 而正之以書者鮮矣."

42) 춘추시대 각국은 궁정에다 외빈 접대를 위한 연예인단을 두었다. 이 연예인단의 단원을 優伶이라 불렀다. 『史記』 「滑稽列傳」에서는 이런 궁정 연예인들의 일화를 소개하고 있다.

43) 倪思, 『經鉏堂雜誌』 권3 「閑居事業」, "閑居事業, 與達官無異. 觀聖賢書如對君父, 觀史如觀公案, 觀小說如觀優伶, 觀詩如聽歌曲, 此其樂與達者, 無異."

44) 倪思, 『經鉏堂雜志』 권4 「君子退閑亦是濟時」, "出則濟時, 人皆知之, 退亦濟時, 人未之知也. 夫君子既修其身, 將爲時用, 志在濟時而已, 非爲求利祿而享富貴. 及其退而窮時, 但于己之利祿有損, 而于濟時之用自若也, 何者. 世方汨于聲利, 廉恥之風日喪, 而有一君子焉. 道不苟合, 于以厲天下廉恥之風, 是豈不亦謂之濟時乎. 故曰退亦濟時也."

45) 仲長統, 「題樂志論後」, "貧士生涯本隘窮, 卜居惟喜任天工, 林花不費栽培力, 潭瀑元無築鑿功. 魚鳥自來爲伴侶, 溪山環擁護窓, 箇中眞樂書千卷, 隨手抽看萬慮空."

46) 陳繼儒, 『小窗幽記』 권六 「集景」, "結廬松竹之間, 閑雲封戶, 徙倚青林之下, 花瓣沾衣. 芳草盈階, 茶煙幾縷, 春光滿眼, 黃鳥一聲. 此時可以詩, 可以畫, 而正恐詩不盡言, 畫不盡意. 而高人韻士, 能以片言數語盡之者, 則謂之詩可, 謂之畫可, 謂高人韻士之詩畫亦無不可." 참조.

47) 『孔子家語』 卷三 「辨政」, "舜彈五弦之琴, 造南風之詩曰, 南風之熏兮, 可以解吾人之慍兮. 南風之時兮, 可以阜吾人之財兮."

48) 『韓非子』 「十過」, "平公問師曠曰, 此所謂何聲也. 師曠曰, 此所謂淸商也. 公曰,淸商固最悲乎. 師曠曰, 不如淸徵. 公曰, 淸徵可得而聞乎. 師曠曰, 不可. 古之聽淸徵者皆有德義之君也, 今吾君德薄, 不足以聽. 平公曰, 寡人之所好者, 音也. 願試聽之."

49) 남송대 羅大經은 「山靜日長」에서 "隨意讀周易, 國風, 左氏傳, 離騷, 太史公書, 及陶杜詩, 韓蘇文數篇… 弄筆窗前, 隨大小作數十字, 展所藏法帖, 墨跡, 畫卷縱觀之."라고 하여 자기가 읽고 싶은 책을 보고 아울러 서화를 통한 즐거움을 말하고 있다. 명대 陳繼儒는 『小窗幽記』 권六 「集景」에서 "案有詩書, 莊周, 太玄, 楚辭, 黃庭, 陰符, 楞嚴, 圓覺, 數十卷而已."라고 한다. 진계유는 독서 목록으로 『詩經』과 『書經』의 유가 경전을 비롯하여 유가의 입장에서 볼 때 異端書에 속하는 『莊子』 『太玄經』 『楚辭』 『黃庭經』 『陰符論』 등 도가 및 도교 경전, 『楞嚴經』 『圓覺經』 등의 불가 경전을 들고 있다. 이런 점을 통해 진계유는 儒·佛·道 삼교 서적을 자유롭게 읽은 것을 알 수 있다.

50) 仲長統, 「樂志論」, "逍遙一世之上, 睥睨天地之間, 不受當時之責, 永保性命之期. 如是則可以凌霄漢, 出宇宙之外矣. 豈羨夫入帝王之門哉."

51) 앞의 『後漢書』 「隱逸傳」 참조.

52) 석숭은 관직을 이용해 향료 무역 등을 독점함으로써 큰 부자가 되어 백여 명의 妻妾을 거느렸으며, 집안의 하인도 8백여 명이나 되었다고 한다. 그래서 중국은 물론 한국 등 동아시아 지역에서 오랜 기간 동안 부자의 대명사처럼 여겨졌다. 중국에서 석숭은 福, 祿, 壽의 三仙의 가운데 祿을 상징하는 인물로 숭앙되었다. 석숭의 말년은 좋지 않다. 300년 사마륜이 賈后의 세력을 제거하고 전권을 장악하자, 석숭은 黃門郎 潘岳과 함께 司馬允과 司馬冏 등과 연합해 사마륜을 제거하려 했다. 손수가 이를 알고 대군을 이끌고 금곡원을 포위하자, 녹주는 누각에서 몸을 던져 자살하였고, 석숭은 반악 등과 함께 사로잡혀 참수당했다.

53) 石崇, 「思歸引序」(昭明, 『文選』 收錄), "余少有大志, 夸邁流俗, 弱冠登朝, 歷位二十五年. 年五十以事去官. 晚節更樂放逸, 篤好林藪, 遂肥遁於河陽別業. 其制宅也, 卻阻長堤, 前臨淸渠, 百木幾於萬株, 流水周於舍下, 有觀閣池沼, 多養魚鳥. 家素習技, 頗有秦趙之聲. 出則以遊目弋釣爲事, 入則有琴書之娛. 又好服食咽氣, 志在不朽, 傲然有淩雲之操. 欻復見牽, 羈婆娑於九列, 困於人間煩黷, 常思歸而永歎. 尋覽樂篇, 有思歸引. 儻古人之情有同於今, 故制此曲. 此曲有弦無歌, 今爲作歌辭, 以述余懷. 恨時無知音者, 令造新聲而播於絲竹也."

54) 李乃龍, 「詩序範型與西晉名士剪影-論思歸引序的雙重價值」, 『貴州學院學報』 27권1기, 2011년 3월 참조.

55) 陶淵明이 歸去來한 이후의 힘든 삶이나, 『抱朴子』(外篇) 卷1 「嘉遯」, "抱朴子曰, 有懷冰先生者, 薄周流之棲遑, 悲吐握之良苦. 讓膏壤於六海, 爰躬耕乎斥鹵. 秘六奇以括囊, 含琳琅而不吐. 謐清音則莫之或聞, 掩輝藻則世不得睹. 背朝華於朱門, 保恬寂乎蓬戶." 및 『抱朴子』(外篇) 卷1 「嘉遯」, "躬耕以食之, 穿井以飲之, 短褐以蔽之, 蓬廬以覆之." 등에서 보이는 육체적 노동 참조.

56) 『後漢書』 「仲長統列傳」, "統性俶儻, 敢直言, 不矜小節, 默語無常, 時人或謂之狂生. 每州郡命召, 輒稱疾不就. 常以爲凡游帝王者, 欲以立身揚名耳, 而名不常存, 人生易滅, 優遊偃仰, 可以自娛, 欲卜居清曠, 以樂其志, 論之曰."

57) 仲長統은 三國時期 曹操의 首席 謀士인 荀彧과 매우 친한 관계였다. 순욱은 조조에게 諸葛亮에 상당하는 정도의 전략을 제공한다. 그러나 후에 조조가 스스로 魏公이 되려 하자 순욱은 반대했고, 조조는 이에 대노하여 순욱을 자살하게 만든다. 이런 소식을 들은 仲長統은 매우 悲憤慷慨하면서 「樂志論」을 지었다는 설도 있다.

58) 王善英, 「仲長統『昌言』及其他作品簡論」, 『齊鲁文化研究』, 2009 참조.

59) 「樂志詩」 2首(1), "飛鳥遺跡, 蟬蛻亡殼, 騰蛇棄鱗, 神龍喪角. 至人能變, 達人拔俗. 乘雲無轡, 騁風無足. 垂露成幃, 張霄成幄. 沆瀣當餐, 九陽代燭. 恒星豔珠, 朝霞潤玉. 六合之內, 恣心所欲. 人事可遺, 何爲局促." (2), "大道雖夷, 見機者寡. 任意無非, 適物無可. 古來繞繞, 委曲如瑣. 百慮何爲, 至要在我. 寄愁天上, 埋憂地下. 叛散五經, 滅棄風雅. 百家雜碎, 請用從火. 抗志山西, 遊心海左. 元氣爲舟, 微風爲柁. 翱翔太清, 縱意容冶."

60) 조선조 金弘道의 [三公不換圖]가 그것이다. 그리고 서예적 차원에서 볼 때 「樂志論」은 삼백여 자밖에 안 되면서 내용이 좋기 때문에 역대 문인들은 그것을 쓰기를 좋아하였다. 원대 趙孟頫를 비롯하여 명대의 文徵明, 唐寅, 祝允明 등은 서예작품으로 이런 「樂志論」을 쓴다.

제18장
조선조 시화에 나타난 은일적 삶의 미학적 이해

1) 『後漢書』 「隱逸傳」에는 은둔에 대한 여섯 가지의 분류가 보인다. 첫째, 은거함으로써 그 뜻을 추구한다. 둘째, 회피함으로써 그 도를 온전하게 한다. 셋째, 자

신을 평정하게 함으로써 조급함을 진정시킨다. 넷째, 위기를 제거함으로써 그 안전을 도모한다. 다섯째, 세속을 더러운 것으로 생각하여 그 절조를 지키려는 마음을 품는다. 여섯째, 물질적 욕망을 비하함으로써 그 맑음을 격동하게 한다(『後漢書』「隱逸傳」, "自茲以降, 風流彌繁, 長往之軌未殊, 而感致之數匪一. 或隱居以求其志, 或回避以全其道, 或靜己以鎮其躁, 或去危以圖其安, 或垢俗以動其槩, 或疵物以激其清")라는 것 참조.

2) 『新唐書』 卷219 「列傳」 第121 「隱逸」에서는 은자를 세 가지 유형으로 나눈다. "古之隱者, 大抵有三概. 上焉者, 身藏而德不晦, 故自放草野, 而名往從之, 雖萬乘之貴, 猶尋軌而委聘也. 其次, 挈治世具弗得伸, 或持峭行不可屈於俗, 雖有所應, 其於爵祿也, 泛然受, 悠然辭, 使人君常有所慕企, 怊然如不足, 其可貴也. 末焉者, 資槁薄, 樂山林, 內審其才, 終不可當世取舍. 故逃丘園而不返, 使人常高其風而不敢加訾焉. 且世未嘗無隱, 有之未嘗不旌賁而先焉者, 以孔子所謂舉逸民, 天下之人歸焉."라는 것이 그것이다.

3) 『新唐書』 卷219 「列傳」 第121 「隱逸」, "唐興, 賢人在位眾多, 其遁戢不出者, 才班班可述, 然皆下概者也. 雖然, 各保其素, 非托默於語, 足崖壑而志城闕也. 然放利之徒, 假隱自名, 以詭祿仕, 肩相摩於道, 至號終南, 嵩少爲仕途捷徑, 高尚之節喪焉. 故裒可喜慕者類於篇."

4) 姜炅範·千賢耕 역, 馬華·陳正宏 저, 『中國隱士文化』, 東文選, 1997, p.17.

5) 『論語』 「述而」, "子曰, 飯疏食飲水, 曲肱而枕之, 樂亦在其中矣. 不義而富且貴, 於我如浮雲."

6) 『論語』 「雍也」, "子曰, 賢者回也. 一簞食, 一瓢飲, 在陋巷, 人不堪其憂, 回也不改其樂. 賢哉回也."

7) 『周易』 「遯卦」, "九三, 係遯, 有疾, 厲. 畜臣妾, 吉. 九四, 好遯, 君子吉, 小人否. 九五, 嘉遯, 貞吉, 上九, 肥遯, 無不利."

8) 조선조 회화에서 '산정일장'과 관련된 자세한 내용은 오주석, 『이인문의 강산무진도』(신구문화사, 2006)에 실린 '산정일장' 관련 부분 내용을 참조할 것.

9) 王小燕 ,「魏晉隱士美學研究」(南開大學博士論文, 2010 참조)

10) 시의 전문은 다음과 같다. 王康琚 , 「反招隱詩」, "小隱隱陵藪, 大隱隱朝市. 伯夷竄首陽, 老聃伏柱史. 昔在太平時, 亦有巢居子. 今雖盛明世, 能無中林士. 放神青雲外, 絕跡窮山裏. 鵾雞先晨鳴, 哀風迎夜起. 凝霜凋朱顏, 寒泉傷玉趾. 周才信眾人, 偏智任諸己. 推分得天和, 矯性失至理. 歸來安所期, 與物齊終始."

11) 白居易, 「中隱」, "大隱住朝市, 小隱入丘樊. 丘樊太冷落, 朝市太囂喧. 不如作中隱, 隱在留司官. 似出復似處, 非忙亦非閑. 不勞心與力, 又免饑與寒. 終歲無公事, 隨月有俸錢. 君若好登臨, 城南有秋山. 君若愛遊蕩, 城東有春園. 君若欲一醉, 時出赴賓筵. 洛中多君子, 可以恣歡言. 君若欲高臥, 但自深掩關. 亦無車馬客, 造次到門前. 人生處一世, 其道難兩全. 賤即苦凍餒, 貴則多憂患. 唯此中隱士, 致身吉且安. 窮通與豐約, 正在四者間."

12) 『孟子』「盡心章上」9, "故士窮不失義, 達不離道. 窮不失義, 故士得己焉. 達不離道, 故民不失望焉. 古之人, 得志, 澤加於民, 不得志, 修身於世. 窮則獨善其善, 達則兼善天下."

13) 『莊子』「則陽」, "自埋於民, 自藏於畔. 其聲銷, 其志無窮. 其口雖言, 其心未嘗言. 方且與世違, 而心不屑與之俱, 是陸沈者也."

14) 王博, 『莊子哲學』, 北京大學出版社, 2004.

15) 陶淵明, 「飮酒」 5首, "結廬在人境, 而無車馬喧. 問君何能爾, 心遠地自偏. 採菊東籬下, 悠然見南山. 山氣日夕佳, 飛鳥相與還. 此中有眞意, 欲辨已忘言."

16) 조민환, 『노장철학으로 동아시아문화를 읽는다』, 한길사, 2002, p.143.

17) 李白, 「月下獨酌」 一首, "花間一壺酒, 獨酌無相親. 杯邀明月, 對影成三人. 月既不解飮, 影徒隨我身. 暫伴月將影, 行樂須及春. 我歌月徘徊, 我舞影零亂. 醒時同交歡, 醉後各分散. 永結無情遊, 相期邈雲漢."

18) 羅大經, 『鶴林玉露』 권4 「山靜日長條」, "唐子西詩云, 山靜似太古, 日長如小年. 余家深山之中, 每春夏之交, 蒼蘚盈堦, 落花滿徑, 門無剝啄, 松影參差, 禽聲上下. 午睡初足, 旋汲山泉, 拾松枝, 煮苦茗啜之. 隨意讀 周易 國風 左氏傳 離騷 太史公書, 及陶·杜詩, 韓·蘇文數篇. 從容步山徑, 撫松竹, 與麛犢共偃息於長林豊草間. 坐弄流泉, 漱齒濯足. 既歸竹窓下, 則山妻稚子, 作筍蕨供麥飯, 欣然一飽. 弄筆牕間, 隨大小作數十字, 展所藏法帖筆蹟畵卷縱觀之. 興到則, 吟小詩, 或艸 玉露 一兩段. 再烹苦茗一杯, 出步溪邊, 邂逅園翁溪友, 問桑麻, 說秔稻, 量晴校雨, 探節數時, 相與劇談一晌. 歸而倚杖柴門之下, 則夕陽在山, 紫綠萬狀, 變幻頃刻, 恍可人目. 牛背笛聲, 兩兩來歸, 而月印前溪矣."

19) 羅大經, 『鶴林玉露』 「山靜日長」, "味子西此句, 可謂妙絕. 然此句妙矣, 識其妙者少. 彼牽黃臂蒼, 馳獵於聲利之場者, 但見袞袞馬頭塵, 匆匆駒隙影耳, 烏知此句之妙哉. 能真知此妙, 則東坡所謂無事此靜坐, 一日是兩日, 若活七十年, 便是百四十, 所得不已多乎."

20) 전문은 다음과 같다. "無事此靜坐, 一日似兩日. 若活七十年, 便是百四十. 黃金幾時成, 白髮日夜出. 開眼三千秋, 速如駒過隙. 是故東坡老, 貴汝一念息. 時來登

此軒, 目送過海席. 家山歸未能, 題詩寄屋壁."

21) 李奎報, 『東國李相國集後集』「元日朝會退來有感」.

22) 姜世晃, 「自畵像撰文」, "彼何人. 斯鬚眉皓白, 頂烏帽, 披野服. 於, 以見心山林, 而名朝籍. 胸藏二酉, 筆搖五嶽, 人那得之, 我自爲樂. 翁年七十, 翁號老竹. 其眞自寫, 其贊自作. 歲在玄黓攝提格."

23) 王維의 「竹里館」, "獨坐幽篁裡, 彈琴復長嘯, 深林人不知, 明月來相照."는 이런 점을 잘 보여준다.

24) 諸葛亮, 陶淵明, 蘇軾, 岳飛, 嵇康 등이 그 한 예다.

25) 『世說新語』「棲逸」, "阮步兵嘯聞數百步. 蘇門山中, 忽有真人. 樵伐者咸共傳說. 阮籍往觀, 見其人擁膝岩側, 籍登嶺就之, 箕踞相對. 籍商略終古, 上陳黃,農玄寂之道, 下考三代盛德之美, 以問之, 仡然不應. 復敘有爲之教, 棲神導氣之術以觀之, 彼猶如前, 凝矚不轉. 籍因對之長嘯. 良久, 乃笑曰, 可更作. 籍復嘯. 意盡, 退還半嶺許, 聞上然有聲, 如數部鼓吹, 林谷傳響, 顧看, 乃向人嘯也."

26) 『莊子』「田子方」, "解衣槃礴, 臝, 君曰可矣 是眞畫者也."

27) 蘇軾, 「定惠院寓居月夜偶出」, "幽人無事不出門, 偶逐東風轉良夜."

28) 『退溪全書』 권1 「退溪」, "身退安愚分, 學退憂暮境, 溪上始定居, 臨流日有省."

29) 李滉, 「陶山雜詠」, "石井甘洌, 允宜肥遯之所"

제19장
피로사회와 동양 은일사상의 현대적 효용성

1) 한병철, 저, 김태환 역, 『피로사회』, 문학과지성사, 2012.

2) 한병철, 저, 김태환 역, 『시간의 향기』, 문학과지성사, 2013, p.100

3) 『孝經』「開宗明義章」, "立身行道, 揚名於後世, 以顯父母, 孝之終也."

4) 張載, "爲天地立心, 爲生民立命, 爲往聖繼絶學, 爲萬世開太平."

5) 『大學』 6장 참조.

6) 『中庸』 1장 참조.

7) 『論語』「顔淵」 1장의 '克己復禮' 주석에 보이는 程頤의 '四勿箴'과 朱熹의 '敬齋箴' 등 참조

8) 董其昌, 「黃岡新建小竹樓記」, "公退之暇, 披鶴氅衣, 帶華陽巾, 手執周易一卷, 焚香默坐, 消遣世慮. 江山之外, 第見風帆沙鳥, 煙雲竹樹而已."
9) 『莊子』「刻意」, "故曰, 形勞而不休則弊, 精用而不已則勞, 勞則竭."
10) 『莊子』「知北遊」, "人生天地之間, 若白駒之過隙, 忽然而已. 注然勃然, 莫不出焉, 油然漻然, 莫不入焉. 已化而生, 又化而死. 生物哀之, 人類悲之. 解其天弢, 墮其天袟, 紛乎宛乎, 魂魄將往, 乃身從之, 乃大歸乎."
11) 『莊子』「齊物論」, "一受其成形, 不忘以待盡, 與物相刃相靡, 其行盡如馳, 而莫之能止, 不亦悲乎. 終身役役而不見其成功, 苶然疲役而不知其所歸, 可不哀邪. 人謂之不死, 奚益. 其形化, 其心與之然. 可不謂大哀乎. 人之生也, 固若是芒乎, 其我獨芒, 而人亦有不芒者乎." 및 「徐無鬼」, "錢財不積則貪者憂, 權勢不尤則夸者悲, 勢物之徒樂變, 遭時有所用, 不能無爲也. 此皆順比於世, 不物於易者也. 馳其形成, 潛之萬物, 終身不反, 悲夫." 및 「讓王」, "能尊生者, 雖貴富不以養傷身, 雖貧賤不以利累形, 今世之人居高官尊爵者, 皆重失之, 見利輕亡其身, 豈不惑哉." 등 참조.
12) 白居易, 「閑居」, "空腹一盞粥, 饑食有餘味. 南簷半床日, 暖臥因成睡. 綿袍擁兩膝, 竹几支雙臂. 從旦直至昏, 身心一無事. 心足即爲富, 身閑乃當貴. 富貴在此中, 何必居高位."
13) 唐代 관직명으로, 東都 洛陽에 있던 中央官員.
14) 葛洪, 『抱朴子』「外篇·自敍」, "永惟富貴可以漸得而不可頓合, 其間屑屑, 亦足以勞人. 且榮位勢利, 譬如寄客, 既非常物, 又其去不可得留也. 隆隆者絕, 赫赫者滅, 有若春華, 須臾凋落, 得之不喜, 失之安悲. 悔吝百端, 憂懼兢戰, 不可勝言. 不可爲也."
15) 朱權, 『壺天神隱志』「序文」, "古有三隱, 可得聞乎. 藏其天眞, 高莫窺測者, 天隱也. 避地山林, 潔身全節者, 地隱也. 身混市朝, 心居物外者, 名隱也. 身雖不能避地, 而心能自潔, 謂之神隱, 不亦高乎. 乃學於抱朴子之術, 予嘗得之矣. 人之用世也, 皆以富貴爲心, 吾之處世也, 獨以恬澹爲樂. 故無袞冕之志, 而有裘褐之心."
16) 唐庚, 「醉眠」, "山靜似太古, 日長如小年, 餘花猶可醉, 好鳥不妨眠, 世味門常掩, 時光簟已便, 夢中頻得句, 拈筆又忘筌."
17) 앞장의 羅大經, 『鶴林玉露』「山靜日長」 참조.
18) 李澤厚, 『哲學探尋錄』(四), 「活得怎樣: 生活境界和人生歸宿」 참조.
19) 리쩌허우 지음, 황희경 옮김, 『역사본체론』, 들녘, 2004, p.170.
20) 倪瓚, 『淸閟閣集』「答張藻仲書」, "僕之所謂畫者, 不過逸筆草草, 不求形似, 聊以自娛耳." 참조.
21) 이것과 관련된 것은 조민환, 「中國 書·畵·印 品論의 道家美學的 考察: 逸品을 중심으로」(『도교문화연구』 제43집, 한국도교문화학회, 2015)를 참조할 것.

22) 이것과 관련된 것은 朱良志, 『中國美學十五講』(北京大學出版社, 2006) 중 제8강 「四時之外」 참조. 특히 '靜裏春秋' 부분을 참조할 것.

23) http://news.khan.co.kr/kh_news/khan_art_view.html. 2016.06.21. 이인숙 기자.

24) 白居易, 「中隱」.

25) 蘇軾, 「六月二十七日望湖樓醉書五絶」, "未成小隱聊中隱, 可得長閑勝暫閑. 我本無家更安往, 故鄕無此好湖山."

26) 李漁, 『閑情偶寄』 권6 「頤養部·止憂」 第2, "如人憂貧而勸之使忘, 彼非不欲忘也. 啼饑號寒者迫于內, 課賦索逋者攻于外, 憂能忘乎. 欲使貧者忘憂, 必先使饑者忘啼. 寒者忘號, 征且索者忘其逋賦而後可, 此必不得之數也. 若是, 則忘憂二字徒虛語耳."

제20장 노장철학에 바탕을 둔 서화이론과 기공氣功의 상호연관성

1) '人天眼目'은 송나라 智昭가 지은 것으로, 선종 諸家의 요의를 모아놓은 책. 여기서는 지혜가 매우 뛰어난 사람의 안목을 말함.

2) 趙熙龍, 『漢瓦軒題畵雜存』, "寫蘭雖小技, 可以怡養性靈. 晴窓淨几, 試古硏古墨, 如雪色紙上, 信手拈出葉濃花淡, 成人天眼目. 六氣爲之淸. 何翅却病, 可以延年."

3) 王昱, 『東莊論畵』, "學畵所以養性情, 且可滌煩襟, 破孤悶, 釋躁心, 迎靜氣. 昔人謂山水家多壽, 蓋烟雲供養, 眼前無非生機. 古來名家享大耋者居多, 良有以也." 참조.

4) 姜成楠, 『書畵氣功初探』, 中國文聯出版公司, 1991, p.12. 및 余功保 편저, 『氣功』, 人民體育出版社, 1999. p.3. 참조. 晉朝의 許遜이 저술한 『淨明宗敎錄』 중에 '氣功闡微'라는 구절이 나온다.

5) 撟引, 坐引, 步引 등이 있다.

6) 食氣, 服氣, 咽氣, 閉氣, 胎息 등이 있다.

7) 전문적인 개념으로서의 氣功을 가장 먼저 거론하고 있는 것은 隋唐시대 도교의 저작이다. 『太淸調氣經』, "服氣功餘暇, 取靜室無人處, 散髮脫衣, 覆被, 正身仰臥, 脚及手幷須展, 勿握固. 淨席頭邊垂下著地, 其髮梳通理, 令散垂席上, 卽調氣." 참조. 李遠國은 '心身如一', '物我兩忘'의 氣功態의 모든 방법을 기공이라고 한다. 李遠國, 『道敎氣功養生學』, 四川省社會科學院出版社, 1988, p.2.

8) 明治國 編,『意松靜功修煉法』, 北京科學技術出版社, 1995, p.377.

9) 明治國 編,『意松靜功修煉法』, 北京科學技術出版社, 1995, p.109 참조.

10) 胡三省 注,『資治通鑑』「唐喜宗光啓三條」, "入靜者, 靜處一室, 屛去左右, 澄神靜慮, 無私無營." 明治國 編,『意松靜功修煉法』, 北京科學技術出版社, 1995, p.425 再引.

11) 기공에서는 긴장을 이완시키거나 푸는 것을 放鬆이라고 한다. 放은 얽매임을 풀어준다 혹은 그냥 내버려둔다는 뜻이고, 鬆은 구멍이 숭숭 뚫인 것처럼 느슨한 일종의 긴장 이완이다. 방송이 잘 되느냐 못 되느냐에 따라 練功의 성패가 좌우된다. 그래서 방송은 연공의 열쇠라고 한다. 이동현,『생활기공』, 정신세계사, 1992, p.52.

12)『性命圭旨』, "心中無物爲虛, 念頭不起爲靜." 참조. 入靜은 불가의 入定과 비슷하다.

13) 明治國 編,『意松靜功修煉法』, 北京科學技術出版社, 1995, p.42.

14) 明治國 編,『意松靜功修煉法』, 北京科學技術出版社, 1995, p.374.

15)『老子』16장, "致虛極, 守靜篤. 萬物竝作, 吾以觀其復. 夫物芸芸, 各歸其根. 歸根曰靜, 是謂復命. 復命曰常, 知常曰明."

16)『老子』10장, "滌除玄覽, 能無疵乎."

17) 李珥,『醇言』5장, "滌除者, 淨洗物欲也. 玄覽者, 照察玅理也. 蓋旣去聲色臭味之慾, 則心虛境淸, 而學識益進. 至於知行竝至, 則無一點之疵矣."

18)『老子』10장, "專氣致柔, 能嬰兒乎."

19)『莊子』「人間世」, "回曰, 敢問心齋. 仲尼曰, 若一志. 無聽之以耳, 而聽之以心. 無聽之以心, 而聽之以氣. 聽之於耳, 心止於符. 氣也者, 虛而待物者也. 唯道集虛. 虛也者, 心齋也."

20)『莊子』「人間世」 앞의 내용에 대한 陳詳道 註, "文子曰, 上學以神聽, 中學以心聽, 下學以耳聽. 聽止于耳, 則極于耳之所聞. 心止于符, 則極于心之所合而已. 聽之以氣. 則無乎不在." 참조.

21) 이런 해석은 앞의 내용에 대한 林希逸,『莊子口義』의 "聽以耳則猶在外, 聽以心則猶有我, 聽以氣則無物矣." 참조.

22) 心齋에 대한 成玄英 疏, "心有知覺, 猶起攀緣. 氣無情慮, 虛柔任物. 故去彼知覺, 取此虛柔, 遣之又遣, 漸階玄妙也." 참조.

23)『莊子』「大宗師」, "仲尼蹴然曰, 何謂坐忘. 顔回曰, 墮肢體, 黜聰明, 離形去知, 同於大通, 此謂坐忘."

24) 『老子』 16장, "致虛極, 守靜篤."

25) 『莊子』 「在宥」, "至道之精, 窈窈冥冥. 至道之極, 昏昏默默. 無視無聽, 抱神以靜, 形將自正. 必靜必淸, 無勞汝形, 無搖汝精, 乃可以長生. 目無所見, 耳無所聞, 心無所知, 女神將守形, 形乃長生."

26) 張彦遠, 『歷代名畵記』 「論畵體工用搨寫」, "凝神遐想, 妙悟自然. 物我兩忘, 離形去智. 身固可使如槁木, 心固可似如死灰. 不亦臻於妙理哉. 所謂畫之道也."

27) 『莊子』 「齊物論」, "南郭子綦隱机而坐, 仰天而噓, 荅焉似喪其耦. 顔成子游立侍乎前, 曰, 何居乎. 形固可使如槁木, 而心固可使如死灰乎."

28) 張彦遠, 『歷代名畵記』 「敍畵之源流」, "夫畵者, 成敎化, 助人倫, 窮神變, 測幽微… 是知存乎鑒戒者, 圖畵也… 圖畵者, 有國之鴻寶, 理亂之紀綱." 참조.

29) 趙熙龍, 『石友忘年錄』, "黃大癡, 九十而貌如童顔, 米友仁, 八十餘神明不衰, 人謂畵中煙雲供養. 余, 頃年, 海上呼吸煙雲, 沐浴煙雲, 而衰憊日甚, 自是土木形骸. 以是推之, 眞煙雲, 不能使人康旺, 況畵煙雲乎. 細究之, 可得此理. 兩先生, 人品旣高, 淸淨寡欲, 寄托畵圖之中, 胸有造化爐錘. 筆底煙雲, 怡養性靈, 所以享大年, 非人人所可得."

30) 虞世南은 『筆髓論』에서 "欲書之時, 當收視反聽, 絶慮凝神. 心正氣和, 則契于妙. 心神不正, 書則攲斜, 志氣不和, 字則顚仆."라고 말한다.

31) 馮亦吾, 『書法探求』, "人謂書家多長壽. 蓋作書必須心靜, 在情緖舒暢, 精力集中的場合下進行. 卽所謂收視反聽, 絶慮凝神, 心正氣和, 乃能契合妙趣. 若心神不正, 字必攲斜, 志氣不和, 書必顚仆. 所以書家作字要求端已正容, 斂神淨慮, 方能秉筆智生, 臨池志逸. 這和氣功入靜, 調心調息是不謀而合的."

32) 鄭杓, 『衍極』, "吾聞之, 精于一則盡善, 遍用智則無成. 聖人疾沒世而名不稱. 彼張公者, 東吳之精, 去之五百, 再見伯英. 以此養生, 以此忘形, 以此玩世, 以此流名."

33) 周星蓮, 『臨池管見』, "作書能養氣. 亦能助氣. 靜坐作楷法數十字或數百字, 便覺矜躁俱平. 若行草, 任意揮灑, 至痛快淋漓之候, 又覺靈心煥發." 왕희지도 服食養性을 좋아했다고 한다(『晉書』 「藝術列傳·王羲之傳」, "羲之雅好服食養性, 不樂在京師, 初渡浙江, 便有終焉之志. 會稽有佳山水, 名士多居之, 謝安未仕時亦居焉. 孫綽, 李充, 許詢, 支遁等皆以文義冠世, 幷築室東土, 與羲之同好… 羲之旣去官, 與東土人士盡山水之游, 弋釣爲娛. 又與道士許邁共修服食, 採葯石不遠千里." 참조).

34) 李遠國, 『道敎氣功養生學』, 四川省社會科學院出版社, 1988, 64. 예를 들면 『淮南子』 「齊俗訓」에서 "今夫王喬, 赤松子吹嘔呼吸, 吐故納新, 遺形去智, 抱素反

眞, 以遊玄眇, 上通雲天. 今欲學其道, 不得其養氣處神, 而放其一吐一吸, 時詘時伸, 其不能乘雲升假, 亦明矣."라 하는 것이 그것이다.

35) 謝赫, 『古畫品錄』, "六法者, 何也. 一氣韻生動是也. 二骨法用筆是也. 三應物象形是也. 四隨類賦彩是也. 五經營位置是也. 六轉移模寫是也."

36) 荊浩, 『筆法記』, "夫畫有六要, 一曰氣, 二曰韻, 三曰思, 四曰景, 五曰筆, 六曰墨. 氣者, 心隨筆運, 取象不惑."

37) 張彦遠, 『歷代名畫記』「論顧陸張吳用筆」, "或問, 余以顧陸張吳用筆如何. 對曰, 顧愷之之迹, 緊勁聯綿, 循環超忽, 調格逸易, 風趣電疾, 意存筆先, 畫盡意在, 所以傳神氣也. 昔張芝學崔瑗杜度, 草書之法因而變之, 以成今草書之勢, 一筆而成, 氣脈通連, 隔行不斷. 唯王子敬, 明其深旨. 故行首之字, 往往繼其前行, 世上謂之一筆書. 其後陸探微亦作一筆畫, 連綿不斷. 故知書畫用筆同法."

38) 高桐軒, 『墨餘瑣錄』, "行筆氣不可斷, 力不可懈."

39) 鄭績, 『夢幻居學畫簡明』「筆論」, "用筆貴不動指以運腕引氣. 蓋指一動則腕鬆, 而弗能引丹田之氣矣. 是以有輕抱浮躁之弊. 可知有力由于有氣, 有氣由于能運腕. 欲能運腕, 則不動指是爲秘訣. 作書固然, 作畫亦然也."

40) 蔡邕, 『筆論』, "夫書, 先墨坐靜思, 隨意所適, 言不出口, 氣不盈息, 沈密神采, 如對至尊, 則無不善矣."

41) 王羲之, 「題筆陳圖後」, "夫欲書者, 先乾硯墨, 凝神靜思, 豫想字形大小, 偃仰平直振動, 令筋脉相連. 意在筆先, 然後作字."

42) 王羲之는 「書論」에서도 "대저 글씨는 마음이 침착하고 고요한 것을 귀하게 여긴다. 뜻이 붓보다 먼저 있어야 하고 글자는 마음보다 뒤에 있게 하라. 그러면 글씨를 쓰기 전에 마음으로 구상한 생각이 있어야 한다(夫書貴乎沈靜. 令意在筆先, 字居心后. 未作之始, 結思成矣)."고 하여 동일한 내용을 말하고 있다.

43) 張彦遠의 『歷代名畫記』「論顧陸張吳用筆」, "或問余曰, 吳生何以不用界筆直尺, 而能彎弧挺刃, 植柱構梁. 對曰, 守其神, 專其一, 合造化之功. 假吳生之筆, 向所謂意存筆先, 畫盡意在也. 凡事之臻妙者, 皆如是乎, 豈止畫也." 참조. 이런 사유는 동양의 다른 예술 장르에도 적용이 가능하다.

44) 周星蓮, 『臨池管見』. "心正則氣定, 氣定則腕活. 腕活則筆端, 筆端則墨注. 墨注則神凝, 神凝則象滋. 無意而皆意, 不法而皆法."

45) 唐岱, 『繪事發微』, "人心不靜, 則神不全. 意不純, 思不竭. 草草落筆, 則山之大勢不得, 意興索然."

46) 項穆, 『書法雅言』, "未書之前, 定志以帥其氣, 將書之際, 養氣以充其志. 勿忘勿助, 由勉入安, 斯于書也, 無間然矣."

47) 『黃帝內經』「素問」, "恬淡虛無, 眞氣從之."

48) 『黃帝內經』「素問」, "以恬淡爲務, 以自得爲功. 形體不敝, 精神不散, 亦可以百數."

49) 『莊子』「天道」에서는 다양한 측면의 靜을 말하면서, "夫虛靜恬淡, 寂寞無爲者, 天地之平而道德之至."와 "夫虛靜恬淡, 寂寞無爲者, 萬物之本也."를 말한다. 이것에 대해 呂惠卿이 "虛則無所於逆, 靜則一而不變, 恬則安于無知, 淡則不與物交, 寂則寂然不動, 漠則合氣於漠. 此六者, 聖人之所以無爲也."라고 하는 것 참조.

50) 陶弘景, 『養生延命錄』, "靜者壽, 操者夭."

51) 王肯堂, 『證治準繩』, "若能保眞致虛, 抱元守一者, 屢有不治而愈."

52) 郭熙, 『林泉高致』「山水訓」, "凡落筆之日, 必明窓淨几, 焚香左右, 精筆妙墨, 盥手滌硯, 如見大賓. 必神閑意定, 然後爲之. 豈非所謂不敢以輕心掉之乎." 이 밖에 "畵之處所, 須冬燠夏凉, 宏堂邃宇."를 말한다.

53) 韓拙, 『山水純全集』, "昔顧愷之夏日登樓, 家人罕見其面. 風雨晦暝, 飢寒喜怒皆不操筆."

54) 費嬴, 『大書長語』, "天下淸事, 須乘興趣, 乃克臻妙耳. 書者, 舒也. 襟懷舒散, 時于淸幽明爽之處, 紙墨精佳, 役者便慧, 乘興一揮, 自有瀟灑出塵之趣… 是故善書者, 風雨晦暝不書, 精神恍惚不書, 服役不給不書, 几案不整潔不書."

55) 오합은 '神怡務閑', '感惠徇知', '時和氣潤', '紙墨相發', '偶然欲書'이고, 오괴는 '心遽體留', '意違勢屈', '風燥日炎', '紙墨不稱', '情怠手闌' 등이다.

56) 郭林, 『新氣功療法』.

57) 林散之, "書法要得氣, 胸中浩然之氣. 沒有氣, 力量出不來."

58) 石濤, 『畵語錄』「遠塵」, "人爲物蔽, 則與塵交. 人爲物使, 則心受勞. 勞心於刻畵而自毁, 蔽塵於筆墨而自拘, 此局隘人也. 但損無益, 終不快其心也… 心不勞則有畵矣."

59) 盛大士, 『溪山臥游錄』, "近世人沈溺于利欲之場, 其作詩不過欲干求卿相, 結交貴游, 弋取貨利, 以肥其身家耳. 作畵亦然. 初下筆時胸中先有成算, 某幅贈某達官必不虛發, 某幅贈某富翁必得厚惠. 是其卑鄙陋劣之見, 已不可嚮邇, 無論其必不工也. 側工亦不過詩畵之蠹耳."

60) 松年, 『頤圓論畵』, "于今學畵之士, 每有操急求名, 求人贊好之病. 如此心急自喜, 斷難肯下苦功, 往往畵到中途, 已暗生退懶之念, 此等習氣務宜勇改. 不但畵品不高, 實有關福壽, 戒之, 戒之."

61) 王槩,『學畫淺說』, "筆墨間寧有稺氣, 毋有滯氣, 寧有覇氣, 毋有市氣. 滯則不生, 市則多俗. 俗尤不可侵染, 去俗無他法. 多讀書, 則書卷之氣上乘, 市俗之氣下降."

62) 唐岱,『繪事發微』, "不破萬卷, 不行萬里, 無以作文, 無以作畫也."

63) 張式,『畫譚』, "學畫當先修身. 身修則心氣和平, 能應萬物. 未有心不和平而能書畫者. 讀書以養性, 書畫以養心. 不讀書而能臻絶品者, 未之見也."

64) 杜甫,「曲江二首」, "朝回日日典春衣, 每向江頭盡醉歸, 酒債尋常行處有, 人生七十古來稀."

65) 화가들도 많은 사람들이 장수했다. 黃公望(1269~1354), 沈周(1427~1509), 文徵明(1470~1559) 등도 80세 이상을 살았다. 이 밖에 중국의 현대 張大千(1899~1983), 李苦禪(1899~1983), 錢松嵒(1899~1985) 등은 80세 이상을, 黃賓虹(1865~1955), 齊白石(1864~1955) 등은 90세 이상을 살았다. 沙孟海(1900~1992), 李可染(1907~1989), 吳作人(1908~1997), 諸樂三(1902~1984) 등도 장수하였다.

제21장
도산서당: '택여기인宅如其人'의 관점에서 본 형세론 미학

1) 丁若鏞,『與猶堂全書』권1「題黃裳幽人帖」, "開朗悅眼, 方是福地. 就中央結局處, 構茆屋三四間. 室中置書架二部, 揷架書一千三四百卷… 無所不具. 庭前起嚮墻一帶, 高可數尺, 墻內安百種花盆. 若石榴巵子蔦陀之等, 各具品格而菊最備, 須有四十八般名色, 方是僅具也. 庭右鑿小池, 方數十武, 便止. 池中植芙蕖數十枋, 養鮒魚, 別刳筀竹作水筒, 引山泉注池. 其溢者從墻穴流于圃. 治圃須碾平, 如渟水然, 割之爲方畦. 蔡菘葱蒜之等, 別其族類, 無相混糅. 須用碌碡下種, 苗生視之, 有斑紬文, 纔名爲圃也. 稍遠種瓜種甘藷, 繞圃植玫瑰累千株成籬. 每當春夏之交, 巡圃者得香烈觸鼻也. 庭左立衡門, 編白竹爲扉, 扉外緣山坡. 行五十餘武, 臨石澗起草閣一間, 用竹爲檻, 繞閣皆茂林修竹, 枝條入簷, 不須折也. 沿溪行百餘武, 良田數百畝, 晩春杖至田畔, 秧針齊綠, 翠色染人, 無一點塵土氣. 雖然勿躬治也, 又沿溪行數弓許, 得大隄一面, 周可五六里, 堤中皆芙蕖菱芡. 造艓子一枚泛之, 每月夜携詩豪墨客泛舟, 吹洞簫彈小琴. 繞隄行三四遍, 醉而歸… 堂後有徂徠松數根, 作龍拏虎攫之勢, 松下立白鶴一雙. 自松而東, 開小圃一區, 種人蔘桔梗江蘺山蘄之等. 松北有小扉, 從此入. 得蠶室三間, 安蠶箔七層. 每午茶既歠, 至蠶室中, 命

妻行松葉酒數盞. 既飮, 持方書授浴蠶繅絲之法, 嫣然相笑. 既已聞門外有徵書至, 哂之不就, 此卽履九二之吉也."

2) 白居易, 「廬山草堂記」, "明年春, 草堂成, 三間兩柱, 二室四牖, 廣袤豐殺, 一稱心力. 洞北戶, 來陰風, 防徂暑也. 敞南甍, 納陽日, 虞祁寒也. 木斫而已, 不加丹, 牆圬而已, 不加白. 砌階用石, 冪窗用紙, 竹簾紵幃, 率稱是焉. 堂中設木榻四, 素屏二, 漆琴一張, 儒道佛書各兩三卷. 樂天既來爲主, 仰觀山, 俯聽泉, 傍睨竹樹雲石, 自辰至酉, 應接不暇. 俄而物誘氣隨, 外適內和. 一宿體寧, 再宿心恬, 三宿後頹然嗒然, 不知其然而然. 自問其故. 答曰, 是居也, 前有平地, 輪廣十丈, 中有平台, 半平地. 台南有方池, 倍平台. 環池多山竹野卉, 池中生白蓮白魚. 又南抵石澗, 夾澗有古松老杉, 大僅十人圍, 高不知幾百尺."

3) 陶淵明, 「歸去來辭」, "舟遙遙以輕颺, 風飄飄而吹衣. 問征夫以前路, 恨晨光之熹微, 乃瞻衡宇, 載欣載奔." 참조.

4) 『주역』 「履卦」 九二爻에 대해서는 이미 앞에서 살펴보았다.

5) 崔岦, 『簡易集』 권3 「退溪書小屛識」, "蓋書, 心畫也. 心畫所形, 誠足想見其人. 況先生書, 端重遒緊, 雖或作草而不離正. 平生心不放工夫, 未必不蹟於斯焉."

6) 퇴계는 맑고 깨끗함[潔淨]으로 표현되는 純善한 리를 도덕주체로 본다. 퇴계는 理發, 理動, 理活 등 理에 작위성과 능동성을 부여하고 리를 극존무대의 것으로 높인다. 아울러 天理의 순수성, 고귀성, 존엄성을 현실에서도 드러내고자 한다.

7) 劉禹錫은 孔子가 "德 있는 군자가 그 나라에 있으면 오랑캐의 나라라 하더라도 '陋'라 말할 수 없다"고 말하였고, 顔淵이 "누추한 집에 살면서도 그 뜻을 버리지 않았다"는 것을 취해 자신의 거처를 '陋室'이라 이름을 지은 것이다.

8) 劉禹錫, 「陋室銘」, "山不在高, 有僊則名. 水不在深, 有龍則靈."

9) 『論語』 「泰伯」, "子曰, 篤信好學, 守死善道. 危邦不入, 亂邦不居. 天下有道則見, 無道則隱."

10) 『論語』 「憲問」, "子曰, 賢者辟世, 其次辟地."

11) 『論語』 「季氏」, "隱居以求其志, 行義以達其道, 吾聞其語矣, 未見其人也."

12) 전후 맥락은 다음과 같다. 『孟子』 「盡心章上」 9, "故士窮不失義, 達不離道. 窮不失義, 故士得己焉. 達不離道, 故民不失望焉. 古之人, 得志, 澤加於民. 不得志, 修身於世. 窮則獨善其善, 達則兼善天下."

13) 실질적으로 '귀거래'를 실천하지는 않았더라도 귀거래한 도연명의 삶에 대한 흠모는 특정 시대를 떠나 전반적으로 행해졌는데, 조선조 유학자들의 '和陶辭'가 이런 점을 상징적으로 반영한다. 자세한 것은 남윤수, 『한국의 和陶辭 研究』, 역

락, 2004 참조.

14) 『退溪集』 권1 「退溪」, "身退安愚分, 學退憂暮境, 溪上始定居, 臨流日有省."

15) 『孟子』 「盡心章上」에는 "觀水有術, 必觀其瀾, 日月有明, 容光必照焉. 流水之爲物也, 不盈科而不行, 君子之於道也, 不成章不達."이라는 말이 있다. 이 같은 물을 통해 道學 공부를 행하고자 하는 것은 도산서당의 '觀瀾軒'으로 나타난다.

16) 『退溪集』 권3 시, 「陶山雜詠」, "觀古之有樂於山林者, 亦有二焉. 有慕玄虛事高尙而樂者, 有悅道義頤心性而樂者. 由前之說, 則恐或流潔身亂倫, 而其甚則與鳥獸同群, 不以爲非矣. 由後之說, 則所耆者糟粕耳. 至其不可傳之妙, 則愈求而愈不得, 於樂何有. 雖然寧爲此而自勉, 不爲彼而自誣矣. 又何暇知有所謂世俗之營營者, 而入我之靈臺乎."

17) 『退溪集』 권3 시, 「陶山雜詠」, "或曰, 古之愛山者, 必得名山以自託. 子之不居淸凉, 而居此何也. 曰, 淸凉壁立萬仞, 而危臨絶壑, 老病者所不能安. 且樂山樂水, 缺一不可. 今洛川雖過淸凉, 而山中不知有水焉. 余固有淸凉之願矣. 然而後彼而先此者, 凡以兼山水, 而逸老病也."

18) 『論語』 「雍也」, "知者樂水, 仁者樂山. 知者動, 仁者靜, 知者樂, 仁者壽."

19) 『松窩集』 권5 「摹武夷九曲圖序」, "然細考諸賢詩記, 蓋武夷之山… 在昔太姥眞君之脫形昇眞, 往往有奇蹤異痕, 則宜乎漢唐以來, 崇祀虔禱, 指以爲仙鄕, 而道人逸士之踵, 相接於其間也. 況得我考亭夫子, 棲息於斯, 携名士, 闢緇帳, 爲菟裘藏修之所, 揭萬世後學之宗, 則彼一區丹山碧水, 宜爲天下第一, 而名與人俱不朽於無窮也." 및 『恒齋集』 권6 「小屛風武夷九曲圖跋」, "先儒氏之言曰, 九曲純是進道次第, 苟能優遊默玩, 有以深契夫曲曲進進之序, 期至於豁然貫通. 則是圖也, 非直侈諸屛障而已, 抑將爲爲學之一助云." 참조.

20) 『大山集』 권45 「武夷九曲圖跋」, "凡一水, 一石, 一草, 一木, 擧爲玩理造道之具. 仁智動靜之機, 化育流行之妙, 洋洋於几席杖履之間, 則先生晩世靜養之工, 蓋得是山而尤專."

21) 『敬庵集』 권9 「書李士實所藏武夷九曲圖跋後」, "朱子年五十四, 作精舍於武夷山中大隱屛下, 去五夫一舍而近, 暇則輒往焉, 因作九曲棹歌十章以詠之. 自後武夷山水之勝, 名於天下. 後之人, 慕朱熹不已. 以及其藏修之地, 則爭摸九曲而題棹歌以寓慕. 我東傳本, 雖有工拙, 惟我退陶老先生李仲久九曲圖跋, 最著焉."

22) 『退溪集』 권1 「閒居讀武夷志·次九曲櫂歌韻」, "不是仙山詑異靈, 滄洲遊跡想餘淸. 故能感激前宵夢, 一櫂賡歌九曲聲." 滄洲: 考亭 시내 가운데 있고 '龍舌洲'라고 불렸으나 주희가 고정에 정자를 지운 뒤 고정을 고쳐 '창주정사'라 하고 '滄

洲病叟'라 자호하였다.

23) 『景陽齋集』 권1 「詠栗谷先生石潭九曲圖」, "石潭九曲水, 彷彿武夷山. 德學賴夫子, 幽棲曾此間. 于今看繪畵, 憶昔費登攀. 俛仰高風遠, 題詩爲罷閑."

24) 『錦谷集』 권11 「高山九曲圖後敍」, "書高山九曲圖後, 山水之樂, 屬於仁智者. 已有聖人之論, 則縱有流峙之淸澈秀拔, 而苟非知道者, 鮮能樂其樂矣. 是以地亦待人而顯. 崇安之武夷, 因朱夫子之遊賞, 而名聞海外, 則世違千載, 地隔萬里, 而李文成猶且想像起感者, 非直爲巖巒澗壑之美, 惟以媛學其前賢也. 夫海州之石潭, 卽我東之武夷也. 若有想像起感於石潭, 則當學李文成之道, 而亦可上溯於朱夫子矣. 仰其人而旣不可見, 托遺思於所嘗盤旋之地, 則畵固不可以已也."

25) 『恒齋集』 권6 「小屛風武夷九曲圖跋」, "但恨生也後, 旣未及摳掖親炙於時雨之化, 則無寧傳諸繪事, 覩道德之彷彿, 殆曠世之朝暮遇也. 此九曲圖之所爲摹也. 若徒以山水觀玩之美, 則是得其外而遺其內, 取其粗而遺其精, 又何足以繪素爲哉."

26) 『論語』 「里仁」, "子曰, 里仁爲美, 擇不處仁, 焉得知."

27) 程頤, 「葬說」, "卜其宅兆, 卜其擇美惡也, 非陰陽家所謂禍福者也… 地之美者, 則其神靈安, 其子孫盛."

28) 『龍經』, "至哉, 形勢之異相也. 遠近行止不同, 心目之大觀也. 瞻明玄妙之潛通, 雖流于方者之術, 必求儒者之宗."

29) 이런 점에 관한 것은 민병삼, 「朱熹의 風水地理生命思想硏究」, 성균관대 박사논문, 2008 참조할 것.

30) 李滉, 『退溪集』 卷3 「陶山雜詠」, "爲山不甚高大, 宅曠而勢絶, 占方位不偏. 故其旁之峯巒溪壑, 皆若拱揖環抱於此山然也."

31) 『論語』 「爲政」, "爲政以德, 譬如北辰居其所, 而衆星共之."

32) 李滉, 『退溪集』 卷3 「陶山雜詠」, "山之在左曰東翠屛, 在右曰西翠屛. 東屛來自淸涼, 至山之東, 而列岫縹緲. 西屛來自靈芝, 至山之西, 而聳峯巍峨. 兩屛相望, 南行迤邐, 盤旋八九里許, 則東者西, 西者東, 而合勢於南野莽蒼之外. 水在山後曰退溪, 在山南曰洛川. 溪循山北, 而入洛川於山之東. 川自東屛而西趨, 至山之趾, 則演漾泓渟. 沿泝數里間, 深可行舟, 金沙玉礫, 淸瑩紺寒, 卽所謂濯纓潭也. 西觸于西屛之崖, 遂竝其下, 南過大野, 而入于芙蓉峯下, 峯卽西者東而合勢之處也."

33) 『주역』 「계사전상」 4장, "安土, 敦乎仁, 故能愛."에 대한 주희의 주석, "安土者, 隨寓而安也. 敦乎仁者, 不失其天地生物之心也. 安土而敦乎仁, 則無適而非仁矣, 所以能愛也. 仁者, 樂山之意, 於此可見. 又曰, 安土者, 隨所寓而安. 若自擇安處, 便只知有己, 不知有物也. 此厚於仁者之事. 故能愛也."

34) 李滉, 『退溪集』 卷3 「陶山雜詠」, "始余卜居溪上, 臨溪縛屋數間, 以爲藏書養拙之所. 蓋已三遷其地, 而輒爲風雨所壞. 且以溪上偏於閴寂, 而不稱於曠懷. 乃更謀遷, 而得地於山之南也. 爰有小洞, 前俯江郊, 幽敻遼廓, 巖麓悄蒨, 石井甘洌, 允宜肥遯之所."

35) 『周易』 「遯卦」, "上九, 肥遁, 無不利."

36) 『周易』 「遯卦」, "上九, 肥遁"에 대한 程傳, "肥者, 充大寬裕之意. 遯者, 有飄然遠逝, 無所係滯之爲善. 上九, 乾體剛斷, 在卦之外矣. 又下無所係, 是遯之遠而無累, 可謂寬綽有餘裕也. 遯者, 窮困之時也. 善處則爲肥矣. 其遯如此, 何所不利." 참조.

37) 郭熙는 「山水訓」에서 산수에 대해 '可行, 可望, 可遊, 可居' 네 가지를 말하는데, 가장 좋은 것은 '가거'임을 말한다.

38) 陶弘景, 「詔問山中何所有賦詩以答」, "山中何所有, 隴上多白雲. 只可自怡悅, 不堪持贈君."

39) 李滉, 『退溪集』 卷3 「陶山雜詠」, "自丁巳至于辛酉, 五年而堂舍兩屋粗成, 可棲息也. 堂凡三間, 中一間曰玩樂齋, 取朱先生名堂室記樂而玩之, 足以終吾身而不厭之語也. 東一間曰巖栖軒, 取雲谷詩自信久未能, 巖栖冀微效之語也. 又合而扁之曰陶山書堂, 舍凡八間, 齋曰時習, 寮曰止宿, 軒曰觀瀾, 合而扁之曰隴雲精舍."

40) 주희의 시에 "반 이랑의 네모난 연못이 한 거울을 이루었으니, 하늘빛 구름 그림자가 함께 돌고 있다(半畝方塘一鑑開, 天光雲影共徘徊)"라는 말이 나온다.

41) 李滉, 『退溪集』 卷3 「陶山雜詠」, "堂之東偏, 鑿小方塘, 種蓮其中, 曰淨友塘. 又其東爲蒙泉, 泉上山脚, 鑿令與軒對平, 築之爲壇, 而植其上梅竹松菊, 曰節友社. 堂前出入處, 掩以柴扉, 曰幽貞門. 門外小徑緣澗而下, 至于洞, 兩麓相對. 其東麓之脅, 開巖築址, 可作小亭, 而力不及, 只存其處, 有似山門者, 曰谷口巖. 自此東轉數步, 山麓斗斷, 正控濯纓. 潭上巨石削立, 層累可十餘丈. 築其上爲臺, 松棚翳日, 上天下水, 羽鱗飛躍, 左右翠屛, 動影涵碧, 江山之勝, 一覽盡得, 曰天淵臺. 西麓亦擬築臺, 而名之曰天光雲影, 其勝槪當不減於天淵也. 盤陀石在濯纓潭中, 其狀盤陀, 可以繫舟傳觴. 每遇潦漲, 則與齊俱入, 至水落波淸, 然後始呈露也."

42) 신상섭, 『한국의 전통마을과 문화경관 찾기』, 도서출판 대가, 2007, p.164.

43) 중국학자 장지아지는 중국의 원림과 서양의 정원 차이를 원림은 "건축 이외의 환경녹화나 미화가 아니라 건축물을 포함한 고도의 자연정신경계가 있는 생활환경"(장지아지 저, 심우경·이창호·심현남 옮김, 『중국의 전통조경문화』, 문운당, 2008, p.295)이라 말한다.

44) 강희안, 『養花小錄』 「取花卉法」, "凡培植花卉, 只欲益心志養德性耳."

45) 『晉山世稿』, 卷3「友人送蘭竹各一盆以橘樹報之詩以爲謝」, "既惠一盆蘭, 又寄一盆竹, 我受感之深, 不啻如金帛, 列諸短簷前. 歲暮有佳色, 蘭葉日以抽, 竹陰時復綠, 吟哦二物間. 我心高無俗, 秋深風露寒, 两莭勁不易, 物性尚爾然. 可見君子德, 曾聞德有隣, 願言示高躅."

46) 『養花小錄』「養花解」, "儀彼所有, 爲我之德, 其所益豈不爲多乎哉. 其志豈不有浩然也哉. 有廣厦細氈, 携珠翠, 引笙謌者, 求以悅心目, 適足以斧斤性命, 萠芽驕吝而已."

47) 『養花小錄』「取花卉法」, "其無韻格節操者, 不須看玩. 籬邊墻下, 随處栽植, 不與相近. 近之如烈士鄙夫, 混處一室, 風格頓喪."

48) 『養花小錄』「養花解」, "今夫蒼官丈夫, 蕭散後凋之操, 獨出千卉百木之上, 既不可尚已. 其餘隱逸之菊, 高格之梅, 與夫蘭蕙, 瑞香十餘種品, 各擅風韻, 而菖蒲有孤寒之莭."

49) 『養花小錄』「自序」, "噫, 花草, 植物也. 既無知識, 亦不運動. 然不知培養之理, 收藏之宜, 使濕者燥, 寒者燠, 以離其天性, 則必至於萎枯而已矣. 豈復有敷榮發秀, 以逞其真態乎. 植物且然, 而况靈於萬物者, 可焦其心, 勞其形, 以違天害性耶."

50) 「淨友塘」: "물건마다 한 하늘의 묘한 이치 품었거늘, 염계는 무슨 일로 그대만을 사랑했나. 향기로운 그 덕을 가만히 생각하면 진실로 벗하기 어려운데, 淨 하나로 일컫는 것 편벽될까 두려워라(物物皆含妙一天, 濂溪何事獨君憐. 細思馨德眞難友, 一淨稱呼恐亦偏)"라고 하여 연꽃이 갖는 고결하고 향기로운 덕을 닮고자 한다.

51) 「盤陀石」: "누렇고 탁한 물이 쏟아져 흐르면 곧 얼굴 숨겼다가, 물이 빠져 고요히 흐를 때면 비로소 나타나네. 어여쁘다 이 같은 거센 물결 속에서도, 천고에 반타석은 구르거나 기울지도 않았네(黃濁滔滔便隱形, 安流帖帖始分明. 可憐如許奔衝裏, 千古盤陀不轉傾.)"라고 하는데, 이것은 어떤 어려운 상황에서도 자신의 본모습을 잃지 않는 것을 상징한다.

52) 이런 점은 퇴계가 「도정절집 중에 실린 집을 옮기고 읊은 시를 차운하니 두 마리이다[和陶集移居韻二首: 五月十八日]」란 시와 「도정절집 중에 실린 飮酒 이십수를 화답하다」라는 시어에 잘 나타나 있다.

53) 李滉, 『退溪集』 卷3 「陶山雜詠」, "若夫山鳥嚶鳴, 時物暢茂, 風霜刻厲, 雪月凝輝, 四時之景, 不同而趣亦無窮. 自非大寒大暑大風大雨, 無時無日而不出, 出如是, 返亦如是. 是則閒居養疾無用之功業, 雖不能窺古人之門庭, 而其所以自娛悅於中者不淺, 雖欲無言, 而不可得也. 於是, 逐處各以七言一首紀其事, 凡得十八絶."

54) 李滉,『退溪集』卷3「陶山雜詠」,"余恆苦積病纏繞, 雖山居, 不能極意讀書. 幽憂調息之餘, 有時身體輕安, 心神灑醒, 俛仰宇宙, 感慨係之, 則撥書攜筇而出, 臨軒玩塘, 陟壇尋社, 巡圃蒔藥, 搜林擷芳. 或坐石弄泉, 登臺望雲, 或磯上觀魚. 舟中狎鷗, 隨意所適, 逍遙徜徉, 觸目發興, 遇景成趣. 至興極而返, 則一室岑寂, 圖書滿壁."

55) 李滉,『退溪集』卷3「陶山雜詠」,"對案默坐, 兢存硏索, 往往有會于心, 輒復欣然忘食. 其有不合者, 資於麗澤, 又不得則發於憤悱. 猶不敢强而通之, 且置一邊, 時復拈出, 虛心思繹, 以俟其自解. 今日如是, 明日又如是."

56) 李滉,『退溪集』卷2「書徐處士花潭集後三首」,"末世天無改, 吾東聖欲居. 魯風猶可變, 箕訓詎終虛. 前輩文華勝, 今人術業疎. 有誰能自奮, 躬道向經書."

57)『退溪文集』권3「陶山言志」,"自喜山堂半已成, 山居猶得免躬耕, 移書稍稍舊龕盡, 植竹看看新筍生. 未覺泉聲妨夜靜, 更憐山色好朝晴, 方知自古中林士, 萬事渾忘欲晦名."

58)『退溪文集』권2「遊山書事十二首·講道」,"聖賢有緖言, 微妙非玄冥, 源流有所自, 毫末有所爭. 講之欲何爲, 志道求其寧."

59)『退溪文集』권2「再行視陶山南洞. 有作示南景祥琴壎之閔生應祺兒子寯孫兒安道」,"卜居退溪上, 年光幾流邁, 寒棲屢遷地, 草草旋傾壞. 雖憐泉石幽, 形勢終嫌隘, 喟焉將改求, 行盡高深界. 溪南有陶山, 近秘良亦怪, 昨日偶獨搜, 今朝要共屆."

60) 退溪文集』권2「尋改卜書堂地. 得於陶山之南, 有感而作, 二首」,"風雨溪堂不庇牀, 卜遷求勝徧林岡. 那知百歲藏修地, 只在平生採釣處… 自生感慨幽棲處, 眞愜盤桓暮境心. 萬化窮探吾豈敢, 願將編簡誦遺音."

61)『退溪文集』권3「和子中閒居二十詠·講學」,"同流亂德勢侵淫, 墜緖茫茫不易尋. 只向彝倫明盡道, 更因情性得存心. 須知糟粕能傳妙, 始識熊魚孰味深. 却恨山樊無麗澤, 齋居終日獨欽欽."

62)『退溪文集』권3「和子中閒居二十詠·求志」,"隱志非他達所由, 天民德業尙須求. 希賢正屬吾儕事, 守道寧忘此日憂. 大錯鑄來容改範, 迷途覺處急回輈. 秖從顏巷勤攸執, 貴富空雲一點浮."

63)『禮記』「樂記」,"人生而靜, 天之性."

64)『退溪文集』권3「和子中閒居二十詠·養靜」,"休道山林已辦安, 心源未了尙多干. 眼中灑若常恬養, 事過超然莫控摶. 九歲觀空非面壁, 三年服氣異燒丹. 聖賢說靜明如日, 深戒毫釐錯做看."

65)『退溪文集』권5「續內集」「次韻奇明彦贈金而精 · 守靜」,"守身貴無撓, 養心從未發. 苟非靜爲本, 動若車無軏. 我性愛山隱, 塵紛久消歇. 一朝來嘗世, 已覺神外

滑. 何況都城中. 欲海競顚越. 君爲布衣生, 樹蘭寧自伐. 君門扉好掩, 君井泥莫汨. 四壁有圖書, 焚香坐超忽. 潛昭判善利, 一帥麾千卒."

66) 『退溪全書』 권17 「答奇明彦」 丁卯 9월 21일, "蓋義之所在, 隨人隨時, 變動不居. 在諸公則進爲義, 欲使之爲我所爲不可也. 在我則退爲義, 欲使之爲諸公所爲亦不可也."

67) 유승국, 『한국사상과 현대』, 동방학술연구원, 1983, p.90.

68) 陶淵明, 「歸去來辭」, "歸去來兮, 田園將蕪胡不歸. 旣自以心爲形役, 奚惆悵而獨悲." 참조.

제22장 유가·도가사상의 관점에서 본 한국 전통미의 특질

1) 이하 본고의 한국미와 관한 논의 가운데 조요한의 견해를 제외하면, 논지 전개의 편의상 대부분 편의상 주로 권영필 외 지음, 『한국의 미를 다시 읽는다』(돌베개, 2005)의 글들은 요약 정리하였다. 조요한의 경우는 『한국미의 조명』(열화당, 2004 재판)을 주로 참조하였다. 조요한은 「한국미의 탐구를 위한 서론」(『한국미의 조명』, 열화당, 2004 재판, pp.15~62)에서 멋을 비롯하여 기존의 한국미에 관한 논의들을 잘 정리하고 있다.

2) 권영필 옮김, 안드레 에카르트 저, 『에카르트의 조선미술사』, 열화당, 2003.

3) 권영필 외 지음, 『한국의 미를 다시 읽는다』(돌베개, 2005, p.42) 참조.

4) 야나기 무네요시, 「조선의 벗에게 보내는 글」 『야나기 무네요시 전집 6』, pp.42~43 참조. 비애의 미에 관해서는 논란의 여지가 많다.

5) 劉熙載, 『書概』, "書當造乎自然. 蔡仲郞但謂書肇於自然, 此立天定人, 尙未及乎由人復天也."

6) 김용준, 「회화로 나타나는 향토색의 음미」, 동아일보, 1936. 5, pp.3~5.

7) 김용준, 「제9회 미전과 조선화단」, 중외일보, 1930. 5, p.20~28.

8) 김용준, 「광채나는 전통」, 신한일보, 1947. 10.2~11, p.27.

9) 최순우, 「우리나라미술사개설」, 새벽신년호, 1955, p.395.

10) 최순우, 「경기도지」 1957, p.154.

11) 『최순우전집』 권5, p.32.

12) 『최순우전집』 권5, p.66.

13) 예를 들면 최순우가 蕭散簡遠의 미가 있다는 것은 이런 점을 잘 반영한다.

14) 김원룡, 『한국미의 탐구』(개정판), 1996, pp.47~48.

15) 김원룡, 앞의 책, pp.49~50.

16) 김원룡, 앞의 책, pp.31~32.

17) 김원룡, 『한국고미술의 이해』 pp.10~15.

18) 예를 들면 "한국미술에서만 볼 수 있는 것인가. 어떤 미술품이 가장 두드러지게 한국적인 내재성과 한국적 취향을 반영하는가. 잠재적인 증상을 드러내는 미술품이 있는가. 같은 주제라도 동양 3국이 다 사용한 것인데 한국인은 그 주체를 어떻게 다루고 있는가. 중점적이고 부수적인 요소를 발견할 수 있는가. 특별히 선호하는 주제나 미술양식이 보이는가. 미술양식이 어떤 식으로 변천하고 있는가. 어느 미술의 주제나 양식을 외부로부터 받아들이면서 어떻게 한국화했는가. 동시대의 미술이라도 서로 상반되는 점이 보이는가. 시대가 바뀌어도 전 역사를 통해 두드러지거나, 일관성 있게 나타나는 요소가 있는가. 다양한 양식적 표현 가운데 기조가 되는 요소가 있는가"(권영필 외 지음, 『한국의 미를 다시 읽는다』, 돌베개, 2005, pp.198~190에서 재인) 등이 그것이다.

19) 빌헬름 보링거[Wilhelm Worringer]는 자연에 대한 두 가지 태도 즉 자연과의 친화와 자연과의 대결에서 감정이입과 추상충동이 생긴다고 한다.

20) 趙要翰, 「한국예술의 정신」(『韓國美의 照明』, 열화당, 2004 재판, p.306) 참조.

21) 趙要翰, 「한국의 정원미」(『韓國美의 照明』, 열화당, 2004 재판, p.255) 참조.

22) 趙要翰, 「한국인의 미의식」(『韓國美의 照明』, 2004 재판, 1999, p.153) 참조.

23) 趙要翰, 앞의 책, pp.148~149 참조.

24) 조요한, 『한국미의 조명』(『韓國美의 照明』, 열화당, 2004 재판, pp.293~294) 참조.

25) 조요한, 「동양의 아름다움과 서양의 아름다움」(『韓國美의 照明』, 열화당, 2004 재판, p.95) 참조.

26) 조요한, 「동양의 아름다움과 서양의 아름다움」(『韓國美의 照明』, 열화당, 2004 재판, p.98) 참조

27) 조요한, 「한국예술의 정신」(『韓國美의 照明』, 열화당, 2004 재판, p.350) 참조.

28) 『論語』 「述而」, "志於道, 據於德, 依於仁, 遊於藝."

29) '依仁遊藝'라고 표현한다. 郭若虛, 『圖畫見聞志』 「論氣韻非師」, "竊觀自古奇跡, 多是軒冕才賢岩穴上士'依仁遊藝', 探賾鉤深, 高雅之情, 一寄於畫." 참조.

30) 趙要翰, 「한국인의 미의식」(『韓國美의 照明』, 열화당, 2004 재판, p.151) 참조.

31) 『阮堂集』 권7 「書示佑兒」, "且隷法, 非有胸中淸高古雅之意, 無以出手. 胸中淸高古雅之意, 又非有胸中文字香書卷氣, 不能現發於腕下指頭. 又非如尋常楷書比也. 須於胸中先具文字香書卷氣, 爲隷法張本, 爲寫隷神訣."

32) 趙要翰, 「한국인의 미의식」(『韓國美의 照明』, 열화당, 2004 재판, p.134) 참조.

33) 趙要翰, 「한국미 전통과 계승」(『韓國美의 照明』, 열화당, 2004 재판, p.280)의 「靑華白磁蘭草紋角甁」에 관한 해설인 "각이 진 몸체는 그렇게 풍만하지도 않고 부드러운 곡선을 지녔는데, 여기에 세필로 간결하게 세 포기의 난초를 그려넣었다. 담청을 머금은 백자유를 입혔는데, 더욱 안정감이 있다. 이 같은 조선백자의 청초함은 유교적 생활철학을 나타내고 있다." 참조.

34) 趙要翰, 「한국예술의 정신」(『韓國美의 照明』, 열화당, 2004 재판, p.339) 참조.

35) 趙要翰, 「한국인의 미의식」(『韓國美의 照明』, 열화당, 2004 재판, p.145) 참조.

36) 趙要翰, 앞의 책, p.197 참조.

37) 趙要翰, 앞의 책, p.197 참조.

38) 趙要翰, 앞의 책, p.197 참조.

39) 趙要翰, 앞의 책, p.197 참조. p.253) 참조.

40) 『論語』 「里仁」, "子曰, 里仁爲美 , 擇不處仁, 焉得知."

41) 예를 들면 동일한 건축물이라도 퇴계가 占地하고 설계한 陶山書堂에 대한 평가와 韓明澮가 거처하고자 했던 '狎鷗亭'의 평가가 다른 점이 바로 그것이다.

42) 趙要翰, 「한국인의 정원미」(『韓國美의 照明』, 열화당, 2004 재판, p.255) 참조.

43) 「毛詩序」, "言天下之事, 形四方之風, 謂之雅. 雅者, 正也. 言王政之所由廢興也."

44) 『論語』 「述而」, "子所雅言, 詩書執禮, 皆雅言也.", 『論語』 「陽貨」, "子曰, 惡紫之奪朱也. 惡鄭聲之亂雅樂也." 참조. 주희는 "雅, 常也."라고 주석한다.

45) 『荀子』 「勸學」, "君子知夫不全不粹之不足以爲美也."

46) 『荀子』 「修身」, "容貌態度進退趨行, 由禮則雅. 不由禮則夷固, 僻違, 庸衆也."

47) 『주역』 「坤卦·文言」, "君子, 敬以直內, 義以方外."

48) 『退溪先生言行錄』 권5 「類編」 「雜記」, "嘗言吾詩枯淡, 人多不喜. 然於詩用力頗深. 故初看雖似冷淡, 久看則不無意味."

49) 退溪가 말한 '理發而氣隨之'에서 보듯 퇴계는 理를 근간으로 하고 중시하는 사유와 연관된 미적 인식을 말한다.

50) 물론 불교미술의 경우는 다른 차원에서 접근해야 할 것이다. 유교를 부정적으로 보는 고유섭은 이런 의식을 긍정적으로만 보지는 않는다.

51) 물론 이때의 도는 노장에서 말하는 도가 아니고 유가에서 말하는 도다. 따라서

宗炳이 「畵山水序」에서 말하는 '以形媚道'의 '도'와는 다르다.

52) 秋史의 「不二禪蘭圖」의 '偶然欲畵'는 바로 이런 무계획의 계획의 결과물이다.

53) 『老子』 45장의 '大巧若拙'에 관한 王弼의 주, "大巧因自然以成器, 不造爲異端, 故若拙也."

54) 『莊子』 「山木」에서는 "旣彫旣琢, 復歸於樸."을 말한다.

55) 『莊子』 「馬蹄」에서는 "夫殘樸以爲器, 工匠之罪也."라는 말을 한다.

56) 『老子』 19장, "絶聖棄智, 民利百倍. 絶仁棄義, 民復孝子. 絶巧棄利, 盜賊無有. 此三者以爲文不足, 故令有所屬. 見素抱樸, 少私寡欲."

57) 『莊子』 「天道」, "靜而聖, 動而王, 無爲也而尊, 樸素而天下莫能與之爭美."

58) 『노자』 28장, "復歸於嬰兒."

59) 『老子』 55장, "含德之厚, 比于赤子." 맹자도 적자를 말한다. 『孟子』 「離婁下」, "大人者, 不失其赤子之心者也." 동일한 적자를 말해도 맹자는 성선 차원에서의 적자를 말하고, 노장에서는 자연본성을 그대로 유지하고 있는 적자를 말한다는 점에서 근본적인 차이가 있다.

60) 『老子』 28장 '復歸於樸'에 대한 呂惠卿 주, "樸者, 眞之全而物之混成者也. 唯其混成而未爲器, 故能大能小."

61) 한국미의 특질에는 자연 그대로의 가공되지 않은 상태로서의 이런 자연이 주는 거친 맛이 있는데, 그것을 미적 차원에 적용하면 일종의 野逸美다. 야일미는 이해하기에 따라 단순 粗野하고 거친 맛으로도 이해될 수 있지만, 그것은 야일미가 의미하는 경지를 잘못 이해한 것이다. 즉 우리가 자연상태의 식물들을 기름에 튀기거나 삶을 줄 몰라서 그냥 자연상태로 먹는 것이 아니고, 자연상태로서의 맛을 즐기기에 그렇다는 것이다. 자연의 재료를 이용한 한국의 현악기는 이런 야일미를 소리로 잘 보여준다.

62) 『老子』 45장의 '大巧若拙'에 대한 呂惠卿 주석, "大巧者, 刻彫衆形而不爲巧者也, 故若拙."

63) 『莊子』 「大宗師」, "覆載天地, 刻彫衆形, 而不爲巧, 此所遊已."

64) 『莊子』 「天道」, "覆載天地, 刻彫衆形而不爲巧, 此之謂天樂. 故曰, 知天樂者, 其生也天行, 其死也物化."

65) 서예에서의 '工'과 '不工'의 관계를 『莊子』 「山木」의 내용과 관련지어 劉熙載는 『書概』에서 "學書者, 始由不工求工, 繼由工求不工. 不工者, 工之極也. 莊子山木篇曰, 旣雕旣琢, 復歸於樸, 善夫."라 말한다.

66) 『老子』 48장의 '爲道日損'에 대한 蘇轍 주, "去妄以求復性, 是謂之損." 여기서

'妄'은 자연의 이치 혹은 본성에 어긋나는 짓을 말한다. 『老子』 16장, "致虛極, 守靜篤, 萬物竝作, 吾以觀其復. 夫物芸芸, 各復其根. 歸根曰靜, 靜曰復命, 復命曰常, 知常曰明, 不知常, 妄作凶."의 '不知常, 妄作凶.' 참조.

67) 『莊子』 「養生主」, "臣之所好者道也, 進乎技矣… 方今之時, 臣以神遇而不以目視, 官知止而神欲行, 依乎天理."

68) 『老子』 45장의 '大巧若拙'에 대한 李息齋 주, "巧與拙… 皆物之形似者也. 惟道無名, 以形求之, 皆不可得… 故雖巧若拙, 其巧不以心."

69) 『老子』 41장.

70) 『老子』 28장의 '復歸於嬰兒'에 대한 王弼의 주석, "嬰兒, 不用智而合自然之智." 참조.

71) 『老子』 56장, "知者不言, 言者不知. 塞其兌, 廢其門, 挫其銳, 解其紛, 和其光, 同其塵, 是謂玄同. 不可得而親, 不可得而疎, 不可得而利, 不可得而害, 不可得而貴, 不可得而賤, 故爲天下貴." 왕필은 "知者不言, 以因自然也. 言者不知, 以造事端也."라고 한다. 왕필의 이런 점을 기교와 관련지어 이해하면 여기서 '知者不言'의 '因自然'은 『老子』 45장의 '대교약졸'의 왕필의 주 "大巧, 因自然以成器"와 관련지어 이해할 수 있고, '言者不知'의 '造事端'은 '造爲異端'과 관련지어 이해할 수 있다.

72) 『노자』 20장, "絶學無憂. 唯之與阿, 相去幾何. 善之與惡, 相去幾何… 我獨怕兮其未兆, 如嬰兒之未孩. 乘乘兮若無所歸, 衆人皆有餘而我獨若遺, 我愚人之心也哉. 沌沌兮俗人昭昭, 我獨若昏. 俗人察察, 我獨悶悶." 왕필은 "我愚人之心也, 言絶愚之人, 心無所別析, 意無所好欲."이라 주석한다.

73) 田琦의 「溪山苞茂圖」나 老莊적 사유가 듬뿍 담긴 蒼巖 李三晩 서예의 '行雲流水體'는 이런 점을 반영한다.

74) 『老子』 31장, "恬淡爲上.", 『老子』 35장, "道之出口, 淡乎其無味." 참조. 『老子』 63장에서는 "味無味"를 말하는데, 왕필은 '以恬淡爲味'라고 주석한다. 장자의 경우, 『莊子』 「應帝王」, "無名人曰, 汝遊心於淡. 合氣於漠, 順物自然, 而無容私焉, 而天下治矣.", 『莊子』 「天道」, "夫虛靜恬淡寂漠無爲者, 天地之平而道德之至… 夫虛靜恬淡寂漠無爲者, 萬物之本也.", 『莊子』 「刻意」, "故曰, 夫恬淡寂漠, 虛無無爲, 此天地之平, 而道德之質也. 故曰, 聖人休休焉, 則平易矣. 平易則恬淡矣. 平易恬淡, 則憂患不能入… 虛無恬淡, 乃合天德." 등 참조. 이런 점에 비해 유학에서는 『中庸』 33장에서 "君子之道, 淡而不厭."이라 말한 것을 제외하면 '담'을 거론한 것은 없다.

75) 『莊子』「大宗師」, "夫造物者將以予爲此拘拘也. 曲僂發背, 上有五管, 頤隱於齊, 肩高於頂, 句贅指天, 陰陽之氣有沴, 其心閑而無事.", 『莊子』「天地」, "天下有道, 則與物皆昌. 天下無道, 則修德就閑." 참조.

76) 『莊子』「在宥」, "吾語女至道. 至道之精, 窈窈冥命. 至道之極, 昏昏默默. 無視無聽, 抱神以靜, 形將自正, 心靜心淸. 毋勞女形, 毋搖女精, 乃可以長生.", 『莊子』「田子方」, "子方曰, 其爲人也眞, 人貌而天, 虛緣而葆眞, 淸而容物.", 『莊子』「知北遊」, "嘗相與無爲乎, 澹而靜乎, 漠而淸乎, 調而閒乎."

77) 『論語』「述而」, "子之燕居申申如也, 夭夭如也."에 대한 程子의 주, "令人燕居之時, 不怠惰放肆, 必大嚴厲." 참조.

78) '閑'자는 王維나 陶淵明의 시구에서 자주 볼 수 있고 아울러 이런 '한'자를 통해 그들의 삶이 지향하는 것을 볼 수 있다. 예를 들면 왕유의 「春日上方卽事」, "北窓桃李下, 閑坐但焚香." 및 「飯覆釜山僧」, "已悟寂爲樂, 此生閑有餘." 및 도연명, 「戊申歲六月中遇火」, "形迹凭化往, 靈符常獨閑.", 「和郭主簿」, "息交游閑業, 臥起弄琴書." 등이 그것이다. '한'자는 탈속적 삶의 현장에서의 焚香, 禪頌, 入定, 悟空 등의 의미가 담겨 있는데, 사대부들의 한가로운 은일 정취와 寂靜한 삶을 가장 표현하고 있다. 張節末, 『禪宗美學』, 北京大學出版社, 2006, pp.170~171 참조.

79) 예를 들면 창덕궁의 '愛蓮亭'은 그 하나의 예가 아닌가 한다.

80) 崔致遠, 「鸞郞碑序」, "國有玄妙之道曰風流."

81) 『老子』 16장, "歸根曰靜." 참조.

82) 『老子』 9장, "功成名遂身退, 天之道也." 참조.

83) 최순우의 한국미의 특성에 관한 어휘들, 예를 들면 簡素美를 비롯하여 順理의 아름다움, 簡朴 단순한 아름다움, 기교를 초월한 放心의 아름다움, 고요와 익살의 아름다움, 담박한 색감의 諧和美, 혹은 한국 도자기를 설명할 때의 疎散之韻 등도 바로 노경의 미학을 유가와 도가 이 두 가지 측면에서 다양하게 표현한 구체적인 예다. 여기서 담백한 색감의 조화미는 유가적 성격이 강하다. 나머지는 도가적 측면에 속한다. 이런 점에서 도가적 경향성이 강하다고 말한 것이다. 김원룡이 말하는 '철저하게 아를 배제하는 것'을 한국고미술의 특색이라고 하는 미의식도 노경의 미학의 핵심이 된다.

84) 『中庸』 20장, "誠者, 天之道也. 誠之者, 人之道也. 誠者, 不勉而中, 不思而得, 從容中道, 聖人也. 誠之者, 擇善而固執之者也."

제23장
조선조 서화예술에 나타난 태극음양론

1) 유승국, 「태극기의 원리와 민족의 이상」 『한국사상과 현대』, 동방학술연구원, 1988, p.14.

2) 고구려 古墳 중 四神塚의 玄室北壁의 玄武圖는 陰陽相和의 이치를 나타내고 있다. 檀君神話의 '一雄一虎同穴而居'에서 一雄은 陰性이고 一虎는 陽性이다. 유승국, 앞의 책, p.19의 주5 참조.

3) 柳承國, 『東洋哲學研究』, 槿域書齋, 1983, P.208.

4) 김형효, 「한국정신사의 연구를 위한 서설」(『한국정신사의 현재적 인식』, 고려원, 1985, pp.27~37) 참조.

5) 도에 대한 이해가 학파에 따라 다르지만 대강 다음과 같은 것을 들 수 있다. 張璪의 "外師造化, 中得心源.", 蔡邕이 「九勢」에서 말한 "夫書肇于自然, 自然旣立, 陰陽生焉. 陰陽旣生, 形勢出矣.", (傳)王維가 『山水訣』에서 말한 "畵道之中, 水墨爲上. 肇自然之性, 成造化之功.", 『宣和畵譜論』에서 말한 "畵亦藝也. 進乎妙則不知藝之爲道, 道之爲藝.", 宗炳이 「畫山水序」에서 말한 "聖人含道暎物, 賢者澄懷味像… 聖人以神法道而賢者通, 山水以形媚道而仁者樂."라는 것을 비롯하여, 陸九淵이 『象山文集』 권35 「語錄下」에서 말한 "藝卽是道, 道卽是藝.", 『象山文集』 권22 「雜說」에서 말한 "主於道則欲消, 而藝亦可進, 主於藝則欲熾而道亡, 藝亦不進.", 『朱子語類』 권139에서 말한 "道者, 文之根本, 文者, 道之枝葉. 唯其根本乎道, 所以發之于文皆道也." 이 밖에 劉勰은 『文心雕龍』 「原道」에서 "人文之元, 肇自太極."라고 한다.

6) 이 화제는 정선이 썼는지 아니면 이 그림을 감상한 인물이 썼는지 확실하지 않다.

7) 鄭敾, 〈金剛全圖〉 화제, "萬二千峯皆骨山, 何人用意寫眞顔, 衆香浮動扶桑外, 積氣雄蟠世界間, 幾朶芙蓉揚素彩, 半林松柏隱玄關, 縱令脚踏須今遍, 爭似枕邊看不慳."

8) 최완수는 〈금강전도〉에서 뭇 巖峯들을 서릿발 같은 霜鍔皴으로 처리함으로써 금강산의 奇高峻峭한 암봉의 진미를 살려냈으며, 이를 둘러싼 土山은 披麻皴과 米法으로 부드럽게 처리하여 음양의 조화를 이루었다고 본다. 토산이 암산을 포용하는 음양조화의 妙理를 적용하되 주봉인 毘盧峯이 뭇 봉 위로 군림하여 主陽從陰의 이치를 분명히 드러내고 있다고 본다. 오주석은 정상의 불뚝한 毘盧峯은

陽物을, 아래의 뻥 뚫려 있는 飛虹橋는 陰物을 상징하고, 비홍교 앞의 장경봉이 위로 휘어져 올랐다가 정중앙의 만폭동을 지나고 다시 비로봉 쪽으로 굽이쳐 S자 모양으로 나뉘는 것은 태극을 형상한 것이라고 한다(오주석, 「옛그림 이야기」, 박물관신문 제306호 3면, 국립중앙박물관, 1997년 2월 1일자) 참조. 이 밖에 최완수, 『겸재 정선 진경산수화』(1993, 최완수 외), 『진경시대: 우리 문화의 황금기』(돌베개, 1998), 최완수, 『겸재 정선』(현암사, 2009) 참조.

9) 강관식은 「謙齋 鄭敾의 天文學 兼敎授 出仕와 金剛全圖의 易學的 解釋에 대한 再檢討」(미술사학연구회 창립20주년기념 학술심포지엄 발표문, 2006)에서 "정선은 金錫文(1658~1735)의 『易學圖解』의 영향을 받았고, 정선이 금강산을 '금강전도'와 같이 원형구도로 구상·설정할 수 있었던 데는 조선후기에 음양오행의 개념까지 바꿔놓을 정도로 큰 영향을 미친 천문학적 세계관과 상상력이 적잖이 작용했다"고 말한다. 이런 지적은 〈금강전도〉의 형태적 측면을 볼때 일정 정도 타당하다. 이후에서 논하는 玉洞 李漵(1662~1723)가 태극음양론 관점에서 서예를 이해한 『筆訣』을 지은 것도 그 시대 흐름과 연계하여 이해할 수 있는 부분도 있다. 고흐(Gogh)가 천문학에 대한 이해에서 출발하여 그린 〈별이 빛나는 밤〉에서 나타난 태극문양의 형상을 보면, 태극음양에 대한 형상적 이해는 동서양이 비슷한 것을 알 수 있다.

10) 『栗谷全書』 「拾遺」 卷一 「登毘盧峯」, "混沌未判時, 不得分兩儀. 陰陽互動靜, 孰能執其機. 化物不見迹, 玅理奇乎奇. 乾坤旣開闢, 上下分於斯. 中間萬物形, 一切難可名. 水爲天地血, 土成天地肉. 白骨所積處, 自成山崒嵂. 特鍾淸淑氣, 名之曰皆骨."

11) 『주역』 「계사전상」 11장, "太極生兩儀, 兩儀生四象, 四象生八卦."

12) 이 점은 鄭麟趾, 『訓民正音』 「制子解」, "天地之道, 一陰陽五行而已. 坤復之間爲太極."을 참조하면 이해가 될 것이다.

13) 『朱子語類』 권66, "然伏羲當初, 也只見太極下面有陰陽, 便知是一生二, 二又生四, 四又生八, 恁地推將去, 做成這物事."라는 것 참조.

14) 「復卦」의 '大象', "反復其道, 七日來復, 利有攸往."

15) 「復卦」의 彖傳, "反復其道, 七日來復, 天行也. 復, 其見天地之心乎."

16) 관련된 자세한 것은 朱良志, 『中國藝術的生命精神』(安徽敎育出版社, 2006)을 참조할 것.

17) 復卦의 "復其見天地之心乎."에 대한 주희의 주석, "積陰之下, 一陽復生, 天地生物之心, 幾於滅息而至此, 乃復可見" 참조. 주희는 이렇게 말하고서 邵雍의 「동

지음」을 인용하여 그 의미를 밝히고 있다. 소옹은 「동지음」에서 "冬至子之半, 天心無改移. 一陽初起處, 萬物未生時. 玄酒味方淡, 大音聲正希. 此言如不信, 更請問庖羲."라고 한다. 여기서 '천심'이란 말을 사용하여 「복괘」의 '천지지심'을 말하고 있음을 확인할 수 있다.

18) 흔히 퇴계와 율곡의 절충파로 알려진 농암 김창협은 율곡의 '氣發理乘一途說'을 대전제로 하면서도 개념적으로 主理와 主氣 또는 理發과 氣發을 구분하여 互發論을 일정 부분 수용하여 당위적 차원에서 이의 주재성을 확보하고자 한다. 즉 四端은 主理요, 七情은 主氣라는 입장에서 율곡의 '七情包四端論'을 비판한다. 이런 점에서 볼 때 농암은 율곡의 학설을 모두 그대로 따르는 것은 아니다. 하지만 자연관에 있어서는 율곡의 理氣不相離論을 그대로 따르고 있다. 따라서 겸재의 〈금강전도〉를 자연관의 입장에서 볼 때 율곡의 이기론을 따라 그린 것으로 이해하는 것도 무리가 없다고 본다.

19) 하나이면서 둘이요 둘이면서 하나라는 것에 대해 율곡은 『栗谷全書』 권10 「答成浩原」에서 "旣非二物, 又非一物. 非一物, 故一而二. 非二物, 故二而一也. 非一物者, 何謂也. 理氣雖不相離不得, 而妙合之中, 理自理, 氣自氣, 不相夾雜, 故非一物也. 非二物者, 何謂也. 雖曰理自理, 氣自氣, 而混淪無間, 無先後, 無離合, 不見其爲二物. 故非二物也."라고 한다.

20) 李珥, 『栗谷全書』 권10 「答成浩原」, "理無形也, 氣有形也. 理無爲也, 氣有爲也. 無形無爲而爲有形有爲之主者, 理也. 有形有爲而爲無爲無形之器者, 氣也."

21) 『栗谷全書』 권14 「天道策」, "一動一靜者, 氣也. 動之靜之者. 理也. 陰陽旣分, 二儀肇闢. 二儀旣闢, 萬物化生. 其然者, 氣也. 其所以然者, 理也."

22) 『栗谷全書』 권10 「答成浩原」, "理無形而氣有形, 故理通氣局. 理無爲而氣有爲, 故氣發理乘."

23) 『栗谷全書』 권20 「聖學輯要」, "有問於臣者, 曰理氣是一物是二物. 臣答曰, 考諸前訓, 則一而二, 二而一者也. 理氣混然無間, 元不相離, 不可指爲二物. 故程子曰, 器亦道, 道亦器. 雖不相離, 而渾然之中, 實不相雜, 不可指爲一物. 故朱熹曰, 理自理, 氣自氣, 不相夾雜. 合二說而玩索, 則理氣之妙, 庶乎見之矣."

24) 『栗谷全書』 권10 「答成浩原」, "理氣之妙, 難見亦難說. 夫理之源, 一而已矣. 氣之源, 亦一而已矣. 氣流行而參差不齊, 理亦流行而參差不齊. 氣不離理, 理不離氣. 夫如是則理氣一也. 何處見其有異也."

25) 王微, 「敍畫」, "以一管之筆, 擬太虛之體."

26) 福永光司, 『藝術論集』 「序論」(朝日新聞社, 1978) 참조. 易學과 서예미학의 관계

에 대해서는 김응학, 『서예미학과 예술정신』(고륜, 2006)을 참조할 것.

27) 이것에 관한 전반적인 주석은 조민환 역주, 『옥동 이서 필결』(미술문화원, 2012)을 참조할 것.

28) 許傳, 『性齋先生文集』 권29 「行狀」 「弘道先生玉洞李公行狀」, "先生於筆法, 亦深造其妙. 蓋梅山公使燕時, 購王右軍手書樂毅論以來. 故先生實得力於此. 字愈大而畫愈確傑, 如銀鉤鐵索, 縱橫而不錯, 泰山喬嶽峻天而特立. 國人得之字字寶重. 東國眞體實自玉洞始, 而尹恭齋斗緖尹白下淳李圓嶠匡師皆其緖餘. 圓嶠嘗曰, 玉洞筆議論不敢到也. 門人請摸眞像以寓後學瞻慕之誠. 先生曰, 此名公貴人事也. 一儒生非僭乎, 竟不許."

29) 李漵, 『弘道遺稿』 권12하 『筆訣』 「與人規矩上篇」, "書本於易."

30) 이 같은 사유는 東漢 蔡邕이 「九勢」에서 "書는 자연에서 비롯한다. 자연이 이미 서면 음양이 생한다. 음양이 이미 생하면 형세가 나온다(蔡邕, 「九勢」, "夫書肇于自然. 自然旣立, 陰陽生焉. 陰陽旣生, 形勢出矣.")"라는 것을 연상시키게 한다. 자연에서 비롯하였다는 것은 대자연에서 형상과 생명을 흡취하였다는 것이다. 내재 생명의 핵심은 음양 이기의 상호작용 즉 '生生不息'의 무한한 운동성에 있다는 것이다.

31) 『筆訣』 「與人規矩上篇」, "易有陰陽, 有三停, 有四正, 有四隅." 참조. '사정', '사우'에 대해서는 구체적으로 다음과 같이 말한다. 「與人規矩中篇」, "畫有四正四隅, 努爲經, 當左右與中. 勒爲緯, 分南北與中. 撇喙磔之屬, 分當四隅. 唯側如五行之土, 東西南北中四隅, 無處無之. 自註南北爲經, 東西爲緯. 畫之在八方, 有虛有實. 四正常實不虛, 西南東北多實, 西北有實有虛, 東南專虛. 易曰天傾西北, 地缺東南. 六十四卦方圖, 八卦起於西北, 終於東南, 抑此理歟."

32) 『筆訣』 「與人規矩上篇」, "陰陽如何. 兩劃相對爲陰, 三劃相連爲陽."

33) 『筆訣』 「與人規矩中篇」, "畫始於側, 側者. 點. 點者一也. 點者, 陰陽欲分未分之象. 側之變有三, 縱橫斜而已. 引伸觸類, 則各有其變."

34) 『筆訣』 「與人規矩上篇」, "畫象陽. 故必有三停, 三停非相連之義乎."

35) 『筆訣』 「與人規矩上篇」, "三停之中, 亦自有三停, 三其三九也."

36) 『筆訣』 「劃法」, "停含行意, 行帶停意. 是曰, 停而行, 行而停. 停而行, 貞中含元也. 行而停, 元中帶貞也."

37) 『周易』 「繫辭傳上」 11장, "易有四象, 所以示也". 이것에 대하여 朱熹는 『周易本義』에서 "四象謂陰陽老少, 示謂示人以所値之卦爻."라고 주석한다.

38) 『筆訣』 「與人規矩上篇」, "畫有四象, 勒者進畫, 老陽也. 努者退畫, 老陰也. 策與兩趯等畫, 小陽也. 喙撇磔等畫, 小陰也."

39) 『筆訣』「與人規矩上篇」, "畫有陰陽, 勒者左而進, 老陽也. 努自上而降, 老陰也. 策趯之屬, 少陽也. 喙撇磔之屬, 少陰也."

40) 『筆訣』「與人規矩上篇」, "畫有一貫之義, 何謂也. 原於側, 成於勒努. 引而伸之, 觸類而長之, 書家之能事, 畢矣." 여기서 뒷부분의 말은 『주역』「계사전상」 9장의 "引而伸之, 觸類而長之, 天下之能事, 畢矣."를 응용한 것이다.

41) 『筆訣』「與人規矩上篇」, "畫有五行."

42) 『周易』「繫辭傳上」 11장, "是故天生神物, 聖人則之… 河出圖, 洛出書, 聖人則之."

43) 『筆訣』「與人規矩下篇」, "書本河洛. 字形方象, 八卦與九疇也."

44) 하나의 예를 들면 『周易』「繫辭傳下」 4장에서 말하는 "寒往則暑來, 暑往則寒來, 寒暑相推而歲成焉. 往者, 屈也. 來者, 信也. 屈信相感而利生焉."을 들 수 있다.

45) 『筆訣』「與人規矩上篇」, "畫有首尾內外, 畫有升降進退出入, 畫有緩急行止. 畫有上中下左右, 畫有八方五行具焉."

46) 『筆訣』「與人規矩上篇」, "字亦有上中下左右, 五行八卦之方."

47) 『筆訣』「與人規矩上篇」, "合衆畫爲字."

48) 『筆訣』「筆訣要論」, "書者, 象陰陽而已. 合衆畫而爲字, 合衆字而爲行, 合衆行而爲章, 合衆章而爲編."

49) 『筆訣』「與人規矩上篇」, "行有直者有屈者, 隨時處變, 方能相濟." 옥동은 '수시처변', '隨時變通'하면서 '中正'을 잃지 말라고 하는데, 이때의 '時'를 시대적으로 보면 옥동이 처한 시대적 상황성과 그 시대적 상황성에 담긴 변화된 미의식이다. 상황에 따라 그 시대의 미의식을 반영하라는 것인데, 그렇게 해서 탄생된 것이 동국진체다. 따라서 이런 동국진체에는 시대적 상황성과 관련된 미의식이 담겨 있고, 그런 미의식이 담겨 있는 서체 속에는 조선[=동국]의 맛이 담겨 있었다.

50) 이른바 '훈민정음'에 써진 글자라는 점에서 '(훈민정음) 판본체'라고 한다.

51) 아직까지 한글을 작품화한 글씨에 대한 통일된 명칭이 없다. 궁체의 경우도 궁에서 궁녀들이 쓴 글씨라는 식으로 이해하는데 많은 문제가 있는 표현이다. 훈민정음에 써진 서체를 훈민정음 판본 형식을 따서 '판본체'라고 한다. 이런 것도 문제가 있다. 민간인이 썼다는 점에서 '민체', 도시 아닌 시골에서 썼다는 점에서 '향체'라는 표현을 한다. '민체'라고 하면 다양한 성질을 가진 민간인들을 하나로 묶어서 표현한 것이란 점에서 매우 문제가 많고, '향체'라고 하면 '도시체'도 있어야 한다. 이처럼 한글을 통한 서체 명칭에 대한 타당한 검토가 요청된다. 이 글에서는 편의상 기존에 사용하고 있는 명칭을 쓴다.

52) 鄭麟趾,『訓民正音解例』「制子解」의 '訣'부분, "天地之化本一氣, 陰陽五行相始終. 物於兩間有形聲, 元本無二理數通. 正音制字尙其象, 因聲之厲每加劃… 呑擬於天聲最深, 所以圓形如彈丸. 即聲不深又不淺, 其形之平象乎地. 侵聲人立厥聲淺, 三才之道斯爲備."

53) 鄭麟趾,『訓民正音解例』「制子解」, "吁. 正音作而天地萬物之理咸備, 其神矣哉. 是殆天啓聖心而假手焉者乎."

54) 鄭麟趾,『訓民正音解例』「制子解」, "天地之道, 一陰陽五行而已. 坤復之間爲太極, 而動靜之後爲陰陽. 凡有生類在天地之間者, 捨陰陽而何之. 故人之聲音, 皆有陰陽之理, 顧人不察耳. 今正音之作, 初非智營而力索. 但因其聲音而極其理而已. 理旣不二, 則何得不與天地鬼神同其用也."

55) 鄭麟趾,『訓民正音解例』「制子解」, "夫人之有聲本於五行. 故合諸四時而不悖, 叶之五行而不戾."

56) 鄭麟趾,『訓民正音解例』「制子解」, "是則初聲之中, 自有陰陽五行方位之數也."

57) 周敦頤,『太極圖說』, "無極之眞, 二五之精, 妙合而凝. 乾道成男, 坤道成女. 二氣交感, 化生萬物. 萬物生生, 而變化無窮焉."

58) 鄭麟趾,『訓民正音解例』「制子解」, "●天五生土之位也. 一地十成土之數也. ㅣ獨立無數者. 蓋以人則無極之眞, 二五之精, 妙合而凝, 固未可以定位成數論也. 是則中聲之中, 亦自有陰陽五行方位之數也." 易學에서는 "河圖之虛五與十者, 太極也."라고 한다.

59) 주돈이,『太極圖說』의 "無極之眞, 二五之精, 妙合而凝."에 대한 朱熹의 주 "夫天下無性外之物, 而性無不在. 此無極二五所以混融而無間者也, 所謂妙合者也. 眞, 以理言, 無妄之謂也. 精, 以氣言, 不二之名也. 凝者, 聚也. 氣聚而成形也. 蓋性爲之主, 而陰陽五行爲之經緯錯綜, 又各以類凝聚而成形焉. 陽而健者成男, 則父之道也. 陰而順者成女, 則母之道也. 是人物之始以氣化而生者也." 참조.

60) 鄭麟趾,『訓民正音解例』「制子解」, "有天地自然之聲, 則必有天地自然之文. 所以古人因聲制字, 以通萬物之情, 以載三才之道, 而後世不能易也. 然四方風土區別, 聲氣亦隨而異焉. 蓋外國之音, 有其聲而無其字, 假中國之字以通其用, 是猶枘鑿之鉏鋙也, 豈能達而無礙乎. 要皆各隨所處而安, 不可强之使同也… 象形而字倣古篆, 因聲而音叶七調. 三極之義, 理氣之妙, 莫不該括."

61) 정재서,『동양적인 것의 슬픔』, 상상, 1996, P.118.

62) 후레드릭 W. 모오트 지음, 권미숙 옮김,『중국문명의 철학적 기초』, 인간사랑, 1993, p.9의「저자서문」참조.

책을 마치며

1) 今道友信, 『東洋の美學』, TBSブリタニカ, 1980, p.2. 우리나라에서는 조선미, 『동양의 미학』(다할미디어, 2005)으로 번역 출판됨.

2) 이 책자에서는 '미의 본질은 무엇인가', '미는 주관적인 것인가 객관적인 것인가' 하는 미학의 핵심 문제를 다루지 않는다. 아울러 다루고 있는 많은 내용들이 '감성학으로서 미학'이란 용어에 100퍼센트 합치되는지도 문제 삼지 않고 기술하고 있다. 왜냐하면 동양은 동양인으로서 미적인 것에 대한 독자적인 사유가 있다고 판단하고 있기 때문이다. 예를 들면, '동기감응同氣感應' 혹은 '지성至誠이면 감천感天'이라는 감응미학感應美學, 형이상자形而上者인 도道를 '몸'으로 체득할 것을 강조하고, 괴석을 보고 형님이라고 절한 미불米芾의 기이한 행태, 많은 철학자와 시인들이 달, 바람, 구름을 친구로 삼고 소요안락逍遙安樂의 삶을 추구하는 것에는 단순히 '감성학으로서 미학'으로만 풀이할 수 없는 철학 차원의 형이상학적 미학이 작동한다고 보기 때문이다. '예술정신'이란 용어를 사용할 때도 마찬가지다. 예술정신은 예술이 독자적으로 가지고 있는 어떤 내재적인 품성 또는 자질을 가리키며, 아울러 그 안에는 한 민족의 민족문화의 가장 근본적인 이념이 함축되어 있다. 따라서 예술정신은 민족문화 가운데 가장 핵심에 해당하는 철학이나 종교로부터 생겨난다. 본 책자에서 사용하는 예술정신이란 용어가 이상 규명한 용어의 의미대로 사용되고 있는지는 논하지 않는다. 나의 관심은 '편의상' 미학 혹은 예술정신이란 용어를 통해 '나의 가슴으로 이해된' 과거 동양 문인사대부들이 제기한 철학과 예술화된 삶에 내재된 미학과 예술정신이 무엇이었는지를 말하고자 하는 데 있다. 물론 이런 두루뭉술한 접근 방식은 충분히 비판의 소지가 있음을 인정한다.

3) 중국미학 관련 다방면의 개별적인 연구가 많지만 중국역사에는 풍부한 미학이론 유산이 있다는 점을 인식한 북경대학 학자들이 『中國美學通史』(江蘇人民出版社, 2014) 전8권을 발간한 것은 이런 점을 상징한다.

4) 潘立勇, 『朱子理學美學』, 東方出版社, 1999.

5) 『扁舟一葉: 理學與中國畫學硏究』(徽教育出版社, 1999), p.3 참조.

6) 潘立勇, 『朱子理學美學』, 東方出版社, 1999. pp.115~119.

7) 『朱子語類』 권36 『論語』 「子在川上章」, "恐人說物自物, 道自道, 所以指物以見道. 其實這許多物事湊合來, 便都是道之體, 便在這許多物上, 只是水上較親切易見."

8) 많은 저서가 있지만 이런 점과 관련해 철학 각도에서 중국예술을 연구하는 朱良志의 연구업적은 주목할 만하다. 『中國藝術的生命精神』(安徽教育出版社, 1995[2006年 修訂版]), 『扁舟一葉: 理學與中國畫學研究』(徽教育出版社, 1999[2006年 修訂版])가 그것이다. 이 밖에 『曲院風荷:中國藝術論十講』(安徽教育出版社, 2003[2006年 修訂版]), 『中國美學十五講』(北京大學出版社, 2006)도 참조할 만하다.

9) 今道友信, 『東洋の美學』, TBSブリタニカ, 1980.

10) 카로놀지아[calonologia]는 이마미치 도모노부가 '미의 철학으로서의 미학'과 '예술일반으로서의 미학'을 차별화하고자 하는 의도에서 설정한 개념으로, 미를 표현하는 그리이스어 '카론'과 존재를 나타내는 그리이스어 '온'과 이성을 나타내는 그리이스어 '누스'와 로고스를 나타내는 '로고스'를 조합한 것으로, 미에 대한 사색 즉 미의 형이상학을 의미한다고 한다.

11) 1997년도 예문서원에서 발간하였다. 당시 박사논문 「노장의 미학사상에 관한 연구」와 유가의 미학사상을 보완하여 낸 것인데, 학문이 성숙되지 않은 상태에서 낸 책자라 거친 내용이 많다. 하지만 그 책을 출간했을 당시에 중국이나 일본에서도 성리학을 미학이나 예술정신과 연계하여 규명한 연구가 거의 없었다는 점에 의의를 두고 싶다.

12) 조요한, 『한국미의 조명』, 열화당, 2010, p.98

13) 토머스 먼로, 白琪洙 역, 『東洋美學』, 悅話堂, 1984.

14) 今道友信, 『東洋の美學』, TBSブリタニカ, 1980. 그가 『東洋の美學』의 「후기」(p.379) 부분에서 지적한 바와 같이 동양미술사, 음악사, 문학사에 관한 뛰어난 저작은 많지만 미학 관점에서 기술된 책은 그리 많지 않고 아울러 서양미학사상 또는 역사만을 추종하고 있는 것이 현실이다. 그는 일본의 고전문화에는 중국의 고전문화가 깊이 뿌리내린 것도 있지만 또 중국문화가 일본에 와서 역으로 세련되고 보완된 것, 한자 渡來 이전의 일본 고유문화도 있음을 지적한다. 이런 언급은 한국문화와 미학을 연구하는 데 참조할 만하다.

15) 大西克禮, 『東洋的藝術精神』, 弘文堂, 1988.

16) '동양'이란 표현은 쓰지 않았지만 『장자』 연구에 일가견이 있다고 평가받는 후쿠나가 미쯔지福永光司의 『芸術論集』(中國文明選 14: 朝日新聞社, 1971)은 일찍부터 철학의 입장에서 중국의 유명 서화론을 풀이하였다는 점에서 의미가 있는 책이다.

17) 楊賓, 『大瓢偶筆』, "書貴有骨, 然骨存其人, 非可強而致也. 六朝以前無論已, 唐以後如歐, 褚, 徐, 張, 顏, 柳, 範, 蔡, 歐, 蘇, 黃, 米, 朱, 文諸公, 書皆與其人相似, 絕無軟熟嫵媚之態. 若鍾紹京,蔡京,趙宋雪輩, 書未嘗不佳, 而骨則微矣. 此可與知者道, 難與世人言也."

18) 이상 거론한 인물들이 많은 예술작품을 수장하고자 한 것은 이유가 있다. 수장한 서화 매매를 통해 얻어지는 경제적 이익, 좋은 작품을 수장하는 것과 관련된 고상하고 우아한 취미 및 그것과 관련된 '나는 이런 사람이오' 하는 보여주기 식의 자랑 등과 같은 점을 제외한 핵심적인 것을 말하면, 중국예술은 전통적으로 '법고창신'을 강조하기 때문이다. '법고'하는 데 가장 효과적인 방법은 기존의 좋은 예술작품을 모방하는 것이다. 왜냐하면 기존의 좋은 작품에는 미적 보편성이 담겨 있기 때문이다. 따라서 기존의 유명 작품을 얼마나 가지고 있느냐 하는 것은 때론 작가의 예술역량을 결정짓는 역할을 한다.

19) 鄧椿, 『畵繼』, "(徽宗曰)朕萬幾餘暇, 別無他好, 惟好畫耳."

20) 중국 역대 제왕 가운데 『노자』에 주석은 낸 사람은 8명으로 알려져 있지만 현재 남아 있는 자료로 보면 唐 玄宗 李隆基, 宋 徽宗 趙佶, 明 太祖 朱元璋, 清 世祖 愛新覺羅福臨 등 4인이다. 다만 『노자』를 통해 이해하고자 한 것은 제왕마다 달랐다. 즉 '治國理身'의 도로 이해하는 것[당 현종], '萬物의 至根', '王者의 上師', '臣民의 極寶'로서 金丹之術이 아니라는 것[명 태조], '治心治國의 도'로 이해하는 것[청 세조], 도교 신화를 이용하여 자신을 神化한 경우[송 휘종] 등이 있다.

21) 하나의 예로, 저명한 서예가로 알려진 삼국시대 魏의 鍾繇 10세 손인 당대 鍾紹京은 하급관리였는데, 서예로 이름을 날려 鳳閣에서 근무하게 되고 이후 출세가도를 달리기도 한 것을 들 수 있다.

22) 楊賓, 『大瓢偶筆』, "唐時重書, 帝王,卿相,后妃,公主作之於上, 下至草野,閨閣,僧道,倡優, 無不習而成名. 至盜賊亦有工者… 唐太宗留心書學, 遂使子孫無不能書. 解大紳紀唐時書家二十有八人, 而帝王居其半. 嗚呼, 可謂盛矣." 이때의 도둑은 아마도 과거시험을 보기 위해 공부를 하다가 제대로 풀리지 않아서 도둑이 된 것을 의미할 것이다. 당 태종을 도와 '貞觀의 다스림'을 이루게 한 당대의 魏徵은 글씨는 잘 쓰지 못했지만 서예에 대해 제대로 평을 한 인물로 평가된다. 楊賓, 『大瓢偶筆』, "不善書而能評書者, 惟魏徵一人."

23) 참조로 여성이면서 서예에 능했던 인물은 다음 내용을 참조할 것. 楊賓, 『大瓢偶筆』, "夫婦能書者, 晉郗方回夫人傅氏, 王季和夫人荀氏, 王季琰夫人江氏, 王逸少夫人郗氏, 王凝之夫人謝道蘊, 庾元規夫人荀氏, 唐高宗皇后武則天, 宋王晉卿夫人魏國大長公主, 宋高宗後吳氏, 元趙孟頫夫人管仲姬… 佩文齋書畫譜載, 閨秀能書者八十一人, 至今流傳者惟蔡文姬, 衛夫人, 武則天, 高氏, 吳彩鸞, 喬氏, 吳後,

潘貴妃, 管道升數人而已. 明清以來則絕少." 참조. 흥미로운 것은 명대 이래에는 여성으로 글씨를 잘 쓴 사람이 거의 없다는 것이다.

24) 송 고종은 송 태조 趙匡胤이 개국 초기에 사대부와 '國是를 의논하는 이는 처벌하지 않기로 맹세'했는데 송 고종은 그것을 폐지한다. 송 고종은 자신의 서예학습 과정과 서예에 대한 탐닉 등을 아래와 같이 말하는데, 특히 왕희지의 「蘭亭序[禊帖]」 및 그의 유적에 대해 어느 한 때도 '不忘心手'한 점을 강조한다. 이런 것은 전문 서예가도 하기 힘든 서예역정이다. 고종이 만약 서예에 몰두한 것처럼 정사를 열심히 했으면 역사에 기록되는 여러 가지 국가적 치욕을 당하지 않았을 것이다. 송 高宗, 『思陵翰墨誌』, "余自魏晉以來至六朝筆法, 無不臨摹. 或蕭散, 或枯瘦, 或道勁而不回, 或秀異而特立, 眾體備於筆下, 意簡猶存於取舍. 至若禊帖, 則測之益深, 擬之益嚴. 姿態橫生, 莫造其原, 詳觀點畫, 以至成誦, 不少去懷也. 法書中, 唐人硬黃自可喜, 若其餘, 紙劄俱不精, 乃托名取售. 然右軍在時, 已苦小兒輩亂真, 況流傳歷代之久, 贋本雜出, 固不一幅, 鑒定者不具眼目, 所以去真益遠. 惟識者久於其道, 當能辯也. 余每得右軍或數行或數字, 手之不置. 初若食口, 喉間少甘則已, 末則如食橄欖, 真味久愈在也, 故尤不忘於心手. 頃自束發, 即喜攬筆作字, 雖屢易典刑, 而心所嗜者. 固有在矣. 凡五十年間, 非大利害相妨, 未始一日舍筆墨. 故晚年得趣, 橫斜平直, 隨意所適. 至作尺餘大字, 肆筆皆成, 每不介意. 至或膚腴瘦硬, 山林丘壑之氣, 則酒後頗有佳處. 古人豈難到也." 참조.

25) 楊賓, 『大瓢偶筆』, "古今來收藏法書碑刻之家, 在帝王則有梁武帝, 唐太宗, 李後主, 宋太宗, 徽宗, 高宗, 金章宗. 在臣下則歐陽修, 蘇易簡, 王晉卿, 米元章, 章惇, 李瑋, 賈似道, 石元之, 趙明誠, 趙蘭坡, 張與可, 郭北海, 趙子固, 謝奕修, 沈石田, 史明古, 華夔, 王弇州, 韓存良, 項子京, 吳用卿, 嚴嵩, 焦弱侯, 曹秋嶽, 孫北海, 朱臥庵, 卞令之, 徐興公, 陳磬生, 林同人, 潘稼堂, 陳香泉. 余所知者如是而已."

26) 이런 점은 특히 조선조에서 강하게 나타났다.

27) 뛰어난 서예가이면서 감식안이 탁월해 많은 작품을 수장한 것으로도 유명한 간신 엄숭은 '至公堂'이란 匾額 글씨를 쓴다. 엄숭의 삶과 전혀 어울리지 않는 문구인데, 청대에 와서 건륭제가 다른 사람의 글씨로 바꾸려고 했지만 모두 엄숭 글씨보다 못해서 그냥 그대로 놔두었다는 일화도 있다. 이것은 일종의 '사람의 행실의 부적절한 것 때문에 그의 예술성을 부정하지 않는다[因人廢字]'라는 것에 해당하는데, 엄숭은 오랫동안 간신질을 했으면서도 죽을 때까지 전혀 반성하지 않고 다음과 같은 시를 남긴다. "평생토록 충심으로 한목숨 바쳐 나라 위해 일했건만[平生報國惟忠赤], 사람들이 이러쿵저러쿵하는 것 때문에 내가 죽는구나[身死

從人說是非.” 간신의 진면목을 보여준다고 할 수 있다.

28) 狂傲하기로 이름난 米芾조차도 자신의 서예는 채경만 못하다고 인정한 바 있다. 흔히 북송 서예 4대가를 말할 때 “소황미채(蘇黃米蔡)”의 ‘채’는 원래 채경이었는데 후대인들이 채경의 간사함을 문제 삼아 蔡襄으로 바꾸기도 했다는 것을 앞서 거론한 바 있다.

29) 전문은 다음과 같다. 司馬光, 『資治通鑑』 권1 「周記」1 「威烈王二十三年」, “臣光曰, 智伯之亡也, 才勝德也. 夫才與德異, 而世俗莫之能辨, 通謂之賢, 此其所以失人也. 夫聰察強毅之謂才, 正直中和之謂德. 才者, 德之資也. 德者, 才之帥也… 是故才德全盡謂之聖人, 才德兼亡謂之愚人, 德勝才謂之君子, 才勝德謂之小人. 凡取人之術, 苟不得聖人君子而與之, 與其得小人, 不若得愚人, 何則. 君子挾才以爲善, 小人挾才以爲惡. 挾才以爲善者, 善無不至矣, 挾才以爲惡者, 惡亦無不至矣. 愚者雖欲爲不善, 智不能周, 力不能勝, 譬之乳狗搏人, 人得而制之. 小人智足以遂其奸, 勇足以決其暴, 是虎而翼者也, 其爲害豈不多哉. 夫德者人之所嚴, 而才者人之所愛. 愛者易親, 嚴者易疏, 是以察者多蔽於才而遺於德. 自古昔以來, 國之亂臣, 家之敗子, 才有餘而德不足, 以至於顚覆者多矣, 豈特智伯哉. 故爲國爲家者, 苟能審於才德之分而知所先後, 又何失人之足患哉.”

30) 이른바 고려와 조선조 초기의 ‘崇蘇’ 혹은 ‘동파열풍’의 흔적은 李奎報, 『東國李相國全集』 권21 「全州牧新雕東坡文集跋尾」, “夫文集之行乎世, 亦各一時所尙而已. 然今古已來, 未若東坡之盛行, 尤爲人所嗜者也, 豈以屬辭富贍. 用事恢博, 滋液之及人也, 周而不匱故歟. 自士大夫至于新進後學, 未嘗斯須離其手, 咀嚼餘芳者皆是.”, 『東國李相國全集』 권26 「答全履之論文書」, “且世之學者, 初習場屋科擧之文, 不暇事風月. 及得科第, 然後方學爲詩, 則尤嗜讀東坡詩. 故每歲榜出之後, 人人以爲今年又三十東坡出矣… 東坡, 近世以來, 富贍豪邁, 詩之雄者也.” 및 金宗直, 『青丘風雅』 「序文」, “羅季及麗初, 轉習晩唐, 麗之中葉, 專學東坡.” 등 참조. 이런 현상은 조선조 후기까지 이어지고 특히 추사 김정희가 소식을 매우 좋아하였다.

31) 『朱子大全』 권30 「答王尙書」, “蘇氏, 則其律身已不若荊公之嚴, 其爲術要未忘功利而詭秘過之. 其徒如秦觀李廌之流, 皆浮誕佻輕, 士類不齒, 相與扇縱橫捭闔之辨, 以持其說, 而漠然不知禮義廉恥之爲何物. 雖其勢利未能有以動人, 而世之樂放縱惡拘檢者, 已紛然向之. 使其得志, 則凡蔡京之所爲, 未必不身爲之也. 世徒據其已然者論之. 是以, 蘇氏猶得在近世名卿之列, 而君子樂成人之美者, 亦不欲逆探未形之禍, 以加譏貶.”

32) 왕안석의 신법(혹은 변법)에 대해 소식은 물론 韓琦, 歐陽脩, 文彦博, 司馬光, 程顥 등 당시 朝野의 명망을 받는 인물들은 개혁의 반대편에 포진한다.

33) 蘇洵이 왕안석의 행위를 '보통 사람들의 정서에 가깝지 않다[不近人情]'라는 관점에서 왕안석을 평가한 (『嘉祐集』 권9) 「辨姦論」과 王夫之가 『宋論』 권6 「神宗篇」에서 왕안석을 소인이라고 평가한 것 등 참조.

34) 『朱子大全』 권45 「答廖子晦」, "東坡在湖州被逮時, 面無人色, 兩足俱軟, 幾不能行, 求入與家人訣, 而使者不聽."

35) 李德弘, 『溪山記善錄』, "先生四月旣望… 泛月濯纓潭, 泝流泊盤陀石, 至櫟灘, 解纜而下, 酒三行, 正襟端坐, 凝定心神, 不動聲氣, 良久而後, 詠前後赤壁賦曰, 蘇公雖不無病痛, 其心之寡欲處, 於苟非吾之所有, 雖一毫而莫取等句見之矣. 又嘗謫去, 載棺而行, 其脫然不苟如此."

36) 물론 주희도 쇄락을 전혀 추구하지 않은 것은 아니지만 이황에 비해 매우 제한적으로 추구하였다.

37) 潘立勇, 『朱子理學美學』, 東方出版社, 1999. p.307.

38) 『朱子語類』 권43 『論語』 「子路·不得中行而與之章」, "問狂狷集注, 云, 善人胡爲亦不及狷者. 曰, 善人只循循自守, 據見定, 不會勇猛精進, 循規蹈矩則有餘, 責之以任道則不足. 狷者雖非中道, 然這般人終是有筋骨, 其志孤介, 知善之可爲而爲之, 知不善之不可爲而不爲, 直是有節操. 狂者志氣激昂, 聖人本欲得中道而與之, 晩年磨來磨去, 難得這般恰好底人, 如狂狷, 尙可因其有爲之資, 裁而歸之中道."

39) 『朱子文集』 권53 「答劉季章」, "天下只有一理. 此是即彼非, 此非即彼是, 不容並立. 故古之聖賢, 心存目見, 只有義理."

40) 『老子』 1장, "天下皆知美之爲美, 斯惡耳."

찾아보기

가

나

라

마

바

아

자

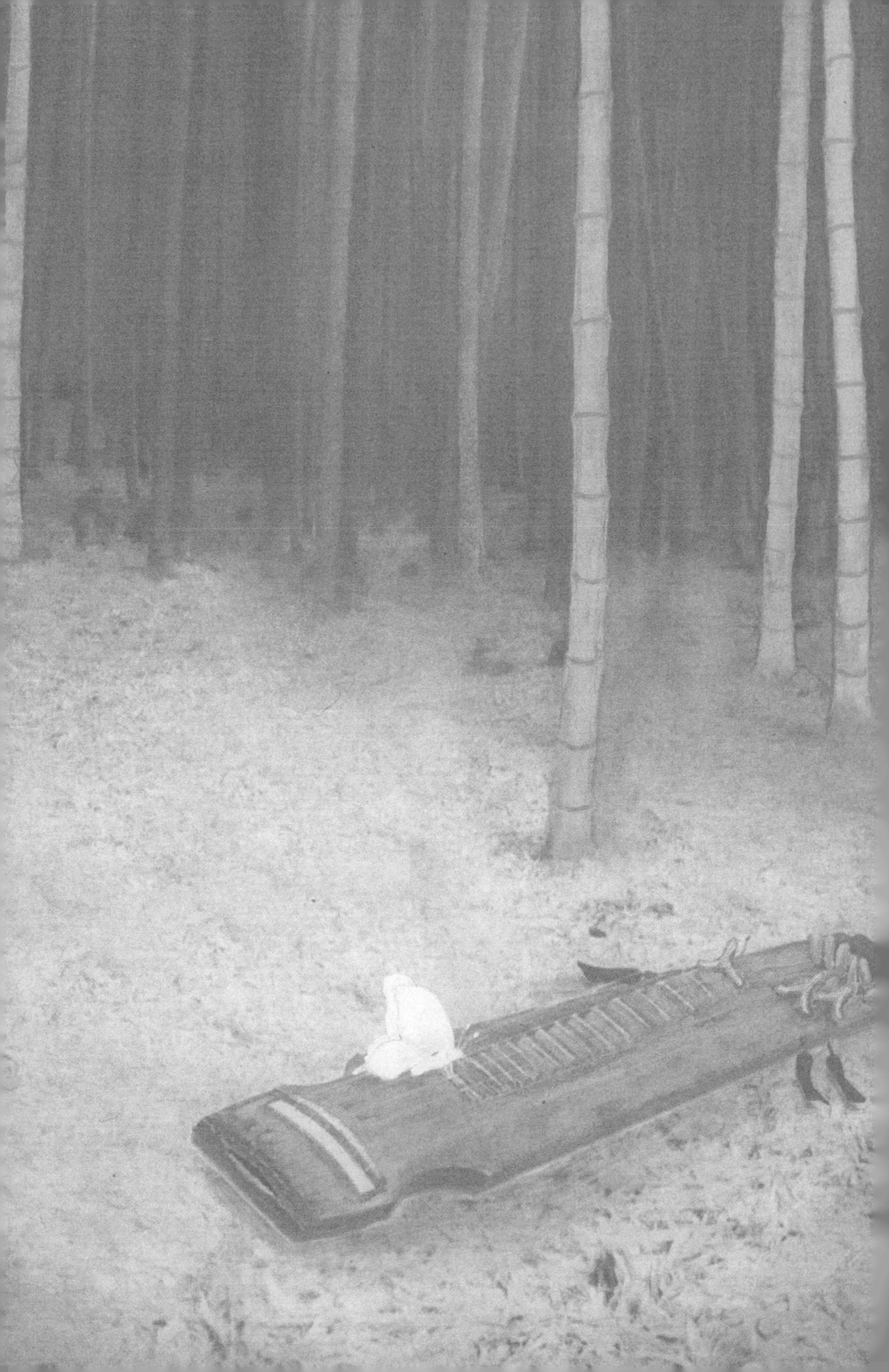

총서 知의회랑 arcade of knowledge 을 기획하며

대학은 지식 생산의 보고입니다. 세상에 바로 쓰이지 않더라도 언젠가는 반드시 인류에 필요할 지식을 생산하고 축적하며 발전시키는 일을 끊임없이 해나갑니다. 오랫동안 대학에서 생산한 지식은 책이란 매체에 담겨 세상의 지성을 이끌어왔습니다. 그 책들은 콘텐츠를 저장하고 유통시키며 활용하게 만드는 매체의 차원을 넘어, 인간의 비판적 사유 능력과 풍부한 감수성을 자극하는 촉매의 역할을 충실히 해왔습니다.

이와 같은 '책을 읽는다'는 것은 단순히 지식과 정보를 습득하는 데 멈추지 않고, 시대와 현실을 응시하고 성찰하면서 다시 그 너머를 사유하고 상상함을 의미합니다. 그러므로 '세상의 밑그림'을 그리는 책무를 지닌 대학에서 책을 펴내는 것은 결코 가벼이 여겨선 안 될 일입니다.

이제 우리는 다양한 방식으로 존재하는 지식과 정보, 그리고 사유와 전망을 담은 책을 엮어 현존하는 삶의 질서와 가치를 새롭게 디자인하고자 합니다. 과거를 풍요롭게 재구성하고 미래를 창의적으로 기획하는 작업이 다채롭게 펼쳐질 것입니다.

대학의 심장부에 해당하는 도서관이 예부터 우주의 축소판이라 여겨져 왔듯이, 그곳에 체계적으로 배치된 다양한 책들이야말로 이른바 학문의 우주를 구성하는 성좌와 다름없습니다. 우리는 그 빛이 의미 없이 사그라들지 않기를, 여전히 어둡고 빈 서가를 차곡차곡 채워가기를 기대합니다.

앎을 쉽게 소비하는 시대를 살고 있지만, 다양한 앎을 되새김함으로써 학문의 회랑에서 거듭나는 지식의 필요성에 우리는 공감합니다. 정보의 홍수와 유행 속에서도 퇴색하지 않을 참된 지식이야말로 인간이 가야 할 길에 불을 밝혀줄 수 있기 때문입니다. 앞으로 대학이란 무엇을 하는 곳이며, 왜 세상에 남아 있어야 하는 곳인지 끊임없이 되물으며, 새로운 지의 총화를 위한 백년 사업을 시작하겠습니다.

총서 '知의회랑' 기획위원

안대회 · 김성돈 · 변혁 · 윤비 · 오제연 · 원병묵

지은이 조민환

성균관대학교 유학과를 졸업하고, 동 대학원에서 석사와 박사학위를 받았다. 춘천교육대학교 교수, 산동사범대학 외국인 교수를 거쳐, 현재 성균관대학교 유학대학원 원장과 동아시아학술원 교수로 재직하고 있다.

도가·도교학회 회장, 도교문화학회 회장, 서예학회 회장 등을 역임했고, 국제유교연합회 이사, 한국연구재단 책임전문위원(인문학), 동양예술학회 회장 등으로 활동 중이다. 철학연구회 논문상, 원곡 서예학술상 등을 수상하였다.

주요 저서로 『중국철학과 예술정신』(1997), 『유학자들이 보는 노장철학』(1998), 『노장철학으로 동아시아 문화를 읽는다』(2002)가 있으며, 『강좌 한국철학』(1995) 등 10여 권의 책을 함께 썼다. 옮긴 책으로는 『도덕지귀道德指歸』(2008), 『이서李漵 필결筆訣 역주』(2012), 『태현집주太玄集註』(2017), 『동양의 광기와 예술』(2021) 등이 있다. 「노장의 미학사상 연구」, 「주역의 미학사상 연구」 등 130여 편의 학술논문들을 발표했으며, 평론가로서 서화잡지 등에도 쉼 없이 소논문과 평론들을 싣고 있다.

빼어난 그림과 글씨 그리고 이름 높은 유물과 유적들에는 항시 남다른 철학이 내재되어 있다고 여기며, 동양예술과 동양철학 사이의 경계 허물기에 진력하고 있다.

知의회랑
arcade of knowledge
003

동양 예술미학 산책
동아시아 문인들이 꿈꾼 미의 세계

1판 1쇄 발행 2018년 2월 28일
1판 3쇄 발행 2021년 8월 30일

지 은 이 조민환
펴 낸 이 신동렬
책임편집 현상철
편 집 신철호·구남희
마 케 팅 박정수·김지현

펴 낸 곳 성균관대학교 출판부
등 록 1975년 5월 21일 제1975-9호
주 소 03063 서울특별시 종로구 성균관로 25-2
전 화 02)760-1252~4 팩스 02)762-7452
홈페이지 http://press.skku.edu

ISBN 979-11-5550-270-9 93600

값 42,000원

⊙ 잘못된 책은 구입한 곳에서 교환해 드립니다.